U0915671

西藏年鉴

2009

西藏年鉴编辑委员会

图书在版编目（CIP）数据

西藏年鉴.2009/《西藏年鉴》编辑委员会编.—拉萨：
西藏人民出版社，2010.3

ISBN 978-7-223-02807-3

Ⅰ.①西… Ⅱ.①西… Ⅲ.①西藏—2009—年鉴 Ⅳ.①Z527.5

中国版本图书馆CIP数据核字（2010）第014068号

西藏年鉴（2009）

主　　办　西藏自治区人民政府办公厅
　　　　　西藏自治区地方志办公室
编　　著　西藏年鉴编辑委员会
责任编辑　杨芳萍　晋美旺扎　格藏才让　李广
设　　计　王景远
出版发行　西藏人民出版社
印　　刷　西藏新华印刷厂
成品尺寸　889×1194　1/16
插　　图　378幅
字　　数　1090千字
版　　次　2010年3月第1版
印　　次　2010年3月第1次印刷
印　　数　01-5000册
书　　号　ISBN 978-7-223-02807-3
定　　价　498.00元

编辑说明

一、《西藏年鉴》由西藏自治区人民政府办公厅和地方志办公室主办，自 2000 年开始每年出版，是大型综合性、权威性、史料性年刊。《西藏年鉴》(2009) 坚持以马克思列宁主义、毛泽东思想和邓小平建设中国特色社会主义理论为指导，坚持为西藏改革开放、全面构建和谐小康社会、实践新时期跨越式发展战略目标服务的办刊方针，由《西藏年鉴》编辑部编辑、西藏人民出版社出版。

二、《西藏年鉴》(2009) 翔实、全面、系统、客观地记载了 2008 年西藏自治区政治、经济、文化、社会等各方面的发展状况。为各级领导了解区情，实施科学决策提供依据，为各行业、各部门、各单位查寻资料，为国内外各界人士了解、认识、研究西藏提供可靠的信息，也是西藏自治区精神文明建设和对外宣传的窗口。对西藏与各省、市、自治区进行社会、经济、科技发展等方面的合作交流、实现经济快速发展将起到极大地促进作用。

三、《西藏年鉴》(2009) 分特载、西藏综述、政治（包括党委、人大、政府、政协、群众团体和工商联、法制）、军事、经济（包括发展和改革、商务，财税、金融、保险、证监，管理与监督，农牧业、林业、水利，交通、民航、邮政、通信，国土资源、城乡建设、旅游，气象、地震、电力、石油销售，环境保护、地矿勘查）、社会事业（科技、教育、文化、广电传媒，卫生、计划生育、体育，民政、劳动和社会保障）、市地县（区、市）、大事记、统计资料、发展风貌图片彩版宣传等九个篇目。

四、《西藏年鉴》(2009) 采用分类编辑法，由篇目、类目、部（门）目、条目组成。篇目下设类目，类目下设部（门）目，部（门）目下设若干条目。条目标题统一使用黑体字加【】表示。彩版单独标页，便于查阅。

五、《西藏年鉴》(2009) 所用稿件均由自治区各部、委、办、厅、局、地县（区、市）及驻藏部队负责撰写，并经撰写单位领导审核。所用综合性资料、数据，一律截至 2008 年底。年鉴中的“统计资料”由自治区统计局提供，正文中的数据由各单位提供。数据一般以现行价格计算。本卷“统计资料”，因统计口径等原因，有关部门所用数据与“统计资料”中的数据不尽一致，采用时请予注意。

六、《西藏年鉴》的编辑、出版、发行，得到了各级领导、各企事业单位和广大读者的大力支持，在此表示衷心感谢。有极少数单位因特殊原因，本期没有刊载。

欢迎广大读者对本书的编辑工作提出宝贵意见，以便把《西藏年鉴》编得更好。本书采用了部分作者的图片或文字，望作者见稿后与我们联系，以便支付稿酬。

编　者

2009 年 10 月

西藏年鉴编辑委员会

目 录

第三篇 军 事

第四篇 经 济

第五篇　社会事业

第六篇　地（市）、县（区、市）

第七篇　政府 2008 年大事记

第八篇　统计资料

第九篇　彩色部分

MAIN CONTENTS

Special Preface

Chapter 1 Tibet Summary

Chapter 2 Politics

Chapter 3 Mititary Affairs

Chapter 4 Economic

Chapter 5 Affairs

Chapter 6 Regions Cities Districts Counties

Chapter 7 Important Events

Chapter 8 Statistical Data

西藏自治区行政区

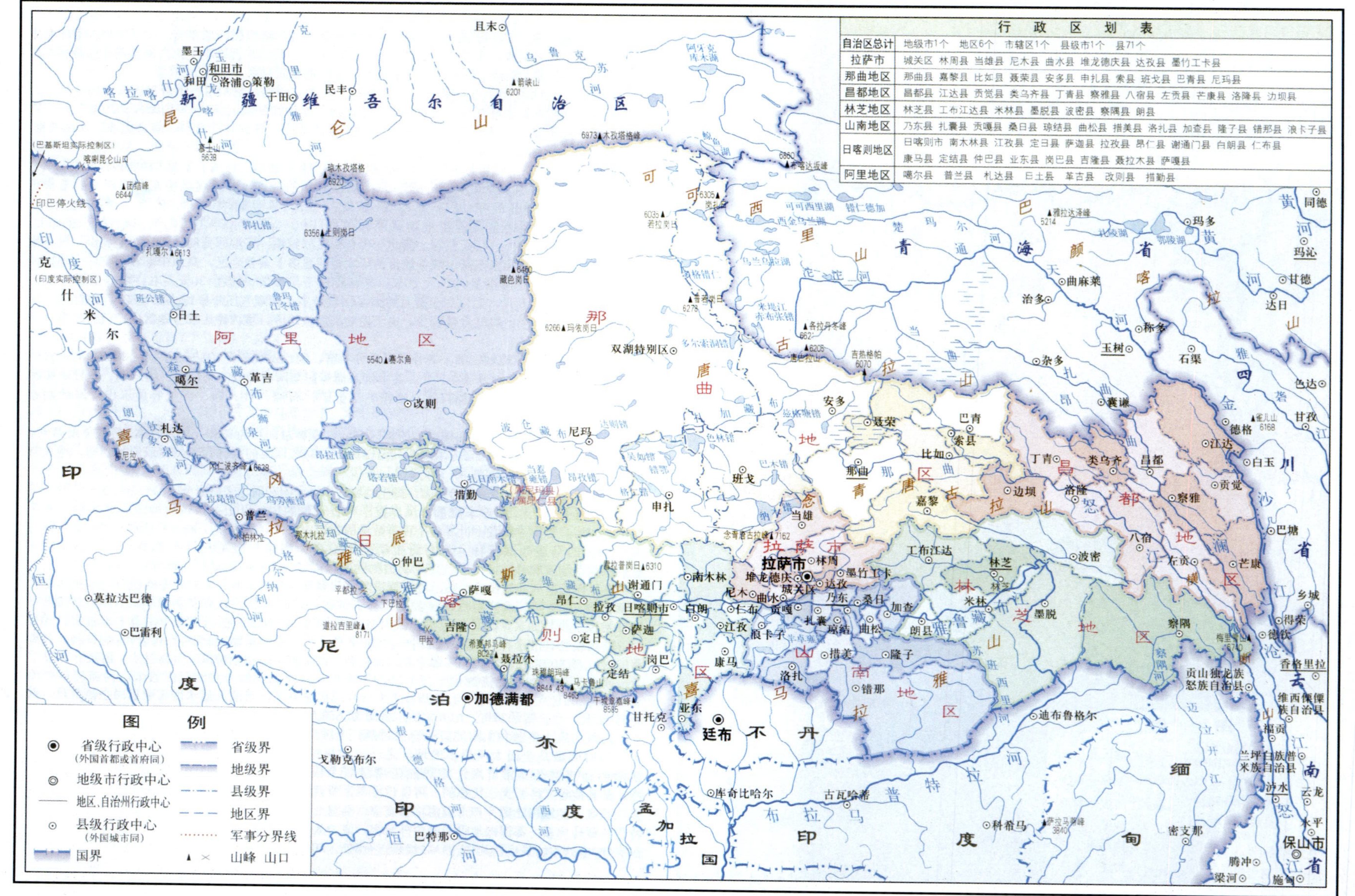

行政区划表

自治区总计	地级市1个　地区6个　市辖区1个　县级市1个　县71个
拉萨市	城关区　林周县　当雄县　尼木县　曲水县　堆龙德庆县　达孜县　墨竹工卡县
那曲地区	那曲县　嘉黎县　比如县　聂荣县　安多县　申扎县　索县　班戈县　巴青县　尼玛县
昌都地区	昌都县　江达县　贡觉县　类乌齐县　丁青县　察雅县　八宿县　左贡县　芒康县　洛隆县　边坝县
林芝地区	林芝县　工布江达县　米林县　墨脱县　波密县　察隅县　朗县
山南地区	乃东县　扎囊县　贡嘎县　桑日县　琼结县　曲松县　措美县　洛扎县　加查县　隆子县　错那县　浪卡子县
日喀则地区	日喀则市　南木林县　江孜县　定日县　萨迦县　拉孜县　昂仁县　谢通门县　白朗县　仁布县　康马县　定结县　仲巴县　亚东县　吉隆县　聂拉木县　萨嘎县　岗巴县
阿里地区	噶尔县　普兰县　札达县　日土县　革吉县　改则县　措勤县

比例尺 1：8 000 000

自治区第九届人民代表大会第一次会议

自治区主席向巴平措在九届人大一次会议上作报告

自治区主席向巴平措参加区九届人大一次会议分组审议会

自治区常务副主席郝鹏参加区九届人大一次会议分组审议会

自治区常务副主席吴英杰参加区九届人大一次会议分组审议会

自治区常务副主席白玛赤林参加区九届人大一次会议分组审议会

自治区人大代表参加区九届人大一次会议政府工作报告分组审议会

自治区第九届人民代表大会第一次会议（各地区代表）

自治区第九届人民代表大会第一次会议（解放军代表团）

自治区第九届人民代表大会第一次会议（各地区代表）

自治区第九届人民代表大会第一次会议（各地区代表）

自治区党委书记张庆黎会见尼泊尔大会党副主席辛格

自治区主席向巴平措亲切会见尼泊尔联邦民主共和国总理普拉昌达

自治区党委副书记、常务副主席郝鹏会见我驻印度大使张炎

拉萨市与美国博尔德市签署加强友城关系备忘录

自治区商务代表团访问尼泊尔

自治区党委副书记、常务副主席郝鹏亲临自治区外办视察指导工作

自治区外办主任巨建华深入扶贫点进行调研

全区地（市）外办主任座谈会

自治区纪委监察厅机关党委换届选举大会

2008年“政风行风热线”开播动员大会

全区农村党风廉政建设电视电话会议西藏分会场会议

自治区纪委监察厅、区广电局联合开设政风、行风热线栏目

自治区纪委监察厅深入揭批达赖集团罪恶行径专题报告会

自治区纪委监察厅机关党委换届选举大会

自治区纪委监察厅开展科学发展观主题教育活动

自治区纪委监察厅开展西藏30年反腐倡廉工作成果展纪检监察干部书法美术摄影展活动

自治区纪委监察厅举办纪念党的纪律检查机关恢复重建30周年廉政文艺晚会

自治区党委书记张庆黎亲切会见赴藏考察的全国妇联书记处第一书记黄晴宜

自治区副主席德吉在各族各界妇女座谈会上与翻身女农奴握手

自治区和全国妇联领导为设在区妇联的“全国妇女培训基地”揭牌

自治区妇联党组书记王惠玲与农牧区基层妇女共度藏历新年

自治区妇联主席参木群慰问贫困妇女

考试现场

办理“3·14”事件中的案件

检察新兵

捐款

法治宣传

最高法院副院长熊选国进藏调研

罗布顿珠院长在区九届人大一次会议上作法院工作报告

罗布顿珠院长视察基层法院

罗布顿珠院长深入基层法院调研

全区中级法院院长会议

第十七次全区法院工作会议

基层法院党总支会

拉萨中院审判综合楼奠基仪式

基层法院便民服务

田间地头现场调处纠纷

自治区领导视察法制宣传活动

安装通信警报设备

通信警报器

上街开展人防法制宣传

安装通信警报设备

自治区副主席、政法委副书记、公安厅党委书记、厅长李昭

自治区党委书记张庆黎看望慰问“3·14”执勤消防官兵

2008年8月27日，西藏自治区主席向巴平措为荣记集体一等功的布达拉宫消防大队颁奖

2008年3月28日，公安部副部长张新枫、自治区常务副主席郝鹏慰问云南来藏官兵

2008年9月20日，自治区党委常委、宣传部部长崔玉英，人大副主任马如龙视察国防教育日宣传活动

2008年10月1日，自治区党委常委、常务副主席洛桑江村等领导慰问消防官兵

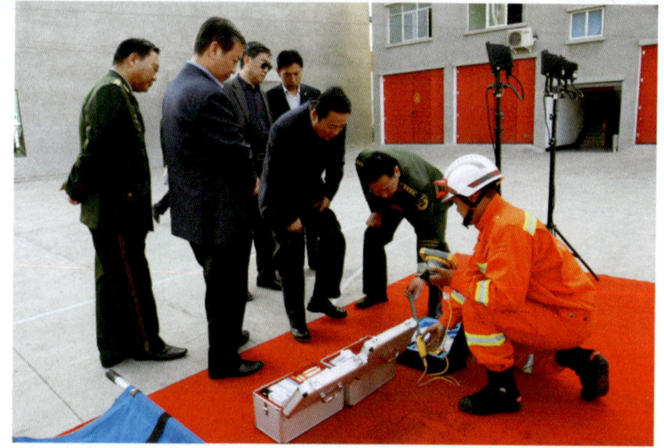

2008年6月2日，自治区领导郝鹏、王宾宜视察总队地震救援装备情况

2008年10月6日，拉萨消防官兵在当雄抗震救灾

2008年7月28日，消防部队奥运安保攻坚战决战阶段工作部署会

2008年8月27日，西藏自治区人民政府授予布达拉宫消防大队集体一等功表彰大会

“3·14”后商务厅系统干部职工声讨达赖集团座谈会

全区商务工作会议

拉萨啤酒厂发酵罐

全国商务系统60年成就展

生猪定点屠宰厂

“3·14”后自治区商务厅系统干部职工声讨达赖集团座谈会

区商务工作会议表彰优秀企业

在自治区国税局学习实践科学发展观活动动员大会上，党组书记、局长袁庆杰做动员讲话

自治区国税局举行《西藏税收改革发展三十年》赠书仪式

自治区国税局举行“百万农奴解放纪念日”庆祝活动

税务干部上门为纳税人办理税收业务

税务干部到学校为小学生讲课

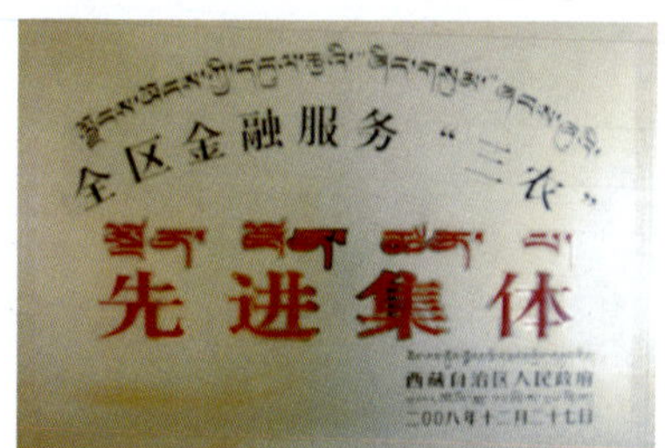

农行被评为全区金融服务三农先进集体

自治区主席向巴平措出席金穗惠农卡西藏首发仪式

自治区农行与西藏军区账户资金监管及应急资金保障签字仪式

中国农业银行与自治区人民政府签署战略合作备忘录

区农行行长米玛旺堆(右三)、副行长支章(左二)在堆龙德庆县考察

2008年10月19日，自治区党委书记张庆黎会见中国工商银行总行杨凯生行长，杨凯生行长代表总行向拉萨当雄“10·6”地震灾区捐款100万元人民币

2008年10月20日，西藏自治区党委副书记、主席向巴平措与中国工商银行总行行长杨凯生共同为西藏分行开业揭幕

中国工商银行总行杨凯生行长视察西藏分行，并与大堂经理亲切握手

2008年11月25日，自治区党委副书记、常务副主席郝鹏到西藏分行视察工作

2008年11月20日,自治区党委常委、党委秘书长公保扎西视察西藏分行

2008年12月31日，自治区副主席白玛才旺率西藏人民银行、银监局和各商业银行领导到工行西藏分行进行年终决算慰问

营业大厅

贵宾客户专属服务区

电子银行区和自助银行区

理财区

自助银行区

现金区和客户休息区

与人保西藏分公司签定业务合作协议

拉萨3·14事件后，建行西藏分行领导慰问值勤武警官兵

举办新春团拜会

建行西藏分行与国家电网西藏电力公司合作签约

建行西藏分行员工任桂东担任拉萨站火炬手

情系西藏—中国建设银行与中国建投奖（助）学基金启动仪式

信贷产品推荐宣传

自治区党委书记张庆黎视察中行西藏自治区分行营业部与外国游客亲切交谈

自治区党委书记张庆黎视察中行西藏自治区分行“3·14事件”受损网点

自治区副主席白玛才旺一行慰问中行西藏自治区分行干部职工

2008年3月16日下午，中行西藏区分行组织员工走上街头，打扫卫生清理垃圾，为尽快恢复社会秩序正常化做出自己的贡献

中行西藏自治区分行荣获西藏自治区文明单位称号

人保财险西藏分公司党委书记、总经理孙国新向自治区党委副书记、常务副主席郝鹏汇报当雄地震救灾工作

孙国新陪同西藏自治区党委常委、拉萨市委书记秦宜智在当雄地震现场考察抗震救灾情况

客户喜获北京2008奥运门票

组织30名大客户在北京观看奥运会比赛

李震主任主持“高争二线”点火仪式

李震主任视察高争建材股份有限公司

李震主任主持委机关学习实践科学发展观活动调研成果交流会

李震主任视察我区民族手工业

李震主任一行慰问执勤武警官兵

卢彦朝局长（右）、白玛桑布副局长（左）带队检查药店

2008年9月17日，自治区食品药品监督管理局组织多家药品生产、经营企业开展“9月用药安全周”宣传活动

2008年5月，区食品药品监管局销毁过期失效药品

2008年全区食品药品监管工作会议

全区服务业标准化培训班开班

自治区副主席邓小刚视察西藏质监局食品检测实验室

自治区副主席邓小刚听取西藏质监局工作汇报

李迎春局长在高原之宝牦牛骨粉有限公司检查食品安全情况

纪念农奴解放纪念日歌咏比赛活动

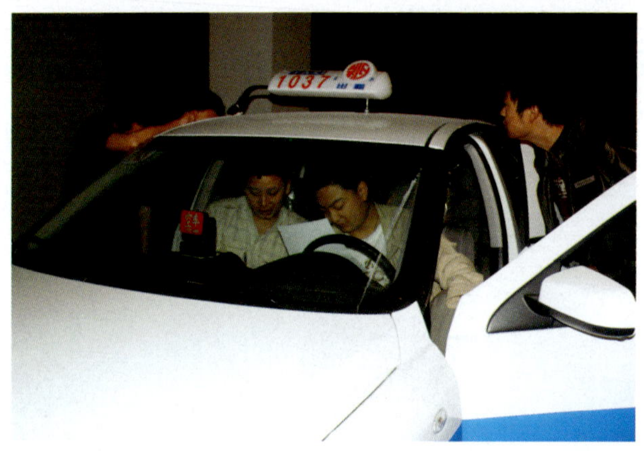

计量检定人员现场检定出租车计价器

各地市质监局计量检定车辆配发仪式

送法进企业

质监执法人员向农牧民群众介绍真假商品辨别方法

食品安全法培训班

自治区副主席白玛才旺（左二），自治区国资委主任李震（右二），自治区乡企局局长卜龙（左一）陪同国家工信部副部长苗圩（右一）视察羊湖电站进水口

自治区副主席白玛才旺（左二），自治区乡企局局长卜龙（右三）陪同国家工信部副部长苗圩（右二）视察民族藏毯业

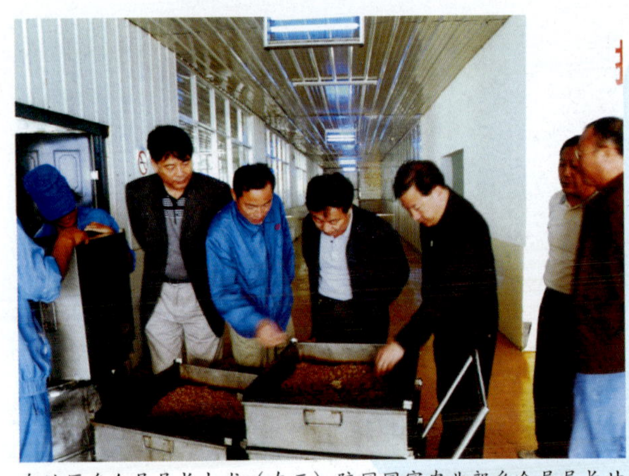

自治区乡企局局长卜龙（左三）陪同国家农业部乡企局局长甘士明（右四），农业部农村社会事业发展中心主任王守聪（右三）视察藏缘酒业

自治区副主席白玛才旺、自治区国资委主任李震、自治区乡企局局长卜龙陪同国家工信部副部长苗圩视察羊湖电站发电机组

全区乡镇企业法制宣传教育有奖知识竞赛开奖仪式，自治区农牧厅党组书记朱春生正在抽取一等奖

特 载

政府工作报告

——2009年1月14日在自治区九届人大二次会议上

自治区主席 向巴平措

各位代表：

现在，我代表自治区人民政府，向大会报告工作，请予审议，并请各位政协委员提出意见。

2008年工作回顾

2008年，是我区发展史上极不寻常、极不平凡的一年。面对拉萨"3•14"事件、地震暴雪灾害和国内经济增长放缓、国际金融危机等重大挑战与考验，我们在党中央、国务院和自治区党委的领导下，始终坚持以邓小平理论和"三个代表"重要思想为指导，深入贯彻落实科学发展观，坚决贯彻党的十七大和十七届三中全会精神，认真落实自治区第七次党代会和区党委七届三次、四次全委会的部署，沉着应对，攻坚克难，团结拼搏，突出抓维护稳定，着力抓恢复发展，始终抓改善民生，在艰难曲折中实现了"三个确保"，全区依然保持了跨越式发展的良好势头，保持了社会局势的基本稳定，人民生活有了更大的改善。

一、坚定不移抓发展，保持了经济社会跨越式发展的良好势头

一年来，我们认真落实中央部署，积极实施自治区经济发展战略，强化政府调控，努力消除各种不利因素的影响，保持了经济社会的平稳较快发展。预计，全区生产总值完成392亿元，比上年增长10.1%。农牧民人均纯收入达到3170元，增长13.7%。地方财政一般预算收入完成24.9亿元，增长23.5%。各项税收完成29亿元，增长24%。金融机构存贷款余额分别达820.9亿元和220亿元。

产业建设历经波折实现恢复性增长。拉萨"3•14"事件后，旅游业遭受重创，矿产业基本停产，建筑业开工不足，产业发展面临严峻形势。我们加大政策扶持，努力化解矛盾，产业建设在曲折中实现了新的发展。抓住一产上水平这个关键，全面落实粮食直补、良种补贴和牲畜出栏补贴等支农惠农政策，加大投入，加强服务，优化结构，加快牲畜出栏，着力提高农牧业综合生产能力，粮食总产量达到95万吨。预计第一产业完成增加值58亿元，比上年增长6.0%。农牧区建设加快、农牧业增产增效、农牧区社会稳定，为全区发展稳定作出了突出贡献。紧紧围绕二产抓重点，充分发挥产业资金的带动作用，突出重点行业，培植骨干企业，优势矿产业、建筑建材业逐步恢复增长，青藏高原地质矿产调查与评价专项工作启动实施，玉龙铜矿一期一步正式投产，高争水泥60万吨生产线投入运行，拉萨国家级经济技术开发区建设有了突破性进展。预计第二产业完成增加值120亿元，比上年增长9.0%。按照三产大发展的要求，加大政策扶持，优化发展环境，重振市场信心，旅游业全年呈现出急剧下滑、逐步恢复、迅速回升的发展态势，商贸流通、交通运输、邮政通信等快速发展。预计第三产业完成增加值214亿元，比上年增长11.8%。

固定资产投资稳步增长。针对拉萨"3•14"事件对固定资产投资的影响，进一步加大了投资争取力度，在国家的大力支持下，中央资金到位160亿元，同比增长44.1%。落实援藏资金16亿元，增长1.9倍。以优惠的政策，优质的服务吸引民间投资，预计全年完成91亿元，与去年持平。全社会固定资产投资完成310亿元，同比增长14.3%。投资尤其是政府投资对经济增长起到了重要支撑作用。

重点项目建设和管理得到加强，"180项目"开工建设170个。新藏和青藏等干线公路、通县油路、阿里昆莎和昌都邦达机场、老虎嘴水电站、林芝至拉萨220千伏输变电工程、青藏铁路那曲物流中心、大中型灌区配套改造、江雄水库及

病险水库改造等重点工程建设进展顺利，扎墨公路开工建设；拉萨贡嘎机场助航灯光改造完成；巴河雪卡水电站4台机组、藏中电网应急电源全部建成发电，通过主电网实现15个县户户通电。严格实行项目“五制”，项目管理和稽查工作得到加强，项目后评价工作开始启动。

社会消费稳步回升。面对拉萨“3•14”事件后消费市场大幅下滑的情况，我们注重增强消费信心，在减免税费、医疗救助、失业救助、生活救助以及旅游促销等方面采取一系列稳定市场、刺激消费的政策措施，促进了消费市场的迅速恢复和增长。城镇消费进一步巩固，农牧区消费不断扩大，“万村千乡”市场工程和“双百”工程建设加快推进，全年社会消费品零售总额实现129亿元，同比增长15%。我们在全区范围内启动了临时价格干预措施，严厉打击囤积居奇、扰乱市场秩序的行为，保障了市场供应充足，物价水平在可承受范围内运行，居民消费价格总水平预计上涨5.8%。消费为提升经济增长速度作出了重要贡献，投资消费并驾齐驱拉动经济增长的格局没有改变。

政府调控能力明显增强。为有效应对拉萨“3•14”事件、国际金融危机、国内经济增长放缓、重大自然灾害等多重不利因素的影响，我们准确把握调控的方向、重点、力度和节奏，先后四次及时出台经济调控政策措施，保持了经济社会的平稳较快发展。拉萨“3•14”事件后，我们沉着应对，及时出台税费租金减免、融资贷款、价格临时干预等扶持政策措施，扶持受损商户，平抑市场物价，稳定消费信心，尽快恢复了正常的生产经营秩序。7月份，针对上半年主要经济指标明显回落的情况，我们科学判断、果断决策，及时调整并提出了“三个确保”的目标，制定出台了一系列刺激经济增长的政策措施。9月底，为确保全年地区生产总值两位数增长，我们加大力度、重拳出击，及时出台扩大固定资产投资、支持产业发展、加大财政一般公共服务支出、扩大政府购买性消费等措施，全区经济继续恢复增长。11月份，按照中央关于进一步扩大内需、促进经济平稳较快增长的决策部署，我们抢抓机遇、乘势而上，及时出台扩大投资、刺激消费的政策措施，加大财政投入，安排资金185亿元，为今年和下一步经济增长提供了强有力的支撑。充分发挥金融的作用，加大有效信贷投入，促进了经济的恢复发展。

调控力度的加大，各种政策措施的综合出台，确保了全区经济的两位数增长，确保了农牧民人均纯收入增长13%以上，确保了居民消费价格总水平控制在全国平均水平以下。实践证明，我们实施的一系列调控政策措施，是扎实有力的，是及时有效的。历经严峻挑战和重大考验，政府管理水平和驾驭市场经济的能力得到锻炼提高。

社会发展明显加快。我们把更多的精力、更多的资金向社会发展倾斜，全年投向教科文卫事业的资金达到80亿元，促进了社会事业的快速发展。教育得到优先发展。不断改善办学条件，认真落实“三包”政策，全面实现“普六”，全面扫除青壮年文盲，又有7个县完成“普九”。高度重视学前教育，大部分县实现了有幼儿园的目标。大骨节病区学生异地集中就学任务基本完成。内地办学高中招生规模进一步扩大。职业教育快速发展。高等教育质量进一步提高，西藏大学进入全国“211工程”重点建设行列。公共卫生事业加快发展。投资1.2亿元，改扩建地区妇幼保健医院和人民医院各5所，建设了20个县藏医院、2个县卫生服务中心、6个县级疾控中心。农牧民免费医疗补助标准提高到140元。进一步充实了基层医疗卫生队伍。积极实施大骨节病区群众搬迁和“碘盐入户行动”，传染病、地方病的防治工作得到加强。公共卫生应急能力明显提高。人口和优生优育工作进一步加强。科技支撑能力进一步增强。实施“金牦牛、金太阳科技工程”等科技项目，加速科技成果向现实生产力转化，为发展特色产业、改善农牧民生产生活条件发挥了重要作用。科技特派员工作继续推进。科普工作不断深入。知识产权保护工作得到加强。文化事业蓬勃发展。基层文化设施建设力度进一步加大，建设了11个县综合文化活动中心、30个乡镇综合文化站和20个农家书屋。西新工程、广播电视村村通工程和文化信息资源共享工程进展顺利。以展现西藏改革开放30周年、喜迎奥运为主题，推出了一批优秀文化产品。文化产业稳步发展。“三大文物”保护维修工程基本完成，“十一五”重点文物保护工程不断推进，第三次全国文物普查和非物质文化遗产普查保护工作全面展开。完成了119个农村体育健身工程项目建设。

生态环境保护与建设不断加强，完成了《西藏生态安全屏障保护与建设规划》的评估上报工作和西藏生态补偿研究，天然林保护工程、自然保护区建设和湿地保护工程稳步实施，森林生态效益补偿扩面工作加快推进，节能减排工作扎实开展，饮用水水源环境保护不断加强，农牧区环境保护得到重视，环境保护执法监管力度不断加大，全区第一次污染源普查工作基本完成，第二次土地调查工作稳步推进，可持续发展能力进一步增强。

第二次全区农业普查圆满完成，第二次全区经济普查顺利开展，统计工作服务经济社会发展的能力进一步提高。双拥工作深入开展。哲学社会科学、审计、人防、气象、残障、妇幼、老龄等事业都取得了新成绩。

改革开放继续深化。在经济社会发展面临诸多困难的关键时刻，我们更加注重改革开放，创新体制机制，提升开放层次，发展活力进一步增强。

各项改革不断深化。农牧区综合改革试点工作积极推进，“三个长期不变”基本政策不断完善，集体林权制度改革试点工作开始启动。耕地保护和节约集约用地制度得到严格执行。粮食流通体制改革不断深入。国有企业改革稳步推进，企业兼并、破产、重组工作迈出新步伐。国有资产监管得到加强，国有企业集团化、规模化取得积极进展。加强品牌建设，获中国驰名商标1件，通过西藏著名商标认定10件。全区资本市场不断发展壮大，规范化水平不断提高。保险工作逐步推进。西藏信托投资有限公司完成改制重组，西藏奇正藏药上市通过中国证监会审核，邮政储蓄银行西藏分行、工商银行西藏分行正式挂牌成立。税收征管力度加大，个人所得税和耕地占用税改革与全国同步实施。公务消费改革开始启动。

对内对外开放继续扩大。区域经济

合作不断加强，新的开放格局正在形成。全区招商引资实际到位资金48亿元，增长3.0%。积极发展口岸经济，对外贸易快速增长，全区进出口贸易总额突破5亿美元，增长27%以上。加大扶持力度，拓宽发展领域，非公有制经济进一步发展壮大，在扩大就业、增加收入、促进发展方面作出了突出贡献。

二、旗帜鲜明反分裂，保持了社会局势的基本稳定

一年来，面对尖锐复杂的反分裂斗争形势，我们始终坚持稳定压倒一切的思想，深入开展反分裂斗争，健全维稳工作机制，不断强化社会防控和社会管理，确保了社会局势的基本稳定。

拉萨"3•14"事件得到积极妥善处置。拉萨"3•14"事件的发生，严重破坏了西藏发展稳定的大好局面，给人民群众生命财产造成极大损失。这起事件是达赖集团蓄谋已久、长期准备、精心策划的一次分裂破坏活动，是西方敌对势力为遏制中国、长期对达赖集团支持纵容庇护的结果。事件发生后，中央及时派出工作组指导我区发展稳定工作，及时出台了一系列特殊扶持政策。自治区按照中央的决策部署，高举维护社会稳定、维护社会主义法制、维护人民群众根本利益的旗帜，采取果断措施，依法治乱，夺取了这场斗争的阶段性重大胜利，确保了不反弹、不蔓延。妥善安置受害群众和学生，紧急抢修受损设施，及时救治受伤群众并实行医疗费用全额报销，及时出台受损商户和受影响行业的救助和扶持政策，迅速恢复了社会秩序。加大案件侦破力度，一批影响大、危害重、社会各界普遍关注的纵火案、抢劫案迅速告破，违法犯罪分子依法受到惩治。在这次反分裂斗争中，各级组织和广大干部群众坚决拥护中央和自治区的决策部署，立场坚定、旗帜鲜明，以实际行动有力回击了达赖集团的分裂图谋。

反分裂斗争深入开展。坚决贯彻中央对达赖集团的一系列斗争方针，严密防范和严厉打击了达赖集团和境外敌对势力的各种渗透破坏活动。积极开展"反对分裂、维护稳定、促进发展"主题教育活动，举办"西藏今昔"大型主题展览，深入揭批达赖政治上的反动性、宗教上的虚伪性和手法上的欺骗性，提高了各族群众维护祖国统一和民族团结的自觉性。加强边境管控和出入境管理，粉碎了达赖集团组织"闯关"和在边境地区实施破坏活动的图谋，有力维护了国家领土主权和边境地区安全。紧紧围绕中央涉藏外交工作大局，积极开展外事外宣工作，加强涉外管理和舆论引导，有效挤压了达赖集团的国际活动空间。

社会管理全面加强。加大社会治安综合治理力度，健全社会防控体系，严密防范和依法打击各类违法犯罪活动，有力维护了正常社会秩序。妥善处理人民内部矛盾，一些涉及人民群众切身利益的热点、难点问题得到解决，有效预防和处置了群体性事件。坚持"底数清、情况明、管控严、服务好"的原则，加强了流动人口服务和管理。城市社区管理制度逐步健全，农村社区建设试点工作顺利推进，基层政权和基层政法基础设施得到加强。狠抓安全生产，高度重视食品药品安全，深化专项整治，有效保障了人民群众的生命财产安全。

面对北京奥运这一百年盛事，我们积极配合、全力支持、精心组织，取得了北京奥运火炬登顶珠峰和拉萨传递的圆满成功。充分展示了中华民族的强大凝聚力和向心力，展示了西藏和谐稳定的良好形象，展示了西藏各族人民昂扬向上的精神风貌。

民族宗教工作成效明显。牢牢把握各民族共同团结奋斗、共同繁荣发展的主题，牢固树立"三个离不开"的思想，以全区第五次民族团结进步表彰大会为契机，深入开展爱国主义教育和民族团结教育，进一步巩固和发展了平等团结互助和谐的社会主义民族关系。藏语言文字工作得到长足发展。民族干部、妇女干部的培养使用取得新成效。兴边富民行动扎实推进，边境地区和人口较少民族地区发展加快。按照"划清两个界限、尽到一个责任"的政策原则和工作要求，依法管理宗教事务和寺庙僧尼，颁布实施了《西藏自治区藏传佛教活动场所外来学经人员管理办法(试行)》，进一步规范了寺庙管理工作。深入开展寺庙法制宣传教育，及时派出工作组驻寺开展工作，广大僧尼的祖国观念、政府观念、法制观念和公民意识不断增强，宗教秩序逐步恢复正常。

三、全心全意谋民生，人民群众得到更多实惠

一年来，我们始终坚持把改善民生作为一切工作的出发点和落脚点，狠抓"首要任务"，加快完善社会保障体系，高度关注困难群体，解决了一批群众最关心、最直接、最现实的利益问题，是保障力度最大、人民得实惠最多的一年。

农牧民生产生活条件显著改善。我们把改善农牧民生产生活条件作为民生工作的基础，全面推进"八个基本解决"，社会主义新农村建设取得新进展。全年安排6.8亿元，解决了5.78万户农牧民的安居问题，又有31.2万农牧民搬进了安全适用的住房；解决了32个乡镇、423个行政村通公路问题；新增和改善用电人口17.7万人，又有25万人喝上了干净卫生的水；新增681个行政村通电话，电信光缆已通达全区163个乡镇，农牧区碘盐覆盖率达到66%。薪柴替代工程加快推进，累计完成了4.3万户的沼气建设，累计采购发放了40万台太阳能灶。大力开展农田草场水利基本建设；深入推进农业综合开发，极大地改善了农牧业生产条件。

城乡居民收入不断提高。我们把增加城乡居民收入作为改善民生的核心，以中低收入群体特别是农牧民为重点，充分发挥党的惠民政策的综合效应，继续保持了居民收入的稳定增长，预计农牧民人均纯收入达到3170元，连续六年保持两位数增长；城镇居民人均可支配收入达到12300元，增长10.5%。投入5720多万元培训农牧民25.5万人次，农牧民增收致富能力进一步增强。通过农牧业增产增效、特色产业开发、劳动力转移等多项措施，农牧民增收渠道进一步拓宽。着力提高组织化程度，积极吸纳农牧民参与工程建设，全年实现劳务输出70多万人次，劳务收入11亿元。

就业和社会保障工作取得新进展。我们把就业和社会保障作为改善民生的根本，积极促进社会就业，不断完善社会保障体系，有效保障了城乡居民的基本生活。高度重视高校毕业生就业工作，采取优惠政策，投入7000万元，支持自主创业，鼓励到基层、企业就业，高校毕业生就业率近90%。投入7572.5万元购买5700个公益性岗位，困难群体的就业问题进一步缓解。妥善解决了军队复员干部养老保险问题，复转军人安置工作顺利完成。全区城镇新增就业 1.9 万人，城镇登记失业率控制在 4.3%以内。进一步提高了最低工资标准，确定了小时最低工资标准。企业退休人员基本养老金人均提高 151 元，并按时足额发放。引入商业保险补充机制，城镇职工基本医疗保险制度进一步完善。在全区范围推行了城镇居民基本医疗保险。失业保险标准进一步提高，工伤保险和生育保险工作不断加强。

困难群众基本生活得到有效保障。我们把保障困难群众的基本生活作为改善民生的重点，加大救助力度，提高保障水平，城镇和农牧区低保标准分别提高到 260 元、850 元，“五保”供养标准增加到 1600 元。为减轻物价上涨的影响，两次对低收入群体发放了临时性物价补贴，困难群众的生活水平没有因为物价上涨而降低。加大了对拉萨“3•14”事件中受损严重、生活困难商户的救助力度，对符合条件的人员发放失业救助金、特殊抚恤金、生活救助金、医疗救助金共 3850.8 万元。加强保障性住房建设，建成了 4564 套廉租房、1.4 万套周转房。完成了困难国有企业职工住房补贴审核发放工作。扶贫工作深入推进，重点扶持人口又减少 3.9 万人。

刚刚过去的一年，我们遭遇了仲巴、当雄地震，经受了山南等地大范围的暴雪袭击。面对突如其来的灾害，各级领导靠前指挥，广泛动员，迅速行动，取得了抗击灾害的重大胜利，因灾受伤群众得到及时救治，灾区群众生产生活得到妥善安置，受损基础设施得到及时恢复，灾后重建工作扎实推进。灾区群众切身感受到社会主义祖国大家庭最温馨、人民子弟兵最可爱、中国共产党最伟大!

尤为可贵的是，全区各族人民发扬一方有难、八方支援的优良传统，积极为我国南方冰雪灾害和汶川地震灾区捐款捐物，行动之快，数额之大，参与面之广，为西藏历史所罕见，充分体现了全区各族人民对灾区人民的切切之意、对中华民族的眷眷之情、对祖国大家庭的拳拳之心!

一年来，我们始终坚持为民、务实、清廉，政府建设迈出重大步伐。我们扎实开展深入学习实践科学发展观活动，推动科学发展的能力明显增强；我们强化科学民主决策，不断完善决策机制，积极推进政务公开，进一步提高了政府科学决策水平；我们严格依法行政，坚决执行《行政许可法》和《全面推进依法行政实施纲要》，出台了《政府工作规则》，行政审批制度改革取得新进展，政府法治化水平明显提高；我们突出廉政建设，深入开展执法监察、审计监督、纠正部门和行业不正之风等工作，政风行风明显改善。公务员队伍建设得到加强。

回首过去的一年，我们在错综复杂的局势面前，在异常艰难的挑战面前，经受住了考验，得到了锻炼。我们在反分裂斗争中坚定立场：面对拉萨“3•14”打砸抢烧严重暴力犯罪事件的干扰破坏，我们果断行动，依法处置，夺取了平息事件、全面恢复正常社会秩序的重大胜利。我们在攻坚克难中砥砺意志：历经地震暴雪灾害的袭击，我们众志成城，迎难而上，谱写了抗震救灾的壮丽诗篇。我们在共襄盛事中凝聚人心：欢庆北京奥运会、神七飞天、改革开放三十周年，我们倍感自豪，团结奋进，更加坚定了走中国特色社会主义道路的信心和决心。

各位代表，我区改革发展稳定能取得这样的成绩，尤为难能可贵。这是以胡锦涛同志为总书记的党中央正确领导、全国人民大力支援的结果；是全区上下坚决贯彻中央一系列方针政策，旗帜鲜明反分裂，坚定不移抓发展的结果；是全区各族人民团结拼搏，艰苦奋斗的结果。在此，我代表自治区人民政府，向付出辛勤劳动的全区各族干部群众，向全国人民特别是承担对口支援的省市、中央国家机关和国有企业，表示诚挚的谢意!向给予政府工作大力支持的人大代表、政协委员和离退休干部，向驻藏人民解放军、武警官兵、政法干警，表示崇高的敬意!向关心、支持我区改革开放和现代化建设的海内外各界人士，表示衷心的感谢!

同时，我们也清醒地看到，在推进跨越式发展和长治久安的进程中，还存在不少困难和问题。虽然我们在恢复市场信心方面做了大量工作，但扩大即期消费、拉动经济增长的压力依然很大，特别是旅游业的恢复还需要一个较长的时期；虽然我们扩大投资加强基础设施建设，但能源特别是电力仍然不能满足产业快速发展的需求；虽然我们竭尽全力增加农牧民收入，但长效机制还亟待完善；虽然我们积极推进、全面落实“十一五”规划，但要圆满完成预期目标，后两年面临的任务还很艰巨；虽然我们完善措施、加强管控，但社会管理还显薄弱；虽然我们及时平息了拉萨“3•14”事件，但反分裂斗争的形势依然严峻。同时，我们在解放思想、创新思路方面做得还不够，还有一些不符合、不适应科学发展观的思想和工作方式，投资环境还需进一步优化。这些困难和问题，都必须用发展和改革的办法加以解决。

2009 年的工作

今年是新中国成立 60 周年、西藏民主改革 50 周年，也是推进“十一五”规划顺利实施的关键一年。在前进的道路上，我们还面临着严峻挑战：国际金融危机、国内经济增长放缓以及拉萨“3•14”事件等因素的叠加影响，使我区经济社会发展可能面临更加困难的局面。同时，我们更面临诸多有利条件和宝贵机遇：中央对西藏的关心支持是长期的、一贯的，力度是不断加大的，这是我们实现跨越式发展的有力保障；当前国家实施的扩大内需促进经济增长的一系列政策措施，使我们能够争取更多投资、实现更大发展，这是我们推动跨越式发展的难得机遇；我们领导科学发展、处置突发事件的能力在应对复杂局面中得到了锻炼和提升，这为进一步做好今后工作积累了宝贵经验；各族干部群众思稳定、谋跨越、奔小康的愿望更加强烈、信心更加坚定，这是我们推动科学发展、促进社会和谐的坚实基础。挑战与机遇并存，机遇大于挑战，我们一定要增强危机意识、忧患意识和机遇意识，千方百计保持经济社会跨越式发展的良好势头，千方百计保持社会局势持续稳定，千方百计改善民生，凝聚民心，努力夺取发展稳定的新胜利。

2009年政府工作的总体要求是：坚持以邓小平理论和"三个代表"重要思想为指导，深入贯彻落实科学发展观，认真贯彻党的十七大和十七届三中全会精神，按照自治区第七次党代会和区党委七届四次全委会的决策部署，全面实施"一产上水平、二产抓重点、三产大发展"的经济发展战略，立足"三农"基础，狠抓"首要任务"，扎实推进社会主义新农村建设；立足扩大内需，强化投资消费双拉动，继续保持经济社会跨越式发展势头；立足深化改革开放，解放思想开拓创新，不断增强经济社会发展的活力与动力；立足改善民生，切实解决涉及群众利益的难点热点问题，促进发展成果人民共享；立足维护稳定，加强社会管理，营造和谐稳定的社会环境，努力在走有中国特色、西藏特点的发展路子上迈出新步伐。

主要预期目标是：全区生产总值增长10%以上，万元地区生产总值能耗控制在国家规定范围内；农牧民人均纯收入增长13%以上；地方财政一般预算收入增长20%以上；全社会固定资产投资增长15%以上；社会消费品零售总额增长15%以上；居民消费价格总水平涨幅控制在上年水平以下；城镇登记失业率控制在4.3%以内。

实现上述目标，我们将重点做好以下工作。

一、准确把握精神实质，深入贯彻落实科学发展观

科学发展观是经济社会发展的重要指导方针，是发展中国特色社会主义必须坚持和贯彻的重大战略思想。要以开展深入学习实践科学发展观活动为契机，把握内涵，立足实际，自觉用科学发展观指导我区经济社会发展实践，走出一条有中国特色、西藏特点的科学发展路子。

又好又快地推动跨越式发展。在西藏这样一个经济总量小、发展层次低的不发达地区，更要率先树立和落实科学发展观，充分调动和切实保护各方面加快发展的积极性，保持一个较快的发展速度，努力做大总量，坚定不移地推动跨越式发展。要立足加快发展方式转变和结构调整，更加注重生态文明和社会建设，做到加快发展与优化结构、提高效益、降低消耗、保护环境相结合，促进经济社会又好又快发展。

努力实现发展成果人民共享。坚持以人为本，始终不渝地把改善农牧民生产生活条件、增加农牧民收入作为经济社会发展的首要任务，始终把实现好、维护好、发展好最广大人民的根本利益作为我们一切工作的出发点和落脚点，着力解决城乡低收入居民的实际困难，特别注重改善边远地区、边境地区和地方病高发区以及人口较少民族群众的生产生活条件，加大公共服务力度，继续为人的全面发展创造良好环境，满足人民日益增长的物质文化需要。

促进全面协调可持续发展。进一步深化改革、扩大开放，增强跨越式发展的动力，全面推进经济建设、政治建设、文化建设、社会建设和生态文明建设。更加注重城乡经济社会协调发展，把重点放在农牧区、特别是农牧区社会事业发展上，着力推进社会主义新农村建设，着力发展以改善民生为重点的社会事业。加强生态文明建设，促进经济发展与人口资源环境相协调，促进人与自然和谐发展。

处理好跨越式发展中的重大关系。抓住牵动全局的主要工作和事关群众利益的突出问题，把统筹兼顾这个根本方法贯穿到经济社会发展的各个方面。坚持"两手抓、两手都要硬"，旗帜鲜明反分裂，坚定不移抓发展。坚持"抓两头、促中间"，统筹全区协调发展。坚持"两条腿走路"，正确处理好"离不开"与"不依赖"的关系，切实把中央关心、全国支援和自身艰苦奋斗结合起来，不断增强自我发展能力。

二、紧紧围绕第一要务，开创经济建设新局面

牢牢抓住经济建设这个中心不放松，立足投资消费并驾齐驱，突出发展重点，破解发展难题，不断改革创新，保持经济平稳较快增长。

(一)做好"三农"工作，扎实推进新农村建设

狠抓首要任务。全面推进以安居工程为突破口的"八个基本解决"。提前安排，力争通过两年的努力，让所有农牧民都住上安全适用的住房；安排1.9亿元，全面完成村级组织活动场所建设任务；安排19个乡镇、213个行政村的公路建设，完成59个农牧区客运站点建设，完成260个乡镇的光缆建设，新增320个行政村通电话，解决35万农牧民的安全饮水问题，解决和改善11.3万农牧民用电问题；加大碘盐推广力度，农牧民碘盐补助标准提高到每公斤2元，确保农牧区碘盐人口覆盖率提高到80%以上。大力实施薪柴替代工程，不断转变农牧民生活方式。按照"打牢一个基础，转好两个轮子，搭建一个平台"的要求，夯实农牧业基础，提高农牧业综合生产能力；大力发展特色农牧业及加工业，不断扩大劳务输出；加强以公共服务机构为依托、专业合作经济组织为基础、科技服务为支撑的新型农牧业社会化服务体系建设，建立稳定增收的长效机制，使农牧民真正成为投资主体、经营主体和受益主体，力争全年农牧民人均纯收入达到3580元。不断完善农村服务体系，将农村公共服务人均补助标准提高到60元。加大资金投入，积极扶持农牧民综合服务队，加强对农牧区基础设施和公益设施的管理维护。

努力提高农牧业综合生产能力。切实完善和落实强农惠农政策，将领导精力、资金投入、项目安排全方位向"三农"倾斜，大幅度增加"三农"投入，自治区安排资金28.6亿元，促进农牧区发展。执行最严格的耕地草场保护和节约集约用地制度，调整和优化种植业结构，提高粮食最低收购价，不断增强农牧业综合生产能力。加强农业综合开发，加快推进"一江三河"流域现代农业示范区建设。坚持立草为业、草业先行，实施退牧还草工程，加大农区饲草料种植，以农区畜牧业的大发展带动全区畜牧业上水平。继续加强草场承包工作，选育推广地方优良畜种，积极改变传统饲养方式，不断提高牲畜出栏率和商品率。建立"产、学、研"结合的农牧业科技研发机制，加强关键技术研究，加大农牧业标准化工作力度。加强动物防疫体系建设，重点抓好重大动物疫病防控工作。扩大灾害监测覆盖面，进一步提高农牧业防抗灾能力。

积极探索集体经济有效实现形式。按照服务农牧民、进退自由、权利平等、管理民主的要求，鼓励农牧户联合、合

作，大力发展农牧民专业经济合作组织，积极扶持集体性质的实体企业，切实增强集体经济实力和服务功能，以集体经济的发展壮大巩固基层基础，切实增强乡村基层组织的影响力、号召力和凝聚力。加强农村集体经济组织专业人才的培养、管理和引导，提高乡村班子发展集体经济的能力。

大力培养新型农牧民。以崇尚科学、追求文明为方向，以实用技术、劳动技能为重点，继续加大投入，加强农牧民教育培训，引导农牧民转变财富观念，树立商品意识、竞争意识，着力培养有觉悟、有文化、懂技术、会经营的新型农牧民。

深化农村改革创新。深入贯彻落实《中央关于推进农村改革发展若干重大问题的决定》及自治区党委的贯彻意见，按照依法、自愿、有偿的原则，稳妥推进土地、草场等使用权的合理流转，发展多种形式的适度规模经营。建立和完善各种补贴机制，安排资金 1 亿元，用于草原生态效益补偿机制试点工作；将种粮农民直补由每亩24元提高到30元，进一步提高农机、化肥和农药等补贴标准。探索建立失地农民共享征地增值收益的机制，解决好失地农民的就业和社会保障问题。加快推进集体林权制度改革。明确责任，细化措施，全面落实自治区关于加强和改进金融服务“三农”工作的意见。继续推进农牧区综合改革，进一步增强基层组织的社会管理和公共服务职能。

(二)狠抓扩大投资和项目建设，着力夯实发展基础

全方位扩大投资。牢牢抓住国家扩大内需的难得机遇，加大工作力度，加快落实“180”项目和“十一五”规划新增项目资金，争取中央投资达到 240 亿元。加强与援藏省市和中管企业的协调，力争援藏资金达到20亿元。加强服务，优化环境，充分发挥政府投资的引导、带动作用，进一步激活民间投资。

加强重点项目建设和前期工作。抓紧启动拉日铁路、拉萨贡嘎机场专用公路、日喀则和平机场、藏木水电站、青藏直流联网、城网建设与改造、旁多水利枢纽、自治区自然科学博物馆等一批重点项目，力争“180”项目全部开工建设。积极推进川藏、新藏和青藏等干线公路、通县油路、阿里昆莎机场、昌都邦达机场、老虎嘴水电站、无电地区电力建设、大中型灌区、青藏铁路那曲物流中心等在建重点工程建设。加快拉林铁路、安狮公路、格拉输气管道、拉洛水利枢纽、城镇供暖等重大基础设施项目前期工作，认真做好“十二五”规划的前期准备和项目筹备工作。稳步推行政府投资项目代建制。加大项目稽查力度，确保工程质量和投资效益。

(三)努力扩大消费，持续拉动经济增长

抓紧研究制定刺激消费的政策措施，进一步完善刺激城乡居民消费的财税金融政策，充分利用住房公积金、税费政策、贷款贴息和补贴等手段，尽快消除拉萨“3•14”事件对消费市场的影响，重振消费市场信心，着力扩大消费需求特别是居民消费需求。结合安居工程建设，启动“家电、家具、农机下乡”试点工作和耐用消费品、文化、医药下乡活动，努力培育农牧区消费热点。积极巩固城市消费，改革和完善消费信贷制度，继续培育住房、汽车、网络消费等消费热点，积极推动节假日消费和冬季旅游消费。完善住房公积金管理制度，适当提高贷款额度和年限。加大资金投入，积极实施“万村千乡和双百”市场工程。加强市场监管，依法惩治制假售假、商业欺诈、强买强卖等行为，维护消费者合法权益，营造良好的消费环境。力争全年社会消费品零售总额突破 150 亿元，增长15%以上。

(四)立足资源优势，加快培育发展特色产业

坚持注重特色与规模、注重引导扶持、注重生态环境保护、注重带动农牧民的产业发展指导原则，加快推进特色经济发展。明确产业发展要求：特色农牧业要突出扶优扶强，优势矿产业要突出抓大限小，旅游业要突出追高求精，藏医药业要突出继承创新，建筑建材业、民族手工业、绿色食(饮)品业要突出整合做强。加大产业资金扶持：自治区安排5亿元特色农牧业发展扶持资金，5亿元产业与企业改革发展资金，5000 万元旅游促销和旅游发展专项资金，加快推进特色产业发展。加大资源整合力度，引导生产要素向优势龙头企业集中，不断提升产业发展规模和企业竞争力。打造产业发展品牌：突出西藏高原绿色的独特优势，加大培育、扶持和保护，完善代理机制，形成“政府积极引导、企业主动运作、部门大力支持、群众广泛参与”的品牌发展格局，打响西藏高原绿色品牌。强化产业发展服务：加强组织引导，改善服务手段，提高服务效率，为产业建设营造良好的环境。突出产业导向，落实各项优惠政策措施，进一步减免企业税费，切实减轻企业负担，增强企业发展活力。引导企业诚信经营，增强社会责任感。积极拓宽产业发展的投融资渠道，充分发挥政府投资的带动作用，鼓励和引导民间资金投身产业建设，形成推动产业发展的强大合力。

加快旅游业发展。以突出特色为重点，以打造精品为方向，不断提升旅游层次，重塑西藏安全文明的旅游目的地形象，加快恢复旺季旅游，积极发展冬季旅游，促进旅游业的全面恢复和快速发展。加强旅游基础设施建设，加快构建以拉萨为中心的公路、铁路、航空立体旅游交通网络。积极促进旅游与文化的紧密结合，鼓励农牧民参与兴办原生态的民族歌舞、民俗村、藏家乐等特色项目。加大特色旅游产品的开发力度，延伸旅游产业链。

(五)深化改革开放，不断增强发展活力

加大改革创新，构筑有利于科学发展的体制机制，增强经济社会发展的活力与动力。全面落实《关于深化我区国有企业改革的意见》，加快国有企业改革步伐。大力推进企业兼并、重组，调整优化国有经济布局结构。积极实施企业国有资产法，加强国有资产监督管理，确保国有资产保值增值。深入推进价格监管和改革。实施积极的财政政策，抓好国家和自治区扩大内需各项政策的落实，进一步优化财政支出结构，确保维护稳定、重大基础设施建设、社会发展、改善民生等重点支出需要。完善规范政府采购制度。认真实施增值税转型、成品油消费税和企业税收减免政策。实施适度宽松的货币政策，全面落实中央赋予西藏的特殊优惠金融政策，加大信贷投放力度，重点支持基础设施建设、灾

后重建、特色产业发展。加快发展商业保险。大力培育上市公司后备资源，努力提高上市公司质量。强化金融生态建设，不断优化融资环境。

扩大对内对外开放，争创开放型经济新优势，实现对外开放新跨越。增强开放意识、优化发展环境，加大招商引资力度，力争招商引资规模达到50亿元以上。全面落实那曲物流中心招商引资优惠政策，吸引更多的企业落户西藏。加大宣传推介力度，积极鼓励支持区内企业走出去，努力开拓内地市场。做好自治区参与2010年上海世博会各项筹备工作。加快推动南亚贸易大通道建设，重点建设吉隆口岸，稳步提升樟木口岸，积极恢复亚东口岸，逐步发展普兰、日屋口岸。依托区位优势，大力发展边境贸易，努力提高自产产品出口，力争全年进出口贸易总额增长10%以上。

大力发展非公有制经济。全面落实鼓励支持非公有制经济发展的各项政策措施，破除一切影响非公有制经济发展的思想观念，破除一切制约非公有制经济发展的体制机制，破除一切阻碍非公有制经济发展的管理障碍，改进政府服务，为非公有制经济创造平等竞争的法制环境、政策环境、市场环境和人才环境。加大市场化改革力度，把自治区财政设立的小额信贷担保资金，转为信用担保公司的资本金，并积极吸纳社会资本，优化信用担保公司股权结构，建立灵活便捷安全的运行机制，健全信用担保体系，真正解决中小企业贷款难、银行难贷款的问题，促进非公有制经济快速健康发展。

三、始终坚持发展先进文化，掀起文化建设新高潮

社会主义先进文化是引领时代的灵魂，是科学发展的重要内容。必须用先进文化凝聚人心，坚定信念，夯实思想基础，充分调动和发挥人民群众推动科学发展、促进社会和谐的主体作用。

(一)发展文化事业，满足人民文化需求。建立稳定的文化投入保障机制，继续加强文化基础设施建设，新建一批县级综合文化活动中心和乡镇文化站。加大县级新华书店和农家书屋建设力度。继续抓好“西新工程”、广播电视“村村通”工程、农村电影放映工程和文化信息资源共享工程建设。投入4000万元，推广普及数字电视。积极做好西藏卫视汉语频道全国落地和藏语卫视开办国际频道工作。加强文化设施管理，使其发挥更大的作用。注重发挥人民群众的主体作用，培养一支热心文化事业、专兼结合的基层文化队伍。重视文物和非物质文化遗产保护工作，完成“三大重点文物”维修保护工程，全面实施“十一五”重点文物保护工程，开展第三批国家级非物质文化遗产名录和我区国家级珍贵古籍名录申报工作。大力开展全民健身活动，努力提高竞技体育水平。

(二)挖掘文化内涵，加快文化产业发展。坚持社会主义文化的前进方向，不断推进文化品牌建设，全面提升西藏文化的品位。注重贴近实际、贴近生活、贴近群众，围绕新中国成立60周年和西藏民主改革50周年等重大庆典活动，创作推出一批既反映新西藏时代精神、弘扬时代主旋律，又具有浓厚民族特色、强烈艺术感召力的文艺作品。安排文化产业启动及主流文化创作专项资金 2500万元，培育文化骨干企业，加强文化产业基地建设。深化文化体制改革，鼓励引导非公有资本进入文化产业领域。积极扶持民间职业演出团体和农村业余剧团，促进民营文化企业健康发展。

(三)突出时代主题，加强精神文明建设。坚持不懈用马克思主义中国化最新成果武装头脑、教育人民，用中国特色社会主义共同理想凝聚力量，用以爱国主义为核心的民族精神和以改革创新为核心的时代精神鼓舞斗志，用社会主义荣辱观引领风尚，推进社会主义核心价值体系建设，继承和发扬“老西藏精神”，巩固全区各族人民团结奋斗的共同思想基础。进一步繁荣哲学社会科学。创新大学生思想政治教育模式，加强青少年思想道德教育。通过群众喜闻乐见、丰富多彩的形式，广泛宣传各项强农惠民政策，让人民群众真正明白利从何来，惠从何得，唱响共产党好、社会主义好、改革开放好、人民军队好、人民群众好、伟大祖国好的主旋律。深入开展群众性精神文明创建活动。继续开展“扫黄打非”工作。加强网络文化建设管理，强化文化市场监管，杜绝反动宣传品，净化文化环境。做好双拥工作，加强国防教育、国防动员和人民防空工作。

四、更加注重统筹兼顾，实现社会建设大发展

立足人的全面发展，在加快经济发展的同时，更加注重社会建设，促进社会公平，凝聚各方力量，不断提高社会发展水平。

(一)大力发展社会事业，促进公共服务均等化

努力促进教育公平。抓住教育这个根本大计，继续加大投入，重点改善农牧区中小学办学条件。巩固扩大覆盖范围，，将义务教育阶段学生年公用经费标准提高到小学生均300元、初中生均500元。整合农牧区教育资源，加强集中办学和寄宿制办学，让边远地区和地方病高发区的孩子享受均等的教育机会。实行区内中等职业教育农牧子女，高校涉农专业，地矿专业及师范专业新生的免费教育，并对地区外高校同专业的新生给予补助。继续扩大内地西藏班高中招生规模。大力发展职业教育，加快培养急需的技工人才和专门人才。努力做好继续教育。不断加强高校学科建设和管理体制改革。加强教师队伍建设，鼓励教师到农牧区工作。

加快发展医疗卫生事业，坚持把提高人民健康素质作为改善民生的重要目标，完善以免费医疗为基础的农牧区医疗制度，进一步加强城镇社区医疗服务，深化医药卫生体制改革，加快完善覆盖城乡居民的医疗保障体系。搞好70个县卫生服务中心、妇幼计生业务用房和配套设施建设，新建 4 个县疾控中心、93个乡镇的卫生院业务用房，抓好自治区藏医院改扩建工程，开工建设自治区第三人民医院。安排资金 1.53 亿元，做好鼠疫、结核、肝炎和大骨节病、碘缺乏病等传染病、地方病的监测、防治和研究工作，努力降低传染病发病率和死亡率。加大计划免疫力度，进一步扩大计划免疫范围。加强医疗卫生人才队伍建设，解决基层医疗卫生人员缺乏问题，改善长期在基层工作的医疗卫生人员待遇，积极扶持藏医药发展，注重基础研究，促进藏药继承和创新。加强医德医风建设，努力构建和谐的医患关系。做好妇幼保健和优生优育服务，将农牧区优生优育补助标准由年人均 6 元提高到

12 元，最大限度地降低孕产妇、婴幼儿死亡率和出生缺陷率。切实做好流动人口的计划生育服务与管理工作。

大力推进科技进步。科技是第一生产力，是推动科学发展的关键支撑。自治区安排科技资金 1.08 亿元，其中用于农牧业科技的资金不低于5000万元。加强科技基础研究，加快实施"金太阳"、"金牦牛"等科技创新工程，进一步提升科技支撑产业发展的水平。强化科技队伍建设，着力培养一批学科带头人、技术骨干和科技型企业家。继续加强科技特派员工作，新增农牧民科技特派员1000名。加强科技示范点建设，扶持和培育科技服务组织。广泛开展科普宣传，搞好科技下乡、科技扶贫等活动。

(二)高度关注民生，实现发展成果人民共享

加强就业和社会保障工作。继续实施积极的就业政策，认真做好高校毕业生就业工作，积极开展就业援助，不断扩大社会就业，实现全年新增城镇就业1.9万人。安排就业再就业、技能培训及购买公益性岗位资金 1.57 亿元，新增公益性岗位 1 万个，在解决零就业家庭和困难群体就业问题的同时，重点用于购买专业性、技术性的公益性岗位和解决社区居委会成员补助。积极做好就业培训和指导工作，加快构建城乡一体的人力资源市场。严格执行《劳动合同法》，切实维护劳动者合法权益。扩大基本养老保险覆盖范围，今年起再连续两年提高企业退休人员养老金标准。妥善解决失地农牧民就业、住房和社会保障问题。扩大农牧民工社会保险覆盖面，抓紧制定农牧民工养老保险关系转移接续办法。不断完善城镇居民基本医疗保险制度，力争实行城镇职工基本医疗保险自治区级统筹。以非公有制企业为重点，完善失业和工伤保险制度。进一步落实好生育保险制度。加强社会保险基金的管理。

妥善安置困难群众生活。完善和落实低收入群体的价格补贴联动机制，切实做好价格监管与监测预警，确保低收入群体的生活不因物价上涨而降低。加大扶贫开发力度，切实改善农牧区重点帮扶对象和低收入群体的生产生活条件。自治区安排投资20亿元，优先恢复灾后学校、医院等公共服务设施和民房加固、重建等基本生活设施，力争 6 月底基本完成灾后恢复重建任务。安排资金 1 亿元，建设部分易灾县和急需的 32 个易灾乡镇防救灾物资储备库。将自治区应急准备金增加到 20 亿元，进一步提高应急能力。完善城乡最低生活保障制度，农村低保标准提高到1100元，城镇低保标准提高到 310 元。继续落实好农牧区"三老"人员生活补贴，再次提高"五保户"供养标准。进一步完善困难群众的生活救助和医疗救助政策。加快保障性住房建设进度，力争用三年时间，投资10亿元建设1万套廉租房和经济适用房，投资 20 亿元建设 2 万套职工周转房。安排 1 亿元用于城镇困难居民房租补贴。高度重视农民工工资兑现问题，确保及时足额支付。大力发展残障人事业和慈善事业。

切实抓好安全生产。公共安全是人民群众最关心、最直接、最现实的重大民生问题。要牢固树立"以人为本，珍惜生命"的理念，认真落实安全生产责任制，切实抓好交通安全、旅游安全、矿山安全、森林草场防火和消防安全等重点工作。要切实做好食品药品安全工作，真正让老百姓吃得放心、吃得安全。

强化安全监管，严格责任追究制度，严防重特大事故发生。

(三)加强生态文明建设，推进可持续发展

加大投资力度，安排资金 20 亿元，加快建设退牧还草、退耕还林、天然林保护、自然保护区建设、重点区域造林绿化、水土流失治理、城镇污水垃圾处理设施等项目，全面启动西藏生态安全屏障保护与建设工程。建立和完善多领域的生态补偿机制。加强草场保护建设和农牧区环境保护工作。强化水资源统一管理和集中式饮用水源地保护。严格环境执法监管，认真落实节能减排各项措施。严格执行建设项目地质灾害危险性评估制度及环境影响评价和"三同时"制度，规范各类开发建设活动，尽量降低经济开发的环境成本。

(四)高举爱国团结进步旗帜，扎实做好民族宗教工作

积极推进民族团结进步事业。全面落实党的民族政策，牢牢把握各民族共同团结奋斗、共同繁荣发展的主题，进一步加强"三个离不开"教育，继续巩固和发展平等团结互助和谐的社会主义民族关系。加强藏语言文字工作。安排资金 1.5 亿元，积极推进"兴边富民"行动，扶持人口较少民族的发展。

认真做好宗教工作。全面落实党的宗教工作基本方针，贯彻《宗教事务条例》和自治区实施办法，始终坚持"划清两个界限、尽到一个责任"的政策原则和工作要求，保护合法、制止非法、抵御渗透、打击犯罪，依法管理宗教事务，积极引导宗教与社会主义社会相适应。深化寺庙爱国主义教育，深入开展寺庙法制宣传教育，建立和维护宗教正常秩序。

五、打牢维稳工作基础，保障和谐稳定的社会秩序

坚持稳定压倒一切的思想不动摇，深入持久地揭批达赖，立足强基固本主动治理，全面落实维护稳定的各项措施，扎实推进平安西藏建设。

(一)深入开展反分裂斗争。始终把认清达赖反动本质作为反分裂斗争的前提，继续深化"反对分裂、维护稳定、促进发展"主题教育，让"团结稳定是福、分裂动乱是祸"的道理深入人心。切实把强化青少年教育作为反分裂斗争的根本，持之以恒地开展马克思主义"四观"、"两论"教育，持之以恒地开展西藏新旧历史对比教育，把他们培养成社会主义事业的合格建设者和可靠接班人。坚持"旗帜鲜明，针锋相对，主动治理，强基固本"、"标本兼治，重在治本"的斗争方针，严密防范和严厉打击达赖集团的各种渗透分裂破坏活动。强化军警民联防机制，加强重点地区、重点部位防控工作，坚决防止达赖集团和不法分子制造事端。加强情报信息搜集工作，严密掌握敌对势力活动新动向。加强边境管控，坚决遏制非法出入境。加大反恐力度，积极预防、果断处置突发恐怖事件。积极配合国家总体外交，努力推动外事外宣工作，有效挤压达赖集团的国际活动空间。

(二)加强社会治安综合治理。健全工作机制，加快构建完善高效的社会治安防控体系。深入开展专项整治，依法打击各类违法犯罪活动。以城市出租房为重点，加强流动人口管理。突出抓好城

市和农牧区的社区管理与服务，营造良好的社会秩序。加强信访和基层调解工作，针对近年来产生的征地补偿、拆迁安置、资源纠纷等新问题，教育引导群众以理性、合法的形式表达诉求，妥善解决各类社会矛盾妥善处置群体性事件，防止被达赖集团及敌对分子插手利用。

(三)进一步夯实基层基础。以推动科学发展、促进社会和谐为主线，以强基固本、凝聚力量为目标，以全面加强农村基层基础工作为重点，建强基层组织，筑牢思想基础，努力构建维护稳定的"第一道防线"。加强基层政法队伍建设，改善基层政法部门的基础设施条件，不断提高战斗力。增加基层公用经费支出，继续改善乡村干部工作条件和生活待遇。

六、着力加强政府建设，营造科学发展良好环境

始终坚持深入学习实践科学发展观，自觉用科学发展观武装头脑、指导实践，以政府建设水平的不断提升、服务的不断改善，努力创造良好的发展环境。

(一)深入开展学习实践科学发展观活动。各级政府必须按照"一贯彻、三坚持、两推进"的要求，深入开展学习实践科学发展观活动，坚持把深化学习、提高认识贯穿始终，以科学发展观武装头脑、转变观念，不断增强贯彻落实科学发展观的自觉性和坚定性。坚持把突出实践特色、解决各类问题贯穿始终，着力解决影响和制约科学发展、群众反映强烈的突出问题，办一些群众迫切需要办的实事。坚持把协调推进、注重实效贯穿始终，做到两手抓、两不误、两促进，切实把学习实践活动的成效体现到促进工作上。

(二)不断优化发展环境。各级政府及部门要坚持管理和服务并重，强化服务意识，改进服务方式，提高服务质量。要理顺部门职能分工，优化工作流程，完善各类公开办事制度，使政府机关运转更为规范协调、工作更加便民高效，更好地为基层、企业和公众服务。要优化发展环境，树立人人都是环境、人人都是形象的思想，深入开展优化环境创建活动，切实将各方面的积极性、创造性都凝聚到发展环境建设上来。

(三)改革创新行政管理体制。认真贯彻中央关于地方政府机构改革的意见，进一步转变政府职能，全面推进政府机构改革。深化人事制度改革，稳步推进事业单位岗位设置试点工作。创新行政管理模式，在加强和改善经济调节、市场监管的同时，更加注重社会管理和公共服务。加快完善各种突发事件应急机制，提高政府应急管理的领导能力和组织能力。规范行政行为，严格行政程序，继续深化行政审批制度改革。坚持民主监督制度，主动接受人大及其常委会的法律监督和工作监督，自觉接受政协的民主监督，认真接受公民、社会和新闻舆论的监督。继续推行政务公开，全面落实政府信息公开制度，增强政府工作透明度和公信力。牢固树立法制观念，坚持依法行政，努力建设法治政府。加强"五五"普法工作，不断提高全社会的法制意识。

(四)始终加强政风建设。大力弘扬求真务实精神，力戒官僚主义、形式主义和政绩工程，切实改进文风、会风，精简会议和文件，努力建设务实政府。始终保持艰苦奋斗、勤俭节约的优良传统，严格控制公务消费，降低行政成本，努力建设节约型政府。加强对权力运行，特别是对领导干部、人财物管理使用、关键岗位的监督制约，形成拒腐防变教育长效机制、权力运行监控机制。加大对扩大内需、促进经济平稳增长政策措施的全过程监督，确保项目选择和实施的公开、透明、有效，严防截留挪用建设资金。加强公务员教育培训和管理，努力建设政治坚定、业务精通、作风优良、清正廉洁的公务员队伍。

各位代表!新的一年，政府工作任务相当繁重，我们深感肩负的责任重大而光荣。让我们在自治区党委的领导下，更加紧密地团结在以胡锦涛同志为总书记的党中央周围，高举中国特色社会主义伟大旗帜，以邓小平理论和"三个代表"重要思想为指导，深入贯彻落实科学发展观，按照自治区第七次党代会和区党委七届四次全委会的部署，以更加奋发向上的热情，更加求真务实的作风，更加扎实有效的工作，为推进小康西藏、平安西藏、和谐西藏建设作出新的更大的贡献!以优异的成绩迎接新中国成立60周年和西藏民主改革50周年!

第一篇 西藏综述

西藏自治区概况

地 理

【名称由来】西藏全称西藏自治区，是中华人民共和国的五个省级自治区之一。根据考古发现，早在距今 5 万年以前，西藏就有人类活动。今日西藏境内的某些高海拔地区甚至“无人区”也是古代人类生存的场所。7 世纪吐蕃政权建立，并统一了青藏高原。藏语称西藏为“播”，所以唐时称西藏为“吐蕃”、“吐番”，“蕃”或“番”在汉唐之时的西北方言中读音同“播”，是藏语西藏的音译。元明时称西藏为乌斯藏，由于在祖国的西边称“西藏”，“西”表示在祖国的方位，“藏”是乌斯藏的略写。1965 年 8 月经全国人民代表大会常务委员会第十五次会议批准于 9 月 1 日正式成立西藏自治区。

【世界屋脊】西藏是世界上最高的青藏高原的主体部分，美丽富饶的西藏平均海拔高度在 4000 米以上，素有“世界屋脊”之称。由于西藏冰川分布广泛，高山常年积雪，也被称为雪域高原，水资源丰富。由于亚洲重要的河流大都发源于此，有“亚洲的水塔之称”，是“名山之宗、江河之源”。远古时期，青藏地区是一片汪洋大海，在据今三千万年前，在亚欧板块与印度板块的巨大碰撞下，发生了“喜马拉雅运动”，隆起了世界最年轻的高原——青藏高原。西藏是地球上平均海拔最高、地壳厚度最大、隆起形成时间最晚、最年轻的高原，是除南极和北极之外世界最高的地方，也称为“世界的第三极”。这里的自然景观世界独有，地形地貌千姿百态。西藏高原群山连绵，峰峦叠嶂，雪峰林立，既有白雪皑皑的高山，绿草如茵的宽阔草原和清澈见底的河流湖泊，也有争奇斗艳的万种花卉和郁郁葱葱的原始森林及十分丰富的野生动植物资源，更有那幽深的藏传佛教、令人神往的圣湖、神山和充满神秘色彩的喇嘛寺庙、世界独有的高原自然风光和民俗民风。

【位置与面积】西藏自治区地处祖国的西南边疆，南起北纬 26°52′，北到北纬 36°32′，西起东经 78°24′，东至东经 90°06′。东西长约 1900 千米，南北宽约 1000 千米。面积约 122 万多平方千米，占全国总面积的 1/8，仅次于新疆维吾尔自治区，居全国第二位。北与新疆维吾尔自治区、青海省毗邻，东隔金沙江和四川省相望，东南部在横断山区和云南省相连，西部和南部与印度、尼泊尔、不丹、缅甸等国以及克什米尔地区接壤，边境线长约 4000 千米，是中国西南边陲的重要门户。

【地形与山脉】西藏平均海拔 4000 米以上，地形可分为三个阶梯，藏北高原平均海拔 4500 米以上，位于昆仑山、唐古拉山和冈底斯山、念青唐古拉山之间，占全自治区面积的 2/3。藏南谷地平均海拔 3500 米左右，在冈底斯山和喜马拉雅山之间，即雅鲁藏布江及其支流流经的地方。藏东高山峡谷区平均海拔 3500 米以下，为一系列由东西走向逐渐转为南北走向的高山深谷，系横断山脉的一部分。总的特点是西北高东南低。西藏地形的主要特征表现为：高原辽阔，群山巍峨，平原狭长，峡谷深邃，冰川广布。

西藏有许多著名的大山，从走向来看主要有两组，一组是近东西走向的，从南向北依次为喜马拉雅山、冈底斯山、念青唐古拉山、昆仑山；另一组是近南北走向的横断山脉。在这些巨大的山脉之间，又有许多分支山脉，使西藏成为一个“山脉的海洋”。

喜马拉雅山脉巍峨蜿蜒于西藏高原最南缘，由许多平行的山脉组成，山脉的走向自西段的西北—东南向，到东段转为东西向，并向南突出，呈一弧形。山脉全长约 2450 千米，宽约 200～300 千米，平均海拔在 6000 米以上，超过 7000 米的高峰有 50 多座，超过 8000 米的山峰有 10 座。海拔 8844 米的世界第一高峰珠穆朗玛峰就耸立在喜马拉雅山中国和尼泊尔的边界上。

【河流与湖泊】西藏河流众多，境内河流流域面积大于 1 万平方千米的有 20 余条，大于 2000 平方千米的有 100 条以上。西藏外流水系主要包括雅鲁藏布江、金沙江、澜沧江、怒江、狮泉河、朋曲、察隅曲等，流域面积约 58.88 万平方千米，约占西藏总面积的49%。

雅鲁藏布江是世界上海拔最高的大河之一，发源于西藏南部桑木张以西喜马拉雅山北麓的杰马央宗冰川，被藏族人民视为母亲河。全长2506千米，流经23个县和珞瑜地区，流域面积23.92万多平方千米。雅鲁藏布江绕南迦巴瓦峰后，形成了世界上最大的峡谷——雅鲁藏布大峡谷。在全国各大河流中雅鲁藏布江水能蕴藏量仅次于长江，居全国第二位，流量居全国第三位。

西藏高原以湖泊众多闻名于世，全区大小湖泊共2000多个，湖泊总面积约2.4万平方千米，占全国湖泊总面积的30%以上，其中面积超过100平方千米的湖泊有47个。面积1000平方千米以上的有西藏三大湖泊纳木错、色林错、扎日南木错均分布于藏北。著名的羊卓雍错在藏南。

气　候

【气候特点】 夏秋季多夜雨，冬季干燥多风，气压低含氧少，由于日照多辐射强，冬季白天仍暖意洋洋，晚间气温才降至零下。其主要的特点表现为：空气稀薄，含氧量少；光照充足，辐射强烈；气温偏低，年温差小；干湿分明。

【气候评价】 2008年度，全区年平均气温为4.9℃，较常年同期偏高0.5℃，部分站点月平均气温超历史同期极值。就四季而言，冬、春季平均气温偏高，夏季正常，秋季持平。全区平均年降水量为524毫米，较常年偏多16%，为近38年来降水最多的年份；部分站点月降水总量超历史同期极值。大部分地区日照时数偏少。年内不同区域出现了雪灾、洪涝、泥石流、冰雹、雷电、大风等灾害性天气，给人民群众生命财产、生产生活及交通运输造成了较大的影响。

【气温】 西藏夏季平均气温不高，除藏东南一角和喜马拉雅山南翼外，雅鲁藏布江中游谷地温度最高，但也只有15℃左右，藏北高原的大部分地区气温低于8℃，是我国盛夏温度最低的地区。人们常用"一年无四季，一日见四季"来形容西藏气温年变化小、日变化大的特点。全区2008年平均气温在-1.5℃～12.1℃之间，与历年同期相比，各地气温正常或偏高，其中日喀则地区大部、改则、那曲、索县、当雄、墨竹工卡、泽当、类乌齐、八宿、林芝、米林偏高0.5℃～0.9℃，阿里地区西南部、定日、安多、班戈、拉萨偏高1.0℃～1.3℃。年内部分站点月平均气温创历史同期最高。

【气压】 西藏气压年平均大都在625百帕以下，仅为海平面气压的一半。空气平均为海平面空气密度的60%～70%。由于空气稀薄，含尘量少，高原天空分外碧蓝，在白云的衬托下景色分外艳丽。西藏高原空气含氧量比海平面减少35%～40%，水的沸点大部分地区在84℃～87℃。

【日照】 西藏的纬度低，海拔高，空气稀薄，所含杂质和水汽少，透明度好，当阳光透过大气层时能量损失小，太阳直接辐射可占大气上界太阳辐射的50%，是全国太阳辐射量最多的地区。著名的"日光城"拉萨年日照时数为3005小时，比同纬度的东部地区日照总时数多1000小时左右。2008年全区多阴云天气，年日照时数在1493～3489小时之间，与常年同期相比，加查、隆子、芒康正常，错那、波密、察隅、八宿、改则偏多20～92小时，其余各地偏少20～418小时，其中那曲地区大部、日喀则地区大部、当雄、浪卡子、贡嘎、泽当、米林、昌都、类乌齐、洛隆、普兰偏少100小时以上。

【降水】 西藏降水季节分配不均匀，雨季、旱季非常明显。雨季内各地雨量非常集中，一般要占全年总降水量的90%左右，每年4～9月为雨季。西藏每年10月至次年3月，降水量少，被称为"干季"，也叫"风季"。高原夜雨是西藏气候的又一特征，夜雨主要出现在雨季。而白天，由于辐射强烈，云层吸热蒸发，云不易旺盛发展，所以降水不易形成。夜雨的优越性很大，夜间下雨，温度降低，可以减少农作物呼吸作用所消耗的养分。昼晴夜雨既为农作物生长提供了水分，有利于农作物的光合作用。2008年全区年降水量在75～878毫米之间，与常年同期相比（图3），阿里地区大部、那曲地区大部、拉萨大部、南木林、拉孜、浪卡子、隆子偏多3～7成，其余各地基本正常。年内部分站点月降水量超历史极值。

行政区划

西藏自治区是中华人民共和国的五个自治区之一，是一个以藏族为主的民族自治区。西藏现行的行政区划分为一个地级市，6个地区和73个县(市、区)。其中，拉萨市辖7个县和1个县级城关区；林芝地区辖7个县，行署设在八一镇；昌都地区辖11个县，行署设在昌都镇；山南地区辖12个县，行署设在泽当镇；日喀则地区辖17个县和1个县级市，行署设在日喀则市；那曲地区辖10个县，行署设在那曲镇；阿里地区辖7个县，行署设在狮泉河镇。拉萨市是西藏自治区首府所在地，是全区政治、经济、文化的中心。

人口和民族

【人口】 2008年，全区总户数64.04万户，人口279.23万人（常住人口287.08万人），人口密度2.33人/平方千米；出生3.85万人，出生率13.8‰（常住人口为15.5‰），死亡1.24万人，死亡率4.4‰（常住人口5.2‰），新增2.61万人，人口自然增长率为9.3‰(常住人口增长率为10.3‰)，其中男性人口为140.42万人，女性人口为138.81万人，男女性别比例（女=100）101.16:100，农业人口231.02万人，占人口的82.7%，非农业人口48.21万人，占人口的17.3%。

【民族】 西藏是藏民族的发源地和聚居区，藏族遍布西藏各地，是西藏自治区人口最多的民族。2008年藏族人口为2644992人。除藏族外，西藏还有汉族123558人、回族2158人、门巴族10479人、珞巴族3079人、纳西族1264人、蒙古族277人、怒族441人、傈僳族22人、土族201人、独龙族37人、满族386人、白族130人、布衣族51人、维吾尔族8人、苗族223人、彝族156人、壮族83人、夏尔巴人2087人及其他民族2639人。

自然资源

【地热资源】西藏的地热蕴藏量居全国第一位。三江（怒江、金沙江、澜沧江）构造带、雅鲁藏布江断裂带和那曲至尼木断裂带均为地热活动的最有利地区，已发现温泉、沸泉、间歇喷泉、热水河、放热地面等各种形迹的地热显示区600多处，估算总热流量为每秒55万大卡，相当于标准煤约240万吨/年所释放的热量。当雄县境内的羊八井地热田是目前中国最大的高温湿蒸气热田，也是世界已获开发利用的大型地热田之一。

【光照资源】西藏太阳辐射强，光能丰富，西藏的太阳年总辐射值达140～200千卡／平方厘米，是中国东部沿海地区的1倍以上。西藏丰富的光照资源，补偿了由于高海拔所引起的气温低的不足，使西藏许多农作物的分布上限成为世界同类作物分布的最高限。青稞、春小麦分别在海拔4750米和4400米的高度种植成功。另外，充足的光照和日照时间，使作物的光合作用强化，而较大的昼夜温差，可使作物夜间的呼吸作用微弱，有利于农作物的有机质的积累。因此，西藏成为全国小麦和青稞的高产区之一。太阳能的开发利用，对于改善西藏的能源构成具有重要的意义。

【水资源】西藏的水资源相当丰富，据统计，全区水资源总量4482亿立方米(不含地下水)，按全区人口和耕地计算，人均占有水量和亩均占有水量均居全国首位。西藏各河流径流量大小相当悬殊，雅鲁藏布江是区内最大的河流，平均年径流量仅次于长江、珠江、黑龙江，居全国第四位。西藏的年径流深度从藏东南向藏西北递减。西藏的广大农区雨量较少，春播、冬播都要进行灌溉，灌溉是保证农作物稳产、高产的基本条件，而西藏充足的水资源(特别是外流区)为西藏农业的稳定发展创造了极为有利的条件。西藏南部和东南部河流水量充沛，河床大，蕴藏着极为丰富的水力资源。西藏的水能资源理论蕴藏量为2.01亿千瓦，占全国水能理论蕴藏量的15.83%。其中可开发的水能资源为5660万千瓦，占全国可开发的水能资源的17.1%，居全国首位。雅鲁藏布江是西藏水能资源最丰富的一条河流，理论蕴藏量为1.13亿千瓦，占全区理论水能蕴藏量的56.22%，其中可开发量为4837.14万千瓦，占全区可开发量的80.96%。特别是雅鲁藏布江的峡谷地形很适合建筑水坝，拦洪蓄水。

【风力资源】西藏是全国大风≥8级或17米／秒)最多的地区之一。高原地区年平均大风日数多达100～150天，最多可达200天，比同纬度中国东部地区(5～25天)多4～30倍，是全国大风日数最多、范围最大的地区。小型风力发电机具有移动方便的特点，风能对流动性大的牧区是最合适的能源类型。随着风能进一步开发利用，草场的大量牛粪就可作为有机肥料，促进牧草的生长。

【森林资源】西藏多类型原始森林是青藏高原乃至全国森林资源的重要组成部分。根据和平解放以来多次调查统计，有林地面积约60666667公顷，全区森林覆盖率为9.84%。西藏森林分布很不均匀，绝大部分森林分布在藏东南地区，活立木总蓄量20.84亿立方米，居全国第一位，藏东南林区是全国第二大林区——西南林区的主要组成部分之一。西藏森林植被组成部分古老、特有种多。成林树种中属西藏和喜马拉雅特有种的就有14种和3个变种，如西藏红豆杉、林芝云杉、墨脱冷杉、察隅冷杉、长叶云杉、喜马拉雅红杉、西藏冷杉、喜马拉雅长叶松、乔松、巨柏、西藏柏木、垂枝柏等。西藏森林资源大部分保持完好，具有很高的科研价值和良好的生态、经济效益。

【植物资源】西藏高原生态环境复杂多样，为各类植物的生存提供了有利的条件，是一个巨大的植物王国。据统计，全区高等植物种类约6400余种，隶属于270余科和1500余属。裸子植物在全世界共有12种，西藏就分布有7种；被子植物有15科33属120种。野生药用植物有1000多种，比较有名的有藏红花、雪莲、冬虫夏草、贝母、胡黄连、大黄、天麻、三七、党生、秦艽、丹参、灵芝、鸡血藤等。

【动物资源】西藏有哺乳动物142种，鸟类488种，爬行类55种，两栖类45种，鱼类68种，昆虫2305种。其中一些是中国特有的珍贵动物，在世界上亦是稀有的。西藏的野生动物资源有：兽类33种，主要有孟加拉虎、雪豹、金钱豹、云豹、金猫、兔猫、小灵猫、果子狸、黑熊、小熊猫、红腹松鼠、赤狐、藏狐、长尾叶猴、熊猴、野牛、野牦牛、马麝、林麝、白唇鹿、扭角羚、藏原羚、藏羚羊、岩羊、野驴、盘羊等。另外还有数量众多的鸟类和鱼类资源。其中白唇鹿、野牦牛、雪豹等被列为世界珍品。西藏是野生动物的乐园，藏北大草原的野生动物可与非洲大草原比美。西藏的家养动物有绵羊、山羊、猪、牦牛、黄牛、犏牛、驴、骡、犬、鸡、兔等。

【矿产资源】西藏已发现矿产101种，各矿床、矿点2000多处，在全国已发现的160余种矿产资源中，西藏就有99种。已探明储量的矿藏有30多种，其中储量居全国前十位的有：铬、铜、火山灰、菱镁矿、云母、硼、砷、泥炭、钼。在矿产资源中，具有重要经济意义和开发价值，在全国占优势的矿种有铬、铜，和硼为主的盐类矿产、地热等。铬铁矿居全国首位，锂的远景储量居世界前列，铜的远景值储量列全国第二，石膏的储量居全国第二，已探明硼矿、菱镁矿、重晶石、砷的储量居全国第三位。此外，石油也是潜在的优势资源。

【草地资源】作为中国五大牧区之一，西藏拥有8207万公顷草原，其中可利用草地7077万公顷。畜牧业是西藏主要的产业，占全自治区国民收入的1/3强。西藏草场分为8个大类，16个亚类，38个主要草场型。高山草甸草场是西藏面积最大、质量较好的草场，是区内草场中的一个主要类型。主要分布在那曲地区东部，昌都与拉萨地区北部，山南地区南部，日喀则地区北部和西部以及阿里地区西部山体中、上部位也有一定数量。

约占西藏面积 1/2 的藏北草原是西藏主要的草原，面积约为60万平方千米，当地人称为"羌塘"。

自然灾害

【旱涝】西藏是洪涝灾害十分频繁的地区，有史书记载，20世纪西藏分别于1917年、1920年、1962年和1998年发生过4次大洪水，其中前两次大水导致拉萨市一片汪洋。但洪涝灾害在西藏大范围的出现机会较少，西藏山体林立，山高坡陡，局部洪涝每年均有发生。局部洪涝常引起山洪暴发和泥石流，冲毁公路、桥梁和农田，尤其容易造成川藏公路和中尼公路交通中断。旱灾主要有春旱和夏旱（伏旱）两种。春旱指6月上旬雨季推迟来临造成的干旱，西藏主要农区的雨季一般开始于6月上旬，此时正值小麦、青稞分蘖、拔节期，作物需水量大，而雨季推迟至6月中、下旬，严重影响播种和出苗。此外，春旱推迟牧草返青，也不利于放牧。夏旱主要指7～8月期间雨季中的间遏性干旱，这时期正是小麦、青稞抽穗、灌浆期，需水量较大，如遇干旱，造成严重减产。西藏典型的旱灾出现在1983年7～8月，主要农区降水减少五成以上，干旱持续40天以上，造成部分河流断流，农作物减产。

2008年4月26～28日，林芝地区波密县出现连续性降水天气，降水量达69.0毫米，致使林芝地区波密县古乡318国道段发生雪崩，造成交通堵塞。

6月10日，日喀则地区昂仁县遭遇强降雨，发生洪涝灾害，其中荣奴村和荣夏村受灾比较严重。

6月11日，林芝地区古拉乡遭遇强降雨，造成古拉乡关龙村次崩组和拉巴组13户村民的农田基础设施受灾，并导致拉巴组至次崩组约1.5千米的沿路水渠出现不同程度的塌方。

6月12～14日，日喀则地区定日县协格尔镇、聂拉木县琐作乡遭受强降水袭击，有四个村发生不同程度的洪涝和泥石流灾害。因灾转移安置群众101人；4户民房倒塌，5户成为危房，9户民房被水浸泡；受灾农田128.4公顷；冲毁草场59.3公顷、水塘一座、水渠2.42Km、防洪坝0.547Km。灾害共造成直接经济损失约134万元。

6月17～23日，日喀则地区昂仁县多白乡亚多村、嘎镇、樟木口岸，拉萨市曲水县才纳乡尼浦热堆沟，林芝地区八一镇先后发生了洪涝灾害。上述灾情共造成65.43公顷农田受灾，其中重灾20.68公顷，绝收12.34公顷，冲毁钢架桥一座、防洪堤1.5千米，淹没3处进水口和0.1千米的灌溉水渠，樟木老水电站水利设施全部毁坏，直接经济损失约200万元。

6月18～25日，那曲地区嘉黎县连续出现了小到中雨天气过程。由于连续性降水，导致河水上涨，嘉黎县境内公路及桥梁大面积冲毁及淹没，其中0.13千米嘉鹤公路破坏比较严重，10村边达2007年修建的涵洞桥被水冲毁。

7月2日，拉萨城关区蔡公堂乡部分水渠发生溢满，导致该乡遭受水灾。共造成3户民房、幼儿园、海萨中心小学部分房屋和50间塑料大棚进水，淹没农田11.5公顷。

7月1～4日，拉萨市连续出现了降水过程，受其影响，4日拉萨市墨竹工卡县日多乡境内冲毁河堤0.035千米，两座农用桥也被冲毁；5日堆龙县老城堤防垮塌0.02千米。

7月10日以来，那曲地区出现了强对流天气，那曲镇连续5天出现了超过10毫米的降水，那曲镇共64户318人受灾，损坏房屋6间。

7月12～13日，日喀则地区聂拉木县出现了强降水，318国道由于山体滑坡导致公路下陷，下陷长度0.055千米，最大裂缝0.012千米，公路下陷落差0.012千米，公路整体前移0.025千米。14～15日持续出现的降水天气，使原下陷路段继续下陷，导致垮塌，交通中断。

7月14日，日喀则地区仁布县德吉林镇当雄、艾玛、奴日三村境内突降大雨，此次大雨共造成150户813人受灾，受灾农田36.69公顷，其中绝收4公顷，冲毁水渠1.5千米、公路10千米、防洪堤0.05千米，直接经济损失12万元，其中水利设施损失3万元。

7月11～16日，山南地区加查县出现连续性降水，14日加查镇联麦村境内发生山洪灾害，该村9户39人受灾，淹没水渠0.2千米，淹没农田0.35公顷（绝收），一间麦场进水，直接经济损失约0.6万元；16日加查县达龙河水位急剧上涨，因河水冲刷地基，导致1间商品房倒塌，5间商品房成危房。直接经济损失1.75万元。

7月中下旬以来，日喀则地区谢通门县境内遭受严重洪涝灾害。共造成该县6个乡镇48个村1.79万群众受灾，转移安置群众1857人；损坏倒塌房屋315间；农作物受灾面积130.1公顷，其中绝收面积31公顷，粮食减产19.2万斤；冲毁草场45.3公顷，林地5.7公顷；冲毁或损坏公路20.8千米，桥梁32座，防洪堤坝1.2千米，水渠4.4千米；死亡牲畜6头（只、匹）。直接经济损失868.82万元。

7月15～20日，山南地区浪卡子县、贡嘎县和乃东县部分乡镇遭受洪涝灾害，淹没农田52.4公顷、草场66.7公顷，冲毁水渠0.67千米、公路5.5千米、防洪堤0.4千米、河堤0.125千米，淤积水塘1座。灾害共造成直接经济损失约23.8万元。

7月23～24日，日喀则地区拉孜县的曲玛乡龙村、拉孜镇的拉龙、江达、措布、拉孜四个村、平措乡的平措林村先后遭受冰雹和强降雨袭击，引发泥石流和洪涝灾害，致使2748人受灾，受灾农田107.7公顷，冲毁乡间公路5.38千米、防洪坝3.3千米、涵洞2处，并导致防洪道淤泥1.2千米。

7月27日下午，阿里地区改则镇因短时强降水及冰雹引发洪涝灾害，洪水冲走绵山羊179只，损毁人工草地6.9公顷，冲毁灌溉水渠47米、小桥1架。直接经济损失32.3万元。

8月1～7日，山南地区隆子、琼结、桑日三县出现洪涝灾害，67户261人受灾，受灾农田47.46公顷，死亡牲畜50头（匹、只），损毁水渠0.4千米、河堤0.5千米。洪涝使错那县觉拉乡5个行政村受害，受灾农田3.35公顷，其中绝收1.35公顷，毁坏水坝3.5千米、水渠4.6千米、公路3.3千米、桥梁4座（其中公路桥1座、人行桥3座），毁坏林地和草地共5.54公顷，大小林木48600棵。造成直接经济损失108.06万元。

8月10—12日，山南地区部分地方出现了中到大雨或冰雹天气，致使部分乡镇发生洪涝灾害。山南地区错那县觉拉乡和隆子县隆子镇，因洪涝灾害共造成受损房屋15间；被淹农田157.7公顷、草场5.5公顷；冲毁防洪堤3.6千米、水渠16.635千米；毁坏公路3.3千米、乡村道路0.3千米、桥梁4座、水塘1座。

8月13日晚，日喀则地区拉孜县扎西岗乡因强降水引发洪涝灾害。造成225人受灾，其中1人受伤；损坏房屋32间；淹没农田216.7公顷，其中，成灾面积82公顷、绝收面积5.2公顷；96只羊被洪水冲走。

8月5—17日，连续性的降水天气使拉萨市曲水县、林周县、墨竹工卡县、堆龙德庆等县的部分乡镇遭受洪涝灾害。因洪涝灾害，曲水县造成65.39公顷农田受灾，4.67公顷企业园艺地被毁，冲毁乡村公路10.2千米、防洪坝0.95千米、围墙0.21千米；林周县甘曲镇解放大桥整个坍塌；墨竹工卡县日多乡哈姆村一座交通桥桥梁基础下沉，路面出现裂纹，目前该桥已禁止车辆通行；堆龙德庆县柳吾乡德阳水库坝基及挡土墙严重坍塌，坝体严重渗漏，对下游275户1277人造成严重威胁。

8月16—17日，山南地区贡嘎县、浪卡子县先后因强降水引发洪涝灾害，致使两县183户1031人受灾，受灾农田62公顷，受灾草场28.68公顷，0.5千米防洪设施漫堤，1户民房受损，卡巴水库副坝坝体冲毁3.5千米，冲毁水库除险加固工程石料200立方米、1座水磨房、0.07千米农田围栏、3座简易木桥、3座羊圈及0.15千米河床干砌石挡墙。直接经济损失81.75万元。

8月24日，日喀则地区白朗县巴扎乡突降暴雨，致使该乡金嘎、冲堆和巴扎3个行政村203户1488人受灾，冲毁农田267.4公顷、堤坝0.05千米，倒塌蔬菜大棚18座，堵塞防洪沟1.74千米，直接经济损失184.35万元。

8月26日，日喀则地区萨迦县吉定镇桑珠、龙桑、查嘎村因冰雹导致133户952人受灾，冲毁农田99.7公顷、堤坝0.2千米和3处山洪渡槽，直接经济损失92.32万元。

9月19～21日，阿里地区普兰县遭受暴雨袭击，过程降水总量达113.9毫米，为普兰县有气象记录以来最强的一次降水过程。强降水造成民房倒塌79间、附属设施（库房、牛羊圈等）149间，损坏县机关周转房178间。直接经济损失约432.6万元；农作物受灾面积492公顷（其中青稞468公顷，损失337.2万元；豌豆23.4公顷，损失5.3万元），作物种子损失60万元，库存粮食损失90余吨、饲草2180余吨，倒塌蔬菜大棚5座，共计直接经济损失约750.5万元；牲畜死亡或丢失各种牲畜4516头（只、匹），直接经济损失约413.7万元；灌溉渠道因决口、塌方或被泥石流淹没无法使用共计133千米，直接经济损失约598.5万元；冲毁、毁坏主要道路85.1千米；损毁电杆24根，高低压线路多处断裂。

【冰雹】多冰雹是高原一大特色，也是西藏农区灾害性天气之一。西藏有两个多雹中心，一个在羌塘高原东南部，如申扎、班戈、那曲、索县一带，全年雹日在28～35天，是全国雹日最高的地区；另一个在藏南山原湖盆区，如定日、浪卡子、隆子等地，全年雹日10～20天，是冰雹对西藏农牧业生产影响最显著的地区。西藏地区的冰雹集中发生在6～9月，其中6月和9月为过渡季节，北方的冷空气比较活跃，南方的暖湿气流水汽充沛，在动力和热力的共同作用下，对流旺盛，形成冰雹的机会较多。因此，6月和9月西藏雹日最多，七八月冷空气势力偏北，高空环流形式比较稳定，故雹日相对较少。西藏冰雹大部分为小冰雹，一般不会造成较大的损失。

2008年6月12日7时，山南地区隆子县日当镇曲古堂村、卡当村和扎村一带突降冰雹，引发洪水。造成115户499人受灾，重灾耕地达31.88公顷，轻灾达24.48公顷，其中绝收3.07公顷，水渠受损1.9千米，冲毁1.3千米，死亡牲畜25头(只)，房屋受损5户，直接经济损失达13.9万元。

6月22日，山南地区浪卡子县卡热乡江巴村、江热村突降冰雹；24日张达乡巴多村又遭冰雹袭击，致使39户203人受灾。两次雹灾共造成直接经济损失5.6万元。

6月28日，昌都地区洛隆县俄西乡伟村和次穷两个行政村发生雹灾，造成伟村和次穷村165户953人受灾，受灾农田14.74公顷，其中重灾6.53公顷，造成农作物减产约2.6万斤，直接经济损失2.65万元。

7月3日，山南地区浪卡子县城突降冰雹，共造成245户、914人受灾，农作物受灾面积150公顷、绝收面积27公顷，冲毁水渠750米。直接经济损失40.4万元。

7月14日，山南地区加查县甲日普村1组和甲日村5组突降冰雹，受灾农田38.21公顷，其中重灾18公顷，绝收2.72公顷，直接经济损失共计16.2万元。

7月18日，日喀则地区昂仁县冰雹大雨引发洪涝，导致卡嘎镇卡嘎村、江孜县藏改乡达尔村和藏改村143户1003人受灾，受灾农田28.34公顷，绝收3.64公顷，破坏草场2公顷，死亡牲畜15头（只），冲毁水渠0.06千米、防洪堤0.045千米、排水管0.05千米，直接经济损失18.58万元，其中水利设施损失7.89万元。

7月25日，阿里地区改则县洞措乡降雹导致97只绵山羊死亡，直接经济损失3.4万元。

7月26日，日喀则地区谢通门县通门乡卡布自然村遭受冰雹袭击，导致83户650人受灾，受灾农田52公顷，直接经济损失43.83万元。

8月4日，日喀则地区仲巴县降雹造成十间房屋受损。

8月16日，山南地区贡嘎县江塘镇江塘村突降冰雹，造成6.5公顷农田受灾，其中绝收0.3公顷，直接经济损失3.6万元。

8月24日，日喀则地区白朗县巴扎乡因雹灾，造成该乡259公顷农田受灾，绝收面积179公顷，80公顷农田被淹。

8月24日，日喀则地区萨迦县赤龙村发生冰雹灾害，受灾人口37户198人，农田12.3公顷，其中重灾面积2.7公顷，损失程度高达50%，粮食减产5.4万斤；冲毁水渠0.45千米。直接经济损失12.2万元，其中水利损失3.5万元。

8月29日，日喀则地区日喀则市甲措雄乡普村、塔巴村突降冰雹，致使10.47公顷农田受灾，其中绝收4.07公顷。

【雷电】2008年6月10日，区芒康县雷电造成该县中波站、电视台、气象局及居民的电器设备出现不同程度的损坏，直接经济损失约40万元。

6月24日，嘉黎县雷暴导致电视台收视机、电话等设施受损，直接经济损失10万元左右。

7月11日，尼木县帕古乡彭岗村放牧区雷击导致1人死亡，两人受伤。

【霜冻】霜冻的温度指标是：日最低气温2℃为轻霜冻，-2℃为重霜冻，最低气温小于2℃时期为霜冻期。平均在8月上、中旬霜冻开始出现在羌塘高原中北部；藏南帕里、错那一带在8月下旬；藏东北丁青、索县和藏南定日、浪卡子等地在9月中、下旬；藏东三江流域、雅鲁藏布江下游和察隅曲流域最晚，10月下旬到11月下旬出现霜冻。终霜冻在雅鲁藏布江下游和察隅曲流域为2月下旬；三江流域的雅鲁藏布江中游河谷农区为3月上旬至4月下旬；羌塘高原和藏南喜马拉雅山区为6月中、下旬。无霜冻日数的分布随海拔高度的升高而显著减少，羌塘高原为60～80天，喜马拉雅山区为80～120天，雅鲁藏布江中游、三江流域北部为120～180天，雅鲁藏布江下游和察隅曲流域在200天以上。西藏每年均有部分地区农作物遭受不同程度的霜冻危害，造成减产，严重时颗粒无收。西藏在长期生产实践中，积累了不少预防霜冻的经验，增强作物抵御霜冻的能力，适时早播，修建防霜墙，采取熏烟等措施，减少霜冻的影响。

【风灾】青藏高原是中国大风最多的地区之一，大风持续时间长，分布范围广。大风日数远比同纬度其他地区多，年平均大风日数达100～150天，最多可达200天。西藏共有两条风带，年风能储量930亿千瓦时，居中国第七位。海拔4500米以上，地形开阔，山脉走向与高空风风向一致的地区，全年大风日数均在100天以上，最多的年份达284天（安多）。海拔在3000米以下，山脉呈东西走向的藏东南地区，大风日数最少在10天以下。藏北高原具有大风持续时间长、风力强、灾害严重的特点。西藏大风多集中出现在1～5月，尤以3～4月最多，该时期大风时数最长的地区一般是羌塘高原的那曲、班戈、改则、狮泉河一带，另一个是喜马拉雅山北麓定日、浪卡子、隆子等地。大风风向在藏北高原上，以西风最多，如那曲占66%。藏南河谷地区的大风风向与河谷走向一致，也以偏西风为主。大风灾害有时可以吹散畜群，拔起草根，吹蚀土壤，使越冬作物根系裸露，造成死苗。如1974年2月4日、8日、14日藏北高原曾出现一次罕见的连续性大风，风力达12级，造成申扎、班戈、那曲、安多、聂荣、比如等6个县15个乡镇遭受风灾，造成牲口严重缺草，膘情迅速下降，加之大风后的降温，使母畜早产、流产、幼畜缺奶冻饿死亡，损失很大。

2008年1月，那曲地区出现连续性大风天气，最大风速达28米/秒，致使大量牧草被狂风刮走，损坏房屋146间，帐篷147顶，围栏310个，玻璃房屋129间，暖棚170间，吹瞎牦牛680头，死亡牲畜4765头（只）。

2月中旬，南部边缘地区、藏北地区和沿江一线的部分地方出现大风天气。拉萨—尼木一线出现的浮尘天气导致拉萨机场部分航班不能正常运行。

【雪灾】2008年1月17～20日，阿里地区出现强降雪天气。其中普兰积雪深度达16厘米，积雪造成普兰县到219国道公路中断，同时札达和日土多玛乡一带公路受阻。此次降雪使阿里地区大面积积雪，气温急剧下降，截止到30日，因灾死亡牲畜达57343（头、只、匹）。

1月17日，林芝地区察隅县连续出现雨雪、大风天气，导致该县古拉乡则巴村一户房顶塌陷，一户新建木制铁皮房40张铁皮被吹开，130张木板、7根横梁严重受损，察瓦龙乡扎哈目村一户二楼约6米的墙体倒塌。贡察公路察瓦龙段70余处路基塌陷14处，约60米；山体滑坡68处；古拉公路政府至南学段出现泥石流20余处，雪崩5处，塌方30余处，交通中断。18～19日，日喀则地区南部边境沿线和北部农牧区出现了大风、强降雪天气，其中聂拉木风力达11级，部分房屋屋顶被掀翻，电视信号中断，318国道交通中断。另外，昂仁县阿本雄等共6个乡镇积雪深度达25～50厘米。受灾人口1020人，牲畜死亡340头（只），牲畜受伤356头（只），部分乡村道路受阻。18～22日，昌都地区丁青县出现了连续性降雪天气，致使高海拔地段积雪较深，造成丁青至那曲的317国道群尼拉山和雪拉山部分路段交通中断。19～31日，西藏林芝地区察隅县出现了连续性的降雪天气，长时间的降雪低温天气造成察隅县竹瓦根镇遭受雪灾，1户房屋倒塌，12户房屋塌陷，262头（只、匹）牲畜死亡，449头（只、匹）牲畜失踪。

2月25～27日，受北部冷空气和南部暖湿气流的共同影响，昌都地区江达县遭受了暴雪袭击，受灾人口1765人，直接经济损失72万元。

5月16日开始阿里地区普遍出现了小到中雨（雪）天气，高海拔地区积雪较多，日土、革吉、改则、措勤4县的13个乡（镇）35个行政村出现不同程度的雪灾，牲畜死亡52009头。

10月26～29日，山南地区、林芝地区、日喀则地区普遍出现强降雪天气，局部出现大到暴雪。此次过程导致山南地区隆子、错那和措美三县严重雪灾。冻死10人（隆子5人、错那4人、措美1人），283人冻伤或雪盲，牲畜死亡或失踪9624头（只），3000多牧民、牲畜40.18万头（只）被困，倒塌房屋62间，危房150间，轻微受损347间，受损温室75.4亩，受损沼气池152座，受损电线198.5千米，倒伏电线杆和铁塔602根（座），通讯设施经济损失226万元，受损水渠146.8千米，受损羊圈10余座，学校倒塌房屋23间、危房58间，冲毁耕地68亩，农作物受灾面积3930亩，沙棘林受灾面积1.5万亩，交通设施受损工程量423.53万立方米。总直接经济损失约4500多万元。林芝地区察隅县境内在此次降水（雪）过程中多处发生山洪或泥石流灾害，造成道路交通多处中断。公路损毁里程约0.21千米，不能通行的公路里程达98千米，骡马驿道被毁约8千米；被冲毁农田面积约1.5公顷；水渠损毁达60米；2根电线杆被毁；部分民房受到不同程度的损坏。波密县境内大多数学生因道路不通，无法正常到校上课，学校输电线路严重受损，部分教室、宿舍渗水严重。温室大棚倒塌，整个县城及七个乡镇断电、输配线路不同程度受损。古乡因气温明显下降，导致种猪死亡54头，患病10头；扎木镇遭暴雪袭击电杆倒塌折断348根、六个村的电线全部压断、温棚损失33公顷、受损果树2500株、受损房屋76户。造成直接经济损失428万元。这次降雪使日喀则地区岗巴、康马、亚东26542人受灾；房屋损坏115间；死亡牲畜0.11万头(只、匹)，被困牲畜0.29万头（只、匹)。

【泥石流】2008年6月11—12日，日喀则聂拉木县锁作乡发生泥石流，导致部分房屋倒塌，冲毁防洪坝100米。嘎琼村0.27公顷农田被淹没，土坯损坏265000块，直接经济损失19万多元。

6月13日，日喀则聂拉木县乃龙乡发生泥石流，导致打曲村27.15公顷农田被淹，重灾12公顷，绝收11.14公顷，淹没草场59.36公顷，死亡牲畜276头(只)，并冲毁水渠370米，9户民房损坏，转移安置群众4户37人，直接经济损失共计24万元。

6月20—21日，山南地区贡嘎县杰德秀镇出现山洪和泥石流灾害。农田受灾面积约24.5公顷，绝收面积约5.5公顷，死亡山（绵）羊145只；冲毁防洪坝3处共35米，冲断人畜饮水管道一处；多处公路受损，总里程达14千米，其中有6千米的乡村道路被泥石流掩埋。直接经济损失约17.6万元。

7月17日，亚东县境内强降水引发唐嘎布楚松沟爆发大面积泥石流，冲毁边防公路，淹没鱼池，造成的损失将近1000万元。

月25日，强降雨造成中尼公路聂拉木县扎美拉山段大面积山体滑坡，山体垮塌面积达0.3千米长，0.1千米宽。滑坡导致0.11千米长的公路被冲垮，中尼公路中断。

8月8日，日喀则地区聂拉木县门布乡普日村发生山洪泥石流灾害。造成354人受灾，大部分农牧民房屋被浸泡进水，淹没农田25.3公顷，减产1.25万斤；冲毁村级防洪堤0.35千米，水渠0.4千米。

8月10—12日，墨脱县达木乡贡日村境内发生泥石流灾害，冲毁该村1座微型水电站、15台微型水电机组、1座水磨坊、饮水工程主管道150多米。

8月16日，山南地区贡嘎县东拉乡玉曲村二、三组突降暴雨，引发泥石流，造成87户562人受灾，农田受灾面积21.7公顷，其中，绝收3.3公顷，一户民房被毁，并冲毁防洪坝3.5千米。造成经济损失29.8万元。

8月9—26日林芝地区波密县连续18天降水，导致波密县古乡嘎拉村南丹拉山8月27日发生较大的泥石流灾害，冲毁渡槽水渠0.12千米、人畜饮水口一处、农田灌溉支渠0.09千米、乡村公路0.04千米，直接经济损失100万元。

8月28日，山南地区隆子县雪沙乡彭卓村强降水引发山体滑坡，部分房屋进水，倒塌房屋2间。

9月1日，林芝地区墨脱镇马迪村渠道处发生山体塌方、泥石流等灾害。致使101户654人受灾，冲毁水渠0.025千米，损毁混泥土渠道0.036千米，导致交通中断、地东电站无法取水发电，稻田无法取水灌溉。直接经济损失25万元。

【地震】

仲巴地震 8月25日晚21:22分，日喀则地区仲巴县发生里氏6.8级地震。

“8•25”地震是仲巴县建县以来震级最高、破坏性最强、波及范围最广、灾害损失最大的一次地震灾害，震级里氏6.8级，共发生余震500余次，其中4级以上余震33次，9月25日上午9：47分的余震达6.0级。地震灾害波及日喀则、阿里部分县，其中仲巴县受灾较为严重，萨嘎县也有一定损失。仲巴县2272户民房均有不同程度损创。全县共有11所学校的356间房屋共10285平方米受到不同程度的损毁。据统计，该次地震共造成日喀则地区直接经济损失达3691.494万元。

当雄地震 2008年10月6日西藏自治区拉萨市当雄县6.6级地震。发震时刻：2008年10月6日16时30分。微观震中：29°48′N，东经90°21′E。宏观震中：拉萨市当雄县格达乡羊易村。震级：M=6.6。震源深度：8千米。震中烈度：Ⅷ度。震源机制解：发震断层走向N38°E，倾角49°，滑移矢量侧伏角64°，为一个兼具左旋走滑的正断层。

地震类型：主震—余震型。余震情况及特点：据西藏自治区数字地震台网测定，截止到10月13日12时整，西藏当雄6.6级地震，共发生1256次余震，其中5.0-5.9级地震2次，4.0—4.9级地震1次，3.0—3.9级地震27次，2.0—2.9级地震179次，1.0—1.9级地震750次，0.0—0.9级地震297次。

烈度分布与震害。地震的宏观震中位于当雄县格达乡羊易村一带，微观震中距当雄县约105千米，距拉萨市约77千米。最高地震烈度Ⅷ度，等震线形状呈椭圆形，长轴呈北北东走向。灾区总面积为11934平方千米；Ⅷ度区面积约307平方千米，北自格达三组，南到尼玛果、羊易四组一带，东达羊易一组、羊易二组以东；Ⅶ度区面积约1057平方千米，北自央热村一组，南到尼雪，东、西边界为无人区，无地表破坏作参照，且交通不便，属推测界线；Ⅵ度区面积约10570平方千米。北自当雄县的宁中乡堆灵村，南到仁布县的玛日、浪卡子县的白地亚斯一带，东起曲水县的南木，西至尼木县的麻江、江尼以西一带，由于西边界为无人区，属推测界线。

本次地震造成10人死亡，60人受伤（其中重伤14人）。由于房屋毁坏和较重程度的破坏造成失去住所约2万人。灾区人口121406人，23899户。此次地震造成的直接经济损失41137万元。

【其它灾害】2008年6月24日，拉萨市尼木县尼木乡和塔荣乡出现蝗虫灾害，农作物受灾面积已达100公顷，其中塔荣乡72公顷。

6月份，气温偏高导致积雪融化，致使位于西藏那曲地区双湖区协德乡境内的乃江湖水位有较大幅度上涨，草场被淹没。灾害造成协德乡二村5户38人，牲畜3820头（只、匹）受灾。

7月4日，前期气温偏高，降水偏少，致使察隅县发生森林火灾，过火面积约1公顷，直接经济损失约1万元。

7月9日，林芝地区朗县拉多乡水电站右侧发生山体坍塌，形成3000立方米的土石方堆积体，致使河道完全堵塞，水位上涨，厂房进水。

12月12日，持续的无降水天气和气温偏高，导致察隅县下察隅镇塔玛村发生森林火情，过火面积约6.67公顷。

自治区经济社会发展情况

【年度特点】2008年，全区各族人民在自治区党委、政府的正确领导下，坚持以科学发展观为指导，紧紧围绕新时期西藏工作指导方针，大力实施"一产上水平、二产抓重点、三产大发展"的经济发展战略，进一步加大宏观调控力度，经受住了多方面的严峻考验，切实克服了"3·14"事件带来的严重负面影响，战胜了仲巴和当雄地震、山南及部分地区暴雪等重大自然灾害，积极缓解国内"5·12"汶川特大地震、世界性金融风暴等国内外不利因素的影响，在艰难曲折中实现了"三个确保"的目标任务，有力地促进了国民经济的持续、健康、较快发展，人民生活有了新的提高，社会等各项事业取得了新的成就。

【年度情况】初步核算，2008年，实现全区生产总值(GDP)395.91亿元，按可比价格计算，比上年增长10.1%。其中：第一产业增加值60.51亿元，增长6.0%；第二产业增加值115.76亿元，增长7.9%；第三产业增加值219.64亿元，增长12.4%。人均GDP13861元，增长9%。

全区生产总值中，第一、二、三产业增加值所占比重分别为15.3%、29.2%、55.5%，与上年相比，第一产业比重下降0.7个百分点，第二产业提高0.4个百分点，第三产业提高0.3个百分点。

全区居民消费价格总水平比上年上涨5.7%。其中：城市上涨5.7%，农村上涨5.7%。服务项目价格上涨2.6%；消费品价格上涨6.4%。在各类消费品中，除娱乐教育文化用品及服务类价格下降1.0%外，其余七大类均有不同程度的上涨。价格上涨幅度较大的是食品、居住类、分别上涨12.1%和6.6%。

商品零售价格上涨3.9%。农业生产资料价格上涨3.2%。工业品出厂价格上涨5.6%。

【农牧业】全年粮食作物种植面积170.23千公顷，比上年减少1.55千公顷。其中：青稞面积115.30千公顷，减少2.69千公顷；小麦面积37.71千公顷，减少2.58千公顷。油菜籽面积24.48千公顷，增加1.43千公顷。蔬菜面积20.47千公顷，增加1.37千公顷。全年实现粮食总产量95万吨，比上年增长1.2%；油菜籽5.92万吨，增长13.6%；蔬菜46万吨，增长2.2%。年末牲畜存栏总数2400万头只，比上年末减少7万头只。其中：牛635万头，增加13万头；羊1600万只，减少107万只。全年猪牛羊肉产量达24.27万吨，比上年增长3.4%；奶类产量29.52万吨，增长2.0%。

全年全部工业实现增加值29.68亿元，比上年增长87%，其中规模以上工业企业实现增加值26.34亿元，增长8.9%。全区规模以上工业企业实现产值46.62亿元，比上年增长8.9%。其中：轻工业实现产值16.81亿元，增长34.3%；重工业实现产值29.81亿元，下降1.1%。国有及国有控股企业全年实现产值25.05亿元，比上年增长11.6%。按登记注册类型分，国有企业实现产值15.96亿元，增长2.0%；集体企业实现产值2.43亿元，增长29.1%；股份制企业实现产值20.90亿元，增长12.7%；股份合作企业实现产值0.30亿元，下降73.8%；外商及港澳台企业实现产值4.06亿元，增长9.9%；其他经济类型企业实现产值2.98亿元，增长39.9%。

全年规模以上工业企业实现利润总额6.14亿元，比上年增长8.4%。其中：国有及国有控股企业实现利润2.01亿元，下降1.8%；集体企业实现利润1.12亿元，下降0.6%；股份制企业实现利润1.14亿元，增长53.3%。规模以上工业企业产品销售率92.0%。

全年规模以上工业企业完成水泥产量166.56万吨，增长4.3%；发电量15.99亿千瓦时，增长5.4%；啤酒9.04万吨，增长8.3%；中成药(藏医药)1356吨，增长15.4%；自来水9252万吨，增长1.6%；瓶(罐)装饮用水3.85万吨，增长2.2倍；铬矿石10.60万吨，下降17.6%。

全年建筑业实现增加值86.08亿元，比上年增长7.6%。

【固定资产投资】全年全社会完成固定资产投资总额303.33亿元，比上年增长12.5%。其中民间投资92.88亿元，增长8.7%。

按经济类型分：国有经济完成投资196.91亿元，比上年增长13.5%；集体经济完成投资1.92亿元，下降62.6%；其他各种经济类型完成投资72.74亿元，增长28.7%；个人投资31.76亿元，下降8.0%。

按城乡分：城镇完成投资265.37亿元，比上年增长15.8%：农村完成投资37.96亿元，下降6.3%。

在农村投资中：农户投资32.81亿元，下降6.6%；农村集体投资0.58亿元，增长1.8%。按产业分：第一产业15.99亿元，增长1.5%；第二产业64.74亿元，增长63.6%；第三产业222.60亿元，增长3.9%。

全年房地产开发投资12.97亿元，增长57.0%。房地产开发施工房屋面积135.20万平方米，比上年增长120.9%；竣工房屋面积45.06万平方米；商品房销售面积63.27万平方米，增长4.8倍。

从资金来源渠道看，全年共到位资金391.31亿元，比上年增长12.4%。其中：国家预算内投资230.30亿元，增长9.7%；国内贷款4.68亿元，下降4.4%；自筹资金94.77亿元，增长15.0%；其他投资58.76亿元，增长21.8%。

【国内贸易】全年实现社会消费品零售总额129.08亿元，比上年增长15.2%。其中：城市消费品零售额64.28亿元，增长14.0%；县及县以下消费品零售额64.80亿元，增长164%。分行业看，批发和零售业零售额104.59亿元，增长18.1%；住宿和餐饮业零售额19.51亿元，增长3.8%；其他行业零售额4.98亿元，增长 7.3%。

在限额以上批发和零售业零售额中，增长较快的有：服装鞋帽针纺织品类零售额比上年同期增长 35.4%，石油制品类零售额增长 30.9%，食品饮料烟酒类增长 32.4%，金银珠宝类零售额增长 20.4%。

【对外贸易】全年进出口总额达 76543 万美元，比 2007 年增长 94.5%。其中：出口总额 70721 万美元，增长 1.2 倍：进口总额 5822 万美元，下降 13.2%。

全年对亚洲出口 47846 万美元，比上年增长 63.4%；对欧洲出口 10651 万美元，增长 9.2 倍；对北美洲出 32227 万美元，增长 312%；对大洋洲出口 839 万美元，增长 30.1 倍。

在进出口贸易中，边境小额贸易实现进出总额 23949 万美元，占进出 13 贸易总额的 31.3%，比上年下降 3.8%。其中：出口 23675 万美元，下降 3.7%；进口 274 万美元，下降 10.5%。

全年审批利用外商直接投资项目 4 个，合同利用外商直接投资 2714 万美元，实际利用外商直接投资 2320 万美元。

【交通、邮电和旅游】全年完成货运量 331.63 万吨，比上年下降 13.8%，其中：公路运输完成 293 万吨，下降 18.6%；铁路运输完成 25.60 万吨，增长 1.1%；航空运输完成 1.03 万吨，下降 12.7%；管道运输完成 12 万吨，增长 69%。全年客运总量 447.10 万人次，下降 34.3%，其中：公路运输完成 303 万人次，下降 34.1%；铁路运输完成 62.20 万人次，下降 29.1%航空运输完成 81.90 万人次，下降 37.6%。

年末公路总通车里程 5.13 万千米，比上年增加 2703 千米，其中有铺装路面总里程 2895 千米，增加 358 千米。

年末全区民用汽车拥有量达到 19.30 万辆，比上年末增长 19.8%。

全年完成邮电业务总量 41.73 亿元，比上年增长 35.1%。其中：邮政业务总量 1.48 亿元，增长 11.3%；电信业务总量 40.25 亿元，增长 36.2%。全年新增局用交换机 1.40 万门，总容量达到 43.03 万门。新增固定电话用户 1.70 万户，达到 72.27 万户，其中：城市电话用户 69.50 万户，乡村电话用户 2.70 万户。

新增移动电话交换机 16.50 万门，总容量达 126.50 万门。新增移动电话用户 9.80 万户，达到了 83.52 万户。年末全区固定及移动电话用户总数达到 156.20 万户比上年末增加 16 万户。电话普及率达到 55 部 / 百人。

全年接待国内外旅游者 224.64 万人次，比上年下降 44.2%。其中：接待国内旅游者 217.85 万人次，下降 40.5%；接待入境旅游者 6.80 万人次，下降 81.4%。实现外汇收入 3112 万美元，比上年下降 77.0%。

全年完成地方财政收入 28.43 亿元，按同比口径计算，比上年增长 22.9%。其中一般预算收入 24.88 亿元，增长 23.5%。在一般预算收入中，增值税增长 31.6%，营业税增长 234%。地方财政收入占 GDP 的比重为 72%。

全年完成财政总支出 383.86 亿元，按同比口径计算，比上年增长 37.4%。其中一般预算支出 380.66 亿元，增长 38.2%。

年末全部金融机构本外币各项存款余额 829.02 亿元，比上年末增长 28.9%，其中城乡居民储蓄存款 185.36 亿元，增长 15.8%。

全部金融机构本外币各项贷款余额 219.32 亿元，增长 13.3%。金融机构累计现金收入 795.32 亿元，增长 3.8%；累计现金支出 829.85 亿元，增长 4.2%。现金净投放 34.53 亿元，比上年多投放 4.07 亿元。

全年保险公司保费收入 3.12 亿元，比上年增长 16.4%。其中：财产险保费收入 0.73 亿元，比上年增长 87.2%；人寿险保费收入 0.12 亿元，增长 4.7 倍；人身意外伤害险实现保费收入 0.17 亿元，下降 1.9%；机动车辆险保费收入 2.00 亿元，下降 4.8%；健康险保费收入 0.09 亿元。全年共支付各类赔款 1645.70 万元。

【教育、科学技术】全区普通高等教育院校 6 所，年内招生 8730 人，其中研究生 204 人，普通本专科 8526 人；在校生 29929 人，其中研究生 520 人，普通本专科 29409 人；毕业生 5960 人，其中研究生 120 人，普通本专科 5840 人。中等职业学校 7 所，招生 5219 人，在校生 21003 人，毕业生 2436 人；中学 119 所，其中高级中学 14 所，完全中学 9 所，初级中学 96 所；高中招生 15486 人，在校生 44593 人，毕业生 14383 人；初中招生 49468 人，在校生 139920 人，毕业生 41539 人；小学 885 所，招生 50937 人，在校生 311832 人，毕业生 52721 人；特殊学校招生 14 人，在校生 165 人。年末幼儿园在园幼儿 14667 人，比上年增加 3557 人。全区小学学龄儿童入学率达 98.5%，比上年提高 0.3 个百分点。

全年共承担国家科技项目 94 项，安排自治区级重点科技项目 58 项，全区取得省部级以上科技成果 34 项。受理专利申请 350 件，授权专利 93 件。

全区共有气象台站 48 个，天气雷达站 4 个，高空气象观测站 5 个，卫星云图接收站 7 个，地震台站 18 个，水文(水位)监测站 34 个。

【文化、卫生和体育】年末全区共有各级群众艺术馆、文化馆(站)257 个，各类专业文艺演出团体 10 个，民间艺术团 18 支，群众性业余演出团体 660 个。公共图书馆 4 个，博物馆 2 个。广播电台 1 座，中、短波转播发射台 38 座，电视台 5 座，广播电视台 3 座。广播、电视人口综合覆盖率分别达 88.8%和 89.9%。出版报纸 8412 万印张，各类杂志 280.86 万册，图书 1286 万册。

年末全区共有卫生机构 1339 个，其中：医院、卫生院 765 个，疾病预防控制中心(卫生防治机构)80 个，妇幼保健院、所、站 58 个。实有病床床位 7127 张，其中医院 4462 张。卫生技术人员 9098 人，其中执业医师 4200 人。每千人病床数和卫生技术人员数分别达到了 2.50 张和 3.05 人。

全年新建全民健身活动场所 159 处，其中：健身路径 40 套、农民体育健身工程 119 个(每个工程包括：1 个篮球场和 2 个乒乓球台)。我区运动员在全国各种体育竞技比赛中共取得了金牌 3 枚、银牌 7 枚、铜牌 7 枚，在登山及攀岩比赛中获得 4 个第一、5 个第二、1 个第三；组织群众体育活动 6 次，参加活动总人数达 14 万人次；本年度认证社会体育指导员 66 人，其中：国家一级体育指导员 36 人、国家二级体育指导员 16 人、国家三级体

育指导员14人。全年销售体育彩票15588万元，筹集体育彩票公益金3590万元。

【人口、人民生活和社会保障】根据人口抽样调查资料推算，年末全区总人口为287.08万人，比上年净增加2.93万人。其中，城镇人口64.90万人，占总人口的22.6%；乡村人口222.18万人，占总人口的77.4%。人口出生率为15.5‰，死亡率为5.2‰，自然增长率为10.3‰。

全区城镇居民人均可支配收入达12482元，比上年增长12.1%；农牧民人均纯收入3176元，增长13.9%。城乡居民家庭恩格尔系数分别为51.2%、56.0%。通过推进新农村建设、实施安居工程，年末已有20万户、百万农牧民住上了宽敞明亮的新房。2008年年末城镇居民人均居住面积33平方米，农牧民人均居住面积达到2283平方米。紧紧围绕改善农牧民生产生活条件，全年有699个行政村新建了村级组织活动场所，解决了32个乡、423个行政村通公路，25万农牧民喝上了安全卫生的饮用水，新增和改善了17.7万农牧民的用电问题，有4.3万户农牧民用上了清洁的沼气，农牧区碘盐推广人口覆盖率达到66%。

基本养老金按时足额支付率和社会化发放率均达到100%，确保了参保人员及时享受各项社会保险待遇。年末全区参加基本养老保险的职工8.4万人，参加失业保险7.23万人，参加工伤保险4.7万人，参加生育保险11万人。城镇职工参加基本医疗保险2013万人，城镇居民参加基本医疗保险13万人。以免费医疗为基础的农牧区医疗制度全面建立，农牧民免费医疗标准提高到140元/人。全区城镇居民共有37106人得到政府最低生活保障救济，发放低保救济金6665181万元。农村居民有23万人得到政府最低生活保障救济，发放低保救济金9852.40万元。年末全区各类收养性社会福利机构床位2015张，收养各类人员1701人。全年销售社会福利彩票1.78亿元，筹集社会福利基金6159万元，直接接收社会捐赠款671.50万元。

【资源、环境、安全生产】全年新发现矿产地12处，有4种矿产新增探明储量，地质勘查完成机岩芯钻探14.8万米。

全年共投入15258万元，加强污染治理、自然保护区管护、辐射环境管理和环保能力建设。拉萨市全年空气质量优良率达96.5%。全区共有各类环境监测站8个，水质监测断面61个，水土保持监测站2个。全区共有自治区级以上自然保护区20个，其中国家级自然保护区9个。自然保护区面积4126.3万公顷，占我区总面积的34.8%。

全年共发生各类安全事故779起，比上年下降12.4%；死亡413人，下降15.5%；直接财产损失1207万元。亿元GDP生产安全事故死亡人数为1.05人，下降18.0%；工矿商贸十万从业人员生产安全事故死亡人数为31人，下降50.0%。道路交通万车死亡人数为19.89人，下降38.4%。

注：

1.本公报数据均为初步统计数，正式数据以《西藏统计年鉴·2009》为准。

2.对外贸易、交通、邮电、旅游、财政、金融、保险、教育、科技、气象、环保、文化、卫生、体育、社会福利和保障、资源、安全生产方面的数据均由自治区有关部门提供。

3.GDP、各产业增加值、农林牧渔业总产值、工业总产值绝对数按现价计算，增长速度按可比价计算。

第二篇 政治

中国共产党西藏自治区委员会

自治区纪检（监察）工作

【年度综述】2008年，自治区各级纪检监察机关以科学发展观统领纪检监察各项工作，充分发挥职能作用，狠抓各项工作的落实。强化中心意识，以紧扣推动科学发展、促进社会和谐这个主题，发挥反腐倡廉建设的政治保证作用；强化服务意识，坚持以人为本，贯彻立党为公、执纪为民的理念，把实现好、维护好、发展好最广大人民的根本利益作为反腐倡廉建设的出发点和落脚点；强化大局意识，坚持全面协调，采取标本兼治的措施，增强反腐倡廉建设的综合效果；强化统筹意识，坚持惩防并举，做到“两手抓、两手都要硬”，构建符合西藏实际的惩治和预防腐败体系。

坚决贯彻落实中央关于维护稳定的一系列重要指示精神和区党委的决策部署，严格执行反分裂斗争中的政治纪律，严肃查处违反政治纪律的案件，为自治区反分裂斗争提供了坚强有力的政治保证。坚持以维护稳定为重点，切实加强对各地各部门贯彻执行党中央重大决策和区党委重要工作部署情况的监督检查，保证了各级党政组织和全区党员干部在反分裂斗争中思想统一、步调一致、行动坚决。认真贯彻落实《建立健全惩治和预防腐败体系2008—2012年工作规划》，扎实推进我区惩治和预防腐败体系建设。认真开展了对2个地区及部分县和2个区直部门、1家国有企业、2个重点工程项目的巡视工作，促进被巡视地区和部门的工作开展。认真落实领导干部廉洁自律各项规定，切实加强对党员干部的教育和监督，会同自治区外办完善了《关于进一步加强因公出国（境）管理的若干规定》和《关于进一步加强因公出国（境）管理的若干规定的实施细则》，严格执行领导干部不得利用职务之便谋取私利的“八条禁令”，严禁利用婚丧喜庆事宜大操大办、收钱敛财，严禁参与赌博、公款旅游、大吃大喝、挥霍浪费等事宜。

加强农牧区基层党风廉政建设，加强对党风廉政建设责任制落实情况的监督检查。进一步加强对基层党组织和党员干部的教育培训，增强基层党组织和党员干部的宗旨意识、法纪观念和廉洁从政意识，坚决纠正少数基层党员干部以权谋私、与民争利的行为。提高基层党员干部贯彻落实党的路线方针政策的能力和水平，确保党的惠民政策能够原原本本地落到实处，让广大群众能够充分享受到改革发展的成果。

深入开展执法监察和纠风工作，重点解决损害群众利益的突出问题。对农牧民安居工程建设项目进行有效监督，全程参与自治区重点工程项目的招标投标监督工作，全年共参与各类工程建设项目招投标监督75次。加大清理拖欠农牧民工工资力度，清理拖欠农牧民工工资1600万元。查处教育乱收费64.59万元，查处截留挪用农牧区教育“三包”经费38.48万元。认真组织“政风行风热线”节目，促进了政风行风的好转。

【突出抓好严格遵守政治纪律的各项工作】拉萨发生“3·14”打砸抢烧严重暴力犯罪事件后，自治区纪委监察厅坚持把中央的指示精神和区党委的决策部署，及时向全区各级党政组织发出《关于在当前反分裂斗争中严格执行政治纪律的通知》，要求各级党政组织和全体党员在这场尖锐复杂的政治斗争中，始终保持清醒的政治头脑，始终坚定正确的政治立场，旗帜鲜明、针锋相对地同一切分裂破坏活动作坚决斗争。向全区各级纪检监察机关发出了《关于严肃政治纪律认真做好维护稳定工作的通知》，要求全区各级纪检监察机关和广大纪检监察干部把夺取反分裂斗争胜利作为压倒一切的政治任务，自觉同严重违法犯罪活动作斗争。针对境内外敌对势力造谣生事、蛊惑人心，极少数群众信谣、传谣的问题，会同区党委组织部下发了《关于在反分裂斗争中坚决不信谣不传谣的通知》，对党员干部提出了明确要求。

严格执行反分裂斗争中的政治纪律。“3·14”事件发生后，全区各级纪检监察机关和有关部门本着从严从快的原则，对严重违反政治纪律的案件进行了严肃查处，对涉案人员均依照党纪政纪和国家法律法规进行了严肃处理。区纪委监察厅会同区党委组织部、人事厅及时对其中几起典型案件进行了通报，在全区党员干部中起到了很好的警示教育作用。

【认真履行监督检查职能，保证了中央决策和区党委工作部署的贯彻落实】2008年，自治区各级纪检监察机关坚持以维护稳定为重点，切实加强对各地各部门贯彻执行党中央重大决策和区党委重要工作部署情况的监督检查，保证了各级党政组织和全区党员干部在反分裂斗争中思想统一、步调一致、行动坚决。"5•12"汶川特大地震发生后，为切实加强对抗震救灾捐赠资金物资的监管工作，经请示区党委同意，及时成立了由自治区监察厅、审计厅、财政厅、卫生厅等有关部门负责同志组成的抗震救灾捐赠资金物资监管工作领导小组，并在第一时间深入部分地（市）、县和区直机关就抗震救灾捐赠资金、物资以及"特殊党费"的筹集、划拨等情况进行监督检查。当雄地震发生后，区纪委监察厅及时下发《关于加强抗震救灾款物监管工作的通知》，对抗震救灾款物监管工作提出了明确要求，同时还制定了专项监督检查的实施意见，及时对自治区抗震救灾捐赠资金物资的筹集、管理、拨付情况进行了专项审计。及时安排人员深入山南等雪灾地区监督检查救灾物资的使用情况。坚持以贯彻落实科学发展观为重点，切实加强对中央和自治区保增长、促发展一系列政策措施落实情况的监督检查。为保障中央和区党委关于扩大内需促进经济增长政策的落实，自治区纪委下发了《关于加强监督检查保证进一步扩大内需促进经济增长重大决策部署贯彻落实的通知》，并成立了由自治区监察厅、发改委、财政厅、审计厅等单位负责人组成的自治区扩大内需促进经济增长政策落实检查工作领导小组，制定了详细、周密的检查方案，积极开展对中央和自治区扩大内需促进经济增长政策贯彻落实情况的监督检查。

巡视机构认真履行职责，较好地完成了巡视任务。一年中，区党委两个巡视组分别对昌都、阿里地区及部分县和2个区直部门、1家国有企业、2个重点工程项目进行了巡视，形成巡视报告等材料16份，向区党委、政府提出建议共18条，为区党委掌握情况、科学决策提供可靠依据。

【深入开展反分裂斗争教育和廉政教育】2008年，自治区各级纪检监察机关坚持把反腐倡廉教育和反分裂宣传教育相结合，充分发挥教育的基础性作用，继续巩固廉政文化建设成果。充分利用《西藏纪检监察》、宣传栏、板报等平台，以大量生动的文字和图片资料，登载纪检监察干部声讨达赖、揭批达赖的理论文章和心得体会，传达反分裂斗争最新消息和情况。按照区党委组织部、区直机关工委的要求，认真开展以"反对分裂、维护稳定、促进发展"为主要内容的主题教育活动，结合反分裂斗争形势，加强对全区监察干部遵守政治纪律方面的教育。抓住纪念党的纪律检查机关恢复重建30周年庆祝活动的有利契机，通过举行反腐倡廉展览、廉政文艺晚会等方式，以庆祝活动为载体促进廉政教育，以廉政教育为内容充实庆祝活动，取得了很好效果。

【深入开展执法监察和纠风工作，认真解决损害群众利益的突出问题】2008年，自治区各级纪检监察机关对农牧民安居工程建设项目进行有效监督，确保中央和自治区支农、惠农政策落到实处。全程参与自治区重点工程项目的招标投标监督工作，全年共参与各类工程建设项目招投标监督75次，对3家串标企业给予停止市场活动半年的处理。对自治区人民医院改扩建工程、林芝雪卡水电站、老虎嘴水电站、青藏公路改扩建工程、青藏直流输电工程等五项全区重点工程进行全程监督。继续开展对国有土地使用权出让情况的专项清理工作，查处违规出让土地案件2件。对2007年高考中弄虚作假的14人进行了严肃处理，取消了2008年高考中147名弄虚作假考生的报考资格、考试成绩和录取资格，并与此同时，还对2005年以来我区查处"高考移民"情况进行了通报并提出了有关要求，有力维护了高考工作的公正性和严肃性。全面贯彻落实《西藏自治区人民政府关于在全区范围内禁止开采砂铁资源的通知》精神，对阿里、那曲、日喀则、山南等地区存在的违规开采砂铁和砂金问题进行了重点监督检查，及时制止和纠正了个别地方违背科学发展观、破坏资源环境的做法。督促有关部门加大清理拖欠农牧民工工资力度，清理拖欠农牧民工工资1600万元。加强安全生产领域的执法监察工作，积极参与重特大事故的调查处理工作，对4起重特大事故的6名责任人进行了责任追究。

认真贯彻全国纠风工作会议精神，针对群众反映强烈的问题，配合有关部门加大对市场价格的监管力度，加强对住房公积金管理、医疗服务、药品价格以及各类学校收费情况和农牧区中小学校"三包"经费管理、使用情况的监督检查，查处教育乱收费64.59万元，查处截留挪用农牧区教育"三包"经费38.48万元，给予相关人员党政纪处分和其他处理。认真组织"政风行风热线"节目，全年播出节目32期，共有28个区直部门和拉萨市4个窗口行业负责人走进直播间现场答疑。共受理和解答听众提问476个，解决问题365件，有力促进了政风行风的好转，社会各界反映良好。

【深化改革，完善制度，不断拓展从源头上预防和治理腐败工作领域】继续督促有关部门加强干部人事制度改革、行政审批制度改革、投资体制改革、财税金融管理体制改革，落实有关制度，强化监督检查。督促行政许可实施机关严格执行《行政许可法》和落实国务院关于取消和调整行政许可项目的决定，纠正以改变名称、拆分许可权等方式变相恢复或违法违规新设许可项目的行为。会同区党委组织部起草制定了《关于深入整治用人上不正之风进一步提高选人用人公信度的意见》。继续深化财政管理体制改革，推行公务卡消费制度，加大对政府非税收入汇缴过户的清理工作，清理和规范银行账户，严格执行"收支两条线"规定，进一步推进部门综合预算。加强对政府采购、医药集中招标采购工作的监督，规范政府采购程序，完善监督制度，提高政府资金使用效益。深化投资体制改革，加强产权交易监管，更好地适应改革开放和经济社会发展需要，促进国有资产保值增值。继续开展治理商业贿赂专项工作，认真查处商业贿赂案件，及时总结治理商业贿赂工作经验，抓好建章立制和建立治理商业贿赂长效机制工作。加强企业党风建设，进一步深化政务、厂务、村务公开，不断扩大群众的知情权、参与权、表决权、监督权，努力从源头上预防和治理腐败。

【保持查办案件工作力度，严厉惩处腐败分子】区党委对查办案件工作十分重视，多次听取案件工作汇报，对加强查办案件工作作出指示。在办案工作中，注重发挥纪检机关的组织协调职能，加强与法院、检察院、公安、审计等部门的沟通协调，加大联合办案力度，有效突破了几起有影响的大案要案。2008年，全区各级纪检监察机关共收到举报899件（次），同比下降23%；初核违纪线索452件，了结352件，查办立案件137件，结案152件(含上年遗留案件50件)，同比增加49.2%。给予党纪政纪处分165人，其中地(厅)级干部2人，县（处）级干部14人，乡科级干部84人；组织处理13人，移送司法机关7人。收缴违纪资金3487.71万元。同时，区纪委常委特别是主要领导，亲自与有苗头性问题的领导干部进行廉政谈话和诫勉谈话，教育、挽救和保护了一批干部。

进一步加强信访举报工作，认真梳理举报线索，提高初核效率，有效减少了举报线索的积压，逐步实现了当年举报线索当年办结的目标。严格依纪依法办案，重证据、重程序，切实保障被调查人的合法权利，努力做到事实清楚、证据确凿、定性准确、处理恰当、手续完备、程序合法。

【领导名录】

自治区党委常委、区纪委书记：金书波

副书记、监察厅厅长：维色

副书记：贡嘎、张秋生、占堆

纪委常委、秘书长：杜建望

纪委常委、监察厅副厅长：格桑平措、拉巴次仁、杨宏勇、丹珍多吉、孔原、李潮明

自治区组织工作

【年度综述】2008年，自治区组织工作紧紧围绕加强党的执政能力建设和先进性建设这一主线，突出反对分裂、维护稳定、促进发展这个主题，着力改革创新，进一步加强领导班子、干部队伍、党员队伍和基层组织建设，统筹做好人事人才和机构编制工作，扎实开展“讲党性、重品行、作表率”活动，各项工作取得了明显成效。

【切实抓好十七大精神的学习培训，用中国特色社会主义理论体系武装广大党员干部】认真抓好深入学习实践科学发展观活动的有关工作。一是根据中央的部署和区党委的要求，迅速抽调人员组建学习实践活动领导小组及其办公室和8个指导检查组，切实加强对全区学习实践活动的组织领导。二是研究制定了全区开展深入学习实践科学发展观活动实施方案和第一批深入学习实践科学发展观活动实施方案报区党委审定并认真组织实施。三是认真抓好指导检查、综合协调、政策研究、上报下达、信息报送、会务等工作，确保全区学习实践活动扎实开展。目前，全区学习实践活动正扎实有序地开展并取得了阶段性成果，在全区广大党员干部和人民群众中产生了良好影响，得到了习近平、李源潮等中央领导同志和中央学习实践活动领导小组办公室、中央指导检查组第七组的充分肯定。

扎实开展“反对分裂、维护稳定、促进发展”主题教育活动。拉萨“3•14”事件发生后。经过全区各级党组织的精心组织，广大党员干部的积极参与和各族人民群众的大力支持，主题教育活动进展顺利，取得了初步成效。李源潮同志8月30日在自治区组织部上报的《关于在全区党员干部中深入开展“反对分裂、维护稳定、促进发展”主题教育活动情况的报告》上作出重要批示，对主题教育活动取得的成效给予了充分肯定。

认真抓好大规模培训干部工作。及时召开全区干部教育培训工作会议，研究部署我区新一轮大规模培训干部工作。全年全区共举办各类培训班310余期，培训各级各类干部18800余人次。积极向国家外专局申报引智项目5个，出国执行项目61人。聘请葡萄酒等专家项目4项。

【努力建设高素质的领导班子和干部队伍认真做好自治区人大、政府、政协换届相关工作】根据中央的统一部署和区党委的要求，自治区人大、政府、政协于1月集中换届，为了做好此项工作，及时组建了换届工作小组，明确了各自的工作责任。中组部干部考察组进藏后，积极做好协调配合、材料上报、会议筹备等工作，并会同有关部门做好自治区“两会”换届人事任免事项的有关材料准备、大会选举等各项工作，圆满实现了党中央、区党委的人事安排意图。

坚持正确的用人导向，着力提高选人用人公信度。全面贯彻干部队伍“四化”方针和德才兼备原则，坚持用科学发展观的要求，以群众公认为原则，着眼于“提高素质、优化结构、增强功能”，凭正确的政绩衡量、选拔和使用干部，进一步加强领导班子和干部队伍建设。抽调一批政治强、业务精的干部组成多个考察组，分赴地市和区直单位对提名人选进行深入考察，提出了160余名地厅级干部调整配备的意见，完成了地市和区直各单位报任的650余名县处级干部的考察任免工作，交流调动地厅级、县处级干部80余人。在干部考察中始终把政治标准放在首位，突出能力和作风建设，着重考察政治立场、政治观点、特别是在反对分裂、维护稳定这个大是大非问题的现实表现。拉萨“3•14”事件后，及时对全区各级领导班子和广大党员干部在这次事件中的表现进行了认真清查，对2008年以来已经考察尚未研究的干部进行“回头看”。同时，根据中央有关文件精神和区党委的要求，积极选拔政治立场坚定、工作能力强、善于做民宗统战工作的同志到民宗统战部门工作。在开展深入调查研究工作的基础上，正在抓紧制定《西藏自治区领导干部任前公示制暂行办法》和《干部选拔任用工作规范》，以进一步加强和改进干部工作。按照有关章程规定，认真做好区总工会、残联、妇联的换届工作。

会同区纪委起草了《关于印发〈关于深入整治用人上不正之风进一步提高选人用人公信度的意见〉的通知》并报经区党委领导同意后下发全区执行。研究制定了《2008年深入整治用人上不正之风工作安排》并切实抓好落实。初步

制定了2008—2012年区直机关、事业单位和地市行政主要领导任期经济责任审计五年计划。在70多个被审计对象中选择47个单位和部门领导进行经济责任审计。同时，认真听取纪检监察部门的意见，充分发挥其在干部选拔任用中的监督作用。在干部考察时，抽调区纪委的同志参加；提任县处级以上领导干部，都要征求纪检监察部门的意见，凡考察中发现有违纪行为的拟提任人选，均请其调查核实，做出结论；凡纪检监察部门认为不宜提任的干部，一律不予上会研究。进一步加大了对各地各部门贯彻落实《干部任用条例》等法规执行情况的监督检查力度，有效预防了干部"带病提拔"、"带病上岗"情况。认真做好12380专用举报电话及来信来访的受理工作。

【大力加强党的基层组织建设】扎实做好村居换届工作。及时召开了全区村（居）组织换届工作会议，对认真做好村（居）组织换届、切实加强基层党组织建设和基层政权建设进行安排部署，并切实做好业务指导工作。通过换届，一是村居干部队伍结构进一步优化。全区村居"两委"班子成员平均年龄41.9岁，比上届下降了1.6岁；初中以上文化的2975人，占9.6%，比上届提高1.8个百分点。小学及以下的27927人，占90.4%，比上届降低1.8个百分点；妇女干部3817人，占12.4%，比上届提高4.4个百分点。二是下派干部力度加大。全区从县、乡机关共下派770名干部到村居工作，其中任村居党支部书记的395名。三是村居党组织领导核心作用进一步加强。村居党支部书记和村居委会主任"一肩挑"的2911人，占全区村居总数53.4%，比上届提高17.4个百分点。"交叉任职"的11459人，占村干部总数的37.1%，比上届提高9.5个百分点。

扎实抓好基层党组织建设工作。一是拉萨"3•14"事件发生后，根据中央的一系列重要指示精神和区党委的决策部署，先后下发系列文件，明确要求基层党组织充分发挥战斗堡垒作用，全体党员干部充分发挥先锋模范作用，坚决同一切分裂祖国、破坏民族团结和国家统一、危害国家安全的分裂破坏活动和言行作斗争，筑牢维护祖国统一、反对分裂的铜墙铁壁。二是认真贯彻落实中办发[2008]16号和藏党发[2008]11号文件精神，制定下发了《关于加强党员教育管理工作的意见》，起草了《西藏自治区2009—2013年发展党员规划》、《关于进一步加强农牧区基层组织建设工作的意见》、《关于落实县委抓基层党建工作责任的意见》报区党委审定后下发，抓紧修改完善《关于进一步加强街道社区党的建设的意见》。三是针对"3•14"事件反映出来的问题，组织专门调研组，深入拉萨、日喀则、山南、林芝、那曲5个地区的33个县（市、区）、86个乡镇、152个村居，对农村和街道社区党建工作进行调研，形成了一系列基层组织建设调研报告，为切实抓好基层党建工作打下了坚实的基础。四是会同自治区财政厅制定下发了《关于提高村干部误工补贴标准的通知》（藏财综字[2008]83号）和《关于提高老党员老干部老劳模生活补贴标准的通知》（藏财综字[2008]95号），进一步提高村干部误工补贴标准和"三老"人员生活补贴标准。五是从自治区代管的党费中拿出40万元，在拉萨市林周县、墨竹工卡县、达孜县和山南地区桑日县开展困难党员帮扶资金试点工作。六是四川汶川等地发生特大地震灾害后，制定下发了《关于在全区机关事业单位党员中开展交纳"特殊党费"积极支援灾区抗震救灾活动的通知》，全区各级党组织和广大党员踊跃交纳"特殊党费"支援灾区人民抗震救灾、重建家园。全区共有105949名党员交纳"特殊党费"40494055.34元，其中交纳1000元以上"特殊党费"的党员17496名。

认真做好农村党员干部现代远程教育工作。在对全区现有资源进行全面的调查摸底基础上，及时成立远程教育领导协调小组和工作机构，建立健全工作制度，明确工作职责，规范工作程序。召开自治区农村党员干部现代远程教育工作会议，对扎实做好远程教育工作进行安排部署。建立现代远程教育专家队伍，初步确定了全区现代远程教育教学资源专家84人，基础设施专家22人。认真抓好18个乡镇村远程教育示范点建设。积极申请落实基础设施建设资金，国家发展改革委已下达中央全额补助资金7061万元。同时，充分发挥各成员单位和地市的工作优势，整合征集现有教学课件资源，初步筛选出电视节目类课件340个，累计时长约220小时。

【大力实施人才强区战略，统筹抓好人才队伍建设】认真贯彻落实中共中央办公厅、国务院办公厅《关于进一步加强西部地区人才队伍建设的意见》精神，在深入开展调查研究工作的基础上，研究制定了《关于进一步加强人才队伍建设的实施意见》并报自治区党委办公厅、政府办公厅下发全区执行。向中组部上报了《关于学习贯彻〈中央人才工作协调小组第十五次会议纪要〉的情况报告》、《关于我区联系专家工作情况的报告》，向自治区人大报送了《关于我区留住和吸引人才的政策与机制情况的报告》。启动了林芝地区1村1名拔尖实用人才培养项目、区党委党校培训中青年骨干教师和复合型教学管理人才项目。积极做好4名"博士服务团"成员接收工作和我区2008年"西部之光"17名访问学者人选推荐工作。切实做好我区中长期人才发展规划纲要编制工作和我区北戴河暑期专家休假工作。

高度重视专业技术人员队伍建设，把专业技术人员继续教育工作摆上重要日程，按照"高层次创新型专业技术人才重点培训、中青年专业技术人才经常培训、紧缺专业技术人才加紧培训"的要求，多形式、多渠道开展专业知识培训工作，全年共培训专业技术人员8476人次。向人力资源和社会保障部上报了16名享受政府特殊津贴人员，申报了7个留学回国人员科技活动择优资助项目。向国务院申请对我区少数民族专业技术人员进行特殊培养，力争5年内培养600名中高级专业技术骨干人才。建立并完善了高层次专业技术人才数据库。确认了517人的高级专业技术职务任职资格，比2007年了增长了27.34%。进一步加强对高评委评审工作的监督指导，认真做好专业技术人员资格考试政策的研究制定和执行工作，进一步完善全区专业技术人员职称业务考试考生数据库，不断提高为广大考生服务的能力和水平。

【加大工作力度，进一步巩固干部人事制度改革成果】切实做好高校毕业生就业指导工作。2008年，我区高校毕业生共有11118人（师范类1607人，非师范类9511人）。为切实做好2008年高校毕业生就业工作，在广泛征求有关部门意见的基础上，研究起草了《关于积极做好2008年我区高校毕业生就业工作的意见》报区党委、政府批转执行。积极会同自治区教育、劳动和社会保障、公安等部门和中直单位广开渠道，帮助高校毕业生实现就业。目前，已实现就业的高校毕业生共9408人（先后三批考录基层公务员、事业单位工作人员和专业技术人员5001人，招募西部志愿者150人，按规定和协议计划分配的457人，计划分配的师范类毕业生1607人，到中直单位的175人，到部队的220人，到地方企业的547人，到区外的1251人）。下一步，还将招募“三支一扶”人员750人。通过上述途径，2008年我区高校毕业生将有10158人实现就业。同时，完成了自治区直属机关事业单位2007年度公开考录工作，最后录用149人。切实做好从高校毕业生中公开考录“村官”工作，最后录用283人。认真组织实施全国部分基层政法机关定向招录西藏考区考务工作，最后录用694人。在严把区直党政群机关、事业单位调动“入口关”，为公开考录公务员工作创造良好外部环境的同时，对夫妻长期分居、家庭困难、长期在高海拔地区工作的干部给予一定的照顾，办理了510人的调动手续。

认真抓好公务员管理的有关工作。认真开展了公务员配套法规建设工作，先后转发了公务员奖励、考核、申诉、新录用公务员任职定级规定等相关配套法规文件，在深入调研和多方征求意见的基础上，制定下发了《关于印发〈西藏自治区公务员考核实施细则〉（试行）的通知》，研究制定了《西藏自治区公务员调任办法（试行）》。进一步对我区行政性表彰奖励、公务员辞职辞退、申诉控告、考核、全区行政机关和参照公务员管理事业单位非领导职务设置等工作进行了规范，建立完善了全区公务员信息库。同时，认真做好公务员登记年报、参照管理事业单位审批、表彰奖励、行政处分、申诉控告、人事争议仲裁、人才资源统计等工作。

积极稳妥地推进事业单位岗位设置管理工作。及时成立了西藏自治区事业单位岗位设置管理工作领导小组及办公室，在深入调研和多方征求意见的基础上，研究制定了《西藏自治区事业单位岗位设置管理实施意见》报自治区人民政府批准下发全区执行。同时，制定下发了《关于印发〈西藏自治区事业单位岗位设置管理工作方案〉的通知》等配套文件，对全区事业单位岗位设置管理工作进行安排部署。目前，七地市正根据各自实际研究制定实施意见，区直有关部门正参照国家有关部委已出台的行业指导意见研究制定本行业事业单位岗位设置管理指导意见。

军队转业干部安置工作扎实推进。及时召开全区军转安置工作会议，对军转安置工作进行周密部署。为妥善安置接收好我区2008年计划分配的军转干部，积极协调区党委党校等有关部门，举办了全区第13期军转干部培训班，对安置到我区的37名军转干部进行了为期一个月的培训，并顺利通过了公务员（工作人员）过渡考试。目前，37名军转干部均已安置完毕。认真做好2008年拟安置到我区475名自主择业军转干部的安置工作，以自治区人民政府办公厅的名义向国务院军队转业干部安置工作小组上报了《西藏自治区人民政府办公厅关于协调解决西藏自主择业军转干部相关配套资金的请示》（藏政办发[2008]56号），恳请协调财政部解决我区2001—2007年自主择业军转干部医疗保险、住房补贴、住房公积金和取暖费等地方财政配套资金，请求从2008年起将我区自主择业军转干部地方财政配套资金纳入国家财政专项安排。同时，积极做好企业军转干部解困维稳、2004年自主择业军转干部调整安置、军转干部的来信来访和稳控工作。

认真做好第三步调整西藏特殊津贴标准等工作。积极与自治区财政厅协商，向人力资源和社会保障部、财政部上报《关于进一步调整西藏特殊津贴标准有关问题的请示》，根据人力资源和社会保障部、财政部《关于调整西藏特殊津贴标准的通知》精神和区党委、政府的要求，制定下发了《关于调整西藏特殊津贴标准有关问题的通知》，对第三步调整西藏特殊津贴标准实施工作进行部署，并及时下达了增资指标。同时，认真做好规范西藏自治区人民政府驻内地单位工作人员津补贴工作，妥善处理好成办二、三所退休人员集体上访事件，提出了解决乡镇聘用干部待遇问题的意见，安排部署了军转干部工资套改工作，完成了工资福利文件汇编工作。

在科级以下干部内调工作方面，起草了《关于做好西藏科级以下干部和专业技术人员内调工作的意见》并上报人力资源和社会保障部人才流动开发司征求意见。

【以更高的标准和要求，不断把干部援藏工作引向深入】组织2个调研组，赴拉萨、日喀则、林芝、昌都、那曲5个地市42个县及区直部门，对如何进一步深化干部援藏工作、加强援藏干部管理等问题进行了深入调研，及时将调研情况形成调研报告上报中央组织部。组建了第五批中央和国家机关、中央企业援藏干部自我管理组织机构，制定了《中央和国家机关、中央企业援藏干部自我管理组织机构职责》和《中央援藏干部小组组长、副组长职责》，先后召开4次中央和国家机关援藏干部自我管理小组组长会议。修订完善了《对口支援西藏干部管理办法》。制定下发了《关于认真做好援藏干部2008年年度考核工作的通知》，对援藏干部的年度考核工作进行安排部署。办理了45名专业技术干部援藏期满轮换手续和2名党政干部提前结束援藏有关事宜。对第五批853名援藏干部的档案材料进行收集整理，向干部派出单位通报了2007年年度考核结果。全年编发《对口支援干部工作简报》25期。同时，认真做好全区援藏干部座谈会和成都干部援藏工作研讨会的筹备工作。

【主积极做好机构改革前期准备工作】认真开展政府机构改革前期调研工作，提出了关于贯彻落实中发[2008]12号文件的意见报自治区领导审定，草拟了《我区政府机构改革工作时间初步安排》、《西藏自治区人民政府机构设置有关情况汇报》、《西藏自治区人民政府机构改革方案（初稿）》、《地（市）县（市、区）政府机构改革的意见（初稿）》和《关于严明纪律保证我区政府机构改革顺利进行的通知》等，为切实做好机构改革工作打下坚实的基础。

进一步完善了自治区粮食局对粮食流通的宏观调控职能，调整理顺了自治区建设厅住宅管理和公积金管理职能、区党委政策研究室、自治区人民政府办公厅、自治区审计厅内设机构和职能配置。开展了拉萨经济技术开发区管委会等机构、拉鲁湿地国家级自然保护区管理局、部分地市流动人口服务管理机构等的机构编制调整工作。对部分县涉及维护稳定工作方面的机构编制事项及时办理。在事业机构设置方面，提出了自治区财政厅会计师事务所调整意见、自治区社科院马列主义教育研究所设置意见、西藏藏医学院机构编制调整和西藏大学内设机构调整意见。在单位内设机构和人员编制方面，设立了自治区涉密载体销毁中心，在自治区高级人民法院增设了技术处，在自治区人民检察院增设了外事处，在自治区教育厅设立了自治区学生资助管理中心，在自治区交通厅增设了农村公路管理处，在自治区水利厅设立了自治区旁多水利枢纽管理局，为自治区国资委（自治区经委）增加了部门领导职数，落实了中央编办为我区增加的政法专项编制，建立健全了全区机构编制台账，并实行动态管理。

重视乡镇机构编制调整工作。在对乡镇机构改革试点经验进行总结的基础上，注意思考如何进一步加强乡镇基层、健全完善乡镇功能。研究提出关于乡（镇、街道办事处）所属事业单位机构编制调整的意见、关于乡镇党委人大政府职能配置模式的意见、关于乡镇设立若干办公室的意见。

积极推进事业单位法人登记管理工作。严格按照《条例》规定认真做好2007年度事业单位法人年度检验工作。共完成法人年检的事业单位 792 家，新办理事业单位法人登记6家，变更登记27家。同时，认真贯彻中央编办“实名制管理软件”培训会议的要求，对区直机关事业单位实行实名制管理的 24000 多名人员情况进行不间断地抽查和详细核对，确保“定编到人”和编制管理工作的严肃性。

【领导名录】

自治区党委常委、区组织部长：尹德明
常务副部长：武金辉
副部长、人事厅厅长：边巴扎西
副部长、编办主任：唐明英
副部长：李晓云、许鹏、邹立
部务委员、纪检组组长：强秋
部务委员、人事厅副厅长：谭超运、皮大中
部务委员、编办副主任：王岐海、解海源
副巡视员、研究室主任：段胜前

自治区宣传思想工作

【年度综述】2008 年，自治区宣传思想战线面临的意识形态领域斗争形势异常尖锐复杂，宣传任务异常艰巨繁重，现实斗争考验异常严峻艰险，其艰难程度是党在西藏的宣传工作史上少有的。面对特殊形势、特殊任务和崇高职责，坚决贯彻中央的英明决策，在区党委的坚强领导下，深入学习宣传贯彻党的十七大精神，全面贯彻落实科学发展观，按照“高举旗帜、围绕大局、服务人民、改革创新”的总要求，贯彻落实全国宣传思想工作会议和全国宣传部长座谈会精神，认真落实全区宣传思想工作会议和全区宣传部长座谈会部署，全面动员全区宣传思想战线，团结协调各方，发挥整体优势，形成强大合力，共度危难、共克时艰，精心组织了“3•14”事件，当雄、仲巴地震，山南等地雪灾，北京奥运火炬珠峰登顶展示和火炬接力拉萨传递等重大突发事件、严重自然灾害及重大活动的宣传，在全面推进各项宣传思想工作的同时，集中力量打好重大宣传战役主动仗，全年工作部署周密，应对自如，亮点纷呈，特色鲜明，重点突出，成效显著，开创了宣传思想工作新局面，有力地服务了区党委和政府的工作大局，为维护西藏稳定、推动改革发展，提供了有力的思想保证、舆论支持、精神动力和文化条件。

【主要特点】领导很重视。2008 年，自治区党委主要领导同志对我区宣传思想文化工作面临的形势和任务，作了一系列重要指示。自治区主要领导的重要指示，充分体现了对宣传思想文化工作的重视和关心，对于做好我区宣传思想文化工作具有重要的指导意义。全区各级宣传部门和广大宣传工作者，深入学习，认真领会。通过学习，大家充分认识到，宣传思想文化工作承担着建设西藏社会主义先进文化的重大使命；承担着为跨越式发展提供强大精神动力的重要职责；承担着维护祖国统一、维护民族团结、反对分裂的重大政治职责；承担着弘扬“老西藏”精神、激励全区各族人民斗志的重要任务。

指导很有力。党的十六大以来，在中宣部的指导下，宣传思想战线在实践中形成了一整套行之有效的工作思路、工作机制、工作方法和规章制度，这为做好西藏的宣传思想文化工作，提供了有力指导。2008 年，中宣部对我区宣传思想文化工作提出了明确的思路和要求，操作性很强。

主题很突出。2008 年，中宣部把深入学习实践科学发展观活动，确定为全年宣传思想文化工作的主题。年初区党委批准召开全区宣传思想工作会议，进一步突出强调要牢牢抓住这个主题，对抓住主题，再作部署。把深入学习实践科学发展观活动这样一个全党工作的主题，作为宣传思想文化工作的主题，抓得很准。在全年各项工作中，都强调要紧紧围绕这个主题，在全年各个阶段的工作中，都强调要牢牢抓住这个主题，充分体现了党的宣传思想文化工作鲜明的党性原则、鲜明的政治意识、大局意识、责任意识。

精神状态很饱满。2008 年，喜事多、大事多、难事也多，宣传思想战线的干部职工深感责任重大。大家吃苦不怕艰苦，缺氧不缺精神，认真学习中央、区党委关于宣传思想文化工作的一系列指示，结合实际，认真贯彻，勇于负责，雷厉风行。

【精心部署安排工作，打好有准备之仗，切实做到了思想认识统一、步调行动一致】年初，为贯彻全国宣传思想工作会议精神，及时组织召开全区宣传思想工作会议。会议提出，要贯穿“一条主线”、突出“四个着力”、落实“五条要求”、抓好“十项任务”、营造“四个氛围”，为当前和今后一个时期的宣传思想工作提供了全局性指导。会议之后，各地各部门高度重视，积极行动，形成了贯彻落实会议精神、全面推进宣传思想工作良好格局。同时，根据不同内容和任务，还召开了八次全局性专题会议，为认真做好各项宣传思想工作提供了有力指导，使宣传思想工作始终沿着正确的方向前进。

【"反对分裂、维护稳定、促进发展"为主题，精心组织拉萨"3·14"事件、抗击地震雪灾的宣传报道】精心组织"3•14"事件的宣传报道。牢牢把握正确导向，以"快捷"抢占制高点，以"真实"增强说服力，以"驳斥"强化进攻力，以"联合"提升战斗力，以"深入"加强引导力。围绕揭露事件真相，突出一个"快"字，及时澄清了事实真相，有力引导了社会舆论；围绕揭批达赖和宣传成就，突出一个"深"字，在全社会形成了揭批达赖集团的强大舆论声势和社会氛围；围绕凝聚人心、鼓舞斗志，突出一个"引"字，使各族干部群众安心生产谋发展。精心组织《西藏今昔》大型主题展。与中央有关部门共同在首都北京举办了大型主题展《西藏今昔》，反响热烈。展览以珍贵的文物、翔实的资料、具体的数据，展示了西藏由新石器时期开始的悠久文化、波澜壮阔的历史变迁和新旧西藏的鲜明对比。同时，在自治区博物馆内设立了一个长久性展馆，向区内外游客开放，大力展示社会主义新西藏，深入揭批达赖，弘扬伟大的爱国主义精神，坚定不移地走中国特色、西藏特点的发展路子，充分发挥了重要的教育引导作用。精心组织"反对分裂、维护民族团结"先进事迹报告会。以拉萨"3•14"事件中涌现出的反对分裂、维护民族团结、维护社会稳定、捍卫国家和人民利益的模范人物为典型，组成"反对分裂，维护民族团结"先进事迹报告团，于2008年5月底开始在拉萨和各地区巡回报告，并将先进事迹材料汇编成集、报告会实况刻录成光盘下发全区。截至年底，已有近万名干部职工、僧俗群众、青年学生和驻藏部队指战员、武警部队官兵听了报告，数十万各族各界人士通过电视、广播收听收看了报告会，引起强烈反响，在全社会唱响了各民族维护祖国统一、维护社会稳定、维护民族团结的深情颂歌，展示了民族大团结的强大力量。

同时，精心组织了抗击自然灾害的宣传。及时转播报道胡锦涛总书记等中央领导同志深入灾区慰问群众、指挥抗震救灾的感人场面，转播报道各族各界中华儿女心系灾区、众志成城、抗震救灾的英雄壮举。精心组织仲巴、当雄地震和山南等地雪灾的宣传报道，大力宣传中央高度重视和中央领导所作的重要批示，大力宣传自治区党委、政府关于抗震救灾的一系列决策举措，大力宣传各族各界万众一心抗灾难的感人场面和生动事迹，有力地凝聚了全区各族人民团结一致、共克时艰的强大力量。

【以北京奥运、精彩奥运为契机，内外宣密切配合，大力宣传社会主义新西藏，营造了各族人民共襄盛举的浓厚氛围】圆满完成奥运火炬珠峰登顶珠峰展示、火炬接力拉萨传递的宣传报道和记者接访工作。成立了北京奥运火炬接力珠峰传递新闻中心和拉萨火炬传递外媒接待工作临时指挥部，按照"热情服务、柔性管理、开放有序、确保安全"的原则，认真做好境外媒体接访工作。2008年，围绕奥运火炬珠峰登顶珠峰展示、火炬接力拉萨传递等重大主题，共组织召开了22次常态新闻发布会，共接待国内外记者和专家学者14批次近200人，这是我区历年来外宣接待工作中批次人数最多的一年。自治区各新闻媒体对整个奥运火炬传递活动进行了集中宣传，刊发各类稿件和图片2500余篇（幅），被500余家海内外网络和纸质媒体转载。西藏人民广播电台4个频率累计并机直播12小时，西藏电视台3个频道累计并机直播9小时，刷新了两台现场直播的新纪录。圆满完成北京奥运会的宣传报道。我区新闻媒体把北京奥运会宣传报道作为2008年宣传报道工作的重中之重，精心组织，周密策划，围绕主题，突出亮点，展示特色，全方位、多角度报道了百年奥运梦圆北京的盛况。奥运前后，仅自治区媒体共推出奥运特刊70期154个版，开辟14个专栏，刊登奥运报道文字、图片稿件3400余篇（幅），西藏电台电视台全程转播了奥运会、残奥会开闭幕式盛况，准确无误地播报了各项重大赛事新闻。成功展演北京奥运会文艺节目。鼓舞《雪域的祝福》、藏戏歌舞《吉祥奥运》、唐卡式歌舞《幸福在路上》、拉孜堆谐《珠峰赞歌》和京剧、藏戏《文成公主》等在京展演期间深受各界好评。奥运期间在北京举办的"中国故事·西藏祥云小屋"荣获了第29届奥林匹克运动会组委会和国家文化部颁发的"中国故事"文化展示活动最佳组织奖。"迎奥运、讲文明、树新风"活动有声有色。扎实开展文明风尚宣传普及活动，用社会主义荣辱观引领社会风尚，改善社会文化环境；开展整治活动，以增绿色、治污染、整脏乱为重点，净化绿化美化城镇环境；开展文明礼让、遵章守纪教育，提倡文明交通行为；开展"全民健身与奥运同行"活动；在公共服务行业和海关等涉外窗口行业，深入开展职业道德、服务规范、外语和手语、应急处置等方面的教育培训，提高服务水平和服务质量；实施提升中国公民旅游文明素质行动计划，以多种形式掀起迎奥运、讲文明、树新风热潮。

【以建设社会主义核心价值体系为根本，以学习宣传贯彻党的十七大精神为主线，凝魂聚气、强基固本，共同团结奋斗的思想基础更加牢固】抓主线，党的十七大精神更加深入人心。把学习宣传贯彻党的十七大精神作为首要政治任务贯穿始终。充分反映报道各地各部门贯彻落实党的十七大精神的新思路新举措，充分展示各条战线在党的十七大精神指引下取得的新进展新经验；把学习实践科学发展观贯穿始终，深入开展学习实践科学发展观活动的宣传工作，组织全区各级各类新闻媒体，为我区学习实践活动造舆论、造声势、造氛围，引导全区广大党员干部深刻认识科学发展观的科学内涵、精神实质、根本要求，自觉用科学发展观指导我区改革发展稳定的新实践；把宣传农村改革发展贯穿始终，为推进农牧区改革发展营造了解放思想、勇于改革、推进发展、维护和谐稳定的浓厚氛围。把用中国特色社会主义理论体系武装头脑贯穿始终。坚持用中国特色社会主义理论体系武装党员干部、教育人民群众，各地各部门紧密结合实际，广泛开展中国特色社会主义理论体系宣传普及活动，拉萨创建全国

文明城市工作卓有成效，日喀则旅游文化发展特色鲜明，山南狠抓文化市场专项整治管理力度大，林芝社会主义新农村宣传有声有色，昌都狠抓爱国主义主题教育活动声势大、效果好，阿里大力开展民族团结教育活动有特色、有亮点，使中国特色社会主义理论体系深入人心。特别是2008年2月以来，那曲地区开展的中国特色社会主义主题教育活动，其成效、经验、做法、启示，为全区基层群众性思想教育引导工作起到了重要的借鉴作用。把宣传纪念改革开放30周年贯穿始终。按照中央和区党委的部署，精心设计、精心组织、精心实施纪念改革开放30周年活动，宣传阐释我国特别是我区改革开放的伟大意义、巨大成就、成功经验、前进方向。举办西藏改革开放30周年辉煌成就展，充分展示改革开放30年来西藏的深刻变化和崭新面貌。组织策划了“见证西藏30年”主题征文及基层干部群众讲述实录宣传教育活动。编写《纪念改革开放30周年宣传提纲》，在《西藏日报》藏、汉文版全文刊载，并印制成藏、汉文小册下发全区。编写纪念改革开放30周年形势政策教育系列材料，邀请专家、学者在青少年学生和区直干部职工中作形势政策教育报告会。区党委隆重举行改革开放30周年纪念大会，把纪念活动推向高潮，全区各族干部群众毫不动摇地坚持改革开放，深入贯彻落实科学发展观，在中国特色社会主义道路上，继续把改革开放伟大事业推向前进的信心和决心更加坚定。把加强理论研究、展示理论力量贯穿始终。社科理论界专门就“中国特色、西藏特点的发展路子”作专题研究，从理论和实践的结合上，全面深入地阐释和回答中国特色、西藏特点发展路子的基本内涵、发展战略、发展目标、发展道路、主要任务、重大措施等，在西藏日报等重要刊物上发表数十篇理论文章，形成了系统的研究成果，为全区各族人民坚定不移地走中国特色、西藏特点发展路子提供了有力的理论支撑。围绕党的十七大、党的治藏方略、学习实践科学发展观、纪念改革开放30周年等重大主题，举办5次理论研讨会，形成系列理论文章157篇，其中两篇入选全国纪念改革开放30周年理论研讨会。围绕重大理论和现实问题，瞄准主攻方向，完成20项研究课题、出版17部（册）专著、发表20余篇学术理论文章。围绕展示中国特色社会主义理论体系的伟大力量、展示理论飞跃在西藏的光辉实践，进一步坚定全区各族人民共同团结奋斗的理想信念，经区党委同意，由区党委宣传部组织拍摄制作8集大型电视理论政论片《跨越》。

【抓根本，社会主义核心价值体系建设稳步推进】一是固根本，马克思主义在我区意识形态领域的指导地位更加巩固。区党委高度重视意识形态工作，区党委主要领导多次到自治区宣传思想文化部门视察调研指导工作，在全区性重要会议上都专门对意识形态工作作部署提要求。坚决贯彻区党委的决策部署，用党的十七大精神和中国特色社会主义理论体系武装头脑，坚定理想信念，确立主心骨，强化旗帜意识；用社会主义核心价值体系主导社会思想，打牢思想基础、不断强化共同价值观念；用新时期西藏工作指导思想和中国特色、西藏特点的发展路子，强化道路意识。围绕认真贯彻落实胡锦涛总书记在党的十七届三中全会上重要讲话中关于切实加强意识形态工作的重要论述，深入开展调查研究，摸清情况、找准问题、服务决策，形成《凝魂聚气，强基固本，进一步打牢团结奋斗的共同思想基础》、《关于西藏意识形态安全几个重大问题的调研思考》两篇重点调研报告。这两个调研报告对于了解和掌握我区意识形态工作的现实状况，把握特点和规律，增强针对性和实效性，服务区党委决策，进一步巩固马克思主义在我区意识形态领域的指导地位，起到了积极作用。二是强基础，共同团结奋斗的思想基础更加坚实。紧密结合西藏工作的实际和思想教育的特点，结合2008年反分裂斗争的迫切需要，始终突出坚持党的领导、坚持社会主义制度、坚持民族区域自治制度教育，马克思主义祖国观、民族观、宗教观、文化观、唯物论、无神论教育，以“热爱祖国为荣，危害祖国为耻”为首位的社会主义荣辱观教育、“反对分裂、维护稳定、促进发展”教育、“团结稳定是福，分裂动乱是祸”教育、“新发展、新变化、新生活”教育。同时，还在农牧区深入开展“党支书是我们的贴心人”、“致富不忘共产党”典型宣传教育活动，在青少年学生中开展“老革命讲传统”等主题报告活动，共同团结奋斗、共同繁荣发展的理念不断深入人心。三是抓建设，公民思想道德建设不断深入。围绕建设和谐文化、培育文明风尚，深入开展“知荣辱、树新风、我行动”、“创建文明青藏铁路线”、“祖国在我心中”、“和谐校园”、“爱心奉献”等群众性精神文明创建、青少年爱国主义教育活动。首届自治区道德模范评选表彰活动获得圆满成功，群众评、评群众，群众学、学群众的特点鲜明突出，隆重表彰和宣传12名自治区道德模范和32名自治区道德模范提名奖获得者，在全社会引起广泛共鸣和强烈反响。加强未成年人思想道德建设，积极开展“百部爱国主义教育影片进校园”主题活动。大力实施“电视进万家”活动，为农牧区贫困群众赠送了3万台电视机，切实让农牧民群众感受到党中央的关心和祖国大家庭的温暖。召开两次西藏自治区文明委会议，全面安排部署当前和今后一个时期思想道德建设和精神文明创建工作。积极开展拉萨市创建全国文明城市工作，城市文明程度、市民文明素养不断提高。四是筑防线，反渗透的防控能力不断提高。编制上报西新工程第四期第二阶段建设规划，大力推进“西新工程”建设。针对“3•14”事件期间的空中渗透，协调总局调度大功率发射机进行广播实验，大面积压制境外电台对我区和藏区的广播，在拉萨市区进行实时收测实时调度。针对地面渗透，我区新闻出版部门，加大执法力度，全面查缴40多种反动读物和音像制品1.4万件，迅速编写出版了《拉萨“3•14”事件真相》、《历史的见证》等优秀出版物，深刻揭示“3•14”事件的背景、性质、危害，深入揭批达赖集团的反动本质、残忍本性、虚伪面目，有力批驳达赖集团的欺世谬论，有力回击国际敌对势力的反华谣言。

【以推动文化大发展大繁荣为重大战略任务，文化体制改革稳步推进，基层文化发展规划蓝图，文化阵地不断巩固，西藏特色的文化发展路子越走越宽广】文化体制改革理清了思路。积极借鉴兄弟省区市文化体制改革的成功经验和做法，研究制定了《西藏自治区文化体制改革和文化产业发展调研方案》，对全区各地（市）及区直宣传文化系统的文化体制改革与文化产业发展情况进行了调研，较为全面地掌握了全区宣传文化单位和文化行业的基本情况，为下一步工作打下了良好基础。

以拉孜"堆谐"为试点，积极探索我区文化产业化、市场化发展新路。专门就拉孜"堆谐"乃至全区民间文化事业和产业发展作了专项调查和专题研究，形成了调研思考意见。以拉孜"堆谐"的开发利用为试点，认真探索经验和做法，从全局上考虑我区文化产业化、市场化发展，研究制定全区文化产业发展规划，出台相关政策措施，积极稳妥推进全区文化体制改革和文化产业发展。

基层文化发展出台新规划。围绕贯彻落实党的十七大关于建立覆盖城乡的公共文化服务体系的精神，根据中央领导和区党委的重要批示精神，会同有关部门起草了《西藏自治区2008—2012年基层文化建设规划》。《规划》科学分析了我区基层文化建设现状，提出了基层文化建设的指导思想、基本原则、总体目标、建设标准和主要任务，实事求是地提出了基层文化建设十大重点建设项目、资金来源和保障措施。《规划》已经自治区党委、政府研究通过，上报中央。这个《规划》的力度，在我区基层文化发展史上是空前的，一旦批准实施，必将推动基层文化事业实现跨越式发展，使文化建设的硕果惠及全区各族人民。

文化艺术推出新精品。坚持不懈地实施文化精品战略，创作排演改革开放30周年献礼剧《扎西岗》和主题晚会《辉煌西藏》、京剧藏戏《文成公主》、大型藏戏歌舞《吉祥奥运》、庆"八一"主题晚会《哈达献亲人》等一批精品佳作。积极开展"送戏下乡"，全年累计演出200多场次，观众达46万多人。完成长篇报告文学《进藏英雄先遣连》的出版工作，在布达拉宫广场成功举办中国西藏"珠穆朗玛"摄影大赛，非物质文化遗产保护工作深入推进，36个项目成功入选第二批国家级非物质文化遗产保护项目，22名非物质文化遗产代表性传承人入选第二批国家级非物质文化遗产代表性传承人名录，《大藏经•甘珠尔》（永乐版）等6个珍贵古籍列入第一批国家级珍贵古籍名录。文物保护事业健康发展，重要历史和革命文物调查保护工作深入推进。

文化阵地建设有了新拓展。大力推进西新工程、中央广播电视农村无线覆盖工程、广播电视"村村通"工程、广播电视直播卫星转星工作、电影"2131"工程、有线电视数字化工作、移动多媒体广播电视工作、文化信息资源共享工程、乡村文化站（室）建设工程、农村书屋工程等文化惠民工程建设。截至年底，全区广播电视人口综合覆盖率分别达到88.81%和89.94%，与2007年相比各增长1个百分点。农村电影放映平均每个行政村每月放映1.6场的成果得到继续巩固，并逐步由模拟向数字转变、由室外向室内转变。全年安排11个县综合文化活动中心、30个乡镇综合文化站、21个县级文化信息资源共享工程建设项目。我区公共文化设施网络基础基本建立。

广播电视节目质量和水平有新提升。区党委、政府迅速贯彻中宣发〔2008年〕29号、30号文件精神，组成调研组到自治区广电局、电台、电视台，就落实中央精神，解决当前面临的突出困难和问题，提高节目水平和质量，作了专门的思考研究，形成了广电局和电台、电视台系统完整的贯彻落实的基本思路和主要措施。自治区广电局以西藏卫视在全国落地为契机，全面实施强台规划，立足当前、着眼长远，总体规划、分步实施，突出特色、打造品牌，创新方式、力求实效，广播电视的节目质量和水平有了新的变化。

【获奖情况】自治区党委宣传部荣获2008年北京奥运火炬登顶珠峰暨拉萨传递工作先进单位称号。

自治区党委宣传部办公室荣获全区民族团结先进集体称号。

自治区党委宣传部妇委会荣获自治区"三八红旗"集体称号。

沈开运、杨战旗、滕庭国荣获2008年北京奥运火炬登顶珠峰暨拉萨传递工作先进个人称号。

西绕平措荣获全区民族团结先进个人称号。

尼玛潘多荣获自治区"三八红旗手"个人称号。

【领导名录】

自治区党委常委、区宣传部长：崔玉英
常务副部长：沈开运
副部长：王明星、邓晨明
副部长、外宣办主任：索林
副部长：庄劲松、张晓峰
部务会成员、助理巡视员：李光远

自治区统一战线工作

【年度综述】2008年，我区经受了拉萨"3•14"事件的严峻考验，战胜了仲巴、当雄强烈地震和山南等地罕见暴雪自然灾害。我区统一战线始终高举维护社会稳定、维护社会主义法制、维护人民群众根本利益的旗帜，整合各方力量、攻克重点难点，围绕大事要事、充分发挥优势，全力抓维护稳定，重点抓寺庙法制宣传教育，突出抓党外人士教育引导，全面抓各领域工作，始终抓自身建设，巩固和发展了统一战线爱国进步、团结稳定的局面，为我区维护稳定、促进发展发挥了重要作用，作出了新的贡献。

【全力抓好维护稳定工作】围绕处置"3•14"事件，开展了大量艰苦细致的工作。一是稳住寺庙稳定僧尼。各级统战部门领导带头，及时组织得力干部，深入寺庙耐心细致做稳住寺庙、稳定僧尼情绪的工作，有效劝阻了不明真相僧尼参与闹事，防止了事态的扩大和蔓延。二是积极开展教育引导工作，促进民族团结。针对达赖集团挑拨民族关系、制造更大事端的图谋，及时深入穆斯林群众中，积极开展安抚教育工作，宣传党的民族政策，戳穿达赖集团的险恶用心，引导他们不上敌对势力的当，并组织开展看望慰问活动，稳定了群众情绪，赢得了理解和支持，有力维护和促进了民族团结。三是积极教育引导受损商户尽快恢复生产经营。全力开展安抚慰问活动，广泛宣传政府出台的各项应急扶持措施，教育引导非公有制经济人士和个体工商户坚定信心，鼓励和支持他们恢复生产经营，为全面恢复正常的社会秩序作出贡献。

扎实开展寺庙法制宣传教育工作，一是扎实开展形式多样的法制宣传教育活动。积极组织力量编印《法律法规选编》、《西藏民主改革50周年》白皮书、《纪念西藏百万农奴解放50周年有关领导讲话和纪念文章》、《拉萨"3•14"打砸抢烧事件真相》光盘等藏汉文本法宣教材11万册，发各驻寺工作组、寺管会成员和僧尼，组织僧尼认真学习，使多数僧尼对"3•14"事件的真相和性质有了清醒的认识，祖国观念、法制观念、政府观念和公民意识明显增强，"爱国守法、爱教守规、服从政府、潜心修佛"的僧尼不断增多。二是规范寺庙僧尼管理。建立健全寺庙规章制度，确保了寺庙管理有章可循；调整充实寺管会班子，充分发挥寺管会在管理寺庙、教育僧尼中的作用，真正使寺庙领导权牢牢掌握在爱国爱教人士手中。三是维护正常宗教秩序。加强萨嘎达瓦、姜贡曲、传召法会、格西拉让巴学位立宗答辩等重大佛事活动的管理，确保各项活动正常有序。

【充分发挥党外人士在反分裂斗争中的特殊作用】广泛动员各族各界党外人士，在关键时刻发挥特殊作用，与达赖集团进行针锋相对的斗争。一是筑牢反分裂斗争的思想基础。及时召开党外人士座谈会，通报"3•14"事件真相，向全区各族各界党外人士发出了"统一思想、揭批达赖、引导群众、加强团结"的倡议书，组织党外人士认真学习中央及区党委重要指示精神，深入揭批达赖集团图谋"西藏独立"的真实面目，使党外人士认清了达赖集团危害人民、分裂祖国的反动本质，激发了他们巨大的爱国热情。二是强烈声讨达赖集团滔天罪行。各族各界党外人士以发表公开谈话、撰写揭批文章、接受境内外媒体采访等多种方式，揭批达赖集团制造暴力犯罪事件和干扰破坏奥运会的罪恶行径，强烈谴责不法分子的野蛮罪行，用新旧社会两重天的鲜明对比，控诉旧西藏的黑暗落后，歌颂新西藏的幸福美好，在全社会产生了良好的反响，有力回击了达赖集团的恶意攻击和诬蔑。三是积极做好所联系群众的教育引导工作。各族各界党外人士深入所联系的群众当中，协助党和政府宣传党的民族宗教政策，教育引导群众认清事件真相，开展了大量理顺情绪、化解矛盾的工作。四是发挥宗教界人士在教育僧尼、稳定寺庙中的特殊作用。安排爱国高僧活佛在重点寺庙进行巡回宣讲，通过他们的影响和学识来教育僧人，收到了良好效果。五是加强党外人士思想政治工作。以纪念改革开放30周年为重要契机，开展形式多样的活动，充分展示30年来我区发生的巨大变化和统一战线取得的辉煌成就，充分认识统一战线在改革发展稳定中的重大作用，引导党外人士深刻认识坚持改革开放是西藏繁荣进步、和谐稳定、人民幸福的唯一正确道路，坚定各族各界人士走有中国特色、西藏特点发展路子的信心。

【有力推进各领域统战工作】坚持突出重点、统筹兼顾、整体推进，统一战线其他领域工作也取得了新的进展。一是民族团结进步事业不断发展。经过"3•14"这场血与火的严肃政治斗争，各族群众真切懂得"团结稳定是福、分裂动乱是祸"的深刻道理，涌现出了一幕幕民族团结进步的感人事迹，一大批先进集体和个人在全区第五次民族团结进步表彰大会上受到了表彰，在全社会营造了以加强民族团结为荣、以破坏民族团结为耻的良好氛围，有力地推动了"双拥共建共保"活动，"两个共同"主题和"三个离不开"思想更加深入人心，民族关系更加和谐融洽。二是境外藏胞工作扎实开展。坚持"爱国一家、爱国不分先后"的政策，加强党的民族、宗教政策和西藏发展变化的宣传，引导境外藏胞和境内亲属正确认识"3•14"事件真相，多做祖国统一和民族团结的事情，团结争取更多的境外藏胞心向祖国。三是党外知识分子和新的社会阶层人士工作有效推进。全面掌握了党外知识分子行业分布及发挥作用情况，积极开展党外知识分子联谊会筹备创建工作；全区非公有制经济代表人士综合评价工作全面启动，首届"优秀中国特色社会主义事业建设者"初选工作进展顺利；积极开展西藏中华职教社"温暖工程"培训工作，以非公企业为依托举办农牧民技能培训班21期900余人，安排就业率达97%以上，为农牧民增收致富作出了贡献。四是对台工作有序开展。做好旅藏台胞的宣传工作，组织来藏台湾媒体实地拍摄"3•14"打砸抢烧现场，有力批驳达赖集团和西方媒体对事件的刻意歪曲；扩大两地交流交往，促进经贸往来，维护台湾同胞的合法利益，在交流中加深了解，增进了共识。五是调研宣传工作成效明显。选派30多名干部组成8个调研小组，深入拉萨市七县一区，就统一战线如何更好地服务科学发展、促进社会和谐稳定广泛开展调查研究，形成了一系列有份量的研究成果，有的已转化为规章制度。全年形成调研报告120余篇，其中3篇获得全国统战理论研究优秀成果奖；全面开展统战宣传和信息工作，在西藏日报专版发表《统一战线纪念改革开放30周年》文章，扩大了统一战线的社会影响。

自治区政法工作

【年度综述】2008年，自治区政法机关紧紧围绕构建小康西藏、平安西藏、和谐西藏、生态西藏的目标，以反对分裂、维护稳定为中心，充分发挥职能作用，依法果断处置拉萨"3•14"打砸抢烧严重暴力犯罪事件，挫败了达赖分裂集团策划制造的一系列险恶图谋，实现了"不反弹、不蔓延"的工作要求；全面推进各项政法业务工作，大力加强政法队伍建设和政法基层基础建设，不断提高执法司法能力，维护了全区社会局势稳定，为促进西藏经济社会又好又快发展做出了积极贡献。

【依法果断处置拉萨"3•14"打砸抢烧严重暴力犯罪事件，坚决打击分裂主义分子的渗透破坏活动】各级政法机关始终把深入开展反分裂斗争作为首要政治任务，充分发挥职能作用，全面应对防范，特别是拉萨"3•1 4"打砸抢烧严重暴力犯罪事件发生后，根据党中央的决策部署，在自治区党委、政府的坚强领导和统一指挥下，全区政法干警服从命令，听从指挥，全力奋战，果断平息事态，迅速恢复社会秩序，挫败了达赖集团策划制造的一系列破坏活动和险恶图谋，确保全区社会稳定，实现了"不反弹、不蔓延"的工作要求，严厉打击了敌对势力和分裂主义分子的嚣张气焰。

【坚持不懈地深入开展揭批达赖活动，全面加强意识形态领域斗争】全区政法机关坚持开展"反对分裂、维护稳定、促进发展"主题教育和"大学习、大讨论"活动，继续深入开展反分裂斗争形势教育，开展打击造谣传谣专项行动，教育广大政法干警坚决筑牢反分裂斗争的思想防线，有力保障了各项政法维稳工作的顺利开展。

【圆满完成北京奥运会、残奥会、国庆节等重大活动和节日的安全保卫工作任务】各级政法机关以北京奥运会安全保卫工作为重点，严密防范和严厉打击达赖集团的分裂破坏活动。圆满完成了奥运圣火登顶珠峰、拉萨传递及重大节日、敏感日、重大宗教活动、重要会议等各项活动的安全保卫工作，做到了绝对安全、万无一失。

【全力预防和妥善处置群体性事件，严防西方敌对势力和达赖分裂集团插手利用】针对因征地拆迁、虫草诈骗、草场纠纷、涉法涉诉问题等引发的人民内部矛盾纠纷不断增多的新形势，各有关部门高度重视，认真排除各类隐患和苗头，在耐心细致的做好思想教育的基础上，按照"属地管理"和"谁主管、谁负责"的原则，提前预警，主动防范，全力化解，努力把矛盾和问题化解在基层，化解在当地，化解在萌芽状态，有效防止了敌对分子利用人民内部矛盾制造事端。

【立足治本，强化寺庙法制宣传教育】政法部门配合统战、民宗等有关职能部门，有针对性地深入各重点寺庙，开展法制宣传教育，教育广大僧尼在政治上与达赖集团划清界限，自觉维护祖国统一和民族团结，遵纪守法。

【严密防范和严厉打击"法轮功"等邪教组织活动，加大教育转化工作力度】充分发挥各级党政组织及公安、国家安全、综治等部门的作用，广泛动员和调动社会力量群防群治，加强宣传教育，强化对社会面的控制，加强对外来人员、无业人员等社会闲散人员的清查管理，提高对"法轮功"等邪教活动的发现能力，坚决果断地打击"法轮功"等邪教组织活动，进一步净化了我区社会环境。

【深入开展"严打"整治斗争，始终保持对严重刑事犯罪的高压态势】全区各级政法机关坚持工作不松，力度不减，积极采取有力措施，继续深入开展"严打"整治斗争，组织开展"打盗抢、抓逃犯"等多项专项行动，始终保持了对严重刑事犯罪的高压态势。

【加强社会治安管控力度，强化治安防控体系建设】政法各部门团结协作，全力参与，进一步加强社会治安管理。集中开展清查行动，对重点寺庙、重点场所、重点部位进行认真清理排查，加大对重点人员的管控力度，加强对非法枪支弹药、管制刀具的收缴力度和对炸药等民爆物品的管理，及时发现和消除治安隐患，有效维护了社会治安秩序。

【认真落实社会治安综合治理措施，推进平安西藏、和谐西藏建设】各级党委、政府高度重视社会治安综合治理工作，坚持把社会治安综合治理和平安建设工作与经济社会发展总体规划同安排、同部署、同检查、同考核，切实解决综治工作中出现的新情况、新问题。各级政法、综治部门把加强矛盾纠纷排查调处工作作为维护社会稳定、维护群众利益、推进平安建设的重要任务来抓，由一把手负总责，相关部门主动参与，强化治保会、调委会组织建设，配齐驻村民警、司法助理员、治保员、调解员，形成了人民调解、行政调解和司法调解"三位一体"的基层大排查、大接访、大调处工作格局。

自治区党委、政府将每年9月16日确定为"平安西藏宣传日"。各地（市）把"三月综治宣传月"、"六月综治宣传周"、"9•16平安西藏宣传日"与"五•五"普法宣传工作有机结合起来，组织力量广泛深入各城镇、乡村及农牧民家中，大力开展平安宣传和"法制宣传教育七进"活动，努力营造"深化平安建设、构建和谐社会"的良好舆论氛围和社会环境，增强了全社会共同参与平安建设、共同促进社会和谐稳定的责任感和主动性，人民群众对平安建设的知晓率大大提高。

【进一步提升我区流动人口服务和管理水平】自治区及拉萨、昌都两地市增设了流动人口服务与管理的专门机构，落实专项人员编制，启动拉萨、昌都两地流动人口服务管理试点工作。拉萨市制定出台了《拉萨市出租房屋管理暂行办法》等规范性文件，实设市、区两级流动人口服务和管理工作领导小组办公室，配备专职工作人员，招聘了100余名流动人口协管员，对拉萨市流动人口和出租房屋进行全面摸排登记，并定期进行复查检查，初步做到了"底数清、情况明"。

【进一步加强青藏铁路护路联防各项工作】铁路沿线各级党委、政府高度重视，各级护路办认真履行职责，按照"严防死守，确保青藏铁路万无一失"的总体要求，以"防恐怖、防爆炸、防破坏"为重点，周密部署，严密防范，狠抓各项措施的落实，确保了青藏铁路的安全畅通。

自治区党校（行政学院）工作

【年度综述】2008年，在区党委、政府的坚强领导下，在中央党校、国家行政学院的有力指导下，在区直有关单位的大力支持下，自治区党校（院）坚持以邓小平理论和"三个代表"重要思想为指导，深入贯彻落实科学发展观，围绕中心，服务大局，充分调动和发挥全体干部职工的积极性、主动性和创造性，以饱满的精神，积极的工作态度，与时俱进，开拓创新，求真务实，真抓实干，使党校各项工作取得了较好成效。

2009年1月18日，区党委书记张庆黎在《关于呈报〈自治区党委党校、自治区行政学院2008年工作总结及2009年工作要点〉的报告》上批示："2008年区党委党校、行政学院的工作做得很好，尤其在干部培训、教师队伍素质提高和后勤管理方面，都取得了优异成绩。希望在新的一年里认真贯彻全国和自治区党校工作会议精神，把党校各方面的工作都提高到一个新水平"。

【教学】按照"一个中心、四个方面、一

个突出”的教学布局，紧密结合我区实际，不断深化教学改革。一是加强了中央关于新时期西藏工作的一系列战略决策等方面的区情教育；二是加强了党风廉政教育和保密教育；三是调整完善了中国特色社会主义理论体系；反对分裂、维护稳定、促进发展；中国特色社会主义市场经济；中国特色社会主义民主政治建设；中国特色社会主义文化建设；中国特色社会主义社会建设；党的建设；公共管理；民族、宗教、统一战线理论和政策；西藏区情等十大板块。

加大了教学新专题开发力度。组织开发了50个教学新专题，其中，汉语教学专题34个，藏语教学专题15个，案例式教学专题1个。

积极组织外出宣讲和送教上门。选派20多名骨干教师到地市、内地西藏班、第一批开展深入学习实践科学发展观活动单位、西藏大学、拉萨师范高等专科学校、西藏职业技术学院、交通职工干校等70余个单位宣讲党的十七大报告、深入学习实践科学发展观、《马克思主义“四观”“两论”》、《毛泽东思想概论》、《邓小平理论》、党的知识、国际国内经济形势、反分裂斗争、西藏历史、依法行政、《思想政治与法律基础》等专题辅导报告130余场，听课人数达16000余人次。

积极探索改革教学方法。一是开展了研究式教学、案例式教学、单个专题讲座和自由选学；二是实行教学互动；三是开展异地培训；四是加大了各个班次社会考察力度，形成考察报告10个。

严格教学和学员管理。将教学计划汇编成册统一下发；建立教务档案和师资资源库；充实完善了备课、专题讲授、教学工作量与奖惩、教学评估制度；及时总结教学经验；针对不同班次合理安排教师带班；实行量化管理。

加强校园信息化建设。录制各类远程教育课程、课件537讲（个）、制作DVD光盘100余张。

加大培训力度。举办各类班次22期，轮训培训各级各类干部1099人次。（8）函授本科班平稳过渡，在职研究生教育顺利开展。

【科研】科研工作坚持实施“科研兴校”战略，紧紧围绕区党委的中心工作和西藏改革发展稳定中的热点、难点问题，加强研究，提高水平。由教研人员承担的国家社科基金项目《党在西藏执政的实现与共产党执政能力的历史考察》、《党在西藏领导宗教工作的历史考察和历史经验研究》正式通过鉴定验收结项，其中，《党在西藏领导宗教工作的历史考察和历史经验研究》被评为良好等次。申报国家社科基金项目5项，其中《尼泊尔政局变化对我国西藏的影响研究报告》获准立项。成功申报了国家社科基金特别委托项目“西南边疆历史与现状综合研究项目”6项。副校长、教授普布次仁撰写的《论中国共产党西藏工作的决策与实践》一文入选中宣部等中央9部委纪念党的十一届三中全会30周年理论研讨会。评审并准予结项2007年校级课题，审核并准予立项2008年度校级课题18项。组织召开了社科界“3•14暴力犯罪事件理论研讨会”和校内专家学者揭批达赖集团研讨会。在校刊上增设了“反分裂斗争”专栏。教研人员在《西藏日报》等报刊、杂志上发表各类文章65篇。《民族、宗教、统一战线理论和政策》一书再版发行，《马克思主义“四观”“两论”干部教育读本》审定通过，《“3•14”事件资料集》已完成70余万字的初稿。召开了全区党校系统“纪念改革开放30周年理论研讨会”。

【主要特点】一是创新。校党委按照科学发展观的要求，开拓创新，以全新的思路，改进工作作风和工作方法，最大限度地发挥全体干部职工的智慧，充分调动各方面的积极因素，团结带领全体干部职工努力开创党校工作新局面。二是务实。求真务实，真抓实干。务求每一项工作都落到实处，务求每一项工作都有人具体抓，务求每一项工作都抓出成效。

【大事记】

1月4日，区党委副书记、党校校长张裔炯批示：“呈请庆黎书记阅示。2007年自治区党校和行政学院，在区党委领导下，在干部培训和自身建设及科研方面，都做出了较好的成绩。尤其在突出针对性，加强实效性方面的成效更为突出。全校同志们的精神面貌好，干劲足，应充分肯定”。

1月7日，区党委书记张庆黎在区党委党校、自治区行政学院《关于呈报〈2007年工作总结及2008年工作要点〉的报告》上批示：“赞成裔炯同志的意见。2007年区党委党校、行政学院的工作卓有成效，区党委是满意的。希望在新的一年里百尺竿头，更进一步！”

1月9日，自治区党委办公厅印发了《领导批示》（[2008]第10号）区党委书记张庆黎、区党委副书记张裔炯对党校工作的重要批示。

1月29日，区党委组织部常务副部长武金辉代表自治区党委宣布了校（院）主要领导调整的任命决定。拉巴同志调区教委工作，石俊华同志任自治区党委党校党委书记、常务副校长，牛治富同志任自治区党委党校党委副书记（正厅）。

3月10日，校党委召开专题会议，认真学习了胡锦涛总书记在十一届全国人大一次会议西藏代表团审议时的重要讲话精神。校党委书记石俊华要求，要从讲政治的高度充分认识学习领会胡锦涛总书记重要讲话精神的重要意义，要在领会精神实质和贯彻落实上下功夫，切实把讲话精神贯穿到教学科研等各项工作中。

3月18日，组织召开了专家、学者、干部职工和学员参加的“深入揭批、声讨达赖集团反动罪行”的大会。

4月1日，组织召开了社科界“3•14暴力犯罪事件理论研讨会”。参加理论研讨会的有区党委宣传部、区党委党史研究室、区社会科学院、西藏大学、区党校专家、学者以及教职工90余人。理论研讨会由校党委书记石俊华主持。

4月2日，召开中层以上干部和副高职称人员会议，及时传达了中央办公厅、国务院办公厅《通报》精神和张庆黎书记就进一步做好当前社会稳定工作的重要讲话精神。校党委书记石俊华主持会议。

5月7日，区党委副书记、自治区常务副主席、行政学院院长郝鹏率政府副秘书长孟扬、区发改委主任金世洵、区建设厅厅长陈锦等领导视察了教学科研综合楼在建工程，并听取了工程建设情况汇报。

5月13日，全体教职员工向四川地震灾区“献爱心”捐款24151.7元。

5月21日，全体党员向四川地震灾区交纳特殊党费129750元。

6月6日，自治区党委副书记、党校校长张裔炯在区党委办公厅、区党委组织部、区党委宣传部、区发改委有关负责同志陪同下到自治区党校进行调研，与校领导、各部门负责人、学员代表进行了座谈。校党委书记石俊华作了工作汇报。

6月19日，校党委书记石俊华主持召开了全校（院）县以上领导干部会议，认真传达学习了自治区党委、政府召开的《自治区传达贯彻全国省区市和中央部门主要负责同志会议精神电视电话会议》精神。

9月6日，召开了全校教职工大会，认真传达学习贯彻全区干部教育培训工作会议精神。校党委副书记、副校长牛治富传达了区党委副书记、党校校长张裔炯在全区干部教育培训工作会议上的重要讲话精神，校党委书记、常务副校长石俊华就党校、行政学院如何贯彻落实会议精神作了具体要求和部署。

9月10日，举行了2008年秋季开学典礼、庆祝教师节暨表彰大会。自治区党委副书记、党校校长张裔炯出席并作了重要讲话。

9月10日，“西藏自治区党政领导干部人口理论教育基地”举行揭牌仪式。区党委副书记张裔炯为“西藏自治区党政领导干部人口理论教育基地”揭牌。

10月16日，自治区纪委副书记贡嘎一行到校检查指导纪检监察工作。校党委书记石俊华主持会议，副校长扎西泽仁、纪委书记周阳光及政工人事处负责人参加了会议。

【获奖情况】

马列教研部副教授杜莉被自治区妇女联合会评为2008年度西藏自治区“三八”红旗手荣誉称号，受到表彰。

校党委副书记、副校长、教授牛治富撰写的《关于中国特色、西藏特点发展路子内涵的思考》，被评为区党委宣传部2008年度全区优秀理论文章，受到表彰奖励；《关于达赖集团通过宗教向我进行渗透情况的调研报告》，被区党委宣传部评为2008年度优秀调研报告。

副校长、教授普布次仁撰写的《论改革开放时期中国共产党在西藏工作的决策与实践》，被评为区党委宣传部2008年度全区优秀理论文章，受到奖励。

潘建生教授撰写的《中国特色社会主义是引领西藏发展进步富强的必由之路》，被评为西藏纪念改革开放三十周年理论研讨会优秀论文，受到奖励。《党关于引导西藏宗教与社会主义社会相适应的政策和实践》，获全国党校系统优秀科研成果三等奖。

续文辉副教授撰写的《改革开放是西藏各民族走向繁荣进步的必由之路》，被评为西藏纪念改革开放三十周年理论研讨会优秀论文，受到奖励。

李宏副教授撰写的《培育和造就新型农民是建设新农村的根本》，获全国党校系统优秀科研成果二等奖。《以解放思想引领西藏发展的三十年》，被评为西藏纪念改革开放三十周年理论研讨会优秀论文，《推动经济社会科学发展的根本举措》，被评为区党委宣传部2008年度全区优秀理论文章，受到奖励。

罗布讲师撰写的《西藏建设社会主义核心价值体系的思考》，获全国党校系统优秀科研成果三等奖。

史云峰讲师撰写的《西藏民族区域自治法制建设面临的问题与解决对策》，获全国党校系统优秀科研成果三等奖。

土多旺久讲师撰写的《改革开放30年西藏经济发展的总结与评价》，被评为全国党校系统“纪念改革开放三十周年”理论研讨会优秀论文，《论西藏经济社会发展的阶段性特征和挑战》，被评为区党委宣传部2008年度全区优秀理论文章，受到奖励。

曲宗讲师撰写的《充分发挥基层党组织在西藏反分裂斗争中的战斗堡垒作用》，被评为区党委宣传部2008年度全区优秀理论文章，受到奖励。

唐宗伦同志与曲宗同志共同撰写的《加强我区党员干部学风建设的几点思考》，被评为自治区纪念纪律检查机关恢复重建30周年理论研讨会优秀论文，获三等奖。

吴萍讲师撰写的《从统一战线工作范围的发展变化看改革开放与统一战线》，被评为西藏纪念改革开放三十周年理论研讨会优秀论文，受到奖励。

施俊伟撰写的《改革开放30年西藏思想政治工作的伟大历史进程》，被评为西藏纪念改革开放三十周年理论研讨会优秀论文，受到奖励。

政工人事处党支部被自治区评为2008年度“基层先进党支部。

【领导名录】

书记、常务副校长：拉巴（2008年1月调区教委）、石俊华（2008年1月任职）
副书记、副校长：牛治富
党委委员、副校长：张新坡、侯典明、普布次仁、扎西泽仁
党委委员、纪委书记：周阳光
党委委员、巡视员：格桑培杰
副巡视员：次仁卓玛

自治区党史研究（地方志）工作

【顺利完成《中国共产党西藏历史图志》初稿编撰工作】2008年，根据自治区领导指示，《中国共产党西藏历史图志》编撰组经过繁重艰辛的工作，从七地市、新华社、西藏日报社、区档案馆、区电视台、支铁办及与西藏有联系的省、市、自治区及个人手中收集、购买、拍摄、复印、整理图片近2万余幅，文字档案资料1000余件，约200万字，完成了《图志》初稿图片及文字资料准备工作。在成都召开部分老干部座谈会，征求大家意见。经过多次修改、编辑、制作，在16000余幅图片的基础上精选编辑形成了2100多幅图片、34万余字、大幅八开本、1000多页的上下卷彩色初稿样书，现已送审。后期图片、文字资料核实补充工作也陆续展开。

【协助老同志编辑出版了《西藏解放史》】2008年3月，《西藏解放史》一书经过党史研究室编辑、配图和补充修改，在中央党史出版社正式出版，在区内外引起了巨大影响。《西藏解放史》出版之际，正值“3•14”打、砸、枪、烧严重暴力事件刚刚发生之时，为了对西藏的历史与现实有清晰地了解，解放军政治部、武警部队、西藏军区先后从出版社订购

数千册书，发放到连以上部队，全国各地对该书的需求不断增加，以致连续加印。2008年10月，《西藏解放史》荣获“三个一百”原创出版工程图书奖。

【较好地完成了中央党史研究室、区党委下达的专项任务】认真做好“红色遗迹”抢救摸底、调研工作。为充分体现党中央、国务院对西藏人民的亲切关怀和对西藏工作的高度重视，根据中央及区党委领导同志批示精神，自治区党研究室全力以赴，努力完成了中央党史研究室下达的搜集全国各地革命遗址、革命先烈名录的任务，为《永远的丰碑》、《红色记忆》、《时代先锋》等大型党史主题专栏提供了2万余字的资料及图片。

完成了中央党史研究室下达的改革开放30周年纪念活动论文征集工作。为充分体现改革开放以来我区发生的翻天覆地变化，从各地（市）、部分区直部门征集了41篇33万余字的论文，从中择优在《西藏党史资料》上刊载。自治区党史研究室相关同志撰写的“改革开放时期西藏‘一个转折点’的形成与经验总结”、“改革开放三十年国家对西藏的扶持及能效分析”两篇论文入选中央党史研究室纪念改革开放30周年学术研讨会研讨。

完成了自治区党委宣传部下达的电视政论片《老西藏精神》脚本撰写任务，撰写了该片第五集1.5万字的电视脚本。为区党委政策研究室编撰纪念改革开放30周年有关课题，提供了50余幅图片。

协助完成了中央文献研究室《毛泽东西藏工作文选》再版修订工作小组在藏工作任务。先后到西藏军区、区党委统战部、区档案馆、区民宗委、区公安厅、区安全厅等单位查阅搜集了近10万余字的档案资料。

完成了中央党史研究室第一研究部抗日战争课题组和中央党史研究室深入学习实践科学发展观活动办公室的有关调研汇报工作。

【认真做好资料征集和期刊编发工作】《西藏党史资料》坚持以马克思主义、毛泽东思想、邓小平理论、“三个代表”重要思想和科学发展观为指导，不断完善组稿机制，拓宽稿源渠道，加强栏目建设，推陈出新，提高刊物质量，广泛征集了一批有价值的党史资料，刊登了一批有质量的理论文章。特别是在2008年纪念谭冠三同志诞辰100周年、《解放西藏史》出版暨反对分裂、维护祖国统一座谈会。在学习实践科学发展观活动和纪念改革开放30周年等重大活动中，积极开展党史宣传和教育，取得了良好社会反响，充分发挥了党史期刊的政治导向作用。全年编发《西藏党史资料》4期，刊登文章70余篇，共计30余万字，征集史料60余篇。同时，还完成了《谭冠三画传》初编工作，共收集整理了约40万字的资料文章110余篇、图片150余幅。

【成功承办了区党委、西藏军区联合举办的纪念谭冠三同志诞辰100周年系列活动】2008年1月31日，是谭冠三同志诞辰100周年，根据区党委工作安排，党史研究室室认真做好纪念谭冠三诞辰100周年座谈会等活动的承办工作。1月底，在西藏人民会堂组织了纪念谭冠三同志诞辰100周年暨弘扬“老西藏”精神座谈会，全国政协副主席帕巴拉·格列朗杰、自治区主要领导张庆黎、向巴平措、列确和区直、中直各单位主要领导参加了座谈会，列确同志代表区党委作了重要讲话。同时，起草并在《西藏日报》上刊发了《谭冠三同志与老西藏精神》长篇纪念文章，编发了图文并茂的纪念专刊。2月初，在成都承办了自治区部分离退休老领导及十八军老干部纪念谭冠三同志诞辰100周年座谈会。同时，还组织西藏军区、区政协、区农牧厅、区团委等单位代表到谭冠三墓地扫墓、献花圈等活动。这一系列活动，在社会上产生了重大影响，对弘扬“老西藏精神”、发扬革命传统，团结全区各族人民致力于现代化建设产生了积极作用。

【组织史志界专家学者愤怒声讨达赖分裂集团罪恶行径座谈会】2008年，“3·14”打、砸、抢、烧严重暴力犯罪事件发生后，组织了全区史志界愤怒声讨达赖分裂集团罪恶行径座谈会，区党委宣传部、区党校、区社科院、西藏大学、司法厅等17家单位有关负责人及专家、学者参加。座谈会上，大家结合西藏历史和现实，踊跃发言，愤怒声讨达赖分裂集团在拉萨制造的3·14”打、砸、抢、烧严重暴力犯罪事件，决心利用史志史志研究成果，教育广大干部群众，使广大党员干部和群众从历史研究成果的事实中清楚西藏历来就是祖国大家庭的一部分，通过新旧西藏的鲜明对比和新西藏的巨大变化，看清楚达赖集团的分裂行径和丑恶本质，提高政治敏锐性和政治鉴别力，增强了责任意识和大局意识。

【承办了在北京人民大会堂召开的《解放西藏史》出版暨反对分裂、维护祖国统一座谈会】2008年，4月下旬，中央党史研究室、自治区党委及《解放西藏史》编委会在北京人民大会堂联合举办的《解放西藏史》出版暨反对分裂、维护祖国统一座谈会，原中央政治局委员迟浩田、人大常委会副委员长热地及中央有关部委主要领导、西藏离退休老领导140多人与会，中央和自治区各大媒体广泛地报道了这一活动，在全国产生了较大影响。座谈会由自治区党史研究室具体承办，较好地完成了相关会务工作，受到了有关单位和领导的充分肯定。

【认真做好老干部回忆录等服务工作】2008年，自治区党史研究室成都办公室在征集党史资料、协调、组织编写老干部回忆录以及联络、服务成都、北京、上海、西安等地老领导、老干部等方面发挥了重要作用。在认真做好一些重大课题研究和资料、图片搜集工作的同时，在成都召开每年一度的离退休老领导党史工作座谈会，或深入到一些年高体弱的老领导、老同志家中，广泛征求意见，使课题研究中很多拿不准、或不清楚的问题得到了解决；协助老领导完成《郭锡兰回忆录》的讨论、修改工作；在“西藏平叛改革50周年”来临之际与《中国西藏》杂志社共同举行老干部座谈会，邀请参加过和平解放西藏、民主改革、西藏经济文化建设的老同志、老领导畅谈西藏民主改革50年来西藏发生的翻天覆地的巨大变化。

【加大督导力度，努力推进我区地（市）县志编修工作又好又快发展】围绕地（市）县志编修工作，先后深入到拉萨、山南、日喀则、那曲、阿里等地区进行督促检查指导地方志工作，并具体参与志稿的审改工作。通过检查指导业务，进一步增强了地（市）县对编修社会主义新方志重要性和紧迫性的认识，使地（市）县两级修志规范化，有序开展，有力地推动了各地区地方志工作又好又快向前发展。同时通过以会代训的方式，开展对各地（市）地方志办公室工作人员加强业务指导，提高业务人员的审稿能力。截止2008年底，全区7地（市）、74个县（市、区）中，《昌都地区志》、《林芝地区志》、《拉萨市志》已出版，《山南地区志》已交印，《日喀则地区志》通过验收，《阿里地区志》通过终审，《那曲地区志》通过初审，74部县（市、区）志已出版4部，大部分进入"三审"阶段，仅有8部县志尚未形成志稿。

【认真开展志书"三审"工作】积极探索提高志书质量的途径，严格审查程序，充分发挥老同志、社会各界和专家学者的优势，稳步开展志书"三审"工作。2008年，初审了《那曲地区志》、《墨竹工卡县志》、《达孜县志》等10余部志书；复审了《劳动和社会保障志》、《城关区志》等5部志书；终审了《民政志》、《加查县志》5部志书；验收了《工布江达县志》、《日喀则地区志》、《琼结县志》等3部志书；总编了《邮电志》、《政协志》、《武警志》、《测绘志》、《山南地区志》、《工布江达县志》等6部志书。通过2008年的努力，区、地、县三级志书质量和修志人员的业务水平有了明显提高。

【加强志书总编出版工作】2008年，在人员少，力量薄弱的情况下，科学规划，分类指导，派出多批业务人员，采取集中和全力攻关的方法，与志书承编人员一道，加班加点，组织了多部志书的总编工作，使志书顺利出版发行。2008年，总编出版了《芒康县志》、《桑日县志》、《金融志》、《体育志》、《旅游志》、《武警志》、《审计志》等7部志书，还有部分志书已总编完毕，即将出版发行。

【注重特色，提高《西藏地方志》刊物质量】充分发挥《西藏地方志》刊物的信息传媒优势，着重刊物质量，突出特色，增强刊物的可读性，为全区方志工作搭建一个信息共享和知识交流的平台。2008年共出版发行《西藏地方志》4期，近28万字，为《中国地方志》杂志、年鉴及通讯提供了有关材料。

自治区保密工作

【年度综述】2008年，自治区各级保密部门认真落实胡锦涛总书记关于加强保密工作的重要批示，紧紧围绕区党委、政府的中心工作，突出工作重点，狠抓《西藏自治区党委保密委员会2008年工作要点》的落实，较好地完成了各项任务，有力推动了我区保密工作科学发展，为反对分裂、维护社会稳定，构建"小康西藏、平安西藏、和谐西藏"充分发挥了服务保障作用。

【加强领导，狠抓落实，围绕中心安排部署工作】2008年，自治区各级党委、政府和保密委员会加强了对保密工作的领导，经常听取保密工作部门的工作汇报，定期召开会议研究部署保密工作。2008年4月27日，自治区党委保密委员会召开第六次会议，传达学习了王刚同志在中央保密委员会第六次会议上的讲话和张庆黎书记、向巴平措主席关于加强保密工作的重要批示精神，总结2007年工作，研究部署我区2008年保密工作。

胡锦涛总书记的重要批示、令计划同志在中央保密委员会第一次会议的讲话及中保委会议纪要印发后，自治区党委书记张庆黎作了两次批示，全区各地各部门掀起了传达学习中央领导同志重要批示和中保委会议精神的热潮。拉萨市、林芝地区召开专题会议，阿里、日喀则地区召开保密工作会议，部署传达贯彻工作。各地各部门负责同志都就加强当前保密工作作了批示。

2008年，自治区党委、山南地委、水利厅党组及部分县、市为加强对保密工作的领导，调整充实了保密委员会成员。

【突出重点，创新形式，深入开展宣传教育】举办大型保密展览。2008年，自治区保密局举办了"西藏自治区保密宣传教育展览"，展览从5月19日至31日，共举办13天，共有来自自治区（中）直机关、拉萨市直机关和驻藏部队各级领导干部、机关工作人员和涉密人员以及参加全区党员领导干部大会的同志共7800余人参观。在参观过程中解答各种问题220余次，发放《新技术产品保密管理"十不准"》、《泄露国家秘密罪的立案标准》等保密宣传单共10,000余份。西藏日报、西藏电视台、西藏广播电台、拉萨晚报、拉萨电视台等媒体对本次展览进行了报道。

展览结束后，林芝、山南等地区借走展览展板等相关展览材料用具，在当地进行巡展，取得了较好效果。

举办全区领导干部保密工作培训班。10月27日—30日，自治区保密局在区党校举办了全区领导干部保密工作培训班。全区各地（市）分管保密工作的秘书长、保密局局长，区（中）直单位保密委员会（领导小组）主任（组长）共128人参加了此次培训。在10月27日上午举行的开班仪式上，自治区党委常委、秘书长、保密委员会副主任公保扎西出席了10月27日举行的开班仪式并作了重要讲话。培训班结束时，区党委副秘书长、保密委员会委员张乐群对当前的保密工作进行了安排部署。

组织涉密人员和保密干部进行保密培训。为加强重点涉密人员的保密教育，2008年11月12日上午，自治区保密局在拉萨举办了省军级领导同志秘书及机要工作人员保密培训班。省军级领导同志秘书、区（中）直单位机要工作人员共177人参加了此次培训。培训班利用一个上午的时间，传达了胡锦涛总书记关于加强保密工作的重要批示、中央书记处书记、中央办公厅主任、中央保密委员会主任令计划在中保委第一次会议上的讲话和自治区党委书记张庆黎关于保密工作的重要批示精神，传达了中保委会议纪要，通报了西藏自治区泄密事件，并上了一堂保密教育课。自治区党委副秘书长、保密委员会委员张乐群在培训班上作了讲话。通过培训，进一步加强了重点涉密人员的保密教育，增强了重点涉密人员的保密意识，提高了保守国家秘密的能力。

自治区保密局还为全区新录用的机要员29人，全区掌管绝密级文件的涉密工作人员222人，全区检察院系统新录用公务员245人进行了专门的保密知识培训，对我区具有涉密网络集成资质的3家单位进行了保密培训。

隆重纪念《保密法》颁布20周年，开展各种宣传活动。自治区保密局举办了全区保密知识竞赛，山南、阿里、那曲等地区开展了地区保密知识竞赛，分别有4460余人、1682人、3800余人参加。日喀则地区保密局在《日喀则日报》上刊登了《保密法》等宣传内容。山南地区保密局还走上街头宣传《保密法》，发放传单5000份，解答问题40多人。区组织部、公安厅、气象局等单位还在本系统内举办了保密知识竞赛。人民银行西藏分行专门进行了保密知识测试。9月10日，团区委在拉萨市布达拉宫广场附近开展保密法宣传活动，向市民发放了《保密法》等宣传材料。西藏大学设立保密法规咨询台，向师生分发保密法规宣传单900多份。

大力开展保密法制宣讲活动。自治区保密局为拉萨、山南等地市和区（中）直机关40多家单位进行了保密知识讲课，并深入基层，到拉萨市中级人民法院、拉萨市城关区人民法院、山南地区政协和琼结县等进行保密法制讲座。拉萨市举办领导干部保密培训班，对各县（区）党政一把手、市直各单位主要负责人及拉萨警备区、武警拉萨支队负责人共160余人作了保密法制专题讲座，此外，还为拉萨市政府办公厅部门负责人和工作人员进行了保密讲座。日喀则地区保密局为地委办公室、地区劳动局、谢通门县等单位280余名干部进行保密知识讲座。山南举办了3次保密知识讲座，400多人听讲。那曲地区保密局为人民银行那曲中心支行等20多家地直单位进行了保密知识宣讲，还举办纪念《保密法》颁布20周年保密宣传教育专题讲座，11个县及地直单位领导干部和涉密人员200多人听讲。区党委办公厅等区（中）直单位还将保密学习列为"反对分裂、维护稳定、促进发展"主题教育活动的重要内容，组织学习保密法律法规。

通过大力开展保密法制宣讲活动，全区直接受教育人数达3000余人，全区各地市分管保密工作的秘书长和保密局局长受保密教育覆盖面达99%，区（中）直单位受保密教育覆盖面达40%以上，拉萨市各区（县）主要领导干部受保密教育覆盖面达99%。西藏电视台、拉萨晚报、山南地区电视台分别对自治区保密局在区司法厅、区外办、区民航管理局、山南地区政协等进行的保密法制讲座作了报道。

播放警示教育片。自治区保密局为区政府办公厅、武警西藏总队、武警西藏森林总队、区地勘局、区建设厅、区石油公司、区党委办公厅机要局等单位播放了保密警示教育片，1400多人参加。日喀则地区白朗县在自办电视节目上进行了为期1周的保密警示教育片播放。阿里地区保密局利用联网的有线电视播放保密警示教育片，对地区干部职工进行保密教育。

印发形式多样的保密宣传品。自治区保密局印制了500本《保密法律法规汇编》，用以指导全区保密工作。拉萨市保密局印制了1000本"保密宣教笔记本"，分发给领导干部、涉密人员使用。山南地区保密局印制了1024本《保密知识汇编》，发放给所属各县、地直单位。昌都地区保密局汇编完成了《西藏昌都地区保密工作管理手册》，为地委保密办和11个县的保密办购买了3种保密业务书籍。区（中）直机关保密协作第12协作组编印了《保密法律知识汇编》。武警西藏消防总队也编印了《保密法律法规知识汇编》，官兵人手一册。

发挥《保密工作》和《西藏保密》等刊物在保密宣传教育中的作用。认真负责《保密工作》征订、征稿、通联工作，做到学好刊，用好刊。向《保密工作》杂志报送并被采用稿件6篇。自治区保密局编发《西藏保密》6期，各地市保密局也积极编发简报、信息和内部刊物，如日喀则地区保密局编发《保密宣传教育》内部刊物，共发17期，宣传保密法规、窃密泄密案例，在地区内进行保密宣传和交流，起到了良好的作用。

利用电视、报纸等新闻媒介，面向社会广泛宣传保密工作的方针、政策和法律法规。日喀则地区保密局利用西藏电信公司短信平台，发送保密宣传短信，进行保密教育，西藏农牧学院坚持将保密法规知识作为大学生思想品德与法律基础课的重要内容，与爱国主义教育有机结合，加强保密法制宣传教育。自治区环保局专门配备兼职保密宣传员。武警西藏森林总队、中国银行西藏分行、区电信公司、区邮政管理局等还利用企业内部OA系统、电视电话会议等进行宣传教育。

自治区保密局、昌都地区保密局、阿里地区保密局配合国家保密局完成了来藏拍摄全国保密系统先进工作集体——昌都地区保密局和全国保密系统先进工作个人——阿里地区保密局局长扎红的先进事迹的工作，把我区"双先"事迹积极推向全国。

【健全制度，强力督查，推进保密管理法制化】健全和完善各项保密规章制度。自治区保密局起草了《西藏自治区机关单位保密工作管理办法》，于2008年5月下旬以自治区党委办公厅和自治区人民政府办公厅的名义印发各地各部门。

督促各单位建立健全保密规章制度。如区农牧厅、区社科院等都建立了多项保密规章制度。昌都地区保密局修订完善了16个保密规章制度，制作9种保密工作统计表。

大力开展专项保密检查。拉萨市"3•14"严重暴力犯罪事件发生后，自治区保密局迅速下发紧急通知，要求全区各地各部门高度警惕，积极防范，切实做好特殊时期、特殊情况下的保密工作，并开展保密检查工作。6月—8月，在全区开展计算机及其网络系统专项保密检查，在区、地两级保密局的共同努力下，全区共检查300余家单位，通过全方位的保密检查，起到了"查找隐患、堵塞漏洞"的目的

深入基层开展调研，督促检查保密工作。自治区保密局分别于3月中下旬、7月底和8月初到昌都、日喀则、山南、拉萨等地市就保密工作进行调研和抽查，并与各地市分管保密工作的领导进行了座谈，交流检查调研情况，提出了改进意见。到日喀则地区调研抽查，往返数千里，具体抽查了日喀则地区行署、日喀则市、谢通门县、康芒县和亚东县等；抽查了拉萨市人民政府办公厅、拉萨市中级人民法院、城关区人民政府、城关区政法委、城关区组织部、城关区统战部、城关区民宗委和城关区人民法

院等，有力推动了基层保密工作。

积极做好涉密载体销毁管理工作。拉萨市保密局销毁市委文件5吨，指导、监督销毁市直部门涉密资料20吨。山南地区保密局为地直单位56台计算机进行了数据擦除，并对17家单位计算机数据消除进行了指导。为防止待销毁的涉密载体流入社会，自治区保密局及各地市保密局分别于2008年1月和4月对废旧物资回收市场进行了2次全面检查。

自治区保密局正积极筹备“西藏自治区涉密载体销毁中心”的建设，目前机构编制已批复，并完成了建设用地征地工作，办理了《建设用地规划许可证》，完成了自治区涉密载体销毁中心建设可行性研究及方案设计，待批复立项后投入建设。

抓好国家统一考试保密管理工作。2008年自治区保密局参与各类统一考试的试卷押运8次、考场监督10余次，山南地区保密局参与试卷押运20次，考场监督36次。昌都地区保密局参与试卷押运20次，考场监督61次。山南地区投入5万元，建立了安全达标的试卷保密室，确保了国家统一考试的安全保密。

认真开展保密审查和密级鉴定工作。自治区保密局对《西藏自治区测绘管理办法》、《西藏年鉴》、《2008拉萨黄页》、《拉萨卫星影像图》等材料进行了保密审查，并对“3•14”以来，有关部门提交的材料进行了密级和情报鉴定10余次。昌都地区保密局对《康藏地区参考资料》进行了保密审查。

严肃查处窃密、泄密案件。根据有关部门的反映，自治区保密局已调查、处理3起涉嫌泄密事件，并在全区范围内予以通报；正在查处自治区电力工业局机密级文件流失到废品回收市场事件，协助山南地区保密局查处了山南地区检察分院泄密事件。

开展全区涉密载体统一清理工作。按照国家保密局统一安排，近期正在开展全区涉密载体统一清理工作，待各地市、区直各单位自查工作结束后，自治区保密局将在11月底至12月中旬对30家区（中）直单位、2个地区进行抽查。

完成西藏3家涉密信息系统集成资质单位的年度审查和监督管理工作。

【努力探索，积极推广，构筑保密技术新防线】做好重大涉密会议及重要涉密活动的保密技术保障工作。在全区党员领导干部大会、维稳工作会议等重大会议期间，区地两级保密工作部门积极配合相关部门做好保密服务，会前检查环境，会中安放手机信号屏蔽器和“禁用手机”提示牌、会后监督检查。自治区保密局全年安装手机屏蔽器244台次，拉萨市、林芝、那曲等地市分别安装200、90、80台次。

积极开展涉密计算机监控工作。自治区保密局和七地市保密局、自治区发改委利用购置的“违规外联监控系统”对涉密计算机进行24小时监控。自治区保密局对自治区党委办公厅、自治区人大办公厅、自治区政府办公厅、自治区政协办公厅及区（中）直34家单位300多台涉密计算机进行了注册、监控。山南地区保密局对地办13个科室20台涉密计算机进行了注册、监控。

为领导办公室等重点涉密场所进行安全检测提供服务保障。自治区保密局为区党委主要领导办公场所及住地、车辆等要害部位进行了保密安全检测。拉萨市保密局对地级干部办公场所进行了保密安全检测。

认真落实保密科学技术“十一五”发展规划，加强保密防护产品和检查产品的配备工作。自治区保密局积极向区（中）直单位推广保密优盘、密码文件柜、碎纸机、视频信息保护器、手机信号干扰器等。其中推广手机信号干扰器15台、视频信息保护器141台。拉萨市保密局为市委办公厅等单位推介、配置了保密优盘40个，安装网络隔离卡50个。山南地区强制配备密码机、防盗门、保密柜等保密防护设备500件，共计4万元；手机信号隔离器5台，共计3万元；争取资金37万元，改造修建了80平方米的地委涉密会议室。那曲地区安排资金20多万元，为11个县、9个地直单位配备了近百件保密设备。

【立场坚定，旗帜鲜明，积极投身反对分裂、维护稳定的斗争中】2008年3月10日以来，在达赖集团极力策划煽动下，拉萨市少数寺庙僧人连续聚集闹事。3月14日，在拉萨市区发生了打、砸、抢、烧严重暴力犯罪事件，给人民群众生命财产造成了极大的损失，严重破坏了和谐稳定的社会秩序。全区保密战线坚决听从自治区党委、政府号召，听从指挥，服从大局，全力以赴，积极投身到反对分裂、维护稳定的斗争中。全区保密战线一方面切实把思想和行动统一到中央关于西藏反分裂斗争的一系列重要指示精神上来，统一到自治区党委、政府的决策部署上来，另一方面积极响应自治区党委、政府的号召，组织巡逻队确保机关单位安全，召开座谈会、组织撰写文章深入揭批、声讨达赖集团罪恶行径。自治区保密局领导亲自带队参加夜间巡逻，派人参加办公厅按排的值班。昌都地区保密局在编人员仅4人，就有3人全天候参加街头巡逻。拉萨市保密局和那曲地区保密局从仅有的2人中抽出1人，长期参加地委办公室的值班和寺庙工作组。在这场同达赖集团进行的血与火的尖锐斗争中，全区保密战线的同志们忠于职守，步调一致，针锋相对，同仇敌忾，接受了洗礼，经受了考验，表现了良好的思想政治素质。

西藏自治区人民代表大会常务委员会

【突出立法重点，不断提高立法质量】 2008年，自治区人大常委会着眼西藏经济社会发展的需要，坚持突出立法重点，注重提高立法质量，制定了五年立法规划，制定、修订地方性法规和具有法规性质的决议6件，废止地方性法规1件，审议地方性法规1件，审查批准拉萨市人大常委会法规1件。

【认真制定五年立法规划】 2008年常委会紧紧围绕全区工作大局，认真贯彻落实科学发展观，适应我区社会主义经济建设、政治建设、文化建设、社会建设以及生态文明建设不断发展的客观需要，按照“围绕中心、服务大局、突出重点、急需先立、体现特色、保证质量”的总要求，经过深入调研论证，广泛征求立法项目建议，充分听取各方意见，制定了五年立法规划，提出了明确的目标任务、工作要求和落实措施。这个立法规划共安排立法项目39件，其中第一类26件，属于急需立法且立法条件比较成熟，必须在本届任期内完成的法规项目；第二类13件，属于需要进一步深入调研论证，待条件成熟时安排审议、争取在本届任期内完成的法规项目。

【注重加强社会领域立法】 2008年，常委会结合西藏义务教育发展状况，重点就义务教育资源配置、义务教育经费保障、义务教育均衡发展等作了进一步规范和完善，并结合尖锐复杂的反分裂斗争形势和任务，突出进一步加强德育教育、法制教育和加强民族团结、维护祖国统一、反对分裂教育。常委会对西藏自治区实施《中华人民共和国义务教育法》办法进行了修订；为了进一步加强我区安全生产监督管理，防止和减少生产安全事故，保障人民群众生命财产安全，常委会两次审议了《西藏自治区安全生产条例》。

【高度重视常委会制度建设立法】 根据监督法的规定，结合人大工作实际，对《西藏自治区人民代表大会常务委员会评议工作条例》和《西藏自治区人民代表大会常务委员会关于加强对法律、法规实施情况检查监督的若干规定》进行了修订，对于进一步规范专项工作评议和执法检查工作，切实增强监督实效，促进“一府两院”依法行政、公正司法，将起到积极重要的作用。修订后的《西藏自治区人民代表大会常务委员会议事规则》，增加了常委会工作机构对有关议案进行审查的内容，进一步规范了常委会会议审议程序。如何充分发挥人大地工委的作用，是一个亟待解决的紧迫问题。常委会结合西藏实际并参照有关省区的做法，对《西藏自治区人民代表大会常务委员会地区工作委员会工作条例》作了较大修订，进一步明确了人大地工委的机构组成、运行机制和工作职责，赋予了人大地工委开展监督工作的职权，以促进人大地工委依法履行职责，推进依法治藏进程。同时，根据监督法的有关规定，废止了《西藏自治区各级人民代表大会常务委员会监督工作暂行条例》，并成立监督法实施办法起草工作领导小组，正在抓紧起草监督法实施办法。

【服务科学发展，努力增强监督实效】 2008年，常委会坚持为促进科学发展服务，继续加大监督工作力度，先后对8部法律法规进行执法检查，听取4个专项工作报告，加强对计划、预算执行情况的监督，有力地促进了“一府两院”依法行政、公正司法，保证了法律法规的贯彻实施，维护了人民群众的根本利益。

【切实加强对计划、预算执行情况的监督】 坚持提前介入、深入调研，认真听取审议了自治区2008年上半年国民经济和社会发展计划执行情况的报告、2007年财政决算和2008年上半年财政预算执行情况的报告以及2007年自治区预算执行情况的审计工作报告、2008年财政预算收支变化情况的报告，审查批准了2007年自治区财政决算以及2008年财政收支预算部分变更方案。常委会在审议中，对自治区人民政府及其有关部门克服拉萨“3·14”事件和仲巴、当雄地震及山南、昌都、日喀则等地雪灾的严重影响，较好地保持经济社会发展的良好态势给予充分肯定，并提出促进农牧民增收、提高投资效率、扩大社会消费、加快恢复旅游业、着力改善民生、增加应急救灾储备资金和加大对基层财政转移支付力度、加强经济运行监测和调控等建议。

【高度重视对“三农”工作的监督】 常委会始终高度关注“三农”问题，抓住农村改革发展和维护农牧民群众切身利益这个重点，听取和审议了公路基本建设特别是通县油路和乡村公路建设情况、全区涉农资金使用情况等专项工作报告，组织开展基层政权、公检法、乡(镇)卫生院基本建设项目建设情况的专题调研和农村小水电站建设和管理情况的调研。

【切实加强对安全生产的监督】 2008年，常委会组织执法检查组，深入5个地市16个县，重点检查矿山、易燃易爆品仓库、建筑工地、交通运输和加油站等安全生产情况，现场帮助整改20多个突出问题，并推动了安全生产法实施办法的审议。自治区人民政府及其有关部门高度重视，及时进行任务分解，进行整改。

【切实加强对血液管理工作的监督】 2008年，常委会实地检查部分医疗机构的采供血和临床用血情况，针对献血法贯彻实施中存在的主要问题和困难提出了改进工作的建议。

【重视对婚姻家庭、未成年人保护的监督】 2008年常委会对全区贯彻实施婚姻法、未成年人保护法和我区相关法规的情况进行认真检查，提出积极引导少数群众克服婚姻家庭生活方面的陈规陋习，加大对未成年人的家庭、司法和社会保护工作力度，预防和减少未成年人犯罪等建议。

【切实加强对资源节约和生态环境保护、增强可持续发展能力情况的监督】

2008年与政府及其有关部门共商林业队伍建设、林区管理、林业产业开发和防止林业有害生物等问题，促进了依法保护和合理利用森林资源。开展了以"科学利用自然资源，保护西藏碧水蓝天"为主题的中华环保世纪行宣传活动，认真听取有关工作汇报，深入5个地市及部分县区，实地考察水利、水电建设项目环保情况和沼气、太阳能、风能等清洁能源建设情况以及旅游景点环境保护情况、矿产资源开发中的环保情况。常委会对活动情况报告和矿产资源开发管理情况报告进行了审议，对政府及其有关部门为建设资源节约型和环境友好型社会所做的工作给予高度评价，并提出加大环保宣传力度、加强环保队伍和机构建设、加大对环境资源保护与建设的投入和执法力度、加快清洁能源和水利资源的开发利用、促进矿产资源依法有序开发和合理利用等意见和建议。

【切实加强对非物质文化遗产和历史文化名城保护工作的监督】2008年，常委会在充分调研的基础上，认真审议了自治区人民政府关于非物质文化遗产保护和历史文化名城保护工作的情况报告，认为我区在这方面保护力度和保护投入不断加大，保护意识不断增强，并逐步走上法制化和规范化轨道，保护工作取得了显著成绩。建议进一步加大宣传力度、管理力度和投入力度，切实把这件功在当代、利在千秋的事情办好。

【加强代表工作，充分发挥代表作用】2008年常委会认真贯彻落实中央9号文件，把做好代表工作作为坚持和完善人民代表大会制度的重要内容来抓，努力为代表知情知政创造条件，采取有效措施加强和改进代表工作，代表作用得到进一步发挥。

【加大代表培训力度】自治区九届人大新当选代表占80%。在全国人大常委会、全国人大有关专门委员会和自治区党委的关心支持下，先后在自治区党校、北京、广东等地举办5期培训班，组织部分基层人大干部赴广东、福建、海南学习考察，共培训自治区人大代表和各级人大干部800余人次；各级人大常委会参照自治区人大常委会的做法，切实加大代表培训力度，共培训市、县、乡三级人大代表16000余人次，使各级人大代表依法履职能力和人大干部业务素质明显提高。同时，受全国人大常委会委托，组织开展我区新任十一届全国人大代表初任培训，并组织我区全国人大代表参加了在上海、厦门举办的全国人大代表培训。常委会还坚持向代表寄送常委会公报、《人民西藏》等刊物，在代表大会期间提供大量参阅文件和资料。

【积极开展闭会期间的代表活动】先后组织部分自治区人大代表对布达拉宫、罗布林卡、萨迦寺维修保护工作和拉萨市旅游市场管理工作进行视察和调研，对自治区三级法院和高考录取工作进行专题视察，提出改进意见和建议，较好地推动了有关工作落实。本次会议前，委托各选举单位组织本选区的自治区人大代表开展集中视察，深入了解我区经济社会发展情况，为在本次会议期间审议好各项报告作了必要的准备。根据全国人大常委会办公厅要求，组织在藏全国人大代表对我区农村、企业改革发展情况进行视察，对在建重点建设项目、农电管理和农牧民用电问题等进行专题调研，提出加强重点项目建设监管、加快西藏农村电网建设步伐等建议，引起自治区主要领导高度关注，有关部门对反映的问题和建议正抓紧研究解决。2008年，常委会还邀请自治区人大代表50多人次列席常委会会议，100余人次参加执法检查和立法调研。

【认真办理代表议案和建议】自治区九届人大一次会议期间代表提出的2件议案已办理完毕，有关审议（审查）结果报告已印发本次会议。其中关于要求出台有关冬虫夏草的地方性法规和实施细则的议案，已列入常委会五年立法规划。对自治区九届人大一次会议期间代表提出的334件建议、批评和意见，在实行统一交办的基础上，常委会确定2件、政府确定15件重点建议，采取组织座谈、共同调研和代表视察等形式，及时与代表沟通，加强跟踪督办，代表所提建议、批评和意见已在规定时间内办理完毕并答复代表，代表建议所提问题已经解决或正在解决的占77%，代表对建议办理情况满意或基本满意的达90%以上。

【迅速作出决议，旗帜鲜明反对分裂】拉萨"3•14"事件发生后，常委会对达赖集团策划制造的严重暴力犯罪事件义愤填膺，强烈谴责，在自治区九届人大常委会第二次会议上，迅速依法作出《关于强烈谴责达赖集团策划煽动极少数分裂主义分子打砸抢烧的罪恶行径，坚决维护祖国统一，反对分裂破坏活动，促进社会和谐稳定的决议》，为打击达赖集团的分裂破坏活动、维护社会稳定、推动和谐社会建设提供了有力支持。常委会还组织检查组赴有关地市对决议的贯彻落实情况进行调研和督促检查，确保决议的全面实施。

【服从工作大局，扎实做好维护稳定工作】常委会6位领导和部分常委会委员深入重点寺庙和相关地区，开展维护稳定工作，有的领导至今仍然奋战在维护稳定工作第一线。4位常委会领导分别接受新华社、西藏日报等新闻媒体专访，发表重要谈话，愤怒声讨、强烈谴责达赖集团背叛祖国、背叛人民、祸藏乱教、反动本质和暴力行径。人大机关周密部署拉萨"3•14"期间、奥运火炬登顶珠峰及奥运火炬在拉萨传递和奥运会期间的维稳工作，确保了人大机关的安全稳定。

【加强涉藏议会外交和对外交往，努力扩大西藏影响】2008年，常委会组团出访了匈牙利和保加利亚，接待了5个国家议会来华访藏团。在对外交往中，用铁的事实揭露拉萨"3•14"事件真相，深入揭批达赖政治上的反动性、宗教上的虚伪性和手法上的欺骗性，大力宣传西藏坚持走社会主义道路所取得的举世瞩目的伟大成就和西藏各族人民当家作主的伟大实践，为我区社会主义现代化建设和反分裂斗争营造了有利的外部环境。接待全国人大和有关省区市人大来藏考察团组31批270余人次，并在林芝成功召开全国第14次省级人大期刊研讨会，扩大了西藏的影响。

西藏自治区人民政府

自治区外事工作

【年度综述】2008 年，西藏自治区外事办公室在自治区党委、政府和外交部的领导下，紧密结合西藏自治区外事工作实际，按照外事为民的要求，认真践行“三个代表”思想，自治区外事工作为西藏经济社会跨越式发展和局势长治久安提供了更好地服务。

【做好边境管理工作，推进邻邦友好合作】2008 年，协调相关部门落实尼泊尔借道运输工作及沙拉公路项目，对中尼、中不边境开展了调研工作。拉萨“3•14”事件后，为确保印度香客入藏朝圣顺利进行，区外事办公室协同相关部门和接待单位制定了详细的工作方案和应急预案，并派员到实地指导和了解接待工作，全年共接待印度官方香客 10 批次 369 人，民间香客 41 批次 1559 人次。

【及时启动应急机制，为西藏改革发展稳定服务】“3•14”事件期间，区外办牵头有关单位组建了涉外应急协调机制，高效运转，未发生外国人直接参与事件及外国人伤亡和外国驻华机构向我交涉等情况，以实际行动表明我切实尊重和有能力维护外国人在华合法权益。为保证 2008 年北京奥运会和残奥会以及第七届亚欧首脑会议的顺利进行，区外办适时制定了“西藏自治区北京奥运会期间涉外突发事（案）件应急预案”和“涉亚欧首脑会议领事工作方案”。奥运会、残奥会结束后，大量奥运大家庭成员申请来藏，区外办及时制订办法，规范了大家庭成员来藏程序，兑现了我奥运承诺，维护了我区对外开放的良好形象。

【坚持“请进来、走出去”，涉藏外宣取得了积极成果】2008 年共接待外国党宾、国宾、议会、外交官和友好人士 29 批 123 人次，美领馆 2 批 5 人次，外国记者 13 批 24 人次。其中，重点团组有第 16 次中英人权对话英国代表团、15 国驻华使馆官员代表团、欧洲议会议员代表团、尼泊尔总理普拉昌达经停拉萨、尼泊尔大会党代表团、第三国驻尼泊尔使节访问团等。在上述团组接待过程中着重就消除“3•14”事件不良影响做外方工作，努力展示我区社会局势稳定及社会经济发展的现实成就，取得了较好的外宣效果。

受“3•14”事件和汶川地震的影响，全年因公出国（境）总人数为 116 批 261 人次，同比大幅减少。但出访团组始终坚持“澄清事实、宣传成就、力求实效”的方针，耐心细致地做到访国民众的工作，达到加深了解、解疑释惑的目的。

【主动做外国记者工作，正确引导国际舆论】“3•14”事件后，我区迎难而上，妥善处理境外记者非法采访，先后接待了多批外国记者进藏采访，介绍事件真相，积极进行舆论引导。主动组织在藏外国人接受境外媒体采访，对澄清事实、批驳西方媒体不实报道具有积极意义。积极做好奥运火炬登顶珠峰、拉萨火炬传递活动期间，部分境外媒体赴藏采访事宜，全面展现我区对外良好形象。

【扎实做好领馆管理工作】2008 年，先后接待了美驻成都总领馆总领事、政治领事、签证处处长等团组来藏公访。

为尼领馆官员执行领事职务提供便利，应尼方要求，多次组织安排尼领馆官员赴我相关地（市）进行公务访问，探视尼公民及尼籍犯人，看望“3•14”期间被困尼公民，为在藏务工尼公民、在藏留学生提供便利等。协调相关部门，处理多起在藏务工尼籍公民相关事宜。安排尼贸易促进与出口中心官员访问我区。此外，迎送来华出席北京奥运会闭幕式的尼泊尔总理普拉昌达一行。扎实做好尼北部山区借道运输物资事宜。

【做好外国专家、留学生工作，确保涉外项目顺利实施】2008 年批准对外项目合作续签项目 5 个，审核审批项目进藏人员共 31 批 104 人次，办理和延期外国专家证 27 本。本着“生活上给予关心、安全上给予保障”的原则，重点做好在藏外专、留学生管理工作。“3•14”事件发生后，及时启动了《西藏自治区外国专家、留学生在藏工作学习突发事件应急预案》，切实保证了在藏外国专家、留学生的生命财产安全。及时召开在藏外专及留学生座谈会，通报“3•14”事件真相，协助安排在藏外专及留学生接受境内外媒体采访，受访人员通过亲身经历，较客观地介绍了“3•14”事件情况。积极安排在藏外专受邀出席北京奥运会拉萨段火炬传递熔火仪式及自治区政府举办的国庆招待会。召开涉外项目主管单位相关人员参加的培训会，为下一步正式启用网上申报新版专家证工作做好准备。

【官民并举，积极推动民间对外友好合作】2008 年共接待来自美国科罗拉多州、美国博尔德市等友好团组 2 批 12 人次。林芝地区与尼泊尔博克拉市签订了正式建立友好城市关系协议书。

【建章立制，切实加强外事管理】进一步加强对因公出国（境）的审批与管理，切实抓好中央 9 号文件的贯彻落实，起草《西藏自治区贯彻落实〈关于进一步加强因公出国（境）管理的若干规定〉的实施意见》、《西藏自治区地（厅）级及以下人员因公临时出国（境）管理办法》等，建立境外中国公民和机构安全保护工作联席会议机制。

【做好外事培训工作，提升涉外工作能力】举办地（市）外办主任培训班及外事新闻模拟发布会；制定下发《全区外事干部培训方案》，应邀为自治区相关单位授课，为区内有关旅行社导游进行涉外业务培训，着力提升我区相关单位涉外工作能力和水平。

自治区民族宗教工作

民族工作

【宣传党的民族政策，评选表彰先进典型】广泛开展民族团结月活动。2008 年 9 月是自治区第 18 个“民族团结月”。自治区、各地（市）民宗工作部门以此为契机，围绕“讲团结、谋发展、保稳定、促发展”主题，在全区范围内集中开展了学习宣传活动。通过张贴宣传标语、悬挂横幅、向群众发放宣传资料、召开座谈会等多种形式，大力宣传《民族区域自治法》、《城市民族工作条例》、《中共中央、国务院关于进一步加强民族工作，加快少数民族地区经济社会发展的决定》等法律法规，使党的民族政策法规深入人心，营造了良好的社会氛围。

隆重召开全区第五次民族团结进步表彰大会。按照自治区评选表彰活动领导小组的安排部署，在全区上下广泛开展了民族团结进步先进典型的评选工作。10 月 24 日，自治区党委、政府在拉萨隆重召开了全区第五次民族团结进步表彰大会，对全区 155 个先进集体和 237 名先进个人给予了表彰。此次表彰大会是在平息拉萨 3•14 事件取得重大胜利，改革开放取得重大成果的形势下召开的一次民族团结进步盛会，对进一步贯彻落实胡锦涛书记关于民族工作的重要批示精神，增进各民族团结，改善民族关系，促进我区经济发展和社会稳定起到了积极的推动作用。

【加大投入，推动边境县和区内人口较少民族地区经济社会发展】2008 年，在项目的论证筛选和审核工作的基础上，对边境县和人口较少民族聚居区共投入少数民族发展资金 12064.6 万元。其中，安排边境县农牧民安居工程 7403 户，下达资金 8883.6 万元；用于解决和改善人口较少民族地区、边境和腹心地区基础设施配套建设资金 3121 万元，安排项目 113 个；项目管理费 60 万元。资金均严格按照项目资金管理办法，由财政审核后核拨到项目点上，做到了专款专用，保证了资金的合理使用。安排的资金项目一定程度地解决了边境地区、人口较少民族地区农牧民群众行路难、饮水难、上学难、照明难、就医难、增收难等困难。同时，积极与财政协商，给各地(市)下达了民族工作经费 245 万元。向国家民委争取到 21 个边境县交通工具购置经费和办公经费 273 万元。

【及时化解矛盾，妥善处理矛盾纠纷，保稳定、促和谐】拉萨“3•14”事件中，一些不法暴徒冲击清真寺、打砸烧毁部分回族群众商铺，想借此挑起民族矛盾，引起民族间的仇视，进而扩大事态，以达到分裂、破坏的罪恶目的。自治区民族宗教委员会及时抽调多名干部配合拉萨市深入到大小清真寺和临夏办事处及回民群众中了解情况，宣传党的民族政策，坚持以“团结、教育、疏导、化解”的原则安抚回族群众，戳穿达赖集团的险恶用心，绝大多数回族群众理解并积极配合自治区民族宗教委员会的工作，取得了积极的效果。

认真开展了社会面上的矛盾排查调处工作，及时化解影响民族团结的各类隐患，妥善处理影响民族关系的各类矛盾和纠纷，自治区民族宗教委员会在全区范围内开展了贯彻执行民族政策特别是民族平等政策的检查工作，并将检查情况及时上报了国家民委。同时结合西藏实际，特别是针对“3•14”事件暴露出来的一些深层次问题，根据自治区领导的批示，起草了《西藏自治区处置违反民族政策突发性事件应急预案》上报自治区人民政府审批。

【积极开展定点扶贫工作，引导群众增收致富】自治区民族宗教委员会结合扶贫点农业耕作方式粗放，林下资源丰富的特点，精心选择扶贫项目，增强其“造血”功能，帮助当地群众增收致富。2008 年，共安排扶贫款 104 万元，主要用于：一是投资 55 万元对洛尼乡 1200 亩中低产田进行改造；二是投资 23 万元用于洛尼乡林下资源项目开发，其中，20 万元设计制作包装袋，3 万元用于洛尼乡成立恐龙公司启动资金；三是投资 26 万元用于乡完小及乡政府饮水工程。这些资金项目的投入，进一步引导和激发了群众的市场意识，增加了收入。

【积极协助有关部门做好相关工作】协助西藏民族团结发展促进协会和自治区援藏发展基金会援助我区人口较少民族发展教育事业，分别向林芝县更章门巴民族乡小学和拉萨中学捐赠 25 万元、5 万元。

配合联合国开发计划署、中国国际经济技术交流中心、西藏自治区商务厅做好了西藏发展与扶贫项目—传统手工业发展子项目的相关工作。根据要求自治区民族宗教委员会对全区民族手工业现状进行了摸底，提出了西藏发展与扶贫——传统手工业发展子项目 2008 年至 2009 年工作计划及资金申请计划。

全面统计上报了少数民族和民族自治地方国民经济和社会发展情况，同时配合协助有关部门做好民族教育、文化、卫生、体育、民族贸易等工作，参与全区扶贫资金专项监管抽查和验收工作。按照国家民委的要求，组织全区 20 名民族团结、劳动模范先进典型赴内地参观考察学习。

宗教工作

【多措并举，确保寺庙法制宣传教育取得成效】做到“六个到位”。一是组织领导、机构到位。“3•14”事件后，自治区党委、政府紧急成立寺庙法制宣传教育领导小组，七地（市）成立了相应机构，配齐配强工作人员进驻寺庙。二是措施到位。按照“一寺一策”的工作要求，地（市）、县制定了符合各自实际的寺庙法制宣传教育工作方案和应急预案。三是学习资料到位。结合实际，各寺庙工作组精心挑选学习宣传资料，整理、翻译、印制《见证历史•纪录西藏》、《民族宗教事务相关法律、法规、政策宣传提纲》、《揭批声讨达赖集团罪恶行径教育宣传手册》等，以藏汉两种文字印发到寺庙僧尼手中。四是宣传动员到位。各地（市）驻寺工作组及时召开寺庙法制宣传教育动员大会，对开展工作进行部署，与此同时，还走访寺庙周边群众积极组织动员他们为教育活动的开展建言献策。五是排查摸底到位。在开展法制教育的同时，对现有僧人进一步核实登记造册，对寺庙基本情况做到心中有数。六是岗前培训到位。为使驻寺工作组人员了解和掌握寺庙法制宣传教育工作重大意义、应把握的政策原则和工作目标、方法步骤、宣讲内容，对工作组人员进行了集中培训，为开展好寺庙法制宣传教育工作奠定了基础。

【抓好“五个方面”的教育引导】在工作方式方法上，各驻寺工作组和集中教育点始终坚持政策的原则性和策略的灵活性相统一，加强引导，避免激化矛盾，着重抓好六个方面的教育引导工作。一是充分发挥好寺管会成员的积极作用，经常性听取意见和建议，共同研究寺庙管理工作。二是建立寺庙内部联络，加强对僧人的正面教育引导和感情沟通。重点接触寺庙高僧、经师、堪布、翁则等有影响人物，争取他们的配合和支持。三是解决困难争取人心。在开展教育的同时，把关心并想方设法解决寺庙僧人实际困难和问题结合起来，以此达到感化人心、争取人心，团结大多数、孤立打击极少数的目的。四是依法加强对寺庙的管理，指导寺庙建立和完善管理规章制度，使僧人行为做到有法可依、有章可循。五是采取措施，分化瓦解寺庙与寺庙、僧人与僧人之间的煽动、串联关系，深挖寺庙内幕，始终把矛头对准极少数顽固分子，最大限度地团结教育绝大多数。

通过深入细致的教育引导工作，不仅使寺庙民管会成员和绝大多数僧众普遍认清了“3•10”、“3•11”和“3•14”事件的真相及其严重性质，能够正确认识中央和区党委关于“3•14”事件的定性，能够揭露少数分裂主义分子祸藏乱教、危害人民生命财产的罪恶行径，并积极配合工作组开展各项工作，同时，也使自治区民族宗教委员会经受了一次严峻考验。通过扎实的工作，切实达到了“对问题严重的寺庙要控制住、对问题一般的寺庙要稳得住、对表现好的寺庙要巩固住”的目标。

采取切实措施，维护和建立宗教正常秩序。主要开展了五个方面工作：一是制定方案，逐步做好相关寺庙的恢复对外开放工作。二是认真核实，稳妥清理外来学经人员和闲杂人员。三是稳妥做好外来学经人员个人财物清查核对和装箱打包。四是建章立制，完善宗教工作法规体系。五是认真开展僧尼建档登记工作。

【精心安排，周密部署，圆满完成 2008 年度格西拉让巴学位立宗和 2009 年度格西拉让巴学位预考活动】在认真总结 2007 年度格西拉让巴学位（试点）终考工作的基础上，通过广泛征求爱国宗教界人士的意见和建议，会同佛协西藏分会认真制定了 2008 年度终考方案，上报自治区党委批准。2008 年度格西拉让巴学位立宗活动于 2008 年 2 月 24 日上午在大昭寺圆满完成，来自三大寺的 4 名考僧获得了格西拉让巴学位。

自治区民族宗教委员会从 2008 年初开始会同中国佛教协会西藏分会，着手进行了 2009 年度格西拉让巴学位预考的各项准备工作，但是由于拉萨发生了“3•14”打砸抢烧严重暴力犯罪事件，直接影响了 2009 年度格西拉让巴预考的正常举行。为了有力回击达赖分裂主义集团对我区宗教领域的干扰和破坏，经研究决定 2008 年正常举行 2009 年度格西拉让巴夏季预考和终考活动。同时，为扩大对外宣传，将考核活动面向全区具备条件的部分格鲁派大寺庙，增加了考僧、陪考僧、考评委员会人数。组织格西拉让巴学位考评委员会成员专题研究制定了《西藏自治区 2009 年度藏传佛教学经僧人晋升格西拉让巴学位夏季预考方案》并上报自治区党委批准。2009 年度格西拉让巴学位预考已于 11 月 28 日在哲蚌寺正式举行。来自色拉寺、哲蚌寺、强巴林寺等 8 座寺庙的 10 名考僧参加了考试。考试结束后，考评委员会对考僧进行的考试情况进行了全面评审，拟定了终考名次。2008 年度姜贡曲法会顺利进行，法会从人员、时间、规模已基本恢复到往年。

【突出重点，落实全区重点寺庙维修补助经费】2008 年的寺庙维修补助经费，注重对维护祖国统一、维护和谐稳定，对未参与“3•14”事件、一贯表现良好的寺庙给予了重点倾斜，切实解决其实际问题。本着“突出重点、兼顾全面”的原则，自治区民族宗教委员会会同自治区财政厅对全区 91 座重点寺庙下拨 2008 年度全区重点寺庙维修补助 470.7 万元，向昌都地区强巴林寺托德夏宫下达专项维修经费 40 万元，有效解决了寺庙维修难的问题。

【确保了日常宗教工作的开展】协助拉萨市对清真寺和外来穆斯林群众开展正面宣传工作，教育引导穆斯林群众认清拉萨“3•14”事件的真实本质，确保了清真寺正常宗教活动的有序开展，维护了各少数民族之间的团结和睦。

针对拉萨仓姑寺所属康桑堆麦院落房产纠纷问题和上访事件，自治区民族宗教委员会指派专人实地进行调查了解，形成《拉萨仓姑寺有关房产问题的情况反映》上报区党委办公厅、区政府办公厅和区信访办。

根据有关部门的安排，负责接待了美国、挪威、日本、英国、马来西亚等国家的政府官员、媒体记者和学者来藏访问团，15 批 120 人左右，接待国内考察团 12 余批 60 多人，并遵照对外宣传统一口径，积极主动介绍西藏宗教基本情况及党的宗教信仰自由政策在西藏的贯彻落实情况。

认真完成了 2008 年度我区伊斯兰教信徒赴沙特阿拉伯朝觐的名额分配、人员政审等各项工作。2008 年共安排 20 名伊斯兰教信徒赴沙特朝觐。

自治区扶贫（农业综合）开发工作

扶贫开发

【年度综述】2008 年，自治区扶贫系统以科学发展观为指导，以增加贫困群众收入为中心，以超常规的工作状态，攻坚克难，消除了“3•14”事件带来的不利影响，以非常之举创造了非常之绩。全年共落实扶贫开发资金 29049 万元，比上年增长 24.12 %；安排扶贫项目 377 个。扶贫监测发现：农牧区低收入人口由上年的 75.4 万人下降到 68.3 万人，减少 7.1 万人；重点扶持人口由上年的 27.4 万人下降到 23.5 万人，减少 3.9 万人，农牧区贫困状况进一步缓解。

【贫困户安居和地方病群众搬迁进展顺利】全年安排的 9589 户（绝对贫困户 4183 户、相对贫困户 4132 户、地方病群众搬迁 1274 户）贫困户安居工程和地方病群众搬迁任务已基本完成，完成投资 1.86 亿元。安居工程已成为西藏民改以来最大的到户帮扶项目，深受群众欢迎。

【整乡推进扎实开展】2008年，全区实施整乡推进扶贫30个、整村推进扶贫4个，安排项目100个，国家投资4384万元。8月，自治区农发（扶贫）办在拉萨市召开了全区整乡推进扶贫现场会，总结三年来整乡推进在实现扶贫目标、整合资源发展和促进基层组织建设等方面的经验，对此《人民日报》在头版进行了报道。

【劳动力转移特色产业开发取得佳绩】按照“巩固、扩大、提高”的原则，全年共安排劳动力转移特色产业项目40个，总投资8000万元（自治区财政安排4000万元，群众企业自筹或贷款4000万元），实现收入3400万元，2.7万受益群众人均增收1200元以上。

【面上扶贫力度不断加大】全年审批下达面上项目和集中连片专项资金项目、互助资金项目237个，安排国家资金9716万元，目前项目正在有计划实施。

【扶贫培训转移就业有序开展】扶贫培训紧扣就业主题，瞄准建档立卡人口，全年共安排项目89个，投入资金621.38万元（其中中央资金500万元，区财政资金121.38万元），培训14669人次，实现转移就业5369人。

【定点扶贫组织有力】全区定点扶贫干部培训班后，98个区（中）直单位选派的236名干部及时进点，帮助定点乡镇开展理思路、明举措、定项目，积极开展社会主义思想文化宣传，加强基层组织建设，开展维护稳定工作。据统计：全年各定点帮扶单位落实帮扶项目300个，投资7500万元，捐款捐物折资1700万元。为了宣传交流定点扶贫工作的好做法、好经验，全年共印发《定点扶贫动态》31期。

【扶贫工作瞄准机制进一步完善】2008年，认真核实了贫困户建档立卡数据，进一步明确了扶贫开发目标人群，强调扶贫项目必须与建档立卡人口挂钩，提出了扶贫开发“优先瞄准最困难的群体，优先解决贫困群众最迫切需要解决问题”的工作机制。

【加强了扶贫资金监管】自治区农发（扶贫）办与纪检、审计、财政等部门组成6个工作组对6地（市）的24个县进行了重点抽查，各地、县开展了自查，针对检查发现的扶贫项目瞄准度不够、前期工作不深、项目执行不严谨、财务管理不规范和后期管理不到位的问题，以信息、“行风教育”方式进行了通报，各资金主管部门制订了整改落实方案。

【主要经验】2008年，牢固树立“大扶贫”观念，始终坚持走政府主导、部门协作、滚动开发和社会参与相结合的发展道路，各涉农部门和各援藏单位充分发挥自身优势，积极探索整合支农资金，在资金、物资、技术和项目安排上向扶贫目标人群倾斜，形成了“以县为主、统一规划、统筹安排、渠道不乱、用途不变、各记其功”的局面，为扶贫工作构建了良好的发展环境，确保了扶贫的效益放大和持续发展。在已实施完成的10个整乡推进扶贫试点乡镇中，各部门各单位投入资金达到18913万元，是3年扶贫投入资金8325万元的2倍多，扩大了扶贫资金的使用效益。康马县采石场，实现全县8乡1镇“资源共享”，转移富余劳动力500多人，人均采石收入达8100元。

产业扶贫项目坚持以市场、资源和合作组织为载体，建立了激励资金滚动机制，提高了农牧民使用有偿资金发展的能力，增加了农牧民收入。全年共安排扶贫产业项目167个，国家投资11659万元，扶持国家级扶贫龙头企业5家、扶持各类经济合作组织100多个。通过产业项目建设，企业、合作组织连市场、带基地、调结构、保增收效果凸显。如萨迦县吉定镇查嘎石灰岩开采农牧民合作经济组织，依托石灰岩资源优势，连接雪莲水泥公司和高争水泥公司，组织200户群众开采石灰岩，年销售量14.4万吨以上，纯收入达164.16万元，年人均收入8208元；那曲安多20万只绵羊屠宰项目，立足区外市场，将屠宰的多玛绵羊1万多只全部销往内地，拓宽销售渠道。

坚持搞参与式开发，促进农牧民群众主体作用的发挥。在开发建设中，把宣传发动群众作为一项重要工作，大力实施参与式方法，扶贫坚持“三不原则”（即没有项目区群众意见的项目不审、没有基层组织意见的项目不上、没有项目区群众参与的项目不立）、激发了群众的内在动力，让群众真正成为管理主体、受益主体，并逐步成为投资主体，树立了“跳出农牧业看产业、跳出农牧业看市场、跳出农牧业看就业、跳出农牧业看技能、跳出农牧业看能人”的调结构增收入的发展观念。各地（市）涌现出了一大批群众自力更生、艰苦创业的先进典型，如丁青县嘎塔农发区农牧民筹资投劳积极性很高，超批复量两倍以上；林芝县八一镇巴结村群众在特色建材项目建设中筹资150多万元，建立了股份制经营管理模式，成为西藏又一个年人均收入万元村。

【存在的问题】贫困程度深，贫困人口自我发展能力弱，全区每年因灾致贫、返贫的比率高达15%，个别地方甚至更高。自然条件恶劣，贫困类型多样，贫困人口呈现“小集中、大分散”的分布特点。基础设施建设滞后，扶贫开发成本高，由于贫困人口分散，加上交通不便、信息闭塞等原因，扶贫开发不仅难度大，而且成本高。扶贫开发起步晚，扶贫投入供需矛盾突出，从整体上看，西藏的扶贫开发工作比全国晚了10年左右。虽然国家财政扶贫资金给了西藏很大的照顾和倾斜，但西藏是一个集中连片的贫困地区，加之自身财政投入乏力，供需矛盾十分突出。一些扶贫政策进村后，往往就变成了普惠制，瞄准贫困人口的识别机制还需进一步完善。（伏开佑）

农业综合开发

【年度综述】2008年，拉萨发生严重的“3·14”打砸抢烧事件后，农业综合开发为维护农牧区稳定，商自治区财政厅先期垫付资金3000万元启动农发项目，第一个在堆龙德庆县马乡打出了涉农重点项目开工的旗帜，为弘扬正气、提振人心作出了积极的贡献。2008年共安排农发资金29560万元，比上年增长12.36%。建设农发区21个，农发产业化经营项目24个，建成“一产上水平”示范田8.95万亩，加快了我区建设现代农业的步伐。

【土地治理开发规模进一步扩大】2008年，共建设开发区21个，较上年增加2个；土地治理31.79万亩、较上年增加2.33万亩，完成低产田改造9.2万亩，草场建设22.59万亩，总投资19120万元(含群众投劳4376万元)。

【产业化经营项目积极推进】全年安排农发产业化经营项目24个，总投资10440万元（含业主配套5429万元）。扶持龙头企业12家、专业合作组织12个。共建成温室600栋，种植核桃4800亩、饲草2.66万亩，改良黄牛6.8万头，培育了白朗蔬菜、堆龙糌粑等一批具有较强辐射带动能力的企业和合作组织。

【农牧业适用科技推广应用力度加大】全年在农发区确定了6个以推广实用技术、加大结构调整为主要内容的"一产上水平"示范点；明确了拉萨、日喀则、山南三地（市）为黄牛改良重点区，积极开展黄牛改良技术推广，探索了牦牛同期发情人工授精和旱作种草等新技术。

【加强了对外交流与合作】先后与中国农大、自治区农科院、西北农林科技大学等区内外科研院（所）的合作，开展了温室、玉米和核桃种植、旱作饲草栽培、果业技术支持及黄牛改良等方面科技应用。

【完成了国家农发办对我区2005-2007年农发竣工项目的综合验收考评】国家农发办通过对堆龙德庆县、达孜县和白朗县的三年农发项目进行重点抽验后，认为我区实施的农发项目规划设计基本合理，治理措施得当，工程质量较好，开发效益显著，管护措施扎实，资金和项目管理水平有了很大提高。

【涌现了一批更加符合科学发展观要求、符合人民群众意愿的农发项目】山南地区桑耶开发区的农发土地治理按照统一规划，统一治理的高标准建设要求，不仅把过去像鳞片一样的小块农田变成了渠相通、路相连、田成方、林成网、旱能灌、涝能排的高产农田，而且还将增加的约15%的耕地分给了群众。日喀则市曲美乡的农发种草项目，引进专家、依托科技，积极探索水浇地育种，荒地旱作种草技术，4000多亩草田当年收获燕麦草种子45万斤，干草近百万斤，仅向拉萨市出售2万斤草种和16万斤干草一项就实现收入25万元。措勤县加荣农发区在海拔4750米的地方通过实施人工种草，不仅改善了生态环境，而且通过出售抗灾储备饲草增加了群众收入。噶尔县昆沙农发产业化经营奶牛养殖项目建设，阿里地区农牧局和陕西省援藏资金投入草场配套建设资金150万元，有力地支持了奶牛养殖项目；在朗县农发土地治理和核桃基地项目中，也有援藏资金投入300万元，实现了水利基础设施和农发土地治理工程同步完成、同步生效。

【存在的主要问题】一是个别地方重投资、轻绩效，重立项、轻管理的思想还有市场；二是产业项目规模小、档次低、辐射带动能力弱，开发水平有待进一步提升；三是地方配套资金到位不足，影响了项目目标的实现。　（伏开佑）

自治区人民政府驻成都办事处

【基本情况】西藏自治区人民政府驻成都办事处是西藏自治区人民政府派驻成都的综合性办事机构。内设办公室（政工人事处）、接待处、退（离）休人员服务处、经济信息联络处、干部保健处5个职能处室，单设区纪委驻成办纪检组（监察室）。下属西藏成办医院（四川大学华西医院西藏成办分院）、成都天湖宾馆、成都圣地阳光宾馆、顺江苑接待站、西藏成都干休所、西藏驻双流干休所、西藏成办社会保险事业管理局、西藏成办省级退（离）休干部服务中心等8个事业单位。共有职工647人，其中在职职工321人，离退休人员326人。同时还协调代管西藏驻蓉部分企事业单位。

【年度综述】2008年,成都办事处深入学习实践科学发展观，坚持以人为本、可持续发展的工作思路促进办事处各项事业全面发展，正确处理好当前工作与长远发展的关系。全体职工团结一心，努力奋斗，克服困难，圆满地完成了自治区党委、政府交办的各项工作，取得了良好的社会效益和经济效益，为西藏的跨越式发展作出了应有的贡献。

【接待工作】2008年,成都办事处共接待进出藏客人19.1万人次，其中省级干部及随从1655人次，团队331个，内地西藏班师生865人次，代售机票1.86余万张，车辆安全行驶20余万千米。2008年发生了拉萨"3•14"事件和汶川"5•12"特大地震灾害，办事处接待经营受到严重影响，设施设备受到较大破坏，各经营服务单位经营收入大幅度下滑。在巨大的困难面前，各单位千方百计将影响和损失降到最低，以提升服务质量为理念，努力排除各种不利因素，圆满地完成了各项接待任务。天驰接待服务中心、天湖宾馆和圣地阳光宾馆实现营业收入2135万元，上交税金167万元。

天湖宾馆按照"升星创绿"的工作目标，加大软硬件改造和员工队伍建设，顺利通过"升星创绿"迎检工作，被成都市旅游局分别评定为三星级宾馆、成都市银叶级绿色旅游饭店。同时，宾馆对接待大厅、商场及A座客房、楼层进行了装修改造，对宾馆网络系统、酒店管理软件系统进行升级，进一步加大了宾馆网络宣传力度和网络营销力度，增加网络订房，拓展客源渠道。全年接待宾客7.5万多人次，实现营业收入901万元，上缴税金100多万元,固定资产达到2645万元。

圣地阳光宾馆继续以"客房创收为重点，加大盘活固定资产的力度，严格控制非经营性支出，开源节流，控制成本"为宾馆经济运行指导思想，积极应对不断变化的市场情况。全年接待宾客6.5万人次，实现经营收入513万元，上缴税金27万元。宾馆还自筹资金150余万元，投入到64间客房、环境装修改造和宾馆大楼的消防喷淋、烟感自动报警工程，宾馆"创星"工作稳步进行。

成办医院紧紧围绕创建"国家二级甲等综合医院"中心任务开展工作，狠抓服务管理和硬件设施改造，服务质量进一步提高。全年总收入5940余万元，门诊

41733人次，入院病人3847人次，治愈好转率92.1%，病床使用率92.5%，开展手术968台，抢救危重病人104人次，抢救成功率91.8%。医院领导班子将医疗质量作为医院管理的重中之重，建立了《院长行政查房制度》、《院领导直接听取患者意见制度》和《院领导定期研究医疗质量工作制度》，有效提高了院级领导对医疗质量的管理力度和管理效率。进一步完善了医疗质量管理标准和医疗安全管理制度，加强环境质量管理，将医疗核心制度的落实贯彻于临床活动中，强化质量标准培训。医院申报“二甲”工作已经顺利通过专家现场评审。

顺江苑按照规范化、高质量、个性化的服务要求，加强管理和服务，圆满地完成了各项重大接待服务工作。

【管理服务工作】退（离）休人员服务处、西藏成都干休所、西藏双流干休所、机关老干科等离退休人员管理部门共管理离退休老同志5687人，其中西藏跨省安置在西南、中南九个省区的老同志5341人，涉及代管单位500多个。为切实做好老干部管理和服务工作，离退休人员管理部门紧紧围绕“让上级组织放心，让老同志满意”的工作思路，全面贯彻执行中央、自治区有关老干部工作的各项方针政策。一是认真落实老干部的政治、生活待遇，坚持离退休老同志阅文制度、情况通报制度和定期走访制度，坚持组织离退休老同志年度体检和上门巡诊制度，切实解决老同志生活中的实际问题和困难，全年共看望慰问老同志1000余人次，就诊1800余人次。二是确保老同志离退休费按时足额发放，医药费按规定报销，保证老同志“老有所养、老有所医”。三是汶川“5•12”地震发生后，老干部管理部门迅速行动，及时组织好灾区离退休老同志的疏散和安置工作，并前往都江堰、什邡、德阳、绵阳等18个市县区看望慰问老同志，把党和政府的关怀与温暖送到老同志心中。四是加强离退休党支部建设，充分发挥离退休党支部的战斗堡垒作用。严格按照《关于进一步加强和改进离退休干部党支部建设工作的意见》，不断加强离退休党支部建设，严格党的组织生活，确保离退休各党支部学习资料、活动场地、活动经费“三落实”。

认真开展信息收集、整理、上报工作。本着及时、准确、全面的原则，不断拓展信息工作的广度和深度，努力提高信息的质量和采用率，为领导及时掌握情况，制定方针政策提供了信息基础。2008年共收集、传递、处理和上报信息803期3675条，党委政府采用206条，在自治区党办、政办的信息考核中，得分在驻内地五个办事处中均名列第一，被区党办、政办分别评为“信息工作先进集体”和“信息报送工作先进单位”，受到通报表彰。

严格执行社会保障有关政策和规定，积极与自治区劳动保障部门沟通，及时上报了《关于2008年增加企业退休人员基本养老金的请示》、《关于实行企事业单位离退休人员生活补助的请示》，共补发企业退休人员养老金88977元，企事业单位离退休人员生活补助185961元。全年共征收失业保险金46.9万元，养老金357万余元；发放养老金499.8万元，失业保险金8.8万元，失业救济金21.1万元。

认真做好信访工作，维护西藏稳定。办事处有关部门严格遵循国家《信访条例》，按照自治区的统一部署，认真仔细地做好群众来信来访工作，采取分别排查、分级疏导、分类处理的方式，对热点和难点问题进行重点监控，切实将问题解决在基层，解决在萌芽状态。在全国“两会”、自治区“两会”和重大节假日期间执行零报告制度。全年，办事处共受理群众来信来访150件（次）。

【抗震救灾工作】5月12日，四川汶川发生8.0级特大地震，地震波及到包括成都市在内的广大地区，造成严重的灾害和影响。面对特大灾难，办事处各级党组织立刻深入基层单位调查了解有关情况，安排部署相关工作，广大干部职工坚决响应党中央、国务院的号召，与四川人民一道，积极参加抗震救灾。

各单位、各部门共接待受灾地区的游客和灾民80多人，以及来自重庆、西昌、贵阳等地抗震救灾公安干警400多人；先后接收、救治了来自震区的76名伤员，投入经费16万多元；派出2名骨科医生到华西医院协助工作；3台救护车不分昼夜加班加点到太平寺机场、凤凰山机场、华西医院等地接送伤员，出车183次，行驶3500多千米；办事处党委班子成员还专程到医院看望、慰问地震灾区送来救治的伤病员。按照四川省人民政府办公厅抗震救灾会议的安排部署，派出18名职工，分为三个组，协助四川省民政厅在火车东站负责救灾物资的搬运、发放、调度和统计等工作任务，受到成都市物流协会的表彰。举办汶川“5•12”大地震图片展，组织志愿者到抗灾一线，参与抗震救灾工作。

2008年,成都办事处广大党员充分发挥先锋模范作用，缴纳“特殊党费”492,130.00元；全体职工积极响应自治区党委、政府的号召，纷纷伸出援助之手，为四川灾区地震灾区捐款368,674.60元；10月6日，又为西藏当雄地震灾区群众捐款94,828.00元，三次救灾捐款共计955,632.60元。同时，还两次组织党员干部职工为四川遭受冰雪灾害和地震灾害的群众捐衣物5273件，棉被46床。

【定点扶贫工作】2008年,成都办事处选派1名县级干部，2名科级干部组成扶贫工作组到洛隆县新荣乡扶贫。全年向新荣乡投入扶贫资金83.5万元，其中建设项目资金77万元。一是为改善新荣乡职工的住宿条件，确保职工的生命财产安全，投资52万余元，完成了乡政府职工宿舍（周转房）的建设改造。二是为新荣乡榨油厂和面粉加工坊两个项目积极争取建设资金25万元，在新荣乡人民政府驻地通那村建设小型榨油厂和面粉加工坊。三是做好2007年从洛隆县和新荣乡招收的10名员工的培养、锻炼和管理工作。2008年,招收到成都办事处工作的10名员工2008年人均收入已经达到1.2万元，对这些贫困家庭真正起到了解困济贫的作用。

【领导名录】

副书记、主任：葛裕涛

党委委员、副主任：王国荣、张裕庭

党委委员、纪委驻成办纪检组组长：张道泰

党委委员、巡视员：詹裕康

自治区人民政府驻北京办事处

【倾情服务，细致到位，接待服务工作质量得到稳步提高】2008 年，北京办事处进一步加强与中央国家机关、北京民航、铁路、医疗等单位的联络协调，圆满完成了“两会”西藏代表团、党的十七届三中全会、全总十五大、中国妇女十大、共青团十六大，《解放西藏史》出版暨反对分裂维护祖国统一座谈会、“西藏今昔”大型主题展、中央电视台“面对面”等相关节目采访，奥运会西藏观摩团、我区文化系统来京演出团队等重大会议、活动的领导接待、会务服务及看望慰问工作，圆满完成了中央学习实践科学发展观活动第七指导检查组和有关部委领导进出藏的接送工作，圆满完成了两批共计 434 名西藏内地班学生在京往返中转、日喀则歌舞团来京参加中央电视台全国魅力城市展示节目的录制、两批 72 位日喀则地区基层干部培训班及相关工作人员中转、152 位自治区各级领导来京查体、住院、治疗等服务工作，加大了对西藏老干部和基层普通干部职工医疗保健服务工作的力度。

【创新思路，内引外联，经济文化交流领域得到有力拓展】2008 年，北京办事处立足于北京的地域优势，创新工作思路，努力发挥经济信息联络的平台作用和窗口作用，做好内引外联的各项工作。积极配合自治区招商局开展了西藏新版《招商指南》筹备工作，推动国美电器公司在拉萨开发区建立“国美零售企业”、“国美物流公司”、“国美商业咨询公司”，联系、落实北京市侨联向拉萨火车站捐赠垃圾处理设备事宜和沈阳富硒保健品开发有限公司与西藏合作开展青光眼防治项目。推进我区自有特色产品下高原，协助“菲凡”牦牛奶在人民大会堂召开新品发布会，并组织其他省市驻京机构及驻京商会代表参加了发布会。组织西藏有关单位参加了“中华民族文化珍品”参选工作。建立信息采用通报分析制度，加强自采信息和调研信息编报工作力度，提高了信息编报人员的积极性、主动性和信息编报质量。截止到 12 月，已分别向党办、政办报送信息 2763、3354 条，采用率一直居于内地办事处前列。积极与自治区有关部门沟通协调，扎实做好自治区发展咨询委员会第二届成立大会、“扩大青藏铁路对西藏经济的带动能力”和“西藏生态区安全屏障功能评估和生态补偿机制”等研讨会的组织筹备工作；竭力为咨询委员会的各位专家学者服好务，帮助他们在京开展项目论证、课题研讨，为他们进藏进行实地调研做好前期准备工作，并及时向自治区党委、政府反馈专家学者的研究成果。

【牢记责任，热心服务，离退休人员服务工作得到大力改善】2008 年，北京办事处圆满完成春节、藏历年前的走访慰问和赴河北、辽宁、天津等 26 个市、区、县，行程 6800 余千米的日常性走访、看望慰问、调查研究等工作，及时向自治区有关部门反馈情况、提出建议，让老同志充分感受到党和组织的关怀和温暖。想老同志之所想，急老同志之所急，及时调整和改变适合于老同志的工作方法，耐心细致做好信访、解疑释惑及各类报表填报等工作。严格按照区党委老干部局、区社保局的要求，合理安排使用资金，保证两费及时到位，全年汇拨离退休工人经费 599 万元，汇拨机关、事业退休干部经费 1264 万元；完成西藏退休人员 12 人在河北、北京两地的安置工作。召开春节、藏历新年茶话会，举办离退休老干部“庆七一、迎奥运”专题展，组织春游、秋游等，宣传报道叶如陵同志的先进事迹，营造了老有所学、老有所乐、老有所为的良好氛围。

【着眼和谐，维护稳定，处置突发事件能力得到有效增强】着眼为区党委决策提供第一手信息，密切关注北京地区涉藏舆情动态。拉萨“3•14”事件发生以后，处党委及时派出多人到北京西藏学生比较集中的五所学校了解学生思想状况，及时把相关情况向自治区汇报。同时，与北京市教工委建立定期沟通机制，并邀请中国藏学研究中心专家与中央民族大学藏族师生进行座谈，积极做好在京西藏学生群体的思想稳定工作。着眼于西藏发展稳定、北京安全繁荣，认真做好我区进京信访工作。结合实际制定信访工作应急预案，坚持领导带头，区别上访人员不同情况，积极做好上访人员思想工作，成功处置、劝返来信来访 29 批（件）47 人次，得到北京市、自治区有关部门的充分肯定。研究制定了《办事处处置突发事件应急预案》、《办事处消防安全应急预案》，并结合实际进行了实践演练，有力增强了应急处置能力。

【开拓创新，打造品牌，企业经济效益、社会效益得到明显提升】2008 年，北京办事处党委始终着眼于确保企业的保值增值为目标，从加大对企业宏观管理和充分发挥企业自主创新力、自主竞争力两方面入手，不断推进企业现代化管理。三家企业坚持以高品质服务深入践行“一切服从于西藏、一切服务于西藏”宗旨，强化措施抓管理，渡难克艰创佳绩，都取得了经济、社会效益双提高的好成绩。珠穆朗玛宾馆注重餐饮服务和菜品质量的提升，寻找增加客源渠道，内强素质、外树形象，全年接待西藏宾客同比增长 26%，客房出租率同比增长 2%，实现营业收入同比增长 10 %。喜马拉雅宾馆深挖潜力，狠抓管理，合理用工，开源节流，并推出绩效奖励等经营措施，全年接待西藏宾客与 2007 年基本持平，客房出租率同比增长 7%，营业收入同比增长 37 %。西藏大厦紧紧抓住发展这个中心，抓住北京举办奥运和二期工程开业的机遇，大力弘扬以“三热爱、五特别”和“追求卓越”的企业精神，强化员工培养培训、绩效管理等措施，突出特色准确进行市场定位，通过决胜奥运筹办和奥运接待等服务实践，有力提升了企业核心竞争力，营业收入同比增长 28%。

【获奖情况】荣获“首都文明单位”、“中央国家机关文明单位”、“西藏自治区民族团结进步先进单位”、“北京奥运志愿者工作突出贡献单位”、“西城区文明单位”等荣誉。

【领导名录】

书记、副主任：马升昌

副书记、主任：强新（2008 年 2 月调离）

党委委员、副主任：苏温明、赵国庆（兼纪检组组长）、刘茂林

巡视员：陈启华

自治区人民政府驻上海办事处

【接待服务工作】2008 年，上海办事处圆满地完成了自治区党委、政府交办的各项工作，取得了社会效益和经济效益的双丰收，接待来沪开会、学习、参观、治病、途经的同志近 900 余人次：其中省级干部 60 次，82 人次（含随行人员）；地（厅）级干部 78 次，计 398 人次（含随行人员）；县（处）级干部及其他人员计 289 人次；接待团队 15 次，计 200 人次。与同期相比有明显增加。另外，为了确保满足西藏来沪人员不同层次的住宿需求，2008 年上海办事处先后与上海 16 家宾馆酒店签订了价格优惠入住合同，受到来沪人员的普遍好评。

【老干部工作】2008 年，上海办事处党委高度重视老干处的工作，始终把老干部工作看成是社会稳定、经济发展的大事。从老同志“两项待遇”的落实到老同志的生活、学习情况，都非常关心。在具体工作中，上海办事处党委一把手亲自抓，始终以把老同志的利益维护好，具体事情落实好为总原则。不但为老干处工作出谋划策，指导把关，更为老干处的工作明确了方向。

【退休人员的安置工作】在办事处党委领导的指导帮助下，2008 年的安置工作采取了新的工作思路，改变了往年工作人员一个地区一个部门跑的耗时又耗力的方式，直接依托当地组织开展安置工作。经与山东省老干部局联系，通过电话和信函的方式确认我区异地安置工作的流程以及需要他们配合的事项，由山东省老干部局联系山东省人事厅、劳动保障厅。当到达当地开展安置工作时，山东省老干部局直接陪同下去山东省人事厅和劳动保障厅调换介绍信；而且人事局和社保厅事先都与安置县市相关部门经办人员取得联系，作了具体安排与布置，委托他们协助配合办理异地安置的各项手续。

2008 年，上海办事处共安置退休人员 54 人，其中退休干部 20 人，退休工人 34 人；安置点涉及 27 个地（市）县。

【联络员工作】2008 年 5 月份，上海办事处召开了“华东地区离退休人员联络员工作座谈会”，来自山东、安徽、浙江、上海、江苏等省市的 16 位联络员参加了会议。

【离退休人员的走访和慰问工作】2008 年，年初“三节”来临之际，由办事处党委副书记、主任戴玉虎同志亲自带队，前往江苏省、广西省、上海市两省一市 5 个地（市）县，进行了“三节”慰问，历时近 9 天，共计慰问离退休人员 95 人。除此之外，在中秋节、重阳节、高温期间和安置的过程中对居住在上海、山东、江苏、浙江、广西柳州的部分离退休老同志进行走访看望，特别针对一些高龄、重病和久未看望的人员登门看望，共计登门和召开座谈会形式看望 203 人。对于一些未能当面慰问的老同志，采取电话方式逐一进行慰问。特别是 2008 年 5.12 汶川发生大地震，办事处党委非常重视，要求立刻与居住在四川的离退休人员电话联系，了解情况，对他们进行安慰。对于一些无法及时取得联系的老同志，上海办事处和成办老干处联系，及时了解老同志的情况。

【信息宣传及招商引资工作】2008 年，上海办事处共上报信息 272 期 5400 条，累计采用 108 条，得分 344 分。其中，政府办公厅得分 276 分，党委办公厅得分 68 分。

经济联络方面，上海办事处积极发挥办事处的“桥梁”作用。积极开拓西藏旅游市场，为我区旅游业尽快出现繁荣局面出力。2008 年，由于“3•14”的影响，造成我区旅游业整体滑坡，为充分发挥上海办事处的工作职能，推动我区旅游业重现往日的风采，促成更多旅游团体赴我区观光旅游。

在上海西藏大厦土地变更、办理营业执照、变更资金返还等方面，协助自治区有关部门开展工作，取得了较好的效果。积极参与西藏自治区参加 2010 年上海世博会的筹备工作。积极参与我区农牧业特色产品在上海市场的开拓。

在参与西藏特色产品开拓上海市场的具体事宜中，上海办事处为特色产品在经营定位上出谋划策，在寻找经营场所上亲历而为，落实项目细节上一丝不苟。办事处戴玉虎主任高度重视西藏特色产品开拓上海市场工作，认为这是践行科学发展观最直接的体现，项目立意创新，符合西藏企业发展实际。作为西藏在上海的形象窗口，帮助区内企业产品打开上海市场是义不容辞的责任。为此，派专人对上海西藏大厦、南京路、淮海路、城隍庙，浦东新区沪南路 2000 号的上海农产品中心批发等进行实地考察，并加强与上海市合作交流办公室的联系，办理进入上海市场的相关手续，协调上海有关部门和新闻媒体的关系，协助做好各项服务工作。

【智力援藏工作】上海办事处党委一直重视智力援藏工作，平时主动和学校保持经常性地关系，2008 年共参加各类活动 12 次，还为藏族师生联系进出藏火车票 878 张，主动协调上海火车站，为藏族师生出入进火车站提供方便，获得西藏班（校）师生的一致好评。

2008 年，上海办事处为丰富开展学习实践科学发展观活动内容，11 月中旬，上海办事处党委还组织全体党员干部包括离退休人员前往江苏省南通西藏民族中学参观学习并召开专题座谈会，把学习实践活动与办事处的服务宗旨紧密结合起来，让广大党员干部亲身感受西藏内地班（校）发展变化，从中真切感悟党的民族教育事业取得的巨大成就，进一步增强学习实践科学发展观的自觉性和紧迫感。希望通过学习实践活动，寻找更好地为西藏班（校）服好务的途径和办法。

上海办事处党委副书记、主任戴玉虎同志 12 月中旬参加了由上海市共康中学主办的华东地区西藏班（校）论坛，并从“以西藏反分裂斗争形势看内地西藏班（校）德育工作的重要性”方面作了重要讲话，与学校共商德育工作，促使西藏班（校）德育实践从教学内容到教学实现都实现始终如一、一以贯之地突出“维护祖国统一、维护民族团结”的内容，一届接着一届讲，真正做到入耳入脑，使广大青少年学生从心坎上筑起反对分裂维护祖国统一的坚固长城。

自治区人民政府驻格尔木办事处

【完成区党委交办的专项工作任务】 2008年，格尔木办事处为贯彻落实自治区党委的决策部署，确保全区的社会稳定和自治区格尔木法制学习教育专项工作的顺利开展，格尔木办事处及时成立了后勤保障组。下设接待组、维修组、医疗组、财务组、文秘打印组。在近五个月的时间。认真负责地做好了保密、协调、食品采购、餐饮、财务、文印、医疗等各项工作，确保了自治区法制学习教育专项工作顺利圆满地完成。近5个月的时间里，格尔木办事处全力负责参与法制学习教育专项工作全体工作人员和学员的后勤保障服务外，还接待省级领导15人次，地厅级领导46人次，一般干部及工作人员200余人次。此外，接待中央部委领导和部分省区工作人员1165人。累计完成工作经费总支出约8,356,917.59元。近5个月，医疗组共完成门诊14793人次，检查585人次，收治住院治疗96人，抢救危重病人3人次，转院危重病6人次。同时，严格工作程序，在做好保密工作的情况下，及时完成打印、速印、复印大量的文件、表格。同时还承担了中央统战部、自治区领导在格工作期间文件、密报的收发传阅等工作。法制学习教育专项工作圆满完成了各项工作任务。

【心系灾区人民，以实际行动支援灾区重建工作】 四川省汶川县和拉萨市当雄县发生地震自然灾害后。基地干部职工群众三次捐款共计：917,823.00元。以实际行动表达了基地广大党员干部职工同灾区各族人民血浓于水的殷殷深情。

【认真做好日常接待服务，不断提高服务意识和质量】 2008年，格尔木办事处共接待自治区各部门领导及赴格工作组共700人。在接待工作上，格尔木办事处始终以科学发展观为指导，在现有接待条件和设施的基础上，不断改进和提高服务水平、服务质量和服务档次。热情周到的接待服务工作，受到了来格各级领导和干部、职工的好评。

【加大协调服务工作力度，为基地和谐、稳定、发展提供良好的服务】 2008年，格尔木办事处结合基地实际，积极为基地企事业单位职能转换，产业结构调整，寻找新的经济增长点和营造和谐稳定的良好氛围，提供热情服务。

加大与当地政府的交流与联系，积极做好基地职能转换的前期调研工作。

遵照自治区领导的指示，认真贯彻落实自治区人民政府2007年在北京召开的自治区人民政府驻内地办事处主任联席会议精神，围绕格尔木西藏基地的下一步发展趋势，格尔木办事处多次在基地单位进行调研并与格尔木市相关部门进行商讨、交流。详细了解了当地的能源、矿产资源、工业基础、产业政策以及为促进当地经济发展所出台的各项优惠政策。为下一步抓住青藏铁路全线通车的重大历史机遇，开发利用基地的现有资产和基地职能转变，掌握了有关信息和第一手资料。

加大协调服务力度，为困难群体办实事，为基地单位排忧解难。

拉萨“3•14”严重暴力犯罪事件发生后，格尔木至拉萨的货运基本停运。按照自治区人民政府紧急指令，为平抑区内市场物价，保障供给，稳定市场，确保顺利春播，格尔木办事处协调铁路部门在最短时间内发送火车皮170多个，紧急调运粮油600吨、化肥10000余吨，圆满地完成了自治区政府交办的调运任务。查清了排污单位和事件真相，圆满解决了该问题。

采取谁受益，谁出资的办法维修了基地库区火车站，使国有资产保值增值的同时，也为稳定基地八条铁路专用线单位干部职工的思想起到了积极作用。2008年8月，乌鲁木齐铁路局要对产权属西藏的甘肃柳园铁路共用线进行大修，维修后产权归属将存在争议，格尔木办事处与基地相关单位一起想对策、订规划、查资料、找证据。经协商，维修后的产权永归西藏，维修费用由各受益单位分摊，我方不负担任何费用。并达成自2008年起，每年向共用线委托管理单位——藏格物资转运站交纳14万元使用费的协议。2008年，青海省将土地使用税由原每平方米0.3元，调至每平方米2-6元。仅此一项就使原本不景气的基地企业新增税赋400万元。经与相关部门协调，基地单位可暂缓交纳土地使用税。基地部分困难企业退休人员、遗属和失业人员的看病就医、住房等问题在一定程度上已影响到了基地的和谐稳定，格尔木办事处在积极向自治区党委、政府反映情况的同时，自2006年起多次与海西州、格尔木市有关单位协调联系，目前已将226户411人的基地单位城镇居民纳入当地医保。在12户已经享受当地廉租房的基础上，又将136户纳入当地廉租房享受范围，申报工作已全部完成。

全力做好协调服务工作，确保青藏公路畅通，努力优化青藏公路运输环境。截止11月底，经青藏公路发运进出藏物资945145万吨，客运26427人次。

【兰办工作进展有序，接待服务呈现新突破】 兰办干休所医务室全年进行身体健康咨询检查600多人次，治疗350多人次，上门服务50多次，陪同外出看病45次。积极组织老同志开展丰富多彩的文体活动，陶冶了情操，丰富了晚年生活。全年组织老同志外出活动30余次800人次。以狠抓经济收入和按时收缴综合商贸楼、出租房屋的各项租赁费用为重点，通过建立健全各项规章制度，做到责任到人，奖罚并举，较好地完成了全年的经济指标任务。认真做好接待服务工作。截止11月底，兰办共接待区内过往人员和到兰州工作的各级领导干部及工作人员共1520人次。其中，省级领导6人次，地厅级领导35人次，县级及一般干部和工作人员1113人次。学生160人次，团队9个206人次。克服人员少和经费不足的困难，积极协调民航、铁路及相关部门，最大努力地完成各项接待任务。

自治区人民政府驻西安办事处

【信息工作】 2008年，西安办事处加强与当地省市有关部门和驻地其他省（市、区）办事处的联系，在信息工作上互通有无，拓宽了信息来源；及时收集整理驻地省市在经济、文化、政务方面的信息，报送给区党委、政府和有关部门，为自治区的决策提供参考依据。截止10月份共报送各类信息215期，比2007年同期增长21%，累计采用122条(其中政办采用114条，党办采用8条)，得分353分，比2007年同期增长46%，工作成绩明显。

【经济联络】2008年，西安办事处和下属单位积极采用各种形式宣传西藏、展示西藏，较好的发挥了“窗口”作用。积极配合自治区招商局筹备参加了第12届东西部经贸洽谈会，承担了自治区代表团的协调、联络、服务工作，保证了代表团工作的顺利完成，并积极参与第13届西洽会的前期各项筹备工作。借助自治区领导来西安出差开会的有利时机，增进了两省区的沟通和联系，加强了政务交流联络。联络协调中菲集团联合办学支援西藏相关事宜。中菲集团拟通过联合办学支援西藏，进行了实地考察，积极联络协调相关事宜，并向自治区报送了有关信息。参加了陕西省商务厅举办的陕西省首届商会发展论坛，加强了与各省市办事处、商会的联系和交流。

【做好老干部、老工人的安置和服务管理工作】截止2008年年底，西安办事处负责管理分散安置的离退休人员共1704人，其中干部489人，工人1215人，占全区区外分散安置人员总数的20%左右，这些老同志分布在西北和山西、河南7个省（区），安置比较分散，呈现出点多、面宽、线长，管理任务重、难度大的特点。2008年西安办事处加大了对分散安置人员的慰问工作，慰问人数达850余人。组成安置小组赴七个省区，对53位退休干部工人（其中包括2006年未安置的20人）全部进行了安置。汶川地震发生后，组成工作组前往受灾干部职工家中进行慰问，及时把他们的受灾情况报告自治区有关部门。日常工作中，认真、耐心地做好离退休人员的来电、来函、来访工作，全年共收到工人来信755封，干部来信510封，寄发给离退休同志的复函和各类工作信件1443封，对他们提出的问题和反映的意见都及时进行了回复，做到事事有结果。2008年10月份成功承办了自治区在西安召开的老干部、老工人异地安置服务工作交流会，自治区有关部门和驻内地各办事处相互交流和总结了异地安置工作的经验和好的做法，研究和探讨了新时期异地安置工作的新问题新情况。

四个干休所认真落实离退休人员的两项待遇。“3•14”事件发生后，各干休所及时组织住所老同志收听收看新闻报道，了解事实真相，揭露和谴责达赖集团的丑恶行径，采取座谈讨论、举办讲座、撰写心得体会等多种形式开展了“反对分裂、维护稳定、促进发展”主题教育活动，取得了明显的成效。生活待遇上，各干休所认真贯彻执行党和政府关于离退休人员工资、福利、医保等政策规定，按照自治区人事厅关于驻内地各办事处工资的调整方案，认真完成了离退休人员工资套改和补发工作，按照政策规定及时准确报销离退休人员医药费；日常工作中，经常深入老同志家中，问寒问暖，帮助他们排忧解难，针对高龄老同志开展了一系列亲情化、人性化的特殊服务；认真做好老干部的医疗保健工作，开展了定期巡诊探视和健康检查工作；建立了老干部工作应急管理机制，制定了危重病人抢救、送诊预案，应对工作中出现的突发情况；开展了户外旅游、体育比赛等适合老年人参加的活动。

【增强服务意识，提升服务水平，搞好接待服务工作】2008年，西安办事处成立了接待处，充实了工作人员，改善了接待条件；做到主动、热情；抓好制度规范建设，修改完善了一系列接待方面的制度和规范，实现接待工作制度化、规范化。2008年以来，认真做好了第12届西洽会自治区代表团、西部文化博览会自治区代表团、自治区政协考察团、自治区主要领导同志率团参加西藏民院校庆50周年代表团等团队和来西安参加全国性会议的领导以及区内进出藏人员的接待服务工作。全年共接待区内人员280余人次。2008年，西安办事处在接待工作中，做到态度热情、工作细致、服务周到，未出现任何差错，圆满完成了全年的接待任务。

【认真做好北院开发建设和职工安置工作】2008年，在西安办事处北院开发领导小组的直接领导下，西安办事处做了大量的前期准备工作。一是根据自治区发改委关于项目立项的批复，积极与西安市规划部门协商，完成了项目控制性规划的审定。二是完成了西藏大厦的概念设计邀标的准备工作。邀请专家对可行性报告进行了进一步分析、论证和完善，并就邀标条件标准、评标办法等问题向自治区投资公司作了汇报。三是通过自治区政府招商网公开招商和比较筛选，确定了商住楼项目的合作开发商，并签订了合作意向，目前已完成市场调查和可行性论证等工作。四是在自治区的大力支持下，经与西安市政府和有关部门积极协商，落实了土地出让金和城市建设配套费减免2500万元的优惠政策。五是通过与西安市政府办公厅和土地部门的多次沟通，做好了土地变性摘牌前的各项准备工作。

职工安置工作方面，2008年，西安办事处专门成立珠宾、招待所职工安置工作领导小组，通过大量的艰苦工作，珠宾职工安置方案最终得到职工大会通过，及时上报自治区有关部门批复。办事处珠宾职工安置组的同志到珠宾现场做好职工安置协议签订和安置费发放工作，并请来公证部门和人才中心的工作人员，帮助职工办理档案托管、协议公证、社保关系转移等工作。

2008年，珠宾关闭基准日之前未到法定退休年龄的129名在岗职工中已有124人签订了安置协议，并领取了安置费，占到总人数的96%；对档案在珠宾的52名职工，制定了经济补偿政策，已有3人领取了一次性经济补偿；基准日前退休的15名职工，已有6人领取了一次性补助。

招待所职工安置工作参照珠宾职工安置方案也在进行中，目前职工对安置方案的意见比较大，针对这种情况与职工进行了多次座谈，西安办事处做了耐心细致的解释工作，并把有关情况及时向自治区政府和有关部门的领导进行了汇报。

中国人民政治协商会议西藏自治区委员会

【基本情况】自治区政协机关人员编制为141名，其中，行政编制112名，事业编制29名。办公厅下设：办公室、政工人事处（含机关党委）、研究室、行政接待处、联络服务处、提案委员会办公室、民族和宗教委员会办公室、社会法制外事委员会办公室、文史资料学习委员会办公室、科教文卫体委员会办公室、人口经济资源环境委员会办公室、翻译室、机关后勤服务中心13个处级单位。政协第九届委员会设置6个专门委员会：提案委员会、民族和宗教委员会、社会法制外事委员会、文史资料学习委员会、科教文卫体委员会、人口经济资源环境委员会。下设提案委员会办公室、民族和宗教委员会办公室、社会法制外事委员会办公室、文史资料学习委员会办公室、科教文卫体委员会办公室、人口经济资源环境委员会办公室6个处级办事机构，受办公厅和专委会的双重领导。

【全体委员会议】九届一次会议 2008年1月14日至20日在拉萨召开。政协第九届西藏自治区委员会共有委员482人，出席会议委员441人。全国政协副主席、自治区政协主席帕巴拉•格列朗杰主持开幕、闭幕会。会议听取和审议政协第八届西藏自治区委员会常务委员会工作报告；听取和审议政协第八届西藏自治区委员会常务委员会提案工作情况报告；列席第九届西藏自治区人民代表大会第一次会议；选举产生政协第九届西藏自治区委员会主席、副主席、秘书长和常务委员；审议通过政协第九届西藏自治区委员会第一次会议政治决议及其它决议。五年期间共收到提案1593件，经提案委员会审查立案1567件。西藏自治区党委、人大主要领导应邀出席大会开幕式和闭幕式及小组讨论并作了重要讲话。帕巴拉•格列朗杰再次当选为政协第九届西藏自治区委员会主席，巴桑顿珠等15人当选为副主席，罗松多吉副主席兼秘书长。马永海等57人当选为常委。区党委常委，区政协党组书记、副主席巴桑顿珠作闭幕讲话。

【常务委员会会议】第1次会议 2008年1月21日在拉萨举行。全国政协副主席、自治区政协主席帕巴拉•格列朗杰主持会议。会议审议通过由罗松多吉秘书长提议任命的政协第九届西藏自治区委员会副秘书长名单和各专委会主任、副主任名单；审议通过政协第九届西藏自治区委员会常务委员会关于设置专门委员会的决定。

第2次会议 2008年6月5日至6日在拉萨举行。全国政协副主席、自治区政协主席帕巴拉•格列朗杰主持开幕、闭幕会。会议审议通过了政协第九届西藏自治区委员会常务委员会第二次会议议程；传达学习了自治区党员领导干部大会精神；审议通过了《政协西藏自治区委员会关于全面贯彻落实全区党员领导干部大会精神，全力维护社会稳定的决议》；传达学习了全国政协十一届一次会议精神。

第3次会议 2008年9月4日至5日在拉萨召开。全国政协副主席、自治区政协主席帕巴拉•格列朗杰主持开幕、闭幕会。会议审议通过政协第九届西藏自治区委员会常务委员会第三次会议议程；学习北京奥运会精神；听取自治区人民政府关于2008年上半年经济社会发展情况的通报；自治区政协各专门委员会交流工作。

【专门委员会工作】提案委员会 政协九届一次会议以来，委员们共提出373件提案，经审查立案367件占总数的98%，其中筛选出12件作为重点提案；未立案6件作为来信处理。大会闭幕后，及时将提案分送区党委办公厅、区人大办公厅、区政府办公厅和西藏军区办理。截止10月底，全部办复完毕。其中所提问题已经解决或在本年度能够及时解决的，以及所提问题已有规定，承办单位明确说明了有关情况的94件，占立案总数25.61％，所提问题3年内能够基本解决，承办单位已制定解决措施并列入工作计划的207件，占立案总数56.4%，所提问题因目前条件限制难以解决的以及所提问题留作参考的66件，占立案总数的17.99%。提案的数量、质量及委员满意率较往年均有所提高。

民族和宗教委员会 1.组织委员声讨达赖集团罪恶行径。“3•14”打砸抢烧严重暴力犯罪事件发生后，委员会及时组织召开民族宗教界委员专题座谈会，12位委员用铁的事实对这一严重暴力犯罪事件进行了强烈的谴责和声讨。2.协助办公厅组织民族宗教界委员，接受国内外媒体采访。3.前往拉萨大清真寺慰问，澄清谣言，揭穿达赖集团企图制造民族矛盾和宗教矛盾的罪恶阴谋。4. 2008年6月，在分管副主席的带领下，深入那曲、昌都地区十个县进行调研，形成《关于那曲地区两县、昌都地区八县民族宗教工作情况的调研》，上报区党委和全国政协民族和宗教委员会。5. 2008年7月，多次赴广电局进行调研，形成《关于进一步加强西藏广播电视工作有效抵御境外渗透的调研报告》，并上报区党委。

社会法制外事委员会 7月份，由分管副主席带队赴全国政协汇报工作、学习取经。通过汇报并与全国政协社法委和外委会及其所属相关部门进行接触，沟通了情况，增进了了解、加深了友谊，增长了知识，学到了经验，对今后更好地开展政协社会法制外事委员会工作创造了条件。11月份社会法制外事委员会负责同志借参加全国政协在京召开的全国各省区市港澳台工作研讨会之机，与全国政协社会法制委和外事委沟通和协调，重点向外事委员会汇报了西藏自治区政协社会法制外事委员会工作思路和2009年工作建议。针对拉萨“3•14”事件后社会管理方面所暴露出来的流动人员、出租房管理等方面的问题进行了调研，提出了建议和对策。

文史资料学习委员会 编辑了汉文版第25辑《格龙•罗桑旦增自传》、第26辑《昌都强巴林寺及其世系活佛志》和藏文版第28辑《德格地方简史》等四辑文史资料，并进入终审阶段；出版发行了汉文版第23、24辑和藏文版第27辑共三辑文史资料。举办了首届新任委员培训班，来自七地（市）的58名新任委员参加了培训。组织驻会委员参加了“3•14”事件声讨座谈会、“反对分裂、维护稳定、促进发展”主题教育活动和深入学习实践科学发展观活动。

科教文卫体委员会　根据2008年工作要点，结合西藏六大支柱产业之一的藏医藏药发展情况和基础教育情况进行调研视察，走访了5个地市，14个县，30个乡村，10个藏药厂，7所藏医院，2个藏医专科，5个藏药制剂室，20所中小学（教学点），召开了17次座谈会，形成了《关于在“3•14”事件中拉萨市中小学校遭受损失及教学恢复情况的调研报告》、《关于我区“两基”教育工作情况的调研报告》，与人口经济资源环境委员会共同完成了《关于我区藏药材资源保护开发利用的调研报告》，提出的16条意见建议，得到了区党委、政府、政协主要领导的高度评价。

人口经济资源环境委员会　5月，联合日喀则、山南、林芝地区政协组成调研组，深入20多个县、30多个乡镇、40多个行政村，就加强基层党的建设、基层基础工作和发展特色产业进行了专题调研，会同科教文卫体委员会就藏药材资源保护和开发利用问题进行调研，形成了《关于加强基层基础工作的调查报告》、《关于加强基层党建工作的调查报告》、《关于发展特色优势产业的调查报告》、《关于我区藏药材资源保护和开发利用的调研报告》等四个专题报告，为党委政府部门决策提供了参考。其中《关于加强基层基础工作的调查报告》和《关于我区藏药材资源保护和开发利用的调研报告》，区党委、政府主要领导做了重要批示，有关部门高度重视，积极采纳。10月份，深入林芝地区米林、林芝、工布江达等县，就自治区政协机关学习实践科学发展观方面存在的不足、原因及改进意见进行了调研，形成了《关于用科学发展观统领政协工作的调查报告》。

【重要活动】深入揭批和严厉声讨达赖集团罪恶行径　3月16至20日，自治区政协根据自治区领导干部大会和全区处置“3•14”事件确保全区稳定电视电话会议、区党委常委（扩大）会议精神以及自治区党委、政府的决策部署，在认真做好安全防范、教育引导、维护正常工作秩序的同时，通过组织召开各种座谈会、揭批会、声讨会，撰写署名文章，发表致全区政协委员的公开信，利用宣传专栏、办公楼电子屏幕、报刊等刊登揭批声讨文章，有计划、分层次、深入广泛地开展了揭批、声讨达赖集团罪恶行径的活动。

自治区政协机关开展“反对分裂、维护稳定、促进发展”主题教育活动　4月25日至9月8日　政协机关开展了“反对分裂、维护稳定、促进发展”主题教育活动。根据政协机关党员和干部职工的思想和工作实际，突出“反对分裂、维护稳定、促进发展”这个主题。广大党员在认真学习领会中组部《关于在西藏等地区认真开展党员干部主题教育，切实加强基层党组织建设的通知》和区党委组织部《关于在全区党员干部中认真开展“反对分裂、维护稳定、促进发展”主题教育活动，切实加强基层党组织建设的通知》精神的基础上，把十七大精神、党章和中央关于西藏反分裂斗争的一系列重要指示精神、自治区党员领导干部大会精神作为学习重点，切实加强了马克思主义“四观”、“两论”和“三个离不开”，“团结稳定是福、分裂动乱是祸”的教育，以及社会主义荣辱观、民族宗教政策和法律法规的学习。在学习中，大家紧密联系我区和政协工作实际，坚持个人自学与集体学习、大会交流与小组讨论相结合，认真作笔记，撰写心得体会和各阶段小结。在集中学习的基础上，邀请区政协领导作学习党的十七大精神的专题辅导报告，组织机关全体党员观看爱国主义教育影片、拉萨“3•14”打砸抢烧严重暴力犯罪事件资料片，参观爱国主义教育基地“雪城”和“红岩魂”巡展、抗震救灾图片展览，重温入党誓词、上党课。通过开展此项活动，机关广大干部职工牢固树立了旗帜鲜明反分裂、坚定不移抓发展、全力以赴干工作的信心。

举办九届政协新任委员培训班　6月9日至13日，自治区政协举办首届新任委员培训班。培训班主要采取专题报告、学习讨论、交流发言、参观考察等形式开展教学，以座谈会的形式交流学习成果。此次培训班时间短、内容多、课程紧、要求高。目的是帮助学员们尽快了解政协工作，尽快熟悉政协工作政策，尽快进入政协委员角色，努力开拓新形势下人民政协工作的新局面。近60位新任委员参加了学习培训。

自治区政协机关开展深入学习实践科学发展观活动　党中央决定，从2008年9月开始，用一年半左右的时间，在全党分批开展深入学习实践科学发展观活动。根据中央的部署和区党委的要求，区政协领导高度重视，政协机关按照“党员干部受教育、科学发展上水平、社会稳定见成效、人民群众得实惠”的总目标和“一贯彻、三坚持、两推进”的总体要求，结合政协工作和党员干部职工的思想实际，统筹安排，精心组织，狠抓理论学习、调查研究、解放思想三个环节，突出实践特色，坚持把学习与实践贯穿于活动的始终。工作部署上做到“七个到位”，理论学习上打牢了“五个基础”，学习方法上做到“八个结合”，学习效果上达到“五个进一步深入人心”；始终突出科学发展观的实践特色；学习实践活动始终紧密结合“反对分裂、维护稳定、促进发展”主题教育活动，进一步深化和扩大了主题教育活动的效果。政协机关各支部和全体共产党员从政治和全局高度，深刻认识开展学习实践活动的重大意义，深刻认识开展学习实践活动对加强政协工作的重要推动作用，全身心投入到学习实践科学发展观活动中。

【重要文件】常务委员会工作报告（2008年1月14日）（摘要）　一、过去五年的工作。五年来，八届政协常委会在中共西藏自治区委员会的坚强领导下，高举爱国主义、社会主义旗帜，坚持以邓小平理论和“三个代表”重要思想为指导，全面落实科学发展观，认真学习贯彻中共十六大、十七大精神和《中共中央关于加强人民政协工作的意见》，认真学习贯彻自治区第七次党代会、区党委七届三次全委会和区党委政协工作会议精神，认真贯彻新时期西藏工作指导方针，始终把推动各族各界人士自觉做到“三个坚持”作为履行职能的根本政治任务，始终把反对分裂、维护稳定作为履行职能的第一政治责任，始终把促进我区经济又好又快发展作为履行职能的第一要务，始终把加强民族团结、推进和谐西藏建设作为履行职能的重大使命，始终把加强自身建设作为履行职能的坚实基础，突出团结和民主两大主题，紧紧围绕区党委、政府的中心工作和人民群众最关心、最直接、最现实的利益问题，认真履行职能，积极建言献策，为促进我区经济又好又快发展、确保社会和谐稳定做出了新贡献。（一）坚持用马克思主义中国化的最新理论成果武装头脑，推动政协工作不断适应事业发展新要求。（二）坚持围绕中心、服务大局，为促进我区经济又好又快发展建言献策。（三）深入开展反分裂斗争，坚决维护祖国统一、民族团结和社会稳定。（四）机关建设不断加强，为政协履行职能提供了有力保障。二、几点主要体会。坚持共产党的领导、坚持社会主义制度、坚持民族区域自治制度，以邓小平理论和“三个代表”重要思想为指导，用科学发展观统领政协工作全局，是政协工作沿着正确方向前进的根本政治保证；坚决反对分裂、维护稳定，是政协履行职能的第一政治责任；坚持以人为本、履职为民，是政协工作的出发点和落脚点；坚持与时俱进、开拓进取，是开创政协工作新局面的重要途径；坚持加强制度化、规范化、程序化建设，是推进人民政协事业不断发展的重要保障。三、对今后五年工作的建议。（一）继续深入学习贯彻中共十七大精神，进一步提高理论素养和政策水平。（二）沿着中国特色、西藏特点的发展路子，服务好改革发展稳定大局。（三）充分发挥政协的特殊优势，深入开展反分裂斗争，为建设平安西藏献计出力。（四）突出团结和民主两大主题，走中国特色民主政治发展道路。（五）充分发挥人民政协的组织优势，为构建和谐西藏积极建言献策。（六）加强自身建设，不断提高服务水平和保障能力。（建军、王德军）

【领导名录】
主席：帕巴拉•格列朗杰
副主席：巴桑顿珠、洛桑江村、德吉措姆、珠康•土登克珠、金毅明、乔元忠、策墨林•单增赤列、刘庆慧、罗松多吉、白玛朗杰、索朗卓玛、央金、洛桑久美、宗洛•向巴克珠、萨龙•平拉

群众团体、工商联

自治区总工会

【年度综述】2008 年，面对拉萨“3•14”事件、地震暴雪灾害和国际金融危机等重大挑战与考验，各级工会牢牢把握推动科学发展、促进社会和谐稳定这个主题，坚定不移促发展，旗帜鲜明反分裂，努力适应经济关系、劳动关系和职工队伍的发展变化，坚持“组织起来，切实维权”的工作方针，紧紧围绕自治区工作大局，全面履行各项社会职能，团结动员各族职工奋发进取、开拓创新，为全区的改革发展稳定做出了积极贡献。

【庆祝“五一”国际劳动节暨颁奖大会】2008 年 4 月 28 日举行。自治区党委书记张庆黎亲临大会。自治区党委副书记、自治区主席向巴平措，自治区党委常委、区党委秘书长公保扎西，自治区副主席、区政府秘书长宫蒲光，自治区人大副主任马如龙，自治区政协副主席乔元忠出席大会。自治区党委常委、区组织部部长尹德明发表讲话。会议由自治区政协副主席、区总工会主席央金主持。尹德明代表区党委、政府向辛勤工作在全区各条战线的各族工人、农民、知识分子和全体劳动者致以节日的祝贺和亲切的问候。他对今后的工作提出三点希望。一是广大职工和各族劳动群众要充分发挥在反对分裂、维护稳定中的主力军作用，确保西藏社会局势稳定和长治久安；二是广大职工和各族劳动群众要充分发挥在促进发展中的主力军作用，确保西藏经济社会又好又快发展；三是各级工会组织要切实履行职责，努力做好教育服务职工群众的工作，打牢反对分裂、维护稳定、促进发展的思想基础和群众基础。自治区总工会副主席王登皋在大会上宣读了《中华全国总工会关于授予2008 年度先进集体和先进个人全国五一劳动奖状、全国五一劳动奖章的决定》。出席会议的自治区领导分别向洛桑次仁等 12 名获全国五一劳动奖章的先进个人和 5 个获全国五一劳动奖状的先进集体颁奖。自治区人民医院洛桑次仁代表西藏全国五一劳动奖获得者发言。来自区(中)直有关单位负责人、各行各业的职工代表 160 余人参加大会。

【自治区总工会七届六次全委(扩大)会议】2008 年 1 月 8 日召开。自治区副主席杨海滨出席会议，区党委常委、区党委组织部部长尹德明代表区党委发表了讲话，区总工会主席央金作了题为《坚持走中国特色社会主义工会发展道路，团结动员各族职工为西藏发展稳定再立新功》的工作报告。《报告》全面总结了西藏自治区总工会七届五次全委(扩大)会议以来全区工会工作，对 2008 年的工会工作作了部署，要求全区各级工会组织，一是深入学习贯彻党的十七大精神，把各族职工的思想统一到党的十七大精神上来；二是围绕自治区工作大局，团结动员各族职工为经济建设建功立业；三是加强维权机制建设，积极创建劳动关系和谐企业，促进和谐西藏建设；四是深入持久地为职工群众办实事、办好事、解难事，解决职工最关心、最直接、最现实的利益问题；五是加强工会自身建设，开创工会工作新的局面。总工会党组书记、副主席董春德主持会议。会议还审议通过了在 2008 年 5 月召开西藏工会第八次代表大会的决议。

【积极开展送温暖献爱心活动】自治区党委、政府高度重视，成立了 2008 年自治区送温暖活动慰问总团，在全区范围内深入开展以扶贫济困解难事、温暖和谐进万家为主题的送温暖活动，把党和政府的温暖送到每一户困难职工家中。

全区7地市分别成立了慰问分团，按照2008年送温暖"普遍走访、全面覆盖"的要求，"三大节日"期间，对全区142名劳动模范、6514名困难职工以及农牧民工开展了送温暖活动，发放慰问金550万元；其中为全国劳动模范发放慰问金8.52万元；为困难职工发放慰问金537.62万元；为农牧民工发放价值3.5万元的慰问品。工会干部为雨雪冰冻受灾群众捐资1.33万元。为四川地震灾区捐资10万元，连同工会干部捐献的28630元交由区民政部门汇统灾区。

【工会金秋助学资助金全部兑现】2008年资助标准为：区外普通大学4000元，区外重点大学5000元，内地西藏班1000元。经过统计核实，自治区总工会、自治区教育厅分别筹集资金9.35万元、21.3万元，及时将工会金秋助学款30余万元送到63名困难职工子女手上，圆了他们的大学梦。

【召开党组会议安排部署工会工作】3月27日，自治区总工会召开党组会议，进一步研究部署近期工会工作。一是组织召开区（中)直产业（系统）及拉萨部分企业工会主席会议。深入贯彻区党委关于妥善处置"3•14"事件的决策部署和指示精神，进一步掌握了解各级工会工作开展情况，深入分析当前西藏职工队伍的思想动态和生产生活情况，研究部署下一步工作；二是邀请区党校专家、学者作《西藏为何是祖国不可分割的一部分》专题形势报告会，深入揭批达赖集团"3•14"罪恶本质，使广大干部职工了解西藏历史，进一步认清当前反分裂斗争形势，保持清醒头脑，切实将思想和行动统一到区党委的决策部署上来；三是积极向全国总工会、区党委争取增授五一劳动奖章、奖状名额，对在处置"3•14"事件中表现突出、勇于奉献的公安干警和医务工作人员等优秀集体和个人进行表彰；四是认真开展紧急救助活动，对在"3•14"事件中遭受严重损失、无家可归的职工群众，尤其是农民工实施救助。帮助他们渡过难关，尽快恢复正常生产生活；五是认真做好自治区工会第八次代表大会的换届和五一劳动奖章、奖状的筹备工作；六是充分利用《主人》杂志这个舆论宣传阵地，紧紧围绕"3•14"事件，深入揭批达赖集团的罪恶行径，组织发表与分裂势力做斗争的先进人物和各级职工揭批达赖集团滔天罪行的文章，牢牢占领职工群众思想阵地。

【慰问青藏铁路西藏境内专职护路队员】西藏自治区总工会高度重视青藏铁路的安全护卫工作，尤其是在"3•14"事件后，为安抚队伍，鼓舞士气，4月14日至15日，自治区总工会党组书记、常务副主席董春德，副主席王登皋率领业务部门工作人员前往堆龙德庆县营区、当雄公堂营区、那曲古露营区和安多错那湖营区的护路点，对沿线奋战在青藏铁路守护第一线的455名专职护路队员进行了慰问。此次历时两天的慰问活动，发放慰问金、慰问物资及医药品达14万元。

【举办学习党的十七大精神主题教育职工演讲比赛】5月9日，西藏自治区总工会主办、中国移动西藏公司协办了"高举旗帜、科学发展、共建和谐""移动杯"学习党的十七大精神主题教育职工演讲比赛。参赛选手紧紧围绕"高举旗帜、科学发展、共建和谐"这一主题，以改革开放30年、我为和谐做贡献、迎来科学发展的春天、党在我心中等题目作了激情飞扬的演讲，共有16名选手从11家区(中)直单位的24名参赛者中脱颖而出进入决赛。经过激烈的角逐，产生一等奖1名、二等奖3名、三等奖5名和优秀奖7名。自治区政协副主席、区总工会主席央金，区总工会党组书记、常委副主席董春德，区总工会副主席黄建国、王登皋、自治区党委宣传部宣教处处长黎林、中国移动西藏公司工会副主席余昌元出席演讲比赛并为获奖选手颁奖。

【西藏自治区工会第八次代表大会】7月22日在拉萨隆重开幕。自治区党委书记张庆黎对大会的召开表示热烈的祝贺，并预祝大会圆满成功。自治区党委副书记、自治区人大常委会主任列确，全国总工会副主席、党组副书记、书记处书记徐振寰出席会议并讲话。自治区领导张裔炯、吴英杰、王宾宜、金书波、尹德明、公保扎西、周春来、孟德利出席会议。自治区政协副主席、区总工会主席央金主持开幕会。列确在讲话中充分肯定了过去5年全区各级工会工作，并对进一步做好新世纪新阶段的工会工作提出了5点要求。徐振寰代表全国总工会向会议的召开表示热烈的祝贺，对西藏自治区党委高度重视工人阶级和工会工作，自治区各级工会卓有成效的工作和取得的成绩予以高度评价，并对进一步做好工会工作提出具体要求。自治区总工会党组书记、常务副主席董春德作了工作报告，全面回顾了过去5年西藏工会工作，提出了下一步工会工作思路。会议还宣读了各省区工会发来的贺电贺信，自治区妇联负责同志代表各人民团体致贺词。大会选举产生了自治区总工会第八届常委会、主席、副主席，自治区总工会第八届经费审查委员会主任、副主任。选举产生了参加中国工会第十五次代表大会的代表。央金当选为自治区总工会主席。大会通过了自治区总工会第七届委员会工作报告、财务工作报告和经费审查工作报告。大会还表彰了模范县总工会、模范职工之家、模范职工小家、优秀工会工作者和优秀工会积极分子。

【帮助灾区职工抗雪救灾】9月份以后，西藏遭遇了罕见的暴雪天气，造成山南、昌都、林芝、那曲等地区19个县受灾，暴雪灾害给当地各族职工群众的生命财产带来较大损失。自治区总工会迅即拨出自筹资金12万元帮助灾区职工抗雪救灾，并号召各级工会组织及广大职工在抗灾救灾工作中发挥主力军作用，积极行动起来，密切关注雪灾对职工、农民工造成的困难，及时向地委、行署请示汇报，急灾区所急，想职工所想，充分发挥工会的"桥梁"和"纽带"作用，为奋战在救灾第一线的职工做好服务工作。

【举办纪念改革开放30年"安利杯"卡拉OK大奖赛】11月25日，自治区总工会、西藏电视台和拉萨晚报社联合举办的学习实践科学发展观"安利杯"拉萨地区干部职工卡拉OK决赛在自治区歌舞团剧院圆满落下帷幕。自治区人大副主任阿登、自治区副主席多托、自治区政协副主席白玛朗杰、自治区政协副主席、区总工会主席央金出席晚会。晚会现场，16 名参赛选手将强烈的时代气息与鲜明的民族特色有机地结合，充分展示出西藏各族职工的劳动者风采和进取奉献的精神风貌。《红旗飘飘》、《祝福祖国》、《美丽家园》等一首首富有时代气息的歌曲唱响了"共产党好、社会主义好、改革开放好"的主旋律，讴歌了西藏改革开放 30 年所取得的巨大成就，营造出良好的舆论氛围。经过激烈的角逐和短信投票，自治区交通局的达瓦次仁、自治区公安边防总队的仁祯分别获得金奖。同时，大赛还评选出 4 名银奖，10 名铜奖，4 名优秀组织奖，3 名参与奖，1 名最高人气奖，30 名优秀奖。大赛在各级工会的组织下，历时 3 个多月，70 多家单位的 125 名干部职工报名参加大赛，覆盖面广，参与者多，以文体活动的形式纪念改革开放 30 周年。 (刘治立)

自治区妇女联合会

【扎实做好维护稳定工作】2008 年"3•14"事件发生后，各级妇联组织召开了一系列干部职工大会、退休干部会议和商品房商家会议，传达自治区维护稳定工作有关要求，制定贯彻落实意见。同时组织自治区各族各界妇女、农牧民妇女、机关干部职工和退休干部职工声讨会。发出告全区妇女书。慰问值勤武警。连续 10 个月安排干部职工 24 小时值班，实行领导带班和零报告制度。制定了《自治区妇联处置重大、紧急异常信访工作预案》。完成了"3•14"期间、奥运火炬珠峰传递、拉萨传递期间以及其他敏感时期的维护稳定工作和机关安全保卫工作。全国妇联支持西藏各级妇联组织反分裂斗争经费 194 万元。

【成功召开西藏妇女八大，组团参加中国妇女十大】西藏自治区妇女第八次代表大会于 2008 年 7 月 7 日至 10 日在拉萨隆重召开。在开幕式上，全国妇联副主席赵少华、自治区党委副书记张裔炯分别发表了重要讲话。参木群同志代表自治区妇联第七届执委会向大会作了题为《深入贯彻党的十七大精神 全面落实科学发展观 团结凝聚全区各族各界妇女 为西藏经济又好又快发展 社会和谐稳定做出新贡献》的工作报告。大会选举产生了新一届自治区妇联执行委员会，选举区妇联八届执委 37 名。区妇联八届一次执委会议选举产生区妇联八届常委 17 名。选举参木群同志为第八届自治区妇联主席，王惠玲、杨淑文、周世英、卓嘎、张莉蓉同志为自治区妇联第八届副主席。在闭幕式上，自治区副主席、政府妇女儿童工作委员会主任德吉同志代表自治区政府作了重要讲话。为配合西藏妇女八大的召开，同自治区政府新闻办公室、自治区摄影家协会联合举办了"今日西藏妇女"摄影展。有 4000 多名区内外人士和中外记者前来参观。组团参加了中国妇女十大，西藏代表共 23 人，其中正式代表 20 人，特邀代表 2 人，列席代表 1 人。全体代表不负重托，圆满完成大会任务，满载而归。

认真做好西藏妇女八大和中国妇女十大的传达学习贯彻。各级妇联专题研究贯彻"两会"精神的意见，并将会议精神和贯彻意见及时向地委、行署领导作了汇报。召开地直单位妇女代表大会进行学习传达。组成工作组赴各乡村进行宣传和讲解，迅速掀起了学习贯彻热潮。做到了家喻户晓，深入人心。

【组织动员城乡妇女全面参与新农村建设】开展农牧民妇女技能培训。2008 年共争取和协调落实培训经费 67.11 万元。各级妇联共举办了 141 期培训，7 万多名妇女参加。培训的主要内容是种植养殖、民族手工艺编织、藏餐制作、餐饮客房服务等。帮助 400 多名城镇妇女实现了就业。

实施各类项目。积极向全国妇联、区水利厅协调争取 2008 年水窖项目资金 260 万元。组织召开 2007 年水窖项目专家评审会，5 个项目全部立项。2008 年共完成 9 个水窖项目，投入资金 210 万元。争取西班牙人类慈善组织扶贫项目资金 614 万元，在 5 个县、10 个村实施了乡完小和村教学点的改扩建、乡村改水、扶贫、农业发展、妇女培训等。协调全国妇联落实"三八绿色工程"生态林项目资金 15 万元。与丹麦凌致基金会合作，实施 2008 年民族手工艺发展扶贫项目 93 万元，争取 2009 年项目资金 131 万元。聘请手工艺发展中心主任 1 名，行政人员 2 名。制定了民族手工艺中心工作章程。组织群众制作并帮助出售 8 万多元的手工艺产品。

开展扶贫助困工作。各级妇联组织在扶贫点投入资金及物资 102.2 万元。组织妇女劳务输出 22.3 万人次，创收近 4.4 亿元。开展小额信贷，发放信贷资金 31.8 万元，创收 12 万元。

开展"巾帼示范村"工作。争取全国妇联"巾帼示范村"项目资金 4 万元，在昌都地区昌都县城关镇生达村、日喀则地区南木林县艾玛乡山巴村开展了示范工作。对达孜县巴嘎雪村的全国"巾帼示范村"举行挂牌仪式；向区劳动保障厅推荐了 2 名全国优秀农民工，其中山南地区裕砻假日大酒店的白玛卓玛获得这一荣誉称号。根据全国妇联关于开展"迎奥运，百城千岗"表彰活动的通知精神，我区共有 10 家单位获得全国妇联"巾帼文明岗"称号。有 5 人在全国妇联举办的"改革开放三十周年中国妇女发展论坛"上获得全国创业女性奖章。

【切实维护妇女儿童合法权益】加大法制宣传力度。各级妇联开展了"三八"妇女维权周活动、"12·1"世界艾滋病日和"12.4"全国法制宣传日的宣传活动。举办了 5 期妇女法制讲座，向群众发放法制宣传材料 29.09 万余份，设立了宣传展板和法律咨询点 31 个。加大源头维权力度。参与有关立法工作。向自治区人大法制委员会上报了关于对《西藏自治区实施〈中华人民共和国妇女权益保障法〉办法》进行修正的立项建议和关于制定实施《西藏自治区预防和制止家庭暴力条例》的立项建议。同区人大法制委员会协商，将《西藏自治区实施〈中华人民共和国妇女权益保障法〉办法》的修改工作确定为 2009 年的立法项目。参加自治区人大牵头组织的自治区贯彻实施婚姻法、未成年人保护法执法检查工作。充分发挥妇联陪审员的作用，参与审理案件 3 件。认真做好信访和维权热线工作。调整了自治区维护妇女儿童权益领导小组及联络员。确定了 8 个全国妇联信访信息直报点。建立健全了领导信访接待日制度，把领导信访接待日工作作为了区妇联领导政绩考核的一项重要内容。2008年共接待来信来访389件，结案率达95%以上。接听维权热线电话2件(次)，处理率达100%。

【大力推动实施妇女、儿童发展纲要】召开了自治区政府妇儿工委成员单位联络员会议。发放了《自治区政府妇儿工委联络员职责》，进一步明确政府妇儿工委联络员工作制度。向达孜县塔杰乡主西村、塔杰村、巴嘎村村民免费发放了3吨食用碘盐，并向他们讲解了碘缺乏病的危害和预防。与自治区统计局联合完成了2007年西藏妇女儿童发展纲要统计监测报告和《2008年社会进步·西藏篇》一书的编写。在藏语频道开办了《西藏妇女风采》宣传栏目。协助那曲地区妇儿工委完成了那曲县《儿童发展纲要》项目培训。协调区民宗委向波密县提供4万元培训经费。将2007年9月"母亲健康快车"公益活动所剩的检查物品分两次继续为73名妇女免费进行妇科检查。积极帮助部分复查人员联系北京协和医院。

【深入开展妇女宣传思想工作】各级妇联组织以"五好文明家庭"创建活动为基础，立足家庭，广泛开展"美德在农家"、"平安家庭"、"廉政文化进家庭"、"和谐进万家"等活动。着力提高妇女思想道德素质，为深入开展反分裂斗争打下坚实的群众思想基础。深入到尼姑寺回访，了解尼姑思想动态，宣传"3•14"事件的性质和我们党的民族宗教政策，为她们办实事，办好事，教育引导尼姑认清达赖的反动本质，做到坚决反对一切分裂活动，维护祖国统一和民族团结。举办了各族各界妇女纪念改革开放30周年座谈会。来自我区各行各业、各族各界的70多名优秀妇女代表参加了座谈会。做好"三八"妇女节98周年纪念活动。开展全国三八红旗手红旗集体和第三届"中国十大杰出母亲"、"百名优秀母亲"的评选推荐工作，我区23名个人和16个集体获表彰。表彰了2名自治区三八红旗手标兵、60名自治区三八红旗手、30个自治区三八红旗集体。对获得全国妇联表彰的"五好文明家庭"、"平安家庭"创建示范户和"双学双比"活动先进集体、先进个人等转赠了奖牌、荣誉证书。全区各级妇联组织也结合实际开展了优秀妇女表彰会、座谈会、"送温暖、献爱心"等丰富多彩的纪念活动。编辑出版了《西藏妇女》藏、汉文版5期1.2万册。编印发放了《西藏妇女工作简明读本》、《妇工通讯》（试刊）4000册。

【着力推进未成年人思想道德建设】实施"春蕾计划"。积极参加评选和上报第七届"全国十佳春蕾园丁、十佳春蕾女童"工作。我区4名女童荣获"全国百名优秀春蕾女童"称号。按时落实了2008年春蕾女童班上半年经费。完成了2007年与英国救助儿童会西藏项目办的工作总结，并向自治区外办上报了《关于自治区妇联与英国救助儿童会西藏项目办签订合作工作协议的请示》。与奥发署商谈有关2008年双方项目合作事宜，并争取到奥发署项目资金8.7万元，制作并向全区7地市、74个县发放了防治艾滋病宣传展板。开展"恒爱行动"毛衣赠送活动，有200名儿童穿上了爱心妈妈们编织的漂亮新毛衣。开展阳光行动，资助贫困女童20人。开展家庭教育工作。向全国妇联申报拉萨市雪小学为全国家庭教育实验研究基地。开办家长学校35期，4799名家长参加。开展"六一"国际儿童节庆祝活动。在拉萨市城关区雪小学举办了"知荣辱、树新风、迎奥运"知识竞赛活动。自治区副主席德吉、自治区妇联领导先后慰问了拉萨特殊教育学校和拉萨市城关区吉崩岗小学的孩子们，给他们送去了书包、文具盒、彩笔、儿童读物等学习物品和慰问金。各级妇联组织为儿童送去了价值11.5万元的学习和生活用品。

共青团西藏自治区委员会

【积极引导青年、青少年思想政治教育工作有了新提高】2008年，共青团西藏自治区委员会深入开展理想信念教育。以狠抓党的十七大精神的宣传教育为主线，以邓小平理论、"三个代表"重要思想、科学发展观、构建社会主义和谐社会等为主要内容，以我区改革开放30年的光辉实践和伟大成就为生动教材，通过灵活多样、富有成效的方式，激励、教育青年进一步坚定跟党走中国特色社会主义道路的理想信念。以高校为重点，以大力实施青年马克思主义者培养工程为载体，加大教育引导实效。成立了"西藏高校青年马克思主义者培养工程领导小组"，在西藏民族学院成功举办了"西藏高校青年马克思主义者培养工程现场推进会"，联合自治区教育厅举办了全区高校青年马克思主义者培养工程第一期培训班。联合有关单位举办了"西藏记忆•青春首创——纪念改革开放30周年暨发生在西藏青年群体中的第一"征集评选活动、"青春见证——纪念改革开放30周年历届西藏十大优秀青年论坛暨第八届颁奖典礼"等活动，发行纪念改革开放30周年《雪莲花开别样红》首张全区少儿合唱专辑，在全区青少年中掀起了纪念改革开放30周年的热潮，进一步激发了全区各族青年与祖国共奋进，与西藏同发展的信心和决心。

【深入开展反分裂斗争】拉萨"3•14"严重暴力犯罪事件发生后，迅速广泛地组织开展了各级各类声讨活动、调研活动、电视文艺晚会宣传活动、评选表彰活动，在全社会形成了较大声势和良好影响。在全区率先组织开展声讨揭批座谈会，首家对涌现出的先进典型进行表彰，组织了第一台主题鲜明的深入揭批达赖集团、深入开展反分裂斗争专题电视文艺晚会，及时派团干部进驻高校对青年学生思想政治工作进行指导，迅速开展高校学生思想情况调研并以重要信息上报区党委和团中央。在全区团员青年中扎实开展了"反对分裂、维护稳定、促进发展"主题教育活动，做到与党员干部主题教育活动同部署、同落实、同检查。这些工作和成绩，得到了区党委和团中央的充分肯定、高度赞扬，张庆黎书记、团中央书记处原第一书记胡春华同志、区党委常委尹德明同志给予了充分肯定，先后做过几次重要批示。

【进一步加强青少年思想道德建设】针对不同群体，深入开展"民族精神代代传"、手拉手、"三下乡"、"四进社区"等丰富多彩的思想道德体验活动，打牢了青少年团结奋斗的思想基础，彰显时代主流价值。重点以加强未成年人思想道德建设为目标，围绕"红领巾心向党"这个主题，以"六一"和少先队建队日为契机，在中小学校广泛开展"寻找新变化，感受新气象"、"走进模范党员，学习时代先锋"、"民族精神代代传"、"争奖章、强素质"、"红领巾践行生态文明"、"和谐校园、你我同行"等实践教育活动；积极开展"祖国发展我成长"、"手拉手情系灾区小伙伴"、"手拉手红领巾书屋"创建等活动。

【积极组织青年，服务西藏经济发展迈出新步伐】扎实推进青春建功新农村行动。联合相关部门，挖掘社会资源，以青春建功新农村行动为统揽，以"新农村•新青年•新风采"为主题，以服务农村青年增收成才为主线，大力实施"青春建功新农村•希望工程苗圃职业教育培训计划"重点项目，完成首批项目，并对第二批计划项目进行了终审。目前，苗圃计划项目已涵盖全区七地市13个县，涉及藏鸡养殖、民族手工业、乡村旅游、畜产品加工销售等领域，投入奖励资助资金127.5万元，切实发挥了项目示范引领作用。

不断加强青年文明号建设。进一步完善青年文明号的申报、培训、评选、管理、考核和监督工作机制，落实青年文明号评选管理办法。切实抓好青年文明号年检、第14批自治区级青年文明号评选命名和国家级青年文明号推报等工作。深化青年文明号活动，实施"青春建功新农村•爱民固边共和谐"、"青春建功新农村•号村携手共和谐"等活动，组织全区青年文明号开展"旗帜鲜明反分裂，坚定不移抓发展"等主题宣传教育活动和"情牵北京奥运，携手西藏旅游"等青工知识竞赛，提升青年文明号的整体形象和社会影响力。

着力服务北京奥运。以2008年北京奥运会、残奥会赛会志愿者招募、培训、服务工作为重点，大力开展了一系列以"迎奥运、讲文明、树新风"为主题的志愿服务活动。举办了"同心迎奥运、携手共成长"体育夏令营活动，圆满完成了奥运火炬登顶珠峰、奥运火炬在拉萨成功传递相关任务，开展了大量生动的实践演练活动。重点组织100名优秀区内志愿者赴京开展奥运会、残奥会赛会志愿服务工作，广泛深入地宣传了西藏改革开放的巨大成就，展示了西藏青年时代新风采，树立了西藏开放新形象，得到北京奥组委的充分肯定和高度评价。这些实践活动，使我区青年志愿者服务工作向专业化、制度化、规范化方向迈进，整体服务水平得到较大提升。

【积极服务青年和维护青少年合法权益，促进青少年健康成长】服务青年就业创业。以挑战杯、成才杯为主要载体，继续深入开展大学生素质拓展计划。组织专家深入区内高校，开展高校毕业生就业政策宣讲。组织青年企业家协会和拉萨地区部分高校开展团企携手进校园活动，联合区劳动和社会保障厅、西藏移动公司举办西藏移动——全区大学生成功创业计划培训班，提升大学生就业创业能力。抓住拉萨市创建全国文明城市的有利契机，不断加大志愿者注册力度，壮大青年志愿者队伍，通过专业培训、服务实践，提高志愿者队伍整体素质。成立全区消防志愿者队伍。制定下发了《大学生志愿服务西部计划志愿者西藏自治区管理办法》，继续深化西部计划西藏项目。在我区各高校招募了109名大学生参与志愿服务工作，同时接收内地高校30名志愿者赴藏志愿服务。

服务弱势青少年群体。西藏青少年发展基金会筹措资金564.5万余元，在区内新建了9所希望小学。启动了"2008希望工程圆梦"行动和"希望工程助学金"发放仪式，资助200余学生圆梦。在35所希望小学配置价值52.5万元的体育器材。"5·12"地震发生后，又投入募集资金65万，以西藏各族青年的名义在陕西省略阳县捐建了"西藏青年希望小学"。积极为我区遭受雪灾和地震灾害的青少年学生送温暖、献爱心，携手共度难关，共建家园。

促进青年成长成才。以青联组织为依托，不断完善组织运行和活动机制，拓宽交流渠道，搭建展示平台，打造工作品牌。组织全区广大青年深入开展了形式多样、内容新颖的纪念改革开放30周年各项庆祝活动。通过定期举办委员活动日，加强委员之间交流，增进合作。围绕"爱国•责任"和"特色•特点•发展"等主题，举办了三次全区青年委员论坛；成立"西藏十大优秀青年联谊会"，举办纪念五四运动89周年、建团86周年及全区"五四奖章"颁奖文艺晚会。进一步加强与兄弟省市区青联和其他社会团体之间的交流与合作，实现优势互补、资源共享。按照团中央要求，积极配合自治区有关部门，选派35名同志赴德国、日本、韩国、印度、巴基斯坦等5国及香港、澳门地区进行了友好访问，加强了青年之间的交流与合作。为全区各族各界青年进一步解放思想、开阔眼界搭建了平台。

切实维护青少年合法权益。以"为了明天——预防青少年违法犯罪工程"为统揽，进一步突出维权工作重点。不断健全机构，指导全区各地市100%的县区成立预防青少年违法犯罪领导小组及办公室，70%的县区成立未成年人保护委员会及其办公室。深入开展"与法同行"宣传活动，动员组织开展各类法制宣传128次，发放各类资料共计10万余份，接受群众咨询2000余人次。建立与人大政府有关部门沟通机制，参与自治区人大联合执法检查和工作上的沟通协调，使立法和政策制定部门能及时了解青少年的需求和呼声，共青团能及时了解立法意向和动态。积极参与修订《西藏自治区实施〈中华人民共和国未成年人保护法〉办法》相关工作。继续开展"人大代表、政协委员与青少年面对面"活动，协助支持青年人大代表、政协委员履行职责，延伸共青团权益工作手臂。联合相关部门共同开展创建"安全校园"、"禁止未成年人进入网吧、娱乐场所专项整治行动"等活动，对拉萨市市区50家网吧和10家娱乐场所进行了专项整治。深化优秀"青少年维权岗"创建活动和"青少年维权岗在行动"，使维权工作向基层延伸。积极建设12355青少年服务台，推进信息化青少年服务网络建设。

自治区工商业联合会

【年度综述】2008年，自治区工商联认真落实张庆黎书记对工商联工作的重要批示精神，紧紧围绕党委、政府的中心工作，积极投身处置"3·14"事件的各项工作，以开展学习实践科学发展观活动为契机，以促进经济发展为第一要务，以维护社会稳定为第一责任，以当好政府的助手为第一要求，以"五个充分发挥"

为第一本领，以促进“两个健康”为第一目标，按照年初确定的“学习宣传、组织发展、品牌建设、对口援藏、狠抓落实”的工作思路，积极履行职责，拓宽服务领域，创新工作思路。

【坚决反对分裂，筑牢维护稳定工作的基础】“3•14”事件后，工商联立即充实加强了维稳工作领导小组，成立了以会党组书记为组长的区工商联维护社会稳定工作领导小组，切实加强对维护社会稳定工作的组织领导。工商联党组及时组织机关全体干部职工和离退休干部认真学习贯彻自治区一系列有关会议精神，开展“3•14”事件真相教育，多次召开非公有制经济代表人士和机关全体干部职工大会，强烈谴责，愤怒声讨达赖集团滔天罪行，并向全区广大非公有制工商业者发出了“声讨达赖集团滔天罪行，尽快恢复生产经营，以实际行动迎头痛击达赖集团的分裂破坏活动”的倡议(《致全区广大非公有制工商业者倡议书》)，引导非公有制经济人士自觉维护祖国统一和民族团结，以实际行动迎头痛击达赖集团的分裂破坏活动。按照区党委的要求，在机关党员干部中认真开展“反对分裂、维护稳定、促进发展”主题教育活动，会同区工商局（个私协）在全区非公有制经济界中开展了“爱祖国、跟党走、知荣辱、促和谐”专题教育活动，制定了工作方案，明确了工作目标，细化了工作责任，采取多种途径和方式加强对工商联机关干部职工、离退休干部职工和广大非公有制经济人士反对分裂、维护稳定思想教育，切实做到了认识到位、领导到位、措施到位、保障到位，确保了主题教育活动和专题教育活动取得实效。按照自治区的要求，积极协助有关部门对在“3•14”事件中受损商户进行摸底统计，及时向有关部门汇总上报有关情况、反映受损商户的诉求，广泛宣传自治区各项优惠政策措施，为尽快恢复商户正常生产经营作出了积极努力。全区工商联系统干部职工和广大会员以高度的主人翁意识和极大的爱国热情投身到圣火珠峰和拉萨传递活动中，按照自治区火炬办的要求，组织机关干部和企业员工参与，动员会员企业向火炬传递组委会赞助款物40余万元，为圣火顺利传递做出了积极贡献。坚决服从区党委和自治区维护稳定工作指挥部的安排部署，区工商联先后抽调12人、历时近半年深入到维护稳定工作一线开展了一系列维护社会稳定的具体工作，积极深入到拉萨市、日喀则地区、山南地区开展自治区寺庙法制宣传教育督导工作，配合拉萨市、自治区有关部门加强敏感时期、敏感节日的社会治安综合治理和维护社会稳定工作，全力维护社会稳定。

【围绕中心工作，推动非公有制经济又好又快发展】据2008年统计，2007年全区个体工商户达 77051 户、从业人员达16.7万人、注册资金达18.6亿元，比2006年分别增长12.21%、24%、29.9%；私营企业4236户、雇工人员80994人、注册资金达139.6亿元，比2006年分别增长24.08%、58.72%、45.8%。2007 年，全区非公有制经济从业人员达到 24.5 万人，比2002年底增长1.5倍。2007年，非公有制经济占全区经济总量的比重超过 40%。非公有制经济有力增加了西藏的税收收入，2006 年首次超过国有、集体经济，2007年达到了68.4%。2007年，民间投资完成84.80亿元，比2006年增长29%。2007年，全区个体、私营企业就业人员达25万人，比2006年增长6.6万人，增长 35%。非公有制企业数量持续增长，规模发展更加凸显，经济总量大幅增长，经济社会效益显著提高，社会就业贡献突出，为西藏经济跨越式发展增强了活力，已成为西藏经济社会发展的主要因素和重要力量。

【打牢工作基础，开创工商联工作新局面搭建新平台】2008 年，区工商联在思想基础和物质基础上取得了新突破：一是区工商联投入大量人力、物力和财力与区社科院联合编写了《西藏民营经济发展报告》，填补了我区民营经济发展研究领域的空白。《西藏民营经济发展报告》通过评审委员会评审通过，由西藏人民出版社出版发行。《西藏民营经济发展报告》总结回顾了西藏50年来尤其是改革开放近30年来民营经济的基本情况和发展特点，分析评估了当前西藏民营经济面临的形势和发展潜力，描绘了民营经济发展的前景预期和发展蓝图，提出了促进民营经济持续健康发展的对策措施建议。《西藏民营经济发展报告》的出版发行，有利于全社会对西藏民营经济地位和作用的认识，形成共同促进民营经济又好又快发展的合力；有利于各级工商联充分认识西藏民营经济的历史演变和发展现状，更好地服务于“两个健康”，为各级工商联积极履行职能、充分发挥职能作用奠定更加坚实的思想基础；有利于区党委、政府全面了解、掌握西藏民营经济的真实情况，为区党委、政府科学决策提供重要依据。这必将为全社会重新认识西藏民营经济、促进民营经济快速健康发展产生十分重要的意义。二是通过历届班子多年的不懈努力和协调争取，总建筑面积10100平方米、投资2500万元（设备），2007年底竣工并通过验收，2008 年初已投入使用。商会大厦的建成使用，极大的改善了工商联机关的工作、学习环境，提升了工商联的服务形象，增强了工商联的吸引力和凝聚力，为工商联工作适应新形势、开创新局面奠定坚实的物质基础。

【深化沟通协调，对口援藏工作有新进展】2008 年，对口援藏工作主要有：一是区工商联向全联上报了《关于进一步做好工商联系统对口援藏工作的意见》和《关于请求全联协调安排2008援藏项目的请示》。二是 2008 年 8 月，全国工商联召开了主席办公会议，专题研究了西藏自治区工商联《关于请求全联协调安排 2008 援藏项目的请示》，对区工商联提出的五项工作进行了研究，形成了会议纪要，决定2008年先期开展举办西藏自治区首届非公有制经济人士及工商联系统干部法律知识培训班和组织新闻媒体赴藏采访报道两项工作，并决定2009 年适当的时候召开对口援藏工作会议。三是在全国工商联的高度重视和大力支持下，成功举办了西藏首届非公制经济人士暨工商联系统干部法律培训班，进一步丰富了我区非公有制经济人士的法律知识，提高了广大工商联系统干部学法用法的意识和水平；圆满完成了《中华工商时报》等中央主要新闻媒体赴藏藏专题采访工作，进一步宣传了西藏非公有制经济发展和工商联工作，为区内外认识西藏、了解西藏、宣传西藏起到了积极作用，为全国工商联进一步开展对口援藏工作奠定良好基础。

【加强品牌建设，树立工商联工作新形象】按照统战部的要求，推荐了50名自治区"优秀中国特色社会主义事业建设者"表彰活动候选人。启动实施了《西藏自治区工商业联合会关于建立光彩事业基金的意见》、《西藏自治区工商业联合会直属会员入会办法》和《西藏自治区工商业联合会会员缴纳会费修订办法》，启动了光彩事业发展基金，筹措资金120万元。进一步建立健全了人才库、项目库和会员数据库，举办了各地市工商联负责统计、数据库建设工作专职业务人员培训班，进行业务培训50多人次，进一步提高了他们的业务水平，服务"两个健康"的能力和效率不断提高。历时一年开展了全区非公有制经济组织和全区工商联基本情况调研统计工作，其目的是通过调研为全区各级工商联更好地服务两个健康提供第一手资料，为党委、政府决策提供参考依据。完成了西藏工商联招商引资项目推介指南初稿的编撰工作，将会为西藏招商引资工作奠定基础。初步完成了区工商联2008年——2012年培训工作规划。通过品牌建设，树立品牌形象，提高活动层次，注重活动实效，扩大工作覆盖面和影响力，为今后品牌建设提供借鉴。

【积极投身公益事业，自觉承担社会责任】"5.12"汶川大地震后，全区工商联系统捐款捐物共1200多万元。尤其是阜康医院组成医疗救助队克服种种困难，深入四川地震灾区开展医疗救助活动，受到了当地群众的好评。积极开展对口帮扶工作。决定在5年内为直克乡投入帮扶资金180万元以上，目前已落实70万元，努力为当地人民群众办三件实事，推动三大产业：大力发展草原畜牧业，大力发展特色养殖业，大力推动劳动输出产业，推动教育、医疗、经济实体、安居工程等各项事业全面发展。

自治区文艺界联合会

【年度综述】2008年，西藏文联深入贯彻落实科学发展观，紧紧抓住推动社会主义文化大发展大繁荣这一根本任务，围绕北京奥运会、涉藏外宣工作、纪念改革开放30周年等主题，认真筹划组织和成功举办"西藏文艺界愤怒声讨少数不法分子打砸抢烧罪恶行径座谈会"、"反对分裂、维护稳定、促进发展主题教育"、深入学习实践科学发展观、"2008•首届中国西藏珠穆朗玛摄影大展"、"第十八届西部文联工作会议"、"西藏文艺界纪念改革开放30周年座谈会"和"第二届中国西藏摄影艺术展"等一系列文艺活动，积极发挥联络、协调、服务职能，充分调动全区广大文学艺术工作者的创作热情，团结奋斗、开拓进取，各项工作取得了可喜成绩。

【针锋相对，深入开展反分裂斗争】2008年3月14日，拉萨发生少数不法分子打砸抢烧严重暴力犯罪事件后，西藏文联党组、主席团认真贯彻执行中央和自治区党委关于开展反分裂斗争，维护西藏社会局势稳定的一系列重要指示，认真贯彻落实"全区党员领导干部大会"工作部署，把开展反分裂斗争、维护社会局势稳定工作作为重中之重，与达赖集团进行针锋相对的斗争。

【举行"阳光·雨露·禾苗——全区首届青少年儿童音乐创作获奖作品电视颁奖晚会"】由西藏文联等单位共同发起全区首届青少年儿童音乐创作大赛，共征集到参赛作品250多件，作品按幼儿组、小学组、初高中组分类，经西藏音乐界9位权威评委评选，评选出一等奖3名，二等奖9名，三等奖11名，优秀奖14名，鼓励奖27名。

6月29日，由西藏文联、自治区教育厅、自治区广播电视局、自治区文化厅和团区委共同举办的"阳光•雨露•禾苗——全区首届青少年儿童音乐创作获奖作品电视颁奖晚会"在西藏电视台举行。自治区党委常委、宣传部部长崔玉英出席晚会，并为获奖者颁奖。晚会在建党87周年之际，向西藏全区进行实况录播，为党的生日增添喜庆气氛。

【"西藏艺术展"在北京今日美术馆成功举办】由中国西藏文化保护与发展协会，北京今日美术馆主办，西藏文联协办的"今日西藏艺术展"8月16日至9月7日在北京今日美术馆成功举办，中央统战部斯塔副部长，中国美术家协会常务副主席、党组书记吴长江，文化部艺术司美术处处长安运远、西藏文联主席、西藏美术家协会主席韩书力等同志出席并参加开幕式。展览共展出11位西藏艺术家的43幅美术作品（包括油画、版画、布画重彩画）和40幅西藏摄影作品。

【"2008·中国西藏珠穆朗玛摄影大展"成功举办】经自治区党委批准，由西藏自治区党委宣传部、西藏文联、拉萨市人民政府共同主办、西藏摄影家协会承办的"2008•中国西藏珠穆朗玛摄影大展"8月31日9月4日在拉萨市布达拉宫广场隆重开幕，摄影大展以"世界屋脊、神奇西藏"为主题，评选出金奖1名，银奖3名，铜奖6名，优秀奖30名，另有160幅作品入选。展出前后，参观展览总人数达4万多人次。展出期间，受到中外10多家媒体100多名记者的广泛关注，在社会上引起热烈反响。国家领导人热地同志对摄影大展的成功举办表示充分肯定。

【第十八届西部文联工作会议在拉萨举行】2008年10月8日，由西部省区市文联共同发起的第十八届西部文联工作会议在拉萨召开，来自西部12个省区市和新疆建设兵团文联代表汇聚古城拉萨，进一步学习贯彻党的十七大精神，进一步深入贯彻第八次文代会和第七次作代会精神，深入学习实践科学发展观，共商促进文艺事业大发展大繁荣的举措，共谋开创文联工作新局面的新途径、新思路。自治区党委宣传部副部长邓晨明在会上致辞

【西藏文艺界举办系列活动隆重纪念改革开放30周年】9月至12月，西藏文联组织文艺理论评论家撰写理论评论文章《感悟伟大时代 书写崭新篇章——改革开放30年西藏文艺事业发展纪实》，以文联党组、主席团名义12月28日发表在《西藏日报》上，文章称改革开放30年来西藏文艺事业的成就光彩夺目，改革开放30年是西藏文学创作取得丰硕

成果的30年，是西藏艺术事业不断繁荣的30年，是西藏文艺面向基层、服务群众，不断丰富人民群众精神文化需求贡献力量的30年，是西藏文艺对外文化交流广泛开展的30年，是西藏文艺队伍不断壮大文艺人才茁壮成长的30年。

12月16日，由西藏文联主办的“西藏文艺界纪念改革开放30周年座谈会”在拉萨召开，老中青三代艺术家24名代表共同回顾了改革开放30年来，西藏文艺界走过的光辉历程、取得的辉煌成就和积累的丰富经验。

《西藏文学》编辑部第6期刊发了改革开放30周年特稿，组织《纪念改革开放三十周年特稿——论扎西达娃民族文化身份的建构》、郭阿利散文专辑3篇、小说6篇、诗歌24首、评论1篇。西藏文联内刊《西藏文联通讯》第4期编发纪念改革开放30周年专栏，刊发《感悟伟大时代书写崭新篇章——写在纪念改革开放三十周年之际》、《西藏文艺事业30年辉煌走来》等11篇文章。

【获奖情况】

藏戏《卓瓦桑姆》获得“中国戏剧奖•校园戏剧奖”优秀剧目奖

小说选集《山峰云朵》和诗歌选集《雪域抒怀》获奖第九届全国少数民族文学创作奖“骏马奖”

民族工艺品藏式“吉祥门”在“首届中国（集美）民间工艺品精品博览会”上获银奖

【创作情况】文学创作 4月，由西藏作家协会推荐的尼玛潘多的长篇小说《紫青稞》、旦巴亚尔杰的长篇小说《远离城市的牧村》、张荞的纪实文学《羌塘不落的太阳》三部作品进入中国作家协会重点作品扶持篇目。

10月31日，由西藏作家协会推荐的诗歌散文集《情感与追梦》（藏文）、散文集《世俗西藏》、长篇小说《遥远的黑帐篷》（藏文）、《复活的度母》、小说选集《山峰云朵》（藏文）、评论简述《论藏族文学》、诗歌选集《雪域抒怀》参加第九届全国少数民族文学创作奖，其中《山峰云朵》和《雪域抒怀》两部作品荣获由中国作家协会、国家民族事务委员会共同主办的少数民族文学的国家级文学奖——第九届全国少数民族文学创作奖“骏马奖”。

11月8日在西藏林芝地区召开的“西藏作协2008年林芝笔会暨第五届西藏新世纪文学奖”颁奖仪式上，短篇小说《界》和中篇小说《尼玛占堆》（藏文）荣获第五届西藏新世纪文学奖。

另外还承接了大型政论片《跨越》文字剧本等重点宣传项目的创作任务。

美术创作 由全国政协委员、西藏文联主席、西藏书画院院长、西藏美术家协会主席韩书力承接的国家重大历史题材美术创作工程之一的《东方祥云——和平解放西藏》正在创作之中，将于2009年5月完成。

年初，根据自治区党委统战部的要求和西藏文联党组分配的任务，接受了完成大型巨幅壁画《文成公主进藏图》等五幅创作任务，目前正在组织五位国家一级美术师进行创作。

摄影创作 春节藏历年前后，组织摄影家深入农牧区开展“送欢乐、下基层，为千家农牧民拍合家欢”活动，并将制作好的合家欢照和中央四代领导人肖像作品《幸福不忘共产党》亲手送到农牧民手中，深受农牧民的欢迎。另外还围绕举办“西藏今昔大型主题展”、“2008•中国西藏珠穆朗玛摄影大展”和“今日西藏妇女摄影展览”等展览活动创作了一大批摄影作品。

书法创作 组织19位藏汉文书法家分别用藏文和汉文为“全球书家、同书奥运”集体创作了一幅长30米、宽0.6米的长卷，为北京奥运会奉献上了一份文化厚礼。

舞蹈创作 积极围绕自治区反分裂斗争、八一建军节、改革开放三十周年等重大活动，创作了一大批舞蹈节目，并开展了一系列演出活动，得到了上级领导、艺术界和广大群众的肯定和认可。

曲艺创作 为揭批拉萨“3•14”事件的真相，及时配合编排大型曲艺歌舞晚会《向着太阳》的主打节目“民族团结之典范——洛次”，以曲艺的形式生动再现洛次医生舍己救人的英雄事迹；为西藏自治区和拉萨市藏历新年晚会创作多个相声节目，深受西藏各族群众欢迎。

戏剧创作 配合西藏大学艺术学院师生创作并排练藏戏《卓瓦桑姆》，并配合自治区卫生厅举办的综合文艺晚会“一切为了人民的健康”而精心创作15个文艺节目。

音乐创作 为积极配合全国优秀流行歌曲创作大赛，西藏音乐家协会从6月开始组织词作者和曲作者参加中国音乐家协会、中央人民广播电台、中央电视台共同主办的“全国优秀流行歌曲创作大赛”，创作出一批带有西藏特色的优秀流行歌曲，经大赛评委会最终评选出《阿妈的酥油灯》、《藏家美酒》、《天上的祝愿》、《高高的西藏》、《神奇的西藏》、《舞动锅庄》等6首歌曲参加全国优秀流行歌曲创作大赛。其中《阿妈的酥油灯》、《藏家美酒》、《天上的祝愿》、《神奇的西藏》等4首歌曲参加全国优秀流行歌曲创作大赛总决赛。

民间文艺创作 由西藏民间文艺家协会副主席、秘书长张宗显同志编纂的汉文稿《西藏民俗志》工作稳中推进，正在进行认真细致的修改和补充。

由原西藏民间文艺家协会主席、原中国藏学研究中心副总干事大丹增编纂的藏文稿《西藏民间故事集成》完成初审任务，由西藏民间家协会主席才旦多吉编纂的藏文稿《西藏民间谚语集成》完成选稿、定稿等工作。

民间文艺家协会根据自治区党委领导同志批示精神，组织民间工艺艺人和专家，设计开发富有民族特色和文化内涵的民间工艺品，作为对外接待馈赠文化礼品，提供自治区有关领导机关和部门。同时，为上海世博会西藏展区展品作积极准备，争取为上海世博会拿出具有西藏文化特色、代表西藏工艺水准的工艺品。目前已有藏文书法、吉祥三宝等品种正在设计制作中。

影视创作 充分利用西藏影视文化资源优势，参与摄制了一批深受人民群众喜爱的影视作品：拍摄改革开放30周年文艺晚会《春风喜雨润高原》、改革开放30周年大型专题片《春天的礼赞》，文艺专题片《春风润雪域》（上、下）、《情系雪域》、《藏东八宿谱新篇》，藏文专题片《为西藏喝彩》、风光片《藏东八宿》，纪录片《即将消逝的驮队》、《摩托县长》、《索桥上的村落》，同西藏自治区党委宣传部、西藏音乐家协会联合拍摄制作MTV《再唱山歌给党听》。

积极开展编译和影视剧译制工作，先后完成30集连续剧《冰山上的来客》、22集连续剧《花自飘零》、24集电视连续剧《天高地厚》等多部电视连续剧的译制工作，深受广大农牧民群众的喜爱和好评。

【第二届中国西藏摄影艺术展在尼泊尔成功举办】由西藏文联、西藏对外文化交流协会、中国驻尼泊尔大使馆文化处主办，西藏摄影家协会、尼泊尔世界文化网承办的第二届中国西藏摄影艺术展2009年1月12日至17日在尼泊尔加德满都市成功举办，中国驻尼泊尔大使邱国洪、尼泊尔文化部长巴哈杜出席开幕式并致词，尼泊尔7家新闻媒体对此进行了宣传报道。本次展览作为纪念西藏民主改革50周年外宣活动和第一个项目，也是自拉萨"3•14"事件后，中国赴尼泊尔的第一个文化交流活动。展出的41位摄影家和摄影工作者的121幅作品，从不同角度向尼泊尔人民展现了西藏自然风光的大美、民风民俗的多彩、西藏人民的生活情景和精神风貌、民族文化的繁荣、宗教信仰的自由、生态环境的保护等，用摄影语言客观、自然、和谐、真实地表现了一个真实的西藏、一个发展变化中的西藏。

【《净界·境界——西藏当代绘画邀请展》在新加坡举行】《净界•境界——西藏当代绘画邀请展》10月16日至22日在新加坡余欣美术馆隆重开幕，中国驻新加坡大使张小康和文化参赞朱琦及各界来宾、艺术评论家出席开幕式。余欣美术馆馆长克利斯蒂女士，中国驻新加坡大使张小康，西藏文联主席、西藏美术家协会主席韩书力先后在开幕式上致词。张大使在致词中高度评价展出的51件绘画作品："其艺术性与时代精神出人意料，使人得到很高的审美享受"、"这样水平的画展就是拿到世界任何地方展出也是一流的，因为它确实代表着西藏文化建设方面的新成就。所以应该到更多的国家与地区作巡回展览"，《亚洲艺术》、《南华早报》等媒体也给予积极评价，自治区党委、政府对展览的成功举办给予充分肯定，并作出专门批示。邀请展的成功举办对于宣传当代西藏文化起到了良好的效果。

【西藏作家协会】4月28日，参加了由中国作家协会、国家民族事务委员会共同主办的第五届全国少数民族文学翻译会议。

选送会员到第八届鲁迅文学院青年作家班、第九届文学理论评论家班、第十届少数民族文学翻译班学习深造。

5月，组织西藏作家协会会员，向四川地震灾区捐款10000元，并推荐四名会员加入中国作家协会。

【西藏美术家协会、西藏书画院】为了向全社会介绍藏民族优秀传统文化，再现西藏文化保护与发展的新面貌，12月19日，由中国西藏文化保护与发展协会主办，西藏巅峰文化传媒公司与上海友源会展有限公司共同承办的"吉祥哈达——西藏大型文化艺术上海展"在上海亚展览馆举办，西藏美术家协会承接了当代美术展馆的布展任务。

西藏三位画家作品随"神七"遨游太空，由中国国际书画艺术研究会筹办的中国画、书法、篆刻作品共300幅9月25日至28日搭载"神七"飞船伴随三名宇航员遨游太空，其中有全国政协委员、西藏文联主席、西藏美术家协会主席韩书力的2008325号作品《雪野》，西藏著名画家、政协委员巴玛扎西的2008135号作品《藏族火炬手》，西藏书画院顾问余友心的2008242号作品《圣地祥云》等三幅作品。

【西藏摄影家协会】元旦、春节、藏历年前后组织摄影家深入农村、牧区开展"送欢乐、下基层，为千家农牧民拍合家欢"活动，并将合家欢照送到农牧民手中，深受当地农牧民群众的欢迎和好评。

3月，在拉萨堆龙德庆县通嘎乡举办"农牧民的微笑"摄影展览，并两次配合中央电视台深入当雄县进行社会主义新农村建设专题采访报道。

4月，参加西南六省区摄影联展，承担"西藏今昔"大型主题展览的组织、筹展工作。

5月，和自治区妇联联合举办"今日西藏妇女摄影展览"，展览图片170余幅，受到了全国妇联领导和自治区有关领导及西藏妇女界的高度评价。

8月，在北京奥运会期间，在北京主办了"车刚西藏风情摄影展"。

8月至9月，承办了"中国西藏珠穆朗玛摄影大展"，200余幅经典作品参加展览，中国摄影报、摄影之友、西藏新闻网等媒体给予极大关注并高度评价，为西藏的文化产业打下了坚实基础。

10月，由中国旅游出版社出版的《西藏秘境——车刚摄影画册》，受到了社会各界和业内人士的普遍好评。

积极向摄影媒体推荐西藏摄影家协会会员作品，年内有3幅作品刊登在《中国摄影报》头版，这在西藏摄影协会的历史上是从未有过的。同时，有4名会员的摄影作品在全国摄影大赛（不含中国西藏珠穆朗玛摄影大展）上获得金银铜等奖项。

【西藏书法家协会】5月，组织书法家向四川地震灾区捐献书法作品18幅。

6月，组织书法作品参加由中国文学艺术界联合会、中国书法家协会、北京市文学艺术界联合会共同举办的"第八届国际书法交流大展"。

7月，组织5位书法家参加由中国书法家协会、中共内蒙古自治区委宣传部主办，中共满洲里市委、市人民政府、内蒙古大学承办，"纪念中国改革开放三十周年•启动当代书坛名家系统工程——全国千人千作书法大展"。

8月，为弘扬奥运精神，为中国加油，为北京喝彩，组织8位书法家参加福满神州邀福活动，共2008位中国书法家协会会员联手打造的福满神州紫砂壶捐赠给中国奥林匹克委员会。

9月组织书法作品参加"第19届中日友好自作诗书交流展"。

12月，由国内千名书法家和书法爱好者共同创作的千米书法长卷《中华美德大典》正式出版，西藏书法家协会理事次仁平措创作的藏文楷体书法作品"扎西德勒"入选该长卷，次仁平措个人被授予"《中华美德大典》千米书法长卷联合创造者、爱心书法家"荣誉称号。

【西藏舞蹈家协会】10月28日，参加由青海省文联和中国舞蹈家协会主办，青海舞蹈家协会承办的"全国首届藏族舞蹈当代发展研讨会”，通过参加会议，进一步明确了藏族舞蹈今后的发展方向，对传承、发展社会主义新文化起到了积极作用。

积极发展新会员，扩大西藏舞蹈家协会的影响力和覆盖面。共发展新会员81人，推荐15名西藏舞蹈家协会会员为中国舞蹈家协会会员。

【西藏曲艺家协会】由西藏文联副主席、西藏曲艺家协会主席平措扎西创作完成的相声节目在《畅想新农村》、《老歌新唱》拉萨市藏历新年晚会上演出。

配合拉萨曲艺队在社会上物色二十多名优秀的有潜质的曲艺人才，对这些曲艺演员进行数轮业务及文化考试，评选出15名文化水平较高、业务上有发展潜力、政治合格、形象标准的年轻曲艺人才，将极大改善拉萨市曲艺队面临的演员老化、青黄不接的现象。

【西藏戏剧家协会】9月28日，配合自治区卫生厅系统在自治区人民医院大礼堂举行了以“一切为了人民健康”为主题的纪念改革开放30周年文艺晚会。晚会在大合唱《白衣天使——骄傲的名字》中拉开帷幕，在随后的两个多小时中，自治区卫生系统的干部职工通过舞蹈、小品、诗歌舞台剧等艺术形式，集中展示了改革开放30年来在区党委、政府的领导下，在全区卫生系统工作人员的共同努力下，我区医疗卫生事业在农牧区卫生、疾病预防控制、医疗卫生服务、藏医药继承与发展等方面取得的巨大成就。展现了我区卫生系统工作人员为保障全区各族人民群众生命健康，促进我区经济发展和社会稳定所作的不懈努力和无私奉献的精神。

10月14日，由西藏戏剧家协会推荐、由西藏大学艺术学院师生表演的藏戏《卓瓦桑姆》获得“中国戏剧奖•校园戏剧奖”优秀剧目奖，西藏戏剧家协会获优秀组织奖。

【西藏音乐家协会】5月，承办了全区首届青少年儿童音乐创作大赛，共征集到参赛作品250多件，作品按幼儿组、小学组、初高中组分类，经西藏音乐界9位权威评委评选，评选出一等奖3名，二等奖9名，三等奖11名，优秀奖14名，鼓励奖27名。6月29日，承办的“阳光•雨露•禾苗——全区首届青少年儿童音乐创作获奖作品电视颁奖晚会”在西藏电视台举行。

“献给母亲的歌”——藏族音乐家美朗多吉作品演唱会9月26日在北京举行。中共中央政治局常委、全国政协主席贾庆林观看演出，中共中央政治局委员、全国政协副主席王刚，全国政协副主席杜青林、钱运录和热地等一同观看了演出。

年内完成了中国音乐家协会考级委员会西藏音乐考级办公室的前期筹备工作，西藏地区的音乐考级工作将于2009年正式启动。

【西藏民间文艺家协会】9月28日，参加了由中国民间文艺家协会、北京集美家居集团联合主办的首届中国（集美）民间工艺精品博览会，参展作品藏式“吉祥门”（微缩）在“首届中国（集美）民间工艺品博览会”上获得中国民间文艺家协会授予的银奖，西藏民间文艺家协会获组织工作奖。

10月10日至13日，由西藏民间文艺家协会推荐的日喀则地区群众艺术馆19名民间歌舞演出队赴广州，参加由中国民间文艺家协会和广东省民间文艺家协会共同举办的“第七届中国民间艺术节暨中国民间山花奖中国民间飘色（抬阁）艺术展演与评奖”活动，日喀则地区群众艺术馆民间歌舞演出队获得“优秀民间歌舞表演奖”，西藏民间文艺家协会获优秀组织工作奖。

11月，参加中国民间文艺家协会和张家港市共同举办的“全国民间文化保护与发展理论研讨会”，西藏民间文艺家协会推荐的论文获优秀论文奖。

12月13日，筹备近两年、耗资百万余元的“吉祥哈达——西藏大型文化艺术展”在上海东亚展览馆隆重开幕。十届全国人大常委会副委员长、中国西藏文化保护与发展协会名誉会长热地发表讲话，热烈祝贺展览的举办。上海市委常委、上海市委统战部部长杨晓渡，西藏自治区副主席、中国西藏文化保护与发展协会副会长甲热•洛桑丹增分别在开幕式上致辞。

【西藏影视家协会】9月，出席中国电影家协会第七届理事会第三次会议，理顺了西藏电影电视艺术家协会为中国电影家协会团体会员的关系，进一步加强了与中国电影家协会的联系。

12月，在纪念改革开放30周年时，派出3个采访报道组分别深入日喀则、阿里、山南、林芝、昌都等地区，拍摄系列报道《走过30年》、《见证30年》。

【文艺期刊工作】《西藏文学》、《西藏文艺》（藏文）、《邦锦美朵》（藏文）、《西藏人文地理》、《西藏文联通讯》等刊物在抓大事、推出精品力作和新人新作方面成效显著，《西藏文联通讯》突出内部刊物特点，重点刊发了一批工作交流文章，这些刊物坚持正确的办刊宗旨，策划周密，内容突出，办刊质量有了明显提高。《西藏文学》受中宣部文明办和中国报告文学学会的委托，组织作者采写了反映西藏军区副司令员、西藏军区总医院院长李素芝和西藏山南建工集团总公司总经理单增两名“诚实守信模范”先进事迹的报告文学；由《西藏文学》美术编辑、一级美术师张鹰同志编著的《图说人文西藏》系列画册（共六册，包括西藏服饰、藏戏歌舞、节庆礼仪、传统建筑、宗教艺术、生活习俗等）进入最后编审阶段，将于2009年出版发行。《西藏文学》、《西藏文艺》（藏文）、《邦锦美朵》（藏文）、《西藏文联通讯》等刊物还紧密结合全国和西藏实际，通过推出学习实践科学发展观、新农村建设喜迎奥运、抗震救灾、改革开放30周年专刊和特稿，紧密凝聚区内外文艺工作者，对繁荣西藏文艺创作，培养创作队伍、扶植文艺新人、交流文艺信息，发挥了重要作用。（何见远）

中国佛教协会西藏分会

【年度综述】2008年，中国佛协西藏分会在自治区党委、政府的正确领导和名誉会长帕巴拉•格列朗杰的亲切关怀下，以及自治区党委统战部、区民宗委、区寺教办的大力支持和指导下，认真贯彻中央有关维护西藏稳定的一系列重要指示精神，高举维护社会稳定，维护社会

主义法制，维护人民群众根本利益的旗帜。深入揭批达赖分裂集团的反动本质，抓稳定，促发展，为全面建设小康西藏、平安西藏、和谐西藏积极开展工作，取得了一定的成绩。

【反分裂、保稳定】在“3·14”特殊时期，分会宗教界人士和干部职工表现了立场坚定，旗帜鲜明。分会宗教界人士表示极大的愤怒，强烈愤怒声讨达赖集团的罪恶行径。利用自身的优势和特点，接受了国内外新闻媒体的采访，讲明实情，批判罪恶行径。分会向全区各寺庙及广大僧尼发出倡议书，要求发挥爱国爱教僧尼群众的作用，团结大多数，打击极少数，教育、引导好广大僧众与达赖划清界限。宗教界爱国人士充分发挥联系寺庙僧尼的有利条件，积极主动地做好参与这次事件的极少数僧尼的教育感化工作，让他们认清形势，站稳立场，彻底与达赖集团划清界限，旗帜鲜明，立场坚定地，公开站出来以身说法等形式，揭露批判极少数分裂分子不可告人的险恶用心。

加强领导，责任明确，措施到位，扎扎实实做了北京奥运会期间稳定局势和内部安全防范工作。

【积极开展各项工作，发挥我会的桥梁作用】分会根据工作实际，深入我区寺庙调研。一是了解《宗教事务条例》和《西藏自治区实施〈宗教事务条例〉办法（试行）》及全区党员领导干部会议精神等学习贯彻情况。二是深化寺庙爱国主义教育工作情况。三是活佛转世工作情况。四是各地区佛协的领导班子情况。五是各地佛协机关住会人员情况。六是各地佛协机构建制人员编制、业务经费、交通工具、办公条件等情况。以专题报告汇报给有关上级部门领导，而且重大事件及时汇报名誉会长帕巴拉·格列朗杰给予指示。得到了有关部门和领导的重视。我会建议恢复西藏佛学院的意见，得到了自治区领导的重视。现在正进行筹建当中。

在区党委统战部、区民宗委和区寺教办、拉萨市委指导协助下，2008年11月28日，举行了2009年度格西拉让巴学位预考，此次格西拉让巴预考是在拉萨3.14事件平息之后开展的一项重大宗教活动。

按照宗教历史传统，一年一度的江贡确法会于于2008年12月30日正式举行.参加此次法会的共有五座寺庙的331名僧人。

2008年，分会副秘书长带队一行3人多次前往定点扶贫的尼木县卡如乡进行调研，通过实地调研，与该县、乡领导多次沟通交流，提出只有进一步转变工作思路，更加注重运用开发式扶贫的方式才能帮助群众脱贫致富。解决了5万元扩大去年建的加工厂。

做好大藏经印制，传承佛教文化。传承藏传佛教文化，继续办好《西藏佛教》藏汉文版刊物，按期保质完成了出版发行任务。佛协印经院工作不断推进，继续印制和发行《甘珠尔》大藏经，积极开展抢救《丹珠尔》大藏经的木刻板制作工作，加强和提高了《甘珠尔》印经质量，保证了信众的需求。

援助西藏发展基金会

【基本情况】援助西藏发展基金会（英文：Tibet Development Fund，简称TDF）由已故的全国人大副委员长、第十世班禅大师和时任全国人大副委员长阿沛·阿旺晋美倡议创建，于1987年4月在北京成立筹备委员会，两位副委员长共同担任筹委会主任。1992年4月基金会在北京正式成立。1997年4月在北京召开第二届理事全体会议，2006年3月在北京召开第三届理事全体会议。基金会的理事长是全国政协副主席阿沛·阿旺晋美，全国政协副主席帕巴拉·格烈朗杰和原西藏自治区主席、老红军天宝担任基金会的副理事长。

援藏基金会的登记管理机关是国家民政部，业务主管单位是西藏自治区人民政府办公厅，援藏基金会住所在西藏自治区拉萨市林廓西路13号。

援藏基金会是西藏自治区目前唯一的全国性公募基金会。援藏基金会面向公众募捐的范围是中华人民共和国全国各地，旅居国外爱国藏胞、港澳台同胞、海外华侨团体和个人以及国际友好组织、团体、政府和个人。

援藏基金会的宗旨是：遵循国家法律、法规和政府的各项方针政策，以维护祖国统一，增进民族团结为准则，多方筹集资金为发展西藏自治区的经济、文化、教育、卫生、科学技术和保护生态环境等各项事业，扶贫济困，促进西藏的进步与繁荣，发挥积极的辅助作用。

援藏基金会的公益活动的业务范围是援助西藏，扶贫济困；募集资金；专项资助；国际民间合作；业务培训；业务服务，专项展览。

【年度综述】2008年，在党和政府的关怀下，在社会各界的支持下，援藏基金会坚持开展以扶贫救灾济困为内容的“公益工程”、以治愈白内障失明为主的医疗卫生援助为内容的“光明工程”、以文化教育援助为内容的“育人工程”和给贫困农牧民家庭捐赠太阳能设备为内容的“阳光工程”。“四大工程”共落实各类援助项目43个，筹集落实援藏资金468万多元。

【“光明工程”，共筹措落实资金317万多元，479名贫困白内障患者重见光明】在会领导的精心安排部署下，2008年“光明工程”以援助西藏发展基金会拉萨光明眼科康复诊疗院为平台，突出特色，重在实效，开展的复明行动在公益慈善活动中成为脍炙人口的亮点。根据年度计划，援助西藏发展基金会组织精干的医疗队，有步骤、有重点地先后前往山南地区桑日县、曲松县、措美县，那曲地区索县及日喀则地区日布县开展“光明工程”复明活动，为6800多名眼疾病患者进行诊治，为479名白内障患者施行免费复明手术，使他们重见光明。特别是结合深入学习实践科学发展观活动，组织拉萨光明眼科康复诊疗院于2008年12月22至28日，在拉萨开展了以“突出实践 重在实效 为民造福”为主题的大型白内障免费复明手术活动。其间共为区内低收入、零就业、低保户家庭的城镇居民和周边的农牧民群众眼疾患者1273人次提供了免费检查和咨询，并且为筛选出的具备手术条件的211名白内障患者施行了免费复明手术治疗，活动取得了圆满的成功，达到了预期的目的，引起了很好的社会反响。西藏电视台、拉萨电视台等多家媒体和国内各大网站在第一时间对活动进行了大篇幅的报道，成为实践活动的一道亮点。

6月，援助西藏发展基金会协同山南地区卫生局、地区人民医院共同组织的山南地区首届县级医院眼科培训班在地区人民医院成功举办。来自扎囊、桑日、浪卡子、琼结、加查等五县人民医院的眼科医生参加了培训。本会还为山南地区人民眼科购买了价值88,000元的白内障手术用便携式显微镜一台；为山南地区人民医院提供贫困病人补助5,200元；给索县卫生服务中心赠送了包括大型消毒锅、病床等价值4万多元的医疗设备。

【“育人工程”，资助贫困生115名，奖励优秀生10名，资助资金达65万余元】为了确保有限的资金落实到真正需要帮助的品学兼优的贫困生，按照本会育人工程制定的实施细则，对2007年度在册资助的121名受助生的学习成绩、在校表现及收据单交纳情况等逐一进行了严格审核后，除有18名资助生完成学业顺利毕业（有的已走上工作岗位）外，2008年度有64名学生因学习成绩优秀，在校表现突出，深得班主任老师好评的，得以继续资助，并新增资助48名贫困生。

援助西藏发展基金会与台资企业北京瑞麦食品有限公司协商签订了关于长期在我区各小学开设以奖励品学兼优的优秀小学毕业生的“旺旺奖学金”协议。2008年在全区十所小学中挑选了10名优秀毕业生，给予了奖励，每人奖励2000元。与西藏自治区民族团结进步促进协会联合将广东富力地产的捐助的25万元落实给了林芝县更章门巴族乡小学，5万元资助落实到拉萨中学贫困生。

育人工程项目得到社会各界的热心关注，爱心企业人士洪荣光先生2008年再次为育人工程项目捐资16500元，资助6名贫困大学生。

【“公益工程”共实施项目14个，援助资金63万多元】2008年，援助西藏发展基金会改进工作方法，加大了对两所保育院的管理力度，改善了孩子们的生活和学习条件。6月，投入4.2万元，维修了曲水南木保育院的厨房屋顶，对屋面进行了防水处理，改建了原有的浴室，装修了学生娱乐室，经过此次维修，使孩子们的生活质量和学习居住条件有了明显改善。同时根据孩子们及当地政府的意见，经过认真的实地调查了解，及时调整学习管理员，从而保证了该院的正常管理。

汶川和当雄发生地震后，援助西藏发展基金会领导和全体干部职工同全区各族人民一样非常关心灾情，根据阿沛理事长和帕巴拉副理事长的指示精神，拉萨总部办公室立即召开会议，就如何抗震救灾进行了研究和工作安排，踊跃向灾区捐款捐物。5月14日，将3.2万元捐献给汶川灾区；10月15日，将价值5万多元的糌粑、大米、砖茶、藏垫、被子、铁炉等救灾物资送到了受灾较严重的拉萨市尼木县续迈乡灾民手中，以实际行动支援抗震救灾，把深入学习科学发展观落实到具体的工作当中。

9月，由中国民族卫生协会和中国西藏文化保护与发展协会主办，由援助西藏发展基金会、西藏自治区藏医药产业协会和英平投资管理集团有限公司协办的中国（西藏）首届民族传统医药博览会在拉萨隆重举行。全国政协副主席、援藏基金会理事长阿沛•阿旺晋美、全国政协副主席、援藏基金会副理事长帕巴拉•格列朗杰发来贺电贺信热烈祝贺博览会开幕。为期三天的博览会由医药展销、投资合作、评选表彰、高峰论坛四个主流板块和藏文化及藏医药文化考察等辅助板块组成。

【“阳光工程”，捐赠太阳能设备283套，落实资金22万多元】2008年，“阳光工程”捐赠太阳能设备283套，落实资金22万多元，惠及那曲地区嘉黎县林提乡卫生所和昌都地区丁青县觉恩乡、拉萨市达孜县唐嘎乡、山南地区贡嘎县岗堆镇普雄村、日喀则地区拉孜县扎西岗乡、定杰县多布扎乡罗琼村、仁布县仁布乡、仲巴县布多乡的273户，1080余人。

11月10日下午，“爱我西藏•支援西藏”活动指导委员会和援助西藏发展基金会在北京西藏大厦举行了“爱我西藏•支援西藏”阳光工程公益活动启动仪式。在仪式上向搜狐公益网颁发了由阿沛理事长签署的“爱心媒体”荣誉证书。“阳光工程”公益活动将通过搜狐网络平台向社会发出倡议，动员社会各界积极参与阳光工程公益活动，奉献一份爱心，为西藏边远地区贫困农牧民家庭配置太阳能灶和小型光伏发电设备。这次与搜狐公益网联合启动的阳光工程公益活动第一期力争为西藏偏远地区的500户农牧民家庭安装太阳能设备。活动得到了中国人民解放军总政治部和国家工商总局、蜀山茶源北京茶文化有限责任公司及新华社等相关部门、企业、新闻媒体的大力支持，并初见成效。

【定点扶贫工作，全年投入扶贫资金达6万多元】2008年，援助西藏发展基金会根据2007年扶贫工作经验，结合当地实际情况，突出实践和调研相结合的作用，狠抓扶贫造血功能，尽可能的从根子上解决暖而复寒、饱而复饥的问题。2008年投资12,000元，为扶贫点—仲巴县不多乡绝畜特困户又购买了绵羊75只、山羊50只；投资15,000元购买了牲畜过冬饲料；配备了5000元的常用畜牧药；投资3840元，为新增3户配备了太阳能户用系统；为三个行政村和乡政府配备了价值3550元的数字电视机；为让牧民们喝上干净的饮用水，本会为该乡打井提供资助款30,000元。为了让扶贫工作做到可持续发展，提高“造血”脱贫功能，经乡政府、本会与牧民协商，共同达成了由援助西藏发展基金会无偿给牧民购买的羊所产的羊羔进行三七分成的分配意见，签订了三年的合同。这是本会与当地干部群众共同摸索出的一个增强群众“造血”能力的扶贫方式，得到了群众的肯定。11月，本会扶贫帮扶工作调研小组形成的实地调研报告得到了自治区扶贫的肯定，并向全区转发。

【获奖情况】2008年，在民政部、中华慈善总会、中国红十字基金会等组织的慈善公益表彰大会上，援助西藏发展基金会“阳光工程”获得了“最具影响力慈善项目”中华慈善奖。胡锦涛总书记等中央领导亲切接见了获奖单位代表；在自治区第五次民族团结进步表彰大会上，援助西藏发展基金会再度荣获全区民族团结进步先进集体的光荣称号；在全国性基金会评估工作中，援助西藏发展基金会被民政部评定为3A级全国性基金会。

法 制

自治区检察工作

【认真抓好拉萨“3·14”事件的平息处置工作】2008年，自治区检察机关以对党对人民对国家的高度政治责任感，全力投入、认真做好检察环节的各项维稳工作。“3•10”事件发生后，检察机关迅速抽调了100多名干警组成两个应急小分队，分别在哲蚌寺、曲桑寺、格日寺执勤，与闹事僧尼面对面，文明劝阻，严格控制；抓处置，确保事态不扩散、不蔓延。在八廓街、大昭寺执勤的40名女干警，3月14日被几百名打砸抢烧暴徒围困在八廓街派出所，她们临危不惧，与犯罪分子进行了坚决斗争。抓防控，确保事态不抬头，不反弹。积极作好事态的平息和治安防控工作，确保社会稳定。

【依法严厉打击达赖集团的分裂破坏活动】2008年，自治区各级检察机关认真贯彻落实中政委《关于处理西藏及其他藏区严重暴力犯罪等案件的指导意见》和最高人民法院、最高人民检察院《关于办理当前西藏及其他藏区严重暴力犯罪等案件具体应用法律若干问题的意见》，结合我区实际，与公安、法院等部门密切配合，准确把握政策和斗争策略，审时度势，宽严相济，坚持“团结教育大多数，孤立打击极少数”的原则，对带头杀人、放火的骨干分子提前介入，稳、准、狠地打击了严重暴力犯罪分子，确保办案社会效果、法律效果和政治效果的统一。同时，还认真办理了危害国家安全犯罪案件。

【依法严厉打击严重刑事犯罪】2008年，共受理提请批准逮捕犯罪嫌疑人2597人，经审查，批准逮捕2405人；受理移送审查起诉犯罪嫌疑人2023人，经审查，提起公诉1653人。对重特大案件坚持提前介入侦查活动，依法快捕快诉。重点打击了爆炸、杀人等严重暴力犯罪及抢劫、抢夺、盗窃等多发性侵财犯罪，批准逮捕上述犯罪嫌疑人1871人，提起公诉1237人，有力打击了犯罪分子的嚣张气焰。

【积极参与构建社会“大稳定”的工作格局】2008年，自治区检察机关按照区党委“防范第一、处置高效，以不出问题为核心”的要求，配合有关部门，对重点目标、重点区域、重点部位做到了点上有人抓，线上有人管，面上有人带。

与有关部门有针对性地抓“点”。针对一些乡村和寺庙法制宣传教育工作薄弱的状况，派出468名干警，组成87个工作组对270个乡村和259座寺庙开展了法制宣传教育工作。在法制宣传进乡村、进寺庙工作中，把以案释法、析法明理、促进自警，作为法制宣传教育的着眼点；把法的尺度交给群众和僧人，作为法制宣传教育的落脚点。在法制宣传教育工作中，注重针对性，增强实效性，共有154256名农牧民、5508名僧人受到了面对面的教育，为维护我区社会和谐稳定作出了积极贡献。

与公安等部门多警种巡逻管“线”。以青藏铁路西藏段为主，实行24小时不间断护路巡逻，特别是组织铁路沿线检察机关对桥梁、涵洞实行夜间守候、白天检查，发现可疑线索2条，抓获可疑人员19名。铁路沿线检察机关在200余天的护路工作中，共投入警力29000人次，出动车辆3000余次。在奥运会和敏感日期间，自治区检察院还与有关部门配合，对城区主要街道实行24小时巡逻。

与群众联防带“面”。全区检察机关按照当地党委、政府划分的责任片区，由检察干警带领当地群众对辖区重点地段、偏僻街道、城郊结合部等案件多发部位进行反复巡逻、检查，保证“面”上防范工作不留死角。在300余天的面上工作中，共投入警力74726人次。同时，还投入警力128971人次与有关部门加强了对流动人口的管理。

【刑事立案监督】2008年，自治区检察机关对认为侦查机关应当立案而没有立案的，要求其说明不立案理由4件，通知公安机关立案2件2人。监督立案案件提起公诉后，法院均作出有罪判决。

【侦查活动监督】2008年，全区检察机关依法审查侦查机关提请逮捕的案件1674件2595人，审查侦查机关移送审查起诉的案件1224件2023人。在审查逮捕和审查起诉工作中，坚持客观公正立场，严把事实关、证据关和程序关，对不符合逮捕条件的坚决不捕，对不符合起诉条件的坚决不诉，决定不批准逮捕191人、不起诉137人。加大对遗漏严重犯罪分子的追加逮捕、追加起诉力度，对应当逮捕而未提请逮捕、应当起诉而未移送起诉的犯罪嫌疑人，决定追捕4人、追诉1人。加大对侦查机关刑讯逼供、超期羁押、违法取证、违法采取强制措施等行为的纠正力度，对侦查活动中违法情况提出纠正意见149件，有效减少和防止了侦查机关违法行使职权的行为。

【刑事审判监督】2008年，自治区各级检察机关对人民法院作出的刑事判决、裁定逐一认真进行审查，对认为确有错误的刑事判决、裁定依法提出抗诉，对审判活动中的违法情况及时提出纠正意见。区检院全年直接审查刑事判决、裁定75件。

【民事审判、行政诉讼活动】2008年，自治区各级检察机关共审查办理人民群众申诉的民事行政案件56件，对认为确有错误的民事行政判决、裁定提出抗诉4件，法院审结3件，其中法院改判1件，抗诉后调解结案2件。向人民法院提出检察建议1件。对不服人民法院正确裁判的36件申诉案件，做好当事人的服判息诉工作，努力维护司法权威。

【依法开展刑罚执行和监管活动监督】2008年，自治区检察机关认真开展刑罚执行活动中违法减刑、假释、暂予监外执行案件和不按规定交付执行等情形的监督，共进行各项检察监督1615人次，发现并提出检察建议57次。继续清理纠正超期羁押、建立和完善防止超期羁押的长效机制，发现超期羁押4件4人，在有关部门的共同努力下，已全部纠正。保障了刑罚执行活动公平、公正、有序，维护了监管场所安全秩序和在押人员合法权益。

【严肃查办司法工作人员职务犯罪】2008年，自治区检察机关坚持把查处司法不公背后的职务犯罪作为加强诉讼监督、增强监督实效的重要措施。立案查处涉嫌私放在押人员犯罪的1件1人。

【积极开展检察专项工作】第一，深入开展查办涉农职务犯罪、保障社会主义新农村建设专项工作和深入查办危害能源资源和生态环境渎职犯罪专项工作。在区检院的统一部署和安排下，通过不断加大工作力度，受理案件线索7件7人，立案查处6件6人。第二，认真开展清理来信来访积案、集中处理涉法上访、涉检信访和涉检重信重访专项工作。2008年，全区共受理控告举报线索125件，同比下降3.1%；受理刑事申诉6件，同比下降40%；受理民事申诉33件，与2007年同比上升32%。第三，深入开展打黑除恶专项斗争。按照高检院和自治区打黑办的部署，与有关部门密切配合，依法从重从快批捕了一批黑恶势力犯罪分子。共办理涉黑涉恶案件24件174人，其中，高检院督办2件，区检院督办2件，经审查批准逮捕24件174人，有力打击了犯罪分子的嚣张气焰。

【检察援藏工作取得了新发展】智力援藏有新发展，国家检察官学院和18个对口援藏省市帮助我区检察机关岗位培训194人；工作援藏有新发展，拉萨“3•14”事件发生后，高检院和9省市检察院派出两批业务骨干到我区检察机关指导办案工作，有22个检察院170人来藏进行工作交流；经费装备援藏有新发展，落实援藏、救灾资金和物资1056.58万元。

四川汶川、西藏仲巴、当雄发生强烈地震后，全区检察机关坚决响应中央和区党委的号召，以实际行动支援灾区人民，向灾区捐款、捐物220余万元。

自治区审判工作

【年度综述】2008年，自治区各级法院以邓小平理论和“三个代表”重要思想为指导，深入贯彻落实科学发展观，坚持党的事业至上、人民利益至上、宪法法律至上，忠实履行司法审判职能，坚持刑民并举，依法公正高效审理了包括“3•14”专案在内的各类案件，为实现我区经济平稳快速发展和社会局势稳定提供了有力的司法保障，共受理各类案件16448件，审执结15353件，同比上升14.3%和11.3%，综合结案率达到93.3%。其中，由检察机关提起公诉、并由审判机关审理的刑事案件1822件，占案件总数的11.1%；由各级法院直接受理的刑事自诉、民事、行政、国家赔偿、执行等案件13826件，占案件总数的88.9%。

【全力以赴开展反分裂斗争，确保西藏社会政治稳定】针对拉萨“3•14”打砸抢烧严重暴力犯罪事件，面对异常尖锐、复杂的反分裂斗争形势，各级法院在区党委的领导下，坚定立场、同仇敌忾、听从指挥，全力参与处置事件、平息事态的特殊斗争。积极响应中央、区党委关于确保不蔓延、不反弹的指示精神，切实贯彻一把手负总责、层层抓落实的维稳工作责任制，严格执行各项应急处突预案，形成了由高级法院统一指挥调度、以拉萨为重点、全区法院协同作战的工作格局；迅速展开政策攻势，与检察、公安机关联合下发通告，敦促参与打砸抢烧的犯罪嫌疑人投案自首，争取宽大处理；根据非常时期的特殊要求，停止正常休息，实行24小时执勤备战；颁布实施“六条禁令”，实行战时纪律，严格队伍管理；各级法院领导亲临现场、靠前指挥，组织“维稳应急分队”和“女干警应急小组”等形式，全力投入维稳一线。共出动干警8万余人次，车辆2.6万余台次，为做好寺庙管控、重点部位防范、边境查控、奥运火炬传递、青藏铁路护路、维护虫草采挖秩序等维稳工作发挥了重要作用。

严格把关，全力抓好“3•14”专案审判，把打击重点放在组织策划的首要分子、带头闹事的骨干分子以及证据确实充分的典型案件上，切实孤立、打击、惩处极少数，团结、教育、挽救大多数，做到维护宪法、法律权威与维护局势稳定的统一，法律效果、社会效果与政治效果的统一，震慑了犯罪、教育了群众、维护了稳定。

【正确把握宽严相济政策，依法惩处刑事犯罪，促进平安西藏建设】2008年，全区各级法院共受理各类刑事案件1822件，审结1718件，判处罪犯2097人，同比分别下降13.2%、10.4%和3.45%。坚决依法惩处煽动分裂国家、间谍等危害国家安全的犯罪，既稳、准、狠地打击分裂破坏活动的首要骨干分子，又讲究策略，充分体现党的政策，加大教育转化力度。坚持“什么犯罪突出、就重点打击什么犯罪”的方针，把打击的锋芒对准故意杀人、故意伤害、放火、爆炸、抢劫等严重刑事犯罪。深入开展“打黑除恶”专项斗争，坚决依法严惩涉枪、涉毒、涉黑和涉恐犯罪分子。深入开展反腐败斗争，依法惩治贪污、贿赂、渎职等职务犯罪，积极参与治理商业贿赂专项行动。继续扎实做好死刑案件的一、二审开庭审理工作，从严把好法律政策关和质量关，确保把死刑案件办成“铁案”，做到无一枉判、无一错杀。

严格执行宽严相济的刑事政策，做到“该宽则宽，当严则严，宽严相济，罚当其罪”。对社会危害大、犯罪情节恶劣的分子，依法该重判的坚决重判，共判处五年以上有期徒刑和其他重刑罪犯641人。对于具有法定从轻、减轻处罚情节的，依法从宽处理；对于具有酌定从宽处理情节的，依法予以裁量，最大限度地减少社会对立面。坚持惩罚犯罪与保障人权并重，严格遵循证据裁判原则，确保无罪的人不受刑事追究。共依法宣告7名被告人无罪；对196名罪行较轻、不致再危害社会的罪犯依法宣告缓刑；对1811名认罪服法、接受改造的罪犯依法予以减刑、假释，促进罪犯改过自新；依法保障被告人行使各项诉讼权利，共为295名被告人指定了辩护人，为312名少数民族和外籍被告人指定了翻译。

【充分发挥民事审判独有优势，促进我区经济社会又好又快地发展】2008年，自治区各级法院共受理各类民事案件9806件，审结9360件，标的金额9.5亿元，同比分别上升27.6%、25.1%和44.3%。加强审判调节工作，共审理买卖、借款、建设工程、承揽、运输、矿产和房地产开发经营等合同纠纷案件的4543件，规范和促进了市场经济秩序。对重点工程纠纷坚持审慎对待和优先处理的原则，并在与法律不相抵触的前提下，适当调整立案、保全和执行条件，保障重大建设项目的顺利进行。慎重审理涉及结构调整和企业破产、改制案件，保护职工的合法权益，防止国有资产流失。重视审理知识产权纠纷案件，加强对知识产权的司法保护，促进自主创新，营造全社会尊重知识、尊重创造的良好氛围。立足于推进依法行政，精心审理了涉及二十多个领域的行政诉讼案件，妥善化解行政争议，促进"官民和谐"。

努力化解事关群众基本生活的矛盾纠纷，促进社会和谐。高度重视"三农"工作，依法妥善审理了涉及农牧民生产生活的草场、土地、水利、山林、虫草等资源纠纷915件，全力保障以安居乐业为突破口的社会主义新农村建设。切实解决"双拖欠"问题，妥善审理了劳动争议、劳务报酬案件1320件，维护劳动者特别是农民工的合法权益。妥善审理了婚姻家庭、抚养赡养、邻里纠纷案件1426件，有效化解矛盾双方的对立情绪，促进家庭和睦和社区环境和谐。

坚持"调解优先、调判结合、案结事了"的原则，把诉讼调解贯穿于民事案件审理的全过程，推出全员、全程调解举措，最大限度地增加和谐因素，最大限度地减少不和谐因素，2008年民事案件调撤率达到65.6%，同比上升9.4个百分点，位居全国法院前列。积极建立和推行人民调解、行政调解、诉讼调解和司法审判"四位一体"的多元化纠纷解决机制。加强对基层调解组织的业务培训和指导，共指导调解民间纠纷7500余件，把大量矛盾解决在基层，消除在萌芽状态。通过对矛盾纠纷的有效化解，全力营造了团结、和谐、稳定的社会环境。

【践行司法为民宗旨，切实维护人民群众合法权益】着力做好涉诉信访工作，减少不安定因素。高度重视涉诉信访工作，密切关注苗头性动态，不断完善解决涉诉信访的工作机制。畅通信访申诉渠道，通过层层签订《涉诉信访责任书》，健全完善领导包案、部门联动、责任倒查等相关工作机制，大力加强息诉罢访工作。

2008年共办理群众来信2925件（人次），同比下降12.6%，缠访、闹访、集体访案件同比下降8.5%。特别是整合各种资源，通过苦练"啃硬骨头"、解决"老大难"问题的本领，化解了事关社会和谐稳定的群体性案件17件，切实维护群众利益，为党委政府分忧。

加大执行工作力度，维护生效裁判权威。全年共受理执行案件2018件，执结1710件，标的金额达4.7亿元，同比分别上升2.7%、6.9%和2.6倍，执结率达到84.7%，其中执行和解和自动履行率达到66.9%，"执行难"问题得到缓解。

创新审判管理方式，提高办案质量和效率。坚持质量更高、速度更快、效果更好、成本更省的要求，加强和规范审判监督管理，全面推行案件质量评查，加强审判执行业务指导；畅通诉讼"绿色通道"，加强诉讼指导和风险提示，在诉讼各个环节上严格把关，加快节奏，做到立案快捷方便、审理公正透明、听证公开公平、执行规范高效，及时实现当事人合法利益；强化裁判文书说理，推行判前释法、判后答疑制度，释法答疑力求做到通俗易懂。受理申诉、申请再审案件181件，审结167件；受理再审案件48件，审结36件，依法改判18件。落实便民利民措施，积极延伸审判职能。走下法台、走出法院，加强和完善巡回审判工作，主动送法进乡村、进社区、进企业、进学校、进寺庙，方便群众诉讼，开展普法宣传，了解社情民意，掌握社会动向。认真贯彻落实人民陪审制度，共有83名人民陪审员参与了122件案件的审理，联系群众的桥梁和纽带作用得到充分发挥。建立司法救助基金，加大司法救助力度，对确有困难当事人减缓免交诉讼费537万元，对生活困难当事人发放救助金23万元，对弱势群体提起的诉讼，优先立案、优先审理、优先执行，彰显人文关怀。积极开展扶贫济困活动，在汶川、当雄地震发生后，全区法院捐款捐物及缴纳特殊党费总额达到365万元，人均全国法院第一。

【坚持党的领导，自觉接受监督，确保法院工作正确的政治方向】全区法院始终坚持党对司法审判工作的绝对领导，牢固树立正确的司法理念，服从大局抓审判，服务大局促和谐，确保司法审判工作政治性、人民性和法律性的高度统一。坚持重大司法审判事项、重大案件、重大问题向党委请示汇报制度，坚持适用法律和执行政策的有机统一，切实贯彻党的路线方针政策和中央、区党委重大决策部署。

认真贯彻落实《监督法》，高度重视、自觉接受人大及其常委会的法律监督和工作监督、政协民主监督和检察监督。严格执行法院工作报告制度、法官任免制度和建议、提案办理制度。全年共邀请人大代表、政协委员旁听案件审理98件590人（次），邀请人大代表、政协委员视察法院工作536人（次）。积极配合各级人大常委会开展执法检查，自觉接受监督，努力改进工作。高度重视、认真对待检察监督，严格依法公正审理各类抗诉案件，及时检查和纠正存在的问题，确保办案程序合法，裁判实体公正。受理抗诉案件13件，审结11件，依法改判4件。

【领导名录】

书记、院长：罗布顿珠

副书记、常务副院长：汪留国

副书记、副院长：宋康宁

党组成员、巡视员：石新鄂

党组成员、副院长：续文钢、马方

党组成员、政治部主任：王希伦

党组成员、区纪委驻区高院纪检组组长：常兴昌

副巡视员：吴卫国、米玛次仁

自治区公安工作

【以处置"3·14"事件为龙头，切实维护我区社会政治稳定】2008年3月14日，在达赖集团的精心策划煽动下，拉萨发生了打、砸、抢、烧等一系列严重暴力犯罪事件。面对这场突如其来的斗争，全区公安机关采取果断措施，迅速平息了

事态，并快速侦破了拉萨市"以纯"、"宏宇裤业"、"花花公子"服装专卖店和达孜县"嘉陵摩托车专卖店"纵火案，宇拓路"利昌金店"抢劫案，大昭寺藏医院保险柜被砸、巨额现金被抢等一批影响大、危害严重、社会各界关注度较高的大要案件，使一批重大犯罪嫌疑人受到了应有的法律制裁。在全区范围内发布通缉令，缉拿潜逃的违法犯罪分子，使一批企图潜逃的犯罪嫌疑人相继落网，有力地维护了西藏的社会政治稳定。

【以"平安奥运"为总目标，圆满完成各类重大活动的安全保卫任务】一是加强组织领导，确保措施到位、责任到位、人员到位。二是加强演练，细化措施，确保各项安全保卫工作顺利开展。三是进一步加强了对非法枪支弹药、易燃易爆物品、管制刀具的收缴力度。四是加强反恐处突演练。在区党委、政府的领导下，全区各级公安机关组织开展了"天路08"反恐演练和"雄鹰08"反劫机演练以及处置"中巴车发现爆炸物品"、处置突发事件、处置涉奥恐怖袭击事件、处置劫持人质事件等为主题的反恐怖处突演练，进一步提高了全区公安机关应对各种突发事件的能力和水平。五是切实加强各类情报信息搜集和研判力度。六是切实加强对青藏铁路的安保工作。七是全体公安民警和公安现役部队官兵充分发扬艰苦奋斗、顽强拼搏、连续作战的精神，密切配合，协同作战，圆满完成了各项安全保卫任务，确保了奥运火炬登顶珠峰和在拉萨传递活动等一系列重大活动的安全顺利和中央领导同志赴藏视察工作期间的各项安全警卫任务，做到了绝对安全，万无一失。

【深入开展反分裂斗争，坚决维护社会政治稳定】一是全面加强边境防控力度。二是进一步加大了对非法出入境人员的审查、遣送工作。三是进一步推进爱民固边战略的深入。大力加强网侦工作，努力占领网上网下两个阵地。全区公安网监部门充分依托现有互联网管理资源优势，主动运用网络侦查技术手段，积极开展各类涉网违法犯罪案件的侦办工作，全年共办理涉网案件48起，抓获犯罪嫌疑人51名。切实加强对基层公安工作的督促检查，确保措施到位。

【充分发挥职能作用，严厉打击各类违法犯罪活动】2008年，全区各级公安部门严厉打击各类刑事犯罪活动。一是继续深化"打黑除恶"专项斗争。2008年，全区各级公安机关共立刑事案件3760起，破2678起，破案率71.2%，共抓获刑事犯罪嫌疑人2882人。二是继续深化"侦破命案"工作。全区各级公安刑侦部门牢固树立"命案必破"的思想，深入开展命案攻坚战役和命案追逃工作。全年共立命案131起，破111起，抓获命案逃犯70名。全区有37个县实现了命案全破；有31个县未发生命案。三是组织开展"打盗抢，抓逃犯"专项斗争。全年共立"两抢一盗"案件2445起，破1543起，抓获各类网上逃犯276名。为推动奥运安保工作顺利开展，按照公安部的统一部署，全区公安机关开展了"保奥运、抓逃犯"专项行动，共抓获各类网上在逃犯140名，为奥运安全顺利营造了良好的治安环境。

严厉打击经济犯罪，整顿和规范市场经济秩序。2008年全区各级公安机关共受理各类经济犯罪案件330起，涉案金额8485.5万元，抓获犯罪嫌疑人81人，挽回经济损失2044.12万元。同时积极配合有关部门大力开展整顿和规范市场经济秩序工作，切实维护了我区良好的社会主义市场经济秩序。

深入开展禁毒人民战争，积极消除毒品危害。全区各级公安禁毒部门和海关缉私、公安边防部队加强协作，按照"堵源截流、标本兼治"的工作方针。2008年共破获各类涉毒案件50起，抓获犯罪嫌疑人71名，缴获海洛因1250.86克、大麻8100克、冰毒377.19克、摇头丸293粒、麻古1298粒。

充分发挥技侦优势，加大打击犯罪力度。全区公安技侦部门充分发挥高科技在侦查破案中的重大作用，积极协助其他警种侦破重特大案件，取得了显著成绩。2008年共侦办各类案件198起，抓获犯罪嫌疑人372名，挽回经济损失6673.88元。

大力加强监所管理工作。全区公安监管部门不断深化等级管理，积极加快勤务模式改革，确保了监所安全稳定和在押人员的合法权益，为侦查、诉讼、审判等执法工作顺利进行提供了保障。同时，及时开展深挖犯罪工作，认真开辟打击犯罪第二战场。

【全面加强治安行政管理，服务经济社会发展】认真开展全区治安重点专项整治工作，依法查处各类治安案件。全年共受理各类治安案件4819起，查处各类违法人员7409人。一是进一步加强对重点人员的管控工作。二是积极开展"治爆缉枪"和管制刀具收缴专项行动，先后检查涉爆单位593个，发现各类不安全隐患137处，下发限期整改通知书96份，责令停业整顿21家，整改隐患97处。共收缴非法使用、储存炸药2938.5公斤，报废炸药402.3公斤，雷管24031枚，导火索865010.77米，管制刀具1687把，各类枪支164支，子弹1530发。三是加强出租房屋和流动人口治安管理，严厉打击藏匿于出租房屋和流动人口中的违法犯罪分子。全年共排查流动人口38698人，排查旅馆、出租房等重点部位101914处，发现违法犯罪线索534条，破获刑事案件152起。四是切实做好居民身份证制作管理工作。全年共受理数据24万余条，制发第二代居民身份证23万余张。五是大力加强了对党政机关和关系国计民生、关系奥运安全的重点单位和重要部位的安保工作，及时消除社会不安全隐患。六是认真开展了三鹿奶粉重大食品安全事故应对工作，2008年全区公安机关会同工商、质检等部门加大了对我区食品安全检查力度，共出动执法人员8703人次，检查奶粉经营户59683家，查处三鹿、伊利、蒙牛等含三聚氰胺问题奶制品52758.59公斤。

大力加强道路交通管理工作。全区公安交通部门紧紧围绕"降事故、保安全、保畅通"的工作目标，以深入实施"畅通工程"和创建"平安畅通县区"活动为载体，结合我区实际积极开展道路交通安全管理工作，实现了全区道路交通事故四项指数稳中有降的目标。2008年全区共发生各类道路交通事故600起，死亡384人，伤660人，直接经济损失6203755元。与2007年同期相比，事故起数减少38起，下降5.96%；死亡人数减少54人，下降12.33%；受伤人数减少81人，下降

10.93%；直接经济损失减少216299元，下降3.37%。

大力加强消防管理工作。全年共检查重点单位13734家，发现火灾隐患7916处，当场整改火灾隐患4192处，责令限期改正火灾隐患1246处，责令停产停业停工11家。2008年，全区共发生火灾事故170起(不含“3•14”事件中发生的火灾)，死亡6人，受伤9人，直接经济财产损失1401.1万元。同比上年，火灾起数、死亡人数、受伤人数分别下降21.7%、40%和18.2%；直接经济损失上升305.3%。无特别重大和重大火灾和群死群伤恶性火灾事故发生。

大力加强出入境管理工作。2008年共办理涉外案（事）件97起183人；办理《中华人民共和国外国人旅行证》1738份8265人次；签证签发521件469人；受理本国公民因私出国（境）申请592份，批准发证533人。

深入开展矛盾纠纷排查工作，积极预防和妥善处置各类群体性事件。全区各级公安机关在当地党委、政府的领导下，组织广大民警深入社区、单位、乡村和群众当中，积极开展矛盾纠纷排查化解工作，努力把矛盾和问题化解在基层，化解在当地，化解在萌芽状态。公安信访部门以保障民生、改善民生和维护社会公平正义为着力点，扎扎实实地开展各项工作。全年共接待群众来信来访416批（件）728人次。

【加强公安信息化建设】实施科技强警战略。一是积极争取上级有关部门的支持，进一步完善和加强应急通信指挥系统建设，为我区公安机关顺利完成应急处突任务提供强大的信息通信保障。二是积极利用现有资源，不断加大投入力度，进一步加快城市监控设施建设步伐。三是结合实际，研究制定了《西藏自治区公共安全防范系统建设规划建议书》。

全力推进“三基”工程建设决战年各项工作。一是积极推县级公安机关内设机构建设。二是继续推进警力下沉，强化街面控管力度，确保基层一线社会稳定、治安良好，增强人民群众的安全感。三是加大投入，加强装备和基础设施建设。2008年全区各级公安装财部门以建立和完善公安经费保障机制为核心，筹措专项资金完成了一线实战单位民警的单警装备配备工作，有效提高了基层公安机关的战斗力。同时，积极推进我区公安机关基础设施建设，先后完成了38个县公安局办公业务用房及周转房建设和29个公安看守所项目建设以及143个乡镇公安派出所建设。

【存在的主要问题】警力不足、装备匮乏，导致战斗力不能得到有效发挥。基层基础工作较为薄弱，公安机关处置突发事件和驾驭社会治安局势的能力还不强，影响了公安各项工作的向前发展。公安经费保障受地方经济影响缺口较大，存在保障标准过低，保障质量不高等问题。

【领导名录】

自治区副主席、政法委副书记、公安厅党委书记、厅长：李昭

党委副书记、常务副厅长：杨光明

厅领导：尼玛次仁、益西多杰、张文生、洛珠、林清海、安晓晖、刘同平、彭秀江、洛桑旦达、孙立军、琼色、贾立国、邓泽波

自治区公安交通管理工作

【年度综述】2008年，自治区各级公安交通管理部门以科学发展观统领道路交通管理工作，抓基层，打基础，苦练基本功，紧紧围绕“降事故、保安全、保畅通”的工作目标，以深入实施“畅通工程”和创建“平安畅通县区”活动为载体，全面落实“五整顿、三加强”工作措施，进一步加强和改进公安交通管理工作，全面提升执法、管理、服务能力和水平，为北京奥运会的举办和奥运火炬珠峰登顶暨接力传递活动创造了良好的交通环境。

【开展“抓基层，打基础，苦练基本功”活动，切实提高队伍的执法水平和业务技能】按照“干什么、练什么，缺什么、补什么”的原则，立足本职工作，着眼岗位需求，坚持在学中干、干中练、练中用的学习原则，持之以恒，坚持不懈，不断提高交通民警胜任岗位、履行职责、完成任务所必需的基本素质和能力。为配合在全国范围内开展的机动车涉牌涉证交通违法行为专项整治行动，总队在5月10日、11日举办了为期两天的查缉机动车假牌假证的培训班，各地、市交警支队派出了业务骨干参加培训，再由他们将识别假牌假证的技巧和查验方法交给其他民警，使其在交警内部进行交流和推广。10月9日至13日，交警总队车管所举办了首期《机动车登记规定》培训班，并邀请了浙江杭州车管所潘康、四川成都车管所钟诚两位工程师前来授课及技术支持，全区各地、市车管所业务骨干共计40余人参加了培训。12月8日，交警总队举办了《全区道路交通事故处理程序规定》培训班，各地、市交警支、大队分管事故处理工作的支队领导、事故科（大队）科长、大队长等66名业务骨干参加了培训。拉萨市和山南交警支队以深化“大练兵”活动为载体，着重在执法规范、窗口服务、内务管理、业务工作流程和体能素质等方面进行了岗位练兵活动，并先后派送40余名民警参加市局“战训合一”实战技能培训活动，有效提高了民警的业务技能水平。通过各种培训，使全区广大交通民警的政治、业务、体能等综合素质得到了进一步提高，执法水平和服务意识进一步增强。

【整治路面行车秩序，为构建和谐西藏创造良好的交通环境】年初，各地、市为了确保春节、藏历新年期间的道路交通安全、畅通，根据公安部交管局的统一部署，针对春运期间农民工返乡，农牧民进城购物的特点，为加强国、省道行车秩序管理，在本辖区内设置春运交通安全服务站，加强路面的管控，对7座以上公路营运车辆逐车检查登记，同时开展交通安全宣传活动，为过往车辆提供便民服务，并严格查处客车超员、超速行驶、疲劳驾驶、酒后驾驶等严重交通违法行为，对超速50%以上，客车超员20%以上的交通违法行为一律进行了上限处罚。在此期间还开展了整治客车超员违法行为专项行动，把客运车辆、校车、危险化学品运输车辆作为春运期间的管控重点，各地、市对本地事故多发时段，对不具备夜间客运车辆安全通行条件三级（含三级）以下山区道路加强勤务安排，并因地制宜在各地春运交通安全服务站采取发放区间“限速卡”等

管理措施，取得了一定效果。总队针对山南地区在春运期间连续发生道路交通死亡事故，进行了及时通报，并下发了《预警通知》，使交通事故多发的被动局面得到及时整改。通过开展春运专项整治，全区公路客运车辆超员交通违法行为明显减少，道路交通秩序明显好转，因客车超员，货运机动车违法载人等违法行为导致的重特大道路交通事故得到有效遏制。那曲地区交警支队在国道109线设置了4个固定交通安全检查服务站，坚持24小时对过往车辆进行检查和限速，重点检查长途营运客车超员和货运机动车违法载人以及机动车超速等交通违法行为，并根据天气情况和路面状况，及时调整限速的车速，同时加强了夜间路面巡逻检查力度，有力地打击了各类交通违法行为，经过支队民警的共同努力，在春运期间，辖区内没有发生一起人员伤亡的交通事故。

国务院安委会将2008年确定为安全生产"隐患治理年"各级公安交通管理部门站在贯彻落实科学发展观，改善和保障民生，构建社会主义和谐社会的高度，结合本地实际制定方案，明确目标和要求，不断加强与交通、安监等部门的协作，深入落实"五整顿、三加强"工作措施，在2007年排查治理工作的基础上，对照交通部门公路安全保障工程有关技术规定，对全区国、省道，旅游专线道路曾经发生交通事故的急弯、陡坡、连续下坡、视距不良、路侧险要等路段进行了安全隐患排查，摸清了危险路段底数，做到了心中有数，有效地预防道路交通事故的发生。日喀则地区交警支队进一步完善交通事故研判机制，专门成立了交通事故研判领导小组，每月定期召开交通事故研判会，找出事故发生的主要规律和原因，有针对性地采取防范措施。半年来，支队共召开40次事故研判会，找出事故多发点段3处，危险路段2处，增设标志牌5面。

为北京奥运会的成功举办和奥运火炬在西藏境内传递以及圣火珠峰登顶活动营造安全、畅通的道路交通环境。交警总队按照公安部和公安厅奥运安保领导小组办公室的统一部署。各支（大）队都按照总队制定的实施方案，结合当地实际，研究制定贯彻实施意见，进一步细化措施落实责任，有针对性地开展攻坚战的各项工作。林芝地区交警支队安排三分之二的警力在路面上，实行24小时不间断巡逻检查，做到"白天见警察、晚上见警灯"，重点加大了对国、省道的巡查管控力度。西藏公安厅驻格尔木交警支队及时制定了《攻坚战实施方案》，对辖区交通事故黑点进行全面排查，完善交通标志，努力消除安全隐患。

为进一步巩固奥运道路交通安全攻坚战成果。11月28日专门召开了"全区预防特大道路交通事故暨开展执法规范化建设活动电视电话会议"，对正在开展的"百日行动"进行再动员，再部署，各地、市公安交通管理部门领导靠前指挥，深入一线督导检查，落实分段包片制度，将管理责任层层落实到人，确保了复杂时段有人管、重点路段有人守，做到组织到位、责任到位。各地根据辖区交通事故和交通违法行为发生的规律和特点，采取区域联勤与流动巡逻相结合的方式，特别是在国、省道以及危险路段上保证24小时有警察、警车巡逻执勤，严查超速行驶、酒后驾驶、无证驾驶、客车随意停车上下客、故障车辆不按规定设置警告标志、不系安全带、货运机动车违法载人和使用假牌假证等严重交通违法行为，确保了道路交通畅通，预防和减少了道路交通事故的发生。

【全区道路交通事故情况】2008年全区发生各类道路交通事故600起，死亡384人，伤660人，直接经济损失6203755元。与2007年同期相比，事故起数减少38起，下降5.96%，死亡人数减少54人，下降12.33%，受伤人数减少81人，下降10.93%，直接经济损失减少216299元，下降3.37%。其中：发生一次死亡3人以上道路交通事故19起，死亡91人，伤94人。与2007年同期相比，事故起数减少3起，下降13.64%，死亡人数增加1人，上升1.11%，受伤人数减少15人，下降13.76%。

2008年全区发生道路交通死亡事故270起，死亡384人，造成道路交通死亡事故的主要原因：一是超速行驶交通违法行为突出，造成道路交通死亡事故115起，死亡164人，分别占道路交通死亡事故总起数的42.59%和死亡总人数的42.71%；二是临危采取措施不当造成道路交通死亡事故31起，死亡37人，分别占道路交通死亡事故总起数的11.48%和死亡总人数的9.64%；三是未取得机动车驾驶资格的人驾驶机动车造成道路交通死亡事故16起，死亡18人，分别占道路交通死亡事故总起数的5.93%和死亡总人数的4.69%；四是肇事逃逸12起，死亡12人，分别占道路交通死亡事故总起数的4.44%和死亡总人数的3.13%；五是占道行驶造成道路交通死亡事故8起，死亡11人，分别占道路交通死亡事故总起数的2.96%和死亡总人数的2.87%；六是酒后驾车造成道路交通死亡事故7起，死亡11人，分别占道路交通死亡事故总起数的2.59%和死亡总人数的2.87%；七是货运机动车载人造成道路交通死亡事故2起，死亡6人，分别占道路交通死亡事故总起数的0.74%和死亡总人数的1.56%；八是其他交通违法行为造成道路交通死亡事故79起，死亡125人，分别占道路交通死亡事故总起数的29.26%和死亡总人数的32.55%。全区道路交通死亡人数控制指标情况。2008年西藏自治区安全生产监督管理局下达的全区道路交通事故死亡人数控制指标为478人，全区道路交通事故死亡人数为384人，占全年交通事故死亡人数控制指标的80.34%。

【严格车辆和驾驶人管理，提高管理和服务水平】全区各级公安交通管理部门为做好机动车和机动车驾驶人管理工作，狠抓源头管理，严格执行公安部《机动车驾驶证申领和使用规定》和《机动车登记规定》，严把机动车驾驶人考试、发证关和机动车入户、检验关，严厉打击走私、盗枪、非法拼（组）装机动车等违法犯罪活动。公开办事制度及收费项目和标准，增强透明度，接受社会监督，把机动车和机动车驾驶人管理的各项工作程序纳入规范化、制度化，做到照章办事，按程序办事，不断提高工作效率和服务质量，牢固树立了窗口交警的良好形象。

严把机动车入户、检验关。在受理机动车登记申请时，对申请材料齐全并符合注册登记的机动车，及时办理注册登记手续。并根据新修订的《中华人民共和国机动车号牌标准》，对中型机动车号牌进行更换。同时，对旅游客运车辆更换专段号牌。

严格按照《机动车驾驶证业务工作规范》的规定，严把机动车驾驶人考试、发证关。

【以“迎奥运、保平安”为主题开展交通安全宣传活动，进一步提高交通参与者的交通安全意识】一是深入运输企业对驾驶人讲交通安全课、播放交通安全宣传专题片，并进行集中宣传教育，强化驾驶人的交通安全知识教育。二是充分利用广播、电视、报纸、报刊等新闻媒体，扩大交通安全宣传教育的覆盖面，扩大宣传效果。三是在车辆管理所、交通违法处理、交通事故处理等窗口单位，张贴、展示交通安全宣传挂图和张贴事故案例图片，扩大宣传效果。四是通过交通安全宣传进农牧区、进社区、进单位、进学校、进家庭，使道路交通安全法律、法规家喻户晓、人人皆知，不断提高广大交通参与者的法律意识和交通安全意识，把维护良好的道路交通秩序变成广大人民群众的自觉行动。五是全区各级公安机关交通管理部门按照公安部的部署，积极开展形式多样的预防特大道路交通事故“百日行动”的交通安全宣传活动，拉萨市、日喀则、山南、那曲、昌都、阿里交警支队开展了进单位、企业的交通安全宣传活动，拉贡交巡警大队开展了进乡村的交通安全宣传活动，提高了广大交通参与者的交通安全意识。

【存在的问题】交警机构不全，道路交通管理工作难以开展。全区大部分县仍然没有设立公安交通安全管理机构，点少线长的矛盾日趋突出，县、乡道路失管失控的路段较多，严重制约着我区道路交通管理工作的开展。

警力严重不足，执法水平偏低。我区现有 596 名交通民警，管理全区道路(不包括城市道路) 48600 千米，远远不能适应道路交通管理工作的需要。部分交通民警的执法水平、形象有待提高。

道路交通科技装备落后，科技化管理水平较低。一是全区没有建立一个比较科学、配套设施较为完整的交通指挥中心，许多地区没有道路交通监控系统(电子警察)，不能对道路进行有效的管控，给查纠交通违法行为带来了执法上的困难；二是公安网络建设缓慢，不能实现全区联网，影响了全区交通管理各项工作的开展。

道路交通安全基础设施建设滞后。一是我区道路大部分属于三级和等外级公路，道路基础设施相对落后，道路交通标志、标线残缺不全，排查出来的交通事故多发点（段）得不到及时和有效的治理，极易发生重特大交通事故；二是城市停车泊位较少，路网建设不合理导致交通拥堵现象日趋严重。

预防交通事故工作有待加强。全区道路交通事故处于高发、多发时期，道路交通事故预防工作有待进一步加强。

交通安全宣传需要长期坚持。广大交通参与者的交通安全意识和遵守交通安全的法律意识还比薄弱。

自治区司法行政工作

【监狱劳教工作取得明显成效】2008 年，自治区监狱劳教各单位坚持把维护稳定作为监狱劳教工作的首要政治任务，建立健全以防控、排查、应急处置、领导责任“四项机制”为主要内容的安全稳定长效机制。特别是针对“3•14”事件有可能对狱内罪犯带来负面影响的情况，为严防冲监、闹监、暴狱等事件的发生，在公安、武警等部门的支持配合下，妥善处理了非常时期的罪犯家属探视等工作，教育引导狱内押犯正确认识了“3•14”事件的真相。通过一系列扎实有效的工作措施，确保了全区各监狱、劳教所的持续安全稳定。同时，监狱体制改革、监狱布局调整、信息化建设等工作稳步推进并取得阶段性成效。全年，罪犯劳教人员脱逃率为零、服刑人员非正常死亡率为零，全区监所未发生重，特大案件，未发生监管改造事故和生产安全事故，监所形势保持良好。

【普法依法治理工作成效明显】深入推进“法律七进”工作，以领导干部、公务员、青少年、寺庙僧尼、企业经营管理人员和农牧民为重点，不断提高全体公民的法律意识和法律素质，全面推进依法治理工作，不断提高各级政府和社会组织依法管理水平。2008 年 5 月至 9 月在全区范围内全面开展了对我区“五五”普法工作的中期督导检查，“五五”普法已经完成了启动阶段的各项任务，取得了阶段性的成效。我区已建立健全了县、乡、村三级普法网络，夯实基层普法力量；专项法制宣传活动开展有声有色，在铁路沿线深入开展爱路、护路法制宣传教育工作，利用各种宣传日开展各种形式的宣传活动，开展维护祖国统一、促进社会稳定、知识产权保护、道路安全、妇女儿童保护、预防青少年违法犯罪等专项法制宣传教育；举办《物权法》培训班，邀请专家主讲，全区 80 多名普法工作者接受了物权法的系统培训；认真组织开展了以“人文奥运、法治同行”为主题的奥运法制宣传教育活动；积极开展“法治城市”、“法治县”、“民主法治村”、“民主法治社区”、“依法行政示范单位”、“诚信守法企业”等创建活动。

【法制工作进一步加强】自治区司法厅制定上报了《关于制定西藏自治区司法厅执法资格及法律依据等情况的报告》，并下发了《关于印发西藏自治区司法厅行政执法责任制实施方案的通知》，建立健全行政执法程序和规则，建立和推行行政执法责任制工作，以确保推行行政执法责任制工作顺利进行。同时起草了《西藏自治区司法厅行政执法评议考核办法（试行）》，为下一步对自治区司法厅进行行政执法考评提供了依据。积极参与上级机关组织的法律、法规、规章的起草工作，自治区司法厅先后对自治区人大、政府、司法部以及自治区有关部门送交的法律、法规、规章（草案）30 多件，认真、及时提出修改、补充意见，并及时交送各有关单位。

【进一步强化人民调解工作职能】各地狠抓人民调解组织建设，积极探索建立区域性行业性调解组织，以选好配齐人民调解员、优化调解员的知识、年龄结构为着力点，通过举办各种培训班和以会代训等方式，加强对人民调解员和司法助理员的培训，2008 年，全区实际建立各级人民调解组织 6126 个，调解员实有 25955 人，司法助理员 692 人。认真开展“我为和谐作贡献”人民调解主题实践活动，推进各地市主题实践活动有序开展。全年，各级人民调解组织共受理调处各类矛盾纠纷 5812 件，调解成功

5738 件，调解成功率为 98.7%，防止民间矛盾纠纷激化 59 件，进一步维护了基层社会的稳定。动员社会各方面力量共同做好安置帮教工作，目前全区共有各级安置帮教机构 573 个，2008 年全区各级安置帮教机构衔接刑释解教人员 264 人，安置 223 人，安置率为 84.5%，帮教 259 人，帮教率为 98%，重新犯罪率为 0%。2008 年，全区 73 个县司法局机构编制已全部解决，其中共有 54 个县市区已设立县司法局；其余 19 个县司法局的机构编制也得到解决，正在建设中。

【法律服务工作取得新进展】截至 2008 年 10 月 10 日，全区共有律师事务所 17 家，有执业律师 92 人，其中社会律师 82 人，公职律师 2 人，公司律师 1 人，法律援助律师 7 人，律师人数比上年新增 11 人，形成社会律师、公职律师、法律援助律师相互并存、共同发展良好局面。2008 年全区律师共办理各类案件 1416 件，全区共有 7 家公证处，有公证员 17 名。2008 年全区公证机构共办理各类公证 6424 件，其中国内民事公证 3221 件，公证涉及财产标的额达 3 亿多元。同时完成原自治区公证处移交拉萨市司法局工作，并与拉萨市公证处合并成立西藏自治区拉萨市阳光公证处。积极开展法律救助工作，积极加强基层法律援助机构建设，2008 年新增 29 个县级法律援助中心，初步实现了我区法律援助机构三级网络建设。各级法律援助机构全年共办理各类法律援助案件 1328 件，代写法律文书 696 份，解答法律咨询 7827 人（次）。积极开展《法律援助条例》实施五周年宣传周等活动，出动法律援助工作人员 190 余人，向群众发放宣传资料 39652 份，悬挂横幅 50 余条，现场解答各种法律咨询 1042 人次，出动宣传车 56 辆。司法鉴定工作成效明显，按照中央司法体制和工作机制改革要求，2008 年西藏警官高等专科学校司法鉴定所和西藏阜康医院法医临床司法鉴定中心挂牌成立，填补了我区没有面向社会服务的司法鉴定机构的空白。

【大事记】

1 月 9 日上午，涂汉平同志主持召开会议，认真传达全区维稳工作会议精神。

1 月 29 日、30 日，全区司法行政工作会议在拉萨召开。厅领导、各地（市）司法处（局）长、厅直单位及厅机关部门负责人参加了会议。区党委常委、自治区常务副主席白玛赤林出席会议并作了重要讲话。

1 月 31 日，司法厅举行向县司法局配备车辆及办公设备发放仪式，向 2005 年前已有机构编制的 40 个县司法局发放了价值 80 余万元的办公设备，并向阿里地区司法处发放了河北省援助的车辆。

1 月 31 日，中英人权对话机构英国代表团一行 13 人在代表团团长、英国海外人权司亚洲人权处处长海兰德女士的带领下参观了自治区监狱，了解了监狱管理状况、人权状况，国家外交部、自治区外事办相关人员陪同。

2 月 3 日，区党委常委、自治区常务副主席白玛赤林慰问监狱劳教干警。

3 月 17 日上午，何平同志在厅机关有关部门同志的陪同下，看望并慰问驻守在司法厅机关周边街道上的值勤武警官兵。

3 月 21 日上午，钟巴桑同志以及厅机关有关部门同志，看望慰问到底路两个执勤点的值勤官兵。25 日上午，钟巴桑同志再次看望慰问值勤点武警官兵，司法中心医院医护人员还对官兵们开展了一系列就诊送药活动。

3 月 28 日，钟巴桑同志带领司法厅慰问组一行赴共建单位——拉萨市城关区公安分局夺底路派出所，慰问该所在拉萨“3•14”事件中受伤的民警。

4 月 4 日，司法厅召开厅务会议，传达贯彻落实自治区全面深入扎实做好维护社会稳定工作电话会议精神，安排部署司法行政系统的安全稳定工作。

4 月 9 日至 19 日，涂汉平同志带领工作组前往波密监狱检查安全防范情况，部署对服刑人员的宣讲教育工作，确保监狱的安全稳定，维护正常的监管改造秩序。

4 月 28 日至 5 月 8 日，加永仁青同志带领计财装备处的同志，到波密监狱指导维护安全稳定工作。

5 月中旬，昌都地区边坝县司法局正式组建成立，全地区县司法局组建工作完成。

5 月 16 日司法厅系统干警向灾区人民捐款 453024 元，5 月 26 日司法厅系统党员（含入党积极分子、公青团员）缴纳“特殊党费”425101 元，6 月初全区司法行政干警向灾区司法行政干警捐款 280809.92 元，三次共捐款 1158934.92 元。

5 月 27 日，中国法律援助基金会为山南地区七个县级法律援助中心捐赠价值 8 万余元的电脑、打印机等办公设备。6 月 17 日，李英同志主持召开会议，认真安排部署拉萨市喜迎“奥运圣火”、“雪顿节”爱国卫生运动活动各项具体工作。司法厅直属监狱、劳教单位和厅机关相关部门负责人参加了会议。

6 月 19 日，王槐生同志主持召开专题会议，安排部署奥运会圣火传递期间安全稳定工作。

6 月 24 日，卓嘎同志到波密监狱检查指导工作，对监狱的监管改造工作做了深入细致的调查了解，对监管安全提出了具体要求。

8 月 10 日，荣生同志深入自治区监狱、拉萨监狱和曲水监狱，就自治区、司法部以及厅党委关于确保奥运会期间安全稳定一系列工作部署和要求的贯彻落实情况进行督查指导，调研了解各监狱在安保工作中急需解决的困难和问题，亲切看望监狱值班民警。

10 月 31 日至 11 月 4 日，李英同志率工作组赴波密监狱对受雪灾损失、监狱自救情况进行了实地查看和调研，并对监狱干警进行了慰问，对下一步监狱灾后恢复重建、监管改造工作和学习实践科学发展观活动提出了建议和要求。

10 月 30 日，荣生同志主持召开了会议，传达全国监狱教育改造工作会议精神，研究探索我区监狱教育改造工作新模式。

【领导名录】

书记：王槐生

厅长：荣生

副厅长：涂汉平、加永仁青、姬亚军、李英、何平

纪委书记：钟巴桑

政治部主任：卓嘎

监狱局局长：洛桑格列

劳教局局长：侯顺卿

第三篇 军 事

西藏军区

【支援配合汶川特大地震抗震救灾】“5•12”汶川特大地震发生后，西藏军区第一时间即指挥驻川部队开展自救互救，组织驻川办事处做好抗震救灾工作，搭建防震棚3000余平方米，及时安排好受灾离退休老干部、基层官兵、职工、家属的生活，积极接收、妥善安置灾区群众。积极做好家庭受灾官兵工作，努力解决实际困难，稳定官兵思想，数次向家庭受灾官兵捐赠慰问金，及时进行教育引导，确保官兵思想稳定，全区3697名家庭受灾、39名直系亲属遇难的官兵，无一人向组织提出回家要求，始终坚守在工作一线。组织官兵捐款捐物，为汶川地震灾区“送温暖、献爱心”，从军区首长、机关到基层分队，从城镇部队到边防一线哨所，从驻成都、兰州、格尔木、郑州各办事处、干休所到各人武部、预备役部队，广大干部、战士、职工踊跃捐款600余万元、交纳“特殊党费”939万余元，为灾区抗震救灾作出了积极贡献。

【组织抗震救灾】2008年10月6日16时30分，当雄县突发6.6级地震，拉萨市区和山南泽当镇震感强烈，地震发生后，西藏军区即安排4名军区副职领导分别负责与自治区党委政府联系、检查拉萨社会面上情况、检查拉萨片部队安全管理、检查部队营房受损及自身防灾避灾工作，向全区部队了解灾情，掌握部队人员、装备、营房和辖区群众受灾情况，下发防灾减灾紧急通知；迅即启动应急机制，建立专项值班，第一时间向军区作战值班室报告，安排拉萨片专业部队1000人作好救灾准备，令离震中最近的部队40名官兵、当雄县人武部组织40名民兵火速赶赴灾区，派军区现场指挥组急赴灾区现场，经车行徒涉，在震后第一时间内军区救援分队作为第一支救援力量奔入海拔4600米的震中羊易村，在震后黄金救援时间初期紧急抢救出全部被埋群众；根据灾情，令西藏军区总医院野战医疗队65人携带医疗器械、药品和物资器材，投入灾区抗震救灾，部队1个运输小分队连夜运送自治区民政厅调拨的帐篷、食品等救灾物资前往灾区。救灾部队250余官兵冒着零下7度的严寒，连续奋战，在距震中30千米范围内展开全面搜救，从废墟中紧急救出并后送所有伤员，为灾区群众搭建帐篷200余顶，诊治群众1231人次，向西藏军区总医院后送受伤群众21人，向灾区捐赠药品价值10万余元；为最大限度减少人民群众财产损失，防止机械清理时二度损坏群众财物，采取手工方式，清理废墟危房256间，抢救出粮食90余吨、木材135余立方米，各类生活用品20000余件，现金10万余元、黄金白银价值30余万元；20天内每日为860余名受灾群众提供两餐热食保障；为灾区运送救灾物资62吨；抢修保通道路26千米，加固桥梁1座；检测水源21处，环境和废墟消毒20余万平方米，发放饮水消毒剂80公斤；向灾区捐赠现金10万余元，罐头3吨、干粮2吨，衣物、被褥6000余件(套、床)。

【组织抗雪救灾】2008年10月26～31日，西藏昌都、山南、林芝、那曲、日喀则等地普遍降雪，部分地区灾情严重。面对突如其来的特大雪灾，成都军区党委、首长和机关高度重视，司令员李世明、政委张海阳多次作出重要批示，要求把官兵生命安全摆在首位，科学实施抗灾救灾，并派出工作组赴藏核实灾情、指导救灾。西藏军区迅即启动防抗雪灾应急机制，以错那方向救灾为重点，第一时间做出安排部署，西藏军区司令员舒玉泰、政委王增钵和副司令员金毅明先后深入救灾第一线，看望官兵、慰问群众、指导救灾。部队迅即反应，在全力自救的同时，第一时间对地方实施紧急救援，共出动官兵1160人次，车辆和机械53台次，支援错那县救灾，解救群众313名、牲畜18130头、抢修（疏通）地方公路56千米，维修民房19间；出动兵力6350人次，车辆机械97台次，积极开展自救。这场特大雪灾给军区部队造成直接经济损失5,177万元。

【开展国防教育活动】2008年，在自治区全民国防教育活动中，一是紧贴形势任务开展教育。“3•14”事件以后，自治区国动委国防教育办公室在全区组织了以“维护国家统一、共筑和谐家园”的全民国防教育日活动。活动中，通过设立街道、社区、学校等宣传点，现场发放《国防法》、《国防教育法》、藏汉版教育画册等宣传资料20多种近5万余份。组织官兵、大中专院校学生和行政单位干部职工参观爱国主义国防教育基地。二是努力拓展教育空间。采取“走出去，请进来”等方式邀请国防大学孟庆全教授为在校大中专学生作专题报告。利用“清明节”、“建军节”、“国庆节”和创建文明青藏铁路等大型活动开展教育。在自治区各新闻媒体开设国防教育专栏，利用电视台、广播电台、报刊杂志等现代传媒开设“国防时空”、“高原子弟兵”等专栏节目，收到了较好的宣传教育效果。三是大力推进基地化教育。10月初，先后完成西藏博物馆和西藏武警总队史馆“国防教育基地”挂牌仪式，并组织官兵、学生、职工进行了参观教育。目前，全区已命名的自治区级国防教育基地已达15处。

【外事工作】1月6～7日，应中央军委委员、总参谋长陈炳德上将邀请，尼泊尔军队参谋长卢克曼古德•卡特瓦尔上将赴拉萨参观访问。卡特瓦尔上将一行7人先后参观布达拉宫、大昭寺、拉萨火车站等地。西藏军区副司令员金毅明代表司令员董贵山、政委王增钵会见了卡特瓦尔上将一行。双方表示，中尼两国是山水相连的友好邻邦，两国人民有着深厚的传统友谊，两国军队也保持着良好的关系，希望双方一起推动两军交流与合作，促进两军关系不断深化。西藏军区副司令员金毅明还向客人简要介绍了西藏军区基本情况及西藏自治区、拉萨市的人文和经济建设情况，卡特瓦卡上将对西藏军区热情友好接待表达了诚挚谢意。

【开展改革开放30周年纪念活动】9月29日～10月5日，各部队举办改革开放30周年知识竞赛、读书演讲、黑板报评比、影评DV、动漫作品比赛和书法美术摄影展。同时，各部队以话巨变、颂改革、赞成就为主题，举办军民联欢晚会，大力讴歌改革开放喜人成果，凝聚部队军心士气。11月10日～12月20日，军区举办纪念改革开放30周年书法美术摄影展，全区部队共征集上报作品200余幅，西藏军区副司令员高凯、副政委王克林、政治部主任宋景原均出具作品参加了展览，遴选装裱200余幅精品，制作橱窗，在军区大礼堂前厅展出，驻拉萨片部队观看展览人数近万人。12月下旬至2009年元月初，军区举办“高原欢歌——纪念改革开放30周年文艺晚会”。晚会以军区文工团节目为主，以拉萨片部队推荐的优秀节目为辅。主场演出于元月6日在军区俱乐部礼堂举行，参加西藏军区八届六次全体（扩大）会议的全体代表观看了演出，晚会共演出10场，驻拉萨片部队观看人数近万人。

【开展拥政爱民活动】4月24日，西藏军区下发《发挥三队作用，掀起拥政爱民新高潮活动意见》，全区官兵采取定点挂钩、特色帮助、重点援建、形象示范等方式，先后出动官兵34200余人次，广泛开展“拥政爱民一条街”、“万人大扫除”、团以上干部“1+1”助学等30多项活动，共出动车辆520台次，设立便民服务点634个，义务巡诊7800余人次，发放药品价值160余万元，帮助藏区群众清理垃圾720多吨、修理家电1500多件，帮助137家被毁商铺恢复营业，走访慰问共建单位1048个、贫困户1260户，赠送慰问金600余万元。为驻地学校派出校处辅导员1556名，新结共建对子410个，有效促进了社会秩序的恢复正常。8月28日，军区召开群众工作座谈会，认真总结了经验，探讨新形势下开展群众工作路子，进一步明确了群众工作任务。11月23日，根据自治区党委统一安排，军区在拉萨宇拓路步行街、北京东路开展“双拥一条街”活动，共为3万余名群众提供赠送药品、义务巡诊、家电维修、访贫问苦等服务。

【参加拉萨市“六城同创”活动】2008年，拉萨警备区为配合拉萨市委、市政府开展“六城同创”（创建全国文明城市、国家生态园林城市、中国最佳旅游城市、国家环保模范城市、国家卫生城市、全国“双拥”模范城市）活动，参与了拉萨市的植树造林、美化城市、双拥共建、综合治理和社会主义新农牧区建设，开展进社区、进校园、进寺庙，学藏语、学英语、学普通话的“三进三学”活动。全年，共植树60万余棵，清理垃圾120余吨，清理路标路障80余个，义务巡诊2500余人次，为西藏大学等大中院校军训学生2100人，为120名农牧民群众进行了种养殖技能培训。

【援建新农村建设示范点曲夏村】7月29日，日喀则军分区援建新农村建设示范点曲夏村工程仪式启动，日喀则市委书记华玉松同志、日喀则军分区政治委员余琨同志共同为援建项目纪念碑揭碑。按照统筹城乡经济发展的要求，坚持因地制宜、统筹兼顾、量力而行的原则，以改善群众生活条件和增加人均收入为首要目标；以解放和发展生产力，确保种养殖业和第三产业迈上新台阶为主要任务；以加快示范点社会事业发展、强化村容村貌建设为重点，努力推动曲夏村社会主义新农村建设又好又快发展。日喀则军分区先后投资21万元，修建了一条长248米贯通全村的“军民共建和谐路”，修建长628米的“军民鱼水渠”，帮助曲夏村抢种抢收；投资7万余元为村委会购买了手扶拖拉机、电视机、电动酥油桶、棉被等物资；村委会办公楼落成后，赠送了价值5万余元的办公设施，改善了该村生产生活和办公条件。

【扑灭多布村森林大火】3月3日17时，林芝县多布村西侧约2千米处突发森林大火，西藏军区迅即启动抢险救灾应急机制，成立灭火救灾指挥组，由军区副政委兰体堂现地统一指挥。扑火救灾行动指挥科学、措施得力，参战官兵不畏艰难，克服火场山高坡陡、高寒缺氧、风力较大等不利因素，成功开辟出一条宽40米，长30千米的防火隔离带，有效防止了大火蔓延。至9日10时，军民经过6天时间的连续奋战，彻底扑灭了原始森林大火。

【扑灭鲁郎乡和更张森林火灾】2月24日22时40分，部队接林芝地区行署通报，林芝地区鲁郎兵站以南4千米处发生森林大火，请求前往协助扑灭森林大火。2月25日7时00分，该部出动官兵携带相应抢险救灾器材迅速赶往火灾现场实施救火。经过数十小时奋战，砍隔离带2千米，共计灭火45亩，圆满完成任务区内的灭火工作。3月3日17时00分，林芝地区更张至多布村一线发生森林大火。在西藏军区副政委兰体堂的统一指挥协调下，该部队迅速做好扑灭森林大火的出动准备。3月4日～6日，采取“开隔离带防止火势蔓延与拉网式搜索余火、清理烟点”相结合的方法，经过48小时的激烈奋战，成功开辟隔离带2.5千米、有效控制明火1千米、彻底清除暗火500余处，圆满完成了扑火任务

【卡定沟森林灭火】3月3日17时40分，距林芝县八一镇27千米处的卡定沟发生森林火灾，过火面积达6000余亩。应林芝地区灭火行动指挥部请援，经请示军区同意部队立即启动抢险救灾应急方案，成立了灭火指挥部，3月4～7日，在军区统一指挥下，执行灭火任务。针对灭火地域山势险峻、坡陡沟深，火灾现场风势较大、风向不定且落石较多的实际，指挥部认真组织现场勘察，准确判明火情，迅速定下决心；广大官兵发扬"冲锋在前、勇挑重担，不畏艰难、顽强拼搏"的抗灾救灾精神，采取直接扑打、加宽隔离带、外围沿边压制、分段扑救等灭火方法，至7日15时30分，安全、顺利、圆满完成了灭火任务。

【征接西藏军区首批直招士官】此次直招士官工作是全军首次从普通高等学校毕业生中招收士官， 2008 年军区在云南、贵州、四川、重庆3省1市共招收数百名士官。采取有效措施，确保了直招士官接收、中转任务的圆满完成。

【李素芝荣获"与时代同行---改革开放30年军营新闻人物"】2008年12月，西藏军区副司令员兼西藏军区总医院院长李素芝同志荣获改革开放30周年军营新闻人物，受到胡总书记等党和国家领导人的亲切接见。李素芝在西藏外科主刀32年来，手术13000多例，抢救垂危病人、重大手术600多例，被誉为"高原一把刀"、"雪域神医"。2000年以来，他亲自主刀开展了首例高原浅低温心脏不停跳心内直视手术、肾移植、背驼式全肝移植术、冠状动脉内支架植入术、腔静脉滤网植入术等，共为650余例先天性心脏病、风心病患者免费治病，手术成功率达98.6%。先后发表有价值的学术论文230篇，获得科技成果奖30项，开展新技术134项，其中17项创世界医学奇迹、32项属国内首创、34项填补高原医学空白，获国家和军队科技进步奖20项。他组织研制的高原康胶囊、花虫胶囊、高红冲剂、九二接骨灵等15种药品，临床应用治疗高山病效果明显。他跑遍了西藏边防连队和哨所，行程逾百万千米，为军民巡诊30万余人次，发放"免费医疗证"12000多个，为高海拔官兵和驻地寺庙僧尼建立"健康档案"15000多份。下降到现在的2%—3%，治愈率达到100%，驻藏部队连续12年没有一名官兵因急性高山病死亡。李素芝先后荣立一等功1次、二等功两次、三等功四次。2004年6月被评为全军优秀共产党员、2004年9月被中共西藏自治区委员会和西藏自治区政府授予全区民族团结进步先进个人荣誉称号，并被作为全国全军重大典型进行了广泛宣传。2005年5月被国务院授予全国民族团结进步模范个人荣誉称号，2007年9月，被荣获全国道德模范，受到胡锦涛总书记等党和国家领导的亲切接见。2008年12月荣获"军队杰出专业技术人才奖"。

武警部队西藏自治区总队

【年度综述】2008年，总队在形势严峻复杂，维稳任务繁重，部队高强度用兵、超负荷运转、长时间作战情况下，官兵共同努力，经受住职能使命、政治要求、艰难困苦的严峻考验，圆满完成处置拉萨"3•14"事件、奥运圣火上珠峰和火炬拉萨传递安保等重大任务，镇守维稳取得阶段性胜利，部队持续安全发展，连续三年实现"三无"，部队建设在增编壮大中全面进入新的发展机遇期。

【处置拉萨市打、砸、抢、烧严重暴力事件】3月14日11时许，拉萨小昭寺僧人出现异常举动，到寺庙做工作的公安民警和地方工作组被闹事僧人围困，遭到袭击。西藏总队出动兵力前往解救。此时，多名僧人冲上房顶，向武警官兵和工作组人员投掷石块，用刀具击刺，并不断有不法分子加入，解救分队带工作组迅速撤出。随后，1000余名闹事分子在八廓街聚集，边挥舞哈达边呼喊反动口号边打砸抢烧，潜伏在其它街道暴徒也走上街头实施暴行，事态迅速蔓延至八廓街周边区域，在拉萨市内发生70多处放火事件，造成60多处商铺、医院、学校、银行、新华社和机关企事业单位建筑被烧、被砸，数十辆车辆被焚，公安、武警和群众数十人受伤。事件发生后，总队领导紧急调整部署，迅速调集兵力对闹事人群实施强行驱散，解救出被困在派出所38名公安民警，对大昭寺广场和布达拉宫广场实施有效控制，组织人员严厉打击社会面打砸抢烧暴力分子。派兵驻守自治区党政大院、联指所在地拉萨市公安局、自治区2号院、新华分社、卫星发射台等重要目标。3月14日22时，解救群众数百人，多次完成机动突击任务，扑灭火灾60余处。

3月10日以来，达赖集团蓄谋已久、长期准备、精心策划制造的一系列打、砸、抢、烧等严重暴力事件在拉萨发生，18名无辜群众被暴徒烧死、砍死，328人受伤，10台自动取款机被破坏，300余座建筑和120余户民宅被焚烧，900余户商铺被抢烧砸毁，直接经济损失2.5亿元。整个执勤期间，广大参战官兵始终高举"三面旗帜"，严把政策界限，保持极大忍耐与克制，积极发扬听党指挥、服务人民、英勇善战优良传统，战斗在最艰苦、最复杂、最危险岗位，未动一枪一弹，防止了西方反华势力和达赖集团恶意炒作，为党中央处理"西藏问题"在政治上赢得主动。胡锦涛主席高度评价："武警部队对平息事态，稳定大局起到关键性作用"。军委郭伯雄副主席称赞："参战武警部队不讲困难、不打折扣，体现了忠实履行使命的崇高精神和对党、对祖国、对人民无限忠诚"。

【恢复生活秩序为民做好事活动】3月17日，总队结合社会形势和执行任务情况，积极加强与地方党委政府协调，帮助拉萨市恢复正常秩序，总队专门召开会议，成立领导小组，协调组织实施，深入开展为民做好事活动，总队驻拉萨部队出动兵力，清理街道5000余米，清运垃圾6吨，恢复街道护栏、交通标志30余处，印发传单5000余份，为100余群众义务诊治，发放药品价值1万余元，维修自行车10余辆，电器10余件，为市民理发服务30人次，为在事件中受伤受损群众家庭、孤寡老人、孤残儿童赠送价值1万余元慰问品，受到广大人民群众欢迎，展示了武警部队良好形象。

【完成奥运圣火登顶珠峰护卫任务】4月25日至5月10日，西藏总队动用兵力，各种车辆，往返行程1334千米，修订完善武装护送方案；2次向自治区向巴平措主席汇报工作，2次召集自治区公安厅、警卫局、消防总队、边防总队、自治区奥运安保领导小组和国家奥组委相关人员召开协调会和勤务部署会，郭毅力总队长率直属支队护卫队亲自将圣火护卫到珠峰大本营，确保了圣火登珠峰活动顺利进行，圆满完成奥运圣火火种珠峰大本营守卫、珠峰大本营至拉萨武装护送任务。

【向四川地震灾区捐赠】5月14日，总队机关开展向四川5•12汶川地震灾区捐款活动。武警总队官兵代表300余人参加捐款活动。全总队官兵向四川灾区捐款90余万元。4539名党员向灾区人民交纳特殊党费2457911.70元。5月18日下午，总队向"5•12"汶川地震灾区捐赠大米10吨、面粉10吨等生活物资，由专列送往四川灾区。

【奥运火炬拉萨传递】6月20日13时30分，北京奥运圣火抵藏；21日9时0分，在罗布林卡举行起跑仪式后，奥运火炬经过156名火炬手，在拉萨进行9.3千米传递，顺利进入布达拉宫广场，11时10分熔火仪式结束。西藏总队担负奥运圣火、火炬运行团队抵藏时贡嘎机场至拉萨路线警卫、随队护卫和专机守卫任务；总队及增援部队担负火炬运行团队住地警卫、圣火守卫，起跑仪式、熔火仪式现场警卫，火炬传递时火炬运行团队、火炬手核心护卫、路线警卫和圣火紧急转场时武装护卫等任务。武警西藏总队与公安民警、西藏军区等单位密切协同，拉萨火炬传递安全顺利，西藏社会面安全稳定，实现"三个确保、一个展示"要求。

【抗震救灾】8月25日21时22分，仲巴县发生里氏6.8级地震，仲巴县中队立即召开会议，研究自救措施，部署抗震救灾工作，启动抗震救灾预案，中队担负装卸帐篷、食品、饮用水等救灾物资和对县城实施武装巡逻，维护社会秩序等任务。灾情稳定后，中队组织官兵向附近群众宣传防震救灾知识，消除了群众恐慌心理，并带罐头、大米、清油等物品看望慰问县城附近受灾藏族孤寡老人，受到地方领导和人民群众高度赞誉。

10月6日16时30分，拉萨市当雄县格达乡发生里氏6.6级地震，拉萨市有强烈震感。地震造成格达乡羊易村9人死亡，19人受伤（11人重伤、8人轻伤），房屋坍塌171户。灾情发生后，总队快速反应，立即启动抗震救灾应急机制，成立以郭总队长为指挥长的抢险救灾领导小组，派出由混新华副参谋长带队的总队前指率直属支队、拉萨支队赶赴灾区参加抗震救灾；指定指挥学院、那曲支队作为预备队，做好增援准备；根据自治区救灾现场指挥部统一部署，部队主要担负维护现场秩序、搭建帐篷、搜救清理、卸载救灾物资等任务。总队亢进忠政委亲自到地震灾区看望受灾群众和救灾官兵，救援部队在一天时间里，为受灾群众搭建帐篷130余顶，清理废墟50余处，卫生消毒600余平方米，抢通道路3处，转移受灾群众50余人，卸载救灾物资40余吨。同时，总队筹集大米、面粉、白糖、大衣、棉衣、棉褥等价值30余万元物资支援灾区，以实际行动展示了武警部队良好形象。

【抗雪救灾】10月26日至28日，山南地区错那、隆孜等县普降暴雪29小时，积雪平均厚度70厘米，造成部分房屋倒塌、群众被困、牛羊死亡。山南支队组成100名官兵救援分队奔赴重灾区隆孜县日当镇救援。救援分队先后在受灾最严重的腊若雍措湖畔、果定牧区、扎都东沙等放牧点搜救，协同地方工作组成功搜救被困牧民146人（含伤员7名）、转移牲畜约1.7万头（只）、转移受灾群众425人、转送草料3吨、打通救援通道5.3千米，救援官兵在雪地徒步搜救行程达35千米，徒步踩踏出牲畜通道达10.5千米，义务巡诊105人，发放药品价值4500元，发放干粮450份，受到当地民众好评。

【领导名录】

总队长：郭毅力　少将
第一政治委员：王宾宜（自治区党委常委、政法委书记兼）
政治委员：亢进忠　少将
副总队长：刘思寿　大校
　李绍安　大校
　卓　珠　大校
　肖阳中　大校
　肖运洪　大校
副政治委员：刘成俊　大校
　苟春燕　大校
　马小俊　大校
参谋长：宋保善（11月离任）大校
　刘国荣（11月任）　大校
政治部主任：陆宝荣　大校
后勤部部长：冯家海　大校

西藏公安消防总队

【年度综述】2008年，全区消防部队成功参与处置拉萨"3•14"事件，圆满完成了北京奥运会和残奥会、"萨嘎达瓦"宗教活动、"10·6"抗震救灾、"10·26"抗雪救灾等多项急难险重任务。同时，社会消防安全环境明显改善，消防应急救援网络体系逐步形成，部队"三基"工程建设成效显著，实战能力稳步提升，为维护西藏社会局势稳定、促进经济发展、保卫人民群众生命财产安全，作出了重要贡献，得到了自治区党委政府、公安部、公安部消防局和公安厅党委的高度评价。

【以强力维护西藏社会局势稳定为重点，圆满完成各项消防安全保卫任务】拉萨"3•14"事件暴发后，总队党委率领全区消防官兵，不怕流血牺牲，浴血奋战200个小时，圆满完成了扑灭火点、抢救人员、寺庙封控、重点驻守、增援周边、清除路障、火灾评估等各项任务。特别是在3月14日至3月19日的紧急关头，驻拉萨消防部队和增援分队出动消防车辆880台次、警力6937人次，扑救各类火灾650多起，抢救27人，疏散转移群众2000余人。期间，消防官兵多次被暴徒围攻，10名消防官兵英勇负伤，多辆消防车和保障车被烧毁、砸毁。事态平息后，又参与完成了"3•14"涉案人员抓捕、重点人员管教看护等工作，为迅速平息事态、保护人民群众生命财产安全、恢复社会正常秩序，作出了突出贡献。

长期驻守，突出重点，圆满完成奥运消防安保任务。拉萨"3•14"事件后，全区消防部队出动400余名警力驻守在全区重点寺庙、重要民生目标和边境一线长达8个月；总队党委常委带领工作组赴重点地区，督导开展维护稳定和奥运

消防安保工作长达数月；全区消防部队组成多个调研组，行程2000余千米，深入涉奥场所、线路及周边重点单位，深入开展消防安全形势调研，扎实推进“三个专项行动”；期间，部队参与了“天路08”、“雄鹰08”、“公交车疑似爆炸物”等联合反恐演习；举行了“祥云1号”实战演练，完成了“萨嘎达瓦”宗教活动、“雪顿节”、“冲拉亚岁”、中央与达赖私人代表接谈等重大敏感期的消防保卫任务，确保了奥运期间我区的局势稳定和火灾形势的总体平稳，得到了自治区党委政府和公安部党委的充分肯定。

响应迅速，专业高效，圆满完成“10·6”抗震救灾工作。拉萨市当雄县“10.6”地震发生后，总队党委立即启动应急预案，迅速成立抗震救灾领导小组，先后派出110名警力、14辆各类消防车和保障车，第一时间赶赴灾区开展抗震救灾工作，成功抢通因山体滑坡中断的交通要道，高效完成对震中17户59间危房的搜救工作，抢出粮食11000余斤、现金及生产生活用品等价值达40.余万元。大力开展救护安置工作，积极协助发放赈灾物资，清理灾后现场，帮助受灾群众搬运物品，搭建帐篷20顶，安置受灾群众87人，及时为灾区配发灭火器250具，积极投入灾后重建工作。

行动快捷，情系民生，全面开展“10·26”抗雪救灾工作。10月26日至10月28日，西藏东部、中部出现有气象观测记录以来，范围最广的强降雪天气过程，全区19个县（市、区）不同程度受灾。灾情发生后，全区消防部队特别是山南、林芝、日喀则、昌都、那曲等受灾地区消防部队立即行动，迅速启动应急预案，全力投入抗雪救灾工作，紧急派出警力，抢救被困人员，帮助受灾群众清除积雪、义务送水、购买日常生活用品等。特别是山南地区错那县消防大队，成功营救出5名被困群众，受到当地党委政府和人民群众的普遍赞誉。

2008年，全区消防部队共有2个单位分别被公安部和自治区公安厅荣记集体二等功，1个单位被公安部荣立集体三等功，2个单位被自治区党委政府评为“民族团结进步先进集体”，26名同志荣立二等功，183名同志荣立三等功，3名同志被自治区党委政府评为“民族团结进步先进个人”，2名同志被自治区党委政府评为“北京奥运火炬登顶珠峰暨拉萨传递工作先进个人”，1名同志荣获第五届“西藏青年五四奖章”。

【全区公共消防安全水平明显提升】各级政府消防安全责任得到进一步落实。2008年，全区消防部队积极推动各级政府深入贯彻国务院15号文件、全区消防工作会议和“十一五”消防发展规划，逐级落实消防安全工作责任制。各级政府对消防工作进一步重视，将消防工作列入了重要议事日程，建立了组织领导、协调决策、经费保障等工作机制。多次召开专题会议，研究解决消防工作中的重大问题和落实《消防安全目标管理责任书》，社会各单位主体意识不断增强，消防工作社会化水平进一步得到提升。11月份，自治区政府牵头对各地（市）落实《消防安全目标管理责任书》情况进行了考评验收。

社会火灾防控工作力度不断加大。2008年，全区消防部队以民生目标、文物古建筑、人员密集场所、公众聚集场所和易燃易爆场所为重点，深入开展消防监督工作，全力消除火灾隐患，共检查单位13734家，发现火灾隐患7916处，当场整改4192处，责令限期改正1246处，责令三停11家，罚款9.64万元。全年全区共发生火灾170起，死亡6人，受伤9人，直接财产损失47,635,465元。同比2007年，起数减少47起，下降21.66%；死亡人数减少4人，下降40%；受伤人数减少2人，下降18.18%；直接财产损失增加44,179,116元，上升1278.2%（其中那曲“1·19”综合市场火灾损失918万余元，“12·25”拉萨仁溢商贸仓库火灾损失3355万余元）。全年无重特大火灾事故发生。

文物古建筑消防工作成效明显。针对我区文物古建筑严峻的消防安全形势，深入开展了全区文物古建筑消防工作调研，形成了调研报告，提请自治区人民政府下发了《关于进一步加强西藏文物建筑消防安全工作的通知》，联合自治区文物局、民宗委，开展了西藏文物建筑单位消防安全专项治理活动，配合中央驻藏媒体及西藏三大媒体，大力开展文物古建筑消防宣传工作，掀起了文物古建筑消防安全专项治理和消防宣传活动的热潮。

消防监督执法进一步规范。为进一步规范消防执法行为，总队制定下发了《西藏自治区公安消防机构内部执法监督实施办法》、《西藏自治区行政处罚自由裁量暂行规定》等规范性文件，加大了对基层单位消防执法工作的指导力度，进一步完善了执法制度，健全了执法机制，严密了执法程序，强化了执法监督，规范了执法行为，人民群众对消防执法的支持率和满意度不断攀升。

消防宣传工作深入推进。全区消防部队不断加大消防宣传工作力度，继续办好《西藏日报》平安西藏“消防专刊”和《西藏消防》杂志，全年发行130余万份；在中央和西藏各类媒体发稿455篇；开放消防教育基地30余次，举办大型消防宣传教育和培训活动194场次，悬挂宣传横幅1200余条，设置展板橱窗灯箱282块，发送消防安全信息近40余万条；以“119”宣传日活动为平台，在布达拉宫广场举行了“‘西藏消防志愿者行动’暨新修订的《消防法》宣传贯彻启动仪式”，召开了新修订的《消防法》宣贯工作部署会议，对全面宣贯《消防法》工作进行了部署社会消防安全意识进一步增强。

【以提高队伍整体素质和战斗力，加快了部队全面建设进程】队伍建设得到新加强。2008年，各级党委班子深入基层、深入一线、广泛开展调查研究，思想作风、学风、工作作风明显改进，班子核心领导作用和科学决策、驾驭大局的能力明显提高。各级部队先后组织开展了“旗帜鲜明反分裂、恪尽职守铸忠诚”，“尊干爱兵”和“深入学习实践科学发展观”等教育活动，广大官兵的思想觉悟和政治素养不断提高，爱岗敬业、乐于奉献的自觉性进一步增强。特别是在学习实践活动中，各单位切实按照“一贯彻、三坚持、两推进”的总要求，深入查找制约和影响发展的突出问题，深入研究改进和加强发展的具体措施，不断提高部队维护稳定的工作水平，不断提升消防监督执法的公信力，不断增强人民群众的安全感和满意度，取得了阶段性成果。

基层基础建设实现新突破。2008年，

总队积极争取，多方筹措，投资7013万元，启动了全区36个县级消防大队营房建设，总建筑面积27691平方米，其中35个大队营房已通过竣工验收；投资700万元，启动总队培训基地室内训练室建设，已完成了主体工程；投资138万元，建成了那曲消防支队室内训练室；投资1380万元，启动了成都兵员转运站公共设施建设；投资297.52万元，维修改造了阿里支队机关、昌都支队机关营房，建设了部分基层大队的附属设施。

消防装备建设迈上新台阶。2008年，先后投入经费6722.36万元，购置消防车33辆，抢险救援车6辆、战勤保障车13辆、装备器材运输车8辆，消防装备2577件（套），地震救援装备4059件（套），水带22080米，泡沫灭火剂31吨；通讯器材120件；抢险救援器材597件（套）。装备建设的加强和改进，为提升部队战斗力提供了强有力的支撑。

部队实战能力得到新提高。在紧急处置拉萨"3•14"事件的日日夜夜里，圆满完成了各项工作任务，战斗力得到了显著提升。2008年，全区消防部队共接处警900起（不含处置"3•14"事件的出动），出动车辆1540台次、警力8339人次，抢救被困人员70人，疏散群众1317人，抢救财产价值3214.9万元。其中参加火灾扑救122起、抢险救援95起、社会救助315起、公务执勤367起、其它出动1起。

特勤和寺庙消防力量建设取得新成效。总队党委在深入调查研究、充分论证、通盘考虑的基础上，决定加强机动力量和重点寺庙消防大队建设。经报请自治区公安厅同意，根据轻重缓急，先期组建了总队直属特勤大队、战勤保障大队和拉萨"三大寺"消防大队，调配了30多辆各类消防车、运兵车和保障车，以及700余件套个人防护、抢险救援装备和训练器材，在全区选调优秀官兵配备到直属特勤大队、战勤保障大队和新建寺庙消防大队，并对寺庙消防大队进驻官兵进行了为期10天的培训，

综合保障能力实现新提升。2008年，为进一步规范财务管理，对《资金安全管理规章制度》、《西藏消防部队经费审批权限规定》等内部规章进行了修订完善，规范了资金管理使用的审批程序；严格预算管理，加强了宏观调控，并坚持经费向基层倾斜，共投入8000余万元，加强了基层基础建设；全区消防部队共争取业务专项经费7000余万元，为顺利完成各项消防安全保卫工作提供了强有力的保障。着手组建了总队战勤保障大队，进一步提升跨区域作战综合保障能力；加强了审计监督，完成了4个单位的财务收支审计和19名离任干部经济责任审计，跟踪监督物资采购项目22项，确保了资金的使用效益。

西藏公安边防总队

【年度综述】2008年，西藏公安边防部队深入学习实践科学发展观，扎实推进爱民固边战略，全力以赴做好维护稳定工作，超常规的完成了"3•14"事件处置、奥运火炬登顶珠峰展示安全保卫和边境防控任务。通过一系列扎实有效的工作，为西藏边境地区的社会政治局势稳定和北京奥运会、残奥会成功举办做出了积极贡献，赢得了各级党委、政府和领导对公安边防工作的充分肯定和高度赞誉，公安边防部队在维护西藏发展稳定中的特殊作用得到进一步发挥。

【全力完成重大勤务任务，坚决履行维护稳定政治责任】"3•14"事件发生后，根据自治区党委、政府和公安厅的统一部署，总队迅速调集精干力量组成处突分队，执行搜捕任务，收缴管制刀具和钢管100余件，救助被困群众48名，救治重伤员8名，及时有力地打击了"藏独"分子的嚣张气焰。同时，全区公安边防部队积极做好辖区维护稳定工作，"3•14"事件期间，边防辖区僧尼和边民群众无人参与、声援"藏独"分子，受到了自治区党委、政府和部局党委的充分肯定。

提前谋划，周密部署，圆满完成了奥运圣火登顶珠峰展示活动安全保卫任务。总队多次对珠峰地形、登顶路线进行调研，召开专题会议研究完善安保方案。集全警之力、聚全警之智，在珠峰地区设立了覆盖全域的检查点和观察哨，对核心区域进行严密封控，确保了火炬传递的绝对安全。任务完成后，中央政治局常委、国务委员周永康同志对部队表示祝贺和慰问，公安部部长孟建柱同志签署命令嘉奖参战官兵。自治区党委隆重召开表彰大会，给总队荣记集体一等功。全区部队41个单位和850名同志立功受奖，总队和小次仁顿珠被党中央、国务院评为奥运会、残奥会先进集体和个人。中央政治局常委、书记处书记、国家副主席习近平同志批示：奥运安保协调小组指挥得当，有关领导靠前指挥，参战人员敢打硬仗，勇克超常困难，为完成奥运火炬登顶珠峰这一历史壮举作出了重要贡献。

全面加强边境管控工作，有力维护了边境地区的持续安全稳定。"3•14"事件后，根据中央部署和自治区、部局有关指示精神，总队成立了边境防控基本指挥部，在各重点方向设立前进指挥所，抽调全部能动用的警力投入到边境防控工作，挫败了达赖集团组织实施的多次"闯关"图谋，实现了中央"拒敌于国门之外"的工作目标。共排查边民28543户118175人，外来人口1818人、僧尼1976人次、重点场所从业人员1937人，逐一落实管控措施，辖区内114座寺庙没发生任何问题，确保了边境地区社会秩序的稳定。

全年全区部队成功制止群体性事件12起，办理治安案件35起，处理各类违法人员32人；查获偷渡案件56起，抓获偷渡人员128人、运送者2人；收缴各类枪支5支、子弹36发、炸药100余公斤、雷管1枚；查办走私运输毒品案1起，查获海洛因512.5克，抓获5名外籍犯罪嫌疑人。查获潜入境内的"藏独"分子2人，缴获了大量反动宣传品。特别是查获的"5•06"跨国毒品案，得到了公安部和公安部边防局党委的充分肯定，公安部边防局陈伟明局长在2008年9月参加北太平洋地区海岸警备执法机构论坛时作为经典案例进行了介绍，引起了国外禁毒部门的高度关注。

【深入实施爱民固边战略，在边境辖区着力构建警民和谐关系】深化大走访活动，大力开展为民爱民惠民服务。成立了法律服务队、文化服务队、医疗服务队等，广泛开展送法律、送文化、送医疗下乡等活动，为广大群众提供帮助服务。全年全区部队对辖区群众走访率达

到100%，走访孤寡老人、困难儿童、残疾人等弱势群体2852人次，为群众做好事、办实事、解难事2034件。参与地方抢险救灾60余次、救死扶伤294次，为人民群众挽回经济损失419万余元。在2008年的抗震救灾工作中，官兵为地震灾区捐款200余万元，交纳特殊党（团）费38万元，捐助救灾物资20吨。

扎实开展关爱困难儿童和构建爱民固边模范村活动。收养、资助困难儿童233名，其中84名受助学生考入大中专院校或内地西藏班，97名儿童纳入当地政府救助或保障体系；边防辖区共创建爱民固边模范村37个，其中14纳入当地新农村建设规划，错那县勒乡一村被山南地委行署授予“爱民固边模范村”荣誉称号。总队从“关爱困难儿童基金”中支出100万元。在日喀则定日县岗嘎镇创建“爱民固边模范小学”，于11月20日正式建成并投入使用。

积极推进警官任村官工作。73名村官民警在辖区召开法律咨询、法制讲座349次，受教育群众达33757人次，组织社会治安专项整治138次，调处各类矛盾纠纷251起，化解群体性事件苗头23起。通过扎实工作，边防辖区案（事）件发生率同比下降50%以上，边防辖区和谐度明显增加。

广泛开展“青春建功新农村•爱民固边共和谐”活动。协调自治区团委，在青年官兵和边防辖区青年群众中开展了“青春建功新农村•爱民固边共和谐”活动，极大地调动了他们参与爱民固边战略和社会主义新农牧区建设的积极性，受到了当地党委政府的高度评价。

积极开展机关干部下基层走访活动。根据部局组织30%的机关干部下基层开展走访活动的部署要求，结合部队执勤实际，各级机关派出三分之二的干部下基层参加执勤走访活动，得到公安部边防局陈伟明局长的高度评价。

5月6日，公安部孟宏伟副部长对总队爱民固边工作作出批示：西藏边防总队处于反分裂维护稳定第一线，在繁重工作同时坚持深入开展走访排查工作和各项爱民活动，有力地促进了中心工作，这样做非常好。

【狠抓各级党委班子建设，龙头工程建设成效显著】认真落实党委中心组理论学习制度。2008年，总队党委紧密结合任务实际，围绕事关西藏公安边防工作全局性、根本性、关键性的重大问题，突出专题研讨，把分析问题、解决问题放在突出位置，共组织中心组学习20次，专题研讨8次。

制度建设全面加强。各级党委班子把贯彻落实民主集中制作为班子建设的重点，在重大建设项目、经费开支、干部任免、重要工作部署和大宗物资采购等问题上，坚持集体研究决定，党委民主议事、科学决策的能力普遍增强。

各级党委和领导干部的作风进一步转变。领导干部联系点制度和下基层当兵制度得到落实，领导干部直接联系帮扶基层一线单位，推动了基层建设。在处置“3•14”事件、边境防控、奥运安保等重大工作任务中，各级领导干部充分发挥模范带头作用，7名总队常委坚守在一线，担任前进指挥所指挥长和临时党委书记。在奥运圣火登顶珠峰展示的关键阶段，欧洛布穷总队长蹲点珠峰，靠前指挥，并带队运送护卫奥运火种灯前往珠峰海拔6500米前进营地，给广大官兵做出了表率。

坚持从严治党方针。加大对党员领导干部管理教育和监督力度，健全完善了领导干部述职述廉、戒勉谈话和个人重大事项报告制度，廉政谈话300余人次；积极开展党员领导干部党风廉政建设调研，总队、支队两级领导干部撰写党风廉政建设调研文章30余篇。积极与各地组织部门协调，争取各级党委班子成员进入地方领导机构。2008年，总队1名同志被选举为自治区党委候补委员，35名同志分别进入各级人大、政协。

【抓基层，打基础，公安边防基础工作进一步牢固】扎实开展苦练基本功活动。举办各类培训班21期800余人次，组织实战演练600余次，官兵参训率达到80%以上，官兵的综合素质得到了明显提升。同时，强化部队正规化建设，扎实抓好经常性思想政治、管理和执勤工作，严格落实季度安全讲评制度，针对突出问题，先后开展集中教育整顿4次。

信息化建设成效明显。制定了总队信息化建设三年规划，成立了总队信息中心。完成了所有等级机要室的审核申报工作，等级机要室建设全部达标。完成了14个单位的联网和视频监控系统的整合改造，自主开发了“非法出入境人员查询系统”。以“动中通”通信指挥车为依托，架设无线通信指挥网，通过奥运安保实战锻炼，部队机要通信应急保障能力明显提升，其成功经验在公安部边防机要工作会议上做了交流发言。

边检服务水平明显提高。先后投入150多万元优化通关环境，完成了“边检询问室”建设和执勤现场标志、设施的改造，筑牢了“台外预检、证件查验、视频监控、情报调研”四道防线。狠抓检查员教育培训，举办了检查员英语强化培训班和其他业务培训15期，提高了边检业务人员的综合素质。全年共检查出入境人员140余万人次，交通运输工具3万余台（架）次，查获非法出入境人员54名，查获反动宣传品500余册。为旅客做好事98件，解决困难251次。

积极开展以执法质量考评为主要内容的三考工作，执勤执法工作更加规范。建立健全制度10余项，组织法律考试43次。成立了总队执法服务队，为基层单位进行法制讲座35次，解答执法问题210个，完善执法台账114份，制定《公安边防执法示范样卷》45卷，研究卷宗97份，有效提高了基层单位执法办案能力。从全区部队中评选11个执法示范单位和16个执法标兵，为提高部队执法质量和执法水平起到了良好的示范作用。对北京奥运会火炬珠峰登顶展示和北京奥运会期间西藏边防基层单位遭受暴力袭击进行了全面细致的风险评估，制定了《边防执勤60个怎么办》，得到了公安部边防局的充分肯定。

狠抓边防派出所基础建设。全区所有派出所均达到三级以上。特别是在派出所工作考评中，有4个派出所被新评为一级派出所，使总队一级派出所数量增加到5个，一级所在全部派出所中所占比例在全国边防部队名列前茅。同时，为各级配齐了专兼职保密干部，全年无失泄密事件发生。

【政治建设呈现新亮点，政治工作生命线地位得到加强】努力做好部队执行任务期间的政治工作。及时下发了动员令、政治工作意见和进一步做好政治工作的通知等，及时组织开展了三次评功评奖活动，激发和保持了参战官兵的战斗热情、鼓舞斗志，确保了任务完成和部队的安全稳定。

部队政治教育工作形式多样，内容丰富。深入开展“高举伟大旗帜，履行边防使命”主题教育、“反对分裂、维护稳定、促进发展”专题教育，将大学习大讨论活动和深入学习实践科学发展观活动编写了3部10万余字的教案，各级领导为官兵作讲座58场次，受教育官兵达5840余人次；总队、支队组织宣讲团深入部队为官兵、友邻单位、驻地学校、农牧民群众和僧尼宣讲24场次，2万余人接受了教育。

先进典型培树工作取得新突破。2008年9月，党中央、国务院授予总队为北京奥运会、残奥会先进集体，1名同志被公安部评为奥运安保先进个人。自治区党委、政府先后两次召开表彰大会，授予总队后勤部运输大队“钢铁运输大队”荣誉称号、给总队荣记集体一等功。全年，总队共有3个单位分别被评为自治区青年文明号、社会治安综合治理先进单位和贡献奖，1名同志被评选为西藏自治区第五届“五四青年奖章”，2名同志先后荣获全国道德模范提名奖和西藏自治区道德模范奖，17名同志当选为奥运火炬西藏传递火炬手。在奥运安保和边境防控工作中，2个单位荣立集体一等功，2个单位荣立集体二等功，41个单位荣立集体三等功，7名同志荣立个人一等功，51名同志荣立个人二等功，864名同志荣立个人三等功。宣传文化工作在探索中前进，丰富了官兵的警营文化生活。为基层单位配发了180万元的文体器材。在部队执行奥运圣火珠峰登顶展示安全保卫任务和边境防控任务的过程中，为鼓舞士气，组建了文艺演出小分队，前往执勤一线为官兵进行慰问演出11场次，受到了基层官兵的热烈欢迎。全年，总队各级在各类新闻媒体刊发稿件324篇，其中央级145篇（部），省级179篇（部），在各电视台播放各类宣传专题片12部，电视新闻61条，扩大了边防影响，提升了边防形象。

部队纪检保卫工作经受了实践锻炼。投资90万元建成了心理行为训练场，举办心理健康讲座150场。在执行重大任务中，对1790名执勤官兵和598名新战士进行了心理健康测查和政治审查，并与地方公安部门一道对参加奥运安全保卫工作的地方人员进行了政治审查。

【围绕做好重大执勤任务保障工作，综合保障能力进一步提升】完成部队执行重大勤务期间的后勤保障任务。受领奥运安保任务后，总队先后两次派出工作组前往珠峰核心地区及周边地域进行实地考察，制定了《第29届北京奥运会圣火珠峰登顶活动安全保卫工作后勤保障方案》，与全国30余个生产厂家进行了联系商谈，集中采购了价值2000余万元的警用执勤物资。动用各类车辆4000台次，为执勤部队拉运主副食、蔬菜、执勤装备千余吨，安全行车5万余千米，为部队的顺利进驻、安全执勤和圆满完成任务起到了重要作用。

保障基层力度进一步加大。对基层经费进行了适当倾斜，2008年度预算下达基层公用经费指标同比2007年增加4%。认真落实“三个第一”思想，切实解决基层困难，重点规划了20个单位的取暖设施建设、10个单位太阳能发电设备安装（扩容）、15个单位饮水工程和5个营房建设项目，有效缓解了艰苦地区单位的吃水、用电、营房紧张等困难。

后勤规范化建设进一步加强。通过加强后勤法规制度学习、狠抓制度落实、发挥审计监督职能作用，主动推进了审计关口前移，突出抓好了奥运安保中物资采购、经费开支的跟踪监督，对总队“十一五”建设项目和其他基建项目的招投标进行了全程监督。

自治区人民防空工作

【深入开展了“反对分裂、维护稳定、促进发展”主题教育活动】根据区直工委统一安排，自治区人防办从2008年4月28日至9月份，深入开展了主题教育活动，成立了主题教育活动领导小组，由办党组书记、主任挂帅。

通过六个月的主题教育活动，使广大党员干部和职工深受教育，思想受到触动，认识上得到提高，行动上得到统一，确保了中央和区党委的政令畅通，进一步强化了“团结稳定是福、分裂动乱是祸”的观念，更加深刻地认识到了安定和谐的社会的社会局势来之不易的极端重要性、必要性，进一步增强了政治意识、大局意识、忧患和责任意识。

【抓住机遇，抓住国发4号文件的出台，结合西藏实际，组织专人起草、制定了我区贯彻《实施意见》】国务院、中央军委高度重视人民防空工作，专门下发《国务院、中央军委进一步推进人民防空事业发展的若干意见》（国发[2008]4号），明确了新时期新阶段人民防空工作的主要任务和建设目标，具有重要的指导意义。为进一步加强我区人民防空工作、推进人民防空事业又好有快发展，结合我区实际，组织专人起草，制定了《西藏自治区人民政府 西藏军区关于进一步推进人民防空事业发展的实施意见》（藏政发[2008]55号）并于6月正式下发。藏政发[2008]55号文件的下发，为我区今后一个时期的人防工作指明了方向，对新时期新阶段我区人防建设的重大问题进行了明确，是开展人防工作的重要依据，该意见主要对加强人民防空组织建设，健全人民防空领导管理体制，推进人民防空与城市建设协调发展，提升人民防空信息化水平、加强法制建设和宣传教育进行了明确阐述，下一步要认真学习，广泛宣传，抓住机遇不放松，落实法规不动摇，力争早日落实编制，健全组织，确保人防工作全面有序开展。

【防空警报试鸣】经2008年9月20日拉萨市防空警报试鸣检验，彻底改善了音响鸣响率低，覆盖面差的现状，符合战备要求，达到了预期目的。同时在日喀则市、林芝八一镇分别进行年度警报试鸣。为纪念“5.12”四川省汶川大地震中的遇难者，于5月19日14：28分在拉萨市、日喀则市、林芝八一镇准时鸣响了防空预先警报，认真组织了全办默哀活动。

第四篇 经 济

发展和改革、商务

自治区发展和改革工作

【切实加强经济运行分析，及时提出政策建议】2008 年，自治区发改委紧紧围绕发挥“三个部”的作用，着力加强经济运行监测与预警，根据经济形势的变化，先后四次提出政策建议，为区党委、政府正确决策提供非常有价值的参考。第一次是针对“3•14”事件对我区经济社会造成的严重影响，及时提出了加强投资、恢复旅游、扩大消费、加强价格监控等一系列特殊政策，扶持受损商户生产经营，平抑市场物价，稳定消费信心，也为国家出台国办函[2008]68 号文件奠定了基础。第二次是 7 月份，根据区党委、政府对上半年经济形势的判断，积极开展调查研究，准确把握经济形势，形成了《2008 年上半年经济形势分析及下半年工作建议》，提出了调整年度经济发展目标的建议，明确了“三个确保”的任务。第三次是 9 月底，针对“确保地区生产总值增长两位数以上的目标”，又提出了狠抓固定资产投资、支持产业发展、大力刺激消费、加强价格调控、兑现西藏特殊津贴、加大财政一般公共服务支出、提早实施政府采购计划等七项措施建议。第四次是 11 月份，按照党中央、国务院关于进一步扩大内需、促进经济平稳较快增长的决策部署，向区党委、政府提出了扩大投资规模、积极改善投资环境、扩大消费需求、着力改善民生、促进旅游业恢复、努力提升对外开放水平、加大信贷税收支持力度等 5 个方面 18 条扩大内需的政策建议。这些政策建议得到了区党委、政府的充分肯定，有力地促进了经济社会平稳较快发展。

【切实加强价格管理，着力稳定市场信心】针对 2008 年市场物价异常波动的情况，认真贯彻落实国家和自治区关于发展生产、保证供应、稳定物价的各项政策措施，切实加强市场监管。及时启动临时价格干预措施。对粮食、酥油、成品油、肉、蛋、奶等重要商品及服务实行提价申报和调价备案制度。严格控制政府定价和指导价商品价格。两次调整低收入困难群体价格补贴。召开价格政策提醒告诫会，稳定消费预期。着力整顿和规范市场价格秩序，积极开展涉农收费、农资价格、电信邮政资费专项检查，依法打击了哄抬物价、造谣惑众等价格违法行为。切实强化价格监测预警。加强价格宣传，正确引导舆论。

【切实加强经济运行协调，确保经济平稳运行】强化交通运输特别是铁路运营协调，建立铁路联席沟通渠道，积极做好区内重点企业和消防器材运输以及支援汶川抗震救灾捐赠物资等重点货物出藏运输组织工作。全年客运总量达到 447.1 万人次；货运量达到 331.6 万吨。切实加强重大问题的研究，为经济社会发展建言献策。针对“3•14”事件对我区经济社会发展的影响以及能源、价格、房地产等经济社会发展中的难点、热点问题，深入基层、深入地方，进行扎实细致的调查研究，形成了西藏能源战略研究、西藏区域经济发展调研报告、拉萨市房地产市场调研报告等多个课题成果。“3•14”事件后，陪同自治区领导赴边境地区开展防控调研，为加强基层维稳能力建设，确保边境安全打下了良好的基础。当雄地震和山南等地强降雪灾之后，及时组织调研组赴灾区第一线进行调研，全面详细地了解灾情，为下一步灾后重建工作奠定了基础。积极开展学习实践科学发展观调研活动，完成调研报告 11 篇，扎实推进主体功能区规划相关工作，规划评价指标体系、功能区试划、区域政策等前期研究进展顺利，全区国土空间研究和综合评价基本完成。积极开展《“十一五”规划纲要》中期评估，形成了中期评估报告，并上报区人民政府。编制完成了 2008—2010 年重大课题研究规划。这些课题的研究，为准确把握经济形势，及时向区党委、政府提出有价值的政策建议打下了良好的基础。

【狠抓首要任务，社会主义新农村建设迈上新步伐】积极推进农牧民安居工程，完成 5.78 万户建设任务。2008 年安排国家资金 4.5 亿元，完成 1.8 万户游牧民定居及“三配套”建设，提前完成“十一五”规划目标。大力加强饮水、通电、通路、通讯、文化、教育、卫生等农村基础设施配套建设，解决和改善了25万农牧民的饮水安全和17.7万农牧民的用电问题，建设了3.9万座农村户用沼气池，农牧区碘盐覆盖率达到66%，农牧民生产生活条件大幅改善。积极推进农牧业特色产业发展。整合国家资金2.6亿元，建设农牧业和扶贫特色产业项目112个。着力抓好了白绒山羊产业基地、无公害蔬菜基地等建设项目，带动项目区农牧民人均增收633元。千方百计增加农牧民收入。通过农牧业增产增效、积极鼓励农牧民参与工程建设、农牧区剩余劳动力转移就业等多种方式，促进农牧民增收，逐步形成了政府支持、特色带动、农牧民努力三管齐下的长效机制，农牧民人均纯收入达到3176元，同比增长13.9%，连续6年保持两位数增长。大力推进农牧区流通体系建设。建成那曲、林芝两地（市）农产品批发市场、45个县级农贸市场。积极推进以工代赈扶贫工作。安排以工代赈资金9000万元、农牧民聚集区基础设施建设资金1.5亿元，新建2158个行政村（居委会）的村级组织活动场所，落实扶持人口较少民族发展专项建设资金400万元，加快乡村道路、小型农田水利、安全饮水、人工种草及草场网围栏等设施建设，不断改善较少民族生产生活条件。

【狠抓投资拉动，重点项目建设成效显著】积极争取中央投资。2008年落实中央投资160亿元以上，同比增长44.1%，达到历史最高水平。“十一五”规划180项目已开工170个，完成76个，三年完成投资372亿元。积极扩大社会投资。招商引资成效明显，进一步加强与内地各兄弟省市的经济交流与合作，强化了对香格里拉（拉萨）大酒店、伊利集团乳业等重大招商引资项目的跟踪服务。落实招商引资项目356个，签订协议资金280.3亿元，实际到位资金48亿元；着力加强一站式服务中心的工作，受理办证965件，减免“3•14”受损商户收费10余万元，招商服务水平不断提高。制定完成《西藏自治区参与2010年上海世博会总体工作方案》、《西藏周活动方案》以及展示筹备第一阶段工作计划，各项筹备工作进展顺利。援藏项目落实进度加快，落实援藏资金16亿元，同比增长191%。援藏资金进一步向基层、向农牧区倾斜，在支持农牧区科教文卫等社会事业发展方面发挥的作用越来越突出。狠抓重点项目建设。新藏公路门士至巴嘎、巴嘎至普兰基本完工；通县油路米林至朗县投入运营；墨脱公路开工建设，标志着全国唯一不通公路县的历史即将结束；拉萨贡嘎机场助航灯光工程完成，结束了无夜航的历史；阿里昆莎机场飞行区围界工程、跑道道面、站坪、联络道及道肩等工程完成；昌都邦达机场机坪混凝土浇筑、围界以及航站楼、总图管网、中心变电站等工程的主体已完成；老虎嘴水电站完成截流导流验收；巴河雪卡水电站4台机组全部投产发电；雪卡送出工程建成；藏中电网应急电源投入运营；主电网户户通电工程年内实现15个县通电目标；青藏铁路那曲物流中心桥涵、轨道工程全部完工，路基工程完成97.7%，房建工程完成8.2万平方米；重大灌区建成26条干渠，新增和改善灌溉面积27.05万亩；农牧学院改扩建校舍面积4万平方米；“三大文物”保护工程基本完工，扎什伦布寺、夏鲁寺保护工程开始启动；那曲、林芝农畜产品批发市场基本完工；拉萨市中级人民法院、公安边防、消防基础设施等一批重点工程建设进展顺利。青藏铁路延伸线拉萨至日喀则段前期工作加紧推进；拉萨贡嘎机场专用路项目建议书正在评估；川藏北线那曲至巴青段改建整治工程可研已经上报国家；旁多水利枢纽工程被国家正式批准立项；藏木水电站的现场工作深入推进，三通一平进展顺利；果多水电站、青藏直流联网、拉萨220千伏环网及拉萨至日喀则输变电工程、自治区自然科学博物馆、自治区第三人民医院、重点高中、那曲镇城市基础设施、西藏生态安全屏障建设与保护规划等重大项目前期工作取得突破。《西藏自治区无电地区电力建设规划》评估报告已经完成；九年义务教育寄宿制学校改扩建及基层文化建设等规划编制和衔接工作进展顺利。切实加强项目管理。严格做好项目的审查论证，纠正不合理设计127项。协调项目建设单位和有关部门，严格落实工程项目建设“五制”，坚持重点项目建设协调会议制度，启动项目后评价工作，进一步规范国家投资招标代理。积极开展重点项目稽察，对能源、交通、水利、“两基”攻坚、卫生、林业、以工代赈等24个项目进行了稽察，项目建设质量、进度、效益不断提高。密切配合自治区扩大内需促进经济增长政策落实检查工作领导小组，认真做好了中央检查组对新增1000亿元项目进行检查的准备工作。进一步规范援藏项目管理，修订完成《西藏自治区对口援藏项目管理办法（代拟稿）》。

【狠抓产业建设，特色产业不断壮大】大力支持开发区建设。拉萨经济技术开发区A区基础设施基本成形，初步形成藏医药业、生物制药、农畜产品深加工、手工艺品、高科技电子信息技术等五大产业，新增企业37家，新增注册资金1.3亿元。切实加强产业项目管理。进一步规范企业投资项目核准、备案的工作程序，做到有法必依、依法办理。甲玛、巨龙、冲江、雄村等铜矿和扎布耶盐湖二期工程、华新水泥扩建工程、雪莲新型干法生产线等前期工作进展顺利。积极推进重点工业发展。玉龙铜矿一期一步正式投产，全年产铜500吨；高争水泥厂第二条年产60万吨新型干法生产线点火试生产。5100矿泉水、甘露藏药、拉萨啤酒、圣鹿食用植物油等一批品牌产品发展势头良好。全力恢复旅游业。针对“3•14”事件对旅游业的影响，及时提出恢复旅游业的政策建议，加快旅游基础设施建设步伐，规划已上报国家，计划总投资3.5亿元。大力推进旅游企业改革，适时适度开放旅游市场，认真落实自治区关于进一步加快发展旅游业的决定。旅游业恢复势头良好，全年接待游客224.64万人次，实现旅游外汇收入3112万美元。

【狠抓民生改善，人民生活水平明显提高】“两基”攻坚成果进一步扩大，新增“普九”县7个，全区所有县全部实现“普六”和完成扫盲，农牧民子女义务教育“三包”经费、学校师生公用经费标准进一步提高。扎实推进卫生基础设施建设，建设完成20个县藏医院、2个县卫生服务中心、6个县级疾控中心，改扩建地区妇幼保健院和人民医院各5所。农牧区免费医疗制度进一步完善。加快文化基础设施建设。建设11个县综合文化活动中心、30个乡镇综合文化站，"西新工程"、"村村通"广播电视工程、农村电影放映等工程进展顺利，广播电视人口覆盖率分别达到88.8%、89.9%。加强生态环境保护与建设。完成了西藏自治区生态安全屏障建设与保护规划评估工作。加快实施天然林保护工程、自然保护区建设，完成造林绿化45.5亩。启动实施农村薪柴替代试点工程，至2008年底已完成40万户太阳灶采购配置，农牧区环境保护得到加强。着力抓好恢复重建和灾后重建工作。"3•14"事件后，积极争取国家的支持，落实"3•14"损失重建资金1.05亿元；当雄地震后，落实国家应急补助资金1000万元，有力地支持了灾后恢复重建。积极推进节能减排，起草完成《西藏自治区贯彻落实国务院进一步加强节油节电工作 深入开展全民节能行动实施意见》，已上报自治区政府。大力配合有关厅局，严格限制高耗能、高排放行业，加快淘汰小水泥等落后产能。加快周转房、廉租住房建设进度，广大干部职工、城镇低收入困难群众住房条件明显改善。

【狠抓重点领域改革，发展环境不断优化】深化农牧区改革和发展草场承包经营责任制深入落实，集体林权制度改革前期准备工作扎实推进。国有企业改革稳步开展，进一步完善了企业法人治理结构，规范股东会、董事会、监事会和经营管理者的权责，继续推进了企业人事、用工、分配三项制度改革。大力推进投资体制改革。出台了《西藏自治区企业投资项目核准实施办法》，起草的《西藏自治区人民政府投资项目管理暂行办法》、《西藏自治区外商投资项目核准暂行办法》、《西藏自治区招标投标工作条例》正在报批。积极推进项目代建制工作，起草完成了《关于在我区政府投资项目中推行代建制试点的几点意见》。积极开展口岸管理体制改革。积极推进樟木口岸管理体制改革工作研究。着手开展《西藏自治区外商产业指导目录》的制定和《开发区管理办法》的修订工作。纪念改革开放30周年活动隆重开展，完成了《西藏改革开放30周年》课题主报告和九个专项报告、西藏改革开放30年大事记、西藏改革开放30周年巨大成就和宝贵经验等课题。发展非公有制经济的体制机制进一步完善。价格改革迈出新步伐。新一轮政府机构改革开始启动。

【经济社会发展面临的主要问题】影响和制约经济社会跨越式发展的因素仍然突出，困难仍然很多。首先，受"3•14"事件的影响，经济发展速度大幅回落，以旅游业为龙头的第三产业受到很大冲击，保持经济跨越式发展的势头难度加大。其次，固定资产投资增长空间不容乐观。截至2008年底，"十一五"规划180项目投资完成近一半，但时间只剩下40%，明后两年投资争取的任务十分艰巨。另外，虽然国家2009年将进一步扩大投资规模，但争取投资的难度并没有降低；国际金融危机、国内经济增速下滑，对我区重点项目建设的投资造成了一定的影响，招商引资增长的压力加大。第三，企业生产经营出现困难，2008年全年工业增加值仅增长9%，比上年回落8.7个百分点。第四，农牧民持续快速增收的压力大。价格走低将直接影响农牧民增收。加之我区基础条件薄弱、劳动者素质较低和产业发展尚处于初级阶段，完成农牧民增收目标，任务仍然艰巨。第五，发展环境面临严峻考验。国内外市场主体对我区发展环境信心不足。反分裂斗争的形势仍然十分严峻，任务艰巨而繁重。

【2009年经济社会发展的主要目标任务】2009年确保实现全区生产总值增长10%以上；农牧民人均纯收入增长13%以上；地方财政一般预算收入增长20%以上；全社会固定资产投资增长15%以上；社会消费品零售总额增长15%以上；新增城镇就业岗位1.9万个，城镇登记失业率控制在4.3%以内；居民消费价格指数控制在上年水平以下的经济发展预期目标，为全面完成"十一五"规划目标，实现自治区全面建设小康社会目标做出更大的贡献。

【获奖情况】

区发展和改革委员会被评为2008年度全区金融服务"三农"先进集体；

玉珍 全区民族团结先进个人

李开新、次旦多吉 全区"两基"攻坚先进个人

王潞媛 全区党委系统督察工作先进个人

张辉 全区综合治理工作先进个人

索朗平措 国家级高新技术产业化先进工作者。

【领导名录】

书记、副主任：泽西

副书记、主任：金世洵、余和平

党组成员、副主任：徐建昌、何本云、胡新生

党组成员、招商局局长：田福利

副巡视员：次仁多吉、巴桑

铁路办常务副主任：巴桑

自治区商务工作

【国内贸易】2008年，针对拉萨"3•14"事件后消费大幅下滑的状况，自治区实施积极财政扶持政策，出台了救助商户、稳定市场、刺激消费的一系列优惠政策措施，城镇消费得到巩固，农牧区消费进一步扩大，市场信心逐步恢复，消费增速逐步加快。

2008年，全区大力推广连锁经营、物流配送、特许经营、电子商务等现代流通方式和组织形式，重点培育超市、专卖店、便民店等新型业态，积极实施"双进工程"，支持连锁企业进入社区，家政服务进入家庭。

"万村千乡市场工程"扎实推进，畅通了农牧区"工业品下乡、农产品进城"的流通渠道。2008年新建和改造农家店366家，超额完成农家店新建和改造任务的83%，新建改造农家店新增营业面积1.5万平米，新增销售额6864.7万元，新增就业591人，上缴利税399.6万元。

"双百市场工程"取得新进展，完成6个"双百市场工程"建设、改造项目，在缓解农牧民买难卖难、构建农畜产品现代流通体系等方面发挥了重要作用。

完善政策措施，大力培育新的消费热点，促进汽车、家电、大型耐用消费品、住房、通信等消费持续增长，不断提升消费质量和水平。

盐业工作大为加强，碘盐推广人口覆盖率进一步提高，2008 年农牧区碘盐推广人口覆盖率达 66%。2008 年全区社会消费品零售总额 129.08 亿元，同比增长 15.2%，消费继续对拉动经济增长作出重要贡献，投资消费并驾齐驱拉动经济增长的格局得以巩固，有力地保障了经济的两位数增长。

【对外贸易】自治区及时采取促进外贸发展的政策措施，极大地调动了外贸企业的积极性，外贸进出口在经历上半年停滞后下半年实现快速增长。

2008 年全区外贸进出口总额 7.65 亿美元，同比增长 94.5 %。近年来对外贸易持续快速增长，在我区经济中的地位和作用进一步凸显。

【利用外资】利用外资水平有新的提高。2008 年实际利用外资 2300 万美元，与上年基本持平，外商投资领域实现新的突破。高档旅游饭店、太阳能发电、矿业开发并购成为利用外资的最大亮点。企业"走出去"稳步推进。我区企业首次承担的援助尼泊尔沙拉公路项目已于 2007 年 9 月正式开工，项目施工进展顺利。2008 年我区新批对外承包工程经营资格企业 2 家（累计 3 家），为推动企业加快实施"走出去"战略创造了有利条件。

拉萨经济技术开发区招商引资取得新进展。软、硬环境进一步改善，基础设施初具规模，产业集聚条件基本具备，招商引资扎实推进，为打造成我区"二产抓重点"的突破口奠定了良好基础。截至 2008 年底，登记注册企业 123 家，累计注册资金 16 亿元，全年实现税收 1.95 亿元，产业主要集中在藏医药、生物制药、农副产品深加工、手工艺品、高科技电子信息技术等领域。

【口岸和边贸市场建设】口岸建设实现新突破。确立了"以建立南亚陆路贸易大通道为总体目标，重点建设吉隆口岸，稳步提升樟木口岸，积极恢复亚东口岸，逐步发展普兰和日屋口岸"的口岸发展指导思想；全区口岸中长期发展规划及各口岸分项规划的编制积极推进；着手开展建设吉隆跨境经济合作区可行性研究，加快了吉隆口岸基础设施及交通能源建设，热索桥建设项目、吉隆县通县油路项目均已立项；樟木口岸新联检楼顺利通过竣工验收并于 2008 年 10 月中旬正式启用。

【稳定市场、保障供应、平抑物价"成效突出】拉萨"3•14"事件发生后，商务部门按照自治区党委、政府确定的"稳定市场、保障供应、平抑物价"要求，切实履行职责，有效组织 225 吨小包装食用油、150 吨中央储备牦牛肉、150 吨冻猪肉、500 吨液化气等紧缺物资投放市场。当雄地震发生后，迅速启动生活必需品市场供应突发事件应急预案，自筹资金购买方便面、矿泉水、手电筒、电池、液化气罐、烧水壶、棉被等物资送往灾区；同时，拨付 15 万元支持拉萨市商务局购买灾民急需的面粉、糌粑等救灾物资。山南等地发生强降雪灾害后，商务部门积极配合相关部门做好加大牲畜出栏率后畜产品的销售流通工作。在非常时期、关键时刻，商务部门经受住了严峻考验和挑战，有力保障了我区生活必需品的市场供应，对稳定市场、平抑物价发挥了重要作用，得到了自治区党委、政府的充分肯定和社会各界的好评。

【制度建设和项目、资金争取取得积极进展】按照"实行积极的内外贸促进政策，照顾一般，突出重点，扶优扶强"原则，修订和完善了外经贸区域协调发展促进资金管理办法。

针对调控市场、平抑物价的现实需要，着手对现行储备制度进行改革，调整储备商品品种、布局，并新增加了与人民生活密切相关的成品油、液化气的储备。

经自治区政府常务会议批准，积极向商务部和自治区财政厅争取 1500 万元"西藏自治区生活必需品市场风险应急资金"，用于应对重大自然灾害和突发事件。

加强与商务部的汇报和衔接，争取全国商务系统援藏工作会议在 2009 年召开，目前各项筹备工作正顺利开展。

针对商务部门建设项目严重滞后的不利局面，商务厅成立了申报项目与资金领导小组及办事机构，为今后商务部门争取更多的国家建设项目和资金支持提供了保障。

【获奖情况】

郭林豫同志获全区民族团结进步先进个人

【领导名录】

书记：索朗多吉
厅长：马相村
副厅长：朱立福、邓立、帕巴群增、
　　吉桑顿珠
纪检组长：强巴克珠
副巡视员：尚进林

自治区粮食工作

【加大粮食宏观调控力度，确保粮食市场和价格基本稳定】2008 年，受国际、国内粮油市场波动和拉萨"3•14"事件的影响，我区的粮食市场、粮食经营者的经营信心和消费心理受到较大冲击，保供稳市压力增大，为及时准确掌握了解全区粮食市场供求信息，为政府宏观调控决策提供参考，建立了大米等主要粮食品种价格日报制度和市场动态周报制度，加大了市场动态监测频率和密度，多次下发通知对各地市粮源组织采购和市场投放工作进行部署，直接安排直属粮库组织东北大米上万吨投放拉萨市场，加强对非国有粮食经营大户的宣传和管理工作。同时，从服务"三农"、支持粮食生产的大局，积极做好粮食收购工作，搞活流通，夯实了调控粮食市场的物资基础。

积极投入抗灾救灾工作，确保灾区群众的粮食供应和市场稳定。2008 年全区各级粮食部门和广大干部职工，按照自治区抗灾救灾工作部署，讲政治、讲大局、保民生，把确保仲巴、当雄地震和山南雪灾区群众的粮油供应作为最紧迫的任务，迅速行动，全力以赴投入到抗灾救灾工作中，积极组织调运粮食和饲料粮到灾区，保障了灾区群众生活，稳定了市场，为打好打赢抗灾救灾这场硬仗发挥了重要作用。

积极推进粮食行政管理部门职能转变。各地市粮食行政管理部门继续积极推进职能转变，加快政企分开，把粮食行政管理工作的重心转到粮食市场调控、监督和行业指导、服务上来。进一步加大政策宣传力度，加强与非国有粮食经营者的沟通与协调，努力完成各项统计工作任务。

建立地市级应急粮食储备，制定粮食经营者最低和最高库存量制度。指导各地市按照自治区粮食应急预案要求，落实地市级粮食储备，以有效应对自然灾害或突发事件引起的粮食市场异常波动。截止2008年底，全区已有五地市制定了各县市粮食最低和最高库存量的具体标准。

始终抓好自治区储备粮管理，为粮食宏观调控服务。制定出台了《自治区储备粮管理办法》等一系列办法制度规章，逐步健全和完善了自治区储备粮管理机制，并切实做好督促检查落实和考评工作，确保自治区储备粮数量真实、质量良好、储存安全。

【突出抓好粮改政策的贯彻落实】积极稳妥解决“三老”问题。一是按照粮改政策，全区国有粮食企事业单位的“老人”问题得以妥善解决。二是“老账”问题。针对西藏没有农业发展银行，对清理认定的政策性粮食财务挂账无法按照国家统一政策落实剥离上划到自治区统一管理的实际，自治区人民政府高度重视，召开有关部门专题协调会议，同意在国家尚未解决我区国有粮食购销企业政策性粮食财务挂账前先采取过渡性措施，由农行西藏分行对1998年6月1日至2005年9月30日期间的政策性粮食财务挂账占用的贷款予以锁定管理。同时，由自治区财政厅对政策性粮食财务挂账占用贷款进行贴息。三是彻底解决了“老粮”问题。2008年，“老粮”全部销售完毕。

国有粮食企业改革稳妥向前推进。2008年，各级粮食部门按照自治区粮改政策精神，结合实际，积极稳妥推进国有粮食企业改革，特别是自治区粮食局直属四个单位的内部“三项制度”改革迈出了新步伐，取得了实质性成效。

健全粮食行政管理体制工作逐步得到落实。按照自治区《关于健全我区粮食行政管理体制的意见》，全区粮食行政管理部门的管理体制和工作机制得到进一步的健全和完善，自治区粮食局增设了信息统计处，并将原市场处更名为监督检查处，部分地市落实了监督检查机构、编制和工作经费，有效履行粮食形成管理职能提供了有力的组织保障。

【着力推进依法行政和依法管粮工作】加大《粮食流通管理条例》等政策法规的宣传力度。采取多种有效形式，加大粮食政策的宣传力度，进一步提高了全社会对粮食流通政策的认知度，维护了正常的粮食流通秩序。

切实规范粮食行政执法行为。制定了粮食流通监督检查人员行为规范和监督检查考核暂行办法，进一步用制度约束行政执法人员的行为。

进一步完善了非国有粮食经营者档案管理制度。对辖区所有非国有粮食经营者实行了分类动态管理，为做好粮食宏观调控和开展粮食监督检查工作奠定了基础。

加强对库存粮食的监督检查。2008年，我区对国有粮食企业库存的中央、自治区储备粮和商品粮实物、账务及安全储粮等情况进行了检查，确保账实相符、数量真实、质量符合标准。

认真开展粮食市场专项监督检查工作。各级粮食行政管理部门认真开展粮食市场专项监督检查工作，严厉打击了粮食经营活动中以次充好、短斤少两、囤积居奇、哄抬物价等扰乱粮食市场的违法违规行为，有效维护了正常的粮食流通秩序。

【领导名录】

书记、副局长：吴国汉

副书记、局长：次旺诺布

党委委员、副局长：达拥、何长春

财税、金融、保险、证监

自治区财政工作

【年度综述】2008年，面对拉萨“3•14”打砸抢烧事件、当雄县地震、山南等地暴雪等严重自然灾害、国内经济增长放缓与国际金融危机蔓延等重大挑战和考验，西藏自治区各级财政部门千方百计克服减收增支的不利影响，充分发挥调控作用，切实加强维稳应急保障，努力强化收支管理，地方财政一般预算收入应收尽收，经常性支出应保尽保，重点支出优先保障，有力地促进了“三个确保”目标的顺利实现，财政在全区经济发展和社会和谐稳定中发挥了重要作用。

2008年，西藏自治区实现生产总值395.91亿元，按可比口径计算，比上年增长10.1%。在国民经济继续高速增长的同时，西藏地方财政预算收支任务得到了较好地完成。全区地方财政一般预算收入完成24.9亿元，比上年增长23.54%。全区地方财政一般预算支出380.7为亿元，比上年增长38.24%。剔除结转下年继续使用的资金，收支相抵，收入大于支出1.65亿元。

【充分发挥职能作用，财政综合经济管理工作取得了新的成效】面对世界经济和国际金融形势急剧动荡、国内经济增速明显下滑、区内稳定发展受到严重影响的复杂局面，按照自治区党委、政府的决策部署，积极、果断、灵活审慎地实施了一系列重大调控措施。自治区财政未雨绸缪，超前谋划，累计安排应急准备金和救灾资金17亿元，用于全区应急保障。针对“3•14”事件，全区各级财政部门按照中央和自治区的要求，大幅度增加维稳应急支出，迅速研究制定受损商户和受影响行业的税费减免、房租补贴、贷款担保和商铺修复补贴等一系列特殊扶持政策，对受损商户和无辜群众实行生活救助、医疗救助、失业救助、特殊抚恤等一系列特殊保障措施，确保了受影响行业特别是受损商户在最短时期内恢复正常生产经营，因政策原因造

成的年度减收增支总量达20多亿元，为社会局势的稳定提供了有力保障。针对物价上涨过快、通胀压力加大、经济增长下滑的严峻形势，自治区财政按照党委、政府的要求，安排资金65亿元，实施扩大投资、刺激消费、扶持产业、支持"三农"、控制物价、改善民生、巩固基层、保障稳定、增收节支的九项积极有效的财政经济政策，平抑了市场物价，提升了市场信心，拉动了经济增长，实现了"三个确保"的目标。针对突如其来的仲巴、当雄强烈地震和山南、日喀则、林芝、那曲等地强降雪等严重自然灾害，迅速启动应急预案，制定政策措施，安排资金5亿多元，支持防灾救灾和灾后重建工作，受伤群众得到及时救治，受灾群众得到妥善安置，灾后重建工作迅速展开，有效减轻了重特大自然灾害对人民群众生产生活的影响。针对国际金融危机蔓延、国内经济增长放缓、区内多种不利因素后续影响逐步显现，紧密结合中央关于扩大内需、保持经济平稳较快发展的政策部署，进一步加大积极财政政策实施力度，及时研究制定了扩大内需、促进经济增长的九项政策措施，支出总规模达到185亿元。

【高度重视"三农"工作，新农村建设取得了新的成绩】"三农"工作始终是财政支持的重中之重。2008年，各级财政部门加大投入、完善政策，进一步改善了农牧民生产生活条件，促进了农牧民增收。一是加快实施农牧民安居工程。统筹安排资金6.77亿元，带动民间资金38.89亿元，完成了5.78万户农牧民安居工程建设任务，截止2008年，农牧民安居工程累计完成17.23万户，使95万农牧民住进了安全适用的新居。二是加大村级组织活动场所建设力度，巩固基层政权，落实资金9.02亿元，完成了4158个村级（居委会）组织综合活动场所建设。三是进一步改善农牧民生产生活条件。紧紧围绕安居工程和村级组织活动场所建设，水、电、路、讯、邮、广播电视"六通"工程加快推进。2008年投资23.6亿元，使64个乡、406个建制村通路，61个乡镇通邮、10.39万人用上电、25.78万农牧民用上安全饮用水、670个建制村通电话。四是大力促进"一产上水平"。安排农牧业特色产业发展资金3.2亿元，支持了130个特色产业项目建设。安排农业现代化专项资金9000万元，支持青稞、牦牛产业发展。安排资金4.5亿元，实施了413个扶贫项目，项目惠及16.5万余贫困人口。安排农业综合开发项目资金1.98亿元，用于21个农业综合开发项目和22个产业化建设项目。五是大力促进农牧民稳定增收。落实资金27亿元，用于化肥补贴、种粮农民直接补贴、农资综合补贴、碘盐补贴、良种补贴、牲畜良种补贴、农业机械购置补贴等各类支农惠农补贴，财政对农牧民的直接和间接补贴超过年人均1000元。加大支持农牧民实用技能培训，安排专项资金5700万元，完成培训13万人次。安排资金3000万元，支持农牧民专业合作组织建设，截至2008年，全区财政累计支持177个农牧民专业合作组织，进一步提高了农牧民进入市场的组织化程度，夯实了农牧民增收的基础。2008年全区农牧民人均纯收入达到3176元，比2007年增长13.7%。

【坚持以人为本，民生财政建设取得了新的突破】贯彻落实科学发展观，坚持以人为本，解决人民群众最关心、最直接、最现实的利益问题，切实保障和改善民生，让人民群众共享发展成果，这是民生财政建设的根本要求。2008年，各级财政部门在增收节支压力加大的情况下，进一步优化支出结构，加大了以教育、医疗、就业等为重点的民生投入，民生财政建设取得了新的突破。一是加大教育投入力度。全年教育支出达到47亿元，同比增长34%。中小学生均公用经费标准分别从150元、100元提高到250元和150元。累计安排资金2.34亿元，完成了全区中小学教学仪器设备配置；中小学校舍维修改造工程全面推进，义务教育办学条件不断改善。职业教育投入逐年增加，全区职业教育取得长足发展。各项教育资助政策得到有效落实。二是加大医疗卫生投入。全年医疗卫生支出达到16.4亿元，同比增长28%。农牧民免费医疗经费标准由年人均100元提高到140元。干部职工体检标准由年人均500元提高到600元，国有企业离退休职工体检经费纳入了财政补助范围。支持自治区藏医院改扩建、自治区疾控中心实验室建设和地区藏医院设备配置。三是社会保障体系进一步完善。实行了养老保险超收奖励政策，调动了征缴积极性；提高了企业退休人员养老金标准，全区2.98万名国有企业退休人月人均养老金达到1673元，比全国平均水平高610元；解决了国有粮食企业、事业性质储备库未参加（或中断参加）养老保险的职工和交通系统公路养护一线聘用人员的养老保险待遇问题以及教育系统职工住房公积金与社会保障欠费等遗留问题。进一步调整、完善了城镇职工基本医疗保险制度的有关政策规定。城镇低保标准从月人均230元提高到260元，惠及3.7万城镇低保对象；农村低保标准由年人均800元提高到850元，惠及23万农村低保对象；根据物价波动情况对低保对象实施了临时物价补贴。四是推进城乡保障性住房建设，基本完成了总投资14.46亿元的城镇廉租住房、经济适用住房和干部职工周转房建设任务，城镇中低收入家庭和干部职工实现了住有所居。五是加大就业扶持力度。落实资金5055.2万元，安排5700个公益性岗位。通过财政直接供养渠道安排近8000多大学生就业，年增加支出5亿多元。对吸纳区内生源应届普通高校毕业生就业的区内企业，给予每个岗位最高2万元的一次性奖励，累计兑现高校毕业生就业奖励资金696.3万元。全区城镇登记失业率控制在4.5%以内。六是提高了基层干部和困难群众生活补助。农牧民老党员、老干部、老模范生活补贴每人每月增加50元，分别达到350元、200元和150元；村支书、村主任误工补贴由2000元提高至4000元。

【立足当前，谋划长远，"十一五"中期评估取得了新的成果】进入"十一五"以来，西藏自治区财政实力一年一个新台阶，中央对西藏的财力补助持续快速增长，地方财政收入突破20亿元大关。截至2008年，中央对西藏的财力补助已达到672.2亿元(不含国债、基建)，比"十一五"规划测算的前三年补助数增加253.3亿元，增长60%，比"十五"期间中央补助西藏的财力总量378亿元多出294.2亿元。地方财政一般预算收入累计达到59.6亿元，完成“十一五”规划前三年计划收入的129%，比计划数增收13.6亿元，比“十五”时期地方一般预算收入总量43.6亿元高出16亿元。西藏自治区财政一般预算支出达到856.22亿元，完成“十一五”前三年计划支出数的137.82%，比“十一五”前三年计划数增加234.9亿元，增长37.82%。“十一五”期间，西藏自治区财政总财力将达到1420.58亿元，比规划测算的总财力847.55亿元增加573.03亿元，增长67.6%，地方财政收入达到112.5亿元，比规划确定的89.3亿元增加23.2亿元，增长26 %。

“十一五”以来中央对西藏的支持力度不断加大，地方财政收入持续大幅增长，财政总财力显著增加，西藏自治区财政实力进一步增强，财政对经济发展和社会和谐稳定的支持与保障能力有了长足提高。

【进一步完善财政体制机制，财政改革取得了新的进展】财税政策体系进一步规范。全面清理了50多类税收优惠政策，完善了企业所得税优惠政策实施办法，进一步规范了我区个人所得税费用扣除标准，调整了耕地占用税税率。加大了对招商引资税收优惠政策引发税收流失问题的监控力度。自治区对下财政管理体制进一步完善。按照财力与事权相匹配的原则，进一步优化转移支付结构，加大了自治区对下一般性转移支付的规模和比例。2008年自治区对下一般性转移支付总量达到30.7亿元，比2007年增加10.6亿元，增长52%，增强了基层政府的保障能力。财政运行机制进一步健全。积极探索部门之间、层级政府之间同类性质资金统筹使用的有效途径，初步建立了有利于财政资金同类归并、捆绑使用的预算分配机制。建立了县以上城镇基础设施运行维护和更新改造经费保障机制，建立完善了县级后勤服务社会化制度。积极探索财政支出绩效评价制度，对重点专项支出实行了绩效考评。财政改革进一步深化。部门预算在全区范围全面推行，编制流程不断优化，预算编制不断细化，精细化管理取得新进展。国库集中收付范围进一步扩大，一般预算资金和政府性基金已全部纳入集中支付范围，近50个县已经实施国库集中支付制度。公务卡结算制度改革试点顺利推进，规范公务消费初见成效。财税库银横向联网试点工作正式启动，财政、税收、国库信息共享工程建设取得实质性进展。政府采购制度进一步完善，全年采购数额达到28亿元，自治区本级政府采购已经纳入金财工程，政府采购电子化管理开始启动，我区政府采购协议（GPA）研究进展顺利。财政监督进一步强化。目前已逐步建立事前、事中、事后监督相结合的监督机制，监督方式进一步向专项检查与日常监管相结合转变，财政监督服务财政管理的能力进一步提高。全年共查处违规违纪资金4.01亿元，收缴入库财政资金1.12亿元。

（陈凡彦、次仁卓嘎）

【领导名录】

党组副书记、厅长：丁业现

党组成员、纪检组长：吴雪生

党组成员、副厅长：次成甲措、艾俊涛、文秋良、范光才

副巡视员：苏生有

自治区税务工作

【税收收入情况】2008年度，自治区共组织各项税收收入301,884万元，同比增长28%，增收65,807万元。其中：税务部门组织收入301,348万元，完成年度收入计划的115%，同比增长29%，增收66,944万元，是近年来增幅最大的一年，首次突破30亿元大关。税收收入方面：共组织各项收入294,643万元，完成国家税务总局下达计划的117%，同比增长29%，增收65,621万元。中央级收入为144,389万元，同比增长34%，增收36,699万元；地方级收入为156,959万元，同比增长24%，增收30,245万元。其中：国内增值税完成109,854万元，同比增长32%，增收26,351万元；营业税完成79,517万元，同比增长12%，增收8,826万元；内资企业所得税完成47,773万元，同比增长68%，增收19,336万元；外商投资企业和外国企业所得税完成1,771万元，同比增长13%，增收197万元；个人所得税完成17,630万元，同比增长21%，增收3,106万元；车辆购置税完成19,371万元，同比增长12%，增收2,035万元；车船税完成1,263万元；其他各税完成17,464万元，同比增长35%，增收4,507万元。其他收入方面：共完成6,705万元，同比增长25%，增收1,323万元，其中，教育费附加完成5,276万元，同比增长22%，增收963万元；耕地占用税完成422万元，同比增长3.8倍，增收334万元；税务部门其他罚没收入373万元，同比增长27%，增收79万元；税务系统行政收费(中央级)634万元，同比下降8%，减收53万元。海关代征税款536万元，同比下降68%。

【税收收入特点】收入规模和增收绝对额实现了历史性突破。2008年西藏税收收入首次突破30亿元大关，是近年来增长最快、增收最多、超预算额度最大的一年，宏观税负进一步提高，达到了7.69%，税收弹性达到了1.96，税收的宏观调控功能得以积极的发挥，税收在依托经济发展的基础上，基本做到了应收尽收。

各级财政收入协调增长。中央级、自治区级、地市级、县级收入增幅分别为34%、30.95%、21.9%、24.1%。

各地（市）税收收入全线增收，拉萨作为全区经济中心贡献尤为突出。2008年全区各征收单位增长幅度均在10%以上，增长幅度达到20%的有拉萨经济技术开发区、自治区国税局直属税务分局、山南、那曲和日喀则等五个征收单位；处于拉萨地区的拉萨市国税局局、自治区国税局直属税务分局、拉萨经济技术开发区三个征收单位组织的税收收入对整体税收的拉动力较强，分别达到4.04、8.47、4.34。

产业结构调整政策效应逐步显现。在“一产上水平、二产抓重点、三产大发展”的经济发展方针下，二产、三产发展势头迅猛。2008年一、二、三次产业分别完成税收270万元、138,449万元、143,258万元，分别增长-82.7%、36.1%、25.9%，二产和三产的贡献率分别达到56.6%、45.4%。

各企业类型税收保持稳定增长，股份公司税收比重最高。2008年股份公司实现税收144,037万元，占总收入的51.1%，同比增长7.3%，增收贡献率为75.5%；国有企业税收比重下降为25.5%。

【税源特点】产业税收结构性问题突出。2008年，批发零售业、建筑业、制造业、采矿业、电力燃气及水的生产供应业、房地产业、金融业等七大行业税收规模较大，共计完成24.1亿元，占总收入的85.5%。

税基仍然比较薄弱，商业和投资领域税收比重较大。2008年批发零售业实现税收73,425万元，占总收入的比重为26%，建筑业完成税收56,624万元，占总收入的比重为20.1%。

制造业发展势头增强。2008年制造业完成税收34,948万元，占到了总收入的12.4%，成为较为稳定的支柱税源。

增值税仍然处于强势主体地位。2008年国内增值税首次突破10亿元，占总收入的36.5%，同比增收26,351万元，增收贡献率达到39.4%，贡献率最高。

支柱产业税收地位较为突出。2008年全区企业所得税完成49,544万元，增收贡献率达到29.2%，比重为16.4%，较往年有所提高。其中：采矿业完成6,044万元，同比增长70%，增收2,507万元；建筑业完成税收11,658万元，同比增收2,239万元。

个人所得税为税收增长作出了较大贡献。公务员工资改革后，工资薪金所得纳税人增多，2008年工资薪金所得个人所得税完成10,666万元，同比增收3,533万元。全区年所得12万元以上个人申报数为1,437人，申报缴纳个人所得税28,811万元。

地方税制度不断完善也达到一定增收目的。2008年新开征的车船税实现税收收入1,263万元。

【税收法制建设】2008年，自治区国税局及时对税收政策进行调整，较好地发挥了税收在稳定社会、促进发展中的作用。一是针对企业所得税优惠政策规定繁多，规范性、系统性较差等问题，进行了全面清理，经过归集整理规范后，出台了新的企业所得税优惠政策实施办法，增强了政策的导向性、整体性、操作性和规范性。二是针对新企业所得税法认真做好新旧政策的过渡衔接工作，提出贯彻落实意见，提出税率执行意见。三是进一步规范个人所得税费用扣除标准。四是认真贯彻落实新修订的耕地占用税暂行条例及其实施细则，出台了耕地占用税实施办法，核定了各地市税额标准。五是按照自治区政府统一部署，帮助“3•14”事件受损商户和受影响行业尽快恢复生产经营，配合财政等部门及时提出税收优惠政策建议，并认真组织落实，对692户直接受损商户减免税款420万元，对全区6,057户间接受影响纳税人减免税款6,058万元，较好地促进了社会稳定。六是根据我区城镇建设步伐加快的新形势，及时提出调整和完善城市维护建设税政策意见。七是认真落实税收政策。对58户纳税人落实了再就业税收优惠政策；加大出口退税力度，全年办理出口退税1,554万元；加大对高新技术企业、特色产业等行业的税收扶持力度，减免税款19,612万元，促进了经济结构调整和产业优化升级。

【税收征管】2008年，自治区国税局按照精简、效能、规范、统一的要求，对征管业务流程进行了梳理，出台了税收征管涉税业务操作规范手册。完善征管质量考核方式，加大考核检查力度，征管质量有了新的提高。认真做好个体工商户计算机核定系统测试和试点准备工作。加大查账征收力度，全区244户个体工商户由核定征收转为查账征收。加强普通发票的印制与缴销存管理，进一步规范普通发票管理。认真做好减轻纳税人负担工作，清理简并纳税人报送的资料达5个大项34个小项。开展征管软件业务操作培训，提高基层干部操作应用能力。加强与保险监管机关协调配合，强化车船税征管，征收税款1263万元。规范岗位职责，统一纳税服务标识和标准，加强纳税服务工作。注重发挥社会中介机构在纳税服务中的作用，拓宽了纳税服务渠道。税控收款机试点准备工作进展顺利。完善税收分析工作，建立了自治区、地市、县三级纵向分析联动机制。加强重点税源监控工作，逐步扩大监控范围，目前监控企业纳税额已占到全区总税收的30%以上。

【科技兴税】完成了省级系统监控管理平台建设，提高了信息系统运行稳定性和运维保障水平。税收会统集中核算系统成功运行，实现了全区会统核算业务集中处理。优化和完善了电话申报系统，全区已有2710户纳税人纳入电话申报。完成增值税协查系统V1.1版推广应用工作，启用了红字发票管理系统。完成网上申报系统建设前期准备工作。基本完成财税库银横向联网开发及调试工作，成功实现对6户纳税人适时扣税。

【税收执法】深入贯彻依法行政实施纲要和国家税务总局实施意见，出台了进一步规范税收执法行为加强税收征收管理的工作意见。积极推进税收执法责任制，制定了税收执法责任追究办法。以整顿规范税收秩序为目标，以查处和打击涉税违法行为为重点，深入开展房地产及建筑安装、烟草、电力、矿产品采矿选矿、金融保险、旅游宾馆酒店、中国移动等行业的税收专项检查，开展打击制售假发票和非法代开发票专项整治行动，开展年所得12万元以上个人所得税自行申报纳税专项检查等等，共查补收入7,110万元。深入开展税收执法专项检查，全面查找和整治税收管理薄弱环节，清理并纠正各类问题130个。强化案件管理工作，出台了稽查案件复查办法和案件移送办法。加强与外部协同办案机制建设，出台公安经侦与税务稽查协作工作办法。

【精神文明建设】2008年底全区税务系统共有国家级先进集体12个，国家级先进个人7人。2008年全区税务系统评选出8个“全区税务系统精神文明建设先进集体”、8个“优秀党支部”、8个“全区税务系统十大优秀税务工作者”、18个“优秀共产党员”、9个“优秀团干部”、9个“优秀团员”、9个“优秀妇女工作者”、9个“巾帼建功标兵”。

【教育培训】2008年举办了征管、信息技术、税政、稽查、计统、财务、文秘等区内外业务培训班10个，培训各类业务骨干350名。同时，加大干部培训基础建设力度，组织编写了适合西藏实际的系统内培训教材、征管业务手册和企业所得税管理手册。（杨建龙）

【领导名录】

书记、局长：袁庆杰

党组成员、纪检组长：群培
党组成员、副局长：陈文通、格桑次仁、旺堆、杨承碧
党组成员、总经济师：谢学忠
党组成员、总会计师：穷达
副巡视员：次仁南木加

中国银行业监督管理委员会西藏监管工作

【年度综述】西藏银监局主要承担西藏自治区银行业金融机构的监督管理职责。2008年，西藏银监局着力增强有效监管和金融创新能力，着力防范化解风险，实现了西藏银行业体系稳定和安全运行，金融服务不断完善，有力地支持了西藏经济发展。

【银行业监管工作依法有效】2008年，西藏银监局始终坚持按照全区经济工作会议和银监会的工作部署，结合西藏实际，依法对辖区政策性银行、国有商业银行、邮政储蓄机构、信托投资公司共计600个银行业金融机构依法进行了监督管理，银行业监管工作取得明显成效。一是银行业监管体制逐步完善。认真落实银监会银行监管体制改革的战略部署，西藏银行业监管、改革和发展都取得了较大进展。推进确立了监管工作新的理念、目标和标准，在监管方式上逐步向风险为本迈进，监管技术不断提升。二是银行业监管工作力度加大。坚持将各种监管手段和监管环节有机结合起来，强化监管工作的系统性、连续性和有效性，更新监管理念，创新监管方式，开创了西藏银行业监管工作新局面。狠抓银行不良资产的监测和处置，实现了不良贷款“双降”；严格依法规范监管行为，促进了西藏各银行业金融机构规范贷款管理，提高资产质量，改善风险状况，完善和健全内控制度；强化非现场监管工作，提高非现场监管发现问题的能力；加强对银行业金融机构市场准入的监管，支持金融创新；加强对西藏信托投资公司的监管，切实履行法人监管职责。三是深入开展案件防控工作。继续坚持在辖区银行业金融机构深入开展以加强制度建设为主要内容的查防银行案件专项治理工作，成效显著。截止2008年末，辖区各银行业金融机构案件防控工作进展顺利，内部管理力度明显加大，防范和化解风险能力明显增强。

【银行业运行概况】2008年，西藏银行业金融机构保持良好发展态势，各项业务取得了长足发展。

资产负债规模扩大。截止2008年底，西藏银行业金融机构资产总额达818.44亿元，比2003年增加486.56亿元，增长146.61%，比2007年增加215.76亿元，增长35.8%；负债总额达803.71亿元，比2003年增加475.94亿元，增长145.21%，比2007年增加196.15亿元，增长32.28%。

各项存贷款快速增长。截至2008年12月末，西藏银行业金融机构本外币各项存款总额达829.02亿元，比2003年增加506.79亿元，增长157.28%，比2007年同期增加185.66亿元，增长28.86%；各项贷款总额达219.32亿元，比2003年增加74.28亿元，增长51.21%，按可比口径(剔除农行西藏分行剥离因素)，比2007年增加25.81亿元，增长13.34%。盈利能力稳步提高。截至2008年12月末，西藏银行业金融机构实现利润8.21亿元，增长120.70%，比2007年同期增加4.6亿元。

资产质量持续改善。2008年，受农行剥离因素影响，西藏银行业金融机构不良贷款实现了“双下降”，不良贷款余额8.47亿元，不良贷款率为3.99%。比2003年减少17.38亿元，下降20.41%;比2007年减少27.58亿元，下降12.59%。

【支持西藏经济社会发展有力】2008年，西藏银监局坚持以科学发展观为指导，合理把握信贷投向，优化信贷结构，提高风险防范能力，为西藏经济发展提供了有力的金融服务。一是认真贯彻落实中央赋予西藏的特殊优惠金融政策。督促和要求西藏各银行业金融机构认真贯彻落实中央赋予西藏的特殊优惠金融政策。深化对金融与经济相互促进、协调发展重要性的认识，正确处理好支持经济发展与防范和化解金融风险的关系；把促进经济发展作为第一要务，按照经济发展和市场变化的要求，结合自身业务特点和优势，积极开拓新的业务领域，不断挖掘优质贷款项目，充分发挥新增贷款对经济发展的支持力度，促进金融与经济的共同发展。二是切实落实党中央、国务院扩大内需政策。2008年，党中央、国务院为积极应对国际金融危机及时出台了扩大内需的十项措施，银监会也及时出台了“银十条”，保增长，促发展。西藏银监局积极响应，以加大金融对辖区经济增长的支持力度、加大信贷投放力度调整优化信贷结构为重点，提出了落实扩大内需政策的指导意见。督促和指导各银行业金融机构抓好落实和推进，积极加大信贷投放力度，通过信贷结构调整促进经济结构调整，保增长、扩内需，既推进当前的经济发展，又促进经济长远发展。

【获奖情况】

2008年，西藏银监局被西藏自治区人民政府办公厅评为“2008年度信息报送工作先进集体”。

2008年，西藏银监局监管一处被西藏自治区人民政府评为全区金融服务“三农”先进集体。

【领导名录】
书记、局长：廖平之
副书记、副局长：尕玛次旺
党委委员、副局长：杨宝林、曹昌伦
党委委员、纪委书记：宋丽霞

中国人民银行拉萨中心支行

【年度综述】2008年，辖区人民银行系统坚持以科学发展观为指导，紧紧围绕西藏“一产上水平、二产抓重点、三产大发展”的经济发展战略，努力克服拉萨“3•14”事件、地震暴雪灾害及国际金融危机带来的困难和挑战，积极引导银行机构结合西藏实际贯彻落实好中央赋予的特殊优惠货币政策，加大对“三农”、重大基础设施建设、特色支柱产业、消费、“3•14”受损商户等的信贷支持力度，千方百计确保金融稳定，努力提升金融服务水平，为维护自治区社会稳定和支持经济发展发挥了积极作用。

截至 2008 年 12 月末，全区金融机构本外币各项存款余额 829.02 亿元，比年初增加 185.66 亿元，增长 28.86%，是近 7 年增幅最大的一年，增速比全国高 9.13 个百分点。其中，人民币各项存款余额 827.85 亿元，比年初增加 185.41 亿元，增长 28.86%；外币存款余额 1,710 万美元，比年初增加 453 万美元，增长 36.04%。剔除农行股改剥离因素，按可比口径统计，全区金融机构本外币各项贷款余额 219.32 亿元，比年初增加 25.81 亿元，增长 13.34%，增速比全国低 5.42 个百分点。其中，人民币各项贷款余额 218.98 亿元，比年初增加 25.83 亿元，增长 13.37%；外币贷款余额 497 万美元，与年初持平，同比多增 48 万美元。从贷款投向看，主要投向"三农"、特色经济和个人消费等。

【支持"三农"发展力度不断加大】截至 2008 年末，全区农牧业贷款余额 42.06 亿元，较年初减少 3.31 亿元，下降 7.29%。剔除剥离因素，农牧业贷款实际新增 4.74 亿元，全年累计发放农牧业贷款达 31.06 亿元。一是农牧户小额信用贷款保持了稳步增长。截至 12 月末，余额达 29.32 亿元，比年初增加 4.09 亿元，增长 16.19%。"四卡"贷款证已发放 361,636 张，覆盖率达 88.11%，使用率达 86.95%。二是农牧民安居工程信贷投放快速增长。截至 2008 年末，余额达 11.06 亿元，比年初增加 2.57 亿元，增长 30.27%，参与支持了 77793 户农牧户，占全区实施安居工程建设计划的 53.84%，建筑总面积达 2602.42 万平方米。全年累计发放安居工程贷款 4.53 亿元。三是信贷扶贫工作稳步推进。截至 2008 年末，扶贫贴息贷款余额 10.3 亿元，其中，34 个重点扶贫县扶贫贴息贷款余额达 3.65 亿元，占扶贫贴息贷款总额的 35.39%，全年累计发放扶贫贴息贷款 6.59 亿元。四是农牧业产业化经营龙头企业得到了有力支持。截至 2008 年末，向各级农牧业产业化经营龙头企业发放贷款 2.62 亿元，贷款余额 4.28 亿元。五是信用乡（镇）、村的评定管理工作不断深入。截至 2008 年末，全区共评定出信用乡（镇）74 个、信用村 877 个。其中，新评定信用乡（镇）4 个，信用村 57 个。

【突出支持特色经济发展】2008 年，辖区银行机构向藏医藏药业、旅游业、民族手工业、矿产业等特色产业发放贷款余额达 18.74 亿元，比年初增加 5.09 亿元，增长 37.29%。如建行西藏分行向玉龙铜矿开发有限公司发放贷款 4 亿元，中行西藏分行向冰川矿泉水有限公司发放贷款 7000 万元，这些贷款的发放为特色经济的发展提供了金融支持，促进了西藏产业结构的调整、优化和升级。

【提升消费对经济的拉动作用】辖区银行业金融机构认真贯彻执行国家和自治区有关扩大内需的政策措施，进一步做好住房、住房装修、汽车等消费贷款，搞活消费市场，刺激内需，拉动经济增长。截至 2008 年末，全区消费贷款余额 43.59 亿元，比年初增加 4.65 亿元，增长 10.84%。其中，个人购（建）房贷款余额 38.04 亿元，比年初增加 3.18 亿元，增长 8.69%，全年累计发放 16.23 亿元。

【积极开展"3•14"受损商户专项贷款】"3•14"事件发生后，全区银行业金融机构站在讲政治的高度，从维护稳定的大局出发，认真贯彻落实藏政发〔2008〕30 号、藏政办发〔2008〕40 号、自治区党委、政府各次会议精神和"3•14"领导小组办公室对专项贷款工作中有关问题的批复，积极开展受损商户专项贷款工作，为受损商户恢复正常生产经营，推进拉萨市恢复生产生活秩序和经济社会发展做出了贡献。截至 2008 年末，商业银行机构共接受 852 家受损商户咨询，受理贷款申请 457 笔，金额 1.5 亿元，已发放专项贷款 391 笔，金额 1.2 亿元。

【切实防范金融风险，维护金融稳定】进一步完善风险监测指标体系，并对西藏 2004-2007 年金融稳定状况进行了评估。指导各地区建立符合本地区实际情况的金融稳定监测指标体系，加强辖区的金融风险分析工作。及时掌握、了解全球金融危机对西藏的影响，确保辖区金融稳定。积极推动金融监管协调信息共享制度建设。在借鉴天津、西安分行成立金融稳定协调领导小组经验的基础上，根据西藏的实际情况，草拟了《西藏自治区金融稳定协调领导小组工作制度》并报政府批转。继续做好金融稳定再贷款管理工作。督促农行西藏分行加大资产处置力度，最大限度减少资产损失。多次召开金融联席会议，专题研究部署对原汇达、聚源城市信用社无效资产的清收、处置以及冲销资料的准备工作，向总行上报了《关于处置西藏原汇达、聚源城市信用社无效资产及资金损失的请示》。做好人民银行自办经济实体资产移交工作。已向汇达公司移交了 16 个项目档案资料，正在与汇达公司协商经济实体待处理资产移交协议事项。密切关注金融机构改革。继续关注辖内建行、中行改制后的发展状况，重点关注辖区农行改制、邮政储蓄银行的组建及西藏自治区信托投资有限公司改制重组等情况，及时掌握改革中出现的新情况、新问题，提出符合辖区实际的政策建议。

【积极落实各项外汇管理政策措施，支持我区涉外经济发展】以"推改革、促流出、重监管、抓手段"为工作重点，严格执行国家外汇管理政策，大力支持全区贸易投资便利化，加强边贸监测，促进了涉外经济的发展。严格资金流动监管和外汇资金收结汇管理，及时办理外汇核销，加强结售汇情况的跟踪监测。加强外汇检查力度，打击外汇违法行为，促进辖区外汇市场诚信、规范、有序，为促进国际收支基本平衡和地方涉外经济又好又快发展发挥积极作用。西藏外向型经济继续保持快速发展的态势，对外贸易增长较快，涉外收支增幅明显，国际收支保持顺收格局。全区银行业金融机构全年结售汇总额达 27,823 万美元，同比增加 12,699 万美元，增长 83.97%。其中：结汇总额 26,839 万美元，同比增加 12, 618 万美元，增长 88.73%；售汇总额为 984 万美元，同比增加 81 万美元，增长 8.97%。银行结售汇顺差 25,855 万美元，同比增加 12,537 万美元，增长 94.14%。其中，经常项目顺差 15,876 万美元，占总顺差的 61.40%。

【提高服务质量和水平，提供优质服务】认真落实金融统计制度，加强各类金融统计数据的收集、整理、编制、上报工作，《金融统计监测数据集中系统》已与全国同步运行。督促辖区人民银行建立完善《调查统计业务突发事件应急预案》、《金融统计数据集中系统数据报送风险应对机制》，并组织开展《2008年区域金融生态环境调查》。加强和完善课题管理，实现课题研究的规范化、制度化，完成了《青藏铁路通车后西藏旅游业的金融支持研究》重点课题和《适合西藏实际的农牧户小额产品，促进农牧区经济发展》的小额信贷案例研究材料。组织开展了"3•14"事件对西藏银行业影响的快速专题调查工作，并撰写《"3•14"事件对西藏银行业影响情况的调查》。

【支付体系建设不断推进】积极推动支付网络体系建设和业务系统的维护和管理，确保资金清算渠道的安全畅通，为各银行机构和个人提供优质、高效、快捷的账户服务及安全的资金汇划服务。加强系统建设，做好境内外币支付系统上线的前期准备工作，确保了系统正常上线运行。做好辖内非现金支付工具推广工作，加大了非现金支付结算工具在农牧区的推广力度。会同中国银联西藏分公司起草《西藏自治区行政事业单位实行公务卡计算方式管理暂行办法》及《西藏自治区行政事业单位公务卡管理实施方案》，西藏辖区公务卡试点工作已于2008年7月1日正式启动。为进一步改善我区银行卡受理环境，提高社会公众持卡用卡意识，组织银联西藏分公司、商业银行对拉萨市银行卡受理市场联网通用情况等进行了现场检查，并开展了联合整治银行卡违法犯罪专项行动，目前，银行卡业务已步入专业化、市场化轨道。进一步加大银行结算账户管理力度，切实防范利用银行账户偷逃税款、诈骗等违法犯罪行为的发生，确保了银行结算账户的合法合规性。

【货币发行与管理进一步加强】结合西藏特殊社情、区情，以抓安全为重点，切实提高发行库安全防范建设和管理水平，加大监督检查力度，确保了发行基金和发行库安全无事故。构建人民币流通状况监测网，组织开展了人民币流通状况监测预警工作，加强了人民币收付业务的检查工作，维护人民币正常流通秩序。按照"适当集中、合理摆布，灵活调度"的原则，合理安排券别结构，确保全区合理的现金供应，已完成全年残损人民币销毁计划，确保了流通中人民币整洁度。深入农牧区开展反假货币宣传工作，提高了人民群众的反假货币意识和识假辨假能力，切实维护了广大人民群众的切身利益。全区共开展反假货币宣传22次，共散发藏汉文宣传资料35万余份，共收缴了假人民币136.21万元。

【国库公共服务能力得到增强】积极推进财税库银横向联网工作，制定了《西藏自治区财税库银横向联网实施组织方案》、《西藏辖区中国人民银行与商业银行横向联网工作机制》。进一步加强国库制度建设和监督管理，规范代理国库业务操作。建立健全国库风险控制体系，有效防范了国库资金风险。加强国库资金的管理和拨付，"1·25"冰雪灾害和汶川"5·12"地震发生后，本着"急事急办、特事特办"的原则，保持资金汇划渠道畅通，累计拨付紧急救灾资金600万元。"3•14"事件发生后，及时启动国库应急预案，迅速建立"绿色通道"，在第一时间将资金拨付到位，先后拨付维护稳定资金8,902万元。

【征信系统建设稳步推进】进一步完善企业和个人征信系统建设。截至12月末，企业信用信息基础数据库已录入西藏全区借款企业5688户，入库本外币贷款余额157.47亿元；个人信用信息基础数据库已录入西藏全区个人信贷账户38万多个，录入消费信贷余额78.8亿元。目前，西藏辖区个人信用信息基础数据库日查询量已达150多次。针对"3•14"事件受损商户开通绿色通道，共计为478户受损商户办理了贷款卡。进一步推动非银行信息采集工作。稳步推进中小企业信用体系和农牧区信用体系建设工作。截至12月底，已为全区2321家中小企业建立了信用档案。目前，已有41家企业取得银行授信意向，9家企业已取得银行融资。面向社会开展大量征信知识宣传活动，有效提高了公众信用意识。

【反洗钱工作力度不断加大】加强反洗钱非现场监管，全面深入开展反洗钱现场检查。依法开展了50次反洗钱行政调查，完成了对拉萨辖区包括银行、证券、保险业在内10家金融机构的反洗钱现场检查。加大对可疑资金的监测力度，积极配合公安、安全机关提供相关情况，从金融环节上防范不法资金，特别是恐怖资金的流入和流出。全年配合公安、安全机关进行案件协查57次，其中有1起已成功告破。调查涉嫌账户105户（次），接收金融机构报告特别可疑交易线索13个，经甄别、调查向公安机关报案2个，公安机关立案侦察1个。

【获奖情况】

2008年，拉萨中心支行保卫处被中共中国人民银行成都分行委员会评为"中国人民银行成都分行先进基层党组织"；

2008年，拉萨中心支行办公室被中共中国人民银行成都分行委员会评为"中国人民银行成都分行先进基层党组织"；

2008年，拉萨中心支行营业部被中国人民银行工会工作委员会评为"女职工文明示范岗"；

2008年，拉萨中心支行营业部被中国人民银行评为"青年文明号"；

2008年，拉萨中心支行支付结算处被中国人民银行反洗钱专项行动领导小组评为"中国人民银行反洗钱专项行动成果奖"；

2008年，拉萨中心支行信贷处被中国人民银行评为"《2007年中国区域金融运行报告》宣传组织奖"；

2008年，拉萨中心支行工会被中国人民银行、工会工作委员会评为"工会工作先进集体"；

2008年，拉萨中心支行科技处被中国人民银行、工会工作委员会评为"学习型组织标兵"；

2008年，国家外汇管理局西藏分局被外管总局评为"全国直接投资外汇业务信息系统推广表扬分局"、"2008年外商直接投资年检表扬分局"；

2008年，拉萨中心支行科技处被中国人民银行评为"2008年科技工作先进集体项目建设奖"。

【领导名录】

行长：旺堆

副行长：李波、张伟、单曲、李隆仕

纪委书记：虎新菊

工会主任：王学军

中国农业银行西藏自治区分行

【年度综述】2008 年，中国农业银行股份有限公司西藏自治区分行按照总行“3510”发展战略和农业银行西藏自治区分行今后一个时期新的奋斗目标，克服拉萨“3•14”事件和严重自然灾害、区内外经济增速回落等的不利影响，扎实做好股改各项基础工作，围绕经营转型、精细化管理、风险防控等重点，强化了党建和队伍建设，在支持地方经济建设的同时实现了自身各项业务的有效发展。截止 12 月末，全行各项存款首次突破 300 亿元大关，增长 22.57%。各项贷款余额达 83 亿元，增长 8.15%。涉农贷款余额达 42 亿元。

【推进经营转型，城区业务稳步发展】以银政合作为契机，抓好存款业务营销。加强市场拓展，优化信贷结构。各级行认真贯彻实施自治区“一产上水平、二产抓重点、三产大发展”的经济发展战略，将大项目、大客户业务营销作为实施经营转型的突破口，了解掌握优势产业、行业、项目和优良客户的信贷资金需求，主动做好客户的信贷营销工作。积极推广新业务产品，进一步调整优化收入结构。一是大力拓展银行卡和电子银行业务。二是扩大了基金代销等理财类产品覆盖面，畅通了基金网上营销等渠道，开通了基金定投业务等，持续做好了凭证式国债营销工作。三是积极开办国际业务。四是加强资金头寸监测和成本管理。五是积极维护优质客户的现金管理平台业务。六是积极拓展机构业务类代理业务，进一步拓宽了保险代理业务的合作范围和层次。增强科技支撑能力，保障业务稳定运行。按照总行统一部署，完成了开放平台集中监控系统（BMC）、人事管理系统（HRMS）、投资平台（ATII）、基金定投业务、信贷业务网上作业试点、公务卡、惠农卡以及银行卡统计分析系统等的上线工作，大幅增强了网络建设，对信贷管理系统、中间业务平台（TULIP）、反洗钱系统（AMLS）、视频会议系统、客户信息系统等各类管理系统进行了升级维护。

【加快发展农牧区业务，积极支持新农村建设】中国农业银行股份有限公司西藏自治区分行认真贯彻落实中央和自治区关于“三农”工作的方针政策，实施总行县域“蓝海”战略，研究出台了《关于做好2008 年金融服务“三农”工作的意见》等一系列举措，制定了《农行西藏分行深化服务“三农”工作及推广惠农卡试点实施方案》，启动了深化服务“三农”试点工作，积极支持我区社会主义新农村建设。在首次全区金融服务“三农”工作会议上，自治区政府特别肯定了农业银行西藏自治区分行为我区农牧民脱贫致富和新农村建设所做出的突出贡献，表彰了农业银行西藏自治区分行 20 个机构和 73 名个人，并在会场举行了金穗惠农卡西藏首发仪式，提升了农业银行在西藏经济社会发展中的影响力。

【积极稳妥地做好股改各项基础工作】扎实有序地开展了审计评估基础工作。落实不良贷款责任认定与追究工作。按期做好法律尽职调查和精算工作。

【强化内控建设，提高风险管控水平】强化全面风险管理。新成立了风险管理委员会和信用风险、市场风险、操作风险等专门管理委员会，明确了议事规则和职能职责，在各业务部门实行风险定期报告制度，及时揭示和处置本业务条线中的风险隐患。加强合规文化建设。充分发挥审计监督作用，加大检查力度。加强会计基础管理，规范财会工作。全行加强了费用预算管理，严格成本控制标准，推进了财务集中核算和精细化管理，进一步规范基建管理和集中采购管理，加强了固定资产管理，做好财务收支资源配置，确保了财务收支的真实性。深入开展反腐倡廉工作，做好信访工作。做好安全保卫工作。全辖层层签订了《安全保卫工作责任书》及《社会治安综合治理目标责任书》，与当地公安部门签订了联防协议，明确了安全工作责任，开展了金库安全大检查和枪支弹药全面清理工作。

中国工商银行西藏自治区分行

【年度综述】经中国工商银行第一届董事会第二十七次会议审议决定，拟在西藏自治区设立分支机构。2007 年 11 月 19 日，总行成立了由杨凯生行长任组长、21 个部室为成员的西藏分行筹建领导小组，2008 年 1 月 23 日，经总行研究决定成立了中国工商银行西藏分行筹备组，经过近 8 个月的紧张筹备，中国工商银行西藏分行于 2008 年 10 月 20 日在拉萨市正式挂牌成立，注册地址为拉萨市金珠中路 31 号。中国工商银行西藏分行是直接隶属总行管理的一级分行，业务范围涵盖了国内商业银行全部本外币存款、贷款、结算、代理业务、中间业务、银行卡、电子银行等，及经国务院银行业监督管理机构批准的其他业务。下设综合管理部、市场营销部、风险管理部、业务管理部和营业部等 5 个部门，目前营业部作为服务窗口面向客户提供柜面金融服务。至 2008 年末，现有员工 41 人（含 3 名短期交流人员和 4 名新入行大学生），来自于全国 15 个省市地区，是一支政治素质过硬、业务精湛的经营管理团队。开业以来全行以科学发展观为统领，以过硬的政治素质为底蕴，坚持审慎经营理念，把握机遇、迎接挑战，把分行自身经营发展放到西藏经济金融工作的大局中去谋划。外树形象、内严管理，加强队伍建设，为将西藏分行打造成为精确的模式、精细的管理、精干的团队的“精品行”而不断努力，圆满的完成了各项工作任务。

【筹建及开业情况】西藏分行在一年多的时间里，经历了从 3 个人到 8 个人再到 41 个人的发展壮大过程，先后克服了诸多困难，做了大量的工作、付出了辛苦的努力，完成了在拉萨设立机构的申请，选址、装修、内部制度建设、人员招聘与培训，投产测试、金融许可和工商执照等相关手续办理等一系列工作。在筹建过程中，市场营销部做了充分的市场调研和客户培育工作；营业部以提升服务为重点，高标准地完成了网点物理环境建设和业务培训工作；风险管理部保质保量地完成了以81个制度为主体的制度建设工作；业务管理部高效率的完成了系统搭建与测试投产工作；综合管理部高效率的完成了开业前的各项手续报批和开业典礼的策划工作。全行上下打破部门界限、同心协力，形成了“舍身忘我，坚韧不拔”的西藏分行企业文化精神雏形。

开业之际，总行高度重视，杨凯生行长一行四十余人亲赴拉萨，召开西藏分行全体干部员工大会，代表总行党委向参与西藏分行筹备工作的员工表示热烈的祝贺和亲切的慰问。向在艰苦高原地区工作、投身西藏分行建设的同志们表示崇高的敬意和衷心的感谢。对工商银行自治区分行41名干部员工能够在艰苦的条件下，短时间高质量的完成筹建工作给予了充分的肯定。并对新成立的西藏分行提出了殷切的希望，要求西藏分行在首届领导班子要团结并带领全行干部员工，继续发扬分行筹建时表现出的努力拼搏、积极进取、无私奉献的精神，把西藏分行的各项工作做好，不辜负总行党委的信任，不辜负全行干部员工的期望。全面贯彻落实科学发展观，把西藏分行建设成精品分行。

开业前夕，自治区党委书记张庆黎同志、自治区主席向巴平措同志等常委亲切接见了总行代表团一行。

开业庆典隆重热烈，自治区主席向巴平措、人大常委会副主任周春来、副主席白玛才旺、秘书长宫蒲光、政协副主席乔元忠、副秘书长戴建国，拉萨市市长多吉次珠，西藏军区领导、自治区大部分厅局的领导，人民银行总行陈建新处长，人民银行拉萨中心支行、西藏银监局及各金融同业，成都军区联勤部、西藏矿业等四十余户客户代表，以中央电视台为首的十余家全国及当地新闻媒体；以及杨凯生行长率领的总行有关部室和一级分行的代表，百余人出席了开业庆典。现场仪式后，自治区副主席白玛才旺、副秘书长戴建国，杨凯生行长率总行代表团一同前往西藏分行办公楼进行视察，并对工商银行自治区分行的工作给予了充分的肯定。

开业庆典当天，央视多个频道播出了工商银行自治区分行开业的报道；西藏电视台、拉萨电视台也于当日做了相关报道，并分别在每晚的7：55和9：55播放10秒钟的广告宣传片；西藏日报刊登了题目为《中国工商银行西藏分行开业》的报道；拉萨晚报头版刊登了题目为《中国工商银行西藏分行挂牌成立》的报道；拉萨市主要街道拉起了百条“热烈庆祝中国工商银行西藏自治区分行隆重开业”的横幅，宇拓路口两侧树起了大型充气龙拱门，机场大型楼顶广告、登机牌广告、迎宾大道龙门广告，同时展示在拉萨市人民面前。

【市场拓展与客户培育】2008年，工商银行自治区分行以科学发展观为指导，统一思想、达成共识，把分行自身经营发展放到西藏经济金融工作的大局中去谋划。

加强组织领导，落实领导责任，全面深入开展学习实践科学发展观活动。深入贯彻落实学习科学发展观情况。西藏分行的成立，正逢工商银行自治区分行按照中央的统一部署和要求，启动学习实践科学发展观活动。分行根据姜建清董事长10月7日《在中国工商银行深入学习实践科学发展观活动动员大会上的讲话》精神，在开业后的第六天（26日）迅速召开了全行开展深入学习实践科学发展观活动动员大会，随后成立了西藏自治区分行深入学习实践科学发展观活动领导小组，制定了详细的活动实施方案，有序推进整个活动。分行班子成员带头深入开展调研，全行领导班子成员围绕科学发展主题共完成相关调研报告8篇。认真开展各层面人员座谈会，在全行范围开展了“我为科学发展献一策、为提升竞争力见行动”活动，广泛征求各级党组织和广大员工对分行党委班子及班子成员的意见和建议，归纳梳理为有关发展思路与经营目标、加快业务拓展及市场营销、加强业务管理、资源配置及激励约束机制建立等方面的建议13条。分行党委专题召开党委扩大会议，围绕科学发展观，开展解放思想大讨论。通过集中学习、广泛调研、解放思想大讨论、征求意见等活动，分行党委对自筹备以来西藏分行科学发展历程进行了深刻的分析与检查，并进一步明确了未来科学发展方向和具体措施。

【把握市场脉搏，重点突出，做好市场营销工作】2008年，西藏分行采取“走出去、请进来”的方式，加强与当地政府、客户的沟通，积极探索创新，务求实践成果。分行按照科学发展观要求，紧密联系工作实际和思想实际，采取多种形式，组织开展思想大讨论。通过讨论，进一步加深了广大党员特别是党员领导干部对科学发展观的理解，在事关工商银行自治区分行科学发展的重大问题上形成共识，立足区域和分行实际，支持和服务好地方经济建设。经过努力，存款余额突破10亿元；储蓄存款中活期存款占比85%；理财金帐户余额占全部储蓄存款的42%；异地汇款业务占柜面业务总量的60%；人均各项存款2476万元，位列全区第二位。

【风险管理与内部控制】2008年，西藏分行完善内部管理机制，加强内控建设和两个责任制的落实，努力提升经营管理水平。一是本着“内控优先、制度先行”的指导思想，按照“符合内控管理、符合监管要求、符合西藏分行实际”的三大原则，在组建期间制定各项规章制度共计81个。在开业后，结合西藏当地实际情况和分行各项工作运行的实际特点进行补充完善，并高度重视内控制度的执行。要求全体员工认真学习，时刻做到不碰法律禁区，不踩制度红线，认真履职尽责。在工作和生活中要遵规循纪，按政策、制度、规章办事，要时刻保持清醒的头脑，做到不该办的事不办，不该说的不说。二是明确规定了行级领导干部党风廉政建设和案件防范工作责任分工，并由行领导与部门负责人分别签订了《党风廉政建设和案件防范责任书》，实行了层层包保责任制，确保两个责任制落到实处。三是成立了全面风险管理、内控、保密、中间业务等10余个管理委员会，明晰职责，集中审议分行重大经营管理事项。四是通过与人民银行、银监局、保密局等各职能部门的沟通，完成了跨行支付系统、征信系统、机要文件交换等外联平台的搭建开通工作。通过建立健全内部经营管理机制，工商银行区分行的各项工作平稳有序开展，基本达到总行对西藏分行“先站稳脚跟”的要求，为下一步市场拓展奠定了基础。

【党建和创建和谐银行工作】加强队伍建设，积极推进党建和创建和谐银行工作，初步形成西藏分行"思想上讲政治、工作上讲奉献、业务上讲进取、生活上讲互助"为内涵的企业文化。西藏分行地处高原，全行41名员工来自于全国15个地区，平均年龄35岁，党员占比66%，是一支年富力强、政治素质较高的队伍。在筹备期间，全行克服了人员少工作量大等客观因素，在诸多困难面前，表现出了应有的果敢与坚决，充分发挥主观能动性，积极投入到筹建与开业工作中去，行动快、效率高、观念新，保质保量的完成了总行党委交给的工作任务。开业后，全行虽有近50余人次因高原反应生病而输液，但在分行首届领导班子的带领下，扎实推进各项业务，没有一名同志因生病而影响工作。开业以来分行领导班子严格按照总行建设"四好"班子的要求，进一步增强政治意识、大局意识和责任意识，全面加强思想政治建设、能力建设和党风廉政建设，努力提高领导班子的凝聚力和战斗力。高度重视干部员工队伍建设，加强教育培训，不断提高干部员工政治素质、业务素质和综合能力；关心员工身体健康，安排好员工的工作和生活。努力培养和锻炼出一支能够在艰苦条件下特别能战斗的干部员工队伍。

【企业形象树立与捐助公益】2008年，工商银行西藏自治区分行以多渠道宣传为手段，树立良好社会形象。一是在开业前，向拉萨当雄"10·6"地震灾区捐款100万元人民币，展现了工商银行自治区分行较强的社会责任感。二是开业期间，通过加大电台、报纸、户外广告的宣传力度，扩大知名度。三是采取"走出去"、"请进来"的方式，邀请政府、监管部门的主要领导来行视察指导工作并进行"体验式营销"；拜访自治区发改委、财政厅等各厅局、监管部门和重要客户，宣传金融产品和经营理念。并从专业银行的角度，形成学习贯彻科学发展观专题报告上报自治区党委，展现了工商银行西藏自治区分行良好的精神风貌，树立了良好的区域形象，扩大了工商银行的影响，为下一步工作的顺利开展打下了良好的基础。

【领导名录】
行长：黄庆惠
副行长：吴永强
行长助理：李海臣

中国建设银行西藏自治区分行

【业务发展概况】2008年，建行自治区分行克服拉萨"3•14"事件的不利影响，抢抓市场机遇、优化结构调整、深化各项改革、强化内控管理，业务平稳较快发展，经营效益显著提高。

【负债业务】年末一般性存款(含本外币)余额221.78亿元，比年初新增48.69亿元，其中对公存款余额178.04亿元，比年初增加38.28亿元；个人存款余额43.74亿元，比年初新增10.41亿元，新增总额和增长速度在金融同业中排名第一。一般性存款在当地四大行的市场占比30.3%，比年初上升0.23个百分点；其中，个人存款市场占比26.78%，比年初上升2.99个百分点；对公存款市场占比31.31%，比年初下降0.78个百分点。

【资产业务】年末各项贷款余额86.39亿元，比年初新增9.79亿元，新增总额在金融同业中排名第一。其中，对公类贷款比年初新增7.67亿元；个人类贷款比年初新增2.12亿元。各类贷款余额在农行因股改剥离不良贷款30亿元的情况下，在当地四大行的市场占比40.93%，比年初上升5.46个百分点，排名第一。

【中间业务】实现中间业务毛收入2,628.42万元，增幅17.74%，完成年初总行计划90.38%；实现净收入2,486.15万元，增幅21.19%，完成总行调整后计划100.33%，在当地四大行的市场占比25.34%，比年初上升2.95个百分点。

【资产质量】五级分类全行不良贷款余额3.1亿元，比年初增加0.26亿元；不良贷款率3.59%，比年初下降0.11个百分点，不良额和不良率分别比总行控制计划低0.1亿元和0.08个百分点。不良资产处置额1.15亿元，其中核销不良贷款1719万元；不良资产现金回收额4,554万元，超值现金回收额963万元，超额完成总行计划。

【经营效益】全行实现税前利润24,472万元，同比增加9,583万元；实现拨备前利润31,080万元，同比增加7324万元，人均利润35.08万元。实现主营业务收入6.14亿元，贷款利息实收率98.23%。

【战略业务】外汇存款557万美元，折合人民币3816万元，结算业务量2,658万美元，完成总行计划347%；电子银行个人客户新增21,729户，对公客户新增941户，电子银行产品种类、业务功能在金融同业排名第一；贷记卡新发放2053张，交易额6,292万元，完成总行计划157%；个人VIP客户增长迅速，全行VIP客户5,574户，比年初增加2,755户，增长98%。

【联动营销，对公业务稳健发展】针对大项目、大企业，由分行领导担任"首席客户经理"，成立八一、能源、矿业、交通、社保等六个任务型营销团队，建立由分行领导、经营部门总经理、支行负责人组成的"三位一体"营销体系，用心、用情、用智营销，全力向主要政府部门和重点企业公关，通过"高层会晤"，充分发挥人脉资源优势和团队整体合力，不断拓展与客户合作的深度和广度，推动了对公业务和对公存款发展。二是加大投放力度。坚持早投放、早见效的原则，根据年底项目储备情况，年初早谋划，加强与相关部门沟通，主动汇报，争取支持，落实责任，把握好全年信贷投放节奏，抓好有效信贷投放。三是优化信贷结构。自觉服务国家宏观调控政策，严格执行总行关于推进信贷结构调整的要求，转变观念，创新思路，以变应变，顺势而为。积极营销华能集团、青藏铁路公司、果多电站、那曲物流中心等重大客户和项目，促进了资产、负债业务的发展和信贷结构的调整。

【加快转型，个人金融业务大发展】提升网点销售能力。同时增加营业网点硬件配置，使网点销售能力显著增强，客户满意度明显提升。做实"经营客户"工作。以服务吸引客户，以真诚留住客户，以细节感动客户，培育优质忠诚客户群，提升客户价值贡献度。制定一系列切实可行的业务营销方案，通过广播、报纸、海报和悬挂横幅等方式广泛宣传。加强与合作单位的协调、沟通，积极拓展合作领域，重点与房地产开发商、合作建房单位联系，加强对存量客户的分析和对潜在客户的挖掘，为中国建设银行自治区分行个人贷款增长提供了更多的优质客户和房源。瞄准中高端客户和潜在优质客户。通过适时发送短信、电话推介、大堂经理现场营销、客户经理上门营销等方式，挖掘客户潜力，提升营销的效率和效果。

【完善考核，提升价值创造能力】按照“分类定位，突出价值，兼顾效率，战略导向”的原则，修订绩效考核办法，针对不同层次制定不同的“经营绩效”考评指标，引导人才向业务密集和科技含量高的部位集中，使全行业务持续健康发展；对公司、个人、保全等业务条线分别考核，重点考核战略性业务增长和传统业务的增量绩效；加大集中采购力度，节约费用开支。按照“稳步推进、节约支出”的原则，拓宽集中采购覆盖面，据统计，全年共对 160 个项目实施集中采购，节约费用支出 543 万元。

【强化管理，风险内控明显增强】强化信用风险监控，进一步加强信贷资产十二级分类工作和授信业务监测，及时揭示风险和经营管理薄弱点；个贷清收系统成功上线，不良贷款经营向分行集中，单元制改革有了新突破。全行借助风险系统分析计量工具、数据模型，加大对重点行业、区域、客户和信贷品种进行跟踪监控和系统性风险的研究，为指导全行信贷结构调整和系统风险防范发挥了积极作用。提高操作风险防范能力。制定了《操作风险管理实施细则》，做到组织、人员、工作到位，初步搭建起中国建设银行自治区分行操作风险管理体系的“三道防线”。开展会计与营运安全大检查，操作风险监控检查由关键风险点监控检查为主转变到对全面操作风险的监控检查。充实风险管理人员。在配备风险主管和兼职风险经理的基础上，2008 年在各条线主管部门又聘任了 13 名兼职风险经理，全行风险管理条线从业人员达到 61 名，为全面风险管理打下了良好基础。

【积极应对，提升处置能力和奥运服务水平】拉萨“3•14”事件发生时，分行立即启动应急预案，成立应急领导小组和护行队，分行领导靠前指挥，组织员工将资金、账簿、重要空白凭证安全撤离，确保全行无人员伤亡和无重大财产损失。事件平息后分行率先在金融同业中为以纯专卖店发放专项贷款 100 万元使其恢复生产经营，受到自治区党委政府的肯定和广大客户的好评，继而向受损商户共发放专项贴息贷款 160 笔，累计金额 5,441 万元，以实际行动维护稳定、促进发展。

【承担责任，和谐社会新贡献】全年组织开展了创建“全国文明卫生”城市活动、“优质服务无缺陷，客户满意零投诉”、“我为提高服务水平献计策”活动、“迎奥运文明规范服务系列活动”，健全服务制度，优化服务流程，强化服务监督，服务质量和客户满意度有了明显提升。拉萨冲吉路支行被评为全国级青年文明号，拉萨冲吉路支行、城西支行和昌都分行被授予 2008 年度“中国银行业文明规范服务示范单位”荣誉称号。精神文明建设硕果累累，有力地推动了各项业务发展。关心弱势群体，积极承担社会责任。“中国贫困英模母亲”资助计划正式启动，分行已资助了西藏 17 位贫困英模母亲。全行员工为四川汶川地震灾区捐款 23 万元，为西藏当雄地震灾区捐款 63,375 元。全行为抗震救灾交纳特殊党费、特殊团费 70 余万元。全行在当地金融同业中第一个开通汇收赈灾款绿色通道，免收手续费 111.8 万元。开展了以“扶贫济困解难事、温暖和谐进万家”为主题的送温暖活动，慰问困难职工 41 人。充分展现了建行人的爱心和善举，全行在社会上的影响力和美誉度大幅提升。

中国银行西藏自治区分行

【年度综述】2008 年，中行西藏分行认真贯彻落实科学发展观，坚持“安定团结、合规经营、稳健发展、培养人才、提升形象”的总体方针，克服拉萨“3•14”事件、重大自然灾害和近百年来最为严重的金融危机等不利影响，围绕“保稳定、打基础、调结构、快发展、促和谐”等重点任务，狠抓落实推进，各项工作取得显著成效。

【盈利水平创历史新高】全年实现账面净利润 12406 万元，首次超过亿元大关，是 2007 年的 11.17 倍，完成总行全年任务 74.29 倍，实现人均净利润 19.2 万元，创历史最好水平；ROA（资产回报率）、RAROC（风险调整资本回报率）分别较上年末提高 0.96、47.7 个百分点；EVA（经济价值增加值）较总行预算要求超出 12768.99 万元；净利息收入、非利息收入分别完成总行全年任务的 122.5%和 144.67%。全行成本收入比较上年压缩 14.20 个百分点，较总行限控指标低 9.62 个百分点。

【经营规模快速扩大】全行人民币存款年末余额达 134.29 亿元，较上年末增长 27.98%，完成总行全年任务的 219.1%；人民币贷款余额达 41.2 亿元，全年累计发放各项贷款 35.5 亿元，余额增幅达 27.61%，完成总行全年新增任务的 222.84%。人民币存、贷款当年增速分别高出同期全区金融业平均增速 2.04 个和 15.96 个百分点。主营业务市场份额稳步提升，人民币一般性存款、贷款、中间业务净收入在当地四大行的余客占比，分别较年初提高 0.29、4.58 和 2.04 个百分点；外汇存款在当地占据 6 成左右份额，外汇贷款和进出口贸易结算量的市场份额均为 100 %。

【单项工作亮点纷呈】人民币公司存、贷款业务均超额完成全年任务，完成率分列全国中行系统第 1 和第 9 位。国际结算量、中间业务收入、贸易融资利息收入等三项指标 11 月末便提前完成总行全年任务，国际贸易结算量首次突破 1 亿美元大关，且继续保持 100%的市场份额，受到总行专电表彰。在遭受“3•14”事件重大冲击的情况下，零售贷款和银行卡发卡业务仍然超额完成总行下达的全年任务，网点转型完成率位居全国中行系统排名第2。在确保奥运科技安全的同时，成功完成了准贷记卡系统上收、网上银行、电话银行、银行卡交换系统等多项系统改造投产。安全生产和维稳工作措施得力，没有发生一起重大责任事故，连续7年保持车辆安全“零事故”，成功堵截了2起外部案件，全年没有发生上访事件，中行西藏分行“信访和维稳工作”的做法得到自治区党委书记张庆黎同志的批示肯定。在全区银行业技能培训比武中，中行西藏分行连续4年获得团体冠军。

【成功处置拉萨“3•14”事件】在2008年拉萨市骇人听闻的“3•14”打砸抢烧杀事件中，中行西藏分行辖属1个网点被先砸后烧，1个网点临街玻璃全部被砸，3名员工被困，1名员工重伤，所有网点库存现金面临巨大危险。危机时刻，按照自治区党委政府和中总行党委的部署要求，中行西藏分行迅速成立领导小组，设立安全保卫、业务恢复、后勤保障和宣传联络等工作组，针锋相对、旗帜鲜明地组织开展惊心动魄的反分裂斗争。通过区行班子的科学指挥、果断处置，被困员工全部安全转移，受伤员工得到及时抢救，城区11个网点的25个头寸箱、8429154元现金分文不少，凭证账册一份不差，办公大院和各住宅基地未受破坏，将损失降低到了最低程度。同时，中行西藏分行迅速组织慰问部队、清扫卫生、维持秩序，及时向受损商户发放专项贷款，并通过中央电视台、新华社和自治区、拉萨市等主流媒体，宣传中行坚决反对分裂的政治立场和扎根高原、服务西藏的决心。事后，中行西藏分行还迅速开展了生产秩序恢复和受损网点重建工作，在员工中深入开展“揭批达赖”活动以及爱国主义教育，增强员工抵御分裂主义思想侵蚀的能力，并针对薄弱环节落实整改，进一步完善突发事件应急预案，把反对分裂、维护稳定的各项工作做细做实做好，为中行改革发展提供政治保障。

【全力做好奥运银行服务】作为北京2008年奥运会唯一合作银行伙伴，中行西藏分行认真落实中总行要求，从“事关国家形象、关乎中行声誉”的高度，万无一失地做好了奥运金融服务。按照“平安奥运”的总体要求，进一步完善了各项应急预案和业务连续性计划并加强演练，有针对性地加强网络电信设施、线路设备保障和能源应急供应检查，确保重点业务和信息科技系统安全稳定运行；层层签订奥运安保、安全生产和文明优质服务责任状，强化各级、各部门“一把手”负责制，实现了奥运服务“零投诉、零差错”。精心策划、周密组织，出色地完成了奥运火炬在藏传递及系列宣传工作，中行系统4名火炬手参加了拉萨站火炬传递，其中包括中行西藏分行3名火炬手以及拉萨传递的唯一名外籍火炬手，有效宣传中国银行。充分发挥“奥运银行”独有权益，积极推广中行“奥运主题”特色产品，圆满完成奥运门票销售工作。以赞助奥运、服务奥运为契机，进一步加大产品、服务、形象宣传，加强主动新闻管理，对外新闻发稿和户外广告投放创历史新高，全年未出现一起负面报道，开展形式多样奥运主题营销活动，充分发掘“奥运银行”的独有商业价值，提升了品牌影响和美誉度。

【不断深化长效机制建设】一是绩效考核方面，坚持以利润为中心的经营导向，简化绩效考核指标，制定三年滚动计划。二是职位管理方面，明确职位管理层级，下放部分职位管理权限，建立各层级管理岗位后备人才库，拓宽用人视野。三是费用分配方面，在全辖实行分部门核算，费用向业务和一线倾斜，业务部门实行统一的收入费用率，初步建立了公平合理、公开透明的费用配置机制。四是薪酬分配方面，在落实“以岗定薪，岗变薪变”机制的同时，对中间业务、增收节支、处置突发事件等方面作出突出贡献者给予补充分配。五是市场营销方面，推行联动营销和全员营销，公司业务、个人金融部门分别制订交叉销售和分润方案，组织中间业务百日竞赛、对口帮扶和不良零售贷款全行清收等活动，增强了业务发展合力。六是科技保障方面，跟进IT蓝图实施，完成了客户信息采集与补录、前期外围系统测试和投产、环境搭建、人员培训等准备工作，优化了业务流程，整合同质业务操作管理职能。

【积极履行企业社会责任】5月12日四川发生地震后，中行西藏分行多次组织员工积极参与震灾募捐活动，募捐金额达433,052元。经请示中总行后，分行向西藏自治区民政厅捐款100,000元，用于灾区人民救助及灾后家园重建工作。

为积极推进扶贫工作，中行西藏分行成立了对口扶贫阿里地区改则县先遣乡的扶贫工作小组，通过实地调研帮扶、设立“中国银行扶贫物资仓库”、组织当地先进工作者来拉萨进行考察学习等多种手段谋扶贫，特别是积极向中总行申请扶贫资金63.68万元用于当地添置牦牛项目，使当地牧民群众物质、文化水平得以逐步提高，开拓了扶贫工作的新局面。

【获奖情况】

分行营业部2008年度中国银行业文明规范服务示范单位；

林芝地区支行2008年度中国银行业文明规范服务示范单位；

林芝地区支行中国银行职工职业道德建设先进单位；

分行营业部中国银行职工职业道德建设先进班组；

日喀则地区支行劳动关系和谐单位；

林芝地区支行中国银行模范职工之家；

潘全国　中国银行职工职业道德建设先进个人；

杨兴江　奥运金融服务优秀员工；

央拉　奥运金融服务优秀员工；

仁钦央宗　先进个人；

李东科　工会积极分子；

肖艳萍　党的十七大精神主题教育活动《移动杯》职工演讲比赛中荣获二等奖；

中国银行西藏分行党的十七大精神主题教育活动知识答题获优秀组织奖；

中国银行西藏分行个人金融业务技能团体冠军奖。

【领导名录】

行长：罗建军

副行长兼信贷风险总监：彭措多吉

副行长：聂勋庆、贝西

总稽核：托多桑布

纪委书记：李俊武

行长助理兼财务总监：惠桂欣

行长助理：车献峰

中国邮政储蓄银行西藏自治区分行

【邮储银行成立，开辟邮储独立运营新篇章】经西藏银监局和中国邮政邮储银行有限责任公司批准，中国邮政储蓄银行西藏分行2008年1月28日正式挂牌成立，是西藏地区的第四家商业银行。中国邮政储蓄银行的市场定位是，充分依托和发挥网络优势，完善城乡金融服务功能，以零售业务和中间业务为主，为城市社区和广大农村地区居民提供基础金融服务，与其他商业银行形成互补关系，实现向全功能商业银行转型。储蓄银行西藏分行机构设置有综合办公室、人力资源部、计划财务部、综合业务部、会计部、风险合规部、审计部、安全保卫部、公司业务部、信贷部；下辖拉萨市支行，截止08年末共12个自营网点，职工人数162人。

【2008年度邮储银行整体经营情况】截止2008年年底，邮政储蓄银行自治区分行总资产273291万元，人民币存款余额为255504.42万元，比上年增长53374.42万元，完成年度计划的117.2%，其中对公存款35024.35万元；个人储蓄存款余额220504.21万元，比上年同期多增了18374.67万元，完成年度计划的101.15%；个人贷款累计投放2886.2万元，绿卡累计发卡增量72151张。

2008年全区金融业务收入完成7386万元，与上年相比增长11.54%，其中：自营收入完成3327万元，与上年相比增长9.69%。

【邮储银行财务开始独立核算】在2008年3月完成了纳税登记与报备工作，领取了纳税登记证书；完成了基本账户、费用账户的开立工作；完成了银行账套建账工作，并将审核无误的会计初始化数据准确录入财务系统，保证了财务系统正常、稳定的运行。对拟注入的资产与邮政公司进行了账实核对，保证邮政公司注资的固定资产和无形资产与实物一致，并积极参与集团公司安排的资产评估工作，于10月份协助北京资产评估公司对拟注入的资产进行了评估。在财务系统中建立了固定资产原始卡片，并将卡片数据和相应科目核对，做到了账账相符。根据邮政集团公司《关于邮政企业与邮政储蓄银行试行分账核算的通知》，对支付代理网点代理费的财务流程进行了规范，保证了代理费支付的顺畅，对邮政企业与邮储银行各自的金融收入进行了清晰的划分。

邮银分帐核算后，及时进行了收支追溯调整。对2008年1—2月建账日过度期间的金融业务收入、以及在此期间区邮政公司、拉萨市邮政局代邮储银行西藏分行及拉萨市支行垫付的费用和支出进行了追溯调整，确保了财务数据真实、完整性。

建立健全财务内部控制制度。为加强财务管理、规范财务行为，结合实际情况制定了《邮储银行西藏分行经费管理办法（试行）》、《邮储银行西藏分行集中采购管理办法（试行）》、《邮储银行西藏分行低值易耗品管理办法（试行）》、《邮储银行西藏分行固定资产管理办法》、《邮储银行西藏分行集中报账管理办法》等制度。建立健全各项规章制度，有效杜绝了财务工作的制度漏洞，保证了计划财务工作有章可依、有章可循。完成了2008年度财务预算编制工作及2008年度预算分解工作。重新开立住房公积金账户并对划入邮储银行员工的公积金进行了逐项检查和核对；同时建立健全了公积金相关财务账。

结合经营需要合理配置财务资源，加大投资力度。08年新增固定资产70万元，用于生产、办公设备更新；为改善经营环境、提高服务质量，提升网点整体外观形象，投入了270万元资金对网点进行了更新改造。投入了170万元资金进行了广告形象宣传。

【业务发展情况】紧张有序开展业务培训，不断提高员工素质和水平。

邮储银行的成立标志着邮储事业的运营模式已经发生了变化，为适应商业银行运作，先后请银监局、人行、建行、人寿保险等同业的专家来邮政储蓄银行自治区分行为全体员工授课540人次，外出培训76人次，进行内部二次培训540人次。一系列的培训对提高员工的业务素质起到了很大的帮助作用，确保员工业务素质能适应银行新业务的开办要求。

为提高银行从业人员知识水平和能力素养，按照银行业协会要求，组织了2008年上半年和下半年银行从业人员资格认证考试工作；同时，为培养学习积极性，鼓励职工积极参加考试，邮政储蓄银行自治区分行对成绩优异者进行了奖励。为切实做好集团公司举办的全国邮政企业营业支局长知识竞赛工作，选拔了8名支行长参加了本次竞赛工作；参数人员保质保量的完成了支行长远程培训的网上学习和初赛、复、决赛考试工作，并在全国复决赛中取得了较好的成绩。积极支持各部门举办的各级各类培训工作，自2008年1月28日银行成立以来，举办多种培训班，风险防范与管理、公司业务、小额信贷业务、理财业务、会计业务、商易通、服务礼仪和营销的行内培训班，大大提高了职工队伍的文化素质、业务技能、服务水平，促进了企业精神文明建设。加强人才队伍建设力度，把重点放在2008年新开办的对公业务和信贷业务专业人才队伍的规模和人才队伍的培育上。2008年，积极选送了高管人员、业务骨干、业务技术人员到区外参加各种培训。

为满足银行业务发展的需要，提高支行长金融业务知识水平，积极配合集团公司在全国范围内开展的支行长金融业务知识远程培训工作，成立了领导小组，对拉萨市支行正副行长、支行综合业务部、综合管理部、会计核算部正副经理、二级支行正副行长、分行综合业务部、审计部全体人员为期4个月的远程培训工作。

【不断开办新业务，丰富银行业务品种】积极开办小额信贷、公司业务、信用卡业务、商易通业务、网上银行业务、电话银行业务、理财业务和绿卡通业务等典型的银行新业务。

截止2008年年底，已向中小企业主和农户发放贷款503万元，发展公司业务111户，余额3.5亿元。其中，小额质押贷款截止 2008 年年底发放 2382.2 万元，累计还款 1777.61 万元，贷款结余 605.59 万元；小额质押贷款新增笔数 168 笔，发放 1340.31 万元，与 2007 年同期相比小额质押贷款业务在 2008 年得到了迅速的发展，超额完成了总行下达的 1000 万任务指标。小额信用贷款截止 12 月 10 号累计发放贷款 45 笔，金额 404 万元。本年还款 4 笔金额 60.62 万元，贷款结余 41 笔，金额 343.38 元。商易通业务放号 190 户，沉淀余额 1253.66 万元。信用卡试点已经铺开，企业网银系统已经成功上线。

【"服务立行"，抓服务，不断提高服务能力和水平】为确保向客户提供优质服务，一方面，合理调配营业一线员工，招聘充实了一部分新员工，并且对一线员工进行了服务礼仪和业务知识的强化培训；另一方面，严抓服务纪律，规范服务秩序，对服务中发生的用户有理由投诉从严处理。同时，在服务设施与技术手段上，加大了必要的投入，对拉萨市支行所辖全部网点进行了改造，对前台业务信息系统进行了升级，扩大了业务品种和服务范围。通过狠抓服务，确保了"3•14"期间的服务不受影响，同时为北京奥运会和残奥会的举办提供了优质服务。

【获奖情况】

西藏银监协会表彰的集体（1 个）3•14 事件中拉萨市东郊支行全体职工政治立场坚定，旗帜鲜明的同破坏分子做斗争，用自己的行动保护国家财产不受损害，被西藏银行协会表彰为先进集体；

西藏银监协会表彰的个人（1 个）3•14 事件中拉萨市东郊支行普珍同志，政治立场坚定，旗帜鲜明的同破坏分子做斗争，用自己的行动保护国家财产不受损害，被西藏银行协会表彰为先进个人；

全国邮政系统先进集体（1 个）:拉萨市支行营业部；

全国邮政系统先进个人（1 个）:拉萨市东郊支行普珍；

自治区政府表彰集体（1 个）拉萨市堆龙德庆县支行被西藏自治区人民政府评选为"全区金融服务三农先进集体"；

西藏自治区政府表彰个人（1 个）拉萨市支行营业部白玛卓嘎同志被西藏自治区人民政府评选为"全区金融服务三农先进个人"。

【大事记】

1 月 28 日，中国邮政储蓄银行西藏自治区分行挂牌成立，同时拉萨市支行及所属二级支行挂牌成立，2 月份西藏区分行内设机构组建完毕。

2 月份集团公司一期注入资产 2800 万到位。

3 月 1 日，区分行财务信息管理系统正式上线，同时一并完成区分行财务建账和财务独立核算。

3 月 20 日，经充分准备，西藏分行所属二级支行行长公开竞聘工作完成。

3 月 10 日，区分行加入人行拉萨中心支行同城票据交换。

3 月 14 日，拉萨发生打、砸、抢、烧暴力犯罪事件，西藏分行三个网点受到冲击，经过全行努力，3 月 15 日对外恢复营业。

3 月，邮政储蓄银行自治区分行获准开办个人理财及代理保险等相关业务。

3 月 31 日，加入人行账户管理系统。

6 月 25 日，小额信贷业务系统上线，标志着对外正式开办小额信贷业务。

6 月 28 日，区分行公司业务系统上线，标志着对外正式开办公司业务。

7 月，固定电话支付系统正式上线，实现了不同话机设备交易界面和处理流程的统一，改善支付结算手段，增强了服务功能。

8 月 7 日，西藏银行业应对"3•14"事件表彰大会召开，拉萨邮电大楼支行获先进集体，卓玛、普珍、达瓦江村、旦宗获先进个人荣誉称号。

8 月 31 日，人力资源信息管理系统正式上线，标志着人力资源管理步入规范管理轨道。

9 月 27 日，西藏区分行首张信用卡发行。

10 月 3 日，中国邮政储蓄银行有限责任公司西藏自治区分行委员会成立。

10 月 17 日，我行企业网银系统正式上线。

10 月，西藏分行全体员工正式加入西藏自治区基本医疗保险、工伤保险、生育保险。

10 月 17 日，西藏区分行企业网上银行系统开通。

11 月 2 日，与外管局外汇结售汇系统成功对接，标志着我行外币结售汇业务的对外服务。

11 月 22 日，西藏区分行电话银行业务系统上线。

12 月 2 日，电话银行系统正式上线，通过现代化通信工具将客户与银行连接，客户只需拨打电话就可获得银行系统提供的多项服务。

12 月 5 日，西藏自治区政府白玛才旺副主席率团莅临区分行调研工作。

12 月，我行正式推出了"绿卡通"业务，实现了通过一张绿卡对自身各类账户的管理，极大地方便了客户。

【领导名录】

行长：周亚平
副行长：王路平
副行长：董建民

拉萨市行部门领导
行长：索朗旺堆
副行长：次仁桑珠
副行长：黎源

中国人民财产保险股份有限公司西藏分公司

【年度情况与特点】2008 年，人保财险西藏分公司以党的十七大精神为指导，以科学发展观为统领，在西藏自治区党委、政府和总公司党委、总裁室的正确领导下，始终坚持"效益第一"的经营指导思想，紧扣加快发展主题，充分发扬老西藏精神和"团结、奋进、忠诚、奉献"西藏人保精神，克服西藏地震、百年罕见雪灾和"3·14"事件等天灾人祸，实现了保费收入正增长，市场份额稳步增长，充分发挥了保险"资金融通、经济补偿和社会管理"职能，为维护西藏稳定，促进西藏经济发展做出了应有的贡献。

【旗帜鲜明、立场坚定开展反分裂斗争，全力做好维护稳定工作】3 月 14 日，拉萨市区发生了由达赖集团有组织、有预谋、精心策划煽动，境内外"藏独"分裂势力相互勾结制造的打砸抢烧严重暴力犯罪事件，给当地人民群众生命财产造成重大损失，使当地的社会秩序受到了严重破坏。在处置“3·14”事件中，我分公司按照自治区党委、政府的统一要求，在维护稳定、反对分裂工作中，做到了始终与党中央、区党委保持高度一致，做到了坚持旗帜鲜明反分裂，立场坚定维稳定。

一是加强组织领导，及时启动应急预案。在处置“3·14”事件中，我分公司按照自治区党委、政府要求及时成立了应急领导小组，启动突发性应急预案和保险应急预案，并在第一时间内通知各部门做好各自的自救和防范工作，保证了我分公司在“3·14”事件中无人员伤亡和财产损失。

二是先后召开15次会议专门部署维护稳定工作。要求全体员工自觉维护祖国统一和民族团结，并提出具体要求：不参与、不围观、不起哄、不支持、不声援、不传谣、不信谣。组织青壮年男女职工自救，保护公司人员和财产安全；严格落实值班制度；坚持一手抓维护稳定、一手抓生产自救，在做好群众报案和查勘定损工作的同时，结合群众保险需求，及时开发和开展保险业务；召集党员领导干部召开了愤怒“揭批、声讨达赖集团罪恶行径”活动。

三是充分发挥保险的社会稳定器作用，努力为政府排忧解难。“3·14”事件发生后，我分公司主动对承保的不在保险责任内的人员伤亡、被砸被烧车辆和财产损失受理了报案。同时，及时将此情况上报总公司、四川保监局，提出以充分发挥西藏人保保险的社会稳定器作用，勇担国有保险公司社会责任，努力为政府排忧解难，不节外生枝、不造成新的群众突发性事件，竭尽全力为政府减轻压力，减轻各族群众在此次打砸抢烧严重暴力犯罪事件中的损失，尽早恢复生产，以实际行动维护西藏社会稳定的意见和建议，得到了上级公司和监管部门的充分肯定。决定对虽不属承保责任，只要投保了车辆损失险的车辆和投保了企业财产险财产损失就予以赔偿。

为了使无辜群众及时得到赔款，我公司成立了专案赔偿领导小组，开通了方便、快捷的理赔绿色通道，受理涉及“3·14”事件报案167起，除对仅投保“交强险”的45起案件拒赔外，对涉及群众55人、单位57家112起投保了车辆损失险的车辆和企业财产损失进行了理赔，共赔款2523326.67元（大写贰佰伍拾贰万叁仟叁佰贰拾陆圆陆角柒分），其中107起车辆损失赔款858878.82元，车辆损失单笔最高赔款17964.35元；5起企业财产损失赔款1664447.85元，企业财产单笔最高赔款623476.6元。

四是结合群众保险需求，及时开发新险种满足群众保险需要。针对个体工商户和车险客户出现的恐慌心理和保险需求，为稳定社会局势、繁荣我区经济，我分公司根据总公司条款和费率，紧密结合西藏反分裂斗争的长期性、复杂性、艰巨性及分裂主义破坏活动的新手段新方法等实际情况，就广大个体工商户和车主最为担心、也是破坏最为严重的暴乱骚乱及恐怖活动所造成的损失和所带来影响，急客户之所急,供客户之所需，制定了“财产保险附加暴乱骚乱和恐怖活动险”和“开办商业车险附加恐怖活动、群体性暴力事件车辆损失险”保险方案。经报中国人保财险总公司和国家保监会审批，现在我区个体工商户和车主只须缴纳少量的保险费用，即可将暴乱骚乱群体性事件和恐怖活动所造成的严重后果纳入到保险责任，将风险转嫁，从而真正做到为广大个体工商户解除经营发展的后顾之忧，为人民创业发展保驾护航。

五是积极开展慰问部队官兵活动。在处置“3·14”事件，按照区党委、政府要求及时到执勤点慰问部队官兵，并竭尽全力为公司附近官兵提供方便。

【克服不利影响，实现了保费收入增长】 面对“3·14”事件后严峻的经营形势，我司党委、总经理室要求全体员工增强发展意识、增强危机意识，积极引导上下员工转变发展观念，紧紧抓住发展机遇，不断创新发展理念和工作思路，利用“3·14”事件后业务发展契机，采取切实有效举措，开展“变被动为主动、变不利为有利”业务发展活动。2008年，我分公司共实现保费收入22270.7万元，同比增加了1456.3万元，增长率为7%，交纳利税3200余万元。

一是加快农村网点建设，大力发展县域机构。2008年，我分公司在全自治区增设了31家县域营销服务部，扩大农村销售服务网络覆盖面，方便农民购买保险，提高了服务“三农”的能力，为保险“进学校、进社区、进农村”的“三进入”活动的深入展开和服务农村保险奠定了坚实的基础。同时，还积极对只保交强险业务的客户开展“地毯式”、“扫荡式”调查回访。通过调查回访了解到我区只保交强险客户的主要原因，有针对性地加强宣传，努力提高保险覆盖面。

二是加强与政府相关部门的沟通协调工作，充分发挥保险参与社会管理职能。在自治区党委、政府指导、支持、帮助下，积极探索参与平安建设，开办旅游保险、承运人责任险、火灾公众责任险、雇主责任险、大中院校责任险、团意险、农民工意外伤害险等。用市场化手段解决责任赔偿方面的法律纠纷，有效化解社会矛盾，减轻政府压力，促进社会风险管理水平提高，提高社会管理效率。

三是制定向业务一线倾斜政策，尽可能配置一切可以利用资源为拓展业务提供保障。坚持以周报形式及时了解险种业务发展状况，对业务好的单位部门给予通报表扬和物质奖励，保证了全区整体业务健康发展。

【充分发挥保险职能作用，服务西藏经济建设和和谐西藏建设能力显著增强】 围绕自治区党委、政府中心工作，按照“理赔出市场、理赔出客户、理赔出效益”的总体要求，认真贯彻落实西藏人保“平时是朋友，患难之时更是朋友”的服务理念，在案件大幅提升的情况下，提高了理赔质量和水平，充分发挥了保险社会稳定器、经济助推器的作用。2008年，共受理理赔案件15596件，已决赔案12722件，结案率为81.57%；已决赔款8749.6万元，同比增加了1854.5万元，增长率为26.90%；目前共有未处理案件数2879件，预估的未决赔款约为4896.5万元。

一是全面提高了理赔增值服务。年初我们提出视客户为衣食父母，做到“多一份微笑、多一句问候、多一次解释、多一份关心、多一点谅解”。按照这一要求，理赔中心创新服务方式，改变服务态度，狠抓了理赔增值服务落实工作。强化“95518”专线服务，加强业务技能培训，提高了专线人员素质和应对咨询、报案、客户回访工作的服务水平，提高了客户满意度，广大客户已感受到西藏人保“平时是朋友，患难之时更是朋友”的服务理念，感受到西藏人保不仅是大公司，而且服务质量、服务水平也是一流公司。

二是制定以领导带头的奖勤罚懒具体措施，全面提高理赔人员业务技能和理赔质量。按照理赔人员“要有真才实学，在态度上、精神上、业务技能上所学知识要切实为工作服务”的要求，对每位理赔人员从赔付率、核赔通过率、理赔周期、估损偏差率、理赔业务管理质量、制度执行力、服务质量等方面量化工作并与工资挂钩，从而在2008年理赔案件大幅增多的情况，保证了通过提升理赔质量，达到理赔出市场、理赔出客户的目的。

三是是打造方便快捷的理赔程序，提升西藏人保品牌。启动了“千案客户百分之百满意理赔服务”活动，对95518服务热线、查勘定损、施救送修、报价理算做了明确要求，这一活动的开展，在社会上引起了广泛反响，受到客户普遍关注，进一步提升了西藏人保品牌。

四是继续强化廉洁自律，打造一流的理赔队伍。不吃拿卡要是理赔人员的基本要求，通过领导班子成员率先对外公开作出理赔廉政承诺，全部理赔人员签订了廉政服务承诺书，做到了不拿客户一分钱，不吃客户一顿饭。在坚持从廉政上入手挤压赔款水分，有效维护了公司利益和诚信经营信誉，保证了准确、合理和快速理赔，实现了理赔出服务、理赔出市场、赔出社会效益和经济效益的目标，实现了公司价值与社会价值的统一。

【强化社会责任，积极开展抗震救灾工作】2008年10月6日16时，西藏当雄县发生6.6级地震，震源深度8公里。灾情就是命令，时间就是生命。我公司连夜召开紧急工作会议，启动保险应急处理预案，认真贯彻落实自治区党委政府要求，及时受理地震受灾、受损报案。10月7日，我公司抗震救灾工作组在第一时间赶赴地震受灾最严重的当雄县格达乡羊义村抗震救灾、调查了解灾情。在详细了解灾区情况后，经请示总公司总裁室，立即表示为灾区捐款200万元。10月24日，这笔捐款正式向拉萨市人民政府捐赠，拉萨市委副书记、市长多吉次珠代表拉萨市人民政府接受捐款。这一行动真正体现了“人民保险为人民，人民保险造福于民”。

10月26日，西藏出现百年罕见大范围暴风雪天气，造成山南、昌都、林芝等地区19个县受灾。灾情发生后，我们克服天寒地冻，大雪封山、泥石流，交通堵塞等困难，主动派出人员到山南地区三安曲林至陇边防公路改建工程受灾现场查勘定损，在第一时间为其理赔123万元。目前，其它雪灾保险报案案件还在受理和理赔当中。

此外，为扎实推进社会主义新农村建设，切实解决好农牧民群众中无房户、危旧房户、贫困户和“三老”人员等社会弱势群体的住房问题，根据自治区党委、政府的统一安排部署，我区两级分公司在2008年无偿为贫困户提供27万元资金为贫困户解决住房。在汶川大地震后，我公司积极组织员工捐款、缴“特殊党费、团费”。总体上，2008年我分公司共向地震、定点扶贫点和社会弱势群体献爱心捐款达2449808元，强化了国有保险公司的社会责任，为构建和谐西藏做出了应有贡献。

【强化财务精细化管理，认真开展了“增收节支、开源节流”工作，为发展业务提供坚实保障】一是按新会计准则建立全面预算管理体系，提高了会计信息质量、会计核算和财务分析的质量。二是加强了对分支机构的管控力度，完善费用与业务规模挂钩的经营绩效考评体系。三是认真开展了“增收节支、开源节流”工作。四是优化配置资产，降低使用成本。五是加强各项业务数据规范性、完整性、准确性质量整理工作，保证数据质量准确性和及时性。

【内控合规工作进一步强化，有效防止了经营风险】积极配合人民银行拉萨中心支行认真开展反洗钱检查和整改工作。重点加强了业务自查审计工作，找出合规管理工作不足，形成专题审计报告报总公司。专门组织人力对2007年以来内控制度建设和执行情况全面开展了自查自纠工作，重点抽查了机关“三个中心”和林芝、日喀则分公司，并就存在问题提出了整改意见。通过公司综合办公管理平台和周报、月报加强督查工作力度，强化了执行力建设。

【大力加强队伍建设，不断提高队伍业务素质】人力资源部制定、修改、完善了《用工管理规定》、《劳动纪律管理办法》、《干部管理规定》等7项规章制度，为规范管理、强化执行力建设提供了制度保证。通过组织承保、理赔、文秘等业务培训、考试，极大地提高了队伍业务素质和销售能力，为西藏人保又好又快发展储备了人才资源。

【利用奥运平台广泛宣传，公司品牌形象和社会影响力大幅提升】充分利用2008奥运年这一奥运平台的难得机会，全方位进行了自我宣传，自我推广。通过组织开展奥运万张门票抽奖、组织客户观看北京奥运会比赛，对大型项目的承保和重大案件及时理赔和现场赔付宣传报道，经常性与报社、电台、电视台合作，做到了“报纸有文字、电台有声音、电视有图像、街道有广告”，从而提升了公司市场影响力和竞争力。

【重大活动】

“3·14”事件后，分公司按照自治区党委、政府的统一要求，在维护稳定、反对分裂工作中，做到了始终与党中央、区党委保持高度一致，做到了坚持旗帜鲜明反分裂，立场坚定维稳定。全体员工、特别是党员领导干部，在反分裂斗争中起到了民族团结的表率，自觉维护了民族团结。

2008年10月6日，人保西藏分公司为当雄地震灾区捐款200万元，帮助灾区群众重建家园，以实际行动履行了中国人保“人民保险为人民，人民保险造福于民”的宗旨。

2008年12月26日，全区金融服务“三农”工作会议在拉萨市举行。我分公司党委书记、总经理孙国新在会上作了题为《践行科学发展观，提高保险服务“三农”能力》的发言，就如何发挥保险特有的防灾防损、扶危济困、抗灾补损职能作用，加强和改进保险服务“三农”工作谈了初浅思路。

2008年8月，组织30名客户赴北京观看北京奥运会。

【重大理赔】

西藏高争建材股份有限公司。2007年12月9日出险，2008年初赔付51.7万元。

农行区分行某营业部，2008年3月14日出险，赔款支出58.9万元。

中国建设银行西藏自治区分行，2008年3月14日出险，赔款支出56.3万元。

张跃光个人车辆于2008年5月28日出险，赔付44.8万元。

西藏圣地旅游汽车有限公司车辆，2008年7月28日出险，赔款支出79.4万元。

四川武通路桥工程局第三工程处国道219线，2008年9月19日出险，赔付42.9万元。

西藏交通实业发展总公司山南地区三安曲林至陇边防段，2008年10月26日出险，赔款支出108.3万元。

西藏那曲地区发达客运公司，2008年11月14日出险，赔款支出128.3万元。

【重大承保】

2008年1月1日，承保的社保补充团体医疗保险，保费715.1万元，风险责任85亿。

2008年2月19日，承保建筑工程一切险，保费192.6万元，风险责任3.8亿。

2008年9月1日，承保的校园方责任险，保费115万元，风险责任250亿。

2008年9月13日，承保的财产保险综合保险，保费132.8万元，风险责任9.3亿。

2008年12月25日，承保的财产保险一切险，保费66.9万元，风险责任23亿。

2008年12月30日，承保全区政策性农业保险，保费3050.3万元，风险责任63.1亿。

中国证券监督管理委员会西藏监管工作

【全力推进辖区风险上市公司的风险处置工作】2008年，西藏监管局为切实提高辖区上市公司质量，按照“标本兼治、重在治本、突出重点、兼顾一般”的思路，在日常监管所掌握情况的基础上，采取“一司一策”的方式，全力做好风险上市公司的风险化解工作。特别是进一步加强对大股东资金占用、巨额担保、关联交易、控股股东运作不规范、生产经营陷入困境、股权质押等高风险公司的严格监管，并针对其高风险环节，有针对性地制定解决问题的有效措施，力争把风险防范于萌芽状态。对已出现的风险，采取措施防止扩大化和蔓延，并按照证监会要求，积极配合地方政府采取综合监管措施，防止产生新的问题。在风险处置过程中，西藏监管局多次召开专题会议，研究监管措施，关注监管效果，同时结合西藏辖区实际，把非现场监管和现场检查相结合，对公司高管进行监管谈话、召开公司高管座谈会等。在较强的监管压力下，重点上市公司突出风险得到有效防范和化解。

【切实推动上市公司完善法人治理结构，促进公司实现有效运行】进一步加强董事会建设，规范董事会运作。督促上市公司完善独立董事选聘机制和监督机制，为独立董事履行职责提供法定的必要条件，充分发挥独立董事的监督制约作用。要求各公司尽快完善董事会及高管人员绩效评估制度和相应的奖惩机制，强化责任目标约束，确保董事及高管人员诚信勤勉地承担受托责任；督促各公司建立健全公司内部控制制度，强化内部管理。要求公司对内部控制制度的完整性、合理性及其实施的有效性进行定期检查和评估，同时要通过外部审计对公司的内部控制制度以及公司的自我评估报告进行核实评价，并披露相关信息。通过自查和外部审计，及时发现内部控制制度的薄弱环节，认真整改，堵塞漏洞，有效提高风险防范能力；利用综合监管体系，健全违规各公司责任人责任追究机制。会同自治区国资委、财政厅等有关部门，加强对上市公司高管人员、控股股东及实际控制人的监管。规范国有控股股东的行为，强化对各公司高管人员的管理及问责力度，通过现场检查沟通、约见公司董事长谈话、下发专项监管函、责令整改通知等措施，保持强势的监管压力；健全了监管人员列席“三会”制度，监管责任人出席旁听上市公司的股东大会，不定期列席公司董事会和监事会，了解情况，及时规范。特别是密切关注独立董事就关联交易、大额资金往来及重大合同所发表的独立意见，并作为监管上市公司规范运作的重要依据；进一步完善了上市公司及其高管人员诚信档案，以日常监管为主线，实施全程跟踪、动态登记、实时监管，对上市公司及其主要高管人员的失信行为进行污点记录，实现了上市公司诚信行为的持续纪录、评价和跟踪监管，并作为监管分类、市场准入和融资初审的重要依据，发挥诚信档案的震慑机制。

【加强培训，不断提高公司高管规范意识】先后对辖区上市公司高管进行了集中培训，其中集中培训两期，培训的主要内容为刑法修正案6，最高人民检察院关于经济犯罪追诉标准的补充规定、证监会2008（27）号公告、上市公司重大资产重组管理办法等，培训人数49人，董事、监事和高管的培训覆盖率超过了95%，在培训中，强化了上市公司重点岗位的规范运作意识。通过培训，进一步提高了董、监事规范运作、诚实守信、勤勉尽责的意识和水平，并使之明白个人所应承担的责任。同时对参加培训情况及培训考核情况录入诚信记录档案，作为今后的任职依据。

【突出重点，全力推进西藏证券账户规范工作的落实】按照相关要求，证券公司必须在2008年4月底前基本完成账户规范工作。为确保年内基本实现工作目标，西藏监管局将此项工作作为全年工作的重中之重，在局党委的直接领导下，加强组织协调，采取切实有效措施，积极督促、协调、推动辖区证券公司开展相应工作，通过审核总体方案、持续督导、现场检查、约见谈话、日常沟通等各项监管措施，于3月份顺利完成账户规范工作并通过验收，在全国率先完成此项工作，得到了会相关部门的肯定和表扬，西藏证券被评为全国账户规范先进集体。账户规范工作的全面落实和按期完成，从制度上有效防范了资金风险，保证了客户资金安全，大大提高了西藏证券抗御风险能力。

【认真落实证券公司2008年分类评审工作】做好证券公司评价与分类工作是实施分类监管、区别对待监管政策的基础，也是证券公司常规监管的一项重要工作，分类结果将作为确定公司新业务、新产品试点范围和推广顺序的依据，直接影响着公司的健康、持续发展。西藏监管局将此项工作作为全年工作的一项重要内容，根据中国证监会的总体要求，按照《证券公司分类监管工作指引（试行）》等有关规定的程序、内容、要求，本着“客观公正、实事求是”的原则，认真组织实施，在2007年分类监管所积累经验的基础上，通过严格的公司自评、派出机构初审、机构部终审三级审核机制，圆满完成了本年度分类评审工作。西藏证券2008年分类结果为A类A级，步入全国优质证券公司行列。

【积极推动西藏证券完善法人治理结构】督促西藏证券尽快按照要求开展合规管理体系建设，总体进度较为顺利，目前已完成机构设置、章程修改、制度建立完善工作，西藏监管局正在审批合规总监人选；督促公司进一步加强董事会建设，规范董事会运行，目前公司已引入了独立董事制度，下一步将督促公司设置董事会秘书岗位；进一步加强西藏证券董事、监事和高管人员的监管。做好董事、监事和高管人员的资格核定工作；采取约见谈话、发函、与有关部门协调等措施，督促董事、监事和高管人员履行勤勉义务和忠实义务。

【进一步强化净资本等风险监控指标的监管，督促公司建立动态的净资本补充机制】西藏监管局按照《证券法》和《证券公司风险监控指标管理办法》及相关配套文件，在日常监管中充分运用以净资本为核心的风险监控指标，加强风险监控，促进监管手段向指标监管、定量监控转变，形成动态的监控机制，增强了监管的科学性、及时性，提高监管效率、效果。同时，积极协调公司主管部门和股东，督促西藏证券建立动态的净资本补充机制，持续符合净资本指标要求，目前各方已基本形成由股东进行补充的意见。

【完善监管方式，提高监管效率】针对西藏证券由综合治理转向常规监管的实际情况，为进一步提高监管效率，西藏监管局在原有监管措施的基础上，建立了与西藏证券通过OA系统实施日常持续性监管的机制，通过OA系统，对公司日常经营运作、重大决策事项、风险控制指标、高风险控制点等实行实时监管，同时监管意见也通过OA系统实时发出，有效提高了监管效率。

【提高服务意识，遵守市场规律，依法指导、帮助、督促西藏证券创新发展】在督促指导西藏证券加强基础性制度建设的基础上，积极引导、推动公司利用增资扩股和行业资源重组整合的机遇做大、做强，积极协调解决公司在发展过程中遇到的困难和问题，帮助推动公司进行新营业网点和业务资格申请，进行产品创新、服务创新和组织创新，拓展业务空间，增强盈利能力，转变发展模式，实现可持续发展。

【加大现场检查力度，突出一线监管优势，督促公司提高规范运作意识和规范运作水平】2008年先后对辖区8家上市公司、1家证券公司、3家执业会计师事务所、4家基金代销机构进行了32次不同形式的现场检查。多批次、高密度的现场检查，进一步摸清了各公司底数和风险状况，有针对性地制定监管措施，增强了监管威慑力，大大提高了监管效率效果。

【加大非现场监管工作力度，提高监管工作的敏锐性】加强信息披露的日常监管工作。在日常监管中，西藏监管局严格督促上市公司切实履行信息披露义务，把做好信息披露事后审查、审核工作，作为发现问题、揭示风险的重要渠道，作为制度化监管的重要内容。认真审查临时公告，客观公正、实事求是地分析各种信息的真实性、准确性和完整性，保持合理的质疑，分析各项指标变动的真实性和合理性；关注各类报告的历史性、现时性；分析各类报告的关联性、系统性。进一步完善了重大公告报告制度和核查机制，对信息披露的疑点和问题，及时进行排查处理，应用三方联动机制，加强了信息的防假、纠假、打假工作，同时，试行辖区内信息披露评价制度。对重大资产收购、置换、重组，关联交易，对外担保，变更募集资金投项等重要公告，由各责任人审核其合法、合规性，揭示可能存在的风险，关注事态发展，并提出相应的监管意见，并及时录入监管系统，与交易所责任人沟通情况，进一步提高了上市公司信息披露监管的有效性和连续性，及时揭示风险，取得了较好的监管效果。在机构监管方面，按照证监会要求，督促西藏证券按期实施信息公开披露制度及做好营业场所“投资者园地”的信息公示工作，鼓励公司采取各种形式披露财务报告和重大信息，如网络平台等，提高信息的透明度，通过实时跟踪及检查督促，切实提高了公司信息披露质量，有效控制了辖区资本市场的风险。

【认真做好定期报告的事前提醒、关注和事后审查、审核工作】进一步完善上市公司、证券公司定期报告审核格式、内容、程序，认真做好定期报告的审核工作。就公司资金占用、担保等事项出具专项审计报告并就新旧会计准则衔接中的调节事项要求公司年报审计会计师做出专项说明。为使辖区上市公司更好的完成年报披露工作，与辖区上市公司的主审会计师进行了审计事前事后沟通，从日常监管的角度，向会计师提出公司2007年度的审计重点，要求会计师恪守职业道德，提高审计质量。通过与会计师的事后沟通，对公司的风险状况进一步了解。对年报审核中发现的问题分别与公司高管进行沟通，通过要求公司报送书面材料、发监管提示函、现场检查等方式掌握问题的真实情况，并督促公司制定具体措施加以防范和化解。及时将公司风险状况报告当地政府，共同防范和化解风险，提高监管效率。

【加强对高管、控股股东及实际控制人的监管】进一步完善对上市公司高管人员、控股股东及实际控制人监管的各项基础性工作，规范高管人员、控股股东及实际控制人行为。以完善公司制度为核心，以教育、沟通和检查为手段，督促股东正确履行权利，对股东违法违规行为坚决打击。对辖区上市公司中存在的运作不规范、资金占用、巨额担保、关联交易、控股股东股权质押等高风险公司、高风险环节严加监管，有针对性地采取监管手段，有效、及时防范和化解上市公司风险，做到“三及时”。做好证券公司董事、监事和高管人员的资格核定工作，充分利用证券公司高管人员数据库系统，做好董事、监事和高管人员的持续监管工作。进一步完善与区财政厅、信托投资公司的合作监管与沟通机制，督促西藏方董事、监事和高管人员切实履行职责和义务，维护西藏证券公司和投资者利益。

【大力培育、发展资本市场后备资源】为进一步发挥资本市场功能，支持辖区中小企业利用资本市场做大做强，促进地方经济健康发展。针对辖区上市公司不多、后备资源不足的现状，抓住西藏支柱产业，特别是特色经济这个重点，加大调研工作力度，组成工作组，深入企业调查了解情况，宣讲企业改制、上市发行的最新规则，帮助企业对治理结构、财务状况及发展思路进行分析和政策指导。在自治区政府及有关部门的共同努力下，2008 年全区确定了四家预上市企业，其中西藏奇正藏药股份有限公司已于 8 月通过中国证监会发审委审核，上市后备资源培育工作取得明显成效。

【加强协同配合，进一步完善综合监管协作体系】按照推进西藏资本改革发展领导小组的工作部署，定期召开领导小组联席会议，通报辖区资本市场发展与规范的有关情况，统筹研究解决工作中遇到的重大问题；二自治区国资委、公安厅、西藏银监局等相关部门签订了监管合作备忘录，建立健全信息共享机制、应急处理机制、打非工作机制，初步形成了监管联动、风险联防制度；切实加强与证监会各监管部门、交易所和异地派出机构的监管协作，逐步形成一一对应、三点一线、纵横连贯、运转协调的监管网络。

【结合辖区实际，深入开展投资者教育工作】是指导督促西藏证券公司做好投资者教育工作，要求公司对开展投资者教育在机构上做好保障，在内容上不断丰富，在机制上进一步完善。认真组织开展投资者教育专项活动。2008 年 6 月，西藏监管局和西藏证券公司在拉萨共同举办了大型投资者教育专题报告会，参会人数达到 200 余人。12 月 4 日，在拉萨主要街道开展了以“加强法制教育，维护投资者合法权益”为主题的大型普法宣传，通过生动活泼的宣传方式，达到了较好的宣传效果。

管理与监督

自治区国有资产管理工作

【年度综述】2008 年,自治区国资委面对不期而遇的天灾人祸以及宏观经济形势的跌宕起伏，一手抓生产经营、促进发展，一手抓反对分裂、维护稳定，保持了全区国有企业和工业经济的平稳较快发展。

2008 年，自治区国资委监管企业资产总额 64 亿元，同比增长 6.7%；负债总额 28 亿元，同比下降 3.8%；所有者权益 36 亿元，同比增长 22%；实现营业收入 14.5 亿元，同比下降 9.3%；利润总额 0.62 亿元，同比下降 80.6%；上缴税金 1.6 亿元，同比下降 11%；国有资产保值增值率达 110%，同比提高 2 个百分点。七地(市)国资委监管企业资产总额 26.5 亿元，同比增长 3.1%；负债总额 17 亿元，同比下降 21%；所有者权益 9.5 亿元，同比增长 14.2%；实现营业收入 10.3 亿元，同比下降 16 %；利润总额 1.96 亿元，同比下降 19%；上缴税金 0.91 亿元，同比下降 10%；国有资产保值增值率达 108%，同比提高 1 个百分点。总体上看，由于受“3·14”严重暴力犯罪事件及宏观经济环境等多重因素的影响，企业经济效益有所下降，但资产总额、所有者权益均呈稳步增长态势，较好地实现了国有资产保值增值目标。

2008 年是我区全面启动新一轮国有企业改革的第一年，截至 2008 年年底，全区国有企业改制面达到 43.9%。

2008 年，各级工业经济主管部门认真履行职责，理顺工作关系，建立工作机制，确保了工业经济发展和产业建设工作的连续性，促进了各项工作的顺利开展。2008 年全区规模以上工业实现工业增加值 26 亿元，同比增长 9.5%。主要工业产品产量有增有减：完成中成药 1110 吨，同比增长 7.0%；啤酒 9.2 万吨，同比增长 10.2%；瓶（罐）装饮用水 3.72 万吨，同比增长 212.2%；水泥 170 万吨，同比增长 6.5%；铬矿石 11.16 万吨，同比下降 13.2%。

【国有资产监督管理工作进一步加强】国资监管法规体系初步形成。为进一步规范国资监管工作，我委制定出台了重大财务事项报告制度、财务问询制度，建立了中介机构评审专家库，拟定了《西藏自治区企业国有资产监督管理暂行办法》，正在加紧研究制定国有资产损失责任追究制度和修改完善重大事项管理办法。各地(市)也根据国资监管实际，不断完善制度体系。山南地区制定了《国有资本收益管理暂行办法》，已收缴国有资本投资收益 4700 万元，并将进一步扩大收缴范围，落实出资人收益权。

财务监督和产权管理不断加强。我委始终把加强国有企业财务监督作为一项重要工作来抓，开展了企业财务预决算管理、会计核算监督、经济责任审计、

内部审计管理等工作，逐步完善财务动态监测体系，不断加强财务报表编制管理，基本形成了出资人财务监督体系。同时，逐步完善企业国有产权监管体系。自治区国资委对监管企业开展了年度产权管理检查，进一步理清了产（股）权关系。以资产为纽带，强化产权基础管理，确保对国有资产的监管横向到边、纵向到底、履职到位。日喀则地区积极探索强化国有资产监管的有效方式，建立了监管企业外派监事制度。

国有资产经营责任进一步落实。自治区国资委全面修改完善了经营业绩考核办法和薪酬管理办法，认真开展了第一个三年任期经营业绩考核和年度考核工作，并根据考核结果兑现薪酬，强化了企业长远发展意识；加强企业负责人薪酬管理和工资总额调控，进一步规范了企业收入分配。加大交流力度，创新企业经营管理人员选拔任用制度。自治区国资委制定出台了《公开招聘国有及国有控股企业高层管理人员实施方案》，拟定了《机关工作人员到国有及国有控股企业挂职锻炼的意见》。按照德才兼备的原则，对部分监管企业领导班子进行了调整，领导班子结构得到优化，整体素质进一步提高。昌都地区利用援藏工作平台，对企业负责人和财务人员进行培训，提高了人员素质和管理水平。

认真履行出资人重大事项决策权。结合企业发展战略和规划，对重大投融资行为，从项目可行性、产业导向性、资产安全性等方面，严格审核把关，帮助和指导企业健全科学决策，及时跟踪分析，防范决策风险。各监管企业执行重大事项报告制度的自觉性有所提高。

【国有企业改革工作稳步推进】加强对全区国有企业改革工作的组织协调和指导督促。一是调整充实改革工作领导机构和办事机构，为国有企业改革工作提供组织保障；二是认真研究和协调落实改革政策，为国有企业改革工作提供政策支持。深入开展调查研究，提出政策建议，加大协调工作力度，落实改革优惠政策，为顺利推进改革做好服务；三是加强指导和督促检查工作，确保国有企业改革工作有序开展。自治区国有企业改革工作领导小组办公室联合有关单位，深入地(市)、部门和企业，对改革中职工身份置换经济补偿金、国有企业划拨土地转变为出让土地、建立国有企业改革与发展专项资金等政策落实情况进行了实地督查和指导。林芝地区认真研究促进改革和发展的新方法、新路子，将社会公共资源配置与国企改革发展结合起来，使部分国有老企业焕发出了生机和活力。

公司制股份制改革迈出新步伐。各地(市)和企业主管部门按照既定的年度改革计划，围绕和突出促进发展这个落脚点，实施公司制股份制改革，积极推进股权多元化，取得积极进展。拉萨市大力推进国有企业改革工作，改制面已达83%。自治区交通厅对其所属3个客运站进行整合，组建了西藏广宇站务有限责任公司，进一步提高了企业竞争力。

公司法人治理结构进一步完善。按照现代企业制度的要求，指导改制企业，建立健全组织机构和管理机制，规范股东会、董事会、监事会和经营管理者的权责，建立和完善法人治理结构，促进企业形成决策层、监督层和经营管理层之间相互制衡和有效运行的机制。同时，引导企业继续深化劳动、人事、分配三项制度改革，进一步转换经营机制，取得了一定成效。

【国有经济布局和结构调整取得积极进展】企业集团组建工作向前推进。开展了建工、建材、矿业、旅游、藏药五大集团组建的前期准备工作。拟定了矿业、旅游集团组建方案，正在进一步修改完善;提出了组建藏药集团的基本思路，正与有关部门积极协商;完成了组建建工、建材集团的部分基础性工作。

债务重组取得实质性进展。在自治区人民政府的大力协调下，在自治区财政厅等有关部门的大力支持下，企业不良金融债务回购工作取得重大进展。自治区国有资产经营公司分别从东方资产管理公司、信达资产管理公司整体打包回购了我区36户企业的1.43亿元不良金融债权和62户企业的7.72亿元不良金融债权。至此，我区企业滞留在各资产管理公司的不良债务全部实现回购。与此同时，拉萨饭店债转股工作稳步推进，与东方资产管理公司协商制定了新公司组建方案和公司章程。此外，政策性破产工作按照法定程序规范开展。阿里地区财政垫支资金1256万元，妥善处理了债务及安置资金缺口问题，圆满完成了4家困难企业的破产关闭工作。

【工业经济发展有序推进】全面开展调研，制定完善工业经济发展政策措施。自治区经委成立以后，立即会同有关部门开展了工业经济发展大调查，基本掌握了我区工业经济发展状况及存在的问题，形成了矿产、建材轻工、食品药品、民族手工业、中小企业和非公经济、工业园区等方面的专项调研报告，进一步理清了发展思路。起草了关于加快非公经济、民族手工业、藏医药业等发展的相关政策意见，逐步完善工业经济发展的政策措施。

加强重点工业项目建设，促进特色产业发展。按照国家和自治区产业政策及我区经济社会发展实际，确定了22个全区重点工业项目，总投资211.7亿元。项目全部竣工投产后，每年可实现销售收入182.8亿元、利润51.1亿元、税收18.1亿元，提供就业岗位1.6万个，帮助农牧民增加收入5亿元以上。2008年重点工业项目累计完成投资50亿元，玉龙铜矿一期一步工程、高争日产2000吨新型干法水泥生产线项目已竣工投产。自治区党委、政府高度重视重点工业项目建设管理工作，专门召开了全区重点工业项目建设座谈会。自治区副主席邓小刚同志亲临座谈会并作了重要讲话，对新形势、新环境下抓好重点工业项目建设工作提出了具体要求，明确了任务。

加强经济运行分析，协调保障重要生产要素。我委积极应对复杂多变的外部环境，主动加强与有关部门、各地(市)和企业的联系，建立了经济形势分析会和经济运行信息发布制度，进一步健全经济运行监测分析制度。对经济运行出现的苗头性、倾向性问题及时做出反应，超前研究工作措施，为自治区党委、政府决策当好参谋。加强协调，着力搞好煤电油运气和重要生产物资的协调供应工作。“3·14”事件发生后，根据自治区政府的统一部署，立即成立了自治区急需重要物资接收分配领导小组及办公室，采购调运了大批急需重要物资，保证了维护稳定工作的需要。同时，加大力度，切实抓好企业治乱减负工作。重点开展了交通和涉企"乱收费、乱罚款、乱摊派、乱评比、乱培训"等方面的调查，积极推进企业治乱减负立法进程。

加强行业管理工作，促进行业健康有序发展。按照国家、自治区产业政策和行业准入条件，规范项目审查，对行业重点工作和热点问题进行跟踪研究，及时协调解决行业发展中的有关问题，推动行业健康有序发展。一年来，藏药预核准项目2个，食品预核准项目1个，建材轻工预核准项目 3 个，矿山开采预核准项目24个、审查准入项目2个、核准项目3个。 一是抓好食品药品行业管理。加强药品行业经济运行监测工作，建立了药品企业生产统计报表工作制度；针对三鹿牌婴幼儿奶粉事件发生后，会同相关部门开展了我区乳制品生产企业专项调查，建立了乳制品加工企业日报制度，保证了乳制产品的安全。二是抓好建材轻工行业管理。建立了全区建材、轻纺民族手工业行业统计工作制度和轻工行业项目库，明确了从 2008 年 1 月 1 日起全区执行新的水泥标准。同时，利用多种渠道，积极争取项目资金。2008年下拨了民族特需商品生产补助资金和品牌发展资金 105 万元。三是抓好矿产工业和民爆行业管理。积极推进矿山企业各项前期工作，狠抓监督服务，配合有关部门开展了矿业秩序治理整顿和执法检查。加大民爆行业资源整合力度，基本上实现了全区民爆物资产、销一体化管理，企业效益得到提高，安全工作得到加强。

实施中小企业成长工程，促进中小企业和非公有制经济发展。一是认真落实国家和自治区支持中小企业和非公经济发展的有关政策，逐步消除制约中小企业和非公经济发展的体制性、政策性障碍，有利于发展的环境正在形成；二是中小企业信用担保工作有新的进展。我区财信担保公司提供的政策性担保金额达6000多万元，同时与林芝地区农行、尼洋河养殖有限公司成功签订了我区第一个经营性担保借款合同，为加快推动中小企业信用担保体系建设起到了积极的促进作用。

推进技术进步和节能减排，进一步转变发展方式。为加大技术进步投入力度，向国家有关部门申报了37个技术进步项目，主要涉及藏医药、建材、轻工等特色优势产业和公共平台建设。截止到目前，已批准中小企业发展项目11个，落实专项资金 790 万元。认真实施《西藏工业节能减排工作方案》，加大对重点领域、重点企业节能减排的检查与管理力度，开展关闭淘汰落后小水泥等相关工作。全年规模以上工业增加值能耗有所下降。拉萨皮革厂通过加强设备检修和流程管理，节能减排工作成效显著。西藏宾馆从管理细节着手，大力开展节能降耗工作，减少了经营成本。

【党建和维护稳定工作有效开展】党建工作不断加强。拉萨"3·14"事件发生后，全区国资系统和工业经济主管部门各级党组织按照自治区党委反对分裂、维护稳定的有关指示精神和工作部署，充分发挥基层党组织的战斗堡垒作用和广大党员的先锋模范作用，带领广大党员和职工群众，取得了反对分裂、维护稳定的重大胜利。国有企业作为维护社会稳定、反对分裂的一支重要力量，在保护国有资产安全、确保职工队伍稳定、促进我区经济社会发展方面做出了重要的贡献。

主题教育活动和学习实践科学发展观活动成效初显。按照自治区的统一部署，国资系统和工业经济主管部门组织开展了"反对分裂、维护稳定、促进发展"的主题教育活动。通过主题教育活动的开展，广大干部职工深刻地认识到反分裂斗争的尖锐性、复杂性和长期性，进一步增强了反对分裂、维护稳定、促进发展的信心和决心。目前自治区国资委（经委）机关、事业单位和西藏高争（集团）有限责任公司、汽车工业贸易总公司正积极投入到深入学习实践科学发展观活动中，已取得初步成效。

维护稳定工作不断加强。各地（市）和企业主管部门在推进企业改革工作中，加大政策宣传力度，严格审查改制方案，严格依法规范操作，认真做好群众来信来访工作，对企业和职工关心的热点难点问题，耐心细致地做好政策解释和思想工作，切实维护了职工合法权益。拉萨"3·14"事件发生后，自治区国资委（经委）迅速行动，成立了维护稳定工作组，加强对各企业领导带班和值班情况、矛盾纠纷排查以及安全防范方面的督促和检查，妥善化解不稳定因素，防止了群体性事件发生。那曲地区制定了处理信访突出问题和群体性事件的工作意见，妥善处理了多次上访问题，维护了企业和社会的稳定。

党风廉政建设工作有效开展。针对领导干部廉洁自律方面存在的突出问题，大力开展商业贿赂专项治理工作，引导国有企业负责人自觉树立廉洁自律意识，严格执行"七项要求"，对违反规定的经查实后，进行了坚决处理。针对委监管企业存在的个别负责人兼职兼薪问题，收缴了兼薪所得的全部收入。拉萨饭店大力加强企业文化建设，员工精神面貌发生了可喜变化，服务水平有了新的提高。

【获奖情况】

全国安全生产月活动优秀单位；

全区安全生产工作先进单位一等奖；

全区"生产安全事故隐患排查治理"知识竞赛组织奖；

全区"安全在我心中"摄影书法大赛组织奖。

【存在的问题】（一）国有资产监督管理体制亟待建立健全。目前，委属企业内控机制和法人治理结构尚不完善，依法履行出资人职责的能力和水平有待进一步提高。委属企业整体素质较低，规模小、质量差、管理粗放、效益不高。（二）国有企业改革时间紧迫、任务繁重，按照完成改革任务面临"五难"，即：推进的时机难以把握、改革的利益难以平衡、历史和现实矛盾难以协调、改革的政策措施难以落实、职工难以安置。国有经济分布过宽、战线过长，布局和结构调整任务艰巨。（三）工业经济发展和产业建设受国际金融危机的影响还需进一步消除，工交经济运行调控缺乏有效手段，产业发展环境亟待改善，在支持重点项目尤其是矿产项目开发建设上有关单位尚未真正形成共识，中小企业融资难问题需要进一步解决。工业经济发展和产业建设主管机构需要尽快设立，有关业务工作需要抓紧开展。（四）企业党组织建设需要进一步加强，党组织的战斗堡垒作用和基层党员的先锋模范作用需要进一步发挥，委属企业用科学发展观指导生产、提高效益的能力和水平有待进一步提高。

【领导名录】

党委副书记、主任：李震
党委副书记：帕巴次诚
党委委员、巡视员：严仕金
党委委员、副主任：刘来虎、张涛
侯长军、江村
党委委员、纪检组长：黄永清
副巡视员：王国新

自治区审计工作

【审计成果】2008 年，自治区各级审计机关共审计和审计调查 168 个项目（单位），查出违纪违规等各类问题金额 19.79 亿元，审计处理应上缴财政资金 8307 万元，向司法、纪检监察机关移送案件线索 11 件，向自治区党委、区政府上报审计信息 56 期，区党委采纳 10 篇、区政府采纳 16 篇，自治区政府主席作出重要批示 10 件次。

【财政预算执行审计】对自治区本级 2007 年度预算执行情况和两个地区 2007 年度财政决算及其他财政收支情况进行审计，查出调减财政收入、挪用专项资金、滞留隐瞒预算收入、违规列支预算支出、调增地方财政“预算结余”等各类违纪违规问题金额 2.93 亿元，审计处理应上缴自治区和地区国库资金 6684 万元，上缴自治区财政专户资金 1417 万元；对自治区和和两个地区国税局 2007 年度税收征管情况进行审计，查出免征、缓征税收收入 524 万元；对 5 个区直部门财政财务收支审计，查出私存私放财政资金、私自销毁会计资料、虚列支出、擅自处置国有资产、虚报冒领财政拨款等违纪违规和管理不规范金额 2.48 亿元，应上缴财政资金 452 万元；审计发现 6 起违法案件线索，已移送纪检监察部门处理。审计厅向自治区政府上报了《关于 2007 年度自治区本级预算执行的审计结果报告》，并受自治区政府委托向人大常委会作了《关于 2007 年度西藏自治区本级预算执行的审计工作报告》，人大常委会对审计工作在查处财经领域中的问题，推进依法理财，提高资金使用效益，规范预算管理等方面发挥的作用给予了充分肯定。

【固定资产投资审计】重点对 5 个投资项目进行审计，查出违纪违规资金 4.28 亿元，上缴财政资金 1905 万元。审计不仅揭示和反映了我区建筑市场存在超概算投资、未按规定公开招投标、“围标”承揽工程、多计工程价款、挤占建设成本、应缴未缴税费等突出问题，还在探索绩效审计和信息化条件下的审计方式等方面取得了进展。通过投资项目审计，及时向区党委、政府和有关主管部门揭示和反映了投资领域存在的普遍性和倾向性的问题，深入分析产生问题的原因，从体制、制度层面提出了建议，为党委政府提供决策依据。

【企业审计】通过对企业财务收支审计，查出固定资产账实不符、国有资产流失、违规套取现金、少计收入漏缴税金、会计基础薄弱等违纪违规金额 1.22 亿元，应上缴财政资金 70 万元。对企业因监管不力造成 652 万元国有资产流失、私存私放公款 148 万元的问题，分别移送纪检监察和企业主管部门处理。在对企业审计中，坚持审计监督与为企业发展服务相结合、财务收支审计与效益审计相结合，始终关注国有资产的安全，促进企业深化改革和推动可持续发展。

【经济责任审计】各级审计机关坚持“积极稳妥、量力而行，提高质量、防范风险”的工作方针，共对 39 名党政领导干部和 1 名国有企业法人代表进行任期或离任经济责任审计，查出违纪违规资金 4.2 亿元。经济责任审计工作在探索中前进，在创新中发展。一是创新理念。从以前的临时动议、“先离后审”或“先任后审”为主，向有计划、早安排、“先审后离”或任中审计转变，审计监督“关口”前移，促使领导干部在任职期间内，提高经济管理能力、增强科学决策意识。二是创新制度。研究制定了《区直机关、事业单位、地市行政主要领导 2008 年至 2012 年任期经济责任审计工作五年计划》、《西藏自治区经济责任审计工作联席会议制度》、《西藏自治区经济责任审计工作结果利用办法》等制度，增强了经济责任审计工作的计划性，促进经济责任审计工作逐步规范化、制度化。三是创新方式。审计厅组织地市审计局采取异地交叉审计的方式，对林芝县、日喀则市等五县（市）长进行了任期经济责任审计。

【专项资金审计】对全区有关汶川救灾款物的筹集、分配、拨付情况进行了跟踪审计，未发现被审计单位截留克扣、挤占挪用、贪污私分、损失浪费等问题。对抗震救灾“特殊党费”的募集、缴拨和管理使用情况进行审计，全区党员自愿交纳“特殊党费”3850 万元，已全部及时足额上缴中央组织部抗震救灾“特殊党费”专用户，没有发现挪用、挤占、截留和列支费用等违规问题。当雄县发生地震后，审计厅又及时成立了“抗震救灾款物审计领导小组”，组织有关地市审计局对抗震救灾款物的管理、分配、拨付、使用情况进行审计，确保救灾款物及时、合理、合规地用于灾区和灾民，切实维护了人民群众的根本利益。

【“人、法、技”建设】旗帜鲜明地反对分裂、维护稳定。“3•14”事件发生后，各级审计机关坚决贯彻执行中央关于西藏反分裂斗争的一系列重要指示精神和自治区党委、政府的决策部署，以开展“反对分裂、维护稳定、促进发展”主题教育活动为契机，扎实做好反对分裂、维护稳定各项工作。学习实践科学发展观活动深入开展、扎实有效。根据中央和自治区党委的统一部署，审计厅党组把开展深入学习实践科学发展观活动，作为推动审计事业科学发展、提高依法审计能力、加强党组班子和队伍建设的难得机遇，精心组织，周密安排，狠抓了落实。各项基础性工作得到加强、保障有力。第一，通过抓党员、带群众，抓支部、带大家，抓党建、带全局，使广大党员干部先进性有所增强，模范带头作用较为突出，落实科学发展观的行动更加自觉；第二，通过竞争上岗提拔任用县处级领导干部、选派业务骨干到内地挂职锻炼、举办计算机辅助审计培训班、组织审计干部首次AO认证考试等手段，提高了审计队伍的整体素质；第三，本着“精简、统一、效能”的原则，充实了人员编制，调整了审计系统内设机构和职能；第四，制定了《审计业务会议制度（试行）》、《审计复核办法（试行）》和《审计档案管理暂行办法》等质量控制制度、办法，加大对审计质量的控制和审计结果的检查力度；首次将2个项目的审计结果在《西藏政报》上公告，稳步推行了审计结果公告制度的落实；在保证执行审计纪律“八不准”经费的前提下，对审计人员执行审计纪律情况进行跟踪回访，促进审计廉政建设；第五，对全区审计系统“金审工程”进行了合理部署，审计厅与7地（市）审计局数字电路光纤互联，厅机关各处室通过OA系统实现公文流转，推进了审计信息化建设；第六，总投资3500余万元的审计办公楼和职工周转房，严格按建设程序和工程质量要求，在不突破总投资额并完成配套附属设施且略有结余的情况下，建成并交付使用，改善了厅机关干部职工的工作和生活环境。

【领导名录】
书记：马国超
厅长：贵桑
副厅长：李瑞富、孙玉英、宋民
纪检组长：张福山

自治区统计工作

【年度综述】2008年，自治区统计工作以统计调查体制改革为契机，以服务于党委政府中心工作为主线，以数据质量为中心，努力夯实统计调查基础，强化统计优质服务意识，认真开展经济运行监测，狠抓统计干部队伍建设，创新思路，开拓进取，圆满完成了各项统计调查任务，为实现全区经济平稳较快发展和社会事业全面进步做出了贡献。

【狠抓统计基础建设，统计事业持续发展能力明显提升】统计调查体制改革全面推进。圆满完成了七地（市）统计机构的独立设置和调查队的组建以及区局、总队机关内设机构的调整工作。统计事业经费缺乏的状况得到较大改善。经过积极协调和努力，自治区为地（市）、县级统计调查部门增加了统计事业经费。基本建设工作顺利推进。区局、总队新建办公楼的主体工程全面完成，各地市统计调查部门的办公用房也全部列入建设计划，部分地（市）也相继完成了基建用地的征用工作。

【狠抓统计业务建设，统计业务工作不断迈上新台阶】认真组织开展了农林牧渔业、工业和交通、固定资产投资和建筑业、批零贸易和住宿餐饮业、社会科技、劳动和工资、价格、GDP、服务业、能源等各专业常规统计工作。同时，按照国家和自治区的统一部署，与全国同步开展了第二次全国农业普查、第二次全国经济普查等重大国情国力调查。2008年，圆满完成了我区第二次全国农业普查工作并向全社会公开发布了第二次农业普查主要数据公报。

【狠抓统计调查监测，服务发展的作用得到有效发挥】自治区统计局、国家统计局西藏调查总队结合“3•14”事件对经济社会发展的影响，紧紧围绕自治区提出的“三个确保”的经济发展目标以及如何促进经济的有效恢复，深入研究“3•14”事件对西藏经济运行的影响，组织撰写了《西藏全年GDP实现两位数增长研究》、《全区居民消费价格总水平涨幅低于全国平均水平的分析与对策建议》和《2008年农牧民人均纯收入增长研究》三篇统计专题研究报告，得到了自治区党委、政府的充分肯定。2008年，先后组织撰写各类统计分析和研究报告116篇，被自治区有关部门采用30余篇，及时反映各方面的统计信息，为自治区党委、政府制定政策和进行宏观调控提供了丰富而又可靠的依据。

【第二次全国农业普查】我区第二次全国农业普查工作，历时三年，经过前期准备、现场登记和数据处理等阶段的工作，基本完成了普查的各项任务，取得了丰硕成果。2007年12月2日，自治区农业普查办公室（设在区统计局）就本次普查的组织实施情况和获得的主要成果，向自治区人民政府召开的第25次常务会作了汇报，得到了向巴平措主席等自治区领导的充分肯定。按照自治区要求，区统计局、调查总队于2008年12月30日召开新闻发布会，向全社会公开发布了第二次农业普查主要数据公报。

【第二次全区经济普查】自治区人民政府成立了由自治区党委副书记、常务副主席郝鹏为组长的领导小组，并组建了办公室（设在区统计局）。自治区先后召开了全区第二次经济普查电视电话会议和全区第二次经济普查工作会议，郝鹏副书记、常务副主席和吴英杰常务副主席分别到会作了重要讲话，对经济普查工作进行全面部署和安排。区统计局、调查总队严格按照国家普查方案，结合西藏具体实际，扎实开展了我区第二次全国经济普查各项准备工作。截止2008年底，经济普查单位清查工作全面完成并按照国务院第二次经济普查领导小组办公室的要求及时上报了清查数据。

【获奖情况】

被区政府办公厅评为2008年度全区信息报送工作先进单位；

被评为全国统计系统2008年统计立法普法工作先进集体；

被评为2008年度全区定点扶贫实绩突出单位；

被评为2008年度全国统计系统机关干部教育培训工作先进集体；

被评为2008年度全区民族团结进步先进集体；

被区党委办公厅评为2008年度全区督查工作先进单位；

西藏综合统计工作被评为2008年全国统计系统资料编辑先进单位；

《西藏统计年鉴·2008》被评为全国地方统计年鉴甲组二等奖；

西藏农业生产资料价格统计工作在全国评比中获三等奖；

综合处获2008年度全国统计资料开发工作三等奖；

贸易外经处荣获全国“对外贸易统计工作”单项奖；

综合处高昆同志被自治区党委办公厅评为2008年度信息工作先进个人；

办公室王平同志被自治区人民政府办公厅评为2008年度信息工作先进个人。（周路春）

【领导名录】
局长、总队长：刘柏呈
副局长：达顿、代永涛、多吉战都王
副总队长：道均、武建华
纪检组长：潘其龙
局长助理：李方平

自治区工商行政管理工作

【年度综述】2008年，自治区各级工商机关坚决贯彻落实自治区党委、政府和国家工商总局的重大决策部署，齐心协力，共克时艰，扎实履责，经受了拉萨“3•14”事件、当雄地震和错那等地强降雪灾害的严峻考验，经历了纪念回顾工商机关恢复建制30年、贯彻总局新“三定”、停征“两费”、总局周伯华局长来藏视察等大事要事，深入开展学习实践科学发展观活动，全力以赴抓市场秩序恢复发展，尽职尽责抓执法监管，坚持不懈抓队伍建设，努力做到“四个统一”、“五个维护”，各项工作取得了显著成绩。

【坚持以发展为中心，服务大局，在促进全区经济又好又快发展上有新举措】顽强奋战，促进市场生产经营秩序的尽快恢复。拉萨“3•14”事件之后，各级工商机关按照自治区党委、政府的决策部署和国家工商总局的重要指示精神，思想认识到位，领导坚强有力，敢于直面矛盾，勇于攻坚克难，始终坚守一线，坚持昼夜值班，加强安全保卫，密切关注市场动态，确保工商干部人身安全和国家财产不受损失；按照自治区党员干部大会精神和自治区领导的要求，以拉萨为重点抽派干部分组分片分段，进店入户对受损商户安抚慰问、教育劝导、了解受损情况，及时消除思想顾虑，恢复生产经营，第一时间把党和政府的温暖送到商户中间，留住了商户、稳定了市场、保证了供应；按照自治区的统一部署，及时制定优惠扶持政策，调查核实受损情况，认真开展受损确认，主动化解矛盾纠纷，积极提供热情服务，切实加强市场监管，受损的1258家商户和新登记的1400户、受影响的7.9万户个体私营企业、9万余户年检验照企业受到优惠政策的扶持，坚定了商户信心，维护了社会稳定，恢复了市场正常生产经营秩序，促进了我区经济持续较快增长。全区工商部门广大干部职工在平息“3•14”事件中经受住了血与火的考验，在恢复生产经营秩序过程中，为高原红盾争了光、添了彩，得到了自治区党委、政府和国家工商总局领导的充分肯定和高度评价。

【多措并举，加快各类市场主体的发展】各级工商机关创新工作思路，规范登记程序，提高服务效能，落实优惠政策，扩大对外开放，促进招商引资，大力引导非公有制经济发展，积极支持企业改革。在遭受“3•14”事件的重创后，各类市场主体仍保持较好发展态势。到12月底，全区各类市场主体发展到9.18万户，注册资金471亿元，同比分别增长6.3%和17.5%。其中：内资企业发展到5214户，注册资金269亿元，同比分别增长4.07%、21.79%；外资企业发展到132户，投资总额5.5亿美元，注册资本3.3亿美元，同比分别增长2.3%、8%和7.7%；个体工商户发展到8.17万户，从业人员18.2万人，注册资金21亿元，同比分别增长6%、9%和12.8%；私营企业发展到4756户，注册资金158.9亿元，雇工人数9.95万人，同比分别增长12.3%、13.8%和22.9%。中国华能集团、中国铝业集团、中国工商银行股份公司来藏投资落户，中国电信集团西藏公司、西藏中凯矿业股份公司、西藏旅游投资股份公司改制注册，为加快我区经济发展注入了活力，增添了后劲。

【强化服务，推动社会主义新农村建设】到2008年底，农牧区个体工商户发展到1.9万户，从业人员3.5万人，注册资金3亿元，同比分别增长6.8%、4.9%和26.6%；农牧区经纪人发展到3427户，经纪业务量达5.6亿元，农牧民经济合作组织发展到248户，已登记注册的农牧民专业合作社71户，为农牧民实现增收277.6万元。

立足长远，推进商标战略的实施。各级工商机关大力实施“商标注册推进年”活动，加强商标法律法规宣传，提供咨询服务，指导帮助企业申请商标注册，拓宽商标注册类别和领域，提高商标注册率，到12月底，全区注册商标累计达到1350件。加快特色产品的商标注册，西藏中稽佳华有限公司的“5100”、西藏达氏集团有限公司的“珠峰冰川”等一批特色产品商标注册提前审查通过。加大品牌培育力度，努力打造西藏品牌。评选认定自治区第五批著名商标10件，自治区著名商标已有45件。西藏特色产业股份有限公司的“圣鹿及图”商标荣获中国驰名商标，全区中国驰名商标有4件。西藏自治区藏药厂运用中国驰名商标“甘露”质押贷款获得成功，商标产权的资产化运作达到新的水平。

【坚持以规范为目的，强化措施，在监管执法上有新提高】2008年，全区各级工商机关充分履行监管职责，以确保食品消费安全为重点，创新监管工作机制，落实监管责任，加大监管执法力度，共查处各类违法违章案件5776件，案值1041万元，维护了市场秩序。

尽职尽责，扎实做好问题奶制品市场清查整治工作。2007年9月问题奶制品事件发生后，各级工商机关按照自治区政府的统一部署和国家工商总局的要求，加强领导，果断决策，重拳出击，跟踪监管，尽职尽责开展应急处置工作。全系统共出动执法人员2.3万人次，检查奶制品经营主体15万户次，下架奶制品4万余公斤，为消费者退换奶制品100多公斤，受理消费咨询、申诉和举报416件。全区工商部门出色整治奶制品市场，赢得了广大消费者的赞许。

加强监管，营造健康安全放心的食品市场环境。加大节日食品市场的监管执法力度，扎实开展食品市场专项整治，严厉打击制售假冒伪劣等违法违章行为，确保广大消费者吃的放心、用的安全。清查主体资格，规范经营行为。全系统共检查食品市场经营主体17.8万余户（次），查处无照食品经营者179户，捣毁制假窝点15个，查处制售假冒伪劣食品案件1450件，案值485万元。加强督导，继续推进食品市场监管机制的完善，在县城以上所有食品经营主体和经营场所100%、农牧区70%以上的食品经营主体建立并执行索证索票制度和进销货台账制度。

加大力度，有力地维护市场秩序和社会稳定。严格规范市场主体，内资企业、私营企业年检率达到77.4%；开展邮路寄递企业、整合矿产资源开发、清查化工企业等专项整治工作，检查企业近200户；对连续3年未参加年检的149户内资企业、309户私营企业依法发布吊销营业执照的公告。认真开展"红盾护农"行动，依法查处农资违法违章案件15件，没收过期劣质农作物种子275公斤，过期、假冒农药320公斤。深入整治商标侵权行为和广告市场秩序，积极开展保护奥林匹克标志专项执法行动，查处侵权案件1124件，收缴各类专用物品6510个；严厉打击药品、医疗、保健食品和奥运标志等虚假违法广告，检查广告市场主体4500户（次），查处各类违法及不规范广告4250条，查处各类广告违法案件36件，为奥运圣火在珠峰登顶和拉萨传递营造了良好环境。切实加强旅游市场监管，严厉打击制售假冒伪劣土特产品违法行为，维护消费者的合法权益。打击传销规范直销工作有了新进展，调查我区部分地市一些农牧民群众被骗往安徽阜阳参与传销的情况，及时提出防范和打击传销工作建议，规范了安利等五家直销企业。开展打击生产销售色情、暴力、恐怖等不良儿童玩具违法行为专项行动和非法销售军队、武警、公安等制式制服和专用标志的清查。集中开展文化市场整治，没收各种盗版淫秽光盘和盗版图书5600张（册）。

【坚持以"四化建设"为抓手，规范监管执法，在依法行政上迈出新步伐】规范登记管理，努力提高服务科学发展的能力。认真落实《行政许可事项决策程序暂行规定》等有关制度，加强登记注册管理工作的培训和指导，进一步规范登记行为和登记管理程序。组建了拉萨经济技术开发区工商局。配合自治区有关部门制定《青藏铁路那曲物流中心招商引资优惠政策若干规定》，参与修订《西藏自治区关于进一步扩大招商引资优惠政策若干规定》。

健全监管机制，努力提高维护市场秩序的能力。健全食品市场监管制度，全面推行商品准入制度，初步形成了工商监管、经营者自律、社会监督"三位一体"的流通环节商品质量和食品安全的长效监管机制。

保护合法权益，努力提高依法维权的能力。制定《处理消费者申诉工作制度》，建立健全消费者咨询和申诉、投诉的受理、查办、反馈制度。全区已建立12315举报投诉点（站）422个，初步形成了大商场、超市、市场、乡镇全覆盖的消费维权网点。全区工商系统查处侵害消费者权益案件1930件，为消费者挽回经济损失345万元。

强化依法行政，努力提高执法水平。扎实推进《工商行政管理机关行政执法评议考核办法》、《工商行政管理机关行政执法过错责任追究办法》、《国家工商行政管理总局关于正确行使行政处罚自由裁量权的指导意见》"三项"制度的实施，有效规范案件查办程序和行政执法行为。积极开展法制宣传，全面推进"五五"普法工作，取得明显效果。强化执法监督，推行重大案件备案制度，开展了行政处罚案件核审工作，全年共核审案件678件。在充分调研的基础上，代自治区政府起草了《西藏自治区冬虫夏草交易市场管理暂行办法》。

【积极推进援藏工作】2008年有关省市工商局到位援助资金305万元，累计到位1865万元，基本实现了总局座谈会纪要提出的援助要求。总局支持各项经费和信息化设备2184万元，2008年9月，周伯华局长又亲临西藏视察指导工作，慰问工商干部。

【领导名录】

书记、局长：段襄征

副局长：晁兆峰、王树军、晋美次仁

纪委书记：周慧清

助理巡视员：李增功

自治区质量技术监督工作

【食品监管】 2008年,自治区质量技术监督局扎实抓好食品监管，确保食品质量安全。进一步推进食品生产加工企业市场准入工作，全年完成16家食品企业的审核发证工作，全区57家食品生产企业取得生产许可证。进一步加强食品生产加工小作坊监管，建立食品生产企业档案，强化监管责任，与1210家食品加工小作坊签订质量安全承诺责任书。加强奥运会期间食品安全监管，对6个奥运圣火传递城市食品进行集中整治，并以奥运圣火传递沿线食品生产企业为重点，对全区食品生产企业和1210家食品加工小作坊进行了巡查回访，重点对酒类、肉制品、饮用水等高风险食品进行了整治，确保圣火传递期间不发生食品质量安全问题。进一步加大食品监督抽查力度，监督抽查范围覆盖群众生活密切的主要食品和当地特色食品，包括糌粑、酥油、青稞制品等，抽查样品44个，平均合格率为71.4%。鼓励企业恢复生产信心，积极消除拉萨"3•14"事件影响，为西藏产业经济发展作贡献。"3•14"事件后，针对受损企业实际，制定扶持企业发展生产的优惠措施，压缩食品生产企业审批时间，保证食品供应，把"3•14"事件危害控制到最低。加强制度建设，制定《关于加强食品监管工作的意见》，为食品监管提供有力指导。

【妥善处置三鹿奶粉事件】 三鹿婴幼儿奶粉事件发生后，紧急启动应急机制，成立区质监局应急处置领导小组，协调配合各部门在全区范围内开展乳制品专项整治行动，全面开展奶制品清查。派遣5个督导组赴七地（市）实地督导检查，派出43名驻厂监管人员进驻37家乳品和食品生产企业实行24小时驻厂监管，严把原料进厂检验、生产过程质量监管、出厂产品检验关。全面开展问题奶粉及乳制品的排查，认真做好乳制品抽样检测、下架封存、产品召回等工作，检查各类商户8000多家。全面清查三聚氰胺等有毒有害化工原料的使用、销售情况，从源头把好乳制品质量安全。加强正面宣传，正确引导消费，认真做好消费者投诉和咨询，及时发布相关信息，稳定人心，增强信心，促进消费，受理咨询600多人次。

【质量管理】加强产品质量监管，提高全区整体质量水平。探索产品质量全过程监管机制，构建质量监管体系。组织开展全区产品质量安全状况调研工作，全面分析全区企业质量状况，先后形成2份全区产品质量安全状况报告，为政府宏观经济决策提供了可靠依据。积极开展全区生产加工企业质量建档工作，全区2333户生产加工企业和小作坊质量档案初步建立，生产加工企业和小作坊纳入动态监管体系。选择日喀则地区2家重点企业开展企业产品质量全过程监管试点工作，探索从产品设计、原料进厂、生产加工、出厂销售到售后服务各个环节的监管机制。严格生产许可证换发证工作，完成7家水泥生产企业实地核查换证，受理4家验配眼镜生产许可申请，发证3家。截止12月30日，全区共38家企业获得工业产品生产许可证。成功举办全区首批工业产品审查员培训班，43名工业产品生产许可工作人员考核合格，其中30名取得国家级审查员资格。扎实开展机动车安检机构监管工作，在调查研究的基础上，准确掌握全区机动车检验检测机构基本情况，并向自治区政府专题汇报，被列为政府专项督查事项予以协调落实，1家机动车安检机构取得检验检测资质许可。

加大产品抽检力度，努力提高产品质量。重点对带肋钢筋、玻璃、电线电缆、水泥、复混肥、楼板、电杆、网围栏、防水卷材、验配眼镜、成品油、金银饰品等产品质量进行抽样检验，抽检179家企业的515个样品，合格样品数443个，整体合格率86%。

大力推进质量振兴战略。围绕全区产业结构调整和优势产业建设，推进名牌战略和质量诚信体系建设。改革全区名牌推优评价机制，充实调整自治区名牌战略推进委员会成员，制定第二批西藏自治区名牌企业的评选方案。加大地理标志产品保护工作力度，完成藏毯地理标志产品保护（西藏产区）国家公告。

【标准化管理】 围绕社会主义新农村建设，认真开展农业标准化示范区建设。积极推进第五批国家农业标准化示范区白绒山羊、牦牛育肥、藏獒三个项目建设，完成了第四批国家农业标准化示范区藏鸡和青稞项目建设验收，全区新列第六批全国农业标准化示范区建设项目7个。加强地方标准制修订，制订糌粑地方标准，完成无公害食品韭菜保护地生产技术等11个规程的技术审查，审查发布建筑和养殖等地方标准4个。围绕企业质量提升，推进标准备案和标签认可，组织相关专家对28家企业的109个食品和保健食品企业标准进行了技术审查和标准备案，完成5家单位15个产品的31个标签认可登记。加强对标准的监管工作，深入开展企业采标情况普查，在2007年工作基础上，再次对全区工业企业采标情况进行全面普查，对105家无标生产企业进行帮扶，受普查的工业企业采标达到100%的目标。

【计量管理】 加强计量工作，保障民生权益。围绕量值传递，建立全区计量器具数据库，对各企事业单位和实验室在用计量器具进行了全面登记造册，为加强计量器具监督管理和计量建标提供了科学依据。围绕民生计量，在全区范围内集中组织开展加油机、餐饮业、加油站、集贸市场（含商店超市、土特产市场）、出租车计价器、定量包装商品、农村农副产品贸易批发市场、农资和农产品购销等计量执法检查，规范各种计量行为。围绕重点项目工程建设，开展仪器检定服务。全年累计检定用于贸易结算、安全防护、环境监测、医疗卫生等各类计量器具5494台。

【特种设备监管】 严格特种设备使用登记备案，特种设备注册登记2569台（套），累计办理特种设备使用登记证1366个。加强特种设备隐患排查整治，认真开展特种设备“回头看、除隐患、堵漏洞、保安全”大检查活动，检查设备使用单位1081家，检查特种设备2053台（套），查出安全隐患59台（套），限期整改59台（套），查处违法案件1件。完成第一批7家气瓶充装单位行政许可换证工作，完成10家特种设备企业的审核发证。加强对重点区域、重点设备的监管，完善重大危险源监控措施，特种设备制造、安装、使用、定期检验实现规范化、制度化管理。完善特种设备应急预案，对《西藏自治区特种设备重特大安全事故应急救援预案》进行修改完善。加强从业人员管理，特种设备操作人员持证上岗率达到100%。

【认证认可】 扎实做好认证认可工作，稳步推进管理体系认证和产品认证，全区新增认证企业93家，其中ISO9000体系认证53家，14000体系认证13家，18000体系认证14家，HACCP体系认证5家，产品认证1家，有机产品认证4家，绿色产品认证3家。全区认证企业累计239家（含建筑企业），在西藏备案的认证机构2家，咨询机构1家。加强对强制性认证产品监管，空调、防冻液、电线电缆、低压电器等强制性产品纳入有效监管范围。稳步推进实验室计量认证，受理11家实验室的计量认证申请，向6家实验室发放计量认证证书，全区35家实验室通过计量认证，其中国家级计量认证4家，省级计量认证31家。

【执法打假】 紧紧围绕群众生产生活密切相关的产品质量，认真开展专项整治。围绕重大节日开展专项执法检查，元旦、春节、藏历新年、雪顿节、国庆节、中秋节期间，重点对28类食品，化妆品、洗涤消毒用品、烟花爆竹、危险化学品、低压电器（3C）、贸易结算计量器具、产品标识、检查游乐设施、电梯、压力容器等进行专项整治，确保节日期间产品质量安全，维护群众合法权益，促进社会稳定。深入开展农资产品质量专项整治。联合相关部门，组织开展“农资打假下乡”活动，严厉打击伪劣农资坑农害农行为，切实保护农民的合法权益不受侵害，农药、化肥（复混肥）、农膜、农机（具）及其配件等农资产品质量得到保障。围绕重点产品开展专项整治。相继在全区开展家具、服装、油漆涂料三类产品专项整治行动，产品质量和食品安全专项执法检查行动，奥运主题玩具、纪念币、奥运工艺品及服装、仿真饰品、絮用纤维制品专项执法检查，人造板、装饰材料产品质量专项整治行动，自镇流荧光灯、高压钠灯、中小型三相异步电动机、冷水机组、燃气热水器产品能效标识专项监督检查，食用植物油专项执法检查，饮用水溴酸盐专项检查等，立案查处各类制假售假案件55起，现场处罚案件552起，查处假冒伪劣产品货值104.3万元，销毁假冒伪劣产品货值21.6万元。

【技术机构建设】进一步加强以食品检验为重点，自治区一级实验室为中心，各地区特色产品检验为补充的检验检测体系建设，争取项目资金 1195 万元，采购价值 999.99 万元的各类检测设备和执法装备。自治区产品质量监督检验所获得国家质检总局授权的冷冻饮品、速冻食品、酱卤肉制品、调味品、茶叶、酱油、醋等 7 类产品发证检验资格，具备 80 个项目 820 个指标的检验能力，取得验配眼镜、建筑外窗国家发证检验资格。自治区锅炉压力容器监督检验所取得国家质检总局核发的新检验检测机构资质核准证，检验项目达到 14 类 26 个大项。

根据西藏质监部门面临的形势和任务，结合西藏质监事业发展"十一五"规划，考虑到以后发展需要，研究论证西藏质监部门技术机构建设方案。一是以食品检测为重点，围绕食品添加剂、农药残留、兽药残留，食品常规、理化、卫生指标检验，建设自治区级食品安全检测中心，为保障食品安全提供技术支撑。二是针对 7 个地（市）质监局的不同特点，将食品检测向基层延伸，着手日喀则、林芝、山南、那曲、阿里、昌都 6 个地区食品通用实验室建设。三是以钢结构防火涂料检测、混凝土实心砖检测、混凝土排水管检测、人造板检测、装饰石膏板检测、饰面型防火涂料检测、陶瓷砖检测、室内环境检测、汽车用面漆检测、刹车片检测、太阳镜检测、贵金属珠宝检测、金属材料检测、金属表面镀层及耐腐蚀试验检测、金属面夹芯板检测、金属家具检测、木家具检测、家具类其他项目检测、轻柴油和汽车用油检测、低压电器检测、纺织品检测为重点，加快自治区产品质量检验检测机构建设。四是以区特检所为主，着手在自治区特检所建设移动式压力容器检测站、配备机电类特种设备检测设备，6 个地区质监局配备常规特种设备检验设备。五是着手在区计量所、6 个地区质监局配备定量包装商品净含量、医用计量器具检测、眼镜配置计量器具检测、压力表检测装备，在 6 个地区质监局配备常用的计量检测设备。

【信息化建设】"金质工程"（一期）建设取得重要进展。拉萨市质监局"12365"投诉举报系统建成投入运行，实现国家、省、市三级联网。机关广域网在公安部门备案，获得国家信息产业部的 ICP 备案号，目前正在测试、完善中。办理组织机构代码证 9877 份，其中首次办证 2458 份，年检 5095 份，换证变更 2360 份，数据合格率达 98%以上。代码电子档案稳步推进，建立档案 6364 份。商品条码取得新的进展，新增商品条码会员 40 家，商品条码会员累计达 207 家。条码质量检测实验室进入试运行阶段，GDS（全球商品数据同步）在会员中展开试点。

自治区食品药品监管工作

【年度综述】2008 年，西藏自治区食品药品监管部门紧紧围绕保证公众饮食用药安全、促进社会局势稳定和经济社会发展的大局，以抓基础、抓基层、抓作风，加强队伍建设为重点，不断创新监管理念，积极探索具有西藏特色的食品药品监管新路子，扎实开展工作，为促进西藏食品药品产业发展做出了积极贡献。一年来，全区各级食品药品监管部门和广大干部职工经受住了突发事件的严峻考验，坚持"两手抓、两手硬、两促进"的工作方针，按照区党委书记张庆黎"三个既要、三个又要"的重要指示精神，以专项治理为重点，着力强化食品药品监管，保障了全区人民群众的饮食用药安全。

【食品安全综合监督工作】自治区食品药品监督管理局草拟了《2008 年全区食品安全专项整治工作方案》，制定了《2008 年全区食品放心工程目标任务分解表》，经自治区政府批准下发全区实施。为确保各项工作措施的落实，年初，在全区食品药品监管工作会议上，自治区政府分管领导代表自治区政府与各地（市）、自治区食品安全委员会各成员单位签订了《食品安全工作责任书》，进一步落实食品安全监管责任。各地（市）、自治区各监管部门按照要求，层层签订了《食品安全责任书》，并结合实际，制定下发了本地区、本部门专项整治工作方案，安排部署工作。同时，积极发挥牵头作用，加大重点时段巡查力度。在"元旦、春节、藏历年"三大节日、"五一"、"十一"等节日前夕，及时下发通知，安排部署工作，并牵头组织了 2 次由自治区政府分管领导带领、自治区农牧、质监、工商、卫生等部门参加的检查组，对拉萨节日食品市场进行了巡查。各地（市）和各成员单位按照要求，组织开展了一系列食品市场巡查活动，确保了重点时段的食品安全。

【及时处置问题奶粉事件】三鹿牌婴幼儿奶粉事件发生后，按照区党委、政府的安排部署，自治区食品药品监督管理局先后组织协调召开了 3 次自治区食品药品安全委员会成员单位会议，安排部署相关工作。第一时间内在区内各大新闻媒体发布食品安全预警公告，提醒消费者；及时收集、发布信息，正确引导社会舆论，稳定市场秩序，避免社会恐慌；会同有关部门及时下发一系列紧急通知；积极组织协调相关部门，组派 7 个督查组赴各地（市），对婴幼儿奶粉事件处置工作和国庆期间食品安全工作进行了督导检查；加强信息沟通，严格应急值守，坚持日报告制度，为政府决策提供及时信息。全区各级食品安全监管部门通力合作，积极应对，措施有力，含三聚氰胺婴幼儿配方奶粉和液态奶基本下架退市，奶制品专项检查工作取得阶段性成果。截止 2008 年 12 月 18 日，全区共出动执法人员 27045 人次，检查奶制品经营户 172695 户次；查出含三聚氰胺奶制品 53110.6 公斤；其中液态奶 33888.48 公斤。根据自治区卫生厅统计，全区食用含三聚氰胺婴幼儿配方奶粉喂养史到医院接受筛查的婴幼儿 58842 人；已确诊食用含三聚氰胺奶粉患泌尿系统结石症患儿累计 477 例，治愈 208 例。

【食品安全示范县建设】在创建首批国家级食品安全示范县（林芝地区波密县）的基础上，经遴选，确定山南地区贡嘎县为我区第二批国家级食品安全示范县。自治区食品药品监督管理局制定了《贡嘎县创建食品安全示范县方案》，并派出工作组督导检查示范县创建工作。根据国家食品药品监督管理局的安排，对首批国家级食品安全示范县（林芝地区波密县）进行了综合评价。同时，对林芝地区开展食品安全宣传“三进”活动及工布江达县创建自治区级食品安全示范县工作进展情况进行了检查。

【筹建西藏食品安全网】在国家食品药品监督管理局的大力支持下，自治区食品药品监督管理局建立了西藏食品安全网，已于2008年9月份正式开通使用。为建立统一、科学的食品安全信息评估和预警体系奠定了基础。西藏食品安全网及时收集、汇总、编报自治区级食品安全监管各有关部门和各地（市）、县政府、部门监管工作动态、检验监测情况等信息，到2008年底，共编发91期《食品安全动态》。同时，在调研的基础上，积极搭建农牧区食品安全市场流通网、监管责任网、群众监督网，建立食品安全协管员、信息员队伍。

【规范药械市场】2008年，全区各级食品药品监督管理部门加大了药品稽查工作力度，尤其是地（市）食品药品监管部门，创新执法手段，加大监督检查力度，严厉打击各种违法违规行为，提高了监督检查能力和办案效率。一是严厉查处了假冒“感康”、“阿莫西林胶囊”、“双黄连注射液”等案件。二是按照国家食品药品监督管理局的要求，自治区食品药品监督管理局及时组织各地（市）食品药品监管局对肝素钠及其注射剂产品进行了监督检查，对查出的200支标示为江苏万邦生化医药股份有限公司生产的肝素钠注射液进行了抽验。同时，积极配合卫生部门加强了对肝素钠注射剂使用环节的监管和药品不良反应监测工作。三是及时组织开展了对江西博雅生物制药有限公司生产的静脉注射人免疫球蛋白的清查工作。四是按照国家食品药品监督管理局和国家卫生部联合下发的《关于暂停销售使用黑龙江完达山制药厂生产的刺五加注射液的紧急通知》要求，各级药监部门会同卫生部门对全区药品经营使用单位进行了监督检查。五是在全区开展了电疗、磁疗、光疗物理治疗设备和隐形眼镜市场专项监督检查工作。2008年，全区共查出假劣药品、医疗器械55.8万元；销毁假劣药品、医疗器械13万余元。查处违法违规案件188起（移送司法机关2起），行政处罚208起。受理群众举报25起，受理各省市协查函74起。

【兴奋剂专项治理】按照全国兴奋剂生产经营专项治理工作部署，根据自治区食品药品监管局的建议，自治区人民政府成立了由分管领导任组长、七厅局主要负责人为成员的自治区兴奋剂生产经营专项治理行动领导小组，制定下发了《兴奋剂生产经营专项治理工作实施方案》，召开了全区兴奋剂生产经营专项治理工作会议，对相关工作进行了安排部署。完成了110个含兴奋剂藏药品种标签和说明书标注“运动员慎用”字样等工作，开展了专项监督检查，对违规经营蛋白制剂、肽类激素的企业依法予以查处。共检查药品生产经营企业288家，立案查处1家药品零售企业超范围经营蛋白制剂、肽类激素，对1家药品零售企业给予警告并责令改正；配合工商部门检查化工企业37家。

【促进藏药产业发展】推进藏药质量标准化进程。本着继承发展、依法科学、实用可行的基本原则，在2007年工作的基础上，自治区食品药品监督管理局组织多名藏药专家，完成了《藏药材炮制规范》的起草工作，并经审查批准实施。该规范共收载了186个常用藏药材（含植物、动物、矿物药）的炮制规范，为进一步规范藏药生产行为和促进藏药研究开发提供了技术依据。为满足藏药生产需求，自治区食品药品监督管理局批准了55个地方药材标准。同时，积极向国家食品药品监督管理局和药典委员会争取将95部颁藏药标准的修订纳入即将启动的国家药品标准提高行动计划。在2010年版《中国药典》的编撰工作中，自治区食品药品监督管理局承担了9个藏成药和1个藏药材标准的起草工作。

积极推进药物临床试验机构建设。2008年8月份，自治区藏医院获得了国家药物临床试验机构资格认定证书。该机构的诞生，填补了西藏自治区无藏药临床试验机构的空白，为及时掌握药品研究动态，科学地规范药品研究行为，从源头上保证药品安全奠定了基础。

分步实施，积极开展藏医医疗机构制剂审批工作。在总结2007年藏药制剂审批工作经验的基础上，自治区食品药品监督管理局针对藏医医疗机构反映的问题和审评中遇到的困难，按照有关法律法规的规定，在保证质量的前提下，改进了审评方法，加快了审评进度。2008年，对西藏12家藏医医疗机构申请的1000多个（不含毒性药材的制剂）制剂批准文号的申报资料进行了审查，对符合要求的681个制剂生产试制条件进行了现场核查、抽样、送检，并组织专家审评了经区药检所标准复核的575个制剂。截止2008年底，已对8家单位申报的516个（183个品种）不含毒性药材的藏医医疗机构制剂核发了批准文号，并着手启动含毒性药材制剂的审批工作。

【食品、药品抽验】2008年，共完成食品、药品、医疗器械检品2660批，完成了对9家药品批发企业、101家药品零售企业、47家医疗机构的国家药品评价性抽验和医疗器械质量监督抽验任务；完成了拉萨、山南、林芝及日喀则四个地区（市）6个点的糌粑、酥油两个品种60批的评价性抽样任务。各地（市）食品药品监督管理局也充分发挥快检车作用，加大对农牧区药品抽验力度，共检测药品717批，对满足检品量的26批送检，不合格率3.7%，提高了不合格药品的检出率。

【广告审批和管理】2008年，共受理药品广告104份，驳回5份，审批99份；受理异地备案药品广告21份、医疗器械广告11份；移送工商部门违法药品广告8份，并对其中4份违法药品广告涉及的药品采取了暂停销售的行政强制措施；审查保健食品广告28份，分别移送工商部门、区外省市局违法保健食品广告4份、2份。

【ADR监测】在加强培训和开展宣传的基础上，自治区食品药品监督管理局ADR中心认真做好药品不良反应、医疗器械不良事件、药物滥用监测报告收集、上报和分析工作。截止2008年底，共收集上报药品不良反应报告表83份，可疑医疗器械不良反应事件报告表1份；药物滥用监测调查表199份，编写了《2007

年西藏自治区药物滥用监测报告书》。同时，按照国家药品评价中心的统一部署，面向全区开展了“百万公众培训工程”师资培训工作。

【食品药品安全宣传】针对西藏食品药品安全工作实际，自治区食品药品监督管理局制定了《2008 年食品药品安全宣传教育活动要点》，明确了宣传教育活动的主题和工作任务等。各地（市）食品药品监督管理局相继制定了食品药品安全宣传教育活动方案，开展了多种形式的食品药品安全宣传工作。全系统在“3.15 消费者权益日”、“9 月用药安全周”、“12.4 全国法制宣传日”等重要时段走上街头向公众宣传药品管理法及合理用药、食品安全等知识；通过召开新闻媒体通气会，对外介绍西藏兴奋剂专项整治工作及药品不良反应科普知识，取得了良好的宣传效果；针对不同季节西藏部分地区发生食物中毒事件的情况，根据《西藏自治区重大食品安全事故应急预案》，分别在《西藏日报》（藏汉文）、《西藏商报》、《拉萨晚报》、西藏电视台和西藏食品安全网等媒体发布了多期食品安全预警公告，并及时向区政府和国家局报告食品安全事件 17 起。据统计，2008 年西藏自治区食品药品监督管理系统共开展各种食品药品安全宣传活动 80 余次，发放各类宣传材料 16 多万份，提供咨询 400 余次，全区食品安全宣传教育“三进”示范点已发展到 24 个。

【农牧区药品“两网”建设】2008 来，自治区食品药品监督管理局充分利用县、乡（镇）、村卫生资源优势，在全区各级食品药品监管部门的积极努力下，逐步建立起了覆盖县、乡、村的药品供应网络和监督网络。为进一步推进农牧区药品“两网”建设，自治区食品药品监督管理局工作组深入拉萨市墨竹工卡、林周两县药品“两网”建设情况进行了调研，积极探索多渠道、多形式的药品供应网络，努力将药品“两网”建设与农牧区医疗制度相结合，满足基层群众购药需求，确保药品质量。各地（市）食品药品监督管理局在药品“两网”建设的基础上，积极搭建农牧区食品安全市场流通网、监管责任网、群众监督网等，促进了“两网”建设的发展。

【学习实践科学发展观活动】按照自治区党委的统一安排部署，自治区食品药品监督管理局紧紧围绕“党员干部受教育、科学发展上水平、社会稳定见成效、人民群众得实惠”的总体要求，扎实开展学习实践科学发展观活动，较好地完成了学习实践活动三个阶段 11 个环节的各项工作，完成有较强针对性、指导性的专题调研报告 5 篇。通过调查研究、民主评议、召开座谈会等形式，广泛征求不同层次代表意见 29 条，涉及工作作风、监管手段等方面的问题。对此，自治区食品药品监督管理局党委采取 74 项措施，着力解决当前食品药品监管事业中存在的主要矛盾和问题以及党员干部党性党风党纪方面存在的突出问题。一是继续加强队伍建设，不断提高科学监管能力；二是完善体制机制，进一步夯实工作基础；三是进一步规范食品药品市场秩序，确保人民群众饮食用药安全；四是积极做好服务，促进特色经济又好又快发展；五是着力改进工作作风，不断提高行政效能。

【抗震救灾工作】“5·12”四川汶川地震发生后，全系统干部职工为四川地震灾区积极捐款 39200 元，交纳“特殊党费”128050 元，帮助灾区人民重建家园。自治区食品药品监督管理局在经费十分紧张的情况下，向四川省局捐款 5 万元，牵头组织西藏 11 家药品生产经营企业向四川地震灾区捐赠价值 428 万元的药品。拉萨市当雄县发生地震后，全系统干部职工又积极主动地为灾区群众捐款 15800 元，拉萨市部分药品经营企业主动为灾区捐赠了 20 余万元的药品，受到当地群众和政府的一致好评，充分体现出“一方有难，八方支援”的高尚情操和藏汉民族间血浓于水的兄弟情谊。

【食品安全委员会工作会议】2008 年 4 月 17 日，自治区食品药品安全委员会召开了第一次工作会议。会议通报了 2007 年全区食品放心工程综合评价结果，讨论修改《2008 年全区食品安全专项整治工作方案和 2008 年全区食品放心工程目标任务分解表》，分析了当前食品药品安全面临的形势，紧紧围绕维护社会稳定和奥运会顺利举办部署了工作。

2008 年 9 月 17 日，自治区食品药品安全委员会召开第二次会议，会议听取了有关部门开展三鹿牌婴幼儿配方奶粉监督检查情况的汇报，安排部署了下一步含三聚氰胺乳（奶）粉检查工作。

2008 年 9 月 22 日，自治区食品药品安全委员会召开第三次工作会议。会议传达学习了《国务院办公厅关于进一步做好婴幼儿奶粉事件处置工作的通知》、自治区人民政府办公厅《关于认真贯彻落实国务院办公厅关于进一步做好婴幼儿奶粉事件处置工作通知精神，全面做好当前以奶制品为重点的食品安全工作的通知》和区党委、政府主要领导关于做好婴幼儿奶粉事件处置工作的指示精神，讨论研究赴 7 地（市）开展乳制品专项督查的方案，对下一阶段工作进行了再部署。（雷有军）

【领导名录】

局　长：卢彦朝

副局长：白玛桑布、周文凯、董寿如
　　　　张河战

纪检组长：罗红

西藏出入境检验检疫工作

【年度综述】2008 年，西藏检验检疫全面履行把关服务职责，努力克服“3•14”事件造成的影响，一手抓维护稳定，一手抓促进发展，在班子建设、队伍建设、业务建设、基层建设等方面取得了长足进步，为促进西藏自治区经济发展战略的推进，为维护西藏农牧业安全和人民健康安全做出了重要贡献。

【克服困难，认真履行检验检疫职能】2008 年，检验检疫出入境货物 1944 批，货值 1.55 亿美元，同比减少 21.35%。其中，出境 1729 批、货值 1.44 亿美元，入境 215 批、货值 0.11 亿美元，检验检疫不合格 21 批，货值 14 万美元，检疫汽车 21923 辆次、飞机 188 架次，查验出入境人员 36761 人次；完成出入境健康检查 1017 人次，发现病例 32 人次；预防接种 46 人次，艾滋病监测 862 人次；

口岸从业人员健康体检 402 人次，签发健康证 295 份，发现病例 31 人次；签发口岸服务行业卫生许可证 164 份；检疫行李 4.2 万件，布设实蝇监测点 120 个，监测虫头数 3348 头。

【保国安民，全力做好“两个防止”】重点产品专项整治和乳品专项检查行动取得明显成效。确定以樟木口岸为重点区域，以玩具、服装、家具、仿真饰品为重点，查处了 9 批不合格出口玩具；查处了 15 种品牌、500 余桶（袋）问题乳品，通过专项整治和清查，口岸内相关产品质量有了明显提升。

动植物疫病疫情防控取得新的成绩。进一步完善了“产地疫情调查、口岸强化监管”的工作模式，进一步加大了对携带物、邮寄物查验。严肃查处了偷运废弃毛发、入境犏牛等违法行为；开展了西藏大蒜种植基地病、虫害本底调查；免费为阿里地区培训兽防人员。

卫生检疫和应急能力建设取得新的进步。进一步加强了口岸检验检疫防核、生化恐怖能力建设，紧急配置了核辐射等应急设备，抽调人员蹲点口岸，修订应急预案、开展应急演练；认真开展口岸卫生监督，严肃查处违规食品企业和商户，大力加强外国籍交通员工、口岸从业人员等高危人群的传染病监测，在被检查的 608 人次尼司乘人员中检出 HIV 可疑 1 例、乙肝 6 例，丙肝 3 例，梅毒 24 例。

【主动作为，努力服务西藏经济发展】认真落实中国检验检疫科学研究院、西藏检验检疫局与西藏冰川矿泉水有限公司在京签署的《支持发展协议书》。共同完成了 290 批，2.5 万吨矿泉水的检测任务，发现并召回不合格矿泉水 88.87 吨。积极组织专家组对其水源地保护、生产工艺、成品包装、运输仓储及引进生产线的安装等进行了全面检查，提出了一揽子整改意见，得到了企业的称赞。

出台服务措施，开展服务行动，提升服务水平。2008 年 9 月，出入境检验检疫局出台了“一品一策”扶持特色产品出口、减免检验检疫收费等八项措施，开展了服务企业、服务三农百日行动，首次实现了出口食品原料基地注册备案；10 月，出入境检验检疫局与山南地区行署签署了《关于促进山南地区大蒜出口与种植基地建设协作备忘录》，成为西藏检验检疫服务地方经济的新亮点。同时，主动提前介入西藏顶峰矿泉水、安多高原牧业等绿色食品出口企业前期工作，指导其高标准、高要求建设，确保这些产品出口从一开始就做好、做强。

积极配合政府口岸改革工作，进一步强化口岸机构基础建设。樟木口岸新联检通道检验检疫设施建设基本到位，实现了形象、功能、效率的统一；积极探索符合总局要求、适应西藏边贸自身特点的西藏边贸检验检疫管理细则，初步建立了樟木口岸边贸检验监管新模式；初步制订了适应自治区关于吉隆口岸建设中尼边贸国际合作中心的检验检疫工作模式；积极参与自治区口岸建设规划，共同促进西藏对外贸易发展。

技术支持、认证认可等服务工作有了新的起色。积极主动做好我国政府援建的尼泊尔沙拉公路项目的检验检疫工作，出台措施、免费开展了出国劳务人员传染病防治及国际旅行保健知识培训。积极利用信息、技术优势深入出口产品产地、企业、对口扶贫点开展技术咨询和培训服务，帮助企业和农牧民解决现实问题，提高产品质量。积极开展认证认可工作，全年新增认证企业 7 家，再认证企业 11 家，监督审核企业 37 家。

【突出重点，着力加强自身建设】检测能力实现跨越。技术中心年内承担社会委托检验 560 批，首次实现了农残等十几个检测能力扩项。保健中心年内新拓展生化检测等实验室检测项目 47 项，拓展社会体检 500 余人次。西藏首个国家级小反刍兽疫检测重点实验室建设方案通过审核；科技兴检再结硕果。一批科研课题获立项并启动，出入境检验检疫局 13 个项目获得科技成果、科技业绩奖励；信息化建设更进一步。“通关单联网核查系统”于年初正式运行。门户网站改版建设、外部邮件系统及内外网 DOS 域名解析服务建设目标按期实现。电子监管试点有效推进，办公自动化、视频会议系统等稳定运行，西藏局正在迎头赶上全系统信息化建设步伐；队伍建设进一步加强。领导班子凝聚力、战斗力和职工队伍整体素质得到进一步提高；加强党风廉政建设，制定了惩治和预防腐败体系工作规划；党的建设和精神文明建设取得新成果，出入境检验检疫局获全国精神文明建设先进单位提名，已报全国文明委审批；基层基础得到进一步改善，樟木、普兰达到口岸一流水平，亚东基地建设项目进入快车道；机关基础性建设取得新的进步，对外宣传从不同角度反映了出入境检验检疫局维护稳定、促进发展的实际成果；财务资产清查工作获得总局表彰；后勤管理精细化理念初步建立，水平提升。

【大事记】

1 月 31 日，房成利局长在北京参加西藏检验检疫局、中国检验检疫科学院、西藏冰川矿泉水有限公司支持发展协议书签字仪式。

3 月 25 日，西藏局领导带队慰问了在拉萨维护稳定的值勤武警官兵。

3 月 26 日，西藏检验检疫局召开机关干部职工大会，愤怒声讨揭批达赖集团的罪恶行径。

3 月 31 日—4 月 1 日，召开 2008 年西藏检验检疫工作会议，自治区副主席邓小刚到会并讲话。

4 月 12—16 日，房成利局长在樟木口岸调研，其间慰问守护友谊桥的武警官兵。

5 月 8 日，房成利局长参加了由邓小刚副主席主持召开沙拉公路协调会。

5 月 15—19 日，西藏检验检疫局组织机关干部职工开展了向汶川地震遇难同胞捐款、默哀活动，共收到累计捐款 29.87 万元，其中特殊党费 8.86 万元。

6 月 17—23 日，总局魏传忠副局长一行 6 人来藏参加奥运火炬拉萨传递活动，其间调研西藏质检工作。

7 月 3 日，何体森副局长和徐自忠副局长参加了抗震救灾英模事迹报告会。

7 月 6—10 日，中尼动物检疫暨跨境动物疫情防控研讨会在拉萨召开，尼泊尔兽医代表团一行 8 人及出入境检验检疫局房成利、徐自忠等领导和专家参加会议。

7月21日，国家质检总局第三巡视组一行4人抵达出入境检验检疫局，开始为期20天左右的巡视工作。

8月30—31日，房成利局长参加了质检干部大会暨质检工作研讨会。

9月5—12日，湖北局段勇鹏副局长一行8人到西藏局调研对口支援工作。其间，两局召开了对口支援座谈会。

9月28—29日，房成利局长参加全区深入开展学习实践科学发展观活动动员大会暨党员领导干部专题研讨班。

10月7日，西藏检验检疫局召开深入学习实践科学发展观活动动员大会。通过三个阶段，4个月的学习实践活动，取得了实实在在的效果。局党组成员就深入学习科学发展观活动做了中心发言并分别赴地区、口岸和企业开展调研。

10月11—19日，房成利局长一行随自治区副主席邓小刚深入吉隆、樟木、亚东口岸进行为期9天调研。其间，10月12日，参加了樟木口岸新联检大楼启动仪式。

10月24日，房成利局长参加全区第五次民族团结进步表彰大会。

12月19日，房成利局长参加西藏自治区纪念改革开放30周年大会。

12月21—23日，房成利局长参加全区经济工作会议。

自治区烟草工作

【基本情况】自治区烟草专卖局、中国烟草总公司西藏自治区公司组建于1998年，2001年上划国家烟草专卖局、中国烟草总公司。2008年，下辖山南、日喀则、林芝、昌都、那曲、阿里等6个地区烟草专卖局（公司），其中，那曲地区烟草专卖局（公司）体制未上划。2008年全区烟草行业总资产8.04亿元，其中，固定资产2.13亿元、流动资产5.27亿元，资产负债率17.66%。自治区全行业共有从业人员1020人，其中聘用员工375人。

【经济效益】2008年，全区烟草商业系统销售卷烟37.55亿支（7.51万箱），同比减少12.79%，其中，一类烟4.89亿支（0.98万箱），同比增长15.06%；二类烟5.04亿支（1.01万箱），同比增长47.80%；三类烟9.24亿支（1.85万箱），同比减少22.09%；四类烟12.16亿支（2.43万箱），同比减少22.11%；五类烟6.17亿支（1.23万箱），同比减少22.15%。本地区销量居前三位的品牌是“云烟”、“芙蓉”和“天下秀”，销量分别为5.23亿支（1.05万箱）、5.08亿支（1.02万箱）、3.38亿支（0.68万箱）。

2008年，全区烟草行业实现销售收入13.04亿元，同比增长0.69%。实现税利2.76亿元，同比增长23.77%，其中，实现利润2.0亿元，同比增长14.29%。三项费用率12.12%。

【专卖管理】卷烟打假。随着西藏经济社会发展及青藏铁路通车，尤其是受“3•14”事件影响，制售假烟违法活动向西藏转移。西藏烟草及时调整工作思路，以“打源头、断网络、抓主犯”为主线，抓好市场监管和涉网案件，制止制售假烟活动和网络案件在西藏蔓延。

对重点区域、重点市场、重点零售户进行重点监控，制定集中整治方案，完善零售户档案，做到“一户一档”。在节假日期间联合技术监管局、工商等执法部门开展卷烟市场集中整治行动。以查获贩卖假烟为切入点，收集有用线索，做到“以烟找人，以人查网”。将市场监管与法制宣传相结合，把在执法过程中查出的典型案例、追刑情况等制作成宣传材料向社会公示，起到警示作用。

与自治区公安厅治安总队、拉萨市铁路公安处建立联合打假机制。在联合办案中，对重大案件实行侦查、起诉、审判全程跟踪督办，形成以烟草、公安牵头，多部门协调配合的联合打假工作格局。

全年共查处各类违法卷烟案件656起，查获卷烟1225万支，案值677.5万元，上缴罚没款56.7万元，移送公安、司法机关抓捕14人，刑事拘留3人，判刑7人，其中，一名烟贩判处有期徒刑7年，并处罚金50万元，依法没收涉案假冒卷烟97万支，案值119.35万元，其刑期和罚金均为历年之最。

内部专卖管理监督。健全内管机构，加强内管制度建设，建立内管长效机制。8月，邀请山西省局（公司）内管方面的工作人员到自治区局（公司）开展内管调研指导工作，在结合山西省局（公司）成功经验的基础上，制定并完善了《西藏自治区烟草专卖局内部专卖管理监督检查制度》、《西藏自治区烟草专卖局内部专卖管理监督工作职责》等13项工作制度，保障了日常监管、同级监管、定期检查工作的正常开展。

加强定期检查。6月和11月，自治区局（公司）先后派出内管检查工作组共抽查了5个法人企业，针对检查出的问题及时进行意见反馈、督促整改，要求没有检查的法人企业按照《定期检查工作方案》进行自查并上报区局（公司）。

【网络建设】深入开展“以城网讲效益、农网讲实效”的网建基础工作，完成了拉萨市城区和各地区行署所在地“集中呼叫、分解到户、统一配送”的网建工作目标。截至2008年底，全区有卷烟销售网点102个，零售户10364户，其中，拉萨市城区入网零售户2826户。在城区和各地区行署所在地全面开展“按客户订单组织货源”工作，逐步向各县延伸。完成了客户档案建立、访销路线划分、客户等级分类等工作，强化了网建基础。完成了拉萨仓库出入库扫描系统、打喷码系统及订单采集系统的实施工作。3月，西藏烟草卷烟物流配送中心项目开工。10月，城区开展电子结算业务试点。

【信息化建设】10月，对自治区局（公司）电视电话会议系统进行升级改选，更换摄像头、电视机、投影仪等设备，安装了会议监控系统、中央控制系统等，并将电视电话会议系统延伸到山南、日喀则、林芝、昌都等4个地市级单位，实现了自治区局（公司）到4个地区局（公司）电视电话会议系统的互联互通。

【企业管理】为规避网点经营资金分散存放的风险，完成了各县级网点经营资金统一归集整合工作，根据资金存量进行统筹规划，加强专项资金管理，规范专项资金开支的审批程序、支付标准和列支渠道，做到基本满足烟草企业卷烟经营的资金需求。坚持全面预算管理，加大对年度预算执行情况分析，提出对预算增减幅度较大的项目进行监管。

【大事记】

7月18—19日，公司在山南地区召开卷烟销售工作现场会。

8月4—5日，公司在拉萨召开2008年全区烟草专卖局长、公司经理座谈会。

8月12—16日，国家局副局长何泽华、驻国家局纪检组组长潘家华在西藏烟草调研。

8月25—29日，中国烟草西南西北片区职工思想政治工作研讨会议在拉萨召开。

12月4日，公司举办烟草法律法规宣传活动。

【领导名录】

局长、总经理、党委副书记：平措旺扎
副局长、副总经理、党委书记：杨桂选
副局长、副总经理、党委委员：蔡建文
副局长、纪检书记、党委委员：旺 啦
副总经理、工会主席、党委委员：乔建民
副巡视员：冯建立

拉萨海关

【妥善应对"3•14"事件，坚决反对分裂、维护稳定】2008年3月14日，拉萨发生打砸抢烧严重暴力事件。拉萨海关开展了形式多样、内容丰富的"反对分裂、维护稳定、促进发展"主题教育活动，先后组织召开了愤怒揭批达赖集团罪恶行径声讨会、青年关员揭批达赖集团演讲会，邀请了区党委宣讲团宣讲"3•14"事件真相，参观爱国主义教育基地军区军史馆，观看爱国主义影片《冰山雪莲》、慰问值勤武警等活动。这些活动的开展使干部职工对达赖集团的反动本质有了更加清醒的认识，同心协力加强口岸管控和对武器弹药、反宣品等的监管，用实际行动维护国家安全和社会稳定。

【强化监管与优化服务并重，奥运安保工作任务圆满完成】奥运安保工作是2008年工作的重中之重。拉萨海关成立了奥运安保工作领导小组，制定了《拉萨海关通关监管奥运安保和监管一线维稳工作方案》，进一步细化和修订完善了有关应急预案、岗位操作规范，对可能出现的情况、应对的措施、必要的设备器材、工作联系渠道等工作提前准备到位。采取各种方式，积极调整人力资源配置，充实一线监管力量。始终把保证口岸安全和进出境人员、物品的有效监管放在首位，确保总署的各项查验要求落到实处。增强政治敏锐性，加强奥运期间值班、信息工作，奥运安保情报分析和风险分析工作扎实有效，共向总署和自治区报送各类情报信息数十条，得到了总署和自治区领导的高度重视，多次受到批示和表扬，一些情报信息对保障社会稳定起到了非常重要的作用。在确保安全与稳定的前提下，尽最大努力提高海关监管效率和文明服务水平，保证进出口货物快速、安全通关。为保障奥运火炬珠峰登顶，优质、快捷地办理了登峰队所用帐篷等相关物资的通关手续，中央电视台和国家登山协会为此特向拉萨海关赠送了锦旗。拉萨海关在奥运安保工作中的出色表现，得到了海关总署和公安部的高度肯定，1个集体、2名个人立一等功，2人立二等功，3人立三等功，4人获嘉奖。

【众志成城，全力开展抗震救灾工作】"5·12"汶川特大地震发生后，驻成都办事处办公场所及部分关员家属楼均出现不同程度裂缝，家具倾倒、物品受损。针对突发情况，关党组立即作出决策并靠前指挥，办事处迅速组织楼内人员撤离大楼，并租用了附近简易房屋用于集中避险，购置了矿泉水、方便食品、帐篷、雨具等必需品，同时将情况迅速报告总关和总署。5月21日，在确保安全的情况下，职工及家属全部返回住所。10月6日16时30分，西藏拉萨市当雄县发生6.6级地震，拉萨市有强烈震感。地震发生后，拉萨海关机关全体在岗人员及时有序地撤离到机关院内安全地带，此后又发生多次余震，但均未造成损失。在做好自身抗震工作的同时，全关干部职工共向汶川灾区捐款430692元，向当雄灾区捐款39788元，人均近2000元；其中全体党员缴纳"特殊党费"243893元，一次性缴纳1000元以上的就有142人。这是拉萨海关有史以来参与人数最多、捐款数额最大的一次捐款活动，体现了同志们对地震灾区人民的浓情厚意。

【突出重点，业务建设成效显著】稳步推进通关监管业务改革。"通关单联网核查系统"启用并运行正常，数据比对成功率在98%左右。樟木口岸新联检楼正式启用，关口前移顺利完成。远程监控中心第一阶段工程已经完成，已将聂拉木海关和驻机场办事处业务现场纳入24小时实时监控。"空运旅客电子舱单系统"启用，贡嘎机场口岸海关业务得到进一步规范。继续推行"属地申报、口岸验放"通关模式，提出关区内"选择申报、边境验放"通关模式。电子口岸新增入网企业24家，入网企业总数达到240家。全年共监管货物7.6万吨，减少14.26%；本区口岸进出口贸易额2.78亿美元，减少4.83%；监管出入境人员49325人次，减少57.37%；监管进出境运输工具14260辆（架）次，减少21.02%；查获反动宣传品1710件，增长1.17倍，查获其它违禁品43件。

打击走私"不松懈、不动摇、不麻痹"，情报工作成效显著。在坚持以各口岸为重点区域，以毒品、珍稀动植物及制品、反动宣传品、文物、武器弹药等走私活动为打击重点的基础上，认真贯彻全国海关缉私工作会议精神，重点加强情报工作，与地方公安、国家安全部门建立了情报联系配合制度，积极贴近业务现场开展缉私工作，不断完善情报搜集机制，及时准确地捕捉反分裂斗争中深层次、内幕性、预警性、行动性的情报信息，并及时上报总署和区党委、政府。奥运安保工作期间上报《奥运情报专报》25期，在奥运安保和维稳工作中发挥了重要的作用。全年共刑事立案2起，抓获犯罪嫌疑人7名，查获石斛草123件；行政立案18起，案值271.72万元，补征税款4.61万元。

狠抓税收征管质量，确保应收尽收。立足关区实际，坚持"以征管能力为基础，以税收质量为重点，以应收尽收为目标"，狠抓税收征管质量，提高对关区主要税源的掌控能力，加大审价、归类、原产地审核力度，加强对减免税货物的后续监管，确保应收尽收。全年共征收税款993.13万元，减少50.67%；其中，征收关税352.86万元，增长3.82%；征收进口环节税640.27万元，减少61.74%。出具征免税证明68份，增长11.48%；审批减免税货物总值1234.9万美元，增长28.54%；减免税款1723.97万元，增长40.01%。

提升风险管理效能，强化企业分类管理。全面推广使用拉萨海关企业—商品风险提示系统，有效解决现场审单风险盲点问题，为领导决策和各职能部门资源共享提供统一平台。大力加强风险布控工作，优化关区风险参数，继续推动风险管理由“虚”向“实”转变。建立新的企业稽查工作机制，实现稽查工作理念和工作重点从注重查发问题向促进企业守法自律转变。全年稽查22家企业，对1家企业作出整改决定。宣传落实新的《海关企业分类管理办法》，适时调整8家企业的分类。

【获奖情况】

姚鹤喜　全区纪检监察系统先进工作者（西藏自治区）

邵天坤　北京奥运会、残奥会安全保卫工作先进个人（公安部）

拉萨海关缉私局圣火传递情报组　集体一等功（海关总署）

琼　达　个人一等功（海关奥运工作个人，海关总署）

刘虹剑　个人二等功（海关奥运工作个人，海关总署）

普布次仁　个人二等功（海关奥运工作个人，海关总署）

巴桑次仁　监管通关处副处长　个人三等功（海关奥运工作个人，海关总署）

巴桑次仁　吉隆海关关长　个人三等功（海关奥运工作个人，海关总署）

新　功　个人三等功（海关奥运工作个人，海关总署）

向　东　个人嘉奖（海关奥运工作个人，海关总署）

赤来平措　个人嘉奖（海关奥运工作个人，海关总署）

其米多吉　个人嘉奖（海关奥运工作个人，海关总署）

聂拉木海关　飞鹰行动先进集体（林业部、公安部、海关总署、国家工商行政管理总局）

张卫民　2007年年度考核优秀予以个人嘉奖（海关总署）

【领导名录】

关长：王文喜

副关长：刘江、扎顿、旺加

纪检组长：薛文斌

农牧业、林业、水利

自治区农牧工作

【农牧民增收目标圆满实现】2008年，为确保农牧民收入增长13%以上目标的实现，全区各级农牧部门坚持农牧业内外结合、多措并举，狠抓各项强农惠农政策落实，优化种植业内部结构，大力发展畜牧业，提升特色农牧业质量和效益，加大培训和劳务输出力度，狠抓多种经营、虫草采集、农畜产品加工和营销、基础设施建设等项工作，有力促进了农牧民增收。2008年全区农牧民人均纯收入达3176元，比2007年增长13.9%。

【粮食单产、油菜和蔬菜总产再创历史新高】通过深入实施提高粮油单产行动计划，开展农业标准化生产和高产创建示范活动，配套跟进良种推广、农机化工程，强化植保、耕地质量建设等技术推广应用，促进了粮油单产水平的提高和总产的稳定。在政策扶持、科技支撑、气候有利等综合条件作用下，全区粮食总产达95万吨，比2007年增产1万多吨，增1.2%；粮食单产达392公斤。油菜总产达5.92万吨，比上年增13.6%；蔬菜总产量达46万吨，比上年增长2.2%。

【畜牧业生产稳定发展，综合效益稳步提高】坚持草业先行，突出畜种改良，注重动物防疫，加大出栏的工作要求，狠抓了天然草原保护、饲草料基地建设、畜禽良种资源保护及推广等工作，制定出台了牲畜改良和出栏补贴办法，补贴总额近3600万元；年内建设人工草地23.66万亩，天然草地补播288.3万亩；实施退牧还草面积961万亩；牲畜出栏达705万头只，比上年增加65万个绵羊单位，出栏率达到30%；禽类饲养量336.5万羽，出栏187.29万羽。肉、奶产量分别达到24.27万吨和29.52万吨，同比分别增长3.4%和2%。重大动物疫病防控工作取得良好成效。年内未发生牲畜疫情，未造成重大经济损失。渔业资源保护力度进一步增强，水产养殖发展步伐不断加快，渔业经济稳步发展。

【农牧业基本建设项目国家投资首次突破10亿元】坚持把争取国家投资，加强基础设施建设作为推进一产上水平，改善农牧民生产生活条件，增加农牧民收入的重要措施。不遗余力地与国家有关部委进行汇报衔接，积极争取新增建设项目投资，取得良好成效。重点实施了牧民定居、农牧业特色产业生产基地、退牧还草工程、动植物防疫检疫、农村沼气、农产品质量检验体系、畜禽良种及种子工程、沃土工程、科技服务体系等项目。2008年农牧业基本建设项目国家投资首次突破10亿元大关。

【农牧业特色产业带动农牧民增收作用日益明显】2008年自治区整合涉农资金2.55亿元，比上年增加5860万元，安排涉及种植业、养殖业、林果业、加工业等特色农牧业项目82个。通过近年来的扶持发展，特色农牧业产业发展规模不断壮大、发展档次不断提高、发展质量和效益日益明显，已经成为农牧民新的增收点和农牧业经济新的增长点。

【乡镇企业保持较快发展势头，农业产

业化经营龙头企业不断壮大】2008年，全区乡镇企业产值达27.1亿元，比上年增长15.3%。多种经营总收入达到34亿元，增长13.3%，其中农牧民劳务收入达到11亿元，增长15.8%。农业产业化经营龙头企业不断壮大，自治区藏药厂等4家企业已被农业部批准为全国第四批国家级农业产化经营重点龙头企业，使我区农业产业化经营国家级重点龙头企业达到7家。2008年，自治区级龙头企业产值达12亿元，各级龙头企业完成订单金额达1.36亿元，固定合同农牧户5000余户。为加大我区特色产业宣传力度，积极组织涉农企业参加了第六届中国国际农产品交易会。西藏展团获得优秀组织奖、展厅设计银奖、网上展厅与信息联播一等奖。16家参展企业实现合同订单总值达8289万元，拓展了发展的空间。

【农牧业科技工作取得新进展】大力开展农牧业先进实用技术培训、劳动力转移就业培训、农村沼气技工培训、村级兽医培训，深入推进科技入户工程，加大农业标准化生产和高产创建示范力度，农牧业科技对农牧业增产增效、农牧民增收的作用日益突出，农牧民素质进一步提高，生产经营能力进一步增强。全年共落实农牧民培训资金5720多万元，培训农牧民25.5万人次。如期完成了农业污染源普查工作。

【农牧业防抗灾工作得到加强】2008年我区农牧业先后遭受了青稞细菌性条斑病、雪灾、地震等灾情，给我区农牧业造成了一定的损失。灾害发生后，自治区农牧厅高度重视，多次组织工作组深入灾区开展调查工作，指导抗救灾工作，自治区及时下拨了1300多万元资金用于防抗灾工作；针对那曲、山南地区因雪灾牲畜缺乏饲草料的实际，紧急从区内外调剂饲草料2610吨运往灾区，缓解了饲草料需求压力。拉萨、那曲发生地震、雪灾灾害后，国家安排1459万元，对倒塌牲畜棚圈和贮草棚进行了恢复重建。通过以上措施落实，把灾害损失降到了最低程度。

【农牧区改革稳步推进】为认真贯彻落实中央和自治区党委"一号文件"精神，加大我区"三农"政策研究，自治区农牧厅会同自治区有关部门围绕建立草原生态补偿机制、发展农牧民专业合作组织、推行草畜平衡制度等重大政策展开深入调研。与财政部门起草了《西藏自治区建立草原生态保护机制试点实施方案》，经自治区政府审定后，已报国家财政部和农业部审批；起草了《关于加快发展农牧民专业合作经济组织的意见》，已在全区提高农牧民组织化程度工作座谈会议进行了研究，近期将下发执行。深入推进草场承包经营责任制落实，共在全区41个县开展了落实和完善草场承包经营责任制工作，草场承包到户达5.43亿亩，占可利用草场面积的65.82%，其中冬春草场3.47亿亩，占全区冬春草场总面积的85%。同时，对全区11个县纯牧业乡开展草场承包到户工作进行了全面安排。在草场承包到户的基础上，慎重稳妥的开展了推进草场有偿使用工作。

【农畜产品质量安全工作取得新成效】积极开展农产品质量安全专项整治活动，从生产源头抓起，认真做好农产品生产环节的监管，大力推广无公害生产技术。2008年共制定和公布了23个农畜产品生产技术规程，建立了17个标准化无公害生产基地，共认定绿色食品33个、有机食品5个。加大农资市场整治工作，开展了生鲜奶质量安全专项整治行动、蔬菜农药残留检测、农资打假等工作，严厉打击坑农害农行为，有效地确保了农畜产品质量安全。

【获奖情况】

区农牧厅计划财务处被自治区人民政府授予全区金融服务"三农"先进集体；

区农牧厅计划财务处被自治区人民政府授予全区"两基"攻坚先进集体。

【领导名录】

厅党组书记、副厅长：朱春生

厅党组副书记、厅长：坚参

厅党组成员、巡视员：觉阿泽仁

厅党组成员、副厅长：彭毅龄、兰志明、徐百志、杜杰、辛盛鹏

厅党组成员、乡镇企业局局长：卜龙

厅党组成员、驻厅纪检组组长：周惠云

厅党组成员、副巡视员：次真、高玲

自治区乡镇企业管理工作

【基本情况】2008年，自治区乡镇企业系统努力克服拉萨"3•14"事件、"10·6"当雄地震和山南等地降雪灾害带来的不利影响，积极应对国际金融市场剧烈动荡，全球经济受到严重冲击等不利影响，以农牧民就业增收为核心，以扶持农业产业化经营龙头企业、发展农畜产品加工业、特色产业、劳务经济和组织特色产品开拓内地市场为重点，不断壮大县域经济，多渠道转移农牧民劳动力，切实创新发展理念，找准发展定位，转变发展方式，完善工作机制，全区乡镇企业战线上的同志们团结一致、顽强拼搏，积极应对严峻挑战，努力克服重重困难，最终实现了两位数的增长。2008年全区乡镇企业实现总产值27.1亿元，比上年增长15.3%；多种经营总收入达到34亿元，比上年增长13.3%，其中农牧民劳务收入达到11亿元，比上年增长15.8%；自治区级农业产业化经营龙头企业产值达到12亿元，比上年增长14.3%。

【以促进农牧民增收为重点，推进农牧区劳动力转移就业】党的十七大明确提出以促进农民增收为核心，发展乡镇企业，壮大县域经济，多渠道转移农民就业的要求，乡镇企业的各项工作在推进社会主义新农村和发展现代农牧业进程中找准定位，围绕"生产发展"推进乡镇企业结构调整，围绕"生活富裕"加大乡镇企业吸纳农村剩余劳动力的力度，围绕"乡村文明"加强企业文化建设，围绕"村容整洁"促进乡镇企业向城镇集聚，围绕"管理民主"加快现代企业制度建设，建立科学的政策机制和民主的管理作风。坚持以人为本，坚定不移地把促进农牧民就业增收作为想问题、干工作、谋发展、作决策的着眼点、出发点和落脚点。积极引导农牧民发展多种经营，广辟增收渠道。积极探索和建立政府引导、能人带动、企业支撑的运行机制。逐步向由政府组织到市场运作与行政推动并举的方向转变，进一步加大了促进农牧民就业

转移的培训力度，把培训与就业紧密结合起来，实行培训与转移互动，确保了农牧民致富有路子、增收有技能，充分发挥乡镇企业、多种经营和龙头企业扩大农牧民就业、促进农牧民增收的功能和作用，从而使广大农牧民群众得到更多的实惠，有力的推进了社会主义新农村建设。

【狠抓特色产品营销，积极开拓区外市场】一方面是发挥新组建的西藏自治区农牧业产业实业有限公司“领头羊”的作用，另一方面是企业自身开拓市场，寻找合作，将区内的特色产品源源不断销往区外。西藏自治区农牧业产业实业有限公司名称已在自治区工商局登记注册。目前自治区乡镇企业管理局正在前期工作的基础上进一步深入洽谈上海市对我区产业援藏相关事宜。同时，利用各种庆典和物交会的有利时机，积极组织，把西藏的特色产品如藏药、矿泉水、啤酒、青稞酒、牦牛肉干、绿宝酱菜、藏猪、藏鸡、藏鸡蛋、土豆和净菜以及品种多样的民族手工业产品推销到各类市场上。西藏自治区藏药厂、林芝奇正藏药厂、西藏金田酒业工贸公司、西藏5100 矿泉水厂、西藏高原之宝牦牛乳业有限公司、西藏金哈达羊绒制品有限公司、西藏特色产业股份有限公司、西藏绿宝食品开发有限公司、西藏雅拉香布实业公司、西藏藏泉酒业公司积极开拓区内、区外两个市场，逐步形成区内销售有载体、区外销售有平台的局面，下大力气推进产品整合，把产品源源不断地打入内地市场。我区 16 家农业产业化经营龙头企业赴京参加了 2008 年第六届中国国际农产品交易会，向国内外和社会各界充分展示了改革开放 30 年来我区农牧业和农牧区经济发展所取得的辉煌成就和丰硕成果。

【突出农畜产品加工业的发展，把农畜产品加工业作为我区乡镇企业发展的主攻方向】特色农牧业及加工业是我区实现经济跨越式发展的六大支柱产业之一，农畜产品加工业是我区乡镇企业产业发展的主攻方向。遵循农牧业资源分布的规律，依据农牧业产业带建设的取向，结合《西藏自治区农牧业特色产业发展规划》，依托我区丰富的农牧业资源和具有加工潜力的优势农畜产品，依靠政策扶持、科技进步和项目带动，统筹规划、合理布局，整合资源、整体推进，重点发展粮油、果蔬、奶类、肉类、皮毛（绒）、林下产品和饲料加工，在优势产区、产业带发展了一批农畜产品加工企业，提高了农畜产品综合加工能力，着力打造特色鲜明的农畜产品加工业，一批以青稞、色拉油、奶类、皮毛（绒）为特色产业的企业正在发展壮大，农畜产品加工业已成为我区乡镇企业的主导产业。

【以培育扶持农业产业化经营龙头企业为重点，推进乡镇企业科学发展】坚持整体推进，重点突破的思路，多种途径、多种形式，不受行业和所有制的限制，本着“谁有能力发展，谁有本事谁牵头，谁当龙头扶持谁”的原则，围绕城镇郊区和优势产业，加强了对现有的国家级和自治区级农业产业化经营龙头企业的管理。全区乡镇企业系统积极做了国家级、自治区级和地区级农业产业化龙头企业的培育申报工作，年内新增了西藏自治区藏药厂、西藏藏药集团股份有限公司、西藏若迪康药业股份有限公司、西藏阿里地区对外贸易总公司 4 家国家级农业产业化经营龙头企业。各地（市）培育企业势头强劲，拓宽了经营领域，带动和辐射范围逐步扩大，农牧民增收作用增强。

【以实施多种经营富民行动为重点，不断拓宽农牧民增收渠道】继续抓了庭院经济、民族手工业、运输业和林下资源采集业的发展。庭院经济的发展突出了重点和特色，着重发展家庭旅游业和特色养殖业，并逐步向规模化、专业化方向发展，做到了典型引路，整体推进；围绕旅游业的发展，积极发展民族手工业，突出抓好具有民族特色的旅游产品的开发；大力发展个体运输业，鼓励农牧民抢抓机遇，把个体运输业与农牧区流通结合起来，与农牧区合作经济组织结合起来，把流通作为壮大农牧区经济的突破口；林下资源采集业改变以往传统的工作方法，在提高组织化程度的基础上，加强市场、加工、保鲜等领域的信息服务与指导，促进多种经营从自发型向组织化、分散型向聚集型、单一型向综合型和规模化方向发展；大力发展农牧区第三产业，积极培育、扶持和引导多种经营参与餐饮服务业和旅游业，引导农牧民通过发展第三产业，优化乡镇企业结构，拓宽增收渠道，为农牧民增收、全面建设小康社会做出了应有的贡献。

自治区林业工作

【造林绿化管理逐步规范，质量有较大提高，圆满完成年度任务】自治区 2008 年下达造林绿化任务45.5万亩，完成45.6万亩，完成率 100.2%，面积同比增加34.1%，其中：重点生态公益林建设工程15万亩，退耕还林工程荒山荒地造林 15 万亩，拉萨市及周边造林工程 1.1 万亩，经济林 1.6 万亩，防沙治沙 3.3 万亩，迹地更新 2.4 万亩，义务植树 7.2 万亩，育苗 0.4 万亩。另外，完成退耕还林补植补造 9.5 万亩，重点区域补植补造 1.5 万亩，封山（滩）育林 60.8 万亩。

【加强了种苗基础工作】2008 年，加大了育苗工作力度，指导各地、市加强种苗余缺调剂工作。协调各方关系，积极筹措资金，基本解决了造林种苗严重短缺问题。投资 165 万元，实施了良种采种基地建设工程，林木良种选育和生产得到稳步推进。加强了苗木质量管理，制定了有关规定，杜绝了外来苗木未经审批大量用于造林绿化，并实行质量抽查与通报制度，夯实了种苗基础。

【强化了造林质量管理工作】按照《造林技术规程》要求，严把设计、苗木、栽植、抚育四关，以确保保存率和成活率。按照“造一片，成一片”的要求，通过认真落实管护责任、加强造林地缺窝补植、狠抓幼林抚育等，切实加强营造林后续质量管理，巩固造林成果。

【展了重点区域检查验收工作】在各县自查的基础上，组织三个工作组，历时半个多月，对拉萨市三年重点区域造林和2008 年新造林进行了检查验收，成活率达到 87%，比以前有大幅度提高。

【安居工程木材供应顺利，资源林政管理更加规范】2008 年，圆满完成了安居工程木材供应任务。全年安排安居工程建设 5.2 万户，安居工程木材供应计划 39 万立方米，实际调运 37.6 万立方米，占供应计划的 96.4%。另有 3.6%使用了替代建材，通过政府引导，政策宣传，替代建材的使用率明显提高。

严格执行森林采伐限额管理制度。根据我区"十一五"年森林采伐限额、安居工程建设任务和区内其他重点工程建设需要，合理安排全年总采伐量 158.68 万立方米。加强林木采伐管理，所有伐区凭作业设计统一审批、现场拨交，确保了森林采伐限额管理制度的严格执行。

加强了征占用林地管理工作。严格执行林地转为非林地面积总量控制制度，实施林地用途管制。加强与自治区交通、国土等有关部门的沟通协调，加大对非法征占用林地项目的督办和查处力度，严格征占用林地审核审批程序。全年共审核征占用林地项目 12 个，审核林地面积 737 亩，足额征收森林植被恢复费 307.5 万元。

加大了木材流通管理力度。进一步建立健全木材运输证的领取、保管、发放、台账登记和统计报告等管理制度，规范了申领程序和核发要求。进一步建立健全木材检查站的规章制度，加强了木材检查站队伍建设，提高了检查站执法水平和工作效率。继续启用木材流通远程视频监控系统，协调有关部门加强对特殊车辆的管理，保证了木材流通环节的正常运转。

强化了森林资源的监督管理。配合成都专员办两次开展专项检查，加强了我区的森林资源监督管理。及时召开成都专员办与自治区林业局第一、二次联席会议，就建立会议互访、文件交流等监督工作沟通机制达成共识，相互通报了 2008 年工作情况，并对下一步工作进行了研究部署。成功举办成都专员办与"三省区（市）"第二次联席会议，与兄弟省区交流了经验，学习了好的做法。

【林业项目数量明显增多，投资规模继续保持增长】项目数量增加。天然林保护、退耕还林、拉萨市及周边地区造林绿化、重点火险区综合治理、自然保护区规范化建设、工布自然保护区建设、良种采种基地建设、林业基础设施建设和藏东南防沙治沙工程等 9 个 180 项目全面开工建设。森林生态效益补偿、退耕还林财政补助、天保工程、森林防火物资储备等 24 个 180 之外林业项目都稳步实施。

资金到位率高。全年国家共下达到位林业项目资金 6.27 亿元，同比增长 54.4%，其中，180 林业项目到位资金 1.64 亿元，180 之外项目到位资金 4.63 亿元，资金到位率高。仅森林生态效益补偿基金一个项目，通过扩大补偿面积 208 万公顷，年新增投资 1.56 亿元。

项目进展顺利。根据项目建设要求，进一步加强领导、充实力量、细化任务、明确责任、狠抓落实，确保了林业项目的顺利实施。对"十一五"林业项目建设情况进行了中期检查和评估，总体来看，项目建设质量、进度、管理等方面比以前有了较大提高，基本达到了设计要求。项目储备比较充分。在做好在建项目的同时，根据国家上报项目的要求，上报 2009 年林业固定资产中央政府投资项目 26 个，总投资 3 亿多元，比 2007 年增加 10 个，已纳入国家局批复计划 24 个，总投资约 1 亿元。组织申报山区综合开发项目 8 个，已纳入国家局批复计划 3 个，其余纳入 2009 年批复计划。根据国家局安排，编制上报国有林区道路建设、棚户区改造、核桃等食用油安全规划、林区供排水和供电规划等项目 70 亿元。

【林业生态保护项目实施加快，资源保护能力明显增强】自然保护区建设成效明显。以实施工布自然保护区为重点，狠抓雅鲁藏布大峡谷二期、雅江中游、色林错、察隅慈巴沟、类乌齐马鹿、芒康滇金丝猴等国家级自然保护区工程建设，完成投资 1.35 亿元。

抓紧实施了湿地保护与恢复工程。珠峰自然保护区湿地保护与恢复工程、麦地卡湿地生态监测站建设工程正在实施，玛旁雍错湿地生态监测站建设工程已竣工。

狠抓了野生动物疫源疫病监控和肇事补偿工作。完成 6 个国家级野生动物疫源疫病监测站建设。野生动物肇事补偿工作积极推进。经过反复做工作，国家局已将我区列入全国 4 个野生动物肇事补偿试点省区范围。

加强珍稀濒危野生动植物进出口管理。加强与海关、民航、工商等部门的沟通协调，在强化珍稀濒危野生动植物管理工作的同时，积极为正常的进出口提供服务，共办理珍稀濒危野生动植物进出口证明书 80 份，珍稀濒危野生动植物进出口管理进一步规范。

强化了森林病虫害防治工作。2008 年，首次在我区开展了以"防范外来有害生物入侵、确保我区生态安全"为重点的森林植物检疫专项执法行动，有效封锁林业有害生物入侵事件 16 起，焚烧病害苗木 5000 余株。组织开展森林生物灾害应急救治，完成山南和日喀则防护林病虫害防治 48 万亩。

【森林公安队伍建设加强，整体作战水平显著提高】加强了队伍建设。以思想政治工作统揽队伍建设全局，以深入贯彻落实"五条禁令"为重点，加强森林公安队伍建设，提高队伍整体素质。积极协调有关部门落实政法专项编制 178 个。按照自治区有关要求，逐步落实全区森林公安机关经费保障机制。

加大了执法力度。开展"保护藏羚羊打击盗猎"专项行动，起到很好的打击和震慑作用。全年共查处林业案件 64 起，结案 58 起，结案率 90%，其中刑事案件 15 起，破 15 起，侦破率 100%。

强化了森林防火工作。发放森林防火宣传册 17.5 万册，出动宣传车 600 余台次，购置 400 余万元的森林防火物资设备。进入防火期以来，全区共发生林火 11 起，其中，一般森林火灾 6 起、火警 5 起，分别同比下降 14%和 50%。

森林火险区综合治理建设工程进展顺利。昌都森林火险区综合治理工程已竣工，并申报第二期建设；山南森林火险区综合治理工程正在实施；日喀则森林火险区综合治理工程已批复立项；林芝森林火险区综合治理工程已列入 2009 年批复计划。

【集体林权制度改革开始起步，试点准备工作扎实】组织学习考察。组织部分林改骨干赴内地学习考察，参加了集体林权制度改革全国林业厅（局）长培训班和师资骨干培训班学习，为启动开展我区林改工作奠定了坚实基础。

开展摸底调查工作。对全区集体林资源现状、林权发证和争议等情况进行了全面摸底调查。据统计，全区集体林面积106万亩，占全区林地面积的0.04%。制定试点方案和改革意见。制定了《西藏自治区集体林权制度改革工作试点方案》，提出了《西藏自治区集体林权制度改革意见》，并报上级批准。

成立工作机构。从本系统抽调6名思路清晰、懂林改政策、业务能力强的干部，组建了自治区林改办公室，具体负责工作落实，保证了林改的正常运转。开展技术培训工作。制定《西藏自治区集体林权制度改革工作培训计划》，并举办了第一期骨干培训班，邀请国家局领导和兄弟省市林改专家授课。

【兴林富民工作成效明显，有效带动农牧民增收】农牧民现金收入增多。在林业工程建设中，始终坚持让当地农牧民群众参与林业建设，通过天然林保护、退耕还林、森林生态效益补偿、重点区域造林等林业建设工程，全年带动农牧民增收2.9亿元以上，同比增长61%。

林业产值增加。按照自治区“一产上水平，二产抓重点，三产大发展”的经济发展战略要求，加大林业产业发展力度，通过种苗建设，造林绿化，木材采伐、加工、运输，林下资源开发，林产品加工等，全年实现林业产值8.6亿元，同比增长19%。

启动林业产业发展规划编制工作。2008年，全区林业产业发展规划编制工作计划已经自治区政府批准，目前正着手前期准备工作，这项工作的实施将对我区林业产业的快速发展提供有力的支持，使产业发展规模、布局等更加合理，促进规模化生产，提高林业对我区经济的贡献率。

【阿里地区破获一系列非法捕杀国家珍稀野生动物藏羚羊案件】进入冬季，是藏羚羊偷猎案件的高发期，也是反偷猎任务最重的时期。阿里地区林业局加大对羌塘国家级自然保护区的巡逻力度，严厉打击各种非法偷猎和收购买卖藏羚羊产品的案件。从2007年11月30日以来，阿里地区先后出动车辆19台次，警力78人次，行程10420千米，先后破获7起非法捕杀藏羚羊案件，抓获犯罪嫌疑人6名，缴获藏羚羊皮张89张，藏羚羊头角68个，作案工具东风车一辆、客货两用车一辆、摩托车5辆，小口径步枪4支，子弹115发，有力地打击了偷猎分子的嚣张气焰，教育了群众，在保护区范围内形成了严打的高压态势。

【工布自然保护区建设工程进展顺利】2008年度，工布自然保护区建设工程总投资8000余万元，目前项目进展顺利。已对有关项目进行了招投标。投资500余万元的管理局综合办公楼项目已于3月18日开工建设，投资100余万元的植被恢复项目正在实施，移民搬迁经费正在下拨之中。

自治区水利工作

【年度综述】2008年自治区共完成各类水利投资13亿元，共解决农村饮水安全人口25万人，农牧民安居工程基本实现户户通水；新增和改善网外农牧区用电人口5万人，全年完成发电任务4.13亿千瓦时，全年安排小农项目249个，修复水毁工程5015处，新建小型水源工程127处，通过重点水利工程建设和农田水利基本建设，全年新增和改善灌溉面积46万亩，建设三级以上标准堤防44千米。

【水政】在政策法规方面，自治区人民政府颁布实施了《取水许可和水资源费征收管理办法》，正在完善修改《西藏自治区水文管理办法》、《西藏自治区水土保持设施补偿费水土流失防治费征收使用管理办法》、《西藏自治区水能资源开发利用管理办法》。在水行政执法方面，对全区388个开发建设项目进行了水土保持工作的摸底调查和分析汇总，对23个重点建设项目进行了水土保持监督执法检查。在水环境保护方面，对拉萨市、日喀则市、泽当镇等五个主要城镇开展了入河排污口调查，初步确定了山南泽当镇雅砻河河道污水排放量，按季度向政府通报了片区主要河流水质情况。

【水利规划】2008年，自治区水利部门基本完成了怒江、澜沧江、雅鲁藏布江综合流域规划，以及大中型水库移民后期扶持和病险水库除险加固三年治理等规划，着手编制西藏重点地区中小河流近期治理建设规划，正抓紧修改完善西藏自治区冰湖灾害防治规划，完成“十一五”规划中期评估，启动“十二五”规划。

【重点工程】2008年，自治区“180”项目中涉及水利的20个项目已全部落实，国家到位投资25.88亿元，开工建设子项目81个，到位资金已占“十一五”规划总投资的61%，完成了区党委、政府确定的到2008年完成“十一五”规划总投资的50%的任务目标。重点水利工程建设进展顺利，山南江北灌区、那曲尼玛、阿里改则县水电站开工建设，墨达、雅砻灌区加快实施，满拉灌区主体工程基本完成，江雄水库开始蓄水，拉萨市柳梧新区沿山防洪工程等进展顺利。

【防汛抗旱】2008年，自治区气候异常，雨季早，短时强降水过程明显，降水量较往年普遍偏多，湘河干流发生了三十年一遇的洪水，尼洋河干流更张水文站两次超过警戒流量。湘河、拉萨河、尼洋河流域部分堤段出现险情。仲巴、当雄发生地震，山南部分地区和阿里普兰遭受雨雪灾害，部分地方发生了山洪、泥石流灾害。加强防汛抗旱工作责任制，及时启动抗灾应急预案，充分发挥防洪工程的减灾作用，提高水文预测预报能力，加强抗灾抢险能力建设，强化社会管理，做到紧张有序，科学调度。先后派出20个工作组、50余人次赶赴受灾一线，与当地干部群众共同开展抢险救灾工作。投入防汛抗旱抢险资金3360万元，防汛抢险物资2000余吨，机械百余台套，全力保障人民群众的生命财产安全，最大限度地减轻了灾害损失。

【农田水利】2008年，自治区各级水利部门更加重视农田水利工作，在日喀则召开了全区农田水利基本建设现场会，中央和自治区财政用于农田水利基本建设的投入大幅增长，开展了“雅江杯”农田水利基本建设竞赛活动，以奖代拨的力度进一步加大，初步扭转了农田水利的下滑局面。全年安排小农项目249个，修复水毁工程5015处，新建小型水源工程127处，通过重点水利工程建设和农田水利基本建设，全年新增和改善灌溉面积46万亩。

【水土保持】2008年，自治区水利部门完成了二、三期水土保持监测网络工程野外勘测和收集资料工作。并积极配合水利部水土保持监测中心，编制了全国水土保持监测网络项目西藏部分的优化设计，在全区开展了水利开发建设项目水土保持监督执法检查，完成了我区土壤侵蚀遥感调查项目建议书、实施方案、工作大纲、技术路线、实施计划等各项前期准工作，启动了藏东横断山区土壤侵蚀遥感调查工作。编制完成了《西藏自治区开发建设项目水土保持方案管理办法》、《西藏自治区水利工程水土保持工作规定》和《西藏自治区开发建设项目水土保持方案审批程序》。

【城乡供水】2008年国家先后下达了三批资金，共计2.6亿元。全区共建成管道饮水工程813处，机井31眼，大口井445眼，家庭手压井2处共65户，全年解决了25万人饮水困难问题，农牧民安居工程基本实现户户通水。2008年还上报了全区73个县级农村饮水安全"十一五"规划中期评估报告，并对全年农村饮水工程进行了社会公示，接受社会监督。

【地方水电】2008年我区农村用电覆盖范围不断扩大，"送电到乡"建设任务基本完成，三期农网进展顺利，开始实施无电人口电力延伸工程，无电地区电力规划加快实施，全年新增和改善网外农牧区用电人口5万人，全年完成发电任务4.13亿千瓦时。

【工程管理】工程建设管理。一是进一步加大对水利建筑市场的规范和整顿工作，严把参建队伍的准入关，进一步加强了我区水利市场资质监管工作。对36个水利水电施工企业及12个招标代理机构进行了备案登记。加强了与区建设部门协调力度，对两家伪造水利资质参加招投标的工程建设单位进行了联合备案及处理，并取消了一家无水利资质骗标的建设单位中标资格。对借资质、转包工程的11家施工单位进行了通报处理。二是继续强化以项目法人责任制为主的工程建设"五制"落实，规范项目法人组建，强化项目法人业务培训。三是加大了在建水利工程项目监督检查力度，以履行合同能力和程序为重点，深入工程一线开展大范围检查，对重点水利工程实行跟踪质监，不合格工程坚决整改，对部分工程推行总价承包。2008年监督检查项目达到在建项目的90%以上。四是定期召开调度会，加快前期工作审查和工程验收进度，完成了"十五"项目变更的所有审查工作，"117项目"验收率达到90%，"送电到乡"水电站验收率达95%，确保了工程早日交付管理单位。五是严格落实安全生产各项制度，对重点水库、河道堤防等工程进行了安全生产隐患排查，特别对震区水库进行了巡回检查，得到了党委、政府的好评，同时大力开展"双清欠"工作，切实做到"件件有回音，事事有落实"，2008年水利系统未发生一起重大安全生产事故和群体上访事件。

【水利管理体制改革】2008年，自治区水利部门在大中型水利工程体制改革方面，部分重点工程完成了确权划界工作，对57个大中型水利工程进行了"分类定性"和"定岗定员"测算，到位正式管理人员75人，落实了部分公益性人员经费和维修养护经费，管理体制和运行机制逐步建立；农田水利基本建设新机制加快推进，以明晰工程所有权为核心，组建用水户协会为重点，提高协会经营管理能力为主线，实现用水户协会可持续、健康发展为目标，积极引导群众自主自愿组建农民用水户协会，目前各类用水管理组织总计达到210个；农村水电管理取得进展，出台了《西藏自治区农村水电维修改造项目管理暂行办法》。

【领导名录】
党组书记、副厅长：李文汉
党组副书记、厅长：白玛旺堆
党组成员、巡视员：扎西
党组成员、副厅长：骆涛、张承红
党组成员、驻厅纪检组组长：丁积成
副巡视员：李克恭

交通、邮政、通信、民航

自治区交通工作

【年度综述】2008年，自治区交通部门共落实投资47.14亿元，完成投资45亿元，较上年同比增长8.25%，落实投资和完成投资再次实现了新的突破。截止2008年底，全区公路通车总里程51314千米，次高级以上路面4807千米，占9.37%；73个县中45个县通了油路，占61.6%；全区682个乡镇、5261个建制村中有649个乡镇、4009个建制村通了公路，通达率分别达到95.2%和76.2%。

【国省干线公路改造步伐继续加快】相继开工建设了青藏公路改建完善工程、国道318线竹巴笼至海通沟兵站段、国道317线岗托至江达段、国道219线桑桑至拉孜段等12个重点项目。续建项目省道307线浪卡子至江孜、省道306线米林至朗县、口岸公路亚东至乃堆拉已建成通车。

【农村公路建设持续推进】落实和安排农村公路建设资金14.05亿元，其中2007年60个续建项目投资1.78亿元，2007年下半年追加投资4.45亿元，安排项目86个，2008年投资7.82亿元，安排项目198个。截止2008年底完成投资12.48亿元，项目完工316个，解决了32个乡镇、423个建制村的通公路问题。

【公路建设市场进一步规范】严格按照基建程序开展公路建设工作，坚决查处工程转包和违法分包等违规行为，在对重点项目严格落实四级质量保证体系的同时，开展公路建设大检查，对施工、监理、设计单位人员到位情况、工程实施情况逐一进行检查，及时督促相关单位对工程质量问题进行整改，处理了一批有违规行为的施工单位、协作队伍，工程质量明显好转。加强劳务用工管理，规范民工工资发放，积极清理拖欠民工工资，拖欠民工工资现象和金额较上年有大幅下降。

【应急保通能力明显增强】"3•14"事件后，加强了重点桥隧监控，认真开展保通工作，为维护社会稳定、确保奥运圣火顺利传递和登顶珠峰提供了交通保障。积极应对仲巴、当雄地震和10月下旬特大雪灾等自然灾害，投资900多万元配备机械，投入大量人员，加强组织指挥，全力开展抢险保通工作，为全区抗灾减灾工作作出了积极贡献。

【干线公路养护水平得到提升】坚持抓好全面养护和预防性养护，不断加大科技投入，着力提升路网服务水平，国省干线公路油路好路率83%，综合值84；砂土路好路率51%，综合值为57。投资1.2亿元实施大中修工程、水毁恢复工程、安全保障工程、危旧桥梁改造工程，提高了公路行车舒适性和安全保障水平。

【农村公路管理养护体制改革持续推进】2008年西藏农村公路设养里程39879千米，落实养护补助资金9467万元。加大指导监督和检查力度，完善考评机制，逐步形成了"工区＋农户"、"乡镇＋农户"等符合当地特点的养护模式，农村公路管理养护工作基本实现了人员到位、资金到位、措施到位，农村公路路况有了明显改善，平均好路率为39.28%，综合值56.68。

【道路运输得到较好恢复】"3•14"事件后道路运输行业受到较大影响，运输量较上年同期明显下降。为及时恢复生产，维护运输业正常秩序，对受影响客货车辆减征运输管理费、客货附加费3700多万元，道路运输量逐步恢复。全年完成客运量300万人次，客运周转量11.83亿人千米，同比分别下降35%、38%；完成货运量295万吨，货运周转量27.57亿吨千米，同比分别下降18%、23%。高度重视农牧区道路运输市场培育，放宽准入条件，落实优惠政策，农村客运班线有了明显增加。建成9个县级客运站、3个乡镇客运站和78个停靠点。

【企业生产经营正常开展】为消除"3•14"事件对西藏交通企业生产的影响，加强了服务、指导，加大扶持力度，帮助企业尽快恢复生产经营。西藏交通厅属企业坚持自力更生，不等不靠，积极采取措施，缩减经营成本，逐步恢复生产经营，各项工作正常开展。全年完成总产值6.8亿元，实现利润总额1540万元，上缴税金4600万元，职工人均年收入33000元。

【公路建设和养护带动农牧民增收】按照中央和自治区有关农民和牧民增收要求，交通部门充分发挥行业优势，在交通公路建设和养护中吸纳当地民工，拓宽农牧民增收渠道，努力增加农牧民收入，使农牧区群众更多地分享到公路交通发展带来的成果。2008年，在农村公路建设中，积极吸纳农牧民劳动力、租用机械、购买自采砂石料，帮助农牧民增收1.11亿元。加上在重点公路项目建设中积极采取措施帮助农牧民增收，年农牧民通过公路建设增收5亿元以上。

【交通运输法制工作不断完善】紧紧围绕改革发展稳定大局和交通工作中心，以加强交通立法和政策研究、规范执法行为、强化执法监督、推进交通综合行政执法试点改革为工作重点，全面推进依法行政。围绕《西藏自治区道路运输条例》，先后出台了《西藏自治区旅游客运管理规定》、《西藏自治区车辆维修行业管理办法》、《西藏自治区机动车驾驶员培训管理规定》等20余部配套的规范性文件。围绕《西藏自治区公路条例》先后以规范性文件出台《培育和发展乡村客运市场的意见》、《加快乡村公路建设的意见》以及《西藏自治区农村公路管理养护办法》、《西藏自治区农村公路建设管理办法》，修订《西藏自治区公路路产占用、损坏赔（补）偿收费标准》等公路条例配套规章和规范性文件的工作。这些涉及公路建设与管理、道路运输、水运安全的法规、规章和配套规定的制订与出台，逐步构建了西藏地方交通法规基本框架。

青藏铁路公司拉萨办事处（拉萨站）

【基本情况】拉萨站是青藏铁路的终点站，属一等站。位于拉萨河南岸的柳吾新区，与拉萨市区及布达拉宫隔河相望。既是进入西藏自治区的重要门户和窗口，也是青藏铁路格拉段规模最大的客运站和青藏铁路的标志性工程。拉萨站区总占地面积约760.8亩。

拉萨办事处于2005年12月底成立，拉萨站于2006年4月1日由格尔木车务段整建制并入拉萨办事处，实行合署办公，一套机构，两块牌子；机关设有综合办公室、安全信息技术统计科、计统财务室3个部门；下辖拉萨西站（属车间性质，主管货运、行车）；1个客运班组（分别为甲、乙、丙、售票四个自然班）和1个运转班组（分别为甲、乙、丙三个自然班）。

拉萨站正式定编81人（其中拉萨西站32人），截至2008年12月31日，在册职工165人（含在拉萨站见习的大中专毕业生）；职工平均年龄30岁，最大52岁、最小20岁；车站有干部35人（其中站领导5人，中层干部9人，一般干部11人，专业技术人员10人），全站有藏族干部11人；全站大专以上学历82人，占人员总数的49%；少数民族职工50人，占30%。

【任务完成】截至2008年12月31日，拉萨站实现安全生产253天，实现无一切路外、人身和汽车交通事故915天。车站共发送货物25.2万吨，完成年计划（25万吨）的100.8%，到达货物99.1万吨，同比增长31.3万吨；发送旅客58.8万人次，完成年计划（90万人次）的

65.3%，到达旅客 57.8 万人次；客货运总收入 31488.32 万元，完成年计划（43665 万元）的 72.1%。

【安全工作】2008 年，拉萨站认真贯彻落实铁道部、青藏铁路公司运输安全工作会议精神，深入扎实开展"安全大反思、大检查"活动，成立督导小组，重点整治工作低标准，违章老毛病，服务低层次等问题。同时，结合全国"两会"、奥运会和残奥会、春暑运、新老兵运输等阶段性重点任务，严格落实作业标准，规范车辆防溜、施工登销记及机车出入库制度。坚持每月定期召开安委会，认真查找和分析安全管理中存在的问题，研究制定整改措施，及时消除各类安全隐患。坚持每周大交班和每月定期召开的干部职工例会制度，及时对全站工作进行检查和总结。有效促进了全站干部、职工工作责任心的强化，确保了车站各项工作扎实有效开展。

【安全大反思、大检查】2008 年，拉萨站制定推进计划，成立督导小组，重点整治工作低标准，违章老毛病，服务低层次等问题。严格落实作业标准，规范车辆防溜、施工登销记及机车出入库制度。通过各岗位学标、对标、贯标，共查出问题 93 件，整改 92 件，1 件正在整改中。"安全大反思、大检查"活动的扎实开展，干部作风明显转变，施工作业、职工"两纪"、标准化作业等进一步规范，职工素质、设备质量进一步提高，安全基础得到夯实，现场作业基本有序可控。

【"三品"查堵】2008 年，拉萨站将车站 2 台"三品"查危仪移到售票厅前汽车停车场，专门设置旅客进站和出站通道，安排武警和公安维护秩序。成立以车站派出所所长任组长的专门查危队，加强"三品"查堵力量，对所有进站旅客携带的行李、包箱件件检查，对可疑物品开包检查一件不漏，对旅客用手持检查仪进行检查，防止"三品"进站上车。

【施工安全】2008 年，拉萨站严格按照《青藏铁路公司营业线施工及安全管理办法实施细则》文件精神，制定下发《拉萨站营业线施工及安全管理办法实施细则》（拉站安〔2008〕83 号）文件，并在每月及时组织召开施工准备会、协调会、总结会，制定施工安全措施，施工过程中严格落实，同时加强干部值班制度，施工作业时业务干部亲自到现场进行监督和盯控，严把调度命令、施工防护、施工登销记和列车放行关，杜绝超范围、超计划施工，确保了施工安全。

【货装安全】2008 年，拉萨站落实货物装载加固有关规定，加强日常安全教育，严把装车质量关，散堆装货物做到车车过衡，成件货物严格按方案装车，执行货物装载加固质量签认制度。防止超偏载，做到"装一辆重车，保一路平安"。同时，针对格拉段运行距离长的实际，对排空车辆派货运人员认真检查车门、车窗并进行牢靠捆绑加固，由值班干部或货运值班员到现场进行确认，确保行车安全。

【汽车安全】2008 年，拉萨站强化对汽车驾驶员的安全培训、考核及日常管理，坚持经常性地安全教育，坚持对驾驶员及车管人员定期定时学习、测验、考核、演练制度；坚持对车况、备品和驾驶作业随机抽查等制度；认真开展汽车交通安全专项整治活动，大力整治超载、超员、超速、疲劳驾驶、开霸王车、开赌气车，以及驾驶中接打手机、不系安全带、强超抢行等违章行为；大力整治和查处派车不规范、违章不追究、非司机驾驶、领导干部违章动车及纵容司机违章驾驶等管理上的失职行为；严格落实车辆维护保养、检查制度，严禁车辆"带病"出车，并严格做到"出车前、行驶中、收车后"的例行检查。杜绝车辆带病上路运行，确保车辆状态完好。

【劳动安全】2008 年，拉萨站认真落实公司运输安全工作会议和劳动安全工作重点，在职工中积极开展事故案例警示教育，提高职工的安全意识，在日常管理中，认真落实《岗位人身安全检查表》制度，加强了检查监督，加大日常考核力度，并及时召开劳动安全专题会议和劳动安全协作区会议，认真学习传达上级有关文件精神，深入分析劳动安全形势，找准薄弱环节和带有普遍性、倾向性的关键问题，研究制订具体整改措施，认真落实，确保车站劳动安全形势持续稳定。

【反恐维稳】2008 年，拉萨"3·14 事件"发生后，车站一是增强政治敏锐性，周密部署防范，各项工作有序展开。二是提高工作警觉性，合理安排力量，旅客运输安全有序。拉萨"3·14"事件发生后，北京、上海、西宁进藏的 3 趟列车旅客出站后无法疏散，在车站形成了滞留。车站为 240 名滞留旅客免费提供了方便面、矿泉水、榨菜、火腿肠等。并组织公交车和出租车协助疏散滞留旅客。三是精心组织，明确重点，狠抓落实。制定《拉萨站反恐防爆安全措施》、《拉萨站安全稳定工作方案》、《拉萨站安全保卫工作方案》、《拉萨站防止普通货物中夹带危险品，匿报、错报货物品名的卡控措施》、《拉萨西站货场卸车、交付组织办法》等措施。四是积极沟通协调，取得地方党委领导。拉萨 3·14 事件发生后，办事处（车站）积极沟通协调，主动向自治区党委和政府有关部门请示汇报工作，得到自治区党委、政府在通讯联络、道路交通、参加会议、了解自治区反恐防爆整体局势等工作方面的领导，并为铁路做好反恐维稳，确保安全畅通等工作给予大力保障。五是积极作好 700 名援藏公安干警的生活、后勤保障工作。

【货运组织】2008 年，拉萨西站面对全年货物到达量较大、货场积压货物较多的实际，克服货运人员少、货物交付工作任务繁重等困难，积极与自治区发改委沟通，联系货主尽快组织提货，西站党员、团员主动加班加点，为货主提供相关服务，确保站台、仓库的正常使用。

【客运组织】2008 年，拉萨站针对客流高峰期间出现"一票难求"的现象，车站多次召开专题会议，重点研究部署售票工作，为旅客公开售票信息，增设售票窗口，开通 24 小时电话订票绿色通道，严格按售票、购票程序及特殊用票审批制度办理，杜绝违规切票、抢票、囤票和违规加价、收费行为。在旅客组织中做到"一听、四看、两卡死"制度，杜绝旅客错乘、漏乘情况的发生。2008 年由于雨雪冰冻灾害天气，为等待乘坐 T266 次列车回家过年的 400 多名旅客预留 120 张西宁方向车票，免费提供 380 份食品

【特色服务】2008 年，拉萨站五彩哈达温馨服务台"特色服务不断创新理念，完善服务项目。一是丰富服务项目。为旅客增配氧气、常用急救药品、高原药、测量血压等医疗设施及药品。二是印制"绿色通道服务卡"。"五彩哈达温馨服务台"工作人员对出藏的老、弱、病、残、孕等重点旅客主动服务，知到站、知席别、知困难，通过"绿色通道服务卡"建立站车交接制度，做到优先检票、优先进站、优先上车的"三优先"服务。三是对车站军人、母婴候车室进行了特色布置，体现特色。四是制作旅客健康登记卡填写样板卡，并在每个候车室设置 4 张填写台，给旅客提供方便；五是设立服务质量监督栏。

【重点任务】2008 年，拉萨站在春运、暑运、新老兵运输工作中，召开专题会议布置相关工作，精心组织、周密安排，定职定责，落实到人；对春、暑运，新老兵运输客流进行详细调查、摸底，制定切实可行的运输组织方案；准确掌握学生流，及时向公司营运部、票务中心联系，提前计划票额。开设学生、军人售票窗口和进出站绿色通道并派专人进行带队；春运期间，共发送旅客 58828 人，与 2007 年同比增长 7.9%；到达旅客 69155 人，与 2007 年同比增长 3.8%；暑运期间共发送学生 15702 人次；新老兵运输期间共发送老兵 2744 人次，到达新兵 3105 人次。

【路风路誉】2008 年，拉萨站共收到锦旗 7 面，表扬信 7 封。在公司路风工作检查中，获得第二名。

【干部包保】2008 年，拉萨站认真落实包保制度，定期深入包保班组，了解职工思想，检查、发现问题，及时制定有效措施，大力整改。值班干部做到对重点区域、岗位、重点时间段进行盯控，监督检查行包、保洁、商场和咖啡厅的安全管理协议落实情况，规范和落实各项作业标准，落实各项安全关键点和卡控措施，杜绝安全管理"盲点"。

【紧急救治】2008 年，拉萨站严格实行进（出）藏旅客《健康申报卡》登记制度，与定点医院建立接发车巡诊制度，及时救治突发病患者。2008 年以来，车站共为 39 名患病旅客提供紧急救治服务。

【应急演练】2008 年，拉萨站加强应急预案管理，初步形成了车站预案——（车间）班组各专业预案二级应急预案体系；开展应急演练。先后举办了消防安全演练，施工作业、信号设备故障及信联闭停用时的接发列车模拟演练，售票员手工制票演练，"天路 08"反恐演练，调车观速、观距和标准作业的技术比武，调车作业技术比武，客流猛增和旅客列车晚点情况下旅客组织及应急处置演练以及罐车堵漏演练等 7 项 16 次，提高了全站人员在非正常情况下，对各种突发应急事件的处置能力。

【技能培训】2008 年，拉萨站组织客货职工系统学习客货运规章、《客细》、《货细》；运转职工重点强化对《技规》、《行规》、《站细》和非正常情况下接发列车作业标准培训；认真学习《铁路交通事故应急救援和调查处理条例》、新版《事规》；建立职工技术档案，落实《外出培训人员管理考核制度》，将培训内容运用到安全生产中。2008 年，车站共举办培训班 17 期 1510 人次，购买图书 2003 册，其中规章业务类 509 册，学习类 1494 册。

【接待工作】2008 年，拉萨站周密安排，细致准备，相继接待尼泊尔军队参谋长卡特尔上将，美国驻成都领事，国家科技进步奖评审委员会成员，十届全国人大环境资源委员会主任毛如柏，尼泊尔大会党代表团，学习实践科学发展观活动指导检查组，18 家国内网络媒体记者团，挪威议会代表团等参观、视察拉萨站，铁道部领导现场办公以及自治区人大、政协视察、检查工作等重大接待活动共计 205 批次，1334 人次。

【获奖情况】2008 年，拉萨站先后被自治区授予 2008 年度"全区民族团结先进集体"，被自治区总工会授予"创争组织"和全公司唯一的"示范党委"称号；车站工会被自治区总工会授予"模范职工之家"称号；车站团总支被团中央、铁道团委授予"全国青年文明号"称号；车站站客运班组被中华全国妇女联合会、第二十九届奥林匹克运动会组织委员会、全国妇女"巾帼建功"活动领导小组共同授予"三八红旗集体"称号等。

【领导名录】

主任、党工委书记、站长、党委书记：王新文（1—7 月）、王建华（7—12 月）

专职党工委副书记、党委副书记、纪委书记：李涵明

副主任、副站长：赵屹、贾乃林、徐海平（兼工会主席）

自治区公路管理工作

【保通工作成绩突出，应急能力明显增强】2008 年国、省干线公路交通因灾中断 192 处，累计损毁路基 1304 千米，破坏路面 24 万平方米，局部毁坏桥梁 58 座，冲毁挡墙 7147 立方米/208 处，坡面坍塌 930 万立方米/768 处。各级管养单位以高度的责任感完成了抢险救灾工作，及时清理坍塌堆积物、修复受损路基、修补损毁路面，确保了干线公路安全畅通。特别是仲巴、当雄地震和"10•26"大雪灾发生后，公路管养部门第一时间投入抗灾抢险，不分昼夜艰苦奋战，迅速抢通生命通道，最大程度缩短了交通中断时间，为全面救灾赢得了时间，保证了大量救灾物资和救灾人员顺利到达灾区，人民群众得到救助，公路服务社会的作用得到充分发挥。同时，积极协调有关部门建立健全公路改建施工保通机制，切实履行施工保通监管职责，确保施工路段畅通。

2008 年完成 901 万元养护及抢险保通机械设备购置计划，完成公路基本建设养护机械配套项目投资 3464 万元，共计新增养护保通机械设备 173 台/套；购置储备了应急钢架桥 261 延米，青藏、林芝公路分局组建了应急抢险队伍，进行了应急架桥演练，公路应急保障能力

进一步加强。

【干线公路养护工作不断加强】2008年，继续加强干线公路养护工作，根据经济社会发展和人民群众需要，2008年延伸省道养护里程329千米；继续加大养护投入，加强全面养护、及时养护和预防养护，促进养护观念从被动性、突击性向主动性、预防性转变。国省干线基本保持路况良好、路容整洁，通行能力进一步提高。在公路水（雪）毁较往年严重，非生产性工作占用劳动资源比重较大的情况下实现了国省干线公路油路好路率83%，综合值84；砂土路好路率51%，综合值57。

【顺利开展了"桥梁管养质量年"活动】多年来，桥梁养护工作在日常管养中是一个薄弱环节，管养单位普遍存在对桥梁的日常维护工作重视不够、养护不到位等情况。针对这种情况，开展了"桥梁管养质量年"活动，通过活动的开展，提高了各管养单位对桥梁日常养护重要性的认识，进一步完善了桥梁工作制度，明确了桥梁工程师的职责。通过开展全区桥梁技术状况调查工作，进一步掌握了桥梁的基础数据和技术状况，更新了桥梁数据库资料，不仅为完成"十一五"危桥改造计划提供了重要依据，也有力的推动和促进了桥梁管养工作。

【农村公路养护工作深入推进】继续加大对《西藏自治区农村公路管理养护体制改革实施方案》的深化、落实力度，加强农村公路管理养护工作，建立和完善农村公路管理养护考评机制，层层签订《农村公路管理与养护目标责任书》；各地继续探索养护组织模式，总结推广好的经验和做法，逐步形成了"工区+农户"、"乡镇+农户"等符合地方特点的农村公路养护模式，农村公路路况质量进一步提高，农牧区公路交通面貌发生明显变化，广大农牧民的生产生活条件得到极大改善，有力支持了农牧区经济社会发展和社会主义新农村建设。全年农村公路平均好路率39.28%，综合值57。

【路网改造和公路养护工程进程继续加快】投资7300万元实施安保工程和危桥改造工程，处置道路安全隐患5444处/391千米，改建和加固桥梁18座，年底已完成路网结构改造工程投资4700万元，完成计划投资的64.4%。投资5320万元实施公路养护大中修工程、段道房改建工程、水毁恢复工程、"标规路"工程；落实公路基本建设项目养护配套工程5198万元，年底累计完成公路养护工程投资8210万元，完成计划投资的78%。投资150万元基本解决了偏远道班（工区）的用电难问题。

各单位能按照基本建设程序认真组织实施上述项目，不断加强项目管理，严把工程质量、安全生产、环境保护、道路保通、劳务用工、资金使用等各个环节，工程质量合格率达100%。通过路网结构改造工程和公路养护工程的实施，逐步改善了局部路段技术状况，提高了公路的使用质量、抗灾能力、行车舒适性和安全保障水平。

【强化路政管理，依法治路水平有所提高】继续加强路政管理工作，及时查处各类路政案件，有力地保护了路产路权；以固定检测站为支撑，以流动检测车为延伸，以群防群治为辅助手段的治超网络初步形成。

2008年全区共发生路政案件492起，破案472起，结案469起，破案率96%，结案率99%。收取公路损坏赔（补）偿费1202万元。

卓有成效地开展了盲区治理、源头监管和桥梁治超等活动，有效遏制了超限超载反弹势头，国省干线公路车辆超限超载率稳定控制在3.5%以下。2008年落实干线公路3个治超检测站投资2350万元，建成启用类乌齐治超检测站，新购路政流动综合执法车3台，扩大了治超覆盖面。全年共查处单、双超车辆2126台次，卸载货物1553吨，放行绿色通道车辆1535台次，办理超限运输车辆大件手续1261台次。

积极探索农村公路路政管理和治超工作。2008年在拉萨市林周县、山南地区乃东县、日喀则地区日喀则市和昌都地区贡觉县启动了农村公路路政管理试点工作。

自治区交通运输海事管理工作

【年度综述】2008年，全区运管（海事）部门反对分裂、维护稳定和运管（海事）工作两手抓，克服困难，团结拼搏，积极履行行业管理职责，各项工作稳步推进。全年完成客运量303万人次，完成客运周转量116693万人千米，与2007年相比分别下降34%和38%；完成货运量293万吨，完成货运周转量275423万吨千米，与2007年相比分别减少19%和23%。全年共完成规费征收5019.3万元，其中运管费1283万元；货运附加费3070.3万元；客运附加费666万元。

【竭尽全力恢复运输生产】3·14事件发生后全区运输生产受到严重影响。面对维护行业稳定、恢复生产的艰巨任务，运管部门在交通厅的正确领导下，及时调整工作思路，围绕保稳定、恢复运输生产做了周密的安排和部署。一是全力做好行业稳定工作，深入各企业、场站、经营业户等运输生产一线，排查矛盾、隐患，掌握动向，协调解决矛盾和问题，保持了行业的基本稳定。二是及时向上级建言献策，配合相关部门制定临时性优惠政策，为运输经营企业恢复生产提供政策支持。认真落实区政府有关恢复生产的各项政策措施，全年减免规费达3000余万元，减轻了经营者负担。同时，采取运输车辆延长报停时间、即停即取等灵活措施，为经营者提供方便和帮助，使经营者对恢复运输生产树立信心。三是果断采取措施，严密组织调配运力，全力恢复运输生产，认真履行行业监管职责，在严峻的形势下，较短时间内完成了恢复运输生产的任务，为全区全面恢复生产、发展经济、维持社会正常生产生活秩序做出了应有的贡献。

【积极履行行业监管职责，努力营造公平公正的运输市场环境】进一步强化客运站源头管理。加强了全区客运站的管理。督促各客运站规范客车安全例行检查工作，加强客车报班制度管理。进一步强化客车出站的检查工作。为强化源头管理，全区运管部门克服人力严重缺乏的困难，在重要时段派员驻站管理，监督各站严格执行站务管理相关规定。落实“三不进站五不出站”制度，协调各方整治客运站周边秩序，进一步规范站务运营管理。

逐步解决客运站排班不公平的问题。针对我区部分客运站排班不公平，经营者反映强烈，尤其是拉萨至日喀则和拉萨至山南的客运班车排班矛盾突出，影响着运输行业的和谐与稳定。为切实落实《道路旅客运输及客运站管理规定》的要求，兼顾各方利益，尽可能地体现公平、公正原则，经多次、多方协调，最后达成共识，基本实现了按序滚动排班，解决了长期积累的矛盾，在改善市场环境方面取得了良好成效。

加强对旅游营运车辆的监控和管理。“3•14”事件严重影响旅游运输业，在这一旅游运输的淡季，运管部门督促企业进行整顿和规范经营行为，监督建立健全各项规章制度，为旅游运输业复苏打下良好基础。为提高旅游客运车辆的管理效能，实现了专段号牌管理制度，经与自治区公安交通警察总队共同研究，决定对我区旅游客运汽车统一换发旅游专段号牌，并联合制定了《旅游汽车换发专段号牌具体实施办法》。目前该项工作正在顺利进行当中。

质量信誉考核工作顺利开展。根据《道路运输企业质量信誉考核办法》和《机动车维修企业质量信誉考核办法》，对我区道路运输企业、维修企业进行了全面的考核，评定了2007年度的企业质量信誉等级。

推动道路运输辅助业发展。认真落实交通部《机动车驾驶员培训管理规定》，加强驾校管理。宣传贯彻《道路运输从业人员管理规定》，按照交通运输部的要求，基本上完成了道路运输驾驶员从业资格证换证工作。进一步规范从业资格培训、考试工作并建立和完善了道路运输驾驶员从业资格证档案。

进一步加大运政稽查力度。“3•14”事件的发生，严重影响运输经营，效益下滑，经营者对净化运输市场环境的要求十分迫切。针对这一实际，全区运管部门克服人员少、压力大等诸多困难，进一步加大运政稽查力度，尤其在“十一”、春运等重点时段重拳出击，全体运管人员放弃节假日休息时间集中上路检查。开通了24小时举报电话，日常路查力度也得到加强，稽查人员接到举报及时出动，严厉打击非法经营，全力维护市场秩序，规范了道路运输经营行为，努力整顿市场环境，全年查处各类违章2187车次。

【加强运力组织调配，及时完成重点时段运输任务】认真做好春运、雪顿节等重大节日期间的运输组织工作，及时部署安全生产和运输组织工作，加强场站管理，调配运力，化解部分线路运力紧张的矛盾，及时安排加班车、包车解决群众出行难的问题。

“3•14”事件发生后，按照自治区政府要求，运管部门站在政治的高度，克服一切困难，竭尽全力组织和调配运力，圆满完成了政府下达的应急运输任务，发挥了应有的作用。

【积极培育农村客运，解决农牧民出行难的问题】为适应社会主义新农村建设的需要，加快乡村客运市场的培育和发展，使广大农牧民群众共享改革开放、社会经济发展的成果。全区运管部门加大宣传和政策引导，积极开辟农村客运线路，扩大农村班线覆盖面。新开通农村客运班线17条，逐步缓解农牧民出行难的问题。在交通部、财政厅、交通厅的关心、支持下，通过积极努力，不断加大乡村客运基础设施的建设力度。2008年完成了9个县级客运站和3个乡村五级客运站以及78个停靠点的建设，完成投资2200万元，逐步改善全区客运网络基础条件。

【高度重视安全生产监管，严格落实“三关一监督”职责】加强了对道路运输企业的安全监督检查，按照人大及政府的部署及交通厅要求，由运管局牵头，联合安监、旅游、公安等部门对全区道路运输市场进行了全面的安全检查，深入开展安全生产隐患治理活动。多次深入客运企业进行专项检查，排查安全隐患，严格督促企业落实安全生产主体责任。帮助和引导企业建立健全安全生产管理体系，及时督促经营企业治理隐患，落实安全生产制度。通过引导和帮助，督促企业进一步增强了安全生产主体责任意识，提高企业安全生产管理能力。

【海事管理基础性工作稳步推进】积极配合自治区政府、交通厅完成了《水上交通安全管理办法》的起草和调研工作，已经自治区政府批准颁布实施。船员的管理工作进一步规范，加强船员的教育培训管理工作，41名船员顺利通过培训考核取得了《内河船员适任证书》。参照四川省船检局的检验建议，完成了山南地区11艘老旧船舶的整改。在深圳海事局派驻帮扶的两名同志的协助下，完成了全区渡口建设的调研工作并形成了有价值的调研报告和符合实际的渡口建设工作方案，为推动我区渡口建设前期工作打下了良好基础。

自治区邮政工作

【年度综述】2008年，西藏邮政业克服拉萨“3•14”打砸抢烧事件，以及日喀则地区仲巴县、拉萨市当雄县地震，山南等地区雪灾不利影响，积极做好维护稳定工作，确保了“邮路不断、邮件不积压”，以及人员和邮件安全。保持了西藏邮政业良好发展态势。邮政企业拓展市场取得明显成效，业务收入较快增长，同比增长14.34%。服务能力得到增强，管理不断夯实，改革稳步推进。国有、民营等快递企业不断发展。邮政发展环境进一步优化，市场经营秩序明显好转。

【邮政业务继续保持稳步增长】邮政企业累计实现业务总收入18323万元(含邮储银行自营收入)，同比增长14.34%。邮务类业务板块实现收入5501万元，同比增长10.51%。函件业务实现收入923万元，同比增长15.66%。集邮业务累计实现收入1498万元，同比增长70.81%。电子商务和代理业务实现收入132万元，同比增长20%。报刊业务收入1078万元，同比增长10.34 %。机要业务收入264万元，同比增长7.32%。速递业务实现收入2881万元，同比增长23.65%。物流业务实现收入2100万元，同比增长45.33%。全区代理金融收入实现4060万元，同比增长13.12%。全区代办储蓄存款余额达

12.09亿元。

【基础能力建设不断加快】信息支撑能力进一步提高。完成速递二期系统、电视电话会议系统、邮政储蓄公司业务系统、绿卡通系统等10项工程建设任务，落实了地（市）局网络改造工程方案和设备招标，以及商函、投递业务系统的上线准备工作。名址数据库建设工作稳步推进。利用名址数据库制作商函27.06万封，创造收入48.85万元，实现了商函业务发展新的突破。拥有个人授权名址6.4万条；精品数据近20万条；组织机构库数据2万条；基础地址库数据1万余条，基本满足了全区邮政商函业务发展的需要。实物网建设步伐加快，开通了兰州、西宁至拉萨整节行邮车，以及拉萨航站的快速邮路，调整了省际发运计划，增开了山南至机场快速邮路，确保了"拉萨—成都"、"成都—拉萨"次日递业务的顺利开办。投入资金430万元，更新及新增邮运和投递车辆34辆。对拉萨邮区中心局、拉萨市邮政局速递、投递邮件处理场地投入资金200多万元进行了改造。顺利实施了拉萨邮区中心局两网互通工程。营业网、投递网和局所标准化建设取得新进展。投入资金300余万元，完成了重点城市的投递网改造，同步推进了日喀则、林芝的投递网建设达标工作，两网互通取得阶段性成果。

【管理工作深入扎实】计划财务管理不断加强。落实2008年度农牧区邮政基础设施建设专项资金4000万元。人力资源管理不断加强。全年共接收116名大学毕业生。举办各类培训班10余期，派出大量人员赴区外培训。全区成人函授在读学员已达172人。选派73名大学毕业生，到中国邮政集团公司培训中心参加为期3个月岗前脱产培训，全部通过了相应岗位的初级职业技能鉴定。完善了全区邮政二级远程教育平台，全区122名同志通过支局长远程培训和考核。

【改革稳步推进】邮政储蓄体制改革取得重要进展。中国邮政储蓄银行西藏自治区分行正式挂牌成立，省级分行层面的人、财、物划分全部到位，邮政储蓄银行西藏区分行、拉萨市支行开始独立运营。速递物流专业化改革全面启动。积极对速递物流专业进行业务、人员、资产重组，以拉萨市邮政局为龙头，科学合理的制定了速递物流业务的经营体系、运行模式和目标规划。12月2日正式组建了区邮政速递物流公司，各地（市）局的准备工作正在逐步展开。

【两个文明建设深入开展】深入开展学习实践科学发展观活动取得实效。狠抓党风廉政建设。精神文明建设取得新成果。2008年，自治区邮政公司被评为"全区民族团结进步先进集体"；10个单位及部门荣获全国邮政先进集体荣誉称号；1人荣获"全国五一劳动奖章"；1人被评为"全国优秀工会之友"；1人被评为"全区三八红旗手"；共有15人荣获省级以上先进个人称号。

【存在问题】业务收入增长乏力，发展后劲不足，持续发展能力不够。在面对突发事件面前，经营措施还不够灵活，路子还不够宽，办法还不够多，力度也不够大，一定程度上影响了业务的增长。

营销队伍建设还相对滞后，市场营销的针对性、实效性还需要进一步提高。

管理缺失、责任落实不到位的现象依然存在，维稳工作和安全生产的形势还需要引起高度重视。

邮件妥投率、及时率等服务问题

【大事记】

1月31日　西藏自治区邮政管理局召开全体人员会议，党组书记、局长年扎传达了国家邮政局2008年工作会议暨党风廉政建设工作会议精神，组织学习了马军胜局长在国家邮政局2008年工作会议上的讲话，以及盛汇萍书记在党风廉政建设工作会议上的报告，对2008年工作进行了安排。

3月3—5日　西藏自治区邮政管理局联合自治区工商局成立快递市场联合执法检查组，对拉萨市快递市场进行集中整治。

3月14日　拉萨"3•14"打砸抢烧事件后，在积极开展反分裂斗争的同时，西藏自治区邮政管理局立即组织人员深入到受损的拉萨市八廓街等邮政企业网点了解情况，及时制定并印发了《西藏自治区邮政通信反恐怖事件应急预案》，要求市内邮政、各快递企业立即启动应急预案，应对事件给邮政通信带来的不利影响，确保了人员及邮件安全。

3月26日　西藏自治区邮政管理局召开由邮政企业、各快递企业负责人参加的西藏邮路寄递物品安全监管专项会议，就做好邮路寄递物品安全监管工作进行布置。

6月25日　西藏自治区邮政管理局与自治区建设厅联合发文推进全区城镇住宅楼（小区）信报箱建设。

7月21日　西藏自治区邮政管理局召开全局人员大会，就全面贯彻落实全国邮政管理局局长座谈会精神作出安排部署。

8月25日　西藏自治区日喀则地区仲巴县发生6.8级地震，震区邮政部门无人员伤亡，各项业务运转正常。

9月7日　西藏自治区邮政管理局召开全体人员会议，认真传达贯彻落实张德江副总理视察交通运输工作重要讲话精神。西藏自治区邮政管理局副局长陈剑坤就贯彻落实张德江副总理重要讲话精神及如何进一步抓好当前和今后一个时期的各项工作提出要求。

10月6日　西藏当雄县发生6.6级地震，各邮政部门无人员财产损失，各项业务运转正常。

10月10日　西藏自治区邮政管理局深入学习实践科学发展观活动动员大会召开。

12月5日　西藏自治区邮政管理局召开党支部专题组织生活会。

12月11日　西藏自治区邮政管理局党组召开学习实践科学发展观专题民主生活会。

【领导名录】

书记、局长：年扎

党组成员、副局长：陈剑坤

自治区通信业管理工作

【年度综述】2008年，西藏自治区通信管理局坚持科学发展观，加快转变政府职能，着力提高依法监管水平，以建立和谐的政企关系、建立和谐的企业关系、建立和谐的消费环境、建立和谐的网络环境、建立和谐的产业环境为重点，引导全行业提升发展规模和服务质量，积极做好维护社会稳定和安全生产工作，全力保障应急通信需求，保障了“3•14”期间、奥运火炬登顶珠峰和在拉萨传递期间、北京奥运会和残奥会期间的信息安全和网络安全，积极解决人民群众最关心、最直接、最现实的通信利益问题，大力推进农牧区通信建设，全区电信市场秩序和互联互通总体情况正常，各项工作取得有效进展。

【业务发展情况】2008 年，全区电信业务总量完成 38 亿元，同比增长 30%；业务收入完成 17.7 亿元，同比增长 16%。全区电话用户总数累计达到 150 万户，同比增长 3 %，其中固定电话用户总数累计达到 70 万户，移动电话用户总数累计达到 80 万户。全区电话普及率达到 53 部/百人，其中固定电话普及率为 25 部/百人，移动电话普及率为 28 部/百人。互联网用户数达到 8.4 万户，其中宽带用户达到 8 万户。网络覆盖不断扩大，全区长途光缆总长度达到 2.26 万千米。

【“十一五”规划稳步推进】一是“村村通电话”工程。西藏电信业努力克服“3•14”的影响，克服各种困难，深入推进“村村通电话”工程，全年新开通 670 个行政村的电话，全区通电话行政村将达到 4559 个，占全区行政村总数的 76.87%。二是宽带通信推进工程。除电信、移动光缆已覆盖 7 地市的二干传输网络和城域网外，电信光缆（宽带）已通达全区 163 个乡镇，目前正在推进“乡乡通光缆”工程。三是移动通信网广覆盖工程。移动无线网络已覆盖了全区 7 个地市及所有的县城，实现了对重要交通干线及旅游景点的覆盖，目前正在推进“乡乡通电话”工程，实现了乡乡通移动电话。

【电信市场秩序规范有序】加强了对电信业务市场的规范化管理。对全区 5 家基础电信业务经营企业、11 家本地增值电信企业和 650 家跨省增值电信企业在执行国家电信政策、市场经营行为、互联互通、业务经营情况等方面进行了年度检查。

组织开展了全区电信行业依法打击网络淫秽色情等有害信息专项行动，配合公安、文化等部门查处了一批网站和网吧。围绕营造健康、文明的互联网环境，集中清理了网上淫秽色情等有害信息，同时解决了备案信息准确率问题，全面整改了责任制度不落实问题。

组织完成了移动电话资费结构性改革工作，降低了移动电话资费标准。配合自治区价格主管部门完成了我区电信资费专项检查工作。开展了“公用电话收费”情况大检查活动，督促企业对存在的问题进行了认真整改。

开展了垃圾短信息服务业务专项整治检查工作，全区电信行业过滤垃圾短信 4 亿多条，进一步净化了网络环境。继续做好对互联网站和跨省经营 SP 的备案工作以及 IP 地址备案信息的集中更新工作。全年共备案 SP 129 家，互联网站 957 家。

【重大通信保障迅速高效】圆满完成奥运火炬登顶珠峰、在拉萨传递期间、奥运会及残运会期间的通信保障任务。北京奥运会的成功举办也凝聚着西藏电信业的大力支持。西藏通信管理局扎实做好网络安全评测和风险评估，加强通信要害安全保障工作，积极开展应急通信演练，确保奥运通信保障工作万无一失；在政府部门的大力支持下，营造良好的奥运通信保障社会环境，全力保障了通信光缆安全和无线电安全；规范电信服务市场秩序、净化网络环境，为北京奥运会营造良好的通信环境，维护电信用户合法权益。在北京奥运会和残奥会期间未发生重大信息安全突发事件，未发生重大网络安全突发事件，未出现一起安全生产事故。

全力做好当雄地震期间的通信保障和服务工作。当雄县发生里氏 6.6 级地震后，西藏通信管理局在第一时间启动抢险救灾应急通信保障预案，成立了“10•6”抗震救灾应急通信保障领导小组，部署抗震救灾通信保障工作。灾情发生后，市区的移动通信在阻塞 5 分钟以后逐渐恢复正常，并在 20 分钟内全面恢复正常通信。西藏电信行业抗震救灾通信保障工作组陆续为地震灾区提供了卫星电话、移动电话、无线固话和“十五卫星农话”等多种通信手段，保证了灾区应急处置的通信需求。区电信公司和区移动公司还在地震灾区搭建起临时服务点，为重要工作人员提供卫星电话，为灾区群众和救灾工作人员提供免费报平安电话、手机充电、免费发放太阳能手机充电器，提供话费充值卡等服务项目。

【网络管理成效显著】做好码号资源管理。认真审核各种码号的申请和备案报告，并在规定时间内进行答复、审批，完成了全区短消息服务代码的调整和统一工作。

提高应急通信保障能力。进一步完善了应急通信保障预案，加强了应急预案的演练，建立健全了基层应急管理组织体系，建立了保障情况专人专报制度，积极做好雷电灾害应急处置和防汛抗旱工作。

完成了电信网络等级保护定级工作，完成了《西藏自治区互联网网络安全应急预案》的修订工作。

【无线电管理规范有序】狠抓频率台站管理。完成了全区无线电台站数据清理登记工作，共清理登记各类无线电台站 8186 个，录入台站数据资料 4103 份。认真做好了奥运火炬传递重点频率的协调保护工作，确保了奥运火炬传递通信调度指挥频率的安全使用。严格依法行政，共审批新设台站 179 个，更换电台执照 45 个，办理无线电设备准销证 5 个。

积极开展无线电监测。较好地完成了全年频谱监测统计上报任务，顺利完成了重点边贸口岸电磁环境测试，配合军队完成了超短波监测站选址及勘测工作，排查各类无线电干扰 8 起。

稳步推进基础设施和技术设施建设。圆满完成了林芝监测站建设、拉萨监测大楼购置、内网邮件系统升级改造和山南、昌都、那曲、阿里四地区监测设备及全区检测设备采购任务，着眼西藏维稳工作需要，有针对性地购置配备了部分无线电专用设备，无线电管理技术支撑能力明显增强。

【领导名录】

书记、局长：青其

副局长：余官玉、李学林

民航西藏自治区管理工作

【大事记】

1月24日，区局召开"2008年工作会议暨安全会议"，会议确定了2008年工作的基本思路和主要运输生产指标。

3月10日，区局召开2008年度"政工会议"，传达总局、管理局有关精神，对区局2007年度党建工作进行了总结，对2008年党建工作进行了全面部署。同日，召开"民航西藏区局劳动人事制度改革动员大会"，拉开了区局劳动人事制度改革的序幕。

3月12日，区局迎"奥运会"保安全工作领导小组成立。

3月14日，拉萨发生"打砸抢烧"严重暴力事件后，区局迅速成立了以徐波局长为组长，区局各单位、驻场各单位参加的"3•14"应急指挥部。同日，调整了区局突发事件应急领导小组，明确了职责。

3月25日，拉萨贡嘎机场飞行区助航灯光工程指挥部成立。

4月15日，经民航局、西藏自治区人民政府同意，拉萨贡嘎机场飞行区助航灯光工程从"十一五"重点建设项目——拉萨贡嘎机场飞行区改扩建及配套工程中分离出来，先期实施并动工。

4月17日，根据民航局批复，民航昌都站派出所正式更名为西藏昌都邦达机场公安分局。机构规格为副处级，内设综合办公室、派出所、交警队，规格为副科级。

4月23日，拉萨贡嘎机场飞行区改造及配套工程指挥部、日喀则和平机场改扩建工程指挥部成立。

同月，奥运火炬珠峰登顶过站任务圆满完成。

5月12日，自治区民用机场保护条例草拟小组成立，立法工作正式启动。

6月，奥运火炬抵离拉萨贡嘎机场保障任务圆满完成。

6月15日，历时2个月的拉萨贡嘎机场飞行区助航灯光工程完工，改写了西藏民航43年没有助航灯光的历史。24日，工程亮灯仪式隆重举行，自治区杨海滨副主席、民航西南地区管理局覃章高副局长出席仪式；27日成功举行试飞。

7月20日，区局启动民航二级响应机制，特别安保措施开始实施。

8月26日，撤销拉萨贡嘎机场飞行区改扩建及配套设施改造工程指挥部、日喀则机场建设工程项目筹备组。

9月22日，日喀则机场改扩建工程可研、拉萨贡嘎机场飞行区改扩建及配套工程预可研评估会如期举行。

10月5日，奥运保障工作圆满完成。

10月12日，区局第四届党员代表大会成功召开；14日，第四届职工代表大会成功召开；15日，"十一五"西藏民航机场建设领导小组第三次会议成功召开。

11月14日，拉萨贡嘎机场正式开通夜航航班，班期为每周一班。

11月24日至11月26日，拉萨贡嘎机场顺利通过民航西南地区管理局的航空保安后续审计，

11月24日，成都—拉萨航线VHF通信覆盖工程指挥部成立，成都—拉萨航线VHF通信覆盖工程全面启动。

12月12日，昌都邦达机场RNP验证试飞成功。

【获奖情况】

3月，昌都航站女工部被评为全国"三八"红旗集体。

4月，区局地面服务部旅客服务部被中华全国总工会授予"工人先锋号"荣誉称号。

9月，区局公安局被自治区党委和政府授予"民族团结进步先进集体"称号 。

10月，区局公安局被中国民用航空局授予"北京奥运会、残奥会航空运输保障先进集体"荣誉称号。

11月，区局纪委监察处被自治区纪委、监察厅评为"全区纪检监察系统先进集体"。

5月，党委办公室杨林同志被中国民航工会全国委员会授予"全国民航优秀工会积极分子"荣誉称号。

6月，原工会办职工洛桑群培（现已退休）被区总工会授予"全区优秀工会工作者"荣誉称号。

9月，昌都航站职工洛松次仁被自治区党委和政府授予"全区民族团结进步先进个人"称号。

9月，航空安全监察处职工永花被国家交通战备办公室评委"藏区维稳先进个人"。

10月，地面服务部职工池秀娟被中国民用航空局授予"北京奥运会、残奥会航空运输保障先进个人"荣誉称号。

【领导名录】

书记、副局长：胡勤

局长、副书记：徐波

副局长：次旺、胡金法、袁灼琼、李汉成、白珍、袁斌、四郎泽培

副书记兼纪委书记、工会主席：文斌

国土资源、城乡建设、旅游

自治区国土资源管理工作

土地资源管理

【概况】截止到2008年底，西藏全区土地总面积为12022万公顷。其中农用地7762万公顷，占全区土地总面积的64.56%，耕地36万公顷，占农用地面积的0.47%，园地0.2231万公顷，林地面积1268万公顷，草地6445.7万公顷，其它农用地11.7万公顷；建设用地6.73万公顷，占全区土地总面积的0.06%，其中居民点工矿用地4.20万公顷，交通运输用地2.39万公顷，水利设施用地0.14万公顷；未利用地4253万公顷，占全区土地总面积的35.38%。

【地籍管理】2008年，西藏国土资源厅充分发挥地籍管理的基础依据和跟踪监测作用。农村集体土地确权登记发证工

作稳步推经，土地变更步入正轨。土地登记制度不断完善，登记覆盖面不断扩大，截止2008年10月31日国有土地使用权已累计发证 62156 本。通过土地利用变更调查，保证了全区各类土地数据的真实性和现势性，为各级政府宏观决策提供了依据。年度下拨调查补助经费74万元。

第二次土地调查基本和全国同步顺利实施。及时召开会议，安排部署，制定了实施方案，对专业队伍进行了资质审查登记和培训考核，确保城镇土地调查工作全面展开。先后组织工作组，赴7个地市37个县市，对土地调查机构组建、舆论宣传、经费落实等工作进展情况进行巡查，及时解决工作中存在的问题。按照统一部署，开展了农村集体土地确权调查工作，发放了农村集体土地《权属界线协议书》和《权属界线争议原由书》，组织开展了土地权属界线的确认，签订了相关文书。到2008年底，全区城镇土地调查已完成全部工作量的 60%以上；农村土地利用现状调查已完成1:5万区域近 50 万平方千米的外业工作；1:5区域基础图件已提交90万平方千米；农村土地确权调查、基本农田调查工作即将展开。第二次土地调查各专业队伍项目进展顺利，城镇土地调查第一阶段控制测量工作已全部通过验收，成果质量符合技术规程和技术设计书要求，完成了年度安排的工作任务。

【耕地保护与土地利用】2008 年，西藏国土资源厅实行最严格的土地管理制度。全面落实土地用途管制制度，执行土地利用规划计划。全面推行各级政府履行耕地保护的第一责任制度，国土资源管理部门全力以赴，促进了耕地保护共同责任的落实。进一步加大土地开发整理复垦力度，全年通过实施土地开发整理复垦净增耕地 7384 亩，连续 8 年实现了耕地占补平衡且有余。按照《国土资源部、农业部、国家统计局关于印发〈2008 年度省级政府耕地保护责任目标履行情况检查工作方案〉的通知》要求，在区政府的统一部署下，厅联合相关部门组成检查考核组，对拉萨市、日喀则、山南、林芝、昌都地区的15个农业大县、45 个乡（镇）的耕地保护责任目标履行情况进行了全面检查。2008 年末，西藏耕地面积为 542.45 万亩，比 2007 年净增7384 亩，基本农田仍保持在 465 万亩，全区基本农田保护率达 86%。

节约集约用地，严守耕地红线。按照《国务院关于促进节约集约用地的通知》和《西藏自治区人民政府关于贯彻国务院促进节约集约用地的通知》精神，把节约集约用地放在首位，加强建设用地审查报批和耕地占补平衡工作，严格控制增量，加强对建设用地从审查到批后的全程管理，从源头上杜绝土地资源浪费，促进节约集约用地。对新上建设项目，尽量利用原有建设用地，从严从紧控制农用地转为建设用地总量。确需占用农用地的，要严把农用地转用和土地征收审批关。对不符合规划，没有纳入计划或不符合国家供地政策的项目，一律不予批地。2008 年度，开展了玉龙铜矿一期工程、国道 214 线芒康至隔界河（藏滇界）公路改建工程等国家和自治区重点项目用地的审查报批工作。完成了拉萨市2008年度城市建设用地和青藏铁路那曲物流中心建设项目用地的组件申报工作，并经国务院批准。制定措施，努力保证我区经济增长对资源的需求。随着我国宏观经济形式的变化，2007年第四季度，党中央、自治区党委和国土资源部先后出台扩大内需政策后，及时跟进，下发通知，对扩大内需促进经济平稳较快发展做好服务和监管工作进行了全面部署，提出了 8 个方面的政策措施，认真做好重点项目用地的保障和服务，确保西藏扩大内需促进经济平稳较快发展的各项政策措施在严格规范管理中落到实处，在保障经济增长的同时，确保了耕地红线。

加强土地市场建设，为地方经济社会发展服务。通过引入市场竞争机制，充分发挥市场对土地资源配置的基础性作用。在继续规范经营性用地招标拍卖和挂牌出让的同时，大力推进工业用地招标拍卖挂牌出让制度，切实加强对土地市场的监管。根据实际情况，建立完善了西藏自治区土地市场及相关制度，进一步规范了经营性用地和工业用地招拍挂出让行为。2008 年全区出让土地总面积 241.29 公顷，总成交价款 78116.59万元，仅拉萨市出让土地总面积达 189.44公顷，总成交价款 71499.69 万元，创历史新高。通过国有土地使用权招标、拍卖、挂牌出让，进一步规范了土地市场，充分显化了国有土地资产的价值；同时，为城市建设筹集了大量的建设资金，有力地推动了地方经济社会的发展，从源头上有效地遏制了腐败。

矿产资源管理

【概况】由于独特的地理环境，西藏具有优越成矿条件，矿产资源丰富，成矿作用多样，是基础地质研究、成矿理论研究及寻找矿产资源极具潜力的地区。截止到2008年底，西藏境内发现的矿种有 101 种，有查明资源储量的矿种 41 种（含矿泉水、地热），上表矿区 135 个。其中大型 27 个、中型 18 个、小型 90 个。勘查成果表明，位于全国前十位的优势矿产有铬、铜、硼、锂、地热等 17 种，此外，金、铅锌、钼、铁、铂族金属以及矿泉水、油气等非金属矿产也都具有广阔的勘查前景。

2008 年，西藏国土资源系统以科学发展观为统领，认真贯彻《国务院关于加强地质工作的决定》和全区经济工作会议精神，认真履行自治区政府赋予工作职能，紧紧围绕自治区“一产上水平、二产抓重点、三产大发展”的经济发展战略，全面提升地勘工作质量和水平，地质找矿工作取得了较大进展，矿产资源管理工作得到了进一步加强。

【地质找矿】2008 年，西藏国土资源厅积极鼓励和引导区内外有实力的企业参与西藏地质勘查工作，全年共投入勘查资金 39505.09 万元。国家针对西藏重点成矿区、优势矿产、成矿远景区，实施了青藏高原地质矿产调查与评价专项，新发现矿产地 11 个；铜、铅、锌等 3 个矿种新增加了一批矿产资源储量，其中铜 30670 吨、铅 453491 吨、锌 503460吨。通过 2008 年的工作，全区基础性、公益性、战略性地质勘查工作进一步得到了加强，矿产勘查成绩显著，取得了一批喜人的找矿成果。班公湖—怒江铜成矿带上，以驱龙、多龙为代表的铜矿勘查又有了新的找矿进展，初步估算储量超过上千万吨，规模为大型（超大型）矿。甲玛铜多金属矿区、昂仁县朱诺矿集区、亚桂拉铅锌银、木乃铜银、昂张铅锌等重要矿区普查，都取得了新进展。香卡山、罗布莎铬铁矿危机矿山找矿项目取得良好成果。

【矿政管理】2008 年，西藏国土资源厅严格探矿权、采矿权管理。完成了对全区探矿权、采矿权的清查工作，认真清理了探矿权采矿权管理信息系统数据库，全区有效探矿权为 1025 件，有效采矿权为 210 件。根据《矿产资源勘查区块登记管理办法》、《矿产资源开采登记管理办法》、《关于规范勘查许可证采矿权许可证权限有关问题的通知》（国土资发〔2005〕200 号）和《关于进一步规范矿业权出让管理的通知》（国土资发〔2006〕12 号）规定，按照自治区人民政府制定的《整顿和规范矿产资源开发秩序期间探矿权采矿权申请审查报批的暂行规定》，进一步严格探矿权采矿权申请审批程序和审批权限、合理有序地开展了探矿权采矿权审批登记工作。

加强资源整合工作。年度完成了墨竹工卡县甲玛铜多金属矿区的资源整合工作；对革吉县扎仓茶卡矿区进行了部分资源整合，使扎仓茶卡硼镁矿资源开发迈出了良性发展的步伐。对阿里、那曲、日喀则三地区进行了联合检查，坚决杜绝盗采砂金行为。国务院 9 部委联合检查验收组对我区整顿和规范矿产资源开发秩序工作及“回头看”行动给予了充分肯定和高度评价。

认真开展我区矿产资源潜力评价和矿业权实地核查工作，努力实现一张图管理。认真贯彻落实《关于加强全国矿产资源潜力评价与储量利用调查组织管理工作的通知》（国土资发〔2007〕193 号）和《关于开展全国矿业权实地核查工作的通知》（国土资发〔2008〕59 号）的精神，切实加强组织领导，全面系统部署矿产资源潜力评价和矿业权实地核查工作，加强沟通协调和项目监督管理，确保核查工作顺利实施。利用潜力评价、储量利用调查和矿业权核查成果，绘制矿业权分布及其相关基础信息图，为分析矿产资源形势、研究矿业权配置等管理政策提供基础支撑。依法推行矿产资源补偿费征收入库制度。继续加大对矿产资源补偿费的征缴力度，全年超额完成 160 万元的征收任务。

【地质环境】2008 年，西藏国土资源厅积极开展了地质灾害巡检和应急调查工作，建立和完善了巡查、应急调查、灾情速报、汛期值班、预警预报、群测群防、危险性评估等制度。全区年内发生突发性地质灾害 125 起，未造成人员伤亡。完成了“十一五”期间实施的 11 个矿山迹地生态恢复工程可行性研究报告、施工图设计和招标工作。截止到年底，地质灾害调查与区划工作已覆盖全区 73 个县（市、区），开展了亚东口岸地质灾害综合勘察评价工作，在樟木口岸建立了我区第一个地质灾害自动监测站，为西藏的防灾减灾工作打下了基础。在全国率先施行矿山地质环境恢复保证金制度，收取了矿山地质环境恢复保证金 1815 万元。矿山地质环境恢复保证金总计达 5900 万元，为开采后的矿山地质环境恢复工作提供了强有力的保障。积极开展地质遗迹保护工作，批准羊八井为自治区级地质公园，实施了易贡、札达土林国家地质公园地质遗迹保护项目；申报落实了 10 个矿山地质环境治理项目，2 个地质遗迹保护项目。

国土资源执法监察

【土地执法监察】违法违规行为得到有效控制。巩固土地执法百日行动工作成果，认真处理土地违法违规案件，对全区土地执法百日行动中查出的 49 起土地违法违规案件进行了处理。配合国家土地督察成都局完成了对山南、林芝地区土地执法百日行动成效显著单位的评估，山南和林芝地区被评为一等和二等奖，分别奖励新增建设用地总量指标 600 亩和 450 亩。2008 年共查处了 2 起土地违法违规案件。认真开展全区动态巡查工作制度落实情况检查工作。在各地（市）国土资源（规划）局自查的基础上，对部分地市进行了抽查。通过努力，我区土地违法违规案件明显减少，土地市场秩序明显改善，信访总量明显下降，与 2007 年同比下降 31.5%，来访批（件）次同比下降 50%。

【矿政执法监察】按照国土资源部的统一部署，2008 年，西藏国土资源厅开展了整顿和规范矿产资源开发秩序“回头看”行动，着力解决整顿规范工作中遗留的问题。依法查处以采代探 3 起、无证开采 2 起；关闭了 8 处破坏环境、资源利用效率低的矿山；责令 12 家企业限期完善采矿手段；关闭了所有砂铁矿开采点；联合自治区监察厅、公安厅、环保局等有关部门对阿里、那曲、日喀则三地区进行了检查，依法查处了盗采砂金行为。

【国土资源基础工作完成了我区新一轮土地利用总体规划的修编工作，认真编制了《西藏自治区矿产资源规划》】2008 年，西藏国土资源厅安排部署矿产资源储量统计工作，各地市国土资源局全面开展矿产资源统计基础表和录入系统的电子数据库工作，并在年终进行了集中会审。切实加强对矿山储量动态的监管。在矿山储量动态监管中，统一技术规程，加强目标管理，成效明显。认真开展涉密地质资料和欠交地质资料的清理工作，新汇交成果地质资料项目 116 个。

【测绘保障服务能力不断提升】2008 年，西藏国土资源厅向社会各界提供各类测绘成果资料 44781 幅（本、点、册）。其中，为区党委、政府、部队及有关部门无偿提供各种比例尺地图 4497 幅和部分基础地理信息数据，为维护西藏社会稳定、促进经济发展提供了重要的测绘保障。积极协助国家测绘局在我区开展 1:5 万无图区地形图测绘工作，保证了 1:5 万无图区地形图测绘工作的顺利进行。完成了《西藏自治区基础测绘中长期规划纲要》（初稿）的编写。编制出版了 1:100 万西藏自治区地形图、拉萨市城区地图等 7 幅内部版、公开版地图。向区财政申请 2008 年度基础测绘经费 580 万元，专项用于实施重点地区 C 级 GPS 网和三等水准网监测和重点地区 1:10000 基础地理数据采集及成图。为充分发挥地理空间信息在突发事件应急处置中的作用，国家测绘局与自治区政府联合建设自治区突发事件应急处置地理信息平台，计划投资1000余万元。

【信息化建设取得新进展】2008年，西藏国土资源厅完成了《西藏自治区（拉萨市）金土工程一期建设项目总结报告》，编制了区国土资源厅到地市国土资源局的网络建设方案；加强对网络系统的维护，保障了探矿权、采矿权管理系统、建设用地审批管理系统、建设用地规划预审（初审）管理系统和厅电子政务系统的正常运行；在第一时间传达自治区国土资源厅的政令资讯，国土资源信息服务进一步加强。

【国土资源援藏工作成效显著】为切实推动我区国土资源事业的快速发展，自治区国土资源厅把筹备召开全国国土资源系统援藏工作会议作为一项重点工作，积极主动加强与国土资源部以及各省市国土资源系统的联系协调。国土资源部高度重视对口援藏工作，召开援藏工作座谈会和联络员会议，制定了《全国国土资源系统援藏工作方案》，对“十一五”期间援藏工作进行了安排部署。9月25日，全国国土资源系统援藏工作会议在拉萨成功召开，援助的价值4000多万元的82台车辆和部分办公设备已全部到位，极大地改善了我区国土资源系统的工作条件。全国国土资源系统的大力无私援助，为努力开创西藏国土资源工作新局面奠定了良好的基础。

国土资源部认真贯彻落实中央关于对口支援西藏工作的一系列指示精神，在自身工作非常繁重的情况下，始终关心西藏发展，十分重视西藏的国土资源工作，先后在资金、技术、人才等多方面给予了大力支持和无私援助。在加大资金援助的同时，积极开展智力援藏，通过“送教和送技术上门”等活动，培养了一批急需人才。尤其是注重选派高素质的援藏干部进藏工作，先后派出5批67人到西藏各级国土资源部门任职，给西藏带来了创新、开放的发展理念和先进的管理经验，进一步优化了西藏国土资源系统的干部队伍结构。

2008年9月，徐绍史部长再次赴藏，在拉萨主持召开了全国国土资源系统援藏工作会议，向西藏国土资源系统捐赠援藏车辆82台，总价值达3746万元。同时，国土资源部及各兄弟省市国土资源部门根据西藏的实际困难，从资金、技术、人才、项目各个方面给予了大力支持，解决了全区74个县（市、区）购置办公室设备款592万元，安排了金土工程二期建设项目，支持西藏国土资源厅建立地（市）级电子政务系统，实现联网运行并逐步实现数据远程报送和网上审批。

自治区城乡建设工作

【城乡规划管理得到重视和加强】2008年，自治区城镇体系规划的编制工作基本完成，已通过建设部专家审查；《拉萨市城市总体规划》修编成果已经自治区人民政府审查通过上报国务院；《日喀则市城市总体规划》已经自治区人民政府审查通过实施；狮泉河镇和昌都镇城市总体规划修编工作正在开展并取得阶段性成果。至此，全区七地市所在地城镇总体规划新一轮修编工作均已开展或完成。拉萨市人民政府、那曲地区行署分别组织编制了拉萨市中心片区和那曲镇城区等控制性详细规划，以及拉萨市城市管线综合规划、那曲镇城市道路系统规划等专项规划，进一步实现了控规、修规、专项规划指导城镇建设的工作目标。“唐古拉山－怒江源”、“土林－古格”、“纳木措－念青唐古拉山”等三处国家级风景名胜区申报材料已基本通过国务院相关部门；积极开展全区历史文化名城（名镇）保护工作，自治区人大听取并批准了相关的专题报告；日喀则地区萨迦县申报并被批准为第四批中国历史文化名镇。

【城镇建设步伐加快，城镇管理不断加强】2008年，自治区城镇建成区总面积约190平方千米，城镇化水平达22%。据不完全统计，全区县城以上道路总长达508千米，城镇道路骨架初具雏形；全区县城以上城镇共有水厂77座，年供水总量达1.4亿立方米，管网长度1590千米，供水普及率达86%。排水管道长470千米，排水管网覆盖率达35%。在城镇市政基础设施得到较快完善的同时，城镇公共服务设施也得到了较快发展，先后建成了一批教育文化、体育休闲设施。《关于创建自治区园林城市（县城）的实施意见》已经自治区政府批准实施。全区创建自治区级园林城市工作有序开展。拉萨市加快城市绿化建设步伐，城市绿地面积达1905.69公顷，建成区绿化覆盖率达35%，绿地率达32.41%，人均公共绿地面积达8.01平方米，初步形成了点线面结合、平面与立体结合、城乡一体、绿量丰富、类型多样、布局合理的城市园林绿地系统。山南地区泽当镇也积极开展创建园林城镇活动，大力实施城镇亮化与城镇道路、社区、住宅小区、庭院绿化工程，重点开展“花园小区”与夜景亮化工程建设。林芝地区八一镇在荣获全国园林绿化城镇、中国人居环境范例奖等荣誉称号后，进一步完善城镇绿地系统，继续巩固城镇绿化成果，不断提高城镇人居环境质量。各级建设部门结合“迎奥运、树新风”活动的开展，按照“建管并重，重在管理”和“方便群众、服务群众”的原则，坚持高效管理城镇，严把设置户外广告、开办洗车场等审批关，尽可能减少城镇内乱挖、乱占等现象的发生，加大对城镇乱搭、乱建、“城市牛皮癣”和渣土污染的治理力度，加大对城镇卫生死角的清理工作，努力营造良好的城镇环境。

【住房制度改革进入收尾阶段，“两房”建设稳步推进】2008年，自治区机关事业单位住房补贴审核兑现工作已基本结束，共审核兑现13.35万人的住房补贴；已兑现全区国有企业2.5万职工的房改政府激励资金。住房公积金归集管理工作进一步加强，全区共14.5万人建立住房公积金账户，全区机关事业单位住房公积金覆盖面达100%，国有企业覆盖面达60%以上（区直国企已达93%）。全区累计发放住房公积金贷款1.6万户16.8亿元。住房公积金监管工作得到加强，资金风险控制良好，没有出现挤占、挪用住房公积金的现象，住房公积金在提高广大干部职工住房消费能力、改善群众居住条件等方面发挥了重要作用。我区廉租住房从 2007 年开始相继动工建设，截止 2008 年底，拉萨市、山南地区、林芝地区、日喀则地区、那曲地区和阿里地区首期廉租住房已竣工验收，并安排第一批最低收入住房困难家庭 1056 户、3832 人入住，使他们亲身感受到了党和政府的亲切关怀和社会主义大家庭的温暖，充分享受到了改革开放和经济社会发展的丰硕成果。第二批入住正在审核公示之中。“十一五”期间全区共安排 15 亿元建设干部职工周转房 1.4 万套，总建筑面积 110.4 万平方米。截止 2008 年底，地（市）周转房已建设完成 4200 余套，完成投资约 4 亿元，占工程量的 85%；县乡周转房建设已基本完成，共建设周转房 6000 余套，建筑面积约 40 万平方米，总投资约 4.8 亿元。广大基层干部职工周转住房紧张的问题明显得到缓解。先后拟定出台了《西藏自治区城镇廉租住房保障管理暂行办法》、《西藏自治区行政事业单位公有住房租金管理暂行办法》、《关于加强我区干部职工周转房建设和管理的意见》、《关于切实解决城镇低收入家庭住房困难的实施意见》和《西藏自治区城镇低收入家庭住房租赁补贴管理办法》等政策性文件，为推进我区“两房”建设管理工作提供了政策保障。

【房地产业有序发展，房地产市场调控不断加强】2008 年，自治区房地产市场在国内市场低迷和国际金融危机的影响下，仍保持了较为平稳的发展。2008 年，我区房地产市场受拉萨“3•14”事件、国内房地产市场低迷以及全球金融危机的影响，也出现商品房降价、滞销等现象，但房地产投资总额与 2007 年基本持平，发展较为平稳。全年我区在建房地产开发投资达 10.8 亿元，房屋施工面积达 135.2 万平方米。

【建筑企业队伍不断壮大，动态监管力度不断加大】2008 年，自治区共有建筑施工企业 365 家、工程勘察设计企业 68 家、工程监理企业 35 家、工程造价咨询企业 14 家；区外备案建筑施工企业 134 家、工程勘察设计企业 40 家、工程监理企业 30 家、工程造价咨询企业 10 家。

【招投标市场监管得到加强，市场环境逐步改善】2008 年，自治区进一步加强了评标专家动态管理，积极推进工程量清单计价改革，规范和完善招投标计价依据，进一步加强了招投标市场管理。加强对全区房屋和市政工程项目的招标公告和招标结果在西藏建设网等媒体上公开发布力度，招投标活动基本上已进入自治区和各地区工程交易中心或由建设和纪检监察部门指定的场所进行承发包交易，封锁工程招标信息、场外私下规避招标、暗箱操作等现象在客观上得到一定遏制，建设工程招投标市场秩序趋于改善。加强了建筑业企业的动态管理，对存在恶意拖欠、严重违规的企业依法严肃处理，市场秩序得到逐步改善。

【施工图审查工作力度加大，工程质量有所提升】2008 年，自治区审图办共审查建筑工程项目 84 项，市政工程项目 3 项，合计建筑面积 63.2 万平方米，涉及工程投资 9.44 亿元。审查中提出违反《工程建设标准强制性条文》内容 321 条，提出违反设计规范和达不到设计深度的意见 5286 条，提出建议性意见 360 条，阿里、昌都等地区相继开展施工图审查工作，从源头上减少和消除质量隐患。全区各级工程质量监督部门通过完善检测方式，加强质量监督，提高工程质监覆盖面，确保了质量安全，仅区质监总站受监工程 116 项、面积 21.35 万平方米。

【安全生产措施得力，安全形势有所好转】2008 年，自治区进一步加强建筑业安全生产监督管理工作，全区建设领域共发生安全事故 10 起，死亡 11 人，同比分别下降了 50%和 45%，死亡指标仅占控制指标 61.1%。

【双清欠力度加大，长效机制成果明显】2008 年，全区各级清欠办接待上访 587 批次，涉及民工 5180 人，涉及工程项目 208 个，涉及拖欠民工工资总金额近 4000 万元，其中：自治区清欠办接待上访 109 批次，涉及民工 2049 人，涉及工程项目 84 个，涉及拖欠工资和工程款总金额 858.36 万元，协调解决民工工资 544.27 万元。随着我区“双清欠”工作力度的加大、管理手段的加强，切实维护了农牧民合法权益，农牧民工集体上访案件在数量上有所下降。

【进一步加强农牧民建筑技能培训，切实加强对农牧民安居工程的指导服务】2008 年，全区各级建设部门共培训农牧民工 1700 多名。为方便经过培训、掌握了一定建筑技能的农牧民工进入建设领域务工执业，在自治区劳动社会保障厅的大力支持帮助下，成立了建设行业职业技能鉴定站，为农牧民工取得职业资格证书、参与建筑施工，实现长期增收创造了条件。通过帮扶引导，鼓励各县乡组建以农牧民为主体的劳务施工组织，努力提高农牧民工进入施工领域的组织化程度。各级建设部门积极配合有关部门编制、审核农房改造项目计划，做了大量基础调研和配合工作，组织编制了民房改造图集和村委会建设图集，并深入村庄指导规划选址、做好施工技术指导，加强质量安全管理，有力地保障了民房改造工程的顺利实施。

【存在的问题和困难】一是体制机制不适应建设事业发展要求；二是建筑市场监管缺位、越位问题较为突出，建筑市场秩序有待整治规范；工程质量安全监控体系不完善；三是城镇规划修编任务重、乡村规划缺乏，规划执行监管薄弱，统筹城乡任务十分艰巨；四是住房保障政策研究力度需进一步加强，房地产业持续发展内在动力不足；五是科技创新不够，采暖和节能减排工作任务艰巨；六是党政干部队伍、管理人才队伍和专业技术人才队伍建设未能做到齐头并进，管理人才队伍和专业技术人才队伍建设相对滞后。（王世玉）

【领导名录】

书记：王亚蔺

厅长：陈锦

副厅长：梅高原、卢英方、岗杰、石振明

纪检组长：王瑞田

自治区旅游工作

【年度综述】2008 年，全区实现接待旅游者 225 万人次，实现旅游总收入 22.6 亿元，较 2007 年同比分别下降 44.2%和 53.4%；总的来看，2008 年我区旅游业虽受多重因素叠加影响和阶段影响，恢复呈跌宕起伏状，但仍在总体形势不利的情况下旅游市场呈现出稳步复苏，旅游经济不断回暖，旅游基础设施建设步伐显著加快的良性恢复态势，较好地重塑了西藏安全、文明、健康的旅游目的地形象，较好地保持了西藏旅游产业的稳定和平稳发展。

【旅游行业规摸】截止 2008 年底，全区旅游企业超过 1000 家，全行业固定资产突破 40 亿元，全区星级饭店（宾馆）达到 136 家。另外，非星级饭店（宾馆）达到了近 800 家，加上城镇居民家庭旅馆和农民家庭旅馆 200 多家，全区拥有床位数达 5 万多张，使西藏自治区的住宿接待能力显著提高；在旅游交通运力方面，旅游定点接待车辆达到 2500 多辆；我区的旅游资源具有容量大、唯一性及多样性的特征。目前，我区已拥有以布达拉宫为代表的 8 个国家 4A 级旅游景区，3 个国家 2A 级旅游景区， 2 个国家 1A 级旅游景区；国家级自然保护区 6 个，国家地质公园 2 个，中国优秀旅游城市 1 座。形成了以拉萨为中心、辐射全区的旅游资源开发利用格局；全区旅行社总数达到 56 家；全区的导游人员达到近 1800 人，基本满足了接待游客的需要。

【重大旅游决策】“3•14”事件发生后，为妥善应对突发事件，确保中外游客安全，西藏自治区旅游局始终坚决贯彻党中央、国务院和区党委、政府所采取的一系列重大决策部署，并根据区党委的要求，立即启动应急预案，采取措施，在第一时间迅速疏散在藏国内外游客，没有出现一例游客滞留和游客人身安全事故，安全、稳妥地完成了在藏游客的疏散工作，保障了游客生命财产安全。同时，为加强游客管理，在我区恢复入境游客接待工作后，自治区旅游局进一步加强入藏批准函的核发工作，实行“三级”审批制，严把入口关；切实加强团队运行管理，实行团队在藏旅行期间零报告制，采取十人以上入境团队配备两个导游的办法，加强管理。对每个导游在上岗前进行警示教育。其次在当雄地震发生后，对全区、特别是拉萨市区各宾馆饭店进行了隐患排查，对宾馆服务人员、司机、导游进行了地震安全教育，及时消除了恐慌情绪，保障了游客安全。

【重大旅游活动】“3•14”事件发生后，为尽快全面恢复发展西藏旅游，消除负面影响，重塑我区文明、安全、祥和旅游目的地形象，全区旅游系统进一步加大了宣传促销力度，有计划、有重点、针对性地组织实施了“请进来、走出去”系列宣传促销活动：一是邀请十五家中央媒体采访团赴拉萨、林芝、日喀则三地市进行了西藏旅游专题采访报道，为宣传西藏安全、文明、健康旅游目的地形象起到了宣传“热效应”。二是邀请国内外 400 多家旅行商赴藏进行旅游线路景点的踩线考察和旅游环境考察，为促进西藏旅游恢复发挥了积极作用。三是在雪顿节期间，与拉萨市人民政府共同举办了“西藏旅游高峰论坛”，邀请了国内部分百强旅行社、旅游专家学者和新闻媒体，齐聚拉萨，共商恢复西藏旅游发展大计。四是积极组织各地市和区内旅游企业赴香港、德国、法国、印度和郑州、西安、福建、成都等地参加国际国内旅游展览促销活动，各地市旅游局也分别组团前往对口支援 30 多个省市和企业开展了宣传和促销，特别是在 11 月份我区旅游系统组成有史以来组织规模最大、投入资金最多、内容最为丰富的西藏参展团赴上海参加国际旅游交易会，并在国家旅游局的大力支持和帮助下，充分利用此次交易会的契机，把展台延伸到场外，举办了以演艺、宣传、咨询服务、洽谈业务为一体的“西藏之夜”专题促销活动，使得此次西藏展台亮点迭起、人气十足。与此同时区旅游局组织人员赴深圳、广州、成都等客源富集地开展了巡回促销活动，最大限度地发挥了促销宣传的作用，达到了扩大宣传覆盖面、拓宽影响面，提高知誉度，提升游客赴藏旅游期望值，重塑我区安全文明旅游目的地的目的。五是通过电视、广播、网络，以及新建的布达拉宫广场西侧 LED 全彩电子显示屏等各类媒体及平台，广泛宣传西藏安全、文明、健康旅游目的地形象。六是大力开展“冬游西藏”宣传促销活动，从线路设计、组织措施、价格战略等多个方面开展了全方位、多层次的促销，取得了良好的宣传效果。同时为配合 2008 年国内外宣传促销活动，针对性地制作了丰富多样的宣传品，如：制作了新版《经典西藏》MV 音乐光碟，制作了新版《冬游西藏》宣传片，制作了《西藏旅游指南》（英文版），印制了世界屋脊神奇西藏招贴画、西藏旅游风光扑克等，正式出版了《西藏旅游志》。通过这一系列的宣传促销活动，在 2008 年旅游发展总体形势不利的情况下，较好的重塑了我区旅游整体形象，取得了良好的反响。

【十一五规划执行情况】一是完成了以拉萨为中心的东西两大旅游环线上的 388 块旅游标示牌和 30 个旅游厕所的规划、设计以及制作安装修建工作；二是完成了局机关局域办公网的建设，目前办公自动化建设已进入试行及学习培训阶段，年内可实现无纸化办公。三是制定和完善了《十一五旅游发展基础设施规划》，申报并落实地方旅游发展资金 1384 万元，落实宣传促销经费 1240.4 万元；组织实施了“阿里神山圣湖旅游区”总体规划评审工作。完成了《西藏自治区旅游“十一五”发展规划》的修编、报批工作，并已正式下发实施。同时，《全区旅游总体规划》在青藏铁路通车后的新形势下，

又作了全面的调整修编，并获得专家评审通过。

同时，由中山大学旅游发展与规划研究中心编制的《香格里拉生态旅游区总体规划》通过了国家旅游局和国家发展改革委组织的专家评审。该《规划》是为落实国务院指示，由国家旅游局和国家发展改革委联合启动的，是涉及我区旅游业的首个国家级规划。该《规划》起点高，涉及部门多，规划面积大，规划的编制实施将对香格里拉区域旅游业的可持续发展起到重要的指导作用。国家旅游局局长邵琪伟对编制香格里拉生态旅游区规划、推进西南地区旅游业发

展工作高度重视，确定把"香格里拉生态旅游区规划"列为"十一五"期间区域旅游与专项规划的重点。

【奥运旅游】5月8日，奥运圣火成功登顶珠峰，火炬接力珠峰传递是奥运历史上的伟大壮举，是北京2008年奥运会火炬接力的重要亮点之一。

6月17日，全国旅游系统做好奥运服务工作电视电话会议拉萨分会场在国际大酒店召开。全区国际国内旅行社、三星级以上宾馆（饭店）负责人、旅游汽车公司和导游公司等旅游企业负责人共150人参加了会议。各地区设立分会场，各地市旅游行政主管部门的负责同志参加会议。

6月21日，登顶珠峰的奥运圣火火种与保存在拉萨境内圣火主火种在布达拉宫广场汇合，并在拉萨顺利传递。

7月份，区旅游局为进一步贯彻落实自治区党委、政府及国家旅游局关于做好奥运旅游年工作的指示精神，落地促销"奥运圣火登顶珠峰、奥运旅游世界之巅"专项产品，决定：从8月5日至10月10日，凡招徕奥运城市入境游客进藏游的全区国际旅行社，每招徕1人进藏旅游奖励该社100元人民币。

8月1日，我区迎来首个奥运旅游团在拉萨旅游4天，参观了八廓街、布达拉宫、大昭寺、查叶巴寺、色拉寺。

8月4日，区旅游局召集旅行社、导游公司、散客中心和直属旅游汽车公司负责人会议，就我区奥运期间旅游车辆安全保卫工作进行了部署。

8月27—31日，2008年北京奥运会赛艇冠军美国选手GOODALE ANNA PERKINS一行6人乘火车从北京抵达拉萨，开始了她们的西藏之行。据悉，这是奥运会首位来藏旅游的奥运冠军。

【旅游抗震救灾】5月14日，区旅游局全体干部职工心系汶川灾区，踊跃捐款15750元。充分体现了中华民族"一方有难，八方支援"的传统美德。

5月23日上午，区旅游局机关党员踊跃交纳"特殊党费"支援汶川地震灾区建设。全局49名党员共交纳"特殊党费"89152元。其中有的党员捐出了一个月的工资达6000多元，党员交纳"特殊党费"最低的都在1000元。

10月6日，西藏当雄县境内发生6.6级地震后，对正在逐渐恢复的我区旅游市场产生了较大的负面影响。

10月14日，局机关全体干部职工、部分局属企业负责人及离退休职工为当雄地震灾区踊跃捐款，奉献爱心，共计捐款10490元。

【旅游合作】8月8日，新疆维吾尔自治区旅游局党组书记池重庆一行8人从新疆叶城出发，对西藏各地（市）进行线路考察，双方就深度合作交换了意见。

【国际旅游】2008年，全区接待入境游客67,997人次，同比下降81.4%；实现旅游外汇收入3112万美元，同比下降77%。

出境旅游，西藏自治区旅游局指定3家出境旅游组团社，即西藏旅游总公司、西藏国际体育旅游公司、西藏山南国际旅行社，出境人数为356人。

【国内旅游】西藏自治区接待国内旅游者2,178,450人次，同比下降40.5%；实现国内旅游收入204,237万元，同比下降46.7%。

乡村旅游 9月23—26日，为进一步贯彻落实国家旅游局和西藏自治区旅游发展协调委员会关于进一步发展乡村旅游的有关指示精神，加快发展西藏乡村旅游，区旅游局在林芝地区举办了全区乡村旅游管理人员和从业人员培训班。此次培训对象为各地区乡村旅游已初见成效的乡、村的乡长或副乡长，村委会主任或副主任；从事乡村旅游并有一定经验的乡村旅游经营管理人员；各地区乡村旅游发展较好的县旅游局长或副局长等50余人。

假日旅游，2月17日是2008年"春节、藏历年"黄金周的最后一天。本次黄金周，我区旅游接待虽然受到内地雪灾的影响，但仍然保持了冬季旅游的增长势头，接待总人数突破了10万人次，创造了同期历史最好水平。据统计，2月6－17日，全区累计接待游客112,605人次，比上年同期增长15.3%。其中，接待过夜游客74,078人次，接待一日游游客38,527人次，同比分别增长13.6%和18.7%。实现旅游总收入7,592万元，同比增长17.5%。

据统计，2008年"五一"小长假期间（1—3日），受"3•14"事件的影响，全区接待旅游者8.9万人次，比上年同期下降36.5%，其中：接待过夜游客2.1万人次，接待一日游游客6.8万人次，分别下降62.8%和19%。实现旅游总收入3272万元，同比下降34.6%。随着"3•14"事件的影响逐渐减弱，进藏旅游人数将呈逐步上升趋势。

"十一"黄金周由于受"3•14"事件、"5.12"汶川大地震和奥运会召开的影响，本次黄金周我区旅游在接待人数、旅游收入方面均呈较大幅度下滑趋势。据统计，9月29日－10月5日，全区累计接待游客25.70万人次，比上年同期下降36%。其中，接待过夜游客11.09万人次，接待一日游游客14.61万人次，同比分别下降41.5%和31.1%。实现旅游总收入8,149万元，同比下降38.9%。

【旅游节庆活动】4月11—13日，2008年中国国内旅游交易会在河南国际会展中心举办。我区组织了14家旅游企业共40多人的参展团参加了此次全国性旅游盛会，并充分利用旅交会这个平台宣传西藏、宣传西藏旅游整体形象。

截止2008年6月30日，拉萨火车站安全运行两周年里共到达国内外旅客1423791人次、发送旅客1401653人次，累计吞吐了282.5万人次。

8月30日—9月5日，2008年中国拉萨雪顿节隆重举行。此次雪顿节的主题是："魅力拉萨、欢乐雪顿"。2008年中国拉萨雪顿节是集旅游推介、文艺演出、经贸洽谈、体育竞赛、文学、摄影作品征集大赛等系列活动为一体的国内外知名活动。期间举办了"西部旅游高峰论坛"大型旅游推介活动。

9月2—4日，第三届西藏纳木错国际徒步大会如期举行。本次活动以"助威北京奥运、徒步纳木圣湖"为主题，是青藏高原上唯一"国际性、政府化、现代化、多元化、有活力"的徒步盛会，本次大会把"体育、探险、旅游"三者紧密结合，形成体育户外健身运动的新时尚。

10月18—26日，由自治区旅游局、林芝地区旅游局联手打造的"2008缘定西藏级地盛宴婚俗节”在林芝地区隆重举行，来自区内外300多对新人以雪山为媒、蓝天为证，实现了让纯洁的爱情在世界上最纯净的地方找到归宿的梦想。

11月20日—12月20日，2008西藏旅游巡回促销系列活动在上海、深圳、广州、成都等地隆重举行。我区组织35家旅游企业（包括旅行社、酒店、景区景（点）等）参加的大规模参展团，以“大美西藏·旅游推介会”为主题进行宣传促销，为宣传西藏安全、文明、健康旅游目的地形象起到了重要作用。期间，国家旅游局副局长王志发多次给与指导。

为尽力消除“3•14”事件的不利影响，尽快恢复发展西藏旅游业，西藏自治区旅游局倾力打造“世界屋脊、神奇西藏”旅游主题形象，加大旅游宣传促销力度，开展了一系列极具针对性的对外旅游宣传促销活动，积极组织各地市和区内旅游企业有针对性地赴香港、德国、法国、印度和郑州、西安、福建、成都等地参加国际国内旅游展览促销活动；各地市也分别组团前往对口支援的30多个省市和企业开展了宣传和促销。

【旅游市场监督管理】“3•14”事件发生后，西藏自治区旅游局充分利用停止旅游经营活动的“间歇期”，将旅游安全生产、规范制度、加强旅游培训等工作作为主要抓手，苦练内功，达到了强基固本的目的。一是充分发挥“三级培训”的作用，从培训这个源头抓起，高标准、严要求地举办了导游人员为主的各类旅游从业人员培训班，以及旅游质监、统计、安监等方面的旅游管理干部培训，进一步提升了旅游队伍的政治素质和业务水平。二是积极开展专项检查，全面检查各类接待设施设备的运行质量，督促检查各旅游接待企业的服务水平，促进服务质量的整体提升。三是对旅游饭店（宾馆）、旅游景区景点、旅游娱乐场所、旅游餐饮等人员密集性场所，特别是对旅行社、旅游车船企业、旅游道路交通等重点进行了旅游安全检查，使得2008年我区未发生任何一起特大安全事故，确保了游客的人身财产安全。四是在全区旅行社推行《国内旅游组团合同》，促进旅游市场的规范化。五是开展景区（点）及饭店（宾馆）星级评定活动，对各A级景区、星级饭店（宾馆）进行复核，新评定了4个A级景区（点）（强巴林寺AAA、查切玛大殿AAA、雍布拉康AAA、古盐田AAAA），对27家新建饭店（宾馆）进行了评星工作，提升了我区的接待能力和接待质量。六是加强与安监、外事、公安、交通等相关部门在应急响应方面的协调，做好应急预案和预警服务，确保了信息畅通和渠道畅通，增强了突发事件应急处置能力。七是积极推行GPS车载安防通讯系统的安装工作，确保旅游行车安全。八是积极组织专业人员赴重点地（市）、县，开展了农牧民旅游技能培训。

【旅游安全管理】遭受拉萨“3•14”打、砸、抢、烧暴力犯罪事件的严重影响，全区各旅行社自拉萨“3•14”事件发生直至4月底期间，没有接待一个旅游团队，旅游企业蒙受了巨大的损失。这一期间，内部稳定成为头等大事，西藏自治区旅游局要求各旅游企业在这一特殊时期一定要以大局为重，讲政治、讲奉献，团结一致，共度难关，同党中央、国务院和自治区党委、政府保持高度一致，牢固树立稳定压倒一切的思想，坚决不让达赖分裂集团妄图破坏我区大好形势的图谋得逞，把达赖分裂集团造成的损失和负面影响降到最低限度。在大是大非面前，在危难关头，大多数旅游企业讲政治、顾大局，坚持不关门、不停业、不裁员，为维护西藏旅游形象和社会稳定做出了积极贡献。自治区旅游局为了减轻企业负担，解决失业旅游从业人员的生计问题，维护旅游行业内部稳定，多次与相关部门的沟通、配合、协调，争取到了一些对旅游行业的优惠政策和财政补贴。同时，为从根本上消除不稳定因素，还积极采取措施，加紧旅游系统内部不稳定因素的排查化解工作。一是主动、及时了解旅游系统内部的上访动态，积极协调，果断处置，确保这一特殊时期不出现集体上访等群体性事件发生。二是积极解决旅游企业职工的具体困难，为118名困难职工解决落实了住房补贴政府激励资金118万元，并为8户局直属企业困难职工落实了廉租住房实物配租工作。

【导游员管理】“3•14”事件后，区旅游局在加大导游培训力度过程中，除抓好导游队伍建设的整体素质外，增加了“3•14”暴力事件真相的内容教育，把“四观”教育与揭批达赖集团有机地结合起来，使考生对达赖分裂集团的认识更加深刻。还着重与目前正在开展的“反对分裂、维护稳定、促进发展”主题教育活动结合起来，提高导游人员的政治素质。

在学习实践科学发展观活动中，区旅游局党组站在大局角度，结合2008年我区导游受“3•14”事件影响的实际，对凡是于2007年与圣洁导游公司签订劳动合同注册登记的非城镇户口导游人员86人，按每人每月失业救助金发放标准420元计算，期限为2008年3月—2009年2月，发放失业救助金43万多元。

【旅游饭店管理】10月10—13日，区旅游局组队参加了由国家旅游局在青岛举办的全国旅游饭店服务技能大赛。此次大赛是我区旅游饭店第一次参加全国性的大赛，对全面提升饭店业员工的技能水平和服务质量。

【旅游援藏】9月18日上午，区旅游局隆重举行由国家旅游局投资200万元购买的旅游救援、监察车辆授车仪式。国家旅游局所配备的旅游救援、监察专用车辆，进一步提高了我区旅游执法能力和工作效率，使我区的旅游执法和旅游经济救援工作再上新台阶。

【旅游教育培训】2008年1—2月份，联合国开发计划署、商务部中国国际经济技术交流中心及西藏自治区旅游局在四川大学举办了为期近两个月的西藏自治区旅游管理高级人力资源培训班。来自区旅游局、七地（市）旅游局及各旅游企业、西藏大学的共24人参加了培训。此类培训项目在区旅游系统尚属首次。

10月21日，在国家旅游局的大力支持和区党委组织部的关心、帮助下，自治区旅游局组织来自全区七地（市、县）的分管旅游县长、旅游局局长40人在天津旅游管理干部学院举行为期一个月的西藏旅游经济发展研讨班。

5月7—9日，由区旅游局主办，国家旅游局、区统计局协办的全区旅游统计工作及业务培训会在拉萨召开。全区地市及县旅游局、部分旅游企业单位近200人参加了会议。

【大事记】

1月10日，西藏自治区旅游局在新鼎大酒店召开冬季旅游座谈会。旅游局领导、各旅行社、酒店、航空公司和铁路部门及拉萨各大媒体参加了会议。

1月15日，由孙永平、邓珠两名副局长带队，到直属各企业慰问了39户困难党员和困难职工，发放慰问金36700元。

1月23日上午，尼泊尔新任总领事纳因德拉普拉萨德•乌帕达雅、领事热格米、随员可依拉拉等一行4人拜会了自治区旅游局。

2月1日起，雅鲁藏布大峡谷大拐弯处徒步旅游产品启动。大拐弯产品开放期仅限于每年的10月1日至来年的5月1日。

2月3日，区旅游局机关全体干部职工向南方出现持续低温、雨雪和冰冻极端天气受灾地区开展献爱心捐赠活动，共计捐款4,950元。

2月28日上午，美国驻成都总领事包杰明一行拜会自治区旅游局。

3月17日上午，自治区旅游局巴珠局长带领局有关方面的负责人一行10人，带着慰问品前往大昭寺广场慰问了驻守官兵，并代表全区旅游战线广大干部职工向驻守官兵致以了诚挚的问候和衷心感谢。

3月18日下午，区旅游局党组召开局机关全体干部职工及局属企业员工大会，愤怒声讨近期由达赖集团等境内外分裂势力精心策划煽动发生在拉萨的“打、砸、抢、烧、杀”等举世震惊的罪恶分裂行径，坚决拥护党中央、国务院和区党委、政府对3月10日以来所发生的暴力事件的重要指示精神，深入揭批达赖分裂集团分裂祖国、破坏北京奥运、破坏西藏和谐稳定政治局面的丑恶嘴脸及其险恶政治图谋。

4月2日下午，区旅游局召开局机关干部职工大会，传达区党委4月2日上午召开的“自治区全面深入扎实做好稳定工作电视电话”会议精神。并就“五一”节迎接游客的准备工作做了全面布置。

4月25日恢复接待国内游客、6月25日恢复接待入境游客。

4月29日，由西藏展望信息设备有限公司承建的“区旅游局办公局域网硬件设施建设项目”经过一个多月的建设，顺利通过验收，为下一步实现区旅游局办公自动化和12301旅游公益服务热线的开通奠定了基础。该项目的顺利投入使用，将使西藏旅游信息化建设又向前迈出了新的一步。

5月6日，区旅游局对“3•14”事件后积极组织客源，恢复正常旅游接待，为西藏旅游业的早日恢复做出积极贡献的旅行社给予表彰、奖励和通报表扬。

6月25日，在宣布恢复开放我区入境旅游市场新闻发布会之后，第一个由日喀则国际旅行社接待的入境旅游瑞典旅游团，于25日乘机从成都抵达拉萨，标志着我区旅游接待已全面恢复。

6月10—18日，为加强与香港旅游界和东南亚地区旅行商的旅游交流与合作，由国家旅游局组织，区旅游局、拉萨市旅游局、阿里地区旅游局组成的西藏旅游参展团赴香港参展。

6月19−21日，由拉萨市领导带队，市（县）旅游局、雪顿办、旅游企业代表及文艺演出人员组成的拉萨市赴北京旅游促销团，参加了为期四天的由北京市旅游局主办的北京国际旅游博览会旅游促销活动。通过参加北京旅游博览会，为拉萨“3•14”暴力事件之后，全面恢复我区旅游业，正面宣传拉萨旅游安全环境起到了积极的宣传效果。

7月14日，西藏亚克旅行社接待的由浙江风光旅行社组织的“跟潘多重走天路”旅行团一行36人将抵达拉萨、日喀则旅游。期间，将向尼木县续迈乡小学捐赠价值10万元的10台电脑、10台29英寸彩电、10台最新款DVD录放机及2万多元的图书。

由国家旅游局支持邀请的15家中央媒体组成的西藏旅游采访团一行16人，分别乘飞机和火车于7月17日抵达拉萨，对我区旅游业进行为期10天的专题采访报道。此次中央媒体西藏旅游采访团赴藏宣传报道，国家旅游局给予了大力支持，并派专人陪同采访团抵达采访。

7月24日，世界第一大峡谷—雅鲁藏布大峡谷正式对外开放。

8月1日上午，由区旅游局党组书记俞允贵同志带队，走访慰问了拉萨市驻军和武警官兵，代表全局广大干部职工向执勤官兵送去了慰问品。还慰问了自治区旅游局军转干部和复转军人。询问了自治区旅游局军转干部和复转军人在工作、生活中遇到的困难和问题，并要求尽快给予落实解决，真正做好拥军优属的工作。

8月8日，位于拉萨市布达拉宫广场西侧，由自治区旅游局投资近300万元建设的我区首个大型旅游LED全彩电子显示屏投入使用，以便向游客全面展示西藏的旅游资源、旅游政策，让游客第一时间获得权威的、准确的、及时的信息。

8月30下午，“2008中国西藏拉萨雪顿节旅游高峰论坛”在拉萨市举办。国内部分百强旅行社总经理、海外部分旅行商、旅游专家学者和媒体共61人齐聚拉萨，围绕重振西藏旅游建言献策。

9月1日，国家旅游局局长邵琪伟率国家旅游局赴藏工作组在林芝地区调研，并提出四点要求。

9月3—10日，林芝地区旅游局首次组团参加了在厦门举办的第四届海峡旅游博览会。国家旅游局局长邵琪伟、副局长张希钦、杜江、福建省委、省政府领导专程参观了林芝地区旅游展台并给予指导。

10月初，区旅游局决定对2008年10月20日至2009年4月20日期间组织团队游客冬游西藏的区内旅行社予以重奖，并出台详细的奖励措施。

12月29—30日，2008年全区旅游工作会议在拉萨隆重召开。自治区党委常委、常务副主席吴英杰等领导参加了会议，吴英杰常务副主席在会上做了重要讲话。自治区旅游发展协调委员会各成员单位领导，各地（市）分管旅游的副专员，旅游局局长、星级饭店、旅行社、旅游汽车公司和4A级旅游景区总经理共220人参加了大会。

【领导名录】

书记、副局长：俞允贵

局长、副书记：巴珠

副局长：王松平、孙永平、邓珠

巡视员：扎诺

气象、地震、电力、石油

自治区气象工作

【气候评价】2008 年度，全区年平均气温为 4.9℃，较常年同期偏高 0.5℃，部分站点月平均气温超历史同期极值。就四季而言，冬、春季平均气温偏高，夏季正常，秋季持平。全区平均年降水量为 524 毫米，较常年偏多 16%，为近 38 年来降水最多的年份；部分站点月降水总量超历史同期极值。大部分地区日照时数偏少。年内不同区域出现了雪灾、洪涝、泥石流、冰雹、雷电、大风等灾害性天气，给人民群众生命财产、生产生活及交通运输造成了较大的影响。

气温　全区年平均气温在-1.5℃～12.1℃之间，与历年同期相比，各地气温正常或偏高，其中日喀则地区大部、改则、那曲、索县、当雄、墨竹工卡、泽当、类乌齐、八宿、林芝、米林偏高 0.5℃～0.9℃，阿里地区西南部、定日、安多、班戈、拉萨偏高 1.0℃～1.3℃。年内部分站点月平均气温创历史同期最高。

降水　全区年降水量在 75～878 毫米之间，与常年同期相比，阿里地区大部、那曲地区大部、拉萨大部、南木林、拉孜、浪卡子、隆子偏多 3～7 成，其余各地基本正常。年内部分站点月降水量超历史极值。

日照　全区多阴云天气，年日照时数在 1493～3489 小时之间，与常年同期相比，加查、隆子、芒康正常，错那、波密、察隅、八宿、改则偏多 20～92 小时，其余各地偏少 20～418 小时，其中那曲地区大部、日喀则地区大部、当雄、浪卡子、贡嘎、泽当、米林、昌都、类乌齐、洛隆、普兰偏少 100 小时以上。

年内，降水时空分布极不均匀，不同区域出现了雪灾、洪涝、泥石流、冰雹、雷电、大风等灾害性天气，给当地人民群众生命财产、生产生活及交通运输造成了较大的影响。

【气象服务】西藏自治区气象局配合中国气象局出色完成了奥运火炬珠峰展示气象保障服务工作，为保障队做出“5 月 8～9 日具备登顶天气条件”的准确预报做出了重要贡献。在奥运火炬拉萨传递气象服务中，预报服务准确、及时、周到。区局被中国气象局评为“奥运会重大气象服务先进集体”，4 人分别被中国气象局、自治区政府评为奥运服务先进个人；12 月，经政府专题会议研究决定，今后凡是气象部门发布的气象灾害预警信号，广电、电信部门将通力合作，免费向全区所有手机用户播发，气象灾害预警信号基本覆盖全区。

9 月 20 日，阿里地区普兰县发生了有测站以来历史最大的特大暴雨灾害。24 小时降雨量达 79.9 毫米，过程降雨量占全年降水总量的 73%。灾害发生前，西藏自治区气象局提前 3 天做出了准确预报，及时发布了“强降雨黄色预警信号”，迅速启动突发气象灾害响应机制，全力做好气象服务。由于预报服务准确及时，当地政府和有关部门措施得力，实现了重特大气象灾害零伤亡，气象服务工作得到了区党委、政府的高度赞誉。区党委副书记、常务副主席郝鹏说：你们这次预报服务工作干的的确漂亮。

10 月 6 日，拉萨市当雄县境内发生了 6.6 级地震。区局立即启动应急预案。一是分管领导深入灾区一线指挥抗震救灾气象服务，区市县三级气象预报服务人员立即进入岗位，从当晚开始每天制作发布地震灾区专项天气预报，共发布了 42 期。二是迅速调配帐篷、照明设备、救灾物资送到受灾较重的尼木县气象局。该局的干部职工克服各种困难，坚守工作岗位，确保了气象业务服务工作正常开展。西藏自治区气象局对 10 月 25 日灾区出现的较强降雪天气提前做出了准确预报，为政府提早做好灾区群众防寒防冻工作赢得了时间，确保了灾区群众无一人挨饿、受冻。

10 月 26 至 29 日，西藏山南、林芝等地发生了有气象记录以来同期范围最大、强度最强的暴雨雪灾害，错那、波密县过程降雪量分别达到了 106.6mm 和 105.5 毫米。对于此次灾害性天气，西藏自治区气象局早在 9 月底的短期气候预测中做出了较准确预测，并提前 2 天准确发布了强雪(雨)天气预报和西藏历史上第一份“强降雪红色预警信号”。各级党委、政府非常重视，提早组织抗灾救灾工作，将灾害损失降到了最低。区党委张庆黎书记对西藏自治区气象局防抗雪灾气象服务给予了充分肯定。指出“这次雪灾气象局报告及时，为搞好抗灾救灾工作做出了贡献”。山南地区行署致函区局，要求对在此次抗灾工作中做出突出贡献的山南地区气象局给予奖励。

对 11 月 4 至 5 日，上级业务单位预报我区东部将出现新一轮强降雪天气的预报，党中央、国务院非常重视，区党委、政府要求气象部门全力做好气象预报服务工作。我们动员一切人员、物资、技术、科研、装备力量，严密监视天气系统，与中国气象局和各相关省市气象局上下联动，协调配合，根据天气系统演变情况，及时将大到暴雪预报等级调整为小到中雪等级，预报结果与天气实况基本一致。由于预报准确，服务及时，地方政府及时调整了应对措施，有效减少了抗灾救灾成本。11 月 5 日，区党委书记张庆黎高度赞扬区气象局预报准确，服务周到。区气象台服务科被中国气象局授予全国重大气象服务先进集体，1 人被评为先进个人。

【应对气候变化能力建设】认真贯彻落实胡锦涛总书记在 2008 年政治局集体学习气候变化问题会议上的讲话及国务院下发的“应对气候变化国家方案”精神，围绕青藏高原在国家和地方应对气候变化工作中的特殊重要地位，提出了西藏气象部门强化应对气候变化能力建设的八项措施：一是加强对西藏整个气候系统的综合气候监测；二是加强对西藏气候变化的研究和影响评估；三是加强防御和减轻极端天气气候灾害的能力建设；四是加强对发挥太阳能、风能等清洁能源的服务；五是加强青藏高原生态安全屏障建设；六是加强法规制度建设；七是加强应对气候变化的科普宣传；八是加强应对气候变化工作的领导。

【紧密结合西藏实际，积极开展应对气候变化工作】开展了“西藏气候变化事实及影响评估报告”项目研究；二是受政府委托组织编制“西藏自治区应对气候变化方案”。现已完成终审稿的编写上报工作，自治区政府将适时下发实施；三是启动了覆盖整个青藏高原六省区范围、投资规模达 9.2 亿元的“青藏高原气候变化监测服务系统”项目立项工作。2008 年 8 月，自治区政府组织区内外专家对《青藏高原气候变化监测服务系统》项目建议书进行了论证，同意以自治区名义报国家发改委。12 月份，全国政协环境与人口资源委员会召开评议会，拟向国务院提出项目立项建议。

【气象业务与现代化建设】调整上报了《西藏气象事业发展第十一个五年规划实施方案》，突出了加快建设现代气象业务体系，强化防灾减灾和应对气候变化能力建设。列入自治区“十一五”规划的《西藏农牧业防灾减灾气象科技支撑系统》项目中的“西藏雷电灾害监测与防御能力建设”、“西藏农牧业气候资源区划与开发利用”和“西藏生态环境遥感监测与服务系统”三个子项目，已得到中国气象局批准进入实施阶段，有力的推动了现代气象业务发展。

加强了旅游景区天气预报，强化了空气含氧量、紫外线强度和酸雨等环境气象指数预报。开展了农田、草场长势调查，开展了病虫害气象条件、作物产量、草场长势和生态环境气象评估。加强了人工影响天气示范基地建设和人员培训，积极开展人影防雹、增雨作业。雷电监测预警预报业务稳步开展。

建成了全区气象宽带网、全区气象视频会商系统和中、短期预报业务平台。配合区防汛抗旱指挥部建立了水利、气象、水文、国土、藏历天文历算 5 部门联合汛情定期会商制度，与相关厅局联合开展了冰湖灾害科学考察。加强了灾害监测、调查和评估工作，制作发布了气候影响评价、干旱监测情报以及湖泊变化、植被覆盖、森林火灾、生态质量等监测产品。

按照区政府办公厅《关于加快区域气象灾害监测站网建设的通知》，制定并积极落实建设方案，建立各地（市）、县人民政府和气象主管机构齐抓共管的管理机制，保障自动气象站的连续稳定运行和效益的充分发挥。完成了陆态网当雄基准站预定建设任务，完成了 JICA 项目的探空加密和陆面观测。在当地政府的支持下，最大限度地保护了琼结、浪卡子、米林县的气象探测环境。在气象台站增多，观测任务加重的情况下，各项业务质量全部达到中国气象局要求，有 88 人获得“百班无错情”称号。在气象站网建设中，有 9 个单位被评为自动站建设先进集体、37 人被评为先进个人。

【科研教育】继续与区内外科研机构开展合作科研。同时，坚持自主创新，大力提升高原特色科研能力，加强科研成果的转化和应用。申报各类项目 13 项，其中省部级项目 11 项，向国家自然基金委申报的《西藏年楚河流域冰川及冰川湖对气候变化的响应》、《西藏高原典型内陆湖湖面变化对气候变化的影响》、《西藏怒江流域气候变化及其生态环境演变特征》等项目，有 2 个项目获得资助。《西藏农牧区植被遥感监测及其对气候变化的响应》等在研项目进展顺利。完成科研项目 10 余项，《西藏自治区农牧业气候区划》出版发行。

【人才强局】初步建立学科带头人和青年科技人才两个培养梯队，目前这项工作通过帮助学位提升、学者访问、内地交流、项目培养、专项经费和跟踪服务等形式强化两个梯队的队伍建设。进一步拓宽人才培养渠道，强化干部职工的在职培训。与成都信息工程学院开展的局校合作不断取得新进展，建立了学历进修西藏函授点，在卫星遥感、天气预报、大气探测、网络共享等多方面广泛开展合作。全面实施事业单位岗位设置管理制度，合理设置业务岗位，完善岗位聘用管理。

【气象法制建设】《西藏自治区气候资源管理条例》列入全区五年立法计划，《西藏自治区气象探测环境和设施保护办法》列入区政府 2009 年立法计划。国家级气象行业标准化项目《人工影响天气藏语新术语》通过专家评审。进一步加大了气象法规宣传力度，《西藏自治区气象灾害防御办法》和《西藏自治区人工影响天气管理办法》藏汉双语单行本出版发行。对全区防雷专业设计、施工、检测、施放气球资质进行年度检查，对部分地区和部分县进行了行政执法监督检查，为全区 22 个县气象局配备了气象行政执法设备，执法环境得到改善。自治区气象局被评为 2008 年全区法制建设先进单位。

各级气象部门科学管理和政务信息化水平不断提高，目标管理考核工作进一步优化，政府信息公开工作得到加强，电子政务深入推进，督查督办工作机制不断完善。计划财务开源节流，预算执行情况良好，国有资产管理进一步规范。高原气象职工区内外生活基地建设项目进展顺利，基层基础工作得到加强，为大部分县气象局配备了交通工具。2008 年争取地方气象事业经费 1846.52 万元，比 2007 年的 962.2 万元增长了 884.32 万元，增长率达 92%。2008 年中央事业费为 21986.81 万元，其中：行政事业类项目 2087.16 万元，基本建设类项目 3226.98 万元（含农牧业气象科技支撑体系项目建设 4000 万元）；2008 年中央事业费总投资比 2007 年增长 44.8%，其中：行政事业费类增长 29.6%，基本建设类增长 100%（不含农牧业气象科技支撑体系项目经费）。行政后勤、技术装备保障能力提高。老干部工作得到加强，“两项待遇”落实较好。援藏工作取得新进展，对口扶贫工作得到加强。（次吉）

【大事记】

1 月 24 日，为期 2 天的全区气象局长会议在拉萨召开。会上，西藏自治区政府副主席次仁做了重要讲话。他指出，要进一步提高气象预报预测水平，增强气象为西藏经济社会发展服务的能力；进一步加强气象防灾减灾工作，增强气象为防御自然灾害和突发公共事件服务的能力；进一步加强应对气候变化方面的工作，不断提高生态环境保护的气象服务保障能力。

2 月 29 日，《西藏自治区“十一五”时期突发公共事件应急体系建设规划》下发执行。

2 月，西藏自治区人民政府令第 82 号发布《西藏自治区人工影响天气管理办法》，《办法》自 2008 年 3 月 1 日起施行。

3 月 5 日，全区气象宽带网络系统建设正式启动。3 月 10 日顺利完成了地市级和县级试点安装，全区宽带网络系统建设全面展开，9 月全部建设完成。

4 月 23 日，中国气象局郑国光局长在西藏自治区气象局党组报送的《西藏自治区气象局关于应对拉萨“3•14”打砸抢烧犯罪暴力事件全力维护稳定情况的报告》上批示，充分肯定了西藏气象局维护稳定工作。

4 月 23 日，西藏自治区副主席次仁在拉萨会见了中国气象局副局长许小峰，并代表自治区政府对中国气象局长期给予西藏气象事业的支持表示感谢。

5 月，全区气象部门广大干部职工慷慨解囊，踊跃捐款，连续四次为“5•12”四川汶川地震灾区捐款 63 万余元。

5 月 7 日，《西藏自治区人工影响天气作业指挥系统》投入业务运行。

6 月 20 日，区局召开“纪念改革开放三十周年理论学习”专题会议。

7 月 20 日，区局与成都信息工程学院就加强局校合作、青藏高原气候变化和天气预报预测等方面进行了研究。

7 月 21 日，北京奥运火炬接力西藏自治区火炬传递领导小组在奥运火炬拉萨市内传递保障服务工作总结中，对西藏气象部门在火炬传递的服务给予高度评价，”领导小组同时授予西藏自治区气象局胡初阳同志“北京奥运火炬登顶珠峰暨拉萨传递活动先进个人”称号。

8 月 29 日，自治区政府在拉萨召开《青藏高原气候变化监测服务系统》项目论证会。自治区副主席次仁出席论证会并致词。

8 月 29 日至 9 月 2 日，中国气象局副局长宇如聪赴西藏检查指导工作。宇如聪肯定了西藏的气象工作，在西藏自治区政府副主席次仁的陪同下，宇如聪 8 月 31 日到山南地区气象局检查指导工作。9 月 1 日，宇如聪到昌都地区检查指导工作并慰问气象职工。

9 月 1 日，全区气象部门省级电子政务办公系统试运行，年内力争实现无纸化办公。

10 月 6 日，西藏自治区当雄县发生里氏 6.6 级地震，区局立即采取行动，将震后初步灾情通过灾情直报系统上报给中国气象局等部门。翌日，区局领导率科技减灾处、计划财务处、应急办以及拉萨市气象局相关负责人赴灾区慰问气象职工，并察看灾情，同时要求全力做好气象保障服务工作，确保为抗震救灾提供及时、准确的气象服务。

10 月初，来自全国各地的 100 多名气象专家聚集林芝，开展气象学术交流，共提交论文 96 篇。

10 月 13 日，西藏自治区气象局召开深入学习实践科学发展观活动动员大会，对气象部门学习实践科学发展观活动进行了动员和部署。

10 月 21 日至 23 日，为期 3 天的纪念改革开放 30 周年西藏气象部门第四届职工文艺会演在拉萨降下帷幕。

10 月 26 日至 29 日，西藏山南、林芝、那曲、日喀则等地出现了有气象资料以来范围最广、强度较强的特大雨雪天气。中国气象局对暴雪灾情和气象服务工作非常关注，西藏自治区气象局高度重视，周密部署。各级气象部门上下联动，抗击暴雨雪灾害气象服务取得了显著成绩，受到了自治区党委、政府的高度赞扬。张庆黎书记做了重要批示：“这次雪灾气象局报告及时，为搞好抗灾救灾工作做出了贡献”。

10 月 27 日，中国气象局决定，对在北京奥运会、残奥会气象服务保障工作中做出突出贡献和成绩的 36 个先进集体和 122 名先进个人予以表彰，西藏自治区气象局和西藏自治区气象局的普布次仁、罗布坚参、何晓红三位同志榜上有名。

11 月 11 日，西藏自治区党委副书记、自治区常务副主席郝鹏专程前往区气象局，就气象预报服务工作和救灾物资储备管理工作进行考察调研。

11 月 28 日，由共青团西藏自治区委员会、西藏自治区青年联合会、西藏日报社、西藏电视台、西藏人民广播电台、西藏商报联合主办的第八届“西藏十大优秀青年”评选活动在拉萨揭晓。多次成功预测罕见气象灾害，为及时应对提供有利气象服务的山南地区气象台副台长建军榜上有名。

12 月 4 日，西藏自治区气象局和拉萨市气象局联合举行“12•4”全国普法宣传活动。

12 月中旬，自治区气象局与自治区建行相关负责人签订了我区首家中央预算单位公务卡业务。

【领导名录】

书记：刘光轩

副书记、局长：宋善允

副局长、党组成员：尼玛丹增、旦增顿珠、赵一平

纪检组组长：拉卓

自治区地震工作

【防震减灾法制建设】2008 年西藏自治区地震局上报了《西藏自治区水库地震监测管理办法》和《西藏自治区抗震设防管理规定》等地方性规章，但未获准立项。自治区地震局年初修订了破坏性地震应急预案；在政府倡导的行政公开和信息公开工作中，上报了《西藏自治区地震局行政执法项目办理程序》，该程序包括行政审批项目、服务承诺、行政执法处罚工作程序三大内容，已经西藏自治区人民政府审核批准并通过西藏自治区人民政府网站向社会公布。5·12 汶川地震后，昌都地区、林芝地区等地（市）修订或制定了地区破坏性地震应急预案，昌都地区还针对当地实际制订了抗震设防要求和建设工程场地地震安全性评价管理规定等规章。

【抗震设防要求的管理】2008 年，西藏自治区地震局在农牧民安居工程的实施过程中，不断加强监督，特别是当雄地震发生后，在农牧民安居工程的验收工作中一再强调抗震设防的重要性。四川汶川 8.0 级地震发生后，西藏自治区党委和政府对地震安全高度重视。按照自治区党委、政府要求，由自治区教育厅牵头、自治区发改委、自治区建设厅和自治区地震局组成联合调查组重点开展西藏七地（市）学校抗震设防能力的拉网式检查。

【地震安全性评价的管理】2008 年度先

后开展了中国人民银行拉萨中心支行办公大楼场地、昌都地区行署院内地直机关周转房工程、西藏自治区墨竹工卡县驱龙铜矿、拉萨机场快速路工程的地震安全性评价工作。

【活动断层探测工作】拉萨市及周边区域活断层探测工作已于2007年底完成并通过中国地震局组织的验收。2008年未开展该项目工作。

【防震减灾宣传工作】汶川地震发生后，给社会公众造成了严重的恐震心理，为此，西藏自治区地震局5月份在西藏电视台迅速播放了《应对地震灾害》公众自救互救常识记录片，得到了社会的广泛关注。

为配合西藏自治区科协在山南举办的"2008年西藏自治区科普日活动"，2008年9月21日，西藏自治区地震局派出技术人员在山南地区康辉中学举行了地震科普知识讲座。

拉萨市当雄县发生Ms6.6级地震后，为了稳定拉萨市市民对地震的恐惧以及学校及时了解地震基本知识，自治区地震局向自治区教育厅和拉萨市宣传部发放了3000本藏、汉文《防震减灾知识读本》，对宣传防震减灾知识发挥了重要作用。

为了加强防震减灾知识的宣传，自治区地震局在9月中旬印刷了60000张藏、汉文的防震减灾知识的宣传卡片，卡片以图片为主、通俗易懂。

当雄地震发生后，为了配合西藏自治区教育系统在拉萨举办的"学校安全校长培训班"，自治区地震局派出了专家进行了《防震避震科普知识》讲座。

【地震应急救援装备建设】2008年，西藏自治区地震局除建立完善了应急指挥系统外，还为开展现场工作专门配备有静中通卫星数据传输车一台，配置手持GPS、对讲机、手提电脑等现场工作用品及防寒衣、徒步鞋、太阳镜等个人装备。西藏自治区地震紧急救援总队于汶川地震和当雄地震后两次完善和更新部队装备，总价值达到4000万元，包括雷达生命探测仪、顶升破拆、照明交通、通信通讯、运载指挥等，及大的提高了西藏地震应急救援工作能力和速度。可在六小时内对拉萨及周边约五百千米范围内展开地震救援行为。

【应急、救援队伍建设】西藏自治区地震局于2008年10月组建了地震应急现场工作队，该队由二十人组成，由分管应急工作的副局长曹忠权同志负责；西藏自治区地震紧急救援工作主要由西藏消防部队承担，西藏自治区地震紧急救援总队成立于2007年8月，搜救主力是拉萨市消防支队特勤大队。

【地震应急救援行动】2008年1月9日16时26分在西藏自治区改则县境内（北纬32.5°，东经85.2°）发生6.9级地震。地震发生后，自治区地震局高度重视，当即召开紧急会议并启动《西藏自治区地震局破坏性地震应急预案》，及时将震情情况向中国地震局和自治区党委、政府做了汇报。会后，西藏自治区地震局迅速组成地震应急现场考察工作组赶赴震区开展了考察和应急工作。

5月12日，四川汶川发生8.0级特大地震，西藏自治区地震局立即启动了《西南地震协作区破坏性地震应急预案》，立刻组成了现场工作队，在第一时间赶往灾区集结，并在24小时内赶到了四川省抗震救灾前线指挥部，参与抗震救灾工作。

2008年10月6日16时30分，西藏自治区拉萨市当雄县（北纬29°48′，东经90°21′）发生Ms6.6级地震，地震发生后，西藏自治区地震局立即启动地震应急预案，40分钟后派出5人专家组携通迅、定位等野外考察设备，6点10分到达羊八井镇，7点到达极灾区格达乡羊易村，并迅速投入救援及开展灾情调查工作。10月7日，中国地震局8人和云南地震局4人到达拉萨组成国家地震现场工作队。截止10月13日，历时7天，国家地震现场工作队和西藏地震局（6人）及自治区相关单位（12人）30人，分成7个调查小组，开展地震震害调查工作。灾评组先后对西藏自治区的当雄县、尼木县、堆龙德庆县、仁布县、曲水县、浪卡子县、贡嘎县、班戈县、林周县、南木林县的部分乡（镇）进行灾情调查，行程约2万千米，共调查了60个居民点和3个地震地质灾害点，从中确定了41个抽样点。同时，灾评组还对11项生命线工程及水利工程结构进行了调查，对评估区外贡嘎县、拉萨市、林周县、达孜县、浪子卡县、堆龙德庆县、江孜县等县市部分地区的灾情进行了核查。组织专家对当雄6.6级地震灾害损失报告进行编写，10月16日，该报告编写完成，通过了西藏自治区财政厅、农牧厅、水利厅等17家厅局级单位的领导和专家的评审。此次地震应急工作在西藏自治区地震局干部职工努力合作下，取得了很好的成效，得到了自治区党委、政府和中国地震局的高度好评。

【重要地震与震害】2008年10月6日西藏自治区拉萨市当雄县6.6级地震。

发震时刻：2008年10月6日16时30分

微观震中：29°48′N，东经90°21′E

宏观震中：拉萨市当雄县格达乡羊易村

震　　级：M=6.6

震源深度：8千米

震中烈度：Ⅷ度

震源机制解：发震断层走向N38°E，倾角49°，滑移矢量侧伏角64°，为一个兼具左旋走滑的正断层

地震类型：主震—余震型

余震情况及特点：据西藏自治区数字地震台网测定，截止到10月13日12时整，西藏当雄6.6级地震，共发生1256次余震，其中5.0—5.9级地震2次，4.0—4.9级地震1次，3.0—3.9级地震27次，2.0—2.9级地震179次，1.0—1.9级地震750次，0.0—0.9级地震297次。

烈度分布与震害。地震的宏观震中位于当雄县格达乡羊易村一带，微观震中距当雄县约105千米，距拉萨市约77千米。最高地震烈度Ⅷ度，等震线形状呈椭圆形，长轴呈北北东走向。灾区总面积为11934平方千米；Ⅷ度区面积约307平方千米，北自格达三组，南到尼玛果、羊易四组一带，东达羊易一组、羊易二组以东；Ⅶ度区面积约1057平方千米，北自央热村一组，南到尼雪，东、西边界为无人区，无地表破坏作参照，且交通不便，属推测界线；Ⅵ度区面积约10570平方千米。北自当雄县的宁中乡堆

灵村，南到仁布县的玛日、浪卡子县的白地亚斯一带，东起曲水县的南木，西至尼木县的麻江、江尼以西一带，由于西边界为无人区，属推测界线。

本次地震造成10人死亡，60人受伤（其中重伤14人）。由于房屋毁坏和较重程度的破坏造成失去住所约2万人。灾区人口121406人，23899户。此次地震造成的直接经济损失41137万元。

灾区房屋建筑按结构类型可分为土木结构、石木结构、砖混结构、钢筋混凝土框架结构等四类。灾区内各类居民住房屋破坏总面积为1225872平方米(房屋毁坏104229平方米，严重破坏6035平方米，中等破坏982426平方米，轻微破坏133182平方米)，直接经济损失28484万元；地震造成教育系统房屋破坏和教学设备损坏，直接经济损失1158万元；地震造成卫生系统房屋破坏很医疗设备损坏，直接经济损失239万元；地震造成电力系统设备及线路受损，直接经济损失100万元；地震造成公路开裂、塌陷、路基下沉，直接经济损失800万元；地震造成"村村通"单收站和收转站受损以及通讯设备损坏，直接经济损失120万元；地震造成饮水工程、水池水塘等不同程度受损，直接经济损失110万元。地震造成其他公用房屋（指除教育系统和卫生系统之外的公用房屋，包括机关和各企事业单位的办公用房、厂房等）损坏，直接经济损失3329万元。此外，评估区外的贡嘎县、拉萨市城关区、林周县、达孜县、浪卡子县、堆龙德庆县、江孜、南木林县等部分民房及其他工程设施也遭受了不同程度的破坏，直接经济损失3250万元。

【地震活动概况】2008年，西藏地震台网共监测到发生在西藏自治区（北纬26°—37°，东径78°—100°）及其邻区共发生大于1.0级以上地震3321次，其中：1.0—1.9级地震1350次；2.0—2.9级地震1522次；3.0—3.9级地震315次；4.0—4.9级地震103次；5.0—5.9级地震25次；6.0—6.9级地震5次；7.0级以上地震1次。这3321次地震活动含当雄地震余震活动。2008年度西藏自治区及邻区发生的最大地震是2008年3月21日新疆于田7.3级地震，在西藏自治区阿里地区1月9日改则6.9级地震则是西藏自治区发生最大的地震。

【地震活动的特点】在监测能力范围内，2008年度西藏自治区的地震活动有以下特点：

2级以上的小震活动水平显著增强，即使除去当雄余震活动，其活动的水平也高于往年。2008年西藏自治区地震活动的频次创台网记录以来的新高，这可能与我区地震监测台网在"十五"项目后监测能力显著增强有关，但就4.0至4.9级的中等地震也比往年的活动水平高，对此震级段的地震，在"十五"项目投入运行前西藏自治区台网结合国家台网已很少漏记。这说明2008年西藏地区的中小地震活动水平确实较往年有明显增强。

西藏自治区5级以上中强震在2008年具有强度高、频度大、空间范围分布广的特点。至目前为止共发生5级以上地震31次，这也是西藏自治区自有记载来5级以上地震发生的频次仅次于1950年、1951年来的第三个高值。1月9日改则6.9级地震、3月21日新疆于田7.3级地震、6月中旬的唐古拉山5级震群、8月25日的仲巴6.8级地震及10月6日当雄6.6级地震，都说明了强度高、空间范围分布广的特点。仅从6.5级以上地震的频次看，2008年4次6.5级以上地震也是西藏自治区中强震活动频次的历史并列第二高值。

中小地震的空间活动范围主要集中在西藏的中东部地区，这可能与西藏自治区地震台网的监测能力及台网布局有关；5级以上地震则分布较广，喜玛拉雅地块、拉萨地块、羌塘地块均有分布，这也说明了青藏块体的前缘西藏地块地震活动的剧烈性和复杂性。

【地震监测预报工作】规范"十五"数字地震观测网络项目，确保各系统正常运行是2008年西藏自治区地震局一项重要工作。经过人员的调配、各项规章制度的建立和人员培训力度的加大，测震、前兆、信息等各系统已步入正常运行轨道。西藏地震监测、分析、定位能力得到显著提高，区内外较大的地震已基本能在15分钟之内做出快速的定位，达到了地震速报的要求。

【地震预报】2007年年底，西藏自治区地震局召开了年度地震趋势会商会，完成了《2008年度西藏地区地震趋势研究报告》。2008年西藏及邻区共发生5级以上地震31次，这些地震发生后，西藏自治区地震局都积极组织分析预报人员，通过对历史地震和震后地震序列的研究，及时进行会商，提出趋势判断意见。并根据前兆异常变化情况，在震情紧张期间，制定该期间的震情工作制度和具体落实措施，加强地震预测预报工作。唐古拉山地区5级地震群及当雄6.6级地震发生后，都及时进行会商，提出了较准确的趋势判断，为各级人民政府进行抢险救灾决策提供了科学准确的依据。按照《西藏自治区地震局地震灾情速报实施细则》的要求，组织业务人员认真学习、履行职责，确保在区内发生较大地震后能及时准确收集震情、灾情，并快速报送。进一步检查和完善监测中心及台站震情值班人员岗位责任制，加强节假日震情值班，实行局领导亲自带班制度。

【监测预报重点项目建设】在自治区政府的高度重视下，2008年西藏自治区地震局上报的藏东、藏北地震监测台网项目建设得到自治区发改委的批复，总投资500万元。2008年下达投资200万元。尼玛、双湖台已完成建设，丁青台基建完成。

西藏自治区地震局承担的国家六部委联合项目——"陆态网络"（GPS）11个基站投资约1000万元。2008年已全部完成11个台点的基建，提前完成任务。子午工程项目建设也进展顺利。

"十一五"中国地震局对西藏投资2000多万元，项目的可行性研究报告和初步设计方案已经完成，正在进行立项工作。

自治区电力工业工作

【基本情况】2008年，西藏电力有限公司仍与西藏自治区电力工业局实行"一套机构、两块牌子"的管理模式。公司经营管理的地市电网总装机容量54.42万千瓦，较2007年增加10.75万千瓦。其中：

水电44.17万千瓦，占81.1%；火电7.91万千瓦，占14.5%；地热2.418万千瓦，占4.4%。供电营业范围为主电网覆盖下的7个地市所在地和32个县（区）政府所在地以及部分乡和行政村，供电人口130万人。公司完成发电量15.87亿千瓦时，同比增长6.85%；售电量13.28亿千瓦时，同比增长6.99%；综合线损率13.28%，较上年降低了0.08个百分点；应收电费余额1735万元，完成国家电网公司考核指标；完成重点电力建设投资22.86亿元，为年计划的108.69%；年末全员劳动生产率13.49万元/人•年；全年电网安全形势保持平稳。

【**年度综述**】2008年末，自治区总装机容量72万千瓦，较2007年增加11.2万千瓦。其中：水电60.46万千瓦，占总装机容量的83.79%；地热发电2.418万千瓦，占总装机容量的3.36%；火力发电8.072万千瓦，占总装机容量的11.21%；太阳能和风能发电1.05万千瓦，占总装机容量的1.46%。全区人均装机容量253.52瓦，较2007年增加38.53瓦。

全区发电量20.01亿kWh，较2007年增加0.6亿千瓦时；全区用电人口210万人，占西藏总人口的75%，较2007年增加17万人；全区人均用电量704千瓦时，较2007年增加24千瓦时。全区各县府所在地、乡（镇）政府所在地通电率达到100%，行政村通电率为60%。

西藏电网由4个独立的地市级主电网构成，形成以延伸覆盖到32个县农牧区的藏中电网（覆盖拉萨、山南、日喀则和那曲）、昌都电网、林芝电网和阿里狮泉河电网“一大三小”的电网格局。主电网以外的县级及以下的小水电和太阳能光伏电站分别由自治区水利部门和自治区科委负责规划与建设，建成后移交当地县级电管机构管理，均是独立的一县一网。

藏中电网、林芝电网和昌都电网最高电压等级为110千伏。其中林芝电网电压等级于2008年10月由35千伏升压至110千伏。阿里电网最高电压等级为35千伏。全区地市以上电网共有110千伏变电站20座，较2007年增加3座，变电容量73.65万千伏安，较2007年增加15.4万千伏安，110千伏输电线路总长2051.9千米，较2007年增加254.9千米；35kV变电站65座，较2007年增加13座，变电容量40.1万千伏安，较2007年增加1.7万千伏安，35千伏线路总长2055.13千米，较2007年增509.13千米。

2008年，全区供电形势总体上好于往年，但藏中电网在冬春季节仍存在缺电矛盾，电网最大综合可调出力30万千瓦，电力缺口4万千瓦，电量缺口近1亿千瓦时。林芝电网、昌都电网、阿里狮泉河电网能够维持供需平衡。随着西藏经济社会快速发展对电力需求的迅猛增长，地市电网发电量“十一五”期间年均增长10.43%，缺电仍是制约西藏经济社会发展的突出“瓶颈”。

【**电力建设与发展**】西藏电力有限公司认真落实2007年7月国家电网公司党组书记、总经理刘振亚和自治区主席向巴平措在拉萨签署的《关于共同推进西藏电力建设发展会谈纪要》和《关于共同推进西藏自治区农村“户户通电”工程建设会谈纪要》精神，电力建设与规划前期工作步伐加快。

【**电力项目规划前期工作**】青藏直流联网工程陆续取得中央及各级地方政府项目支持性文件，拉萨换流站场平工程完工，青藏直流联网工程拉萨习服基地建成启用；拉萨220千伏环网及拉萨至日喀则输变电工程完成可研审查和上报；藏中四地市电网“十一五”期间110千伏及35千伏输变电工程上报可研请示，专项支持性文件取得相关部门批复；组织审查了七地市城网改造工程的规划、设计；完成西藏电网2008—2012滚动规划报告编制和审查；完成西藏能源中长期发展规划和审查；藏木、果多水电站分别完成可行性研究报告和预可研报告审查；羊湖二厂可行性研究工作正在积极有序开展；积极落实国家拉动内需政策，组织编制并上报了今后三年电网建设项目资金计划，落实了部分项目设备招投标工作。

【**工程建设、投产情况**】2008年完成工程建设投资22.86亿元，比2007年增加1.11倍，创历史新高。各项工程的质量、安全、工期、投资和环保等指标得到有效控制。实现雪卡水电站4台机组全部投产发电，藏中电网应急电源6台机组全部建成发电，老虎嘴水电站工程按期截流，雪卡送出工程和沃卡—加查110千伏输变电工程年内建成投运，林芝—拉萨220千伏输电线路基础工程已开工建设，配合青藏直流联网工程完成换流站场平工作。主电网覆盖下的农村“户户通电”工程开工建设，当年完成15个县8.7亿元的建设任务，解决和改善了17.7万人的用电问题。

西藏高海拔试验基地建成投运，它是国家电网公司“四基地二中心”建设工程之一，填补了世界特高压高海拔研究的空白。公司完成了国家电网公司西藏高海拔试验基地建设项目的前期配合、土建工程施工，配合安装调试设备和现场协调管理等工作，确保了基地按期建成投运。国家电网公司副总经理陈进行、西藏自治区副主席邓晓刚为基地投运揭牌，并给予西藏高海拔试验基地建设以高度评价。

在基本建设中，共吸纳农牧民工31.72万人次参与工程建设，及时足额支付农牧民工工资共计3170万元。

【**经营管理**】2008年，公司围绕建设“一强三优”现代公司目标，着力推进与国家电网公司管理接轨工作，在生产经营、安全生产、规划前期工作、基本建设、人力资源、财务预算、电网调度、电力营销等专业管理方面已逐步按照国家电网公司的要求运作。一是计划与统计工作与国家电网公司要求逐步接轨。对综合计划的编制、审批、执行、控制、调整、考核及监督等的管理进一步加强，有效保证了公司综合计划各项指标的圆满完成。二是全面启动预算管理，初步建立了一套适合公司实际管理水平的对下预算模型，公司调控能力得到增强，进一步强化了成本控制，提高了成本效益。公司圆满完成2007年度各项财务指标。三是着手开展建立资金结算中心的前期准备工作，初步形成了资金管理中心的组建方案。四是理顺电价管理体制，规范用电结构，推进西藏中部电网“同网同价”，已具备了行文上报自治区政府的条件。五是深入开展增供扩销和内部挖潜，加强电费回收管理和考核，落实电费回收责任制，六个地区公司实现了当年应收电费结零；收回陈欠电费1153.71万元，陈欠电费下降60%。六是建立两级招标管理体系工作开始起步，成立了招投标管理机构，逐步建立健全招投标管理制度，实现了招投标工作的统一领导和正常运作。七是推进标准化管理工作，制定了变电站、水电厂、输电线路等安全设施标准，开展了"一厂、两线、三变"安全设施标准化建设，编制了公司基建标准化管理等规范性文件。

【安全生产】公司系统安全生产取得历史最好成绩。公司坚持"安全第一，预防为主，综合治理"的方针，以防止人身伤亡和电网大面积停电事故为重点，认真开展安全性评价整改和安全隐患排查治理专项行动，排查隐患1629项，落实整改731项，重点加强了设备隐患治理，发电设备故障率较2007年下降86.9%；组织开展设备特巡800余次，完成各类事故抢修和设备缺陷处理3000余次；健全了公司系统可靠性管理和输变电专业管理网络，对300余人进行了相关的专业培训；开展"百问百查"及安全生产百日督查工作，建立"百问百查"长效机制；认真组织春、秋季安全大检查及特殊时期安全检查，开展了"户户通电"工程、防洪度汛和大型技改施工作业现场专项安全监督；狠抓基建安全管理，确保了施工安全和质量；加大技术改造力度，实施重点技改27项，完成11项；强化检修计划管理，藏中电网完成计划检修500项；应急物资储备得到落实，应急组织机构和抢险队伍初步建立，应急管理工作和机制初步理顺。安全体制机制和安全管理工作不断完善，电网安全生产局面得到巩固和加强。全年安全生产情况总体平稳，没有发生人身伤亡事故，没有发生重大及以上电网、设备事故，没有发生重大及以上交通事故。

【营销工作】2008年，公司努力克服"3•14"事件、当雄地震和藏东南暴雪等不利影响，认真组织生产，及时调整经营计划，挖掘市场潜力，努力增供扩销；合理安排发供电设备检修，优化有序供电，有效遏制了售电量下滑；圆满完成了奥运火炬在珠峰、拉萨传递活动的保电任务和"3•14"事件、当雄地震、藏东南雪灾等非常时期的电力供应任务。加强电费回收管理和考核，落实电费回收责任制。截至2008年底完成售电量13.29亿千瓦时，同比增长6.99%，完成国家电网公司下达责任目标值的100.48%；应收电费余额1735.35万元，完成国家电网公司责任指标要求，六个地区公司实现了当年应收电费结零；城市供电可靠率99.78%，比目标值高0.18个百分点；城市综合供电电压合格率99.56%，比目标值高1.23个百分点；新增用电负荷近2万千瓦。

面对冬、春季严重缺电形势，一方面精心组织电力生产，挖掘发供电潜力，加强与大工业用户沟通协调。同时加快拉萨应急电源和雪卡水电站建设步伐。另一方面建立了由政府主导的需求侧管理机制，有效缓解了严重缺电矛盾。2008年度，公司圆满完成重要保电任务100余次，实现了"三大节日"100%供电目标，全年供电形势好于往年。

【农电工作】"户户通电"工程于2008年4月18日正式开工建设，2008年的工程建设任务是18个县开工建设，完成15个县"户户通电"工程建设目标。截至2008年12月31日，共完成投资8.7亿元，15个县的"户户通电"工程主体施工任务已完成，解决和改善了97个乡镇1036个村(组)3.84万户17.7万人的用电问题（其中新增2.1万户10.4万人，改善1.74万户7.3万人)。完成新建35千伏变电站14座，新增变电容量1.703万千伏安，35千伏线路511.34千米，10千伏线路3892.79千米，低压线路2503.94千米，安装变压器891台，变电容量4.78万千伏安。在"户户通电"工程建设中，先后投入100万元资金培训乡村级农电工210人次；吸纳农牧民工10.3万人次参与工程建设，支付农牧民工工资合计468.77万元。

【科技与信息化】2008年完成科研项目130万元的投资计划。公司以成熟实用新技术和先进设备的推广应用为主，借助国家电网公司的有力支持，加快技术改造，坚持服务于电力生产和电网安全运行，突出重点，量力而行，不断推进公司科技进步工作。完成国家电网公司西藏高海拔试验基地建设项目的前期配合、土建工程施工，配合安装调试设备和现场协调管理等工作，确保了基地主要试验设备按期投运，取得了首批试验数据。

安排西藏电网雷电定位检测系统二期建设和西藏电网解列点及解列装置分析研究2项科技项目，取消了地热发电阻垢、防垢研究项目。

西藏电网雷电定位监测系统二期建设项目结合林芝与藏中电网联网建设，增加6个监测站，并对中心站进行技术升级，该项目完成设备采购合同和技术服务协议签订工作，计划于2009年完成探测站的规划选址、设备制造和安装调试任务。

西藏电网解列点及解列装置分析研究项目，是根据藏中电网四个地区相互之间联系的紧密程度、地理位置和110千伏网架结构，研究分析电网解列点设置方案。截止2008年12月31日，该项目已全部完成。

2008年，公司信息化工作取得重要进步。全面完成一体化平台建设，实现与国家电网公司和地市公司三级贯通；建成了业务应用数据库（数据中心）和数据交换，公司核心网络由原来的百兆提升到千兆；按计划启动了业务应用系统的建设工作，先后建成计划与统计管理系统、安全监察管理系统、人力资源管理系统、审计系统、纪检监察管理、经济法律事务管理系统、项目管理系统、农电管理系统、办公自动化、远程培训管理系统和区地一体化调度管理等十一个系统；完成公司信息网络内外网隔离工作。

【帮扶（援藏）工作】2008年，国家电网公司对西藏公司的人才帮扶力度不断加大，在扩大赴藏帮扶人数的基础上，首次采用赴藏任职的方式，从系统选派4名干部到西藏公司任职，选派8名年轻干部到西藏挂职，这12名干部均在关键领导岗位，推动了公司领导班子和干部队伍建设工作。2007年进藏的41名管理技术帮扶人员继续在藏开展帮扶工作，分别在公司本部和12家下属单位从事帮扶工作，其中15人担任副处级领导职务。

同时，根据工作需要，与中国水电工程顾问集团协调，争取对口专业援助人员2批共8人，其中4人安排在副处级领导岗位上。他们均在各自的岗位上发挥了重要作用。

国家电网公司各业务部门积极开展"结对子、一帮一"等方式的帮扶，相继组织帮扶工作组进藏开展专项帮扶工作，累计进藏工作专家17批182人次；信息化帮扶工作顺利推进，完成投资2720万元；积极向国家电网公司争取财务费用和工资等方面的政策支持；内地网省公司帮扶力度继续加大，特别是江苏电力公司和浙江电力公司，在技能鉴定、培训中心建设及城网改造规划等方面，给予了有力的支持和帮扶。

2008年，西藏公司赴内地电力企业学习培训678人•次；赴内地挂职锻炼13人•次，其中包括公司级班子成员1人•次、所属单位班子成员2人•次和10名青年专业技术和管理骨干。

国家电网公司在"十一五"期间给予西藏公司10亿元的资金帮扶，2008年度安排项目资金4.5亿元。截至2008年12月31日，实施帮扶项目37项，完成年度计划的78%（未完成原因是受"3•14"事件、"5·12"地震等影响，部分项目设计单位不能及时进藏踏勘和收资，影响了设计成果的提交；部分设备厂商未能及时供货，导致项目开工时间推迟）。其中，生产和技术改造实施27项；生产经营管理实施8项；生活条件改善项目实施2项。

在国家电网公司10亿元帮扶资金的基础上，通过努力和协调，落实了其他中央电力企业"十一五"援藏帮扶资金1.5亿元。

【优质服务】2008年，公司为平息拉萨"3.14"事件、维护社会稳定，以及应对"10·6"当雄地震和藏东南暴雪等自然灾害做出了重要贡献，不仅保障了非常时期的电力供应，同时提供了优质电力服务，受到了国家电网公司和自治区党委政府的充分肯定。

在公司系统全面开展"金牌服务迎奥运"活动。制定并下发了《西藏电力有限电网公司开展"金牌服务迎奥运"活动实施方案》，通过悬挂宣传标语，设置宣传栏，发放宣传资料等形式，营造电力企业服务奥运的氛围。

规范供电服务管理，"三指定"问题在一定程度上得到了解决。扎实开展重要客户供用电安全隐患排查，2008年共排查出隐患257条。各供电企业通过隐患整改通知书等形式，提出了整改方案，基本完成隐患治理。

针对冬季电力供应紧张的情况，各供电企业走访用户，召开用户座谈会，通报供电情况。上门宣传服务，检查指导用户科学用电、节约用电，努力缓解供需矛盾。

【领导名录】

书记、董事长：王庆华
书记、副董事长：刘克俭
副书记、总经理：刘晓明
副书记、纪检组长：加央群培
党组成员、副总经理：李华、高应云、张韧、姚格平
党组成员、工会主席：索朗江村
党组成员：谭志红
巡视员：扎西央宗
副巡视员：陈新民

中国石油天然气股份有限公司西藏销售分公司

【基本情况】中国石油天然气股份有限公司西藏销售分公司隶属中国石油天然气股份有限公司，西藏公司总部设在西藏自治区拉萨市北京中路71号，现任分公司总经理李宝军，党委书记多布拉。公司下辖8个地区公司（拉萨、日喀则、山南、昌都、那曲、阿里、林芝、格尔木）、2个专业经销公司（液化气经销公司、润滑油经销公司）1个采调处（成都）和1个直属油库（七二五油库）。拥有成品油储存库9座、液化气储存库1座、加油站106座，总库容量14万立方米；现有员工1854人，其中合同化用工1046人，市场化用工808人。主要从事成品油及石油液化气的批发、零售、代销、运输、储存等业务，并指导、协调、监督、检查所属各单位工作。

【经营指标】2008年中国石油西藏销售公司购进各类成品油35.25万吨，完成年度计划的106.8%，同比减少2.02万吨，下降5.4%；实现管输油品12.02万吨，完成年度计划的104.53%，同比增长7.04%。实现成品油销售量36.62万吨，完成年度计划的111%，同比下降6.1%，其中零售量31.42万吨，完成年度计划的120.85%，同比增长5.8%；零售比达到85.8%，终端比为94.3%，同比上升11.6个百分点；润滑油销售量1408吨，完成年度计划的174.9%，同比增长33.1%；液化气销售量576吨，完成年度计划的115.2%，同比下降6.94%。

【资源调运】2008年中国石油西藏销售公司克服资源紧张、拉萨"3•14"事件及格尔木炼油厂检修等因素影响，从讲政治、负责任的高度，加大资源衔接组织力度，启动油品保供应急预案，紧急从新疆、兰州等地筹集油品2.89万吨，协调争取危险货物运输许可，全力确保管道输油和公路运输正常运行，圆满完成了自治区交给的500吨液化气储备任务，有力地保证了非常时期西藏区内油气市场的稳定供应。奥运火炬登顶珠峰期间，精心协调组织，通力协作配合，加油站提供优质服务，流动加油车跟踪供油，光荣地完成了奥运车队油品保障任务。2008年下半年，受青藏公路整治运输周转下降的影响，西藏区内市场再度面临紧张局面，多方组织抽调40余台油罐车，加大与自治区政府、交通厅的请示协调力度，紧急开通青藏公路油品运输"绿色通道"，实现了区内市场平稳供应的工作目标。西藏公司所属地区公司严格落实资源调运计划，格尔木公司、成都采调处、七二五油库等单位切实担负起资源购进、组织调运和储备输转的重任，为保障区内市场稳定做出了积极贡献。2008年实现青藏公路油品运输9.85万吨，实现公路二次油品运输38.23万吨，在各个时期从未发生油气供应脱销断档事件，有力承担了市场保供的社会责任，获得了西藏自治区商务厅授予的"优秀流通企业"荣誉称号。

【加油站管理】2008年中国石油西藏销售公司加大推行新版《加油站管理规范》宣传力度，结合工作实际，认真组织开

展加油站岗位练兵活动，一级稽查46座加油站，二级稽查活动定期组织展开，稽查考评结果得到有效运用，业务流程、账表填制、现场管理以及操作服务持续规范，加油站综合管理水平不断提高。进一步积极开展“微笑服务 2008”系列活动，组织“优秀加油站经理”和“中国石油微笑服务之星”评选推荐，送报洗车、提供便利食品等服务项目在有条件的加油站逐步展开，有序开展加油站非油业务前期工作，积极推进加油站定置化管理，加油站硬件设施和服务功能持续完善，加油站综合服务水平和综合形象水平不断提升。健全零售客户档案，加强客户拜访与回访，有针对性实施“点对点”竞争策略，逐步推行加油站小额油品配送，3000吨级加油站、5000吨级加油站分别比2007年增加5座、2座，加油站单站日销量比2007年增长8.8%，加油站综合创效水平不断提升。

【投资管理】2008 年中国石油西藏销售公司累计完成7466万元，其中销售网络投资3151万元，完成铁路接卸库土地购置，新建、收购加油站各 1 座，新增投运加油站2座；技术改造与更新投资3018万元，七二五油库、那曲中心加油站等16 个改造项目全部竣工；公用工程投资1151万元，相继完成机关大院总平改造、机关活动中心装饰等12个项目；信息建设投资 123 万元，完成全区 8 座油库联网，销售 ERP 系统成功上线运行。加强工程建设项目全过程管理，严把项目设计关，认真开展图纸会审，最大限度地保证了设计的科学完整性。加强项目施工现场监督和施工安全、质量检查，建立项目进度定期报告制度，及时解决施工中遇到的各类技术问题，确保了工程建设质量和安全。规范工程建设招投标程序，科学编制及确定招标方案，自行组织完成16个工程项目招投标任务，受到了西藏自治区建设厅招标办公室的好评。同时，严格实施资金拨付程序，认真组织开展工程验收，强化项目资料整理归档，逐步实施建设程序后评价，工程建设管理水平得到持续提升。

【财务管理】2008 年，中国石油西藏销售公司顺利完成财务“三统一”工作，组织人员深入林芝、昌都、阿里、日喀则公司开展财务检查复查，财务基础管理工作得以促进。积极推进银企合作协议落实，努力降低银行收费标准，银行上门收款服务率达到96.2%，资金运行安全环境不断优化。顺利启用现金管理平台，加快资金周转速度，贷款发生额、贷款余额较启用前分别降低 68.5%和 100%。深入开展“挖潜增效、勤俭节约”活动，加强预算指标执行动态分析，强化费用分解、责任落实和严格考核，招待费、会议费、修理费、办公费等费用支出均控制在预算范围内。历时 4 个月对七二五油库等八家单位进行库存盘点，统一调平库存商品财务业务帐表，全面掌握全区库存商品管理盈亏情况，有针对性提出商品管理改进意见，对规范库存商品管理、提高综合管理效益起到了重要的促进作用。

【HSE 建设与管理】持续完善 HSE 管理体系，推广实施 HSE 信息系统，积极开展管理评审和第三方监督审核，加大不符合项的整改力度，健康、安全、环保管理水平不断进步。加强安全教育培训，重点宣贯反违章六条禁令，安全文化氛围日益浓厚。认真开展安全专项检查活动，重点整治库站安全隐患，确保了公司全年无重大安全环保事故发生。2008年公司获得了集团公司“安全环保先进企业”称号。2008 年西藏公司始终将安全稳定工作是政治、是大局、是效益的理念贯穿到企业经营管理工作的全过程，按照“安全第一、环保优先、以人为本”的理念，认真落实西藏自治区党委、政府的工作部署和要求，严格执行国家和集团公司安全环保法律、法规，切实加强职工的思想政治教育和安全防范工作，多次召开公司安全稳定工作会议，研究部署防恐保安全和安全生产工作，明确不同阶段安全环保稳定工作目标、任务和措施。各单位、各部门按照公司有力部署，及时启动预案，紧急动员起来，落实防恐措施，加强值班守护，顾全大局，忠于职守，沉着应对，连续作战，以辛勤付出和扎实工作促进了生产经营安全平稳运行。

【培训与技能鉴定】加强干部队伍建设，探索完善干部培养选拔使用机制，健全各级领导班子配备，推荐提拔 3 名干部到副总岗位，公司决策指挥力量得到了强化。按照程序提拔了 9 名干部到中层领导岗位，开展13名中层干部双向挂职锻炼，二级领导班子功能不断加强。落实中层干部职代会述职述廉制度，73 名处级以上干部接受考核测评，干部工作责任感明显增强。建立分级培训机制，加大队伍培训力度，通过外派学习、内部培训等形式，全系统受训人数为 1557人次，培训覆盖面达到 83%，队伍管理素质与业务水平均得到提升。大力开展群众性劳动竞赛活动，组织举办公司第二届岗位技能竞赛，优选种子选手参加集团公司职业技能竞赛，取得了销售系统加油站操作单项第三名的历史好成绩。以业绩考核为主，加强员工考核激励，全员劳动积极性和创造性进一步得到激发。

【企业管理】认真落实股份公司成品油销售业务整合工作要求，顺利完成阿里叶城油库、叶城加油站资产人员的交接工作。不断优化管理体制，扎朗、贡嘎、察隅、当雄加油站实现属地化管理，市场责权利关系进一步理顺。规范第三方承运体系，青藏公路、新藏公路及区内部分路线油品均交由第三方承运，油品运输集约化模式基本具备条件。伴随着销售 ERP 系统的成功上线，原有业务、设备、财务模块流程得到优化，规范化、集约化、专业化管理步伐加快，运营效率进一步提高。完善内部运营机制，财务管理专业化程度继续深化，建设投资实现集中管理、分级控制，销售策略、价格手段与市场联动加强，资产实物管理与价值管理有序分离，加油站分级稽查、安全检查巡查、内部审计、业绩考核、行政督查等协调运行机制逐步建立，各项管理要素得到较好配置，为完成各项工作任务、促进又好又快发展提供了机制保障。2008 年 12 月份，西藏公司召开领导干部会议，研究确定了集约化管理、专业化运作和一体化发展模式及工作思路，探索完善提高经济效益和运营效率的有效途径，各单位、各部门积极响应并采取切实可行落实措施，各项工作呈现持续协调快速发展的良好势头。

环境保护、地矿勘查

自治区环境保护工作

【年度综述】2008年，全区各级环保部门紧紧围绕推动科学发展、促进社会和谐这一主题，努力克服拉萨"3•14"事件和地震灾害、雪灾带来的不利影响，坚持推进发展和维护稳定两手抓，按照加强生态文明建设，实施科学发展促进战略和生态安全保障战略的环保工作思路，立足于构建西藏高原国家生态安全屏障，全面推进生态环境保护与建设、污染防治和辐射环境管理工作，严格环境执法监管，各项环保工作取得重要进展，在经济持续快速增长的情况下，全区环境得到有效保护。

【生态环境保护与建设整体推进】西藏生态安全屏障建设取得重大进展。完成了《西藏生态安全屏障保护与建设规划（2008—2030年）》技术评估工作，经国务院第50次常务会议审议通过。

自治区人民政府批准建立了麦地卡、玛旁雍错、扎日南木错、班公错和洞错等5个自治区级自然保护区。截止2008年底，全区已建立各类自然保护区45个（其中，国家级9个，自治区级11个，地市县级25个），保护区总面积41.26万平方千米，占全区国土面积的34.38%。

开展了森林、草地、水资源保障、自然保护区和矿产资源开发等5个领域的生态补偿研究，形成了《西藏生态补偿研究报告》，启动了草原生态补偿试点工作。拉萨市开展了国家生态园林城市、国家环境保护模范城市创建活动。林芝地区出台了建设生态大地区的决定，并制定了西藏首个绿色创建管理办法——《林芝地区绿色创建活动管理办法（试行）》。积极推进自然保护区规范化建设，开工建设拉鲁湿地自然保护区二期工程，继续开展珠穆朗玛峰、拉鲁湿地国家级自然保护区示范建设。完成了西藏自治区土壤污染状况调查数据分析与整理工作，共获得数据14多万个。

继续推行草场承包经营责任制，通过游牧民定居、轮牧、休牧、草场改良等措施，不断促进草地生态环境改善。

全区共完成造林绿化45.6万亩，封山育林60.8万亩。继续实施长江上游"三县"天然林保护工程，投入资金2494万元，建设生态公益林3.87万亩，封山育林3.57万亩。继续实施退耕还林工程，投入资金1500万元，完成退耕还林工程荒山荒地造林15万亩。落实森林生态效益补偿基金31937万元，对全区7地（市）60个县（市、区）的6387.4万亩国家重点公益林进行了管护。实施了重点区域造林绿化工程，完成工程造林近15万亩，平均成活率为87%以上。

【污染防治进展顺利】进一步加大禁止"白色污染"工作力度，自治区人民政府办公厅转发了《国务院办公厅关于限制生产销售使用塑料购物袋的通知》，明确在全区范围内全面开展禁止"白色污染"工作。开展了全区重点交通干线、旅游景区及主要城镇环境综合整治工作，促进了城镇、乡村、旅游景区、交通沿线环境的明显好转。加强中高考期间的噪声污染防治工作，为广大考生营造了安静的考试环境。

加强了3家国家重点监控企业和27家自治区重点监控企业的环境监管，提出了"十一五"后三年主要污染物总量减排的年度计划，并对我区2007年主要污染物总量减排工作进行了总结上报，环保部西南督查中心赴藏检查了我区主要污染物总量减排工作。

全区第一次污染源普查工作基本完成。完成了全区73个县（市、区）工业源、生活源和集中式污染治理设施以及5地市26个县、4个农场的农业源清查、普查工作，共清查工业源713家（普查229家），清查生活源11086家（普查3217家），清查农业源2514家（普查2514家），清查集中式污染治理设施7家（普查7家），通过了国家污染源普查工作办公室的质量核查与验收。完成了污染源普查数据的录入汇总工作。

完成了全区地下水污染现状调查，开展了全区饮用水水源地基础环境状况调查和评估工作。对全区饮水安全进行了调研，针对拉萨市西郊水厂等存在污染隐患的水源地提出了整改意见。

【辐射环境管理进一步强化】西藏自治区辐射监测实验室及配套废物贮存间开工建设。开展了放射性同位素与射线装置安全检查，消除了辐射事故隐患，确保全区所有放射源都处于安全监管状态。完成了全区电磁辐射设备（设施）调查工作，初步查明全区使用电磁辐射设备（设施）单位130家，主要分布在广播电视、通讯、医药和电力行业。全年共审批放射性同位素和射线装置应用项目环境影响报告表2份、登记表9份。

【环境保护统一监管能力不断提高】对全区所有矿产资源勘查项目编制《环保方案》情况进行清理，并对2007年完成的勘查项目进行了环保专项验收；会同自治区国土资源厅等相关部门，督促检查了自治区禁采砂铁资源决定的落实情况，并对阿里地区禁采砂金情况进行了检查；会同安全监管局等部门对拉萨市6县的尾矿库进行了执法检查；会同农牧厅等部门对那曲、拉萨等地（市）冬虫夏草采集管理工作进行了检查。

以保障饮水安全为重点，全面组织开展了全区集中式饮用水源环境保护、重点建设项目环境监察、矿产资源勘查与开发环境保护专项执法检查、农产品生产基地及食品加工企业环境监测与监察等环保专项行动，出动人员近千人次，执法车辆600余台次，检查企业或项目507家（个）。开展了全区环境监察执法后督察，检查发现整改不落实、措施不到位的督办环境问题及新出现的环境问题15个，其中自治区挂牌督办问题6个。

全区共接到来信来访举报的环境问题413起，办结406起，处理率达到98.3%。

【环境监测、科研与宣传教育能力不断提高】在环境监测方面，开展了水、气、声环境常规监测和集中式饮用水水源地水质监测、酸雨监测、绿色食品生产基地环境质量监测、重点污染源监测、委托性监测工作。对珠穆朗玛峰、青藏铁路沿线、纳木错、羊卓雍湖等典型区域和老虎嘴水电站、雪卡水电站等重点项目区的环境质量现状进行了调查监测。先后派出3批专业技术人员赴四川汶川及当雄地震灾区开展了震后环境应急监测。2008年共取得各类监测数据22559个，编制各类监测报告159份。

完成全区19个辐射环境国控网点的常规监测，共获得监测数据490个。在拉萨市开展了γ辐射自动连续监测工作。在全区范围内选择有代表性的31家矿山采选企业，开展了γ辐射空气吸收剂量率监测，获得γ辐射空气吸收剂量率监测原始数据1404个，统计数据108个，矿石样品放射性核素数据180个。

开展了“西藏高原生态安全屏障评价体系研究”、“2008年度西藏生态环境监测与评价”和“高寒风沙化土地飞播技术研究”等环境科研工作，其中“西藏生态安全研究”获得自治区科技进步一等奖。配合环保部开展了《青藏高原环境保护综合规划（2010—2030）》编制的前期工作。

在环境宣传教育方面，开展了纪念“6•5”世界环境日宣传活动。自治区副主席孟德利同志发表了纪念“6•5”世界环境日电视讲话，召开新闻发布会发布了2007年西藏自治区环境状况，联合西藏大学开展了纪念“6•5”世界环境日系列宣传活动，利用《西藏通讯》大力宣传环保工作成就，配合区发展改革委开展了节能宣传周活动。积极开展环境外宣工作，在《西藏日报》刊登了“西藏环境在发展中得到有效保护”等专题文章。在自治区外宣办和外事办的安排下，接待了13批国内外来访团。

【环境保护能力建设不断加强】加大对干部职工的教育培养力度，鼓励职工接受在职教育和专业技术人员继续教育，全局在读或已毕业的硕士研究生以上学历学位人员已达18人，占职工总数的18.6%。

自治区环境监测中心站通过了国家认证监督管理委员会实验室资质认定复审，通过计量认证的项目为7大类113项。配备了水、气环境应急监测车和部分监测仪器，并在环保部的帮助下开展了酸沉降和大气污染自动监测网络建设。

积极协调落实各类环境保护资金，落实2008年各类环保专项资金上亿元加强环保能力建设，并保证了污染源普查、土壤污染状况调查、生态补偿研究、《西藏生态安全屏障保护与建设规划》评估修改等重点工作的开展。为拉萨、日喀则、山南、那曲4地市及45个县环保局各配备了一辆环境监察执法车，为7地市及部分县环保局配备了环境监察取证设备，为那曲、阿里地区环保局配备了环境监测仪器设备。完成了六地区环境监测站建设项目前期工作，部分地区监测站项目已开工建设。

【环境信息】全年共编发西藏环保信息12期251条，分别报送自治区党委、人民政府和环境保护部。

【领导名录】

副书记、局长：张永泽

副书记、副局长：李维星

局党组成员、副局长：张天华、刘玉平

自治区地质矿产勘查开发工作

【年度综述】2008年，西藏自治区地勘局紧紧围绕“一产上水平、二产抓重点、三产大发展”的经济发展战略，始终坚持“三个牢记”、“三个坚持”、“三个服务”，坚持“勘查立局、人才兴局、科技强局”的发展方式，着力带好队伍，着力管理国有资产，着力实施基础性、公益性、战略性地质勘查工作，着力部署组织实施全区重大地质科研项目，全力推进我区地勘事业的发展，各项工作取得了长足进步。

【地质勘查取得预期成果】自治区地勘局以摸清矿产资源家底为出发点，以地质科研提升地勘工作水平和能力，以铜、铅、锌、金、铬、钼、矿泉水、锂、硼、钾等优势矿种为主攻对象、以找大中型矿床为主攻重点，着力加强了藏东“三江”成矿带、冈底斯成矿带、班公湖—怒江成矿带、青藏铁路沿线和藏西北盐湖成矿区的地质找矿工作，重点加强了重要成矿区（带）的勘查评价工作，地质勘查主业得到进一步加强。

2008年全局共实施地质矿产勘查项目137项，勘查经费2.54亿元。其中，国土资源大调查项目9项（经费213万元）、青藏专项地质调查项目17项（经费7555万元）、危机矿山勘查项目2项（经费1761万元）、科研项目11项（经费760万元）。地勘局筹措项目经费1746万元，安排了矿产普查项目和专项调查项目21项、找矿专项资金项目19项。承揽社会地勘项目24项（经费65812万元）。引资合作勘查项目34项（局属地质矿产勘查单位完成投资6766万元）。

钻探、平硐、槽探实物工作量再创历史新高。全年完成机械岩芯钻探12万米、平硐7679米、探槽7万立方米。1/20万水系沉积物测量4万平方千米、1/5万水系沉积物测量4708平方千米、1/5万地质填图5180平方千米、1/5万高精度磁法测量900平方千米、1/5万水文地质调查200平方千米、环境地质调查3024平方千米、1/25万土壤测量4000平方千米、遥感地质解译4829平方千米。

新增资源量为：铜200万吨、铅锌100万吨、金10吨，提交新发现金属矿产地10处以上，盐湖矿产地1处，矿泉水水源地1处。一批重要矿区的勘查程度得到提高。

地勘局地热队承担的《西藏自治区普兰县马攸木矿区砂金勘查》和《西藏自治区当雄县曲玛多引用天然矿泉水水源地勘查评价》两个项目分别获得了国土资源部优秀地质找矿成果一、二等奖。

青藏地质专项地质项目开局良好。地勘局承担的青藏专项在2008年开局之年取得了较好成绩。区域地质调查项目为雅鲁藏布江结合带、澜沧江结合带、班公湖—怒江结合带的结构、形成、演化以及成矿规律研究提供了重要依据；战略性矿产远景调查项目和区域化探项目等发现了一批有价值的找矿线索，为部署进一步找矿工作提供了依据；日喀则缺水地区找水项目在水资源勘查方面取得重要进展，有效解决了缺水地区人畜饮水困难，获得了良好的社会效益；改则县多龙矿区波隆矿段、安多县木乃铜银矿及昂仁县朱诺铜矿等开展的重点矿区普查项目，矿体得到有效地控制，取得了较好的找矿效果；地热资源现状评价与区划项目的相关工作成果对合理开发利用西藏地热资源具有重要意义；冈底斯成矿带构造岩浆演化与成矿作用研究项目在岩浆演化特征、成岩、成矿年代序列研究方面有重要进展。尤其是为服务农业等多领域，首次实施的拉萨市多目标区域地球化学调查项目工作，将对我区特色农业发展、环境保护等具有重要的科学意义。

大调查项目取得明显成效。雅江东段铜多金属矿勘查项目在墨竹工卡县驱龙矿区荣木措拉矿段新增铜矿资源量200万吨；朱诺及吉如地区矿产远景调查项目，发现了一批具有重要找矿价值的综合异常，提交新发现矿产地9处；玉龙外围铜多金属矿评价项目圈定2处值得进一步工作的成矿富集区和21处化探综合异常区。

危机矿山接替资源勘查取得了良好成果。通过深部钻探，在曲松县罗布莎、香卡山、康金拉矿区，发现了致密块状铬铁矿矿体，扩大了矿床规模，可望新增铬铁矿资源量9万吨，取得了明显的找矿效果。

【地学科研】注重产学研密切结合，合作开展地学研究。《西藏自治区矿产资源潜力评价项目》、《冈底斯成矿带东段成矿地质背景与成矿规律》、《班公湖—怒江成矿带西段成矿规律与矿产资源预测》、《西藏矿产资源接替区选区评价》、《西藏自治区矿产资源规划研究》、《鄂雅错盐湖卤水中提取碳酸锂工艺流程研究》、《高寒条件下低品位硫化铜矿细菌浸出应用基础研究》、《藏药材质量标准研究(矿物药材部分)》、《西藏高原拉萨市区土壤侵蚀分类分级研究》、《西藏重大农业生态环境问题防护技术研究》等都按设计书要求全面开展了工作，取得了可喜成果。《西藏地质》期刊恢复正常出版。地质学会多次组织学术讲座，知名专家的最新地学理论启发了广大专业技术人员的思路，开阔了视野。组织博士学术交流野外考察活动，为地质科普知识普及和地质学术交流提供了平台。2008年，地勘局有两个科研成果获得了科技进步一、二等奖，地质学会获“全区先进学会”称号。

【地勘经济】实现货币工作总量6.49亿元。地勘产业经济总收入2.90亿元，继续保持12%以上的增长速度。全年实现节约与收益6200万元。职工收入有所增加。地质六队货币工作总量突破亿元大关，是继地质二队2007年超亿元大关的又一喜人成绩。积极引资合作开展地质矿产勘查工作，为矿山建设打下基础。江达县玉龙铜矿勘探、墨竹工卡县驱龙铜矿详查、尼木县冲江铜矿详查、昂仁县查个勒铅锌矿详查等项目进一步查明了矿体的特征，扩大了资源远景。承揽的社会地质矿产勘查项目取得明显成效。承担曲松县罗布莎矿区、墨竹工卡县甲马矿区、工布江达县沙让矿区、墨竹工卡县邦浦矿区等重要矿区的钻探施工任务，取得了良好的找矿效果；承担的西藏油气勘查项目中的地质调查工作，圆满完成了年度工作任务，为西藏国有地质队伍重新进入油气资源勘查领域创造了条件。当雄地热工程，为该县

【精神文明建设】地质二队获国土资源部“全国地质勘查行业先进集体”。农民工索朗荣获全国“五一劳动奖章”，自治区“十大优秀青年”荣誉，是我区首位获此殊荣的农民工。

【领导名录】

书记：李清波

局长：多吉

副局长：李光荣、苑举斌、覃志安

纪委书记：索加

第五篇 社会事业

科技、教育

自治区科技工作

【年度综述】2008年，按照张庆黎书记的重要批示精神，自治区科技厅把改善农牧民生产生活条件、增加农牧民收入作为科技工作的出发点和落脚点，着力加强重点领域的技术引进与创新。2008年，投入科技经费18380.6万元，其中，争取到国家科技经费6724万元，自治区安排科技经费8711.6万元（自治区重点科技计划项目经费比2007年增加2400万元，增幅达42.86%），地（市）级（含援藏）投入科技经费2945万元。共安排国家和自治区级科技计划项目94项，其中，国家级科技项目36项，自治区级科技项目58项。重点实施了《西藏高原国家安全屏障保护与建设关键技术研究和示范》等五个国家科技支撑项目，实施了新农村建设科技促进行动计划，启动科技示范县、乡、村工作，实施了"金牦牛科技工程"、"金太阳科技工程"、"藏毯产业发展科技工程"、"藏医药产业创新支撑平台建设"、"科技富民强县专项行动计划"、"农牧科技成果转化基地建设"等一批自治区重点科技项目，加强科技人才培养，深化科技体制机制改革，加强管理，强化服务，为改善农牧民生产生活条件、促进特色产业升级发挥了重要作用。

【农牧业科技工作不断深入，有力地促进了"一产上水平"】2008年是我区是扎实推进"一产上水平"、着力发展现代农牧业、建设社会主义新农村的关键之年。紧紧围绕推进"一产上水平"、强化发展特色产业、促进农牧业增产增效和农牧民增收提供有力的科技支撑这个重点，突出特色，集成力量，狠抓落实。全年落实农牧业科技项目经费8892.9万元，占国家和自治区安排经费的57.6%。重点做好重大科技项目的凝炼和组织实施，推行重大项目首席专家负责制，着力抓好科技成果转化、科技富民强县、新农村建设科技示范县、农牧科技基础应用研究、科技特派员和民生科技工作，抓典型、抓示范、抓产业、抓特色，取得了较好成效。

【加强科技成果转化，促进现代农牧业发展】在巩固加强林周县农牧业科技成果转化示范基地工作的同时，又在8个县实施了国家和自治区农牧业科技成果转化项目，突出农牧结合、良种良法和综合技术集成。林周县农牧业科技成果转化示范基地围绕青稞、小麦、油菜作物高产栽培、马铃薯高产种植示范、农牧民庭院"沼菜结合"技术示范，选择22项农牧业科技成果进行示范转化，示范农牧业新品种17个，集成农牧业适用技术22项，建立核心示范区8950亩，辐射推广13000亩；建立牦牛育肥示范户81户，年育肥牦牛605头，每头育肥牦牛比同期其它牦牛平均增重40.78斤；实施1000亩马铃薯高产种植示范，示范推广4个优良品种，平均亩产2900公斤以上。以上项目实施后新增产值851.62万元，投入产出比达到了1:2.84，培训农牧民3013人次。

聂荣县"牦牛高效养殖育肥和快速出栏技术示范"项目，封育天然草地和人工种植牧草2300亩，修建育肥保温棚舍11座，育肥出栏牦牛1160头，平均每头牦牛增收1300元。"优质油菜新品种山油4号示范推广"项目建设一级种子田200亩，示范推广面积4000亩，亩产达到200公斤。"西藏蜜蜂养殖技术成果转化"项目，建立了养蜂生产基地，引进蜜蜂2000群，发展养蜂户50户，生产蜂蜜2.7万公斤，每户纯收益达1万余元。通过项目实施，促进了农牧业增产增效。

【突出培育特色品牌，促进县域经济发展】在波密等17个县实施了"科技富民强县专项行动计划"，建立了野生天麻人工繁育、江孜大蒜深加工、绒山羊本品种推广、牦牛育肥乳肉加工、优质油菜水果马铃薯等17个特色产业生产基地。"南木林艾玛岗特色马铃薯加工"项目实施后，形成了8万吨马铃薯的转化加工能力，户均年增收3500元。当雄县"牦牛育肥技术示范"项目，以农牧民经济合作组织为主体，提供从牦牛疫病防治、定点放养、科学补饲、产品销售等系统服务，出栏后给予奖励补贴，已发展牦牛育肥专业户100户，年育肥出栏牦牛1000头。探索公司＋经济合作组织+农户生产模式，经济合作组织的作用得以充分发挥，通过项目实施，在带动农牧民增收的同时，增强了县域经济发展实力。

【创建新农村建设科技示范县，发挥辐射带动作用】按照“生产发展、生活宽裕、乡风文明、村容整洁、管理民主”的新农村建设总体要求，紧密结合实际，在萨迦县实施“新农村建设科技示范县”项目，制定了实施方案。建立了 4 个新农村建设科技示范乡镇和 15 个科技示范村。种植优质青稞 3735 亩，人均增收 93.9 元；养殖奶牛 305 头，人均增收 610.7 元；饲养藏鸡 3410 只，人均增收 181 元；短期育肥绵羊 5285 只，人均增收 418 元。培训农牧民科技明白人 600 人次。项目区作物良种覆盖率由 2007 年的 85%提高到 98%，人均收入比 2007 年提高 30%以上。全县作物良种覆盖率由 2007 年的 70%提高到 90%。

【强化服务，全面推进科技特派员工作】2008 年，区选派选聘科技特派员 1112 名（其中农牧民科技特派员 163 名），7 名科技特派员获得科技部表彰，科技特派员共承担各类科技项目 375 个，进驻 69 个县（市、区）、1800 个乡（村）。通过科技特派员已发展农牧民专业协会 19 个，创办乡村企业 3 个。落实科技特派员各项优惠政策，发放了科技特派员工作补贴 235.4 万元。科技特派员在加快科技成果转化、推进产业结构调整、建立科技服务体系和农牧民科技素质等方面发挥了重要作用，已成为科技促进农牧业增产增效、农牧民增收的生力军。

【研究开发特色资源，支撑“二产抓重点”】实施“藏药产业技术创新联盟科技工程”。开展了藏药材地方标准研究、濒危藏药材人工种植示范研究。已初步完成了 50 种常用藏药材地方标准研究，为我区的藏药企业申报新药奠定了良好基础。以波棱瓜、藏木香、冀首草等一批藏药材的种植示范成功，解决了藏药产业可持续发展的瓶颈问题，为我区藏药产业化发展奠定了基础。同时加大了藏药新药和传统藏成药二次开发研究。

【实施“金太阳科技工程”】推广光伏户用系统 130KW，解决了 655 户无电农牧民群众的生活用电问题。在农牧区示范被动式太阳房 1.5 万平方米和太阳灶 200 台。在藏北高寒地区继续开展太阳能供暖技术研究，建成 1600 平方米的太阳能供暖系统。通过实施“西藏农牧区可替代能源技术与示范”项目，开展了大中型太阳能沼气工程的应用研究。实施“太阳能光伏跟踪系统示范”项目，建成 4 座共 8KW 的太阳能光伏跟踪系统。启动“液态储能在高原地区的研究与应用”项目，研究解决太阳能储能的关键技术问题。通过大力实施太阳能、风能、生物质能等技术的研究开发和应用示范，一定程度上解决了农牧民群众照明用电、生活用能等问题，通过示范推广，节约了燃料，净化了环境，保护了生态，增加了农牧民收入。

【启动了“藏毯产业技术创新科技工程”】联合自治区商务厅对区内藏毯产业进行全面调研，完成了西藏手工打结藏毯质量标准研究和西藏藏毯地理标识制定工作，拟定了藏毯质量标准及生产工艺关键技术攻关方案，为提升我区藏毯产业发展水平提供科技支撑。

切实加强知识产权保护，促进特色优势产业发展。进一步加大知识产权知识宣传和保护力度，开发具有自主知识产权的新产品、新技术。2008 年专利申请达 311 件，专利授权 82 件，分别比 2007 年增长 3 倍和 21%。首次建立了我区“全部领域专利查新数据库”，提高了产业科技服务水平。

【重视应用基础研究，科技创新能力不断增强】加强特色产业和社会发展领域的应用基础研究。2008 年获得国家 973 计划前期研究项目 2 项，国家自然科学基金 7 项，自治区自然科学基金立项 8 项。围绕农牧业重点发展领域，开展农作物优良品种选育、畜禽牧草品种选育与改良、园艺作物品种选育、农作物病虫害综合防治、畜禽重大疫情防控技术、农畜产品传统加工质量安全控制技术、生态安全屏障保护与建设关键技术、冬虫夏草资源可持续利用关键技术、夹绵核桃油脂脂肪酸与蛋白质氨基酸的地理分异规律、冈底斯成矿带构造岩浆演化与成矿作用、土壤侵蚀分级分类等应用基础研究，集中攻克了一批关键技术，取得了阶段性成果，科技基础能力得到加强。

【加快科技条件平台建设，提高科技基础能力】以科技孵化器为重点的科技条件平台建设取得初步成效。西藏（成都）科技孵化器 2007 年 9 月正式运营，首批入孵项目 16 个，涉及太阳能、藏医药、高原生物、高原特色农牧业等领域。孵化器初步为企业搭建起创新、创业平台，使入孵企业能够充分利用区内外的资源优势，降低创业成本，缩短研发周期，加快成果转化的步伐。截止 2008 年 10 月，在孵企业申请专利数 26 项，批准专利 13 项；实现销售收入 8165.82 万元，上缴税收 1300.7 万元；培养人才 67 人。孵化器企业安排就业人员 566 人。目前已有 2 个孵化项目毕业回藏生产，西藏（成都）科技孵化器的重要作用逐步显现。在对原有 8 家自治区级重点实验室和工程技术中心加强建设的基础上，2008 年又建立了 4 家自治区级重点实验室。启动藏医藏药、科技型中小企业信息服务平台等科技创新及服务平台建设，使我区科技条件平台建设进入新的发展阶段。

完成科技资源共享平台一期工程、珠峰自然保护区地理信息系统平台、西藏电子商务平台和科技部西藏科技信息服务节点等建设，初步建立了四江流域资源环境地理信息系统和科技档案数字化管理系统。科技资源管理信息系统进一步完善，科技信息化水平不断提高。科技中介服务组织在引导企业技术创新、投资融资、成果转化等方面取得了突破，在做好为高新技术企业服务的同时，认定科技型中小企业 38 家。组织参加北京科博会和深圳高交会，26 家（次）企业和科研院所参展，内容涉及藏医药、能源、特色生物制品等领域。

自治区自然科学博物馆建设项目筹备领导小组办公室按照区领导指示、政府专题会议纪要精神和建设项目工作安排要求，完成《西藏自治区自然科学博物馆项目建议书》及两套概念设计方案，通过了国家发改委专家组的评估，现正在履行国家立项程序。同时，项目可行性研究方案工作也已提前启动。

【地（市）科技工作亮点纷呈，促进了区域经济发展】各地（市）科技管理部门在各地（市）委、行署（政府）的高度重视和领导下，紧紧围绕各地（市）的中心工作，充分发挥职能作用，科技投入逐步加大，亮点突出，成效显著。以实用技术的引进、示范推广和开发当地特色资源为重点，切实加强农牧业科技工作，加强项目实施和沟通协调，发挥示范基地、示范户的带动作用，重视培育特色产品和特色产业。七地（市）结合区域优势和产业特色，分别实施了拉萨城郊蔬菜保鲜加工技术研发、日喀则年河三县优质青稞高产栽培及产业化示范、山南藏红花人工栽培技术示范推广、林芝野生林下产品人工繁育技术研究、昌都野生经济真菌栽培技术研究、那曲藏北蕨麻产品研究与开发、阿里醉马草综合防治与利用技术研究等科技项目，在推动当地特色产业发展和群众增产增收方面发挥了重要作用。进一步加强县级科技管理机构建设和能力建设，加强与对口援藏省（市）的交流与合作，以项目为纽带，大力加强科学技术普及和科技宣传工作，提高农牧民科学文化素质。

【科普宣传工作不断深入，全民科学文化素质得到提高】加强科技宣传，编印《西藏社会事业改革开放30年》书籍，通过广播、电视、报纸、网络等传媒，大力宣传改革开放30年我区科技事业发展成就。改进了西藏电视台《西藏科技》栏目，丰富了西藏人民广播电台《科普园地》节目，充实了西藏日报《科普长廊》专栏内容。编辑出版科普读物6种。开展科技下乡活动，赠送小型太阳能光伏发电设备和科普书籍，举办了实用技术培训班和县级干部《科技形势报告会》。开展农牧业实用技术培训，培训农牧民1.5万人(次)，提高了农牧民生产技能和科学文化素质。

【自治区科学技术协会】西藏自治区科学技术协会（以下简称西藏科协），成立于1983年。1986年底西藏自治区进行机构改革，并入西藏自治区教育科技委员会。1993年西藏自治区科学技术委员会正式恢复，西藏科协并入西藏科委，但机构职责未变；1996年西藏自治区进行机构改革，西藏科协再次明确为正厅级建制；机关内设办公室、普及部、学会部；2003年8月，西藏科协党组恢复成立，一个直属事业单位为西藏科技报社。截止2008年3月，全区7个地（市）分别建立了科协组织。目前，县（市）级科协18个，设立了22个科普活动站，全区科普大篷车有10辆，乡镇农村科普协会、农村专业技术协会都有所发展。有全区性学会、协会、研究会59个，拥有会员16000余名，联系着全区4.4万名科技工作者。

【落实2007年度“科普惠农兴农计划”项目资金125万元资金划拨】落实了白朗县蔬菜生产种植协会、乃东县藏蒜种植基地、江孜县东郊村奶牛养殖基地、曲水县江村西瓜科普示范基地、米林县贡布藏药材基地和程静、嘎多次仁、阿旺次仁、巴桑、达瓦平措等5名“农村科普带头人”经费划拨。由自治区财政厅下发通知，划拨奖补资助共计125万元（其中农村专业技术协会奖补20万元/每个，农村科普示范基地奖补20万元/每个，农村科普带头人奖补5万元/每人）。

【完成了2008年度“科普惠农兴农计划”申报推荐工作】遵照中国科协、财政部《关于组织开展2008年‘科普惠农兴村计划’项目申报推荐工作的通知》(科协发普字[2008]31号)要求，与自治区财政厅协商，对各地市申报的材料进行筛选和组织专家，并经中国科协申报推荐评审，我区有一个协会、4个基地、5个个人、一个科普队被评为2008年‘科普惠农兴村计划’先进单位和个人。

【落实江孜县科协科普大篷车】为进一步提升基层科协工作能力，改善科普工作条件，增强为农牧民群众服务的能力，区科协为江孜县科协落实2008年度科普大篷车一辆，该车于11月low到达该县。

【颁布实施《西藏自治区科普场所管理实施办法（试行）》】为推进科普场所建设，加强科普场所的管理，促进科普场所规范化、制度化、社会化，2008年5月16日，向7地市科协下发了《西藏自治区科普场所管理实施办法（试行）》，并要求各地市科协转发至各科普活动站、科普示范基地、科普图书室和科普教育基地等科普场所。

【存在的问题】科技人才缺乏，与当前科技发展的要求极不适应；基层科技服务体系不健全，科技管理与服务水平较低；科技工作基础条件建设滞后；科技工作显示度仍然不高；科技体制机制改革进展缓慢，“大科技”理念还未完全树立；科技管理部门和科技人员的创新意识、刻苦钻研、吃苦奉献精神有待加强。全区科技行政管理部门和广大科技工作者一定要以高度的责任感和紧迫感，切实采取有效措施，努力解决存在的突出问题。（谭云）

【领导名录】
书记：群增
主席：仓珍
副主席：张恒绪、仁青伦珠、刘红跃
名誉主席：强巴赤列
副主席：占堆、多吉、次成甲措、宋和平、李素芝、陈锦、觉阿泽仁
《西藏科技报》主编：孙俊跃
《科技工作者建议》主编：巴琼
《西藏科普动态》主编：龚世林
《西藏科协信息》主编：王启民

自治区农牧科学院

【年度综述】2008年，自治区农牧科学院深入开展“反对分裂、维护稳定、促进发展”主题教育活动，深入学习实践科学发展观，紧紧围绕农牧业增效、农牧民增收、科技支撑、“一产上水平”这个主题，狠抓“1326”工作思路的落实，努力推进各项事业取得新进步，实现新发展。全年全院落实建设资金1.1亿元，其中落实科技项目96项，经费5967.41万元，同比增长45%，并全部通过自治区相关部门验收；落实条件改善项目5类10项，经费5263万元。

【农牧科技创新取得新进步】2008年，

自治区农牧科学院获自治区科技成果奖10项，其中藏油5号油菜新品种选育、牦牛繁育综合技术示范、农作物重大病虫综合防治技术、绒山羊品种选育与示范等4项获自治区科技进步一等奖；农作物丰产增效技术示范、青稞13一葡聚糖提取工艺与功能食品开发等2项获二等奖；提高奶牛生产性能研究等4项获三等奖。同时，在农牧业新品种选育和技术创新、农产品质量检测、农牧业信息技术上取得新成绩。

【农牧业新品种选育与技术创新取得新成绩】种植业上，选育出了一批高产青稞、油菜、小麦新品种，普遍增产12%以上。新筛选优良品系100余份，向自治区农作物品种审定委员提交2O个品系进行新品种申报审定。17个新品种在林周、白朗、堆龙德庆、贡嘎等县示范和展示。绿色青稞生产、粮食作物高产田创建、农作物标准化栽培、农田保护性耕作和重大病虫害综合防治等技术与试验示范取得新成效，技术示范区平均增产13.4%。

畜牧业上，牦牛胚胎移植、绵羊胚胎移植、藏鸡品种选育、当地优良牧草品种选育等畜禽与牧草育种取得新进展，已经形成优良种群，生产性能提高15%以上。彭波半细毛羊新品种正式通过国家审定，成为西藏第一个家畜育成新品种。牦牛良种选育及利用MOET技术提高生产性能研究，完成母牛组群1000头，后代繁殖500头；牦牛半舍饲饲养模式及技术研究，在当雄县遴选育肥示范户295户，夏季高强度育肥和冬季育肥牦牛2500头。绵羊胚胎移植技术引进研究，接羔育幼13只，鲜胚移植受胎率达42.86%，冻胚移植受胎率达33.33%。藏鸡生产性能改良使藏鸡个体产蛋量达到100—120枚。幼畜氟中毒防治技术示范取得了新进展，通过了专家验收。放牧绵羊营养补饲模式研究，完成5地8县1557份天然混合牧草及优势牧草全年营养价值的动态分析，研制了15个舔块饲料配方。农区优质饲草高效种植、优质草产品加工技术创新取得良好进展。

蔬菜园艺上，大白菜、食用菌、核桃等新品种引进和育种上取得实质性进展，在生产上示范增产2O%以上。选育出耐抽苔、软叶率高、抗软腐病的大白菜新品种2个。引进90份名、特、优蔬菜园艺新品种进行试验示范，筛选出大萝卜和芫菁自交株系214个，筛选出江孜大蒜优良品系4个，筛选出野生核桃优良品系5个。引进示范珍稀食用菌新品种10个，集成栽培工艺，成功试验栽培了北虫草、灵芝等珍稀菌株。影响冬虫夏草品质的关键因子研究，获得同位素样品材料285份。

【农产品质量安全检测取得新进展】完成了风干牦牛肉、芫菁2个地方产品的标准制定；完成拉萨、山南蔬菜农残例行监测四批次，抽检样品400份；开展拉萨市生猪猪肉违禁药物盐酸克伦特罗(瘦肉精)的检测等工作，完成拉萨主要市场生猪肉四批200个样品的抽检任务，没有检测出瘦肉精违禁药物。完成西藏种植业面源污染物流失系数测算，完成90次径流监测，通过田间试验，调查监测出地表径流流失的氮、磷、钾养分和农药的流失数量，提供了科学依据。

【农牧业信息与农牧业发展研究有新探索】积极实施西藏农村现代教育与信息服务系统示范建设和信息本地化建设，新建2个农村科技远程教育示范点，截至目前已在全区12个县建立了示范点；2008年自主开发课件20个；开展了语音信息服务工作，完成300条语音资源建设。整合信息资源500条，开发完成西藏特色园艺品种及技术数据库建设，完成1000条信息入库。开展了农牧业特色产业发展、种植业结构调整、青稞标准化生产、农牧民增收长效机制、西藏小杂粮作物发展等方面软课题研究，出版了《财政促进支持农牧业特色产业发展研究》、《西藏种植业结构调整增效与发展对策研究》、《西藏青稞标准化生产技术》、《西藏小杂粮》等专著和研究报告。

【农牧科技服务与技术示范取得新成效】2008年在全区七地(市)27县(区)35乡镇设立科研基点或示范基地45个，其中固定基点20个，流动基点25个，选派了224名(次)科技人员进村驻点，其中104名为科技特派员，在全区范围内开展农牧业科技成果转化和服务工作。

一是在白朗、南木林、拉孜、林周四县共建立粮油、马铃薯作物标准化生产示范田2.5万亩，辐射面积4万亩，平均增产10%以上，增加粮油300万公斤，项目区农牧民直接增加收入240万元。

二是在林周农牧科技成果转化基地转化示范高效栽培青稞、小麦、油菜1.2万亩，增产11%；牦牛、奶牛、绵羊等改良、高效育肥和养殖5300头(只)；种植饲草饲料1078亩；示范沼菜结合技术12户，大棚种植6栋，生产无公害蔬菜28万公斤、食用菌2.4万公斤。使项目区农牧民直接增加收入851万元以上。

三是在墨竹工卡、达孜、堆龙德庆等县开展粮食与优质牧草高产栽培技术示范，实施粮食作物高产5000亩，种植优质饲草作物5000亩、经济作物2000亩，使项目区农民平均增收15%以上。

四是在白朗县开展基于农户种植结构优化与农牧结合技术示范，示范一年两收燕麦饲草生产、双低油菜种植、粮食作物高产田创建等技术，示范农户粮经、饲比例达到60：15：25，户均增收达到650元；引进娟珊牛优质冻精2000只，完成冻配80O头，配套示范奶牛高效养殖技术；与白朗县政府签订了“新农村科技示范县建设”的长期合作协议。

五是在堆龙德庆、江孜、浪卡子、边坝、尼玛等20个县示范早熟高产青稞新品种藏青690、春小麦新藏春951、春青稞高产新品种藏青311、双低油菜新品种京华165、优质冬小麦新品种藏冬20号、拉尔斯等，累计示范面积达13650亩，平均增产15%以上；在林周、尼木、堆龙德庆等县示范了蚕豆、豌豆、玉米等作物新品种，示范户平均增收13.77%。

六是在堆龙德庆、曲水、乃东、林芝、墨竹工卡、达孜、米林、白朗等县示范无公害蔬菜生产技术，增产20%以上。在普兰县、芒康县、聂荣县尼玛乡共建22栋高原II型高效日光温室，加大设施蔬菜高效栽培技术示范。

七是与山南地区行署签订技术服务合作协议，与地区农发办合作，组织3名科技人员指导300多座温室蔬菜生产，户均增收1200元以上；组织2名技术人员指导山南地区黄牛改良，完成黄牛改良4万多头，冻胚受胎率达到75%以上。

八是按照与昌都地区行署签订的长期科技战略合作协议，开展左贡县阿旺绵羊繁育技术示范，从贡觉县引进150只阿旺绵羊种公羊，改良绵羊7500只，种植优质牧草1000亩，修建30座羊棚圈，改良后当地绵羊体重和羊毛产量均增加20%，年户均增收1200元；示范京华165双低油菜新品种300亩，比当地油菜增收20%；荞麦高产栽培1000亩，提高产量15%以上。

九是在聂荣县尼玛乡实施牦牛高效育肥与快速出栏技术示范，建设牦牛联户集中育肥阳光暖棚20个2772平方米，建设绵羊分户阳光暖棚17个1108平方米，配套建设饲料仓库20个300平方米、兽医点11个。加工育肥补饲20.8万斤、已育肥出栏牦牛660头、育肥出栏绵羊500只。开展牧民房前屋后饲草种植技术示范，种植优质高产饲草800亩，有效增加冬春季饲草储备。

十是农牧民培训，完成五地8县1.2万人农牧民科技培训任务，印发教材1.5万册。培养聂荣县乡村两级业务骨干20人、乡村兽医50人、牧民经纪人20人；培养农牧民技术员80人。

西藏社会科学院

【完成了国家、自治区重大课题的研究工作】2008年，自治区社科院完成了国家社科基金项目《珞巴族宗教现状调查研究》；国家"西南边疆项目"跨年度重大委托课题《西藏百年史研究》之《口述西藏百年》、《西藏百年史研究文稿汇编》、《黑暗的西姆拉会议》、《十三世达赖喇嘛与九世班禅》、《历史的使命——十八军进藏记》；国家民委和自治区交办的修订《西藏概况》终审稿；自治区人民政府课题《中华通鉴·西藏卷》等的研究工作。

【付梓出版了17部（册）社科研究专著、编著】2008年，自治区社科院出版了《恰白作品与学术思想研究丛书》五、六、七、八册；《西藏农村发展战略研究》、《小康西藏》、《菩提道次精华要义》、《格萨尔艺人桑珠说唱本》、《根顿群培文集》、《中国少数民族古籍总目提要》之《藏族卷铭刻类、讲唱类》、《西藏研究百期格萨尔论文选》等。

【围绕工作，结合实际，内外联动，发表若干学术理论文章】《深刻学习总书记重要指示精神，努力做好我区事关全国大局的稳定和安全工作》；《黑暗落后的封建农奴制》；《用法律的武器保卫西藏人民幸福的生活》；《是谁真正践踏西藏的人权》；《西藏生态建设创造奇迹》；《浅析印度对华反倾销问题》；《西藏农村改革开放30年的实践与成就》；《西藏改革开放30年的主要历程与措施》；《民族区域自治制度和宗教信仰自由政策》；《改革开放以来党的宗教政策在西藏的实践》；《甲玛的文化地理与霍康家族史述略》；《茶马互市下的藏汉民族关系》；《制造拉萨3·14暴力事件纯属别有用心》等等现实和传统研究论述，较好和及时地体现了全院科研人员的大局意识和工作态度。

【学术交流、科研辅助工作有了新的提升】2008年，成功举办了第五届西部地区社科院院长联席会议及第十三届全国社科系统图书馆馆长协调会；

协办了"清代驻藏大臣与边疆治理"海峡两岸理论研讨会；

参与完成了北京国际藏学研讨会；

"西藏社科院纪念改革开放三十周年征文及理论研讨会"等，在全国社科系统产生良好反响，为西部地区维护稳定工作研讨、献策，使海峡两岸三地学术交流形成良好态势，对国内外藏学研究贡献了智慧和成果，对区内社科藏学研究继续发挥着引领作用；

《西藏研究》汉文版顺利完成增版，藏文版继续发挥藏文理论期刊重要作用；

内部刊物《要情》的参考价值更加凸显；

马克思主义理论研究所顺利挂牌，自治区党委常委、自治区常务副主席吴英杰等参加牌仪式；

"门户网站"全面开通运行；

接待国外和港台会议考察学者2批20余人；

接待中国社会科学院、四川省社会科学院等来藏调研、考察团3批。

【领导名录】

区政协副主席、社科院院长：白玛朗杰
书记、副院长：孙勇
副书记、常务副院长：苟灵
党委委员、副院长：王学阳
云丹次仁
党委委员：格桑益西

自治区教育工作

【年度综述】截至2008年底，全区共有小学885所，教学点1110个，在校生311997人，小学入学率98.5%；有初级中学96所，在校生139920人，初中入学率92.2%；高级中学23所（含完全中学），在校生44593人，中等职业学校在校生21003人，高中阶段入学率51.2%；高等院校6所，本专科在校生29049人，研究生520人，高等教育入学率19.7%。全区教育系统正式教职工达40046人，专任教师32045人。其中高等学校在职教职工2990人、中等职业学校在职教职工745人、中学在职教职工11525人、小学在职教职工19365人。少数民族教职工占教职工总数的74.4%。"普九"县达到70个，"普九"人口覆盖率达到96%。全区74个县完成扫盲，扫盲人口覆盖率达到100%，青壮年文盲下降到2.4%。全区每万人口在校生1923人，人均受教育年限达到6.3年。

【教育投入与支出】为加强教育经费管理，提高经费使用效益，进一步提高教育经费分配的透明度和科学性，自治区按照国家的政策法规，根据发展需要，相继出台《西藏自治区教育经费预算核定办法》、《关于深化农村义务教育经费保障机制改革实施意见》等一系列政策措施，建立了"财力渠道不变，预算核定到校，支出统筹安排，经费集中管理"的农村中小学教育经费保障新机制；制定了中小学校舍维修改造、农村中小学公用经费支出、保障农村义务教育投入、

地（市）县投入教育经费管理、中小学教职工工资保障等一系列实施办法和细则，健全和完善了教育事业经费保障机制和教育财务管理制度。在2007年对全区农牧民子女实行免费义务教育的基础上，对所有义务教育阶段学生实行了免费义务教育，标志着西藏城乡统筹的义务教育普惠制度全面实现，是西藏继农牧区义务教育经费保障机制改革后的又一重要民生工程。

2008年全区教育投入达到49.58亿元，其中教育事业性经费支出42亿多元，基本建设支出7.55亿元。2008年全区各级各类教育基建经费总投入10.13亿元，其中教学点改造1.1864亿元，小学规范化建设2.4亿元，初中寄宿制学校建设工程2.65亿元，高中建设3.1亿元，幼儿园建设0.1亿元，职业教育0.2亿元，高等教育0.5亿元。义务教育阶段中小学公用经费标准逐步提高，小学年生均由100元提高到150元，初中年生均150元提高到250元。

【基础教育】2008年，西藏自治区教育工作以"两基"巩固提高为重点，科学规划，扎实实施，全面推进基础教育协调快速发展。拟订《中共西藏自治区委员会 西藏自治区人民政府关于加快九年义务教育发展的意见》和《西藏自治区九年义务教育发展规划》，完成西藏教育事业"十二五"规划项目测算工作，加快全区九年义务教育发展规划编制工作。全力组织实施"两基"攻坚计划，加强过程督导和复查工作，规范"两基"材料档案建设工作。革吉、日土、仲巴、萨嘎、班戈、嘉黎和比如等7县通过全区"普九"督导验收，改则、巴青、安多、聂荣等4县实现脱盲目标，扫盲人口覆盖率提高到100%，"普九"县达到70个，"普九"人口覆盖率达到96%。全区74个县完成扫盲，扫盲人口覆盖率达到100%，青壮年文盲下降到2.4%。全区共有小学885所，教学点1110个，在校生311997人，小学入学率98.5%；有初级中学96所，在校生139920人，初中入学率92.2%；高级中学23所（含完全中学），在校生44593人，中等职业学校在校生21003人，高中阶段入学率51.2%。学前教育和特殊教育得到特别关注，安排专项资金完成62个县级幼儿园建设，基本实现了县县有幼儿园的目标，农牧区学前一年教育和城镇三年学前教育发展加快，受教育率分别达到30%和15%，特殊学校在校生全部实行"两免"、"三包"政策。

【义务教育均衡发展】以地方法律形式正式确定政府举办义务教育的主体责任，将城乡义务教育全部纳入免费教育范围，规定城乡义务教育经费保障机制，确定"就近入学"、"两免一补"原则，对流动人口子女接受义务教育坚持以公办学校为主、以流入地为主，实行与当地学生同等对待政策，将"三包"政策上升到法律地位予以确定。高度重视义务教育均衡发展，对农牧区教育实施倾斜政策，新增教育经费向农牧区地县边远基层学校倾斜，逐步加强农牧区师资力量，优化教育资源配置的布局结构；进一步完善贫困生资助制度体系，建立健全资助机构，成立自治区资助中心，各地、县均相应成立学生资助管理中心，开展学生资助管理日常工作。各项资助工作进展顺利。

【素质教育】扎实推进素质教育。组织实施阳光体育冬季长跑活动，认真组织实施全区中考学生体育加试与高考体育专业加试测试工作，加强体育教师培训，"确保学生每天锻炼一小时"得到进一步落实。以养成教育为中心，以学校食品安全为重点，高度重视学校卫生防疫与食品安全工作，加强学生健康教育，制定并完善自治区寄宿制学校突发公共事件应急预案，开展学校食品安全专项整治活动，加强学校食堂管理及学生床上用品质量监督管理，积极开展学校防治碘缺乏病、预防艾滋病健康教育宣传活动，做好中小学生近视眼防控工作，抽样测试3680名大中小学生体质健康状况，圆满完成教育部学生体质健康监测网络监测工作。

以增强学生审美体验和审美能力为目标，重视学校美育工作，组织参加全国第二届大学生艺术展演活动、开展全区第二届大学生艺术展演活动，周密组织高雅艺术进校园活动，开展高雅艺术讨论、举行专题交响音乐演奏活动，成功举办了教育系统纪念改革开放三十周年大型文艺汇演。

牢固树立"关注生命、安全第一"的意识，高度重视学校安全稳定与国防教育工作。签订年度安全目标责任书，建立健全学校安全应急机制和安全预案。切实贯彻落实公安机关维护校园及周边治安秩序"八条措施"、教育部做好中小学安全工作"六条措施"和学校道路交通安全"八条措施"，完善校园安全联防制度、专项督查制度，定期开展学校安全隐患排查工作，实施学校安全月事故通报制度，严格落实安全责任追究制度，高度重视学生道路交通安全、饮食安全和消防安全，对学生密集场所、重要设施设备、学生宿舍建筑内商用场所等的隐患排查与治理工作提出了具体要求并进行日常督查。通过课堂、讨论、参观、广播、宣传栏、校报等形式，广泛深入宣传交通、消防、饮食、传染病、预防溺水、拥挤踩踏、预防地震、雷击、火灾、紧急避险等人身安全知识和科普卫生知识，将安全教育渗透到学校教育教学的各个环节。增强学生国防意识，周密布置学生军训工作，加强学生国防教育。积极参与抗震救灾活动，将灾区师生所受影响降到最低。仲巴6.8级、当雄6.6级地震和部分地区雪灾发生后，教工委、教育厅按照自治区的安排部署，及时组织工作组深入灾区调研情况，调拨抗震救灾物资，紧急调运灾区3500床棉被、采购活动板房，对灾区受损学校进行评估，科学规划重建、修复方案，单独追加基本建设投入，迅速启动灾区学校重建工作，确保灾区师生不受冻、不挨饿、正常的教育教学秩序不受影响；向广大师生发放防震知识手册，组织紧急避险演练，检查并开通所有安全通道；重视学生心理引导工作。

【"三包""两免"】2008年，投入"三包"经费36103.2万元，较上年增加8.8%，惠及全区26.4完余名农牧区寄宿学生；落实各项奖学金助学金1440.7万元，1.4万名学生受益。做好城市义务教育阶段免费教育工作。各类基金运行良好，阴法唐西藏教育基金本金增至459万元（发放资助金6万元）；广州教育基金发放资助金194.5万元；正式启动区内外高校、内地西藏班（校）城镇居民学生基本医疗保险工作。全区中小学“三包”经费标准已经达到小学年生均1200元，初中年生均1350元。

【教育信息化建设】投入信息化建设专项资金500万元，完成2008年全区教育信息化基础建设方案，学校教育电视“班班通”新建62所、完善340所，计算机教室新建13间；至年底，全区共建成计算机教室133个、“校校通”卫星收视点983个、教育资源“班班通”系统508个，配备教学光盘播放系统1763个。全区大多数中小学和教学点都拥有了现代化教学手段，57%的乡镇小学实现了教育资源“班班通”。完成自治区教育信息化管理平台规划和基础教育资源库基础搭建，确定林芝县和类乌齐县为2008年中小学班主任国家级专项培训项目县，200名中小学班主任接受国家级培训，开展国家级课题《农村中小学现代远程教育环境下应用模式的案例研究》研究工作，5所中小学被国家确定为项目研究学校。积极开发富有区域特色的教育资源，现已完成小学一至三年级藏语文、数学、科学、藏汉双语版多媒体教学资源研制工作，并开始配发学校使用，使偏远山村、牧区的孩子享受到优质教育教学资源。

【基础教育师资队伍建设】全年有83名中学骨干体育教师、小学校长、高中校长及地市县教育局长参加国家级培训或研修，100名教师参加全区中小学教师教育信息技术培训，1200名中小学骨干教师参加教育部“送培进藏”培训（江苏省承担），100名中学校长到江苏挂职培训，90名农村小学校长参加中国移动西部农村小学校长培训。2008年，全区小学、初中、高中专任教师学历合格率分别达到97.5%、97.7%、92%，其中小学专任教师中大专以上学历达到76.5%，初中专任教师中本科以上学历达到65.9%。

【职业教育和成人教育】以巩固和扩大职业教育发展成果为重点，大力发展职业教育。基础能力建设进一步加强，2008年全区重点建设12个县级职教中心、6个中等职业技术学校和西藏职业技术学院实训基地。深化招生制度和教学改革，加大联合办学力度，扩大中职学校招生自主权，实施订单培养模式，加强专业设置与市场需求结合，规范实习管理，强化实践能力和职业技能。对口高职招生500名。逐步提高中等职业技术学校的办学水平。

围绕社会主义新农村建设，继续推进“四大工程”，充分发挥县级职教中心、农村成人学校和农村中小学的作用，进一步健全农村职业成人教育网络，全年有3万余成人参加了各类职业教育培训。

【中等职业教育师资队伍建设】2008年，自治区有6所中等职业技术学校，教职工745人。成立“西藏自治区高等职业院校人才培养工作评估专家委员会”，组建自治区高等职业院校人才培养工作评估专家库，拟定《西藏自治区高等职业院校人才培养工作评估实施细则》和《西藏自治区高等职业院校人才培养工作评估操作规程》。

【职业教育基础建设】积极推进职业教育基础建设，累计完成西藏职业技术学院一、二、三期基建项目投资10757万元、实训基地建设项目602.6万元，落实全区中等职业技术学校实训基地及设备购置项目780万元，落实11个县级职教中心建设项目职教专款1014.7万元，安排西藏职业技术学院和全区6所中等职业技术学校、12个县级职教中心年度职教专款3785万元；安排发展远程教育专款500万元；安排3000万元集中采购中小学教学仪器设备，全区中小学教学仪器设备配备达标率达到85%以上。

【落实国家中职学生助学政策】为保障家庭经济困难学生顺利完成学业，自治区制订颁发了《西藏自治区人民政府关于贯彻落实国务院建立健全普通本科高校、高等职业学校和中等职业学校家庭经济困难学生资助政策体系意见的实施意见》，现已形成“国家助学贷款、国家和政府奖学金、助学金、勤工助学、学费减免、困难补助、绿色通道、社会资助相结合”的多元化家庭经济困难学生资助体系，确保了家庭经济困难学生都能够安心学习、完成学业。2008年国家资助西藏的奖助学金达3000多万元。在实施各项资助过程中，坚持严格审核，合理分配国家奖助学金名额和资金，中央下达的奖助资金以及自治区财政的配套资金，都能按照相关规定发放到学生手中。自2007年开始，自治区高校和中等职业学校均从事业收入中提取10%的经费，用于学费减免、国家助学贷款风险补偿、校内无息借款、校内奖助学金和特殊困难补助。每年西藏各高校自行安排各类助学资金达260万元，约有4000余名家庭经济困难学生受益。凡是考入区内外高校、中职学校的农牧民困难生、城镇低保生和企业困难家庭职工子女，均免收学费和住宿费。对考入高校的农牧民困难生、城镇低保生和企业困难家庭职工子女，实行了多项资助政策，确保其顺利完成学业。

【高等教育】以提高高等教育教学质量和人才培养质量为中心，实施高等教育质量工程。2008年，西藏民族学院举行建校50周年大庆活动，中共中央总书记、国家主席、中央军委主席胡锦涛，中共中央政治局委员、国务委员刘延东致信祝贺；西藏自治区党委政府派代表团参加庆祝活动。年内，西藏大学进入国家教育部“211工程”行列，中共中央政治局委员、国务委员刘延东致信祝贺。

2008年，自治区6所高校有在校生2.94万人，高等教育入学率达到19.7%，其中有藏族等少数民族学生2.33万人，占高校在校生总数的79.25%；高等院校具有硕士以上学历的教师比例上升到25%，副教授以上职称教师529人。全区3所本科高校有硕士学位授予点18个，在校硕士研究生520人。

【加强就业指导与服务】坚持实施“阳光就业”政策，按照国家和自治区的规定和要求，积极做好高校毕业生就业指导相关服务工作。2008年，西藏高校应届毕业生达11118人，较上年增加3115人。鉴于西藏就业渠道窄、人才市场容量小、就业压力大、就业观念滞后的现状，为做好高校毕业生就业指导相关服务工作，就业指导中心研究西藏就业环境和形势，提早收集整理毕业生数据，为自治区和有关部门提供决策依据，并参与高校毕业生就业工作实施方案的制订、修改和组织实施工作；大力宣传西藏自治区高校毕业生就业制度改革政策、规定，参加高校毕业生政策宣讲工作，积极收集并发布各类就业信息，协助有关部门组织实施高校毕业生公招考试相关工作。全面升级改造高校毕业生就业信息网，首次将"就业指导课"纳入高校教学计划，逐步推行高校毕业生双证制度，启动特困毕业生援助和就业服务工作，高校毕业生择业观念和心态正在发生积极变化，就业能力和创业能力持续增强，应届毕业生就业率达到 88.95%。积极探索师范毕业生就业制度改革，推进师范毕业生就业工作顺利进行。拉萨市中小学教师双向选择、公开招考试点工作取得圆满成功，其他定向师范毕业生就业工作进展顺利，600 多名非师范毕业生经过考录和培训后已到基层中小学工作。为补充大中专院校个别紧缺专业师资力量，从区外引进 50 名高学历毕业生。教师学科结构趋于合理，边远、基层学校师资力量不断充实提高。

【学科建设与科研工作】新增西藏大学、西藏民族学院财务管理等 5 个本科专业，完成 2009 年拟招生的 73 个专科、高职专业的备案审批，推荐西藏大学农牧学院"植物学教学团队"为国家级教学团队，西藏大学临床医学、西藏民族学院汉语言文学专业为教育部第三批特色专业建设点，确定西藏大学农牧学院"植物学教学团队"等 3 个教学团队为 2008 年度自治区级教学团队，西藏大学临床医学等 6 个专业为自治区级特色专业建设点；推荐国家精品课程 3 门，评选自治区级精品课程 11 门，自治区级精品课程达到 41 门；推荐西藏大学"信息技术实验教学中心"为 2008 年度国家级实验教学示范中心。

高校科研水平进一步提高。建立和完善了高校人文社会科学研究项目管理制度，制订了《西藏自治区高等学校人文社会科学研究项目管理规定》，启动自治区高校人文社科研究项目，组织申报高校人文社科研究项目 63 项、教育部人文社科研究一般项目 32 项，其中 5 项获 2008 年教育部科学技术研究重点项目立项、8 项获自治区科技项目立项，推荐 8 项科研项目为 2009 年教育部科学技术研究重点项目。

【"211"工程建设】西藏大学通过区部共建、改扩建工程建设项目的实施，办学条件得到极大改善，学科建设不断发展，学校总体面貌发生了巨大变化：建筑面积由 26.8 万 m^2 增加到 38.9 万 m^2；教学实验设备由不 2000 万元增加到 1.2 亿元；办学规模由不足 4000 人增加到 8000 人；新办了建筑学、交通运输、土木工程等本科专业，填补了西藏高等教育无工科教育的空白，形成了涵盖经济学、法学、教育学、文学、历史学、理学、工学、农学、医学、管理学 10 大学科门类的学科体系，有力地提升了西藏大学的办学水平和社会服务能力。

【内地办学、合作交流和教育援藏】内地办学规模进一步扩大，教育质量不断提高。2008 年完成 1800 名小学毕业生升入 19 个内地西藏初中班（校），1800 多名内地西藏高中班（校）和 1600 名内地西藏班（校）高校招生计划，内地西藏班（校）在校生规模达 18640 人；加强内地办学督导工作，学校管理及教育质量进一步提高。10 月，在拉萨举办了内地西藏班（校）思想政治和德育工作骨干教师培训班。

教育合作交流与教育援藏工作稳步发展。完成"西部地区人才培养特别项目"实施方案，选拔 9 名（8 人通过国家留学基金委评审）赴海外短期留学人员，为西藏大学、拉萨师专聘请 7 名外籍教师，推选 24 名学生参加"中日政府高中生交流项目"赴日交流，协调落实拉萨师专与丹麦哥本哈根国际教育交流合作中心新一轮项目合作，继续实施职业教育领域与德国技术合作项目；增加北京教育学院、首都师范大学为"十一五"拉萨师范高等专科学校支援单位，"十一五"国内对口支援西藏高校单位由 35 所增至 37 所。

【招生考试】实施高校招生"阳光工程"，落实少数民族优惠政策。2008 年，普通高校招生共录取新生 10219 人，其中本科 5515 人、专科 4704 人、对口高职 1275 人，录取率为 60%，区内少数民族考生录取比例占 72.7%。成人高校招生总计划 4987 人，报考人数为 8647 人。普通中专（高中）录取新生 27565 人，初中招生 53000 人，小学招生 55500 人。高等自学考试开考 28 个专业，报考总人数 5720 人，上半年共有 103 人获得毕业证书（其中本科 54 人）。各类非学历考试报名逐年上升。

【教育科研】围绕服务西藏教育改革和发展，组织申报立项《西藏自治区教育科研十一五规划课题》50 项，指导课题开题工作；9 月成功召开西藏自治区教育学会第五次代表大会，选举产生新一届理事会，颁布了《西藏自治区教育学会章程（修订稿）》、《西藏自治区教育学会分会管理办法》、《西藏自治区教育学会会员管理办法》及《西藏自治区教育学会经费管理办法》；以"校本培训"为重点，组织开展"送教下乡""送研下乡"活动；参加并指导高校科研课题评选活动；开发富有区域特色的教育资源，完成小学一至三年级藏语文、数学、科学、藏汉双语版多媒体教学资源研制工作；主持编撰反映西藏"两基"攻坚大型宣传画册《奠基》；完成了《中国教育年鉴·西藏卷（2007）》撰写工作；《西藏教育》杂志办刊质量不断提高。

【教材编译】以新课改为中心，加强教材建设，深入推进基础教育新课程改革。全年共完成 21 种新课改藏语文教材、教辅用书的编写工作和 22 种新课改教材、教参、教辅资料等的翻译工作，审查义务教育新课改教材 29 种、地方教材 2 种，完成 25 种教材、教参、教辅用书及高中藏语文课程标准的录入排版工作，完成了小学《思想品德》、初中《思想政治》修订编写和全区中小学教材征订工作，中小学生用书得到充分保障。

【双语教学】西藏教育部门和各级各类学校在教育教学工作中，认真贯彻执行党的民族语言政策和国家、自治区法律法规，全面推行双语教学体系，高度重视藏语文的学习、使用和发展，在中小学课程设置上，藏语文是必修课程，藏语文总课时小学为 1296 课时，初高中各为 540 课时。为加强内地西藏班（校）的双语教学，自治区教育厅每年从区内学校抽调藏语文教师，派往各内地西藏初、高中班（校）从事藏语文教学，20 多年来，累计派出藏文教师 1350 多人，确保了内地西藏班（校）藏语文教学工作的正常进行。按照“三个面向”的要求，坚持“三个有利于”标准，积极探索中小学“双语”教学改革，在重视藏语文教学的前提下，加强汉语文教学，适时开设外语课程。截止2008年底，西藏实施双语教学的小学有885所、教学点1100个，在校学生297872人，占全区小学在校生总数的95.52%；实施双语教学的中学有117所，其中在校初中学生134374人，占初中在校生的96.03%，在校高中学生39589人，占高中在校生的88.78%。

（韩晓悟、宋和平）

西藏大学

【办学规模与学科建设】截至2008年底，西藏大学拉萨校区有各级各类学生1.2万余人，其中全日制普通本专科学生7500余人，形成了普通本专科教育、研究生教育、留学生教育、成人教育、远程教育等多层次、多形式的办学格局。学校立足西藏，服务西藏，为西藏经济社会发展培养了3万余名“靠得住、用得上、留得下”的应用型人才。

拉萨校区有44个本科专业，涵盖了经济学、法学、教育学、文学、历史学、理学、工学、管理学、医学9大学科门类。有8个自治区级重点学科；有藏语言文学、藏族历史、藏族美术、行政管理、藏族音乐、课程与教学论6个硕士学位授予点和1个教育硕士专业学位；与四川大学联合培养少数民族史和少数民族文学博士生，已经招收了四批学生。有1个教育部人文社会科学重点研究基地——西藏大学·四川大学中国藏学研究所；1个教育部、自治区重点实验室——西藏大学宇宙线开放实验室；1个教育部工程研究中心——藏文信息技术教育部工程研究中心；6个区级重点实验室。

【机构与师资】西藏大学设有纪委（监察室）、党委（校长）办公室、党委组织部（人事处）、党委宣传部、学生工作部（招生就业处）、团委、工会、教务处、科研处、研究生处、安全保卫处、财务处、后勤管理处、国际交流合作处（留学生部）、国有资产管理处、改扩建工程指挥部办公室等16个处室，文学院、艺术学院、理学院、工学院、医学院、经济与管理学院、旅游与外语学院、政法学院、师范学院、中央电大西藏学院和继续教育学院、图书馆和现代教育技术中心、藏学研究所等12个教学、科研与教辅机构。

基本形成了一支多民族结合、相对稳定、素质较高的师资队伍。截至2008年底，拉萨校区共有专任教师564人。具有硕士以上学位的218人（其中博士16人，硕士202人），占专任教师总数的39%；正、副教授161人，占专任教师总数的29%。现有教师中，入选国家“百千万人才”工程1人；获国家杰出青年基金资助1人次；国家级教学名师1人；享受国家或西藏自治区特殊津贴1人次；“全国先进教育工作者”1人；“全国模范教师”1人；“全国优秀教师”2人；“全国三八红旗手”1人；荣获“中国工艺美术大师”称号1人；入选教育部“新世纪优秀人才支持计划”3人；入选西藏自治区学术带头人11人次；“宝钢优秀教师奖”获得者25人。

【科学研究】2008年，西藏大学继续加强科研工作管理，促进科研水平不断提高。全校教职工共申报国家自然科学基金项目16项，3项获准立项资助，获资助经费56万元；申报国家社会科学基金项目26项，7项获准立项，获资助经费73万元，其中文学院副教授罗布博士申报的《清初蒙藏联合治藏及其意义研究》获得国家社科基金重点项目立项资助，这是我区高校首个国家社科基金重点项目；申报全国教育科学“十一五”规划项目2项，2项获准立项，获资助经费4万元；申报教育部人文社会科学研究一般项目34项，8项获准立项，获资助经费40万元；申报科技部项目2项，2项获准立项，获资助经费3万元；申报司法部项目1项，获资助经费3万元；与中科院高能物理研究所合作项目1项，获资助经费3万元；申报中国社会科学院西南边疆历史与现状综合研究项目19项，2项获准立项，获资助经费12万元；申报教育部人文社会科学重点研究基地重大招标项目1项，获资助经费10万元；申报高等学校全国优秀博士学位论文作者专项科研资金资助项目1项，获资助经费50万元；申报西藏自治区科技厅项目11项，获准立项5项，获资助经费79万元；申报自治区旅游局、商贸厅资助项目各1项，获资助经费17.22万元；国际合作项目有5项获立项资助，获资助经费524.56万元。5项科研成果通过国家社会科学基金委鉴定；3项国家自然科学基金项目结项；藏文信息技术5个项目结项，分别处于国际领先水平、国际先进水平或同类产品国际先进水平；1项自治区科技厅项目通过鉴定；《藏文信息处理应用技术研究》获自治区科技进步二等奖，5篇论文获自治区2008年科协年会优秀论文奖。工学院教师洛藏研制的“藏汉英点读机”被自治区科技厅生产力促进中心采纳，列入立项资助开发计划并上报国家生产力促进中心；艺术学院阿旺晋美教授研制的藏传矿物燃料被自治区商务厅作为藏毯生产应用技术开发应用。

【党建与大学生思想政治工作】西藏大学党委狠抓政治理论学习，大力开展反分裂斗争，进一步加强和改进大学生思想政治教育，加强反分裂斗争教育和马克思主义“四观”、“两论”教育，不断提高大学生的政治思想觉悟，继续深入开展党风廉政建设和反腐败工作，为实现学校跨越式发展提供坚强的组织和思想保证。构建起了健全的党组织体系和思想政治工作机制。拉萨“3·14”事件发生以来，学校党委认真贯彻落实党中央、区党委关于处置“3·14”事件的一系列指示精神，深入开展“反对分裂、维护稳定、促进发展，构建平安和谐校园”主题教育活动，同时，开展了声势浩大的揭批达赖活动，深入揭批达赖集团政治上的反动性、宗教上的虚伪性和手法上的欺骗性。在构建平安和谐校园的过程中，将维护学校稳定、维护师生安全与反分裂斗争教育有机结合起来，取得了很好的效果，学校维稳工作得到了中央领导、教育部领导和自治区领导的充分肯定。

【对口支援和扶贫工作】2008年，继续以学科建设、师资队伍建设与科研项目合作为重点，紧密结合学校“三步走”发展目标和《西藏大学“十一五”对口支援工作规划》，深入贯彻落实教育部实施的“质量工程”，深化对口支援工作，扎实推进学校各项工作迈上新台阶。共选派18名教师和1名干部赴各对口支援院校进修学习，协调各对口支援院校选派了34名援藏教师、9名援藏干部到西藏大学从事教学、管理工作。共接受各对口支援院校和中央电大各学院的资金、图书资料、电脑设备等捐助约合人民币225万元。与对口支援院校共同申报了5项国家自然科学基金项目、2项省部级科研课题、1项校级项目。积极开展联合办学，与西南交通大学联合筹办MPA研究生课程进修班，以提高学校学科建设水平与层次，满足西藏公共管理事业对高层次、高学历人才的需求。继续实施好区部共建项目，积极申报新的共建项目。

【国际交流与合作】2008年，西藏大学招收各国留学生23人，新聘请外籍教师8人，进一步规范了外籍教师和留学生的管理，保证了学校的英语和日语教学。接待了自治区外事办、外宣办等安排的挪威议会代表团、印度记者代表团、澳大利亚驻华大使等官员、记者112人次，为学校的对外宣传做出了积极贡献，展示了我区高等教育成就。全年共为24名教职工办理了出国（境）手续。继续加强国际交流与合作，做好涉外项目的管理工作。继续与美国弗吉尼亚、中华医学基金会、挪威-中国·西藏 大学合作网以及德国、荷兰、意大利、日本等国建立合作关系，保证合作项目顺利实施结项。理学院与德国玛尔堡大学在生物多样性方面的合作和荷兰驻华使馆教育处资助的《西藏传统音乐保护》项目结项。

【获奖情况】2008年，西藏大学荣获西藏自治区北京奥运会火炬珠峰登顶暨拉萨传递工作先进集体；西藏大学代表队喜获全国大学生“迎奥运 讲文明 树新风”礼仪知识电视竞赛三等奖和优秀奖；艺术学院师生表演的西藏八大藏戏之一的《卓瓦桑姆》剧目获得由教育部、中国文联、上海市委联合举办，以“和谐校园·青春风采”为主题的首届中国校园戏剧节“中国戏剧奖·校园戏剧奖”优秀剧目奖，同时获得“优秀组织奖”；工学院获得“全区民族团结进步先进集体”荣誉称号；《西藏大学学报》被西藏自治区党委宣传部、西藏自治区新闻出版局评为2007年度全区优秀期刊；《西藏大学学报》当选全国人文社科学报会理事单位，是目前西藏自治区首家入选单位。学报编辑部主任、副编审拉巴次仁同志荣获“全国高校社科学报事业突出贡献奖”；西藏大学青年志愿者总队荣获全国“第七届中国志愿服务项目奖”和“第七届中国百个优秀志愿者服务集体称号”；团委达娃央宗同志荣获中国红十字协会颁发的“会员之星”荣誉称号，理学院李诗婷等学生荣获“志愿者之星”荣誉称号。

【大事记】

4月9日，教育部2007年普通高校本科教学工作水平评估成绩揭晓，西藏大学本科教学工作水平评估结论为优秀。

5月5日，自治区党委副书记、自治区常务副主席郝鹏专程莅临西藏大学，调研高校毕业生就业工作情况，并与学生座谈。

6月5日，自治区副主席孟德利莅临西藏大学“6·5 世界环境日”宣传活动现场。

6月13日，自治区党委常委公保扎西莅临西藏大学考察毕业生就业工作，与旅游外语学院2005、2006级酒店管理专业学生座谈。

6月21日，西藏大学1855名师生代表，组成藏戏表演队、学生方队、藏装方队、彩炮彩雨方队、藏装青年方队、运动装方队、欢迎方队等8个方队，参与北京奥运火炬拉萨传递活动。

7月10日，国务院学位办主任杨玉良院士来西藏大学考察指导工作。

12月16日，西藏大学顺利进入国家“211工程”重点建设大学行列。同日，西藏大学改扩建工程竣工典礼暨进入“211工程”重点建设大学行列庆祝大会在新校区体育场隆重召开。中共中央政治局委员、国务委员刘延东致电祝贺，西藏自治区党委书记张庆黎出席大会并宣读贺电。自治区党委副书记、自治区主席向巴平措，教育部副部长陈希出席大会并讲话。自治区党委常委、常务副主席、西藏大学改扩建工程指挥部指挥长吴英杰主持庆祝大会。区党委常委、区党委办公厅秘书长公保扎西、区政协副主席刘庆慧出席大会。

【领导名录】

党委成员、副书记：房灵敏、桑珠、格桑群培

党委委员：王启龙、王维才、次旦平措、范春文

行政领导、校长：房灵敏

副校长：王启龙、强俄巴·次央、王维才、次旦平措、范春文

文化、广电、新闻出版

自治区文化工作

【艺术创作繁荣发展，文艺舞台日趋活跃】2008年，自治区专业文艺团体紧紧围绕自治区中心工作和喜迎奥运会、庆祝改革开放30周年等重点活动，加强艺术创作，推出了大型交响乐《喜马拉雅之歌》、改革开放30周年献礼剧《扎西岗》、大型藏戏歌舞《吉祥奥运》、庆“八一”主题晚会、廉政文化建设主题晚会等一批具有浓郁民族特色、反映时代精神、体现社会主义核心价值、符合群众审美要求的精品佳作。同时，加强了对重点剧目的创作提炼、修改提高。对外文化交流重点剧目《天上西藏》经过再度修改，通过初审。大型话剧《宗山魂》、藏戏《朵雄的春天》再一次搬上舞台。改革开放30周年主题晚会《辉煌历程》、农村题材大型话剧《扎西岗》、新编藏戏《朵雄的春天》三台重点文艺剧目经过艺术创作人员的艰辛努力，正式与广大

观众见面。特别是农村题材大型话剧《扎西岗》，自治区领导给予了高度评价，并做出了重要指示。自治区歌舞团建团50周年各项重大文化活动全面展开。藏族音乐家美朗多吉作品北京演唱会如期在京举办。再次重点加强推出新人新作，举办了第三届全区专业舞蹈大赛。各地市专业文艺团体在配合自治区各类重大文艺创作和演出工作的同时，结合本地实际，也相继创作推出了一批优秀文艺作品。

奥运火炬拉萨接力传递各项重大文艺活动圆满完成。2008年北京奥运会开幕式文艺表演节目大型藏戏歌舞《吉祥奥运》、唐卡式歌舞《幸福在路上》、国家舞台艺术精品剧目《文成公主》赴京成功演出。以上这些重大活动和重要演出，经过演职人员的努力，均取得了圆满成功，在国内产生了积极影响，得到了社会各界的普遍好评，在对外宣传西藏方面发挥了一定的积极作用。

加强了演出工作。各专业文艺团体结合自身实际，通过组织文艺小分队等形式，积极开展重大节庆、重点活动演出和“送戏下乡”，极大活跃了全区文艺舞台，丰富了人民群众精神文化生活。据统计，2008年，全区各级专业文艺团体新创作品200余个（其中，区直三团全年新创、修改作品77个），全区民间艺术团全年创作节目近100个。山南地区各级文艺团体全年新创作、修改作品67个，演出326场，观众达42万人次。

艺术研究有新进展。国家课题《中国藏戏史》撰写工作全面完成，《中国器乐集成西藏卷》、《中国民歌集成西藏卷》通过初审。

【以农牧区基层文化建设为重点，社会文化稳步推进】为深入贯彻落实党的十七大和中央领导同志关于加强我区基层文化建设的重要指示精神，巩固壮大基层文化阵地，保障人民群众共享文化发展成果。2008年对山南地区6个县、18个乡、31个村进行了实地调研，进一步摸清了基层文化发展的现状，找准了问题。经过几番论证和修改，协同有关部门完成了《西藏自治区2008年至2010年农牧区文化建设规划》编制工作。目前，该《规划》已经以自治区党委、政府名义上报国家有关部门，有望在今明两年得到逐步落实。同时2008年我区安排新建县级综合文化活动中心15个，乡镇综合文化站项目78个，其中，12个县级综合文化活动中心项目已经竣工；以那曲地区东三县为主的30座乡镇综合文化站建设项目已经全部开工。同时安排新建文化信息资源共享工程县支中心21个，将于2009年上半年完成安装、调试并投入使用。

非物质文化遗产保护工作深入推进。36个项目成功入选第二批国家级非物质文化遗产保护项目，22名非物质文化遗产代表性传承人入选第二批国家级非物质文化遗产代表性传承人名录。《大藏经•甘珠尔》（永乐版）等6个珍贵古籍列入第一批国家级珍贵古籍名录。藏戏申报世界文化遗产的有关工作顺利完成。奥运会期间《中国故事—西藏祥云小屋》文化展示活动在北京成功举办。配合中央电视台国际频道、新闻频道、《中国西藏》杂志社等新闻媒体，完成了采访和拍摄有关西藏唐卡、藏医药、藏戏等非物质文化遗产保护工作成果的专题片和专题报道。此外，在拉萨成功召开了全区古籍保护工作会议暨全区非物质文化遗产保护工作会议，全面总结近年来全区非物质文化遗产保护和古籍保护工作，安排部署下一阶段的普查、保护任务。

2008年3·14事件后，按照中央和区党委的统一部署，西藏自治区文化厅迅速组织人员，加班加点，精心筹备大型展览《西藏今昔》。经过紧张而艰苦的努力，大型展览《西藏今昔》如期在京举办，并取得圆满成功，受到中央有关领导及海内外社会各界的一致好评。在认真总结经验的基础上，《西藏今昔》（拉萨展）经与社会各方协调，国庆节期间也与广大观众见面。《西藏今昔》通过新旧两种制度的对比，深入揭批了旧西藏封建农奴制的残酷黑暗，进一步向世人昭示：只有在中国共产党的领导下，只有在祖国大家庭中，只有坚定走中国特色社会主义道路，西藏才有繁荣进步的今天和更加美好的明天。

同时认真组织参加文化部举办的各类群众重大文化活动，均取得了较好的成绩。

【文化产业发展稳步推进】按照十七大提出的提高国家文化软实力要求，文化产业工作尽管受到“3•14”事件的影响，但是紧紧抓住当前社会局势基本稳定，旅游业迅速恢复的有利时机，不断调整思路，加强调研，切实推进文化产业的发展。一是成功组团参加了第四届中国西部（西安）文化产业博览会和北京文化创意产业博览会。充分利用西部文化产业博览会这个平台，学习兄弟省市的经验，宣传展示我区文化建设成就、资源优势，推介合作项目，认识了一批新朋友，与内地兄弟省市的同行建立了广泛的联系，为我区文化走出去奠定了基础。二是加强了对基层文化产业情况的调查研究。对拉萨、山南等地市文化产业发展的现状、存在的问题进行了专题调研。在全面把握情况、找准问题的基础上形成《关于加快文化产业发展的意见》（初稿），为领导决策提供了依据。三是认真开展了文化产业示范基地的评选工作。初步评出8个自治区文化产业示范基地，其中拉萨市岗地经贸发展有限公司被文化部命名为国家级文化产业示范基地。四是加强文化产品的创作生产。自治区和各地市集中推出了一批具有市场发展前景的文艺演出剧目，如原生态歌舞《幸福在路上》、山南地区的《雅鲁藏布》、日喀则地区的《珠峰彩虹》、拉萨市艺术团的《五彩西藏》、那曲地区《藏北音画》等商业性演艺剧节目，其中有的已投放市场，取得了良好的效益。

【文化市场监管力度进一步加大】坚持“一手抓繁荣、一手抓管理”的方针，推动文化市场繁荣、有序、健康发展。加大了互联网服务营业场所的日常监管，重点查处未能按照规定落实“网吧”等互联网上网服务营业场所上网登记制度及超时经营现象。加强了校园周边网吧的整治力度，减少了未成年人进入互联网营业场所上网违规现象。加强了对节目内容的审查，有效制止了反动腐朽文化的渗透。特别是拉萨“3•14”事件后，为了严防达赖集团反动文化产品和不良文化的散播和渗透，全区文化市场管理部门严格按照自治区党委、政府有关维护稳定工作的指示精神，加大对歌舞娱乐场所的巡查，同时与歌舞娱乐场所法人签订了安全事故责任书，明确了责任主体。对在“3•14”事件中严重受损的文化经营场所开展了走访慰问，积极帮助受损的文化经营场所尽快恢复经营。按照文化部的统一要求，加大了全区文化娱乐场所消防安全工作的整治力度，组织人员对各类文化娱乐场所进行了专项治理。积极推进网络监管平台建设和视频会议系统建设。《西藏自治区文化市场管理条例》在广泛征求各方面意见基础上，进一步进行了修改和完善，并通过初审。

2008年，全区各级文化市场管理部门共出动执法人员7100余人（次），检查音像制品批发、零售、出租单位6000余家（次），演出单位160余家（次），娱乐场所5200余家（次），“网吧”等互联网上网服务营业场所3720家（次），查缴各类盗版、淫秽及政治性非法音像制品13万余盘（张）。其中政治性非法音像制品800余盘（张），停业整顿29家，取缔1家。那曲地区狠抓音像市场管理，全年查缴各类盗版、淫秽和政治性音像制品3600余盘（张），有效净化了本地文化市场。

【文物保护工作持续健康发展】2008年，全区各级文物单位大力加强文物保护和利用工作，文物事业得到了快速发展。一是重点文物保护工程顺利实施。三大文物保护维修工程全年复工项目8个，完成投资1684万元。截止年底已累计开工子项目156个，完成150个，完成投资2.8亿余元。“十一五”重点文物保护工程正式启动，已到位投资1.61亿余元，年内共实施9项工程。其中，扎什伦布寺、桑卡古都寺、昌珠寺、科迦寺、夏鲁寺保护工程已开工建设。自治区文物抢救维修工作进展顺利，日吾其金塔等9项工程全部开工建设。二是重要历史和革命文物调查保护工作继续向纵深推进。完成了自治区确定的首批“红色遗迹”抢救项目的前期工作、117件重要历史和革命文物的记录建档和67件重要历史和革命文物的记录卡工作。中央人民政府驻藏办公区等5处项目的维修设计全面完成。三是第三次全国文物普查全面展开。全区53个县文物普查工作全面启动，共登录文物点2126处（其中复查692处，新发现1434处）。四是文物安全保障措施再次加强。先后实施了西藏博物馆安防改造工程和全区20处文物单位安防设施建设。五是文物展示和服务工作进一步充实。完成了西藏博物馆陈列改造的内容设计，实施了布达拉宫珍宝馆陈列展示工程建设。六是文物保护基础性工作深入开展。全区文物系统积极配合自治区贝叶经保护工作领导小组开展了贝叶经编目、整理和登录工作，仅区直文博单位整理贝叶经660部。西藏博物馆顺利入选国家一级博物馆。

【积极开展对口扶贫和抗震救灾工作】2008年，全区各级文化部门充分发扬“一方有难，八方支援”的中华民族优良传统，纷纷伸出援助之手，积极开展向南方特大冰雪灾区、四川地震灾区、当雄地震灾区和拉萨“3•14”受损商户奉献爱心活动。据统计，全区文化部门共募集善款近百万元。同时，文化厅系统积极开展了对口扶贫那曲措拉乡的各项帮扶工作，受到了自治区和那曲地区有关部门的充分肯定和表彰。

【获奖情况】2008年，全区专业艺术创作共获11项自治区“五个一作品奖”。同时积极组织参加文化部举办的各类文化活动。在中国首届农民文艺汇演、中国老年合唱节、西部民歌大赛、“四进社区”文艺展演等全国性群众文艺比赛中，累计荣获3个金奖，6个银奖，12个铜奖。奥运会期间《中国故事—西藏祥云小屋》文化展示活动荣获29届奥林匹克组委会和文化部颁发的最佳组织奖。

【存在的问题】一些地方的文化行政主管部门文化发展思路不够清晰、发展目标不够明确，“等靠要”思想还比较严重，对存在的困难和问题深入研究不够，工作成效还不明显；二是狠抓落实不够。一些重点领域的工作还没有实质性进展，特别是文化体制改革和文化产业的发展，还停留在初步阶段；三是农牧区文化工作还十分滞后，现有基层文化设施的管理和使用情况不容乐观；文艺精品力作还比较有限，广大文艺工作者的积极性和创造性还没有充分调动起来；文化市场管理工作还有待加强，对反动文化的打击力度还需要进一步加大；对外文化交流还不够活跃，西藏文化的影响力还有待进一步扩大。

【领导名录】

书记、副厅长：刘建敏

副书记、厅长：尼玛次仁

党组成员、副厅长、文物局长：喻达瓦

党组成员、副厅长：杨守民、辛高锁、扎西多吉

党组成员、纪检组组长：沙道训

自治区文物工作

【基本情况】2008年，全区已登记的各类文物点有3440余处，各级文物保护单位329处。其中，全国重点文物保护单位35处（38个点），自治区级文物保护单位112处，县（市）级文物保护单位182处。其分布为：自治区文物局下属单位有全国重点文物保护单位2处；拉萨市有全国重点文物保护单位6处，自治区级文物保护单位29处，县（市）级文物保护单位3处；日喀则地区有全国重点文物保护单位8处，自治区级文物保护单位26处，县（市）级文物保护单位26处；山南地区有全国重点文物保护单位12处，自治区级文物保护单位23处，县（市）级文物保护单位28处；林芝地区有全国重点文物保护单位1处，自治区级文物保护单位5处，县（市）级文物保护单位18处；昌都地区有全国重点文物保护单位2处，自治区级文物保护单位13处，县（市）级文物保护单位52处；那曲地区有全国重点文物保护单位1处，自治区级文物保护单位5处，县（市）级文物保护单位53处；阿里地区有全国重点文物保护单位3处，自治区级文物保护单位11处，县（市）级文物保护单位2处。世界遗产一处3个点，即布达拉宫及其扩展项目大昭寺、罗布林卡。馆藏文物数10万件，其中，一级文物1万多件。

各级文物管理专门机构24个、博物馆2个、文物科研机构1个、文物总店1个和文物鉴定机构1个。西藏自治区文物局隶属自治区文化厅，为自治区人民政府的副厅级全区文物管理部门；直属单位有布达拉宫管理处、罗布林卡管理

处、西藏博物馆、自治区文物保护研究所、西藏文物总店和西藏文物鉴定组。拉萨市设有副县级文物局；日喀则和山南地区设有正区级文物局；昌都、那曲、林芝、阿里四个地区在文化广播影视局内设有文物科；日喀则地区的日喀则市和江孜、吉隆、拉孜、昂仁、康马、萨迦县共七个县（市）成立有正科级文物局；阿里地区的扎达、普兰、革吉、日土、噶尔、措勤、改则县共七个县成立有正科级文物局。

西藏现有从事文物工作的人员 286 名，其中藏族占 85%。专业技术人员 100 人，占总人数的 35%；其中获得文博副研究员的 13 人，文博馆员 30 人，合计为 43 人，共占总人数的 15%。

【三大工程建设稳步推进】西藏布达拉宫、罗布林卡、萨迦寺三大重点文物保护维修工程作为全区文物保护工作的重点，自始至终坚持从人力、物力、组织协调、文物安全等方面给予全力配合。2008 年，国家对西藏三大文物工程的投资由 33330 万元增加到 38059 万元。全年复工项目 8 个，完成投资 1684 万元，累计开工子项目 156 个，完成 150 个，完成投资 2.8 亿元。

【“十一五”重点文物保护工程正式启动】根据自治区党委、政府的部署，4 月 18 日在扎什伦布寺举行了西藏“十一五”重点文物保护工程暨扎什伦布寺文物保护工程启动仪式。为扭转“3•14”事件的负面影响，区文物局及时调整 2008 年的工程计划，开工建设桑卡古托寺、昌珠寺、科迦寺、扎什伦布寺、夏鲁寺等维修工程，到 2008 年底，已开工（含竣工）和具备开工条件项目约占该工程项目总数的 40%，涉及投资 1.3 亿多元。

【全区文物应急抢救维修工作进展顺利】2008 年完成续建和新开工项目资金 2899.87 万元，对日吾其金塔、邓萨提寺、向康大殿、鲁定颇章、达杰林寺、同卡寺、邦纳寺、帕拉庄园、艾旺寺等 9 处重要文物单位进行抢救维修，9 项工程已经开工建设。自治区安排资金 1009.9 万元，实施西藏博物馆安防改造工程，对 20 处文物单位加强安防设施建设。投资 230 多万元的自治区文物总店经营场所改造工程，已完成开工前的准备工作。

【第三次全国文物普查的实地调查阶段工作扎实推进】在自治区第三次全国文物普查领导小组的领导下，各地、各部门认真履行职责，积极落实经费，全年用于文物普查的经费 933.81 万元，其中，国家和自治区共安排资金 496 万元，各地市财政安排资金 262.31 万元，县财政共安排资金 175.5 万元；文物普查机构成立率达 100%，各地市县都成立了领导小组和办公室，各级文物普查办公室人员达 431 人，组织一线普查队员 270 人；采购配发普查设备，组织人员培训，全区共有 322 人获得“第三次全国文物普查资格证书”；启动 47 个县的普查工作，阿里、那曲、林芝、日喀则四个地区的到达率和覆盖率都超过了 60%，共登录文物点 2337 处（其中复查 721 处，新发现 1616 处），重要的发现有：墨竹工卡县塘家寺明代壁画，阿里地区 70 余处石框遗址及列石遗迹，吉隆县吐蕃封土墓、定结县琼孜乡恰姆村和日屋镇恰姆石窟寺、曲玛古战场遗址和尼玛县吉松村落。

【全区重要历史和革命文物调查保护工作深入开展】按照自治区重要历史和革命文物领导小组的安排部署，各地市重要历史和革命文物调查领导小组办公室已登记完成 117 件重要历史和革命文物的记录建档及 67 件重要历史和革命文物的记录卡。完成林芝波密中心县委红楼、中央人民政府驻藏代表办公区的可行性研究报告、初步设计编制工作，山南地区完成乃东县克松村第一党支部旧址、昌都地区文化局完成昌都解放委员会、昌都地区烈士陵园保护项目的设计和经费概算编制工作。

【文物展示利用工作进展顺利】深入贯彻落实张庆黎书记、向巴平措主席对布达拉宫雪城展示利用工作的重要批示精神，及时充实、完善了雪城展示的内容和方案，制作和备份了雪巴列空、雪监狱的声控系统，编写出版参观指南，进一步加强雪城的展示利用工作。同时，制定布达拉宫珍宝馆陈列展览方案，经自治区党委宣传部批准后，积极申报自治区财政厅安排资金 1260 万元，目前正在进行展厅装修和陈列布展工作。

紧紧围绕当前反对分裂、维护祖国统一、维护民族团结的重大政治任务，积极筹划了题为《罪恶昭彰、百罪莫赎——拉萨“3•14”打砸抢烧暴力事件真相》图片展览；与西藏人民出版社合作，在较短时间内出版发行了体现西藏与祖国的关系史的《见证》一书；西藏博物馆、布达拉宫雪城成为全区各单位开展“反对分裂、维护稳定、促进发展”主题教育活动中对广大干部职工进行教育的场所。

西藏博物馆入选国家一级博物馆。西藏博物馆基本陈列改造内容方案已经完成并经自治区党委宣传部批准，目前正在进行形式设计。西藏博物馆还举办了《红岩魂——白公馆、渣滓洞革命烈士斗争事迹展》等五个临时展览。配合自治区党委宣传部、文化厅举办了《西藏今昔》大型展览，自开放以来，已经接待观众 9 万多人次。

根据国家文物局的部署，区文物局还组织文物精品参与国家文物局、中国科协在北京举办的奥运会特展。拉萨文物局、山南地区文物局分别启动拉萨关帝庙、山南朗赛林庄园展示利用工作方案的编制工作。

【启动“十二五”文物保护项目规划的工作】为进一步促进全区文物事业科学发展，及早谋划“十二五”文物事业的发展规划，区文物局成立西藏自治区“十二五”文物保护事业发展规划编制委员会，由局主要领导担任主任委员，编制委员会下设办公室，着手启动规划编制的各项具体工作。同时，委托设计单位承担白居寺保护工程的前期工作，目前已经完成了现场勘察工作。

【继续开展文物建档和文物征集等工作】全区文物系统积极配合自治区贝叶经保护工作领导小组开展贝叶经编目、整理和登录工作，仅区直文博单位就完成 660 部贝叶经的整理工作。布达拉宫、罗布林卡、西藏博物馆完成近 1 万件。地市文化（文物）部门也积极开展馆藏文物的建档工作，全年共登记建档 1 万多件文物。2008 年，全区共投资 140 多万元，征集和收购各类文物 48 件。其中，布达拉宫管理处自筹资金80万元征集1部贝叶经（262页）；西藏博物馆安排50余万元征集41件文物；西藏文物总店投资10余万元，征集、收购6件文物。区文物局还会同自治区建设厅成功申报萨迦镇为第四批中国历史文化名镇。

【积极做好基本建设工程中的文物保护工作】按照自治区的部署，区文物局积极配合有关部门开展藏木水电站、拉萨旁多水利枢纽工程和昌都果多水电站工程建设中文物保护的论证工作，完成青藏联网工程西藏测换站的文物调查与评价工作，并向有关部门提交文物保护的意见。

【加大文物宣传工作】全区文物系统认真贯彻中央政治局委员、国务委员刘延东，以及自治区党委书记张庆黎等领导对西藏文化遗产宣传工作的批示精神，落实自治区人民政府专题会议的部署，按照自治区党委宣传部、文化厅、旅游局、外宣办、文物局联合下发的《关于加强我区文物保护宣传工作的意见》的要求，深入开展文物宣传工作。精心组织6月14日"文化遗产日"活动，自治区和拉萨的文物部门在市区开展以"文化遗产人人保护，保护成果人人共享"为主题的宣传咨询活动，发放宣传资料1万多册（张）；用7个横幅和31块展板（数百幅图片）介绍保护文化遗产的宣传口号、展示西藏文物保护领域所取得的成就。其他各地、县也举行了"文化遗产日"活动。同时，加大对文物普查、文物维修工程的新闻报道工作力度，为进一步营造全社会共同参与文物保护起到了促进作用。

平时，充分利用节假日和各地的物交会、拉萨的雪顿节、日喀则的珠峰文化艺术节、山南的雅砻文化艺术节、昌都的锅庄节、林芝的杜鹃花节、那曲的羌塘赛马节等时机，在人员流量较多的主要街道设立文物宣传咨询点，向过往的广大干部群众和学生等散发《文物法》宣传单，讲解文物保护的相关知识。利用西藏人民广播电台"政风行风热线"听众提问向全区听众介绍西藏文物保护的成就，宣传文物保护法律法规知识。利用内部刊物《西藏文物》宣传、介绍西藏文物保护成就和文物保护法律法规知识。利用自治区寺教办每年举办的"全区寺庙民管会主任培训班"的机会，向学员讲述《文物保护法》、《西藏自治区文物保护条例》、《西藏自治区文物单位消防安全管理办法》及文物保护管理和安全防范知识。

【地方性文物法规建设工作取得新进展】继续加大对《西藏自治区文物保护条例》等文物法规的宣传工作力度。同时，向自治区人民政府上报修订的《西藏自治区布达拉宫保护办法》，2009年1月，已经自治区人民政府常务会议审议通过并颁布实施。区文物局还针对西藏文物保护工程的组织实施工作制订相关制度，制定《西藏"十一五"重点文物保护维修工程工作规则》，颁布《西藏自治区文物保护工程施工合同书（范本）》。

【民间收藏文物组织实现了归口管理】。为加强对社会收藏文物民间组织的依法管理，发挥民间组织在文物流通领域中的作用，规范民间收藏文物的秩序，2008年8月，西藏收藏家协会正式归口自治区文物局管理。2008年10月，西藏收藏家协会在拉萨承办中国收藏家协会2008年"中国西藏传统文化收藏高层论坛"，取得很好的效果，受到区党委常委、宣传部长崔玉英同志和自治区副主席多托同志的高度评价。

【接待与讲解工作】在接待和讲解工作中，始终坚持保护为主、合理利用的方针，正确处理保护和利用的辩证关系，认真贯彻落实自治区党委、政府关于做好我区旅游接待工作的批示指示精神，强化内部管理，提高接待水平，优化服务质量。2008年，全区各级文物保护单位共接待国内外游客和朝佛群众245万人次（布达拉宫为48.3万人次，罗布林卡为27.3万人次，西藏博物馆为5.9万人次，雪城为7万人次，拉萨市为90.8万人次，日喀则地区为29.5人次，山南地区为17万人次，昌都地区为4.7万人次，林芝地区为10.4万人次，那曲地区为3.7万人次，阿里地区为0.3万人次。其中，布达拉宫、罗布林卡、西藏博物馆和雪城免费接待贵宾、离退休和未成年人等17.3万人次），门票收入达4247.2万元。全区文博单位基本满足了广大游客参观的需求，确保了文物和建筑的安全，没有发生政治案件和游客投诉案件。

另外，布达拉宫还完成了法国自民党政治家代表团、上海世博会筹备专家组、凤凰卫视台台长、多国访藏记者团和港澳台访藏记者团等重要贵宾和媒体记者共100多人次的接待任务。特别是圆满完成了"3•14"境外媒体记者的参观和接待任务，并确保了北京奥运圣火在布达拉宫广场传递和熔火仪式的成功举办与安全，受到了自治区党委、政府的充分肯定。

【存在的问题】少数地方党委、政府和文化部门对文物工作的重要性认识不足，对当地文物工作缺乏应有的重视和有力的支持；个别单位思想不够解放，视野不够开阔，思路不够清晰，素质亟待提高；文物机构小、建制不全、人员编制严重不足，文物管理体制急需进一步理顺；地市县对文物保护投入总体较少，文物维修保护总体较弱，文物安全设施建设总体滞后；地方性法律法规不健全，文物行政执法工作较为薄弱；文物宣传展示工作总体效果不明显，文物的作用还没有得到很好的发挥。

【大事记】

1月　自治区文物局荣获自治区党委组织部、人事厅"全区人才资源统计工作优秀报表"。布达拉宫管理处被自治区人民政府表彰为"西藏自治区2007年度安全生产先进集体二等奖"。

1月3日　西藏比如县被文化部和国家文物局评为"2007年全国文物工作先进县"。

2月28日～29日　全区文物工作会议在拉萨召开。自治区副主席多吉泽仁出席会议并作了重要讲话，自治区政协副主席扎门•赤列旺杰出席会议。自治区文化厅副厅长、文物局局长喻达瓦作了题为《抓住机遇　夯实基础　狠抓落实　着力推进中国特色西藏特点文物事业科学发展》的工作报告。

3月8日　西藏博物馆陈列部被中华全国妇女联合会授予"全国三八红旗（集体）荣誉称号"。

3月26日　自治区副主席甲热•洛桑丹增在自治区文化厅副厅长、文物局局长喻达瓦的陪同下，视察了布达拉宫新发现的白宫、强钦塔朗地垄和五世达赖灵塔殿经书墙壁出现的险情，并对做好布达拉宫各项维修工作作出重要指示。

4月18日　自治区文物局在扎什伦布寺举行西藏"十一五"重点文物保护工程暨扎什伦布寺文物保护工程启动仪式。

5月9日　自治区文物局组织举行"反对分裂、维护稳定、促进发展"主题教育活动形势专题报告会，邀请区党委党校副书记、副校长、区行政学院副院长、区党委宣讲团成员牛治富教授作"反对分裂、维护稳定、促进发展"主题教育活动形势专题报告。

5月12日　西藏"十一五"重点文物保护工程之一色喀古托寺文物保护维修工程开工。

5月18日　西藏博物馆被国家文物局授予"国家一级博物馆"。

6月1日　自治区文物局赴昌都地区调研检查组在左贡县新发现1处石刻群和2处古民居点。

6月14日　自治区文物局组织布达拉宫管理处、罗布林卡管理处、西藏博物馆、自治区文物保护研究所、西藏文物总店和拉萨市文物局等单位80名干部职工在拉萨市邮政局临街地段开展以"文化遗产人人保护，保护成果人人共享"为主题的2008年"文化遗产日"宣传咨询活动，自治区人大常委会副主任新杂•旦增曲扎，自治区副主席多吉泽仁，自治区政协副主席乔元忠莅临宣传活动现场。

7月4日　《今日西藏妇女》摄影展开幕式在西藏博物馆举行。全国妇联副主席、书记处书记赵少华，西藏自治区党委常委、组织部部长尹德明，自治区人大常委会副主任赵正修和自治区副主席孟德利出席开幕式并为其剪彩。

9月　布达拉宫管理处被自治区党委、人民政府表彰为"全区民族团结进步先进集体"。

10月1日　《西藏今昔》大型主题图片展开幕式在西藏博物馆隆重举行。自治区党委书记张庆黎，自治区党委副书记、自治区人大常委会主任列确，自治区党委副书记、自治区主席向巴平措，自治区党委副书记、自治区常务副主席郝鹏，全国妇联副主席巴桑，自治区党委常委、西藏军委政委王增钵出席开幕式并为展览剪彩。自治区党委副书记、自治区人大常委会主任列确讲话。自治区党委常委、宣传部部长崔玉英主持开幕式。

10月6日16时30分拉萨市当雄县发生6.6级地震，自治区文化厅副厅长、文物局局长喻达瓦等第一时间了解地震对古建筑和文物的受损情况并作出重要指示。并向分管副主席作了汇报。喻达瓦局长和旦增朗杰副局长陪同甲热•洛桑丹增副主席视察了布达拉宫、罗布林卡和西藏博物馆等三处重点文物保护单位并了解地震后的受损情况和安全防范情况。

10月7日～14日，自治区文化厅副厅长、文物局局长喻达瓦率领各处室负责人和专家对拉萨当雄地震后的布达拉宫、大昭寺、小昭寺、哲蚌寺、乃琼寺文物和建筑受损情况进行实地调研、指导应急排险加固工作。自治区文物局于14日向自治区人民政府和分管副书记、副主席呈报了报告。

10月8日　国家投资799万元的西藏"十一五"重点文物保护工程之一科迦寺文物保护维修工程开工仪式在阿里地区普兰县科迦寺举行。

10月15日　国家投资3238万元的西藏"十一五"重点文物保护工程之一昌珠寺文物保护维修工程开工仪式在山南地区乃东县昌珠寺举行。自治区文化厅厅长尼玛次仁出席开工仪式。自治区文化厅副厅长、文物局局长喻达瓦出席开工仪式并讲话。

11月10日　自治区投资499万元的我区年度重点文物应急抢险保护维修工程达杰林寺文物保护维修工程开工仪式在山南地区乃东县达杰林寺举行。自治区文化厅副厅长、文物局局长喻达瓦出席开工仪式并讲话。

12月9日～20日　国家文物局在陕西省西北大学文博学院专门为西藏举办大规模"西藏文博干部培训班"，自治区文物局选派全区35处全国重点文物保护单位所在县（市、区）和各地市文化文物行政主管部门以及区直文博单位、局机关各处室在职的70名干部参加此次培训。国家文物局局长单霁翔同志专程到西安为培训班做专题讲座，并为西藏文博培训基地揭牌。

12月　西藏自治区文物局被自治区人民政府评为2008年度全区安全生产"二等奖"。

12月　昌都地区文化局文物科被国家文物局表彰为2008年度"郑振铎—王冶秋文物保护奖"先进集体，布达拉宫管理处处长强巴格桑、自治区文物保护研究所副所长哈比布、昌都地区文化局党组书记马秀英、山南地区文物局副局长更堆加措等四位同志被国家文物局表彰为2008年度"郑振铎—王冶秋文物保护奖"先进个人。（王协锋）

【领导名录】

文化厅党组成员、副厅长、文物局局长：喻达瓦

文物局副局长：旦增朗杰

自治区广播电视工作

【年度综述】2008年，全区有省级广播电台1座，4个频率，其中3个卫星频率，节目播出语种3种（藏语、汉语、英语、藏语康巴方言）。地市级广播电视台3座。全区有省级电视台1座，3个频道，其中2个卫视频道，地（市）级电视台4座，5个频道。全区广播电视有效覆盖率为88.81%和89.94%。全区有100瓦以上调频广播转播台79座，50瓦以上中波转播台80座，县以上有线电视转播发射台76座，中波广播发射台38座，电视专用上行卫星地球站1座，"村村通"广播电视台（站）9704座。

【宣传工作】2008年，西藏广播影视局宣传工作不断创新宣传内容、宣传形式、宣传手段，努力提高宣传质量和舆论引导能力，有效增强了宣传报道的吸引力、感染力和亲和力。保持了昂扬向上的宣传基调，唱响了共产党好、社会主义好、改革开放好、人民军队好、人民群众好、伟大祖国好的时代主旋律，营造了继续解放思想、坚持改革开放、推动科学发展、促进社会和谐的良好舆论氛围。广播电视宣传工作多次受到自治区党委张

庆黎书记、列确副书记、崔玉英常委和国家广电总局领导的批示表扬。

【党的十七大精神的宣传报道深入扎实】自治区广电局制定了宣传报道计划，在重要时段、重要节目中推出了《高举旗帜，科学发展》、《学习贯彻十七大精神》、《新任务、新目标、新征程》等10多个专栏，深入宣传阐释了十七大提出的重大理论观点、重大战略思想、重大工作部署，引导全区各族人民不断深化对十七大精神的认识，集中报道了各地各部门学习贯彻十七大精神的实际行动，充分反映了各条战线在十七大精神指引下取得的新进展、新成效。大力宣传了科学发展观的深刻内涵、精神实质和根本要求。全年共播发藏汉语稿件5600多篇。

【经济宣传报道亮点纷呈】2008年，西藏广播影视局一是大力宣传了中央、自治区经济工作会议精神，二是大力宣传了中央、自治区经济工作的重大决策部署，突出宣传了"控总量、稳物价、调结构，促平衡"的措施。三是重点宣传了各地，扩大内需保持增长、转变发展方式和调整产业结构的进展以及有效治理通货膨胀、全力抓好农牧业、推进经济发展方式转变，防范金融风险，着力改善民生，开展增收节支，勤俭节约活动等重大措施。四是大力宣传了中央出台的财税、信贷、外贸等方面的政策措施和强农惠农政策。五是积极开展经济热点问题的引导活动，针对社会关注的经济热点问题，组织有关专家学者解疑释惑，分析本质特点，阐释有关政策措施，引导人们清醒认识面临的困难，沉着应对，避免恐慌。六是大力宣传报道了重点工程建设，充分宣传报道了农网改造、那曲物流中心、柳梧新区、老虎嘴电站、廉租房、农村沼气、山南江北灌区、阿里昆沙机场等重点工程建设项目。播发各类经济稿件17000多篇。

【反分裂斗争宣传取得新进展】2008年，自治区广电局，在新闻、专题、对外等17个节目中开办专题栏目，用藏汉英三种语言，多层次、多形式、多角度揭批达赖的反动本质。特别是拉萨"3•14"打、砸、抢、烧事件发生后，区广电局迅速启动了应急宣传报道预案，成立了"3•14"宣传报道领导小组，制定了宣传报道方案。同时加班加点制作了揭露"3•14"事件真相的新闻和专题节目，在五个上星频率频道所有新闻、专题、对外节目中播出了《拉萨"3•14"打、砸、抢、烧暴力事件纪实》、《直击幕后》、《用事实说话》、《透视达赖》、《让真相告诉世界》等系列报道和专题节目，充分利用电视现场画面和广播录音，以真实的现场画面，无可辩驳的事实和群众的血泪控诉，深入揭露达赖策划制造"3•14"事件的真相，戳穿了达赖的所谓"和平示威"、"非暴力"的谎言。同时，西藏人民广播电台、西藏电视台还在新闻、专题等节目中开办了《一手抓稳定、一手抓发展》、《团结稳定是福，分裂动乱是祸》、《新发展、新变化、新生活》等专栏，播发藏汉语稿件4500多篇，专题节目200多部(集)，宣传片花30多组。西藏电视台还制作了时长47分钟供外国记者观看的专题片，30分钟的寺庙法制教育片，50分钟的外宣资料片，向中央电视台传送"3•14"事件新闻160多条，其中有70多条在央视《新闻联播》节目中播出，与中央电视台合作并在央视其他频道播出新闻、专题120多条。仅三个月时间，收到听众观众来信、来电、短信和网上留言上万条次。

【改革开放30周年的宣传报道声势大】自治区广电局6月份就开始策划制定宣传方案，规划报道选题。西藏人民广播电台、西藏电视台根据局里的安排，7月份就派出13个采访组，深入各地市县采访拍摄改革开放30周年的新闻。电台在藏汉语新闻综合频率《西藏新闻联播》、康巴语频率《新闻10分钟》、都市生活频率《980新闻直通车》等重点新闻节目中开办了《辉煌三十年》，在《农牧天地》、《百姓生活》、《今日西藏》等专题节目中开办了《我的经历》等专栏，在《文学新苑》等文艺节目中开办了《和谐颂盛世》特别文艺节目。电视台7月中旬就拉开了改革开放30周年宣传报道序幕，分别在《雪域漫谈》、《七色风》、《邦锦梅朵》、《飞天旋韵》、《对话》、《在西藏》、《农牧天地》等藏汉语专题节目中开办了《"三大件"的故事》、《诉说春天的故事》、《放歌西藏》、《口述历史——30个春天的故事》、《民生变迁》、《为西藏文艺喝彩，为祖国强大放歌》等专栏，从9月开始在藏汉语《西藏新闻联播》节目中开办了《我的经历：纪念改革开放30周年》、《纪念改革开放30周年特别报道——腾飞西藏》等系列报道。充分宣传了我区改革开放30年的伟大历程和宝贵经验，充分反映了30年来各条战线取得的辉煌成就、人民生活的显著改善以及全区各族人民昂扬奋进的精神风貌，突出宣传了中国特色社会主义理论体系，中国特色、西藏特点的发展路子。

【平叛和民改50周年宣传报道效果好】自治区广电局制定报道方案，策划报道选题，落实报道计划。电台于12月1日分别在藏汉语四个频率和中国之声网站新闻节目中推出了80集《沧桑巨变》系列报道，在藏汉语专题节目中各推出了20期系列访谈节目，在文艺节目中在推出了10期专题和5期访谈节目。西藏电视台在《西藏新闻联播》节目中推出了《见证西藏》和《新西藏、新发展、新变化、新生活》等大型系列报道。

【社会主义新农村建设宣传报道注重实效】围绕"以安居乐业为突破口"的新农村建设，开辟专栏或专题，以"服务三农，推进新农村建设"为宣传理念，以传递农业农村政策、农经信息和农牧业科技为重点，开办了13个涉农栏目，精心打造了藏语《农牧天地》、《科教园地》、《新农村建设》等节目，全面准确地宣传阐释了中央一号文件精神，大力宣传了推进社会主义新农村建设的重大意义和重大举措，及时反映了各地推进新农村建设的进展和取得的成效。自治区两台分别在藏汉语新闻、专题节目中开办了《建设社会主义新农村》、《和谐新农村建设》、《聚焦三农》等专栏，充分展示了我区新农村建设中的新事物新风尚，宣传了各地着力解决农牧民群众生产生活中的实际问题，促进农牧民增收、提高农牧民素质等方面取得的突破性进展，以及广大干部改进作风，亲民爱民，执政为民的生动场景。

【抗震救灾宣传行动迅速】四川汶川地

震发生后自治区广电局迅速组织36个采访组对抗震救灾进行全面、及时、准确的报道。两台迅速调整原有节目播出内容，减少淡化了综艺娱乐节目，开办了《众志成城，抗震救灾》、《一方有难，八方支援——情系四川汶川灾区》、《抗震救灾英雄谱》等专栏。电视台推出了《同心协力、抗震救灾》、《西藏各族人民与灾区人民心连心》等内容的角标。两台在专题节目中还及时开设了抗震救灾和有关卫生防疫知识的专栏，制作播出了《地震无情人有情，川藏人民一条心》、《抗震救灾，西藏有爱》等65条宣传片花，并在各档节目中滚动播出。两台播发新闻6980篇，专题347部（集），播发宣传片花1600条（次），转播中央两台直播节目1000多小时。

10月6日下午当雄地震发生不到半小时，自治区广电局就派出5个采访组深入灾区采访，并且将卫星传送直播车派到灾区，通过卫星将灾区的新闻传到中央台、西藏台。6点钟电台率先在整点新闻节目中播发了当雄地震的消息。7点30分两台又率先报道了记者从灾区发回的现场报道。并开办了《众志成城——抗震救灾》专栏和《当雄草原上的好书记、牧民群众的主心骨》系列报道。共播发稿件520多篇，抗震救灾知识300多条，专题片19部（集），向中央三台传送地震新闻10条，被采用7条。

【北京奥运会宣传隆重热烈】围绕“迎奥运、讲文明、树新风”的主题，唱响了“同一个世界，同一个梦想”的北京奥运口号，广泛宣传了“绿色奥运”、“人文奥运”、“科技奥运”的理念，在新闻、专题、文艺等节目中开办了《吉祥奥运、吉祥西藏》、《奥运快讯》、《奥运圣火传天下》、《哈达迎圣火》等栏目，大力宣传了党和政府兑现对国际社会的承诺，为办好北京奥运会和残奥会付出的巨大努力。大力宣传了我区采取多种措施全力以赴支持奥运会筹办的情况，宣传了我区赛马运动员在奥运赛场上的奋力拼搏，勇创佳绩的动人事迹，宣传我区广大干部群众立足本职岗位支持奥运、参与奥运、奉献奥运的实际行动，大力宣传了我区改革开放和现代化建设的伟大成就，全面展示了西藏悠久的历史，灿烂的文化和秀丽的风光，进一步树立了西藏改革开放，朝气蓬勃，发奋图强的崭新形象。在奥运火炬登顶珠峰活动现场报道中，电台主动与中国国际广播电台合作，向世界直播了奥运火炬登顶珠峰的情况，与中央台联合直播了《与圣火同行》、《万众一心，众志成城---北京奥运会火炬接力西藏自治区传递大型直播》节目。

【加强了学习实践科学发展观活动的宣传报道】大力宣传了自治区党委开展学习实践活动的重大部署和张庆黎书记关于学习实践活动的重要讲话精神，突出报道了各单位的进展情况和好的做法、经验，突出报道各单位通过学习实践活动，在推动广大党员、干部特别是领导干部树立符合科学发展的思想观念，提高领导科学发展的能力素质，促进解决制约科学发展的突出问题，构建有利于科学发展的体制机制，真正做到“党员干部受教育，科学发展上水平，社会稳定见成效、人民群众得实惠”取得的重要成果。两台在藏汉语新闻、专题节目中分别推出了《深入学习实践科学发展观》和《科学发展观在我身边》等专栏。已播发稿件1000篇，理论文章30多篇。

【圆满完成了重要会议的宣传报道】自治区广电局高度重视党的十七届三中全会、自治区党委七届四次全委会、全区党员领导干部大会、全国、全区“两会”等重要会议的宣传报道工作。在十七届三中全会、自治区党委七届四次全委会宣传中，两台分别开办了《推进农牧区改革发展》、《关注三中全会》、《聚焦新农村改革》等专栏，播发稿件1434篇。在全区党员领导干部大会宣传报道中，电台开办了《高举旗帜、反对分裂、维护稳定、促进发展、共建和谐——贯彻落实全区党员领导干部大会精神》专栏，播发稿件128篇。全国“两会”期间，两台对全国人大开幕等重大活动进行了全程直播。在藏汉语《西藏新闻联播》节目中开办了《直通北京》、《直通全国“两会”》《来自全国“两会”的报道》、《关注全国“两会”，共谋发展稳定》等专栏，通过连线参加“两会”报道的记者，对会议进行了全方位的及时跟进报道，播发稿件390多篇。自治区“两会”召开期间，两台充分发挥主流媒体的优势和作用，在新闻、专题等节目中推出了《两会特写》、《两会热点》、《代表委员风采》、《两会点击》、《数字看变化》、《回眸2007年》、《来自两会的报道》、《科学发展、共建和谐》等专栏，增强了节目的互动性，调动了人们群众对“两会”的关注度和参与热情。突出宣传了“中国特色、西藏特点”的发展路子和我区“坚持科学发展、构建和谐西藏”战略构想的生动实践和取得的可喜成就。电视台播发稿件348篇，电台播发稿件800多篇，其中音响稿件达到69.5%。

【惠民政策宣传报道力度大】在广播电视藏汉语节目中开办了《惠民政策暖人心》、《惠民政策知多少》等栏目，大力宣传报道了中央、自治区党委、政府出台的各项惠民政策、民生工程等。大力宣传报道了各级党委政府认真解决好人民群众最关心、最直接、最现实的利益问题的进展和成效，重点报道了自治区增加农牧民、城镇居民医疗补贴，城镇居民最低生活保障，增加企业退休人员养老保险等惠民政策。

【对外宣传成效显著】2008年，电台上送中央人民广播电台、中国国际广播电台稿件208条，被采用118条，其中被中央人民广播电台《新闻与报纸摘要》、《全国新闻联播》节目采用6条。电视台向中央电视台上送稿件500多条，被央视《新闻联播》节目采用95条，被其它新闻节目采用170条两台上送稿件采用率均创历史最高纪录。

电台加入了“全国广播奥运报道联盟”和“全国小说联播体”，并多次与兄弟省市区电台开展连线直播节目，电视台进一步深化了与深圳卫视的合作，向深圳卫视B版提供了一批高质量节目供港澳台地区观众收看，同时实现了汉语卫视在全国有线网落地。

【藏语编译工作稳步推进】西藏人民广播电台、西藏电视台在办好自办藏语节目栏目的同时，藏语广播影视节目译制能力大幅提高，全年译制广播影视节目达到10740小时，其中电台译制量达9912小时。电视台译电视剧700多小时。

【电影宣传工作主题突出，效果显著】 广泛开展了电影进机关、进社区、进营房、进学校、进寺庙"主题教育放映周"和"维护社会稳定，喜迎奥运电影百日集中展映"活动，配合文化、科技、卫生"三下乡"工作，认真开展了"送电影下乡"活动。集中展映了一批反映西藏新旧对比，歌颂社会主义新西藏建设成就、歌颂民族团结的影片。

【强化了廉政文化建设宣传和舆论监督力度】 围绕纪律检查机关恢复重建30周年、廉政文化进机关活动，进一步加大廉政文化建设宣传和舆论监督力度。西藏人民广播电台采制、播出党风廉政建设和反腐倡廉稿件120多篇。并在继续办好汉语《政风行风热线》的同时，开办了藏语《政风行风热线》，全年共邀请32个中直区直及拉萨市的相关部门、窗口行业的25位厅局级领导和114位县处级干部做客直播间，现场解决、答复听众的相关问题，受到广大听众的热烈欢迎。电影公司自筹资金，开展了影片展映活动，共放映《公仆》等11部教育影片150多场次。西藏电视台制作了《西藏自治区纪念党的纪律检查机关恢复重建30周年电视文艺晚会》，在《西藏新闻连播》中播发了《区直机关部署党风廉政和反腐倡廉工作》等藏汉语稿件20多篇。

2008年，自治区广电局宣传工作多次受到了区党委政府、区党委宣传部的高度赞扬和充分肯定。特别是"3•14"事件和奥运会宣传报道，张庆黎、列确、崔玉英、多托等自治区领导和国家广电总局胡占凡等领导还专门作了批示，给予表扬。

【强化安全措施，确保万无一失】 一是逐步完善了全区广播电视安全播出保障体系建设，制订了《西藏安全播出预警信息发布系统使用管理办法》，及时对安全播出预警发布系统进行升级和测试，确保正常运行。二是进一步完善了《广播电视安全播出应急预案》，有针对性地进行了实战演练，以提高处置事故的应急能力为出发点，加强了一线工作人员的业务技能培训。三是强化了广播电视的监测职能作用，规范了《监测动态》的编报工作，实现了对安全播出工作的实时监测和管理。四是完善了安全播出制度建设，建立了重要保障播出期的领导带班制和巡查制度。通过上述措施，确保了"3•14"事件和奥运会、残奥会举办期间及其它重大节日、重要活动、重点时段的安全播出。

进一步加强了单位内部的安全保卫措施，建立和完善了管理制度；建设和改造了局机关、局属"两台"和退休基地的监控系统；加强了出租房及外来人员的管理。特别是"3•14"事件后，迅速成立了应急保卫领导小组，坚持24小时值班和领导带班制度，并组建了保卫队，进一步加强了单位内部的安全防范工作。及时解决干部职工提出的实际问题，努力消除了不稳定因素。

【立足实际科学规划，事业建设稳步推进】 西新工程。编制上报了西新工程第四期第二阶段建设规划。完成了南木林、工布江达、丁青、察雅4座中波台的各项建设准备工作。配合米林县城市建设，改造了传统天线，减少了占地面积，为县城规划建设提供了方便。为局属13座能源供应相对较差的中波台分别配备了发电机，降低了广播停播率。完成了22座中波台的硬馈改造。

中央广播电视农村无线覆盖工程。在拉萨市和70个县安装调试了中央第七套电视节目发射机及天馈系统，在浪卡子县达隆镇安装调试了中央第一套广播电视节目的电视和调频发射机及天馈系统。按照既定计划，完成了15个县的机房建设和设备安装。全区的中央广播电视农村无线覆盖工程项目已通过验收。

村村通工程。编制了《全区2008年20户以上改扩建新通电行政村和新建自然村任务方案》，完成了1429座改扩建和新建村村通站点建设任务。对2003年以来建设的3477个行政村和1760个自然村村村通项目向社会进行了公示，自觉接受人民群众的监督，加强维护管理，保证其天天通、长期通。

广播电视直播卫星转星工作。中星9号广播电视直播卫星启用后，国家广电总局将西藏列为使用直播卫星的首批用户。从7月23日开始，自治区广播电影电视局根据总局和自治区批准的转星工作方案，派出多个工作组赴各地市帮助协调解决人员培训、设备调配、交通工具等困难，在时间紧、工作量大的情况下，按时完成了7000个村村通站点转星调整任务。同时，积极协调有关部门和厂家，解决零散用户收听收看直播卫星广播电视节目问题，使广大农牧民群众及时收听收看到了奥运会盛况。

农村电影放映工作。全年完成译制故事片19部，科教片20部，向全区发行16mm故事片43个节目，16mm科教片28个节目，转录拷贝1300多个。农村电影放映场次达13.3万场，观众达1533万人次。全区下达农村电影公益放映场次补贴中央和自治区专款414万元。

积极推广农村数字电影放映。及时向全区发放了国家资助我区的200套农村数字电影放映设备，接收、下载数字电影节目43个1290部，放映数字电影8470场次，数字电影已覆盖我区各县、乡（镇）。在拉萨、日喀则、林芝探索建设了三个农村数字电影院线。拉萨电影城已加入中央新美院线，片源更加充足。

有线电视数字化工作。在成功试点的基础上，进行全面推广。截至目前，已完成15000多户的有线电视数字化转换，使更多的用户收听收看到质量更高、数量更多、内容更丰富的广播电视数字节目。

移动多媒体广播电视工作。经国家广电局总局批准，自治区广电局于7月12日完成了中国移动多媒体广播电视系统的安装调试并成功试播，向拉萨市区具有CMMB制式信号接收功能的手机、手提电脑、车载电视等移动设备的用户，提供了6套清晰的数字电视节目。拉萨与全国其它37个城市率先进入中国移动多媒体广播电视新时代。

积极争取解决广电事业发展中的一些重大问题。一是解决了西藏汉语卫视在全国各有线网无偿落地入户问题。经过长期努力，11月15日，中宣部、国家广电总局在北京开会并下发文件，明确了西藏汉语卫视于2009年1月1日在全国所有有线网无偿落地入户。会议结束后，区广电局及时向区党委政府分管领导作了汇报，局、台分别召开专题会议研究了如何办好西藏汉语卫视的意见。11月28日，自治区党委副书记、自治区人大常委会主任列确，自治区党委常委、宣传部长崔玉英，自治区副主席多托率领区党委办公厅、区政府办公厅、区人事厅、区编办、区党委宣传部和区发改委、区财政厅、区党委外宣办等部门负责同志到电台、电视调研，听取了区广电局和西藏人民广播电台、西藏电视台的工作汇报并作出了重要指示。对如何办好栏目、节目，提高宣传报道水平，需要解决的问题也正在积极协调落实之中。按照中宣发[2008]29号文件精神，推动藏语卫视纳入北美、欧洲和亚洲“长城卫星平台”工作，经请示国家广电总局同意，正在做申办国际频道的各项准备工作；二是加强了与广电总局、国家发改委、财政部的沟通协调，解决了受“3•14”影响的西新工程项目资金。三是积极编报了加强我区基层文化建设涉及广电方面的建设方案。

到2008年底，全区广播电视人口综合覆盖率将分别达到88.81%和89.94%，与2007年相比各增长1个百分点。农村电影放映平均每个行政村每月放映1.6场的成果得到继续巩固，并逐步由模拟向数字转变、由室外向室内转变。

自治区新闻出版工作

【促进新闻出版业快速发展呈现良好态势】2008年，自治区新闻出版业总产值4.3亿元，占全区GDP的1.2%，继续保持了12%以上的发展速度，各类从业人员已达8400多人。一是图书出版以旅游、藏医药业、民族手工、高原生物、生态环保等支柱产业为重点，全年出版各类藏汉文图书356种230万多册、同比增长63%，本版图书销售码洋1043万元，完成中小学教材506种1200多万册，确保了课前到书、人手一册。《麝香之爱》荣获全国3个100原创出版工程奖，《在藏三十年》、《进藏英雄先遣连》等荣获全区“五个一工程”奖。二是全区23种报纸出版5600万份，产量7.5万千印张，继续保持两位数以上的增长速度；34种期刊出版268万册，完成产量4.9万千印张、同比增长13.9%。三是全年出版音像电子制品68种、同比增长62.9%，销售数量9万盘、同比增长11.2%，《在世界之巅》DVD荣获第二届中华优秀音像电子出版物奖。四是全区国有、集体、民营发行单位272家，发行图书22.5万种、同比增长12.5%，发行量5000多万册、同比增长25%，实现图书销售首次突破1亿元大关。五是全区印刷、包装、复制企业378家，重点印刷企业基本实现了印前数字化、印中高效化、印后自动化的目标，全年印刷产量35万令纸、同比增长12.9%，工业总产值达到2.6亿元、同比增长13%。六是积极组织了西藏新闻出版业“十一五”发展规划的中期评估工作，目前全区新闻出版系统固定资产增长了1.5亿元。

【推动新闻出版体制改革取得了新进展】一是按照中央《关于深化文化体制改革的若干意见》和自治区关于文化体制改革的一系列部署，深入调查研究，试点先行，先易后难，逐步推开，积极稳妥地推动新闻出版体制机制改革。二是坚持以发展为主题，以改革为动力，以创新体制机制为重点，以调整产业结构为主线，进一步壮大实力、增强活力、提高竞争力，基本形成了以公有制为主体、多种所有制共同发展的新闻出版产业格局。三是确立了公益性出版事业着重转换机制，经营性出版产业主要从体制上去突破，配置资源、盘活存量、优化增量，重点培育和发展了一批具有竞争力和影响力的企业。四是认真抓好人民出版社、民族文字出版单位和党报、党刊等公益性事业单位的改革，确保了党对出版工作的领导权，积极推进了出版发行单位内部管理机制、人事制度、劳动制度改革。五是大力推进发行体制改革，进一步加强物流配送和连锁经营建设，不断完善现代流通体制，逐步形成了统一开放、竞争有序、健康繁荣的现代市场体系。六是积极推进国有印刷企业股份制改制工作，逐步建立了现代企业管理制度。

【新闻出版公共服务体系建设取得新突破】一是坚持把新闻出版公共服务体系建设的重心放在基层农牧区，大力推进农家书屋工程建设，组织召开了自治区农家书屋工程建设领导小组第一次全体会议，形成了《西藏农家书屋工程建设领导小组会议纪要》，研究制定了《西藏自治区农家书屋配送出版物目录》，组织编辑出版的163种内容丰富、通俗易懂的“三农”读物及时配送到农家书屋。二是在拉萨、日喀则、林芝、昌都的11个县区20个行政村新建了20个农家书屋，总投入32万元，每个书屋平均配送图书、报刊、音像制品1300多种（册），其中藏文出版物占95%以上，解决了农牧民群众“借书难、看书难、用书难”问题。三是进一步加强对民族文字出版扶持力度，争取落实了民族文字出版专项资金630万元，其中解决了西藏人民出版社180万元、西藏日报社110万元、新华印刷厂100万元、日喀则报社100万元、山南报社100万元、拉萨晚报社40万元。四是加大服务青少年读者的力度，积极开展向未成年人推荐100种优秀出版物，有效引导了青少年的阅读取向；在“六一”节期间，举行了向中小学生免费赠送图书和让利20%展销活动，挑选了一批思想性、知识性、趣味性、科学性图书3600种24000册共30万元免费赠送4所中小学，得到了社会各界的一致好评。五是大力开展了校园周边文化环境治理，为未成年人健康成长营造了良好环境，集中力量对中小学教辅读物编校质量的专项检查，对“低俗类、恐怖灵异类”音像制品进行了专项治理。

【加强新闻出版行政管理水平进一步提高】一是建立健全“四大准入”制度体系，实现了出版印刷发行单位法人准入、市场准入、职业准入、岗位准入，重点培育了一批“专、精、特、新”的中小出版发行印刷行业。二是扎实推进建立报刊退出机制的相关工作，在已经建立报刊市场化退出总体指标的基础上，完善了各主要门类报刊的分类指标体系，报刊退出机制的准备工作基本就绪，为全面实行报刊优胜劣汰奠定了基础。三是积极鼓励、引导经营性出版发行单位完善运行机制，盘活存量，优化增量，在市场竞争中逐步形成了自己独特的品牌与特色。四是积极推进书号实名申领制度建设，为下一步实现出版单位书号实名申领数据、条码、CIP数据和出版物元数据等图书出版信息资源提供快捷服务。五是研究制定了《西藏自治区新闻出版局出版物审读暂行管理办法》，不断完善重点图书、音像电子制品、新闻时政类报刊、文化生活类报刊的审读和备案制度，先后审读各类出版物 500 多种。继续加大了“假记者、假新闻、假记者站、假报刊”的监管力度，确保了新闻出版的正确导向。六是进一步加大对网络出版物内容的审读监管力度，累计检查网站 1200 家，关闭网站 3 家，为维护良好网络出版环境发挥了重要作用。

【深入开展“扫黄打非”净化了市场环境】一是封堵查缴传播政治谣言、制造思想混乱、误导群众情绪、破坏社会稳定的政治性非法出版物；二是全面清理和查缴宣扬西藏独立、煽动民族分裂、危害国家统一的达赖集团反动出版物及宣传品；三是坚持查缴恶毒攻击党和国家领导人、诬蔑社会主义制度的“法轮功”等邪教组织反动出版物；四是大力清除封建迷信思想、淫秽色情等各类出版物；五是认真查缴宣扬凶杀暴力、恐怖灵异类等毒害青少年身心健康的有害出版物；六是依法打击盗版盗印非法出版活动和侵权盗版行为以及网上有害信息。2008 年出动执法人员 4500 多人次，检查点位 6500 个次，共收缴各类非法出版物 22 万多件，取缔关闭店档摊点 29 家，删除网上有害信息 1.8 万条，行政处罚案件 53 起，查办政治性非法出版物和达赖集团反动出版物及宣传品案件 20 起。重点封堵查缴了《3•14 事件》、《神奇的雪域》等一大批非法音像制品。

【进一步加强版权行政执法取得了新成效】一是认真贯彻《关于做好 2008 年版权行政执法和社会监管工作的通知》，开展了为期两个月的“治理非法预装计算机软件专项行动”，依法对下载带有影射内容的 3 家经营户进行了处罚。二是按照《西藏自治区推进企业使用正版软件工作方案》，积极组织开展了 2008 年企业软件正版化督导检查，在国有重点企业已基本实现了软件正版化工作。三是加强与图书、音像出版单位和文艺团体的联系，认真开展了著作权自愿登记、版权合同登记工作，先后接受著作权登记咨询 320 条，完成作品正式登记 15 件。四是积极开展了依法打击整治有害信息专项行动，屏蔽删除大量有害信息，关闭一批非法网站，扫除一切社会文化垃圾，收缴侵权盗版出版物 21 万件。五是充分利用“4•26 国际知识产权日”平台，加强版权保护的宣传力度，扩大版权保护工作的舆论影响，先后出动宣传人员 1200 多人次，发放宣传资料 2 万多份，营造了“尊重版权、保护版权、打击盗版”的良好社会氛围。

西藏人民出版社

【深入开展“反对分裂、维护稳定、促进发展”主题教育活动和深入学习实践科学发展观活动】2008 年，西藏人民出版社社党委精心组织安排，以求真务实的精神，有领导、有组织、有计划、分阶段、分步骤、有条不紊、扎实有效地开展了以“反对分裂、维护稳定、促进发展”为主要内容的主题教育活动和以“党员干部受教育、科学发展上水平、社会稳定见成效、人民群众得实惠”的总体要求的学习实践科学发展观活动。本年度，社党委把“反对分裂、维护稳定、促进发展”主题教育活动纳入思想政治教育的整体规划，把主题教育活动作为事关大局的一项重要政治任务来抓，紧密联系出版战线反分裂斗争的实际和我社党员干部职工的思想和工作实际，认真学习中央和区党委关于处置拉萨“3·14”严重暴力犯罪事件的一系列文件和指示精神，加强“四观两论”、社会主义荣辱观、“三个离不开”教育和形势、法制教育等。进一步筑牢了西藏人民出版社党员干部反分裂斗争的思想防线，进一步教育和引导我社党员干部特别是领导干部牢固树立科学发展观，加强学习，积极实践，着力提高科学决策、统筹发展的能力，进一步增强了干部职工的社会历史责任，坚持“二为”方向和“双百”方针，按照“三贴近”的工作原则，紧紧围绕图书出版大发展大繁荣这个中心任务，以良好的精神面貌和求真务实的工作作风，努力增强图书出版工作的自觉性和坚定性。

【为农家书屋建设工程提供实用有效的出版物】农家书屋工程是中央决定的一项惠民政策，作为国家基层文化建设的重大工程之一，是一件推动新农村建设，实现好、维护好、发展好广大农牧民群众的基本文化权益工程；是一件利国利民、服务农牧区、促进农牧区发展的一项德政工程、民心工程。加大服务“三农”的力度，西藏人民出版社在我区农家书屋建设工程中，以传播先进文化和满足农牧民群众精神文化需求为目的，力求为广大农牧区群众提供更多看得懂、用得上、留得住的优秀读物，为农牧区群众提供更多的信息服务，坚持把传播党的方针政策和满足广大农牧民群众精神文化需求结合起来，把专家意见和我区农牧区实际结合起来，把生产劳动需要和文化生活需要结合起来，把图书的教育性、实用性和娱乐性、可读性结合起来。2008 年，积极组织编辑出版了《农村实用技术》、《农牧民实用技术科普读本丛书》、《西藏农牧民安居工程设计方案图集》、《现代科普知识读本丛书》、《法律知识教育读本》、《西藏一年两收套种复种实用技术》、《乡村常用藏医功效手册》等图书。在政府资金未到位的情况下，自筹资金 1 70 万元，先后为我区 660 个农家书屋组织策划编辑出版了 1 63 种内容丰富、通俗易懂、图文并茂的“三农”出版物。

【发挥优势，突出特色，着力推进西藏图书出版业又好又快的发展，为广大读者提供更好更多的精神食粮】重点组织策划编辑出版了《民族、宗教、统一战线理论和政策》、《西藏民族地区近(现)代化发展历程》、翻译出版了藏文版《半月谈》2 4 期，及时编辑出版了《中共西藏自治区委员会关于建设和谐西藏若干问题的决定》、《中共西藏自治区委员会关于认真学习贯彻党的十七大精神大力加强基层基础工作若干问题的决定》、《中共中央关于推进农村改革发展若干重大问题的决定》和《中共西藏自治区委员会关于贯彻<中共中央关于推进农村改革发展若干重大问题的决定>的意见》等藏汉文图书。

组织出版揭批达赖集团反动本质的图书，以正视听，用事实教育人民，引导广大群众认清达赖政治上的反动性、宗教上的虚伪性和手法上的欺骗性，认真组织力量，收集资料和图片，及时编辑出版了《反对分裂教育读本》、《达赖集团滔天罪行——记拉萨“3.14”事件真相》、《见证》、《论西藏政教合一制度》、《透视达赖——西藏社会进步与分裂集团的没落》、《西藏宗教与政治、经济、文化的关系》等一系列藏汉文图书。

结合西藏改革开放三十年来的理论和实践，我们编辑出版了《雪域边线行——纪念改革开放30周年》、《雅砻新歌》、《角色无界》、《人生观的故事》、《藏羚羊丛书》等藏汉文图书。

加强对青少年的思想道德教育，针对我区少年儿童读物品种少的问题，加大了融思想性、知识性、娱乐性、趣味性和教育性为一体的，价格低廉，内容丰富，形式多样，深受我区少年儿童喜闻乐见。加大重点面向农牧区少年儿童的优秀少儿读物的选题策划力度，我们策划出版了《崇尚科学破除迷信普及读物》、《大自然的奥秘》、《少儿家庭教育指南》、《中国孩子的疑问系列丛书》、《哈利•波特与密室》、《世界文学名著丛书—一格林童话集》、《格言故事选》、《小学正字法》、《藏文字母随意学》、《儿童谜语选》等20多种藏汉文图书，同时，为配合“科教兴藏”战略的实施，满足广大中小学生学习需要，我们积极策划出版了《七、八、九年级假期生活语文上册》、《普通高考试卷及答案》、《直通高考模拟试题》、《高考模拟试题汇编》、《中考时事政治》、《小学藏语文综合复习集》等藏汉文图书。

策划出版了《宗喀巴大师传》、《古印度中观释放精选》、《丹达拉然巴文集》等图书；与此同时，我们还策划出版了一批以介绍西藏历史、文化、社会，包括旅游、生态环境、藏医藏药、民族手工艺等为主要内容的《中国藏戏艺术》、《藏族服饰艺术》、《四部医典》、《常用藏药目录》、《西藏高原名贵药用植物》、《藏医内科验方秘诀》、《西藏人文地理丛书》、《游遍西藏》、《西藏高原珍稀野生动物丛书》、《图说西藏古代体育》等充满民族特色的藏汉文图书。截止12月底，总编室完成本年度选题发稿任务(含增补选题)346种，其中，藏文233种(重版148种，初版85种)；汉文113种(重版7种，初版106种)；藏文版《半月谈》24期。当年见书310种(其中藏文208种，汉文102种)。出版发行部完成本年度两季中小学教材506种，2009年春季教材208种，本版图书发稿359种，已出版337种，其中，藏文230种，占68%，汉文107种，占32%；出版本版书总册数达225万册，17552千印张，出版总册数较上年同期增长63%。图书发行部门依托我社图书品牌优势，敏锐捕捉市场信息，不断开拓经营思路，寻求新的经济增长点，取得较好的社会效益和经济效益。截止10月底，本版图书发行总码洋达1043万元，106万册，分别比上年同期增长22.5%和13%；销售实洋达671万元，资金回收491余万元，回收率达到73%以上，年底资金回收率达90%以上，连续七年创造了销售收入历史新高。

卫生、计划生育、体育

自治区卫生工作

【年度综述】2008年，按照区党委、政府提出的“一定要加快发展医疗卫生事业，让各族群众少得病、看得起病、看得好病”和“提高人民群众健康素质”的要求，西藏自治区卫生厅把改善广大农牧民基本卫生服务条件，提高农牧民医疗保障水平，加快公共卫生服务体系建设，提高疾病预防控制和卫生应急能力作为工作重点，周密部署、狠抓落实，努力推动卫生事业又好又快发展。

【坚持以农牧区为重点的卫生工作方针，农牧区卫生工作取得新进展】农牧区医疗制度进一步完善。以免费医疗为基础的农牧区医疗制度已惠及全体农牧民，免费医疗标准提高到年人均140元。基金管理配套政策进一步完善，制度运行更加规范，管理水平不断提高，受益程度进一步深入，报销补偿办法更加便捷，农牧民群众得到更多实惠。2008年，全区参加个人筹资的农牧民总数为220.42万人，占全区农牧民总数的93.37%，大病统筹基金报销94762人次，补偿金额12299.3万元，家庭医疗账户基金报销补偿3474609人次，补偿金额9549.9万元。

【农牧区卫生基础设施条件明显改善】全面推进“十一五”农牧区卫生基础设施建设项目，进一步改善卫生基础设施条件。2008年自治区下达农牧区卫生基本建设项目190个，建设20个县藏医院，2个县卫生服务中心，5个县疾控中心，93个乡镇卫生院和改造70个县医院附属设施，总投资达1.38亿元。

【农牧区卫生队伍建设得到加强】公开招录乡镇医护人员513人，经过培训已充实到7地（市）的乡镇卫生院。选派自治区医疗卫生机构的52名专业技术人员到基层卫生机构开展工作。组织实施第二批卫生部西部卫生人才培养项目，安排7地（市）的17个县的25名县级卫生机构卫生技术人员在自治区各医疗卫生单位接受为期一年的培训。加强基层卫生人员的培训，全年共培训县、乡、村三级卫生管理干部和专业技术人员3790人次。

【大力加强公共卫生工作，保障人民群众身体健康】2008年全年共报告法定传染病3类25种。发病人数7432例，死亡19例，总发病率为261.69/10万，死亡率为0.67/10万，与2007年相比传染病发病率下降7.8%，死亡率下降1.4%。

重点传染病和地方病防控工作得到加强。加强对鼠防工作的领导，加大鼠疫防治工作力度，完善鼠疫防控机制，成功处置年内发生的动物间鼠疫疫情26起，人间鼠疫1起。安全转运鼠疫菌株。

认真落实手足口病各项防控措施，防止疫情的流行和蔓延。加强性病、艾滋病防治和监测工作，全面落实“四免一关怀”政策，建立、完善艾滋病综合防治工作机制。加大结核病、麻风病监测工作力度，认真实施现症病人和新发病人的免费救治，检测能力和治愈水平有了新的提高。加强学校传染病预防控制工作，及时有效处置了林芝、日喀则等地部分学校发生的流感、水痘、流行性腮腺炎等传染病疫情，防止疫情的扩散蔓延。及时有效处置年内发生的各类突发疫情43起，卫生应急能力显著增强。开展以“坚持食用碘盐，享受健康生活”为主题的碘缺乏病健康教育活动，对7地（市）36个县居民碘盐食用情况开展了调查监测，碘盐覆盖率达64.1%。强化特需人群的应急补碘工作，发放碘油丸93.2万粒。全区儿童甲肿率为4.7%（国家要求低于5%）、尿碘中位数为159.4微克/升（国家要求大于100微克/升），均达到国家确定的指标要求。加强大骨节病综合防治工作，开展林芝、山南地区的22个县的大骨节病临床调查，完善大骨节病国际合作项目的工作措施。

国家扩大计划免疫规划工作得到落实。认真贯彻落实温家宝总理在十届人大五次会议工作报告中提出的“扩大国家规划免疫，将乙肝、流脑等15种可以通过接种疫苗有效预防的传染病纳入国家规划免疫”的目标任务，启动了扩大免疫规划工作，在原有五苗的基础上新增了腮腺炎、风疹、甲肝、流脑、炭疽和钩端螺旋体六个疫苗的接种，实现11种疫苗防13种病。结合我区部分学校传染病高发和地震、雪灾等突发公共卫生事件造成传染病暴发的可能，卫生部门及时扩大了接受免疫的范围。

妇幼保健工作进一步加强。在4个地区的7个县认真实施由联合国儿童基金会援助的“母子系统保健合作项目”，在7地（市）的24个贫困县实施由国务院妇儿工委、卫生部和财政部共同组织开展的“降低孕产妇死亡率和消除新生儿破伤风”项目，提高妇幼保健服务能力。积极采取有效措施，促进农牧民孕产妇住院分娩。进一步修订完善“降消”项目县住院分娩补助和生活救助制度。自治区儿童医院（妇幼保健院）建设列入自治区“十一五”规划重点建设项目，项目建设前期准备工作有序开展。

卫生监督执法工作不断深入。加强卫生监督体系和能力建设，昌都地区卫生监督所批准成立，对全区2个地区和25个县卫生监督机构配备了快速现场检测箱、信息设备、取证工具及24个县卫生监督执法车辆。完善相关规定，规范卫生监督执法工作。各级卫生部门加强食品卫生、学校卫生和生活饮用水安全，以及婴幼儿配方奶粉的市场监管，维护人民群众的健康权益。完成奥运火炬珠峰登顶和拉萨传递、自治区“两会”等重大活动、重要会议的食品卫生监督工作。

【出色完成突发公共事件卫生应急和医疗救治工作】“3·14”事件发生后，行动迅速、靠前指挥，全力组织伤员救治、会诊、转运等工作。区、市两级医疗机构迅速启动突发公共卫生事件应急医疗救治工作预案，全力以赴开展医疗救治工作，共免费救治伤员382人，垫支医疗救治费用60余万元。疾控部门连夜组织专业人员对拉萨市区各水厂进行水样采集、检验，及时向社会发布水质检验结果，消除了市民的恐慌心理。自治区血液中心积极协调西藏大学，动员组织大学生无偿献血，缓解了临床用血库存紧张的局面。广大干部职工和卫生技术人员坚决维护中央和自治区的决策部署，积极投身医疗救治第一线，涌现出了以洛次医生、120急救中心等为代表的典型人物和先进集体，以实际行动维护社会稳定，促进民族团结。

“5．12”四川汶川发生强烈地震后，抽调卫生厅、区疾控中心和卫生监督所16名专业技术人员，组建有一名厅级领导带队的西藏卫生防疫队于5月26日赶赴四川茂县开展卫生防疫工作，出动车辆3台，行程1.5万千米，历时42天，对四川茂县的回龙等6个乡、27个村开展卫生防疫、卫生监督、环境消毒、虫媒生物控制、卫生知识宣传等工作，受到了灾区群众的欢迎和爱戴。西藏卫生防疫队被全国总工会、四川省抗震救灾指挥部授予“工人先锋号”和“抗震救灾先进集体”称号。昌都地区和西藏阜康医院也派出了医疗队，为灾区人民的健康奉献了爱心、做出了贡献。

“10．6”当雄发生地震灾害时，自治区立即组派一名厅领导带队，18名急救及外科医护人员组成的医疗救援队，以及由18名鼠疫防治、传染病及水质检测等专业人员组成的卫生防疫队，携带急救和检测设备、药品等，连夜赶赴地震灾区开展医疗救治和卫生防疫工作。市、县两级卫生部门第一时间赶赴灾区，开展紧急救援工作。西藏军区总医院主动请缨，奔赴灾区，发挥优势，全力开展医疗救治。区、地（市）、县和军队医疗机构免费救治伤员54名，累计垫付医药费20余万元，开展巡诊812人次。调拨和采购了价值约47.9万元的甲肝疫苗、流行性腮腺炎疫苗、流感疫苗及消毒药品，对1591名灾区群众进行了预防接种。鼠疫监测面积达灾区740公顷。

在北京奥运火炬接力西藏珠峰登顶及拉萨传递期间，全面安排部署有关医疗救治、疾病防控、食品卫生安全、干部保健等工作，制定了工作方案，确定了定点医院和医疗救治点，配备了部分急救设备，开展应急演练，选派了卫生技术人员，特别是在珠峰大本营火炬登顶现场成功救治两名北京和香港高原病重症患者，圆满完成了奥运火炬登顶珠峰期间和熔火仪式现场及火炬手运行路线上医疗应急和医疗救治，以及公共卫生安全保障等工作。

开通了“12320”自治区公共卫生公益电话和政风行风热线，现场回答听众所关心的奶粉事件医疗救治及相关问题。在自治区党委、政府的正确领导下，通过全区上下的共同努力，问题奶粉事件的患儿得到了良好的救治。截止12月31日，我区各医疗机构累计接诊患儿58864人，其中确诊479例，已治愈215例，无危、重症病例报告。

【认真规划和实施卫生建设项目，不断改善卫生基础设施条件】认真抓好《“十一五”时期西藏自治区卫生事业发展规划》的组织实施，编制完成了《西藏自治区麻风病院村建设规划》和《西藏自治区农牧区卫生服务体系建设与发展规划》，经自治区人民政府审核批准，正在全区规划建设实施。编制完成了地区人民医院、藏医院、妇幼保健院、公共医疗卫生服务4个专项建设规划。按照规划，2008年自治区已下达13个项目，其中：6个地区人民医院、5个地市妇保院、1个地区藏医院和1个地区疾控中心建设项目，总投资近1亿元。为进一步改善边境县、乡的卫生基础设施条件，重新筛选和制定了边境县医院、边境县藏医院、边境县疾控中心、边境县妇幼保健站、边境县乡镇卫生院、村卫生室建设规划。此外，重点加强了自治区"十一五"建设项目和重点建设项目协调争取工作，自治区藏医院改扩建工程已经自治区人民政府专题会议研究批准，总投资达8500万元。自治区第三人民医院建设选址已经自治区人民政府研究批准。自治区第一人民医院改扩建工程基本完成；自治区干部保健中心竣工验收交付使用。自治区卫生监督所建设项目开工建设。自治区卫生应急指挥大楼基本建设进展顺利。

【立足藏医药特色优势，加快藏医药事业发展】坚持把发展藏医药事业作为我区卫生工作的重要任务之一，重点加强了藏医医疗机构软硬件建设工作，努力推动藏医药事业健康快速发展。完成了我区793名藏医医师资格认定工作。组织开展西藏自治区名藏医推荐申报工作，全区共产生首批36名"西藏自治区名藏医"候选人。投资建设了3个地区藏医院和10个县级藏医院。西藏自治区藏医药产业发展协会正式挂牌成立。协助相关部门在拉萨成功举办了"首届中国民族医药博览会"，组织参加了在北京举办的"中国中医药博览会"，得到了组委会和社会各界的高度评价。

【积极探索城镇医疗卫生体制改革，全面提高医疗服务水平】认真总结"以病人为中心，以提高医疗服务质量为主题"的医院管理年活动4年来的成功经验，进一步强化医疗服务质量和处方管理，不断提高服务水平。在全区地市以上医疗预防保健机构启动以学分管理为主的继续医学教育，加强在职人员的继续医学教育。认真贯彻落实《国务院关于发展城市社区卫生服务的指导意见》，研究制定了《西藏自治区关于进一步推进城市社区卫生服务工作的意见》，进一步理清了我区发展城市社区卫生工作的基本思路和目标任务，力争在2015年全区各地（市）基本建成符合实际的城市社区卫生服务体系。卫生部批准增补拉萨市为卫生部城市社区卫生服务体系建设重点联系城市，为推动我区社区卫生工作提供了良好的政策保障和重要平台。

自治区人口和计划生育工作

【人口状况】根据自治区人口计生委统计，2008年末，全区总人口为287万，出生人数为4.45万人，总人口比2007年增长3万人。全区人口数量持续保持稳步增长，"两个死亡率"持续下降，出生人口素质不断提高。

【宣传教育工作得到强化】2008年，自治区人口计生委强化宣传阵地。按自治区"农家书屋"建设要求，结合实际，部署了全区人口计生建设新家庭文化屋总体任务。着眼我区人口政策理论教育水平的提高，在自治区行政学院成立了西藏自治区党政领导干部人口理论教育基地，讲授"人口与经济社会、环境的和谐"、"人口资源管理"、"马克思人口理论与中国人口政策变革"等人口理论课，主要领导作了题为《以科学发展观为指导，统筹解决人口问题》的报告，西藏自治区党政领导干部人口理论教育基地的建立搭建起了提升我区党政干部人口理论素质的平台；积极协调自治区通信管理局，与全国同步开通了人口计生系统"12356阳光服务热线"，认真整理了我区人口和计划生育、优生优育相关法律法规和政策，制定了西藏人口计生"阳光服务热线"标准化答复口径，切实增强监督维权实效，为群众提供更为便捷的服务。

丰富宣传内容。制作了33项内容，360分钟的农牧区党政干部远程教育课件，为农牧区党员干部的现代远程教育教学提供人口计生和优生优育方面教学内容；编辑翻译了《妇科常见疾病预防》、《女性不孕症预防》等13种人口计生和优生优育宣传册，编撰了《中国人口和计划生育年鉴（2008卷）》、《中国西藏发展报告——西藏蓝皮书（2008）》西藏人口计生事业部分，提供了人口计生和优生优育工作相关图片资料，加强了对外宣传与交流，进一步扩大了社会影响。

贴近基层，贴近群众。继续加强电视、广播和报刊《西藏人口》栏目宣传工作，同时，赴拉萨、山南、日喀则等地（市）、县、乡（镇），制作反映基层人口计生、优生优育、计生协会工作的节目，利用各种纪念日、活动日广泛开展宣传教育及服务活动。

2008年，人口栏目共制作104期，区人口计生委在宣传服务中免费提供人口计生和优生优育宣传品46万余份、计生药具15个品种，价值50余万元。

【以项目为抓手，生殖健康、优生优育优质服务工作水平得到提升】积极实施育龄妇女生殖健康促进工程。2008年5月启动了育龄妇女生殖健康促进工程，各地（市）按照自治区的要求配套资金，结合本地实际，认真组织开展工作。昌都地区2008年联合地区妇联，组织四川生殖学院附属专科医院的专家和技术人员，为昌都地区的育龄妇女提供了生殖保健和不孕不育咨询服务，对昌都地区、昌都县两院的妇产科专业人员进行了业务知识讲座，既得到广大育龄群众和专业技术人员的欢迎，又有力的推动了育龄妇女生殖健康促进工程。林芝地区妇幼保健院借助广东援藏专家的力量，在地直单位和察隅县开展妇女健康普查普治，得到广大干部和群众的好评。山南地区强化两个转变，更新服务理念，建立健全了育龄妇女生殖健康手册，注重随访服务。阿里地区克服高寒缺氧、人居分散等困难，组织宣传服务队下乡，跋山涉水、走村入户对5县8乡为育龄妇女和当地群众开展宣传、咨询和技术服务，把党和政府的温暖送到边民育龄妇女群众手中，取得了良好的社会效益。

努力做好"新农村新家庭人口健康促进"项目拓展工作。在政府分管领导的直接关心下，结合我区实际，2008年在全区拓展了新农村新家庭人口健康促进项目，目前，各项目点的工作正在有序实施中。如：日喀则地区南木林县在自治区启动会后，从地区到县、乡高度重视，立即成立地县领导小组，拟定项目实施方案，起草项目文本，明确工作任务，落实项目资金，扩大项目宣传，使该县的项目既借鉴了兄弟地市的经验做法，又具有本土特色，为该项目在全区的进一步推广积累了有益的经验。新农村新家庭人口健康促进项目周期为三年，每年由自治区和地市、县配套投入20万元，项目对改善农牧民家庭健康状况和提高农牧民健康水平将发挥积极作用。

【围绕大局，服务社会主义新农村建设】2008年全区扶助目标人数为27434人，其中无子女3116人，一子女19265人，二女5053人。所需扶助经费合计16460400元，其中中央承担80%（13168320元），地方财政承担20%（3292080元），所有资金足额到位并全部发放到受助群众。

积极开展西藏特殊子女家庭特别扶助制度推广前期工作。开展了全区特殊子女家庭特别扶助制度对象调查摸底工作。据统计，全区特殊子女家庭特别扶助制度对象为2787人。其中，“无子女”特殊家庭特别扶助对象为2378人；“子女伤残”特殊家庭特别扶助对象为409人，所需扶助资金3246240元，其中80%由中央财政承担，总数为2596992元；20%由自治区财政配套，总数为647248元。

认真做好全区农牧民引导性培训工作。着眼农牧民群众科学技术知识和生产生活技能的提高，结合实际，总结经验，制定了2008年各地市农牧民引导性培训名额分配和培训方式，2008年全区共有3000名农牧民接受人口计生和优生优育科普知识引导性培训。

【积极探索，流动人口计划生育服务与管理工作得到深化】完善一个体制。完善流动人口服务与管理体制，加强组织领导，完善政策法规，充实机构人员，加大经费投入。目前，全区七地（市）把流动人口计划生育工作内容纳入到党政“一把手工程”和社会治安综合治理目标责任书之中，各地（市）和69个县成立了流动人口计划生育工作协调领导小组，地方性《流动人口计划生育管理办法》相继出台。例如：拉萨市委、市政府出台加强流动人口工作文件，把各级政府和相关部门履行计划生育工作职责作为重要内容，亚东县人民政府批转印发了创建示范点工作实施方案；经过协调，自治区下拨流动人口计划生育免费技术服务经费85万元，各地（市）从计划生育事业经费中列支了流动人口计划生育工作经费，全区有15个县级财政落实了流动人口计划生育专项事业经费投入。

建立“三个机制”。一是综合管理机制，通过社会治安综合治理目标管理责任制考核考评工作，综治、公安、工商、卫生等单位建立了流动人口统计信息资源共享和核查《流动人口婚育证明》的工作机制，全区2008年核查跨省《婚育证明》4449人。部分地市、县人口计生委也与用工单位和出租房单位签定了《流动人口计划生育管理责任书》。二是“双向管理”机制，各地（市）积极与兄弟省（市、区）协调，加强流入流出地双向管理。全区有49个县建立了流动人口计划生育信息交换平台，流入地录入5582条信息，流出地反馈量合计2073条信息；三是“社会齐抓共管”机制，拉萨市和山南地区配备了流动人口协管员100余名，接受了计划生育相关培训。全区共为17276名流动人口育龄妇女开展了“三查”工作（查病、查环、查孕）。

【完善服务体系，深化人口发展战略研究，高度重视信息化建设工作】积极做好《西藏自治区“十一五”期间农牧区优生优育服务体系建设规划》相关工作。2008年5月，自治区政府办公厅转发了《西藏自治区“十一五”期间农牧区优生优育服务体系建设规划》，根据规划要求，自治区人口计生委从服务站建设、服务体系装备建设及服务体系人才队伍培训几个方面制定了贯彻意见，并积极与相关部门衔接，力争规划的有力实施。

继续做好西藏人口发展战略研究后续工作。2008年2月27日，国家人口计生委在北京召开了《西藏人口发展战略研究报告》专家评审会，自治区人口计生委积极汇报有关情况，并根据会议要求积极收集相关资料，协调甘肃省人口计生委就《西藏人口发展战略研究报告》专家评审会形成的意见建议进行进一步修改。目前，修改工作已完成，年初请示国家人口计生委后以内参形式出版。

人口计生和优生优育信息化建设工作取得新进展。按照2006年全国计生系统援藏工作会议上达成的信息化建设援藏协议，积极主动协调国家人口计生委人口发展中心，就加快我区人口计生和优生优育信息化建设达成共识，信息化工作取得新进展。目前，“西藏自治区育龄妇女信息管理系统”（WIS系统）已开发完成并增加了全员人口信息系统的国标项目，相关硬件设施已到位，试点录入工作已完成，正在进行全面的调试和修改，2009年将在全区推广，为我区实现人口管理及政务管理信息化，实现与全国人口信息联网奠定了坚实基础。

【获奖情况】

林芝地区波密县被评为2008年度“全国计划生育优质服务先进单位”。

自治区人口计生委覃章美同志获全区民族团结进步先进个人荣誉称号。

【领导名录】

主任：德吉白珍

副主任：央宗、仁真

自治区疾病预防控制中心

【传染病的流行现状】2008年1月1日零时至10月31日24时，全区七地（市）疾控中心通过网络直报系统报告，37种法定管理传染病共报告3类25种，计发总数6832例，死亡18例，报告总发病率为243•14/10万，死亡率为0.64/10万；病死率为0.26%；发病总数与2007年同期相比，下降9.88%，死亡数上升63.64%，病死率上升73.33%。其中甲类传染病报告1种鼠疫2例（死亡），发病率和死亡率均为0.07/10万、病死率为100%。

区传染病发病的主要人群为农牧民和学生儿童，其中农牧民发病2205人，占发病总数的51.89%，学生儿童发病1258人，占发病总数的29.61%。

【重大传染病爆发疫情以及突发事件应急处置工作取得了较好的成绩】2008年1月—10月全区共报告突发公共卫生事件56起，涉及全区7地市。其中甲类传染病突发疫情1起；乙类传染病突发疫情3起，丙类传染病暴发疫情40起，其它传染病12起，共发病2397例，死亡1

例。与2007年同期相比，总突发事件起数上升60.00%，发病数下降8.51%，

在“3•14”发生打砸抢烧严重暴力犯罪事件期间，分裂主义分子造谣自来水有毒，为避免市民出现大范围恐慌，自治区疾病预防控制中心专业人员在14日当晚局势尚未完全控制的情况下，冒着生命危险前往各自来水厂和居民点采集水样连夜进行检验，并及时将结果向社会进行了发布。自3•14以来，自治区疾病预防控制中心连续半年多共检验应急水样629份。

在“5·12”汶川地震发生后，自治区疾病预防控制中心抽调5名专业人员，参加卫生厅组织的“西藏卫生防疫队”，赴四川茂县开展抗震救灾防病工作。受到了地震灾区人民、当地政府、以及自治区领导的好评，被卫生部评为全国抗震救灾先进集体。顿珠多吉、次旺被卫生部评为全国抗震救灾优秀个人和四川省劳模。

9月25日，西藏林芝地区朗县发生2人不明原因死亡。26日0时30分接到报告后，在卫生厅直接领导下，中心于1时30分派出第一批专业人员赶赴现场，到27日早9点经血清学、细菌学诊断为人间鼠疫疫情，流行范围波及林芝和山南两地区所属朗县、加查两个县，发病2人，死亡2人，涉及直接接触者60人。严格采取疫区封锁、消毒、预防性投药等综合性疫情控制措施，截止10月6日，疫区内未发现新发病例，疫情得到完全控制，经自治区批准解除疫区封锁及对所有接触者的隔离。

10月6日，西藏当雄县发生6.6级地震后，自治区疾病预防控制中心选派了12名同志于7日赶赴震中格达乡羊易村。工作组经过14天的努力工作，开展了水质检验、疫苗接种和卫生防疫知识宣传教育等工作，为确保大灾之后无大疫做出了重大贡献，也得到了自治区党委政府领导的表扬。

2008年，自治区疾病预防控制中心还参加了5.1奥运火炬登顶珠峰卫生保障工作、参与了山南抗雪救灾卫生防疫工作等其他重大重要活动，为确保活动的开展保驾护航。

【鼠疫防治工作取得良好成绩，有效处置了动物间疫情和人间疫情】采取积极主动的预防控制策略。3-4月间，完成鼠疫诊断用品、防护设备、消杀药品前期准备工作。研究制定了《2008年全区鼠疫监测方案》、《2008年青藏铁路沿线鼠疫监测方案》、《2008年北京奥运会火炬传递期间的卫生保障工作》、《2008年北京奥运期间的西藏卫生保障工作》等方案，明确了工作任务和工作指标。4月底全区启动鼠疫疫情日报告、零报告和监测信息的周报告制度；指导各地（市）提高鼠疫管理信息系统运行质量。组派鼠疫防治工作组（队）19支，120余人次，不间断地对日喀则、那曲、山南、拉萨、林芝、阿里等地（市）及所属38县（区）开展了督导检查和技术指导工作，有力的促进了全区鼠疫防治工作的开展。

在全区设立国家级鼠疫重点监测点3个（拉萨、那曲、山南），自治区级重点监测点21个，较系统的开展了疫情监测和鼠疫疫源地调查工作。全区7地（市）共检测细菌学材料611份，阳性63份，阳性率10.31%；检验血清学材料5304份，阳性43份；同时发放各种鼠疫防治宣传画25000余张，宣传手册10000本；及时发现和判定动物间鼠疫疫情30起，人间鼠疫疫情1起，流行范围涉及6地（市）16县（区）。

自治区疾病预防控制中心对鼠疫强毒室改造项目进行了全面的研究和论证，研究制定了《西藏自治区向卫生部鼠疫专业实验室运送鼠疫菌株实施方案》，并于2月27日至3月6日，将鼠疫强毒室现存510株鼠疫菌株安全转运至青海省国家菌库。对实验室实行了菌株转运后的严格终末消毒，达到了无害化要求。提出了《自治区鼠疫强毒室改造计划》，为该项目的实施，开展了全面细致的前期准备工作。

年内还积极协调相关部门，加强对猎捕旱獭活动的处置和管理。举办地（市）级培训班2期（次），培训地（市）疾控、医疗人员110余人次。

【结核病防治工作】2008年1-3季度，全区共发现结核病人3533例，其中初治涂阳肺结核病人995例，复治涂阳肺结核病人168例，涂阴与肺外结核病人2370例；与2007年同期相比，病人发现总数减少444例，其中新涂阳肺结核病人发现数减少111例，新涂阳肺结核病人治愈率为82%，与2007年同期持平。

年内接受项目援助方的督导5次计11人次，接受自治区政府与卫生厅领导的检查指导2次8人次；安排了17次近100人次对全区7地市以及所属73个县区（除墨脱）80个县次开展了结核病防治督导活动。同时，创造性地开展了部分地区间结核病项目交叉督导，达到了相互学习、相互促进的目的。举办各级各类培训班31期，其中自治区级举办10期，培训86人次；协助地区举办21期，培训222人次。参加国家级培训24人次。经申请第五轮中国全球基金结核病项目办审批了《在拉萨市区开展结核病人中筛查艾滋病病毒感染者》新项目，目前此项活动正在有序地执行当中。耐药基线调查工作（扎囊、贡嘎）也按照国家要求如期完成，总结工作正在准备之中。3月24日世界结核病防治日期间召开座谈会议。印制了10万份宣传画、宣传材料发放到各乡镇、村；加强了与医疗机构的沟通协调。同时，利用结核门诊作为宣传窗口经常性口头宣传和发放各种宣传材料，利用电子显示屏每天宣传结核病基本常识和优惠政策。

【性病/艾滋病防治工作力度进一步加大，监测工作取得进步，培训宣传工作正常开展】为扩大艾滋病监测面，自治区疾病预防控制中心对从事服务行业在自治区疾病预防控制中心做健康体健的人员以及前往预防保健中心就诊的结核病人人员进行HIV检测工作；年内开展了我区劳教与监狱羁押人员的HIV筛查工作；截至11月30日，完成HIV血清检测共计3008人份，其中确认HIV阳性的25人份。对105人提供了艾滋病自愿咨询检测服务。为加强宣传教育，专业人员给西藏大学卫生学校，区旅游局，区妇联，区工商局，区劳教司法局，公安局等单位进行预防艾滋病相关知识讲座6次，听课约1000人次。积极配合卫生厅完成了艾滋病宣传日的宣传活动；年内，在拉萨举办了3期艾滋病自愿咨询检测培训班、1期艾滋病实验室和2期艾滋病网络直报培训班；在日喀则地区

举办了1期艾滋病实验室培训，以上培训共约100人次参加；自治区疾病预防控制中心还对拉萨市区各级国营医院和个体医疗诊所的医务人员举办了2期性病临床管理培训班，共培训57人次。完成对艾滋病综合防治示范区督导工作；

性病门诊就诊达4127人次，其中性病448人次（梅毒病例104人，淋病病例97人、非淋球菌性尿道炎病例173人，生殖器泡疹病例46人,尖锐湿疣28人)；使用二氧化碳激光治疗143例；完成艾滋病血清快速检测：（HIV）701人次。淋球菌等各项检测1213人次。根据堆龙劳教所要求对50多监狱羁押人员进行性病方面健康体检，共查出性病患者13人，均予以了治疗。

在第21个"世界艾滋病日"宣传活动中共制作宣传展板12张，发放宣传海报1000多张，小册子500多本，预防性病艾滋病材料10000多张,扑克1000多幅，发放安全套10000多只，宣传车在拉萨街头进行流动宣传，使预防艾滋病知识在民众中得到普及，提高民众的自我保护意识和能力。

【碘缺乏病防治工作按项目要求继续开展】2008年西藏消除碘缺乏病综合干预项目在卫生厅的高度重视下，积极开展和完成了项目培训、健康教育、碘盐监测等各项工作内容。发放碘缺乏病防治健康教育宣传材料21000份；对拉萨、山南2地（市）11个项目县健康教育知晓情况进行了问卷调查，学生知晓率为89.3%、教师知晓率为95.3%、家庭主妇知晓率为66.1%；与教育部门协作在林芝地区林芝县、米林县开展示范学校建设工作，开展学校一学生一家庭健康教育促进试点。

碘盐监测及督查工作:全区7地(市)72个县共监测居民用户食用盐21107份，碘盐11203份，非碘盐9904份，碘盐覆盖率为53.08%。为准确掌握全区碘盐覆盖及监测情况组织、指导各地（市）实施了碘盐监测交叉调查工作，在全区7个地（市）、33个县、95个乡、182个村开展了碘盐监测抽样调查，共监测了居民用户食用盐1840份，其中碘盐1181份,非碘盐659份,碘盐覆盖率为64.1%；并对所调查县、乡109所学校碘盐食用情况进行了调查，学校碘盐食用率为90.8%。

按照国家卫生部的要求，开展对特需人群的应急补碘工作，开展和完成了应急补碘对象的摸底调查，向各地（市）发放碘油丸93.2万粒。举办各地（市）的专业人员开展碘盐监测软件的培训班1期。

【免疫规划工作稳步提高】2008年，自治区疾病预防控制中心在完成常规免疫疫苗订购及分发任务的情况下，积极配合卫生厅完成了应急疫苗储备分发。2007年西藏自治区常规免疫疫苗报告接种率统计于2008年3月完成，其结果：卡介苗接种率94.64%、糖丸服苗率94.96%、百白破接种率93.56%、麻疹疫苗接种率92.16%、乙肝疫苗接种率76.68%（其中糖丸、百白破和乙肝疫苗以第三针接种数据为准)。2008年常规免疫疫苗接种率统计数据于2009年2月汇总上报。

根据扩大国家免疫规划要求，制定了《西藏自治区扩大国家免疫规划实施方案》和《2008年西藏扩大国家免疫规划项目管理方案》、2008年扩大国家免疫规划疫苗及注射器需求》。完成了《扩大国家免疫规划业务骨干培训》工作，共培训50人次。完成了扩大免疫规划用儿童接种证、卡和宣传资料印刷、下发工作。扩大国家免疫规划工作将于年末正式启动。

根据关于《西藏2007/2008年度全区开展脊灰强化免疫活动实施方案》，于3—4月份对全区0—3岁以下儿童开展两轮强化免疫活动。全区应种儿童252490人次，实种儿童246906人次，接种率为97.79%。两轮强化免疫活动中"零剂次"免疫儿童数为225人，占儿童总数的0.089%。中心还按照《自治区卫生厅2007/2008年度强化免疫督导方案》的要求。对5个地（市)、8个县、19个乡、37个行政村，及四个儿基会项目县的两轮脊髓灰质炎强化免疫活动进行快速评估督导。

在全区七地市开展了GAVI项目查漏补种工作，保障了乙肝疫苗以及注射器的提供。

2008年，全区共报告急性弛缓性麻痹（AFP）病例9例，经检验全部排除脊灰病例。从监测指标完成情况看，全区15岁以下儿童非脊灰AFP病例报告发病率为1.1/10万(达到国家监测指标要求)；疾控部门接到报告后48小时内调查率100%；粪便标本7天内送检率为85.7%；病例随访表75天内送达率为80%。全区七地（市)，96个县级以上报告单位AFP病例常规报告率85%，主动监测月报告率为83%。2008年自治区督导组对林芝、山南、那曲、日喀则和阿里部分医院开展主动监测工作,共调查病例3000余份，发现AFP漏报病例3例。

2008年脊灰实验室共收到标本156份，其中AFP病例标本14份，接触者标本7份，成人脊灰鉴定标本4份，健康儿童粪便标本131份。经区脊灰实验室检测，14份病例标本及7分接触者标本、4份成人脊灰鉴定标本脊灰病毒和非脊灰肠道病毒检测结果均为阴性，131份健康儿童粪便标本中非脊灰肠道病毒阳性3份，Ⅱ型疫苗珠2份，Ⅲ疫苗珠2份。

根据儿基会加强常规免疫合作项目实施方案要求，2008年对四个项目县开展了中期评估工作，评估结果与基线调查比较，无论是免疫规划整体管理工作，常规免疫接种，免疫规划宣传的覆盖面等都有了明显的提高，得到儿基会项目官员和国家疾控中心领导的肯定。

麻疹监测情况：2008年全区共报告麻疹病例281例，发病率为10.73/10万；全区共发生四起麻疹局部暴发流行，依次为昌都贡觉县55例、那曲比如县、昌都八宿县、芒康县，暴发病例数占病例总数的33.81%。

【麻风病、布病、大骨节病、寄生虫病防治工作正常开展】麻风病防治：2008年开展了4次自治区级麻风病项目督导活动。对昌都地区、日喀则12个县开展了督导与现场培训活动。特别对昌都地区6个乡镇的89名医生举办了专门的培训。年内对江曲医院现有康复病人进行了105人次的巡诊活动，在"世界麻风病防治日"邀请自治区政府领导、自治区红十字会、自治区残联等相关单位、领导看望慰问了正在接受治疗与康复的33个麻风病人，送去了价值6.2万多元的生活用品。同时在西藏日报、西藏电视台、西藏人民广播电台宣传相关政策与防治知识，发放了6000余份宣传材料。

布病防治：与西藏红十字会合作，在那曲地区双湖、班嘎、尼玛三县开展人群布病感染情况调查，采集、检测血清样本86份、阳性12份，阳性率13.95%。完成对昌都地区芒康县布病监测工作的督导，及时拨付了现场监测经费。开展了各医院报告的布病疑似病人的实验室诊断工作。

包虫病防治：根据相关项目要求，在5地（市）25个县开展了大骨节病病情调查工作，临床调查12675人，检出1度以上病例180例，患病率1.42%；儿童右手X线拍片5213人，阳性30人，检出率为0.58%。2008年11月举办西藏首届包虫病防治培训班，随后赴山南地区曲松县开展包虫病防治项目。本次在曲松县下江乡调查了501人，B超阳性10人，总患病率为2%。对曲松县曲松镇完小完成250人12岁以下学生进行检查，发现1例囊型包虫病病例。给犬投喂吡喹酮片2112片。发放张贴包虫病防治宣传画、播放幻灯片等多种形式进行13次宣传教育工作。

旋毛虫病防治：为提高西藏自治区各级基层防治人员及医疗队伍对旋毛虫病的诊断和处置能力，2008年10月在拉萨举办全区首届旋毛虫病诊断治疗技术培训班。

【健康教育/慢性病防治工作取得较大进步】按照《2007年中央补助地方烟草控制与健康素养监测项目》和方案计划要求，培训、调查、资料审核、数据录入等全部工作均已经完成落实，得到了国家上级部门的表扬和肯定。按照控烟项目工作要求，在全区3个监测点中，建立1个戒烟服务热线电话。我区完成戒烟报名、抽奖活动，报名人数为2640人，11月份完成了中央转移支付安排的全区戒烟抽奖活动的所有任务。

2008年自治区疾病预防控制中心组织农村居民开展新农民健康知识竞赛，经细致的安排组织，已经完成了省级健康素养知识层层选拔赛，12月5日将我区选出的参加全国健康素养竞赛的3名队员送往北京，参加全国健康素养比赛总决赛。

全国母子保健项目工作在西藏自治区设立了7个母子保健项目县，各项目县项目工作任务圆满完成。特别是日喀则地区拉孜和康马两县将母子健康保健的传播方式从平面转变为立体式进行宣传，将母子保健相关知识与民族音乐融合在一起，用当地群众喜闻乐见的六弦琴形式向群众宣传。创作出弹唱作品《母婴健康，家庭幸福》、小品《转变》、小合唱《歌唱党的好政策》，这种做法对开展母子健康教育工作起到了积极的推动作用。

健全死因监测项目管理、完善死因数据库，进一步规范项目点死因监测工作秩序；做好伤害监测工作，对三家哨点医院开展经常性的督导，主动与各哨点联系探讨在我区开展伤害监测的工作，定期上报我区伤害监测工作情况和存在问题，争取在资金、技术上得到上级部门的支持。

【公共卫生监测/检验、预防保健服务工作面向广大群众开展】对市区内二星级以上宾馆、饭店从业人员进行健康体检，截止11月25日共体检1705人，其中体检不合格72人，办理健康证1633人份，办证率为95.7%。对宾馆、饭店的餐具及客房公共用品进行了卫生监测，餐具合格率为87%，客房用品合格率较高。

完成西藏自治区2008年农村饮用水与环境卫生现状调查项目；水质监测共采集农村和城市水样152份，其中农村采集120份水样，城市32份。农村水质细菌总数和总大肠均群超标现象严重。年内还参加全国《中国青少年健康危害行为监测》工作，共调查学生3347人。

中心实验室年内检测脊灰健康儿童粪便标本131份、疑似AFP病例粪便标本10份，密切接触者8份、国家脊灰考核标本5份。疑似麻疹、风疹血清IgM抗体标本34份，检出麻疹阳性20份，风疹阳性7份，麻疹、风疹合并1例。成功开展手足口病检测，共检测标本37份，检出肠道病毒2份。同时承担了全区卫生医疗系统手足口病培训班的相关实验室检测技术的授课。年内还检测食物中毒样品10份，完成国家健康相关产品抽检样化妆品10份。派出6人次前往各地市疾控中心实验室指导开展工作。

至11月，预防保健门诊完成放射透视2560人次，胸片3005张，肝功5420人次、血常规538份、配发处方12293张、B超及心电图检查813人次、接种各类疫苗15422人/次。

自治区体育工作

【出色地完成了北京奥运会火炬传递任务】2008年，自治区体育局选派102名登山队员参加珠峰火炬传递和高山边防布控巡逻任务。经过精心组织，周密安排，2008年5月8日我区12名登山队员与内地7名登山队员在珠峰顶上实现了奥运火炬登顶珠峰及传递，反复挑选的156名火炬手于2008年6月21日进行了拉萨火炬传递活动。自治区体育局在北京奥组委，区党委、政府的领导下，协调有关部门举全局之力，顶住了“3•14”复杂形势下的种种困难和压力，周密筹划、精心组织，确保了活动的安全，顺利、圆满。受到了北京奥组委、国家体育总局、中国奥委会和区党委张庆黎书记的高度肯定和赞扬。自治区体育局系统有2个集体、14名个人分别受到国务院、国家体育总局和区党委、区人民政府的表彰。

【全面推进群众体育工作】群众体育活动有序开展。在北京奥运会开幕倒计时100天之际，组织开展了全民健身大会操和体育健步走等活动，5000余名群众参与。在藏历初三举办了民族传统马术表演活动，现场观众达3万余人，营造了浓厚的节日气氛。9月份联合区直工委成功举办了第三届区直机关篮球比赛。

完成了全国第三次群众体育现状调查工作。深入拉萨市、林芝地区、那曲地区11个县、39个乡镇、2900户居民中调查。

完成了农村体育健身工程119个项目的建设。安装全民健身器材40套，落实配套资金120万元。

成功举办了全区体育传统项目学校体育教师培训班。7月10日—23日，区体育局与区教育厅合办了全区体育传统项目学校体育教师培训班，全区25所中学和8所小学40名体育教师参加了少儿运动选材、健美操、体能训练、体育游戏、校园舞等科目的培训，40 名体育教师经培训全部合格。为深入贯彻落实《全民健身计划纲要》，促进我区群众体育骨干队伍发展，9月10日—19日成功举办全区国家级社会体育指导员培训班，60余名学员参加培训。

组队参加全国体育指导员技能展示大会获得好成绩。西藏代表队获得自选套路一等奖、规定套路二等奖，全国 37 支代表队中唯一一个最佳表现奖。

组团参加第六届全国农运会。经过认真训练和精心组织，我区运动员取得男女拔河 2 枚金牌。

【坚持从实际出发，竞技体育工作平稳推进】重点抓了运动队的管理和参赛工作。2007 年因北京举办第 29 届奥运会，国家安排的全国性重大体育竞赛项目不多，在有限的体育竞赛中，我区积极组织参与，获得 2 个第三名、1 个第四名、3 个第 5 名和 3 个第 7 名的成绩。

狠抓了体育运动后备人才建设工作。自治区体育成人中专学校和各地市重点业余体校，按照各自职能，认真选拔运动苗子，坚持提高办学质量，体育后备人才培养工作正常开展。

制定重点业余体校管理办法。区体育局组织有关部门的同志赴山南、日喀则对重点业余体校进行调研，草拟了重点业余体校的管理办法。

抓了联办运动队和交流运动员的有关工作。为做好第十一届全国运动会的参赛工作，局竞训处与北京体育大学积极协商，联办现代五项队。此外还认真抓了运动员的注册和管理工作。

【坚持以火炬登珠峰为重点，登山工作成绩突出】圆满完成了火炬登珠峰活动。这项活动的成功不仅完成了火炬传递的重大任务，而且再次向世界展示了我区登山运动的雄厚实力，对进一步确定我区在世界登山界的领先地位具有深远的历史意义。

成功举办西藏第八届启孜峰登山大会。在登山运动管理中心、登山队、登山综合培训中心等各方面的共同努力下，本届登山大会成功顺利，有来自全国各地的 71 名登山爱好者参加了大会，其中 60 名登山爱好者登顶成功。

保护珠峰地区生态环境。与奥维斯公司组成珠峰环保队，认真清理了珠峰北坡海拔 6500 米大本营的环境卫生，维护了珠峰北坡洁净的环境。

举办综合登山培训班，培训登山人才。共培养和输送登山运动员、高山协作人员 70 余名，培训的登山运动员和高山协作人员成绩优异，全部投入到奥运火炬珠峰传递和西藏第八届启孜峰登山大会保障任务中。

接待大学生暑期来藏登山。共接待了北京大学、清华大学、中国人民大学、厦门大学、北京工业大学、武汉地质大学等 6 所高校 120 余名学生来藏登山。

【坚持迎难而上，体育产业取得了较好的成绩】拓宽市场，体育彩票销售额取得历史性突破。2008 年，克服拉萨 3•14 事件带来的不利影响，开辟了昌都、那曲、日喀则 3 个地区体育彩票销售市场，增设销售终端机 38 台。此外，还新增了抗震救灾即开型体育彩票“顶呱刮”的发行。2008 年我区体育彩票销量达到了 15369 万元，超过了体育彩票在我区销售以来前 13 年的总和，总销量同期增长 546.87%，上缴公益金 3589.98 万元。我区体育彩票占市场份额的 46.56%，同期增长 28.75%。体育彩票管理中心因销售成绩突出，获得国家体育总局体育彩票工作 4 个奖项中的 3 个奖项，其中“销售增加奖”和“市场进步奖”全国排名第一。创造了我区发行体育彩票以来的历史最好成绩。

克服困难，登山探险工作服从大局。2008 年上半年为服从火炬登珠峰任务的需要，取消了大批来藏登山团队，做出了重大利益牺牲。下半年，面对 3•14 事件严重影响，积极开展外联工作，接待国内外登山团队 16 支 176 人次，获得 200 多万元接待收入。

【获奖情况】

著名登山运动员边巴扎西被国家体育总局授予国际级运动健将称号。

登山运动员白玛赤列被国家体育总局授予运动健将称号。

自治区登山学校学员普布次仁、索朗罗布、罗布顿珠、扎西平措、次仁班久、次仁扎西、阿旺多吉、白玛次仁被国家体育总局授予运动健将称号。

我区 15 个单位获得国家体育总局颁发的 2007 年全民健身月活动组织奖。具体为：自治区公安厅机关党委、自治区气象局、那曲地区体育运动管理中心、拉萨市第二高级中学、阿里地区气象局、昌都地区地委办公室、区直工委群工部 7 单位获“先进组织”奖；拉萨市实验小学、拉萨市一中、当雄县教体局、西藏移动昌都分公司、昌都地区察雅县文体局、那曲地区电信公司、中国人民银行那曲中心支行、自治区疾控中心 8 单位获“先进单位”奖。

自治区登山队荣获“2007 年影响世界华人集体大奖”。

我区 5 个单位 10 名同志获全国群众体育现状调查工作先进单位和个人称号。自治区体育局群体处、当雄县教体局、安多县教体局、林芝地区体育局群体科、林芝地区米林县获先进单位称号。自治区体育局群体处多布杰等 10 名同志获先进个人称号。

【领导名录】

副书记、局长：德吉卓嘎

党组成员、副局长：平措江村、赵光华、贾国富

副巡视员：索南措姆

民政、劳动和社会保障

自治区民政工作

【年度综述】2008 年，自治区民政系统突出为西藏社会稳定服务、为特殊群体、困难群体、优抚群体服务的工作主线，着力抓好拉萨“3•14”事件恢复生产生活秩序，“5•12”汶川地震捐款，仲巴、当雄地震救灾，那曲、山南抗雪救灾等具有社会影响，关系百姓民生的大事，民政部门职能作用充分发挥，工作扎实有效，得到了党委、政府的充分肯定和人民群众的高度评价。

【全面落实城乡社会救助政策，着力保障民生】2008 年 1 月，自治区政府对城乡低保标准和五保供养标准进行了再次提升，城市低保标准在原基础上上调 30 元，农村低保标准在原基础上各上调 50 元；五保供养标准在原基础上增加 100 元，达到 1600 元/年。6 月份，自治区政府出台了《西藏自治区人民政府关于建立健全城乡社会救助体系的意见》（藏政发[2008]59 号）。各级民政部门认真贯彻落实藏政发[2008]59 号文件，进一步规范城乡低保工作，积极推行分类施保，不断建立健全标准适当、覆盖面广的城乡居民最低生活保障工作运行机制，对有特殊困难的低保对象按照其劳动能力和就业等情况给予重点照顾，着力保障基本生活权益。同时还切实加强了城镇低保对象的动态管理，基本做到了有进有出、应保尽保。针对物价上涨因素，为保证城乡低保对象生活水平不受影响，从 5 月份开始，对城乡低保对象发放了临时生活补助资金，城市低保对象每人每月补助 15 元，农村低保对象每人每月补助 10 元。截止 12 月底，全区共落实城乡低保资金 25，874.723 万元，其中城市低保资金 4，898.07 万元，低保人数 3.6 万人，农村低保资金 1，81286 万元，保障人数 23 万人；临时生活补助资金 3，997 万元，其中城市 775.8 万元，农村 3，221.2 万元；落实城乡医疗救助补助资金 699.32 万元，累计救助 4，010 人，其中城镇 80.84 万元、332 人，农村 618.48 万元、3.678 人。

五保供养工作日趋规范，《西藏自治区实施〈农村五保供养工作条例〉办法》正式出台。目前，全区共有五保供养对象 14，275 人，其中：集中供养 1，183 人，分散供养 13，092 人，实现了五保供养对象应保尽保、按标施保的目标。为了改善五保户的居住环境，民政部分配 328 万元的敬老院改扩建资金，11 所敬老院改扩建项目正在建设当中，已陆续竣工投入使用。住房救助、教育救助等各项工作都取得了新的进展。

2008 年，拉萨发生“3•14”打砸抢烧严重暴力犯罪事件后，自治区民政厅迅速组织成立了拉萨“3•14”事件社会救助办公室，制定了《拉萨“3•14”事件受损商户社会救助工作实施细则》，并及时向社会公布了政府实施救助的相关信息，积极做好应对突发事件的社会救助工作。自治区民政厅领导亲自带队收殓“3•14”事件遇难群众遗体，全力做好殡葬服务工作，并会同有关部门为 17 名遇难群众亲属落实了特殊抚恤金 340 万元。为“3•14”事件无家可归的 1,086 名群众提供了衣、食、住、医等方面的临时救助。截止 2008 年 12 月底，为在“3•14”事件中受损商户 1050 户、4745 人按城市最低生活保障标准进行生活救助，每人每月直补 260 元生活救助金，已发放救助资金 1000 余元。对 42 名未参加医疗保险的无辜受伤住院治疗群众进行救助，救助金额为 61.9 万余元。

【全力以赴，支援灾区人民恢复重建】年初，我国南方部分省区出现罕见低温、雨雪冰冻灾害天气。5 月 12 日，四川汶川发生 8 级强烈地震。9 月 5 日和 10 月 6 日，我区仲巴县、当雄县先后发生 6.0 和 6.6 级地震。加之上半年，我区由于受强冷空气的影响，阿里、日喀则、那曲等地区的部分县出现强降雪天气，全区共有 38 个县、78 个乡、240 个村不同程度受灾，受灾人口 3.11 万人，死亡牲畜 7.499 万头，直接经济损失 1，676.95 万元。接二连三的自然灾害，牵动着各级政府和各族人民对灾区人民的爱心。特别是四川汶川大地震之后，自治区民政厅迅速成立了“四川汶川地震接收捐赠办公室”，接收来自社各方面的捐资、捐物。这次捐赠，从机关到企业、部队、学校、个体商户，从干部职工到广大居民、离退休老干部老工人、残疾人乃至靠政府救济维持生活的困难群众，向灾区人民纷纷伸出了援助之手，表达了关爱之情，整个捐赠过程行动快、捐额高、重复捐、不留名。各级民政部门共接收社会捐赠资金 53979.89 万余元和价值 1287.63 万余元的救灾物资。支援四川汶川灾区 2100 万元和价值 1287 万元的救灾物资、甘肃灾区 600 万元、陕西灾区 400 万元、云南灾区 100 万元、重庆灾区 100 万元，在灾区直接实施援助项目支出 1576.35 万元、购买和运送物资支出 521.63 万元。当雄地震造成拉萨、山南、日喀则三地（市）19 个县（区）受灾，10 人死亡，60 人受伤。损毁房屋 87，361 间，其中：倒塌 1，226 间，危房 12，760 间，裂缝房 73375 间。受灾户数 25585 户、136410 人。灾害发生后，民政厅第一时间由一名副厅长带领救灾处负责同志，随自治区党委、政府工作组深入灾区，指导抗震救灾，核实灾情，转移安置受灾群众。

同时，紧急调运帐篷、衣被、食物等生活急需品。截止10月22日，自治区政府已向当雄地震灾区安排救灾资金2000万元，其中民政部应急资金1000万元。调拨帐篷2330顶，棉被2170床，棉褥1300床，棉衣裤895件（套）以及大米、砖茶、糌粑、面粉、食油、酥油、水壶等救灾物资，保证了受灾群众的基本生活。在送温暖献爱心活动中，民政部门接收社会捐款658.5万元，捐赠物资折价955.45万元。

在解决仲巴地震、普兰强暴雨雪灾受灾群众生活中，分别给日喀则、阿里地区安排了305万元、140万元救灾资金，给仲巴县调拨了200顶帐篷，给普兰县调拨了279顶帐篷，使受灾群众的生活得到了妥善安置。

【村民自治与社区建设取得了新进展】民主选举取得新成就。全区进行第六届村（居）民委员会换届选举村（居）党组织建设同步进行。经过各级党委政府周密安排、精心组织，全区5446个村(居)委会，共选举产生村(居)班子成员24754个，其中书记、主任"一肩挑"占村(居)班子总数的51.5%，委员交叉任职占49.9%。依法有序、顺利圆满完成了全区村（居）委会换届选举工作。

村务公开和民主管理取得新成果。2008年，紧密结合第六届村（居）委会换届选举工作，制定了《西藏自治区2008年深化村务公开工作实施方案》，健全了《村规民约》、《村民自治章程》、《村民会议和村民代表会议议事规则》、《村干部职责》、《工作移交制度》、《财务管理制度》等各项制度，普及设立了固定的公开栏和村民意见箱，大部分村建立了村务公开监督小组和民主理财制度，群众对村务公开和民主管理的满意度逐年提高。

农村社区建设试点取得新突破。各地（市）分别选择了经济条件好、村民自治工作扎实，群众基础好的2—3个村委会开展了农村社区建设试点工作。各试点县都成立了领导小组，制定了试点工作方案，结合本地实际在加强基础设施建设、发展农牧区经济、开展农牧区各项社会服务、改变农牧区生活环境、丰富农牧民精神文化生活等方面作了积极有益的探索。

城市社区体制改革步伐加快，基层基础工作进一步加强和完善。结合第六届村委会换届选举，建立健全了社区党组织和社区居民委员会组织。根据目前很多社区居委会办公活动场所缺乏的现状，自治区"安居办"向全区158个社区居委会安排办公活动场所建设资金3160万元，改善社区办公活动条件。充分利用各种新闻媒体，采取多种形式加强对社区建设的宣传，社区建设取得了社会各界的广泛关注。政府各有关部门结合各自职能积极工作，社区文化、社区医疗、社区教育、社区就业、社区治安等工作逐步开展。从政府到居委会，从领导干部到普通群众，都对社区和社区建设有了较对的了解和熟悉，对搞好社区建设有了共识，已形成了全面推进社区建设的浓厚氛围。

社区管理制度逐步健全，居民自治水平不断提高。社区居委会普遍建立健全了《社区居民代表会议议事规则》、《社区自治章程》、《居规民约》和社区居民代表会议制度、社区议事会制度、社区居委会工作制度、公开办事制度、社区居民公约等一系列制度，明确了居委会的职责任务，进一步规范了居委会干部和居民群众的行为，保障了社区成员的知情权、管理权和监督权，使社区重大事项按民主程序决定，增强了社区居民的民主自治意识，增强了社区居民的归属感、认同感和社区自我管理能力。

开展和谐社区建设配套政策研究有新进展。由自治区党委、政府正式下发了《关于加强和改进城市社区建设的意见》，明确了当前我区和谐社区建设的着力点、发展方向、建设标准。力求通过《意见》的实施，规范、指导、促进城市社区建设工作，使我区社区建设在科学、合理的标准指导下稳步扎实推进，为建设小康西藏、平安西藏、和谐西藏打下坚实基础。

【民间组织登记管理工作依法进行】2008年，依法登记自治区本级社会组织6家，批准筹备的社会团体7家。根据有关规定，除7家新登记成立的社会组织不参加年检外，应参加年检的社会组织162家，实际参加年检的157家，占应参加年检的96.9%，合格率100%。此次社会组织年度检查，对因各种原因未及时参加年检的6家社会组织给予了通报并责令其限期进行补检。对连续两年为参加年检和补检，长期不开展活动，名存实亡，不能有效发挥应有作用的西藏自治区当代文学研究会和西藏自治区文学翻译学会，经业务主管单位同意，依法进行了注销登记。

对全区农村专业经济协会情况进行了调研，详细掌握和了解我区农村专业经济协会的登记管理以及工作开展情况。积极协助民政部对援助西藏发展基金会进行了评估。

【村级建制整合稳步推进】和谐边界创建工作卓有成效。村级建制整合工作制定《整合方案》，并于9月底全面完成了村级建制整合工作。整合后全区的村委会由过去的5746个（边界村委会731）整合为5261个村委会，减少了485个村委会，其中16个为村改居，整合幅度为9.67%。

地名标志设置。2008年重点抓了林芝、那曲、阿里等地区地名标志和门牌的设置工作。2008年，全区部分地、县共命名道路139条，安装地名标志2218个（其中一级路牌245个，二级路牌1963

个），制作门牌 3.3 万块，大门牌 1.3 万块，小门牌 23 块，共投入资金 546 万元。2008 年拉萨发生“3•14”打砸抢烧暴力事件后，会同拉萨市民政局深入到林周、达孜县和拉萨市区实地对暴力事件中损毁的道路路牌进行核实。据统计，这次事件中共有 39 个一、二级路牌被损毁，经济损失达 7.8 万元，拉萨市民政局以最快的速度恢复更新了被损坏的地名路牌，重塑了拉萨市的城市形象。

省（区）、县两级行政区域界线管理。2008 年，与四川省民政厅配合，先后召开了三次川藏行政界线联合检查工作领导小组联席会议，商讨制定了《四川省与西藏自治区行政区域界线联合检查实施方案》，对川藏行政区域界线联合检查工作进行了安排部署。自 4 月下旬至 8 月初，两省（区）各地毗邻地（州）、县联检工作领导小组，分别组织有关人员完成了对各段界线管理和界桩及其他方位物管护情况的实地检查工作，两省（区）民政厅及时派出工作组深入有关地段协助开展工作，协调解决边界线联合检查工作中遇到的困难和问题。川藏边界线第二次联合检查工作于 10 月底圆满结束。2008 年是西藏自治区第二轮县级行政区域界线联检的第一年头，要完成全区 7 地（市）65 条县级边界线的联检工作。年初各地（市）都结合本地实际就县级行政区域界线的联合检查工作作了安排部署，相关地（县）都作了密切配合，认真落实，并在联检工作结束后，按照联合检查工作的有关要求，积极商讨、处理界线联合检查过程中发现的问题，圆满完成全区第二轮县级行政区域界线联合检查工作。7 月份，自治区勘界办对拉萨市县级行政区域界限联合检查工作开展情况进行了抽查，抽查结果较为理想。7 月下旬对山南、林芝两地区县界联检工作情况进行了抽查。从目前各地（市）反馈情况看，通过开展县界联合检查，区内边界地区因界线不清等原因印引发的边界纠纷事件较联检之前明显较少，县级行政界线联合检查工作基本达到了预期目的。

行政区域界线纠纷调处及资源纠纷调处工作扎实有效。林芝地区察隅县与昌都地区八宿县虫草资源纠纷及两县行政区域界线界桩补立纠纷，经过多次共同商议、轮流谈话、对口协商等多种方式，签订了《昌都地区八宿县与林芝地区察隅县关于行政区域界线界桩补立及资源利用等有关事宜的协议》。通过深入细致地指点认界工作，林芝地区米林县与林芝县行政区域界线实地走向认不一致，采挖虫草权限纠纷一事得到解决。

在做好省、县两级行政区域界线管理、积极稳妥调处边界纠纷的同时，把平安边界、和谐边界创建工作摆在重要位置并取得了初步成效。在藏川行政区域边界联检第一联席会议上，两省（区）民政厅结合两省（区）边界地区稳定，人民群众历来和睦相处等实际，签订了《川藏共创平安边界友好公约》，并联合向两省（区）有关地（州）下发了《关于创建藏川平安边界的实施意见》。四川省甘孜藏族自治区州政府与西藏昌都地区行署及川藏边界 7 个接壤县政府都分别签订了《平安边界友好公约》，对相邻两地(州)、县之间边界线的界桩委托管理制度、界线管理联系人制度、边界纠纷应急处理制度、界线联合检查制度等作了具体规定，建立了平安边界线管理的长效机制。

【双拥优抚安置工作成效显著】2008 年元旦、春节、藏历新年期间，自治区“三大节日”慰问总团分赴拉萨市、日喀则、那曲等地（市），深入边防哨卡，走村访户，送医送药、送科学技术和文化知识，对守卫在边防第一线的驻藏官兵和居住在农奴区的优抚安置对象进行了慰问。各地（市）在“三大节日”期间也成立了慰问团，由主要领导挂帅，对当地驻军和优抚对象进行了慰问。据不完全统计，“三大节日”期间，全区共慰问驻军部队 435 个，慰问驻军部队伤病员 865 人，优抚对象和困难户 7，285 人（次），召开军政座谈会 100 余次，支付慰问金 626.21 万元，真正把党和政府的温暖送到了千家万户。退役士兵接收安置工作， 2008 年共接收审查符合安置条件的退役士兵 502 人，其中包括 87 名农村籍退役士兵。2008 年全区共安置城镇退役士兵 502 人。完成了我区 2007 年移交的 16 名军休干部和 22 名无军籍退休职工的接收安置。对我区国家机关工作人员牺牲病故后一次性抚恤金发放标准、遗属生活困难补助费标准和丧葬补助标准进行了补充调整和修改完善。全年共落实重点优抚对象抚恤金 831 万元，伤残人员医疗补助金 1，384 万元，军休干部经费 5，042 万元。

【社会福利与社会事务实现新发展】社会福利机构建设稳步推进。投资 1200 万元的拉萨市儿童福利院项目已完成第一期施工。2008 年，已安排本级福利金 1000 万元，新建城市社会福利院 8 所。这些福利机构 2009 年将投入使用，对改善全区孤残儿童和孤寡老人的收养条件有着积极的意义。

福利彩票发行销售量稳步增长。2008 年，共计发行销售福利彩票 1.78 亿元，比 2007 年同比增长了 60.39%，筹集公益金 6，159.2 万元。

慈善事业有了新发展。9 月 22 日至 26 日，以“交流、合作、和谐、发展”和“慈善共济、和谐西藏”为主题的首届西藏慈善大会在拉萨成功召开，探讨我区慈善事业的发展思路。会上，表彰了在支援“5•12”汶川地震恢复重建中涌现出来的 64 个先进集体和个人。会议期间，中华慈善总会和兄弟省市慈善机构、内地企业代表，为我区慈善事业发展募集善款 52 万元，物资折价 615.04 万元。

加大婚姻法规宣传力度，逐步提高婚姻登记率。城市婚姻登记率达到95%以上，登记合格率达到98%。农牧区群众婚姻登记在公安、卫生等有关部门的大力配合下，婚姻登记率也在逐年上升。圆满完成了奥运会开幕当天的婚姻登记任务，得到了广大婚姻当事人和社会各界的一致好评，受到了国家民政部的通报表彰。2008年，全区共办理结婚登记6977对、离婚登记817对，办理涉外登记4对。其中农牧民结婚登记2913对，离婚登记146对。

殡葬保护水平不断提升。殡葬服务水平不断提升，深得社会各界的好评。2008年，共火化634具尸体，其中藏族202具、汉族416具、其他民族11具、国外5具；正常死亡380具、非正常死亡254具；区内死亡193具，区外死亡441具。

自治区劳动和社会保障工作

【年度综述】2008年，自治区各级劳动保障部门紧紧围绕"重民生、解民忧、谋民利"，以深入学习实践科学发展观活动为契机，在人员紧、任务重、压力大的情况下，解放思想，迎难而上，勇于创新，各项工作均取得了显著成绩。一是目标任务完成好。全区城镇新增就业1.9万人，动态消除了"零就业家庭"，高校毕业生就业率近90%，高于全国平均水平约20个百分点，期末城镇登记失业率控制在4.3%以内，农牧区富余劳动力转移就业80万人次，实现劳务收入约12亿元，年度目标任务全部超额完成，全区就业形势基本稳定。社会保险制度稳健运行，全区社会保险参保总人数达66万人，各项社会保险基金收支规模达24.45亿元，覆盖面和基金规模均创历史新高。二是工作创新力度大。积极探索扩大失业保险基金支出范围，对未参保的"3•14"事件受损商户及其员工实施失业保险救助，对维护社会稳定发挥了积极作用；通过建立企业职工医疗保险商业补充机制，有效减轻了参保职工大额医疗费用负担；结合实际对高校毕业生就业政策进行细化，增强灵活性和可操作性；组团深入高校宣讲，帮助高校毕业生树立正确的择业观；西藏特色职业技能培训迈出可喜步伐，培训后就业率显著提高。三是百姓得到实惠多。通过调整全区企业退休人员基本养老金，月人均基本养老金已达1899元；及时将体检费划入城镇职工基本医疗保险个人账户，方便了参保人员就近灵活体检；失业保险金平均标准提高到月人均496元，保障了失业人员的基本生活；参加城镇职工基本医疗保险非公务员身份的人员，医疗费在封顶线以上，可再享受10万元的商业补充医疗保险；城镇居民基本医疗保险全面实施，筹资水平和保障水平均居全国前列；劳动保障执法力度不断加大，及时帮助农牧民工追讨工资1.7亿多元，有效维护了农牧民工的合法权益。

【解民生之急，应急应变富有成效】及时开展"3•14"事件受损商户救助扶持工作。"3•14"事件发生后，对部分受损商户的生产经营造成了严重影响，大量从业人员暂时性失业，生活陷入困境。自治区劳动保障厅迅速开展调查研究，及时向自治区党委、政府提出相关建议，并积极会同有关部门制定出台特殊优惠政策，及时开展救助扶持工作，支持受损商户尽快恢复生产经营，保障了暂时失业人员的基本生活。全年共向符合失业救助条件的852家受损商户4218人发放失业救助金995.53万元，至2008年末，已有777家受损商户恢复正常生产经营，3777名暂时失业员工重新走上工作岗位。同时，对在"3•14"事件中无辜受伤的参保职工和城镇居民进行医疗保险救助，全额报销医疗费用，共计结算支付37名参保受伤人员医疗保险救助金17.13万元。通过以上举措，不仅使受伤群众得到及时治疗，受损商户度过了难关，而且也扩大了社会保险的影响力，有力促进了西藏社会局势的稳定和经济平稳发展，赢得了受救助群众和社会的盛赞，社会保险的互助救济功能充分发挥，社会保障工作深入人心。

通过"一补两缓"减轻企业负担。"3•14"事件后，面对旅游业前所未有的萧条局面，我区劳动保障部门及时帮扶受影响的困难企业，采取发放失业救助金、缓缴社会保险费、暂缓调整最低工资标准等措施，帮助企业度过难关。全区累计向272家受影响行业的困难企业，共5938名员工发放失业救助金1758.35万元；各级社会保险经办机构与受"3•14"事件影响比较严重的7家企业，签订了暂缓缴纳社会保险费协议，涉及金额609.35万元。至年末，已有2家企业恢复生产经营，尚有5家企业经营效益欠佳，继续签订了缓缴协议；根据"3•14"事件后全区部分行业、企业经营不景气的实际，及时向部里提出了2008年暂缓调整我区最低工资标准的意见，这项具有前瞻性的建议得到部里的理解和充分肯定，部里特批我区2008年对最低工资标准不作调整。

积极开展灾后帮扶工作。"5•12"汶川特大地震，举世震惊，也牵动着全区劳动保障人的心，在组织干部职工踊跃捐款的同时，劳动保障厅及时向自治区上报了我区跨省安置在灾区的企业离退休人员受灾情况，并根据自治区党委、政府的统一安排部署，派员参加了自治区赴灾区工作组，走访慰问我区受灾的离退休人员、在职职工及亲属，及时送去了党和政府的温暖。此外，及时对灾区籍民工在劳动关系调处、权益维护等方面提供帮助，对灾区籍学生就业等方面实施了重点帮扶，体现了"一方有难，八方相助"的中华民族传统美德。四川省人民政府为此专门致信表示感谢。

扎实做好信访维稳工作。全区各级劳动保障部门把维护社会和谐稳定作为重中之重，对信访维稳工作进行周密部署，进一步建立健全应急管理工作机制，实行群体性事件两小时报告制度，同时，深入开展矛盾纠纷排查调处工作，及时就地化解不稳定因素。全年共接待来信来访897批次、2555人次。对重点信访人员和群体上访采用专人包案和接访、下访相结合的方式，进行专项调处，妥善解决了拖欠农牧民工工资、军队复员干部和山南错那县茶场门巴族长期临时工社会保险待遇、国有企业办中小学教师待遇补差等一批近年来的信访热点、难点问题。由于措施得力，工作到位，

2008年，自治区劳动保障系统未发生一起规模性、群体性事件。

【重民生之本，就业再就业工作取得新进展】就业政策体系进一步健全。围绕扩大就业，先后制定出台了《西藏自治区人民政府贯彻国务院关于做好促进就业工作通知的实施意见》、《西藏自治区劳务派遣管理办法（试行）》、《西藏自治区职业中介机构管理暂行办法》、《西藏自治区技师、高级技师社会化考评管理试行办法》、《西藏自治区技术能手评选表彰管理暂行办法》、《西藏自治区就业促进条例（送审稿）》等一系列规范性文件，为进一步做好就业工作提供了制度保障。

困难群体就业援助工作取得新进展。组织开展"就业援助月"活动，确定援助对象3746人，帮助2754名就业困难人员实现就业。对全区"零就业家庭"进行摸底调查，动态消除255户"零就业家庭"，做到了出现一户、援助一户、消除一户、稳定一户。按照"公开、公正、公平"的原则，严把审核认定关，确保政府购买第二批3000个公益性岗位优先用于安置"零就业家庭"等就业困难对象，使他们深切感受到了党和政府的关怀，享受到了我区经济社会发展成果。

高校毕业生就业工作成效明显。为充分调动用人单位和毕业生双方的积极性，及时细化促进高校毕业生就业优惠政策，最大限度发挥奖励资金的激励作用，全年兑现奖金774.4万元。为积极引导高校毕业生转变就业观念，联合人事、教育等部门和新闻媒体深入我区高等院校开展"就业政策进校园"宣讲活动，共举办专题报告会11场，发放《高校毕业生就业指导手册》5500多本。全年共举办7场高校毕业生专场招聘会，提供岗位2943个，就业指导1000多人次，政策咨询2200人次。由于措施得力，在2008年就业的9712名应届高校毕业生中，有2297人通过市场实现了就业，占高校毕业生就业人数的23.65%。

农牧民转移就业工作扎实推进。进一步提高劳务输出的组织化程度，加快农牧民就近就地转移就业步伐。开展整顿人力资源市场专项活动，坚决清理和取消了针对农牧民工进城就业的歧视性规定和不合理限制，进一步优化了农牧民进城就业环境。不断加大农牧民转移就业技能培训力度，成功举办了糌粑加工、藏菜厨师和藏式建筑装修等特色技能培训班。积极探索向区外进行劳务输出。共向北京、上海、广东、山东等省市输出农牧民劳动力近800人次。同时，跨国劳务输出也在逐步开展，累计向尼泊尔、印度等国输出劳务达1000多人。2008年11月，在日喀则地区召开了首次全区农牧民转移就业现场会，对近年来我区农牧民转移就业工作进行了全面总结和深入分析，对下一步工作做出了具体安排部署。在首次召开的全国优秀农民工表彰大会上，我区有15人获得"全国优秀农民工"称号，两家单位获得"全国农民工工作先进集体"称号。

职业技能培训取得新成效。全区各级各类培训机构克服"3•14"事件带来的不利影响和场地、师资等各种困难，创新工作模式、探索工作思路，举办了符合市场需求的民族歌舞表演、民族商务礼仪、藏菜烹饪等特色技能培训班，学员就业率均达到80%以上。结合我区实际，积极开发技能培训教材，由劳动保障出版社出版发行了我区首部民族特色职业技能培训教材《学藏菜 长本事》一书，目前，《藏香制作工艺》一书正在编辑之中。积极开展创业培训，举办了1期创业培训师资提高班和3期创业学员培训班。全年共举办各类培训班388期，共培训各类人员2.54万人，超出目标任务25%。

职业技能鉴定和技能人才培养进展顺利。联合人事部门集中开展了各类职业资格的清理工作，进一步规范了各类资格证书的管理。按照部里的统一部署，开展了企业人力资源师、心理咨询师全国统考职业鉴定试点工作，扩大了计算机高新技术职业资格考试规模，将园艺技术员、动物疫病防治员等职业（工种）纳入职业技能鉴定范围，拓展了职业技能鉴定领域。以职业院校学生鉴定为主，不断扩展鉴定范围，增加鉴定工种和次数。职业技能鉴定6500人，鉴定合格人数4900人，合格率75%。组织开展了第二届全区技术能手评选活动，评选出19名全区技术能手，其中2人荣获"全国技术能手"称号。

就业服务进一步加强。为确保安全，以小型、分散、日常招聘为主，精心组织实施了再就业援助、春风行动、民营企业招聘周和高校毕业生就业服务月等专项活动，加大职业指导、职业介绍工作力度，有效地促进了就业。全区共举办16期人力资源洽谈会，632家用人单位共提供岗位5390个，现场达成意向性协议3821人次。全年共发布岗位信息2万多个，职业指导3.92万人次，职业介绍3.1万人次，职业介绍成功1.9万人次。

【固民生之基，社会保障水平不断提高】覆盖范围不断扩大。2008年，各项社会保险新增参保5.11万人，全区社会保险参保总人数达66万人，其中，基本养老保险8.4万人、城镇职工基本医疗保险20.3万人、城镇居民基本医疗保险13万人、失业保险8.6万人、工伤保险4.7万人、生育保险11万人。

基金征缴额大幅提高。全年社会保险基金征缴收入总量13.25亿元，支出11.20亿元，分别比2007年提高了42.94%和11.47%，全区社会保险基金累计结余10.88亿元。社保基金支撑能力进一步增强，确保了基本养老金按时足额支付，确保了参保人员及时享受各项社会保险待遇。全年共征缴基本养老保险费6.1亿元，基金支出6.3亿元；征缴城镇职工基本医疗保险费5.9亿元，基金支出4.2亿元；征缴城镇居民基本医疗保险费2205万元，基金支出1412万元；征缴失业保险费7198万元，基金支出4792.5万元；征缴工伤保险费1211万元，基金支出127万元；征缴生育保险费1857万元，基金支出713万元。实现了收支平衡、适当结余、平稳运行。

统筹层次不断提高。基本养老保险自治区级统筹通过国家评估验收，成为全国13个率先实现养老保险省级统筹的省份之一。城镇居民基本医疗保险从开始全面试点就实现了自治区级统筹，城镇职工基本医疗保险、失业保险、工伤保险、生育保险也都实现了地市级统筹。总体上评价，我区社会保险的统筹层次在全国走在前列。统筹层次的提高，极大的增强了基金抗风险能力，提高了保障水平和保障能力。

制度建设逐步完善。建立了大额医

疗费用商业保险补充机制，加强与商业保险公司的协作，实行了无理由先兑付制度，保障了城镇参保职工的商业补充医疗保险待遇的及时兑付。城镇居民基本医疗保险制度全面发挥作用，解决了城镇居民特别是困难家庭居民的医疗保障问题，得到广大城镇居民的普遍好评。失业保险促进就业的作用显著增强，工伤、生育保险制度稳健运行。

基金管理进一步加强。加大社会保险费清欠力度，全年共清理回收各项社会保险费3502万元。加强对参保人员的资格审核，堵塞了社会保险基金支付漏洞。认真开展了全区社会保险基金专项治理活动，进一步规范了各项社会保险基金征缴拨付流程，增强了风险防范意识，取得了明显效果。经常性的开展了社会保险基金监督检查工作，通过现场监督与非现场监督相结合，日常检查与专项检查相结合，以事前、事中监督为重点，建立健全社保基金监督制约机制，确保了社保基金的安全运行。

军队复员干部社保问题得到妥善解决。近年来，军队复员干部为反映社会保险待遇诉求频繁集体上访。对此，自治区劳动保障厅给予了高度重视，经过一年半的认真调研，制定印发了《关于认真组织做好军队复员干部办理基本养老保险关系接续工作的紧急通知》和《关于做好军队复员干部参加社会保险工作有关问题的通知》，对全区177名军队复员干部军龄等有关情况进行了详细了解、逐一核对、登记造册。2008年“八一”建军节前夕，召开了军队复员干部代表座谈会，通报了出台的政策内容，受到了参会人员的充分肯定和赞扬。在奥运会开幕前，圆满解决了我区群体性上访中这一难点、热点问题。至年末，全区共有 87 名军队复员干部办理了退休手续，按月领取基本养老金，人均月养老金水平达2600元以上。

【铸民生之盾，劳动关系保持和谐稳定】

劳动合同签订覆盖面稳步扩大。积极推进劳动合同签订工作，认真组织实施劳动合同三年行动计划，强化劳动合同规范化管理，在国有企业推行集体合同制度，不断扩大签订集体合同的覆盖面，全区国有企业职工劳动合同签订率达到100%，非公经济组织劳动合同签订率达到 45%，劳动者的合法权益通过劳动合同得到了有效保障。

收入分配工作有序开展。对全区执行最低工资标准情况进行了重点检查，及时纠正了不执行最低工资标准的行为，保障了低收入劳动者的基本权益。首次公布了拉萨地区劳动力市场工资指导价位，为用人单位、劳动者和投资者提供了劳动力市场价格信息参考。按照“两低于”原则审核了 7 家企业的职工增资方案，使盈利企业职工享受到了企业发展成果，激励了职工的工作积极性。

劳动保障行政执法力度进一步加大。全年各级劳动保障监察机构日常监察用工单位1368家，涉及职工7.65万人，督促用人单位与 2231 人签订了劳动合同，受理举报、投诉案件2000余起，涉及金额 1.04 亿元，为劳动者追讨工资9243.93万元。会同有关部门组织开展了预防建筑施工企业拖欠农牧民工工资等8项专项检查，对检查中发现的违法行为及时进行了纠正和处理。在有关部门的支持下，督促指导企业建立和完善劳动争议调解组织，充分发挥其预防、化解矛盾的作用。全区共受理劳动争议案件714 件，涉及劳动者 9659 人，涉及金额8900 万元；已结案 680 件，案件结案率达 95%，为劳动者讨回工资 8213 万元。在全区共举办 7 期监察员、仲裁员培训班，培训 460 人，使执法队伍的整体素质得到了进一步提高。

第六篇 地（市）、县（区、市）

拉萨市

拉萨市

【年度情况与特点】2008年，拉萨市全市上下深入贯彻落实科学发展观，团结和带领各族人民，旗帜鲜明反分裂，坚定不移抓发展，努力克服和消除“3·14”事件带来的负面影响，有效应对“10·6”当雄县地震，全市国民经济和社会发展计划执行情况总体良好。全市经济社会承接上年的发展基础，三次产业保持平稳增长，经济总量不断增加，综合经济实力稳步提升。2008年，实现地区生产总值139亿元，比上年增长14.02%，其中：第一产业、第二产业、第三产业分别完成增加值8.40亿元、35.11亿元、95.49亿元，分别增长6.2%、11.9%、12.5%。

拉萨市人大工作

【全力维护社会局势稳定】2008年，拉萨市人大常委会坚定不移地开展反分裂斗争，全力维护社会局势稳定。首先是进一步加强对机关干部职工和离退休人员的思想政治教育，筑牢反分裂斗争的思想基础。市人大机关历来十分重视干部职工的思想政治教育，尤其是在“3•14”事件发生后，多次组织机关干部职工和离退休人员座谈会，深入揭批、强烈谴责达赖集团的罪恶行径。大家深刻认识到，“团结稳定是福，分裂动乱是祸”，只有保持拉萨市的稳定，才能促进经济社会的全面发展，才能有我们幸福美好的明天。“3•14”事件发生后，常委会把主要精力放在维稳工作上，常委会立即安排人员深入反分裂斗争“前沿阵地”，深入到有关县和寺庙，协助当地党委或寺管会开展反对分裂、维护稳定工作，取得了明显成效，这次维稳工作，市人大机关先后抽调干部职工25人，其中地级领导干部6人，县级干部11人，工作车辆6台。

【科学制定五年立法规划和年度立法计划，积极推进地方立法工作】科学制定了九届人大及其常委会五年立法规划和年度立法计划，积极推进拉萨市地方立法工作。在立法规划制定中，通过《拉萨晚报》以及八县（区）人大常委会在全市范围内公开征集立法项目，同时深入拉萨市政府各部门就当前乃至今后一段时期需要新制定地方性法规或修改、修订、废止现行地方性法规等方面问题进行了全方位的调研。通过各种渠道广泛征集到立法项目58件。通过调研和筛选，确定立法项目10件，其中：新立项目7件，修订项目3件，立法调研储备项目10件。五年立法规划经常委会反复协商、深入研究、多次审议和修改，并报市委同意，拉萨市九届人大常委会第四次会议审议顺利通过。

【监督工作取得新进展】常委会高度重视监督工作，加强了对“一府两院”的监督工作。加强对法律法规实施的监督，促进依法行政和公正司法。常委会对《中华人民共和国食品法》和《西藏自治区实施〈中华人民共和国食品卫生法〉办法》及《拉萨市食品卫生管理办法》、《中华人民共和国物价法》、《中华人民共和国职业教育法》和《西藏自治区实施〈中华人民共和国职业教育法〉办法》、《城市居民最低生活保障条例》等7部法律、法规的实施情况进行了检查，并形成执法检查报告，经常委会审议后送交有关部门，有力推动了这些法律法规在拉萨市的实施。实现经济、社会、生态效益的和谐统一。

常委会于年中听取和审议了市政府关于拉萨市2008年上半年国民经济和社会发展计划执行情况的报告和拉萨市2008年上半年财政预算执行情况的报告，于十月份听取审议了市政府关于拉萨市2008年财政收支预算调整意见的报告。保证了国民经济和社会发展计划、财政预算得到切实执行，维护财政预算的合理性和严肃性。

常委会专项听取审议了《拉萨市城市总体规划（2007-2020）》，作出了市人大常委会关于《拉萨市城市总体规划（2007-2020）》的决议。

听取审议了市安居办关于拉萨市农牧民安居工程建设实施情况汇报、市广电局关于“村村通”工程实施情况的专项工作报告，同时通过召开专题研讨会、座谈会、深入乡村及农户等形式开展深入调研，提出审议意见。

听取审议了拉萨市“创园办”关于创建生态园林城市情况的报告。并要求进一步加大“创园”宣传力度，让更多的人了解并自觉投入到“创园”活动之中。加强与自治区及相关部门联系和沟通，争取各方面的支持，确保“创园”任务顺利完成。

市人大常委会还积极配合自治区人大常委会开展了《中华人民共和国献血法》、《中华人民共和国安全生产法》、《中华人民共和国森林法》、《西藏自治区实施〈中华人民共和国森林法〉办法》、《中华人民共和国义务教育法》、《西藏自治区实施〈中华人民共和国义务教育法〉办法》、《中华人民共和国婚姻法》、《自治区实施〈中华人民共和国婚姻法婚姻法〉变通条例》、《中华人民共和国未成年人保护法》、《自治区实施〈中华人民共和国未成年人保护法〉办法》等法律法规的执法检查，配合自治区人大对拉萨市的非物质文化遗产、各县（区）的县城周边改造、县城给排水及农网工程、维护稳定等工作进行了调研，配合自治区人大有关专门委员会开展了中华环保世纪行——西藏行宣传活动。

【依法行使任免权，推动干部队伍建设】按照组织法的规定，2008 年市人大常委会共任免国家机关工作人员 39 人，其中接受辞职 2 名，免职 5 人，任命 32 人。2008 年是拉萨市人大、政府新一届领导班子上任的第一年，常委会按照有关规定对市人大常委会副秘书长，市政府秘书长以及政府组成部门任职人员进行了任命，并颁发了任命书，对新任命的干部提出要求和希望，勉励他们牢记党和人民的重托，努力做到政治坚强、业务过硬、工作勤奋、廉洁自律、依法办事、公正求实，当好人民公仆，全心全意为人民服务。

【密切联系代表，充分发挥代表作用】常委会高度重视，认真办理代表提出的各项议案、建议、批评和意见。在拉萨市人大九届一次会议上，市人大代表共提出议案 5 件，建议、批评和意见 235 件，目前这些议案、建议、批评和意见正在办理之中。常委会还认真办理人民群众来信来访，妥善处理了群众反映比较突出的问题，目前已收到并转交有关部门妥善处理的群众来信来访 90 余件。

常委会不断加强和改进代表工作，为代表履职创造条件。常委会从代表工作实际出发，深入基层广泛征求市人大代表和基层人大对常委会代表工作的意见和建议，认真查找代表工作中存在的不足，积极研究制定相关改进措施，并在实际工作中认真加以落实。常委会继续坚持邀请市人大代表、非常委会委员的各县人大常委会主任或副主任列席常委会会议。通过印送人大信息、工作简报、常委会公报、学习资料等形式，帮助代表及时了解全市政治经济和社会发展的重大事项，扩大代表知情、知政渠道。2008 年，针对 2008 年全市人大换届选举后新代表较多的实际，常委会举办了全市九届人大代表培训班，通过理论联系实际和学习研讨，使参加培训的代表进一步加深了对邓小平理论和“三个代表”重要思想以及科学发展观的理解，了解了人民代表大会制度理论体系，熟悉了宪法及有关法律法规，掌握了人大工作方法，为做好新时期人大工作奠定了基础。2008 年常委会还积极组织市级人大代表 40 余人分三批前往江苏、上海，山南、林芝等地进行了考察学习，为代表们进一步开阔眼界，解放思想、创新工作营造了必要的条件。

拉萨市人民政府办公厅

【办文办会工作】2008 年，拉萨市人民政府办公厅进一步规范了办文程序，要求切实履行各自职责，既要做到来文即办、日清日结，又要做到严格管理、程序规范、准确及时登记并及时拟办、催办文件。2008 年，形成政府党组公文 11 件，拉政复 146 件，拉政发 142 件，拉政办发 234 件，拉政函 80 件，拉政办函 63 件；《市政府常务会议纪要》19 期，《市长办公会议纪要》12 期，《市政府专题会议纪要》110 期。

【信息编报及文稿撰写工作】扎实开展信息培训工作，对 8 县(区)的 12 名信息工作人员进行了全面系统的培训，提高了基层信息工作水平。同时，充实了信息工作人员，通过全市公开招考，招录了 2 名信息工作人员，扭转了长期以来信息工作量大、任务繁重、人手缺乏的困难局面。加强信息收集和整理上报工作。2008 年，共搜集、整理、编辑、上报《政务信息》820 期、2521 条；《政务信息特报》558 期、952 条。政务信息在编辑、上报、采用率上连续六年保持全区第一。2008 年，我们还紧紧围绕市委、市政府的重大决策和工作部署，紧贴领导思路，紧贴发展实际，推出了一批具有较高质量的调研成果，撰写了《政府工作报告》等具有较高水平的会议文稿、重要文件及汇报材料，达 400 余万字。积极出主意、谋思路，较好地发挥了参谋助手作用。

【加强法制建设，努力提高依法行政水平】2008 年，我们一方面进一步加强自身的法制建设，通过开办法制讲座，组织机关干部职工认真学习法律知识，增强法制观念，提高依法行政水平；另一方面，协助市政府领导、会同市直有关部门循序渐进、持之以恒地推进依法行政工作。一是认真贯彻《全面推进依法行政实施纲要》，积极推进依法行政工作。为落实好全区法制工作会议精神，结合我市政府法制工作的实际，召开了全市政府法制工作会议；二是加强和改进立法工作，政府立法工作取得新成效。2008 年，共向市人大提请议案 2 件；提请市政府常务会议审议通过 2 件；《拉萨市城市地下管线管理办法》等 7 件政府规章、规范文件拟提请市政府常务会议审议；废止了政府规章 2 件。同时，加强了执法人员的培训考核工作，在 2008 年对全市近 2000 多名行政执法人员进行了培训考试；三是依法解决行政争议，复议应诉工作取得新突破。2008 年，共收到行政复议申请 3 件，已审结 3 件；四是当好参谋助手和法律顾问，法制服务取得新成果。为了提高依法行政水平，规范依法行政行为，充分发挥政府法制部门参谋助手作用，2008 年建立了政府法律顾问制度，确定了三名拉萨市律师界的资深律师作为市政府的法律顾问。全年共提出各种法律意见、建议 20 余条／次，为政府行为严把“法律关”，全年共审核政府各类文稿儿件(市政府文件 4

件，市政府办公厅文件 7 件)，以政府名义对外签订合同 1 件。还积极参加了法制宣传活动；五是发挥仲裁机构作用，开创仲裁工作新局面。2008 年，共收案 19 件，涉案标的约 1200 万元，收集数、标的额均创历年新高。

【畅通信访渠道，妥善处理人民内部矛盾】 2008 年，拉萨市信访工作坚持围绕中心、服务大局，以构建小康、平安、和谐拉萨为目标，本着“群众利益无小事”的原则，以开展“县(区)委书记大接访”活动。2008 年，共受理群众来信来访 353 批 1899 人，同比增加 12.74%和 35.67%；已办结来信来访 317 件，办结率达 89.8%；来访 3O4 批 1752 人次，同比增加 8.75%和 39.55%。其中：集体访 38 批 823 人，同比增加了 10.52%和 35.48%，个体访 186 批 331 人，同比增加了 36.02%和 40.18%，重复访 80 批 270 人，同比降低了 14.89%和 18.18%；群体性事件 4 批 328 人；越级上访 16 批 69 人，同比增加了 33.33%；来信 49 件 147 人，同比降低了 19.67%和 9.82%。其中：初次信 39 件 50 人，重复信 6 件 13 人，联名信 4 件 84；自治区信访局交办信件 16 件，已办结 13 件，3 件正在办理；信访办交办市直部门信访事项 89 件，已办结 84 件，5 件属历史遗留问题，在进一步做协调工作；市长热线 70 起 70 人；无越级进京上访。

【政府网站全面升级改版，服务功能进一步增强】 对硬件进行彻底更换。为网站购买了性能优良的网站数据服务器，并将服务器接入光纤由中国网通改为中国电信，进一步提高了网站访问速率；对网站系统进行改造，完善网站系统功能。升级改版后的拉萨市政府门户网站，进一步规范了政务信息的发布机制，建立了在线办事、网上服务、与公众网上互动交流等平台。网站改版升级后，发布政务信息 4600 条，其中：政务新闻 14O0 条，政府公开信息(包括领导讲话、政府发文、人事任免等)46O 条，便民服务信息(包括表格下载、办事流程、证件样式等)280 条，招商引资信息 200 条，拉萨概况信息 30O 条，政策法规、援藏信息、社会其他信息共 1960 条。网站全年共开辟专题栏目 9 个。在“深入学习实践科学发展观”专题栏目还开辟了“开门纳谏、共促发展”板块，广泛征求社会各界对拉萨经济社会发展的意见和建议。网站访问量稳步增长，仅网站首页 IP 访问量全年达到 120 万，总访问量达 750 万人次。

拉萨市政协工作

【运用提案，促进参政建言】 2008 年，在市政协九届一次全委会议期间，委员们认真审议了《政协拉萨市第八届委员会常务委员会工作报告》，听取了《政协拉萨市第八届委员会常务委员会关于提案工作情况报告》，并对《拉萨市人民政府工作报告》及其它《报告》进行了认真讨论，提出了修改意见和建议 21 条，经整理后及时向市委、市政府及有关部门作了反馈，得到市委、市政府的高度重视，区党委常委、市委书记秦宜智同志作出专门批示，使政协委员的意见和建议得到了很好地采纳落实。政协九届一次全委会，共收到委员提案、意见、建议 161 件，经审查立案的有 64 件，筛选出重点提案 11 件，作为意见、建议处理的 97 件。为了使提案办理工作真正落到实处，及时将提案移交给市委、市政府“两办”督查处，并组织提案人、政府督察处对筛选出的 11 件重点提案进行了跟踪督办，形成了主席会成员牵头领办提案、主管领导督办重点提案、专委会协助督办提案的新格局。2008 年，在 161 件提案中，回复率达 100%。其中已经解决或基本解决的提案 47 件，占提案回复总数的 29.19%，正在解决或已列入计划解决的提案 97 件，占提案回复总数的 60.25%，因受条件或其他原因纳入逐步解决的提案 15 件，占提案回复总数的 9.31%，作为参考的提案 2 件，占提案回复总数的 1.25%。通过联合督查、现场办案和跟踪办案等形式，推动了提案办理落实工作，经采取不同方式和途径进行测评，委员们对提案办复率、回执率、满意率和基本满意率达到 90%。

【围绕中心，认真开展调研】 2008 年重点围绕如何发挥宗教界人士和信教群众在促进拉萨市社会稳定、经济发展中的积极作用、加强流动人口服务管理工作、做好矛盾纠纷排查等工作进行了调研，并形成了几个专题调研报告；在开展学习实践科学发展观活动中，市政协县级以上领导干部，积极带头深入城关区、墨竹工卡县、堆龙德庆县等联系点；开展了多种形式的调查研究活动，撰写出质量较高的调研报告 18 份，内容涉及农牧业经济、群众增收、社会稳定、寺庙管理、基层基础建设等各方面。

【积极探索履行职能方式，增强参政议政活力】 在 7 月份召开的第二次常委会议上，听取了拉萨市城关区、市旅游局、市建设局三个单位的工作情况通报。通过这种方式，增强了常委们对全市工作的了解，也促进了市直有关部门进一步做好工作，主动接受监督的工作氛围。2008 年以来，在维稳工作任务重的情况下，既坚持抓好维稳工作，又切实履行好政协职能，先后召开了三次常委会议和六次主席会议，全面安排部署政协机关的维稳和业务工作。为充分发挥政协委员在民主监督中的作用，有 8 位同志受聘担任自治区公安厅和市公安、检察、法院、物价、审计、教育等部门行业的特邀监督员，聘任单位不定期邀请他们参加会议，通报情况，请他们一起检查工作，对拉萨重大决策的执行、重要项目的建设、重大问题的解决等开展监督，认真听取意见和建议。

【举办新任委员培训班，提高委员素质】 2008 年 8 月，政协和统战部门分别对 111 名党内外新任政协委员进行了培训，重点讲解了“《关于加强人民政协工作的意见》，切实推进人民政协事业的发展”、“人民政协工作的基本知识”、“人民政协理论与实践”、“政协委员如何写好提案”等专题内容。

【学习实践科学发展观活动稳步推进】 市政协学习实践科学发展观活动于 10 月 16 日全面启动。成立了市政协学习实践活动领导小组，及时制订了《学习实践科学发展观活动实施方案》，明确提出了开展活动的指导思想、主要原则、目标要求和方法步骤，使广大党员干部和职工进一步深刻领会了科学发展观的科学内涵，精神实质和根本要求。目前，政协机关的学习实践活动已进入第二阶段，此项工作正有条不紊地推进，做到了工作、学习“两不误、两促进”。

【各专门委员会作用得到充分发挥】经济资源社教科文卫委员会，坚持围绕拉萨市经济发展的重头工作，由主管领导带队，积极深入拉萨市部分县、乡、村进行广泛调研，形成了《拉萨市政协关于廉租房建设情况的调研报告》、《拉萨市政协关于奶牛养殖情况的调研报告》，为市委、市政府科学决策提供参考依据。

文史民族宗教法制委员会，在逐步完善对外联系工作的同时，认真做好拉萨市文史资料的收集、整理、汇编、翻译等。2008 年，已完成对《西藏民俗节日》的编写工作；为西藏大学培养藏学研究生授课 20 余次，为自治区社会科学院、西藏大学、城关区政协等单位职工讲解拉萨老城区历史、文化背景共 12 次；积极参与拉萨市中级人民法院对罪犯定罪量刑的监督活动；积极向《西藏佛教》等杂志提供稿源，为宣传拉萨市民族、宗教工作发挥了积极作用。

【认真举行纪念改革开放 30 周年庆祝活动】为纪念改革开放 30 周年，从 10 月份以来，先后召开了机关干部职工、离退休干部代表和各族各界政协委员代表座谈会。来自不同岗位的各界代表，以自己的工作、生活、亲身经历和切身感受，从不同角度，对改革开放 30 年来，我区和拉萨市经济社会发展取得的辉煌成就进行了热烈发言，畅谈了多党合作和政治协商制度的成功经验，并对今后如何做好政协工作，充分发挥职能作用，提出了很好的意见和建议。

拉萨市组织工作

【着眼于提高执政能力和工作水平，大力加强领导班子和干部队伍建设】2008 年，拉萨市组织部门立足新形势、新任务、新要求，着力加强党员干部教育培训工作。一是认真组织开展“深入学习实践科学发展观”活动。取得了积极成效。深入开展寻计问策活动，广泛征求意见建议，全市共征求到意见建议 3139 条，梳理汇总 1357 条；已经落实整改 654 件，各单位还累计投入资金 5863 万元为基层和群众办实事 560 件。二是从 2008 年 4 月开始，在全市农牧区（城市社区）、企业、机关事业单位先后组织开展了“反对分裂、维护稳定、促进发展”主题教育活动。对党员干部职工进行宣讲 709 场，组织集体学习 4466 场次，召开座谈会、揭批会、研讨会 2692 场次，共撰写心得体会文章 28771 篇，邀请老党员老干部现身说法 269 场次。三是进一步推进了新一轮大规模培训干部工作。2008 年，全市共完成中央党校、区党校以及区内外多个班次的调训任务，共计培训各级干部 1761 人次，与此同时，进一步加强了对专业技术人员培训。2008 年，拉萨市共对 1892 人次开展了知识更新培训，其中，教育系统培训 1619 人次；卫生系统培训 141 人次；农业系统培训 43 人次，其他系列培训 89 人次。

做好县级领导干部调整配备工作。根据拉萨各项工作实际需求，2008 年全市共调整配备县级领导干部 67 名。认真制作了《拉萨市县级干部电子花名册》，增加了近期照片，购置了摄像机、投影仪等设备，促进了干部管理的信息化、规范化。做好县级后备干部调整充实工作。认真研究后调整充实了一批副县级后备干部。

积极做好离退休老干部管理服务工作。一是加强对离退休干部职工思想教育工作。定期组织离退休党员干部，及时学习党的最新理论知识和中央新时期关于西藏经济社会发展的指导思想和政策方针；“3•14”事件发生后，及时组织召开离退休干部职工大会，就拉萨“3•14”事件，向离退休老干部们进行了全面通报。二是年初召开了离退休干部职工党建工作座谈会，进一步加大了离退休党支部建设，党员意识和党员作用得到提高。三是广泛开展关心慰问老干部工作。2008 年三大节日期间，组织人员广泛开展了慰问离退休老干部活动，走访慰问离退休干部困难户和部分安置在市内的地、县、科级离退休干部、十八军、专业技术人员及住院人员等共计 83 人。完成 2008 年度拉萨市离退休干部相关统计汇总工作，为 187 名符合退休条件的老干部办理相关退休手续。四是切实发挥老干部作用，积极为全市发展稳定建言献策。

认真开展对口支援干部工作。认真完成了北京市、江苏省援藏医生的援藏期满后的组织鉴定、资料整理和轮换交接工作。认真做好全区对口支援工作座谈会、中组部援藏工作座谈会相关工作。按照自治区党委组织部关于援藏工作《调研提纲》的要求，结合拉萨市援藏工作实际，撰写了拉萨市援藏工作的情况汇报，提出了对深化援藏工作的意见和建议。

【着眼于夯实基层基础，大力加强基层党建工作】对全市农牧（居）民党员和农牧（居）民群众集中开展宣传教育活动。进一步推进了农村党员干部现代远程教育工作，有计划地组织党员干部和群众利用远程教育网络资源进行学习。

认真做好村（居）“两委”换届各项工作。指导各县（区）顺利完成了全市村（社区）“两委”换届选举工作。换届后，新一届村（社区）“两委”成员平均年龄下降了 4.5 岁，高中及以上文化程度提高了 7.5 个百分点，结构得到了优化，能力得到了提高。

进一步强化基层基础调查研究工作。针对“3•14”事件中基层基础工作暴露出的突出问题，完成了多项调研报告。按照要求，及时向中组部调研组提供了《拉萨市基层党建工作存在的问题及对策》；向自治区党委组织部提供了多篇调研报告；完成了《关于开展农牧区党的建设“三级联创”活动情况的调研报告》、《关于加强离退休干部职工党支部建设的调研报告》、《关于街道社区基层组织建设的调研报告》和《关于“3•14”以来全市基层组织建设和干部队伍建设情况的报告》、《充分发挥基层党组织反分裂斗争作用研究》、《关于加强流动党员管理服务工作的调研报告》、《拉萨市城关区街道党委、办事处及社区居委会干部运行情况的调查报告》和《加强基层基础工作，推进和谐社区建设的实施方案》，提出了切合拉萨市实际的有关基层组织建设和党员服务管理的意见建议。另外，还及时调研并完成了《拉萨市国有企业党建工作调研报告》、《关于西藏拉萨经济技术开发区非公有制企业党建工作的调研报告》、《关于拉萨市律师行业党建工作的调研报告》和《关于新社会组织党建工作的调研报告》。

激励和号召基层党组织和党员切实发挥战斗堡垒作用和先锋模范作用。积极推进党内激励关怀工作。会同市财政局联合下发了《关于提高村干部补贴有关事宜的通知》，进一步规范了村干部补贴发放办法，提高了村干部待遇。指导当雄、林周、墨竹工卡等三个县开展党内激励关怀帮扶试点工作，在三个县初步建立了生活困难党员帮扶资金。"3•14"事件和当雄"10•6"地震发生后，及时起草了《中共拉萨市委组织部致全市共产党员的公开信》和《中共拉萨市委组织部关于迅速组织广大基层党组织和共产党员投入帮助受灾群众恢复生产重建家园工作的紧急通知》，号召全市基层党组织动员广大共产党员积极投身反分裂斗争和抗震救灾的具体实践。"5•12"四川汶川特大地震发生后，共收到 15859 名党员交纳的 520 多万元"特殊党费"。同时，对在抗震救灾中涌现出来的以扎拉同志为代表的党的好干部进行了肯定和宣传。

【着眼于提高人力资源服务质量，大力加强人事人才工作】顺利完成 2007 年机关事业单位公务员（工作人员）年度考核工作。对 4 名不称职的公务员给予降职处理，对 3 名事业单位不合格的专业技术人员和 3 名不合格的工勤人员给予批评教育。同时，圆满完成了 2007 年度公务员（工作人员）登记年报工作。

扎实推进职称评聘工作。2008 年共委托、推荐参加专业技术资格评审人员 713 人。其中委托推荐高级人员 105 人，委托评审中级人员 430 人，委托评审初级人员 178 人，根据区人事厅的委托，对 85 名拟晋升高级专业技术职务人员进行考察，并形成考察材料上报，聘任其中 43 名非教育系列高级专业技术职务人员。完成了 425 名中级专业技术人员相应的任职资格确认工作，并根据用人单位的意见，已聘任 72 名非中小学教育系列的中级专业技术职务。根据相应的聘任文件精神，为部分高级专业技术人员和部分中级专业技术人员补办了资格证、聘任书。及时对教育、文化、工程、新闻系列等中、初级评审委员会作了调整和充实，保证相关系列评审工作顺利开展。

认真做好高校毕业生就业服务工作。积极组织，精心安排，完成了 2008 年度第一批高校毕业生派遣工作，对于非师范类高校毕业生，侧重面向艰苦地区就业，除 8 个急需专业人员派遣到市直单位外，其余均面向县（区）派遣；对师范类毕业生，坚持按照考生考试成绩、政审情况和各校师资需求等因素，着重充实基层教学，切实解决基层学校教师紧缺的状况。根据拉萨市积极引导高校毕业生领导小组的安排部署，赴各县区开展了人才队伍建设情况、农牧区实用人才队伍情况、高校毕业生任村官工作、"三支一扶"人员工作情况、政府奖励表彰工作进行了调研，为推进全市人才队伍建设提供了参考。对全市 2006、2007 年和 2008 年高校毕业生就业情况进行了摸底调查，加大了就业政策宣传力度，会同市劳动和社会保障局开展了高校毕业生就业政策宣传工作，编写并发放了相关政策宣传资料，充分利用"拉萨人才网"，广泛宣传政策、发布信息。

开展在全市范围内通过公开考试的方式选调公务员（工作人员）工作。在广泛征求需求意见和编制审核的基础上，通过笔试、面试、考察、体检等环节，为市人大办公厅、市政府办公厅、市卫生局、市人民医院等 23 个单位公开选调了 52 名公务员（工作人员），对于这些单位更好地开展工作提供了人才支持，进一步促进了全市优秀人才的合理流动和优化配置，营造了良好的人才环境。同时，还针对拉萨市人民医院口腔、眼科、耳鼻喉等专业医务人员紧缺的实际，积极开展争取从区外高校引进毕业生相关工作。

积极做好自主择业干部相关服务工作。进一步健全了工作机构，专门设立了军转办，明确了工作职能和工作责任，为更好地开展军转管理服务工作打下了基础。对安置在拉萨市的 2007 年以前的 1214 名自主择业军转干部的医保证进行了发放。在继续做好 2001 年以来安置的 1392 名自主择业军转干部的日常管理与服务的同时，对 2008 年拟安置拉萨市的 218 名自主择业干部的工资按照政策进行了认真测算，对其人事档案和户口进行了归档入柜。开展了自主择业干部的户口落户、身份证办理证明、子女考学相关证明以及思想汇报归档、去世自主择业干部子女的抚恤金发放等各项服务工作，保证了各项待遇的落实。"八一"建军节时对安置拉萨市的 1390 余名自主择业军转干部用信函寄发了慰问信，组织召开了自主择业干部代表座谈会。

认真完成各类工资变动审批工作。汇总、上报并下达了全市机关事业单位 15200 名工作人员的正常晋升工资增资指标。汇总、上报、兑现全市 2007、2008 年机关事业单位 15200 工作人员的年终一次性奖金。完成了全市机关事业单位工作人员职务变动、级别变动、各种固定、浮动和事业单位工作人员正常晋升等 46000 人次的工资变动审批工作。完成了各县（区）、市直各单位 2007、2008 年应交福利费收缴工作。完成了拉萨市 2006 年 7 月份工改后计划分配的军队转业干部工资套改审批工作。完成了 500 余名大中专毕业生新录用为公务员及新聘专业技术人员定级工资工作。在广泛征求领导和部分专家的意见后的基础上，推荐了对拉萨市的文化事业做过突出贡献的市艺术团的老艺术工作者米玛享受 2008 年政府特殊津贴。

【着眼于完善体制机制，大力加强机构编制管理服务工作】针对拉萨"3•14"事件中暴露出来的拉萨市流动人口和出租房屋管理机构薄弱等问题，经过多次协调和沟通，在较短的时间内申请批准了所需编制，在市委政法委组建了流动人口服务和管理科。积极协调联系，分别为法院系统、检察院系统和公安系统增加了编制。争取自治区编委批准同意了原拉鲁湿地自然保护区管理站升格为拉鲁湿地国家级自然保护区管理局，并增加了 14 名事业编制。在充分调研的基础上，协调市建设局、市水利局、市环保局和城关区政府对拉萨市城区水系管理职能进行了调整。完成了拉萨市发改委管理的物价局、城关区发改委（物价局）、当雄县发改委物价检查事业编制置换工作和西藏拉萨经济技术开发区公安派出所的组建工作。另外，还积极向自治区编委申请增加民宗、统战、维稳办、残联、经济技术开发区管委会等部门机构和编制。

深入调查研究，为完善体制机制建言献策。就如何设置城关区城市管理综合执法机构，城关区和市综合执法局在城市管理协调配合方面存在哪些问题，如何界定市综合执法局和城关综合执法机构的职能等问题广泛开展调研，就深化城市管理综合执法体制改革等工作提出了详细的意见及方案。针对自治区提出的地方机构改革要实行大部制改革的要求，及时对拉萨市政府机构设置情况进行了认真调研，形成了书面材料及时报送区编办。同时，还就加强拉萨市卫生、劳动、民政、粮食、国土资源规划、公安等部门力量问题进行了专题调研，提出了多项提交编委会研究的议题。拉萨市人事部组织相关科（室）工作人员分赴城关区纳金乡、嘎玛贡桑办事处、扎细办事处，林周县松盘乡、甘曲镇就完善乡（镇、办）政府的职能配置、行政事业机构设置、干部队伍建设等进行了深入调研，并征求了有关领导的意见，完成了《关于拉萨市乡（镇、办）深化机构改革的调研报告》。

以整合资源、理顺体制为重点，完成了多项体制改革任务。一是顺利完成了统计调查体制改革。及时下发了“三定”方案，对职能配置、机构调整、编制核定、人员管理等都提出了明确的方案。二是顺利完成了审计系统体制调整。适当增加了市审计局行政编制和事业编制及科级领导职数。三是顺利完成了公证机构体制调整。完成了公证机构“三定”方案的落实、在职人员划转、固定资产的移交等全部工作。四是顺利完成粮食流通体制改革。

顺利完成全国第二次经济普查机构名录信息统计上报工作。认真完成了市、县（区）乡、（镇、办）所有机关事业单位的机构名称、设立时间、法人代表、地址、联系电话、邮编等多个项目的录入工作。

拉萨市宣传思想工作

【以揭露“3·14”事件真相为主要内容，大力加强维护稳定宣传工作】2008 年，“3•14”事件发生后，拉萨市宣传思想工作全面转移到维护稳定宣传工作中。取得了“七个一”的成果。即：搞好一个宣讲，写好一个宣讲提纲，开展好一个教育，制作好一个宣传片，办好一个图片展览，出好一本书，创作一台戏。主要工作有：一是采取座谈会、报告会、现身说法等多种形式，深入揭露拉萨“3•14”事件真相，愤怒声讨、深入揭批十四世达赖背叛祖国、背叛人民的罪恶行径，深入揭批十四世达赖政治上的反动性、宗教上的虚伪性和手法上的欺骗性。二是认真扎实地开展了“三项教育”活动。即在全市青少年学生中开展以深入揭露拉萨“3•14”事件真相为主要内容的爱国主义集中教育活动，在全市农牧区（城市社区）基层党员干部群众中开展“反对分裂、维护稳定、促进发展和法制宣传”主题教育活动，在党政机关、企事业单位干部职工中开展“反对分裂、维护稳定、促进发展”主题教育活动。三是切实加强以“三个离不开”为主要内容的民族团结教育和以马克思主义指导思想、中国特色社会主义共同理想、以爱国主义为核心的民族精神和以改革创新为核心的时代精神、社会主义荣辱观为主要内容的社会主义核心价值体系建设。四是以“八个一百、八个八”宣传文化阵地建设、“电视进万家”、“农家书屋”、广播电视“村村通”、农村电影放映工程等为载体，着力巩固和加强宣传文化阵地建设，不断丰富人民群众的精神文化生活。五是深入开展了以“新发展、新变化、新生活”为主要内容的宣传，确保了宣传效果。六是认真开展了对全市重要历史和革命文物、遗址的调查、保护、整理、利用工作，切实加强爱国主义教育基地建设，推进全市爱国主义教育基地向社会免费开放。

【进一步把学习宣传贯彻党的十七大精神引向深入】深入推进党的十七大精神学习宣传贯彻工作。深入宣传“中国特色、西藏特点”发展路子理论体系，认真总结各行各业在贯彻落实党的十七大精神，走中国特色、西藏特点发展路子中的新举措、新进展、新成效和积累的新经验。做好重大理论的解疑释惑工作。深入推进党的十七大精神和西藏新旧历史对比内容进教材、进课堂、进学生头脑。用改革开放 30 周年的成就，用“一个转折点、两个里程碑”和党的十六大以来新的里程碑的生动实践，教育引导群众，进一步增强坚持中国共产党的领导、坚持社会主义道路、坚持民族区域自治制度的坚定信心和决心。

深入开展理论学习。用马克思主义中国化的最新成果武装党员、教育人民。以县处级以上领导干部为重点，推动理论学习，着力掌握中国特色社会主义理论体系，用发展着的马克思主义指导新的实践。认真学习十七届三中全会和区党委七届四次全委会精神，结合深入开展学习实践科学发展观活动，注重实践特色。全年，市委理论学习中心组共组织集中学习 8 次。

深入开展理论宣传和研究。广泛开展中国特色社会主义理论体系、科学发展观、党的十七届三中全会和区党委七届四次全委会精神的宣传普及活动，推动当代中国马克思主义大众化，使党的创新理论走进生活、贴近百姓。在理论宣传方面，紧紧围绕爱国主义、区市党员领导干部大会精神，精心编写了《深入揭露拉萨“3•14”事件真相，深化爱国主义集中教育活动宣讲提纲》（藏、汉文）、《区市党员领导干部大会精神宣讲提纲》、《深入学习实践科学发展观活动宣讲提纲》和《党的十七届三中全会和区党委七届四次全委会精神宣讲提纲》，并按照各县（区）、各单位宣讲工作日程安排表认真进行了宣讲。在理论研究方面，为纪念改革开放 30 周年，制定了《拉萨市纪念改革开放 30 周年系列活动安排意见》和《关于纪念改革开放 30 周年理论研讨会论文征集有关事宜的通知》。向各单位征集理论文章 34 篇，精选出 16 篇推荐到区党委宣传部理论处。

【大力开展舆论宣传，主流舆论高昂有力】按照全年 15 个系列的宣传要求，开展了一系列重大主题宣传活动。主要有：深入学习贯彻落实党的十七大和区、市党委七届三次全委会议精神系列宣传；深入开展“三项教育”活动系列宣传；深入学习实践科学发展观活动系列宣传；以创建全国文明城市为龙头的“六城”同创活动系列宣传；各类典型系列宣传；改革开放 30 周年系列宣传；重大会议精神

系列宣传；深入揭露“3•14”事件，深入开展声讨、揭批达赖分裂主义集团罪恶行径的爱国主义教育系列宣传；突出以农牧民安居乐业为突破口的社会主义新农牧区建设为主要内容的“新发展、新变化、新生活”系列宣传；“八个一百、八个八”宣传文化阵地建设系列宣传；廉政文化建设系列宣传；“三个离不开”和民族团结教育活动系列宣传；高度关注民生、解决民生问题系列宣传；特色产业建设系列宣传；旅游业、文化产业协调发展系列宣传；党的建设、社会主义法制建设、民主政治建设系列宣传；抗震救灾系列宣传。在这15个系列的宣传中集中打赢了以处置“3•14”事件和恢复生产的宣传、奥运火炬在拉萨传递活动的宣传、创建全国文明城市的宣传、抗震救灾的宣传等为重点的四个战役性宣传，掀起了一个又一个的高潮，为每一时期的重点工作营造了良好的舆论氛围。

在处置拉萨“3•14”事件的宣传中，市属新闻单位开展了“揭露拉萨“3•14”事件真相、“愤怒声讨达赖集团罪恶行径”、“全市恢复正常生产生活”、“拥军爱民 共创和谐”等方面的系列宣传报道。《拉萨晚报》、拉萨电视台、拉萨广播电台及时开设《高举旗帜、维护稳定》、《恢复生产、促进发展》等多个专栏，用藏、汉两种语言和文字刊播四个系列宣传的新闻稿件共计200余篇，配发图片380余幅，刊播各单位、各群团组织倡议书、公开信、慰问信20余份，《拉萨晚报》刊登揭批达赖集团罪恶行径的理论文章20余篇。指导拉萨电视台制作了三集专题片。分别为：《拉萨打、砸、抢、烧事件是十四世达赖有组织、有预谋、精心策划的》、《拉萨打、砸、抢、烧事件严重危害人民群众生命财产安全，严重破坏正常的社会秩序》和《西藏的天永远也变不了》。策划、制作了《拉萨“3•14”事件纪实》宣传教育片（藏、汉语）， 全面、系统地将3•14事件的整个过程进行了分析、讲解，彻底揭露了达赖分裂主义集团的反动本质。组织拉萨电视台“零距离”栏目组就“3•14事件”制作专题访谈节目3期(两期为汉语，一期为藏语)。

在抗震救灾的宣传中。10月6日16时30分，拉萨市当雄县发生6•6级地震，拉萨市区震感强烈。地震发生后，拉萨市宣传部高度重视。截至10月底，市属新闻媒体累计派出记者146人次，采编播新闻216条，专版23版。

在北京奥运火炬拉萨传递活动的宣传中。市属新闻单位分前期、中期、后期三个阶段，对采访时间、采访对象、发稿计划等作出了详细安排。6月13日至21日，拉萨晚报、拉萨广播电视台刊登播出拉萨市人民期盼奥运火炬、迎接奥运火炬的新闻24条。拉萨晚报刊登拉萨市公安局《奥运火炬接力拉萨市内传递期间部分道路交通管制的通告》2次。拉萨广播电视台滚动播出《奥运火炬接力拉萨市内传递期间部分道路交通管制的通告》20次。6月21日起拉萨电视台《拉萨新闻》、《新闻现场》栏目播出奥运火炬传递新闻15条。拉萨调频广播拨出奥运火炬传递新闻12条，并与全国广播奥运联盟进行并机播出。拉萨晚报专门开设“点亮2008”、“圣火特刊”等12个专版，刊发新闻44条，图片38幅。

在创建全国文明城市的宣传中。各新闻媒体共刊登播出拉萨市创建全国文明城市的报道700余条。其中，西藏日报刊登文字新闻92篇（含图片），设立专栏《全民参与，共创文明城市》，刊登稿件35篇，图片22幅；拉萨晚报、拉萨电视台开辟《全民动员齐心协力，共创文明城市》专栏，拉萨晚报刊登文字新闻176篇，图片32幅；拉萨电视台播出198条（含新闻现场栏目）；拉萨广播电视台播出101条；西藏人民广播电台播出93条；中国西藏信息中心发布新闻16条。

【以创建全国文明城市为重点，大力开展精神文明建设工作】全力做好创建全国文明城市的迎检、测评工作。于1月10日召开了拉萨市创建全国文明城市申报迎检动员大会。7月8日至12日，由区、市两级文明办组成的汇报团赴中央文明办汇报创城工作，得到了中央文明办和中央宣传部领导的充分肯定，为拉萨创建全国文明城市奠定了基础。组织专门人员对各类创城工作资料、图像分门别类，进行归档整理。共整理368个卷宗2182份材料，为中央文明办考核测评创造了条件，得到了中央文明办测评组的好评。9月7日至17日，以许福建为组长的中央文明办综合测评组一行14人通过材料审核、问卷调查、整体观察、听取汇报、网络查看等形式对拉萨市创城工作进行了为期10天的全面测评。

扎实开展未成年人思想道德建设工作测评。把测评体系中的6个测评项目、21个测评指标、75个测评内容、2个浮动性指标细化到各县（区）和各相关单位。共整理、规范185个卷宗、876份文件。经过综合测评，拉萨市被中央文明委评为“全国未成年人思想道德建设工作先进城市”。

组织开展了“百城市道德模范巡讲网上行”活动。全国道德模范李素芝，全区“反对分裂、维护民族团结”先进典型、西藏自治区人民医院医生洛桑次仁，全区反对分裂、维护民族团结”先进典型、无党派爱国人士洛桑山丹分别以自己的亲身经历、所见所闻和真切感受，讲述了感人事迹。

严格按照推荐条件，认真审核把关，推荐15名大学生为2008级贫困大学生资助对象，36名高中学生为2008年高中“宏志班”资助对象。

为把拉萨市“电视进万家”活动这一好事实事办好，将自治区文明办为拉萨市分配的4000台电视机，按照不参与、不围观“3•14”事件、热爱党、拥护党的原则进行了配送。

【大力开展以深入揭批拉萨“3·14”事件真相为重点的文化宣传，开展以民间文化为重点的藏戏比赛和宣传】围绕深入揭露拉萨“3•14”事件真相、喜迎北京奥运会、纪念改革开放30周年、创建全国文明城市这条主线，为进一步丰富群众精神文化生活，为拉萨经济社会发展营造浓厚的文化氛围，编排了《向着太阳》和《春的吉祥》专场文艺节目，并在全市巡回演出。

充分利用雪顿节的平台，展示藏戏民间艺术。共演出藏戏7场，其他文艺演出12场，文艺节目76个，参演人员844人次，观众约为4万人次。

全年，开展各类专项整治及文化市场检查21次，检查文化市场各类经营场所2800余家，收缴非法音像制品8万余张（盘），查缴政治性非法音像制品160张（盘），警告违规场所50家，暂扣文化经营许可证41个，受理群众投诉电话37个。

【加强以"奥运采访线"工程建设为主要内容的涉藏外宣工作】加强境外涉藏舆情监测和分析研判工作。做好对达赖集团在国际范围内活动的跟踪和舆情监测、研判工作，及时编发境外涉藏舆情摘报，撰写达赖集团舆情活动分析报告。以达赖集团攻击最多的人权、移民、生态环境、传统文化保护和宗教信仰自由等为主体，组织和推出一些揭批达赖的外宣参考材料和外宣品。

加强对网络的监督管理。利用拉萨市政府网、中国西藏信息中心拉萨新闻网、新华网西藏频道拉萨新闻网以及拉萨旅游网，主动开展网上揭批达赖集团的舆论斗争，揭批达赖的反动本质，批驳达赖集团的各种谬论，揭穿达赖的各种伪装，牢牢把握网上舆论斗争的主导权，形成网上正面舆论强势。登载相关稿件1021条、图片277幅、评论员文章12篇。继续做好拉萨市9家网站（页）网上舆情的监管、监控工作，及时了解和掌握网上舆论动态，及时封堵、删除网上有害信息，确保拉萨市各网站（页）网上不出噪音、杂音。

掌握舆情动态，建立拉萨市对外宣传口径。围绕国际社会关注的重点和敏感问题，结合拉萨市实际，及时编撰了"西藏、拉萨主要基本情况及重点、敏感问题等对外答问参考"口径，共8章、89条。

外宣阵地建设取得新进展。新建了文化类外宣点3个、家访点5个、连线连片类2个，共新建10个采访点，着重加强了对青藏铁路沿线外宣点建设，已形成了主题突出、独具特色、内容鲜明、反映各行各业的各类外宣采访线（点）91个。制作专题片《经历》1部。

利用新闻发布会平台，营造良好舆论氛围。一是紧紧围绕党委政府的中心工作和公众、媒体关注的热点问题组织全市重要情况新闻发布会。如举行揭露"3•14"事件真相和《拉萨市城市总体规划（2007—2020）》方案颁布实施新闻发布会；二是配合有关重要活动、节庆举行新闻发布会。如围绕"2007年拉萨雪顿节"等。共组织召开8场新闻发布会。

增强大局意识、责任意识，确保"请进来"工作万无一失。"请进来"工作是拉萨市外宣工作的重要任务，全年共接待记者11批256人次。

拉萨市党校工作

【面向基层，创新办学理念，培训规模取得新突破】2008年针对拉萨各县区基本没有党校的现实，拉萨市党校主动把基层农牧民党员和村（居）委会干部纳入培训范围，组织藏语言表达能力强的同志赴农牧区开办流动党校，2008年培训教育农牧民党员及部分群众达3000多人次。

2008年"3•14"事件给拉萨市党校造成了许多的困难，但拉萨市党校的主体班教学仍取得了可喜的成绩。举办了7期主体班，培训人员529人。举办了3期计划外培训班，培训人员69人。

积极配合全市"反对分裂、维护稳定、促进发展"主题教育活动和深入学习实践科学发展观活动，选派优秀教师赴八县（区）、市直党政机关和中小学校宣讲，共宣讲135场次，受教育人员达12250人次。

顺利完成函授教学。拉萨市党校函授的教学、考试受到"3•14"事件的冲击不能正常运行。但为了不影响学员的学习和考试，在向区党校函授分院反映情况并取得同意后，安排任课教师精心编写复习提纲，并及时送到学员手中，为学员顺利完成学习创造了良好的条件。此外，针对工作在维稳一线的2005级函授应届毕业学员，积极措施，确保他们既不影响维稳工作，又顺利完成论文及答辩工作。10月31，拉萨市党校召开学员毕业总结大会，2005级行政管理和法律2个专业的140名学员已完成学业，顺利毕业。

【注重实效，创新教学模式，培训方式取得新突破】一是积极推广"理论培训+本地调研+成果交流"的办学模式，二是针对全市干部工学矛盾突出的实际，大力实施"学校编教材+学员靠自学+心得作交流"的培训方式，在很短的时间就把党的路线、方针、政策传达贯彻到党员干部之中，切实起到了全面覆盖、武装头脑、指导实践、推动工作、培养自学能力的目的。三是立足于高素质、复合型人才的培养，努力开创新的培训平台。拉萨市党校积极争取江苏省委党校在拉萨市党校设立研究生辅导站。目前，江苏省委党校已同意在拉萨市党校设立在职研究生辅导点。联合办学的其他相关工作，正积极与上级相关部门作进一步的沟通。

【把握职能，创新科研思路，科研服务取得新突破】准确把握党校职能定位，积极调整科研思路，努力实现科研服务的良性循环。为了摆脱党校科研的封闭倾向，切实提高党校科研服务社会、服务基层、服务教学、服务市委市政府工作大局的能力，拉萨市党校将原来的"教学出题目"的科研思路调整为"基层出题目"，采取乡（镇）校联合的方式合作攻关，初步扭转了囿于教学而科研的倾向。目前，正与拉萨市城关区合作，联合攻关新形势下拉萨社区建设课题，课题正在实施中。

急事急办，特事特办，发挥党校理论宣传排头兵作用。为配合全市开展"三项教育"活动及行政执行能力考试，立足党校职能，发挥党校教师长于理论研究的优势，组织编写了四本学习资料，分别是：《"3•14"事件真相宣传提纲》、《拉萨市机关党员干部学习读本》、《拉萨市农牧区党员干部学习普及读本》（藏汉文）、《拉萨市行政执法人员资格考试复习资料》。

拉萨市直机关工委工作

【举办入党积极分子培训班】2008年6月，拉萨市直机关工委在市委党校举办市直机关、企事业单位入党积极分子培训班，组织全体学员参观了爱国主义教育基地拉萨雪城。有82名入党积极分子参加培训，经考试82名学员全部合格，颁发结业证书。

【开展主题党日活动】在"七一"来临之际，召开市直机关党龄30年以上老党员座谈会，46名党员参加座谈会，并通过基层党组织对全市党龄在30年以上的

500多名老党员送去"七一"贺卡和纪念品，从党费中支出51734元。同时及时发通知要求基层党组织结合主题党日开展一系列形式多样、内容丰富的各种庆祝活动。

【搞好纪念建党87周年活动】为搞好纪念建党87周年活动，市直机关工委及时下发《关于认真开展纪念建党87周年活动的通知》，市直各单位通过"铭记入党誓词"、"党员奉献日"、"送温暖、走访慰问"等形式，积极开展灵活多样的纪念活动。

【开展推荐团代表工作】2008年，认真组织基层团组织推荐市直机关5名团干部参加共青团西藏自治区第八次代表大会的候选人，组织安排4名正式代表参加共青团西藏自治区第八次代表大会。

【开展"扶贫助学"青年者服务活动】2008年对城关区吉崩岗办事处和吉日办事处4家城市低保户家庭6名就学子女开展"一助一"扶贫助学活动，资助3家贫困户6名学生，先后走访慰问各自"一助一"扶贫助学对象10次，赠送7000元慰问品。

【开展创建全国文明城市志愿者注册登记工作】4—6月，拉萨市市直机关工委作为志愿者工作站的牵头单位，积极配合市文明办、市志愿者协会工作，根据有关部门注册登记人数的要求，共注册登记志愿者1620人。

【做好团建业务工作】根据《团章》规定和工作职责，2008年共审批改选团组织2个，审批超龄离团35人，补办团员证15个，办理接转团组织关系6人，其中转出4人、转入2人。

【狠抓拉萨社会局势稳定工作】参加全市各类工作组。在拉萨"3·14"事件后，拉萨市市直机关工委被市委先后抽调8名干部职工参加全市的各类工作组（寺庙工作组、巡逻工作组、护路工作组、学教活动工作组、科学发展观活动办公室、机关作风和效能建设办公室等），主要从事拉萨维稳工作，受到市委的充分肯定。

深入开展"揭批声讨达赖集团罪恶行径"活动。在拉萨"3·14"事件发生后，及时下发《关于市直各级基层党组织和广大党员干部职工在拉萨"3·14"事件中，要同达赖集团及其分裂分子作坚决斗争，确保拉萨市社会稳定的通知》，提出开展活动的具体要求，认真开辟学习园地、撰写心得体会、召开心得交流会、进行排查工作等。

【开展"反对分裂、维护稳定、促进发展"主题教育活动】7月15日至9月30日，拉萨市市直机关工委及时制定实施方案，组织全体党员干部职工（含退休党员）严格按照实施方案中的学习培训、分析评议、整改提高、总结四个阶段扎实开展主题教育活动并取得明显成效。

【积极参与和承担全市性重大活动】2008年，根据市委、市政府的统一要求，由拉萨市市直机关工委牵头组织参加拉萨市"升国旗、唱国歌"仪式2次，组织市直机关党员干部职工近1000人参加；根据有关部门的要求，先后6次组织2000余人次参加先进事迹报告会、观看大型文艺演出；在"北京奥运会"、"拉萨雪顿节"期间，3次组织市直机关党员干部职工800多人次参加各种活动等。

拉萨市妇联工作

【召开全市妇女工作会议】2008年4月14日市妇联召开全市妇女工作会议。总结了拉萨市妇联2007年工作，安排部署了2008年主要工作。对2007年荣获妇联目标责任奖先进集体进行了表彰。同七县一区妇联签订了《2008年妇联工作目标责任书》。市委市政府分管领导做了重要讲话，充分肯定了市妇联2007年工作，同时向全市妇联组织广大妇女提出了新的要求和希望。

【圆满完成拉萨市第八次妇女代表大会各项工作】2008年5月20日，市妇联组织召开全市第八次妇女代表大会。自治区党委常委、市委书记秦宜智发来贺信，自治区妇联领导及市委、市人大、市政府、市政协的领导出席了会议，167名代表参加了会议。市委常务副书记王向明代表市四大班子作了重要讲话。市妇联党组书记、主席张莉蓉代表七届委员会做了工作报告，总结全市妇联五年来的工作、取得的成绩和经验，安排部署了今后五年妇联主要工作，会议选举了新一届妇联委员、执委、主席、副主席以及出席西藏自治区第八次妇女代表大会代表，通过了七届委员会工作报告。

【认真实施推进"六城"同创工作】及时成立"六城"同创工作领导小组，由一把手亲自挂帅，分管领导具体负责，同时要求各县区妇联相应成立领导小组，制定实施方案。根据任务分工的要求，及时完成了各项"创建全国文明城市"、"创建全国园林城市"工作任务。市创建文明城市督导组给予了充分肯定。

【认真做好村（居）妇代会主任进"两委"班子工作】目前，全市257个行政村，村（居）妇代会主任进"两委"257名，其中77名兼职。把政治上靠得住、群众信得过、热心妇女事业、能带领群众脱贫致富的优秀妇女推荐到各级党组织。

【办实事、解难事，积极开展献爱心活动】拉萨市妇女联合会开展慰问贫困妇女儿童活动，为全国"三八红旗手"送去价值3000余元的慰问金和慰问品，向尼木、达孜两县100名孤残儿童和100名贫困家庭送去衣物、书包、食品等价值1万余元的慰问品。拉萨"3·14"事件发生后，市妇联自筹资金、慰问战斗在一线的公安干警、武警战士，为他们送去水果、牛奶、饮料等价值2000余元的慰问品。积极向市人民政府驻京办事处、中国儿童基金会、中国北润集团公司争取重建拉萨市第二中学的捐款资金20万元。组织全体干部职工和城建局妇委会为四建司职工家属患恶性乳腺肿瘤的米玛捐款8337元的医疗救助金和女儿的学费。组织干部职工、退休人员、党员、妇代会代表，向四川汶川、当雄地震募捐了34805元。

【积极争取"母亲水窖"项目，切实解决群众引水困难】拉萨市妇女联合会通过上级业务部门积极争取到了"母亲水窖"两个项目，分别为：尼木县帕古村管道引水工程总投资25万元；当雄县当曲卡镇当曲村、乌玛塘乡郭尼村、格达乡格达村、甲多村四个大口井工程总投资26万元，为改善农牧区妇女生产生活创造了良好条件。

拉萨市共青团工作

【以理想信念教育为重点，切实加强和改进青少年思想道德建设】针对2008年发生的"3•14"事件，共青团拉萨市委及时向全市团员青年发出了倡议书，号召全市团干和团员青年积极行动起来，反对分裂，维护稳定，同时还向各级基层组织下发了维稳工作通知，并用生动形象的图片展览对新旧西藏作了鲜明的对比，使青少年对新旧社会有一个直观的认识。深入开展揭批达赖集团和反分裂斗争，坚定青年政治立场，如何让广大青少年认清达赖集团的反动本质，自觉的站在反分裂的前沿阵地是加强青少年思想道德建设工作的首要任务。对"3•14"事件进行了深刻地反思，结合"3•14"事件的发生开展了一系列的调研活动，以贯彻学习党的十七大精神为主线，同时在全市团员中掀起学习团的十六大精神的高潮，举行了"团十六大"专题培训和专题讲座。五是抓住重大活动、重大事件和重大节庆，深入开展以"党在我心中"、"永远跟党走"、"我与祖国共奋进"等主题鲜明的爱国主义教育活动。五是建立了"流动团校"和"红领巾书屋"，加大了对青少年的教育力度。

【志愿者服务活动方面】一是围绕"六城同创"工作，制定并下发了《拉萨市志愿者注册实施方案》，由区、市两级文明办联合下发了《关于拉萨市"讲文明树新风促和谐志愿服务行动"实施方案》；二是圆满完成了2.7万志愿者注册工作，从2008年5月至9月，组织了约2万人次志愿者参加到爱国宣传、抗震救灾、募捐及创城的各项活动中去。三是为迎接北京奥运会的召开和激发青年的爱国热情，于5月4日成功组织了"'奥运情 中国心'西藏各族各界迎奥运"大型签名活动，参加签名活动达到2万多人，此项活动得到了中国青年报、西藏日报、新浪网、搜狐网、新华网等国内多家媒体的大力宣传和报道；四是开展了以"迎奥运、庆五•四、建美好家园"为主题的社区演出和表彰活动，还开展了"竭诚服务青少年、共建和谐社区"、"创文明城市 建美好家园"、"兴绿色行动、创文明城市"等一系列主题教育活动；五是成立了第一支民间志愿者队伍——哈达鸽志愿服务队，这支队伍全部来自流动人口中的中青年，他们有自己的服务品牌、自己的队歌、自己的服务对象，团区委在《西藏青年》作了专题报道，并将向全区推广，这在全区乃至全国的志愿者队伍中都是比较有特色的。六是开展了"向灾区人民献爱心"特别主题实践活动，先后组织单位职工及拉萨市志愿者向南方冰冻灾害、"5·12"汶川地震、"10·6"当雄地震开展献爱心活动。2008年团市委机关工作人员向所有灾区共捐款16650元，收交特殊党费、团费20多万元，通过志愿者和社会各界的共同努力，自治区红十字会已筹集善款共计137万元。发起的"伸出友爱手 爱心助灾区"西藏各族各界同胞为四川地震灾区大型募捐活动，活动两天共募集资金79万元，其中志愿者现场义卖款项共计15.5万元。

【围绕促进拉萨经济发展，积极发挥带动示范作用】以"青春建功新农村"行动为统揽，支持和服务青年建功立业。团市委在服务拉萨经济社会又好又快发展的过程中，积极履行团结帮助青年的职责，发挥党的助手和后备军作用，引导广大青年树立正确创业观念，发现和培养青年创业、就业典型，以技能培训、普及科技、基地建设等方面为重点，为广大青年在经济社会中创业建功提供切实有效地服务。一是以全区第六次农牧区青年工作会议为契机，以农牧区青年增收成才行动和青工技能振兴计划为抓手，以"三下乡"、高原绿色希望工程等为载体，大力开展各类技能培训，拉萨市有2名青年农民致富带头人被评为全区十大优秀农民；二是加大申报"希望工程苗圃职业教育培训计划项目"工作力度，力争使项目区域的青年直接受益；三是加大对农牧区的工作力度。到目前为止指导各县（区）共建立增收示范点5个；挖掘树立致富典型、创业青年者5人；举办农牧民科技、卫生、法律知识培训28期，共计三千多人次。四是开展农牧区增收成才技能培训、讲座7期，共计640人次；建立科技人员与青年农牧民长期结对数47户；劳务输出2630人；慰问贫困户和特殊儿童5次，总计慰问现金和物资价值人民币5万余元。五是加强社区青年工作，城关区已建成3个社区青年中心，逐步探索"社区青年中心+社区基层团组织"的社区共青团工作模式。

【始终关注青少年健康成长成才，切实履行维护青少年合法权益的职能】联合公安部门举办了国际禁毒宣传日宣传活动，散发宣传资料2万多份，向全市广大青少年发出了"参与禁毒斗争、构建和谐社会"的倡议。二是广泛组织开展"法制进校园"报告会，邀请法制副校长为中小学生作专题辅导报告。整合服务青少年的团内资源和社会资源，为青少年提供咨询服务和实际帮助。三是配合有关部门坚决依法打击影响青少年身心健康的社会丑恶现象，扎实做好校园周边环境治理、清理非法网吧和不健康读物等工作，为青少年健康成长创造有利的社会环境。四是全面宣传《未成年人保护法》，为了让广大青少年工作者和广大未成年人了解保护法，团市委在校园、社区中广泛开展了保护法的宣传活动。各中小学校和社区团组织利用班队会、团支部书记、辅导员工作会、墙报板报等形式，对全校师生进行《未成年人保护法》宣传解读，尽量使广大未成年人做到懂法进而用法维护自身合法权益，为全市广大青少年健康成长创造良好的社会环境起到了积极的作用。五是预青工作有序开展，成功召开了"2008年度拉萨市预防青少年违法犯罪"工作会议。六是加大法制宣传，开展了以"预防未成年人违法犯罪 维护未成年人合法权益"为主题的宣传活动、"加强青少年法制教育，提高青少年法律素质"为主题的"9.16"建设平安西藏法制宣传活动等。七是组织了近4000名师生观看爱国主义教育题材影片《农奴》和《丫丫》等。八是邀请老干部、十八军老战士、老党员等为学生进行专题讲座，增强学生的爱国主义热情。九是筹备建立青少年心理咨询室和少年公读学校，为青少年解决学习、生活中遇到的各种困惑。十是2008年度团市委

自治区水利厅和清华大学签订战略合作协议

江北灌区开工典礼

加快全区水利基础设施建设座谈会

开展学习实践科学发展观活动

自治区党委书记张庆黎视察拉萨站

人大代表参观拉萨站

全国巾帼文明岗授牌合影

512西藏专列发车仪式

文明号授牌

拉萨贡嘎机场助航灯光亮灯仪式

拉萨贡嘎机场助航灯光试飞成功

拉萨贡嘎机场助航灯光

国航成都——拉萨夜航航班首航成功

自治区召开全区落实耕地保护目标责任制工作座谈会，并和各地市签订目标责任的现场

国土资源部党组书记、部长、国家土地总督察徐绍史、部党组成员、副部长、中国地调局局长汪民同志检查西藏优势青稞种植情况

国土资源部党组书记、部长、国家土地总督察徐绍史与西藏自治区、青海省政府签定青藏专项备忘录

自治区国土资源厅厅长王峻在有关人员陪同下，检查项目实施情况

自治区第二次土地调查办公室领导赴堆龙德庆指导工作

自治区国土资源厅领导检查监测站运行情况

2008年9月6日,国家电网公司创新援藏帮扶方式，首次选派青年干部赴藏任职挂职，受到自治区党委书记张庆黎接见

2008年4月18日，自治区主席向巴平措等领导为“户户通电”工程开工奠基

2008年11月23日，国家电网公司西藏高海拔试验基地竣工投运国家电网公司副总经理陈进行、自治区副主席邓小刚出席仪式

2008年5月8日，北京奥运会火炬成功登顶珠峰，火炬传递手感谢国家电网西藏电力公司为活动提供的电力保障和优质服务

2008年9月26日，林芝巴河雪卡水电站首台机组投产发电，当年实现四台机组全部发电目标，电站总机装机容量4万千瓦

自治区主席向巴平措视察指导科技工作

自治区常务副主席主席吴英杰视察藏药研制工作

自治区常务副主席主席吴英杰在自治区信息科技研究所调研

自治区科学技术奖励大会

全国科技援藏工作经验交流座谈会

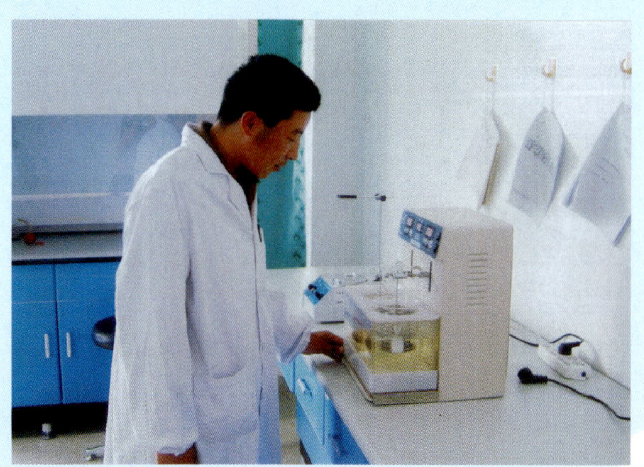
科学检测

对农牧民进行科技实用技术讲解

绵羊短期育肥成效显著

“金牦牛科技工程”进展顺利

中共中央政治局委员、国务委员刘延东，区党委书记张庆黎，区党委副书记、自治区主席向巴平措，教育部部长周济，文化部部长蔡武，区党委副书记、自治区常务副主席郝鹏，国家文物局局长单霁翔等领导为西藏三大重点文物保护维修工程竣工庆典剪彩

中共中央政治局委员、国务委员刘延东，自治区党委书记张庆黎，自治区党委副书记、自治区主席向巴平措，文化部部长蔡武，自治区副主席甲热·洛桑丹增在文化厅、文物局、建设厅等部门领导的陪同下莅临布达拉宫视察、指导工作

自治区党委副书记、人大常委会主任列确，自治区党委常委、宣传部部长崔玉英，自治区副主席甲热·洛桑丹增出席布达拉宫珍宝馆正式开馆仪式，自治区文化厅副厅长、文物局局长喻达瓦在开馆仪式上作工作报告

西藏博物馆免费开放启动仪式。区党委副书记、自治区人大主任列确，区党委常委、宣传部部长崔玉英，自治区副主席甲热洛桑丹增等领导出席。自治区文化厅副厅长、文物局局长作工作进展情况报告

西藏“十一五”重点文物保护工程哲蚌寺文物保护暨排水工程开工仪式。区党委副书记、自治区主席向巴平措，自治区副主席、拉萨市委书记秦宜智，自治区副主席甲热洛桑丹增等领导出席

区党委副书记、自治区常务副主席郝鹏和自治区副主席多吉泽仁在自治区文化厅副厅长、文物局局长喻达瓦等领导的陪同下视察全国重点文物保护单位色拉寺

区党委副书记、自治区常务副主席郝鹏和自治区副主席甲热·洛桑丹增在文化厅、文物局、建设厅等部门领导的陪同下莅临布达拉宫视察、指导工作

自治区党委副书记、自治区贝叶经保护工作领导小组组长张裔炯出席自治区贝叶经保护工作领导小组会议并作重要讲话。时任区党委常委、自治区副主席、区党委宣传部部长吴英杰和自治区副主席尼玛次仁出席会议

西藏"十一五"重点文物保护工程大昭寺、小昭寺维修工程开工仪式在大昭寺举行。区党委副书记、自治区常务副主席郝鹏和自治区副主席、拉萨市委书记秦宜智等领导出席

2008年10月15日，西藏"十一五"重点文物保护工程昌珠寺文物保护维修工程开工仪式在昌珠寺举行。自治区文化厅副厅长、文物局局长喻达瓦作工程进展情况报告

扎什伦布寺文物保护维修工程施工现场

区卫生普布卓玛厅长向卫生部陈竺部长汇报我区卫生事业发展情况

全区卫生工作会议代表合影

西藏自治区藏医药产业协会成立大会合影

平安西藏、平安医院、平安单位创建活动街头义诊

西藏卫生防疫队赴四川地震灾区出发仪式

西藏新农村新家庭人口健康促进项目拓展启动会议

仁布县实施“幸福工程——救助贫困母亲”项目启动仪式

落实科学发展观努力开展干部教育培训

自治区人口计生委主任德吉白珍同志深入基层看望贫困母亲

深入学习实践科学发展观

局领导带头为地震灾区捐款

表彰奖励

3.14受损商户感谢地勘局的救援.

地质工作营地

为推进自治区矿业勘查开发，地勘局召开合作矿山企业座谈会

钻探施工现场

民政工作会议

谭云高书记

单增卓扎厅长

厅领导视察福彩中心

民政厅厅长单增卓扎陪同民政部救灾救济司副司长张卫星率领的工作组在当雄县羊易村地震现场视察灾情

西藏诺迪康药业股份有限公司是西藏雪域高原上诞生的第一家高新技术制药上市企业，1999年7月14日成立，1999年7月21日在上海证券交易所上网交易，股票名称：西藏药业，股票代码：600211。公司现有员工4000余人，总资产8.3亿元。

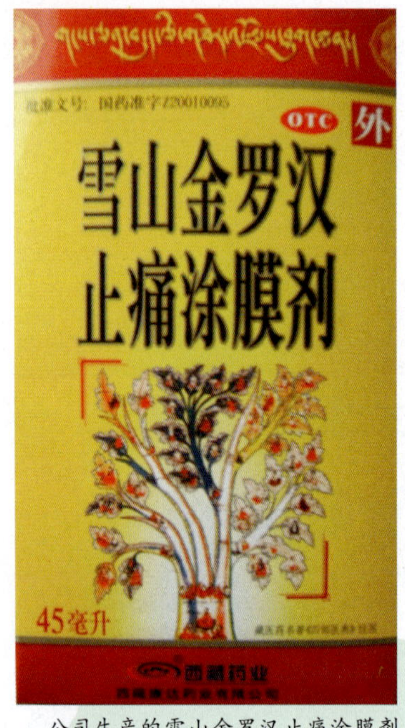

公司生产的雪山金罗汉止痛涂膜剂

西藏药业诺迪康胶囊新包装

企业经营范围包括藏成药、中成药、生物制剂、医疗设备开发与生产经营，藏药材、旅游文化、房地产开发、进出口业务等，现有主导品种主要包括诺迪康胶囊、雪山金罗汉止痛涂膜剂、十味蒂达胶囊、冻干重组人脑利钠肽、酶联免疫反应加速仪等。

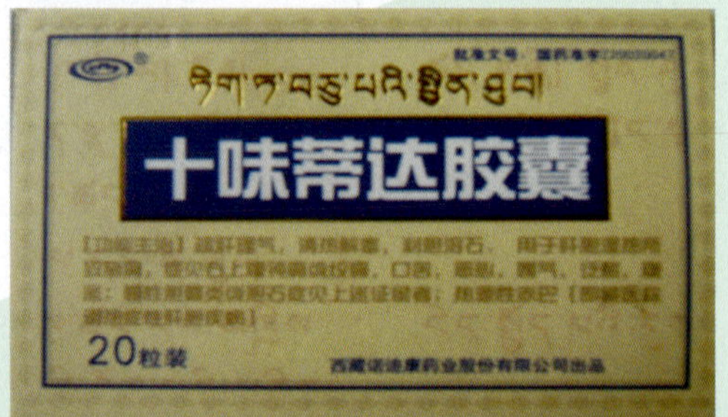

公司生产的十味蒂达胶囊

公司成立以来，从生产硬件建设着手，重视科研开发工作，并积极整合营销政策与措施，不断地促进企业整体的发展。截止目前，公司下辖控股子公司发展至12个：A、药品生产企业四个（含公司直属厂），均已通过国家GMP认证，其中，中藏成药产品生产经营企业三个，生物工程技术产品生产经营企业一个；B、药品经营性企业两个（注册资金分别为4400万元和1000万元），均已通过国家GSP认证；C、医疗器械生产经营企业一个；D、藏药材开发经营企业一个；E、综合性开发企业一个；F、投资性企业一个，G、传媒企业一个。总公司及所属子公司，共计注册资金达到2.376亿元。已完成技术改造，建成具有国内一流设备水平的产品生产线15条，拥有各类科研生产主要设备450台（套），其中：生产设备设施259台（套），质检设备仪器104台（套），科研实验仪器62台（套），以上设备中，属于高精尖水平的设备仪器70余台（套）。

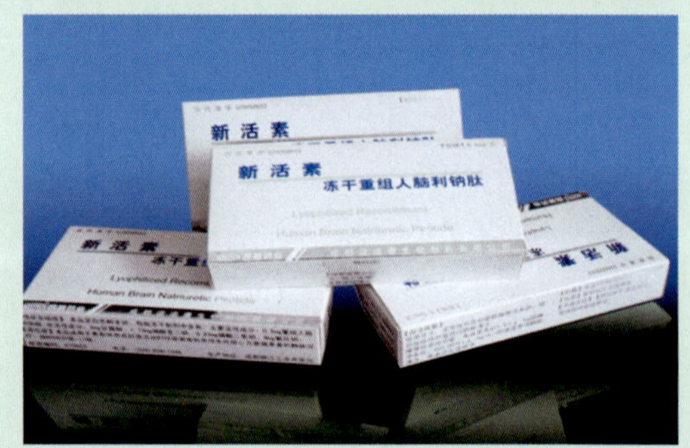

新活素

成都诺迪康生物制药有限公司

拉萨市发改委书记达瓦

拉萨市发改委主任赵亚萍

"十二五"规划编制工作培训会

全国人大副委员长热地到城关区视察

自治区党委书记张庆黎到社区调研

自治区、拉萨市领导张庆黎、秦宜智出席城关区第二期农牧民安居工程入住仪式

市委常委、区委书记赤列多吉在工地现场办公

区委副书记、区长唐海蛟到蔡公堂乡视察工作

城关区委领导慰问机关院内执勤的官兵

更新环卫设备

首届西藏旅游美食节暨城关区嘎吉林青稞酒节

10月14日“城关区志”复审会

奥运签名活动及司法局法制宣传活动

城关区职工周转房开工奠基仪式

援藏项目城关区市民服务中心效果图

2008年2月5日，自治区党委书记张庆黎在羊达乡过年

2008年10月12日，自治区领导郝鹏、洛桑江村到堆龙德庆县看望受灾群众

2008年1月25日，自治区党委常委、拉萨市委书记秦宜智到堆龙德庆县慰问贫困户

2008年8月29日，堆龙德庆县委书记孙德锐、县长安央金等领导深入到门堆村进行慰问并开展送医送药活动

深入学习实践科学发展观

工业集中区市政道路一期工程开工剪彩仪式

堆龙德庆县委书记孙德锐

堆龙德庆县委副书记、县长安央金

2008年7月24日，全区农业现场工作会

向四川灾区捐款

自治区党委书记张庆黎视察旁多枢纽项目

自治区主席向巴平措在林周调研农牧民安居工程建设

市长多吉次珠在阿朗乡了解农牧民春耕备耕情况

望果节

冬小麦

南部风光

县委书记冯仁新在旁多乡调研牧业工作

县长拉巴顿珠在阿朗乡慰问贫困农牧民群众

牦牛选育

春青稞

当雄县委书记薛国强、县长琼达陪同自治区党委常委、市委书记秦宜智视察铁路护路工作

县委副书记、人大主任、政法委书记次仁占堆陪同自治区领导王宾宜等指导铁路护路工作

县委书记薛国强，县委副书记、县长琼达陪同段高喜副市长在藏历年看望灾区群众

县委书记薛国强带领县委理论学习中心组成员在县职教中心考察指导工作

纳木措初冬风光

当雄县委书记薛国强在灾区检察指导民房重建工作

当雄县县委副书记、县长琼达

当雄县县委副书记、人大主任、政法委书记次仁占堆

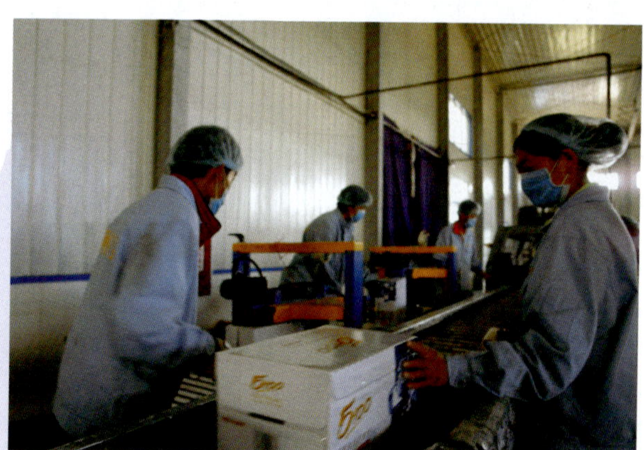

5100矿泉水厂生产线

当雄县火车站

纳木措合掌石

纳木措湖畔的玛尼石

墨竹工卡县甲玛景区开工典礼

第五批援藏干部慰问贫困户

墨竹工卡县甲玛景区欢迎四方宾朋

塔巴手工陶瓷

扎雪刺绣唐卡

县委书记田学明

县长斯朗尼玛

昌都县新农村建设整村推进示范点——达若村

昌都县卡若镇加卡村奶牛养殖基地

通夏村新农村建设新貌

县长泽洛在玉龙铜矿调研

县长泽洛到波罗乡检查农牧业生产情况

江达县貌

江达县藏马鸡

迷人的江达风景

区党委深入学习实践科学发展观活动指导检查组第五组组长顾茂芝（右一）在昌都地委副书记、地委组织部部长鲁西科（左四）及人大昌都地区工委副主任、察雅县委书记石安清（右三）陪同下，在察雅县吉塘镇检查科学发展观活动开展情况，并视察了察雅县吉塘镇立体农业示范基地

察雅县长扎西旺姆与乡镇学生共进晚餐

察雅县庆祝西藏百万农奴解放纪念日文艺演出

察雅县大力发展特色产业：察雅苹果

察雅县大力发展特色产业：察雅县葡萄园

贡觉县委书记陈军

贡觉县长公嘎泽仁

县中学学生在表演节目

东风公司赴藏考察团一行与县领导合影

贡觉县城一角

美丽的贡觉阿旺大草原

县长公嘎泽仁与农牧民群众座谈

东风公司援建的东风和谐广场

闻名全区的阿旺藏系绵羊

贡觉县克日乡果园桃树挂果

自治区副主席白玛才旺（右二）莅临芒康检查指导工作

昌都地委书记、地区人大主任王瑞连（中）莅临芒康指导工作

县委书记龚均慰问驻芒官兵

县长多嘉检查基层教育教学工作

美丽的芒康风景

国道318线川藏公路（西藏境）朱巴笼至海通沟兵站段整治改建工程开工典礼

芒康县觉巴水电站招商引资签字仪式

芒康县旅游景区景点开发签字仪式

芒康县各界人士愤怒声讨达赖集团罪恶行径座谈会

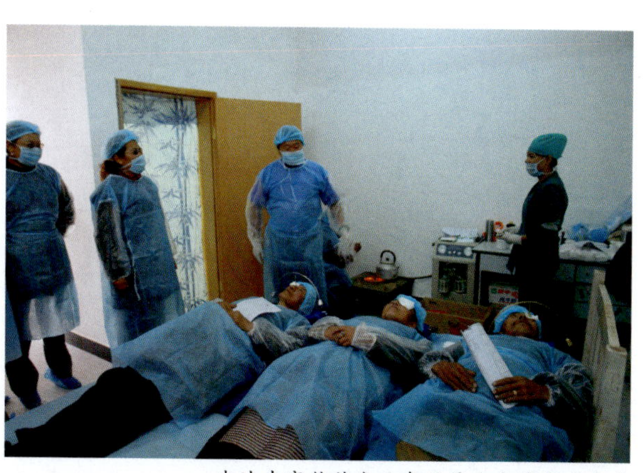
内地专家赴芒康义务开展白内障复明手术

2008年11月，自治区党委书记张庆黎在隆子县指导抗雪救灾工作

山南地委书记、人大工委主任洛松次仁陪同自治区党委书记张庆黎在浪卡子县调研

山南地委书记、人大工委主任洛松次仁陪同自治区党委书记张庆黎在浪卡子县调研时看望慰问老党员

山南地委书记、人大工委主任洛松次仁陪同自治区党委书记张庆黎在浪卡子县调研

自治区党委副书记、常务副主席郝鹏在贡嘎县江雄水库项目区检查指导工作

山南地委副书记、行署专员赵宪忠慰问企业困难职工，并向他们发放慰问金

山南地委副书记、行署专员赵宪忠在桑日县慰问“三老”人员

在泽当镇举行的驻军部队捐赠车辆交接仪式上，山南地委副书记、行署专员赵宪忠向驻军部队赠送钥匙

区党委副书记、常务副主席郝鹏（左一）在加查县调研

山南地委书记、地区人大工委主任洛松次仁，地委委员、行署副专员薛长学在乃东县了解旱情

山南地委书记洛松检查指导学教工作

大蒜出口安全签约

第28届雅砻物资文化交流节

乃东县2008年秋收

乃东县“反对分裂、维护稳定、促进发展”主题教育活动暨村两委班子换届选举动员大会

乃东县妇联妇女维权法律知识讲座

乃东县下派乡镇（村居）优秀青年干部工作及思想交流会

乃东县村办集体经济——雅砻河酒店青年文明号揭牌仪式

泽当镇安居小区基础设施建设开工典礼

群众在精心管理种植的蔬菜

自治区党委副书记、常务副主席郝鹏在扎囊县调研教育系统工作

自治区党委副书记、常务副主席郝鹏对在扎囊县对县中学食堂进行实地考察

援藏干部座谈会

县委书记周南洋下乡调研

县长格桑多布杰

国务院副总理回良玉视察贡嘎县藏青320标准化种植基地

县委书记朱东铁陪同山南地委副书记、政协党组书记、主席次罗在贡嘎县调研

县长洛桑扎西在昌果乡调研

县委副书记、县人大常委会主任古桑多吉在基层调研

贡嘎县农发项目的青饲玉米

自治区党委书记张庆黎到桑日县检查指导工作

山南地委书记洛松次仁到桑日县检查指导工作

桑日县干部交流到边远县支援边远县建设

桑日县为受灾兄弟县运送草料

大棚蔬菜的产量和品质已经和内地产区无异

山南地区艺术团深入桑日县慰问演出

桑日县委书记谢胜号召全县干部职工为汶川地震灾区捐款

桑日县委书记谢胜代表桑日县接受区直青联捐赠物资

桑日县无公害蔬菜种植

硕果累累的温室大棚

琼结至措美公路开工奠基仪式

自治区重点文物保护单位藏王墓

琼结水晶玉石

琼结县党政机关办公楼

琼结县机关幼儿园

琼结县社会福利院

继续实施圆梦、明德奖学金的发放，圆梦10人，每人4000元，共40000元，明德奖学金22人，每人4000元，共88000元，为全市部分农牧区贫困家庭学生圆了大学梦，在促进社会和谐进步等方面发挥了积极作用。

拉萨市残联工作

【开展“献爱心、送温暖”活动】2008年“三大节日”来临之际，市四大班子领导在市民政、残联部门的陪同下，深入拉萨市城关区木如残疾人社区康复服务站、嘎玛贡桑残疾人唐卡绘画培训点、拉萨市社会福利院和城关区、达孜县、当雄县等87名残疾人特困户、五保户、重残户家庭开展慰问活动，送去了党和政府的关怀和温暖，充分体现了社会主义制度的优越性。

【认真开展第九次“全国爱耳日”宣传活动】2008年3月3日是全国第九次爱耳日，拉萨市残联在自治区残联的组织安排下，与区残联康复服务中心、拉萨聋哑协会、区、市两级人民医院、妇幼保健院、拉萨市特殊教育学校等单位在拉萨市北京中路区邮政局前开展了宣传活动。本次爱耳日活动的主题是“奥运精彩，我听见”。

【积极开展第十八次法定“全国助残日”宣传慰问活动】5月18日是第十八次法定“全国助残日”，2008年助残日的主题是：牵手残疾人　走进残奥会。在“助残日”到来之际，市委副书记王向明、市政府副市长裴鹏霞、市人大常务副主任梁学伦、市政协副主席格宪华等领导对达孜县、尼木县的30户特困残疾人家庭进行了走访慰问，为残疾人发放慰问金15000元，同时对拉萨市特殊教育学校进行慰问，为师生们送去了5台电视机。对拉萨市盲人按摩诊所、城关区嘎玛贡桑残疾人唐卡绘画点也进行了慰问。在助残日期间，拉萨市残联还与自治区残工委成员单位、国际助残组织、盲文无国界组织等一同开展了“助残日”宣传、咨询、服务一条街活动。协调市委宣传部、拉萨市电视台进行了残奥会公益性广告和《联合国残疾人公约》、《残疾人就业条例》等法律法规的播报宣传，号召全社会关注、重视残疾人事业，共同构建和谐社会，为建设小康拉萨、平安拉萨、和谐拉萨的而努力奋斗。

市政府残工委成员单位和各县（区）政府残工委结合各自实际，扎实开展第十八次“全国助残日”活动。城关区残联为125户特困残疾户送去了价值40595元的大米和青油等慰问品；曲水县残联与县卫生局、县医院配合，在达嘎乡开展了送医送药活动，为残疾群众送去七十余种近20000万元的药品，并为残疾群众讲解和宣传医疗卫生知识和预防措施。市团委、市卫生局、市残联、市预防疾病控制中心等单位在拉萨市特殊教育学校开展了主题为“牵手残疾人　走进残奥会”的志愿者服务活动。志愿者和医务人员为特校的校园、生活区、教学区进行了全面消毒，还为残疾儿童发放了常规药品，大力宣传奥运会和残奥会知识，取得良好的社会效益。

【残疾人康复工作进一步拓展】加强与比利时国际助残组织的进一步合作，以城关区社区康复工作为试点，辐射墨竹工卡、曲水等县的残疾人社区康复工作网络初步形成。

在2006年建立城关区木如社区康复服务指导站取得成功经验的基础上，在墨竹工卡县工卡镇、曲水县曲水镇分别建立了残疾人社区康复服务指导站，配备了康复工作指导员、康复员和办公设备及康复设施，并为墨竹工卡县工卡镇残疾人社区康复服务指导站解决建站经费3万元。

会同国际助残社区康复工作专家，进一步对墨竹和曲水试点乡（镇）的残疾人康复对象开展筛查统计和建档立卡工作，做到心中有数、有的放矢。

大力开展培训工作。2008年4月21日，举办了为期5天的公益性岗位人员社区康复知识培训班，对23名公益性岗位人员进行了残疾的基本知识、七大残疾类型的评定、各类残疾人的康复训练、康复服务及残疾人辅助用品用具的使用等知识培训。通过培训，23名公益性岗位人员分别在城关区、曲水、墨竹工卡县社区康复站上岗，开展残疾人社区康复服务工作。2008年8月26日，在曲水县举办了第一期试点（乡）镇康复员培训班，培训了16名基层乡（镇）残疾人社区康复员，取得良好效益。

在曲水、墨竹工卡县开展残疾人社区康复技术指导和转介服务工作。通过扎实有效的工作，使试点县（区）318名残疾人得到康复指导服务，200余名残疾人得到转介服务。

争取国际助残组织支持，组织城关区10余贫困残疾儿童家长成立互助小组，兴办甜茶馆、小百货店等经济实体，帮助这部分群体发展生产、勤劳致富。

积极组织市政府残工委成员单位、墨竹工卡、曲水、城关区政府残工委成员单位、社区康复员和残疾人工作者，积极参加自治区残联残疾人社区康复工作经验交流会议，总结交流残疾人社区康复工作经验，进一步推动拉萨市残疾人社区康复工作的开展。

2008年，拉萨市贫困肢体残疾儿童矫治手术的任务为10例。在七县一区开展了18岁以下贫困肢体残疾儿童的筛查统计工作，积极会同医疗专家，针对贫困肢体残疾儿童马蹄足畸形、儿童脑瘫肢体畸形、膝关节屈曲畸形、臀肌痉挛萎缩、小儿麻痹后遗症等障碍症状，以贫困肢体残疾儿童家庭户为重点，认真开展筛查、审批工作，将陆续实施手术。

【残疾人就业和教育工作扎实开展】2008年6月17日，市政府召开专题会议，研究修改《拉萨市按比例安置残疾人就业和残疾人就业保障金征收管理办法》，市财政局、市劳动局、市国税局、市政府法制办、市残联等部门主要领导参加会议。市委、市政府领导王向明副书记、裴鹏霞副市长、宋义武副市长莅临专题会议，并提出了修改意见和重要指示，协调、联系市劳动局，在2007年分配20名公益性岗位的基础上，2008年争取到3名公益性岗位，通过培训上岗，解决这部分残疾人的就业问题；继续加强与拉萨市爱心服装厂、《西藏消费商情报》、嘎玛贡桑残疾人唐卡绘画培训点、日喀则边雄盲人技能培训中心等单位的合作，建立残疾人劳动技能培训点，开展残疾人劳动技能、日常生活管理培训。

在残疾人教育工作方面，主要做了

以下几个方面的工作：一是加强与国际助残组织的合作，扎实开展融入性教育活动。2008年上半年，协调国际助残项目资金2.5万元，帮助城关区海城小学改造了残疾人无障碍设施项目，方便残疾儿童出行和融入社会。深入墨竹工卡县恰如多乡中心小学开展融入教育活动，将残疾的概念、预防残疾知识融入游戏中，寓教于乐，在游戏中讲解、宣传预防残疾知识，使学生们进一步了解了残疾知识和如何保护自我、避免残疾的发生，以及如何在学习和生活中帮助身边的残疾同学，取得了较好的效果；二是邀请北京市残疾人全纳教育工作专家，对拉萨市城关区、曲水县、墨竹工卡县的三所融入教育活动试点学校进行调研和评估，了解和掌握残疾儿童入学的基本情况，为下一步推动拉萨市残疾人全纳教育工作的开展提供帮助；三是协调自治区、拉萨市相关部门，配合市教体局，做好拉萨市特殊教育学校的日常管理工作。在当雄"10.6"地震发生期间，针对市特殊教育学校残疾儿童疏散困难的实际情况，协调联系自治区民政厅、市民政局为其解决避震帐篷15顶。

【残疾人事业对口援助工作取得突破性进展】2008年9月，北京市援建的拉萨市劳动局和残联综合培训中心正式交付使用。拉萨残疾人联合会积极协调对口援助单位，解决拉萨市康复中心建设资金164万元（其中江苏省残联100万元、北京市残联50万元、南京市残联14万元）。拉萨市2008年基本建设投资计划安排拉萨市残疾人康复中心建设补助资金170万元。2008年8月，市发改委审查、通过了拉萨残疾人联合会上报的《拉萨市残疾人康复中心项目建设可研报告》和初步设计规划，同意拉萨市残疾人康复中心立项建设。

拉萨市残疾人康复服务中心项目建设用地已由市政府于2007年8月11日第13次常务会议研究，集中安排在拉萨市东一路以东、学府以北、江苏大道以南。市拉萨委、市政府分管领导非常重视此项工作，根据拉萨市东城区建设布局和整合资源的总体要求，建议将残疾人康复中心综合楼设计建设由4层改建为6层，缺口资金87.6万元，经市政府研究同意，在2009年基本建设计划中予以补助解决。

拉萨市文联工作

【开展一系列"揭批声讨达赖集团罪恶行径"的活动，认清真相、统一思想、坚定立场】2008年，拉萨"3•14"事件发生后，拉萨市文联多次召开全体干部职工大会，传达学习区市党委相关会议和文件精神，对揭批活动进行了安排、部署和动员。通过学习和揭批活动，市文联全体干部职工进一步提高了思想认识，进一步坚定了政治立场，旗帜鲜明、义无反顾地投身到反对民族分裂，维护祖国统一的活动中，誓死保卫我们来之不易的安定、和谐、幸福的新生活。

【市文联干部职工代表拉萨市各族文艺工作者看望慰问值勤的人民子弟兵】2008年3月21日，市文联主席李知宝、副主席乌斯玛及部分职工代表前往慰问在东郊值勤的人民子弟兵。代表拉萨市文艺工作者向战斗在反分裂斗争一线，保障人民群众生命和财产安全及拉萨社会稳定的人民子弟兵表示衷心的感谢和崇高的敬意，送去了牛奶、饮料及水果等慰问品。

【及时举办《拉萨市"3•14"暴力事件真相图片展览》，向广大市民和中小学生揭示真相，以正视听】拉萨"3•14"事件发生后，由拉萨市文联负责组织承办的《拉萨市"3•14"暴力事件真相图片展览》于4月28日起，在拉萨市进行了为期近两个月的巡回展出。

积极参与百年奥运，市文联和可口可乐西藏公司联合举办了"秀我家乡"可口可乐弧形瓶设计大赛。

市文联认真学习胡锦涛总书记考察人民日报社重要讲话精神

2008年6月30日，市文联召开学习宣传贯彻胡锦涛总书记考察人民日报社重要讲话精神座谈会，美术摄影书法家协会、音舞戏曲家协会和文学民间文学家协会的负责人共聚一堂，围绕学习宣传贯彻胡锦涛总书记重要讲话精神，结合工作实际，畅谈心得体会，研究贯彻意见。

大家就如何深入学习贯彻总书记讲话精神、努力提高文艺作品的引导能力，提出了改进创新的具体意见。

【成功举办2008年中国拉萨雪顿节陕湘藏名家书画联展】陕湘藏名家书画联展是2008年中国拉萨雪顿节系列文化活动之一。书画展于8月27日上午在金世圣源大酒店举行了隆重的开幕仪式。来自陕西、湖南的20多位书画名家和我区文学艺术界、工商企业界、旅游界的各族各界代表200余人参加了开幕活动。自治区党委宣传部常务副部长沈开运，自治区党委政法委副书记、自治区检察院党委书记雷锦祥，自治区文联党组书记索朗石达，自治区旅游局局长巴珠，自治区文联副主席、区作协主席扎西达娃、市委副书记杨月、市人大常委会副主任梁学伦及自治区文联、雪顿节组委会等领导出席了开幕仪式并为画展剪彩。

展览期间，自治区党委常委、自治区纪委书记金书波，自治区高级人民检察院检察长张培忠，市长多吉次珠，市委常委、常务副市长陈之常等领导莅临展览现场检查指导工作并兴致勃勃地观看了展览，对展览给予了充分肯定。

此次展览共展出陕西、湖南、西藏三地艺术家创作的200余幅书画作品，取得了良好的社会效益，获得了社会各界的广泛好评。

【肖干田文学作品研讨会】肖干田先生，系中国作家协会会员、西藏作家协会会员、拉萨市作家协会会员，现供职于《西藏大学学报》编辑部。其长篇小说《平静的岁月》自2006年出版以来在区内外引起强烈反响和社会各界的广泛关注。

拉萨市文联、拉萨市作家协会于2008年9月13日上午召开了"肖干田先生长篇小说《平静的岁月》作品研讨会"邀请有关专家学者、文学爱好者和拉萨市作协会员对肖干田先生的长篇小说《平静的岁月》进行研讨。

来自西藏大学文学院、自治区文联、自治区作协、拉萨市作协等单位的专家学者和拉萨市的文学爱好者共40余人参加了研讨会，研讨会上宣读了研讨论文近二十篇。

【举办湖南画家学术讲座】拉萨市文联邀请来自湖南师范大学的画家莫高翔、徐立斌等四位艺术家于8月18日举行了一场学术交流讲座。湖南艺术家和拉萨市美协会员卫东等人相继播放了自己的画作，交流了创作心得体会。我区书画家和西藏大学艺术学院师生60余人参加了讲座交流活动。湖南艺术家的精彩演讲和作品展示让参加交流活动的全体人员大开眼界，受益匪浅。

2008年拉萨市文联组织会员深入农牧区采风26人次，收集了大量创造素材，创作了一批摄影、绘画作品。

拉萨市工商联工作

【认真开展非公有制企业“反对分裂、维护稳定、促进发展”主题教育活动】从2008年5月份开始，根据市委的统一部署，拉萨市工商联领导深入民营企业开展了为期两个月的“反对分裂、维护稳定、促进发展”主题教育活动。增强了民营企业员工的政治意识、大局意识、和责任意识，非公有制企业中党员的理想信念进一步坚定，宗旨观念进一步加强，主题教育活动取得了明显的成效。

【扎实搞好“五五”普法工作】2008年，“五五”普法工作领导小组 直把组织干部职工学习法律、法规知识作为“依法治会”的重要工作措施。2008年上半年，继续组织干部职工深入学习了《中华人民共和国宪法》、《行政诉讼法》、《劳动合同法》、《公务员法》等。在一些用工相对稳定，上规模的民营企业中开展法律进企业主题教育活动，不断提高民营企业员工的法律意识和法制观念，切实维护社会稳定。

【深入开展调研】2008年，为了充分发挥工商联的参政议政和民主监督作用，利用2008年学习实践科学发展观活动之机，组织精干人员深入民营企业开展调研，深入了解非公有制经济发展现状、民营企业在经营和生产过程中存在的与科学发展观要求不相适应不相符合的问题，关心和关注非公有制经济界人士反映强烈的热点难点问题，鼓励民营企业做强、做优、做久，征求对工商联工作的意见和建议。另外还深入近郊两个县开展调研，了解县域非公有制经济发展情况，了解县级工商联组织建设情况，指导县工商联组织建设方面的工作。调研工作的有关情况及时向市委市政府汇报，积极为非公有制经济的发展建言献策，形成了《全面贯彻落实科学发展观，推动拉萨市非公有制经济又好又快发展》的调研报告。

【积极组织非公有制经济人士向四川汶川地震灾区捐款】四川汶川“5·12”特大地震发生以来，干部职工和全市非公有制经济人士为了帮助灾区人民早日渡过难关，重建家园，充分发挥一方有难、八方支援的优良传统，积极向灾区捐款，据不完全统计，会员企业共向灾区捐款达300多万元。

【培养非公有制经济界人士积极分子】根据自治区统战部的统一安排，深入全市非公有制企业，了解各企业在纳税、解决劳动就业和社会公益事业方面的具体情况。向自治区推荐了城关区市政公司、西藏桑海集团等13家自治区级优秀社会主义建设者，推荐全区十家杰出青年候选人一名，完成了20名非公有制经济代表人士综合评价的上报工作。

拉萨市检察工作

【积极处置“3•14”事件，全力维护社会稳定】2008年，“3•14”事件发生后，拉萨市检察机关连续启动三、二级应急预案，成立4个应急大队，全力投入到“3•14”事件的处置中。抽调干警参与对市区的管控，介入公安机关对暂时留置人员开展审查，对涉嫌参与“3•14”的犯罪嫌疑人员实施抓捕的同时，依据检察职能，开展批捕起诉工作。组成了专案审查组，依法审查案件。严格执行法定程序，严把案件质量关，对重大疑难案件、危安案件，由检委会集体研究把关。对犯罪事实清楚、证据确实充分、罪行严重的犯罪嫌疑人依法提起公诉，法院均作了有罪判决。为加快办案进度，提高办案质量，加强办案责任，采取了“包案到人，捕诉合一”，整合资源，科学管理，提高了办案质量和效率。

【严厉打击各种严重刑事犯罪，全力维护社会治安】2008年，拉萨市检察机关共依法批准逮捕黑恶性质犯罪、杀人、绑架、抢劫等严重暴力犯罪案件375件565人，批捕盗窃、诈骗等犯罪案件475件734人，批捕毒品犯罪案件39件48人；依法批捕涉铁案件5件8人。受理提请公诉623件1101人，公诉413件643人。在工作中，积极参与各种专项治理，集中打击了一批严重刑事犯罪分子。对4件5人虫草诈骗案进行专项打击，涉案金额高达4700余万元。

在办案中，严格执行“宽严相济”的刑事政策。坚持依法办案，区别对待，宽严适度、注重效果的原则，坚持把杀人、抢劫、强奸、绑架等严重暴力犯罪、黑恶势力犯罪以及破坏市场经济秩序的犯罪作为打击重点，当严则严；对于轻微犯罪案件，贯彻依法从宽要求，做到当宽则宽。对初犯、偶犯、未成年人犯罪，依法从轻、减轻处罚，实现了刑法的修复性功能；积极推进“未成年人犯罪案件公诉改革”，配合法院实行简易审理，坚持“迅速简约、优先保护”的原则，对犯罪情节轻微的，慎捕慎诉。处理个案均严格按照程序办理，防止利用政策以权谋私。 在工作中，依法大力开展铁路运输检察工作，严厉打击涉铁犯罪，保障青藏铁路正常运营秩序。指定了专门人员办理涉铁案件；及时向上级院和有关部门汇报涉铁案件情况，并对之进行分析，摸索办案经验。

在维护稳定中，把控告申诉工作作为依法化解矛盾纠纷的窗口。把执法与促进预防、执法与化解人民内部矛盾、执法与促进社会和谐相结合，注意人民内部矛盾的司法调节，注意以公权维护人民群众利益，使人民群众告状有门，事事有人理，事事有答复。想人民群众之所想，急人民群众之所急，落实检察长接待日和首办责任制以及各项便民措施；在接待来访群众时，实行控告申诉与实际办案部门联合接访。站在当事人立场上想问题。接待做到耐心、关心、爱心，办事做到案结事了，让当事人心顺、满意。在工作中，认真办理刑事赔

偿案件，开展了集中处理涉法上访问题专项活动，把此项工作纳入党政大接访中，自觉做好检察环节工作。

【积极开展社会治安综合治理，全力构建和谐拉萨】平息可能出现的群体性事件，防止各种纠纷被人利用。在暴力型人身伤害案件中，积极提起附带民事诉讼；在侵财型案件中，积极追赃，尽量为群众挽回经济损失；做好受害人思想工作，努力平息怨气，化解矛盾。

积极参与寺庙爱国主义教育和护路等中心工作。在党委的领导下，协助解决寺庙存在的一些深层次问题，力争除掉不稳定的根基。共抽出干警627人（次）参加寺庙爱国主义教育，1150人（次）参加护路，1651人（次）参加联防执勤。

与拉萨晚报社合作，共同开辟检察官说法专栏。以真实的典型案件为题材，采取通俗易懂的方式，积极宣传宪法、刑法、民法等相关法律及政策，增强群众学法、知法和守法的意识。目前，已就数起典型案件进行了分析说法。

深入学校、寺庙及农牧（社）区开展法制宣传。以"青少年维权岗"和法律进学校活动为载体，对青少年开展法制教育和爱国主义教育；给僧尼讲解法律知识；深入农牧区和社区，宣传党的路线方针政策，切实提高群众的法制意识，促进和谐平安建设。

深入查办和预防职务犯罪，着力建立惩治和预防腐败体系全市检察机关认真贯彻中央、区市党委关于反腐败工作的总体要求和部署，始终把查办和预防职务犯罪工作摆在突出位置，强化对职务犯罪的法律监督。全年，共受理自侦案件35件38人。初查13件14人，立案8件9人，移送审查起诉5件6人。共为国家挽回经济损失800多万元。

【坚决查办大案要案，保护国家、集体和人民的利益】在党委领导下，强化上级检察院对办案工作的组织指挥，与纪检监察部门建立联系制度，加强跨地域侦查的协作配合，提高突破大案要案的能力。按照指定管辖，对阿里地区某些政法干警特大受贿案进行查处，收到了良好的法律和社会效果，为国家挽回了大量的经济损失。

【立足检察职能，加强预防职务犯罪工作】积极开展预防工作，建立市直机关和县（区）参与德预防职务犯罪联系单位。对典型案件发案原因、特点和易发多发行业、领域犯罪进行认真分析，及时建立健全制度、堵塞漏洞；积极开展个案预防，对发案单位，实行一案一建议，一案一补救；进行预防警示教育12次，参加人数9820人，发放宣传资料108000余份。针对某些行业容易滋生职务犯罪的实际，深入到实地，举行预防职务犯罪专题法制讲座。

【在渎检工作中，积极开展专项工作】按照统一部署，开展了查办行政不作为专项活动，取得了较好的法律效果与社会效果。

【强化法律监督职能，维护司法公正】共对无罪和证据不足的作出不捕决定80人，不诉决定61人；依法抗诉刑事案件1人；审查减刑材料1287人、假释材料6人，受理被监管人申诉12件12人；受理民事行政申诉案件19件19人；受理控告申诉13件31人；对受理的法律监督案件依法作出了妥善处理。

【履行检察监督职能，实现公平正义】针对法律监督工作中的薄弱环节，把日常监督、专项监督与查办司法腐败案件相结合，突出监督重点，加大监督力度，增强监督实效，不断强化对诉讼活动和刑罚执行、监管活动的规范和监督。

依法开展刑事侦查、审判监督。与公安、法院建立了提前介入联系制度；采取通知立案与不予批捕等方式监督公安机关依法办案，对适用法律不当，量刑畸轻畸重的刑事判决依法抗诉。对律师执业进行监督，进一步保护律师合法权利，规范律师会见制度，减少了律师引导翻供事件的发生。

依法开展刑罚执行和监管活动监督。强化日常检查，对容易发生问题的漏洞和环节，及时提出检察建议。通过"约见检察官"制度，返还在押人员被扣留的合法财产4500余元，积极开展"一证通"活动。对三大监狱和市看守所的"九类人员"，共计212人进行专人审核、逐人建档。根据《专项检查活动实施方案》，清理监外执行罪犯法律文书，与审判、执行等机关一起，核对监外执行罪犯的档案及相关数据，做到了情况清楚，管理规范；对监管干警涉嫌职务犯罪案件依法立案侦查并实施逮捕，提起公诉。

依法开展民事和行政诉讼监督。以抗诉为手段，纠正民事审判违法行为，有效地维护了法律的尊严，促进了和谐社会的建设。

自觉接受监督，保障检察权依法正确行使。

拉萨市审判工作

【年度综述】2008年，拉萨市中院全面落实科学发展观，忠实履行宪法和法律赋予的职责，服务稳定发展工作大局，"瞄准一流"、"争创一流"，努力为建设小康、平安、和谐拉萨提供司法保障。2008年，全市法院共受理各类案件5252件，审、执结各类案件5011件，综合结案率为95.4%，涉案标的金额3.99亿元。与2007年同期相比，收、结案数分别上升13.2%和12.2%。其中，市中院共受理各类案件2154件，审、执结各类案件2061件，涉案标的额2.32亿元，综合结案率为95.6%，与2007年同期相比，收、结案数分别上升13.4%和11.3%。

【坚持以维护国家安全、社会稳定为首任，严厉打击刑事犯罪活动】全年共受理各类刑事案件1682件（含减刑、假释），审结1667件，综合结案率为99.1%，同比收、结案分别上升15.6%和15.1%。对145人作出一审有罪判决，其中判处五年以上有期徒刑、无期徒刑、死刑的119人。

以"3•14"案件审理工作为重点，全力维护社会稳定。坚决击退了暴力犯罪分子对中院机关的冲击，积极救助部分寻求避难的群众。并立即成立应急处突组织，发扬不怕疲劳、连续作战的作风，以高度的政治责任感积极参与寺庙管控、重点部位防范、法律审查、奥运圣火传递等社会稳控工作。

成立了"3•14"专案领导小组，严格依法办案，坚持程序公正与实体公正并重，公安、检察、司法各部门相互支持、相互配合、相互制约，为所有被告人指定了辩护人和翻译人员，对查实确有自首等法定从轻、减轻情节的被告人，依法予以从轻、减轻处罚，对罪大恶极的犯罪分子依法坚决予以从重惩处。

【坚持“严打”方针不动摇，严厉打击严重刑事犯罪活动】始终保持对严重刑事犯罪的高压态势，依法严厉打击各类侵犯人身财产安全的杀人、抢劫、抢夺、盗窃、涉枪等犯罪，维护社会安定。审结了“8•03”持枪抢劫案，四龙泽仁等4名被告人一审分别被判处死刑、无期徒刑。加大反腐倡廉力度，促进国家工作人员廉洁从政和反腐败斗争的深入开展，依法审理了原阿里地区公安处副处长朱寿山、余煊等11人受贿、买卖国家机关证件案、原区交通厅公路管理局局长宋万贵受贿91万元等一批贪污、行贿受贿、挪用公款、买卖国家证件等职务性犯罪；依法保障信用安全和交易安全，维护市场经济秩序，审结了备受区市党委、政府及社会各界关注的杨盛礼、贺兴有贷款诈骗5300万元、电信公司职工央啦虫草诈骗2200余万元等一批合同诈骗、贷款诈骗类经济犯罪案件；积极配合我区禁毒、肃毒形势，加大了对毒品犯罪案件的打击力度，依法审结了菲律宾籍被告人玛丽林•阿米•维拉梅拉走私贩卖、运输毒品等一批涉外毒品案件，有力地打击了毒品犯罪分子的嚣张气焰；

【延伸审判效果，积极参与“平安拉萨”建设】不断拓展司法服务职能，积极参与“平安拉萨”建设。通过公开宣判、以案讲法等形式，发挥司法活动的法制宣传教育功能，引导公民、法人和其他组织自觉遵守宪法和法律。在审理“3•14”案件时，组织商校、西藏大学学生旁听，使他们充分认识到达赖分裂主义集团的反动本质，达到“审理一案、教育一片”的目的；针对2008年当雄县某乡仅在半年多时间内发生了三起故意伤害案，直接造成4人死亡的严重后果，市中院到案发地进行公开宣判，以案讲法；定期不定期地组织业务骨干深入学校、社区、寺庙上法制课，特别是2008年根据刑事犯罪被告人多为流动人口的实际，根据有关部门要求，牵头组织市国土局、团市委、交通局、计生办等单位在流动人口最为集中的火车站、汽车站以及五个居委会开展了为期一周的法制宣传活动，提高人民群众法律意识；积极实施减刑、假释公开听证、公示制度，规范减刑、假释案件的办理，对确有悔改表现的1453名罪犯予以减刑、假释，促进服刑人员积极接受劳动改造，早日回归社会。

【坚持以服务发展为使命，充分发挥民商、行政审判的特殊职能，促进社会和谐】加大民商事审判工作力度，全年共受理各类民商事案件346件，审结313件，综合结案率为90.4%，诉讼标的总金额达1.77亿元。审理了大量婚姻家庭、相邻纠纷、劳务纠纷、人身损害赔偿等事关群众切身利益的案件，有效化解了矛盾，促进了社会和谐稳定。

全年共受理行政案件18件，审结13件，综合结案率为72.2%，收、结案同比上升157%和116%。依法履行行政审判职责，既维护公民、法人和其他组织的合法权益。

全年共受理执行案件74件，申请执行标的额为5845.47万元，执结45件，执结标的额为5513.92万元，执结率为60.8%，收、结案同比上升37%和32.3%。充分运用委托执行、异地执行等方式，提高执行效率。对涉及拖欠民工工资等7起案件兑现执行款485万元。

全年共处理来信来访534件（人）次，处理告诉申诉来信115件，同比下降25.8%，接待来访419人，同比上升74.5%；彻底化解上访老户案件3起，息访3人。强化审判监督，畅通申诉、申请再审渠道，审结再审案件13件，申诉复查案件20件。妥善处理了各级领导交办的6件涉诉信访案件，有力维护了社会稳定。针对部分群众经济确有困难打不起官司问题，进一步加大司法救助力度，对19案依法减、免、缓诉讼费32.88万余元。

拉萨市公安工作

【牢牢把握对敌斗争主动权，全力维护社会政治稳定】2008年，拉萨市公安系统严密防范和严厉打击各类敌对势力、敌对分子的渗透破坏活动。特别是2008年发生“3•14”打砸抢烧严重暴力事件以来，面对达赖集团的猖狂进攻和严峻考验，全市广大公安民警坚决贯彻落实中央及区市党委、政府的决策部署，同仇敌忾，众志成城，坚决果断，依法处置，通过控制闹事区域、抓捕犯罪分子、组织群防群治等工作，迅速恢复了正常的社会治安秩序，为迎头痛击分裂主义势力嚣张气焰，夺取这场反分裂斗争的阶段性重大胜利，作出了不可磨灭的贡献。加强互联网公开管理和网络监察，掌握网上斗争主动权。切实加强反恐防暴工作，积极组织开展了各种反恐实战演练，提高处置能力。通过精心组织，周密部署，圆满完成奥运火炬在拉萨传递、中央及区市重大会议以及“萨嘎达瓦”、雪顿节、“燃灯节”、“色拉崩坚”等重大节庆及宗教活动的安全保卫任务及到访重要内外宾的警卫任务，确保万无一失。

【严厉打击刑事犯罪，严打斗争取得新战果】全年破获刑事案件1846起，破案数创历史新高；破案率为88.7%，同比上升9.1%。年底，在民意测验中，90.1%的市民认为生活在拉萨有安全感。坚持“四禁（禁吸、禁种、禁贩、禁制）并举，预防为主，严格执法，综合治理”的方针，严厉打击毒品犯罪。全年查获各类涉毒案件57起，抓获涉毒人员59人，分别比上年上升13%和14.2%。严厉打击经济犯罪，为拉萨市经济社会有序健康发展提供了良好环境。全年破获经济犯罪案件95起，抓获犯罪嫌疑人66人，挽回经济损失897万余元。及时开展打击造谣传谣及反动信息清理专项行动，有效促进了社会稳定。

【加强公安行政管理】大力充实治安巡逻力量，积极开展网格化巡逻，不断压缩违法犯罪空间。加快社会治安视频监控系统建设，提高了治安防范的科技化水平。加强对企事业单位内保工作的指导、检查和安全评估，建立完善内保制度和制定应急预案，组织开展了单位保卫人员业务培训、考核工作。规范保安服务行业，加强了保安队伍的管理。加强民爆物品、特种行业、娱乐场所的管理，及时发现和预防违法犯罪。

继续加强对出租屋流动人口的服务管理，大力整顿出租屋治安秩序。强化出租屋和暂住人口基础信息采集、录入工作。充分发挥网络管理作用。先后向社会公布多项便民承诺，开设办证绿色通道，严格推行公开承诺制、首办责任制、限时办结制、考核评议制、追究问责制五项制度，承诺居民身份证、临时身份证出证时间、户口、护照办结时间等各项证件办结时间，公布监督电话接受群众监督；制定了文明规范用语和各项办事流程表，以严格的制度规范行政行为，进一步增强窗口部门民警和执法民警用语的亲和力。

深入开展"五大行动"，不断净化社会环境。针对拉萨社会治安实际，开展了以"大清查、大整治、大摸排、大收缴、大走访"为主要内容的五大行动。特别是"3•14"事件发生后，根据维稳工作的需要，采取"交通、刑事案件、社会治安综合整治"的方式，多管齐下，加大对"流散团伙作案、社会闲散人员聚散作案"的打击力度，采取"清、排、打、防、管、控"等方式，加大对云游僧尼、社会闲散人员、"3•14"释放人员，以及流动人口聚集地的清理清查力度，及时发现问题，及时予以打击整治，有效肃清了社会面。

增强防范交通事故和火灾事故的能力。开展了交通、消防安全隐患大排查，确保了拉萨市社会公共安全。交通事故起数、死亡人数、受伤人数、经济损失四项指数分别比上年下降17.8%、49.3%、33%和26.9%；火灾事故起数、死亡人数、受伤人数分别下降26.2%、100%和60%。强化户籍管理，认真做好第二代居民身份证换发工作、做好拉萨市引进人才落户、外地人在拉购房落户制度调整工作；反映并解决外来农民合同工中高技能人才进入拉萨问题，全年办理落实拉萨户口5204人。

执法水平明显提高。深入推进警务规范化建设，开展民警执法资格考试和法制教育培训，组织学习了《刑法》、《治安管理处罚法》等有关法律法规。深入开展了执法服务队服务基层活动。加强执法质量考评工作，全市各级公安机关执法质量考评全部达标。

【"三基"工程建设有了新突破，公安工作基础不断夯实】坚持基层建设标准化，投资230余万元对派出所进行改、扩建和统一外观标识，统一派出所外观标识28个，占全市派出所总数的73.7%。大力推进社区和农村警务战略，已建设社区警务区34个，驻村警务室5个，在为群众服务、开展安全宣传、促进群防群治等方面发挥了重要的作用。积极筹措资金300余万元修建和改善民警的办公条件，市公安局一站式便民服务中心落成并投入使用，极大提高了办理审批、签证的效率，更快捷有效地服务群众。改革派出所勤务模式，继续推动勤务模式实战化。大力推动警力下沉。即新进民警一律分配到派出所工作，局机关选调人员一律要有2年以上一线所、队工作经历，全市"三所三队"总警力和派出所警力得到充实。巩固科技强警示范城市创建成果，信息化建设和应用工作有了新的发展。全市公安基层单位实现80%以上接入公安网。全面启用派综系统，实现了信息资源的有效共享。加大对计算机和网络的投入，提高了工作效率。升级改造了旅业信息管理系统，全市基本实现旅业信息管理系统联网。民警基本功有了新的提高。全面落实"三个必训"、"战训合一、轮值轮训"，一线民警参训率达100%。全面实行了基层所队长任职资格考试。加强信息化应用培训，民警基本学会使用电脑。

【队伍建设有了新亮点，民警整体素质进一步强化】深入开展"反对分裂、维护稳定、促进发展"主题教育活动和"深入学习实践科学发展观"活动，在全体公安民警中进一步弘扬了"忠诚为民、敬业奉献、廉洁勤政、创新争先"的拉萨公安精神，队伍思想政治水平不断提高。有效提高了民警的业务素质和能力。推出了一批先进典型，共有23个单位、906人次受到公安部、区市党委、政府、区政法委、区公安厅的表彰，其中市公安局荣获公安部"北京奥运会、残奥会安保工作集体一等功"、刑警支队荣获"全国公安机关侦破工作先进集体"、市局办公室荣获"全国公安机关调研工作先进集体"、政治部荣获"全国公安机关宣传工作先进集体"，还有6名民警分别受到公安部、国家知识产权局的表彰。成立了维权办，维护了民警正当执法权益。

【领导名录】

党委常委、政法委书记、公安局党委书记、三级警监：刘江

副市长、政法委副书记、局长、三级警监：张延清

副局长、三级警监：幸远明

副局长、一级警督：江再平、田建设、于续文

副局长、三级警监：普次

副局长、一级警督：马军、雒晓斌、洛桑曲达

党委委员、交警支队支队长、三级警监：仁增洛桑

党委委员、纪委书记、一级警督：次仁白珍、张文生

党委委员、特警支队支队长、一级警督：旺杰

拉萨市司法行政工作

【丰富形式内容，强化全民普法】2008年，拉萨市司法系统利用各种宣传日和节假日，在北京中路等地段开展法制宣传教育一条街活动，以发放法制宣传资料、播放法制录音带、摆放展板、设立咨询台等方式向过往群众宣传各类法律知识。协调整合市直各部门力量，从公安局、检察院、市委党校、教体局，以及法律援助中心和宏伟、日光两个律师事务所抽调了13名法律业务知识精通，语言表达能力较强的同志，组建了拉萨市法制宣讲团，采取举办法制讲座的形式，深入农牧区、城市社区、党政机关和企事业单位进行法制宣传教育。2008年，宣讲团已举办藏汉双语讲座50余场/次，受教育干部群众上万人。积极与新闻媒体沟通联系，在拉萨晚报开设了《大家学法》专栏，在拉萨电视台播放《福娃说法》普法专题节目，从而拓宽了法制宣传教育的渠道，扩大了普法工作的覆盖面。

【适应维稳要求，突出普法重点】加强对农牧民（居民）的法制宣传教育。为进一步加强对农牧区基层的法制宣传教育力度，于2007年12月专门研究制定

了《关于加强对农牧民法制宣传教育的具体意见》，对全市农牧区法制宣传教育工作做了任务分工，明确了方式方法和目标任务。各县（区）根据《意见》要求，对普法领导机构进行了进一步充实和加强，明确了普法工作党政一把手责任制。“3•14”事件发生后，及时下发了《在“反对分裂、维护稳定、促进发展”主题教育活动中加强农牧区法制宣传教育工作的通知》，研究制定了《拉萨市司法局在农牧区（城市社区）深入开展法制宣传教育的实施方案》，把加强农牧民和城镇居民法制宣传教育作为扎实开展“反对分裂、维护稳定、促进发展”主题教育活动和落实全市“五五”普法规划的重点内容和重要举措，并积极予以落实。活动中，克服人员少、经费紧缺的困难，集中利用一个月的时间深入基层，采取举办专题讲座、发放普法宣传书籍和资料的形式，面对面向农牧区广大党员、干部、群众、学生讲清“3•14”事件真相，宣传《宪法》、《刑法》、《治安管理处罚法》等法律法规。期间，共举办法制专题讲座20场次，其中农牧区讲座15场次，企业讲座1次，学校讲座1次，城市居委会讲座3次，发放《农牧区法律知识读本》等法律书籍和宣传资料近万份（册），各县（区）3000余名党员、干部、群众和学生听取讲座并领取了学习资料。为了有效缓解农牧区普法资料紧缺问题，支出20000元资金，购买了《宪法》、《刑法》、《治安管理处罚法》等法律法规单行本4000册，并向自治区司法厅争取到藏文普法资料8000册，随后市财政再次投入资金38.5万元，由市普法办抽调藏文水平较高的同志，自行编印专门针对农牧民群众的《维护稳定法制宣传读本》8万余册，录制法制讲座光盘300套，并派出专人分赴七县一区部分乡镇，直接入户发放，确保了各县（区）农牧民一户一册宣传读本，一村（居委会）一套法制讲座光盘。与此同时，各县（区）司法局也按照《关于在“反对分裂、维护稳定、促进发展”主题教育活动中加强农牧区法制宣传教育工作的通知》要求，组建法制宣讲组，结合当地农牧区党员、干部、群众的思想状况和工作实际，多方协调，整合资源，采取有力措施，扎实开展农牧区法制宣传教育活动，共举办法制讲座60场/次，受教育群众达15000人/次，发放普法资料2万余册，培训基层司法助理员和业务骨干200多人，造出了声势，掀起了高潮。

把外来流动人口法制宣传教育列为全市普法依法治理的重点工作抓紧抓好。“3•14”事件发生后，进一步加大了流动人口的法制宣传教育力度，自3月份以来，共举办专门针对流动人口的法制讲座26场次，范围涉及城关区的28个居委会和堆龙德庆县东嘎镇，林周县甘曲镇，达孜县德庆镇、曲水县曲水镇等流动人口集中居住地和哈达集团、东嘎水泥厂等部分企业，直接受教育人数达到19000余人次，发放各种资料10000余份。为配合市普法办在市区开展的宣传活动，各县（区）也分别结合各自实际，在辖区内开展了内容丰富，形式多样的法制教育工作，共举办专题讲座76场次，发放藏汉文法律法规资料共9000余份，受教育流动人口近10000余人。

加强对寺庙僧尼的法制宣传教育。“3•14”事件后，根据市委、市政府的安排部署，拉萨司法局派出2名业务骨干和一名退休县级领导干部，先后进驻哲蚌寺、色拉寺、甘丹寺开展宣传教育工作。各县（区）司法局也在当地党委、政府的领导下，组建寺庙法制宣传教育工作组，巡回深入各大小寺庙，采取集中学习、召开座谈会、撰写心得体会等形式，开展法制宣讲工作。

【圆满完成“五五”普法中期督导检查】制定了“五五”普法中期督查考核方案，并多次深入七县一区督导检查“五五”普法工作，把“五五”普法中期督导检查，当作总结经验、发现问题、查漏补缺的过程，当作互相学习、共同提高的过程，为迎接自治区“五五”普法中期督导检查做好了准备。9月9日和11日，自治区“五五”普法中期督导检查组先后深入尼木县、堆龙德庆县和拉萨市司法局，采取听取汇报、实地察查、查阅资料等方式，对拉萨市“五五”普法工作进行督导检查。督导检查组对拉萨市“五五”普法工作取得的成绩给予了充分肯定。

【认真开展法律援助和法律服务工作】一是基层法律援助机构日渐完善。截至2008年8月，全市七县一区已全部成立法律援助中心。二是积极做好“3•14”事件法律援助工作。成立了拉萨市“3•14”事件法律援助工作领导小组，负责“3•14”事件法律援助工作的统一领导、指挥和协调工作，及时处理法律援助工作中遇到的困难和问题。三是认真做好流动人口法律援助工作。2008年3月1日至9月16日，该中心共办理各类流动人口法律援助案件89件。四是顺利完成原自治区公证处整体移交拉萨市司法局各项工作。合并后的西藏拉萨市阳光公证处为拉萨市司法局所属的正县级事业机构，于2008年6月1日正式挂牌开业。五是认真办理各类案件。2008年，公证处共办理各类公证事项4658件。宏伟、日光律师事务所共受理案件405件。法律援助中心共办理各类法律援助案件159件。“148”法律咨询中心共接待来访来电法律咨询271人次，成功调解纠纷2起。法律咨询中，婚姻家庭类48人次，民事类39人次，经济类73人次，交通类17人次，劳务工资类46人次，劳动工伤类18人次，房屋买卖类13人次，其他类17人次。

【扎实做好人民调解和刑释解教安置帮教工作】2008年，拉萨市各级人民调解组织共受理各类纠纷案件394件，其中婚姻家庭纠纷142件，邻里纠纷95件，土地草场纠纷44件，劳务纠纷51件，经济纠纷30件，其他纠纷44件。调解率为100%，调解成功率为96%。

2008年共培训人民调解员和司法助理员249名。积极组建企业调解组织。2008年，拉萨市司法局多次深入企业调研人民调解组织建设情况，并指导部分企业建立人民调解组织。2008年，拉萨百货大楼、拉萨啤酒有限公司、拉萨哈达集团公司、拉萨地毯有限公司、市八一农场、堆龙东嘎水泥厂、堆龙西郊电站、堆龙七二五油库、堆龙雄巴拉曲藏药厂、尼木铜业开发有限公司等企业建立了调解组织，充分发挥各级人民调解委员会和人民调解员、司法助理员的作用，认真开展矛盾纠纷排查调处工作，积极化解矛盾纠纷，为北京奥运会的顺利举办和社会稳定创造良好的法治环境。继续做好刑释解教人员统计和建档工作。目前，全市各级安置帮教组织基本建立健全了登记、建档、回访等工作制度，基本做到了对本辖区内的刑释解教人员底数清、情况明。2007年10月，组织召开了2008年全市刑释解教人员安置帮教领导小组会议，通报了全年工作情况，加强了对全市刑释解教人员安置帮教工作的领导和指导。

【积极参与维稳工作】“3•14”事件发生后。拉萨市司法局、堆龙德庆县司法局和当雄县司法局分别抽调20名、4名和5名政治素质过硬，综合能力强的中青年干部执行青藏铁路护路任务。护路期间，拉萨市司法局护路队车辆巡线共计2.4万余千米，人员徒步巡线8680余千米，消除了大量安全隐患，确保了各自责任路段铁路安全畅通。堆龙德庆县、曲水县、尼木县、墨竹工卡县、林周县司法局分别派出人员参与县委、县政府的统一维稳工作。

【积极响应号召，心系地震灾区】2008年，汶川发生特大地震灾害后。共向灾区捐款三次，捐款金额共计14205元。全局党员共交纳“特殊党费”24700元。10月6日，拉萨市当雄县发生里氏6.6级地震。拉萨市司法局积极响应号召，踊跃为当雄灾区捐款捐物。截止10月17日，已捐款5000元。10月15日，拉萨市司法局深入尼木县麻江乡，看望慰问当地受灾群众，并为灾区捐赠了价值10000元的大米、砖茶等生活必需品。

拉萨市警备区工作

【民兵建设质量明显提升】2008年，拉萨警备区以深入贯彻中共中央、国务院、中央军委《关于加强和改进新形势下民兵预备役政治工作的意见》为契机，协调拉萨市党委、政府，制订、完善了《党管武装工作实施细则》，党管武装工作制度得到较好落实。深入总结民兵维稳执勤经验教训，积极探索适应任务需求的民兵编组模式，以民兵应急分队为重点，认真开展光荣传统、职能任务、形势战备和民族宗教政策教育，确保了民兵始终听党话，跟党走。

【群众工作不断深入开展】2008年，拉萨警备区认真贯彻全国双拥命名表彰大会精神，抓住拉萨市创建全国双拥模范城市有利时机，积极协调地方有关单位，加快顺畅高效双拥工作机制的研究建立，积极开展“四进”(进社区、进寺庙、进学校、进乡村)、“四送”(送政策、送文化、送科技、送卫生下乡)、“三学”(学藏语、唱藏歌、跳藏舞)、“三尊重”(尊重地方党委、尊重公安武警、尊重人民群众)活动，举办农牧民科学种养技术培训，帮助30余户农牧民脱贫致富，向柳梧村小学捐赠价值3万余元的教学用品，进一步巩固和发展了军政军民关系。广泛开展“献爱心、送温暖”活动，为地震灾区捐款19万余元，交纳特殊党费28万余元。（腾明生）

【自治区领导检查指导】自治区党委书记、军区党委第一书记张庆黎同志检查77561部队羊八井生产基地情况。2008年1月10日，西藏自治区党委书记、军区党委第一书记张庆黎在警备区司令员杨建雄同志的陪同下视察77561部队羊八井生产基地军事训练、政治教育、后勤建设等工作，并与11名官兵进行了座谈。在座谈中，张书记勉励官兵，新时期新阶段，官兵要模范践行“三个代表”重要思想，深入学习贯彻科学发展观，按照党的十七大绘制的美好蓝图，确立新的奋斗目标。要继承和发扬“老西藏精神”，努力培养健康向上的精神状态和顽强拼搏的工作作风，积极适应新形势，应对新挑战，坚决做到艰苦不怕吃苦，缺氧不缺精神，忠实履行好我军全心全意为人民服务的宗旨；模范执行党的民族宗教政策，维护好“藏汉一家、团结友好”的民族和睦关系；立足自身实际，努力发展生产，扎实做好驻地群众工作，努力为驻地的繁荣稳定和发展进步作出应有的贡献。（腾明生)

【组织当雄抗震救灾】2008年10月6日16时30分，西藏当雄县发生6.6级地震。根据军区抗震救灾指挥部指示，警备区党委高度重视，迅速启动抢险救灾应急机制，立即派出了以彭全先副司令为组长的先遣指挥组、综合保障组和救援分队赶赴灾区展开救援。先后出动官兵126人（其中民兵40人)、车辆26台次，携带铱星卫星电话2部、海事卫星电话1部、北斗一号手持机2部、被褥20套、皮大衣10件、帐篷20顶、方便面150件、矿泉水150件、铁锹100把、十字镐100把、手电筒40把、电池288节、发电机2台、汽油200公升以及部分医疗急救药品、器材，深入当雄县格达乡羊易村重灾区开展救援行动。

在抗震救灾行动中，救援官兵和民兵大力弘扬听党指挥、服务人民、英勇善战的优良传统，先后从废墟中营救出7名被困群众，搜寻到1名遇难者。为灾区群众搭设帐蓬40顶，帮助20户灾民清理废墟，协助受灾群众实施搬迁、安置40户216人，先后运送救灾物资60余吨。向灾民分发方便面、矿泉水各100余件，组织巡诊4次，发放价值3000余元的药品。受到了自治区、军区、拉萨市领导的高度肯定。(杨云）

【双拥共建共保活动】拉萨警备区于2月25日至3月18日，利用25天时间，先后组织800人参加了拉萨市容卫生整治、植树造林活动、便民服务“一条街”等军警民共建共保活动，并先后数次派出医疗队到市社会福利院，为20余名孤寡老人进行巡诊体检；同时，还在驻拉萨4个区直单位及林周、达孜县设立9个便民服务点，开展了形式多样便民服务活动，有力地促进了双拥工作的有效开展。（张玲丽）

【领导名录】
司令员：杨建雄、徐定国
政委：李却培
副司令员：彭全先、罗达军
副政委：张洪军、高克连、文超
司令部参谋长：朱金兵
政治部主任：赵洪涛
后勤部部长：胡俊超

拉萨市消防工作

【紧密结合形势任务的需要，深化灭火救援基础工作】2008年，拉萨市消防支队组织官兵广泛开展了辖区“六熟悉”工作，共普查市政消火栓609个、熟悉重点单位156家，完善重点单位灭火作战预案56份。

优化组合各基层单位的执勤力量，大力强化新兵业务技能训练，提高了新兵训练效果，促成了战斗力的生成，弥补了警力不足的缺陷。

2008年，拉萨市消防支队按照“装备练熟、技术练精、战术练活、一专多能、学用结合”的训练要求，狠抓了特种抢险人员的专业训练和演练，提高了特勤队伍攻坚克难的能力。汶川“5.12”地震灾害发生后，迅速组建了50人的地震救援分队，随时做好地震应急救援的战斗准备。派出3名同志参与汶川“5.12”地震灾害事故应急救援和考察学习，组织50名消防官兵、7辆消防车的应急分队参加了“10.6”当雄地震灾害的抢险救援，圆满完成了抢险救援任务。

2008年，拉萨市消防支队制定消防勤务方案，加强勤务推演工作。及时制定了各类节庆、庆典活动的消防勤务方案，从规范执勤纪律、强化执勤备战、统一着装、通信联络等环节入手，先继圆满完成了“三节”、“两会”、党的“十七大”、“3•14”事件、2008年北京奥运会、“五一”、“十一”、“萨嘎达瓦”节、雪顿节、“白拉色曲节”佛事活动等多项消防安全保卫任务。组织官兵106人、车辆18辆，参加了“天路08”、“雄鹰08”、“中巴车发现爆炸物品”等反恐怖实兵演练，有效地检验了部队临机处置能力，受到了各级领导和人民群众的好评。

2008年以来，(截至12月10日，不含“3•14”期间的数据)，拉萨市消防支队共接警454起，出动454次（含增援），出动消防车745辆次，消防官兵4476人次，抢救被困人员44人，疏散人员318人， 抢救财产价值18万元。同比2007年，接警起数下降了29.94%，出动次数下降了29.94%，出动车辆数下降了14.66%，出动消防官兵数上升了1.61%，抢救被困人员数下降了44.3%，疏散人员数下降了14.29%，抢救财产价值上升了16.88%。共发生火灾63起，死亡0人，受伤2人，直接财产损失2051203元。同比2007年，火灾起数下降了32.98%，亡人数下降了100%，伤人数下降了66.67%，直接财产损失上升了147.63%。

【周密安排部署，采取有力措施，全力做好当前维稳处突工作】 “3•14”事件以来，针对拉萨市严峻的社会形势，拉萨支队党委高度重视，充分结合实际，周密安排部署，细化工作措施，强化部队管理，严格执勤备战，为确保部队高度安全稳定和全市社会形势稳定开展了大量的卓有成效的工作。一是加强组织领导，明确职责分工。二是根据上级指示精神，结合当前严峻形势，支队党委专门研究部署了当前部队思想政治工作。三是科学制定预案，做好处置准备。四是在保障现场执勤力量的基础上，进一步明确了在紧急情况下的应急增援力量。五是根据总队《编撰出版“西藏消防部队处置拉萨‘3•14’暴力犯罪事件纪实”实施方案》精神，支队组织专门政工干部深入一线、深入官兵，深入挖掘各个岗位的英雄模范典型，广泛收集素材，认真做好《西藏消防部队处置拉萨“3•14’暴力犯罪事件纪实》撰写工作。六是地方各级领导、总队和支队领导及社会单位及时看望慰问受伤官兵，并号召支队全体官兵学习他们政治坚定、英勇顽强、不怕牺牲的英雄品质，并要求针对当前执勤处突工作实际，深入开展战时思想教育工作，切实解决官兵思想和现实问题，全面激发官兵高昂斗志和投身当前中心工作的巨大热情。

“3•14”事件以来， 拉萨支队共出动执勤车辆1896台次，执勤警力11868人次。其中：临时性的公务执勤共162次，出动执勤车辆206次，执勤警力1478人次。

【全力整治火险隐患，优化消防执法环境，提高社会群众的消防素质和预防火灾意识】2008年，拉萨支队认真开展“两节”、“两会”、“五一”、“党的十七大”以及各类重大佛事活动期间的消防安全保卫和监督检查工作。集中利用时间，对宾馆、饭店、文物古建筑以及会议场所、代表驻地等消防安全重点单位部位进行了彻底的消防安全检查，及时发现和消除了火灾隐患，创造了良好的消防安全环境。

全面落实消防安全责任制，认真贯彻《西藏自治区消防安全责任制办法》，推动消防安全责任制的深入落实，进一步建立健全火灾隐患排查整改、消防工作联席会议和年度报告制度，初步形成“政府统一领导、部门依法监管、单位全面负责、群众积极参与”的消防工作格局，大力促进了消防工作与经济社会的协调可持续发展。

拉萨支队及时制定《拉萨市消防支队开展火灾隐患排查整治暨春季防火工作实施方案》，针对拉萨市宾馆饭店、商场市场、汽车快修店、通信枢纽、寺庙、学校、医院、幼儿园以及影剧院、歌舞厅、录像厅、网吧、夜总会、朗玛厅、洗浴中心等人员密集场所，易燃易爆危险化学品的生产、储存、经营使用、运输单位，特别是人员相对集中、使用功能多样、容易造成群死群伤火灾事故的人员密集场所、综合楼、商住楼、出租房、旅游游客密集场所及已发现的重大火灾隐患单位，全面开展了消防安全大检查。

从制度层面解决重点单位自动消防设施不能正常运行的问题。为认真汲取新疆乌鲁木齐德汇国际广场批发市场火灾教训，支队组织防火监督人员对全市自动消防设施进行了深入细致的摸底调查，并针对检查摸底存在的问题，支队及时向各消防安全重点单位下发通知，要求消防控制室配备专职操作人员，保证24小时不间断值班，实行交接班登记制度。设有自动消防设施的单位除落实自身日常检查维护保养制度外，必须与专业消防维修企业签订《自动消防设施维护保养合同书》，确保从制度层面保障全市自动消防设施的正常运行。

加大建筑工程消防监督审核力度，杜绝了先天性火灾隐患。2008年以来，支队共审核建筑工程294项，审核建筑面积203.929万余平方米，下发《建筑工程消防设计审核意见书》(同意) 196份，下发《建筑工程消防设计审核意见书》(不同意) 98份，提出修改意见397条；下发《建筑工程验收合格意见书》89份，下发《建筑工程验收不合格意见书》18份，提出修改意见65条。

【加大对火灾事故的调查力度，充分做好重大火灾调查的专业知识基础准备】在每起火灾的调查过程中，火调人员按照“重物证，轻口供”的原则，客观分析火灾原因，明确划分责任，做到损失核定无误。截至目前，未发生一起行政诉讼案件，对火灾责任人的处罚达100%。2008年以来，支队及各县（区）消防大队开展消防监督检查共出动警力 1891 余人次，车辆 755 台次，检查组 323 个，检查消防安全重点单位 3006 家次，发现火灾隐患 3348 处，责令当场整改隐患 2955 处，下发《消防安全检查意见书》204 份，《责令限期改正通知书》185 份，《复查意见书》166 份，《同意延期整改通知书》25 份，《重大火灾隐患整改通知书》1 份，实施各类行政处罚 35 起，下发《行政处罚决定书》40 份，累计罚款 10.94 万元。

拉萨市编译工作

【积极完成各项大会及其他材料的翻译和校审工作】2008 年，拉萨市编译室积极完成了拉萨市委、市人民政府工作会议和拉萨市人代会、拉萨市政协会议上的政府工作报告、计划工作报告、财政工作报告、提案办理情况以及党员代表大会上的讲话的翻译、校审和宣读工作。完成了“两会”代表、委员提案的翻译和校审工作。同时，还积极协助和及时完成哲蚌寺、甘丹寺、小昭寺深化寺庙爱国主义教育活动的有关材料，这些工作做到了准确、及时、无误，翻译字数共达40万多字。

【狠抓了藏语文工作】拉萨市是具有悠久历史的高原文化名城，是全区政治、经济、文化、旅游中心，并越来越引起国内外的极大关注，又是以使用藏语文为主的民族自治区首府，学习使用好藏语文具有特殊的重要意义。

清理整顿社会用字，促进社会用字的规范化、标准化是认真实践“三个代表“重要思想，努力贯彻国家《宪法》、《民族区域自治法》和国家语言文字政策的需要，是执行《西藏自治区学习、使用和发展藏语文的规定》的具体举措，也是建设具有民族特色现代城市的重要工作和维护古城拉萨良好形象的具体体现。特别是加强民族团结，维护社会局势稳定方面有重大的现实意义。

【认真做好社会用字整治工作】拉萨市是以藏族为主体的民族自治地区，也是全国优秀旅游城市，做好藏汉两种文字的社会用字工作，对于加强民族团结，反对分裂，维护祖国统一，促进社会进步，构建和谐社会，体现民族特色都有着十分重要的意义。为了贯彻《民族区域自治法》和《西藏自治区学习、使用和发展藏语文工作条例》，加强拉萨市的社会用字管理工作，整顿治理社会用字混乱现象，特别是为拉萨市“六城同创”营造良好的社会环境，按照市委、市政府和自治区藏语委办的安排部署，结合拉萨市实际，组成社会用字综合整治工作组，利用 30 天时间对全市主要公共场所、商业集中带、旅游景点、主要路段进行社会用字综合整治。

拉萨市发展改革工作

【围绕科学发展，推进“十一五”规划顺利实施】2008 年，拉萨市发展改革委员会按照“十一五”规划的总体目标，经过深入调查研究，在综合分析、研判的基础上，按照有序、有度、均衡、可持续的原则，科学确定年度发展速度和工作目标，编制了 2008 年主要经济指标工作目标。认真做好了“十一五”规划中期评估工作。围绕“十一五”规划主要任务及指标体系，积极开展综合调研，逐项进行分析评估，认真剖析了规划实施中的薄弱环节，提出了进一步推动规划顺利实施的建议和对策。加强经济运行监控分析。对照年度工作目标，以密切关注全市经济发展趋势和阶段性走势为重点，加强重点指标监测分析，及时提出应对措施，为市委、市政府决策提供依据。通过北京援藏途径启动了全市发改系统信息网络和电子政务建设，目前机房设备到位，外网、内网建设正在筹建之中。信息中心向上级机关提供各类信息 70 条，与内地省市信息交流 5 条。

【围绕投资拉动，着力加强项目建设管理】加强投资引导，抓好项目前期工作。按照国家、自治区有关规定，加强专家评审制，着力把好项目准入关，控制资源高消耗、高污染的投资扩张，加快投资结构调整、优化；积极主动做好与国家、自治区发改委衔接、协调、沟通，全力以赴争取上级对拉萨市经济发展多支持、多倾斜。不含自治区行业部门安排资金，截止 10 月份实际到位国家、自治区基建投资 11.93 亿元。协同相关部门抓紧做好自治区 180 项目以内及市级重点项目的前期工作。东郊水厂、污水处理厂、城市供排水管网改造、拉萨师范专科学校等项目的可行性报告已经自治区发改委咨询公司审查通过，并上报国家发改委审批。纳金大桥可研已完成，近期上报区发改委审查，柳梧垃圾填埋场、当雄、墨竹两县垃圾填埋场以及东嘎水厂已确定建设选址，有关设计单位正在开展可行性研究报告的编制。

加强投资跟踪管理，扎实推进重点项目建设。对重大项目建设实行动态管理，严格按基本建设管理程序和项目建设“五制”，确保年度投资和重点项目计划的顺利实施。为将“3•14”事件造成的损失降到最低程度，3 月下旬召开了全市重点工程建设工作协调会，督促项目单位尽早开工复工。墨达灌区、东嘎农产品批发市场、农村沼气、中干渠二期、第二高级中学等重点项目陆续开复工，其中罗布林卡周边环境整治工程的子项罗布林卡广场建设已于 5 月 1 日前竣工并交付使用。在自治区的关心与支持下，新开工了 2008 年第一批安全饮水工程、重点区域造林、柳梧沿山防洪、林周等四县户户通电工程；柳东路、拉鲁湿地二期、中法基础设施、拉萨市行政事业单位干部职工周转房已开工建设。为进一步加强全市基建项目管理，提高工程质量，促进建设项目及时投入发挥效益，9 月份拉萨市发展改革委员会重点对八县（区）和部分市直单位的重点项目从招投标、工程质量、建设进度等环节入手进行了检查指导。

加强投资协调，提高投资服务效能。主动介入重大项目推进全程，积极参与全市意向项目、项目前期工作、进展动态等协调工作，2008 年拉萨市发展改革委员会先后 30 多次赴县区开展项目检查调研，帮助项目责任单位和建设单位，排解项目建设中的困难和问题，积极推动项目的顺利实施。根据国家对 3000 万元以上新开工项目管理的规定，会同有关部门，做好相关项目手续完备，保证新开工项目信息准确及时上报。

【围绕转变发展方式，着力推进产业建设】2008年，拉萨市发展改革委员会按照"一产上水平，二产抓重点，三产大发展"经济发展战略，积极支持产业化发展和服务中小企业，增强自我发展能力。一是积极推进特色农牧业发展。重点扶持饲草奶牛基地，安排曲水县生猪养殖、无公害蔬菜种植、林周养鸭、尼木藏鸡养殖等12个特色产业项目，计划投资3944万元。二是有重点地加快第二产业发展。进一步理清思路，认真做好向国家、自治区争取的中小企业、民族手工业发展、技术改造等专项资金项目储备工作，抓好开发区和县区工业集中区和基础设施建设，增强拉萨市产业发展后劲。三是积极推进以旅游业为主导的第三产业发展。按照区市旅游大会精神，拉萨市发展改革委员会参与研究完善促进旅游业发展的政策措施，促进旅游业加快发展。

【围绕民生改善，促进经济社会协调发展】在着力促进区域经济发展的同时，拉萨市发展改革委员会不断加强对社会事业发展以及对民生问题的关注和重视。紧抓投入倾斜、提升公共服务供给能力等重点环节，新开工建设拉萨市师范附小教学楼、拉萨市计划生育技术服务指导中心、拉萨市儿童福利院综合楼等项目；新开工了8个路桥、9个农村三期农网、5个农畜产品交易市场项目。针对2008年以来市场价格波动异常等情况，加大对市场价格的监测、检查力度，特别是密切关注与居民生活紧密相关产品的价格波动情况，维护了良好的市场秩序和居民权益；以确保粮食安全为目标，狠抓粮食流通体制改革，加强商品粮流通，确保国家粮库安全和粮食市场稳定。

【围绕重点工作，确保重点工作按目标顺利推进】2008年拉萨市发展改革委员会承办全市重点工作任务涉及"六城同创"、农牧民安居工程及"3•14"事件受损、地震灾后恢复重建等。为了确保各项重点工作按预期目标和要求圆满完成，切实配合牵头单位工作，研究确定本委工作重点，不断强化督促检查工作，狠抓各项重点工作的落实。在"六城同创"工作中，稳步实施了部分城市主次干道，街景改造、景观绿化、街旁游园等项目。"3•14"事件后，对受损公共设施的核查调研，及时准确上报了受损需恢复重建的市政基础设施和应急处突基础设施项目。当雄6.6级地震发生后，拉萨市发展改革委员会按照市抗震救灾指挥部统一部署，对民房、寺庙和市直机关迅速开展受损情况统计、受损房屋鉴定评估等一系列现场调研和恢复重建工作。根据《国务院办公厅转发〈国家发展改革委关于近期支持西藏经济社会发展意见的通知〉的通知》（国办函[2008]68号）文件精神，以政府名义起草了贯彻落实意见，进一步明确了各主办单位及协办单位的工作任务。为全面了解职工住房情况，拉萨市发展改革委员会牵头开展了全市职工周转房摸底调研，从而为职工周转房建设与管理提供了事实和政策依据。2008年承办人大议案、建议和政协提案17件，其中主办12件，协办5件，主要集中在修建周转房、价格波动、非公经济发展等方面，办理满意率达90%以上。

拉萨市商务工作

【经济运行特点】年初取得开门红。2008年，拉萨市社会消费品零售总额保持良好的发展态势，全市实现社会消费品零售总额为11.32亿元，与上年同期相比增长24.1%。其特点是消费品市场总体保持稳定增长，城乡市场协调发展，农村市场进一步趋于活跃，呈现购销两旺的发展格局。

"3•14"事件对拉萨市商贸流通和服务业的健康发展带来巨大影响。一是社会消费品零售总额下降明显。3月份拉萨市社会零售总额为2.22亿元，同比下降59.7%。二是批发零售贸易额大幅下滑。据对仁鑫公司、市肉食品公司、拉百大楼、百益超市、红艳超市、赛康百货等重点流通企业的市场监测显示，6家企业3月份总销售额为2504.93万元，与2007年同期相比下降7.47%。三是餐饮、美容美发等服务业影响严重。3月份拉萨市餐饮业零售额为2003万元，比2007年同期下降74%。美容美发保健化妆品行业总体营业额下降50%左右。

生活必需品市场货源充足，供应稳定。"3•14"事件为拉萨市的市场供应带来了一定的影响，通过拉萨市商务局积极努力，各大流通企业积极组织货源，并在最短时间内有效恢复市场正常生产秩序，实现了生活必需品等各类市场的稳定供应。

【加强市场调研和市场监测分析力度，努力平衡非常时期内的市场供求】"3•14"事件发生后，拉萨市商务局由主要领导带队，在第一时间内深入到全市各大批发市场、农贸市场、超市，详细了解拉萨市粮油、猪肉、蔬菜水果、冻猪肉及冻制品、牛羊肉、水产品等群众生活必需品的储备和供应情况。成立了由拉萨市商务局牵头，市工商局、物价局等相关部门以及市区10家重点流通企业参与的市场供应和消费应对领导小组，实行联席会议制度，每周一会，加大市场监测力度和市场调研，实行主要生活必需品周监测制度和重点流通企业销售情况周报制度，统筹协调，认真组织做好市场供给调配，确保市场货源充足、价格平稳、经营状况良好，同时研究制定并切实落实恢复正常经营的各项措施。根据市场上牛肉、小包装食用油库存较少的情况，通过协调自治区商务厅和国家商务部，以产销衔接、企业运作方式调剂解决了冻牦牛肉150吨和小包装食用油165吨投放市场。

"3•14"事件发生以来至目前，为了确保市场供应，拉萨市商务局采取下发文件、深入企业调研、启动市场监测日报告制度等方式，根据市场动态，发挥宏观调控作用，先后多次召开市场供应专题会议，组织各大批发市场、农贸市场、超市等单位，周密安排布署了"3•14"事件、"5.12"汶川大地震、三鹿问题奶粉事件和当雄"10.6"地震等非常时期内的市场供应相关工作。各企业按照拉萨市商务局部署，根据各自的进货渠道，及时补充货源，确保了非常时期内市场货源充足。虽然2008年拉萨市市场供应工作任务艰巨，形势比较严峻，但由于认识到位、组织工作到位、保障措施到位，使拉萨市群众生活必需品未出现脱销和断档现象，保障了市场的正常供应。未出现企业囤积居奇，哄抬物价等现象。截止到10月中旬，拉萨市各类市场货源充足，供需平衡，未出现抢购等现象，21 种生活必需品价格未发生异常波动，市场继续保持平稳健康的发展态势。

【全力以赴投入抗震救灾工作，确保了灾区应急物资供应】10 月 6 日当雄县发生里氏 6.6 级地震后，成立了拉萨市商务局抗震救灾物资保障供应工作领导小组，立即投入抗震救灾物资供应保障工作。在 10 月 6 日当晚，由局长带领工作人员携带部分物资、食品，在第一时间赶赴震中灾区，实地了解受灾和灾区急需物品情况。在家的其他领导和工作人员，在最短的时间内组织了第一批抗震救灾物资，抽调拉萨市商务局所属市盐务局两辆货柜车，连夜送往灾区。并先后派出 20 人次深入抗震救灾第一线。截止 10 月 10 日下午 6 时，拉萨市商务局已向灾区分 5 批次、10 车次组织输送共计价值 128072.39 元。同时，拉萨市商务局还努力克服诸多困难，协调组织了砖茶 1300 条、酥油 1000 斤、烧水壶 200 个、烧水平锅 400 个、暖水瓶 400 个、碗 850 个、蜡烛 100 箱、手电筒 200 个、电池 1000 对，交由市民政局运往灾区。

【加大了走出去力度，外经贸工作取得新进展】搭建平台，组织企业参加了 103 届春季“广交会”，申请两个展位，引导企业积极开拓国外市场，为企业搭建“走出去”的平台。用足用好自治区商务厅鼓励外贸企业发展的各项政策，建立工作协调机制，发挥政策的最大效应。通过争取品牌发展专项资金项目，帮助企业通过更新设备、扩大生产、加强培训、提高质量、宣传品牌来努力提高在国内外市场的竞争力。盘活闲置资产。根据拉萨市八个地毯车间已停产的实际情况，拉萨市商务局积极协调拉萨地毯责任有限公司接管八个地毯车间事宜，认真审核企业的实施方案，并上报区商务厅。为加快促进拉萨市藏毯产业发展，改变藏毯产业存在的“小、散、粗、低、弱”现象，深入各藏毯企业，对企业的经营现状、存在的困难、以及今后发展藏毯的打算一一进行了解，摸清了底数，掌握了第一手资料，并形成了调研报告，提出了合理化建议，为政府下一步的决策提供了科学依据。

【加大了碘盐配送力度】为进一步加大碘盐推广力度，有效满足消费者特别是农牧区群众需求，拉萨市商务局加大了碘盐配送力度，采取市、县商务部门联动，直接配送到村，极大地提高了碘盐覆盖率。

【项目建设稳步推进】“3•14”事件严重破坏了招商引资环境，挫伤了投资者的信心，使招商引资工作难度加大。作为拉萨市最大的招商引资项目之一——人和汽配汽贸城出现了原客户退订和续招不力等困难，项目进度也受到影响。为此，拉萨市商务局指导项目实施单位通过开展形式多样的促销、宣传活动等，进一步增强投资者信心，使 2008 年项目工作顺利推进。截止 2008 年 9 月，拉萨市商务局完成招商引资 9000 万元，市场建设取得新进展。人和汽配汽贸城、萨博数码广场、凯信家居装饰城均在 10 月前开业运营。金属金银加工市场和第二个旧货市场选址方案已报市政府。

拉萨市财政工作

【积极组织财政收入，严格控制财政支出，全市财政收支预算执行情况良好】2008 年，全市财政收入完成 80308 万元（含经济开发区和柳梧新区收入），为年初预算的 190.7%，比上年同期数 57466 元，增收 22842 万元，增长 39%。剔除经济开发区和柳梧新区收入后，同比增加 18501 万元，增长 34%。全市财政支出达到 330167 万元，为年初预算的 213.09%，比上年同期数 246227 万元，增加 83940 万元，增长 34.09%，剔除经济开发区和柳梧新区财政支出后，同比增加 73730 万元，增长 31%。

2008 年，全市财政收入圆满并超额完成了市委、市政府下达的奋斗目标；五是加强非税收入的收缴入库，严格执行“收支两条线”管理，落实非税收入增长激励措施。2008 年，在对交警部门罚没收入实行“罚缴分离”的基础上，又将消防支队罚没收入也纳入“罚缴分离”范围内。

财政支出实现了收支平衡，略有节余。在支出预算执行上，市财政始终坚持“保工资、保运转、保重点”的原则，优化支出结构，严格控制支出，实现了“三个确保”：一是优先保证工资性支出；二是基本保证了政府运转和各项建设事业的资金需求；三是重点支持了教育、三农、社会保障、重点工程和维护稳定等事业的支出需求，使经常性支出控制在预算以内。

【确保各类突发事件资金需要，财政处突应变能力不断提高】“3•14”打砸抢烧事件发生后，及时落实了受损商户相关税收优惠政策，安排了恢复重建和维护稳定工作经费。截止年底，先后投入维稳专项资金 7900 万元。主要用于民族宗教、市属各寺庙法制宣传教育工作、政法部门维护稳定工作、“3•14” 事件被损市政设施恢复、兑现受损商户经营用房房租补助、对受损商户和受害群众实施政府集中救助以及各县(区)维稳经费等。

婴幼儿配方奶粉重大食品安全事件发生后。及时调整支出结构，安排专项资金 50 万元用于支付各级医院的检查和诊治费用。共接诊婴幼儿 7032 人，医疗费用支出达 43 万元。

当雄县发生 6.6 级地震以后，积极筹措抗震救灾资金 1000 万元，并及时向地震重灾区当雄县、尼木县、堆龙德庆县和城关区四个县（区）各预拨资金 200 万元，用于抗震救灾应急处置资金；为确保民政部门抗震救灾工作需要，拨付资金 300 万元到市民政局用于购买救灾物资；根据市领导的指示，及时购买一辆客货两用车送往当雄县格达乡，用于当地抗震救灾物资转运等工作。针对拉萨市财政实际，进一步完善了财政应急保障机制，市县财政均设立了财政应急保障基金，总额达到 7400 万元。

针对拉萨市农牧业生产领域突发的公共危机，按照市委、市政府的统一安排和部署，及时、迅速地保障物资供应和农牧民群众的损失补贴，确保了雪灾、旱灾、牲畜疫情等防治、控制的需要，使自然灾害造成的损失降到最低限度，

并为恢复农牧民群众的正常生产生活提供了资金保障。2008年，争取上级财政救灾救济资金250万元、特大抗旱补助资金110万元、农牧业防抗灾补助资金25万元，安排曲水县病虫害防治经费20万元，林周县农业抗灾经费17万元。同时，为克服极端天气对农业生产带来的不利影响，专项安排了人工影响天气高炮购置经费70万元。

【紧紧围绕全市中心工作，不断发挥财政资金保障作用】首先，积极支持“六大工程”建设，拉萨市财政局充分认识到此项工程是事关全市和谐发展、惠及广大市民的系统工程，具有极其重大的意义。因此，在工程建设过程中，拉萨市财政局始终把服务于“六大工程”及全市各项重点工作作为本局的首要任务，立足本职，充分发挥财政职能作用，确保了工程的顺利开展，尽到了财政应尽的职责。一是为确保工程的顺利实施，根据工程进度和需要，及时拨付资金。拉萨市国家生态园林城市建设项目分为城区绿化和城区外周边环境绿化两大项目，分别由市林业局和市建设局承担具体建设任务。积极争取专项资金3448万元用于全市创园工作。重点用于公路沿线及县（区）绿化造林；二是在工程资金渠道不明的情况下，本着认真负责的态度，仍积极参与到工程建设中，尽到了财政应尽的职责。

其次，市委、市政府提出“六城同创”目标任务，这是一项系统的，涉及面广的工作，是促进全市物质文明、政治文明、精神文明与和谐社会建设全面协调发展的重要内容，资金保障工作则显得尤为重要。按照创城工作的总体要求，拉萨市财政在确保拉萨经济社会各项事业正常运转的前提下，充分发挥财政职能，通过多渠道积极筹措、整合财政资金达24100万元，尽最大可能地支持了全市“创园”工作的顺利开展。其中：拉萨城市10条道路改扩建资金11661万元；拉萨第一林绿化建设工程项目资金848.96万元；12个城市街旁游园工程建设及项目占地拆迁补偿费2200万元。10个单位“创城”专项经费555.7万元；为提高国民素质，倡导全民健身，为拉萨公共场所购买健身器材等120多万元。

【以“三农”工作为重，加大农牧业投入】首先，积极争取自治区财政对拉萨市涉农资金20036万元。2008年涉农资金达到44468万元。及时落实了乡镇企业和龙头企业贷款贴息255万元、农业综合开发专项资金4592万元、扶贫开发专项资金52万元、森林生态效益补偿基金289万元、麦类作物和油菜良种推广补贴资金101万元，特色产业项目资金1540万元、农村安全饮水项目资金3993万元等资金。保证了基层单位相关工作的顺利开展。

加快了农牧区道路、水利、人畜饮水等基础设施，改善了农牧民生产生活条件，保护了环境和生物多样性，扩大了“惠农”覆盖面。继续加强农牧区税费改革工作，及时将农牧区税费改革专项转移支付资金1059万元和提高村级干部调标资金54万元，落实到各县区。按照农村公共服务保障的规定，农村科技、文化等方面均得到了充足的资金保障。及时兑现了2008年度粮食直补资金984万元(含农资综合补贴362万元)，确保了种粮农民的根本利益，提高了农民的种粮积极性。在此基础上，完成了对种粮农民补贴网络基础数据汇总工作。按照区财政厅的统一部署，完成了除当雄外的六县一区和市八一农场共21.12万户农户建立个人信息档案工作。为今后的农民补贴工作奠定了基础，为进一步加强拉萨市粮食宏观调控，完善“三农”政策、逐步解决“三农”问题提供了科学决策依据。为维护大中型水库移民的切身利益，及时兑现了后期扶持资金74万元，保障了水库移民生产、生活的正常运转，受益移民823人。

其次，市本级预算安排了2008年度支农专项资金3254元，比上年增长20%，到年末将足额落实。逐步建立起了政府支农资金投入稳定增长机制，为调整农牧业经济结构和农村经济的运行质量和效益提供了有力的资金支撑。促进了农牧业特色产业、重大动物疫病防治、农业科技推广、农田水利建设、防汛等工作顺利开展。

加强农牧民职业技能和实用技术培训，落实培训资金483万元，培训农牧民6911人。通过培训，不仅提高了农牧民的劳动技能和综合素质，增强了农牧民劳务输出的竞争力，而且拓宽了农牧民的增收渠道。

努力提高拉萨市农业机械化水平，安排2008年度农用柴油补贴847万元，农机具购置补贴584万元，确保了拉萨市农机机耕、机播、机收三项作业水平的进一步提高。

【继续加强农牧民安居工程建设，切实为农牧民群众服务】2008年拉萨市建设任务为8607户，区、市两级财政补助资金13436.12万元。其中：自治区配套补助9795.4万元，拉萨市配套补助3640.72万元，全额兑现给各县区。由于补助资金的及时拨付，有效地推进了各县区安居工程的顺利实施。2008年，全市各县（区）实际完成8607户，圆满完成全年建设任务。其中，农房改造6291户，游牧民定居663户，扶贫搬迁1557户，大骨节病搬迁96户。

【完善社会保障体系，积极推进各项社会保障体制改革工作】兑现发放离退休人员养老金。2008年是全区养老保险实行自治区级统筹的第二年，其养老保险金的统筹全部上缴自治区财政，资金的发放由自治区财政通过劳动和社会保障厅条条下划兑现。养老保险征收金额为6117万元，已兑现发放离退休人员养老金、体检费及丧葬补助8130万元（含兑现提高工资标准329万元）。确保了离退休人员基本养老金的按时足额发放；及时配套住房公积金6310万元，发放住房补贴资金1629万元。使房改工作得以按“人民安心、中央放心、有利稳定、促进发展”的要求顺利实施；继续认真做好基本医疗保险体制改革，在资金紧缺的情况下，做足做实了职工个人帐户，确保了干部职工和城镇居民有钱就医。全市已参保的职工27165人，基本医疗保险基金累计征缴4529万元，累计支出4171万元；城镇居民医疗保险实行自治区统筹，市财政配套支出158万元，惠及36033人；根据有关文件精神，及时调整城乡居民最低生活保障标准，共发放城镇居民低保资金2115万元，农村低保资金485万元。

由于物价波动，自治区下拨了拉萨市城市和农村低保临时性物价生活补助资金 498 万元。其中：城市低保临时性物价生活补助资金 202.2 万元，农村低保临时性物价生活补助资金 285。8 万元，市财政及时下拨各县(区)，并要求在最短的时间内兑现到各低保户手中，确保低保对象的生活需要。

另外，失业保险、工伤和生育保险金征缴、审核工作有序进行。征收失业保险金 619 万元；征缴工伤保险金 35 万元，审核支付工伤保险待遇 6 人，支付工伤抚恤金 8 万元；征缴生育保险金共 340 万元，审核支付生育保险待遇 255 人，支出 117 万元；干部保健经费划拨工作有序进行，有效地维护了干部职工合法权益。积极为政府购买公益性岗位工作出谋划策，促进就业再就业工作的开展，全年兑现政府购买公益性岗位资金 1115 万元。及时足额的下达了 2008 年度免费医疗经费 4441 万元，解决了农牧民群众和城镇困难居民看病难、就医难的问题。真正体现了“以人为本，为民解困”和践行“三个代表”重要思想。

【树立经营城市理念，努力变公共资源为经济资源】积极落实基本建设投资，对“六大工程”建设等重点项目力尽所能投入资金，加快了基础设施建设步伐，扩大城市覆盖面、完善城市功能、提高城市品位；按照“公开、公平、公正”的原则，首次对车辆吉祥号牌实行拍卖，共拍卖吉祥号牌 130 幅，取得了较好效益，使城市资源顺利转化为财政资金。

【积极支持企业改革，扶持企业发展】2008 年，为积极培植财源，扶持优、强企业的发展，落实财政扶持资金 2582.61 万元。积极支持工业企业发展，落实奖励资金 97 万元，表彰了先进集体 23 户，有力地调动了工业企业增产增收的积极性；积极支持企业技术改造，提高企业技术进步和产业升级。本着加大对重点产业、特色产业、骨干企业的技术改造力度的原则，下达扶持企业资金 832 万元，受益企业 13 户。大大提高了企业发展后劲，扩大了企业发展规模；完成了建立地方财政支持中小企业年度调查报告制度工作。为全面了解拉萨市财政部门支持中小企业（含民营企业）发展情况，总结经验，创新财政支持方式，健全和完善财政共同支持中小企业发展的政策体系和长效机制，对全市 25 家企业进行了复查。

【加强基本建设资金管理，拉动拉萨市经济增长】2008 年，西藏自治区财政厅安排拉萨市基本建设支出预算 70246.11 万元，项目 117 个，拉萨市安排基本建设支出预算 3743.99 万元。据此，拉萨市财政局结合全市国民经济计划中基本建设投资计划，下达财政预算内基本建设支出预算（拨款）指标 84141.01 万元，2008 年已完成基本建设支出（拨款）67573.79 万元。

拉萨市国税工作

【税收收入】2008 年，拉萨市各级税务机关努力克服“3•14”事件消极影响，全年共组织各项收入 75674.81 万元，比 2007 增长 14.04%，首次突破 7 亿元。其中：税收收入完成 73877.09 万元，其他收入完成 1797.72 万元。从税种看，增值税、营业税占全市收入比例达 56.69%，所得税占全市收入比例 21.77%，其他 9 个税种收入占全年收入比例仅 21.54%。从预算级次看，中央级收入完成 35087.49 万元，地市级收入完成 13499.38 万元，县级收入完成 25694.95 万元，自治区级收入完成 1392.99 万元，同比下降 1.37%。从经济类型看，国有经济入库 9721.09 元，集体经济入库 3701.95 万元，个体经济入库 7099.65 万元，有限责任制经济入库 36871.46 万元，股份有限责任制经济入库 809.48 万元，外商投资企业经济入库 1417.11 万元，联营经济入库 155.32 万元，港澳台投资企业经济入库 1316.75 万元，股份合作经济入库 1123.12 万元，其他经济入库 1827.29 万元，比 2007 增长 53.77%。从产业结构看，第二产业税收实现 31945 万元，同比增长 18.98%；第三产业税收实现 32839 万元，同比增长 10.58%。从重点税源看，拉萨市缴税在 300 万元以上的企业达到 25 户（其中 6 户缴税超千万元），共缴纳税款（不含个人所得税、代扣个人所得税及代扣其他各税）22342.24 万元，同比增长 17.87%。

【税收征管】结合实际不断完善征管手段，加强纳税人户籍管理，不定期对虚假报停户、未申报户、未办税务登记户等进行不定期巡查、清理，加强纸质档案和电子档案资料管理，实行文书分类登记编号管理，进一步健全纳税人基础资料管理。加强重点税源监控，年初从矿产品采选、水泥制造、房地产、藏药等行业中选取 21 户重点企业纳入重点监控范围进行重点纳税辅导和管理，认真实施矿产企业、机动车销售、房屋租赁、双定等管理。进一步加强发票管理，规范普通发票验旧购新操作流程，加强发票开具金额与核定营业额的核实比对，更好地发挥“以票控税”的作用。

【纳税服务】针对“3•14”事件后拉萨税收工作面临的形势，努力优化纳税服务质量。全面落实《税收征管涉税业务操作规范》，优化办税程序，及时启动非常时期应急预案，开辟受损商户业务工作绿色通道，实行文书应急审批，尽可能简化审批手续，缩短审批时间，提供便捷服务。改进工作方式方法，加大税收宣传力度，适当减少全市范围内大规模税务检查，避免因涉税问题引发矛盾纠纷。加大税收宣传力度，推出“税法四进”活动，在西藏主要报刊上刊登政策、发布公告，制作宣传落实税收优惠政策的电视专题片——《和煦春风》，召开纳税人座谈会等，促进各项税收政策宣传执行到位，进一步融洽了征纳税收关系。

【税收执法】不断提高税收执法水平，认真落实税收政策，充分发挥税收调控经济和调节分配的职能作用，严格确保各项现行政策贯彻执行到位，特别是严格把握政策界限，稳妥落实自治区政府关于扶持“3•14”事件受损商户恢复生产经营秩序和扶持“3•14”事件受影响行业有关税收优惠政策。深入整顿规范税收秩序，不断加强日常检查，实施税收专项检查，认真做好涉税举报案件、协查案件的查处工作，严厉打击税收违法行为，进一步净化税收环境。认真做好增值税一般纳税人年审工作，认真开展税收执法检查和执法监察自查，对征管工作和日常执法中存在的问题进行及时纠正，继续规范执法行为。

拉萨市国有资产管理工作

【筹备召开了全市国资工作会议，明确了下一步国资监管和国企改革的目标任务】2008 年，拉萨市国资委经过认真筹备，全市国资工作会议于2008年4月15日顺利召开。市直各综合部门领导和市属企业代表参加了会议。会议对进一步加强国有资产监管和国有企业改革工作进行了安排和部署。会议明确提出了围绕深化国有资产管理体制改革和国有企业改革，进一步解放思想，大胆探索，扎实工作，大力推进国有资产管理体制改革和国有企业改革，进一步建立和完善国有资产监管体系、加快推进国有企业改革、优化国有经济结构，壮大国有经济，增强国有经济活力、控制力、影响力，促进企业发展和稳定的工作思路，并确定了维护稳定，深化改革，加强监管，转变作风等四个方面的工作目标任务。

【深化国有企业改革，积极调整国有企业布局、建立现代企业制度】2008 年，拉萨市国资委继续以产权制度改革为切入点，按照“产权清晰、权责明确、政企分开、管理科学”的要求，以建立现代企业制度为目标，加快推进国有企业的股份制改造。自 7 月份以来，全委上下努力克服“3•14”事件带来的不利影响，大力推进企业改制工作，相继派出了 5 个改制工作小组深入企业开展改制指导工作。截止到 10 月底，先后完成了市贸易大楼、市肉食品公司、拉萨百货大楼、市矿业公司、市房地产开发总公司等 5 家企业的改制工作。5 家企业的资产规模、经营业绩、结构状况各不相同，根据各自差异，市国资委提出了不同的改制方案，并报市国企改革领导小组和市政府研究通过后予以实施。新一轮的企业改制促进了企业的发展，同时又确保了国有资产的保值增值。

【监管企业资产规模稳步增长，企业盈利水平下降】由于受“3•14”事件影响以及其它因素对整体经营环境的影响，到 2008 年底，市国资委监管的 6 家国有企业资产总额为 78，276 万元；全年营业收入为 40，707 万元；实现利润为-3，000 万元；上缴税金 2，600 万元。作为往年盈利支柱企业的房地产开发公司由于房地产市场萎缩，销售大幅下降，仅其一家年底亏损就达 3000 余万元，此外，另一盈利大户拉萨百货大楼年底盈利水平亦较上年有所下降。

【进一步理顺国资监管体制，加大监管力度】2008 年，拉萨市国资委通过加强企业在产权管理、业绩考核、统计评价、廉政建设、企业重大事项报告、住房制度改革等方面的规章制度建设，使拉萨市国有资产监管体系不断完善，监管力度得到进一步加强。通过加强对企业清产核资、财务监督、重大决策事项监管、业绩考核等一系列措施，使全市国有资产监管工作进一步走向制度化和规范化。在 2008 年启动的新一轮国有企业改制过程中，新的国资监管体系确保了国有资产在改制过程中不发生低估和流失现象。通过进一步完善考核体系，制订企业负责人经营业绩考核制度，加强了企业经营者的激励约束机制，使企业经营者的责任感和紧迫感都空前提高，为国有资产保值增值提供了有效的管理手段。2008 年，市国资委与所监管的 7 家国有（改制）企业签订了年度目标管理责任书，并以此年度考核的重要指标。

拉萨市审计工作

【年度综述】2008 年，拉萨市审计局共审计 36 个项目 49 个单位，（年初计划审计项目 19 个），超额完成计划任务的 89.5%。其中：财政审计 7 项，专项资金审计 13 项，行政事业审计 5 项，经济责任审计 4 项，政府投资建设项目审计 7 项，审计调查 1 项。审计总金额 45.60 亿元，通过审计共查出违规金额 2.18 亿元，审计要求纠正调账 2.08 亿元，应上缴财政 1042.08 万元，已上缴 725.02 万元。提交审计工作专题调查、综合性报告 23 篇，编报审计信息简报 30 期。

【加强审前调查，提高资金使用效益，进一步深化本级预算执行审计和县级财政决算审计】对市本级 2007 年度财政预算执行和其他财政收支、税收征管、市中心支库会计核算情况进行了审计，并延伸审计了 8 个市级预算执行单位。在审计中重点突出了以下几项工作：一是加强了审前调查工作，力争使每项资金审计的审前调查工作做深、做细。二是在审计过程中充分利用 AO 审计系统开展计算机审计。使审计效率得到大幅度提高，取得较好的审计效果。三是加强了与被审计单位的交流与沟通。在围绕财政改革开展财政审计工作的基础上，加强与财政部门的沟通工作。确保了 2008 年的本级预算执行审计工作与财政工作有机衔接，既得到了财政部门更大程度的理解、配合和支持，也使问题的定性和处理准确、客观。四是积极提出审计意见和建议，促进健全制度，完善管理。10 月向市政府报告了《拉萨市 2007 年度预算执行和其他财政收支审计报告》并向市人大常委会提交了《关于拉萨市 2007 年度预算执行和其他财政收支的审计工作报告》。

2008 年安排了对墨竹工卡县和达孜县级财政决算审计，查出违规金额 6323.41 万元，并提出了整改意见。

【认真开展经济责任审计】全市共有 4 名县级领导干部接受任期经济责任审计。审计结果表明，多数领导干部认真履职，重视执行国家财经法规，基本做到量入为出、收支平衡，主要经济指标完成较好。同时审计发现存在一些问题，共查出违规金额 49.8 万元，应上缴财政 42.99 万元，已上缴 12.39 万元。

【加强抗震救灾资金物资跟踪审计，确保救灾款物全部用于受灾群众】加强对汶川地震抗震救灾物资跟踪审计，确保救灾款物全部用于受灾群众。

拉萨市共筹集资金 1390.38 万元（其中：通过市民政局筹集 838.14 万元，全部上交民政厅救灾专户；通过市红十字会筹集 32.02 万元，上缴区红十字会 31.72 万元，账面结存 0.3 万元，待收齐各捐款点捐款后于近期上缴；通过市委组织部筹集特殊党费 520.22 万元，全部上缴区组织部；通过市民政局筹集物资折价 13.8 万元，全部上缴区民政部门。9 月 10 日开始对拉萨当雄地震救灾款物进行跟踪审计，对救灾款物的来源、管理、发放环节提出了审计意见并得到了规范。

【积极开展固定资产投资审计】为促进增收节支，更好地促进固定资产投资建设良性、有序发展，对当热路等5条改扩建道路和畜禽良种繁育中心（拉萨白鸡）改扩建工程等项目进行了审计，审计金额1.89亿元。核减项目竣工决算数467.35万元，应上缴财政89.7万元，已上缴财政89.7万元。针对存在的问题按照有关规定提出了审计建议，通过审计为国家挽回了损失，节约了资金。

【做好农发项目审计】组织审计人员对堆龙德庆县、曲水县、达孜县、墨竹工卡县2005年-2006年的7个国家农发项目和土地治理项目、曲水县农村饮水安全项目、曲水县农技推广站农业科技成果转化资金项目等共计11个涉农项目进行了专项审计。审计总金额8190万元，农发资金能按规定用途使用，管理较规范。

【认真开展行政事业单位财务收支情况审计】为更好地掌握行政事业单位资金使用情况，促进其依法行政、规范管理、提高资金使用效率，拉萨市审计局在人员少任务重的情况下，安排审计了4个行政事业单位。对拉萨市中级人民法院和市商务局及下属盐务公司2006-2007年财务收支情况进行了审计，审计查出违规金额9.55万元，应上缴财政3.38万元，已上缴3.38万元。

【努力完成上级审计机关统一组织和授权的审计项目以及市政府交办的各项任务】自治区审计厅授权拉萨市审计局，对自治区工商局垂直管理的市工商行政管理局2006年至2007年度财务收支情况进行了审计，同时延伸审计了城关区工商局。审计发现，市工商行政管理局行政账漏记固定资产8.74万元、城关区局行政账漏记固定资产8.53万元，审计要求补记固定资产；截至2007年12月，市工商行政管理局和城关区工商行政管理局应缴未缴款共计478.39万元，审计要求上缴区财政，已全部上缴。并将审计结果及时上报了自治区审计厅。

拉萨市统计工作

【组建成立了拉萨调查队】拉萨调查队于2008年5月28日正式挂牌成立。拉萨调查队按西藏总队的统一部署，区统计局、西藏调查总队派出了农村、企业、城镇调查人员。

【党组成立，及时完善了相关科室的设置】拉萨市统计局和国家统计局拉萨调查队合署办公，市委于2008年8月批复成立了以梁小平为党组书记的拉萨统计局、拉萨调查队党组。标志着拉萨市审计局队领导班子正式成立。

党组研究成立了综合科、工交投资科、农牧业与农村住户调查科、城镇住户、价格与服务业调查科、办公室、信息中心和法规科等7个科室，明确了各科室的责任和人员配置，局队领导也进行了分工。

【圆满完成国家、区及各部门的专项调查任务】一是根据西藏调查总队的安排，完成了重点行业服务业统计调查的实地调查和数据审核；二是完成了林周、墨竹工卡、尼木、堆龙、城关的农民工、农牧民及城镇低收入、城镇失地住户的问卷调查任务；三是完成了拉萨市、林周县、尼木县的机关、企事业单位的干部、群众及乡村干部中抽取250人开展了组织工作满意度民意问卷调查，问卷回收率100%；四是完成了拉萨城镇居民医疗情况问卷调查；五完成了人口变动和劳动力调查；六是交通能源消耗调查；七是群众安全感调查；八是城市环境保护满意度调查；九是规模以上工业企业成本费用调查；十是城镇（市）住房保障对象情况等调查任务。

【认真做好各项统计年报和定期报表工作】全区专业年报会议结束后，各专业科室均能按时予以贯彻，并按区局要求，拿出针对拉萨市实际的具体操作意见，召开了市直单位和各县（市、区）专业年报会议。为保证数据质量，对重大、敏感统计数据必须由局队领导的审核把关，才能上报和对外公布。对2008年各项定期报表，采用电话催报等方式，坚决杜绝迟报、漏报、缺报现象的发生。各种统计报表上报后，相关科室还及时组织编发各种统计信息和分析，积极为促进全市经济发展出谋划策，主动为地方党政领导决策提供依据。

【精心组织农村和城镇住户抽样调查】“3·14”事件后，为了及时反映拉萨市农村发展，城镇居民收支情况，加强了农村和城镇住户抽样调查管理和审核。一方面做好原有190户农村住户、农产量、农经和畜牧业的调查，还根据市委、政府的要求，对拉萨市没有建立农村住户调查的城关、曲水、尼木、墨竹工卡四县（区）建立了农村住户抽样调查点。为充分调动市级调查点农村住户记帐员的积极性和主动性，不漏记、不漏统农民收入和支出帐目，派出工作人员深入4县（区）培训记帐员，对记帐指标进行了详细的解释，并强调记帐工作对全面建设小康社会的重要意义，增强了记帐员做好农村住户调查工作的责任感和使命感。另一方面，认真做好城镇200户抽样调查工作，为拉萨城镇发展统计指标监测提供翔实资料。做好辅调员培训、记帐户业务指导、审核把关、数据评估等工作。

【第二次全国经济普查按照方案稳步推进】拉萨市经济普查进展顺利，认真抓好普查机构、经费、人员、业务“四落实”。组建普查机构，落实普查经费，做好普查员选调，做好了培训工作，现在已经全面启动了拉萨市单位清查。

【对口援助工作进入新的阶段】2008年1月，拉萨市统计局在拉萨市常务副市长曹边疆带领下对北京、江苏两省统计局进行了回访，双方紧紧围绕着“十一五”期间援藏工作主题，进行了友好、亲切的座谈交流，畅谈了今后一定时期内的援藏工作设想，交换了意见，统一了思想，提高对援藏工作认识的重要性和必要性。

【领导名录】

书记、局长、队长：梁小平
党组成员、副局长、副队长：次仁措吉
党组成员、副队长：次仁、杨秀琼

拉萨市物价工作

【积极推行"出租车(的士)打表计费制"】 2008年，1月3日，由拉萨市物价局和拉萨市交通运管局共同主持召开了"拉萨市出租（的士）车打表计费听证会"。在全市全面推行出租车打表计费工作，实行明码标价，以维护经营者和消费者利益。并通过拉萨晚报、西藏商报等新闻媒体，广泛征求社会各界对即将实施的"出租车打表计费"工作意见和建议。拉萨市目前共有出租车公司15家，出租车1160辆，自实施出租车打表计费工作以来，目前绝大部分出租车都能做到打表计费，这项工作得到了社会各界的好评和认同。

【启动临时价格干预措施】 2008年初，国务院召开常务会议专门研究价格工作，1月14日又召开了"全国保障市场供应加强价格监督电视电话会议"，全面部署稳定市场和物价工作。1月15日经国务院批准，国家发改委启动了临时价格干预措施，各级党委、政府认真落实国务院确定的各项政策措施。为此，拉萨市物价局根据国家和自治区发改委价格处要求，在1月20日及时启动了《拉萨市对部分重要商品及服务实施临时价格干预措施的实施办法》。按照规定，这次启动的临时价格干预措施主要是提价申报和调价备案。提价申报或调价备案的品种范围主要是成品粮及粮食制品、食用植物油、猪肉和牛羊肉及其制品、牛奶、鸡蛋、液化石油气等重要商品。对达到一定规模的生产经营企业实行提价申报；对达到一定规模的批发、零售企业实行调价备案，为抑制部分重要商品过快上涨发挥了积极的作用。，在拉萨市物价局进行提价申报的生产企业有7家；调价备案的批发、零售企业13家。

【推行"价格政策提醒告诫制 "】 通过会议告诫、书面告诫、口头告诫等方式，将监管关口前移。要求生产经营者严格遵守价格法律，自觉杜绝价格违法行为，为维护市场价格正常秩序，保障市场商品正常供应，安定广大人民群众生产生活秩序，自觉为社会承担应尽义务。拉萨市物价局会同区发改委价格处、商务局于元月15日和17日分别共同召开了全市各主要超市、液化石油气公司、商场、粮油批发商、医药大药房等24家生产、批发、零售流通领域企业的价格政策提醒告诫座谈会，积极宣传国家价格方针政策，严肃价格纪律，要求到会的厂商严格按照《临时价格干预措施的实施办法》规定，实行价格自律，自觉为社会承担应尽义务。通过采取以上措施，在一定程度上有效的抑制了商品价格的快速和不合理上涨。

【积极开展价格监督检查】 开展了"三大节日"、"五·一"、"十·一"黄金周和"雪顿节"期间的市场价格检查。为了让人们度过一个祥和的节日，每当节日来临之际，拉萨市物价局都组织专门人员在节前、节中和节后，进行专项检查，防止价格出现异常现象，为营造良好的节日购物环境，发挥了积极作用。

开展明码标价签检查。在全市各大商场、超市、旅店、医药超市等公共场所进一步推行商品明码标价签工作，要求做到价签价目齐全、标价内容真实明确，字迹清晰，货签对位。

开展惠农价格和收费政策的专项检查。在春耕来临之际，围绕服务于社会主义新农村建设，重点开展了化肥、农业用水、农业用电、农用柴油等价格执行情况检查，保护了农民种粮的积极性。

开展鲜活农产品销售环节收费价格检查。为了促进拉萨市鲜活农产品正常流通，保障市场供应，建立鲜活农产品"绿色通道"，拉萨市物价局对涉及鲜活农产品销售环节的工商、动植物检疫站、交通运输管理处等收费单位进行了全面清理和检查，减免收费合计82817元，保证了鲜活产品的正常销售。

开展成品油价格专项检查，6月15日和6月20日，我区分别调整了石油液化气和成品油销售价格。为维护石油液化气和成品油正常市场秩序，拉萨市物价局对市属12家加油站和5家液化气站是否按规定价格执行，是否明码标价，是否存在囤积居奇，短斤少两等扰乱市场价格秩序的行为进行了专项检查，保证了成品油的正常供应。

积极疏导价格矛盾，不断完善价格（收费）管理制度。进一步加强了行政事业性收费单位的管理与监督。在办证过程中，严格按照收费文件依据和收费管理目录，明确规范收费行为，凡不符合审批规定的收费项目，坚决予以停办，坚决杜绝擅自设立的收费项目。完成上报了2007年度全市行政事业性收费汇总分析材料。

【加强价格监测预警预报】 为及时准确掌握市场价格动态，跟踪苗头性、倾向性问题，上半年拉萨市物价局启动了"重要商品市场价格日监测报告制度"，实行一日一报，定点定人定品种监测，密切关注粮、油、肉、蛋、奶、蔬菜、液化石油气等重要商品价格走势，做到第一时间发现、第一时间报告、第一时间采取措施。截止到10月17日，向市委、市政府上报各类价格信息51期，其他价格分析材料6份。文字价格信息和价格分析材料共1-7月份采纳15条（8-10月份采纳数没公布），做到了有数据、有分析、有预测，为政府决策和宏观调控提供了重要依据。

【积极配合政府做好"3•14"事件受损商户减免部分行政事业性收费工作】 针对"3•14"事件对受损商户造成的影响，拉萨市出台了为"3•14"事件受损商户制定的减免行政事业性收费：包括水费、许可证、体检费、检疫费、监测费、排污费、养路费等10项内容，以及2008年度，全市旅游景点门票按2007年度标准执行，一律不涨价的规定，为恢复拉萨市经济发展起到了积极作用。同时，积极开展"3•14"事件受损物品价格鉴定工作，受损物品价格鉴定54起，金额46.78万元；对"3•14"事件中无认领的被抢物品1000多件进行了价格鉴定，金额为4.8万元。

【积极开展涉案物品价格鉴定工作】 截止10月17日，拉萨市物价局共受理公安、检察院委托鉴定案件173起，涉案金额123.55万元，得到了委托方的充分赞扬和肯定。同时，按照国家价格认证中心的要求，把鉴定案件随时通过宽带网上报该中心。

【认真完成农业设施产品成本调查核算工作】开展农业设施产品成本调查核算工作，进一步提高调查数据的准确性和时效性。详细的成本核算汇总材料已上报有关部门，为政府提供了有价值的参考依据。

拉萨市质量技术监督工作

【服务意识提高，服务有效性得到稳步推进】2008年，拉萨市质量技术监督局充分发挥质量管理服务企业、促进发展的作用，一是对5家名牌产品企业进行了调研，帮助企业发现问题，为企业做强做大，争创名牌氛围提出了相关意见及建议。二是对拉萨市获得工业产品生产许可证的18家企业开展了年审初审工作，积极做好免检产品申报工作，提升拉萨市企业产品竞争力，共受理了3家企业(西藏龙湖生物有机肥料有限公司，西藏特色产业股份有限公司和西藏冰川矿泉水有限公司-按照国家质检总局最新有关要求，食品生产企业已经取消了免检申报）的申报资料，同时抽样送检了3家企业申报免检的产品。三是为企业提供“四免”，即为企业免费提供标准；免费为企业人员进行标准相关知识的培训；免费为企业现场指导如何按标准组织生产及如何进行质量控制；免费为企业提供了进销货台账本，在原材料进厂、产品出厂等各个环节进行严格的登记，引导企业制定完善的整改措施，切实在帮扶企业，促进当地经济发展上下工夫。四是对43家生产（加工）企业质量管理人员进行企业质量建档培训，为有效实施动态管理，帮助企业解决质量问题，规范质量行为打下了坚实的基础。五是采取免费培训和上门提供建档服务等措施，对企业开展了全面的质量建档工作，目前已对35家企业和83家小作坊首批建立了《企业质量档案》纸质表格和电子版表格及《西藏小作坊质量状况调查表》。六是对涉及13个产品类别的25家企业，通过召开自评会、实地核查等方式进行了3A级企业质量信誉初步评定与推荐工作，2008年，已到期又符合重新申报要求的企业有10家；符合要求的新申报企业有7家。七是办理组织机构代码证4063件，海关电子口岸26件。其中，新办组织机构代码证1297件，变更492件，换证914件，年检1316件，废置33件，迁入4件，迁出4件，废置代码恢复3件，直接优惠“3•14”受损企业和商户工本费50328元。

【奋力开展专项整治，巩固质量安全防线】深入开展了烟花炮竹安全生产大检查，杜绝了烟花爆竹事故。以农资市场专项整治为重点，深入开展了农资产品及农机配件专项检查，为切实维护广大人民群众的经济利益，防止坑农害农事件的发生。在“六一”儿童节来临之际，对市内销售的儿童玩具开展了执法检查，玩具销售市场已有很大改观。为提高拉萨市验配眼镜行业的整体质量水平，让消费者能配戴上“放心眼镜”，对2007年抽样检查不合格的新视野眼镜有限公司、傲视宝岛眼镜城等6家验配眼镜企业进行了复查，共抽查了18个样品进行送检。深入开展了预制板市场整治和手机市场抽查工作，大力整治预制板市场，共检查了28家预制板生产厂家，其中，9家预制板生产厂家生产的预制板存在严重的缺筋少筋现象，合格率仅为68%。对2家生产的冷轧带肋钢筋及1家生产的低碳钢热轧圆盘条进行了抽样，并送西藏自治区质检所进行检验。抽样检测结果显示，拉萨市内的冷轧、低碳钢热轧圆盘条生产企业所生产的产品合格率为100%。为打击“黑心棉”的违法行为，开展了公共场所使用、销售和加工制作絮用纤维制品专项整治工作，对拉萨市内宾馆、学校、洗浴中心共22家单位所使用的40家被、垫、枕等床上絮用纤维制品、加工和销售絮用纤维制品店开展了专项执法检查。开展家用电器和太阳能热水器检查，对宇拓路的8家电器销售部所销售的产品进行了重点监督检查。对拉萨市内的水泥、防水卷材生产企业开展了节能减排调查工作。拉萨市的1家防水卷材生产加工企业（西藏珍龙建材有限公司）和4家水泥生产加工企业（高争建材股份有限公司、金哈达水泥有限公司、东嘎水泥厂、西藏远大建材有限责任公司）节能减排工作情况良好。对40余家经销人造板的销售企业开展了专项执法检查，检查发现，拉萨市人造板销售商仍然有11家还存在着产品的标识标注不规范等诸多问题。开展汽车装饰和劳动防护用品检查。23家汽车装饰装潢经销店，都不同程度地存在产品外包装上无产品名称、生产厂名、厂址、产品合格证、无执行标准等。

【标准计量工作取得新进展】对拉萨市加油站进行了两次专项检查。第一次检查了17家个体私营加油站总计148台加油机、158支加油枪，检查发现100台加油机在强检有效期内，检定率为71.43%，43台已报检，5台停用；第二次检查了市区及各县49家加油站的258台加油机（在用）、371支加油枪，检查发现均已通过定期计量检定或正申报送检，未发现擅自改动或拆装加油机以及使用擅自改动或拆装加油机的行为；但大部分加油站未配备有证专（兼）职计量人员及计量管理制度。

商品条码检查，医药超市商品条码检查。检查的70个品牌330余批次的产品中，9个品牌产品存在违法使用商品条码违法行为。对3家美容美发院的条码检查发现南亚美容院的销售柜台中发现在售的大量按摩膏、面霜等过期产品；荷芙蔓美容院销售的个别进口化妆品属于进口包装，内地生产，且使用已注销商品条码；米兰美容院的美梦氨基酸生化烫存在冒用商品条码违法行为，部分在用产品已过期。

对市内5家机动车检测机构进行计量专项监督检查，检查发现拉萨市机动车安全检测中心设备老化，未通过检定、计量认证，后于5月责令其停止一切检测活动，现该站的所有检测工作已经全部交由有西藏伊成车辆检测有限公司；拉萨市汽车综合性能检测B级站设备老化，未通过计量认证。

联同西藏自治区地堪局中心实验室对市内12家金银饰品和2家绿松石经销单位的铂金、钯金、黄金、红珊瑚、绿松石等产品进行了抽检，合格率较2007年有很大的提高，但部分铂金饰品存在含铜、银、钯、锌、镍量过多，导致实际铂（PT）纯度千分数不能达到产品本身标示属性。

对辖区内54家生产企业开展了全面、详细的标准计量普查登记，共普查食品16家，医药10家，建筑17家，眼镜制配8家，化工2家，印刷业1家。

【食品安全专项整治工作扎实推进】免费为30家超市提供了食品安全明示牌，确定了西藏拉萨啤酒有限公司为“三进”宣传教育活动试点单位，堆龙古荣糌粑厂，堆龙朗孜糌粑厂和佳和食品有限公司3家小作坊为帮扶对象，并开展了下乡进厂指导改进工作。目前，堆龙朗孜糌粑厂已获得食品生产许可证，堆龙古荣糌粑厂和佳和食品有限公司正在申请办证过程中。

在往年工作基础上，又与12家生产企业和16家小作坊签订了《食品生产加工企业质量安全承诺书》。对辖区现有食品生产企业38家、小作坊506家，组织开展了专项监督检查工作。

对拉萨市各非动物源性食品和动物源性食品生产加工企业进行了全面的监督检查，以保证拉萨市食品生产加工企业产品销往各大奥运比赛城市的食品安全，拉萨市有7家食品生产加工企业的17类别的产品销往各大奥运比赛城市。

在全市范围内展开28大类食品无证生产销售的检查，对全部28大类食品中未取得生产许可证而生产和销售食品，销售或者在经营活动中使用未取得生产许可证的食品的行为进行检查，重点查处无证生产销售行为。

为切实做好奥运火炬在藏传递和奥运会举办期间食品安全工作，对已获得食品生产许可证的西藏润田食品有限公司、西藏珠穆拉瑞食品有限公司和西藏山湖土特产有限公司三家牦牛肉生产企业进行了监督巡查。

对拉萨市1家中型食用植物油生产企业，18家食用植物油加工小作坊进行检查。

为进一步规范拉萨市茶叶销售市场，对拉萨市12家茶叶批发商店销售的2007年1月1日后生产的袋装茶，散装茶，砖茶等三大类茶叶制品进行了统一检查，检查发现各茶行均有从内地购进无厂址厂名的散装茶叶并在茶行内自行包装袋装茶，包装上无厂址厂名，无生产许可证“QS”标识。

对拉萨市西部娱乐城、宏达商贸第一分店、千禧商务会所、金英俱乐部、藏地印象酒廊，蜜蜂量贩歌城，苏和捌十捌迪吧、纵横娱乐有限公司、世纪娱乐有限公司销售使用的洋酒进行了检查，对涉案百龄坛、人头马、轩尼诗、芝华士、杰克丹尼、黑牌、绝对伏特加等洋酒进行异地封存。后经香港国际洋酒协会对封存样品进行鉴定，根据编号为IC0827049、IC0827051至IC0827058的检验报告指出，封存产品均是侵犯了原厂知识产权，均为假冒产品。

配合相关部门对拉萨市月饼销售总汇和批发商店42个点进行了检查。

【对乳制品生产企业（小作坊）进行重点监察】三鹿婴幼儿配方奶粉重大食品安全事故发生后，为确保拉萨市乳制品市场及产品的源头安全，切实保障婴幼儿及广大消费者的健康安全，9月13日，拉萨市质量技术监督局主要领导带队，对拉萨辖区内的高原之宝有限公司、康园食品加工厂两家乳制品加工厂进行了全面检查。按照自治区质量技术监督局的要求，9月17日拉萨市质量技术监督局向辖区高原之宝有限公司、康园食品加工厂两家乳制品加工企业各派驻了2名监管员。

9月13日开始，拉萨市质量技术监督局组派3个检查组，出动486人次，车次120台次。检查乳制品生产企业2家，酸奶加工点10家；检查食品生产加工企业68家（次），食品小作坊89家（次）；经销商166家。对拉萨2家乳制品生产企业及小作坊抽检17次，共21个批次。共抽检原奶161个样品，经检验没有发现三聚氰胺和非食用添加剂。

9月24日起，按照拉萨市政府要求，拉萨市质量技术监督局与市工商、药监、商务、卫生、农牧等相关部门联合组成三个督查组，分赴各县（区）乳制品市场进行督查。督查组分别对奶牛养殖场、奶源质量是否安全、小作坊（加工店）原辅料登记、销售台帐、添加剂使用情况、两证是否齐全（工商营业执照、卫生许可证）、是否签订食品安全承诺书等进行督查。每个县检查2个乡（镇），每个乡（镇）抽查1个村；各县抽查5家食品经营单位，乡（镇）抽查2家食品经营单位，重点对乳制品经营单位进行抽查，同时对其他类食品进行检查。拉萨市质量技术监督局执法人员跟随督查组对七县一区的食品生产企业和食品生产小作坊（加工点）、超市进行了监督检查，并对分各县（区）的原奶或酸奶进行了抽样。抽检奶粉9个样，抽检上海冠生园大白兔奶糖2个样。从当雄县境内抽检酸奶6个样，林周县奶牛养殖户抽检原奶1个样，从堆龙德庆县奶牛养殖户抽检原奶2个样，拉萨市内抽检原奶3个样。

积极迅速、准确、妥善做好鹿婴幼儿配方奶粉重大食品安全事故应急处置工作。与此同时，也不放松对其他食品生产企业的日常监管工作。

拉萨市
食品、药品监管工作

【充分发挥政府抓手作用，开展食品安全综合监管工作】2008年2月20日经拉萨市人民政府批准，拉萨市食品、药品监督管理局组织召开了全市食品安全工作会议。2008年8月13日组织成员单位及各县区食品安全委员会在江苏生态园召开“2008年上半年全市食品安全工作联席会议”，分析总结拉萨市食品安全工作所取得的成绩及不足，全面安排部署了下半年拉萨市食品安全工作。

为深入开展食品放心工程，切实加强食品安全风险预警，拉萨市食品、药品监督管理局制定下发了《关于开展2008年度食品安全综合监督监测抽检工作的通知》，科学客观的安排部署了全市食品安全综合监督监测抽检工作。

围绕《拉萨市食品安全宣传教育纲要(2007—2010)》制定了《2008年拉萨市食品安全宣传教育活动要点》。经征求意见确定了食品安全宣传教育“三进”宣传活动试点单位。

建立了拉萨市食品安全网。

印发《拉萨市食品安全信息发布制度》的通知，进一步统一了信息报送和发布渠道，及时下发相关文件和印发食品安全工作信息，截至10月15日共下发各类文件43期，信息104期。

抓食品安全协调工作。1、协调各成员单位，加强食品安全工作各环节的监管，积极发挥政府的抓手职能，及时协调相关成员单位处理群众举报9起，受理群众咨询奶粉事件40起，充分发挥了职能作用，使拉萨市的食品安全形势朝着良好的形势发展。2、做好“五一”及奥运火炬在藏传递和奥运会举办期间食品安全监管工作，下发《关于切实做好“五一”及奥运火炬在藏传递和奥运会举办期间食品安全工作的通知》，要求各职能部门规范食品市场秩序，确保人民群众的饮食安全和身体健康，维护社会局势稳定。 3、在夏秋季节来临之际，及时下发《关于加强工地、厂矿食堂食品安全预防和控制食源性疾病及食物中毒事件的实施意见》。4、抓食品安全现状调查和评价。为掌握全市食品产业概况，食品办组织对食品生产加工、经营、餐饮行业的基本情况以及食品监测检验机构的基木情况进行调查。

拉萨市食品、药品监督管理局结合拉萨市实际，组织各成员单位全面开展食品安全专项整治工作。针对食品源头、生产加工、流通、消费环节中的突出问题和薄弱环节，依法采取果断的措施，严厉打击生产、销售假冒伪劣和有毒有害食品的违法行为，市工商局、卫生局、质监局、农牧局、商务局、食品药品监管局等部门进行了食品市场的联合大检查。截止到十月中旬，食品办共组织食品市场联合检查10次，市场暗访20余次，有效地净化了食品市场，各监管部门配合有序、协调良好。

组织对食品安全事件的调查处理。在各部门的配合下，市食安办先后调查处理了“白淀小学金黄色葡萄球菌食物中毒事件”、“不合格肉制品”、“白淀小学食物中毒”事件。

【牵头组织开展奶制品专项检查工作】三鹿奶粉事件发生后，市食安办、食品安全监管各相关成员单位自9月13日起，加大了问题奶粉、液态奶市场的专项检查排查力度，并在全市展开了拉网式的检查。积极发挥市政府抓手职能、及时安排部署三鹿牌婴幼儿奶粉专项检查工作。截至目前，各县(区)、市工商部门共出动执法人员3551人次，检查经营主体27372户次，查缴问题奶粉及液态奶49165021公斤。根据市卫生部1门上报的婴幼儿奶粉事件免费医疗救治情况；截至10月15日，拉萨市累计检查7064人，累计确诊29人，累计住院29人，好转出院22人，仍在住院治疗的7名患儿病情稳定。到目前为止，奶制品专项检查排查工作还在开展当中。

【继续巩固整顿和规范药品市场秩序成果，保障公众用药安全】2008年3月14日上午，拉萨市食品、药品监督管理局组织辖区内200余家涉药单位召开了全市药品监督管理工作会议，会上还动员部署了创建“标准药房”建设工作。开展药品批发企业“三备案”工作专题会议。2008年5月6上午，拉萨市食品、药品监督管理局组织召开了拉萨市药品生产经营企业兴奋剂专项治理工作会议。

加强监管，落实责任。一是开展特殊药品监管。二是开展特殊时段药械市场监督检查。三是全面清查假药“复方氨酚烷胺片”。目前四是全面清查2008年第一期、第二期国家医疗器械质量公告。共检查127家医疗器械经营企业和使用单位。五是GSP跟踪检查贯穿各项专项检查。截至目前已对市区98家(其中11家停业)药品零售企业进行GSP跟踪检查任务，监督检查覆盖面达100%；完成13家药品批发企业GSP跟踪检查任务，监督检查覆盖面达 100%；六是积极开展GMP跟踪检查。目前，拉萨市食品、药品监督管理局已对辖区内的8家在产的药品生产企业进行了一次GMP跟踪检查，药品生产企业跟踪检查覆盖律达到100%，七是迅速出动清查发生严重不良反应人免疫球蛋白和刺五加注射液。未发现有江西博雅生物制药有限公司生产的静脉注射人免疫球蛋白和黑龙江完达山制药厂生产的刺五加等注射液。八是推行“标准药房”建设工作。九是建立“过期药品回收箱”。十是积极筹备，建立与周边药械市场互动监管协作工作机制。十一是加大广告监测力度。十二是充分利用快速药品检测车，提高检测车使用率、药品初筛阳性率。十三是不断增强监管频次，加强巡查。2008年共出动执法人员1400余人次，车辆350余台次，加强药械市场监管。十四是加强调研，掌握动态。此外，积极协调自治区局，对扶持藏药发展、促进拉萨市工业经济发展作出了应有的贡献。

【开展企业“三备案”，严把药械质量关】2008年，拉萨市食品、药品监督管理局对辖区内药械批发企业的药械供货商、客户、供货单位销售人员的资质证明材料、所经营药械的相关证明材料以及企业药械购进、销售、存储和退货等数据进行备案，建立数据库及档案，并同时采取上网查询、电话联系、请求协查等方式加以核实确认。拉萨市食品、药品监督管理局已完成7家药品批发企业432个客户以及311家供货方、销售人员的登记备案工作。此项工作正在实施中。

【加大农村药品“两网”建设力度】2008年，拉萨市食品、药品监督管理局深入药品“两网”建设基层7次，就农村药品“两网”建设工作及农村药品管理情况进行了抽查调研。经抽查调研各药品供应网点药品供应充足，质量安全，品种齐全，价格统一，管理较规范，保障药品质量的设施设备较齐全，老百姓吃药难的问题基本得到了解决。示范县、乡、村实现了药品直接配送的目标，药品配送覆盖率达到100%。。农村药品“两网”建设工作总体进展顺利，目前此项工作已向林周县延伸。

【行政许可情况】2008年，拉萨市食品、药品监督管理局受理了9家新办药品零售企业(其中农村4家，开发区1家，市区内4家)，4家已发放《药品经营许可证》，5家正在筹建当中；受理并变更《药品经营许可证》和《医疗器械经营企业许可证》相关事项25家；受理医疗器械换证申请27家，已换发《医疗器械经营企业许可证》24家(其中2家未通过验收)，初审上报10家GSP认证申请材料及1家申请定点经营二类精神药品材料。

【处理协查、举报、违法案件情况】2008年，拉萨市食品、药品监督管理局共立案97起，结案84起，没收违法所得人民币24421元；罚款人民币178460元；没收药品1134盒，价值人民币9173.8元。13起正在处理中。共接到协查函30件，已全部进行处理并回函；受理投诉举报8起，全部在规定时限内调查并回复投诉举报人。

主动出击，执法前移。依法取缔了

二家土特产专卖店和一个无《药品经营许可证》经营药品的行为；查处一起药品经营企业经营无批准文号藏成药的行为，维护了辖区内药械经营秩序，保障了公众用药安全。

拉萨市安全监督管理工作

【积极开展隐患排查治理工作，加强做好安全生产百日督查专项行动工作】 2008年，拉萨市安监局按照不同行业和隐患等级，进行了隐患统计登记，确定重大危险源156个，各类隐患企业92家，准确掌握了重大危险源的数量、状况和分布情况，并进行了分类建档。要求各县（区）安监局及有关市直部门除对企业加强隐患登记造册外，还要对隐患进行跟踪监控，落实责任，实行专人负责，严防死守，确保资金、措施到位、整改到位。并在检查工作中实地对登记在册的隐患企业的整改措施和资金到位情况进行检查，对整改措施和资金不到位的以及又发现新的隐患企业，该停产整顿的下发指令书给予停产整顿。

2008年，拉萨市安监局深入墨竹、达孜、城关区、堆龙德庆等县（区），对金属非金属矿山、危险化学品、烟花爆竹、道路交通、建筑施工、消防、水电、农用机械、特种设备、民爆器材、国有企业等11个方面开展了3次全面督查。同时在工作中充分调动县（区）安监局的工作积极性。针对督查工作中发现的部分矿山企业出入井登记挂牌制度落实不到位、通风设施有待加强等情况，责令各县（区）落实负责人员积极做好隐患跟踪治理工作。通过百日督查专项活动，市直各有关部门共排查出事故隐患1076处，下发整改通知书95份。其中建筑施工隐患整改率89%、消防隐患整改率77.5%、特种设备隐患整改率100%、国有企业事故隐患整改率93%；取缔了两家危险化学品非法生产单位；对一家危险化学品经营单位落实了经济处罚；对一家造成2人死亡的矿山企业处罚400万元。92家隐患企业中落实资金和措施的33家，确定整改到位39家，投入治理资金570.21万元，其余的隐患企业正在治理中。

【积极联合相关部门开展专项执法检查】 春节、藏历年期间，先后与城关区安监局、市公安局对拉萨市区烟花爆竹经营户及仓库进行拉网式检查，全力支持公安交警部门的工作，通过连续几次的对拉萨市客车超员、机动车超速、酒后驾车、疲劳驾驶、无牌无证、报废拼装车辆上路行驶等严重交通违法行为专项整治活动，共查处各类交通违法行为14820余起，暂扣机动车驾驶证、行驶证6692本，暂扣机动车223台，批教12005人（次），形成了"严查""严管""严惩的高压态势"。截止2008年12月20日（）道路交通安全形势明显好转，发生事故起数174起，死亡84人，伤178人，直接经济损失99.61万元。与2007年同期相比事故起数下降15.12%，死亡人数下降44%，受伤人数下降28.51%，直接经济损失下降22.65%。

会同消防对易燃易爆危险品经营场所和公共聚集场所不断加大检查力度，尤其对奥运火炬在拉萨传递沿线的加油、加气站进行一次全面的隐患排查治理。重点对经营单位和作业场所的消防安全布局、消防设施、灭火器材的设置、维护、保养情况以及用火、用电等内容进行了逐一检查，确保奥运火炬的顺利传递。及时协调解决消防工作中存在的问题。拉萨市消防工作取得了可喜成绩，2008年全市共发生火灾62起、死亡0人、受伤2人、受灾35户、直接财产损失240万元。与2007年（火灾85起、死亡4人、受伤5人、受灾76户、直接财产损失46万）相比，火灾起数下降27.1%、死亡人数下降100%、受伤人数下降60%、受灾户数下降53.9%。惟独直接财产损失上升了419.7%。

会同市建设局开展了四次联合检查，规范了劳动防护用品的使用和现场安全操作。2008年在全市范围内共开展了8次建筑安全执法检查，下发3份整改指令书，实现了全年建筑安全零死亡。

根据群众举报，会同市质量技术局依法端掉了曲水县、堆龙德庆县两家非法乙炔生产、经营和储存窝点，对扣押生产设备进行了破坏性处理。

配合电力部门对市区电力设施、规划以及乱挂乱牵现象进行了整顿治理。协调了当巴办事处与电力部门关于乡村民建的规划问题；协调了电信行业企业妨碍电力设施的问题；同时对电力设施存在的隐患进行治理；根据群众举报协调电力、建设及城关区安监局对拉萨市顺通公司出租地违法建筑电击重伤事故进行了处理。

配合气象部门对工民建项目和加油、加气站开展了雷防设施设备检查，对《拉萨市防雷减灾办法》的实施提出了修改意见，加强了和完善了危险化学品经营单位雷防设施安全审批前制条件的备案制度，并与市气象局建立了沟通机制。

2008年，全市各级安全监管部门共开展执法检查及联合执法检查1473次，下发整改指令书172份，下发处罚指令书80份，行政罚没502.16万元。其中：危险化学品执法检查168次，下发整改指令书30份，下发处罚指令书45份，行政罚没1万元；烟花爆竹执法检查477次，下发整改指令书50份，下发处罚指令书25份，行政罚没5000元；工矿商贸执法检查828次，下发整改指令书92份，下发处罚指令书10份，行政罚没501.16万元；取缔非法经营户6户，停产整顿13户，限期整改52户。全年工矿商贸共发生事故5起，死亡6人，伤1人，直接经济损失666.16万元。与2007年同期相比事故起数上升66.66%，死亡人数上升50%，受伤人数上升100%，直接经济损失未统计。

【结合实际，积极开展一年一度的安全生产宣传月活动】 2008年的安全生产月活动主题是"排除隐患、防范事故"，2008年安全生产月活动各级安全监管部门共投入资金12.75万元，发放宣传资料27972份，悬挂宣传条幅136幅，出动宣传车368辆次。在全市形成了良好宣传氛围，为顺利开展安全生产工作打下了坚实基础。

【努力作好企业安全生产工作，支持拉萨市工业经济又好又快发展】 据统计，近些年来拉萨市工矿商贸行业企业死亡人数呈明显下降趋势（2004年17人，2005年11人，2006年8人，2007年8人），切实保障了人民群众的生命财产安全和经济稳步快速发展。2008年上半年拉萨市召开了1-5月份全市工业经济运行分析会议，2008年工业经济虽然受到3•14事件的影响，但也实现了10.3%两位数的增长，拉萨市安全监督管理局因工作成绩突出受到了表彰。

【不断加大工作力度，加强尾矿库隐患排查治理工作】对拉萨市现有的28家尾矿库存在安全责任落实不到位；未建立健全重大危险源监测监控、隐患排查治理制度；部分负责人、特种作业人员未经专门培训；事故应急预案不健全、未演练；安评、环评不全；未严格实行“三同时”制度等问题进行了重点整治，全市现有28家尾矿库只有1家有安全生产许可证，对27家无资质尾矿库进行了停产整顿，要求27家尾矿库企业按照经委（发改委）、国土、环保、安监等部门预核准、立项等审批程序尽快办理相关手续。切实使尾矿库安全生产和环境安全管理水平得到有效提高，安全生产条件和环境保护水平得到了明显改善。

【全力以赴抗震救灾和地震次生安全生产工作】为切实做好拉萨市抗震救灾期间安全生产工作，加大隐患排查整治力度，防范地震引发重特大生产安全事故，拉萨市安全监督管理局立即下发通知在全市范围内结合安全生产“隐患治理年”的要求，开展拉网式隐患排查治理。联合相关部门重点对施工现场、矿山（尾矿库）、道路交通、主要输油管道、工厂、电力、水库、学校、加油（气）站、危险化学品、特种设备、民爆器材、烟花爆竹储存场所等重点部位进行震后隐患排查。对及时摸出的隐患点数量和危害等级，制定了切实可行的整治计划，做到目标、经费、人员、时间和预案“五落实”。在工作中充分发挥了当地政府和企业的作用。形成安全监管合力“横向到边、纵向到底”工作格局。切实防范自然灾害引发生产安全事故，确保人民群众生命财产安全。

2008年，经过各监管部门以及各行业企业的共同艰苦努力，截止2008年12月20日，全市共发生各类安全生产事故243起，死亡90人，伤183人，直接经济损失约1005.77万元。与2007年同期事故起数293起、死亡人数162人、受伤人数258人相比分别下降17.06%、44.44%和29.06%，杜绝了一次死亡10人以上的特大恶性事故，为拉萨市经济社会又快又好发展提供了安全保障。

拉萨市城管工作

【以良好的城市环境迎接北京奥运火炬在拉萨的传递】2008年，拉萨市城管局针对2008年拉萨3•14事件给城市管理综合执法工作带来的影响，适时调整工作思路，坚持说服教育、劝助引导的原则，积极主动地治理城市中存在的乱摆摊设点，乱堆乱放、占道经营、乱倒乱扔、乱挂乱晒等违章行为，采取疏堵结合的方式，进行纠正和治理，有效维护了市容环境整洁、有序。同时加强建设工地的管理，对工地扬尘、运输过程中沿途撒漏行为发现一起，查处一起，督促施工单位对施工现场采取降尘措施，加大施工现场车辆运输建材和建筑垃圾的管理制度。加大了城市内环境卫生的监管力度、及时督促环卫工人对市区各主要路段的保洁，对沿街乱倒污水、垃圾、违反城市卫生管理条例的行为进行教育，责令改正。

【开展环境综合整治，集中治理违反城市管理规定的各种违法行为】为营造良好的节日氛围，在“三大节日”来临之际，制定了环境综合整治工作方案，明确整治内容、目标、要求和时限，重点整治了乱摆摊设点，占道经营，环境卫生、广告设置，乱倒生活垃圾等违反城市管理规定的各种违法行为的处罚力度，维护了节日期间城市环境的干净、整洁、有序。

针对3•14事件给城市环境造成了很大破坏，拉萨市城市管理局。一是按照区市两级党委、政府关于恢复正常生产、生活秩序的要求，各执法大队根据本辖区的实际情况，积极配合各单位、商户清理门前的垃圾，帮助各商户及时拉运因“3、14打、砸、抢烧”事件造成的垃圾；二是加大了对各商户在店门前占道经营和占道装修行为的规范引导力度，使其按规定的要求开展经营，装修；三是针对各主要路段相继续出现乱摆摊设点、乱停乱放流动经营及乱挂乱晒现象反弹严重的问题，及时调整工作重点，于4月14日开始，与城关区政府一起对市区各主要路段开展了为期二周的流动商贩、占道经营行为的专项整治工作；四是对布达拉宫周边转经道严重占道经营行为进行了整治。确保了布达拉宫周边转经道的整洁、畅通；五是随着拉萨旅游高峰期间和萨嘎达瓦宗教节日的临近，为维护好拉萨的整体形象，根据市委、市政府的统一部署，拉萨市城市管理局及时抽调执法力量，突出重点时间段和重点区域，重点时间段凌晨5点进点，其余时间段早上7点进点，围绕转经道，对各主要路段存在的沿街占道经营、乞讨行发现一起清理一起。

【落实“门前三包”责任制，加大督促力度】按照“门前三包”责任书的要求，加强对市区各单位、商户落实“门前三包”责任书的监管，对各单位、各商户辖区内的环境卫生，特别是存在的“牛皮癣”和非法小广告的清理情况加大督促力度，对责任单位提出清理的同时，要求各单位、各商户加强对各自责任区的管理。对公共场所，拉萨市城市管理局执法人员及时进行清理，及时督促保洁人员加强环境卫生的清扫。

【加大对违章建设案件的查处力度】为进一步加大对违章案件的查处力度，拉萨市城市管理局专门抽调一个执法大队的力量专司查处违章案件的查处，2008年共接到市国土资源规划局转拉萨市城市管理局的违章建设案件119起，通过全体执法人员的努力，已结案的有32起，经现场调查，不符合立案条件的退回国土资源规划局的32起，仍在办的55起。

经统计，2008年以来，共处理各类违章案件23087起，其中一般程序案件970起，当场处罚案件1945起，批评教育19723起，受理举报449起。通过整治，使全市主干道、次干道、商业街、各主要旅游景区存在的环境卫生脏乱差、占道经营和沿街乱摆摊设点、流动经营的现象以及噪音、油烟扰民、人行道乱停乱放现象得到有效遏制。

【认真起草加强城市管理工作意见和城

市管理综合执法工作体制改革意见】突出重点，积极组织。局党组十分重视此项工作，为了确保起草的意见符合拉萨的实际，适应城市发展的步伐，拉萨市城市管理局及时成立了起草意见领导小组，从组织上确保此项工作的顺利开展。根据涉及的内容，派出专人负责意见起草前的调查研究，并形成了调研报告；根据调研报告，围绕城市管理要创一流的目标，认真起草了加强城市管理综合执法工作的意见，并上报市政府；按照市政府领导的指示精神，为了进一步理顺城市管理综合执法工作体制，起草了城市管理综合执法工作体制改革意见。

拉萨市农牧业工作

【年度综述】2008 年，拉萨市完成粮油总产 18.74 万吨，其中粮食产量 17.4 万吨，油菜产量 1.34 万吨，比上年略有增长。完成蔬菜产量 17.5 万吨，比上年增产 3•14 万吨。年末牲畜存栏 167 万头（只、匹）。全年新生各类仔畜 55.2 万头（只），成活 53.05 万头（只），成活率 96.1%，同比增长 2 个百分点，出栏率达到 36.5%，畜产品综合商品率达到 49%。完成肉类产量 3.5 万吨，奶类产量 4.0 万吨。完成禽肉产量 2065 吨，禽蛋产量 285 吨，均比上年有明显增长。实现乡镇企业总产值 17 亿元，同比增长 13.71%，实现增加值 6.8 亿元，同比增长 13.38%，实现利润总额 4.5 亿元，同比增长 5%，完成销售收入 16.09 亿元，同比增长 9.69%。完成多种经营收入 10.22 亿元，同比增长 11.69%。完成劳务输出 3.96 万人，实现劳务收入 3.49 亿元，同比增长 15%。拉萨市农牧业总产值达到 13.31 亿元，增长 10%。拉萨市农牧民人均纯收入达到 3738 元，增长 15%。

【继续推进农牧业产业结构调整，壮大特色农畜产品生产基地】拉萨市围绕“三大区域”、“十大基地”，继续加大了农牧业结构调整力度。全市总播面积 58.38 万亩，其中粮食作物 35.72 万亩，经济作物 11.31 万亩（其中油菜 5.5 万亩，蔬菜 5.81 万亩），饲草料作物 11.35 万亩，全市粮、经、饲比例调整为 61：19：20。结合农牧业结构调整，做大做强全市农牧业特色产业“十大基地”。建立优质青稞生产基地 23 万亩，比 2007 年新增 1 万亩，亩均单产提高 5.2 公斤；新增蔬菜瓜果面积 7100 亩，其中温室大棚 600 亩，露地蔬菜 1300 亩，土豆 5200 亩；新增优质饲草面积 2.1 万亩；黄牛改良 2.13 万头；建立畜禽良种繁育中心 5 个；牛羊短期育肥 13 万个绵羊单位；肉鸭出栏 81.1 万羽，藏鸡出栏 53.2 万羽，生猪出栏 6.43 万头。完成鱼产量 150 吨。重点巩固和提升了城关区藏热村、堆龙岗德林村、林周藏甘村、曲水才纳村等 28 个特色种植、养殖专业村。依托龙头企业和能人带动，以家庭饲养为主，努力提高良种畜禽的比重，加快发展农区畜牧业，提高农畜产品商品率。通过对现有种养专业村的继续培育、扶持和提高，努力发展具有拉萨特色的“一村一品”，实现“万元村（居委会）”零的突破。

【全力抓好重大动物疫病防治与农牧业防抗灾工作】拉萨市春季“W”病应免牲畜 1666393 头（只），实免 1650278 头（只），免疫率为 99%；高致病性禽流感应免禽类 190593 只，实免 190096 只，免疫密度达 99.7%；秋季“W”病和高致病性禽流感免疫将于 11 月中旬结束。加强了重大动物疫情应急处理。2008 年 1 月 22 日、2 月 6 日，拉萨市西郊某仓库、堆龙德庆县相继发生高致病性禽流感疫情。疫情发生后，按照《高致病性禽流感防治技术规范》要求，拉萨市农牧局果断处置，及时对疫区内所有禽类进行扑杀，共扑杀 23171 只，并实施了无害化处理，防止了疫情的蔓延扩散，得到了国家农业部和自治区农牧厅领导、专家的充分肯定。经区、市有关专家对疫区验收通过，拉萨市人民政府、堆龙德庆县人民政府分别在 3 月 5 日和 3 月 6 日发布了解除封锁令，宣布对疫区解除封锁。2008 年以来，全市农牧业生产尽管总体上保持了强劲的发展势头，但是因冰雹、病虫害和地震灾害，仍然给拉萨市农牧业生产造成了一定的经济损失，灾情发生后，拉萨市农牧局积极组织人员指导防抗灾工作，调运抗灾化肥 60 吨、农药 5 吨、兽药 500 箱、饲草储备 35 万斤，下拨抗灾经费 20 万元，确保了农牧业抗灾救灾工作的顺利开展，尽量将农牧业灾害损失降到最低程度。

【加大农机化工程实施力度，提高农牧业机械化水平】为了加快实施农机化工程，彻底消除“二牛抬杠”的落后耕作方式，在 2007 年安排 600 万元资金重点发展达孜、堆龙、曲水农机化工程的基础上，2008 年市财政又安排 750 万元直接用于农机购置补贴，并且计划连续 5 年每年安排 847 万元用于农用柴油补贴。为实施好这一项目，各县（区）根据各自实际制定了《加快发展农业机械化工作实施方案》，购置了中小型农机具 3093 台、大型联合收割机 60 台等。全市新增农机动力 3977.97 千瓦，农机总动力达到 35.33 万千瓦，农机配套率提高到了 1：1.8。全市机耕、机播、机收面积分别为 34、32、26.4 万亩，占粮油总播面积的 82.5%、77.6%、64%。

【推进农村户用沼气池建设，大力发展庭院生态经济】继续加大农村户用沼气工程实施力度，按照“一池三改”的统一建设模式，稳步推进农村户用沼气建设，积极发展庭院生态经济。2008 年争取国债沼气资金项目 1872 万元，任务 7800 座。截至目前，完成 6729 座，其中国债项目 3277 户，援藏项目 3452 户，2006 年以来累计完成 10000 座。农村户用沼气池建设项目的实施对改善农牧区生态环境、实现资源的循环利用、促进农牧民增收等具有积极的作用。通过实施户用沼气，发展庭院生态经济，平均每户可节支增收 1800 元。

【大力实施科技兴农，提高农牧业生产效益】加强农牧民培训，提高培训质量。2008 年，全市成立了农牧民培训工作领导小组，在市农牧局设立办公室，进一步整合了培训资源。为规范培训方式，提高培训质量，拉萨市制定了统一的农牧民培训登记表和考核办法。全市开展农牧民培训 2.72 万人，其中农牧业实用技术培训 1.69 万人，劳动力转移与职业技能培训 1.03 万人，培训合格率达到 95%，实现就业 2.04 万人，就业率达到 75%。通过培训，挖掘农牧业生产潜力，提高农牧业比较效益，促进农牧民实现创收2150万元，人均增收1053.9元。同时继续实施以科技示范、提高粮油单产行动、标准化生产、病虫草综合防治、配方施肥、农机化工程为主要内容的科技入户工程，组织市、县、乡三级科技干部和技术人员进点开展技术推广服务工作。下派技术员11名，完成全市农牧业标准化生产示范1.62万亩。并于7月成功举办了“农业标准化和高产创建示范工作”现场会，得到了自治区领导的充分肯定和表扬。圆满完成五个商品粮基地县13个试验点的“3414”土壤取样和肥效试验工作。加强了农牧业良种繁育与推广力度，全市良种覆盖率达到95%以上。在畜禽良种繁育方面，形成了林周、当雄的牦牛本品种选育、林周的澎波半细毛羊繁殖、城关区的奶牛繁殖、拉萨市种鸡场的禽类繁殖等五个较大型的畜禽良种选育与繁殖基地。

【大力发展绿色无公害农畜产品，打造农畜产品知名品牌】全市先后组织7次大型农资、饲料、兽药市场检查，没收过期农药147袋（瓶）、过期种子277袋（瓶），过期兽药11盒。深入开展了蔬菜农药残留监测工作，检测范围和力度不断加大，全市共抽检蔬菜品种50种，检测（速测）样品达到4495个，其中超标62个样品，合格样品4433个，合格率达到98.62%。加强了绿色无公害农产品宣传力度，结合推进“无公害食品行动计划”，全市先后派出90余人（次），车辆27台（次）进行宣传。加强了绿色无公害农产品生产基地的建设和农畜产品品牌认证工作。全市经认证的绿色无公害蔬菜瓜果标准化生产基地达到9个，总面积2484.6亩。通过认证的无公害蔬菜产品达到49个；上市品种达到100多个。

【培育农牧民专业合作组织，切实提高农牧民组织化程度】2008年4月召开了首次农牧民专业合作经济组织座谈会，并成立了由农牧、工商等部门组成的农牧民专业合作经济组织工作指导组，围绕合作组织扶持方式分类、明确产权、建立利益分配机制三项内容进行指导，从而进一步规范农牧民专业合作组织。2008年，全市在农牧部门登记的农牧民专业协会54家，在工商部门注册的农牧民专业合作社18家，完成计划任务。目前，全市农牧民专合组织共发展成员6543人，带动周边农牧户4690户，每个成员年均收入1.2万元。农牧民专业合作组织涵盖面越来越广，已扩大到蔬菜、奶牛、养鸭、农机、沼气、运输等各个领域，为农牧业生产提供了产前、产中、产后服务，搭建起了农户与龙头企业、市场的桥梁，提高了农牧业的社会化服务水平和农牧民的组织化程度，对促进农牧民转移就业和增收起到了积极的促进作用。

【加强农牧业项目管理，强化农牧业项目的支撑作用】2008年在督促各县做好2007年续建项目的基础上，继续把争项目、抓项目、建项目作为各项工作的重中之重。围绕“十大基地”和专业村建设，全市争取农牧业特色产业项目国家投资3944万元（其中区发改委投资2404万元，区财政投资1540万元）。实施无公害标准化蔬菜生产基地、藏鸡养殖、藏猪养殖基地、养鸭基地等特色产业项目12个。截至目前，区发改委批复资金1407万元；财政到位资金1145万元。争取国家农业部专项项目资金935万元，重点发展生猪养殖、脱毒马铃薯良种繁育、秸秆养畜、良种奶牛繁育、有害生物预警等项目。落实支农资金2128万元，用以扶持农牧业特色产业项目建设和促进农牧民增收。继续加大招商引资力度。引进拉萨中瑞科技有限公司，协议资金2200万元，建立禽类屠宰加工厂；积极与辽宁天元生物有限公司协商落实羊毛脂萃取项目，2008年企业到位资金6200万元。2008年农牧业总投资达到1.5亿元。农牧业项目的实施对改善农牧业生产条件，促进农牧民增收起到了明显的作用，项目共惠及3.5万农户10.8万人，拉动项目区群众人均增收600元以上。

拉萨市林业工作

【造林绿化情况】2008年拉萨市造林绿化计划任务为9.0252万亩。其中：2008年重点工程造林任务4.0252万亩。分别为：尼木县0.4091万亩、曲水县0.7119万亩、堆龙德庆县0.7654万亩、墨竹工卡县0.4088万亩、达孜县0.4719万亩、林周县0.4189万亩、城关区0.834万亩、当雄县0.0052万亩。荒山荒坡造林4.5万亩。四旁义务植树0.5万亩。

根据自治区林业局下达的计划指标和市政府与拉萨市林业局签定的2008年拉萨市造林任务责任书。全市共完成绿化面积10.02万亩，比2007年的8.5万亩同比增长17.6%。其中重点区域工程造林4.082万亩（其中堆龙德庆县7654.1亩；达孜县4718.8亩；尼木县4090.5亩；墨竹县200亩；曲水县9254.8亩；城关区8340亩）比2007年的3.2万亩同比增长28%；荒山荒坡造林6万亩，比2007年的4.5万亩同比增长30%；封山育林25万亩，比2007年的20万亩同比增长25%；育苗面积1000亩，比2007年的900亩同比增长11%。目前，堆龙德庆县和达孜县两处共计400亩的新苗圃基地建设已近尾声，届时全市育苗面积将增至1500亩左右，比现有面积同比扩大30%。除此而外，为确保造林成活率，今春新购水车4台，新打水井17口，其它灌溉配套设施也有了明显增强，新植苗木浇灌能力进一步提高，苗木成活率得到了进一步保障，较好的完成了2008年全年绿化工作任务。

【采取的措施】早安排、早动员、早部署。2008年年初召开了全市林业工作会议、并层层签定了责任状。同时，提前做好了冬季挖坑、水利设施的购置以及种苗搭配等各项前期准备工作。

提高造林工作中的科技含量。主要做法有“修枝、空灌、铺膜”等技术；狠抓造林绿化技术指导工作。严格按照“挖坑、灌坑、栽植、覆盖铺膜”等技术。

部门办林业向全社会办林业的转变。严把造林各环节的技术关。为提高造林质量拉萨市林业采取以下措施：一是起苗后先进行修枝、尽量做到随起随栽；二是对造林立地条件差的地块采取“先灌溉、后栽植、再灌溉、后铺膜”的办法；三是采取植树后粉刷白石灰和防啃剂，避免牲畜和鼠兔危害。

成立了农民营林队。除当雄外各县都相继成立了农民营林队，使造林工作有了技术监督上的保障。

工程区农、牧业并存，人为随意放

牧现象严重，造林小班内牲畜能进入的地段设置网围栏，防止牲畜进入林地。管护上采取就近将林权下放给当地农牧民群众的形式，由拉萨市林业局和农户签订管护合同，权、责、利同当地农牧民群众挂钩，责任共担，权、利共享，既解决了管护问题，又充分调动了农牧民群众的积极性。

各县重点区域造林是按照区林勘院规划设计书中的要求进行实施的，根据各造林点的立地类型及当前生态环境建设的实际需要，结合各县的气候特征，造林县尽可能地选择适应当地的优良乡土树种和适当引进适合当地的优良树种。在造林过程中采取在苗木休眠期进行起苗丛起丛植，带原土栽植；蘸泥浆高效吸水剂浸根，严禁手拔保持苗木根系完整和不折断苗干和枝芽。苗木起苗后严格选苗，拣出Ⅰ、Ⅱ级苗。苗木出圃后，做到随起随种，路程较远时及时运输，途中注意通风，防止苗木发烧和风干，必要时还进行洒水保湿，运输过程中防止机械损伤和水分抽干。对从外地调入拉萨市造林的苗木均在苗圃假植一年以上才进行绿化造林。

【存在的问题】

生态环境脆弱，生态建设任务重、难度大、成本高。主要表现为高寒缺氧、干旱少雨、土壤瘠薄，造林成活率与保存率低，林木生长缓慢，造林成本高。

林业科技人才缺乏，科研力量薄弱，农牧民文化科技素质偏低，生态意识淡薄，林业科技推广应用难度较大。

林业管理机构不够健全。乡、村两级林业机构未能组建，形成有头无尾之状，故林业一线管理显得力不从心。

林业资金结构配置不尽合理，诸如林木后期管理、灌溉基础设施，病虫害防治等工程项目投资不足，对整个林业工程建设带来一定程度的不利影响。

拉萨市水利工作

【水利前期工作稳步推进】2008 年，拉萨市水利局一手旗帜鲜明抓稳定，一手坚定不移抓发展，积极克服“3•14”事件带来的不利影响，确保了各项工作的平稳发展。2008 年，色达灌区茶巴拉子灌区已经开工建设，拉萨河二期堤防工程规划报告、可研报告、环评专项报告、水保专项报告、土地规划报告、城市规划报告均已分别通过自治区相关单位、部门审查。拉萨河二期防洪工程东郊水厂上游段和西郊经济开发区段已经完成初步设计工作；拉萨河河势控导工程项目建议书已完成，并通过市水利局组织的初步审查；澎波灌区规划报告已完成并已经上报自治区水利厅；拉萨河太阳岛—仙足岛蓄水调控工程初步设计报告也已完成并上报区水利厅待审；全市八座小水库除险加固初步设计已通过审查，其中四座水库已开工建设。与此同时，完成了墨竹工卡开发区防洪堤设计、拉萨市“十一五”项目中期评估报告、当雄县冲嘎草场的终验工作、堆龙德庆县奶牛基地供水工程等设计任务，城关区当巴连片供水工程已竣工，在抓好前期工作开展的同时也积极筹措项目前期经费，通过和拉萨市发展和改革委员会的协调，已经落实了 300 万元的水利项目的前期经费，有力的促进了水利项目的前期工作。

【重点水利工程建设扎实开展】重点水利工程建设以抓好项目建设为重点，认真落实“三制”开展项目管理工作。拉萨市柳梧新区沿山防洪工程总投资为 5818.18 万元。工程于 2008 年 3 月 30 日开工建设，目前已经完成工程建设总投资的 90%。拉萨市曲水县茶巴拉灌区续建配套与节水改造工程总投资 2147 万元，目前也已经完成工程建设总投资的 90%。其中，达孜县桑竹林水库、林周县春堆水库、城关区白定水库、尼木县根培水库已经开工建设。林周县龙泉水库和堆龙德庆县德阳水库除险加固工程和墨竹工卡县县城防洪工程现已完成招投标，即将开工。

【农田水利建设成效显著】2008 年，拉萨市八县（区）在冬春农田水利基本建设中，认真贯彻落实区水利厅提出的“五项”措施，突出落实一个“早”字，各县（区）政府在国家专项补助资金尚未到达前，“早部署、早动员、早动手”，根据各自实际开展农田水利基本建设。拉萨市水利局与八县（区）签订了目标责任书，在组织领导、工程进度、工程质量、环境保护、资金使用、农牧民增收等方面都提出了明确要求，每年年终进行综合考核，落实奖惩措施，通过“民办公助”、“以奖代补”评比表彰等方式，充分调动了八县（区）农田水利基本建设的积极性。

2008 年自治区下达拉萨市二批小型农田水利项目建设补助资金，其中第一批总投资 616.66 万元，国家投资 185 万元，劳务投入 431.66 万元。第二批总投资 1287.34 万元，国家投资 626.41 万元，劳务投入 660.93 万元。该批次含曲水县才纳乡协荣村农田水利综合试点项目，总投资 458.54 万元，其中国家投资 229 万元，劳务投入 229.54 万元，该项目目前还正在紧张有序的实施当中。

另外，2008 年拉萨市财政下达拉萨市小型农田水利基本建设项目 80 万元。

目前，小农各项目基本完工，基本保证了当地农牧民的灌溉问题。

【农村饮水安全工程建设取得新进展】2008 年，根据拉萨市的实际情况，自治区发改委和自治区水利厅向拉萨市安排了总投资 3371 万元，其中国家投资 2866 万元的饮水安全工程。精心组织，艰苦努力，解决了 3.9922 万人饮水安全问题。工程点 170 处，(其中管道引水 98 处，大口井 57 处，家庭手压井 110 眼，机井 13 处)。整体而言，2008 年拉萨市农牧区饮水安全工程建设很好地结合了新农村安居工程建设，紧张有序，稳步推进，达到了预期的目的，发挥了较好的社会效益、经济效益和生态效益，使受益农牧民真正得到了实惠，深受农牧民的欢迎。特别是在 10 月 6 日当雄地震中，该县格达乡羊易村二组的管道饮水工程未受地震影响，正常使用，为当地的抗震救灾提供日常生活用水。

另外，在 9 月 26 日，自治区发改委及自治区水利厅再次下达拉萨市第二批农村饮水安全项目投资计划，涉及六个县（除达孜县和城关区），总投资 1067 万元，其中国家投资 908 万元，地方配套及劳务投入 159 万元。目前，拉萨市水利局已要求各县抓紧做实施方案的编制工作，计划在 2008 年年底前组织相关单位完成对各县实施方案评审的工作。

【防汛抗旱工作取得了全面胜利】汛前拉萨市水利局组织相关部门领导和专家对市管河道进行了拉网式的检查，并对全市各县区的防汛准备工作进行了检查；积极做好防汛物资储备工作，主汛期前全市共储存编织袋63.9万余条，铁丝115吨，铅丝笼18880立方米、彩条布2600平方米，石料已堆放在险工段，确保拉萨市防洪抢险工作的顺利进行；建立防汛值班巡逻制度，市防办从6月1日起，聘用临时护堤员40多人，开始昼夜值班、巡逻，并严格执行了《值班人员岗位责任制》和《巡逻人员岗位责任制》；抓好防汛信息收集与传递工作，2008年市防办共上报防汛工作简报37期，并及时上报了各县区灾情；牢固树立"防重于抢、抢重于救"的思想，组建了市防汛抢险队伍。2008年汛期，拉萨市范围内降雨频繁，洪涝灾害发生较多，局部山沟小流域连降暴雨，形成多处山洪泥石流等灾害。在上级业务部门的大力支持和正确领导下，在全市各县（区）的密切配合下，防汛工作万无一失，取得了较好的成绩，未造成人员伤亡，各项工作落实到位，灾情损失降到了最低。确保了全市人民的生命财产安全。

拉萨市乡镇企业管理工作

【指标完成情况】乡镇企业。2008年拉萨市有乡镇企业176家。全年实现乡镇企业总产值19.61亿元，同比增长31.17%；实现增加值7.78亿元，同比增长29.67%；完成营业收入18.37亿元，同比增长25.22%；实现利税总额7.53亿元，同比增长37.96%。

多种经营收入完成11.01亿元，同比增长20.33%。实现劳务收入3.66亿元，同比增长36.57%。

工业经济。2008年全市工业经济实现销售收入29.78亿元，同比增长28.69%；完成工业增加值15.87亿元，同比增长37.17%；实现税收1.56亿元。

经济总量平衡较快增长，工业经济已经成为全市经济增长的重要力量。在"工业强市"的发展战略的拉动下，拉萨市工业经济开始全面提速发展。2008年全市工业经济实现销售收入25.82亿，同比增长20%，实现增加值13.88亿元，同比增长20%。工业经济已经成为拉萨市经济增长的重要力量，并将成为未来经济快发展、大发展、跨越发展的主力军。

企业投入力度增大，规模企业不断发展壮大。全市市属工业企业完成工业投入15.26亿元。技改、扩建和新建等项目投入力度加大，为拉萨市工业经济持续发展积累了力量，进一步夯实了工业经济发展的基础；2008年新增规模工业企业5家，规模以上企业已达53家，可完成总产值13亿元，实现销售收入12.3亿元，实现利润总额1.9亿元。产值上千万的企业19家；产值超过5000万元的企业5家；产值超过1亿元的企业4家，比2007年增加1家。

农业产业化龙头企业加快发展，带动辐射能力逐年增强。2008年龙头企业可实现产值9.1亿元，实现销售收入8.1亿元；累计解决农牧民1000多人就业，支付农牧民工人工资900万余元，农牧民职工年均工资收入近万元。龙头企业的发展不仅推动了订单农业的发展，带动了农牧业结构调整，还有力地推动了区域经济的发展，增加了财政和农牧民收入，较快的推动了农村城镇化进程。

工业园区加快发展，一批大型企业逐步显现。达孜县紧紧围绕"工业强县"，突出项目和投入，全力建设工业园区，初步形成了以农畜产品深加工、食品和药品、民族手工艺品、能源机电开发为主体的四大产业发展格局。曲水县充分发挥聂当工业开发区建筑建材行业和县城绿色农产品加工园区农副产品加工行业两大产业集群优势的辐射作用，以不断推进企业集群向专业化生产、市场化联动和社会化合作方向发展为工作主线，进一步扶优扶强、做大做强龙头企业和骨干企业，使其成为推动企业集群发展的"引擎"，带动全县工业经济的快速发展。远征纸业、华泰龙矿业、天恩科技等即将投产的企业产值将在投产后超过亿元大关。

乡镇企业、工业经济快速发展，推动农村剩余劳动力转移、农牧民收入增加。乡镇企业、工业经济快速健康发展壮大，吸纳了大批农村剩余劳动力就业，增加了农牧民现金收入。到2008年乡镇企业已安置6656人就业，其中农牧民3340人，支付农牧民工人工资2700万余元，农牧民职工年均工资收入1万多元。

农牧民培训转移力度不断加大，劳务经济加快发展。2008年，通过对农牧民进行了汽车驾驶、酒店服务、建筑技能、家政服务、种植、加工技术等技能培训，全市参加培训的农牧民达508人，参加培训的农牧民就业率达80%以上。

【强化服务，大力扶持】提高服务质量。2008年拉萨市乡镇企业管理局积极为企业在融资、产品销售、品牌建设、加强合作、发展生产等方面打造和提供平台，为企业办实事、办好事、解难事。积极协调做好圣鹿科技的资金问题、邦锦镁朵的人员问题、金哈达的藏药审批、为矿山企业协调解决炸药的审批等问题。

积极争取项目、资金。工业企业的发展离不开政策的支持，拉萨市乡镇企业管理局把争取项目和资金作为支持乡镇企业和工业经济发展的重要举措和着力点来抓。2008年拉萨市乡镇企业管理局积极为骨干龙头企业争取贴息资金400万元。

积极兑现优惠政策。把兑现优惠政策作为优化发展环境、优化服务、维护企业权益的重要环节来抓，2008年拉萨市乡镇企业管理局积极兑现了区、市两级乡镇企业、农业产业化龙头企业贷款贴息资金和江苏省支持苏拉两地企业发展资金。

完善乡镇企业网络式服务功能。一方面充分发挥乡镇企业家协会、农牧民经纪人协会的作用，加强联系和沟通，共同研讨乡镇企业发展的问题，寻求和各县（区）的重视和支持；另一方面加强市场信息收集工作，为企业提供有关政策、产业、投资方向等方面的指导和服务工作。同时继续开展"企业联系点"制度，不定期到基层、到企业听取意见，及时帮助企业解决了困难。

【扶优扶强，壮大龙头】千方百计育龙头、引龙头、造龙头。把培育发展一批竞争力强、市场占有率高的龙头企业，作为加快推进全市农牧业产业化的重中之重，将西藏高阳乳业开发有限公司等6家企业认定为市级农牧业产业化龙头企业，把西藏奇圣土特产品有限公司等5

家企业认定为市级农牧业产业化龙头企业培育对象的申报工作，认真落实市委、市政府已出台的鼓励其做大做强的优惠政策，从土地使用、税费收取、资金协调等方面予以了较大扶持，有效地调动起企业加快发展的积极性。

积极引导企业发展“定单农业”。逐步规范公司与农户的产销合同，进一步完善农牧业产业化利益联结机制。

帮助企业解决实际困难。继续实行“定点企业联系”制度，及时了解和掌握龙头企业发展过程中出现的新情况、新问题，不打折扣地落实有关农牧业产业化的扶持政策，形成促进农牧业产业化发展的合力。

按照“动态管理、优胜劣汰”的原则，加强对各级重点龙头企业的动态管理。

【创建品牌，拓展市场】从实际出发，抓住重点，突出特色。按照“人无我有、人有我优、人优我特”的思路，把有限的资源用好，把特色产业中最具优势的产品做大做强。鼓励、引导各种所有制形式的乡镇企业进入特色资源开发、特色产业建设领域，实行优势区域、优势资源、优势产业、优先发展的非均衡发展，全面提升乡镇企业的发展水平。西藏冰川矿泉水有限公司积极打造“高原绿色无污染”品牌，大力开拓市场，其产品已经打开北京、上海、深圳等地市场，还被铁道部的动车组确定为专供水。

开展争创品牌活动。针对我区品牌数量少，企业经营品牌意识比较淡薄，品牌带动效应不明显，有些西藏品牌被其它省、区抢先注册的现状，广泛宣传创品牌的意义和创品牌企业的典型及区外知名企业的品牌效应，让企业充分认识创品牌的意义和效益，通过广泛宣传和创品牌活动，让企业充分认识创品牌的意义和效益，引导企业创品牌，做名牌；通过开展名牌产品评选活动，大力推进品牌培育工作，不断营造品牌、宣传品牌，切实保护品牌，引导企业创品牌，做名牌；通过挖掘民族品牌，对一些古老品牌进行技术改造，挖掘整合，包装设计，提高产品质量，建立市场信誉，创立新的品牌形象。5100 矿泉水、藏缘青稞酒业、曲水绿宝食品等企业产品已经获得国家级著名或名牌产品称号；堆龙雄巴拉曲藏药厂、堆龙青达陶瓷、圣鹿科技、城关区地毯厂、堆龙吞柏藏香等企业产品已经获得自治区级著名或名牌产品称号。

【发展劳务经济，促增收】2008 年，拉萨市乡镇企业管理局紧紧围绕农牧民增收这个核心，按照培育“有道德、有文化、懂技术、会经营”新型农牧民的要求，多次组织调研，深入基层、深入群众、深入企业和用工单位，听取大家对农牧民培训、就业的不同意见，做到集思广益，为确定 2008 年农牧民培训重点，统筹安排全年农牧民培训工作提供了决策依据。并在每次培训中做到了三个结合：一是把培训和市场用工需求相结合。二是把培训和农牧民要求相结合。三是把培训和学以致用结合起来，更加注重实际操作。2008 年开展农牧民培训 7 期.墨竹工卡县 70 名农牧民进行采矿技能培训、40 名农牧民进行旅游产品营销，培训合格的学员到公司就业。

拉萨市国土资源工作

【国土管理工作更加规范，作用更加突出】2008 年，拉萨市国土资源规划局认真落实节约国土基本国策，加强保护耕地特别是基本农田，大力促进集约节约用地，积极探索符合市情、建设占地少、利用效率高的土地利用新路子。坚持最严格的耕地保护制度，层层落实责任，年初与各县区签定了耕地和基本农田保护目标责任书，并进行了考评。完成了城关区、堆龙德庆县 31924 亩基本农田调整补划工作。实行最严格的节约用地制度，从严控制城乡建设用地总量，完成了《拉萨市 2007 年度城市建设用地农用地转用和土地征收实施方案》的编制、报批工作；完成了拉萨市中心城市 2008 年度建设用地农用地转用和土地征收方案的报批工作。完成了堆龙德庆、达孜、墨竹工卡、林周等县 2008 年建设用地审查报批工作；开展了第八次土地卫星遥感监测工作，对市域范围内新增建设用地、农业结构调整以及对未改变土地用途的情况进行了执法检查，加大了土地监督检查和保护利用的力度。在江苏省国土资源系统的无私援助和大力支持下，开展了地价动态监测工作，目前正在开展内业数据录入工作。完成了西藏拉萨汽车运输总公司等 12 家用地单位申请国有建设用地使用权出让的审查报批工作。继续开展中心区 10.6 平方千米的城镇地籍调查试点工作，目前已基本完成外业调查。全面启动了第二次全市土地调查工作，各专业队伍已进驻各项目区，城镇地籍调查工作已完成 50%以上。东城新区土地征收储备工作取得阶段性成果，现已完成外业测量和大部分用地的入户调查工作，可储备土地 7287.71 亩，需征地拆迁补偿资金 16 亿多元。按照国有土地使用权招标拍卖挂牌出让的有关规定，进一步严格规范土地市场，截至 11 月底已顺利完成国有土地使用权公开出让 15 宗，成交总面积 2000 多亩，成交总价款 6 亿多元。共颁发土地使用证 1163 本，他项权利证书 40 本。依法办理土地出让 300 多亩，出让总价款 2 亿多元。评估土地 40 宗，收取土地评估费 30 多万元。

【矿产资源整合工作取得重大进展，资源优势进一步发挥】积极开展对矿业市场秩序治理整顿和“回头看”工作，矿业市场秩序有了很大好转，维护了采矿权人的合法权益。召开了全市整顿和规范矿产资源开发秩序领导小组会议，总结了近 2 年来的工作，安排部署了下一步工作。全面推进甲玛矿资源整合工作，中国黄金集团与西藏华泰龙矿业开发有限公司正式签署了《关于联合整合开发西藏甲玛铜多金属矿的协议书》，整合总投资达 2.988 亿元。四川宏达集团先后投入 2.1 亿元，收购控股了西藏天仁矿业有限公司，并与西藏地勘部门合作，对帮铺多金属矿矿区进行了全面深入的地质勘察，现已完成地质详查工作。积极为矿山企业搞好指导协调服务工作。矿管人员先后几十次深入矿山企业指导工作，协调和解决矿山企业纠纷，保障权益人的合法权益。加大矿产资源补偿费征收工作力度，目前正积极开展征收工作，已收取矿产资源补偿费 240 多万元。注重矿山企业的安全生产工作，加强监督检查工作，有效预防了矿山企业事故。抓好矿山地质储量检测核准工作，推动矿产资源储量动态管理，摸清市域矿产资源储量现状。积极开展地质灾害防治工作。在汛期前，组织相关人员深入各县（区）对地质灾害防治情况进行跟踪检查，发现问题及时向有关部门提出整改措施和具体要求，保护了国家和人民群众财产和生命安全。10月6日当雄格达乡发生M6.6级地震后，快速反应，立即深入地震灾区了解情况，做好地质灾害评估工作，完成了当雄、尼木、曲水三县震后灾害评估报告，并对灾后重建和预防次生灾害工作进行指导。认真开展矿山环境保护和矿山安全生产工作，对辖区内所有选矿厂尾矿库（坝）进行了全面检查。共办理（延续、变更）采矿许可证38件、新办1件、采矿注册39件，勘查注册77件。

【加强城乡规划编制，城乡规划编制工作取得重大成果】按照"东延西扩，跨河发展"的城市发展战略布局，坚持以科学发展观为指导，坚持规划的"龙头"地位不动摇，科学有序地开展城乡规划编制和修编工作。城乡规划修编工作进展顺利，圆满完成了地下管线普查和成果审查工作，圆满完成了《拉萨市城市总体规划（2007—2020）》、《拉萨市城市综合交通规划》和《拉萨城市综合管线规划》的编制工作。《拉萨市城市总体规划（2007—2020）》通过了专家论证会、拉萨市城市总体规划修编领导小组扩大会、拉萨市城市规划建设委员会全体会议、市政府常务会议、市委常委会议、市人大常委会议、自治区人民政府的审查，并进行了为期一个月的公示，目前修编成果已报请国务院审批。完成了拉萨东大门环境整治规划；完成了拉萨河城市设计和江苏大道城市设计的编制报批工作；完成了市中心区、西城区、北城区、百淀区控制性详细规划编制报批工作，历史上第一次实现了中心城区控制性详细规划全覆盖。

【城市规划管理工作逐步规范，效率逐步提高】2008年，服务融入管理的理念在国土资源规划部门有了较大提高。完成了市区扎基东路、加荣路、西二路、扎西东路、夺底路北段、藏热路北段、江苏大道西段总长约7.29千米城市主次干道的规划方案和道路路由规划设计要点。圆满完成了老虎嘴水电站输出及林芝、拉萨220千伏联网输变电工程配套拉萨110千伏输电线路路径的协调工作。完成了4座中型公园、13座小型公园和其他"创园"项目的规划选址和协调工作，完成了20个单位的拆墙透绿选址、协调工作，为绿化工程项目的实施提供了规划保障。配合做好72家评选园林式优秀单位的评选和考核工作。积极配合相关部门开展城市集中供热、供气规划选址、可行性研究和规划设计方案的编制审查工作，为城市基础设施建设作出了积极贡献。

制度建设成效明显。完成了《拉萨市城乡规划条例（初稿）》和《拉萨市建设工程规划管理办法（初稿）》。启用了新版城乡规划许可证，实施了建设项目批后公示制度。全年共受理各类城乡规划行政审批报件436件，其中市政工程类报件49件，下发规划设计条件300多份，颁发《建设项目选址意见书》25本，颁发《建设用地规划许可证》140本、《建设工程规划许可证》213本，复函60多件，办结率98%，其余正在处理中。起草出台了私人办理建设工程规划许可证管理办法，强化了各部门之间的沟通和配合，加强了对"一书三证"的行政审批工作，工作质量和效率明显提高。

【获奖情况】

2008年工业经济发展 拉萨市国土资源规划局被授予先进集体荣誉称号。

拉萨市国土资源规划局被授予2008年度铁路护路工作先进集体荣誉称号。

拉萨市国土资源规划局规划科被授予2008年度全区建设系统先进集体荣誉称号。

旦巴曲达同志获得全区地质灾害防治工作先进个人荣誉称号。

李嵘同志获得全区建设系统先进工作者荣誉称号。

【领导名录】

书记：龚建彰

局长：江白

副局长：黄建春、米玛次仁、旦巴曲达、宋玉璋、李嵘、索朗江村

总规划师：王国荣

拉萨市建设工作

【市政重点工程扎实推进，城市功能不断完善】2008年，拉萨城市建设进入了一个新的高水平发展阶段。国家及市政府对城市建设的投入再创历史新高，项目投入将超过13亿元，2008年市政重点项目已完成投资逾7亿元。大量的资金投入将使拉萨城市环境整体面貌出现新的改观，人民群众的生活质量将上一个新的台阶。

科学管理和组织实施市政重点工程建设项目。投资13701.56万元的德吉路北段等九条道路市政工程、投资1476.64万元的七一路市政工程、投资约2600万元的9个街旁游园和公园工程、投资593.8万元的宇拓路东段市政工程已完成；投资3895.2万元的中干渠综合整治二期工程已完成工程投资约3500万元；总投资13432.69万元的罗布林卡周边环境整治工程，除罗布林卡南路、罗布林卡南路支路、罗布林卡北路绿化工程正在施工外，其余项目已全部完成；投资2154.54万元的东郊苗圃项目、投资5914万元的拉鲁湿地保护二期工程、投资1.2453亿元的拉萨市干部职工周转房工程、投资9265万元的柳东路工程正在抓紧施工；投资约1.07亿元的江苏路等三条道路改造和街景整治工程已经完成了两条道路；投资6220万元的药王山绿化工程、投资477.109万元扎细东路市政工程、投资2001.51万元的12个街旁游园工程已经开工建设；设计概算投资3849.14万元的扎基东路市政工程和设计概算投资3134.5万元的藏热路北段市政工程已完成前期工作；估算投资4.2亿元的纳金大桥及引道工程、投资1.2亿元的污水处理厂工程和投资2.2亿元的拉萨市供水排水管网工程部分工程正在做前期工作。

【城市绿化建设步伐加快，各项创建指标稳步提升】2008年，完成了全市各条市政道路和公共绿地的苗木更新、补栽工作；完成了2007年启动的8个公园建设工作；2008年计划再建设的4个中型公园中已完成药王山公园和罗布林卡广场的建设，拉鲁湿地公园和西城区公园

已开工建设，另有13个小型游园已完成了设计、征地、拆迁及招投标等相关准备工作，2008年将全部开工建设；完成了金珠西路、民族北路、巴尔库路、娘热路、色拉路、罗布林卡路的绿化工程，栽植各类苗木55万余株，种植草坪674.4平方米；完成了中干渠景观绿化工程，栽植各类苗木近6万株，种植草坪13757.58平方米；完成了金珠西路墙边绿化工程，栽植各类苗木17691株；完成了宗角禄康公园的绿化补栽更新工作，补栽各类苗木56290株，新载各类草花82704株，更换草坪36217平方米；完成了迎接重要节日装扮城市的任务，节日期间在全市重要景点和主要街道摆放各种花草11万余盆；积极开展城市公共绿地认养和第二批"园林式单位和园林式居住（小）区"的检查验收工作；积极抓好苗木基地建设，提高苗木自给率，目前，三个苗圃建设进展顺利；大力推进全民义务植树运动，2008年完成造林10万亩，植树成活率达到85%以上；全面开展南北山绿化工程，规划面积达到77.89万亩；占地673亩的"创园第一林"已开工建设，现已完成588亩的绿化建设；拆墙透绿工作有序开展，2008年拉萨市建设局协同市国土资源规划局已给第一批拆墙透绿的20家单位下发了通知，现正在收集各相关单位的反馈意见。通过上下努力和广大市民的支持，拉萨市的绿化工作取得了显著的成效。截至目前，拉萨的城市绿地总面积已达到1905.69公顷，建成区绿化覆盖率达到35%，绿地率达到32.41%，人均公共绿地面积达到8.01平方米，市区内现有公园22座，城市中小绿地也日益增多，美化了城市景观，改善了生态环境，提升了拉萨的城市形象。

目前，对照全国文明城市测评体系，城市建设专业组承担的创建项目有14个大项，28个子项（含硬性指标6项），其中问卷调查1项，整体观察2项，实地考察任务17项，材料审核8项。通过努力，拉萨市建设局承担的8项材料审核工作已全部通过；6项硬性指标已有5项达标：建成区绿化覆盖率＞25%；绿地率＞20%；人均公共绿地＞8平方米；集中式饮用水水源地水质达标率≥96%；主要公共场所设有大型宣传创建活动和道德建设的公益性广告数量≥广告总数的20%。通过实施"爱护环境卫生，共享文明城市"主题活动和创城专项整治活动，17项实地考察项目也基本完成，创城申报迎检工作取得了较好成效。

【恢复生产、促进发展的各项工作取得阶段性成果】积极开展"3•14"市政设施恢复工作。"3•14"事件对拉萨的市政设施损坏比较严重，为了确保市政设施的正常使用，拉萨市建设局不等不靠，及时组织施工，投入1000多万元对"3•14"事件被损市政设施进行了恢复。完成了金珠西路、北京西路与八一路交叉口等路段的18处交通信号灯控制箱、信号线和损坏、被盗的电缆的更换；完成了全市4000余盏损坏的路灯电缆、变压器和配电箱的更换；完成了被损毁的20余处站台广告牌、指路牌的维修和更换；完成了北京东路（赛康—市人民医院）彩砖人行道的全面更换，并对该路损毁的水泥路面进行了补修；完成了宇拓路800余柱护栏的安全加固工作，并重新粘贴了反光膜和更新了实心钢球，更换了32套红色休闲座椅，刷新了1000余米链条，维修了光柱灯和双臂灯，更换了3座损坏的石头围栏等设施；对大昭寺广场及藏医院门诊部前绿化带被损毁的花坛石头和绿化铁护栏进行了全面更换和维修，更新和修复绿化带栏杆981米和道路景观石904米；对市区主要路段14处十字交叉口交通护栏进行了维修和刷新；对朵森格路全段路灯灯杆进行了更换，现已全部投入使用；在民族南路、德吉北路、色拉北路等路段新设置了300个环保果皮箱，并安排市环卫局对市区主要路段已设置的500个果皮箱进行了清洗。

制定并落实"恢复生产，促进发展"各项优惠政策。拉萨市建设局系统针对拉萨"3•14"事件中受损商户恢复生产经营秩序方面的优惠政策有六个方面：对受损商户、酒店、居民实行减免水费、免收生活垃圾和建筑渣土处置费、免收占道费和排水管网疏通费、免收物业管理费、免收施工许可证手续费，以及为受损房屋修缮及重建方面实行的优惠政策。目前，对在"3•14"事件中的受损商户，已受理87户减免水费的居民，减免水费22408元；免费维修老城区和青年路沿街商铺的上水管，减免手续费5000元；免费为重新装修的商户办理占道手续共16处，免费为北京中路（以纯店门口）疏通下水管，减免手续费4320元。

【坚持高效能管理城市，努力树立城市新形象】严格行政审批，加大巡查力度，大大促进城市管理工作。根据市政府要求，拉萨市建设局在市区占道经营、设置户外广告、开办洗车场等行政审批方面严把审批关，尤其是严格新建道路的各项开挖和楼顶广告的设置审批手续。同时安排人员坚持每天不间断地巡逻检查，大大减少了乱挖、乱占、乱砍和乱设置户外广告、乱开设洗车场等现象的发生。通过整治，逐步建立起集中整治与日常管理相结合，教育引导与法规约束相结合的城市管理长效机制。

积极配合，加大协作，切实加强城市管理工作。2008年，拉萨市建设局与城管综合执法局等部门合作，对城市主要街道"脏、乱、差"进行了有效整治，着力解决占道经营、乱设摊点、乱贴乱画等群众关心的热点难点问题。同时为配合市政府对宇拓路东段及江苏路等路段景观的改造工作，拉萨市建设局统一制定了沿街商品房楼面广告的设置标准与规范，使改造后的路段周边户外广告及招牌与整体环境相协调，为树立拉萨城市的新形象做出了积极的贡献。

主动协助，出谋献策，为城市管理工作提供科学决策依据。为了从真正意义上实现高效能管理城市，拉萨市启动了城市总规修编工作。在拉萨市城市总规修编期间，拉萨市建设局积极配合规划部门做好总规意见的征求工作，提出的许多建设性意见和建议，均得到拉萨市规划委员会的采纳。在《关于进一步加强城市管理工作的若干意见》征求意见时，拉萨市建设局专门召开会议，组织专门工作班子对《意见》进行了修改，为政府提供了科学决策依据。

【建筑业管理力度进一步加大】加大了建筑市场规范整顿工作。对建设单位资质进行了全面清查，杜绝了无资质进入和跨资质建设现象，同时，加大建设项目监察执法力度，通过宣传教育，进一步增强了工程建设各方主体法制意识，推动了文明施工。强化了建筑业安全生产的监管工作。认真贯彻执行《建设工程安全生产管理条例》，建立了完整的工程项目安全保障体系，并确定项目经理为安全第一责任人，对项目的安全生产全面负责。对特殊岗位工作人员经过严格培训后才准予上岗作业。同时，结合“安全生产月”活动，强化了安全生产大检查，全年共抽查在建工程23项，对安全防范措施不合格的施工企业责令整改，查处杜绝各类事故隐患，确保安全生产。加强了建筑质量监管工作。2008年，认真落实工程质量责任制，把工程质量监管放在突出位置予以加强，严格执行抽查和巡查方案，建立工程质量责任主体约谈制度，积极开展工程质量复查工作，切实加大施工现场巡查管理。共组织工程质量巡查、抽查606次。按照建设厅统一部署，从7月份开始对七县一区房屋建筑抗震设防情况进行检查。加强了建筑材料的检测鉴定工作，进一步完善了工程竣工验收备案管理制度，工程竣工验收一次合格率100%，报建工程监督覆盖率达96%。招投标工作有序开展。招投标管理中心不断建立健全各项规章制度，加强廉政建设，强化操作规程，将建设工程招投标工作的资格预审纳入建设工程固定交易场所进行公开交易，建立了对评标专家动态考核制度，对各类招投标活动实施全过程监督，加大了“阳光工程”运作力度，使招投标管理工作始终规范、高效、公正运作。2008年市招投标管理中心对全市建设工程项目招标备案98项176个子项，中标金额达82082.26万元。

【市政设施维护质量和环卫工作水平进一步提高】加大了路网维护力度。对市区部分破损路段进行了维修，共修补人行道3810平方米，维修破损路面8300平方米。加大了路灯维护力度。采取路灯巡查发现情况及时处理与定期维护保养制度，全年共维修市区内路灯8600多盏，保证了市区道路亮灯率在95%左右。加大了排污设施维护力度。全年对市区下水主管进行了两次清淤处理，共清理垃圾40余吨，清淘下水主管长150余千米，800多座检查井和雨水井，同时对破损、丢失的井盖及时进行更换，共更换破损缺漏的雨水井53套，更换检查井95套，保证了雨季和平时污水排放的畅通。加大了环卫管理力度。为了更好地支持“六城同创”的各项工作，根据《六城同创工作实施方案》的相关要求，环卫部门研定了《拉萨市环境卫生工作实施方案》、《城市道路清扫保洁标准》和《公厕管理制度》，用制度促工作，用扎扎实实的工作作风带动环卫行业实现新的突破。通过统一规范全市道路清扫保洁标准和公厕卫生标准，切实加强对城关区环卫洁达有限公司的业务指导和监督检查，以及加强生活垃圾转运和生活垃圾填埋工作，促进了拉萨市环卫工作正常开展。

【强化服务，履行责任，各项工作实现新突破】2008年共完成房屋所有权初始登记1350件，建筑面积35.8万平方米；办理房屋转移登记274件，建筑面积3.5万平方米；办理房屋抵押登记993件，抵押房屋建筑面积35.45万平方米，抵押贷款金额4.38亿元。严把商品房预售许可关，2008年批准预售房地产开发项目7个，批准预售建筑面积253297.85平方米，总投资约3.67亿元。完成了全市75家房地产开发企业和4家房地产评估公司、4家房屋拆迁公司、16家物业公司的2007年度企业资质证书年检初审工作，审核批准了10家物业公司的资质升级申请。严格按照廉租住房申请条件和审核程序对国有企业“双困户”的廉租住房申请进行了审核登记，目前符合条件的142户“双困户”已陆续入住。

全面完成了全市117个市直党政机关、企事业单位和七县一区工龄满20年和未满20年在职、离退休无房职工的住房补贴审核兑现工作，审核通过了53名在职、离退休无房职工的住房补贴兑现工作，兑现房补总额610621元；完成了全市党政机关、企事业单位参加集资建房职工住房补贴审核工作，兑现了31名参加集资建房职工的住房补贴，扣除职工应退回的国库住房补贴815531元；完成了国有企业职工住房补贴兑现工作。

全市已有202个单位的1.87万职工建立了住房公积金制度，累计归集总额6.7亿元，其中2008年归集8922万元；累计提取住房公积金2.9亿元，归集余额3.8亿元；累计发放公积金贷款1.8亿元，其中2008年发放贷款4066万元；同时加强了在职职工住房补贴资金的管理，为12633名职工建立了个人账户，累计归集住房补贴总额1.9亿元，累计归集余额2194万元。目前，全市住房公积金管理情况良好。另外拉萨市市行政事业单位公有住房租金管理已经纳入中心统一管理，单位明细账正在逐步建立，公有住房租金已陆续缴至住房资金管理中心，2008年已缴存公有住房租金20万元。

成立了拆迁安置工作领导小组，专门负责拆迁安置工作的有关事宜。由于工作及时到位，2008年拉萨市建设局承担的市政工程项目拆迁工作进展顺利，杜绝了上访事件的发生。

拉萨市建设局在开展供暖试点的基础上，完成了以电为主，太阳能等其它能源为辅的《拉萨市供暖项目可行性研究报告》、《拉萨市供热专项规划》和项目的立项申请工作。供气方面，拉萨市建设局已在开展组建拉萨市燃气热力公司、资金筹措、土地征用等事宜，并按市委、市政府的指示推进供气相关工作，开展电采暖的调研工作，充分了解拉萨市目前电采暖的情况及相关数据，并于2008年9月对拉萨市目前用电采暖的单位进行实地的调研，完成了电采暖调查报告。同时与拉萨市国土资源规划局协调，把拉萨市供热规划纳入城市总体规划，配合编制《拉萨城市供暖专项规划》。

企业经济运行良好。2008年，自来水公司、设计院不断深化改革，积极创收，经济运行总体情况较好。其中：自来水公司安全供水8734万吨，各项经济收入4611万元。市设计院完成建筑设计项目31项，建筑面积1.5万平方米，完成市政工程设计项目39项，道路工程40千米，实现总产值1000万元，实现利润50万元。水泥制品厂因挂牌出让，目前正在准备改制等相关工作。

“双清欠”工作力度不断加大。2008年清理出新拖欠工程款2456.7万元，拖欠民工工资涉及金额550万元。2008年，全市累计查出拖欠工程款24678.2万元，累计清理兑现工程款14804.75万元，清欠率为60%；累计受理拖欠民工工资总额4171万元，清欠民工工资4150万元，清欠率达99%。

拉萨市环保工作

【召开全市环保大会暨创建国家环保模范城市再动员大会】2008年5月，拉萨市环保局经过认真筹备、精心组织，召开了全市环保大会暨创建国家环保模范城市再动员大会，这也是拉萨市召开的首次环保大会。会议总结了过去几年的全市环保工作，传达了全区环保大会精神，安排部署了今后一段时期的环保工作重点，表彰了全市环保先进集体和先进工作者，并对国家环境保护模范城市创建工作进行了再动员、再部署。在实地调研的基础上，根据自治区下达的标准，会上，市长与各县政府、重点排污企业签订了《"十一五"主要污染物总量控制目标责任书》，会议明确了拉萨市环保主要目标是。

【积极开展环保专项行动，努力推进节能减排工作】2008年，全面实施了饮用水水源地检查，重点建设项目专项检查，农产品、食品加工企业监测、监察，重点交通干线、旅游景区及主要城镇环境综合整治，奥运会期间预防和应对突发环境事件准备工作，环境安全隐患排查治理，矿产资源勘查阶段环保方案编制、落实及勘查结束后的验收，禁止白色污染专项整治等整治违法排污企业保障群众健康环保专项行动。在环境影响评价和环境执法中，拉萨市环保局本着推进企业清洁生产，从源头减少废物的产生，实现由末端治理向污染预防和生产全过程控制转变，促进企业能源消费、工业固体废弃物、包装废弃物的减量化与资源化利用，控制和减少污染物排放，提高资源利用效率。按照循环经济理念，加快园区生态化改造，推进生态农业园区建设，构建跨产业生态链，推进行业间废物循环。在矿产资源的利用方面，拉萨市环保局对各开采、选矿企业，要求严格按照环境影响评价文件，规范开采、限制开采，利用循环工艺、重复利用，最大程度地利用矿产资源。全面推进节能减排工作的开展。

加强执法检查，整顿规范排污企业，严密排查环境安全隐患，确保重点交通干线、旅游景区及主要城镇环境净化。

拉萨市环保局积极开展了整治违法排污企业、保障人民群众健康活动。对全市石材厂、预制厂、采砂场等排污企业进行了清查整治。截至目前，共检查排污企业120多个，主要检查企业办理环评手续、履行环评要求情况，对2家违法较为严重的排污企业进行了处罚（罚款额为1.5万元），对13家违法排污企业进行了限期整改。针对尼木县、曲水县、堆龙德庆县存在的以采砂为名，实际开采砂铁资源并对生态环境造成破坏的，进行了专项检查，共查封28家，目前没有发现反弹现象。

对水泥厂、选矿厂等7家开始了在线监控。计划2008年内将17家位于拉萨市的区属重点污染企业以及市属污染企业全部纳入自动监测系统范围内。

严格执行"12369"全国举报热线24小时值班制度。截至12月10日共受理群众举报408起，95%的群众举报做到24小时内处理完成，处理结果基本让群众满意。

"中华环保世纪行——西藏行"检查组在拉萨期间，检查了拉萨市的相关环保项目和矿山开采点、选矿厂等重点污染企业。检查组一行充分肯定了拉萨市的各项环保工作，对存在的问题提出了整改意见。

【全面贯彻国家、自治区文件精神，进一步开展禁止白色污染工作】2008年6月1日起，首先开展了禁止白色污染宣传活动，在主要街道、农贸市场、超市等处悬挂横幅200条，向市民免费发放印制的"禁止白色污染"字样的环保购物袋达15000个。其次，在全市范围内进一步开展了禁止生产、销售、使用一次性塑料袋专项工作，拉萨市环保局执法人员多次深入超市、农贸市场等购物集中地进行白色污染专项整治，严格检查相关单位、业主关于《拉萨市禁止生产销售使用一次性发泡塑料餐具、塑料袋责任书》的落实情况，成效显著。到目前为止，共没收一次性发泡塑料餐具、塑料袋30余吨。

【建立健全机制，积极预防和应对突发环境事件】于7月1日启动了《预防和应对突发环境事件应急实施方案》，专门成立了突发环境事件应急领导小组、应急现场指挥组、专家咨询组、应急监察组、应急监测组、善后处理组以及综合保障组等7个应急工作小组，负责环境事件各项工作。

10月6日，当雄县境内发生里氏6.6级地震，及时成立了抗震救灾领导小组，启动了《拉萨市环境保护局环境污染事故应急处理预案》。为及时了解掌握地震灾区的环境质量情况，确保灾区群众身体健康以及抗震救灾工作的顺利进行，拉萨市环保局环境监测站于10月9日、12日奔赴灾区，对当地的环境空气和地表水、地下水进行取样监测，并及时将分析结果上报市抗震救灾指挥部。

【加强农产品生产基地和食品加工企业、畜禽产品基地和畜禽产品加工企业、饮用水水源地的环境监测、监察工作】拉萨市环保局定期、不定期深入到各县（区）对农产品生产基地、食品加工企业、畜禽产品基地、畜禽产品加工企业进行严格的环境监测、监察，没有发现异常情况。为切实有效地保障人民群众的饮用水安全，继续对各县（区）的城镇集中式饮用水水源地保护区进行专项检查，各保护区内未发现环境安全隐患问题。

【加强建设项目环境管理，开展重点项目的环境检查】截止10月20日，共审批建设项目85个，其中环境影响评价报告书8个，报告表17个，登记表60个。全面推行排污许可证制度，2008年已核发许可证249份。组织专门工作组开展了拉日铁路、青藏铁路以及国道、省道等重点建设项目环境监察工作。

【加强环境监测，为环境执法提供依据】进一步加强建筑施工、娱乐场所噪声、扬尘污染及生态破坏的环境监测工作，严查"十五小"、"新五小"。同时，认真组织高考、中考、小考期间的环境噪声监控工作，为广大考生营造良好的考试、休息环境。对网通西藏分公司、藏医学院门诊楼、5100矿泉水等11家企业进行了环评监测和委托监测。

【汽车尾气检测工作步入正轨】加强机

动车尾气排放的监督和管理，随着拉萨市机动车尾气检测中心的落成，工作逐步迈入正轨。截止2008年12月31日已检测机动车4363辆，治理超标排放机动车238辆，有效地遏制了城市大气污染。

【积极开展排污收费工作，为环境污染防治奠定经济基础】"3•14"事件发生后，市委、市政府制定了排污费征收优惠政策。即免收直接受损商户2008年排污费，同时免费补办排污许可证；对服务行业（包括餐饮、茶园茶馆、宾馆饭店、招待所、美容美发、洗浴、干洗店、歌舞厅、照相馆、医疗单位及诊所、洗车场）在实际缴纳排污费额的基础上减免50%，执行时间从2008年3月1日至2009年2月28日。截至目前，已向400多家排污单位征收排污费102万元。

【圆满完成第一次污染源普查工作】这次普查共清查生活源3195家（居民服务1389家，餐饮1806家），其中普查1016家（居民服务279家，餐饮723家，医院污染源普查13家，垃圾处理厂1家）。清查工业源200家，其中普查110家，简表73家，详表37家。国家污普办已对拉萨市各项工作进行了验收。

【积极开展"创模"工作，努力提高城市品位】创建国家环保模范城市工作进展顺利，与"创模"相关的环境工作正在全面开展中，污水处理厂和危险物处置中心项目已立项，"创模"规划已经编制完成了初稿。根据"创模"规划的要求，2008年4月和9月分别召开了"创模"工作的两次协调会。10月份召开了"创模"规划征求意见会。

【积极建设西藏高原国家生态安全屏障，努力推进生态文明】拉萨市环保局对自然保护区及湿地生态功能保护区工作力度不断加大，已建立自然保护区及生态功能区26个，总面积达8207.525平方千米，占全市国土面积的28.30%。

2008年5月，正式成立了"拉鲁湿地国家级自然保护区管理局"（副县级事业单位），编制人员已经到位。拉鲁湿地二期保护工程投资5999万元正在建设中，拉鲁湿地作为自然生态保护的宣传基地，2008年以来进一步加强了宣传力度，至今共接待国内外政要代表团、国内外旅游团、科考团共计58批，涉及700多人，面向国内、国外有效地宣传了拉鲁湿地。

中国欧盟拉萨生物多样性保护项目正在实施中。2008年实施了尼木县协议保护点考察，访谈社区和环保主管部门，搜集动植物资料，主办生物多样性挂图实例专栏，完成了拉萨周边2个湿地生态服务功能评估报告，进行了协议保护培训，制作了生物多样性影像资料。

通过努力，2007年拉萨市地表水质达到《地表水环境质量标准》的二类水域标准；环境空气质量优177天、良181天、轻微污染7天，优良率达98.1%。并且拉萨市的空气环境质量、水环境质量继续保持优良状态。

【加大环境保护宣传力度，不断提高广大市民的环保意识】6月5日世界环境日，拉萨市环保局在市区主要街道，以悬挂横幅、挂置宣传图片、发放宣传资料、免费发放环保购物袋等形式开展了环保宣传活动。此次活动中，共免费发放环保购物袋达5000余个，发放环保宣传资料3500多份。

另外，积极参与了市委宣传部、市综治办、市团委等部门组织的创建文明城市、综治月、无车日等宣传活动。

【坚持以加大投入为动力，强化提高环境保护能力的科技手段】2008年，为林周县、城关区和本局共解决了三台监察办公车辆。环境监测站、环境监测大队通过近几年的努力，争取资金，在现有条件的基础上，腾出了一间仓库作为简易实验室，购置了必须的实验用品和检测仪器设备，通过培训，监测站工作人员已具备了水温、PH、电导、COD等项目的监测以及常规监测项目样品采集的能力。

拉萨市气象工作

【气象预报服务】2008年，拉萨市气象局向地方政府发布决策气象服务信息有：36期周报、27期天气旬报、27期城市环境公报、9期天气月报、不定期天气公告10期。"3•14"期间，向驻拉萨武警官兵提供专题气象预报1期。奥运火炬传递期间，向奥运火炬传递西藏领导小组提供3小时滚动气象预报2期。雪顿节期间，向雪顿节组委会提供专题气象预报3期。国庆节期间，向市委、市政府有关领导和部门提供专项预报2期。此次当雄地震，拉萨市气象局及时组织人员为抗震救灾指挥部提供了专题气象预报19期。

在自治区气象台的支持下，开播了汉语电视天气预报主持人节目，全面改版窗口预报风格，结束了西藏首府电视天气预报无主持人的历史。

【农业气象服务】2008年累计发布了定期农业气象情报36期，非定期农业气象情报15期，其中针对在1-2月份当时持续高温无降水的情况以及5-6月持续多雨的天气情况，深入到田间地头对拉萨河谷一线的农区开展了大田调查，进行了气象条件分析，提出了生产建议；6月份，针对在尼木县发生的蝗虫灾害，在当地农牧部门的大力协助下，及时深入到田间进行实地调查，并进行了气候分析，提出了生产建议，及时以非定期农业气象情报形式向上级及相关部门汇报。调查图片100多张，部分图片被拉萨市政府网和自治区农经网采纳。参加自治区气象局气候中心的国家气候中心项目，开展了当雄牧草生态监测，并制作和发布了2期牧草监测公报。

【人工影响天气工作方面】5月15日，拉萨市人影办举办了"拉萨市2008年度人工影响天气技能培训班"。培训班主要面向除当雄县外的其他六县一区负责人影管理人员、人影作业炮手讲授基本气象知识、法律法规、"37"高炮的安全使用和日常维护保养。

【"农牧经济信息网"】1-9月份共采集信息4889条，其中拉萨分中心2949条，墨竹工卡站459条，当雄6条，尼木1467条，达孜18条；新闻类（含图片新闻）1759条，农牧科技216条，市场行情2854条，商务中心35条，政策法规35条。

更新丰富了"12121"声讯平台与"拉

萨气象”网站内容。自奥运开幕100天之际，全面改造了12121声讯节目，加入了100天到计时业务，自此12121声讯业务从以前的手工修改进入了全自动的业务运行模式，提升了12121声讯系统的服务能力与时效。另外，全面改造拉萨气象网站，从原来的拉萨市个别的预报，改造成了具有拉萨市自动站的实时资料，全区各预报站点的预报与实况，全国80个主要城镇的天气预报及实况，使该网站实现了从名片型向信息型的转变，为今后建立服务型网站奠定了基础。

【气象常规业务质量保持较好水平】狠抓基础业务和新业务运行的管理，业务分析统计数据质量稳步提高。

地面观测工作基数：14473.0个，消灭出站错情。

自动站总基数：51582.3个，其中观测基数为15356.5，操作基数为19320.8，发报基数为13305.0，报表基数为3600.0，消灭出站错情。

高空业务：探空工作基数29250.0。探空平均施放高度为29641米，测风平均施放高度为28421米，球炸率为999‰，总错情数为2.0，错情率0.1‰，与上年同期相比，探空质量上升了0.2‰，全面完成了探空五项指标。

辐射业务工作基数：2557.8个，消灭出站错情。

酸雨业务工作基数：3855.0个，消灭出站错情。

通迅网络传输总报：8302个。

农气观测基数：4756.6个，消灭出站错情。

【气象科研工作进展顺利】上半年，拉萨市气象局充分利用同中科院合作伙伴的关系，积极申报科研课题项目。3月11日，农试站同中科院生态站联手向区科技厅申报课题已立项；4月份向区气象局科技减灾处上报了局设项目《拉萨市农作物农业气象灾害评估方法初探》。

目前继续实施的项目有：国家自然积金项目《羊卓雍湖对全球的气象响应机理》；中国生态网络项目《土壤水份和生物动态的研究》；中国气象局多轨道项目《典型生态系统的研究》；局设项目《拉萨市土壤墒情监测预报和农业干旱发生的研究》，对林周、堆龙德庆、曲水和达孜四个县的土壤水文、物理特性进行了测定，并定期开展土壤墒情监测，发布墒情监测公报，为指导当地农业生产起到了参谋指导作用。

目前完成的局设软科学项目《拉萨生态与农业气象研究型业务建设初探》正在接收项目验收。

拉萨市八一农场

【经济运行情况】2008年八一农场年初目标为：实现销售收入8500万元，力争创利320万元，上缴税金80万元，劳均收入2.25万元。招商引进的非公有制企业及个体工商户投资额9000万元。

2008年，八一农场实际实现销售收入8890万元，完成全年任务的104.6%；实现利润415万元，完成全年任务的127%；上缴税金172.8万元，完成全年任务的216%。初步统计，2008年农场招商引进非公有制企业及个体工商户协议资金27.3亿元，实际到位资金1.63亿元。全年劳均收入达到2.45万元。

2008年，农场始终坚持“两手抓、两促进”的目标要求，全场干部职工团结一致、努力工作，不断寻求新的经济增长点，从而使农场顺利完成了预期目标，各项指标按照农场年初计划顺利实现并超额完成，农场经济发展保持着健康、稳健的发展势头。

【启动大佛岛旅游观光生态园区特大项目】农场下属原三分场“大佛岛”占地面积约1.14万亩，位于拉贡公路大菩萨处拉萨河中间，农场从2003年开始便着手对该岛进行综合开发，在上级部门和领导的关心和支持下，经过三任援藏干部五年的辛苦谈判和努力，2008年终于达成心愿，与招商单位正式签订了合同。

该园区计划投资约20亿元，为西藏目前单体面积最大、投资总额最大的观光园区，园区内主要项目有：民族民俗文化展示、民族工艺品加工与展示、藏医药研发、农林牧副渔藏草药种植与养殖、农业新产品新技术推广、农业休闲观光度假等一系列具有国际水准的集高原西藏特色的产业项目。该项目从2008年8月开始启动，为农场长远发展打下了坚实基础。

【完善了农场境内规模企业招商引资手续】以往，由于用地不规范、建设规划无章可循，落户农场的规模企业手续不全，优惠政策难于享受，更不敢进一步投资发展再生产。在农场突破了土地出让、城建规划两大难题后，农场招商引资环境得到根本改善。2008年，农场依托自身区位、交通和资源优势，继续加大招商引资力度，新增招商引资协议资金达20多亿元，实际到位资金近2亿元。

【响应号召，大灾显现大爱】2008年5月12日四川汶川发生大地震后，灾区人民的安危时刻牵动着农场全体干部职工的心。农场干部职工充分发扬一方有难、八方支援的精神，进行了两次集中捐款，捐款金额达61585.40元，同时农场下属八一公司的商户也纷纷自愿捐款达10350元，二者合计71935.40元，显现了中华民族的伟大传统和优良作风。

10月6日当雄县发生6.6级地震后，农场又积极响应号召，组织全场干部职工进行了自愿捐款，捐款金额达12097元，广大职工群众纷纷为灾区同胞奉献了爱心。

拉萨市科技工作

【加大投入，创新与转化相结合，为促进经济又好又快发展提供科技支撑】2008年，拉萨市科技局围绕全市经济工作重点，整合市内外的资金、人才等科技资源，在特色农牧业、特色工业、环保和能源科学开发利用等方面组织实施19个重点科技项目，资金总量达943.5万元。其中下达市级重点科技项目9项，资金353.5万元；争取江苏省援藏项目7项，资金及物资折款200万元；争取自治区科技厅支持项目3项（林周农业成果转化300万元，堆龙岗德林蔬菜保鲜60万元，杨二尾舟蛾30万元），资金390万元。通过认真组织实施，取得了西瓜高产栽培农业成果转化、牛胚胎移植技术推广、澎波毛肉兼用半细毛羊成果推广科技富民强县、藏药浴产品产业化、生物质循环模式集成实验、林地鼠害综合治理研究、野生花木人工栽培试验、蔬菜高效低毒新农药引进与筛选、优质马铃薯种薯脱毒试验、青稞系列产品开发、旅游系列产品开发等科技成果。科技项目的实施和成果的取得，共计新增纯收入2000万余元，有力地促进了全市经济社会的发展。

【大力开展农牧业科技工作，促进了农牧民生产生活条件的改善和农牧民收入的增加】2008年，立项实施了农作物良种引进与示范推广、藏鸡原种保护与利用研究、保护地蔬菜滴灌技术引进试验、免耕技术试验与示范、墨竹直孔青稞提纯复壮、林周县农业成果转化、蜜蜂科学养殖、牛胚胎移植技术示范、西瓜高产栽培技术示范、节水灌溉等农业科技项目，取得了良好效果。农作物良种引进与示范推广项目，先后引进示范推广青稞、小麦、油菜、饲草等二十多个优良品种，全市农作物良种覆盖率达到了95%以上。牛胚胎移植技术示范项目，在北京专家的指导下，在城关区移植了77枚良种奶牛胚胎，出生存活19头胚胎移植牛犊，性状表现较当地黄牛有明显优势。西瓜高产栽培技术示范项目，在曲水县南木林乡江村建成占地350亩的曲水西瓜种植基地，组建了有106户种植户组成的西瓜种植技术协会，种植红小玉、黄小玉和小玉9号等礼品西瓜新品种，获得了西瓜无公害生产基地认证，注册了“鑫赛”西瓜商标。2008年通过科学种植方式的应用，生产西瓜15.6万公斤，产值达98.6万元，纯收入达48.6万元，户均收入达到了4500元，促进了农民增收。藏鸡原种保护与利用研究项目，从农区选购了580只纯度较高的藏鸡。进行提纯复壮用作杂交亲本，中国农科院江苏家禽研究所已在7月中旬将2500只良种绍白鸡运抵拉萨，现正在开展适应性观察，为下一步开展杂交选育做好了基础准备工作。在堆龙德庆县岗德林无公害蔬菜种植基地开展的节水灌溉项目，完成了管道铺设，并已正常灌溉，现正在开展使用效益的观察研究。该项目的成功实施将为节水灌溉技术的应用推广和发展精准农业提供科学依据。

2008年重点支持藏缘酒业、春光食品、绿宝食品等农产品加工企业，开发出了虫草青稞白酒系列产品、青稞β葡聚糖胶囊、青稞皮粉、芯粉、青稞精米和芫根酱菜等20余种特色新产品，通过提高农产品附加值，延长了农业产业链，促进了当地种植业结构调整，推进了农业产业化进程。产品进入产业化后，为达孜和曲水两地农牧民提供了100余个就业岗位，促进农民种植青稞和芫根增收上千万元。

在自治区科技厅的帮助下，争取国家科技部和财政部将林周、曲水、当雄三县确定为科技富民强县专项行动计划试点县。林周县承担实施的科技富民强县专项行动计划项目“林周半细毛羊育种及示范推广”，在全县培育养殖户500户，新生毛肉兼用半细毛羊22344只，平均每只增收100元；面上技术服务5万余只，平均每只半细毛羊产毛、产肉量比当地羊分别增加3倍和1倍，每只半细毛羊较本地羊增加纯收入50余元；新生和存栏良种羊两项合计新增效益达到470余万元，经济效益十分显著。曲水县承担实施的科技富民强县专项计划项目“芫根产业化”，在曲水县建立了1万亩芫根种植基地，培植了芫根酱菜加工企业，年加工酱菜50万公斤，年销售额达到425万元，年获利50万元以上，还吸收了当地20个农民就业。通过发展芫根产业，促进全县种植业结构调整和农民增收。当雄县承担实施的“牦牛短期育肥”科技富民强县专项行动计划项目，2008年在当曲、格达等牦牛养殖水平较高的乡（镇）选择了300户牦牛短期育肥示范户，每户育肥牦牛10头，年终将育肥牦牛3000头。

2008年，拉萨市农牧业科技创新与先进技术的应用推广，特色农产品的加工转化，科技富民强县专项行动的开展，有力地促进了全市农牧业科技水平的提升和农民增收，据不完全统计，2008年拉萨市农牧业科技促进新增纯收入1000余万元。

【积极开展西藏特色生物资源开发利用，促进了特色产业发展】2008年，重点开展了藏药朗庆阿塔对肝纤维化患者及动物模型的疗效评价和作用机制研究、藏药材人工栽培技术研究与示范、舒诺胶囊功能性食品中间试验、藏边大黄功能性饮品开发、藏药浴产品产业化等项目。藏药朗庆阿塔对肝纤维化患者及动物模型的疗效评价和作用机制研究项目课题组已初步明确了该药的有效性和安全性。已与上海龙翔生物医药有限公司达成了“朗庆阿塔”临床试验资金投入与合作开发的意向。组织实施了《藏药材人工栽培技术研究与示范》项目，建立了当归、红芪、藏木香、大黄等药材种植示范基地15亩。目前，药材出苗率均达到80%以上，生长良好，并且为2009年的扩大种植准备了种苗。功能性食品舒诺胶囊的中间试验项目，通过在高原地区进行中间试验，已初步确定了中试生产的工艺参数，为下一步规模化生产提供了可靠的技术依据。藏边大黄功能性饮品开发项目已开发出了实验品，现正在申请相关部门的批准文号。藏药浴产品产业化项目，挖掘整理出了藏药浴产品配方65个，筛选出了26个最佳配方，实现了产业化生产，产品已上市，项目年实现销售收入246万元，税后利润近50万元。

【重视环境保护技术研究与应用，为生态环境保护和建设提供了科技支撑】2008年，组织实施了太阳能光电灯的示范推广、杨二尾舟蛾综合防治实验示范、生物质循环模式集成试验与示范、乡土树种驯化、干旱地区造林技术等科学研究与示范推广工作。太阳能光电灯的示范推广项目，在林周当雄两县完成了70套户用光伏照明系统的安装工作，方便了农牧民的生活和生产。应用干旱造林技术造林上万亩。杨二尾舟蛾综合防治实验示范项目，已初步掌握了杨二尾舟蛾发生规律和为害特点，初步总结出了综合防治技术，对曲水县600亩林地发生的杨二尾舟蛾危害进行了有效控制。生物质循环模式集成试验与示范项目，采用玻璃温室、牛羊粪肥发酵和适宜的水料配比技术等，在海拔高、气温低、风沙大的当雄县建成了沼气池为8立方米、温室面积分别为50平方米和200平方米的两座生物质循环模式，实现了产气供气充足、炉灶火力旺的要求，并能同沼气照明、种菜、养殖相结合，实现了生物质的良性循环利用。

【努力落实文明城市创建各项目标任务，促进了文明城市创建】大力组织开展了“科技下乡”活动。以“反对分裂、维护稳定、促进发展”为主题，在城关、达孜、曲水、堆龙、墨竹工卡五县（区）开展了10场“科技下乡”活动。发放科普资料9300余本（册、张），展示科普展板200余板，为22户贫困户发放了4250元慰问金，使21000人次农牧民接受宣传教育。

积极开展了农牧民技术培训。争取培训项目7项（市政府下达3项，资金6万元，培训内容为科学养鸭技术、科学种菜技术、西瓜科学种植技术；区科技厅下达4项，资金17.36万元，即在城关星火学校、城关区、墨竹工卡星火学校、林周星火学校4个地开展农牧民适用技术和技能培训），争取培训资金23.36万元，利用城关、墨竹工卡、林周、堆龙德庆、曲水等县（区）的星火培训学校、科技示范基地开展了无公害蔬菜栽培、西瓜高产栽培、科学养鸭、劳动技能等方面的培训，培训农牧民811名。

进一步拓展了科普途径。充分利用新闻媒体加大科技知识的传播力度。在《拉萨晚报》开辟了“传播科技”栏目，内容包括实用技术知识应用、生活百科、新技术推广、市场信息服务及科技政策法规等，每周四推出一期；在市政府网站开辟了“科普网页”，重点宣传科技政策法规、农牧业实用技术（种养技术）、健康卫生、环境保护、科技信息等内容。

加强了科普活动场所建设。为加强科普工作，在城关区、曲水县、达孜县、堆龙德庆县新建了15个科普活动站，为每个科普活动站配备了科普图书及桌椅、音像、电脑等设备，每个活动站可容纳60-100人。科普活动站的建立，为科普活动的开展创造了条件。

积极完成科技资料的搜集上报工作。全国文明城市的创建科技资料搜集有五个方面9项具体任务，包括2006年、2007年度创建文明城市科技下乡总结，科技下乡活动的信息材料，市辖区域内科技活动场所的建设情况，市科普志愿者活动情况，每十万人拥有专利授权数情况，R&D经费支出与GDP的比重等内容。高度重视这项工作，明确由主要领导协调和督办，分管领导负责办理和落实各项任务和措施。因创城工作中涉及的指标较多，专门抽调人员协调区科协、区信息所、区知识产权局、区气象局、市财政、宣传媒体、大专院校等单位，按照指标要求积极搜集相关资料、数据和图片，认真撰写报告。通过积极努力，各项任务指标得到全面落实，9项指标中有6项任务达到规定的A类指标，3项任务达到B类指标；五个方面9份材料通过了市创城办的审核。六月底通过市创城办和创城督导小组的验收。

【大力推进科技特派员工作，以科技特派员为载体推进农牧业科技的推广应用】为了加强科技推广服务工作，经过上下宣传发动和初选，向自治区推荐了200余名科技特派员人选，自治区科技特派员试点工作领导小组办公室正式批准193名同志为科技特派员。这些科技特派员在全市8县（区）承担实施了畜种改良、饲草料种植、优质农作物及苗木繁育技术推广、新型能源技术示范等30多个科技项目。如林周县的科技特派员以特色养殖项目为依托，成立了养鸭协会，形成了甘曲镇综合养鸭基地，以基地为辐射源，全面带动了林周县南部各乡镇的养鸭业，2008年实现了42户养鸭户户均增收1500元。科技特派员活跃在田间地头和养殖户中，为农牧民现场讲解、示范指导、入户面授，把科技渗透到千家万户，提高了农牧民科学种植养殖水平，培育和造就了一批乡土科技人才。

【加强交流与合作，多渠道争取科技投入，全力支持全市科技事业发展】积极向国家有关部委，对口援助的北京市、江苏省和自治区有关厅局争取支持，加强交流与合作，成效显著。2008年，共组织申报国家、自治区、对口援助省市、招商引资科技计划项目40余项。通过积极努力，争取到国家科技部支持的蜜蜂科学养殖农业科技成果转化项目1项；争取到江苏省、北京市支持的吞巴陶瓷技术提升、拉萨市高原生物所条件平台建设等对口援助项目8项；争取到拉萨城郊名优特蔬菜保鲜加工工艺技术研发、杨二尾舟蛾综合防治实验示范、林周农业成果转化、星火培训等自治区重点科技项目10项，争取资金792.36万元，有力支持了拉萨市科技工作的开展。

拉萨市教育体育工作

【全市教育基本状况】2008年，拉萨全市现有师范专科学校1所，在校生2183人。教育部门办高中4所，在校生10683，其中各县（区）职高班1865人，高中阶段入学率达到55.5%。教育部门办初中15所，在校生22239人，其中各县（区）职业初中班438人，初中入学率达到98.47%，巩固率达到98.43%。教育部门办完全小学99所，教学点189个，在校生45399人，小学适龄儿童入学率达到99.38%，巩固率达到99.39%。特殊教育学校1所，在校生165人。幼儿园9所，在园幼儿1788人。青壮年文盲率下降到1%以下。

其他部门和社会力量办学机构36所，其中高中2所（民办1所，其它部门办1所）、初中2所、小学8所、幼儿园24所，在校生（含在园幼儿）分别为523人、756人、2498人、5576人。

全市共有各级各类学生91810人。

全市共有教职工7095人（含离退休人员827人），专任教师6108人，其中师范专科学校专任教师162人，高中专任教师611人，初中专任教师1754人，小学专任教师3430人，特校专任教师36人，幼儿园专任教师115人。全市高中、初中、小学专任教师学历合格率分别为96.73%、98.59%、99.27%。

【始终坚持“两基”工作重中之重地位不动摇，狠抓“两基”成果的巩固和提高】坚持督学与督政互相结合、互相促进的工作方针，督促各县（区）政府落实“以县为主”的教育管理体制，在人员、经费、制度和措施上予以保证。制订《拉萨市控制义务教育辍学办法》（讨论稿），狠抓控辍保学工作，每月对拉萨市八县（区）的控辍保学工作进行专项督导和检查，清查中学在校生人数，并深入到基层宣传《教育法》、《义务教育法》等法律法规，在专项督导和检查中，对存在不足的个别县提出了整改意见，同时将每月督导检查情况形成书面报告上报市政府。组织8县（区）数据统计人员

培训，定期或不定期对各县（区）“两基”数据统计进行核查。成立拉萨市迎国检领导小组，制定迎国检实施方案，切实做好迎接2010年国检准备工作。

【加强教育教学管理】召开全市年度教育工作会议，与县（区）教体局、市直各校签订年度教育目标责任书。由局领导带队，组织机关各科室人员分组对全市所有小学、中学和部分教学点进行开学情况大检查。“3•14”事件以及当雄地震发生后，拉萨市教育体育局迅速成立领导小组，周密安排，积极应对，靠前指挥，连续作战，妥善处置，采取有力措施认真开展恢复教育教学有关工作，确保了全市各学校在最短时间内恢复正常的教育教学。起草《拉萨市教育体育局关于进一步规范中小学办学行为的若干规定》，规范学校办学行为。结合实际制定《关于外来人员子女在拉萨就学的暂行管理办法》，进一步做好拉萨市外来人员子女接受义务教育工作。深入调查研究，完成了“关于拉萨市免除城市义务教育学杂费相关问题”、“拉萨市双语教学现状及存在的问题”、“城区小学布局调整问题”等调研任务。切实将“三包”和“两免一补”政策的落实作为“德政工程”和“民心工程”来抓，加强对“三包”经费的管理，做到专款专用。建立健全拉萨市非义务教育阶段贫困家庭学生资助长效机制，出台《拉萨市非义务教育阶段贫困家庭学生资助管理办法》，2008年拉萨市共有330名贫困大学生、459名贫困高中生得到不同渠道（除学校外）的资助。

【充分发挥研究、指导和服务职能，切实抓好教科研工作】出台新的课堂教学评价标准，对全市中小学校进行新课程教学指导工作。开展拉萨市八县（区）教师赛课活动，参加本次赛课的教师共计44人，经严格评选，评出一等奖7名，二等奖16名，三等奖17名，鼓励奖4名。市教研所教研员分成中学组和小学组到学校蹲点，听课评课，分类指导。协助教育厅举办首期全区骨干教师培训工作。开设当雄、达孜、拉萨中学、一小4个新的培训点，举办6期培训班，组织730名教师参加英特尔@未来教育项目培训和骨干教师培训。继续开展普通话培训与测评工作，完成市直学校、城关区及七县教师普通话补考工作，补考教师中1120人通过测试。开展全国推广第十一届普通话宣传周活动。开展创建语言文字示范校工作，目前有11所学校申报。编辑出版了《拉萨教育》汉文版7期、藏文版3期。

【努力加快拉萨市教育信息化项目建设步伐】开展教师教育技术能力培训，培训教师800人次。开展拉萨市小学组课件比赛，参赛课件100余件。配合儿基会制作教研专项活动光盘。承担远程教育国家课题研究工作。指导城关区教育局开展“远程教育试点县”工作。

【加强职业教育】完成优秀职高毕业生对口升入高职院校的推荐工作。对各县（区）职教中心办学情况进行调研，结合市场需求情况，指导各县（区）职教中心及时调整所设专业。创新职业教育模式，拓宽职业教育发展路子，由拉萨市教育体育局牵头，组织相关县（区）职教中心人员赴江苏，就墨竹工卡职教中心与南京金陵合作办学的具体事宜进行协商（墨竹工卡职教中心与南京金陵合作办学的第一批学员100人于2008年9月到南京学习，其学费、住宿费、教材费、实训材料费用由江苏负担）；就城关区职教中心与江苏常州合作办学事宜签正式协议（暂开设酒店管理、旅游管理两专业）。切实做好农牧民培训工作。坚持“以服务为宗旨，以就业为导向”原则，根据市场需求，开设客房服务、保安、民族手工艺、木工、烹饪、电工、电脑、卡垫染色、建筑等专业，安排培训资金103.6万，全年培训农牧民1950人。在墨竹工卡县召开全市农牧民培训及劳动力转移工作汇报会，拉萨市教育体育局开展的农牧民培训和职教工作赢得上级领导好评。

【进一步规范民办学校的管理】对各民办学校招生广告进行严格审查。完成民办学校教职工个人信息登记工作。对局辖民办教育机构各项工作进行大检查，特别是对学校办学行为、常规工作、收费、师资、课堂教学、教研教改、安全卫生等工作进行重点检查。

【各类招生考试进展顺利】完成了2008年研究生、春秋两季全国高等教育自学考试、第27、28次计算机等级考试、英语等级考试、教师教育技术水平考试、2008年普通高考、中考、内地西藏班（小考）、成人高考的报名、审查和组织考试工作。累计服务考生27825人次。其中，研究生考试人数为898人；春季自学考试报名人数1569人；秋季自学考试报名人数为1413人；第27、28次全国计算机等级考试报名人数为4766人；全国英语等级考试报名人数为52人；教师教育技术水平考试报名人数为1068人；普通高考报名人数为6539人；普通中考报名人数为6824人；内地西藏班（小考）报名人数为2935人；成人高考报名人数为1761人。

加大招考工作“阳光工程”建设力度，严格把关，2008年，小考工作中取消了5名市区干部职工子女挂靠县干部或农牧民子女报考的资格，取消了3名藏族学生报考内地汉族班的资格，取消了2名县镇学生按农户报考的资格，取消了1名非进藏干部子女的报考资格，取消了1名外地区学生在拉萨市的报考资格，取消了一批超龄学生报考资格。高考工作中拉萨市共取消不符合报考资格的人数有16人，做限报处理的考生有11人，对擅改民族成份的4名考生做了处理。

拉萨市广播电影电视工作

【围绕中心，服务大局，始终坚持正确的舆论导向】2008年，拉萨市广播电影电视局制定了《2008年拉萨市广播电影电视宣传要点》和《奥运宣传报道计划》、《迎奥运、讲文明、树新风活动的宣传报道方案》、《纪念改革开放30周年宣传报道工作意见》等阶段性宣传方案，做到了宣传工作突出主题、实事求是、注重效果。为了借助西藏电视台的平台加大拉萨市的对外宣传力度，与拉萨市广播电视台签定了《上送（传）西藏电视台新闻目标责任书》。

重点对经济建设、贯彻落实科学发展观、构建社会主义和谐拉萨、建设社会主义新农村、党的十七大、喜迎奥运、农牧民安居工程建设、建党87周年、拉萨“3•14”事件真相、三项教育、反分裂斗争、愤怒声讨达赖罪恶行径、“反对分裂、维护稳定、促进发展”主题教育活动、学习实践科学发展观活动、安全生产、奥运圣火登顶珠峰和拉萨传递、党风廉政建设、创建全国文明城市、创建中国最佳旅游城市、创建生态园林城市等活动进行宣传报道。

特别是拉萨“3•14”事件发生后，在电视《拉萨新闻》总共开设《高举旗帜、维护稳定》、《恢复生产、促进发展》、《各族各界愤怒声讨达赖集团罪恶行经》、《高举爱国主义旗帜》等 4 个专栏；播出三集专题片，即：（1）拉萨打砸抢烧事件是达赖集团有组织、有预谋、精心策划（2）拉萨打砸抢烧事件严重危害人民群众生命财产安全、严重破坏正常社会秩序（3）西藏的天永远变不了。播出系列报道“铁路护路”共 5 集；及时制作播出《拉萨市人民政府告全市人民书》等各类通告、公告、倡议书等共 18 条；译制播出中央台专题片《拉萨“3•14”事件纪实》。“10•6”当雄地震发生后，在电视《拉萨新闻》中以挂角的形式开辟了《齐心协力、抗震救灾》和《一方有难、八方支援》两个专栏；以左飞字幕的形式及时公布最新的地震信息，播出防震抗震科普知识，2008 年已采播有关当雄地震相关新闻近 70 条。全市深入学习实践科学发展观活动开展以来，在电视《拉萨新闻》中开辟了《深入学习实践科学发展观》栏目，10 月 13 日至 16 日已播出相关新闻近 20 条。另外，先后在电视《拉萨新闻》中开辟了《贯彻落实十七大精神》、《全力抓好农牧民安居工程》、《党风廉政建设》、《创建全国文明城市》、《创建生态园林城市》、《贯彻落实区市两会精神》、《巾帼不让须眉》、《新发展 新变化 新生活》、《电视进万家、惠及千万家》、《喜迎奥运》、《高原儿女盼奥运》、《祥云火炬传古城》、《火炬手的故事》等。截至 10 月中旬电视《拉萨新闻》共播出藏汉新闻 4 千余条，上送（传）西藏电视台新闻近 500 条。利用拉萨市广播电视台十频道节目下传和新闻素材上传系统接收各县上传新闻素材 352 条。截止 10 月 13 日调频广播播出发射 1140 小时，广播《拉萨新闻》汉语制作、播出新闻 283 期，播出新闻 1800 余条，藏语新闻播出制作 200 余期，播出新闻 1300 余条，《快乐飞扬》编辑制作 136 期，《音乐地带》编辑制作 210 期，《相约西藏》藏语制作编辑 34 期。2008 年《新闻现场》共采播新闻 2160 余条，简讯 270 条。《格桑梅朵》栏目全年制作播出 52 期节目。《零距离》栏目全年制作播出 24 期节目。

【繁荣电视文艺，丰富群众文化生活】 二月份拉萨广播电视台拍摄并播出 2008 年拉萨市春节藏历年文艺晚会《拉萨欢歌》，受到了广大电视观众的欢迎和市委、市政府领导的肯定。此外，拉萨广播电视台充分利用硬件条件，成功地承办录制了《城关区 2008 年电视颁奖文艺晚会》、大型民俗歌舞《西藏盛世》，受拉萨市公安局的委托拍摄完成了《市公安局迎新春文艺晚会》，根据有关部门安排部署，完成了外宣片《经历》的拍摄，录制了市委宣传部主办的“迎奥运树新风讲文明”知识竞赛。为迎接改革开放 30 周年筹划拍摄 6 部公益宣传片。

【丰富荧屏，科学编排节目】 008 年，拉萨市广播电影电视局按照上级部门有关要求，认真执行节目审查制度，加大节目引进工作力度，严把节目审查关(共审查节目 8000 小时)，科学安排节目内容和时段，不断提高收视率。2008 年共引进电视剧 4800 多集，其中引进古装剧 15 部、现代都市剧 40 部、军事题材剧 13 部、农村题材剧 20 部，并引进国内外优秀电影 1000 多部，供每天播出。

“3•14”事件和“5•12”地震发生以来，按照有关要求，继续停播了所有综艺娱乐类节目和所有喜庆、搞笑形式的电视广告，特别是在全国哀悼日期间，除《拉萨新闻》节目外，全天转播中央一套电视节目。并播出《沙家浜》、《家在洹上》、《平原游击队》等优秀革命电视剧和电影，在屏幕右上角挂出“高原儿女、情系灾区”等口号，滚动播出抗震救灾的公益片和歌曲。“10•6”当雄地震发生后，在及时制作播放《防震抗震科普小常识》节目外，引进了 35 集大型抗震救灾电视栏目《走进科学》，在每晚的黄金时间播出。为配合纪念改革开放 30 周年的宣传，特别引进改革开放 30 周年献礼片《人生百事》将在黄金时段安排播出。

【加强电影放映工作，强化电影宣传力度】 拉萨市电影公司与各县（区）电影管理站签订了《电影行业管理目标责任书》，明确了各自的职责。在市电影公司的积极争取和自治区电影公司的大力支持下，国家资助拉萨市首批 20 套数字电影放映设备，为了让这批设备真正发挥作用，市电影公司利用两天（7 月 7 日至 8 日）的时间，组织拉萨市八县（区）的电影放映人员以会代训的方式进行了实际操作培训，并发放设备及结业证书，为拉萨市农牧区电影放映由传统的胶片放映转变为数字化放映迈出了第一步，也使拉萨市农牧区电影放映质量得到大大提高。

拉萨市电影公司深入基层，全面了解各县(区)电影业务情况和督促检查“农村电影放映工程”。各县（区）电影管理站充分利用流动电影放映车、数字放映设备和室内电影放映室加大电影放映。开展爱国主义主题教育影片放映和电影 100 天集中下乡放映活动。2008 年全市各县（区）共完成电影放映 12200 场，观众达 146.4 万人（次）。

【加大事业建设，促进广电又好又快发展】 为保质保量完成好 2008 年自治区广电局下达给拉萨市的 144 座(6+3 小功率模拟广播电视收转站 23 座、8+3 小功率模拟广播电视收转站 8 座、12+0 农村小片网有线电视站 8 座、卫星共用天线接收分配网入户站 43 座、太阳能无线小调频广播电视集体收看室 23 座、改扩建建设备新建自然村站 39 座)“村村通”广播电视建设和农村中央广播电视节目无线覆盖工程的建设任务，拉萨市广电局与各县（区）文广局签定了事业建设责任书和中七改造责任书，截至目前已完成 139 座村村通工程建设任务，其余 5 座正在加紧实施。特别是全区“农村中央广播电视节目无线覆盖工程建设”培训班结束后，拉萨市广电局立即组织工程技术人员分赴当雄、林周、曲水、尼木、墨竹工卡五个县，克服日晒、雨淋等困难，自 6 月 27 日利用 11 天的时间加班加点保质保量的圆满完成了五个县农村中央广播电视节目无线覆盖工程建设任务。另外，积极配合厂家工作人员，加班加点完成了拉萨市广播电视台中七无线覆盖工程的天线架设、馈线连接、设备安装调试等各项工作，并于2008年7月19日正式播出。

拉萨“3•14”事件发生后，拉萨市广播电影电视局为拉萨市救助管理站新建了一座价值6000余元的地面卫星接收站（包括电视机、接收机、接收天线、高频头、杠五线），使该站工作人员和被救助人员能够收看到23套清晰的电视节目。在自治区广电局的大力支持下，完成曲水县俊巴村电视单收站升级改造为12套小型有线电视站项目，总投资为94250元，其中自治区广电局承担了前端设备、主干线、放大器等，县财政承担网络建设部分资金1.8万元，群众自筹1.46万元。

为进一步增强“村村通”工程操管人员安全播出的责任意识，提高他们的操作技能和业务水平，及时排除常见故障，确保广播电视各站（室）的正常运行，确保广大农牧民群众能够及时收看到奥运盛况，积极开展了广播电视“村村通”工程操管人员培训及技能比赛。

总投资293万元的拉萨市广播电视台无线10频道综合节目播出系统改造工程经过六个多月的施工和试运行，于2008年5月1日正式开通启用。市委副书记、市长多吉次珠出席启动仪式并亲自开通了数字盘带播出系统，市委副书记杨月、市委常委宣传部部长宇文雪芹出席了启动仪式。

在8月6日前保质保量按期完成了转星工作任务。国家广电总局检查组和自治区副主席多托还前往实地检查指导拉萨市“村村通”转星调整工作并对其给予了充分肯定。通过转星调整，广大农牧民群众能够清晰地收听收看到40多套广播电视节目。

2008年拉萨市已建设和挂牌了28座室内电影放映点，共投入资金58.6万元，其中市财政解决资金21万元、市广电局筹资3.4万元、市电影公司自筹3.6万元、各县政府投入资金10.5万元、村级群众义务投劳及材料运输费折合人民币共计20.1万元。直接受益群众19807人，室内座位2774个。并于2008年5月12日，顺利通过由市财政局、市广电局组成的工作验收组的验收。

“10•6”当雄地震发生后，6月7日区市广电部门立即组成联合工作组急赴灾区了解情况，为格达乡羊易村2组安装调试价值近8万元的3套直播卫星设备（3台电视机、3台接收机、3个高频头、3套电源设备、3个卫星电视接收天线和一体化机柜）。10月16日，自治区广电局局长张崇银、科技处处长格平和自治区电影公司经理帕巴群增一行在市委副书记杨月、市委常委、宣传部长宇文雪芹、市广电局党组书记秦可久、尼木县县长果果等的陪同下，前往尼木县地震重灾区续迈乡霍德村、吞巴乡等查看了广播电视单收站、收转站机房及设施受损情况，看望慰问了在地震中房屋受损严重的广播电视村村通操管人员和电影放映人员，并向他们送去了7750元慰问金。当得知重灾区霍德村即将通电时，自治区广电局当即表示为尼木县解决30套卫星直播接收设备，市委宣传部协调解决30台电视机。自治区广电局先后为灾区发放了685台调频广播收音机。

【及时将党和政府的声音和形象传入千家万户，确保广播电视安全播出】拉萨市广电局先后下发了多个通知和制定了针对“3•14”事件的安全播出应急预案以及《奥运会期间的广播电视安全播出应急预案》，拉萨市广播电视台和各县（区）也结合实际，制定了操作性较强的安全播出应急预案。全市各级广播电视播出单位立即启动安全播出应急预案，采取有效措施，周密部署、严加防范，做到了人不离岗、手不离开关、眼不离监视器，24小时坚守岗位，广播电视安全播出做到万无一失。同时，历时12天深入到拉萨市七县一区对广播电视转播台、“村村通”站（室）的设备运转、节目播出、群众收看效果、机房建设、规章制度、安全播出应急预案等进行了检查。另外，从8月1日开始由拉萨市广电局分管领导带队组成全市奥运广播电视安全播出工作检查组，赴8县（区）对各广播电视播出单位奥运前的广电安全播出工作落实情况进行了抽查。

为了使广大农牧民群众通过广播电视了解“3•14”事件的真相，了解达赖分裂集团的反动本质和险恶用心，拉萨市广电局组织工程技术人员从4月14日到4月19日赴七县一区开展“村村通”设备维修工作，投入资金2.2万元共维修110台乡村广播电视设备，奥运会前拉萨市广电局又将价值103万余元的村村通备用设备及时发放到8县（区）广电部门，并组织广电技术人员，在奥运会前对全市1066座村村通广播电视站（室）进行了全面巡查维护。

“3•14”事件中，因电缆、光缆被烧毁或被剪断，城区有线网络设备的放大器被毁坏两百多台，拉萨市区内共计23个大小区域的有线电视信号中断，拉萨市广播电视台有线网络部立即组织力量对现场进行查勘并全力抢修恢复电视信号，保证用户收看电视节目。

2008年拉萨电视台播出机房和发射机房共播出节目5688小时，转播49套卫星节目共351408小时，配合新闻部录制中央台新闻联播36次540小时，录制中央台新闻30分钟19次285小时。刻录各类节目光盘343张。

拉萨市文物工作

【积极推进文物保护的立法和规划工作】2008年，拉萨市文物局起草了《拉萨市文物保护管理办法（初稿）》，提交市法制办公室进行审定。起草了《拉萨市关于加强重要历史文物和革命文物的意见（讨论稿）》。

对拉萨市颁布的《拉萨市老城区保护管理暂行规定》、《拉萨市历史文化名城保护规划》等规划及条例，进行了全面梳理并建档备查。为新修编《拉萨市城市总体规划（2005—2020）》专章论述“历史文化名城保护”提供了基础材料，并参与论证和评审。

2008年，拉萨市文物局对照《拉萨市“十一五”时期国民经济和社会发展规划纲要》，总结经验，查找不足，分析问题，提出对策，完成了《拉萨市文物保护“十一五”规划中期评估报告》。

【认真开展第三次文物普查工作】2008年，拉萨市文物局顺利完成普查第一阶段工作。按照国务院、自治区人民政府关于开展第三次全国文物普查指示精神，成立了组织领导机构，制定了工作方案，确定了技术标准和规范，落实了启动经费，配备了必要的技术装备，召开了全市动员大会，开展了培训和试点工作，20人经过系统、规范培训获得《第三次全国文物普查工作资格证书》。

积极开展以县域为单位的田野调查工作。2008年，拉萨市文物局将完成林周、墨竹工卡、达孜、城关四县（区）田野调查任务和数据整理工作，调查面积达到1.2万平方千米，普查启动完成率达到100%，实地调查启动率达到50%。目前已经完成林周县、墨竹工卡县、达孜县三县普查任务，调查、登录各类不可移动文物点428处，复查点92处，新发现文物点334处。城关区的普查工作正在进行中。

【切实做好文物维修工程和基本建设工程文物保护前期工作】2008年，拉萨市文物局全部完成“十一五”自治区重点文物维修项目大、小昭寺的前期工作。可行性研究报告、初步设计、开工报告、招标监理方案分别通过评审和批准，已具备开工条件。哲蚌寺、色拉寺可行性研究报告和初步设计方案已经完成，正报国家文物局组织评审。

完成《西藏自治区林周县热振寺维修工程可行性研究报告》和《西藏自治区林周县热振寺维修工程初步设计》，自治区发改委项目评审中心和自治区工程咨询公司先后组织评审并原则通过。目前，热振寺维修工程前期工作已经完成，待立项实施。

2008年，拉萨市文物局多次带文物保护专家和专业技术人员对唐古、旁多两乡37.6平方千米涉及的32处文物点，实地进行调查和勘察，确定保护类别和保护原则，编制完成《旁多水利枢纽工程库区（淹没区）文物保护规划大纲》，已经自治区文物局、自治区发展和改革委员会、自治区水利厅组织相关专家和领导终审通过。

加强了文物日常维修和保护。在自治区文物局的支持关心下，拉萨市文物局通过多方筹集，2008年投入10万元对当雄康玛寺石刻和扎达路恭碑进行了保护，投入2万元对小昭寺、热振寺漏雨屋面、墙体进行了维修，与拉萨市规划局共同对曲贡遗址划定保护范围并正在争取市政府投入予以围墙保护。

【加大文物保护基础工作和文物安全工作】2008年，拉萨市文物局在重大节日、特殊敏感时期确保没有发生重特大消防和安全事故。

拉萨当雄发生“10.6”地震的第二、三天，拉萨市文物局派人前往八廓街老城区、当雄县对文物点受损情况进行实地调查，统计出30个文物点几百余处受损情况，及时上报。并组织专家实地查看大昭寺险情，采取了临时加固措施。

完成了新申报15处自治区级文物保护单位的立碑工作，对当雄县康玛寺石刻和布达拉宫广场扎达路恭碑进行了保护性修缮。按照“六城同创”要求，对关帝庙文物保护单位碑铭进行了校正和重立，完成大昭寺《世界文化遗产》铭碑重立和扎达路恭、雍正碑、乾隆碑规范标识设置。

开展了社会流散文物征集线索收集、鉴定、呈报工作，启动了申报第五批自治区级文物保护单位工作。

【围绕“六城同创”，加大对文物保护事业的宣传】一是按照“六城同创”的要求，对拉萨市重点文化遗产和文物保护性维修项目进行了梳理。报送《拉萨市文物保护单位（42处）列表》、《拉萨市老城区古建大院保护情况》（包括52处古建大院的名称、地址、历史、文化价值、维修情况）、《历史文化遗产保护规划与实施成效》等基础材料，组织专人拍摄市区文化遗产、古建筑、古遗址、古典园林影象资料数十套。

2008年，拉萨市文物局开展了专题陈列馆陈列设计。配合创建全国文明城市，结合近代和革命遗迹的保护与利用，组织专业机构对朗子厦、关帝庙实地考察，编制完成朗子厦陈列的改进和完善，争取市里投入5万元启动了第一期工作。关帝庙陈列开放方案设计工作正在进行当中。

开展各类宣传活动。充分利用我国第三个“文化遗产日”（2008年6月14日），举办“文化遗产人人保护、保护成果人人共享”为主题的宣传活动，发放各类文物保护管理宣传材料2万册（份）。9月16日举办的“平安拉萨法制宣传日”，发放文物保护法律、法规宣传册500本，宣传单1000余份。

布达拉宫广场管理工作

【提高认识，加强管理，狠抓广场规范化管理和综合治理工作】2008年，布达拉宫广场管理处积极响应全市“六城同创”号召，美化、亮化广场环境。布达拉宫广场管理处制定了“爱护环境卫生 共享文明城市”布宫广场活动实施方案。成立了布宫广场管理处“创城”工作领导小组，层层细化责任目标，全面部署布宫广场环境综合整治工作。通过环境综合整治，广场的环境有了明显的改观。

召开专门会议对“3•14”期间广场工作进行了部署，处领导及科室主要负责人开始在广场24小时昼夜值班，取消了节假日（双休日），实行领导值班签到制。通过全处干部职工及各相关部门的共同努力，“3•14”期间布宫广场内秩序井然。

武警部队进驻布达拉宫广场以来，广场管理处专门接了二条电线24小时为驻地部队供电，按照部队要求将广场喷泉水池补充了足够水量，检查了广场所有水源设施和阀门，保证了部队灭火设施的水源。并根据驻地部队的实际需要，给驻地部队每位战士送去了袜子、毛巾、香皂、牙刷、等洗漱工具以及方便面、矿泉水等食品，提供了电暖器，干部职工还每天主动为驻地战士送开水。

“五•一”节期间每晚开放音乐喷泉。据不完全统计“五•一”节假日期间来广场游玩的游客和市民平均每天达3000余人。“五•一”期间布宫广场环境优美、秩序井然。

由于“3•14”事件的影响，布达拉宫周边出现了零星小商小贩占道经营，安排保安人员不间断地在广场中心大道巡逻，发现流动商贩及时清理。

在2008年的“迎奥运、盼奥运”活动中，布达拉宫广场管理处在努力营造欢乐祥和广场气氛的同时积极配合相关部门举行了庆“三•八”迎奥运职工健步走活动、中央电视台奥运火炬成功登顶珠峰节目拍摄等活动。确保北京奥运会期间布宫广场各项公共设施运转正常。

2008年的国庆节是在“3•14”事件、四川汶川大地震、北京奥运会顺利闭幕后的第一个国庆节，具有非常特殊的政治意义。布宫广场管理处高度重视，圆满完成了“升国旗、唱国歌”仪式和向西藏和平解放五十周纪念碑献花篮仪式的各项工作。另外，为了迎接拉萨“雪顿节”和“十一”旅游黄金周的到来，布达拉宫广场管理处开展了广场环境专项整治工作。

【精心组织，做好政务活动的接待服务工作】2008年申请活动16余场，审批通过14场活动。为了确保政务活动的顺利举行，每场政务活动前，技术人员都要严格按照规定程序提前全面检查电控中心设备，对活动使用的主音响和备用设备进行现场测试。并对检修人员姓名及工作过程全部记录备案。切实维护布达拉宫广场的庄严性、严肃性。布宫广场作为我区爱国主义教育基地，四川汶川地区发生地震后，各族群众自发的到布宫广场悼念遇难同胞，为了维护广场秩序，方便群众，布达拉宫广场管理处积极协调广场派出所，加强了夜间的值班及巡查。5月18号下午，接到自治区政府关于19日至21日为全国哀悼日，国旗降半旗致哀的通知后，布宫广场管理处立即将通知要求向市委、市政府做了汇报，并迅速与广场武警部队取得了联系，协调部署降旗仪式的各项工作。为了保证降半旗仪式的顺利进行，市委副书记杨万福同志到广场进行现场指挥，19日00：00分，布宫广场按照《国旗法》程序将国旗降为半旗，降旗仪式庄严肃穆，程序规范。当天中午14：28分西藏各族各界人士1000余人在广场集会，在国旗下肃立默哀，深切哀悼四川大地震中遇难的同胞。

拉萨市卫生工作

【加强疾病预防控制工作】2007年11月至2008年9月拉萨市共发生乙、丙类法定传染病15种1220例，死亡4例（艾滋病2例、肺结核2例）总发病率269.63/十万，总死亡率0.88/十万。

鼠防工作。切实加强了鼠疫防治工作，加大了以青藏铁（公）路沿线为重点的鼠疫监测力度，严防人间鼠疫的发生。在各县（区）举办了9期鼠疫防治培训班，参加人员共460余人，发放鼠防宣传资料4万余份（册），农牧民群众鼠防知识知晓率达到95%以上。旱獭密度调查约15个样，调查面积500公顷，密度最高0.13只/公顷，最低为零。加强鼠疫检验，细菌学检测187份，阳性9份；血清学检测1274份，阳性5份。针对达孜、林周、墨竹工卡、城关区发生的鼠间鼠疫，发现及时判定准确，并采取预防性投药、保护性灭獭、宣传教育等有效措施，使疫情得到有效控制。

结核病防控工作。进一步加强和规范了结核病的防治及管理工作。现场操作培训8次，受训人数36人。开展了“3.24”结核病日宣传活动。结核病防治工作已推广到各县、乡卫生院，建立了县、乡、村基层网络直报系统，共发现肺结核病人120例，为结核病人免费提供抗结核病药品，并做好对各县（区）每季度1次的督导检查工作。

手足口病防控工作。一是加强人员培训，共计119人参加的预防手足口病培训班。各县（区）先后举办县级培训班共8期，乡村培训班约70多次。二是召开会议全面部署防控工作。进一步安排部署了防控工作。三是拉网式搜索排查，组织各级疾控和医疗工作人员约50多人，分赴全市所辖的托幼机构进行了全面的拉网式搜索，同时出动卫生防疫和监督人员70余名，对53所托幼机构的五岁以下35597名儿童进行了肠道病毒手足口病（EV71）的筛查和预防宣传工作。四是各县（区）成立了防治手足口病工作领导小组，并对防控工作进行了严密部署。五是强化信息报送工作，坚持“零报告”、“日报告”制度。六是广泛开展健康知识教育，使儿童和家长掌握手足口病的预防知识。七是加强对托幼机构食品安全和传染病防控工作监督检查。八是加强部门合作，形成联动机制，特别是与教育部门密切协作，对学校卫生、食品卫生、环境卫生、个人卫生进行重点检查。

艾滋病防治工作。在市区的各大长途汽车站、市医院门诊部、七县人民医院和十七所乡镇卫生院设立宣传栏。与西藏卫生支持项目办联合组织多部门赴云南学习考察预防艾滋病工作经验。开展了艾滋病和梅毒采血检测工作，共检测9321人，发现HIV阳性4人，梅毒RPR126人，建立VCT门诊3个，建立国家级性病监测点21个，发放安全套10040只。

地方病防治工作。碘缺乏病防治工作，采集2405份家庭用盐盐样，半定量监测碘盐1152份，非碘盐1248份，碘盐覆盖率47.9%；七县一区投服碘油丸0-2岁投服率83.1%，14-49岁育龄妇女及孕妇投服率为92.9%。大骨节病监测，完成曲水、林周县6个乡的大骨节病监测工作。氟中毒调查，共抽检尿样3500份，茶样2780份，水样35份，结果待检。

常规免疫、强化免疫工作。根据常规免疫报表统计，全市8县（区）卡介苗应种2086人，实种1997人，接种率95.73%；脊灰疫苗应种738人，实种709人，接种率96.07%；百白破应种764人，实种709人，接种率92.80%；麻苗应种717人，实种595人，接种率82.98%；乙肝疫苗首针应种785人，实种668人，首针接种率85.10%，其中及时接种232人、及时接种率34.73%。

脊灰强化免疫。由于受3•14事件的影响，各县（区）结合实际自行组织开展了服苗活动。全市两轮共服苗50324人，其中常住儿童38684人，流动儿童11640人，“零”剂次儿童912人。

【卫生监督工作】对市辖区范围内的宾馆（饭店）、旅馆、美容美发、公共浴室、餐饮店、旅游景点、农贸市场、食品加工厂、食品批发市场等进行了全面的食品安全监督检查。加强了对各类学校食堂、集体就餐单位和餐饮业的监测工作。组织卫生监督人员，对护卫青藏铁路的720余名公安干警和武警战士定点的餐饮单位蹲点开展卫生监督检查，确保了北京奥运火炬接力西藏传递活动期间食品安全、高考及中考期间食品安全，加强了德吉路餐饮一条街食品量化分级管理工作。全年共监督食品及公共场所4227户，行政处罚236户，没收销毁食品89个品种3487公斤价值26984元，处理举报案件14起。食品从业人员及公共场所从业人员体检14261人，审批卫生许可证2719本，办理从业人员健康证12303本，五病调离人数502人（乙肝），五病调离率100%。抽检食品6个品种140个样，合格率75.7%；餐具抽检2581个样，合格率83.6%；水质抽检153样，合格率 83%。

【加强学校卫生工作】2008 年，拉萨市卫生局加强了学校卫生工作的监督和管理。针对不同季节传染病流行的特点，及时组织召开传染病防控工作专题会议，向学校宣传菌痢、流感、流腮、麻疹、水痘等易发传染病防控知识。针对在堆龙德庆县、曲水县、林周县、城关区等中小学发生的流腮疫情，及时组织专业人员，多次赴疫情点指导和协助防控工作，采取了对发病学生隔离治疗及对其他学生进行预防接种等措施，有效控制了疫情的蔓延。

【农牧区医疗制度实施情况】2008 年，拉萨市卫生局加强对农牧区医疗制度的调研及督导工作，组织各县（区）14 名医管办人员赴西宁、西安学习考察。不断加大对农牧区医疗制度在推行过程中的宣传力度，完善利民、便民措施，农牧民群众参加个人筹资的积极性普遍提高。截止 9 月 30 日，农牧民应筹资人数 27.71 万人，实际筹资人数 27.16 万人，筹资率为 98%。人均筹资额 11.5 元。基金使用情况：住院补偿共计 8683 人次；住院总费用共计 2145.16 万元，住院补偿共计 1272.63 万元，次平均住院补偿费用为 1465.66 元；门诊补偿共计 45.75 万人次，门诊补偿总额共计 786.52 万元，次平均门诊费用为 17.19 元。

【妇幼卫生工作】继续加强产科建设及系统管理，执行孕产妇住院分娩“绿色通道”，加强高危孕产妇的筛查与管理，同时充分发挥市妇保院业务指导作用，举办各级各类培训三期，使县、乡产儿科及妇幼人员提高了高危孕产妇筛查能力和危重病例应急处理、转诊能力，召开妇幼例会，开展了市、县两级孕产妇死亡评审工作。全市活产数 6404 人，其中住院分娩 4801 人，住院分娩率 75%，全市孕产妇死亡 8 例，死亡率 124.9/十万；5 岁以下儿童死亡 232 例，死亡率 36.23‰，其中婴儿死亡 201 人，死亡率 31.4‰，新生儿死亡 121 例，死亡率 18.9‰。完成了儿童维生素 A 普服工作，全市 6 个月至 3 岁应服儿童 19037 人，实际投服 16867 人，普服率 97.8%。

【医教工作】继续开展“以病人为中心，以提高医疗服务质量为主题”的医院管理年活动，制定并完善了医疗质量管理和持续改进方案，加强职业道德和行业作风建设，强化服务意识，改善服务态度，建立和完善病人投诉制度，开展医院绩效评价工作，医疗服务质量和服务能力不断提高。根据 2008 年医院工作统计年报表，全年市、县级医疗单位门诊共 355859 人次，其中县级医院门诊 190203 人次、住院 4772 人次，市医院门诊 87763 人次、住院 3691 人次，市妇保院门诊 77893 人次、住院 2265 人次；市医院病床使用率 67.3 %，市妇保院病床使用率 89%，七县医院病床使用率 70.2%。

认真安排和部署婴幼儿因食用含三聚氰胺奶粉导致泌尿系统结石病例的筛查及治疗工作。各级医疗单位对食用含三聚氰胺奶粉的接诊婴幼儿实行日报告、零报告制度，并按卫生部要求给予免费诊断治疗，截止 2008 年 10 月 15 日市级、县级医疗机构共接诊检查婴幼儿 7086 人次，确诊 29 人并住院治疗，已出院 22 人，现住院患儿 7 人，累计检查费用 368472.00 元，住院治疗费用 62373.00 元，医疗机构总垫支 430845.00 元。

开展了“万名医师支援农村卫生工程”，市医院选派 7 名医务人员赴当雄县医院进行了为期一年的支援工作，结合当地实际，重点开展了心电图检查和外科手术，并对县医院检验、护理、内科、医院管理等方面进行了指导。另先后 11 次派出 13 名医务人员到各县会诊。市妇保院先后 9 次派出 32 人下乡义诊。

加强了医疗机构从业人员的管理，对各社会医疗机构的从业人员进行梳理、清查、登记，对部分学校及托幼机构医务室进行清查；及时组织所属医疗单位对在拉萨“3•14”事件中的伤员开展救治、抢救工作；组织医务人员赴当雄地震灾区对伤员进行医疗救治；开展了迎奥运、反兴奋剂专项治理工作，为北京奥运会火炬登顶珠峰提供医疗卫生保障；积极配合民宗局，选派医护人员对编外僧人学习班的患病僧人进行治疗；组织拉萨光明眼科康复诊疗院、市医院开展了“爱眼日”活动，免费发放眼药水 400 支价值 1000 余元、老花眼镜 20 副价值 800 元，发放各种宣传材料 600 余份，接待咨询义诊群众 200 余人；妥善处理两起较大医疗纠纷，查处非法行医 2 起；组织开展了医师资格考试工作。

【藏医药工作】藏医药服务能力建设得到进一步提高。加强藏医药基本诊疗服务，积极向农牧区推广适宜技术，探索和发展优势服务项目，藏医药在治疗慢性病方面的特色进一步发挥。为加强藏医依法执业工作，妥善解决《执业医师法》颁布前取得有效行医资格的医师资格问题，对相关人员进行了资格审核和推荐，全市 58 名师承或确有专长的藏医从业人员通过资格审查及考试。藏医从业人员的学历不断提高，全市共有 45 名藏医工作人员已经取得或正在接受中专学历教育，目前又有 20 余名藏医人员申报参加学历教育。

【人口计生工作】扎扎实实做好扶助工作。认真落实农牧区“一孩、双女”户困难家庭扶助制度，组织业务骨干对四县（区）7 乡 14 村摸底调查情况进行督导，全市扶助对象 3328 人，其中新增 362 人，退出 58 人（均为死亡），并进行了网上录入。开展了独生子女伤残死亡情况摸底调查工作，全市登记独生子女伤残死亡数 324 人，符合扶助条件的有 180 人，其中城市 17 人，农村 163 人，并做好网上录入工作。

坚持宣传教育为主，不断深化宣传教育内容。开展“艾滋病防治”、“优生优育”、“幸福工程”和“一孩、双女”户困难家庭扶助制度政策性解释等知识的宣传；组织人员开展科技、文化、卫生“三下乡”活动；开展了《拉萨市流动人口计划生育管理办法》、《社会抚养费征收管理办法》等宣传教育活动；通过采取人口文化宣传月文艺汇演等形式，大力宣传改革开放 30 年来人口和计划生育工作取得的巨大成就、党的十七大精神等；以上各类宣传活动共发放避孕药具和常用药品 2000 余盒、相关宣传资料 22000 余张（册），展出宣传版 6 块。

加强流动人口管理工作。对城关区 11 个办事处和 4 个乡的 28 个社区居委会及 12 个行政村的流动人口计划生育基本情况进行了全面调查。

认真落实《全区七地市创建流动人

口计划生育管理与服务示范点工作方案》，确定了城关区和堆龙德庆县为示范点，并对其余 6 县以同样的标准进行考核评估并列入年终目标考核内容。监督指导各县（区）流动人口信息登陆工作，全市登陆信息1570人，反馈信息168条。不断强化服务意识，认真落实《拉萨市流动人口计划生育管理办法》，共为1042名流动人口办理了孕检证明。

积极做好项目工作。一是关爱女孩行动项目。城关区作为全国关爱女孩行动西藏唯一试点县，扎实有效的开展试点工作。在“六一”儿童节到海城小学开展“关爱女孩，关注未来”健康知识宣传，并从项目资金中抽出 5000 元慰问贫困女童。开展“关爱女孩”助学活动，为上大学的 9 名贫困女孩每人发放助学资金 2000 元。二是新农村新家庭人口健康促进项目。将堆龙德庆县作为“新农村新家庭人口健康项目”的拓展县，制定并完善了项目文本和实施方案，8 月初对羊达乡羊达村基本情况进行了摸底调查和需求评估，落实了项目配套资金 10 万元。三是艾滋病培训专项活动。制作了艾滋病预防、优生优育藏汉文宣传册 10 万份。邀请了防治艾滋病和妇幼保健、优生优育专家，对当雄县、堆龙德庆县、曲水县、城关区的农牧区育龄妇女及流动人口开展引导性培训 4 期。七县一区人口计生委各自举办一期预防艾滋病知识培训，为育龄妇女群众发放卫生用品总价值60000 元，宣传材料 4000 余份，避孕药具价值 8000 元，受益群众 6000 人次。

【创城工作开展情况】一是成立了创建全国卫生城市领导小组，并下设办公室，着手各项前期准备工作。二是开展了对市区和城乡结合部环境卫生现状的调查摸底工作，并完成了《拉萨市创建国家卫生城市实施方案》、《拉萨市创建国家卫生城市任务分解表》、《拉萨市创建国家卫生城市的决定》；三是召开了拉萨市创建国家卫生城市领导小组工作协调会，34 个成员单位参加了会议，安排部署了全市创建国家卫生城市动员大会各项前期准备工作。四是召开了拉萨市创建国家卫生城市动员大会，对创建国家卫生城市进行全面动员部署。五是以迎“奥运圣火”、“雪顿节”为契机，开展了全市爱国卫生运动。此外，积极配合有关部门做好创建园林城市、双拥城市、旅游城市、环保城市等方面的工作。

【红十字会工作】春节、藏历年前，在尼木县续迈乡和墨竹工卡县扎雪乡开展了“红十字博爱送万家”活动。在“5.8”世界红十字日，组织市医院、市计生委、市妇保院、市疾控中心、城关区卫生局等会员单位，在市区开展了宣传和义诊活动，发放宣传单 5000 余份，义诊 2500 余人次，发放药品 45 个品种价值 6000 余元。积极组织动员全社会为四川汶川和当雄地震灾区募捐。通过设立募捐电话、募捐点、募捐箱等多种形式，共为四川汶川地震灾区募集资金 318720.6 元，衣物 140 件价值 5000 元，并全部转交自治区红十字会。当雄地震发生后，中国红十字总会下拨救助资金 20 万元，用于购买急需救灾物质，区、市红十字会已将购买的 947 袋大米、294 袋糌粑、1000 件棉被、200 件褥子、200 床毛毯、1498 套棉衣棉裤、300 件棉大衣、350 双棉鞋等物质分别送往当雄、尼木、曲水和堆龙德庆四个县的重灾区。

【项目工作】美国“一颗心”项目：举办乡村助产士培训一期，培训 11 人，为期四个月，并为参训学员捐增了 11 辆自行车和出诊产包，为项目县的部分乡卫生院配备了 8 台胎心多普仪总价值 4.7 万元。开展健康教育培训工作，培训 550 人次。投资 42 万元在市卫校建立“拉萨市妇幼培训中心”。

澳发署初级卫生保健项目：一是开展培训工作。支持市、县开展卫生综合服务管理培训工作。同时，选派各县（区）儿科骨干医生到湖南、上海参加相关短期课程培训，并作为师资力量，对各县（区）乡村医生开展培训。二是为基层配备设施设备。为三个非项目县的 9 个乡卫生院配备了总价值 60 余万元的救护车，为县医院产科配备总价值 50 万元的医疗设备。三是健康促进方面，开发藏汉文版的“母婴保健手册”，举办县级健康促进培训班，实地开展相关健康教育活动等。

“降消”项目：选派两名产科专家赴项目县蹲点，以提高项目县产科服务水平和急救能力，完善县级产科功能，提高住院分娩率，保障母婴安全。

西安交大孕产妇营养素补充项目：在城关、达孜、曲水开展了孕产妇营养素补充项目，截止 9 月 30 日，对三个项目县的 400 名孕产妇进行了营养素投服，发放营养素 1371 盒、血红蛋白测试卡片 700 张、早孕纸 223 张。项目办与市妇保院为项目县举办了乡村孕产妇保健培训班，并配备了婴儿电子体重称等设备。

拉萨市民政工作

【城乡社会救助工作成绩显著】城镇低保工作。自 2008 年 1 月 1 日起，城镇低保标准由原来的月人均 230 元调整为 260 元，月增加 30 元，切实保障了低保家庭的基本生活。2008 年元月至 9 月底累计发放城镇低保金 1648.85 万元。为确保城乡低保对象基本生活水平不降低，2008 年自治区政府再次决定实施临时性基本生活补助政策，其补助标准为城镇每人每月补助 15 元，完成了 2008 年 5 月至 10 月和 2008 年 7 月至 12 月两次城镇低保对象临时生活补助资金的兑现工作，累计发放补助资金 172.35 万元。基本实现了“应保尽保、应退尽退、动态管理”。

农村最低生活保障工作。自 2008 年 1 月 1 日起，农村居民最低生活保障标准由原来的年人均 800 元调整为 850 元，年补助标准增加 50 元，2008 年共发放农村低保资金 527.06 万元。2008 年 5 月至 10 月和 7 月至 12 月两次共落实农牧区低保对象临时补助资金 245.7 万元。

医疗救助工作。城镇医疗救助工作，截止 2008 年 9 月底，共救助城镇特困居民 41 人，落实医疗救助资金 25.22 万元。农村医疗救助工作，截止 9 月底共救助 687 人，落实医疗救助资金 142.69 万元。解决了农村特困群众医疗难的问题。

五保供养工作。全市有五保对象 1289 人，五保供养率达到了 100%，其中集中供养 379 人，占五保对象的 30%，分散供养 910 人，占五保对象的 70%。现执行五保供养标准为年人均 1500 元，2008 年共落实五保供养资金 193.35 万元。

教育救助工作。将 2007 年申请、审

批的高校特困生 72 人的教育救助资金 31.2 万元全部落实到位。

流浪乞讨人员救助管理工作。共接待和劝导救助人员 1756 人：其中"3•14"受害群众 1072 人、正常救助 684 人。

【基层民主政治建设稳步推进】村级建制整合工作。对拉萨市现有的 241 个村委会中的 12 个村委会进行整合，拉萨市民政局起草、上报的《关于拉萨市重新调整村级建制整合实施方案》已经市委、市政府同意、批转全市。

拉萨市第六届村(居)委会换届选举工作。全市村（居）党组织和第五届村(居)民委员会到 2008 年任期届满，将进行换届选举。根据《西藏自治区委员会办公厅 西藏自治区人民政府办公厅印发<关于认真做好 2008 年村（居）党组织和第六届村（居）委员会换届选举工作的意见>的通知》（藏党办发[2008]3 号）文件精神，及时召开专题会议，就相关工作进行了安排、部署，圆满完成了换届选举工作。

社区建设工作。积极向自治区民政厅申报了社区服务建设项目，解决了 5 个社区服务站项目资金 150 万元。为全面推进城市社区建设工作，提高城市社会化服务功能，出台了《关于开展城市和谐社区建设的实施意见》。农村社区建设试点工作开展顺利，达孜县被民政部确定为"全国农村社区建设试点县"，2 月 29 日拉萨市民政局为达孜县进行了授牌，并加大了业务指导、检查工作力度，目前，达孜县各试点乡（镇）、村均已成立了相应的领导小组和工作机构，试点工作正积极开展当中。

【双拥、优抚安置工作进展顺利】双拥工作。2008 年，积极开展"三大节日"期间的慰问工作。认真做好了争创全国双拥模范城（县）材料起草和推荐工作，元月份全国双拥工作领导小组对拉萨市、堆龙德庆县进行了全国命名表彰公示，拉萨市在 2008 年召开的全国双拥命名表彰大会上连续第五次被命名全国双拥模范城。

积极开展"八一"拥军优属活动工作。7 月 29 日、30 日由市委、市政府带队的"八一"慰问团向驻市各部队进行了慰问，共送去慰问金 74 万元； 在 7 月 30 日下午举行的拥军优属座谈会上，市委副书记、市政协主席杨万福代表拉萨四大家及全市 62 万各族群众向驻市部队首长敬献了哈达，并赠送了 11 万元的慰问金。7 月 28 日-8 月 1 日，拉萨市组织文艺演出队为驻市部队及驻市执勤点官兵举行了丰富多彩的文艺演出，演出受到了广大驻市部队及执勤点官兵的一致欢迎。7 月 30 日，协调驻军部队参加了在区政协礼堂组织举行的"维护稳定 反对分裂 促进发展"专题报告会。

优抚安置工作。全年为 27 人办理了伤残证和变更手续。国家机关、事业单位工作人员牺牲、工伤、病故后要求办理遗属一次性抚恤金和子女抚养的报告共 38 人，批复 36 人，落实伤残抚恤金 1246162 元。此外，5 月 13 日在拉萨晚报上刊登了 2001 年 12 月—2006 年 12 月退役士兵领取义务兵家属优待金的通知，已给 60 余人发放 6.2 万余元义务兵家属优待金。为 70 名退役士兵安置了工作。

加强无军籍职工管理和军队复员干部工作。为 36 名军休干部、无军籍退休职工报销医疗费 235630 元；为在拉萨市民政局领工资的 6 名病故无军籍职工遗属发放一次性抚恤金 375381 元，为 5 名无军籍退休职工补发一次性抚恤金 96650 元；落实军休干部、无军籍退休职工经费 1552 余万元。按有关规定为他们调整和补发了工资。5 月份新接收了交给拉萨市的 9 名军休干部和 22 名无军籍退休职工。

加强陵园管理。为改善先烈安眠的环境，加强了对陵园建筑设施和树苗的管理。拉萨烈士陵园维修改造及附属工程建设项目计划投资 501 万元，完成招投标工作，并开工。

【救灾救济工作扎实有效】救灾救济工作。根据各县（区）上报的自然灾害快报表，拉萨市下拨各县（区）自然灾害救助资金 100 万元，发放衣物 3120 件。

"三大节日"送温暖情况。元旦、春节、藏历年期间"送温暖"活动当中，拉萨市慰问团深入灾区及各社会福利单位走访慰问了特困户、城镇低保户共 211 户及自治区儿童福利院、拉萨市 SOS 儿童村、拉萨市福利院，共发放慰问金及购置慰问品 123000 元。另外，各县（区）也开展了形式多样，内容丰富的慰问活动，经统计，各县（区）慰问贫困户 817 户 3360 人、五保户 1047 人、低保户（城镇低保、农村低保）902 户 3650 人、孤儿 62 人、麻疯康复院 23 人，特困户 392 户 1297 人，共慰问 3158 户 9439 人，慰问资金达 98.45 万元。全市共落实慰问资金 110.75 万元。

自 5 月 12 日开展向四川汶川地震灾区受灾群众捐款活动以来，全市共接收抗震救灾捐款金额：人民币累计达 8335093.7 元、美元 100 元，已将此款全部上交自治区民政厅，由自治区民政厅直接汇往四川灾区，并在拉萨晚报进行了 5 期公示。

【社会福利事业成绩显著】拉萨市儿童福利院建设项目于 2007 年 12 月 7 日进行招标，2008 年 3 月 12 日正式开工。该项目第一期工程总建筑面积 5339. 71 平方米，投资 600 万元，第一期工程项目已于 9 月 28 日完成竣工验收。第二期工程总建筑面积 1912 平方米，计划投资 3074849 元，资金全部由民政厅解决，现已正式开工。拉萨市流浪未成年人救助保护中心建设项目，已完成所有开工手续，于 8 月 3 日正式动工。该项目总建筑面积 1806 平方米，计划投资 240 万元，资金全部由民政厅解决。完成了拉萨市城关区纳金乡藏热村汉族古墓围墙及附属设施建设项目。项目投资资金 231.6 万元全部由财政厅解决。该项目已于 9 月 18 日完成竣工验收。拉萨市敬老院建设项目进展顺利。项目总投资 2417.1 万元，其中自治区配套 725.13 万元，市财政配套 725.13 万元，县财政自筹 966.84 万元。此外，申报了拉萨市救助站维修改扩建项目，计划投资 168 万元；申报了拉萨市救灾应急物资仓库建设项目，计划投资 1030 万元；申报了拉萨市色拉天葬台围墙及附属设施建设项目，计划投资 135 万元。

拉萨 SOS 儿童村助养工作开展有序。目前，拉萨 SOS 儿童村共收养 181 名孤儿，国外助养人和村助养人 99 名，主要来自德国、挪威、丹麦等欧洲国家和地区；国内助养人 11 名。

【社会专项事物管理工作得到深入开展】勘界工作。拉萨市民政局及时草拟、上报了《关于开展全市第二轮县级行政区域界线联合检查工作实施方案的请示》和《关于加强拉萨市行政区域平安边界管理工作的意见》的请示，已由市政府批转全市。2008 年度年检工作基本完成。

地名管理工作。截止 10 月份，在太阳岛、金珠西路、北京西路、民族路、鲁定路等道路共安装单位门牌号 450 个。

殡葬管理工作。2008 年是全国人民第一次迎来为期 3 天的清明节“小长假”，为确保广大群众顺利祭拜，拉萨市民政局认真组织工作人员对拉萨市公墓园进行了检查和卫生环境的清理。并于 10 月 1 日开工修建了水泥路。

婚姻登记管理工作。在认真贯彻、落实、宣传好《婚姻法》、《婚姻登记条例》的基础上，不断提高服务质量。民间组织管理工作。民间组织管理工作开展有序。

【老龄工作步入正轨】在全市范围内为 60 岁以上老年人，以县（区）为单位办理拉萨市老年人《优待证》4038 人，根据区老龄办 2008 年 3 月下发的通知精神，更换老年优待证 203 本。

为全市 80 周岁以上的 3318 名寿星老人颁发西藏自治区老年人《寿星证》。2006 年—2008 年 10 月累计发放寿星老人健康补贴 2675200 元。

拉萨市选送的《幸福的牧民姑娘》在由全国老龄工作委员会、文化部、国家广播电影电视总局联合主办的“首届中国老年文化艺术节”上荣获优秀奖。

拉萨市劳动就业工作

【就业再就业工作取得新进展】2008 年，拉萨市劳动和社会保障局扎实做好动态消除“零就业家庭”和公益性岗位开发工作。2007 年拉萨市在全区率先消除“零就业家庭”。2008 年在巩固已有成过的基础上，继续对全市零就业家庭进行动态管理，对新出现的 6 户零就业家庭，通过政府购买公益性岗位的方式予以安置，切实做到“出现一户，帮扶一户，解决一户”，实现了“动态消零”目标。 2008 年开发公益性岗位 450 个，优先安置“零就业家庭”和“3545”等就业困难群体就业。

切实加强职业技能培训和职业技能鉴定工作。一是创新思路，积极发掘具有西藏特色、适应市场需求的技能培训项目，全年开办民族歌舞艺术、藏毯编织、汽车驾驶、高校毕业生“AEC”创业培训等培训班 68 期，培训劳动者 3980 人，完成全年目标任务的 108%，培训合格率达 98%，通过培训实现就业 3893 人，培训就业率达 85%。二是坚持上门服务和为农牧民服务原则开展职业技能鉴定工作，全年共为 402 名社会技能人才进行了职业技能鉴定。

积极做好各类人群特别是高校毕业生就业服务工作。2008 年共开展职业指导 6980 人次，职业介绍 6360 人次，职业介绍成功 3180 人次，与拉萨晚报社共同开展了两期“找工作，晚报为你当伯乐”活动，期间收集发布用工信息 15 条。通过多种途径帮助 813 名城镇失业人员实现了再就业，为 62 名城镇失业人员办理了《失业证》，为高校毕业生免费提供失业登记、职业介绍、职业培训和档案保管服务，公布人力资源市场供求和工资指导价位信息。9 月底举办了全区首届提高高校毕业生就业竞争能力培训班，帮助 45 名大学生实现了就业。10 月在西藏大学举办 2008 年高校毕业生求职招聘会，将就业岗位送进了校园。

【社会保障体系建设取得新进展】社会保险覆盖面持续扩大。积极适应经济结构调整、所有制结构调整和就业形势的需要，把非公有制企业、困难企业和灵活就业人员参统以及中断缴费人员接续社保关系作为主攻方向，推动各项社会保险覆盖面持续扩大，其中，养老保险参保职工人数 11080 人，比“十五”末增加 4712 人，医疗保险参保职工达到 27165 人、比“十五”末增加 5206 人，“十五末”刚刚起步的工伤保险和失业保险工作现已逐步走上正轨，2008 年参保人数分别达到 1948 人和 4100 人。

养老保险基金征缴和社会化发放工作取得突破性进展。养老保险参保职工突破 1 万人大关，达到 11080 人，全年征收基本养老保险基金 5600 万元，比上年增加 2480 万元，征收率达到 95 %。通过银行为全市 3872 名离退休人员发放养老金和丧葬补助金 8 万元，发放率达 100%，社会化发放率达 99%。完成了上级部门对 2008 年企业退休职工发放体检费的工作任务，将 90 万元体检费全部发放到了个人手中。对 2007 年 12 月 31 日前已办理退休手续的 3689 名企业退休（退职）人员基本养老金进行了调整。

对全市供销社系统的半脱产人员待遇进行了专项摸底调查，对 1979 年 10 月 31 日前在册的 349 人的待遇问题进行逐一落实，使全市供销社半脱产人员的晚年生活有了保障，为构建和谐社会做出了积极努力。

军队复员干部养老保险接续工作全面开展。对落户到拉萨市县（区）的军队复员干部进行了专题摸底及社会保险关系的接续登记工作，全年登记复员干部 111 人，达到退休年龄 60 人，为下一步接续工作奠定了基础。

城镇职工基本医疗保险、城镇居民基本医疗保险和生育保险工作全面铺开。2008 年全市城镇职工基本医疗保险登记参保单位达到 607 家，比上年新增 20 家，参保职工 27165 人，比上年增加 686 人，征收基本医疗保险基金 6280.47 万元，比上年增加 1050 万元，征收率达到 96%以上，支出医疗保险金 2725.70 万元(含医疗保险待遇支出和划入职工个人帐户支出)，既减轻了财政负担，又方便了群众看病就医。城镇居民基本医疗保险参保登记工作于 2008 年年初全面完成，全年共有 21213 户城镇居民参加了居民医疗保险，参保人数达到 36033 人（包括公益性岗位 450 人），基本实现了城镇居民医疗保险制度全覆盖。 2008 年共为全市 689 名参保居民报销医疗费 254.90 万元，统筹基金支付率达 60%。征收城镇职工生育保险基金 290.32 万元，发生待遇支出 255 人次，支出 116.7 万元。职工生育保险的实施，确保了拉萨市女职工的合法权益，保障了城镇职工生育和接受计划生育手术期间的基本生活和基本医疗保健需要。

将安置在拉萨的自主择业的 1214 名军转干部纳入城镇职工基本医疗保险范围，有效地解决了自主择业军转干部的后顾之忧，全年报销医疗费用达到 10 人

次，支付统筹金12.73万元。

工伤保险工作稳步推进。2008年参加工伤保险的单位达到56家，比2007年增加20家，参保职工达到1948人，比2007年增加410人，征收工伤保险金33.48万元，比2007年增加15.48万元。全年共接待工伤政策咨询193 起，受理工伤认定申请25起，作出工伤认定结论9起，做出劳动能力鉴定28起，赔偿工伤职工伤残补助金、就业补助金、丧葬补助金和公亡补助金累计达300多万元，有效地维护了工伤职工的合法权益。

2008年共征收失业保险金440万元，为职业介绍和培训就业工作的顺利开展提供了强有力的资金保障。同时，对拉萨市在"3•14"事件中无辜受损的商户及员工进行按每人每月420元的标准进行了失业救助，根据受损商户的损失程度和恢复正常营业时间，按月发放失业救助金，时间最长可连续领取24个月。全年向符合失业救助条件的20家受损商户共386人发放失业救助金近90万元，对于维护拉萨市社会局势稳定起到了积极作用。

社会保险基金监管逐步规范。坚持"专户储存，专款专用"的原则，加强基金监管，实行社会保险基金"收支两条线"管理。并重点对各县（区）保险基金征缴、支出、结算、管理、个人帐户等环节进行了集中检查，确保了各项社会保险基金专款专用和基金的安全。

【劳动关系协调工作取得新进展】2008年共受理举报案件335起，涉及人数4836人，处理335起，其中10人以上群体性事件62起，累计清理拖欠农民工工资2755万元。组织开展了禁止使用童工和清理整顿劳动力市场秩序专项执法检查和日常检查，检查主要包括是否使用童工、是否签订劳动合同、是否执行最低工资标准等方面的内容，共检查企业238家，涉及劳动者4100多人，发放劳动保障监察整改指令书32份，要求劳动者工资低于拉萨市最低工资标准的7家用工单位为21名劳动者当场补发工资2730元，对4家存在收取劳动者押金的用工单位和2家使用童工的用工单位进行了严肃处理，同时为240家用工单位办理了劳动用工登记备案手续。加强与建设、工会、法院、工商等部门的协调配合，建立健全联动机制。通过检查，补签劳动合同3869人，补发劳动者工资待遇120万元，督促用人单位补缴社会保险费4737.2万元。

劳动工资收入分配政策得到及时贯彻落实。一是公布了拉萨市劳动力市场部分岗（职）位工资指导价位，并随机抽查了40余家企业单位62个职工（工种）工资收入情况，对部分企业提出了岗（职）位工资指导价位建议。二是严格按照有关文件精神，对2830名工人因各种原因工资变动进行了审批。三是对7家符合增资条件的企业的调资方案进行了审批，涉及435人。

和谐仲裁理念进一步树立。全年共受理劳动争议案件22起，涉及61人，挽回劳动者工资、误工费、工伤赔偿金440.52万元。二是加大劳动争议预防力度，严把劳动合同签订和鉴证关。2008年签订劳动合同2971人（续签318人），对43家用工单位的劳动合同进行了审核。（3）配合区劳动保障厅对中直、区直、市直56家企业成立劳动争议调解委员会的情况进行了监督检查。

城关区

【年度综述】2008年拉萨市城关区紧紧围绕"一产上水平、二产抓重点、三产大发展"的经济发展战略，有力地推动全区国民经济持续、快速、健康、协调发展，虽然受到"3•14"事件及金融危机等因素的影响，但城关区经济和各项社会事业呈现出良好的发展态势。

2008年，城关区生产总值（现价）实现25.16亿元，比上年实际增长20.73%。其中：第一产业0.65亿元，比上年增长4.84%；第二产业4.11亿元，比上年增长16.43%；第三产业20.4亿元，比上年增长22.23%。人均生产总值35130元。农村经济总收入完成3.36亿元，增长24.87%，工业总产值达到6824.38万元，比上年增长29.37%；本级财政收入实现1亿元，比上年增长28%。

2008年，拉萨市城关区实现农村经济总收入3.36亿元，比2007增长24.87%。其中：多种经营和乡镇企业收入达3.11亿元，比上年增长22.65%。蔬菜产量达到10382.23万斤，比2007年增长12.99%。肉食总产量达到214.85万斤，比2007增长9.98%；奶类产量1185.11万斤，比2007减少30.61%；年末牲畜存栏数26361头（匹、只）。

2008年城关区工业总产值达6824.38万元，比上年增长29.37%。其中：民族手工业总产值为3401.04万元，增长17.24%。建筑业收入达3.74亿元，比上年增长9.8%。其中：建筑总公司收入为2.6亿元，比上年增长8.86%。贸易行业销售额达2399万元，比上年增长14.42%(其中：国有贸易销售额为341万元)。服务行业总收入达4.04亿元，比上年增长9.73%。其中：旅游业为2.83亿元，比上年增长8.84%。

2008年，城关区属农牧民人均纯收入达5370元，比上年增长15.04%。城镇居民可支配收入达到12600元，比上年增长7.7%，其中：城关区属城镇居民可支配收入实现5902元，比上年增长8.4%。

【"三农"工作】2008年，城关区农村经济总收入完成3.36亿元，增长20.87%，粮食总产量达到899.42万斤，增长17.47%。投入近150万元，大力实施农业机械化工程，新增农机具267台（套），新增农机动力1116千瓦，农机配套率由2007年的1：1：2提高到1：1：8，完成了总投资128万元的小型农田水利设施基本建设项目，新解决998人的安全饮水问题。完成368户农村沼气入户建设任务。

【旅游业】2008年，受"3•14"事件的影响，客房出租价直线下降。通过不懈的努力，抓紧时间改善宾馆的基础设施建设和恢复生产生活，城关区实现旅游收入28648.4万元，同比增长10.18%，超额完成了拉萨市政府下达的经济目标，其中宾馆业收入达2328.59万元；比2007年减少70.47%；接待旅游总人数518090人次，其中国际国内游客118090人次，比2007年减少54.58%、景区点一日游接待人数达48万人次，其中海外旅游者10494人次，比2007年减少78%；旅游工艺品收入达24961万元，2007年增长59.5 %；

旅游工艺品销售收入占旅游总收入的87.13%;农村旅游收入450万元,比2007年减少52.88%。2008年,城关区共拥有42家宾馆,其中星级宾馆30家(四星级宾馆3家,三星级宾馆及三星级家庭旅馆9家);二星级旅馆11家;一星级6家;社会旅馆144家;共有客房4092间;床位7237张;旅游定点车辆178辆;国际旅行社1家;大型旅游购物商场11家;旅游工艺品店铺280家;旅游纪念品摊点1548户;国家3A级景区1家;全国农业旅游示范点1家;旅游景区(点)16处;家庭旅馆36家;旅游工艺品生产加工厂家10家;旅游餐饮业40余家;旅游从业人数8000人。2008年,新审批了四星级宾馆3家;三星宾馆5家,其中三星级家庭旅馆3家;二星宾馆6家,其中二星级家庭旅馆2家;一星级宾馆2家。旅游"六大"要素已基本形成,城关区旅游业向产业化、规范化方向发展。

【教育事业】2008年,城关区小学在校生10141人,入学率100%,巩固率100%;初中在校生1413人,入学率99.73%,巩固率100%。2008年,城关区委、区政府向教育投入2463万元(达到本级财政收入的25%),积极争取上级教育行政部门投入和其他投入780万元,实施了二小、海城小学的改扩建项目,新建了教师培训中心学员宿舍楼及学员餐厅、江苏中学高中部学生宿舍楼、白定小学教师宿舍楼、洛堆小学综合教学楼,整体办学条件得到了进一步改善。进一步完善了《城关区政府专项助学资金管理办法》,严格资助程序,提高资助标准,积极帮助家庭困难群众子女就读高中、大学。拟订了《城关区社会力量学前教育机构整改方案》,形成了由教育、卫生、房产、消防等部门共同介入、条块评估的责任机制;教育厅组织的首届全区学前教育现场会在城关区洛欧村学前班定点观摩交流;目前城区三年学前教育入园率达到78.3%,农村一年入园率达到93.4%。取消了六年级内地西藏班选拔考试的升学率奖励加分制度。

【民族手工业】以突出地方特色和民族特色为原则,以统筹利用自身资源、优化产业结构、实现该产业跨越式发展为目标,寻求产业规划合作伙伴,从宏观层面上积极探索产业发展道路。向上级相关部门申报项目8个,申报资金2167.68万元,到位资金225万元。2008年,城关区属企业实现总收入14121.14万元,比上年增长12.19%。手工业产值完成3401.04万元,比上年增长17.21%;建筑业产值完成6900万元,比上年增长11.03%;服务业收入实现3479.1万元,比上年增长10.44%;贸易业实现收入341万元,比上年增长6.23%;争取上级专项扶持资金225万元,比上年增长87.5%;配送销售碘盐110吨,比上年增长34.1%。

【卫生事业】人口情况:2008年,城关区孕产妇共有619人、新法接生404人,新法接生率97.3%,产前检查3次和5次率都达到100%,产后访视2次率达到97.3%。出生417人,活产数407人,新生儿死亡率14.7‰,婴儿死亡率22.11‰,0-5岁儿童死亡率22.11‰。0-14岁儿童死亡率1.70‰。

食品卫生:2008年,城关区制定了学校及托幼机构食品安全防范管理标准、学校食品安全责任书等有关规章制度。辖区卫生监督覆盖率达100%,学校卫生监管率达100%。食品卫生合格率城市达99%,农村4个乡达95%。

争取项目:城关区疾病预防控制中心项目建设后续工程,区政府投资的局机关车库和院内绿化等附属工程即将完工。争取国家上级业务部门项目资金24.7万余元,4个乡卫生院和疾控中心综合业务楼等"十一五"期间规划的基建项目,通过国家和区政府投资已建成。

疾病防控:2008年6月30日开始至8月10日,在辖区5个街道办事处、10个社区居委会开展了第四次国家卫生服务调查。组织城关区亿万农民健康促进知识竞赛活动。区政府成立了手足口病防控领导小组,制订了《拉萨市城关区手足口病防治工作方案》,并安排专项防控资金10万元。

【民政事业】2008年,城关区60岁以上老年人有4413人;80岁以上寿星老人450人,90岁以上的18人。婚姻登记管理工作实现信息化管理。2008年婚姻登记共受理结婚登记1521对,其中初婚915对,再婚606对,复婚40对,补办205对,受理离婚登记331对。2008年新建拉萨市城关区社会福利院工程项目计划总投资928.58万元,2008年到位资金100万。统一提高农村低保标准50元,为现有326户1157人农村低保兑现了保障金41.4万元。为城市低保对象2132户5401人兑现低保金1112.44万元,有效地保障了城镇困难群众的基本生活。(王德隆、申晓东)

【领导名录】
市委常委、区委书记: 赤列多吉
区委副书记、区人大主任: 扎西顿珠
区委副书记、区长: 唐海蛟
区政协主席: 李怀伟

林周县

【基本县情】林周县藏语意为"天然形成的地方",地处西藏中部,拉萨市东北面,拉萨河上游及澎波河流域。县政府所在地距离拉萨65千米,直线距离为28千米。林周县全县辖9乡1镇即:甘曲镇、边交林乡、江热夏乡、卡孜乡、松盘乡、强嘎乡、春堆乡、唐古乡、旁多乡、阿朗乡,46个村民委员会,431个自然村,全县总户数11906户,58063人,总面积4512平方千米。

【历史沿革】现在的林周县是由原来的澎波农场、林周农场和原来的林周县三个县级单位合并而成。1857年林周宗建立,1958年8月14日,林周、旁多两宗合并成立林周县人民政府,1988年7月,原属达孜县管辖的澎波区划归林周管辖,逐渐形成了现在的行政区划,隶属拉萨市。县人民政府初设宗雪,1972年迁至旁多,1988年迁至甘丹曲果村至今。

【自然环境与资源】整个林周县境被念青唐古拉山支脉卡拉山分为南北两部,北部属拉萨河上游及源流区域,素有"三河一流"的美称(热振河、达龙河、乌如河、拉萨河流域),平均海拔4200米,气候干燥,年平均气温2.9摄氏度,以牧业为主;南部属拉萨河支流澎波河流域,

平均海拔3860米，气候温和，水量较充沛，年平均气温5.8摄氏度，以农业为主，是拉萨市的主要粮食生产基地。林周县因其特殊的地理位置，土地资源极为丰富，拥有18万亩耕地，8.5万亩人工草场，505万亩天然草场，5.4万亩水域。农副产品主要有冬小麦、春小麦、青稞、油菜、土豆、萝卜、白菜等；动物资源主要有牦牛、黄牛、绵羊、山羊等；野生动植物资源主要有獐子、白唇鹿、水獭、猞猁、黑颈鹤、雪鸡、灰鸭、野山羊、斑头雁及虫草、贝母、红景天、雪林芝等藏药材；矿产资源有铅、锌、铜、银、金、石膏、矿泉水等。

【经济与发展】2008年，林周县完成生产总值6.48亿元，同比增长17.1%；财政收入完成1210万元，同比增长21%；完成全社会固定资产投资2.08亿元，同比增长26%；农牧民人均纯收入3516.54元，同比增长15.5%，其中现金收入2303.4元，同比增长6.93%；招商引资项目10个，实际到位资金1.21亿元，同比增长15.23%；多种经营收入1.9亿元，同比增长21.25%；劳务输出5360人，总收入6006.34万元，人均收入11205.85元；全县粮油总产12829.16万斤，单产805.25斤，良种覆盖率达87%；牲畜总增率达35.6%，牲畜出栏率达34.4%，农畜产品商品率达50.9%；购置大型农机具（联合收割机）40台，使全县农机作业覆盖面达到了85%以上。

【交通与科教文卫】交通运输取得新进展，公路交通形成县、乡公路为辐射的公路运输网络，截至2008年，全县公路通车里程达到626.36千米，其中黑色路面104.5千米。投资9800万元的黑色路面拉林公路的建成，实现了拉萨至林周县城道路黑色化，林周至春堆公路的实施，使林周县乡村公路四通八达，使人们更加享受到了交通带来的便利和实惠。2008年以来，林周县继续把教育、卫生、文化、社会保障工作作为协调发展的抓手，努力构建社会主义和谐社会。教育事业：坚持教育优先原则，加强教育资源整合，不断改善农牧区办学条件，完成集中办学规划，加强“三包”经费的管理和使用，做到每月“三包”收支情况公示。完成了全县“两基”迎“国检”的基础数据采集工作。卫生事业：狠抓重大疫病防控、常规免疫与强化免疫、农牧区医疗卫生管理等工作，继续实施好农牧民孕产妇住院分娩费用免收（限价）和特困农牧民住院医疗费用直接减免等优惠措施，努力提高农牧区医疗卫生水平。加强食品卫生安全监督管理，制定并实施了《林周县食品安全工作方案》，采取集中整治和日常监督相结合，严厉打击生产、销售假冒伪劣和有毒有害食品的违法行为。文化广电事业：完成了21座“村村通”电视台（站）的新（扩）建任务和2个乡的有线电视项目建设，进一步提高了全县广播电视的覆盖率和节目播出质量。加强非物质文化遗产的挖掘、保护和申报工作，完成了旁多铁索桥、阿朗服饰、春堆藏戏等非物质文化遗产的资料收集整理、光盘录制工作。社会保障事业：进一步完善城乡社会保障体系，切实加强救灾、救济物资的管理发放，按时足额发放农村、城镇最低生活保障资金，切实保障弱势群体利益。

【旅游与特产】林周县素有“拉萨后花园”的美誉，旅游资源十分丰富，北部有热振国家森林公园；南部有冬季黑颈鹤浏览区和夏季田园风光浏览区。目前正以北部热振国家森林公园为中心，依托南部田园风光和黑颈鹤保护区，加快旅游线路的规划设计，加强宣传推介，扩大对外知名度。主要特产有旁多乡民间藏刀、唐古乡手工编织藏式背包和门帘、江夏乡陶瓷制品、北部牛肉和酸奶、南部鸭子。

当雄县

【年度综述】2008年，在拉萨市委、市政府和县委的坚强领导下，在北京崇文区的大力援助下，当雄县取得了维稳工作及抗击“10•6”地震自然灾害的阶段性胜利，较好地完成了十届人大二次会议确定的各项目标任务。牧业基础地位不断得到稳固，基础设施建设取得新突破；优化投资环境，提升产业层次，特色产业取得新进展。各项事业健康、快速发展，社会局势更加稳定，全县上下呈现出一片政通人和、百业俱兴、人民安居乐业的大好形势。

2008年当雄县GDP达4.52亿元，同比增19.26%；财政收入完成1485万元，同比增长23.75%，其中各类税收完成889万元；乡镇企业总产值2.22万元，同比增264.4%；牧民人均纯收入达3861元，同比增长17%；牧民人均现金收入2830元，同比增长15%；劳务输出7825人，实现劳务收入3696.6万元，同比增长17%。

【基础设施建设取得新成就】2008年，当雄县社会固定资产完成投资2.62亿元，同比增长14.39%。实施重点建设项目33个（主要有农贸市场改造、县城二期排水、安居工程、机关供暖、县政府大院美化亮化、敬老院建设等）。其中：农林水电项目7个，市政基础设施项目4个，社会事业项目2个，稳定建设项目7个，交通能源项目6个，其他项目7个。通过以上基础设施建设及安居工程的实施，极大的改善了牧民群众及城镇居民生产生活条件。

【牧业基础地位进一步巩固，牧民增收呈现新特点】2008年，当雄县继续加大投入力度巩固畜牧业基础地位，实现了畜牧业健康持续增长。主要呈现如下新特点：一是在继续巩固草场承包到户、退牧还草的基础上实施了投资1212万元的铁路沿线牦牛育肥项目，该项目带动了965户群众户均年增收800元；二是投资88.93万元成立了2个经济合作组织实现销售收入129.5万元，户均增收2000元；三是引导组织特色产业专业村3个，开展了牦牛育肥项目；四是投资590万元实施了格达乡畜牧业综合开发项目，公塘乡甲根村整村推进项目；五是通过三年实施完成了投资589万元的宁中乡整乡推进项目，使该项目区480人实现了脱贫；六是制定出台了《当雄县牲畜出栏补贴方案》，该措施将在2009年全面实施；七是圆满完成了春、秋两季五号病防治任务，防疫密度达到99.9%；八是投入64.34万元储备了各类救灾物资，同时协调周边县、乡牲畜转移牧场96处，可转移牲畜37.17万头(只、匹)，切实做

到了防患于未然；九是以劳务输出和特色产业为抓手，立足挖掘优势资源潜力，拓宽就业增收空间，通过增产增收、增效增收、转移增收、帮扶增收等多种形式，实现牧民收入4282.9万元，同比增长9.94%，其中群众通过虫草采挖实现收入2872.5万元；十是投入技能培训资金61.8万元，技能培训1707人，实现当年就业1687人收入225.9万元，人均1339.1元。2008年全县各类牲畜存栏57.15万头（只、匹），同比下降2.4%，使草畜超载现象有所缓解；仔畜成活率99.6%，同比增长2.6%，成畜死亡率1.02%，同比下降0.23%，牲畜出栏率41.2%，同比下降6.9%。畜产品商品率66.85%，同比增长28%。

【切实突出优势产业的优势作用】2008年，当雄县紧紧围绕“做大做强旅游业，稳妥发展矿产业”的思路，变资源优势为经济优势，转变招商思路，优化投资环境，合理开发利用资源，促进县域经济平稳较快增长。全年，乡镇企业实现总产值2.22亿元，同比增长264.49%;实现销售收入1.92亿元，同比增长152.21%;实现增加值7144.1万元，同比增长162.1%;企业上交税金1804.14万元，同比增长40.32%;多种经营总收入1.22亿元，同比增长3.08%;招商引资引进项目10个,协议资金9.04亿元,同比增长4%,到位资金1.23亿元，同比增长9%。

旅游业受“3•14”影响，全年接待游客量与2007年同期相比下降50.21%。针对旅游业不景气现象，当雄县及时制定出台了《当雄县旅游市场综合整治及管理方案》、《当雄县门票分配暂行办法》等相关规章制度，加大了旅游基础设施建设和旅游市场的环境综合整治。以拉萨雪顿节、“当吉仁”赛马节、纳木措国际徒步大会为平台，积极宣传当雄丰富的旅游资源，增强游客进西藏、进当雄旅游的信心。

【突出保障和改善民生，人民生活水平有了新提高】2008年，当雄县政府紧紧围绕保民生、抓发展这一主线，协调教育、文化、卫生等社会保障体系全面发展。教育基础设施大幅改善。当雄县教育事业按照“重点突出、统筹兼顾、整体推进”的指导思想，工作重心从巩固数量向提高质量上转移。全年投入基本建设资金1528.5万元(其中：县级财政投入配套资金465万元)，改善了教育软、硬件设施，根据自治区部署扎实做好了以“集中资源办好县域内重点小学，努力办好教学点，全面改善学校基础设施，推动农牧区学前教育发展”为主要内容的“2009—2015当雄县集中办学规划”，该规划资金概算达1.8亿元。

公共卫生事业迈出可喜步伐。新型医疗制度全面推进，突发公共卫生事件应急机制和疾病预防控制体系、医疗救治体系、卫生监督执法体系和公共卫生信息体系不断完善，重大传染病和重大卫生事件防控能力明显增强。全县新型合作医疗参与率达到98.15%;大病统筹报销住院4731人次，核销金额221.98万元；家庭账户核销10.78万人次，核销金额237.56万元；中、小型门诊绿卡报销1340人次，报销金额1.19万元。落实“一孩双女”户扶助资金452户29.52万元;发生法定传染病5种，共发病92例，同比下降28.67%。同时为完善卫生体制设施，投入21万元建设了医疗卫生管理系统，投入28万元完成了宁中乡、乌玛乡卫生院职工周转房建设。

文化广电事业蓬勃发展。文化广电事业围绕促进文体产业大繁荣大发展，突出非物质文化遗产保护、规划文化市场、加快安全转播等方面，做了扎实有效的工作。一是加强了自治区级非物质文化遗产——“当吉仁”赛马节的保护工作，积极申报国家级非物质文化遗产，整理并上报了“黑色帐篷”有关历史资料；二是投入11.7万元增加电视节目频道及巡回播放爱国主题影片500多场次；三是配套投入48万元购置“村村通”广播电视设备，使广播电视覆盖率分别达88.6%、95.1%，同比分别增长1.95%、1.4%，目前172个自然村广播电视人口覆盖率达78%。四是积极发展“民间艺术团”作用，丰富百姓精神文化生活。

社会保障体系更加完善。养老保险、城镇职工基本医疗保险、失业保险、生育保险等参保率达到100%，城镇居民医疗保险做到了应保尽保；全年确定城镇最低生活保障对象374人，发放低保金73.8万元；农村低保3119人，发放低保金110.4万元；落实寿星补贴422人，发放补贴13.45万元。为9名重点优抚对象落实抚恤金6.5万元，救助农村医疗对象24人，发放医疗救助资金6.3万元。城市医疗救助和优抚对象医疗救助工作全面展开。认真落实各项就业优惠政策，全年新增就业岗位297个，城镇登记失业率控制在4.3%以内。总投入345万元的县敬老院已建成交付使用，实现了全县“五保”老人集中供养。

【领导名录】

书记：薛国强

副书记、人大主任、政法委书记：次仁占堆

副书记、县长：琼达

尼木县

【基本县情】尼木藏语意为“麦穗”。元时译作“聂摩”，明时译作“聂母”，清文献中又写作“尼莫”、“尼穆”、“尼木”、“尼冒”等。民主改革前尼木境内分为尼木宗和麻江宗，1959年合并二宗建立尼木县，隶属拉萨市管辖至今。

尼木县地处雅鲁藏布江中游北岸，系前后藏的结合部，距拉萨140千米，是一个以农业为主的半农半牧县，国土面积为3，273平方千米，平均海拔4000米，县城驻地塔荣镇海拔3809米。

全县辖七乡一镇(包括塔荣镇、吞巴乡、续迈乡、普松乡、帕古乡、麻江乡、卡如乡、尼木乡)，其中农业乡（镇）6个、半农半牧乡1个（帕古乡)、纯牧业乡1个（麻江乡)。下辖32个行政村，127个自然组。共有4527户，总人口30844人，其中农业人口28474人(占92.31%)。总耕地面积3.7万亩，人均耕地1.2亩。

尼木县属高原温带半干旱季风气候区，四季分明，夏季雨水集中，辐射强，年日照时数2947.2小时。年无霜期100天左右。年降水量324.2毫米。自然灾害主要有干旱、山洪，泥石流，虫灾，霜冻和冰雹。

尼木县矿产资源主要有铜、钼、泥炭等，野生动植物资源主要有豹子、狗熊、猞猁、獐子、黑颈鹤、贝母鸡、野鸡及贝母、虫草、黄连、雪莲等。

【经济发展情况】2008 年，尼木县生产总值达到 2.23 亿元，比 2007 年增长 15.9%。人均生产总值达到 7452.56 元，同比增长 15.9%。完成固定资产投资 1.76 亿元，增长 23.08%。招商引资到位资金 7130 万元，同比增长 11.4%。乡镇企业产值 4096.94 万元，增长 85.83%。多种经营收入完成 7200 万元，增长 8.7%。财政收入 487 万元，增长 15%。

2008 年，全县粮油总产达 2762.81 万斤，牲畜存栏数达到 179909 头（只、匹），出栏率为 39%。投入 219.7 万元，实施了"112"工程及重点区域造林，植树 43 万余株，完成人工造林 8404.5 亩，封山育林 1 万亩。

【社会事业】教育。全县有中小学 24 所（包括初中 1 所，小学 8 所，教学点 15 个），县中心幼儿园一所，共有教职工 260 人。中学和小学适龄儿童入学率分别为 93.58%和 98.96%，在校生巩固率分别为 97.7%和 99.23%。2008 年，县政府出资 21.65 万元资助了 91 名大学生。

卫生。全县有县级医院 1 所，医务人员 42 人；乡卫生院 8 所，村卫生室 26 个，医务人员 71 人。农牧区合作医疗覆盖率达 100%，参保率为 98.93%。

广播电视。全县有电视台 1 座，收转站 27 座，双语单收站 56 座，小型有线 1 座，村锅 32 个，广播调频台 17 个。有文化站 1 个，文化室 42 个。2008 年，尼木县广播和电视覆盖率分别达 93%和 95%。

历史文化。尼木文化底蕴深厚，是藏文字的发源地，其创始人吞弥•桑布扎的故居就坐落在该县吞巴乡。故居为二层土木结构，面积约 600 平方米，属自治区重点文物保护单位。

民族特色。尼木是全区著名的民族手工业最为集中和保存最为完整的地区，其代表产品藏香、尼纸、雕刻并称为"尼木三绝"，其中尼木藏香于 2008 年列为国家级非物质文化遗产；尼纸制作技艺已列为自治区非物质文化遗产。塔荣镇和普松乡的雕刻技艺源远流长，被自治区称为民族雕刻绘画艺术之乡。

旅游。曲德寺、如巴寺等寺庙还属于自治区重点佛教文物保护单位。

【人民生活】2008 年农牧民人均纯收入达到 3364.34 元，增长 16.26%。

【领导人事迹】刘颖：任中共尼木县委书记，于 2007 年对口援藏 2008 年，对该县已争取援藏资金 550 万元，已投入 221.3 万余元用于改善党政机关办公条件、完善县城基础设施和改善农牧民生活条件。计划投入援藏资金 565 万元用于武警中队营房改造、自来水厂建设、县人民剧场改建、党建工作。计划组织尼木 29 个行政村的农牧民代表和县直机关干部到门头沟区参观培训。在其积极联系下，由北京市相关企业投资成立了尼木县申尚文化有限公司，该公司在成立之初便捐款 80 万元助学，与尼木县建成长期的助学机制。在拉萨发生"3•14"打、砸、抢、烧严重事件之时，及时制定了"15468"战略，确保尼木县成为拉萨市唯一一个没有发生打、砸、抢、烧严重暴力事件的县。创新党建工作，推行了乡（镇）专职副书记双重垂直管理制度，采取有力措施强化了村"两委"班子建设，打牢了党的执政基础。廉洁自律，大力推行一系列廉洁新政，树立了尼木县干部职工在人民群众中风清气正的良好形象，深得民心，赢得了百姓良好的口碑。被中组部、国家综治办嘉奖。

果果：2007 年担任中共尼木县委副书记，并于同年 11 月 22 日当选为尼木县人民政府县长。拉萨"3•14"事件后，团结带领广大党员，及时组织干部群众，落实维稳政策方略，全力巩固民族团结，确保尼木社会稳定。深入基层，开展调研，解决大批热点难点问题。近一年，麻江酸奶、尼木采石、塔荣鸡蛋、尼池养殖已初具规模，发挥效益；农机购置、沼气建设、安居工程、农网"户户通"惠民到户，成果丰硕；尼木、续迈、普松等乡完小建设扎实推进，条件改善；消防大队营房、税务局办公楼、菜市场新建几近完成；县城供水、停车场、公厕等相继投入使用，方便居民；尚日路、厅宫路等年内完工，便利交通；吞巴路正在修建，旅游详规业已制定，蓝图绘制，旅游开发指日可待；曲日、那热、果应、措杰等水渠水池建设加固发挥效益，造福百姓；重点区域造林保护生态、改善环境；此外，劳务输出、财税收入、职工住房、城市管理、机关作风、制度建设等全面发展，改善明显。树立了良好的社会形象，深受广大百姓认同。被中组部、国家综治办嘉奖。

曲水县

【基本县情】2008 年，曲水县生产总值实现 3.2 亿元，同比增长 19.85%；地方财政完成 1200 万元，同比增长 21%以上；农牧民人均收入达到 3700 多元，同比增长 16%以上。城镇居民人均可支配收入 11100 元，同比增长 10 %以上，社会消费品零售总额达 6516 万元，同比增长 13%以上，全县经济和社会各项事业保持持续平稳较快发展的良好面局。

【农牧林水工作成绩突出】农业方面。围绕发展高效规模农牧业，强势推进结构调整，加快农牧业产业化进程，实施了才纳乡种养小区示范建设、蔬菜种子生产基地建设、生猪养殖、无公害蔬菜基地建设、人工种草等 11 个农牧业项目。2008 年，全县农作物共播种 6.5 万亩，其中粮食作物播种 4.85 万亩，经济作物播种 1.32 亩，饲草料作物播种 0.57 万亩。全县粮油总产量达到 5413.37 万斤，其中粮食总产量 4970.25 万斤，油菜粮总产量达到 443.12 万斤。同时，进一步提升农业生产的科技含量，大力推广了艾玛岗、藏青 148、320 等德国系列品种和巴萨德系列新品种，全县良种覆盖率达 86%；大力推广农业实用技术，加大农牧民科技明白人培训力度，全年共培训 13000 多人次，加快了科技成果向现实生产力的转化。

畜牧业方面。坚持以市场为导向，合理优化畜群结构，进一步加快畜禽良种化进程，努力提高畜产品的商品率，全面提高畜牧业经济效益。2008 年，全县牲畜存栏总数达 118948 头（只、匹），牲畜出栏 28654 头（只、匹）出栏率为 26%；新生仔畜 28290 头（只、匹），成活 26107 头（只、匹），成活率 92.5%。2008 年全县又在自然条件较好，比较集中的村委会建立了 8 个冷配点，目前冻配工作已完成582头。

林业方面。结合拉萨市生态园林城市创建，大力开展绿化工程。2008年以来，共完成造林绿化9932.9亩，其中工程造林7162.9亩，面上造林2420亩，经济林350亩。按照2008年国家新出台的林权制度改革的有关政策精神，在区市业务部门的指导下，曲水县在南木乡开展了林权制度改革试点工作。

水电方面。把农田水利基本建设和水利项目的争取与建设做为工作重点，为全县农牧业的发展奠定了坚实的基础。2008年，全县共争取水利工程项目投资2874万元，其中，农村安全饮水项目投资408万元，民办公助项目229万元，才纳白堆抗旱监测点项目90万元，色达灌区子灌区项目投资2147万元。

【工业经济发展迅速】2008年，全县工业总产值实现2.2亿元，实现工业增加值7100万元，实现工业税收1600万元。实现劳务收入3100万元。同时，充分利用资源优势、产业优势、环境优势，坚持政府招商和以商招商并重，努力拓宽引资渠道，开拓新的引资领域，实现了以大开放促大招商，以大招商促大发展，目前，全县共引进项目10个，协议资金2亿元左右，到位资金1.808亿元。

【紧抓新农村建设，大力提高农牧民生产生活水平】坚持以社会主义新农村建设为突破口，不断加强农牧区基础设施建设，努力提高城市品位，加大文化建设投入力度，着力改善生态环境，农牧民生产生活水平得到了明显提高。

大力推进农牧区基础设施建设。2008年以来，全县共实施农、牧、林、水项目建设33个，扶贫开发项目建设9个，教育项目建设9个等总共51个项目，总计投入资金1.0073亿元。完成沼气"一池三改"923户，其余500多户正在实施中，农牧民生产生活水平得到显著提高。

努力提升县城品位。2008年曲水县按照"一线一区三中心"整体规划，大力实施县城"绿化、亮化、美化"等城镇基建工程，县城形象进一步提升。同时，不断创新援藏思路，用好用足援藏资金，投入150多万元县政府会务中心正在建设当中。投入562万元的县城二期给水工程也正在实施当中。

狠抓安居工程建设。2008年完成了784户民房改造任务。截止2008年，曲水县利用三年时间完成了市政府下达的3532户民房改造任务，目前，按照市委、市政府的有关会议精神，对安居工程实施前通过自身努力致富盖房的农户，以及没进行民房改造剩余农户的统计汇总工作已全部完成。

加大基层文化建设投入力度。目前，全县有有线电视台（站）、广播电视卫星收转站、单收站、调频广播站等发展到105座，乡村文化活动室52座。广播、电视覆盖率分别达到98.85%和96.8%。电影放映队伍发展壮大到5支。

【社会事业全面进步】努力使改革发展的成果惠及广大群众。农开、扶贫工作。以改善农牧民群众生产生活条件，拓展农牧民群众增收渠道为目标，狠抓扶贫项目、产业化项目建设，2008年争取农开、扶贫项目9个，投入资金706万元，实施了茶巴拉整乡推进四个项目和曲甫村核桃种植等五个特色产业项目，帮助117户581人实现脱贫，完成了年度的扶贫任务。

民政工作。截止9月份，全县共发放救灾救济资金36.9万元，解决了420户、1820人次的生活和就医困难，为全县446户1810人发放全年低保资金52.7万元，为31户45人发放1—9月份城镇低保资金10.1万元。1—9份发放城乡医疗救助金17.2万元。针对当雄县发生的6.6级地震，曲水县做为重灾区，各项救灾救助工作已全面铺开。积极开展双拥工作，军地关系进一步密切。

教育卫生方面。不断更新教育观念，全面落实"三包"和"两免一补"政策，努力提高教育教学工作水平。目前，全县共有中小学校12所、教学点18个（6个现已没有学生），在校农牧区中小学生4836人，适龄儿童入学率达99.81%，小学在校生巩固率为99.87%，初中入学率为98.61%，初中在校生巩固率为99.18%。10月6日当雄县发生6.6级地震后，曲水县茶巴朗完小、曲甫完小房屋受到了严重破坏。目前这两所学校的活动板房已在搭建，确保全校师生在移动板房中温暖过冬。始终把广大群众的看病难问题放在突出位置，着力改善农牧区医疗卫生基础设施条件，努力提高农牧民群众免费医疗标准和医疗水平。

劳动和社会保障方面。积极推进医疗、失业、养老、房改等各项社会保障体制改革，始终坚持以"基本生活保障制度、失业保障制度、城镇居民最低生活保障制度"为内容的"三条保障线"制度。大力发展社会救助事业，妥善解决好社会弱势群体尤其是特困家庭的医疗、住房、教育等方面的实际问题。同时，积极推进农牧区合作医疗制度，扩大参保人数，提高合作医疗覆盖面，切实解决农牧民群众就医治病难的问题。目前，全县农牧区合作医疗覆盖率达100%，个人筹资参保率达98%，养老、失业、医疗保险参保率分别达到97%、100%和100%。

堆龙德庆县

【基本县情】堆龙德庆县，藏语意为"上谷极乐之地"，位于拉萨市西南方，县城驻地距市中心约12千米，全县总面积约2700平方千米，耕地5500余公顷，全县现有7个乡（镇）、35个行政村，44900余人。全县平均海拔4000米，县域四周为山地，中部为河谷，整个地势呈西北高东南低，境内有少许山间盆地，属典型的高原温带半干旱气候区。青藏公路、中尼公路在堆龙德庆县境内交汇，青藏铁路横贯全县四乡两镇，铁路客运站、货运站分别位于堆龙德庆县柳梧乡柳梧村和乃琼镇色玛村，全区唯一的一个国家级经济技术开发区位于堆龙德庆县东嘎镇东嘎村，与县城中心区仅一路之隔。

【国民经济全面、协调、快速发展】2008年，堆龙德庆县内生产总值实现8.2亿元，同比增长23.3%，其中第一产业达到1.04亿元，同比增长6.2%，第二产业达到4.65亿元，同比增长24.86%，第三产业达到2.51亿元，同比增长28.93%。农牧民人均纯收入达到4109.84元，同比增长15%，现金收入达到2794.68元，同比增长15%；财政收入达到5349万元，同比增长15%，税收收入达到3674.52万元；社会固定资产投资达到13.44亿元，同比增长 36.03%；城镇居民人均可支配收入达到 2.1 万元，同比增长 5%。

【社会各项事业全面进步】2008 年，堆龙德庆县“两基”成果进一步巩固和提高。师资队伍建设不断加强，教师待遇逐步提高。县财政对教育专项资金的投入力度逐步加大，全年共投入专项经费 650 万元。认真执行新的“三包”经费标准，“三包”政策落实良好。大力实施广播电视村村通工程，新建、改造乡村广播电视各类台站 15 座，全面完成新一轮广播电视转星调整工作，单收站均可收看 40 余套电视节目，极大地丰富了群众业余文化生活。不断提高卫生工作水平，加强疾病预防控制工作，重点加强了手足口病、鼠疫、流腮疫情等传染病的防控工作。农牧民参与新型农村医疗的积极性进一步提高，妇幼保健工作扎实推进。积极为群众办好事办实事。县政府承诺投资 800 万元实施的 43 项民心工程顺利完工。切实加强劳动就业和社会保障工作，开发就业岗位 866 个，实现跨省就业 16 人，跨地区就业 36 人；开展职业指导 1400 人次。

【稳定工作得到加强】2008 年，堆龙德庆县委县政府始终高举维护社会稳定、维护群众根本利益的旗帜，坚决贯彻落实中央、区市的决策部署，全力确保群众的生命财产安全，取得了处置德庆乡“3•17”事件的重大阶段性胜利。认真吸取德庆乡“3.17”事件教训，总结工作经验，进一步从人力、物力、财力等方面改进和加强稳定工作，县级财政维稳投入经费达到 341.2 万元。以深入开展“反对分裂、维护稳定、促进发展”主题教育活动为契机，旗帜鲜明开展反对分裂活动，坚决打击分裂分子的嚣张气焰。切实加强重要节日、敏感日的安全保卫工作，确保了奥运会、残奥会等重大活动期间的稳定。健全人民内部矛盾排查调处机制，研究制定了堆龙德庆县信访工作办法，开展了县委书记大接访活动，事关群众切身利益的具体问题得到及时妥善解决。为确保铁路绝对安全，抽调 12 名县级干部在各乡镇指挥铁路护路工作，抽调 305 名干部职工充实铁路护路力量，实行 24 小时轮流检查巡逻。县政府投入铁路护路民兵劳务补助资金 45 万元，铁路护路工作得到进一步加强。

达孜县

【经济发展情况】2008 年，达孜县实现生产总值 3.77 亿元，同比增长 21.61%；全年一产达到 8144 万元，二产达到 17563 万元，三产达到 12002 万元，同比分别增长 5.07%、41.62%和 10.61%，三次产业结构比例由 07 年的 25：40：35 调整为 22：46：32，产业结构日趋合理；实现财政总收入 1504 万元，其中地方一般预算收入完成 947 万元，同比增长 26.3%；实现税收收入 1423 万元，同比增长 41.17%；农牧民人均纯收入达到 3662.25 元，同比增长 15.7%；实现劳务输出 6175 人，劳务收入 3225.52 万元；实现多种经营收入 7100 万元，同比增长 37%；粮、经、饲比例由 2007 年的 73：18：9 调整到 70:20:10；全社会固定资产投入达 3.95 亿元，同比增长 13.83%；争取到国家投资及援藏资金投入到固定资产的资金达 1.49 亿元。全县经济社会朝着又好又快方向健康、持续发展。

【农牧业】2008 年，达孜县共投入各类支农资金 2071 万元。通过培育主导产业、重点产品，优化组合各种生产要素，打造种养加、贸工农、农科教一体化的经营体系，使农牧业走上自我发展，自我积累、自我约束、自我调节的良性发展轨道。通过实施黄牛改良，引进高产奶牛、仔猪、能繁母猪等优良畜种，大力发展藏鸡繁殖和养鸭业，大力发展保护地蔬菜种植业，初步形成了八大产业基地。通过扶持和发展农牧民专业经济合作组织，推进了农牧业组织化和市场化进程。形成了优质青稞、土豆、油菜、良种畜牧等优势产业，尤其是青稞产品已打入区外市场，区内家喻户晓。同时积极引导农牧民参加生猪等各类保险，增强农牧业抗风险能力。08 年共落实播种面积 6.85 万亩，其中落实粮食面积 4.84 万亩，推广良种面积 4.5 万亩，粮食产量达 4757.88 万斤，落实经济作物种植面积 1.37 万亩，油菜产量达 321.69 万斤，饲草作物种植面积 0.71 万亩。新生幼畜 2.61 万头(匹)，成活率 93.8%，成畜死亡率控制在 0.88%以内，全年牲畜出栏率达到 47%。严格按照“县不漏乡、乡不漏村、村不漏户、户不漏畜、畜不漏针、针不漏空”的防疫原则，实施了春、秋两季重大动物疫情疫苗注射工作，完成了存栏畜禽进行五号病及禽流感疫苗注射，免疫率达到 100%。

【招商引资】2008 年，达孜县一是主动与投资者进行沟通，解释说明拉萨“3•14”事件、达孜“3.15”事件的真相，陈述此次事件中拉萨市和达孜县所采取的应对措施，制定出台了《达孜县关于推动当前工业项目开工建设的奖励政策（暂行）》，坚定了投资者的投资信心；二是围绕“领导力量上优先、政策支持上优先、服务措施上优先”的招商引资思路，制定出台了《达孜县关于工业经济发展奖励办法》、《达孜工业集中区进区项目管理暂行办法》等政策性文件，并按照这些管理、奖励办法对 2008 年荣获“中国著名品牌称号”的藏缘酒业、通过 ISO9001 认证和绿色食品认证的圣禾生物、春光食品、路安公司、圣信工贸进行了奖励，增强了招商引资的拉动力；三是积极参加市招商局组织的各种招商活动，重新制作了招商引资指南和光碟，以“雪顿”、“厦恰会”等各种经贸洽谈会为招商平台，寻求企业合作商机，加大了招商引资的宣传力度。08 年新竣工项目 3 个，新开工在建项目 3 个，招商引资到位资金 1.96 亿元，同比增长 18.8%；实现乡镇企业总产值 2.4 亿元，销售额 2.1 亿元，同比分别增长 22.44%和 11%；其中完成工业总产值 2 亿元，销售总收入 1.83 亿元，工业增加值 7270 万元，同比分别增长 25%、21%和 22.6%。

【旅游产业】2008 年，达孜县立足资源优势，坚持“保护、宣传、利用、发展”的方针，始终把旅游产业作为拉动县域经济发展的新的增长点，旅游休闲业取得了长足的发展。08 年共接待游客 40 万人次，旅游总收入达到 160 万元。同时，积极引导农牧民参与旅游业，增加农牧民现金收入。08 年共有 50 户农牧民参与到旅游业，参与人员达 150 人，现金收入 5 万元。

【基础设施建设】2008 年，达孜县全年共完成项目投资 1.49 亿元，其中，农田水利项目投资 8685.48 万元，社会事业项目投资 379.52 万元，市政项目投资 1577.94 万元，乡镇交通能源项目投资 2551.9 万元，农牧民安居工程投资 1739.8 万元。

【社会各项事业全面进步】2008 年，达孜县优先发展教育事业，积极推进教育体制改革和创新，加强教研教改力度，教育教学质量有了明显提高，学校德育工作得到切实加强，基础教育得到了普及和巩固。08 年小学适龄儿童入学率达到 99.88%，巩固率达到 99.95%；初中入学率达到 98.55%，巩固率达到 98.61%，辍学率为 0.83%，毕业率为 100%，升学率为 97.96%。师资队伍建设进一步强化，教师学历合格率达到 100%。职业教育稳步推进，办学体制进一步优化，向基础教育进行了有机渗透，逐步形成了校企合作、半工半读等办学模式，已经实现了跨县、跨地区招生，极大地增强了职业教育办学活力。

以"八个一百、八个八"文化阵地建设、"电视进万家"工程、广播电视"村村通"、农村电影放映工程等为载体，不断丰富人民群众的精神文化生活，同时，运用市场化运作的理念，把有线电视网络推向市场，融资 60 万元对有线电视网络进行改造，全县有线电视频道已增加到 40 个，调频广播节目增加到了 3 套，网络覆盖面由过去的德庆镇扩展到了邦堆乡和工业园区，有线网络用户增加到了 800 户，广播节目综合覆盖率达到 98%，卫星电视综合覆盖率达到 96%。

坚持以病人为中心，医疗服务质量得到提高。年就诊 20822 人，住院 744 人，治愈率 68.29%，同比上升 11.49%；在"三下乡"活动中提供健康咨询 1005 人次，免费赠送价值 21071 元的药物。疾病预防控制工作得到加强。开展流行性腮腺炎防治调查，由县政府出资 2.19 万元购买疫苗紧急对全县 3310 名中小学生完成疫苗接种；同时加大对"一号病"防控工作，召开各级专题大会 23 次，对 861 户、4180 人进行了宣教，发放宣传资料 534 份，预防性投药 877 人。进一步加大卫生执法监测力度，重点加强了食品卫生安全监管工作。自三鹿奶粉污染事件发生以来，达孜县立即启动国家 I 级重大食品安全事件应急响应，制定相关措施，开展婴幼儿奶粉安全专项检查，对消费、流通领域进行拉网式排查，共检查食品经营单位 71 家，未发现经营三鹿奶粉和 22 种不合格奶制品情况。初级卫生保健、妇幼保健、人口与计划生育宣传技术服务等工作也稳步推进。2008 年，全县参加农牧区医疗制度个人筹资的农牧民有 24802 人，筹资率为 99.49%，比 2007 年上升了 0.29%，总医疗基金 292.3 万元，大病统筹总基金 117.9 万元，为 876 人兑现住院报销（其中孕、产妇 219 人），报销金额 141.3 万元，基金使用率达 119.9%。

【援藏工作】2008 年，达孜县落实援藏资金 550 万元，其中广电大楼项目投资援藏资金 100 万元；机关后勤服务中心建设工程投资援藏资金 100 万元；工业园区延伸路段投资援藏资金 190 万元；安居工程援藏配套资金 400 万元。另外，大力拓宽渠道，积极争取社会力量援建。先后争取到镇江规划设计院对达孜县城总体规划无偿修编，江苏沃得集团投资 50 万元援建希望小学一所，镇江红十字会为达孜县地震和雪灾捐款 31 万元。

【获奖情况】

2008 年，达孜县获自治区《二 00 八年度发展乡镇企业先进单位》称号

【领导名录】

县长：次仁央宗

常务副县长：王德家

副县长：韩宏亮、琼达、申延福、
宣利民、其米旺姆、赵志强、
旦增曲扎

墨竹工卡县

【经济发展情况】2008 年，墨竹工卡县实现生产总值 6.9 亿元，同比增长 11.1%，一二三产分别完成增加值 1.36 亿元、4.64 亿元、0.9 亿元，同比分别增长 7.2%、14%、9.6%。三次产业比重由上年的 22：65：13 调整为 20：67：13。财税分别完成 4672 万元、8622.64 万元，分别增长 79.7%、1.22%。务工总收入实现 6723.12 万元（含虫草采挖收入）。农牧民人均纯收入实现 3632.29 元，同比增长 26.4%，其中现金收入 1888.79 元，占总收入的 52%，同比增长 26.4%。社会消费品零售总额实现 4506 万元，增长 10%，人口自然增长率控制在 14‰以内。城镇登记失业率控制在 4%以内。县域经济综合实力明显增强。

【经济指标平稳增长，优势产业初具规模】2008 年，墨竹工卡县基础农业加速发展，新农村建设扎实推进。投资 1238 万元实施了母畜养殖、甲玛乡龙达村农业综合开发等扶贫、农发项目 7 个；投入 395 万元的斯布牦牛产业化发展项目正式启动；投资 26 万元实施整村推进项目 1 个。全县 265 户 1373 人脱离贫困线。扶持 475.56 万元实施了苗木培育、蔬菜大棚等特色产业项目，带动农牧民增收 160.60 万元。农、牧、林比重为 32：67：1。投资 223.93 万元修复 82 处农田水利基本建设水毁工程。粮经饲比例由 2007 年的 64：26：10 调整为 66：24：10，良种推广面积 6.5 万亩，粮油总产达到 5060.79 万斤，蔬菜产量 20 万斤；年末牲畜存栏 24.2 万（头、只、匹），牲畜出栏率、商品率分别达 33% 和 54%，奶、肉产量分别为 3090.23 吨、7955.3 吨。第二次土地调查进展工作顺利，草场承包第一阶段工作顺利完成。

农村基础设施建设取得新突破，各项事业统筹推进。支农资金总投入 8804 万元，其中县级配套 2041 万元，占支农资金的 23%，占本级财政收入的 44%。投资 1451.1 万元实施人畜安全饮水项目 48 处，解决了 2288 户 14756 人的饮水安全问题。投资 533 万元完成了沼气池建设 1430 座。投资 8473.31 万元改造农牧民住房 1539 户，受益人口达 8000 余人，其中：投资 566 万元完成 318 国道沿线民房改造 42 户。投入 137 万元实施了中低产田改造等农牧业基础设施建设；投入 512 万元落实农机具购置补贴、粮食直补、柴油补贴等惠农资金；全县农用机械总动力达 42509.23 千瓦，农机化率达 32%。

优势矿产业加速推进，工业经济提速增量。积极引进中国黄金集团华泰龙矿业开发有限公司等实力雄厚、技术成熟的大型国有、民营企业。积极对甲玛东沟矿区4家企业进行整合，在部门全面协调、群众积极配合下，整合工作顺利实施。解决了部分企业规模小、效益差、污染重问题。为确保早投产、早见效，华泰龙公司、巨龙铜业分别投资2.3亿元、0.23亿元，开展了钻探、地质勘探等工作，勘探面积5平方千米，钻探6.4万米。中凯、桑海、宁玛、元泽矿业等企业运行平稳。按照科学、规模、高效、环保的原则，开展了《墨竹工卡县矿产资源开发总体规划》编制工作。全年采掘原矿12.3万吨，生产矿石精粉1.56万吨。矿产业对当地经济贡献率日益提高，全年矿产业实现税收5164万元，占税收总额的60%。工业总产值完成4.93亿元，增长23.25%。

生态旅游业发展迈出新步伐，第三产业日益活跃。按照规划先行的原则，完成了部分景点景区详规的编制工作，根据《墨竹工卡县旅游业总体规划》有序推进重点景区景点建设，同时，加大景点景区环境治理力度及开发保护力度。投资3500万元全力打造甲玛景区，其中援藏资金投入2500万元；投入569万元，对景区内34户农牧民实施了集体搬迁。日多温泉经营步入正轨，初见效益，年接待游客2.7万人，实现收入30万元。全年全县接待游客15.3万人次，实现旅游总收入386万元。

招商引资成效显著，全年引进项目2个，到位资金2.05亿元，新建、续建项目累计到位资金达3.6亿元，比年初目标任务翻了2番多。

改革开放不断推进，经济发展活力增强。全面推行乡财县管制度，深化干部人事制度、财政管理等改革，出台了《墨竹工卡县财政体制改革方案和财务管理办法》。积极推行乡镇财税改革，把税收为核心的经济管理权限下放到乡（镇）。农行服务“三农”改革力度不断加大，全年累计发放贷款6625万元，其中涉农贷款累计发放6059万元，占贷款发放总额的91.54%。

【城乡建设稳步开展，生态环境日益改善】2008年，墨竹工卡县全年固定资产投资3.57亿元（含社会投资），同比增长72.5%，实施了农牧区“户户通”电力工程，青多大桥、财政综合楼等基础设施建设。投资350万元实施了318国道沿线县城段外观改造工程。组建了县城管执法大队，加强了县城管理综合执法力度，提高了县城管理水平。投资2198.34万元，实施了嘎则新区中胜路、华泰路等总长2345米的3条道路建设。全县绿化造林17888.4亩，其中重点区域造林4088.4亩、荒山荒地造林13000亩、四旁义务植树800亩，全年植树造林成活率达85%。加快县城绿化步伐，绿化面积达6000m^2。退耕还林成果得到巩固，全年兑现退耕还林补偿资金213.4万元。重点公益林面积达13.6万亩。招录了13名环保协管员，积极开展环境保护各项监管工作。

【社会事业全面推进，和谐建设彰显成效】教育事业长足发展。2008年，墨竹工卡县基础教育和职业教育等总投入4928万元，其中本级财政投入1322万元（含2002年以前教育系统职工住房公积金），占本级财政收入的30%，援藏投入90万元，实施了学校规范化建设等项目；“普九”成果得到全面巩固和提高，小学生和初中生入学率、巩固率分别达99.3%、99.35%和99.35%、98.39%；“三包”经费在逐年提高的基础上，得到全面落实；采取“双定生”、“1+2”办学模式，推动职业教育快速发展，开设了汽修、导游、矿产开发等专业。投入24万元，在教师中开展两大节日慰问活动。

卫生事业稳步推进。卫生工作水平不断提高，城乡医疗保障制度进一步完善，新型农牧区医疗管理筹资率达到98.7%，城镇居民参保591人；“两网”建设深入推进，投入20余万为乡镇卫生院更新设备，城乡居民买药难、看病难问题得到进一步解决。疾病防控和卫生监督工作进一步加强，积极开展了各类传染病防治，强化食品卫生监管，及时做好“问题奶粉”婴幼儿筛查工作，提高处置重大突发公共卫生安全事件能力。

科技事业取得较大进展。为加大科技宣传、普及、推广力度，于2008年9月成立了科学技术协会，举行大型科普宣传活动3次，发放科普书籍4500本，为加快推进科技服务体系建设，大力推行科技特派员制度，现已下派科技特派员13名。积极推广民用光伏设备，为农牧民群众发放太阳能光伏500套。全年投入75万元完成劳动力培训3158人，其中本级财政投入60万元。

文广工作全面铺开。认真实施第三次全国文物普查工作；非物质文化遗产申报、保护工作得到加强；扎实开展科技、文化、卫生、法制“下乡”活动。积极开展民间艺术传承队伍培训，组建了松赞民间文化艺术团，为文化产业发展奠定了基础。新建广播电视“村村通”站点15座，规范7座；新建1座村级综合文化活动室，规范11个文化室，广播、电视覆盖率分别达到90%、86%；“2131工程”全年放映电影2130场。

【坚持以人为本，民生问题得到有效改善】2008年，墨竹工卡县为解决农牧民子女就业问题，从落榜生中筛选出208名学子赴内地学习汽修、导游和矿产开发等专业技能。组建工卡村农牧民施工队等合作组织。就业和再就业工作得到加强，新增就业427人，其中：农牧民371人，城镇失业人员56人。县助学基金出资141.79万元资助大学生764名；实施医疗救助265人，救助金额51.3万元；发放城镇低保金29.5万元，农村低保金117.2万元，五保供养金4.5万元。以“送温暖、献爱心”为主题，为四川汶川、西藏当雄地震爱心捐款88.48万元，为南方冰雪灾害对口援助我墨竹工卡县的南京市捐助27.43万元。为妥善解决矿产业发展与群众利益之间的矛盾，积极协调督促企业落实草场补偿费184.66万元。县财政出资200万元，工卡镇出资33.6万元，贫困户个体集资14.4万元，对老城区24户绝对贫困户实施了整体搬迁，并投入22万元为每户购置价值9200元的家具。

【援藏力度不断加大，帮扶工作顺利开展】2008年，墨竹工卡县全年落实援藏资金、物资近2150万元，实施了甲玛景区开发建设、沼气工程等项目；实施南京各街区与墨竹贫困户“一对一”结对帮扶项目，帮扶绝对贫户146户，落实帮扶资金14.6万元。组织8名干部职工赴

南京参观考察、挂职培训；两位援藏医生多次下乡进村调研、义务巡诊，诊疗病患2800人/次，撰写了《墨竹工卡县农牧民健康状况调查报告》，并引进了价值45万元的医疗器械。落实区市对口帮扶资金、物资1440.5万元，实施扶贫项目40个，改善了农牧民群众生产生活条件和农牧区贫穷落后的面貌。

柳梧新区

【基本概况】2008年，柳梧新区管委会努力克服"3•14"事件带来的不利影响，不折不扣的执行区、市党委、政府的决策，一手旗帜鲜明反分裂，一手坚定不移抓发展，努力做好维稳工作，不断完善城市基础配套设施，加强自身建设，广泛关注民生，共促社会和谐，确保柳梧新区经济社会又好又快发展。2008年，柳梧新区实现财政收入528.78万元，土地出让金收入16930万元，全社会固定资产投资完成2.87亿元，为基层和群众办实事投入585.92万元，农村居民人均收入3050元。

【开工建设项目】截至目前，柳梧新区基本完成建设项目10个，总投资2.87亿元。其中，基础设施项目7个，总投资23755.28万元，主要有四条市政道路建设，柳梧新区失地农民安置小区建设等；招商项目3个，总投资5005万元，主要是西藏通信服务公司、中国铁通西藏分公司建设等。

【招商选资工作】根据秦宜智常委、多吉次珠市长指示，2007年底，赴兰州、重庆、四川考察、洽谈，成功引进西藏奇正藏药国家级研发中心，总投资5000万元；引进蒙发•西藏明森矿业公司总部项目，总投资3.5亿元，现已完成相关手续，进入建设方案设计阶段；已委托中国市政工程西南设计研究院和甘肃金桥水科技集团进行柳梧新区污水处理厂、给水厂的设计，将于2009年3月前完成；正在与西藏信托投资公司、西藏华泰龙矿业、中国国航等招商企业进行洽谈并达成初步共识。

项目建设中，优先使用当地劳动力，采用当地车辆，拓宽了农民增收渠道，增加了他们的现金收入。2008年，柳梧村增收350万元，人均收入达3050元。

【存在的问题】外部内部的体制、机制问题。由于体制机制的制约，柳梧新区各种职能受限，工作开展受到影响。工作周期过长、资金预算不足、专业人员不到位、机构设置不健全等问题已经严重制约了柳梧新区开发建设进程。

资金缺口不断增大，基础设施建设资金不足。目前，柳梧新区滚动开发的资金主要来自土地出让金。但各类行政划拨用地比例偏大，柳梧新区的土地收益比预期减少，加之部分入住单位土地出让金不能及时足额交到新区，新区基础设施建设资金的缺口进一步增大。柳梧新区健全基础设施共需投资20亿元，现已完成5.81亿元，尚有14.19亿元的资金缺口。

建设环境有待进一步优化。受"3•14"事件影响，部分企业、单位建设热情降低，存在观望态度。同时，项目建设中，在民工聘用、车辆运输等方面，当地农民实行了运输垄断，哄抬市价，并非法采挖，影响了在建工程的顺利进行。

人员配置不到位，专业人员匮乏，人员素质难以适应新区建设发展的需要。目前，柳梧新区共有三局一办，工作人员21人，远远不能满足需要。部分干部职工思想不解放、作风不扎实、行为不规范，公共服务水平亟待提高。

昌都地区

昌都地区

【经济发展情况】2008年，昌都地区生产总值完成51.4亿元，同比增长15.9%，其中第一产业13.6亿元，第二产业16.7亿元，第三产业21.1亿元；工业总产值完成5亿元，同比增长47%；固定资产投资完成38亿元。农牧民人均收入达到2950元，同比增长18.5%，城镇居民可支配收入达10500元，同比增长8%；城镇失业率控制在4.5%以内。截止9月，全地区财政收入完成15739万元（不含上划部分），税收完成6909万元，社会消费品零售总额7.16亿元。

【坚决反对分裂，维护社会局势基本稳定】2008年"3•14"事件以来，昌都地区党政军警民，认真学习贯彻党的十七大精神，坚持新时期西藏工作指导思想不动摇，坚决贯彻落实区党委、政府一系列重大决策部署，提前安排、周密部署、广泛动员、态度坚决，各级领导干部认真落实责任制及工作措施，形成了严密有效的维稳工作机制，实现了昌都大局稳定。

【围绕安居乐业，扎实推进社会主义新农村建设】通过2008年的扎实工作，所落实的10945户安居工程、450个村级活动场所和22个新农村示范点建设，可全面完成或超额完成。农牧民安居工程建设完成总投资69253.8万元，其中自治区补助资金13641.8万元、地县两级配套2189万元、援藏投入931万元、银行贷款2692万元、群众自筹49800万元。村级组织综合场所和配套建设完成总投资12200万元。在安居工程的措施落实上，总体上是做到了"三个加强"，突出了"六个抓手"。

"三个加强"即是进一步强化组织、宣传和部署三个方面的工作。一是加强组织领导。地、县、乡分别成立了由行政"一把手"任组长的农牧民安居工程建设领导小组，抽调得力人员组成专门办公室，综合协调安居工程各项工作。同时，建立了干部工作联系点制度，采取干部"包乡、包村、包点"的方式，进一步加强了对安居工程项目建设的领导。二是加强宣传引导。用党的惠民利民富民政策感召激励群众，充分发挥广大农牧民的投资主体、受益主体和建设主体作用，特别是结合开展"反对分裂、维护稳定、促进发展"主题教育和"三下乡"活动，利用各种宣传媒体，采取行之有效、通俗易懂、群众喜闻乐见的方式方法，深入农牧区和安居工程第一线，组织开展宣传教育工作。三是加强统筹部署。2008年3月组织召开了地区农牧民安居工程建设工作会议，总结经验，发现问题，部署工作，量化目标。

"六个抓手"。一是明确目标，落实责任。逐级详细制定了可操作性强的《实施方案》，对年度计划和分类建设对象进行了如数足额的细化分解，自上而下层层签定目标责任书。二是科学规划，合理布局。根据农牧区的不同特点和群众的实际需求，以安全适用、保质保量、方便群众生产生活、有利于新农村建设为前提，逐村逐户进行规划布局。三是加强资金管理，加大筹措力度。严格执行《昌都地区农牧民安居工程建设资金管理办法》，加强审计监督和行政监督，严把资金分配关和兑付关，确保资金"专户储存、专款专用"。继续采取"国家补一点、地县配一点、援藏投一点、银行贷一点、群众筹一点"的方式，提供充足的财力支持。四是着力保护生态，强调替材推广。在对农牧民安居工程木材采伐、运输、加工、供应等关键环节实行严格依法管控和充分利用旧材的基础上，采取以钢代木、以竹代木、以预制构件代木等方式，积极推广使用新型环保替代材料。统一组织采购了10万张竹胶板和3000吨"工"字钢，落实了3670吨无偿水泥和19000吨优惠水泥。全地区通过替代材料的使用总计置换节约原木10万余立方米。五是优化配置，完善配套。按照全区经济工作会议精神和自治区政府"八个基本解决"的目标任务，地县两级职能部门密切协作，整合力量，优化配置，统筹兼顾，突出重点，集中人力、物力和财力，投入水、电、路、讯、广播电视、邮政等综合配套设施建设。三期农网新增用电人口6112户35880人。续建、新建农村安全饮水项目355个，新解决近10万人的安全饮水问题。138个乡镇全面实现通邮，乡镇通邮率达到100%。农村公路建设已解决123个建制村的通达，年底可完成152个建制村通达任务。完成了277座自然村广播电视站的建设任务，农牧区广播、电视覆盖率分别达到86.86%、86.81%。六是突出首要任务，拓宽增收渠道。牢固树立大农业、大产业的新观念，在抓好以农促收的同时，把增收思路从农业拓展到其他领域。在农业方面，按照产业化发展思路，突出结构调整主线，壮大优势产业，培育增收支柱；在农村方面，以城镇化建设为突破口，加快新农村建设步伐，实现非农转移，刺激经济增长；在农民方面，以素质提高为抓手，把劳务经济与农业经济、产业经济、旅游经济等结合起来，提高创收能力，广辟增收门路。

【突出产业建设，着力推进藏东经济区崛起】2008年，昌都地区深入实施"巩固一个根本，完善一个基础，壮大两个支撑"的经济发展战略，以优势资源为依托，以突破瓶颈制约为重点，夯实发展基础条件，创新产业建设模式，实现特色与规模、规模与效益相统一，推动资源优势向经济优势加快转化。

【巩固农牧业根本地位，不断推动一产上水平】2008年，昌都地区稳定粮食生产，合理调整结构。在稳定粮食生产的基础上，继续深化种植业结构调整，实现提质增效。全地区完成农作物总播种面积78.89万亩，其中粮食播种面积65.78万亩、经济作物7.92万亩、饲草料5.19万亩，粮经饲比例调整为为83：10：7，粮经饲比例日趋合理。同时，认真开展测土配方施肥试验对比分析工作，掌握第一手数据，为今后推动种植业向前发展奠定基础。

做好物资调运，强化农田基础。通过积极协调、调运、调剂、供应农用物资，确保了春耕春播和秋播顺利进行。全地区使用化肥6028.5吨，调运农药21吨，积造农家肥154万吨，调种21.93万斤。充分利用农闲时节，积极开展了农田水利设施的修复，低产田的改造、农牧民培训、坡耕地的治理以及农用机械的维修等工作。改造低产田6.6万亩，整治坡地1.1万亩，新修水渠19条、水塘8座、水池17座，维修水渠2397条、水塘1342座、水池62座。

狠抓牧业生产，促进健康发展。一是接羔育幼有序进行。按照早安排、早动员、早落实的原则，积极引导动员群众筹措饲草料，添制修补暖垫、维修加固棚圈，提高了新生仔畜成活率，降低了成畜死亡率。二是牲畜短期育肥力度加大，牧区繁殖，农区育肥的经营模式得到较好推广，全地区供育肥出栏牲畜15万个绵羊单位，实现纯收入3000余万元。三是把牲畜出栏作为增加农牧民收入的重要措施来抓紧抓好。结合本地实际，排除一切干扰因素，充分把握传统牲畜出栏工作特点，制定一系列优惠政策和鼓励措施，下大力气做好了宣传引导工作，切实引导群众加大了出栏工作力度，牲畜出栏率达到30%。

强调整体推进，深化农业开发。积极争取扶贫、农发项目73个，国家总投资8871.42万元。落实贫困户安居工程、地方病重病区群众搬迁等扶贫项目67个，落实土地治理、产业化等农发项目6个。2008年以来，全地区复工2007年扶贫项目15个，国家投资904.5万元，新开工2008年扶贫项目36个，国家投资1990万元。复工2007年农发项目4个，国家投资1498万元，新开工农发项目6个，国家投资2026万元。

突出特色优势，开发农畜产品。按照"区域集中、规模做大、质量提升、效益提高"的原则，继续加强特色产业带和基地建设。着力抓好了八宿县邦达草原建设、贡觉阿旺绵羊种羊场建设、类乌齐县牦牛短期育肥基地、果扎种畜场建设、芒康县蔬菜基地等项目的续建工作；继续加强了昌都、芒康、洛隆等县优质青稞基地，芒康、贡觉、边坝等县优质油菜基地，11县反季节蔬菜基地建设；推动了三江沿线荞麦生产基地建设工作和洛隆、八宿、类乌齐3县半舍饲养示范工作深入开展；加强了江达、类乌齐、丁青、昌都、边坝、八宿藏东北牦牛产业带建设。突出抓好了林下资源和经济林木基地建设，芒康菌类加工基地和左贡、芒康、察雅、八宿等县经济林木生产基地建设实现上水平、见实效。在农畜产品的开发上，扶持现有龙头企业进一步做大做强，落实扶持政策，发掘有潜力、有前景的私营企业发展壮大，大力支持发展"订单农业"、"合同农业"，推广"公司＋基地＋农户"的经营模式，全力支持发展龙头企业。同时，进一步加大了财政信贷支农力度，地区财政继续安排了1000万元涉农资金，支持特色农牧业发展。金融部门也积极衔接、落实西藏"十一五"期间特殊优惠金融政策，切实加大对农牧业产业化龙头企业及特色项目的支持力度。

【完善交通基础设施，不断争取突破瓶颈制约】2008年，昌都地区认真落实续建项目。邦达机场改扩建工程进展顺利，动力工程和辅助工程、航站楼、飞行区及空管工程正在加紧施工，全年累计完成投资1亿余元。国道214线芒康至隔界河公路改建工程，现已完成总工程量的80%，完成投资4.5亿元，目前正在加紧实施路面工程，2008年年底可全面完工。国道317线江达至妥坝公路改建工程，目前正在进行全线铺装沥青路面工程，除玉龙铜矿地段2千米混凝土路面以外，2008年年底可完工。

突出落实新建项目。国道318线竹巴笼—海通沟兵站公路改建工程，建设里程46千米，总投资4.2亿元，现已完成投资1597万元。国道214线类乌齐—昌都公路改建工程，建设里程103千米，总投资3.08亿元，目前正进行防护工程、部分路基整治和备料工作，现已完成投资1020万元。青泥洞—贡觉通县油路，建设里程73千米，总投资9689万元，目前正进行征地拆迁和施工放线等前期工作。国道317线江达至岗托公路改建工程，建设里程83千米、总投资3.21亿元，正在等待正式图纸下达后进行征地拆迁等前期工作。

积极衔接09年项目。国道214线昌邦公路改建项目，目前正按专家意见做工可，近期可完成。国道318线芒康—东达山公路改建项目，工程占用土地预审工作已结束，目前正在做环境保护和地质灾害评审。国道318线八宿—业拉山公路改建项目，已开展进行现场审查，待项目审查工作结束后，工可将上报国家交通部。省道303线帕通公路改建项目，修改方案已上交通厅待审。

【加强农村公路建设】2008年自治区公路局批复给昌都地区交通局计划建设农村公路通达工程77项，计划投资1.8亿元，解决228个建制村通达。2008年重点和一般农村公路建设项目已解决123个建制村的通达，2008年年底可完成152个建制村通达任务。

在续建项目建设方面，2008年农村公路续建重点项目10个，共计批复总投资17662万元，各项目2008年已完成投资12056.7万元，占总投资的70%，计划于2009年10月全面完工。在新开工项目建设方面，2008年已实施了6项农村公路重点工程建设项目，完成投资1020万元，占总投资的60%。给各县批复下达94个农村公路一般建设项目，现已完成投资8611万元，群众义务投工投劳达20050余个工日。在09年项目衔接方面，2009年农村公路建设项目落实投资1.1亿元，解决40个建制村通达，另争取落实追加投资2000万元。

【依托优势矿产资源，不断壮大矿业支撑】2008年，昌都地区依托本地区资源比较优势，有计划、有步骤地实施优势矿产资源的开发。为玉龙铜矿开发建设创造良好的外部环境，确保了玉龙铜矿一期一步工程顺利完工和一期二步工程正式开工建设。目前，玉龙铜矿一期二步工程中一期二步工业场地工勘和平基工程、尾矿库及排洪隧道工程、矿区公路路面工程、生活区文化中心工程、运输隧道工程等进展顺利，全年累计完成投资5亿元。

除加强对以玉龙铜矿为主的矿产资源的开发外，还着重加强了对矿产资源的依法管理和勘查工作。

【大力开发“三江”水能，不断壮大能源产业支撑】一是以前期工作为基础，进一步完善水文、地质资料，充实“十一五”水电发展规划的水电项目；二是以项目申报、立项和建设管理为重点，抓好各县二级电站的建设和乡镇小水电建设及农村电网建设，努力建成以金河电站为龙头，覆盖昌都、左贡、八宿、贡觉、江达、类乌齐、芒康、察雅等八县县级电站为骨干的藏东电网骨架；三是继续做好华电集团金沙江上游水电开发有限公司对金沙江的开发工作，并以此为突破口，扩大招商引资力度，吸引象华电集团、大唐集团这样有眼光、有实力、资质高的企业在昌都安家落户，努力为外送打好基础。

2008年，已完成了金沙江上游川藏段8个梯级电站共898万KW的初勘工作，现规划、环评工作已基本结束，并于2008年1月通过国家水规总院咨询。年底前完成首批开发的波萝、叶巴滩、拉洼三个电站的外业洞探、钻探工作，并进一步推进各电站预可研和可研工作，力争2009年底开工建设首批三个电站。中南院、贵阳院已分别进驻古学站和如美站开展预可研工作，计划2010年完成预可研报告。怒江水电开发规划2009年提交规划报告，初拟总装机容量1555万KW。玉曲河流域规划工作全面展开。澜沧江一级支流流域规划已经自治区政府批准，果多水电站预可研已于9月17—19日由国家水规总院在成都组织并通过评审，可研工作计划年内完成，2009年初可开工建设。

在积极做好“三江”水资源开发前期工作的同时，县乡电站和电网工程建设顺利。总投资6572万元的洛隆县宗扎措水电站已完工，并经过地区初验；边坝县马武电站和沙丁电站、左贡县中林卡电站和碧土电站及贡觉县桑珠荣等7座乡级电站自4月中旬开工以来，共完成投资3000万元，目前工程进展顺利。总投资1.57亿元的昌都县户户通（主电网户户通）工程自5月份开工以来，完成投资12000万元。总投资6443.62万元的三期农网建设已全部完工，新增用电人口6112户35880人。

【打造精品旅游业，不断推动三产快速发展】2008年，昌都地区以滇藏、川藏公路和邦达机场升级改造为契机，以旅游规划、景区建设、宣传促销为抓手，以大香格里拉和茶马古道开发为重点，推动旅游产业更快发展。改造提升商贸、住宿、餐饮、物流等传统服务业，积极发展中介、房地产、金融、保险等现代服务业。2008年，接待国内外游客18万人次，实现旅游总收入1.2亿元。乡镇企业、民族手工业和多种经营发展势头良好，乡镇企业产值完成1.52亿元，多种经营收入完成6.7亿元，民族手工业产值完成0.68亿元。非公有制经济发展迅速，招商引资成效显著。2008年，全地区个体工商户达到9253户，从业人员22116人，注册资金3.43亿元；全年签约招商引资项目13个，协议总投资5.5亿元。

【高度关注民生，促进社会事业全面发展】教育事业在巩固中提高。在全面完成“普九”攻坚任务的基础上，狠抓学生入学和扫盲巩固工作，进一步加大了对教育工作的投入。认真制定并严格执行《0-15岁人口登记制度》、《义务教育入学通知制度》、《义务教育学生辍学报告制度》、《中小学校在校学生注册制度》、《基础教育基本情况统计制度》等五项管理制度。全地区小学在校生达到69922人，适龄儿童入学率达到96.32%；初中在校生达到36702人，入学率达到88.41%；职教完成招生775人，普通高中在校生达到4929人，高中阶段入学率达到16.7%。

卫生事业健康发展。2008年，全地区农牧民群众总人口为565044人，参加农牧区医疗制度的共536974人，占农牧民总数的95%，农牧区医疗基金支出总额3026万元。三鹿牌婴幼儿配方奶粉事件发生以后，迅速启动《昌都地区重大食品安全事故应急预案》，在全地区范围内开展拉网式检查，加大奶制品市场检查和监控力度，杜绝不合格奶制品继续流通。同时，为切实做好昌都地区食用问题奶粉婴幼儿筛查和救治工作，专门成立了昌都地区婴幼儿泌尿系统结石诊疗领导小组及专家组，全面负责指导、协调全地区婴幼儿泌尿系统结石患儿疾病治疗的整体工作。

社会保障救助体系不断健全和完善。基本养老保险制度健康运行，2008年，全地区参加基本养老保险的单位共120户，参保职工6712人，征收基本养老保险金1946万元，支出基本养老金3096万元，养老金社会发放率达100%。基本养老保险扩面工作稳步推进，2008年已有138名个体参保人员办理了参保手续并缴纳了养老保险费，征缴基本养老保险费95万余元。城镇低保和农牧区特困群众生活救助政策得到切实落实，2008年，共发放城镇低保资金1105.1万元，低保对象达2196户5565人；落实农村低保资金1412.16万元，农村低保对象63515人，其中重点保障对象19138人；安排救灾资金643万元，救济灾民28160人。城乡医疗救助制度全面落实，2008年，全地区共有城乡医疗救助基金937.9万元，落实城镇医疗救助资金10.65万元，救助城镇困难群众44人（次）；落实农村医疗救助资金55.4万元，救助农牧区困难群众254人（次）。

2008年，实现就业2543人次，城镇登记失业率控制在4.5%以内。高度重视做好高校毕业生就业指导服务工作，地区成立了高校毕业生就业指导服务中心，制定了《昌都地区高校毕业生就业指导意见（试行）》，建立了高校毕业生就业担保基金，为高校毕业生就业提供了组织、制度和物质保障。

文化广播电视事业取得新进展。积极开展送文化下乡活动，认真开展第三次全国文物普查活动，加大对非物质文化遗产的保护工作。“西新工程”、“村村通”工程进展顺利，完成了277座自然村广播电视站建设，农牧区广播、电视覆盖率分别达到86.86%、86.81%；完成了10县农村中央广播无线覆盖工程落地工作；完成了丁青、类乌齐两县调频发射机房改扩建任务；完成了察雅县拟建中波台、实验台和丁青县拟建中波台前期各项准备工作。

切实转变经济发展方式，努力建设资源节约型、环境友好型的新昌都。在安居工程建设中，大力推广使用替代建材，节约木材10万余立方米；加大沼气等清洁能源推广使用力度，芒康、昌都和察雅三县2263户农村沼气工程已全部完工并交付使用；昌都污水处理厂可望年内完工投入使用；昌都垃圾填埋场已开工建设。

平抑物件过快上涨。昌都地区80%—90%以上的商品靠内地购进，价格受全国及周边城市市场价格的影响较大。在加强对商品市场供求和价格变动情况进行监测的同时，采取临时价格干预措施，查处虚假标价、模糊标价、虚构标价、虚假折扣、不履行价格承诺等各类价格欺诈行为。同时加强与商务、粮食等部门协调，增加重要商品库存，密切关注市场动态，加强市场监管。对反映比较强烈的问题进行重点治理整顿，对群众反映强烈带有普遍性的问题一查到底。

【创新援藏机制，受援工作取得新进展】援藏回访活动取得了明显成效。拟定了昌都解放60周年大庆援藏建设项目，同时加强了对受援办工作力度，加大同两市六企的联系、沟通、协调等工作。完成了前四批援藏资料的收集整理工作。2008年，第五批援藏资金到位资金达7408.85万元(含物资、设备折价)，完成投资6757.5万元，完成年度计划的68%。在各县分别启动了农牧民安居工程、洛隆县糌粑加工厂、察雅县吉塘生态园林、丁青县天津大道、边坝县草卡镇电信大道、贡觉县东风广场、八宿县湿地保护工程、教学点等建设项目，全年完成援藏投资1亿元。

【存在的问题】一是人民内部矛盾仍然存在，维稳压力依然较大，维稳形势依然十分严峻。二是基础产业发展水平仍然滞后于经济发展总体水平，农牧业特色产业发展与规模化、市场化的要求还有较大差距，二、三产业的带动作用尚不明显。三是交通建设滞后依然是昌都经济社会发展的瓶颈制约，公路人均里程少、通达度浅、等级低。四是社会主义新农村建设任务艰巨，农牧民住房难、出行难、饮水难、看病难、通讯难等问题仍需高度重视，继续予以逐步解决，特别是在五年安居政策结束后尚未享受该政策的群众，如何解决其住房等问题，已成为迫在眉睫需要研究的课题。五是改革发展的压力较大，投资拉动型经济格局在一个较长时期难以改变，实现跨越式发展目标任重道远。

昌都地区政协工作

【视察调研】2008年7月26日由昌都地区政协副主席卢立平带队，组织部分政协委员，分别对邦达机场改扩建工程、“317”国道妥江公路改造工程、昌都廉租房建设等进行了实地视察，并形成了《视察情况反馈意见书》，通过视察使委员们了解了工程建设情况，掌握了大量的第一手资料，为委员们参政议政、建言献策提供了充分的事实依据和科学依据。

【调查研究】2008年9月2日，昌都地区政协主席布土丁带队组成调研组深入昌都县、贡觉县、洛隆县、察雅县、八宿县、玉龙铜矿进行实地调研，撰写出2份有分析、有建议的综合调研报告，同时还与自治区政协副主席策墨林•单增赤列率领的自治区政协赴昌都工作组一道，就宗教界人士和信教群众在维护西藏社会稳定、促进经济社会发展中的作用发挥情况，深入昌都地区9县进行了联合调研。地区政协副主席布土丁带队组织部分区、地、县三级政协委员对地区二高、地区职业技术学校、地区初级中学、地区实验小学、地区一小以及昌都县的部分乡（镇），就教育“普九”巩固工作情况进行了调研。

【委员提案】九届二次会议共收到委员提案144件，立案137件，2008年3月17日提案委员会联合地委、行署办公室召开九届二次会议提案交办会。及时落实政协九届一次会议立案提案的办理单位。建立重点提案的办量程序，确定了7件重点提案由主席会进行督办，加大了督办落实力度，通过联合督查、现场办案、联合办案和跟踪办案等形式，有效地推动提案的办理工作。

【文史资料编纂】为迎接昌都地区政协成立50周年纪念活动，展示和总结地区政协成立以来的历程和取得的成绩，征集到了各类稿件二十七篇，并首次对文史资料工作组稿先进集体和先进个人进行了表彰和奖励。藏汉文版的《西藏昌都地区文史资料》第一辑已委托四川民族出版社印刷出版。

【维护稳定和反分裂】自治区政协副主席兼地区政协副主席宗洛.向巴克珠会同强巴林寺寺管会成员和宗教界政协委员从昌都稳定工作大局出发，积极做好僧众的思想教育和管理工作，主动取消了2008年3月21日“迎请强巴佛”的宗教活动，有效减轻了昌都维稳工作的压力。昌都清真寺寺管会成员中的委员也对穆斯林群众做了大量的教育和引导工作，及时疏解了信教群众的情绪，为确保昌都的大局稳定，做出了重要贡献。开展了政协委员和政协机关干部职工以“反对分裂、维护稳定、促进发展”的主题教育活动，成立了昌都地区政协党组爱国主义主题教育活动领导小组，并制定了实施方案，为和谐昌都建设奠定了良好的思想基础。

【政协昌都地区九届二次会议】2008年12月1日召开九届二次会议，会议认真听取了地委书记、人大工委主任王瑞连在会上的重要讲话，吾金平措专员通报了昌都地区2008年经济社会发展运行情况，昌都地区政协主席布土丁同志所作的常委会工作报告和刘根柱副主席所作的提案工作报告。会议经审议决定任命罗布、刘春燕为地区政协副秘书长，会议圆满完成各项任务后，于12月3日胜利闭幕。

【委员培训】为使政协委员能够进一步了解政协工作，提高参政议政的能力，2008年12月4日地区政协举办了新任政协委员培训班，组织了4次主席学习会、3次常委学习会、有3名县级政协领导参加了全国政协的培训，为政协委员们履行职能打下了坚实的基础。

【军民联欢会】昌都地区政协机关与驻军庆“八•一”联欢会隆重举行，节目内容丰富，异彩纷呈，拉近了地区政协干部职工与驻军的距离，加深了军民鱼水深情，为昌都地区的双拥工作再添新彩，取得了良好的社会反响。

【扶贫、献爱心活动】2008年，昌都地区政协主席布土丁带队的工作组先后2次深入扶贫联系点—昌都县芒达乡进行了调研，制定了《昌都地区政协办公室关于做好芒达乡扶贫工作的实施意见》和《芒达乡扶贫工作计划》，并向该乡捐助扶款贫19600元和部分物资，积极申报了2个扶贫项目，1个项目已落实。2008年面对南方雨雪冰冻灾害，“5•12”汶川特大地震、当雄县地震等自然灾害，号召各级政协组织、广大政协委员捐款捐物，全地区政协系统向“5•12”地震灾区捐款110160元。

【发挥政协特殊优势，保稳定】2008年3月19日，地区政协召集在昌都镇的各族各界人士、各级政协委召开了愤怒声讨达赖集团罪行的座谈会，及时通报了“3•14”事件真相，使大家在第一时间统一了思想。3月21日下发了《关于组织引导政协委员做好当前社会稳定工作的紧急通知》，各县政协、统战部积极响应，均以各种形式召开深入揭批达赖罪恶行径的座谈会、声讨会达40余场，参加人数3500余人次；4月10日召开政协九届二次常委会议，作出了《中国人民政治协商会议昌都地区委员会关于旗帜鲜明反对分裂，坚决维护社会局势稳定的决议》。地区政协领导多次深入强巴林寺等重点寺庙和有关县靠前工作，积极开展寺庙法制宣传教育、虫草采集管理、化解人民内部矛盾工作；地区政协图嘎副主席多次深入到学校、机关、社区等数10多个单位宣讲“3•14”事件真相和西藏历史，通过宣讲受教育的群众达到5000余人次，对维护寺庙和社会稳定起到了积极作用。

昌都地区
组织、人事、编办工作

【创新干部工作机制，干部选拔任用工作更加规范，干部队伍建设得到进一步加强】2008年，昌都地区干部选拔任用工作进一步规范，注重运用体现科学发展观要求的综合考核评价办法，不断完善民主推荐、民主测评、民主评议，细化实绩分析、强化实地考察、净化选用环境，增强了干部考察工作的科学性、规范性和民主程度。健全了党政领导班子和领导干部定期民主评议、届中考察、平时考察与任免前考察相结合的办法，确保考察结果更为客观。

进一步加强县级领导班子建设，着力充实维护稳定、促进发展的领导力量。经过民主推荐、组织考察、反复酝酿等程序，对各县县级领导班子和地直部分单位急需补充的空缺岗位进行了调整补充，共调整交流提任干部119人，其中新提任县级干部74人。进一步加大了易地交流力度，重点抓好党政主要负责同志、组织人事、纪检监察、公检法等重要部门领导干部的交流。促使干部“能上能下”逐步制度化，创造能者上、庸者下、平者让的用人环境。

是稳定队伍，改善结构，切实加强后备干部队伍建设，建立起动态的地、县、乡三级后备干部资料数据库。创新科学使用机制，坚持备用结合，全力推进全地区干部队伍建设。

构建长效机制，进一步加强领导班子和干部队伍作风建设。坚持把思想教育和实践磨练结合起来，加强党员干部作风修养，通过建立健全作风建设督查制度、多方位的考察制度、谈话提醒制度、领导班子重大议事制度、干部作风民意调查制度，加强对领导班子和干部队伍作风建设的考核，坚持用好的制度为作风建设导好向、定好规。

不断创新载体，对干部实行动态管理。以现代化信息技术为依托，以规范干部管理、提高工作效率为目的，重点突破，努力构建顺应形势要求、符合工作实际、实现干部管理信息数字化的新格局。目前，已基本建立了县（处）级干部基础信息库和县处级后备干部基本信息库。

【努力发挥援藏干部最大效益，干部援藏工作向纵深发展】坚决贯彻落实中央确定的“分片负责、对口支援、定期轮换”的方针，加强双方高层领导的互访，进一步探讨对口支援工作的思路，确定目标和任务，协商制定援助规划，落实援助项目。按照双方确定的对口支援思路，进一步扩大援藏双方各层次间的联系和沟通，加强互访，建立起相对稳定的多层次对口支援关系，使对口支援工作不断深入。在工作中积极贯彻“政治上充分信任，工作上大胆使用，生活上热情关心，管理上严格要求”的干部援藏工作管理理念。进一步落实和完善干部援藏和经济援藏、人才援藏、技术援藏相结合的工作机制，为援藏干部充分施展才华，在昌都建功立业创造有利条件。

【基层组织建设在创新中加强，基层基础工作进一步夯实】狠抓村（居）两委换届工作，大力加强基层党组织建设。结合昌都实际，认真搞好村级建制整合工作，此次村级建制整合，历时两年，经过整合，全地区总村数由原来的1321个（含14个居委会）调整为1119个村委会、23个居委会，共计1142个。减少村级建制188个。认真组织开展村（居）党组织换届选举工作，全地区138个乡镇1142个村（居）党组织依法进行了换届选举，共选举出1142名支部书记、1102名副书记、1583名支部委员，村支书和村委会主任一肩挑的有666人，实现了新老班子的平稳过渡和顺利交接。

大力充实基层工作力量，在全地区开展了从县直机关和乡镇机关选派干部到村担任支部书记试点工作，共计选派32名县乡机关干部到村担任村党支部书记；从高校毕业生中考录基层公务员、事业单位工作人员和专业技术人员317人，招募“三支一扶”人员103人，从高校毕业生中考录村官38人到村（居）任职。同时，从76个地（中、区）直单位选派了139名党员干部组成37支党建扶贫工作队，深入11个县的37个乡镇开展对口帮扶工作，着力解决基层发展稳定和党的建设中存在的突出问题，帮助和引导基层理清思路，制定对策，完善措施，扎实做好加强基层基础的各项工作。在这项活动中，1069名党员干部与农牧民党员结成党建扶贫对子218个，确定帮扶对象1266人，已脱贫546人；落实帮扶资金211万元，捐赠物资合174万元，落实帮扶项目75个；举办实用技术培训班49期，培训人数达2400多人次；举办党员培训班86期，组织党员上党课108

人次，培训党员2200多人次；帮助整顿基层组织65个。

认真做好新形势下发展党员和党员教育管理工作，党员队伍建设得到进一步加强。2008年全地区累计新发展党员1193名，其中新发展农牧民党员710名，比上年增长17.74%。在生产工作第一线的有1175人，占98.49%；女性党员297人，占24.90%。新发展的党员呈现年轻化、知识化等特点。截止2008年底，全地区共有党员25388名，其中农牧民党员15015人，比上年增加619名。

【干部教育培训工作稳步实施，大规模培训干部的计划进一步落实】2008年，全地区共完成各级各类干部培训2610人次（不含流动党校人次），其中：地级干部10人次，县级干部218人次，科级及以下干部1404人次，专业技术干部947人次，企业经营管理人员6人次。选派12名干部赴天津、重庆进行挂职锻炼。

【继续深化干部人事制度改革，人事人才工作取得新进展】大力实施人才兴昌战略。按照统筹安排，合理使用，加强重点，兼顾一般，充实基层、教学、科研、生产一线与补充机关紧缺专业人才相结合，专业对口安置与合理调剂人才分布相结合的原则，扎实做好高校毕业生分配就业工作。全年共分配安置自治区人事厅分配给昌都地区的高校毕业生503名。积极协助自治区人事厅圆满完成乡镇公务员、事业单位工作人员、专业技术人员、“三支一扶”人员和基层政法系统定向招录工作，高校毕业生就业率进一步提高。切实做好专业技术人员职称考试和评定工作，认真组织开展享受政府特殊津贴人选推荐工作和“西部之光”访问学者选派工作，积极组织开展慰问专家、知识分子活动。事业单位岗位设置管理工作稳步推进。扎实有效地做好军转干部安置管理与服务工作，确保了军转干部队伍的稳定。进一步加强机关事业单位人员工资管理，健全工作机制，工资福利工作不断规范。

【机构编制管理和事业单位登记工作取得新成绩】围绕“维护稳定、促进发展”这个中心，按照“精简、统一、效能”的原则，对地直部分单位的内设机构和人员编制进行了优化整合、动态调整，并圆满完成了审计系统行政管理体制和城市执法管理体制改革，一批关系国计民生和社会稳定的机构得到进一步健全。

全年累计为昌都地区增加行政编制60名，增加政法专项编制157名。坚持把工作的着眼点放在加强基层基础工作上，把有限的编制充实到统战、民宗、政法、社会治安综合治理等部门和领域，充实了县乡基层维护稳定的工作力量。

坚持严格把关，通过加强制度建设，规范审批程序，实行动态管理，加强部门协作，强化监督检查，机构编制管理得到进一步加强。继续规范事业单位登记程序，加强事业单位跟踪检查，及时开展事业单位法人年检工作，确保了事业单位登记管理工作统一、优质、高效地运行，事业单位登记管理工作水平不断提高。

昌都地区宣传工作

【致力打好反分裂斗争正面宣传、主动宣传、富有进攻态势的宣传战役】“3·14”事件发生后，昌都地区宣传部迅速作出反应，采取抓组织领导、抓宣传导向、抓舆论造势、抓社会覆盖面、抓揭批活动、抓文化下乡等"六抓"措施，分别在各个宣传战场共同打好反分裂、促稳定宣传战役，形成宣传主流。

一抓组织领导，形成合力。切实做到了组织领导到位，检查督促到位，工作落实到位。二抓导向宣传，加强舆论引导。针对“3·14”事件，昌都地区宣传部先后两次组织各县及地区各媒体开展了《告全地区各族人民书》起草、编播、分发工作。据初步统计，《告全地区各族人民书》面向全地区广大农牧民群众、单位干部职工、民族宗教界人士以及外来务工人员等发放13.32万份，在地、县电视台累计播出5988次，在《昌都报》刊发6736份。与此同时，为引领社会思潮，昌都地区宣传部及时组织精干力量编发了《手不软，牢牢把握维稳工作主动权》、《讲策略、顾大局、努力维护昌都局势稳定》、《共产党员要努力站在反分裂斗争和自觉维护昌都稳定的前列》等评论员文章，坚定地把握住了反分裂斗争的宣传导向。三抓舆论造势，切实营造氛围。一个声音贯穿始终，突出了反分裂斗争宣传主题，强化了经济社会成就宣传，效果良好。四抓社会宣传覆盖面，不留死角。宣传覆盖到每一个乡村的每一户群众，使反分裂斗争宣传取得了最大化效果。五抓揭批声讨，坚决打击分裂破坏活动。据不完全统计，全地区召开声讨会、座谈会达733场次，参加人数达78000余人（次）。有力回击了达赖集团分裂破坏活动的嚣张气焰。六抓文化下乡、文艺演出，进一步丰富基层文化生活。前后演出60余场，受到社会各界好评。

【突出爱国主义主题教育活动，同心协力，合力造势】年初昌都地区宣传部即确定在全地区开展爱国主义主题教育活动并在3月初地区宣传思想工作会上对此项工作专题安排。“3·14”发生后，昌都地区宣传部及时召开地区电视电话会议进行专项部署，成立地区爱国主义主题教育活动领导小组，全面实施昌都地区开展爱国主义主题教育活动，进一步扩大了教育面，巩固了成果，为宣传思想工作赢得了广泛的群众基础。大张旗鼓地开展宣讲活动，宣讲110场，受众达76700人（次）。

作为一项创新，2008年昌都地区宣传部首次成立昌都地区爱国主义主题教育先进事迹报告团，组织离退休老干部典型、民宗统战工作先进个人、维护一方稳定的优秀乡镇党委书记和社区支部书记等6位先进人物代表赴芒康、江达、左贡、贡觉、昌都等县和地（中、区）直各单位开展宣讲。获得社会各界好评。

组织观看爱国主义影片，加强直观教育。共播放爱国主义题材影片达100余场（次）。

将爱国主义主题教育融入各项活动，寓教于乐。丁青县在庆祝"五•一"国际劳动节和奥运会倒计时100天之际，在县小学举办了"反对分裂、维护稳定、喜迎奥运"体操表演及大型签名活动，激发了广大青少年学生的爱国热情。八宿县在"五•四"青年节之际，举办了以爱国主义为核心，以弘扬民族团结为宗旨的"爱我中华，迎奥运"演讲比赛，调动了广大青少年参与爱国主义主题教育活动的积极性。洛隆县通过网络下载反映拉萨"3•14"打砸抢烧严重暴力犯罪事件真相的图片，配以藏文说明，做成16套宣传挂图，在各寺庙、学校、农牧区巡回展览，非常直观、形象地揭露了"3·14"事件的真相及本质。形式多样的教育既易于群众接受，又达到了教育的目的。

【以学习宣传十七大精神为主线，不断掀起学习新高潮】在贯彻落实十七大精神的新闻宣传中，昌都广播电视共播出新闻（藏汉语）1000多条，摄制播出专题20多部，播出特别文艺节目5期，藏汉语电视和康巴语广播自办节目播出时间共计2000小时。昌都电视台、西藏人民广播电台还制作了一批优秀的节目，如系列报道：《融共和国光辉　展新昌都风貌》、《藏东涌动文明潮》、《学习十七大　畅谈新昌都》、《学习解读十七大报告》、《高山河谷党旗艳》等，受到广大受众好评。

【以宣传地委（扩大）会议精神为重点，新闻宣传亮点纷呈】地区新闻媒体各单位，紧持以宣传地委（扩大）会议精神为抓手，陆续刊发了农牧篇、交通篇、科技篇、水利篇、林业篇、安居篇、增收篇等通讯，先后刊登了《满怀信心走向2008——地委(扩大)会议开幕侧记》、《特色产业　比翼起飞》、《盘点2007：昌都经济社会发展在趋好中提速》、《关注"落实年"：昌都各县经济实力持续提升》等，大力宣传报道昌都各行各业取得的好成绩、新亮点，藏东大地新面貌、新发展。《澜沧江畔育奇葩》、《农牧民安居工厂稳步扎实推进》、《魅力昌都》等等一大批优秀的通讯、特写、评论被区级媒体登载或转载，反响良好。贯彻自治区、地区党员领导干部大会精神也是2008年宣传思想工作的重要内容。昌都地区宣传部专题召开地区宣传部长座谈会，对宣传贯彻区、地党员领导干部大会精神进行部署，在统一认识的基础上，全力抓好会议精神报道，积极组织精干力量先后在《昌都报》、地区电视台编发了《牢固坚持新时期西藏工作指导思想不动摇》、《筑起昌都坚强的反分裂斗争铜墙铁壁》、《认清形势、坚定信心、开创昌都稳定发展新局面》等评论员文章，起到了鼓舞斗志的作用。

【紧紧围绕地区工作重心，加大昌都解决民生问题的宣传报道力度】2008年，昌都地区宣传部组织地、县新闻单位深入报道了昌都各级解决群众最关心、最直接、最现实的利益问题，受到各界好评。1—6月份，报纸、广播电视先后刊发了《希望的田野　美好的生活》、《票子多了　袋子鼓了》、《广开门路　失业人员进"新家"》、《寒冬里　总有一些让我们牵挂》、《昌都节目市场：供应充足　货丰价稳》、《昌都深入开展农牧民减负工作》、《昌都　关注弱势群体　完善残疾人工作》、《民心工程　德政工程幸福工程》、《八件实事惠及芒康农民》、《多管齐下　创就业机会》等专题报道。

【积极组织开展纪念改革开放30周年系列庆祝活动】昌都地区宣传部积极组织地区新闻媒体各单位、宣传战线开展了改革开放30年来昌都发展成就大型系列片《历史的丰碑——改革开放铸就辉煌》和改革开放30年图片展、辉煌藏东30年大型文艺晚会等，通过多种形式的宣传，多视角、全方位、多角度地全面总结和回顾了改革开放以来，昌都各项各业取得的喜人成绩，全面展示了昌都的新生活、新变化和新成就。

【精神文明工作不断加强】思想道德建设稳步推进。地区精神文明职能部门坚持把"爱国、守法、诚信、知礼"现代公民教育活动作为思想道德建设的基础性工程，推出了一批在全地区乃至全区有影响的道德模范、爱国守法道德模范和敬业奉献道德模范。未成年人思想道德建设进一步加强。按照地区文明委要求，各县、各单位认真抓好学校、家庭、社会"三结合"教育网络，全年开展网吧和娱乐游戏场所、出版物市场及学校周边环境专项整治行动，组织青少年道德教育专题讲座，在全地区未成年人中形成了"反分裂、维稳定、树新风、促和谐"的文明风尚。"高原万里文明区工程"创建活动成效明显。完成了32家文明单位、112个文明乡村，360户文明户的创建任务。组织全地区踊跃参加中央、自治区举办的"迎奥运讲文明树新风"礼仪知识竞赛活动，昌都地区代表获全区前茅并代表西藏组团参加了全国选拔赛。同时扎实开展了"三下乡"活动，包括高中"宏志班"、贫困大学生资助申报工作工作扎实有序。

【对外宣传工作取得新突破】地区外宣职能部门在坚持"走出去、请进来"的外宣工作方针的基础上，强化对《今日西藏昌都》网站的管理，加大网络新闻宣传力度，着重提高新闻质量，深入开展了爱国主义主题和反对分裂、维护稳定、促进发展主题教育的新闻宣传工作，全面、真实地反映了拉萨"3·14"严重暴力犯罪事件全过程，落实了地委、行署的决策部署，发挥了网络宣传优势，受到好评。

【文化工作扎实推进】非物质文化遗产普查工作有序开展。积极组织全国第三次文物普查工作。扎实开展"扫黄打非"工作，坚决封堵和查缴各类政治性非法出版物，扫除淫秽色情等文化垃圾，营造有利于青少年健康成长的社会环境。以"手牵手同保文化遗产、心连心共护精神家园"为主题，积极开展全国文化遗产日主题宣传活动。认真传达贯彻全区古籍保护暨非物质文化遗产保护工作会议精神。

昌都地区老干部工作

【离退休干部慰问工作】2008年1月中旬至2月3日在昌都地委、行署的统一安排下，昌都地区四大班子领导及有关部门负责同志上门慰问了50名离退休、十八军、生活困难的老干部和已故老干部的遗孀；到地区人民医院、藏医院和解放军75医院慰问节日期间住院老干部20余人；2月3日下午，地委、行署召开了昌都地区离退休老干部迎春茶话会；行署驻拉萨、成都办事处召开了离退休干部工人春节、藏历年团拜会；地委组织部、老干部局赴区外慰问组，于1月11日至26日慰问了安置在西安、兰州和重庆市的离退休干部65人。

"三大节日"全地区走访、召开座谈会、团拜会、茶话会共计慰问老干部2396人，慰问面达95%以上。发放慰问金和慰问品约80余万元。寄发慰问信5780多份（自治区2813份、地区慰问信2950份），寄发贺年卡50张。

4月26日、27日，地委书记、人大地区工委主任王瑞连同志利用周末休息时间，走访慰问了安置在昌都镇的5名离退休干部。5月14日，地委在地区党政会议中心召开安置在昌都镇的民主改革前参加革命老干部座谈会。地区四大班子主要领导出席会议。地委书记、人大地区工委主任王瑞连同志作重要讲话，共50余名离退休干部参加了座谈会。由地区财政局一次性拨款20万元慰问金，对昌都地区民主改革前参加革命的少数民族干部，包括区内安置的部分离休汉族干部共511人进行了慰问。

国庆节期间，走访慰问了安置在昌都城镇企业退休困难党员干部11人、十八军遗孀8人。通过广泛、深入、扎实地开展慰问离退休干部活动，进一步调动了广大离退休干部继续发挥政治优势，协助当地党政部门做好发展稳定工作的积极性、主动性。

【离退休干部思想政治工作】2008年3月2日至3日，昌都地区老干部工作"双先"表彰会议在地区党政会议中心隆重召开。地委副书记、组织部部长鲁西科出席会议并作重要讲话，地委老干部局局长张定杰同志作了题为《以党的十七大精神为指导，努力做好新形势下的老干部工作》的报告。各县委分管组织人事老干工作的书记或副书记、组织部长、老干部局局长，地直各单位主要领导及政工人事部门负责人、受表彰的离退休干部先进党支部和先进个人、老干部工作先进集体和先进工作者代表以及地委组织部、老干部局全体干职160余人出席了会议。

地委、行署对地区人民医院等11个离退休干部先进党支部，巴姆等19名老干部先进个人，昌都县委老干部局等6个老干部工作先进集体，次旺拉措等9名先进工作者进行了表彰。

拉萨"3•14"打砸抢烧事件发生后，昌都地区老干部局立即组织安置在昌都镇的2名离退休干部深入到昌都镇各社区居委会和中小学校，集中开展了20多天爱国主义暨"反对分裂、维护稳定、促进发展"主题教育活动。组织编写了《爱国主义主题教育宣讲提纲》，用藏汉两种文字印发给昌都镇10个离退休干部党支部及社区居委会。抽调9名工作人员分成4个小组，配合老干部分别到昌都镇9个社区居委会和地区6所中小学校开展爱国主义主题教育活动，共召开20余场主题教育大会，安置在昌都镇的离退休干部、社区居民群众和中小学师生13000余人参加了集中教育大会。抽调11名安置在昌都镇的地、县级离退休干部加入到地区督查宣讲调研组赴各县督查宣讲教育。确定36名离退休干部作为社情民意联络员，及时了解社情民意，编印《社会动态反映》6期，为地委、行署领导提供了许多有参考价值的第一手资料。

"5•12"汶川大地震发生后，据不完全统计，全地区有1877名离退休干部和离退休干部党员共向灾区捐款和交纳"特殊党费"34万余元。

8月18日至22日成功举办了昌都地区第二期离退休干部党支部书记培训班，各县、地直单位离退休干部党支部书记及成员45人参加了培训。地委组织部副部长、人事局局长仁青拥宗同志出席开学典礼，并受地委鲁西科副书记的委托，代表地委和地委组织部作了重要讲话。

12月16日下午，为隆重纪念改革开放30周年，地委、行署举行老干部座谈会。地委副书记、组织部部长鲁西科同志出席会议并作重要讲话，地委副书记程越同志主持会议，地委办、行署办、地委组织部、老干部局、地区劳动和社会保障局等单位负责人和安置在昌都镇的20余名离退休干部代表参加了会议。

原十八军老干部代表向荣华、赵钦贵，地区民宗局原副局长白玛泽旺，昌都县原政协主席桑登等六位老同志，回顾了改革开放的恢宏历程，畅谈了改革开放30年来的辉煌成就，以及30年来昌都经济建设、社会发展所发生的巨大变化。

地委副书记、组织部部长鲁西科同志代表地委作了重要讲话。他充分肯定了离退休老干部在昌都社会主义革命、建设和改革开放各个历史时期所作出的重要贡献。他希望老干部们继续发扬优良传统和"老西藏精神"，始终保持共产党员的先进性，为昌都的改革开放、经济发展和社会和谐稳定献计献策、发挥余热，做出新的更大贡献。

地委副书记程越，要求地县高度重视并做好新形势下的老干部工作，从思想上、政治上、生活上关心老干部，进一步落实好老干部的各项待遇和政策。

【老干部安置管理服务工作】截止2008年底，全地区共有离退休干部2879人。其中离休干部57人，退休2822人；机关1636人，事业876人，企业367人；区内安置2116人，区外安置763人；地厅级72人，县级450人，科级706人，一般干部1651人。审批上报退休干部跨省安置联系审批表51人，办理退休干部跨省安置工资关系转移手续16人；审批办理一次性安家补助费26人，办理干部退休证88本。10月7日至11月13日，昌都地区老干部局组织了30名离退休干部赴云南昆明参观疗养。

昌都地区党校（行政学院）

【年度综述】2008年，昌都地区党校计划办班14期，培训816人（因"3•14"事件影响，取消办班1期），实际办班13期，培训658人；函授教育完成了面授和管理工作；科研工作进展顺利；流动党校全年完成了1500余人次的授课任务。全年主体班次开展中国特色社会主义理论专题讲座60次，爱国主义形势教育42次，区情地情系列专题讲座15次，涉农专业技术培训讲座16次，普法专题讲座13次，组织学员赴昌都近郊学习参观5次。

【认真开展主体班次教学工作】全年举办了县（处）级领导干部理论研讨班2期，培训99人；青年党员干部理论培训班1期，培训41人；选派到村担任党支部书记培训班1期，培训43人；中青年党员干部培训班1期，培训30人；村两委班子培训班1期，培训40人；乡镇领导干部进修班1期，培训62人；青年干部理论培训班1期，培训41人；初任国家公务员培训班1期，培训109人；青年干部理论培训班1期，培训44人；党支部书记业务培训班1期，培训66人。

【切实加强科研】2008年，昌都地区党校完成了“十七大”专题及其他教学参考资料汇编；组织“改革开放30周年”论文撰写工作；选派5名教师分赴地委办、行署办、地区政协、地区建设局等17个部门开展送教上门活动，期间开展了“十七大”精神，“四观”、“两论”，《宪法》、《民族区域自治法》等相关内容专题讲座。

【精心组织函授教育】2008年，昌都地区党校组织2006、2007级大专班、本科班的教学和管理工作；按中央党校函授学院的要求和程序，完成了2005级行政管理专业大专班和2006级公共管理专业本科班学员的毕业论文指导答辩工作。

【领导名录】

党委书记、副校长：邓世华

副校长：汪浩、杨代若、同敏玺绕

昌都地区审判工作

【年度综述】2008年，昌都地县两级法院紧紧围绕发展稳定大局，全面履行审判职能，案件质量和效率进一步提高，2008年共受理各类案件1194件，同比上升9%，审（执）结各类案件1095件，综合结案率91%。

【严惩了一批涉及“3•14”的危害国家安全的刑事犯罪分子】2008年，拉萨发生“3•14”事件后，昌都地区及时成立了审理涉及“3•14”专案领导小组，专门安排力量，对可能进入审判程序的11件案件，主动提前介入，了解掌握案情，加强与有关部门之间的协调配合，及时受理10件涉及“3•14”案件。及时对发生在贡觉县的“3.23”，芒康县“4.05”“4.08”“4.15”爆炸案，八宿县泽多煽动分裂国家案进行了公开审理，重点打击了组织策划的首要分子、带头滋事的骨干分子；对5案19名罪犯进行了公开宣判，维护了昌都社会局势稳定。

【服从和服务于大局，全力开展维护稳定各项工作】2008年，昌都地县两级法院成立了应急处突机构，层层落实一把手负总责、统一协调处理维护稳定工作，严格执行重大情况报告、紧急情况处理、部门分工负责等应急处突工作制度。从讲政治和讲大局的高度出发，两级法院干警参与寺庙法制教育、维持采挖虫草、交通管制、安全巡逻、法制宣传等社会面的教育和管控工作，共出动警力13703人（次），派出车辆1875台（次），为维护昌都正常社会秩序做出了重要贡献。

【依法严厉打击严重危害人民群众生命财产安全的犯罪】2008年共受理各类刑事案件224件331人，占受理案件总数的18%，审结214件，结案率95%，判处被告人257人，其中，判处5年以上有期徒刑、无期徒刑及死刑的83人，有效地发挥了国家机器在打击犯罪、保护人民群众、维护社会正常秩序方面的重要作用。

【关注民生、协调民利、化解纠纷、定纷止争】2008年共受理各类民商事案件700件，占受案总数的58%，审结660件，结案率为94%，诉讼标的总金额2931.52万元。妥善审理各类合同纠纷案件408件，特别是妥善审理了拖欠工程款纠纷案件20件，兑现拖欠工程款492.22万元，及时理顺各种社会经济关系，维护了市场秩序。妥善审理了人身损害赔偿、财产损害赔偿、权属纠纷案件127件，损害赔偿435.71万元，依法维护了公民、法人的人身权、财产权。依法妥善审理了涉及妇女、儿童、残疾人等社会弱势群体的纠纷案件156件，拖欠民工工资纠纷70件，及时追索兑现了抚养、抚育、赡养费203.79万元，兑现民工工资37.11万元；对133件案件，共减、免、缓交诉讼费4.39万元，确保了有理无钱的人打得起官司，有力地维护了社会弱势群体的合法权益，促进了社会关系的和谐。基层法院大力开展巡回办案，深入偏僻农村牧区共巡回办案74次，行程1.8万余千米，直接立案审理75件。通过简易程序调处了546件民事纠纷案件；适用“速裁”、“速调”机制审理案件291件；578件民事、187件刑事案件在小审限内审结，分别占案件总数的96%、98%，极大地方便了群众诉讼，节约了当事人的诉讼成本，高效、及时地理顺了社会经济关系。418件民商事案件通过调解结案，调解结案率达63%；27件刑事附带民事诉讼案件通过调解结案，调解结案率达61%；2件行政赔偿案件通过调解结案，协调处理率达25%；73件执行案件达成执行和解，和解率达34%；指导人民调解组织调处纠纷82件。妥善化解了大量矛盾纠纷、消除了不稳定因素。

【坚持主体平等原则，依法保护行政机关和行政相对人的合法权益】2008年，共受理行政案件5件，占收案总数的0.5%，均已审结。在行政审判工作中既突出对行政相对人合法权益的保护，减少社会不安定因素，又注重维护行政机关的权威，依法支持合法行政行为，有效地促进了行政机关正确行使职权，取得了良好的效果。

【多措并举破解“执行难”，全力维护当事人权益成效明显】2008年共受理执行案件261件，申请标的总额852.40万元，占收案总数的21%，执结212件，执结标的金额655.93力元，案件执结率达81%，切实保护了诉讼当事人的合法权益，维护了法律尊严，维护了司法权威，执行工作开始步入良性循环轨道。

【着力解决信访申诉问题，畅通人民群众的信访渠道】2008年，昌都地县两级法院认真做好涉诉上访、重信、重访工作，重点做了赴自治区，赴高院上访一些案件当事人的工作，全年受理并妥善处理申诉、申请再审、指令再审案件4件，妥善处理来信来访538件。

【年度特点】刑事审判工作主要呈现出五个特点：一是刑事案件总量同比下降9%；二是在全区乃至全国影响较大、群众比较关心的大案、要案较多。如贡觉“3.23”、芒康“4.05”、“4.08”、“4.15”爆炸案；三是在“3•14”事件的影响下，危害国家安全的犯罪明显增多，2008年中院共受理了7起煽动分裂国家案；四是故意伤害、抢劫、盗窃等多发性犯罪仍很突出，占案件总数的 77%；五是农牧民和文盲占罪犯总数的 77%。

民商事审判工作呈现出三个特点：一是受“3·14”事件的影响，民商事案件总量同比下降 3 个百分点；二是案件类型发生了变化，从传统的婚姻家庭纠纷居多转变为合同纠纷居多，合同纠纷案件占民商事案件总数的 58%，同比上升 4 个百分点，其中买卖、金融借贷、民间借贷、劳务合同纠纷较多。三是出现诸如土地承包经营权纠纷，储蓄、邮寄合同纠纷，侵犯商标专用权纠纷，计算机网络域名商标侵权纠纷等新类型案件。

执行工作特点：执行工作多措并举成效显著，执结率高达 81%，类乌齐等 5 县法院执结率达 100%，执行工作开始步入良性循环轨道。

【领导名录】

党组书记、院长：革生

党组副书记、副院长：段川江

杨杰

党组成员、副院长：格桑

党组成员、纪检组组长：扎西达吉

昌都地区公安工作

【始终把维护稳定工作放在各项工作的首位】2008 年，昌都地区公安机关采取积极有效的防范措施，加大危安案件的侦破力度，狠狠打击了分裂主义分子的嚣张气焰，确保了政治局势的持续稳定。特别是拉萨“3·14”事件后，昌都地县公安机关在党中央、区党委、地委、行署的坚强领导和高度重视下，在公安厅的有力指导下，紧紧围绕奥运安保工作，坚决贯彻落实“讲策略、抓重点、手不软、落实到位”的工作要求，以“一镇（昌都镇）三县（江达、贡觉、芒康）”为重点，精心组织、周密部署，奋力拼搏、扎实工作，确保了昌都地区社会政治局势的基本稳定，反分裂斗争取得了阶段性重大胜利。

【始终坚持严打方针】按照“突出重点、分步实施、整体推进”的工作思路，迅速行动、精心组织、周密部署、全警动员，认真开展以“打击刑事犯罪活动，打击经济犯罪活动，整顿和规范市场经济秩序”为主要内容的严打整治斗争，先后开展了侦破大要案、追捕在逃犯、治爆缉枪、整顿和规范市场经济秩序、打击“两抢一盗”等专项斗争，成功地破获了一批影响大、危害严重的大要案件，收缴了一批流散在社会上的非法枪支，消除了一些影响社会治安的隐患。尤其是在追逃工作中，全地区公安机关密切配合，协同作战，充分发挥破案追逃新机制的作用，利用现代科技手段，抓获一批负案在逃犯，不仅获得了公安厅“追逃”先进集体的荣誉称号，还受到了公安部的通报表扬。近年来，地县公安机关加大刑侦改革力度，引入竞争激励机制，提高办案质量，刑事案件的破案率保持了一个较高的水平。2005 年以来，昌都地区刑事案件破案率都保持在 85%以上。通过侦查破案，严厉打击了各类刑事犯罪活动，维护了良好的社会治安秩序，得到了各级党委、政府和广大人民群众及社会各界的充分肯定。

【大力加强治安行政管理】积极探索新形势下治安管理的新思路、新方法，变静态管理为动态管理，在管理中体现服务，在服务中加强管理，做到了管而不死、活而不乱，进一步提高了驾驭社会治安动态管理的能力。近年来，通过开展“治爆缉枪”专项斗争，收缴了一批流散在社会上的各类非法枪支和爆炸物品，有效消除了枪支和爆炸物品的隐患。通过制定《关于实施小城镇户籍管理优惠政策的意见》，积极为来昌经商、工作、投资的人员办理小城镇户口，有力推进了昌都经济的发展。通过开展道路交通专项整治、单位内部“四防”安全大检查、火灾事故隐患排查等有效的工作，切实防范了各类治安灾害事故的发生。交通事故“四项指数”全面下降，火灾起数大幅度下降，经济损失明显减少，为昌都经济发展营造了良好的社会治安环境。

昌都地区司法工作

【始终把普法依法治理工作作为维护社会稳定的基础工作】2008 年，昌都地区司法机关按照“五五”普法规划要求，结合地委关于开展督查宣讲调研、爱国主义教育、反对分裂、维护稳定等工作精神，地县司法行政机关、普法办，在开展“三个坚持”、“四个维护”、反分裂斗争教育活动及党的十七精神、党的支农惠农政策、民族宗教政策宣讲的同时，大力推进“法律七进”活动和学法律、讲权利、讲义务、讲责任“一学三讲”活动工作的实施，努力提高公民的法律意识和法律素质，为反对分裂、维护稳定奠定一定的思想基础。据不完全统计，2008 年全地区开展各类形式的法律宣传活动 1200 余场次，出动地、县、乡三级工作组 200 余支，举办法制讲座及培训 30 多次，发放宣传资料 30 万余份，法律书籍 6000 余册，开办法制宣传专栏 50 余期，接受法律咨询 2000 余人（次），受教育群众近 40 万人次，法制宣传覆盖面达 90%。

【加强劳教工作，维护场所的绝对安全稳定】2008 年，昌都地区司法机关进一步完善《昌都劳教（少管）所值班目标责任书》、《昌都劳教所社会治安综合治理目标责任书》，加强领导，明确责任，层层落实，做到稳定工作有人抓，有人管。加强值班、执勤制度，合理调配值班、执勤人员。为应对所内可能发生的突发性事件，对《昌都劳教所突发性事件应急预案》及管理教育、生活卫生、生产劳动以及自然灾害等方面的应急预案充实完善，在重大节假日前进行演练，建立健全劳教场所突发事件应急处置机制，提高应对突发事件的能力。把劳教人员学习、劳动、生活纳入干警视线之内，保证三大现场不离人，24 小时不脱管、不失控。加强对社情、所情的掌握，不断进行思想动态分析，充分了解和掌握顽危劳教人员的思想情况，将可能导致事故的各种因素消灭在萌芽之中，做到动有所知、行有所控。落实安全大检查，实行安全责任制，建立巡视制度，实行全面检查，查找隐患，堵塞漏洞，把各类事故隐患消除在萌芽状态。

对劳教学员依法管理，深挖违法犯罪根源，因材施教，对症下药。学员入所后，结合其家庭背景、教育经历、违法原因等因素有针对性地开展入所教育，深挖学员违法根源，对症下药。共对收容的单亲学员和问题学员进行个别教育23次。在学员出所教育中，深入进行就业和职业技能培训，加大了对即将解除劳动教养人员的职业技能培训力度，联系果树种植、电脑操作、刺绣、养殖等培训项目共四期，80余人次参加了培训。

加强教育感化挽救力度和现代化文明劳教所创建工作。劳教所共收容劳教人员23人。对劳教人员共进行了950课时的集体教育，干警个别谈话2700人次。继续推进亲属同居、放准假、所外执行等劳动教养创特色工作，批准表现好的劳教人员亲属同居50人次，放准假5人次，所外执行1人，批准安排亲属见面175人次，奖励12人次。有效地减轻了劳教人员的心理压力，提高了改造的积极性。同时召开劳教人员思想动态分析会5次，举办社会帮教4次。进一步做好创建现代化文明劳教所的查漏补缺工作。劳教所实现了无脱逃、无重特大案件和事故，无非正常死亡和无生产安全事故“四无”目标。

【始终把夯实基层基础作为筑牢维护社会稳定的第一道防线】边坝县司法局的成立，标志着昌都地区县一级司法行政机构全部成立。新成立的边坝县已从县政法委接手了普法、刑释解教人员安置帮教、人民调解等工作，逐步步入正轨。在上级业务部门的关心下，中国法律援助基金会给地县法律援助机构赠电脑、复印机办公设备12套，缓解了县司法局办公设施紧缺的问题。芒康、丁青、洛隆三县司法局建设顺利。人民调解工作扎实推进。各县司法局、人民调解员、司法助理员树立大局意识和基层稳定意识，强化责任。2008年全地区共受理并调解各类矛盾纠纷404起，调解率100%，调解成功调解90.67%，防止民转刑1起，防止群体性上访17起。举办人民调解培训班一期，54名来自基层的人民调解员接受了培训。

【安置帮教工作持续开展】2008年，昌都地区共衔接刑释解教人员58人，安置帮教率达98%，较2007年同期提高了5个百分点。地县主要采取了以下措施：一是加强机构建设。各县调整充实了安置帮教工作领导小组，有的县还在重点乡镇村建立安置帮教组织，形成了纵到底、横到边的安置帮教网络。二是加强制度建设。各县安置帮教办公室建立帮教对象信息库，强化预防、落户、接收、帮教四个环节方面的制度；落实岗位目标责任制，实行责任顺向落实、逆向倒查制。三是采取灵活措施，加强衔接管理，尽可能地提高安置帮教覆盖面。各帮教成员单位利用下乡开展工作之际，积极联系安置帮教对象，特别是在拉萨“3•14”暴力犯罪事件之后及奥运会期间，对部分刑释解教人员帮助教育、谈心，消除治安隐患，促进特殊时期的稳定。强化刑释解教人员的登记注册工作，及时建立电子档案，做到一人一档。开展调查摸底统计工作，掌握底数，知其去向，预防脱管、漏管。

【为社会稳定和经济发展提供优质、高效的法律服务】继续抓好法律援助这一“民心工程”，不断惠及贫困百姓。全年共办理法律援助案件82件，接待法律咨询907人次，代书114份。认真抓好各县法律援助中心的业务指导工作，县级法律援助工作初见成效。

2008年，公证处共办理各类公证593件，其中民事类332件，经济类261件，接待公证咨询41人次，代写公证法律文书30份。

律师事务所共代理刑事案件3件，行政案件1件，非诉讼案件1件，民事案件34件；代写法律文书45份，接受法律咨询件60人次。

【领导名录】
党组书记、副处长：祁旭峰
党组副书记、处长：向巴宗珠
副处长：美拉曲珍
调研员：王春报
副调研员、昌都劳教所政委：洛松扎西

昌都地区外事工作

【加强基础性工作】2008年，昌都地区外事工作根据全区外事工作会议精神，按照树立“大外事”意识，搭建“大外事”工作平台，夯实“大外事”工作基础，不断完善多层次、宽领域、全方位的“大外事”工作格局的要求。针对外事队伍人员新、业务新、工作要求高的实际，从苦练内功，强化素质着手，加强党和国家关于外事工作的方针、政策及区党委、政府对昌都地区外事工作的指示精神以及地委、行署和区外办对外事工作的具体要求的学习，力求掌握政策、熟悉业务、强化职责、搞好服务。坚持每两周半个工作日的集中业务学习，提倡和鼓励全办干部在工作中自学理论业务。同时，要求涉外管理科工作人员不断提高外语水平，增强服务的能力。其次，抓好建章立制工作，加强外事管理。再次，本着“外事工作无小事”的原则，在工作中做到勤请示、勤汇报，避免了工作的偏差。最后，加强外事工作的宣传，努力营造良好的工作氛围。及时将上级有关政策、规定和工作要求传达到各县及相关单位部门，使充分认真外事工作的重要性和必要性，牢固树立“外事工作无小事”的思想意识，从而在思想上重视、工作上支持、行动上配合，为做好昌都地区外事工作奠定了良好的思想基础。

【加强涉外管理工作】北京“奥运会”、“残奥会”举办前后和举办期间，按照“平安奥运”、“平安昌都”的工作要求，加强了涉外管理工作，强化了工作措施，制定了《昌都地区外事办公室关于“平安奥运”安全防范联动机制的工作预案》，建立和落实了涉外信息长效联动机制、处置涉外突发事件应急预案、外籍人员安全监管方案等多项措施，实现了工作目标。同时，认真贯彻落实自治区外事办公室下发的《关于切实做好“奥运会”、“残奥会”期间外国记者管理工作事宜的通知》精神，组织力量，精心安排，周密部署，落实通知精神，积极做好相关工作。与此同时，还加强了信息报送工作，从2008年8月1日起实行《外事工作周报》，及时将昌都地区外事工作情况上报地委、行署和区外办。据统计，2008年，来昌外籍专家3批，6人，其中，意大利1人、加拿大1人，国际助残组织4人；外籍游客23批，105人，其中，德国20人、韩国32人、荷兰14人、日本17人、比利时5人、法国4人、俄罗斯2人、加拿大1人、瑞士1人、捷克1人、英国1人、泰国6人；港澳台游客9批，34人，其中，香港20人、台湾14人；探亲藏胞3批，5人，离昌4人。自2006年至2008年滞留昌都探亲藏胞7人。

【努力做好非常时期涉外维稳工作】2008年3月14日拉萨市发生打砸抢烧严重暴力事件后，昌都地区外事办公室及时下达相关通知，作出具体安排。各县高度重视，反应迅速，在通往昌都地区所有道路上设卡（站），积极做好阻止外国人及港澳台人员的入藏工作。全地区在昌都、江达、丁青、类乌齐、芒康、八宿六县设卡（站）点19个，投入人力（警力）206名，有效地阻止了外国人进入昌都地区或经昌都地区进入拉萨等地。“3•14”事件后对在昌和来昌的外籍专家及其中方雇员加强了监管工作。为维护昌都地区局势稳定和确保外国专家人身安全，配合项目主管部门及时制定并落实了外国专家在昌都的安全监管方案，实现了“确保不出问题”的工作目标。

【切实做好因公出国（境）管理工作】始终认真执行中央和外交部的政策和规定，特别是“3•14”之后，鉴于全地区中心工作的现实需要，根据昌都地区因公临时出国（境）团组“统一领导、归口管理”的原则和从严、从慎进行审核审批的精神，严把昌都地区因公出国（境）人员审核关。2008年，按照有关程序共办理出国（境）手续5人次。

昌都地区民族宗教工作

【民族工作】2008年，昌都地区民族宗教局加强民族团结教育工作，把民族团结作为精神文明建设的一项重要内容，列入议事日程，专门成立领导小组，对昌都地区各县各部门严格执行党和国家民族政策有关情况进行自查自纠。做好民族政策有关工作的宣传教育，使少数民族群众能够充分感受到党和国家的深切关怀。

促进民族地区经济发展，设法解决少数民族群众在生产生活等方面的困难，地区民宗局带队的工作组，深入地区财政、民宗（佛协）定点扶贫联系点丁青县色扎乡所辖的木查村、如华村、贡桑村、卡通村、索巴村及寺庙进行了为期10天的调研，拟定了涉及公路、桥梁、涵洞、农牧民技能培训、畜种改良（引进）、网围栏等30余个项目计划，投资600万元，目前已落实资金39万元（其中地区财政落实了20万元；地区民宗局通过申报少数民族发展财政扶贫项目资金落实了19万元），用于色扎乡木查村公路和桥梁工程建设。

认真开展第五次民族团结先进集体与先进个人的评选工作，成立评选领导小组，并将先进集体、先进个人的推荐材料上报自治区。

【宗教工作】2008年，昌都地区按照“防范第一、处置高效、以不出问题为核心”的要求，对北京奥运期间及前后的宗教领域稳定工作进行了安排部署。地区涉宗部门制定了昌都地区“平安奥运”维稳工作的《预案及实施办法》。

3月12日至13日，召开寺教、统战、民宗工作会议，对全地区寺庙爱国主义教育工作进行了安排部署，地委统战部、地区民宗局分别召开了统战部长、民宗局长座谈会，总结2007年统战、民宗、寺教工作，并对2008年统战、民族、宗教工作进行了进一步的安排部署。

4月11日，从统战、民宗部门、政法系统、及相关单位抽调50名工作人员，组成5个工作组陆续进驻江达、芒康、贡觉县与县里共同组成联合工作组，进驻指定寺庙开展法制宣传教育工作。

5月初，组织工作组赴拉萨开展为期5个月的昌都籍僧人的集中教育，并于9月底返昌在昌都县俄洛镇继续开展集中教育工作。

5月至8月间，为切实加强基层维稳工作力量，由地级干部带队下县进行督导检查工作。

据统计，2008年全地区开展法制宣传教育的寺庙共有180座，派出180个工作组，工作人员808人，其中地级干部9人，县级干部108人，科级及以下干部691人。

各驻寺工作组把开展法制宣传教育与解决寺庙实际困难结合起来，力所能及地为寺庙、僧尼及信教群众，解难事，办实事，充分体现党和政府的关怀和温暖，最大限度的争取和团结大多数，孤立和打击极少数，为深入开展法制宣传教育、保持寺庙稳定起到了重要作用。驻芒康县维色寺地县联合工作组与芒康县医疗卫生部门协调，组织医疗卫生人员到寺庙给僧人讲解卫生保健知识，对僧人进行系统体检，为36名患有肝胆系统疾病、消化系统疾病、高血压、高血脂的僧人免费提供医疗药品，对一名长期卧病在床的老僧人进行了免费医疗救助。与芒康县财政协调为维色寺解决了20万元围墙修建经费。驻克巴龙寺地县联合法制宣传教育工作组在加强对寺庙周边信教群众法制宣传教育的同时，积极为他们解决实际困难，与民政部门加强联系沟通，为当地信教群众106户831人解决2万斤救济粮（折合现金2.6万元），区、地有关部门为当地孤寡老人争取救助款4000元。

2008年，全年各部门协调资金300多万元，用于解决寺庙饮水、收视、僧人生活救助、照明、交通、医疗等方面的实际困难。

昌都地区农发（扶贫）工作

【整体扶贫、农发项目争取立项与投资情况】2008年，昌都地区扶贫、农发项目共争取项目73个，国家总投资8871.42万元，完成年初任务的110.89%，超额完成871.42万元。

2008年，全地区复工2007年度扶贫项目15个，国家投资904.5万元，新开工2008年扶贫项目36个，国家投资1990万元。复工2007年度农发项目4个，国家投资1498万元，新开工农发项目6个，国家投资2026万元。全年昌都地区组织验收通过25个项目，其中扶贫项目21个，农发项目4个，通过自治区验收的项目共20个（国家投资50万元以上），其中扶贫项目16个，农发项目4个。

【扶贫工作开展情况】扶贫项目争取、落实情况：2008年，扶贫项目共争取67个项目投资6845.42万元，完成年初计划任务的114.09%。其中：贫困户安居工程及地方病重病区群众搬迁项目11个，搬迁1606户，投资3658.8万元；

大骨节病搬迁户生产生活配套3个县208户，项目18个，国家补助416万元；左贡等五县五个乡镇整乡推进扶贫项目15个，国家投资746万元，特色建材产业化项目5个投资850万元，面上扶贫项目27个，国家投资1106万元，农牧民劳动力转移就业培训资金68．62万元。

加强项目的检查督促并对建设完成的扶贫开发项目及时组织验收：2008年先后派出几批工作组，深入到11县，对扶贫农发项目的开复工和建设进度、质量及资金使用等情况进行了督促检查，对工程存在的问题及时要求整改，确保各项工程有序开展，切实确保工程质量。五月份，昌都地区农发（扶贫）办会同地区财政等相关部门对察雅县卡贡乡2005－2007年整乡推进扶贫项目15个，边坝、丁青、洛隆、八宿等县的2005－2007年7个扶贫开发项目进行了验收，评为合格，全部通过地区验收。七月份自治区扶贫办对昌都地区丁青、类乌齐、昌都、察雅、洛隆、边坝、芒康、八宿等县16个整乡推进及面上扶贫项目进行了验收，评为合格工程，顺利通过验收。

积极完成扶贫开发调研及贫困户建档立卡完善工作：自治区扶贫办要求昌都地区农发（扶贫）办积极开展扶贫农发工作调研和做好贫困户建档立卡工作，及时组织人员展开工作。通过开展调研及完善贫困户建档立卡工作，全面掌握了昌都地区扶贫农发工作取得的成效，摸清了全地区扶贫农发工作的现状，找准了目前扶贫农发工作存在的突出矛盾和问题，认清了全地区扶贫农发工作所处的阶段，理清了全地区扶贫农发工作下一步工作的总体思路，制定了扶贫农发工作奋斗目标，提出了主要措施，为地委、行署科学决策，分类指导，推进昌都扶贫农发工作提出了工作上和政策上的建议。

九月初，国家扶贫办范小建主任对昌都地区八宿、察雅、昌都、类乌齐、丁青等县进行了扶贫调研，对昌都地区的扶贫成效给予了肯定，并对昌都地区当地区的大骨节病和溜索问题给予高度关注，决定为下一步解决此问题给予资金倾斜。同时2008年自治区扶贫办、区外专局等邀请西北农林大学等2批专家到昌都地区八宿、左贡、芒康、察雅等县开展葡萄及苹果等果业发展、旱作农业种植及荞麦种植等进行调研，并与昌都地区行署签定的合作协议，将在技术和科研上对昌都地区的葡萄生产、葡萄酒发展及核桃等发展提出科学规划。

积极协调和进一步加强基层党建和定点扶贫工作：2008年以来，自治区20个单位和昌都地区87个单位对57个乡镇的基层党建和定点扶贫工作进行了全面的加强，各县也强化了定点扶贫工作，地县工作组进驻各乡村，认真调研，制定扶贫规划，帮助贫困地方群众发展生产，谋脱贫致富之计。

2008年不完全统计，地直定点（党建）扶贫单位共派出地、县、科级干部244名，一般干部140名，驾驶员103人（次），全年落实项目46个，投资162．1万元，单位及干部职工捐款、捐物共计454．857万元，其中：捐款342．727万元，捐物折款112．13万元；引进技术3项；修建校舍1所；资助学生515名；举办各类培训班32期，培训农牧民群众1801人；劳务输出2724人次。

各县共有300多个单位参与定点扶贫工作，据不完全统计，各县累计委派干职986名，其中：县、科级领导435名，一般干部373名，驾驶员178人（次）；全年直接投入资金176．58万元，其中：资金123．55万元，物资折款约53．03万元；全年举办农牧民培训5期培训316人（次）。

加强培训：2008年地区共计安排扶贫培训7项内容，共17个点，全地区11个县14个培训点，地直各部门3个培训点，完成扶贫培训1389人，其中定点干部和乡镇干部52人，劳动力转移培训137人，贫困农牧民实用技术培训1200人。全年共投入扶贫培训资金68．75万元。

【农发工作开展情况】2005－2006年农发项目通过地区和自治区验收。5月13日至5月26日，昌都地区农发（扶贫）办组织验收了丁青、边坝两县农发项目。验收工作组通过实地项目勘验、走访调查、查看验收资料和财务帐目等工作，对两县项目进行了全面的验收。丁青县2005年－2006年农发项目、边坝县2006年农发项目均严格按照农业综合开发项目的批复完成了建设内容，质量达到设计要求、项目运行良好、发挥了应有的效益，整体项目评定为合格工程，通过地区验收。并于七月份通过了自治区验收组的验收。

【边坝县2007年农发项目进展情况】该项目于2007年8月30日开工，该项目在2007年建设的基础上，2008年完成土地平整4100亩、客土改良2000亩、坡改梯1000亩、机耕道建设1600米；建成水渠22．75千米；竖立农发项目标志牌、喷农发项目标志；人才培训652人次；购置180型拖拉机8台、扬场机6台，并运输到位；购置安装网围栏36．16千米，灭鼠5000亩、补播980亩。目前，已基本竣工，正在做竣工资料。

边坝县奶牛养殖项目待变更批复下达后，争取于2009年6月前完成任务。

【丁青县2007年度农发项目进展情况】丁青县2007年度农业综合开发项目于2007年11月18日开工建设，2008年10月7日完工，2008年，该项目总投资为693万元，其中：中央财政资金421万元，自治区投资122万元，地县10万元，集资17万元，投劳折资123万元，群众投劳2．5万个工日。其项目建设内容有：草场改良1万亩、网围栏160km；人才培训2000人次、拖拉机8台、暖棚6000平方米、饲草库4000平方米、牦牛育肥1200头等。完成的建设内容有：草场改良0．98万亩，占计划任务的95%；草场围栏建设16万米，占计划任务的100%；科技培训2000人次，占计划任务的100%；购置拖拉机4台，背负式收割机45台，占计划任务的100%；牦牛育肥1200头，占计划任务的100%；暖棚建设6436平方米，占计划任务的107%；饲草库4280平方米，占计划任务的107%。共完成投资692．9万元，占批复任务的99．99%。

边坝、丁青两县2007年农发项目争取于2008年内完成地区级验收。

昌都县都康乳制品厂改扩建项目，2008年10月8日开工建设，目前项目建设进展顺利，力争2009年6月完成建厂任务并投入使用。

【2008年农发项目进展情况】2008年昌

都地区农发项目为边坝、芒康、八宿县三县共6个项目，其中土地治理项目3个，产业化项目3个，其中：土地治理项目总投资2083万元，国家与区财政总投资1580万元，地县配套30万元，群众投劳473万元。主要内容为：改造中低产田1．56万亩，修建水渠14条，总长50.4米，购置农业机具大小27台(套)等。产业化项目共争取到项目总投资932万元，其中国家总投资446万元，自筹486万元。三县农发项目共争取到国家总投资2026万元。完成年初计划的101．3%。三县正在积极的施工当中。至目前：边坝县热玉乡项目已全面开工，完成土地平整500亩，承包水渠的各施工队已进场建设，正在联系购置网围栏、农机具等工作。芒康县曲孜卡扎西拥丁核桃种植项目于2008年3月28日开工建设，共完成集中种植核桃2600亩，种植核桃苗木20万株，围栏2900米，修路7．5千米，项目建成可以带动268户群众增收受益。土地治理项目于8月14日开工建设，纳西乡蔬菜项目于10月18日开工建设。八宿县农发土地治理项目于8月15日开工，目前已完成中低产田改造400亩，水塘开挖已基本完成，完成土方量1．6万立方米，完成1千米的平台开挖。三县2008年农发项目计划2009年9月份完成建设内容并组织验收。

昌都地区发展改革工作

【经济总量迈上新台阶】2008年，昌都地区生产总值实现51.37亿元（现价)，较上年增长9.4%，其中:第一产业13.33亿元，增长6.3%；第二产业17.19亿元，增长11.4%；第三产业20.85亿元，增长10%。三次产业比例调整为26：33：41。全社会固定资产投资完成39.81亿元，较上年增长18.98%；地区财政收入2.3亿元，较上年增长28%；农牧民人均纯收入达到2829.6元，较上年增长13.7%；城镇居民可支配收入达10737元，较上年增长9.7%，经济总量迈上新台阶。

【农牧业生产稳中有升】2008年，昌都地区粮食播种面积65.97万亩，全年粮食总产量3.5亿斤，增产1120万斤；油菜籽产量741万斤，增产62.31万斤；蔬菜产量7001万斤，下降1208.71万斤。虫草总产量达到了2.6万斤，较上年增收3000斤。到2008年末，全地区牲畜存栏数364.9万头(只、匹)，全年牲畜共出栏99万头，出栏率达到28%。

【工业生产稳步发展】2008年工业企业实现增加值2.83亿元，比上年增长21.2%。全地区乡及乡以上工业企业实现产值4.93亿元，比上年增长19.3%。其中：轻工业实现产值2.09亿元，增长22.9%；重工业实现产值2.84亿元，增长19%。2008年完成水泥产量12.22万吨，比上年增长11.7%；发电量19148.86万千瓦时，比上年增长19.3%；啤酒23471.36千升，比上年下降3.6%；中成药(藏医药)31.56吨，比上年下降37.6%；砖1892万块，比上年增长7%；铅锌矿6000吨；自来水完成2422万吨；电解铜6.6吨。

【注重项目前期工作，重点项目建设顺利】2008年，自治区计划安排涉及昌都地区的前期工作项目共有28项，通过地区各部门的共同努力，所有项目均完成了年度阶段工作任务。其中部分项目已完成前期工作，部分项目完成了初步设计审查审批，或完成了施工招投标，具备了开工建设条件。如：果多水电站已完成了工程预可研究的审查审批，正在开展可行性研究；川藏公路G318线海通沟-东达山段、业拉山-八宿段改建、邦—昌公路改造、以电代薪水电站、贡觉县相皮乡瓦达塘金矿遗址环境治理、芒康和左贡两县县城生活垃圾卫生填埋场，完成工程初步设计并报国家部委或自治区审查审批；藏东南防沙治沙工程项目规划和无电地区电力建设规划已报国家审批；察雅县"户户通电"工程规划和实施方案、地区第三高级中学新建工程初步设计、察雅县中波台等工程的初步设计已报自治区部门审查。

【加强项目管理，推进建设进程】一是严格按照法律法规和有关规章，规范项目的管理。先后组织召开了关于无电地区电力建设规划第一批项目前期工作、地委党校学员宿舍楼结构、地区农贸产品批发市场和碘盐配送中心建设等项目的协调会议。二是严格执行项目招标投标制。对左贡县普龙至下林卡公路、昌都地区生活垃圾填埋场、昌都地区芒康县嘎托镇防洪堤等40余项工程的招标方案进行了审批备案。2008年，地区有形建筑市场共完成招标项目39个，标段70个，中标价达2.52亿元。三是严格实行工程监理制。加强对项目监理的监督工作，确保重大项目实行公开招标聘请监理的办法，以保证工程质量和投资效益。四是加强重点项目合同管理制。对于所有工程项目均采取按合同约定和工程进度拨款的方式，有效监督了项目法人与承包方之间履行合同的责任。五是加强重点项目资金管理。设定资金专项账户，保证专款专用，确保项目资金按工程进度及时拨到各建设单位，以满足项目施工的需要。六是对全地区"十五"以来基层政权、公检法司、乡镇卫生院（所）基本建设项目实施情况进行了清理，并将清理情况以书面形式向行署作了汇报。七是配合自治区发改委稽察办完成了对左贡县普龙至下林卡公路、昌都地区藏医院建设工程、八宿县中学改扩建工程、昌都县埃西乡娘达沙水渠工程的稽察工作。八是完成了调研工作组所需的汇报材料。九是配合完成了地区地县乡三级干部职工周转房检查工作。十是完成了《地区发改委关于贯彻落实自治区人民政府转发国办函[2008]68号文件通知精神任务分解意见的请示》。十一是负责起草了《西藏昌都地区基本建设项目管理暂行办法》，目前已完成向各县、地直各有关单位征求意见工作，正在根据征求的意见再次进行修改完善。

【产业建设，扎实推进】坚持一产上水平，农牧业特色产业建设稳步推进。全年共实施农牧业特色产业项目27个，投资规模达到5018万元。这些项目涉及畜禽繁殖及生产、牲畜育肥、蔬菜生产、干果种植、糌粑加工等昌都地区特色优势资源的发展和壮大，直接关系到群众生产生活条件的改善和农牧民增收，对昌都地区新农村建设和经济发展极具现实意义，更具长远意义。

坚持二产抓重点，矿产、能源建设步伐加快。一是玉龙铜矿一期一步工程于10月份验收并竣工投产，成为带动昌都地区矿业发展的龙头。二是为加快以昌都为重点的矿产资源勘查，2007年3月中国铝业已与自治区签订了《西藏自治区人民政府 中国铝业公司关于在矿产资源领域进行合作的框架协议书》，这将进一步加快昌都地区矿产业的开发进程。三是“三江”水资源开发工作有序开展。金沙江上游藏川段流域规划已经完成并通过国家水规总院的咨询，其中总投资3.4亿元的波罗电站进场公路（江达同普乡至波罗乡公路）计划在2009年开工建设。玉曲河流域规划已经完成，计划在2009年第一季度完成审查审批，中国大唐集团计划将该流域各站点电站（总装机185万千瓦）的开发纳入四川甘孜州南部小水电集群开发的范围，并已协调好电力送出通道和销售方。

坚持三产大发展，运输、商贸、邮电通信等第三产业得到巩固。全年全地区共接待国内外游客18万人次，实现旅游收入达1.23亿元，同比分别下降了41.28%和36.78%。交通运输业保持平稳，全年完成公路货运量78.2万吨，完成客运量71.39万人次，同比分别增长15%和21.2%。邮电通讯业发展较快，全年业务收入达到了1.3亿元，同比增长15.8%。

【市场平稳，保障更加可靠】2008年，牢牢抓住人民群众最关心、最直接、最现实的价格收费问题，努力保持价格总水平的基本稳定。一是认真贯彻落实了国家和自治区两级关于对部分主要商品及服务实行临时价格干预措施的规定，加强了对商品市场供求和价格变动情况的重点监测，完成了主要商品价格监测工作及统计分析工作。对与群众关系密切的主要商品和服务收费项目，尤其是受全国粮油价格上涨较快的居民消费品商品进行了日、周、月价格监测和分析，向上级部门报送监测材料300余份，为领导决策提供了依据。二是根据自治区发展改革委的要求，对地区范围内124家收费单位的行政事业性收费情况进行了全面统计。三是按照国家和自治区的有关价格政策，开展了“收费许可证”的新办、年审及变更手续等工作。四是认真做好地区涉案物品的价格鉴定、价格认证及价格评估工作。全年共完成各类价格鉴定业务20件，评估值31.3万元。五是相继开展了涉农收费、药品及医疗服务收费、邮政通讯业务收费等专项检查，并在春节、藏历年、“五一”、“十一”、“元旦”、“春节”等节假日期间，对昌都地区商品市场进行价格检查，有效制止了乱加价和乱收费行为。六是在拉萨“3•14”事件和汶川“5•12”大地震后，由昌都地区发展改革委员会组织协调地区有关单位和部门，加强了商品采运和市场监管工作，为保证市场货源充足、稳定市场物价做出了积极贡献。

【各项社会事业全面发展】教育水平不断提高。2008年全地区新增校舍面积3万多平方米，小学在校生69922人，适龄儿童入学率达96.32%；初中在校生31773人，初中入学率达91.02%；高中在校生4929人，高中入学率达18.23%，青壮年文盲率下降到2.8%。完成职业教育招生775人，同比下降3.12%。

文化事业不断进步。全年全地区完成了1313个村级单收站的维修改造，满足了全地区1882个村如期收看奥运会。全地区广播、电视覆盖率分别达到86.86%和86.81%。

卫生服务广泛深入。全地区人口自然增长率8.50‰，年底人口数63万人，其中农牧业人口56万人。每千人拥有医院床位数和卫生技术人员数分别是1.38张和1.7人；农牧民合作医疗工作积极推进，参统人数56万人，参统率100%。

四是劳动和社会保障更加健全。养老保险、失业保险、工伤保险和生育保险进一步完善，退休人员基本养老金社会化发放率100%。医疗保险制度改革工作全面开展，地区医保网络化建设已完工并投入运行。城镇就业人员逐年递增，通过培训、职业介绍、自主创业等多种方式实现就业3255人，城镇登记失业人员1353人，城镇登记失业率4.3%。城镇最低生活保障制度顺利实施，目前，昌都地区享受低保人员共2190户5460人，低保标准为每月250元。

昌都地区财政工作

【财政预算收支执行情况】2008年，昌都地区财政干部职工，认真贯彻落实科学发展观，努力克服拉萨“3•14”事件和四川汶川特大地震灾害的影响，在增收压力大、增支因素多的复杂背景下，积极采取有效措施，千方百计组织收入，优化支出，圆满完成了年初确定28%的收入增长任务，实现了收支平衡、略有结余的目标。全年财政总财力达到22.66亿元，地方财政收入突破2亿元，完成收入2.3亿元，从2005年首次突破亿元大关起，仅用三年时间突破2亿大关，比上年增加5090万元，增长28%。新增江达、八宿、左贡3个收入过千万元县，新增昌都县收入过三千万元，至此，地区财政收入过千万元县达到7个。2008年，全地区财政支出完成22.47亿元，完成年度调整预算的99%，比上年增加5.21亿元，增长30%。

【财政调控职能得到充分发挥】“3•14”事件后，地县财政积极落实自治区人民政府出台的对受影响行业的税费减免、租金减免、贷款担保等一系列特殊扶持政策，稳定了市场秩序。认真贯彻落实加快基础设施建设、保障性住房建设和提高低收入群体收入等积极财政政策的各项措施，提升了市场信心。扩大投资需求，安排资金1.36亿元，加大实施农牧民安居工程建设，带动民间、援藏资金3.98亿元；落实资金1.75亿元，完成1992套干部职工周转房和600套城镇困难群众廉租房建设；落实农村公路建设资金1.6亿元，乡村公路建设维护资金1282万元，有力带动了建材市场需求。刺激消费需求，加快进度兑现西藏特殊津贴3691万元，提前安排年终奖励工资3592万元，落实国有困难企业职工1912人住房补贴地区本级政府激励资金446万元。扩大购买性消费，安排政府采购资金7622万元，比上年增长19%。加大农牧民安居工程建筑材料、药品、医疗设施、防灾救灾物资储备规模。大力支持产业发展，落实产业发展资金3360万元，支持优势矿产、特色农牧产业发展。平仰物价过快增长，采取成品油价格补贴、减免运管费用、临时物价补贴等多种手段平仰了物价。

【财政维稳保障能力不断加强】以妥善

处置"3•14"事件为重点，着力加大维稳处突的财力保障。"3•14"事件后，针对维稳工作的特殊形势，先后几次赴拉萨，向上级财政部门进行专题汇报，落实维稳经费8000多万元（含中央政法补助）。各级财政在地委、行署的正确领导下，始终把维护稳定资金保障作为财政工作的首要任务，加强调度管理，确保了维稳工作资金需求。建立财政应急准备金制度，增强财政应对突发事件的能力，在上级财政部门的支持下，建立了地、县财政应急准备金1.05亿元。

【财政关注民生主题初步彰显】加大教育保障力度。落实教育经费和农牧区中小学生"三包"、"两免一补"等政策，教育事业投入实现稳步增长。全年教育支出5.7亿元，比上年增长34%。加大医疗卫生保障力度。农牧民免费医疗标准年人均从100元提高到140元；安排资金604万元，将干部职工体检标准年人均400元提高到500元。"三鹿"婴幼儿配方奶粉事件发生后，财政累计投入资金50万元，保障了患者治疗、检查、食品药品安全所需资金和设备。

加大住房保障体系建设力度。建立完善了城乡保障性住房经费保障机制，加大了农牧民安居工程、城镇廉租住房、地县乡干部职工周转房建设力度。全年有近7万农牧民群众和3000多名干部职工住上了安全适用的新房。加大养老保险投入力度。实行养老保险超收奖励政策，调动了征缴积极性，提高了企业退休人员月人均养老金标准。

加大收入分配调整力度。城镇低保标准从月人均220元提高到250元，惠及5465名城镇低保对象；农村低保标准由原来的年人均800元提高到850元，惠及63515名农村低保对象；农牧民老党员、老干部、老模范生活补贴每人每月增加50元，分别达到350元、200元和150元；村支书、主任误工补贴增加2000元，达到4000元。落实化肥、碘盐、粮食、良种良畜、农业机械购置、能繁母猪及其商业保险等各类涉农补贴资金3523万元。

加大就业扶持力度。全年就业再就业投入1091万元，新增公益性岗位400个，新增就业3255人次，城镇登记失业率继续控制在4.3%以内。

【财政支农惠农取得重要进展】农牧民安居工程建设进度加快。安排资金1.36亿元，完成1.09万户农牧民安居工程建设任务，全年落实资金1.25亿元，新建450个村级活动场所。

农村综合配套设施建设取得新突破。安排农村人畜饮水工程建设资金5503万元、水利水电建设资金1.55亿元、农网改造建设资金3360万元。

农牧业特色产业建设取的新成效。安排资金2360万元，实施10个特色产业项目。

加大支持农牧民实用技能培训。安排专项资金560万元，支持完成培训2万多人次，有力促进了农牧民转移就业。

农牧民专业合作组织取得长足发展。安排资金180万元，支持6个农牧民专业合作组织建设。

农村公共服务保障能力显著增强。按照地委行署下发的《关于进一步加强基层公共服务管理的实施意见》规定，农村公共服务体系财政保障标准从上年的年人均49.32元提高到54.32元；"万村千乡"和"双百市场工程"建设进展顺利；农村沼气建设进度不断加快，全年落实资金4159万元，完成17049户沼气建设。

【财政监督管理水平不断提升】参与了房建、水利、交通等95个项目（总投资达3.6亿元）工程招投标，加强对项目预算、竣工决算审查，共审核预算项目7个，送审总金额295万元，审定228万元，审减67万元，审减率29%。会同地区监察局、审计局，对10个地直单位和3个县的专项资金、预算外资金和教育事业经费进行了检查，查处各类问题资金752万元，纠正（归位）问题资金752万元。不断健全财政监督体系，制定了《昌都地区国家机关和事业单位差旅费管理办法（暂行）》等管理制度。积极探索财政支出绩效评价制度，重点专项支出绩效评价工作稳步推行。

昌都地区税务工作

【组织收入】2008年，昌都地区国家税务局全年共累计组织收入18956万元，同比增收2469万元，增长15%；其中税收收入组织入库18588万元，同比增收2383万元，增长14.7%；其它收入组织入库368万元，同比增收86万元，增长30.5%；中央级收入8163万元，同比增收1020万元；省级收入393万元，同比增收111万元；地方级（含地市级和县级）收入10400万元，同比增收1356万元。

【税收征管】2008年昌都地区国家税务局不断强化征管基础工作，稳步推进税收科学化、精细化管理。加强与工商、金融、公安、统计等部门的信息交换与共享工作，建立健全纳税人户籍档案，强化纳税人户籍信息动态管理；逐步扩大查帐核实征收范围，初步形成以建账建制为基础，以推行使用税控收款机为手段，以查帐核实征收为主体的管理体制；加强税收与宏观经济税源分析、分行业和分税种分析、重点税源监控与分析，及时掌握税基及经济税源的变化趋势，摸清税源底数与潜力，提高税收分析预测水平；推行税收管理员工作底稿制度，初步形成执法有记录、过程可监控、结果可核查、绩效可考核的良性循环、持续改进机制；通过明确征管、计统、稽查、信息中心和税源管理等部门的职责分工，进一步加强对纳税评估工作的管理；通过税种管理与政策管理相结合的办法，进一步加强增值税、营业税、资源税、企业所得税、个人所得税、车辆购置税、车船使用税等税种的管理；强化服务理念，完善服务制度，丰富服务内容，改进服务手段和方式，进一步减轻纳税人负担，构建和谐的税收征纳关系。

【税收执法】集中力量打击虚开增值税专用发票和利用虚假进项发票骗取出口退税等行为，积极加强与法院、检察院、公安局、工商局等部门的协调配合，强化涉税违法案件处罚力度和查补税款追缴力度，2008年，昌都地区国税局共查补收入207万元。积极开展税收执法检查（监察）工作，通过加强业务学习，加大税收管理力度，规范税收执法，认真落实各项税收政策，达到进一步提高执法水平，推进依法治税工作的目的。

精心组织了第17个税收宣传月活动，创造了良好的舆论氛围，营造了良好的依法治税环境，有力地推动了税收工作的顺利开展。

【税收政策】2008年，昌都地区国家税务局认真贯彻落实“3•14”事件后受影响行业税收优惠政策。通过张贴公告、在办税服务厅电子显示屏上滚动播放税收优惠政策等方式，及时向纳税人宣传优惠政策，帮助纳税人准确解读税收政策；通过设立专门窗口，专人专岗负责有关应急文书的审批，最大限度地方便纳税人办理各项涉税手续；认真做好征管系统中基础信息维护工作，确保减免税信息准备无误；做好减免税户数、减免税金额等的统计造册工作。昌都地区共受理纳税户323户，减免税金130.57万元。

2008年制定出台了《税收减免税管理暂行办法》，合理划分了减免税类型，规范了减免税监督管理，保障了纳税人合法权益，使减免税管理工作步入了法制化轨道。

2008年，昌都地区国家税务局积极贯彻落实新企业所得税法，多渠道及时宣传新企业所得税法及实施条例，；开展多方位培训，使征收一线人员尽快熟练掌握新政策，提高执法能力；举行了企业负责人和办税人员专题培训会，提高企业纳税申报的准确性；强化与相关部门的协调配合工作，确保税种认定、企业代码以及各类征收台账等信息资料的完整，保证税前扣除、减免税等征管信息得到准确延续和衔接。

【信息化建设】2008年，昌都地区国家税务局深化业务软件的应用工作，加强业务软件培训工作，强化数据管理和分析应用，提高税源监控水平；通过不断整合业务，优化税收管理流程，加强运行维护工作，进一步提高了信息数据管理应用水平，发挥好了税收信息化对整个税收工作的支撑和保障作用。

【领导名录】

书记、局长：成永安

党组成员、副局长：李建群

克珠郎加

党组成员、纪检组长：李梅

农行昌都地区中心支行

【基本概况】中国农业银行昌都地区中心支行成立于1995年7月1日，是集政策性业务、商业性业务和代理部分人民银行业务于一体的商业银行。辖设11个县支行、1个营业部、3个分理处、75个营业网点、1个储蓄所，共有91个业务网点。经过多年发展，农行昌都中心支行各项业务得到迅猛发展，成为促进昌都经济发展的一支主力军。

【存贷款规模稳步扩大，服务地方经济发展实力进一步增强】截止2008年12月末，该行各项存款余额为315，520万元，较上年末增加8，707万元，增长11.57%，各项贷款余额为93，341万元，较上年末增加2，307万元，增长0.98%。

【服务“三农”和支持地方经济发展取得新的成效】2008年该行在服务“三农”、服务地方经济发展中认真执行“特、宽、优”的优惠货币信贷政策，加大信贷资金投放力度。全年累计发放各项贷款78，080万元，累计收回贷款87，887万元，其中全年累计发放涉农贷款67，381万元，涉农贷款余额达76，954万元，占贷款总额的82.44%，积极支持了以农牧业生产发展、安居工程、扶贫开发等为重点的项目，为服务“三农”，支持昌都地区社会主义新农村建设做出了积极贡献。

认真贯彻落实货币信贷指导性计划政策，全年累计现金支出593，779万元，累计现金收入509，065万元，收支相抵净投放84，714万元，满足了农牧民群众和经济发展对现金的需求。

建行昌都地区中心支行

【存款】截止2008年12月末，昌都支行全口径存款时点余额为166295万元，较年初增长41925万元，增长了33.71%，市场份额为32.95%。其中：公司类存款为136805万元，比年初增长35576万元，增长35.14%；储蓄存款余额达到29490万元，较年初增长6349万元，增长了27.44%。

【贷款】截止12月31日，各项贷款余额为80252万元，较年初下降4711万元，降幅为5.54%。主要原因是10-11月份建行昌都地区中心支行到期贷款比较集中。市场份额为46.22%。其中，公司类贷款余额为53613万元，较年初下降6787万元；个人类贷款余额26639万元，较年初新增2075万元。全年共累计回收贷款58096万元，累计发放贷款53384万元。利息实收率100%。建行昌都地区中心支行不良贷款额为562万元，较年初下降40万元，降幅为6.64%，不良贷款率为0.7%。

【财务效益】截止到12月底，建行昌都地区中心支行共实现收入9934万元，较2007年增加3946万元，增幅达65.90%。发生各项支出7639万元。全年建行昌都地区中心支行实现账面利润3566万元，净利润2295万元。比2007年增长1049万元，增幅达84.19%。

2008年以来，为了抓好网点转型工作的落实，零售网点转型是始于客户，终于客户，目的是为了减少基层网点的管理职责，促进网点由支付结算型向营销服务型转变，从而更好地服务客户。为使这一重要改革项目在建行昌都地区中心支行顺利推行，2007年根据网点转型的有关要求，结合昌都分行的实际情况，做了大量深入细致的工作，使营业部基本完成网点转型工作。并在2008年的网点转型验收中顺利通过验收。营业部在完成了转型工作的基础上，进一步将转型推进深入，切实达到转型的效果。2008年三江分理处为总、分行确定的第三批网点转型的网点。三江分理处在学习营业部的先进经验的基础上，较好的完成了网点转型的各项培训工作。

各项战略业务指标完成情况较好。建行昌都地区中心支行基金等各项新业务的推出，中间业务收入来源不断丰富，中间业务结构性失衡、收入来源过渡依赖于单一业务的问题度已有了一定的好转。2008年基金销售金额1391万元，位居全区建行前茅，给当地同业也造成很大的冲击，得到了客户的广泛认同。

昌都地区
国有资产管理工作

【监管企业经济运行较为平稳，发展态势良好】2008 年，昌都地区国资委监管的七家企业资产总额达 26042 万元，比上年同期减少 0.95%；负债总额 18070 万元，比上年同期增长 4.0%；所有者权益 7972 万元，比上年同期减少 10.6%。实现营业收入 4862 万元，比上年同期减少 16.2%；实现利润-93 万元，比上年减少 115%；已上缴税金 261 万元，比上年同期减少 26.8%，职工工资 762 万元，比上年同期增长 9.5%。从 1-12 月份的经济运行情况看，总体保持平稳发展态势，但受“3•14”事件影响，交通、客运、货运等企业受到了不同程度的影响，特别影响较大是交通运输企业，客运旅客运输量较 2007 年减少明显，物资公司受项目开工延迟，炸药销售量明显减少，其它企业也不同程度地受到影响，致使销售收入和利润均较上年同期有较大减少。在确保稳定的前提下，加强成本管理，强化经营力度，力争完成全年既定的目标任务。

【国企改革工作稳步推进】专门成立了昌都地区国有企业改革领导小组和工作机构，结合昌都国有企业实际，经过认真调研和分析，拟定了《昌都地区深化国有企业改革的实施意见》，并广泛征求了相关部门的意见，不断修改完善，为顺利推进全地区国企改革工作奠定了基础。但受“3•14”事件的影响，坚持维护稳定工作压倒一切，国有企业改革工作受到一定的影响，目前全地区国企改革总体方案还没有出台，但昌都地区国资委根据自治区的有关政策精神和地委、行署要求，对昌都地区物资公司、制氧厂开展了与西藏高争集团整体划转相关工作，经过双方的商洽，已于 9 月份全部完成了整体划转工作，并及时清理完成了两家企业的档案移交。积极开展了煤炭能源资源的整合重组工作，目前马查拉煤矿有限责任公司与地区水泥有限责任公司的资源整合和资产重组工作组织框架机构已成立，并邀请重庆一三六地质矿产有限责任公司来昌正在进行煤矿地质勘探工作。马查拉煤矿整改复查工作在确保安全的前提下，正在开展。同时，根据行署的安排，昌都地区国资委积极配合参与了西农集团昌都分公司的清产核资工作已完成。积极协调、配合地区粮食局、水利局切实按照行业体制改革政策措施，继续积极开展粮食和水利行业体制改革工作。

昌都地区国土资源工作

【耕地保护】2008 年，昌都地区按照国家、自治区的要求，实行最严格的耕地保护制度，加大了基本农田的保护力度。2008 年年初，行署召开了耕地保护工作座谈会，与 11 县签订了《2008 年耕地保护责任书》，制定了《昌都地区耕地保护目标责任考核办法》，明确各级人民政府主要负责人为耕地保护的第一责任人。年底行署成立了考核工作组，对 11 县耕地保护履行情况进行考核，并落实了奖惩制度。通过这些措施的落实，使全地区基本农田保护面积保持在 95 万亩。

【地籍管理】全年共完成了 76 宗用地的初始、变更登记工作，登记面积 18.47 万平方米；办理土地抵押登记 12 宗，面积 1761.82 平方米，贷款金额 454 万元。

【建设用地管理】全年共完成了 29 宗建设项目用地的选址、预审、审查和报批工作，其中，重点建设项目用地有 4 宗。

【矿产资源开发秩序整顿和规范】2008 年，昌都地区认真开展整顿和规范矿产资源开发秩序“回头看”工作。通过此项工作的开展，使全地区无证勘查、无证采矿、乱采滥挖、浪费破坏矿产资源、严重污染环境等违法行为得到有效遏制；使非法转让探矿权和采矿权等违法行为得到彻底清理，违法案件得到及时查处；矿山安全事故及破坏生态、污染环境现象明显减少；矿产资源开发利用科学化、规模化和集约化程度明显提高。

【探矿权、采矿权管理】2008 年共为 103 个勘查项目和 1 个采矿项目进行备案登记工作。同时加大服务协调工作力度，确保了全地区探采工作的顺利开展。

【地质灾害防治】制定《昌都地区二 00 八年度汛期地质灾害防治方案》，调整了重大地质灾害隐患点 310 处，并报经行署批转各县人民政府执行。认真开展汛前检查、汛期巡查、灾情速报、“日报告、零报告”工作，提高了应急反应能力。积极开展工程建设项目建设用地地质灾害危险性评估工作，为 7 个建设项目用地作了地质灾害危险性评估。全地区全年共发生地质灾害 8 起，各县及时采取防灾救灾措施，将损失降到了最低。

【执法监察】违法案件督办情况。下发《督办通知》，督促存在违法违规未批先建用地的 7 个县上报组件资料进行审核。对审核后存在资料不全的 13 个未批先建建设项目用地，下发了《关于落实<督办通知>工作进展情况的通报》，督促其完成。

信访案件办理情况。协调处理了 5 起因征地引起的信访事件，使矛盾纠纷得到基本化解。

【法律法规宣传】2008 年，昌都地区开展地区乡（镇）、村级干部国土资源法律知识宣教培训工作，印发了 5271 本藏汉文版的《昌都地区乡（镇）、村级干部国土资源法律知识宣传教育培训活动学习资料选编》到各县。同时对全地区乡（镇）领导干部进行了 2 期国土资源管理法律知识专题授课，参训人共 125 人，收到了良好效果。

开展法定日宣传工作利用综治月、“4.22 世界地球日”、“6.25 全国土地日”和“12.4 法制宣传日”的有利时机，采取散发宣传资料、悬挂宣传画、群发宣传短信、编制并发放国土资源知识手册等形式，向人民群众广泛宣传土地管理、矿产资源管理、地质环境管理等国土资源法律法规，收到了良好的效果，为国土资源管理工作顺利开展营造了良好的外部环境。

【存在的问题】全地区国土系统仅有 69 名工作人员，且同时承担着国土资源管理和环境保护两方面的重大工作，在一定程度上影响了工作的正常开展。

昌都地区审计工作

【财政金融审计科】2008 年，昌都地区审计局共审计单位 2 个，查出违规金额 1174 万元，应上缴财政 156 万元，应归还原渠道资金 3 万元，应自行纠正和调整账务处理 403 万元。向有关单位提出审计建议 6 条，已被采用 6 条。

【行政事业社会保障审计科】共审计单位 3 个，查出违规金额 8004 万元，管理不规范金额 260 万元。向有关单位提出审计建议 11 条，已被采用 11 条。

【专项资金审计和审计调查项目】共审计和审计调查 6 个单位，审计专项资金总额 15917 万元，查出违规金额 94 万元，管理不规范金额 773 万元。向有关单位提出审计建议 8 条，已被采用 6 条。

（朱海龙）

【领导名录】

党组书记：叶国荣

党组副书记：欧珠达瓦

党组成员：张高林

局长：欧珠达瓦

副局长：叶国荣、张高林

昌都地区工商行政管理工作

【认真履行登记注册职能，积极支持国有企业改制发展】2008 年，昌都地区已登记的内资企业 444 户、注册资金 165335 万元，与 2007 年同期相比分别增长 5.71%、1.90%。

【大力发展非公有制经济，全力支持和引导个体私营经济持续快速健康发展】2008 年尽管受拉萨“3•14”事件和“5•12”汶川大地震的负面影响（上半年个体工商户与 2007 年同期相比只增长了 3.3%），但采取了各种积极措施，克服了不利影响，充分履行职能、改进服务方式、提高办事效率、优化服务质量，努力实现执法监管与服务、发展、维权的高度统一，促进市场主体又好又快发展。已登记的个体工商户 9943 户，从业人员 25597 人，注册资金 38158.27 万元，总产值 4671.9 万元，销售总额或营业收入 131605.75 万元，社会消费品零售额 77908.12 万元。与 2007 年同期相比分别增长 6.54%、17.25%、23.22%、18.08%、35.93%、104.91%。非公有制经济的税收占全地区总税收的 56%。

【积极做好服务招商引资工作，为地方经济发展增强活力】充分发挥登记机关的信息资源优势，开发产业发展和咨询服务，引导投资人科学投资，避免重复投资，优化投资结构，协助有关部门，成功引进招商引资项目 12 个，协议资金达 4.5 亿元，到位资金 1.5 亿元。

【认真贯彻落实就业和再就业的有关优惠政策】全地区下岗失业人员开办个体工商户 118 户，退伍军人开办个体工商户 29 户，大中专院校毕业生开办个体工商户 20 户，残疾人开办个体工商户 99 户，私营企业吸纳下岗失业人员 35 人。

【大力实施商标战略，打造西藏著名商标】2008 年，全地区向上级部门申报并由国家工商总局商标局受理的商标有 21 枚，已登记完成的注册商标 15 件，其中有 3 件被评为自治区著名商标（分别是“日通”、“仙露”、“岗底斯峰”著名商标）。

【落实各项服务措施，全力服务社会主义新农村建设】深入开展红盾护农行动，切实保护农牧民群众的利益。查获高、中毒超标农药 126 袋，过期农药 202 袋，“三无”产品蔬菜种子 59 袋，过期蔬菜种子 42 袋、7 罐，总价值为 3000 元。

积极培育扶持农牧区市场主体，促进农牧区个体私营经济的发展。08 年，农牧区个体工商户已达 2927 户，从业人员 6326 人，注册资金 10427.12 万元，与 2007 年同期相比分别增长 7.89%、49.13%4、104.05%。

引导支持兴办各类经济实体，培育、支持壮大发展骨干企业，支持推行“公司+经纪人+农户”，“订单农业”，鼓励和引导农牧民向专业合作组织发展，大力培育和规范发展农牧区经纪人，提高农牧业集约化，市场化水平，促进农牧民增收。2008 年，昌都地区登记的农牧区经纪人共有 626 人。

【认真落实停止征收“两费”重大决策，促进个体私营企业健康发展】昌都地区各级工商部门对超规定时限收取的费用，及时进行了退还。全地区工商系统共减免 7473 户个体工商户的工商管理费、登记费、工本费、验照费、企业年检费，金额共计 2989020 元。不折不扣地将停征“两费”工作落到实处。

【加大市场监管力度，营造安全、健康的消费环境】2008 年，全地区共查处商品交易市场违法案件 749 起，案值 220.99 万元，罚没金额 14.71 万元，其中立案查处 45 起。

全地区流通环节食品经营主体共计 3788 户，其中：企业 82 户、个体工商户 3706 户。已建立索证索票制度的经营户 3100 户，制度建立率 82%；进销货台账制度的 3650 户，制度建立率达 96%；食品质量承诺制度 3400 户，制度建立率 90%，进货检查验收和重要食品入市备案制度 2913 户，制度建立率 77%。

加强商标保护，维护企业合法权益。年初，先后查处了侵犯西藏自治区著名商标“日通牌”藏药商标所有权案件 4 起，案值 16 万元，罚没款共计 3.65 万元。6 月，开展了为期 15 天的酒类市场检查，查获假冒五粮液等名贵酒类 361 瓶，价值 8905 元，7 月，开展奥林匹克知识产权侵权案件。通过开展以上打击商标侵权专项行动，有力维护了企业合法权益。

加强奶制品市场监管，确保消费安全。“三鹿奶粉事件”发生以来，全地区各级工商行政管理机关紧急行动，以检测出含三聚氰胺的 22 家企业 69 批次的奶粉、3 家企业 24 批次的液态奶和 20 家企业 31 个批次的奶粉为重点，以奶粉批发和零售为重点环节，以集贸市场、商场、超市、甜茶馆、零售摊点等为重点场所，深入县城各商业片区、街道和城乡结合部，各乡镇、公路沿线等重点区域，重点对市场上销售的含三聚氰胺的婴幼儿配方奶粉的包装、商标、名称、标识、说明书、合格证、厂名厂址、生产日期、保质期及生产批次等事项进行认真检查，掌握其数量和进货来源。2008 年，全地区各级工商行政管理机关累计共出动执法人员449人(次),检查经营户3510户(次),查处受三聚氰胺污染婴幼儿配方奶粉共计257.6公斤(其中农村市场11公斤),价值2.4294万元。查处受三聚氰胺污染的液态奶82.5公斤(其中农村市场49.25公斤),价值0.0886万元。

加大广告市场监管力度,维护广告市场经济秩序。奥运会前期,昌都地区审计局积极开展户外广告监管,严格规范广告用字工作,共检查相关经营户120户,共清理违规户外广告106条。

积极推进"12315"进乡镇村,创建农牧区乡镇"两站两员"消费维权工作机制,2008年,"12315"消费者投诉站(点)共计66个(其中农牧区12315维权投诉站42个),新建农牧区消费维权联络站15个。2008年,昌都地区共受理消费者投诉193件,结案193件,办结率达100%,为消费者挽回经济损失达16.44万元。

开展清理整顿无照经营专项行动。按照《无照经营取缔办法》的规定,加大市场巡查的力度,共查处无照经营案件12起,案值130.45万元。

昌都地区质量监督管理工作

【认真开展"两大安全"巡查】2008年,昌都地区质监局为加强食品质量安全监管和特种设备安全监察,先后制订了《昌都地区质监局食品生产加工企业(小作坊)巡查方案》、《2008年特种设备隐患排查治理工作方案》、《2008年昌都地区第一次特种设备巡查方案》。从4月份起,在全地区范围内认真开展"两大安全"巡查工作。

【食品质量安全】2008年,昌都地区质监局在食品质量安全工作中:一是完善食品生产加工企业(小作坊)数据库。继续开展食品生产加工企业(小作坊)的普查登记及建档工作,对11个县93家食品生产企业(小作坊)的质量状况、生产加工设备、原材料把关、生产过程控制、添加剂备案、承诺书签订、销售台帐等情况进行逐一进行巡查登记,并建立电子档案。二是落实食品安全监管责任制。按食品生产加工企业(小作坊)的分布情况,认真落实监管责任,将监管工作落实到人。三是建立食品质量安全溯源制度。督促食品生产加工企业、小作坊建立和完善产品销售台账、原辅料进货台账等索证索票制度,建立质量安全溯源体系。四是严格市场准入。对华润雪花啤酒(西藏)有限公司的产品扩项申请进行受理,经全面审核后,按要求上报区局审查,于11月20通过了国家质检总局的审批。同时,对昌盛饮料厂、鑫源饮料厂2家企业的生产许可证办证申请进行了受理。五是加强对获证企业的证后监管。按照生产许可证监管程序,完成了对华润雪花啤酒(西藏)有限公司、高原红纯净水有限公司2家获证企业的生产许可证年检工作,企业年检率达100%。

【特种设备安全巡查】结合自治区特种设备"百日督察"专项行动,对全地区在用特种设备进行巡查和隐患排查。一是建立特种设备数据库。完善特种设备普查、登记、建档工作,及时录入、更新特种设备信息,实时掌握特种设备变化情况,普查登记锅炉82台、电梯52台、液化石油气充装站9个、压力管道4300米。二是落实特种设备安全主体责任。明确特种设备使用单位法人的第一安全责任人主体责任,并与使用单位签订安全承诺书,督促、引导使用单位按照《特种设备安全监察条例》的规定,建立、完善隐患排查治理及危险源监控制度。三是建立隐患排查台账。按照《特种设备隐患巡查方案》,认真开展事故隐患巡查,及时查找事故隐患,对事故隐患实行登记、整改、销号全过程监管。全年下达锅炉安全监察指令书12份;查封存在安全隐患的锅炉5台;对16家存在安全隐患的26部电梯下达了整改意见书。四是完成了电梯的定期检验。区局特设所派出电梯检验人员,对全地区20家电梯使用单位的52台电梯进行了检验,电梯定期检验效达100%。五是举办特种设备操作人员培训班。从规范特种设备操作人员持证上岗入手,加强操作人员教育培训,举办了昌都地区第二期特种设备操作人员培训班,培训司炉工、压力容器操作工、电梯操作工61人。

【上门服务,现场办公】8月初,华润雪花啤酒(西藏)有限公司向提出生产许可证扩项申请,为帮助企业尽快取得生产许可证,采取到企业现场办公,实地核查的办法。按照《昌都地区食品生产许可证监管程序》、《啤酒生产许可证审查细则》,对企业的环境卫生、生产工艺、检验检测、人员资质、生产设备等条件逐项进行核查,现场提出整改意见和建议,督促企业加大整改力度。从企业提出申请到通过国家质检总局的审批,仅用了55天的时间。

【坚持以人为本,切实关注民生】开展瓶装液化石油气专项整治。为加强液化石油气充装市场的计量监管,打击瓶装液化气短斤缺两行为,开展了液化石油气专项整治。9月8日,在行署召开了由分管副专员、副秘书长参加的石油液化气充装监督管理工作座谈会。会上,昌都质监局分别与地区所在地的6家液化气充装站签订了《液化气瓶充装安全承诺书》、《瓶装液化气诚信计量承诺书》。

规范餐饮业计量行为。为规范餐饮业计量行为,与365家餐饮业经营者签订了《餐饮业计量诚信承诺书》。经营者公开向社会承诺在食品销售中实行明码标价,保证计量充足,做到不缺斤少两、不掺杂、不掺假。

深入开展计量检定和监督检查。对集贸市场的827台(件)在用计量器具进行了检定,受检率达97%,检定后合格率为100%;对全地区27家加油站的113台加油机、125支加油枪开展了周期检定。

开展医用强检计量器具普查登记建档工作。对全地区各医院、藏药厂及11个县卫生服务中心的1074台(件)在用医疗强检计量器具开展了普查、登记、建档。

积极办理组织机构代码。在组织机构代码赋码中,充分体现"便民、规范"原则,制定了《组织机构代码证办理相关规定》,明确办理程序、所需资料及变更、遗失、迁址、注销等相关信息。全年新办、变更、换证、年检组织机构代码证301份。

扎实推进十类重点产品专项整治。按照"企业全备案、产品全登记、检测全报告”的要求，执法人员深入各县，完成796家十类重点产品生产销售单位的登记建档工作，实现了“一企一档”。监管人员积极探索从产品设计、原料进厂、生产加工、出厂销售到售后服务的全过程监管，切实解决了重点产品中有毒有害物质超标问题。

【积极应对“三鹿奶粉事件”，全面开展乳制品专项检查】“三鹿”牌婴幼儿奶粉重大食品安全事故在新闻媒体披露后，昌都质监局认真开展乳制品专项整治。专项整治期间，出动执法人员500余人（次）、车辆150余台（次），累计检查企业（经营户）2300余户（次），下架各类无检验报告，未加贴检验标识的奶粉和液态奶119363盒（袋）。销毁涉嫌不合格乳制品2377件，货值171400元。

昌都质监局结合工作实际，迅速抽调10名执法人员，分成5个驻厂监管小组，进驻华润雪花啤酒（西藏）有限公司、高原红纯净水有限公司、藏东矿泉水开发公司、昌都都康乳品厂、金米酒厂等5家食品生产加工企业（小作坊）。对企业生产的全过程实行24小时驻厂监管，监管人员对企业每一批次出厂产品进行签字，以保证出厂产品质量安全。

对昌都都康乳品厂下达《整改通知书》，要求企业对现有设备和生产条件进行改造，经验收合格后方可重新生产。

【办公综合楼建设顺利开工】办公综合楼项目建设，在2007年落实办公综合楼建设用地、地勘、地灾评估的基础上，昌都质监局严格按照基本建设程序，严格控制项目建设资金，于9月17日开工建设。现已完成基础部分工程量的三分之二，完成基建投资的20%。

昌都地区安全监管工作

【年度综述】2008年，昌都地区安全生产形势呈现出总体稳定、趋于好转的发展态势，共发生各类安全生产事故20起，死亡36人，死亡人数占自治区下达昌都地区安全生产控制指标(53人)的67.9%。其中，道路交通事故13起（较大事故4起)，死亡30人，死亡人数占自治区下达昌都地区道路交通控制指标（45人）的67%；火灾事故4起，死亡4人，死亡人数占自治区下达昌都地区消防安全指标（1人）的400%；工矿商贸事故2起，死亡2人。死亡人数占自治区下达昌都地区工矿商贸类控制指标（7人）的28.5%。全地区未发生一起重、特大事故。较上年同期相比，各类安全生产事故起数减少7起，下降25.9%，死亡人数减少1人，下降2.7%；其中：道路交通事故起数减少6起，下降32%，死亡人数增加2人，上升7.1%，工矿商贸起数减少2起，下降50%，死亡人数减少6人，下降75%。昌都地区安全生产监管工作取得了较好的成绩，2008年被自治区人民政府评为全区一等奖单位。

【专项治理】开展安全生产百日督查工作。深入贯彻落实2008年安全生产“隐患治理年”的各项工作要求，消除安全隐患，有效遏制重特大安全生产事故发生，自4月份始，昌都地区相继开展了安全生产隐患排查治理工作和重点行业和领域开展安全生产百日督查专项行动，下发了《关于进一步开展安全生产隐患排查治理工作的通知》，制定了《昌都地区关于在全地区重点行业和领域开展安全生产百日督查专项行动方案》。重点对道路交通、消防安全、煤矿和非煤矿山、危险化学品、烟花爆竹、民爆物品等安全生产领域开展隐患排查和专项督查活动。在整个安全生产隐患排查治理和安全生产百日督查工作中，地区安全生产监督管理局共出动车辆20余次，下乡50余人次，行程8500余千米，检查场所120余处，发现隐患90余处，当场整改60余处，下发限期整改指令书30余份，对各类安全生产违法行为进行了依法处罚，有力地促进了安全生产工作。以自治区人大副主任周春来同志为组长的自治区人大执法检查组和以自治区国土资源厅副厅长吴琳同志为组长的自治区安全生产百日督查工作组先后到昌都地区就安全生产工作、安全生产隐患排查治理情况、安全生产百日督查工作开展情况进行了实地的检查，对昌都地区安全生产工作给予了高度评价，认为昌都地区安全生产工作呈现六大亮点：一是地委、行署对安全生产工作高度重视；二是组织得力；三是工作责任落实；四是各类工作方案齐全；五是工作重点突出；六是宣传教育工作力度较大等，走在了全区的前列。

【监督管理】道路交通安全监管。地区公安、交警、交通、运输管理等部门及各县相关部门行动迅速，措施得力，落实人力、物力、财力，抽调精兵强将深入道路交通安全一线全面排查隐患，确保了昌都地区道路交通安全的持续稳定。

消防、建筑施工、危化品、经营企业和民爆物品、非煤矿山及煤矿山安全监管。一是消防、安监等部门经常深入“人员密集、易燃易爆、文物古建筑、六小场所”，开展消防安全检查，截至五月中旬，公安消防部门共开展专项治理4次，检查单位682家，发现各类火灾隐患163处，下发《责令限期改正通知书》46份，下发《复查意见书》41份，受理开业前消防安全检查16项，下发《消防安全检查意见书》14份，办理行政处罚案件7件，警告3人，罚款1.4万元，责令停业停产1家。二是重点对施工单位的施工资质、特种作业人员资格证书、安全生产管理机构、安全防护用品规范使用、安全生产管理人员配备、安全生产责任制及规章制度建立和“三违”现象进行了全面认真的检查。三是重点对11县加油站、液化气充装站（点）进行安全检查，四是研究制定了《昌都地区加强民爆物品管理的实施办法》，严格民爆物品审批程序，严把民爆物品购买数量关，对民爆物品使用情况实行挂牌督办制度。确定了2家烟花爆竹批发企业和18家零售企业。五是切实加强煤矿和金属矿山安全生产监管工作。组织队伍对所属辖区各类煤矿和金属矿山相关证件进行检查、清理、造册、登记。

进一步加大特种设备安全专项检查力度，建立了特种设备数据库，对49家80台特种设备（其中电梯20部、锅炉35台、压力容器13台、起重机械12台、压力管道2026米、液化钢瓶12816个）进行了隐患排查，并与49家特种设备使用单位签订了安全承诺书。

不断加强水利行业安全管理工作，加大了病险水库信息报告和险工、险段的巡查力度，在主汛期来临前重点对病险水库进行了维修和加固。对地区98个已建成和在建项目进行了安全隐患排查，对存在安全隐患的26个工程项目及时下发了督办通知，要求其限期整改。

昌都地区 食品、药品监督工作

【年度综述】2008年，昌都地区食品药品监督管理局一手抓稳定，一手抓监管，努力探索符合昌都特点的食品药品监管新路子，出色地完成了以食品药品监管为中心的各项工作任务，确保了辖区公众饮食用药安全。2008年，共开展专项检查行动25次、立案查处24起、罚没款3万余元、收缴假劣药品医疗器械货值金额4万余元。

【大力实施食品放心工程】认真组织，周密部署，完善食品安全监管责任体系。年初，由昌都地区食品、药品监督管理局牵头组织召开了地区食品安全工作会议。食品安全委员会主任永吉副专员代表行署与地区20个成员单位签订了《2008年食品安全工作目标责任书》。在地区召开的党员领导干部工作会议上，由昌都地区食品、药品监督管理局协调，召开了各县县长参加的食品安全工作会议。11个县的县长与行署签订了《2008年食品安全工作目标责任书》。目前各县与80%以上的乡（镇）签订了食品安全责任书，层层落实了食品安全综合监管责任和工作目标。加强组织协调深入开展专项整治工作。昌都地区食品、药品监督管理局共检查1960户次，收缴不合格食品18种货值金额3万余元，共查处工业用盐12000斤，合计6600元。联合质检部门端掉了一非法制售桶装水的黑窝点。对不严格执行餐饮行业量化分级管理的3家餐馆下达了整改通知书。对昌都高级中学学生食堂严重违反《餐饮行业量化分级管理规定》的行为，昌都地区食品、药品监督管理局责成相关部门责令其整改，昌都地区食品、药品监督管理局进一步完善了昌都地区食品安全事故应急预案，调整了组织领导机构，设立了事故处置工作小组，进一步明确了事故处置程序和工作职责，从而初步建立了重大食品安全事故应急处置体系。加大宣传力度，提高公众食品安全意识。在“3•15”国际消费者权益日期间，组织执法人员开展了以“关注食品安全，保障公众身体健康”为主题的大型宣传咨询活动，通过发放宣传资料，摆放展牌以及现场解答等方式向公众介绍食品安全监管的法律法规及食品安全知识，努力提高公众食品安全防患意识和自我保护意识。4月底虫草采挖前夕，针对农牧区的饮食习惯和可能发生的食品安全问题，精心编制了《牛羊肉食物中毒（肉毒杆菌）预防与治疗》宣传专栏，利用1个月的时间在昌都电视台综合频道黄金时段向全地区11个县，138个乡镇用藏汉文字幕进行了滚动播放。很好的完成了食品安全三进的工作任务。五是9月12日三鹿牌婴幼儿配方奶粉事件发生以后，昌都地区食品、药品监督管理局迅速组织协调相关职能部门开展了乳制品专项检查行动。截止10月16日，在全地区流通环节奶制品专项检查中，出动执法人员1095次、检查经营企业9262户次、下架不合格奶制品总数量358.35公斤，查处销售违法奶制品案件24件、案值2.5734万元、受理消费者有关奶制品的咨询、申诉和举报2件。

于11月8日由地区食品安全监管部门和伊利厂方代表的监督下，按照生产厂家的要求对昌都地区友谊超市内2008年9月14日以前生产的所有乳制品进行了集中统一销毁，共计销毁液态奶3144件，价值17.16万元。

【整顿和规范药械市场秩序，维护药品市场安全与稳定】强化企业作为药品安全生产第一责任人的意识，督促企业自觉严格执行药品生产质量规范。加强生产企业的日常监管。按照年初制定的工作目标在5月下旬和9月份分两次对三家药品生产企业完成了跟踪检查。确保了药品的质量安全和藏药生产的健康有序发展。强化药品生产过程质量的监督检查。重点从物料管理、毒性药材的管理、生产管理和产品检验等关键环节的检查，从源头上保证药品质量安全，促进藏药生产健康发展。积极开展企业GMP再认证前的督导工作，确保昌都地区三家藏药生产企业再认证的顺利通过。8月中旬昌都光宇药厂已顺利通过国家局GMP认证现场检查。

加强对药品经营企业的监管，维护市场稳定。一是加强药品经营企业的跟踪检查。二是加强企业采购渠道、购销凭证的监管力度，防止企业从非法渠道购进药品。三是检查企业执行药品经营质量管理规范情况。四是严查企业违法、违规经营行为。对各种形式的无证经营，挂靠经营、出借柜台等违法经营活动坚决取缔。五是积极开展新开办企业的规范管理，作好企业的GSP认证工作，2008年8月份前已完成了4家新开办的药品零售企业GSP认证工作。

加强对医疗机构的监管，保障公众用药安全。2008年对各医疗机构进行了专项检查，检查的重点是药品购进渠道是否合法，购进票据，验收是否规范等对医疗机构从非法渠道购进药品，使用过期失效药品等违法行为予以立案查处。3月份对地区人民医院购进的假药“感康”一案，进行快速查处，从而确保了公众用药安全。

【加强对医疗器械的监管】对地区所在地所有隐形眼镜经营店，所有经营电疗、磁疗，光疗物理治疗设备的企业（包括经营此类产品的商场、超市）进行了市场专项检查，向辖区内所有经营、使用一次性使用医疗器械、骨科植入材料、口腔科材料和卫生材料的经营企业、医疗机构宣传了关法律法规及规定。加强昌都地区医疗器械市场的规范化管理和强化经营企业质量意识。

【认真组织开展兴奋剂专项检查行动，确保奥运期间药品市场的安全】按照区局的统一部署，制定了昌都地区开展兴奋剂专项检查的实施方案，与各生产经营使用单位签订了《兴奋剂专项治理工作承诺书》在各经营企业悬挂了防止滥用和销售含兴奋剂成分药品的警示语，组织执法人员到各生产经营使用单位进行了专项检查，从而有效控制了含兴奋剂成分药品的销售和滥用，为奥运会成功举办贡献了力量。

【对全地区藏药制剂进行了全面地摸底

调查】为规范藏药制剂生产，引导藏药产业的健康有序发展，昌都地区食品、药品监督管理局从2008年9月至10月对辖区内藏药制剂生产、加工情况进行了全面的摸底调查。截至目前统计（除江达县外）涉及23个乡镇，其中乡医5人配制藏药制剂共计134个品种；民间藏医36人，配制藏药制剂共计323个品种；寺庙8座，僧人8人配制藏药制剂共计146个品种。各乡镇卫生院、县藏医科、地区藏药厂以及日通藏药厂共计配制藏药制剂1018个品种。其中正在申请制剂文号的累计有488个品种。

【加强药品不良反应报告工作，确保药品使用安全】采取有效措施做好药品不良反应报告工作。一是加强宣传，提高公众对ADR知识的认识，还向各级医疗机构的从业人员发放了ADR知识手册，提高广大从业人员对ADR工作的认识。二是加强培训提高业务水平，4月份举办了ADR知识培训班。三是严格把关，确保质量。昌都地区食品、药品监督管理局执法人员对药品生产、经营使用单位上报的药品不良反应报告表逐项检查，严格核对和把关，确保上报报告的质量。共上报符合国家标准的药品不良反应报告56例。

【加强协作与协查，确保药品市场安全】随着藏医药事业的不断发展，国内制售假劣藏药的违法行为不断增加。2008年，共受理协查案件65起，均涉及冒充辖区三家藏药厂的产品，其中涉嫌假药60起，受理协查函共涉及全国40几个市、县级食品药品监督管理局。

【做好药品抽样工作】根据区局的抽样计划，昌都地区食品、药品监督管理局共抽取检品38批次，药品检测车筛查40个批次。圆满完成了区局下达的抽验工作任务。

昌都地区农牧工作

【主要指标完成情况】2008年，昌都地区粮食总产量达到35050万斤，其中：青稞产量达26300万斤，分别比上年增产1050万斤、300万斤，同比分别增长3%、1.2%。油料产量达1000.6万斤，比上年增产357.6万斤，同比增长55%；蔬菜产量达7081万斤，比上年增产45万斤，同比增长0.6%。

畜牧业健康发展。全地区共新生各类仔畜109.1万头（只、匹）、成活仔畜106.9万头（只、匹）、成活率98%，与2007年持平；成畜死亡6.5万头（只、匹），死亡率为1.8%，总增率达到28%，同比下降0.3个百分点；牲畜出栏率达到30.2%，同比增加1个百分点；肉类产量达到7.06万吨、奶产量达到7.58万吨，分别比上年增加0.88万吨、0.58万吨；绵羊毛产量达到675.6吨、山羊绒产量达到96.3吨，毛绒产量与上年基本持平。

乡镇企业继续保持加快发展的态势。2008年全地区乡镇企业实现产值1.52亿元，同比增长5%；民族手工业持续增长，2008年全地区民族手工业实现产值6860万元，同比增长9%；多种经营渠道进一步拓宽。2008年全地区多种经营收入达到6.7亿元，同比增长11%。

【农牧民增收渠道不断拓宽，收入持续增长】2008年农牧民人均收入达到2830元。劳务收入作为群众增收的重要渠道，各级党委政府高度重视，加强领导，积极组织，劳务输出人数达22万人次，同比增长10%，劳务收入达到3.6亿元，同比增长12%。2008年虫草产量较高，全地区采集虫草18269.1公斤，产值突破11亿元。

【狠抓粮食生产，确保粮食安全】全地区完成农作物总播种面积78.89万亩，其中粮食播种面积65.78万亩（青稞51.49万亩、小麦9.76万亩、豆类1.58万亩、玉米1.83万亩、荞麦1.12万亩）、经济作物7.92万亩（油菜5.1万亩、蔬菜2.82万亩）、饲草料5.19万亩，粮经饲比例调整为为83：10：7，粮经饲比例日趋合理。在粮食生产中把青稞生产放在主导地位，大力推广"藏青320"、"喜马拉19"、"康青3号"等高产优质的品种，良种推广面积达到57亩，覆盖率达86%以上，主导品种大田统供率达到65%。完成机耕面积22.27万亩、机播面积27.11万亩、机收面积20.71万亩。

【加强测土配方和第一次农业污染源普查工作的落实】2008年，昌都地区积极开展了测土配方施肥试验对比分析工作，在完成芒康县、昌都县、洛隆县及地区农科所土壤采样室内分析的基础上，在昌都、丁青、洛隆、左贡、芒康五个粮食主产县开展测土配方施肥"3414"肥效田间试验工作，五县已严格按照实施方案完成了一季地区26个试验点的试验工作，2008年"3414"肥效田间试验工作基本结束。认真开展昌都地区第一次农业污染源普查工作。根据《西藏自治区第一次污染源普查实施方案的通知》和《昌都地区第一次污染源普查实施方案》要求，在芒康、昌都、左贡、洛隆、丁青5个县开展了农业污染源普查工作，为摸清5县农业污染物排放的基本情况，实现农业污染源排放的有效控制，结合实际情况，昌都地区农牧局加强领导，精心组织，认真开展普查工作。普查人员深入到五个农业县65个乡（镇）、344个普查户开展入户调查，普查工作已经完成，获得自治区有关部门的好评。

【突出抓好畜牧业生产，促进畜牧业健康发展】接羔育幼有序进行。尽管受3月份强降雪天气影响，江达、察雅、八宿等县个别乡镇出现雪灾，但各县加强成畜越冬度春管理和防抗灾工作，按照早安排、早动员、早落实的原则，积极引导动员群众筹措饲草料，添制修补暖垫、维修加固棚圈，提高了新生仔畜成活率，降低了成畜死亡率。

牲畜短期育肥力度加大，牧区繁殖，农区育肥的经营模式得到较好推广，全地区供育肥出栏牲畜15万个绵羊单位，实现纯收入3000余万元。

把牲畜出栏作为增加农牧民收入的重要措施来抓紧抓好。各县根据地委、行署关于进一步加大牲畜出栏工作的指导性意见，结合本地实际，排除一切干扰因素，充分把握传统牲畜出栏工作特点，制定一系列优惠政策和鼓励措施，下大力气做好了宣传引导工作，切实引导群众加大了出栏工作力度，牲畜出栏率达到30.2%，充分发挥了畜牧业在群众经济收入中的增收作用。

【切实加强龙头企业的引导扶持，加快昌都地区农业产业化进程】着力抓龙头企业培育和经济运行监测，促使龙头企业辐射带农作用逐步增强。目前，全地区认定农牧业产业化经营龙头企业 12 家，其中：地区级龙头企业 3 家、县级龙头企业 9 家，形成了二级农牧业产业化经营龙头企业协调发展的格局。引导龙头企业开展农畜品合同定购，与农牧户建立比较稳定的利益联结机制，发展订单农牧业，促进企业增效和农牧民增收的双赢局面。2008 年全地区地县级龙头企业 12 家实现产值 1526.83 万元，同比增长 7%；带动农户 2194 户，同比增长 6.7%；户均实现收入 9569.78 元，同比增长 8%，农牧民在龙头企业就业 249 人，人均年工资收入 9658.94 元，同比增长 9%。招商引资工作取得显著成效。同时加大招商引资力度，2008 年全地区招商引资项目 5 个，招商引资达 1.64 亿元，是 2007 年的 4.46 倍。

【农牧民专业合作经济组织得到进一步发展】2008 年，昌都地区积极组织农牧民组建各类农牧民专业合作经济组织，参与市场竞争。全地区农牧民专业合作经济组织达 58 个，实现收入 1358.7 万元，同比增长 7%；农牧民参加专业合作经济组织 3023 人，同比增长 8%；人均实现收入 4421.67 元，同比增长 6%。农牧民协会稳步发展。全地区农牧民协会 33 个，实现收入 865.23 万元，同比增长 7%；农牧民参加协会 6088 人，同比增长 10%；人均实现收入 4203.53 元，同比增长 11%。

【获奖情况】

荣获 2008 年度"种植业生产先进地区"（自治区农牧厅）。

荣获 2008 年度"完善和落实草场承包经营责任制工作先进单位"（自治区完善和落实草场承包经营责任制工作领导小组办公室）。

荣获 2008 年度"增加农牧民收入先进地区"（自治区农牧厅）。

昌都地区乡镇企业工作

【乡镇企业继续保持加快发展的态势】2008 年昌都地区乡镇企业实现产值 1.52 亿元，同比增长 5%。

民族手工业持续增长。2008 年全地区民族手工业实现产值 6860 万元，同比增长 9%。

多种经营渠道进一步拓宽。2008 年全地区多种经营收入达到 6.7 亿元，同比增长 11%。

【劳务输出力度进一步加大】2008 年全地区劳务输出人数达 22 万人次，同比增长 10%；劳务收入达到 3.6 亿元，同比增长 12%。

【农牧业产业化经营龙头企业的辐射带动作用进一步增强】2008 年全地区地县级龙头企业 12 家实现产值 1526.83 万元，同比增长 7%；带动农户 2194 户，同比增长 6.7%；户均实现收入 9569.78 元，同比增长 8%，农牧民在龙头企业就业 249 人，人均年工资收入 9658.94 元，同比增长 9%。

【农牧民专业合作经济组织得到进一步发展】全地区农牧民专业合作经济组织达 58 个，实现收入 1358.7 万元，同比增长 7%；农牧民参加专业合作经济组织 3023 人，同比增长 8%；人均实现收入 4421.67 元，同比增长 6%。

【农牧民协会稳步发展】全地区农牧民协会 33 个，实现收入 865.23 万元，同比增长 7%；农牧民参加协会 6088 人，同比增长 10%；人均实现收入 4203.53 元，同比增长 11%。

【农牧民施工队进一步发展壮大】2008 年全地区农牧民施工队 44 个，实现收入 3514.19 万元，同比增长 11%；农牧民参加施工队 3240 人，同比增长 12%；人均实现收入 8770.09 元，同比增长 11%。

【招商引资工作取得显著成效】2008 年全地区招商引资项目 5 个，招商引资达 1.64 亿元，是 2007 年的 4.46 倍。

【农牧民技能培训得到进一步加强】全地区各级乡镇企业管理部门共举办农牧民技能培训班 77 期，培训人数达 6406 人，同比增长 15%。主要培训内容：汽车、拖拉机驾驶维修、建筑（泥工、木工、水电工等）、绘画、实用技术、养殖、建材（水泥砖、页岩砖等）。

【农牧业产业化经营龙头企业健康发展】认真贯彻落实各项政策。认真贯彻《昌都地区行署关于培育和发展农牧业产业化经营龙头企业的意见》，积极落实培育和发展龙头企业的各项优惠政策，切实加大对龙头企业的各项优惠政策和加大对龙头企业的扶持力度，有效地促进了龙头企业的发展。

将地区级龙头企业昌都县日通藏药厂、芒康绿色食品有限责任公司，县级龙头企业洛隆县糌粑加工厂作为重点扶持，上报自治区农牧厅、自治区乡镇企业管理局。

目前，全地区认定农牧业产业化经营龙头企业 12 家，其中：地区级龙头企业 3 家、县级龙头企业 9 家，形成了二级农牧业产业化经营龙头企业协调发展的格局。引导龙头企业开展农畜品合同定购，与农牧户建立比较稳定的利益联结机制，发展订单农牧业，促进企业增效和农牧民增收的双赢局面。

【切实加大组建农牧民专业合作组织】各级政府和各级乡镇企业管理部门，为了切实转移农牧区剩余劳动力和增加农牧民收入，积极引导农牧民组建农牧民专业合作经济组织 58 个，2008 年新组建 10 个；农牧民协会 33 个，2008 年新组建 10 个；农牧民施工队 44 个，2008 年新组建 12 个。

昌都地区林业工作

【营林生产】2008 年，昌都地区共完成成片造林 27503.7 亩，完成年度计划的 97.8%；迹地更新 13350 亩，完成年度计划的 93.8%；四旁义务植树 141.2 万株，完成年度计划的 100.1%；封山育林 21.25 万亩，完成年度计划的 101.2%。完成妥昌公路绿色通道建设 42 千米，栽植苗木 66490 株；完成昌都城镇周边造林 3873 亩，累计栽植苗木 69.66 万株，修建网围栏 12250 米，水渠 348 米。全年林业生产总产值达到2.18亿元，比2007年增长了23.2%。

【天保工程】继续加强对120万公顷天然林资源的全面管护，认真落实“三定、五包、六无”责任制，始终把森林管护责任及造林地的管理落实到山头地块、林班、小班，落实到人头；完成封山育林28755亩，出圃苗木224.77万株，育苗105亩，圃存各类苗木300余万株。

2008年用于天保工程建设的各类资金达到2407万元，其中，中央财政专项资金2246万元（包括森林管护2173万元，社会保险补助费42万元，政策性社会支出补助费20万元，职工分流安置费11万元）；公益林建设封山育林资金161万元。

工程实施以来，已累计完成封山育林12382公顷，模拟飞播造林2302公顷，人工植苗和植被恢复4961.2公顷。

【重点区域造林】按照“突出重点、因地制宜、注重质量、绿美结合”的方针，本着“有多少钱办多少事”的原则，严格按照规划设计，将任务落实到山头地块，完成重点区域造林27503.7亩，其中经济林1665.3亩，水保林25838.4亩，栽植苗木211.59万株。

【退耕还林】严格按照行署与各县政府签订的2008年度退耕还林补植、补造目标责任书要求，狠抓退耕还林补植补造工作，完成补植19250.24亩，补造21309.07亩，共栽植苗木2636290株。

【森林生态效益补偿基金项目】继续加强了农牧民管护人员的管理，强化了巡山、考核制度，有效遏制了森林火灾、森林病虫害和乱砍滥伐、乱捕滥猎现象的发生。昌都地区第二批森林生态效益补偿基金国家重点公益林增加面积505万亩，拨付2007年度第一批森林生态效益补偿基金管护经费798.6万元。完成全地区地方公益林区划界定外业工作。

【自然保护区建设】投资1470万元，完成芒康县红拉山、类乌齐县马鹿国家级自然保护区一期工程建设。新建管理站2个、科研宣教中心2个、救护站（点）12个，新增建筑面积3401.3平方米、动物笼舍347.8平方米及围墙，野生动物救护设备1套。设置界桩464个，界碑11个，各类标牌24块。建立森林防火了望塔1座；新修防火巡护道20千米；购置防火指挥2辆、摩托车9辆、对讲机12部及常规防火、森林病虫害检疫等设备。重点火险区综合治理　按照总体规划和2006年度建设计划要求，已配备灭火水枪2300支、高倍望远镜21台、水桶2500个、对讲机16个、强光手电100个、GPA定位仪13台、超短波电台13台、水泵2套、森林防火指挥车4部，修建物资储备库4座，进一步提高了森林火灾的综合防控能力。

【林政管理】林政、森林公安依法加强了对现有林地和森林资源的管护，严格控制木材采伐指标，广泛开展法制宣传教育，严厉打击破坏森林资源的违法犯罪活动，普遍提高了林区群众依法护林的自觉性，进一步加强了全地区木材生产领域的监督管理，狠抓了农牧民安居工程建设用材管理，审批木材加工点11个，家俱加工、销售点19个，指定当地林业主管部门监督管理。安装完成了类乌齐巴夏木材检查站、江达县岗托木材检查站监控设备。完成农牧民安居工程木材供应11.46万立方米。

与青海省玉树州恢复了森林资源保护联席会议制度，于10月16日在玉树州召开了恢复后的第一次联席会议，会上双方交流了森林资源保护、林政执法、护林防火等方面的工作情况，签订了联防协议，有效促进了边界区域森林资源的保护工作。

森林公安按照上级部署，在全地区森林公安机关系统开展了以“整顿违反规定办理取保候审，违规收取、没收保证金；规范公务枪支弹药的保管、领取和使用”为主要内容的“两整顿两规范”专项整改活动。2008年，全地区累计查处林业行政案件18起，其中盗伐林木案件7起，滥伐林木案件5起，非法收购、经营、加工木材案件5起，乱捕滥猎野生动物案件1起。累计行政处罚19人，罚款27321元，补种树木300株。森林公安受理林业案件5起，处理6人次，罚款1000元，与2007年相比，林政案件下降61起，下降77.2%。累计征收森林植被恢复费236.4万元。

野生动植物的保护管理，对芒康县林下资源开发有限责任公司办理松茸采集人的资质和条件进行了严格审查，并经自治区林业主管部门批准，办理采集证，全年采集松茸80吨，创收192万元。

【森工企业】地区林业有限责任公司，进一步挖潜力、抓管理、增效益，大力发展第三产业，努力扩大公司的经营规模，不断增强企业的经营活力。2008年，公司生产销售成材5315.8立方米，完成木材销售收入697.7万元，加油站完成销售收入655.5万元。地区中心苗圃全年育苗55亩，出圃合格苗木109万株，圃存各类苗木480万株，14个树种，2009年可出圃苗木150万株。各县苗圃2009年出圃苗木可达320.3万株。

昌都地区水利工作

【农牧区水利基础设施建设得到进一步加强】2008年，昌都地区水利局以农村饮水安全、农牧业灌溉、通电等关系民生的水利问题入手，切实加强农牧区水利基础设施建设，全年共完成水利建设投资2.38亿元。农牧区电力规划实施进一步加快，电源点建设有序开展，农网进展顺利，无电地区电力建设规划即将启动，全年农村电力覆盖范围不断扩大，新增农牧区用电人口3万人；加强农村饮水安全项目实施力度，确保安居工程饮水配套项目，共解决8.4万人的饮水安全问题；加快灌区改造与配套建设，认真落实“民办公助”项目，年内成立用水户协会49个，新增水浇地4万亩，改善灌溉面积3.94万亩。

【加强协调，项目前期工作扎实推进】2008年，昌都地区水利局继续把前期工作摆在首要突出位置，以储备项目库为前提，以提高前期项目质量为基础，严把市场准入关、资质审查关和项目审查关，进一步加大了前期工作力度。一是认真做好项目储备工作。按照“十一五”水利规划，对条件成熟的项目按轻重缓急和成果成熟情况，逐项分类排队，抓紧做好数据资料、规划设计、可研及初步设计报告等基础性工作，切实做好“十一五”水利规划项目的落实工作。二是做好2008、2009年新建项目的资金落实工作，为了争取项目资金，昌都地区水利局在拉萨设立了工作站，派专人常驻拉萨加强与自治区水利厅等有关部门的衔接与联系，积极做好项目的规划、修改、申报、立项和审批等前期工作，为工程建设奠定基础。三是进一步加强藏电外送能源接续地建设的基础性工作，推动水电开发进程，积极配合中国华能集团认真做好澜沧江流域水电资源开发规划工作。四是以扎曲河果多电站等骨干电源点建设前期工作为抓手，抓紧开展藏东电网建设立项前的各项准备工作，为昌都地区今后乃至“十二”五水利发展规划做了大量细致有效的工作。五是近期昌都地区水利局又专门派出三名人员，赴拉萨开展项目前期工作，加强与自治区发改、水利等有关部门的协调与衔接，为2009年新开工项目积极做好准备。2008年，通过衔接已落实的项目共计五类39项，投资59587万元。

【落实“五制”，严格基本建设程序】全面贯彻落实水利工程建设管理“五制”，做到“三严”；严把质量关、进度关和资金关，对项目建设管理中的资金管理、招投标管理、开工条件、建设进度、工程质量、安全生产、概算控制等方面进行全面检查、全程监督，现场办公，对工程中出现的问题实行通报制度，对重点项目实行了巡回质监制，年内项目监督检查率达100%，确保工程质量和进度，全年向各县派出各类工作组60余个，200余人(次)；严把水利建设领域资质审查关，严格市场准入制度，对在昌46家企业和5家代理机构进行了备案登记、审核，以业绩和信誉为基准，建立了信誉档案；严格责任追究，对新建项目实行批准概算承诺制，严格按基本建设程序，严格执行概算批复，凡未经审批的设计变更项目一律不准调概，对不能按规定进行招投标和因管理不善、弄虚作假、玩忽职守等造成重点项目工期延误、概算失控、资金浪费、质量低劣、安全生产等责任事故的，给予通报批评，并由行政监察部门或主管部门对有关责任人依法进行政处罚，确保工程顺利实施。

【水行政管理职能得到不断加强】进一步加大了对以水法为主的水事法律、法规的宣传活动，通过水法宣传周、法制宣传日等活动，加强了对《水法》、《防洪法》、《水土保持法》、《河道管理法》等水事法律法规的宣传；

加大了取水许可、河道采砂等水政执法工作力度，不断完善水利行政审批制度；

加强了信访和水利“双拖欠”工作力度，切实做到“件件有回音，事事有落实”。全年水利系统未发生一起重大安全生产事故和群体上访事件。

【建管并举，电力体制改革工作不断推向深入】切实加强乡村级电站归口县农电公司管理工作，继续修改完善了10县农电公司或电力公司管理和运营制度。3月中旬，昌都地区在类乌齐县召开了全地区农电体制改革现场会，认真总结交流农电体制改革工作方面的成功经验和好的做法，为全地区农电体制改革工作奠定了基础。8月下午，全区水电管理现场会议在类乌齐县和昌都地区召开，充分体现了自治区各级领导对昌都地区农电体制改革工作和水利工作的高度重视和充分肯定，来自自治区有关部门、7地市及各县的各级领导齐聚昌都，全面总结和学习交流了各地市、各县在水利工作、特别是水电管理方面的经验和做法，共商全区水利工作发展大计，成为昌都地区农电体制改革工作不断向纵深发展的一大契机。

【防治并举，防汛抗旱工作常抓不懈】2008年昌都地区防汛抗旱工作坚持“防治并举、以防为主”的原则，切实加强对防汛抗旱工作的组织领导。7月21日召开了地区防汛抗旱工作会暨水利局长座谈会，在认真总结2007年防汛抗旱工作的基础上，对2008年防汛抗旱工作做出了全面详细的安排部署，签订了防汛工作目标责任书，进一步明确了任务，落实了责任。针对2008年降水量大、分布集中、汛期长的实际，昌都地区防汛抗旱指挥部及办公室坚持“以防为主，防重于抗，抗重于救”的工作方针，把人民生命财产安全放在第一位，克服麻痹松懈思想，积极做好防大汛、抢大险准备。建立健全防汛抗旱监督机制，抓好水旱灾情预测、预报，加强汛期值班和巡防制度，加强对在建水利工程、重点水库、城镇防洪堤和交通干线的防洪安全检查，确保城乡居民生命财产安全和重点工程安全度汛，最大限度地减轻了水旱灾害的损失。

【以对口援藏为契机，以人为本，全面推进人才和科技兴水战略】充分利用援藏这一有利渠道，加强与对口援藏单位合作，充分发挥各类专业技术人员在昌都地区水利规划设计、前期工作、人才培训、质量管理、技术服务等方面的“传、帮、带”作用，大力推行人才战略，采取“请进来，走出去”的方式，聘用、聘请、借用各类专业技术人员8人，先后参加内地及自治区各类专业技术培训班4个，参训人员10人(次)。

昌都地区交通工作

【做好重点公路建设的协调服务工作，确保重点公路建设顺利进行】2008年，昌都地区交通局深入施工建设现场了解掌握项目进展情况，积极与建设项目所在地江达、贡觉、芒康、类乌齐、昌都5县人民政府联系，协助该5县按照《自治区交通厅昌都地区行署关于加快昌都地区公路建设会谈纪要》要求，成立了项目建设协调领导小组，建立了协调联系机制。先后4次召集昌都县、类昌项目办、地区电信、移动、电力公司和昌都公路分局等相关单位参加的协调会，及时协调解决了类昌公路建设中征地拆迁、砂石料价格和运输价格以及水渠灌溉、经济林木补偿房屋拆迁、电信光缆、移动通信线路和高压电线搬迁等问题，确保重点公路建设顺利进行。

截止2008年底续建项目：国道214线芒康至隔界河公路改建工程119.03千米，总投资7.5亿元，已完成总工程量的95%，完成投资5.2亿元；国道317线江达至妥坝公路改建工程120千米已基本完工。

2008年新开工项目：国道318线竹

巴筅—海通沟兵站公路改建工程，建设里程46千米，总投资4.2亿元。工程于2008年6月开工建设，已完成投资5103万元；国道214线类乌齐—昌都公路改建工程，建设里程103千米，总投资3.08亿元。完成投资2876万元；青泥洞—贡觉通县油路，建设里程73千米，总投资9689万元。工程于2008年9月25日开工建设；国道317线江达至岗托公路改建工程，建设里程83千米、总投资3.21亿元。工程已于2008年9月26日开工建设。

【抓好农村公路建设，增加农牧民群众收入】2008年，昌都地区共实施农村公路建设项目76项，其中重点项目6项，批复投资1160.37万元，一般项目70项，投资16377万元。至2008年底完成项目66项，完成投资9871万元，占总投资的56.29%，解决154个行政村的通达。为抓好农村公路建设，一是在年初组织工作组深入相关县进行现场审查并确定各县2008年农村公路建设计划；二是加强对农村公路项目建设的日常检查指导，分别于2007年5月初和7月初组织四个农村公路建设项目检查组，深入十一县检查各县续建、新建项目开复工及工程质量、进度、安全、环保等情况，与各县人民政府交换意见，并对农村公路建设提出相关要求和整改意见；三是根据已批复的农村公路建设一般项目实施情况，加紧审批下达后续农村公路建设一般项目；四是强化农村公路养护管理工作，加强汛期和冬季的养护管理检查指导工作，保障车辆通行安全；五是年底组织对各县的农村公路建设、养护管理工作进行检查考核评比，认真总结农村公路通达项目实施后的经验与不足，为更好地搞好今后项目建设打下坚实基础。认真贯彻落实地委、行署关于增加农牧民群众收入的一系列决定，有组织、有计划地吸纳公路沿线的农牧民群众和交通系统待业青年参与农村公路建设，农牧民群众增收达638.6余万元，待业青年增收达43.4余万元，有效缓解了地区的就业压力。

【加强公路全面养护，狠抓安全生产】2008年昌都地区交通局共实施公路养护大中修、危桥改建、段道房改建、安保工程、水（雪）毁等工程项目29项，总投资3191.2298万元。公路好路率稳步上升，安全保障设施日趋完善，为车辆的安全通行提供了更好的服务。

2008年，昌都地区交通局和各养护段分别成立了公路抢险保通领导小组，提前做好辖区内的路况、危桥、危涵、危险地段的全面检查和管理工作力度，加强公路全面养护和日常养护及季节性养护。为提高公路安全通行能力，加强危桥实地监控和巡查工作力度，及时设立了警告标志，制定了《昌都地区交通局2007年汛期公路抢险保通预案》，一旦发生公路灾害及时启动《公路抢险保通预案》，将损失降低到最低程度。昌都地区交通局管养的沙土路平均好路率为63%，综合值72，油路好路率为75.72%，综合值83，公路好路率稳步上升，为车辆的安全通行提供更好的服务。

制定汛期公路抢险保通预案，确保道路的安全畅通。各养护段加大对辖区内的道路、危桥、险涵的巡查和实地监控管理力度，发现安全隐患，及时采取措施排除。对不能及时排除的，设立了明显的警示警告标志，以提醒过往车辆和行人注意安全。

强化措施，促进地区农村公路建设和管养工作健康发展。为促进地区农村公路建设和管养工作健康发展，昌都地区交通局草拟了《昌都地区农村公路管理养护实施细则》、《昌都地区农村公路养护补助资金管理使用（暂行）办法》，强化了措施，规范了地区农村公路建设和管养理程序。在昌都地区交通局积极努力和呼吁下，昌都地委、行署高度重视地区农村公路建设和管养工作，加大了对地区农村公路建设和管养工作考核力度，将农村公路建设和管养工作纳入全地区目标考核范畴，将目标责任书与地区考核有效的结合，从而做到了行业管理与政府监督相互结合、相互督促。

建立了安全生产预警机制，狠抓安全生产工作。加强组织领导，强化安全生产责任制。建立了安全生产预警机制，深入开展安全生产宣传教育，狠抓公路养护和施工安全，强化和确保道路运输安全管理，防止和杜绝重特大安全事故的发生。

昌都地区公路管理工作

【狠抓了公路日常养护工作】2008年，昌都地区公路局加强了对公路的巡查力度，特别是在拉萨发生3·14打、砸、抢、烧暴力犯罪事件之后，为防止达赖集团对公路、桥梁制造破坏活动，各公路段加强了对桥梁的守护力度，加大了对道路的巡查力度，对重点桥涵安排人员24小时守护，确保了道路、桥梁的安全畅通。

加强了油路路段的预防性、日常性、及时性养护工作，做到了零星塌方随时清除，清理边沟，疏通涵洞，保证了排水畅通，按照公路小修保养的要求，经常性地培整路肩、清扫路面，保持了路容、路貌的整洁，确保了全线公路安全畅通。江达公路段抓住季节，加强了江达至金沙江边87千米公路的养护，路面养护先后进行路面补坑和全面铺筑养护材料，全线水沟畅通，路面平整，路况良好，路容路貌整洁。

昌都公路段组织机械、人员从6月中旬开始，历时三个多月，道班工人起早摸黑，加班加点，采用沥青热补技术，对昌邦、妥昌公路的油路坑槽进行了全面补坑，总的效果良好。昌邦、妥昌公路的油路补坑工作2008年昌都地区公路管理局在年初工作会议已经作了全面安排，准备工作也相当充分，但由于2008年昌都雨季来的早，且长时间持续降雨，对油路补坑工作造成一定的延误。

做到了发生公路灾害及时组织机械、人力、物力随阻随抢，把阻车时间和损失降到了最低。

各段在加强对重点桥梁守护工作的同时，加强了对公路桥梁的全面养护工作，对危桥、危涵进行了全面的摸底调查，掌握了第一手桥涵档案资料。

达玛拉山公路两个作业点保证了全线的正常养护工作，保持了公路的常年通车。

每年年终兑现奖惩。据统计截止10月底，共采备砂土路路面材料7659立方米，清理边沟854580米，整修边坡41070平方米，清扫路面9239090平方米，修整路肩91895平方米，打冰除雪258489立方米，清理水毁塌方30665立方米，修补油路 16280 平方米，圆满地完成了公路养护任务，确保了公路的安全畅通。经分局年终路检组检查评定油路好路率为 85.3%，综合值为 86 .3，与年初下达的指标相比好路率提高了 0.32 个百分点，综合值提高了 0.3；砂土路好路率为 59%，综合值 62.8，按年初分局下达指标好路率提高了 0.42 个百分点，综合值提高了 0.8，完成了上级下达的任务目标。

【狠抓了公路抢险保通工作】2008 年，昌都地区公路局保证了昌邦公路的绝对畅通，没有因为道路原因延误航班正常飞行。其余公路也没有发生大的阻车现象。采取的措施一是对所管养路段进行了全面调查，并根据实际分别制定了各单位和昌都公路分局冬季、雨季公路抢险保通预案，并严格按照预案开展各项工作；其次确保了抢险机械完好，并摆放在塌方易发地段，储备了必要的油、材料，同时组织了抢险保通突击队，一旦发生塌方，突击队就会随时出现在第一现场，抢险保通，做到了机械、物资、人员三到位；三是认真坚持了巡路制度，随时掌握公路通阻情况，一旦发生公路断通阻车，做到了在上报交通厅、公路管理局和昌都地委、行署的同时，发扬不等不靠，积极主动全力投入抢险，缩短了阻车时间，减少了灾害损失。截止 10 月底累计阻车 19 小时。

【认真抓好路政管理工作】2008 年，昌都地区公路局继续狠抓了公路超载超限运输管理，维护路产路权工作。一是抓好路政执法队伍建设，从提高路政执法队伍的执法水平，加强业务培训，提高独立办案能力和运用法律手段做好路政管理工作；二是继续加大了《公路法》、《超限运输车辆行驶公路的管理规定》和《西藏自治区公路管理条例》的宣传力度，采用张贴宣传标语，散发传单，电视、报纸等多种形式的宣传，公路沿线群众爱护公路意识不断增强。三是主动与公路沿线乡镇派出所和公路巡警联系，做到了早发现，早制止，早处理。四是把治理公路“三乱”与公路的精细化养护和路政管理工作相结合，一经发现公路“三乱”现象反弹立即加以治理，确保了公路的交通环境，维护了公路公益事业，保证了公路的畅通；五是加强了公路治超管理，逐步建立健全超限运输管理的长效机制。规范检测程序，做到了“逢车必检”，同时设立了治超举报电话，对举报有违反治超管理规定的人员必将严惩不待。加强了公路路政巡查，随时根据超限车辆的走向规律进行随时打击。据统计，2008 年 1—10 月共出动路政宣传车 30 台次，出动路政人员 140 人次，散发宣传传单 5000 余份，小册子 400 本，收到了良好的社会效果。国道 214 线类乌齐监测站建站工程已经基本完工，附属设施建设正在紧张有序的实施中，可以按计划完成投入使用。为监测站投入使用后能够使所有执法人员做到爱岗敬业，文明执法，昌都地区公路管理局已经选派人员参加培训。

截止 10 月底共计查处路政案件 6 起，破案 6 起，结案 6 起，破案率 100%，结案率 100%，收取公路损坏赔补偿费 1084349.57 元；查处违章车辆 3954 次，共卸载 130.05 吨。

昌都地区邮政工作

【业务发展情况】2008 年，昌都地区邮政局各项业务呈现可喜局面，出现第一个县局收入过百万的芒康县邮政局；第一个超额完成全年报刊收订工作的左贡县邮政局；全地区储蓄业务收入同比增长名列全区第一；汇兑业务收入同比增长全区第二；速递业务收入同比增长全区第二，形成整体业务均衡发展，三大板块业务齐头并进的态势。

【企业文化】邮政独立运行以来，市场竞争激烈，邮政市场角色发生转变。不参与市场竞争，邮政企业就面临着被淘汰的危险。面对这样的局面积极主动的投入市场开发新项目，但是由于昌都特殊地理位置，昌都地区邮政局的发展从某种意义上受到了一定的限制，但是昌都地区邮政坚持团结拼搏、积极向上。在各项工作中取得了可喜成绩。

【职工培训】2008 年昌都地区邮政局参加各类培训共计 17 次，受训人员共计 138 人次，其中参加区内培训 9 次，区外培训 8 次。

本局举办各类培训共计 5 次，参训人员 113 人次。

【精神文明建设】姚文川同志获得全国“五一劳动奖章”；昌都地区邮政局被评为“全国模范职工之家”；工会雷萍同志荣获“全国优秀工会积极分子”；中路邮政厅被评为“全国工人先锋号”荣誉称号；计划财务部罗刚同志获得“全区民族团结先进个人”称号；工会肖陈同志荣获由昌都地区组织部组织的“反腐倡廉”演讲比赛三等奖；工会荣获昌都地区“综合工作先进集体”的荣誉称号。

【领导名录】

局长、党委书记：梁龙华

副局长、纪检书记、工会主席：吴维春

副局长：扎西尼玛

昌都地区建设工作

【城乡规划管理工作得到加强和改进】2008 年，昌都地区建设局加强对《城乡规划法》的宣传，为执行规划营造良好的舆论氛围。

认真做好规划编制工作，积极配合中规院组织开展了《昌都城市总体规划》的修编并提交了初步规划成果，为昌都“十一五”规划及迎接昌都解放六十周年大庆项目的实施提供了规划蓝图；完成了八宿县林卡乡、卡瓦白庆乡等 4 个乡镇的规划编制和审查工作，目前，全地区 138 个乡镇中，已完成 111 个乡镇的规划编制审查。

发挥规划的龙头地位和指导作用，严格执行规划“一书两证”和分级审批、发放制度，全年全地区共审查核发规划“一书两证”331 件，其中地区办理 36 件，指导昌都县办理民房翻建 64 件，其余 10 县办理 231 件。

加强对城市规划的实施管理，认真开展城镇私搭乱建和违章建筑的依法治理工作并取得了阶段性成效，为整顿治理昌都镇私搭乱建的突出问题，地区专门成立了由行署领导任组长、地直相关部门和昌都县主要负责人为成员的昌都镇治理私搭乱建工作领导小组，通过大量的基础性工作，已拆除违章建筑49户3300m^2。

【城乡建设管理步伐进一步加快】加强市政基础设施建设。完成了昌都解放60周年大庆重点项目的疏理工作，共筛选市政基础设施项目15个，概算投资20432.5万元；完成了昌都自来水扩建项目的前期工作，一标段的招标工作已完成，其余标段的招标工作正在有序进行中；总投资9000余万元、日处理污水能力9000吨的中德财政合作昌都污水处理厂项目已于2007年底基本建成，并进入为期一年的试运行阶段；总投资1346.92万元的昌都镇垃圾填埋场已于2007年9月开工建设，目前进展顺利；各县相继完成了城镇供水、垃圾填埋等市政基础设施项目的可研论证等基础性工作，八宿县垃圾填埋场项目已于2007年完成项目招投标，左贡等县城垃圾填埋场项目已完成选址工作。

积极推进社会主义新农村建设。2008年，全地区共完成10947户安居工程建设任务，工程质量监督抽查面达30%以上，完成450个村级活动场所和22个新农村示范点的建设。在社会主义新农村建设中，各县建设局均抽派专门的专业技术人员，提供全过程监督服务。

加强城镇的综合管理。各县建设（市政管理）部门认真落实门前四包责任制，加强辖区市容环境卫生政策法规的宣传，结合"迎奥运、讲文明、树新风"活动的开展，依法治理乱贴乱画、乱堆乱放、乱倒乱泼、占道经营、乱摆摊点、违章建筑等有损市容市貌和环境卫生等行为，各级城镇面貌有了明显改观。围绕市容环境卫生管理和市政公用事业改革，各县进行了有益的尝试，收到了良好的效果。昌都县市政局积极探索推进市政公用事业改革，于2007年5月由分管副县长带队，组织考察团赴山南地区考察，地区于2007年底正式批准组建了昌都县城市管理和综合执法局，下设城市管理综合执法大队；察雅县建设局将县城路灯管理承包给电力公司管理，极大的降低了运行维护成本；芒康县建设局制定了《芒康县城镇市容环境卫生和垃圾管理实施细则》、《城市监察执法大队的职责》、《环卫人员工作职责》等制度，并建立卫生监察制度，取得了较好的效果。

【建筑市场管理体制不断理顺，工程质量和安全生产监管水平不断提高】加强建筑业企业的管理，认真组织开展了建筑施工及监理企业市场准入清理工作，进一步提高入昌建筑业企业的质量。全年共办理46家建筑业企业的入昌备案登记证，其中区外建筑施工企业41家，监理企业2家，招标代理机构2家，造价咨询机构1家；发放建筑施工安全生产许可证41个。

认真贯彻执行《招标投标法》和《昌都地区建设工程管理办法》，严格法定基本建设程序和审批程序。全年办理项目报建60项，报建项目总建筑面积13.45万m2，总投资2.12亿元；发放施工许可证58份，总建筑面积9.68万m2，投资3.46亿元；完成限额以上工程公开招投标项目66项，总建筑面积14.37万m2，总投资3.42亿元，全地区限额以上工程公开招投标率达100%。

严格执行工程履约保证金制度，全地区当年新开工建设项目累计交存工程履约保证金2891.2万元，缴存率达98%。

高度重视建设领域双拖欠清欠工作，加强组织领导，建立健全清欠工作机制，妥善处理了江达、察雅等县的拖欠问题，有力地维护了建筑业企业和民工的合法权益。全地区已清理兑付建设领域拖欠工程款2.39亿元，兑付拖欠民工工资8962.15万元，清欠率分别达到98%、96%。

加强工程质量日常监督管理，强化政府监督行为。全年共组织技术人员500余人次先后200余次赴各建设工地开展质量监督巡查，组织工程技术人员赴贡觉县相皮乡，对该乡"3.23"爆炸案受损房屋结构安全进行了现场踏勘和受损价值评估，提出了处理意见，对左贡县公安局看守所监舍及围墙质量状况进行了现场踏勘，并提出了处理意见。根据行署的安排，派出专业技术人员赴四川地震灾区，对昌都地区受灾干部家庭受灾房屋进行了评估；加强工程造价管理，在认真测算的基础上发布了昌都地区地方建材价格信息。

强化安全生产监督管理。认真组织开展安全生产月活动，在全地区建设工地开展"抓质量、抓进度、抓安全"活动，加强对建筑施工安全生产法律法规的宣传，强化安全责任；全年安全事故死亡人数控制在自治区下达的指标之内。

【住房建设稳步推进，住房制度改革成效明显】认真开展房屋权属登记管理工作。共组织246人次，完成了123个单位和个人的房产测绘工作；进一步完善房屋权属登记属地管理、分级办理制度，全年共发放房屋所有权证413本，其中初始登记266本，转移登记108本，变更登记39本；审核办理房产抵押贷款登记246本，发放他项权利证246本。

认真做好住房保障建设工作。组织开展了全地区城镇房屋现状调查统计，完成了城市低收入家庭入户调查统计和棚户区危房统计工作；制定了《昌都地区住房保障发展规划和年度计划（2008-2010)》，以及2008、2009年住房保障年度计划，出台了《昌都地区城镇廉租住房保障管理实施细则》；2007年自治区投资4800万元安排的600套廉租住房已完成12幢房屋建设；地区配套投资890万元的征地、附属工程已全面启动，累计完成投资5000万元，占总投资的88%，计划2009年5月底交付使用；2007年自治区投资8698万元安排72480m^{2}计906套干部职工周转房，已正式启动建设774套，建筑面积60550.73 m^2，总投资8509.55万元，当年完成建设投资5200.00万元。

积极推进住房制度改革。全面完成了全地区党政机关、事业单位干部职工住房补贴的收尾工作；完成36家困难企业2116名职工住房补贴的兑付工作，补贴资金3735.71万元；完成国有困难企业77名职工的清漏工作，拨回政府激励资金38.5万元。

加强住房公积金的归集管理工作。2008年全地区共归集住房公积金12814万元，支取6561万元，发放住房公积金贷款220笔；累计购买国库券188万元，转存定期存款23000万元，截至目前，全地区住房公积金累计归集56580万元，支取22615万元，累计发放贷款1163笔，帐面余额33965万元。

昌都地区环境保护工作

【认真开展全区环保专项行动“百日”督办工作】2008年，昌都地区环境保护局利用2个月左右的时间，集中力量，在“百日”督办工作期间，昌都地（县）成立专项行动领导小组，两级环保部门共出动执法车辆70台次；出动执法人员100余人次。对环保专项行动督查情况以及目前昌都地区存在的突出环境问题进行了专项督办。

【加强矿产资源勘查和开发中的环境保护】加强矿产资源开发的环境保护监管，开展矿产资源勘查阶段的环境保护工作，对2个矿产资源勘查项目的《矿产资源勘查环境保护方案》进行了预审。

【强化污染防治与辐射环境管理】以治理工业企业为重点，狠抓工业污染源治理，对地区水泥厂、芒康县水泥厂、华润雪花啤酒（西藏）有限公司、玉龙铜业股份有限公司试验厂加强了监管与治理，4家重点工业企业实现了达标排放，启动了辐射环境管理工作，对放射源实施了有效监管。通过努力，全地区在工业企业增加的情况下，工业粉尘排放量减少了70%以上。工业、医疗废水中的化学耗氧量排放量减少了80%以上，全地区主要河流水质全面达标。

在全区全面开展禁止“白色污染”工作。实施了禁止使用一次性发泡塑料餐具及塑料袋。到目前为止，全地区11个县县城已禁止使用一次性发泡塑料餐具及塑料袋，全面开展冬虫夏草采集环境保护工作。地区成立了冬虫夏草采集管理工作领导小组，在保护生态环境的前提下规范采挖虫草。严格的监督管理，使虫草采集生态环境得到有效保护。

【加强重点污染源的日常监督管理，深入开展污染防治工作】在环境污染防治工作上，继续以雪花啤酒（昌都）公司、地区水泥厂、芒康县水泥厂和玉龙铜业公司为重点，根据《水污染防治法》、《大气污染防治法》等环境保护单行法律法规规定，加强了对重点污染行业的日常监督管理，确保了重点污染行业污染处理设施按计划建成，污染物实现达标排放，工业治理取得实效。首先，加强了对玉龙铜业公司的监督管理，要求玉龙铜业公司认真执行环境影响评价制度和“三同时”制度，争取做到以新带老。其次，加强了对老污染源的监督管理，督促企业加快治理步伐。

【全面开展全区第一次污染源普查工作】地区相继成立了地、县两级第一次污染源普查领导小组，全地区清查总户数为1710家，纳入普查571家；其中工业源89家、生活源481家、集中式污染治理设施1家。

【严格环境监督管理】严格执行环境影响评价制度和“三同时制度”。认真落实规划环境影响评价制度，正确处理好开发建设与环境保护的关系，对交通、矿产、旅游、水电、土地等资源开发规划和重要基础设施建设规划进行规划环境影响评价。积极协调发改委、交通、国土、水利、建设、电力、水利、旅游等部门加强建设项目环境管理，认真执行建设项目环境影响评价工作制度，严把项目审批关。审查2个项目环境影响评价文件。同时，加大交通、电力、水利等建设项目施工期的环境监督检查，严格执行“三同时”制度。

严格环境准入。严格项目环保审批，新建、改建、扩建项目必须符合国家和自治区的产业政策、污染物排放和生态要求，综合考虑经济发展和环境承载能力，对不符合有关规划、产业政策、清洁生产、污染物排放标准和环境功能区划要求的建设项目坚决不予批准，从源头上控制新污染和生态破坏的产生。

加强建设项目环境保护专项验收。根据《建设项目竣工环境保护验收管理办法》和自治区环保局《关于开展建设项目竣工环境保护验收的通知》（[藏环发242号]）的要求及年初工作安排，对近几年竣工并达到验收条件的建设项目开展建设项目竣工环境保护验收。8月份，受自治区环保局委托配合地区公路分局对国道214线多普玛至类乌齐段油路进行初验。

【加强对危险化学品的监督管理，确保社会局势的稳定和长治久安】5月份以来，昌都地区环境保护局和各县国土资源环境保护局对全地区危险化学品从业单位的环境安全隐患进行了全面排查，查出昌都民航站有8瓶（钢瓶）液氯，昌都地区环境保护局已与治安大队联系，要求治安大队将昌都民航站8瓶液氯也纳入监管范围。经排查，昌都地区没有危险化学品生产企业。从事危险化学品销售的单位和个人有41家。

【认真开展整治违法排污企业保障群众健康环保专项行动】2008年环保专项行动期间，共出动人员74余人次，出动执法车辆26台次，现场检查20多家企业，着力解决关系群众切身利益的环境问题，集中治理了污水、废气、噪声和其他环境污染和生态破坏问题，坚决有力地打击了环境违法行为，有效地维护人民群众环境权益。

【加强环境现场监察工作】对全地区行政区域内自来水厂饮用水水源地环境保护情况进行了检查。昌都地区共建有11个自来水厂，其中9个供水源是地表水源，贡觉、左贡县自来水厂的供水水源是地下水。昌都地区饮用水源保护区划定工作除芒康外，其余10县均已完成集中式生活饮用水水源地保护区划定建设工作，并设置了界桩和标志牌；芒康县调整水源地，改造供水设施的工作也列入工作计划。通过执法检查，在饮用水源地保护区范围内不存在违法违规建设项目，对往年提出的整改问题进行了逐一整改，基本不存在较大的环境问题。丁青县水源地水质符合饮用水标准。

加强了对重点建设项目的监管力度。对国道214线芒康至隔河界改建公路和国道317妥坝至江达改建项目进行了现场检查，并根据检查情况提出了处理建议，并下发了书面整改通知。确保了在建项目“三同时”的落实。为建设项目环境监察逐步走向正轨奠定了基础。

加大对全区的矿山生态环境保护情况执法检查力度。对全区所辖范围内的矿产资源勘查和开采企业进行了检查，对八宿县吉中乡错纳修建处理原矿处理选矿厂和江达县卡贡乡修建铁矿厂的选址，要求限期按规定报批环境影响评价。

【加强环境污染执法检查及查处】保障了"12369"环保举报热线的畅通，共受理了8件环保来电举报事件及2件政协提案。对受理的举报事件，昌都地区环境保护局及时出动执法调查人员，对事件及时作了处理。

加强中、高考期间噪声监管力度。对个别不服从管理产生噪声污染的企业、个体工商户进行了媒体曝光。监察人员从5月22日至6月10日期间，实行"12369"环保热线24小时值班，做到随报随查，及时纠正噪声扰民问题。高、中考期间，出动车辆20多台次、人员80多人次，共计下发通知100余份，纠正违法行为为20件。

【配合完成环保专项行动交叉检查活动】9月5日至12日，在昌都地区行署的安排下，配合林芝地区环保专项行动工作督查组通过现场查勘、听取汇报、与各县领导及相关企业进行座谈交流的方式对昌都地区环保专项行动工作情况进行了检查，顺利完成了《全区环保专项行动督查工作安排》安排的检查内容。林芝地区环保专项行动工作督查组对昌都地区七县（丁青、类乌齐、昌都、江达、左贡、芒康、八宿）集中式饮用水源保护区建设与管理情况；七县城镇环境综合整治情况（包括城镇市容市貌、垃圾处理与污水排放等）；昌都地区水泥厂、啤酒厂、污水处理厂的污染整治与环保措施落实情况；玉龙铜矿开发建设与环境保护情况；国道317线江达至妥坝段公路工程、国道214线滇藏公路芒康至隔界河段新建工程和芒康县色错铜矿的环保措施落实情况进行了检查督查。并于9月13日听取了昌都地区环保专项行动工作情况汇报，与行署交换了意见。在交换意见会上，林芝地区环保专项行动督查组对昌都地区环保专项行动工作给予了高度评价，

同时，由昌都地区行署分管专员带队的地区环保专项行动督查组顺利完成了对那曲地区环保专项行动的督查。这次交叉检查督导工作的开展，为开阔视野，交流学习经验，做好环保工作，起到积极的指导和促进作用。

【加强环境监测，提升环境保护的科技支撑能力】圆满完成环境常规监测工作和委托监测。由于受拉萨"3•14"事件的影响未能完成2008年第一季度的监测任务，昌都地区环境监测站圆满完成昌都镇二、三、四季度部分大气环境质量、声环境质量、澜沧江水环境质量监测和金沙江、怒江水环境质量的监测，按时向自治区环境保护局、环境监测中心站、地区行署上报有效监测数据883份，其中水环境监测数据343份，声环境监测数据216份，大气环境监测数据324份。

【认真完成指派监测任务】配合自治区环境监测中心站对昌都镇污染源的监督性监测，完成了水泥厂、啤酒厂、玉龙铜矿、自来水公司等地的现场取样工作；协助完成昌都污水处理厂工程试运行期的污水排放的监测任务。

【积极开展委托监测】受成都科技大学环保科技研究所委托，完成了西藏玉龙铜矿60Kt/d硫磺制酸工程地表水环境、环境空气、声环境质量现状监测；协助自治区环境监测中心站完成了昌都地区污染源普查监督性监测工作和玉曲河流域水电规划监测工作。

【积极实施环境监测标准化建设】在上级部门的关心支持下，国家环保总局于2006年安排专项资金120万元，购置环境监测仪器设备。2007年经与天津、重庆两市衔接，两援助省市总共为昌都地区援助了100万元的环境监测站标准化建设资金。通过政府采购，现昌都地区环境监测仪器设备已经全部到位，3月份完成了原子吸收分光光度计、精密分析天平等需要校验仪器、设备的安装调试工作，大大加强了昌都地区的环境监测能力，为掌握环境污染的变化情况，选择污染防治措施，实现目标管理提供可靠的环境数据。昌都地区环境监测站经改造，已基本达到标准化三级环境监测站要求。

【配合地区人大工委做好"中华环保世纪行—西藏行"自查活动】10月7日至10月10日，地区人大工委组织行署、地区水利、建设、环保部门、昌都县人大、昌都县政府及有关部门人员和自治区八届人大代表、新闻媒体开展了中华环保世纪行——西藏行昌都宣传检查活动。昌都地区环境保护局配合地区人大工委深入金河电站、地区自来水公司、地区污水处理厂、垃圾填埋场、西藏玉龙铜业股份公司等厂矿企业事业单位和昌都县俄洛镇、妥坝乡，对自然资源利用及环境影响评价制度的实施情况、旅游开发规划所规定的环境保护措施及落实情况、水利工程建设中环保相关制度和规定的落实情况、农牧民安居工程建设中科学开发、利用清洁能源的情况、矿产资源开发中的环境保护工作情况等进行了检查，并听取了有关情况介绍。在检查过程中，对环境保护工作做得好的方面进行了大力宣传，对发现的问题提出了切实可行的改进意见和措施。

昌都地区气象工作

【加强天气气候预测预报工作，提高气象服务质量和水平】2008年，昌都气象局坚持"一年四季不放松，每次过程不放过"的指导思想，按照"以人为本、无微不至、无所不在"的工作要求，以提高预报预测准确率为目的，不断加强各类气象服务工作，全力以赴做好决策气象服务、公众气象服务和专业专项气象服务。

【气象基础业务工作质量稳步提高，技术保障落实到位】基础业务是气象工作的生命线。对基础业务工作高度重视，不断加大基础业务管理力度。圆满完成了全地区气象探测环境备案工作；安装调试成功宽带通信网络；出色完成了高空加密观测工作；成功举办了业务培训和考试。没有发生任何气象业务事故，基础业务质量稳步提高。

【防雷检测工作稳步推进，社会效益良好】高度重视防雷检测工作，努力拓展思路，结合实际，不断把防雷检测工作推向深入。同行署法制办联合开展了防雷减灾管理办法立法调查评估工作，形成了较高质量的立法评估报告。积极开展雷电灾害调查，组织参加了西藏雷电灾害监测与防御能力建设项目研讨会。积极主动地开展防雷检测工作，积极完

成地区及各县易燃易爆场所、新建工程的防雷检测、图纸审核等工作，特别是图纸审核工作成绩明显，先后完成了玉龙铜矿工程、邦达机场改（扩）建工程的防雷工程图纸审核工作，受到行署和相关单位的好评。防雷工作进一步理顺了工作程序，拓展了检测工作面，得到了社会各界广泛认同。

【农牧经济信息网运行正常，信息桥梁作用明显】在昌都地委、行署和有关部门的高度重视和关心支持下，昌都农经网建设不断加强，运转正常。完成了农经网改版工作，增加了服务窗口，实现了藏、汉两种文字版本，主要有农牧新闻、农牧科技、市场行情、气象服务、政策法规、商务中心、特色产业、电脑园地等数十个频道。技术保障到位，信息采集渠道不断拓宽，信息量不断增加，信息内容不断丰富，点击率不断上升，促进了气象科技为"三农"服务的积极作用，受到了社会各界广泛关注与好评。

昌都地区商务工作

【国内贸易】2008年，昌都地区累计完成社会消费品零售总额10.02亿元，同比增长17.8%。按销售地域分，县级实现8.6亿元，比上年增长17.8%；县级以下实现1.4亿元，比上年增长18.4。按行业分，批发零售业实现7.7亿元，比上年增长21.5%；餐饮住宿业实现2.02亿元，比上年增长6%；其他行业实现0.3亿元，比上年增长15.5%。

积极培育消费，大力推广连锁经营、物流配送、特许经营等现代流通方式和组织形式，扶持和鼓励金鹰、富隆两家重点商贸流通企业做大做强。

积极推进"万村千乡市场工程"的实施，年初，各县商务局从实际出发，坚持自愿和效益原则，精心选点，合理布局，以农牧区现有的店铺为基础，以加盟、直营或配送形式，完成了自治区商务厅下达的60家"农家店"的建设和改造任务目标，完善和提升了已建"农家店"的服务功能，切实改善农牧区消费环境，保障农牧民购买方便、放心消费。

以培育农牧区消费、扩大服务消费为重点，大力发展社区服务和农牧区商贸流通业，积极实施以便利消费进社区，便民服务进家庭为内容的"双进"工程，引导农牧民群众逐步转变消费观念，改变消费方式，促进了结构升级，推动消费大幅度增长。

加快碘盐营销网点建设，进一步加大碘盐推广力度。结合"万村千乡市场工程"的实施，加快农牧区推广碘盐步伐，狠抓乡（镇）级碘盐零售网点建设，各县结合实际选定了在农牧区推广食用碘盐经营企业，切实保证了农牧区推广食用碘盐工作的顺利开展。2008年调进碘盐近2400吨，食用碘盐人口覆盖率达到75%以上。

【对外贸易】进一步加大对芒康红拉山林下资源开发有限责任公司、昌都汇丰发制品有限责任公司的扶持和监管力度，帮助他们及时解决在生产、经营中遇到的困难和问题，协助两企业做好出口退税等工作。但是，2008年由于受拉萨发生"3、14"事件的巨大影响，以及美国次贷危机、全球金融危机等国际经济环境的众多不利因素，对外贸易出口环境不佳、压力巨大，全地区仅完成外贸出口创汇67.8万美元，与上年相比下降57.5%。

【招商引资】虽然"3•14"事件对2008年全地区招商引资工作产生了较大影响，但全地区招商引资工作仍然继续保持了良好的发展态势。2008年，全地区共签约招商引资项目14个，协议总投资56130万元，实际到位资金20507万元；全地区招商企业共完成税收2679万元，新增城镇就业岗位871个，增加农牧民收入816万元。

【加强市场监测，确保市场平稳运行】昌都地、县商务部门多次对冷库、商场超市及农贸交易市场、成品油、液化气市场进行专项检查，重点检查蔬菜、水果、鸡鸭肉、牛羊肉、冻制品肉、成品油、液化气等，切实保证商品的库存、数量价格及卫生质量情况，确保不断档、不脱销，有效确保了市场供应。目前，全地区生活必需品市场价格平稳，大宗商品、肉类、粮油、禽蛋类运行正常。

加大对节日市场的监测，及时、全面、准确掌握重点流通企业经营状况和市场供求动态。拉萨发生"3、14"严重暴力犯罪事件以来，昌都地区商务局立即启动了重要商品日监测报告制度，密切关注关系民生的粮食、食用油、猪肉、肉类、蔬菜、水果、边销茶、酥油、成品油、液化气等价格和供应状况，每日向行署办信息科、每周向自治区商务厅市场运行处报送生活必需品市场信息，为宏观调控市场提供了有力依据。

进一步完善《昌都地区生活必需品市场应急预案》，多次协调地区相关部门做好保障市场供应工作，积极做好准备，随时启动应急预案。

切实加强商品储备。根据2008年市场情况，及时充实储备商品。目前，全地区储备物资充足，边销茶储备3万担，白糖储备300吨，副食品储备50吨，冻牛肉储备50吨。

【整顿和规范市场经济秩序工作】昌都地区商务局继续加大整顿和规范市场经济秩序工作，在"三大节日"、"五•一"等节假日期间，昌都地区商务局会同地区工商、质监、物价、动检、防疫、药监等相关部门，先后开展了食品安全、生产经营安全等各类市场专项整治检查，特别是"3、14"事件以来，加强了对生活必需品市场、成品油、液化气市场的日监测工作。一是开展了生猪定点屠宰专项工作。目前，全地区现有生猪定点屠宰厂（场）20个，取缔1个，昌都地区生猪屠宰市场得到有效规范。二是根据自治区整规办要求和地区主要领导重要批示，结合昌都实际，地区整规办牵头，组织、协调、配合地区工商、质监、物价、动检、防疫、药监等相关部门，先后开展了食品安全、生产经营安全、打击商业欺诈、保护知识产权和乳制品质量安全等各类市场专项整治检查，重点检查整治了生活必需品市场、成品油（液化气）市场、生猪家禽定点屠宰场所、餐饮、大型商场、超市、农贸市场等，共出动执法人员800余人（次），检查各类市场和商户5000余户，特别是三鹿婴幼儿配方奶粉重大食品安全事故发生后，加强奶制品等重要食品的安全检查，对检查范围内的各种乳制品全部下架停

止销售，待各生产企业批批检验合格后上市。通过一系列的执法检查专项整治活动，进一步净化了昌都地区市场环境，改善了消费环境。三是三大节日、中秋节等节庆期间组织相关单位，就重点产品安全进行了市场专项检查，清理整顿不合格产品，切实维护消费者权益，有效维护节日市场秩序。四是积极打击非碘盐，加大碘盐推广力度，努力消除碘缺乏危害，2008 年共收缴非法经营工业用盐 6025 公斤，有力地维护了盐业市场秩序。五是从 9 月 21 日—25 日在全地区范围内开展“诚信兴商宣传月”活动，各县和地区整规成员单位精心组织，认真开展宣传活动，倡导诚信经商理念，提高全社会诚信兴商意识，切实做好宣传月活动。

【领导名录】
党组书记、副局长：程郭顺
党组副书记、局长：丁华南
党组成员、副局长：徐炳宣、泽仁玉珍
群培

中油西藏销售昌都分公司

【营销保供】2008 年，分公司实现成品油销售 18415 吨，完成年度指标的 112%。

公司克服市场竞争激烈、运力紧张等诸多因素影响，全面保障责任市场油品供应，公司多次召开会议，进行沟通协调，并出动流动加油车为类乌齐等站点调配油品 20 余次，实现了供应和销售的有机结合。最大程度地保障了责任市场的成品油供应。公司全年未出现成品油脱销、断档现象。

【基础管理】加大加油站稽查力度，规范夯实加油站基础管理工作，加油站管理工作迈入规范管理轨道。加油站作为销售企业提升实力、彰显形象、拓展市场的最基本单元，其管理与经营的好坏直接影响公司发展。为此，公司将加油站管理放在各项工作的突出位置，依据加油站稽查细则，从财务、业务、安全等方面着手，扎实开展二级稽查，通过稽查，为加油站独立开展三级稽查提供了参照标准，指导加油站不断规范业务操作，提高服务质量。全面宣贯新版《加油站管理规范》使按程序管理、按规范经营的理念深深植根于广大干部职工头脑之中。紧紧围绕加油站“达标创星”、树立“样板站”工作目标，配合中油西藏销售分公司稽查工作组对察雅加油站、八宿加油站及昌都一站进行达标创星评定验收。根据中油西藏销售分公司举办职业技能竞赛有关要求，及时成立了竞赛委员会，制订了竞赛活动实施方案，并以此次职业技能竞赛为契机，树立全员学习风尚，促进操作人员不断提高理论知识和技能水平，通过参赛交流、观摩学习不断提升品牌含金量，提高基层操作服务质量。平均单站日销量增至 5.04 吨。

昌都地区科技工作

【进一步完善科技管理，提高服务水平】2008 年，昌都地区科技局紧密结合昌都实际，对 08 年科技三项经费的支持方向进行了认真的调研和论证。确定了以解决“三农”问题为中心，重点向特色产业、基础产业倾斜的方针。“野生食生菌人工栽培技术研究”、“边坝白青稞提纯复壮”成功列入自治区 08 年第一批重点科研项目计划，争取到科研经费 80 万元；昌都地区 2008 年重点科技项目经费投入 155 万元，共计 9 项。涉及新型科技服务体系建设、农牧民劳动技能培训、特色资源、开发、利用、农产品加工等方面。以上项目都以有序展开，昌都地区科技局将在 11 月底前对已完成的科研项目进行评估验收。

【加强体制和机制创新，积极探索科技服务体系新模式】昌都地区现有自治区级科技特派员 163 名，他们深入科技一线主战场，以技术开发、技术推广、科技承包、咨询服务等多种形式服务“三农”，围绕“两牛两羊”、藏鸡、藏猪等特色产业项目，强化技术推广，扩大先进实用技术推广的覆盖面，有效促进了项目区优势特色产业的发展和壮大，增强了农牧区经济发展后劲。为了进一步充实壮大科技特派员，根据种植、养殖、加工、特色产业开发的实际需求，现有的科技特派员队伍远远不能满足生产一线需要。为此，5 月 28 日地区科技特派员试点领导小组召开会议，对进一步完善科技特派员试点工作进行了专题研究。确定了 23 人作为地区级科技特派员。目前，科技特派员年终考核工作正在紧张进行，根据《关于开展 2008 年度西藏自治区科技特派员申报工作的通知》精神和《昌都地区科技特派员试点工作实施方案》，如考核合格给予地区科技特派员一次性生活补贴 3000 元，对无单位的给予一次性生活补贴 5000 元。年终考核为优秀的奖励 4000 元（优秀科技特派员不超过总数的 15%），称职的奖励 2000 元，成效显著、贡献突出的可重奖。依照《2008 年科技特派员项目任务分解表》和《自治区科技特派员推荐审批表》的项目任务，科技特派员办公室对科技特派员完成任务的情况分行业进行阶段性和年终综合考核。考核由地区科技特派员办公室组织，抽调科技特派员领导小组和领导小组办公室部分成员，到项目实施地进行实地查看，并联合派出单位及驻点方按照科技特派员考核管理办法进行考核，11 月 30 日前完成。对年度考核不合格（不称职）的科技特派员，不予兑现相关待遇，并取消相关补助，重新研究确定其科技特派员资格。

【抓好农村实用科技人才培养，重点培养一批乡土人才】投入培训经费 40 万元，按照 " 实际、实用、实效 " 的原则，开展沼气池的修建维护与管理使用、太阳能户用系统及微水发电机的维护与管理使用、病虫害防治、畜种改良、农机具使用和维护、农药及化肥的使用、无公害蔬菜栽培、奶牛饲养管理、香菇栽培等技能培训。全年开展培训 62 期 5960 人次。在地区劳动保障局、地区农牧局、地区商务局、地区乡镇企业局、地区妇联的全力配合下，《昌都地区 2008 年农牧区经营管理能人、科技人员和能工巧匠培训工作实施方案》也已顺利完成，培训农牧区经营管理能人 262 人、能工巧匠 1629 人、农牧区科技人员 743 人。

【积极开展全国科普日活动】9 月 22 日上午，地区科技局、科协组织 10 个学会、协会及相关单位 100 余人在昌都中路开展了“节约、环保、安康——你我共参与”

的科普宣传活动。主要向公众介绍了“常规农业技术、农产品质量安全法、无公害蔬菜生产技术”“可防可治的结核病、艾滋病的预防、治疗”、“科学防治疾病、预防蛀牙”、“如何避免或减轻高原反映、乙型肝炎的危害与防治”“保持水土预防山洪灾害、十一五地区水利发展及管理”、“植树造林及病虫害防治、野生动植物保护”、“大骨节病的防治”、“保护环境的绿色选择”及“生态、资源、能源、健康、安全”等科普知识，吸引了众多观众，深受欢迎。此次活动共展出科普展板50个，科普展品6件，图片500幅，发放各类科普宣传资料和书籍近3000余份（册），提供现场咨询300余人次，参与群众4000余人次。

【进一步加强科技援藏工作力度】昌都地区科技局加强了与对口援藏省市的交流与联系，不断强化科技援藏工作力度，落实科技援藏项目2个。分别是“藏药材规范化种植研究及示范基地建设”，经费30万，由重庆市药物种植研究所指导实施；“蔬菜标准化生产示范及林下资源开发”，经费200万，由天津市农业高新技术示范园区管理中心负责指导实施。“蔬菜标准化生产示范及林下资源开发”主要开展新品种示范、有机蔬菜栽培标准化示范及野生食用菌保鲜技术试验，并为农牧民编写、翻译、印刷、制作光盘等培训资料。该项目已于4月在昌都、江达顺利启动，2008年9月完成。已建立2个有机农产品标准化示范基地，推广优良品种8类20个。培训100名农牧民技术骨干，使每名受训农牧民掌握了1—2种标准化栽培技术。10月中旬，将12名业务和技术骨干送往天津农业高新技术示范区进行了为期13天的培训，其中农牧民技术骨干7人。园区专家手把手的向参训人员教授了番茄保护地生产技术、甜辣椒有机生产技术、高寒地区瓜类蔬菜设施栽培技术。2008年九月份天津市科委带领天津市药研院来昌都考察，安排地区藏医院新药研发援藏工作。

【领导名录】

副书记、局长：杨伟祥

党组成员、副局长：泽登扎西、格桑平措、吴擎

昌都地区教育工作

【“两基”攻坚工作】2008年，昌都地区教育局坚持把“两基”巩固作为各项工作的“重中之重”，以帮助各县解决实际问题为切入点，加大了对各县的指导、服务力度，以2010年迎接国家教育督导团对昌都地区“两基”工作的督导检查为契机，全力推进“两基”巩固提高各项工作。

【基础教育】2008年以来，地、县教育行政部门和各级各类学校按照“双线”目标责任制要求，层层落实控制中小学辍学任务；不断总结推广“两基”攻坚中的有效经验和做法，以增强学校吸引力为着力点，采取提高教学质量、改善学生在校伙食、丰富学生课余文化生活等措施，想方设法吸引学生、留住学生，做了大量的工作。

2008年底，全地区共有小学199所，教学点410个，7-12周岁正常适龄儿童69111人，小学在校生69922人，在校适龄儿童66570人（不包括在上级学校上学或毕业726人、在外借读1036人），小学适龄儿童入学率为98.87%，比2007年增加0.32个百分点，小学一至五年级升二至六年级巩固率为97.85%；全地区共有初中15所，初中适龄少年35938人，初中在校生31773人（不含在外借读936人），初中入学率为91.02%，比2007年增加0.58个百分点，初中一至二年级升二至三年级巩固率为91.55%；全地区共有高级中学2所，高中在校生4929人（不包括在外就读1623人），比2007年增加316人，高中阶段入学率为18.23%，比2007年增加1.53个百分点。

【职业教育与成人教育】加强县级职教中心建设，为八宿、丁青、类乌齐、察雅四县职教中心配备了价值55万元的职业教育设备。地区职业技术学校根据地区经济社会发展需要，开办了饭店经营管理、缝纫、种植、养殖、摩托车与汽车维修、兽医、藏医、民间绘画、卫生护理、铜矿冶炼、旅游服务与管理等专业中专、职业高中班，在册学生1871人，实际在校学生754人。选派了30名学生到重庆免费就读职业学校。

全年扫除青壮年文盲10000余人，全地区青壮年文盲率控制在3%以内。地区及各县围绕农牧民劳务输出、农牧业科技推广和天然林保护、村村通广播电视、农网改造、小水电等工程的实施，广泛开展各种形式的农牧民培训，全年共培训农牧民4000余人次。2008年全地区共有1117人参加成人高等教育招生考试，159人在地区职校参加本科函授，1112人次参加自学考试，515人次参加计算机等级考试，1417人次参加教师教育技术考试。

【教师队伍建设】2008年，先后选派143名教师和教育行政管理人员到重庆、天津、四川参加学习培训，选派3名教育行政管理人员和中小学校长到重庆挂职锻炼。选派167名骨干教师、16名小学校长到拉萨参加新课改及管理知识培训。邀请西南大学、重庆市教科院14位专家、学者到昌都培训教师，共计325人次。积极开展“名师”、“名教”创建活动，组织教师参加各种研讨会、教学竞赛，使广大教职员工的知识和能力逐步与教育改革和发展的要求相适应。2008年全地区共补充中小学合格教师344人，全地区小学、初中、高中正式专任教师分别达到3623名、1500名、341名。全地区有小学代课教师172名，代课教师占小学教师的比例为4.5%。全地区小学、初中、高中专任教师学历合格率分别为98.7%、98.0%、86.2%。

【加强学校管理、提高教育质量】2008年，地区教育局继续把加强学校管理、提高教育质量摆在重要位置，按照“严、恒、细、实、全”的学校管理指导方针，实施精细化管理，出台了多个教育教学管理规定，着力规范教育教学各个环节。坚持“分类指导、分层教学”原则，充分发挥教研室、教研组作用，积极探索适应农牧区要求、符合昌都学生特点的教育内容、教学手段和方法，以新课程改革为抓手，因材施教，有效激发学生学习兴趣，全面提高育人质量。2008年全地区报名参加普通中专（高中）招生考试4426人，中专、高中录取2622人。普通高考报名1259人，参考1243人，录取1070人，录取率为86%，比2007年提高

1个百分点。内地西藏初中班录取231人。

【教育投入与学校建设】2008年，地区财政20%投入教育1400万元，其中1000万元用于教学点改造建设。

全地区中小学现已建成卫星教学收视点198个，教学光盘播放点391个，计算机网络教室102个，有线教育电视系统82个，校园网6个，多媒体教室40间。2008年，地区财政20%投入教育1400万元。

昌都地区体育工作

【认真组织开展奥运倒计时100天群众体育庆典活动和全民健身活动】奥运倒计时100天庆典活动。边坝县举办了"全民健身与奥运同行"为主题的庆典活动；丁青县开展了"反对分裂、维护稳定、喜迎奥运会"为主题的庆典活动；察雅县、芒康县、昌都县举行了迎奥运倒计时100天庆典活动。

迎奥运体育比赛。类乌齐县举办了"迎奥运"环城赛活动、左贡县举办了"迎奥运、庆五·一"万人环城跑、篮球比赛活动；八宿县举行了"迎奥运、树新风"乒乓球比赛；地区电信局、地区农行等单位也组织干部职工开展了乒乓球、篮球等比赛活动。

军地体育比赛。随着部队官兵喜迎奥运的热情不断高涨，为丰富部队业余文体生活，加深部队与地方的鱼水情深，地区体育局在"五·一"前后先后举办了军地篮球友谊赛、军地拔河比赛等军地体育比赛活动；地区广电局、地委党校等相关单位也与驻地部队举行了丰富多彩的体育比赛活动。

学生体育活动。地区教育局、各县教育局、各学校纷纷组织学生通过举办运动会或体育比赛活动的形式庆祝奥运倒计时100天。边坝县举办了学生运动会、江达县举办了学生体育活动，地区一高、地区二高、地区初级中学等学校也分别举办了学生体育比赛。

为支持群众体育活动的开展，地区体育局先后派出专人对地区电信、农行、政协等地（中、区）直各单位开展体育活动进行指导和培训，起到了一个职能单位的作用。

继续抓好全民健身工作。在全地区全面铺开大众广播体操和健身操，普及太极拳，年内完成8000人以上的太极拳熟练人数。

【积极申请和完成相关项目体育基础设施建设】完成2007年农民体育健身工程建设35个建设项目，总投资140万元。

做好2009-2010年农民体育健身工程选址工作，在深入调查研究后，确定了洛隆县（20个）、察雅县（15个）、左贡县（15个），八宿县（15个），边坝县（13个）等5县78个行政村村委会为建设地址。

积极向国家体育总局申报2009-2010年"雪炭"工程。根据国家体育总局《关于2009-2010年"雪炭"工程实施工作有关事宜的通知》精神，昌都地区体育局积极组织各县文体局填写申报材料，并派专人前往拉萨争取项目，昌都地区有2个项目通过了自治区体育局的评审，现已上报国家体育总局审批。积极做好2005-2007年"雪炭"工程前期准备工作完成安装全民健身路径4套。

【领导名录】
书记、副局长：谢刚
副书记、局长：旺堆

昌都地区文化工作

【服务群众，活跃群众文化生活】2008年，昌都地区文化局共组织"文化下乡"、慰问驻昌官兵等文艺演出活动100场次，演出节目1500多个，观众达10余万人次。其中："文化下乡"演出5场，慰问驻昌部队21场。大型文艺晚会有：2008年元旦音乐晚会，春节综合晚会，庆"八一"及爱国主义主题教育文艺晚会、全区水利工作会议文艺晚会、庆祝玉龙铜矿一期一步工程竣工投产文艺晚会等6场。

3月26日，地区文化局为了丰富驻昌武警官兵的文化生活，积极启动流动图书馆业务。共计筹集读者、知音、人民文学、海外星云等各类杂志200余种，8000余册。地区文化局、地区新华书店共向驻昌武警官兵赠送图书3000册。以上两项共计折合人民币近13万元。免费向驻昌官兵开放昌都地区图书馆电子阅览室。

为了丰富驻昌部队的文艺生活，地区群艺馆组织舞蹈编蹈人员为驻军编排舞蹈《迷彩谣》等节目深受官兵欢迎。7月26日下午的"庆八一"军地联欢会，更进一步增进了军民友谊。

地区文化局联合地区精神文明办、地区工会办事处共同举办了迎奥运全民健身操表演活动。加这次表演的健身操学员共有64人，来自41个地（中、区）直单位的64名学员经过学习培训，

地区文化局与地区教育局联合招收艺术班。面向全地区招收有一定专业基础，年龄在15--16岁之间，具有一定艺术表演天赋，符合有关招收条件的应届初中毕业生到昌都职业技术学校专设的艺术班学习。招收的学生将被纳入职业技术学校2008年招生计划，学制3年。学习内容包括：基本乐理；键盘；试唱、练耳、节奏训练；声乐、基本舞蹈理论；舞蹈动作、形体训练，毕业后颁发中专文凭，特别优秀者推荐到地区民族歌舞团应聘或到对口高等院校继续学习深造，其余推荐至昌都城区内各娱乐场所应聘。现在已招收学员27名。

【积极推进文化事业的发展】2008年，昌都地区文化局召开地区文化工作会议安排部署2008年工作。大会传达学习了全区文化（文物）工作会议精神，对2007年文化文物工作突出的地区民族歌舞团等8个先进集体和8个先进个人予以了表彰，与各县文广局签定了2008年目标责任书。大会要求要认真学习领会全区文化（文物）局长会议精神，准确把握精神实质，尽快将会议精神传达到每位文化工作者中，并积极开展好学习讨论。

非物质文化遗产普查工作有序开展。2008年，昌都地区文化局全年出动车辆35台次，行程20000余千米。出动普查工作人员40人（次），深入到11个县的26个乡镇51多个村，走访民间艺人80余人，共计普查非物遗产项目50多个，内容涉及民间舞蹈、民间手工艺制作等11个艺术品种，按自治区文化厅要求完成了全年的普查工作任务。

积极组织全国第三次文物普查工

作，制定了普查方案。6月14日至23日对全地区普查人员进行了培训，完成了在昌都县试点工作。目前，已完成洛隆、边坝、芒康、左贡4县，31个乡镇，190个行政村，总行程8000多千米，调查文物点70处。

2008年，昌都地区文化局经请示地委同意调整充实了昌都地区“扫黄打非”领导小组成员，制定出台了昌都地区2008年“扫黄打非”工作方案，明确了2008年“扫黄打非”工作的总体要求及重点工作：全年共计开展大检查10余次，共计出动执法检查车100多次，检查人员500人次，检查各类文化市场娱乐场所及打字复印店2000余家次，查缴各类违法音像制品2万余张，查封了1家非法游戏厅，1家网吧，对5家娱乐场所进行了批评教育和限期整改。8月份，组织召开“迎奥运，净化文化市场”集中销毁违法制品现场会，在地区宣传、文化、公安、工商的监督下，对依法没收的11台赌博机和2万多张非法出版物进行了公开销毁。

完成了第四批自治区级文物保护单位记录档案和1847件各类文物的建档工作。1月至4月，对审查后的7处区保单位的记录档案（共46卷，其中孜珠寺6卷、边坝寺6卷、江钦遗址6卷、贡觉唐夏寺7卷、囊巴朗则石刻群7卷、硕多清代汉墓群7卷、向康大殿7卷）进行了认真修改，并及时补充了大量的相关材料。做到了严格把关、严格要求，基本达到了自治区文物局的工作要求。

芒康县三弦、盐井井盐晒盐技艺、昌都县嘎玛嘎赤唐卡画派技艺、江达县波罗古泽刻板制作技艺等四项，在2006年继昌都锅庄、芒康弦子、丁青热巴入选首批国家级非物质文化遗产名录后成功入选第二批国家级非物质文化遗产名录510项及第一批国家级非物质文化遗产名录扩展项目147项。

积极开展第三个全国文化遗产日主题宣传活动。6月14日，地区文化局和昌都县文化局在西路共同举办“手牵手同保文化遗产、心连心共护精神家园”主题宣传活动，昌都地区11县文化局局长参观了主题宣传教育活动，参观群众达800余人。发放宣传单，共计3000余份。

认真传达贯彻全区古籍保护暨非物质文化遗产保护工作会议精神。9月17日，召开地区文化局有关人员会议传达了两会精神，并对贯彻落实会议精神作了具体安排和部署。一是近期成立昌都地区古籍保护工作领导小组（已批准），具体负责昌都地区的古籍保护普查工作。二是根据目前掌握的情况采取边试探性普查和边上报相结合的方式，重点抓好贡觉县、类乌齐县等两至三项国家珍贵古籍名录的申报工作，待自治区试点工作结束后，总结工作经验，再实施全面普查工作。三是在基本完成了11县非物质文化遗产普查工作基础上，做好数据库的整理收集工作，于11月中旬前完成总结上报自治区，迎接自治区工作组的督查。四是重点抓好嘎玛嘎赤画派画册、昌都锅庄曲谱集、丁青热巴音像制品等项目保护规划制定和保护措施的到位工作，争取得到自治区经费上更多的倾斜和支持。五是做好昌都地区县级非物质文化遗产保护体系和建设，公布一批县级非物质文化遗产名录，完善昌都地区的非物质文化遗产体系建设。积极完成第三批国家级非物质文化遗产的申报。六是争取得到援藏支持建立非物质文化遗产保护的博物馆、陈列馆等，充分展示昌都地区的非物质文化遗产资源，建立非物质文化遗产保护工作的相应机构。七是继续加大宣传力度，进一步普及非物质文化遗产保护知识，形成全社会共同参与非物质文化遗产保护的良好社会氛围。八是积极争取有关部门支持，参考国内和其他地方的相关法律法规，结合昌都实际对非物质文化遗产的抢救、保护、挖掘制定具体的保护办法、保护细则等。

【积极加大项目建设】2008年，昌都地区文化局完成了向康大殿维修工程的前期工作，投资540万元。6月4日开工，2009年完工。

争取到了桑珠德庆林寺（八宿县同卡寺）711万元维修费，10月底将在全区公开招标。积极争取查杰玛大殿、卡若遗址公园等重点文物的维修建设工程。

委托设计了昌都群艺馆、昌都解委会旧址、昌都烈士陵园等“红色遗迹”维修和保护方案。10月底委托四川省文物研究设计院对昌都县噶玛寺、边坝县甲热寺、芒康县囊巴朗则石刻进行保护维修设计，争取纳入2009年自治区财政投入。

积极制定昌都解放60周年大庆文化建设项目和“十二五”文化文物重点建设项目。

积极争取到了江达、洛隆两县文化活动中心建设项目和3县全国文化信息资源共享工程项目。

9月底，昌都地区文化局为了进一步寻求重庆市文广局的支持，随地委考察团前往重庆市商谈有关文化事业援藏项目。通过协商达成以下协议：一是建立长期援助机制，重庆市文广局将援助昌都地区文化局作为一项长期的工作来抓，逐年解决实际困难。二是2008年援助资金10万元，援助昌都地区图书馆5000册图书和部分电子图书，充实昌都地区图书馆的藏书和昌都图书馆网站内容。三是积极开展智力支持，每年定期为昌都地区培训或挂职锻炼文化战线工作人员。四是重庆市选派优秀编导人员帮助昌都地区编排一台庆祝昌都成立60周年综合节目。五是重庆市文广局积极向重庆市援藏办争取援助昌都地区文化事业项目。目前，昌都地区文化局正在积极制定长期援助项目。

【获奖情况】

文物管理科荣获国家文物局“郑振铎-王冶秋”全国文物保护先进集体奖。

文物科荣获自治区“文物工作先进集体”、“文物安全工作先进集体”和“文物信息工作先进集体”。

局党组书记马秀英同志获得国家文物局“郑振铎-王冶秋”全国文物保护先进个人奖。

永忠达瓦获文物工作先进个人奖。

组织地区民族歌舞团参加全区专业舞蹈大赛，《春弦起舞》、《乡云》、《母亲河》等三个大型舞蹈分获二等奖、三等奖和优秀奖。

【领导名录】

党组书记、副局长：马秀英
党组副书记，局长：苏安水
副局长：泽仁罗布
党组成员、副局长：王新德、李国民
党组成员，调研员：杨志进

昌都地区广播电影电视工作

【新闻宣传】2008 年昌都地区广播电影电视系统重点对维稳、爱国主义、地委（扩大）会议、地区工作会议、新农村建设、援藏工作、建党 87 周年、党的十七大、“万名干部下基层”活动、科学发展观、其他重要会议和活动、未成年人思想道德建设以及各行各业、各个领域进行宣传报道。

拉萨“3•14”事件发生后，昌都地区广播电视台按照地委提出“牢牢掌握舆论宣传的主动权、形成富有进攻态势的宣传格局”的要求，加大反对分裂、维护稳定的宣传力度。一是编播了揭示拉萨“3•14”事件真相、揭露批判、声讨达赖集团罪恶行径的评论员文章，组派记者拍摄、编辑、编播地委、行署关于维稳工作的重要指示、决策部署的新闻和各单位、各部门、社会各界严厉声讨谴责达赖分裂集团罪恶阴谋、罪恶行径的新闻。在《昌都新闻》节目中开办了《话稳定 抓发展》、《维稳知识问答》专栏。新开办了《新生活 新变化 新发展》栏目，将镜头和话筒对准老干部、机关干部职工、城镇居民、基层干部群众、寺庙僧尼、学校师生、外来经商户、务工人员等，共同谴责揭批达赖分裂集团，畅谈坚持中国共产党领导、坚持社会主义道路、坚持民族区域自治制度和西藏经济社会发展取得的巨大成就和可喜变化，突出共产党好、社会主义好、民族区域自治好、改革开放好、民族团结好的主题。二是对昌都地区党政军警民团结一心、旗帜鲜明反分裂、坚定不移抓发展进行了广泛深入地宣传报道。对始终坚守在反分裂斗争前沿的先进典型及先进个人事迹进行了宣传报道，取得了良好的政治效益和社会效益。对昌都地区开展“爱国主义”和“反对分裂、维护稳定、促进发展”主题教育活动进行了广泛深入地宣传报道。制作了《凝聚人心促和谐 众志成城保稳定》系列报道，开办了《感受发展变化 共享和谐稳定》、《民心向党盼和谐 万众一心谋发展》两个系列访谈栏目。三是为牢固占领基层农牧区舆论宣传阵地，编辑了题为《坚决与达赖分裂集团作斗争 全力维护社会政治局势稳定》（共四集）的系列报道，并刻录成藏汉双语光盘 400 余张，通过宣讲工作组下发到各乡镇及部分行政村，收到了良好宣传效果。

【把握重点，加大宣传力度】对党的十七大精神、地委（扩大）会议精神、新农村建设、开展“反对分裂、维护稳定、促进发展”和“爱国主义”主题教育活动、迎奥运宣传、科学发展观、其他重要会议和活动、冰冻灾区和抗震救灾献爱心、未成年人思想道德建设、玉龙铜矿一期一步工程竣工庆典活动、各行各业、经济社会发展等各个方面进行了广泛深入地宣传报道，为昌都社会稳定、经济发展、精神文明建设提供了强有力的舆论环境，充分发挥了广播电视正确舆论宣传的引导教育作用。

【事业建设】2008 年是实施“十一五”规划攻坚年，为确保广播影视事业建设整体推进，提高广播电视人口综合覆盖和改善收视质量，按照 2008 年建设任务要求和昌都地区实际情况，整体规划、合理部署、精心组织、认真落实，广播影视事业建设进行顺利。

2008 年昌都地区共建自然村广播电视站 277 座，其中新建 201 座、改扩建 76 座，广播电视覆盖率分别达到了 86.86%和 86.81%。完成了 10 县农村中央广播无线覆盖工程（即中央第 7 套节目）落地工作。完成了丁青县调频发射机房改扩建任务。完成了察雅县拟建中波台、实验台和丁青县拟建中波台前期各项准备工作。根据国家广电总局的统一部署，在奥运会开幕前，完成了全地系统内 1234 座单位收站（KU 波段）直播卫星的转星调整任务，转星后，可收看 47 套电视节目和收听 43 套广播节目，图像、声音十分清晰。

电影“2131”工程进展顺利，基本实现了 1 村 1 月 1 场电影的目标；完成了建设新农村、迎北京奥运和电影进社区、学校等一系列放映活动，如《农奴》、《大决战》、《买买提的 2008》等影片；结合开展“反对分裂、维护稳定、促进发展”和“爱国主义”主题教育活动，在全地开展了电影百日集中展映活动。

近几年来，在地委、行署的正确领导下，在区广电局的大力支持下，地区广电局以邓小平理论和“三个代表”重要思想为指导，以科学发展观为统领，带领广电系统干部职工团结一致、奋进拼搏，与时俱进、开拓创新，广电工作取得显著成绩，得到了国务院有关部委的充分肯定和赞誉：地区广电局广电科荣获由国家人事部和国家广电总局授予的“全国广播电影电视系统先进集体”称号（国人部发[2008]8 号），地区广电系统有 5 人获国家广电总局授予的“十七大安全播出先进个人”（广发[2008]8 号）。

【安全播出】安全播出是广播电视的生命。2008 来，特别是拉萨“3•14”以来、四川汶川“5•12”、北京奥运、国庆、改革开放 30 周年和重要敏感时期，严格按照安全播出要求，从讲政治的高度，牢固树立大局意识、责任意识、防范意识，切实加强领导，认真组织，统一指挥，确保了全年广播电视安全播出，把党和国家的声音传入千家万户。

【深入揭批达赖，扎实开展维稳工作】自“3•14”拉萨发生打砸抢烧暴力事件以来，在地委、行署的坚强有力领导下，地区广电局党委积极响应党中央、区党委、地委的号召，认真贯彻落实党中央、区党委、地委一系列指示精神和决策部署，缜密安排，精心组织，认真落实，排除一切困难，带领全体干部职工深入揭批达赖、扎实开展维稳工作，取得阶段性成果。

加强全体党员干部职工政治思想宣传教育引导工作，深入贯彻落实中央关于西藏维稳工作一系列指示精神。全体干部职工团结一致，坚守岗位，同心同德，同舟共济，共同维护社会稳定。

昌都地区卫生工作

【大力加强公共卫生工作】2008 年，昌都地区卫生局制定了《昌都地区突发公共卫生事件应急预案》全面建成了以县卫生服务中心(疾控中心)为龙头，乡村医疗机构为网络，以县带乡村的三级预防工作体系，建立健全政府领导、部门协作、社会参与公共卫生工作的长效机制，进一步提高对突发疫情、新发传染病及不明原因疾病的应急反应能力。

传染病防治工作重点在“防”上做文章，精心安排，周密部署，做好应对重大传染病的物资、药品储存工作，共储备药品、应急疫苗价值达 6 万元。加大学校、乡镇等重点人群和重点部位突发公共事件防治知识的宣传，提高了群众防病意识和应对事件的能力，印制各类宣传资料 3 万份；加强传染病监测工作，完善了地、县、乡三级疫情网络直报系统，建立县、乡、村三级疫情监测网络体系，指定专人负责传染病监测和报告工作，做到“早发现、早报告、早控制”，使疫情报告次率达到了100%，同时各级卫生部门和各学校签订了《学校公共卫生目标责任书》，使重点人群的传染病和食源性疾病得到了很好管理和控制。在地委、行署的领导下，在广大医护人员的努力下，及时有效的处置了贡觉县克日乡和芒康县嘎托镇发生的麻疹疫情，共发生 64 例，通过对疫区和病人采取隔离和预防性接种、投药工作，使疫情得到有效控制，防止了疫情扩散，确保了群众安全。3 月份八宿县发生了禽流感，及时组派了以局主要领导带队的工作组到达现场，靠前指挥，对密切接触者 31 名工人和处理事件人员进行了严密的医学观察，实行了日报告制度，做到及时监测、及时处理。认真处置了丁青县协雄乡的腮腺炎疫情，共发病 58 例，在疫区进行预防性投药，进行隔离，防止了疫情扩散。及时处置了驻芒康县部队两个班 14 人发生流感疫情，对驻昌部队开展了传染病防治知识讲座和疫情排查工作。昌都地区 1——9 月共报告法定传染病 11 种，1183 例，发病率为 184.03/10 万，与 2007 年同期相比发病数下降了 15.92%。无甲类传染病发生。

【计划免疫工作继续实行《计划免疫工作督导员目标责任制》管理，实行量化考核】按照逐级管理原则，层层签订目标责任书，进而增强督导员的责任意识和主动意识，提高了各级政府对此项工作的重视，使计划免疫工作做到科学化、规范化、制度化，接种率、接种质量及监测质量明显提高。去冬今春全地区共接种 8727 人，接种率达 95．73%。加强了麻风病、结核病、艾滋病等重点传染病的防治工作。1~9 月份，全地区共新发现麻风病人 13 例，现症接受治疗病人 61 例。结核新发现病人 635 例，治愈 232 例，完成了 11 县的督导工作。艾滋病自愿咨询 59 人，自愿检测 1 人，未发现艾滋病患者。

【做好鼠疫、碘缺乏病、大骨节病等地方病的防治工作】地方病以鼠疫监测为主，完成了丁青、察雅等 5 县 6 个疫源点的鼠疫监测工作。按照《昌都地区碘缺乏病防治实施意见》的要求，对碘缺乏病进行监测，加强了食用碘盐的宣传工作，开展甲肿、尿碘、智力测试、健康问卷调查工作；对村医和村干部进行了碘缺乏病知识进行培训；与商务部门和基层政府联合，大力推广食用碘盐工作。通过对左贡、八宿等县监测，群众的食碘盐有了明显提高，食用碘盐人口覆盖率达到 65%，使用合格碘盐率达到 85%，在监测中未发现有新的甲肿患者。及时兑现了碘缺乏病的防治经费，做到了专款专用。大骨节病防治工作开展了日常监测工作，由扶贫等部门对大骨节病区进行了搬迁为主的预防工作，取得了阶段性效果。

认真开展妇女儿童健康检查和孕妇检查，共检查 1300 多人。继续加强 5 个县国家“降消项目”和察雅县儿基会“母子系统保健项目”，对县乡产科人员进行了培训，培训人员 25 名；开展了孕产妇死亡评审、促进住院分娩等工作。为 11 县发放维生素 A33000 粒普服率达 96%。2008 年孕产妇死亡率为 83.34/10 万，在 2007 年的基础上下降了 9.26/10 万；婴儿死亡率为 10.97‰，在 2007 年的基础上下降了 1.22 个千分点；住院分娩率为 31.89%，与 2007 年同期相比上升了 2.9 个百分点；新法接生率为 79.65%与 2007 年同期相比上升了 7.24 个百分点。

成立了地区卫生监督所，并于 10 月 1 日进行了挂牌，进一步规范了卫生执法工作。全地区开展餐饮业、公共场所卫生监督 10 余次，共监督 1100 余家，合格率为 98%，餐具采样 86 份，合格 70 份，合格率为 81%。在开展专项监督检查中没收过期、变质食品 70 余公斤。全地区卫生体检 1837 人，发放卫生许可证 900 余份。开展了打击非法行医和非法采供血专项整治工作。4 月，根据群众举报，昌都地区卫生局会同地区药监局组成联合执法检查小组前往玉龙铜矿矿区，对擅自出售药品的事件进行了处理，同时集中力量对非法采供血进行了专项整治，并向自治区人大检查组进行了汇报，2008 年，昌都地区未发现非法采供血情况。做好水质监督和检测工作，共采集水样 296 份，为各县出具水质卫生评价 296 份。加大了学校卫生工作，加大监督检查力度，防止学校食品中毒事故的发生。做好监督培训工作，共举办 2 期培训班，培训人员 50 例，提高县级卫生监督人员的工作能力。

【开展白内障患者免费复明手术】由地区人民医院和洛隆县人民医院共同开展，2008 年共完成 860 例复明手术，超额完成年初地区确定的工作任务。

昌都地区人民医院

【基本概况】昌都地区人民医院始建于 1952 年，是新中国诞生以后党和政府在西藏建立的第一所公办医院。现已成为藏东重镇——昌都地区一所集医疗、教学、科研、保健、急救为一体的综合型中心骨干医院。1997 年被评定为国家二级甲等医院。

医院占地面积 5.7 万平方米，医疗业务用房总建筑面积 2.8 万平方米。医院现有在职职工 300 余人，其中：医疗专业技术人员 270 人，占职工总人数的 90%，现有高级技术职称 7 人，享受国务院政府特殊津贴 2 人；中级技术职称职 187 人。其中：医疗专业技术人员高、中、初级职称分别占 3%、69%、28%；全院人员中藏族职工占 53%，汉族及其他少数民族职工占 47%。

医院开设床位 200 张，设有 12 个一级临床科室，16 个二级专业组，2 个重点专科，11 个护理单元，8 个医技辅助科室，7 个行政管理职能科室。医院通过实施“科技兴院”发展战略，现已能够独立成功开展“脑垂体肿瘤摘除术。耻骨上级膀胱前列腺摘除术；断指再植术；人工晶体植入术；经股动脉穿刺选择性肝 A 造影放射诊断；内科藏西医结合治疗心血管疾病”等医疗持术。医院年均收治住院病人 4 千余人次，完成门诊量 6 万余人次，收治急诊量 8 千余人次，开展各类手术 1 千余人治次，完成各类健康体查 5 千余人次。现拥有一批在区内较为先进的医疗硬件设备，如：16 排 CT 机、多普勒彩超、500 豪安 X 光机、CR、C 型臂、血气分析仪、全自动生分析仪、黑白 B 超仪、麻醉呼吸机、尿道膀胱镜和纤维胃肠镜、多参数监护仪及容量输液泵等高精神仪器。

【年度情况】2008 年，昌都地区人民医院完成门诊量 64961 人次，同比增长 12.9%；收治住院病人 4302 人次，同比增长 18.6；收治急诊病人 9198 人次，同比增长 47.5%；开展各类手术 1046 人次，同比增长 28.9%，完成各类健康体查 6432 人次，同比增长 6.3%。实际开放床位 283 张，平均床位使用率 89%；平均住院日 11.8 天；治愈率 60.3%；好转率 36.9%；死亡率 0.9%。

【医疗业务建设】2008 年，昌都地区人民医院引进技术、抓好革新，保持医疗工作的强劲发展势头。为了全面提升医疗技术含量与服务水平，按照医院可持续发展规划，广开思路、拓展渠道、引进外援、强化训练，走引进吸收与自我创新相结合的发展捷径。在完成去医院院长扎西泽仁同志的大力支持与授权下，天津市援藏干部医学博士、外科教授王西墨副院长，在 2007 年下半年至 2008 年一年半的援藏工作中，充分发挥自身的专业技能与先进经验，根据医院业务发展的需要，将原有的大外科分科为以普外、泌尿为主的外一科和以骨科、脑外为主的外二科。年共成功开展了“断指再植术、脊柱后路推弓板内固定术、腹腔镜下肝包囊虫摘除术及心肌梗溶栓治疗”等十六项医疗新技术，填补了昌都地区医院的空白。其中：仅外科就成功开展了十三项新技术。极大地提升了我院的医疗条件与技术水平，有力推进了医院的跨越式发展目标。

昌都地区藏医院

【专科建设成绩显著】昌都地区藏医院肝胆专科建设项目在 2007 年由国家中医药管理局批复立项，列入国家“十一五”重点专科建设项目进行投资建设。按照要求，我院成立了肝胆专科建设小组，完善了工作方案，在巩固好前期工作的基础上，进一步加强肝胆专科软硬件建设，收集、整理了资料，配备了设施，年初根据国家中医药管理局和区藏医药管理局的安排，选派了 2 名人员到杭州参加全国专科建设培训和交流活动，总结经验，不断提高。经过努力建设，肝胆专科已经初具规模，为落实“名医、名药、名科、名院”战略奠定了基础。

【人才建设措施得力】2008 年昌都地区藏医院继续加强人才建设创新工作，全面加强现有人员教育培养，重点是转变工作思路和方式，加强临床一线和藏药生产紧缺专业技术人才的培养和引进。一是加强人性化管理，管好、用好现有人员。二是加强全员学习教育和培训，增强员工的综合素质。三是做好紧缺人员引进工作。采取聘用、雇用方式，引进藏药质量技术人员 2 名；聘、雇用护工 2 名，藏药生产人员 3 名，加强了一线工作力量。

【基建工作全面落实】2008 年昌都地区藏医院全面抓紧抓好医院改扩建项目的实施工作。一是 1 月底完成了住院部的改造工程，扩建病床到 103 张，并增添了许多设施，改善了就医环境，提高了治疗能力。二是加紧科研医技楼、药材库房和职工周转房新建项目工程的建设，12 月科研医技、原药材库房均完成工程竣工交付使用，职工周转房也已经完成了主体工程。

【藏药产业建设步伐加大】以昌都藏药厂藏药生产质量（GMP）再认证之年为契机，进一步加快藏药产业化建设步伐。一是全力抓好 GMP 再认证工作，制定了方案，成立专项工作领导小组和各职能工作小组，明确了任务，强化了措施，并自筹资金 70 余万元对药厂进行了软硬件改造，2008 年 12 月通过国家再认证验收。二是加强藏药科研开发工作。认真贯彻自治区和地区科技大会精神，加强藏医药防治大骨节病研究成果的推广应用工作，在自治区、地区相关部门的支持、指导下，向国家财政部、科技部、自治区财政厅等申报了藏医药防治大骨节病研究科技成果转化项目、藏药材种植及养殖等项目。在地区科委的协调下，争取到援助省市天津科委的支持，将共同研究开发防治糖尿病藏药“达玛松珍”，力争早日投放市场。加强同友邻省市的业务交流，在有关部门的协调下，积极与四川省甘孜州卫生局、成都金桥医院就藏医药发展以及大骨节病防治药物的研发等开展了交流洽谈。

【医院内涵建设不断增强】认真贯彻自治区 “医院管理年活动”及“创甲”工作总结暨经验交流会议精神，继续深入开展好医院管理年活动。结合“迎奥运、讲文明、树新风”等活动，按照各项目标要求，切实开展了文明礼仪服务学习教育等活动，大力培养团结、务实、进取、创新的工作作风和文明、优质、安全、高效的服务作风。进一步完善了便民服务设施，自筹资金 17 万多元，建立了医院管理系统，门诊收费、挂号、出院结算等全面实现了电子化管理；自筹资金 32 万多元在门诊大楼安装了医用电梯，提高了工作效率。保持和发扬创“二甲”和医院管理年活动的成绩和经验，在持续提高医疗服务质量上狠下功夫，严格各项医护质量规范目标责任管理，进一步完善了各项规章制度及措施，加强全程质量监管，认真整改存在的问题和不足，使医疗服务质量持续提高，医院内涵不断增强。

【认真做好“三鹿奶粉事件”婴幼儿诊治工作】成立了诊治工作小组，设立了便捷途径和服务设施，坚持中午和周末正常接诊，做到上级拨付资金专款专用，认真开展免费筛查、诊断和治疗工作，截止日前累计诊断检查婴幼儿 1473 人次，投入资金 76000 余元。

【业务指标完成良好】截至 10 月底，可完成门诊量 44000 余人次，住院量 640

余人次，其它各项业务指标达标并有所增长，没有发生医疗事故及纠纷。藏药生产量25000斤，产值500万元。总收入可完成1160万元，同期增长18%；并如期完成了地区财政下达的阶段性收入上交任务。

全年可完成门诊量55000人次以上，住院量700人次以上，总收入可达到1300万元，同比增长16%。

【领导名录】

党委书记、副院长：王积林

党委副书记、院长：仁青巴松

党委副书记、副院长：江村

党委委员、副院长：向巴格来

昌都地区民政工作

【进一步规范和完善城镇低保制度】 2008年，昌都地区的城镇居民最低生活保障工作以开展"基层低保工作规范化建设"活动为契机，进一步规范和完善了城镇低保制度。根据低保"动态管理"、"应保尽保"的原则，在调研的基础上对城镇低保家庭进行了两次全面核查，对不符合低保标准的予以停发，将符合低保标准的全部纳入低保。从2008年1月份起，昌都地区城镇低保金在原来每月220元的基础上增加到每月250元。目前，全地区共有城镇低保户2196户、5565人，全年共落实低保金1105.1万元。在此基础上，给城镇低保人口每人每月发放了15元的临时生活补贴，共落实城镇低保人口临时生活补贴资金121.454万元，有效地缓解了因物价上涨等因素给城镇低保户生活带来的影响。

【深入开展农村低保工作】 昌都地区的农村低保工作，在2007年工作的基础上，继续做好农村低保群众的建卡立档工作。目前，全地区共有农村低保对象为63515人，其中重点保障对象19138人，特殊保障对象12759人，一般保障对象31618人。2008年每个档次年人均增加50元，全年共落实农村低保资金1412.16万元。同时，给农村低保人口每人每月发放了10元的临时生活补贴，共落实农村低保人口临时生活补贴资金889.2万元，有效地缓解了因物价上涨等因素给农村低保户生活带来的影响。

【进一步完善城乡医疗救助制度】 昌都地区共有城乡医疗救助基金937.9万元，落实城镇医疗救助资金10.65万元，救助城镇困难群众44人（次）；落实农村医疗救助资金55.4万元，救助农牧区困难群众254人（次），为城乡困难群众提供了方便快捷的医疗救助服务，解决了城乡困难群众看病难看病贵的问题。

【全面落实五保供养政策】 2008年，昌都地区有五保户4154人，已全部纳入五保供养范围，按照1500元的年供养标准，全年共落实五保供养资金623.1万元。

【认真做好自然灾害减灾救灾工作】 一是切实做好防抗灾工作，对重点区域实施重点监测，建立灾情预报和直报制度，切实保障受灾群众的生产生活。二是进一步加大资金投入管理力度，提高紧急救助能力，保障灾民的基本生活。三是按照自然灾害应急预案的有关规定，建立重大灾害紧急救援机制。2008年，共安排救灾资金643万元，解决了5087户38970名受灾群众的生活困难问题。四是完善经常性社会捐助工作，增强社会动员机制。在2008年的南方冰冻灾害中，昌都地区共给灾区人民捐款60万元；四川汶川大地震后，昌都地区积极开展了"一方有难、八方援助"的捐赠活动，共接收社会各界捐款440余万元，其中汇往灾区67万元，其余全部汇到自治区民政厅；为西藏当雄地震灾区捐款74万余元。

【抓好城乡低保户子女就学救助工作】 昌都地区对每位要求申请救助者进行了严格审核，认真把关。2008年发放了2007年符合救助条件的19名贫困学生的就学救助金8.2万元。

【进一步做好流浪乞讨人员的救助管理工作】 会同地区公安部门从拉萨接回流浪人员374人。2008年，昌都地区流浪乞讨人员救助站共救助101人，解决救助资金21.0603万元。火化无名尸体4具。

【认真抓好全区第六届村（居）委会换届选举和村民自治工作】 2008年是昌都地区第六届村（居）委会换届选举之年，为了组织实施好昌都地区1142个村(居)委会的换届选举工作，昌都地区成立了第六届村(居)委会换届选举工作指导小组及办公室，各县成立了相应的机构。同时，各县利用1至3天时间采取以会代训方式开展了换届选举工作培训，并成立了若干工作组分赴各乡镇开展工作，各乡镇成立了由乡镇党委书记为组长的相应指导机构，按照有关法律法规搞好选举工作。此次选举共登记选民385205人，实际参加选举的选民有340053人，参选率达到88.3%，1142个村（居）委会共依法选举出干部5338人，其中主任1142人、副主任1519人，委员2677人，妇女610人，占11.4%，两委一肩挑的666个村，占58.3%，党员3607人，占67.5%，团支部书记869人，占14.3%。当选的村干部中，文化程度大中专以上的有24人，高中13人，初中以下5301人，年龄在30岁以下的614人，31—40岁的1415人，41—50岁1827人，51岁以上1482人。

圆满完成了昌都地区村级建制整合各项工作，整合后的村（居）委会总数为1142个，其中村1119个，社区居委会23个。

深入扎实地做好村民自治工作。以第六届村（居）委会换届选举工作为契机，抓住村务公开不放松，进一步健全了村务公开、民主管理的各项规章制度，着力培养村民民主法律意识，加强基层监督机制，促进农村社会稳定，推进农村全面建设小康社会进程，努力实现民主选举后的民主管理、民主决策和民主监督，切实健全基层自治组织和民主管理制度。

【以构建和谐社区为载体，深入开展城乡社区建设工作】 深入开展城市社区建设。本着先行试点、分步推开、逐步规范、循序渐进、全面推进的原则，深入开展城市社区建设工作。为了开展好此项工作，昌都地区成立了以行署分管领导任组长，行署、民政、组织部门负责人任副组长，地区各有关部门负责人为成员的地区社区建设工作领导小组，下设办公室在地区民政局。

2008年，全地区共成立23个社区居委会，各县驻地镇均已成立社区居委会。昌都县9个社区居委会城市社区建设已基本步入正轨，其它10县的社区建设工作正在有序开展。

认真做好农村社区建设试点工作。昌都地区的农村社区建设试点工作在昌都县城关镇通夏村、俄洛镇俄洛村进行，抽调骨干力量，对试点村进行业务培训和指导，组织人员赴农村调查研究，帮助试点村制定了农村社区建设各项规章制度及宣传栏，使群众对农村社区建设有了全面直观的了解，积极参与到农村社区建设工作中来。

【以提升福利服务水平为目标，大力推进社会福利事业】2008年昌都地区加大了福利彩票的宣传力度，将原有的6个销售点增至24个，进一步提高"3D"、"双色球"、"七乐彩"电脑福利彩票的销售量。截止12月20日，昌都地区共销售"七乐彩"、"3D"、"双色球"福利彩票1824.68万元，其中4个点已进入全区销售量前10名。在2008年9月召开的全区福彩工作会议上，昌都地区荣获"全区福利彩票销售先进集体"、1人荣获"全区福利彩票销售先进个人"。

进一步发展儿童福利事业。在继续抓好地区儿童福利院管理的基础上，将孤儿的生活标准由200元每月每人提高到355元每月每人。投资140万元新建孤儿院新宿舍。

【以保障优抚群体基本权益为重点，认真做好优抚安置和双拥工作】进一步做好优抚工作。保障军烈属、复员退伍军人、残疾军人、军队离退休干部等重点优抚群体的切身利益。

做好新形势下的安置工作。2008年共接收退役士兵64人，其中：城镇的37人，农村27人。在对37名城镇退伍士兵进行岗前培训的基础上，全部安置到基层工作。

进一步做好双拥工作。在2008年元旦、春节、藏历新年"三大节日"和"八一"建军节期间，共慰问部队92个，慰问驻军伤病员、在乡十八军老战士、九代本起义人员及家属、无军籍退休职工、军队退休职工、县乡机关退伍军人、农村籍退伍军人、"三属"及其他优抚对象共4492人（次），慰问节日坚守岗位31个943人，召开了丰富多彩、形式多样的座谈会20场次，参加人数达1628人，文艺演出5次，共安排慰问经费76.78万元。共统筹义务兵家属优待金23.94万元，兑现20.25万元。

【以规范化管理为核心，进一步加强对专项社会事务的管理】继续实施"地名公共服务工程"，全面推进地、县地名设标和地名数据库建设，不断提高地名公共服务水平。2008年在2007年工作的基础上，设计、命名了21条主要道路的标准名称，确定了街（路）的起止点；采取以社区为单位，按照属地管理的原则进行门牌登记，拟定了《昌都地区城镇地名标志设置、命名方案》，转发各县实施。同时，正在组织力量收集、整理包括行政机关、民间组织、单位、建筑物、道路、群众组织、居民点等各方面地名数据的入库登记、整理工作。指导各县认真做好地名信息的普查更新工作，以进一步建立完善的地名数据库，为全地区地名数据库建设打好基础。

进一步巩固勘界成果。2008年，完成西藏与四川省际边界的年检任务，对535千米的边界12颗界桩进行了检查，恢复界桩处。两省(区)、地（州）领导高度重视，建立了友好联谊机制，层层签定了《友好公约》，成立了"共建平安和谐边界"工作领导小组，力争把川藏线创建成"全国平安边界线"。为了建设平安边界，正着手筹备召开川、滇、青、藏毗邻地区"三州一地"民政工作研讨会的准备工作。

加大资源纠纷调处力度，确保全地区社会局势稳定。2008年共调处各类资源纠纷3起。

深化婚姻登记规范化建设。各县利用"五五"普法教育和综合治理宣传月活动，组建工作组深入到农牧区大力开展宣传活动，主要宣传了《婚姻法》和《婚姻登记条例》，散发宣传资料2000余份。通过宣传，提高了农牧区群众对婚姻登记的重要性的认识，农牧区群众的婚姻登记率有所提高。

不断提高殡仪服务水平。在充分尊重藏民族丧葬习俗的基础上，加大管理和改革力度，倡导科学、文明、健康的丧葬习俗。2008年共火化尸体29具。

【不断推进老龄事业的发展】认真做好2008年老龄事业统计工作，并根据统计结果为老年人办理《老年优待证》和《寿星证》，让老年人充分享受到党和政府的温暖与关怀。认真开展了《中华人民共和国老年人权益保障法》和《西藏自治区实施<中华人民共和国老年人权益保障法>办法》的宣传工作。结合昌都地区普法办组织的普法活动，积极开展老年维权活动，切实维护老年人的合法权益。开展了形式多样、内容丰富的敬老爱老助老主题教育活动并取得一定成效。认真做好全地区寿星老人健康补贴发放的统计工作，昌都地区全年发放寿星老人健康补贴210余万元。

【领导名录】

书记、副局长：王培槐

副书记、局长：洛松麦郎

副局长：崔选选、李雨雷

昌都地区劳动和社会保障工作

【就业再就业】2008年，昌都地区劳动和社会保障局积极采取灵活多样的形式，进一步拓宽就业渠道，开发就业岗位，有效促进就业。全年累计开发就业岗位3297个，新增就业3297（其中昌都地区劳动和社会保障局推荐就业的高校毕业生75人）人，实有城镇登记失业人员1387人，城镇登记失业率控制在了4.3%以内；共开展职业指导3915人次，开展职业介绍3979人次，职介成功2432人次。为了妥善解决"零就业家庭"和"3545"人员就业问题，在地委行署的高度重视和正确领导下，在全社会的大力支持下，昌都地区劳动和社会保障局积极开展了一系列卓有成效的工作，使"零就业家庭"数由年初的169户下降到6户。在消除（每户至少有一人实现就业）的163户"零就业家庭"中：自谋职业69户，通过公共就业服务机构职业介绍实现就业14户，公益性岗位安置80户。在公益性岗位招用人员中，地委、人大地区工委、行署、政协带头招聘"零就业家庭"人员，为促进"零就业家庭"人员就业发挥了积极作用。与此同时，分别举办了昌都地区第八届人力资源招聘会和09届高校毕业生就业服务周招聘活动，共有1200余人进场求职，51家用人单位进场招聘，共提供岗位294个（其中适合高校毕业生的岗位112个），现场初步达成用工协议89个（其中高校毕业生44个）。同时形成了高校毕业生就业形势分析及对策等4个专题调研。

2008年，通过采取委托办班、联合办班等形式，共举办缝纫技术、汽车驾驶、藏汉文打字、水利建筑工程建设、蔬菜种植、安居工程建设、藏式绘画等多种类型的培训班38期，其中，开展城镇失业人员培训班20期，共培训城镇失业人员和高校毕业生1331人/次；开展农牧民转移就业技能培训18期，共培训农牧民2128人次，同时，昌都地区劳动和社会保障局及各县劳动和社会保障局参与和配合实现农牧民转移就业6158人，并于7月14日在地区职业技术学校举办了一期SIYB创业培训班，共有110名地区职业技术学校的应届毕业生参加了培训。通过创业培训，鼓励、帮助失业人员创办微型企业，推进以创业促进就业。8月12日，举办了昌都地区首批失业人员见习岗前培训班，本次培训标志着昌都地区失业人员就业见习工作正式启动。

对全地区"零就业家庭"进行调查摸底，共备案"零就业家庭"169户，其中涉及有劳动能力和就业愿望的282人；积极联合各县及相关单位开发公益性岗位，开发使用公益性岗位400个（其中地直部门开发145个，各县255个），其中解决"零就业家庭"就业80户，146人。

先后开展了以"实现就业，稳定就业，真情相助"为主题的"就业再就业援助月"和"进城求职，帮您解难"为主题的"春风行动"。在两项活动中，共走访困难家庭146户，发放进城务工指南、"春风卡"等各类宣传资料7000余份，帮助22名困难人员实现就业，引导农牧民转移就业627人次，为482名农牧民提供转移就业培训。

2008年，昌都地区劳动和社会保障局将职业技能鉴定工作前移，并采取分散的方式开展职业技能鉴定。在7月底，昌都地区劳动和社会保障局联合地区职业技术学校开展了第一批职业技能鉴定，共为该校68名中专毕业生举行了技能鉴定。8月底又开展了面向全地区各类用人单位的包括汽车驾驶、行政办公、汽车修理等9个工种的职业技能鉴定，共有591人报名参加鉴定，其中，高级工207人、中级工138人、初级工246人；有501人取得职业资格证书，其中，高级175人、中级113人、初级213人。

联合地区财政局，积极开展"3•14"事件后受影响行业失业救助工作，通过认真调查核实，于8月29日对地区国际旅行社等5家用人单位的23名失业人员共计发放了57960.00元的失业救助金。

【社会保险工作】2008年，在深入推进基本养老保险、失业保险、城镇职工基本医疗保险和工伤保险的同时，进一步加快城镇职工生育保险和城镇居民医疗保险的实施，初步建立起了城镇居民全覆盖的社会保障框架体系，社会保险参保人数达72219人。

【养老保险工作】2008年，昌都地区参加基本养老保险的单位有121家，其中企业40家、机关单位51家、事业单位30家。参保职工5874人，其中离退休人员2166人（不含已安置人员），在职3708人，征收养老保险金3483万元。

确保了企业离退休人员养老金按时足额发放。昌都地区实行养老金社会化发放的离退休职工2166人，基本养老金支出4046万元，养老金社会化发放率达100%。

基本养老保险扩面工作稳步推进。昌都地区劳动和社会保障局通过采取"上门服务"、借助媒体等方式大力宣传养老保险扩面政策，2008年，共有163名个体参保人员办理了参保手续并缴纳了养老保险费。共计征缴基本养老保险费172余万元，并全部办理了职工基本养老保险手册，建立了参保人员个人档案。

认真做好调整企业退休人员基本养老金及体检费发放工作。完成了全地区2243名退休人员基本养老金调整审核工作，并于2008年3月补发兑现，此次调整基本养老金补发总金额66.9万余元。

昌都地区劳动和社会保障局于2008年3月10日完成了2243名离退休工人的共计56.13万元体检费的兑付工作。

昌都地区劳动和社会保障局从2008年2月份开始对全地区参保职工基本养老保险个人账户进行审核建帐，共完成5874人的养老保险费手册、卡片审核及个人帐户年度审核建帐工作。

【医疗保险工作】2008年，昌都地区参加城镇职工基本医疗保险的单位132家，参保人数23746人，征收城镇职工基本医疗保险费7140万元，征收公务员医疗补助1611万元；共支出医疗保险基金2830万元，公务员补助支出117万元。

昌都地区城镇居民基本医疗保险参保户数6679户，参保人数12293人，共征收城镇居民基本医疗保险基金292万元，支出城镇居民基本医疗保险金141万元。

2008年4月28日，昌都地区劳动和社会保障局组成考核组，对三家定点医疗机构、四家定点零售药店进行了考核。并在完成对昌都县日通乡藏医院的考察审核后，将其纳入昌都地区城镇职工和居民基本医疗保险定点范围。

【工伤保险工作】2008年，昌都地区参加工伤保险的单位54家，参保人数2995人，征收工伤保险费69万元，支付医疗费4万元。

【失业保险工作】昌都地区参加失业保险的单位198家，参保人数9875人。根据《失业保险条例》和《西藏自治区实施失业保险条例办法》的规定，昌都地区劳动和社会保障局不断加强失业保险征收工作，加强清欠工作力度。全年共征收失业保险费792.08万元，支出失业保险金492.60万元。

【生育保险工作】2008年．昌都地区参加生育保险的单位130家，参保职工17436人，征收医疗保险基金218万元，支出生育保险费69万元。

【劳动管理和劳动监察工作】劳动争议仲裁工作。2008年，共受理劳动争议案件104起，涉及人数1152人，涉及金额

567.79 万元，已成功调处 104 起，追回民工工资 567.79 万元，结案率达 100%，与 2007 年相比增长 50.7%。

2008 年，昌都地区劳动和社会保障局联合公安、人事、工商等有关部门，共开展了 9 次劳动保障执法专项检查，共检查各类用人单位和企业 112 家，涉及劳动者 3210 余人。对 35 家用工单位的用工行为提出了限期整改要求。同时，督促 35 家用人单位与 1756 名农民工签订了劳动合同。签订个人劳动合同 1956 份，涉及 116 家个体工商户、私营、国有企业；签订集体合同 2 家，涉及人数 113 人，完成地区公益性岗位劳动合同续签及新签各 400 人。

法规宣传工作。为推进劳动保障法律法规的普及工作，增强昌都地区务工人员和用人单位的法律意识，2008 年，共开展了 16 次劳动保障政策宣传活动，发放各类宣传资料 3 万余份，大力宣传《劳动合同法》、《就业促进法》等劳动保障法律法规。

【劳动工资工作】2008 年，公布了昌都地区 680 元的最低工资标准和 6 元的小时最低工资，并对昌都地区 2009 年度最低工资标准进行了测算；按政策规定办理工资晋升 41 人，转正定级 33 人，工人调配 51 人，落实工龄 24 人，清理退休人员档案 87 份；对交通运输部门除名人员养老统筹交费情况进行了清理。同时，按照自治区劳动和社会保障厅、财政厅、总工会、妇联、国资委、团委、工商联、社会科学院等八部门联合下发的《关于开展女职工退休年龄专题调研工作的通知》精神，联合地区财政局、地区工青妇、地区国资委、工商联等部门，圆满完成了昌都地区退休女职工年龄调研工作。

【获奖情况】2008 年，昌都地区劳动和社会保障局被评为自治区第五次民族团结先进集体；刘莎书记被评为区党校第十五期中青年干部培训班优秀学员。

【领导名录】

书记、副局长：刘莎

副书记、局长：舒敏江

党组成员、副局长：吕宝良、雷占宝

昌都县

【基本县情】历史沿革：古时称昌都为“康”、“恰木多”、“察木多”，意为江水汇合之处，澜沧江、金沙江、怒江流经昌都镇境内，为三江之上游。

地理概况：昌都县位于西藏东部，昌都地区的中北部，地处横断山脉西北部，青藏高原东南部的边缘地带，地势北高南低，东西呈“W”型。北部山脉最高海拔 5460 米，南部最低海拔 3100 米，县境平均海拔 3500 米。昌都县位于昌都地委、行署所在地，东与江达、贡觉两县相邻；南与察雅、八宿两县接壤；西与类乌齐县交界；北与青海省囊谦、玉树两县毗邻。幅员面积 1.1 万平方千米，南北最长距离为 145 千米，东西最宽距离为 90 千米，是藏东经济、交通、文化、商业中心，县驻地东距四川成都 1290 千米，西距西藏自治区首府拉萨 1120 千米。

行政区划和人口：昌都县现辖 15 个乡镇、158 个行政村、9 个社区居委会。全县总人口 12.48 万人，其中农牧业人口 6.9 万人，有藏、汉、回等 16 个民族，藏族人口占 90%以上。

自然资源：森林覆盖面积达 53 万公顷，主要树种有冷杉、云杉、柏树、松树、桦树等，蕴藏量居全区前列，蓄积量达 8000 万立方米。矿产资源主要有煤、铁、砷、金、银、铅、锌、硫磺、水晶石等 36 种矿藏。水资源丰富，总流量达 152 亿立方米，且山高谷深落差大，极富开发价值。扎曲河、昂曲河流至昌都镇时汇合，始称澜沧江。扎曲河流经境内长达 145 千米，昂曲河流境内约 120 千米，澜沧江和金河则分别流经境内长达 85 千米和 50 千米。

旅游资源：昌都县的旅游资源富含民族气息，县境内有新石器时期的“卡若遗址”、“小恩达遗址”，建于十五世纪中叶的康区最大的黄教寺庙---强巴林寺，坐落在昌都镇扎曲河畔，1444 年由宗喀巴弟子麦•西绕松布创建。建于公元 1185 年的藏传佛教噶玛噶举派的嘎玛寺，其主殿融藏、汉、纳西和尼泊尔建筑风格于一体，位于昌都县如意乡境内的谷窝普溶洞，长达 20 华里，相传是大鹏鸟穿越形成，洞内奇观异景众多，一个景观一个传说。距昌都县城约 32 千米的朱古寺风景区，古柏参天、风光宜人。此外还有若巴瓦美卡温泉、拉多自然风景区等。民间特产有“唐卡”绘画、铜佛像及金、银、铜、铁等各种民族手工艺品。

交通条件：昌都县位于昌都地委、行署所在地，区位优势十分明显，距邦机场 128 千米，国道 214、317 线贯穿全境。近年来，昌都县完成了玉面公路、若巴公路等重点工程，全县 15 个乡镇实现了通车，现有公路里程 1500 多千米，全县 158 个行政村通车率达到 86%。

【经济社会继续保持了良好的发展势头】2008 来，昌都县完成地方生产总值 8.48 亿元，比上年增长 19.2%。其中第一产业完成 2.55 亿元，增长 15%；第二产业完成 1.31 亿元，增长 0.86%；第三产业完成 4.62 亿元，增长 28.4%。一、二、三产业结构比例由 2007 年的 31:18:51 调整到了 30:15:55； 农牧民人均纯收入达到 3537.58 元，增长 17.9%，其中现金收入 2209.52 元；县级财政收入完成 3003 万元，增长 33.3%；社会固定资产投资完成 5.1 亿元，其中民间和社会投资 1.05 亿元； 完成劳务输出 45895 人次，实现劳务收入 5486.87 万元；粮食总产量达到 3595 万斤。

【狠抓“首要任务”的落实，农牧民生产生活条件进一步改善和提高】昌都县委、县政府坚持把改善农牧民生产生活条件、增加农牧民收入作为首要任务，作为改善民生、凝聚民心的重要举措，强化组织服务，全面落实各项支农惠农政策，继续加大投入力度，预算安排本级财政收入的 7%共 158 万元投入农牧业生产，兑现各类农业补贴 187.09 万元，有力推动了农牧业增产增效。全年完成农作物播种面积 8.43 万亩，其中：粮食作物 6.93 万亩，经济作物 0.93 万亩，饲草料作物 0.57 万亩。粮、经、饲结构比例调整为 82:11:7，种植业结构逐步趋于合理。粮食总产量达到 3595 万斤，比 2007 年增产 84 万斤。牧业生产形势良好，全县牲畜总增 12.36 万头（只、匹），总增率达 31.01%，仔畜成活率达 95%，成畜死亡 6066 头（只、匹），死亡率控制在 1.75%以内，牲畜综合出栏达到 12.43 万头（只），出栏率达到 31.2%。进一步加强了重大动物疫病监测防控体系建设，完成了春秋两季牲畜五号病疫苗注射工作，免疫密度达到 100%；认真抓好禽流感防控工作，禽流感注苗率达到 100%，实现了“清净无疫”的目标。

按照新农村建设“二十字”总体要求及区、地农牧民安居工程建设工作会议精神，以农牧民安居、饮水、通电、通路、通讯等基础设施建设为重点，进一步加强组织领导和协调服务，积极改善农牧民生产生活条件。全县又有 1501 户农牧民群众搬进了安全适用的住房。完成了 69 个行政村综合活动场所及基础设施配套建设，实施了 12 条村级道路硬化。完成了城关镇生达村、如意乡桑多村新农村整村推进项目。进一步增强农牧民群众的生态、环保意识，全年共落实工字钢 2375 根，竹胶板 2.86 万平方米，石材 11.25 万立方米，塑钢窗 1 万余套，实现替代材料使用面积达到 45 万平方米。继续坚持以特色农牧业产业开发为龙头的多元增收思路，及时调整充实了县、乡农牧民增收工作领导机构，继续扶持壮大农村经济合作组织，充分发挥特色农牧业产业带动作用，加大劳动技能培训和劳务输出组织引导力度，规范林下资源采集，形成了链状促增收的工作机制，确保了农牧民收入持续增长，增收渠道进一步拓宽。全年实现劳务输出 45895 人次，创收 5486.87 万元，累计采集虫草 4275.49 斤。农牧民人均纯收入达到 3537.58 元，比上年增长 17.9%。

【项目建设和管理工作加强，“瓶颈”制约问题得到进一步缓解】2008 年，昌都县完成全社会固定资产投资 5.1 亿元，其中民间和社会投资 1.05 亿元，重点加强了交通、能源、水利、市政等基础设施建设。总投资 2102 万元，完成了芒达乡至莫堆村、面达乡至墨巴村等 12 个农村公路建设项目，新增农村公路里程 171 千米，解决了 44 个村 1.5 万余名群众的出行难问题，截止 2008 年底，行政村公路通达率已达到 86.1%，农牧区交通“瓶颈”制约问题得到进一步解决。国家投资 471 万元，完成了 25 个村的安全饮水工程，解决了 898 户 6382 人和 20274 头(只、匹)牲畜的安全饮水问题；完成了国家投资 179 万元的 2008 年“民办公助”水利项目，改善灌溉面积 8347.6 亩，新增灌溉面积 232 亩。完成了昌都镇廉租房、县直机关周转房、约巴乡整乡推进扶贫项目建设；小恩达村砖瓦厂已建成投入运营；完成了俄洛镇约美完小、沙贡乡温达教学点改造任务。启动和实施了昌都镇昂曲河北大桥、昌都镇垃圾填埋场、卡若镇天津大桥、农村沼气项目、牦牛育肥基地项目、奶源基地项目建设。

【财税金融稳健运行】2008 年受“3•14”事件的影响，在对餐饮服务、交通运输、旅馆业等领域减免税收 290 万元的情况下，全年县级财政收入完成 3003 万元(其中税收收入完成 1300 万元)，比上年增长33.3%。年末各类存款余额12638万元，比上年增长 11.7%，其中居民储蓄存款 5214 万元，占各项存款总额的 41.3 %；各项贷款余额 6159 万元，其中涉农贷款余额 5097 万元，占贷款总额的 82.8%，为农村经济发展提供了有力支撑。

【城市管理工作进一步加强】继续加强了昌都镇卫生治理工作，加大投入力度，使城区环卫设施基本实现了全覆盖。进一步健全市容市貌“三化”目标机制，加强了城区路灯、树木、草坪等市政设施的管护，市区内乱摆摊点现象得到有效治理，市容市貌进一步改善。从 2008 年 11 月 5 日开始，县委、县府主要领导及 11 名县级干部、50 余名科级干部脱产投入违法建筑治理整顿工作。成立了昌都县城市管理和综合执法局，研究制定了《昌都镇农牧民进城务工临时居住用地安置暂行规定》等相关政策，创新工作思路，坚持依法行政与关注民生相结合，得到了社会各阶层，特别是违法建筑户的认可和支持，已完成临时安置 700 余户，工作重点逐步转入了规范安置阶段。

【社会事业全面进步】始终坚持教育优先发展战略地位不动摇。通过本级财政配套 20%，积极争取援藏资金，不断加大教育投入，努力改善办学条件。切实加强“两基”巩固工作的组织领导，“两基”成果得到进一步巩固。“三包”大宗物资集中采购制度进一步完善，认真落实“两免一补”政策，加强学校内部管理，努力改善教学环境，提高教育教学水平。在 2008 年小学升内地西藏班考试中，俄洛镇完小 16 名学生上线，获得了全地区乡（镇）级完小第一名的好成绩。

农村合作医疗制度改革深入推行。农牧区医疗制度进一步规范和完善，参加农村合作医疗群众达 11361 户、68761 人，覆盖率达 100%，家庭账户本使用率达 100%，全年累计报销医疗费 523.72 万元。药品采购按规定纳入了地区集中采购范围。加强了地方病、传染病的监控预防体系建设，适龄儿童计划免疫接种率达到 95%。继续落实了农牧区“一孩双女”户困难家庭扶助制度，扶助对象达到 1442 户 1654 人。加强食品安全检查，特别是对国家公布含有三聚氰胺生产批号的乳制品全部采取了下架处理；继续加大计划生育服务和宣传工作，共发放各类宣传材料 8000 余份，免费为 640 名农村妇女做了节育手术，进一步提高了农牧民群众的优生优育意识。

文化广播电视事业取得新的成效。深入推进送文化下乡活动，进一步加大了对非物质文化遗产的保护。“村村通”工程进展顺利，新建、改扩建广播电视收转站 32 座，对 15 个乡（镇）转星收视设备进行了全面检查、调试，确保了广大农牧民群众正常收看北京奥运会及残奥会盛况。民间放影工作、文艺活动普遍开展，全年深入乡（镇)、村巡回放影 2458 场次，为乡村、部队、学校开展文艺演出 34 场次，进一步丰富了群众的精神文化生活，推动了和谐社会建设。科技推广力度进一步加大。按照建设社会主义新农村要有新农民、新农民要有新素质的要求，在全县 15 个乡（镇）开展了作物栽培、病虫害防治、农机具使用安装等农牧业科学、实用技术培训，参训群众达 7067 人。组织了 12 名农牧民致富能手赴天津参加了为期 13 天的科技培训。全年完成在岗科技人员培训任务 11 人，开展科普活动 5 次，引进 3 项农牧业适用技术并取得了一定的经济效益，科技对农牧业增产增收的贡献率进一步提高。

【领导名录】

副专员、县委副书记、县长：斯朗尼玛

县委书记：田学明

江达县

【经济发展情况】2008年，江达县生产总值完成51200万元，同比增长17%；农牧民人均纯收入达到3160元，同比增长19%；其中现金收入达到2060元，同比增长19%;县级财政收入完成1100万元，同比增长29%;全社会固定资产投资完成10539万元，同比增长7%;农牧民劳务输出累计15944人次，创收4243万元，同比增长11%；完成招商项目4项，注册资金5000万元；其它发展指标都完成或超额完成。

【进一步夯实了农牧业基础，巩固和提高了农牧业综合生产能力】农牧业综合生产力不断提高，全县农作物播种面积6.85万亩，其中青稞4.65万亩、春麦0.6万亩、蔬菜0.2万亩、荞麦0.1万亩、油菜0.38万亩、豆类0.12万亩、青饲料0.8万亩。改造中低产田1.5万亩，维修水渠97条（长13000米），调运化肥450吨，农药2吨，积造农家肥15万吨。春季牲畜疫苗注射483589头（只、匹），其中牛286724头、羊196865只。全年在昌都和江达县城市场交易牦牛2000头。

及时启动了《江达县防抗灾工作应急预案》，切实加强了对农牧业防抗灾工作的领导，积极引导群众树立有灾抗灾、无灾防灾的忧患意识。紧急向易受雪灾和交通易中断的乡镇调运27万斤抗灾饲料粮（其中：县农牧局调运抗灾饲料10.5万斤，县民政局调运抗灾粮16.5万斤）。调运御寒物资（棉衣、棉被、帐篷等）价值36.08万元，抗灾饲料（油渣、麦麸）25万斤（价值31.14万元），兽用药品（防抗灾用）价值6.1万元。同时粮食部门储备了150万斤储备粮(其中:自治区储备粮120万斤，县储备粮30万斤)，以防灾情扩大，并储备了足量的加碘食盐、茶叶，以便在灾情发生时应急。

加强邓柯乡蝗虫防治工作，积极采取措施，按照“不起飞、不扩散、不危害”的要求，7月份开始，地县乡工作组在邓柯乡集中开展防蝗工作。防治面积13500余亩，取得了较好的效果。

【以安居乐业为抓手，农牧民生产生活条件进一步改善】2008年完成880户安居房建设，其中农房改造685户，扶贫搬迁55户，地方病搬迁40户，游牧民定居100户；村级组织配套建设修建完成34个。截止2008年底，完成安居工程建设3157户，完成户数的31.85%。

全年共建设公路项目5个，总里程259.7千米，桥梁3座，总投资6743万元。

完成了2007年第三批、2008年第一批农村饮水安全工程，分别解决1484人和4321人的饮水安全问题。同时，民办公助项目分别在岗托镇、波罗乡、汪布顶乡、邓柯乡新建和维修农业灌溉水渠14条，新增水浇地灌溉面积4999亩，改善水浇地灌溉面积1429亩，解决了14个村的农田灌溉问题。

电信部门在德登、汪布顶、娘西、岩比、字嘎等五个乡架设了电信光缆。移动公司在娘西、邓柯、汪布顶乡修建完成移动信号塔，开通了服务，扩大了通信网络覆盖面，促进了信息流通和经济发展。

全年共培训农牧民2597人。新组建邓柯、德邓、岩比、同普、汪布顶五支农牧民施工队。完成劳务输出15944人次，创收4243万元。

【重点项目建设有序推进，基础设施条件不断改善】全年新、续建项目开工17个，其中新建14个，续建3个，计划总投资11630.1万元，实际完成投资10507.8万元，完成总投资的90.2%。

总投资286万元的江达县干部职工周转房（续建）工程于6月底竣工并投入使用。总投资350万元的玉龙镇干部职工周转房建设和玉龙派出所、管委会工程，其中玉龙镇干部周转房、管委会已经竣工，玉龙派出所正在紧张有序的施工中。同时，县财政先后出资245万元为县兽防站购买了办公住宿楼，投入110万元对各乡镇的干部住宿及办公楼进行了维修，出资176万元为9个乡镇购买了交通用车，在一定程度上缓解了江达县干部职工周转房的供需矛盾，改善了乡镇干部职工的工作生活条件。

完成总投资460万元的江达县给排水改扩建工程主体工程。总投资187万元的后勤服务中心办公大楼全部竣工并投入使用。总投资471万元的江达县三期农网工程、总投资136万元的江达县消防大队综合楼建设工程已完工。完成总投资610万元的江达县牦牛育肥基地建设总体工程。县城城镇功能进一步完善，城镇规模不断扩大，对江达县经济辐射带动作用进一步增强。

【以玉龙铜矿开发为龙头，以矿产水能为主的产业格局逐步显现】县委、县府始终把玉龙铜矿的开发建设作为二产发展的重中之重，多次召开协调服务工作专题会，为玉龙铜矿顺利开发建设做了大量艰辛而卓有成效的工作，确保了玉龙铜矿如期实现一期一步建设竣工投产下线目标。

2008年县委、县府在金沙江上游水电开发领导协调办公室及县直有关部门、乡、村大力支持配合下，波罗电站完成库区调查及环保专业调查，预可研工作基本完成；岗托电站前期工作也逐步加快。由华电公司投资建设的同波公路设计工作已全部完成，该项目正按程序申报，待上级审批。

在原建的家庭旅馆基础上不断提高和完善了家庭旅馆的各项服务及设施建设。2008年7月底在岗托家庭旅馆成功接待了地区及八宿县、左贡县的联合考察团，并得到了一致好评。

【社会事业协调发展，公共服务能力有所增强】县委、县府在2008年初召开了“普九”巩固工作专题会议，制定了一系列切实可行的措施。各乡镇、教育部门、两基办，各支教单位按照县委、县府统一部署，各司其职，各尽其责，狠抓落实，教育教学质量和管理水平不断提升，顺利通过了“普九”巩固复查验收工作。

进一步完善了农牧区医疗制度。全县100%的农牧民参加新型合作医疗，计划免疫接种率达95.7%；加强了农牧区妇幼保健和计划生育服务工作，进一步健全了优生优育体系，确保了江达县人口自然增长率控制在10.65‰以内。同时，围绕建设基本的卫生保健制度，推进公共卫生、农村卫生和社区卫生加快发展，推进医药卫生体制改革，医院管理水平不断提高。办理卫生许可证200家；在县城内开展了食品监督检查5次，没收并销毁价值 562 元的过期不合格食品；开展计划生育宣传活动 2 次，共发放计生宣传资料 1700 份。

社会保障和就业再就业工作进一步加强。基本养老保险制度健康运行，全县养老金社会发放率达 100%。全面落实了城镇低保和农牧区特困群众生活救助政策，城镇和农村低保标准分别上调 30 元和 50 元。全年对 88 户城镇低保户 245 人发放资金 495642 元；对 1303 户农村低保户 7254 人发放资金 2064456 元；对 518 个五保户发放 777000 元；给 523 名寿星老人发放 185900 元。同时给 57 人发放特困群众医疗救助资金，共 172781 元。继续完善和落实县级领导、科级干部对口联系、定点帮扶制度，各部门齐抓共管，加大了扶贫力度，落实了扶贫对象。稳步解决了 252 户 1538 人的温饱问题，巩固率达 98%。高度重视解决“零就业”家庭问题，全年购买公益性岗位 15 个，累计实现就业人数为 80 人次。

贡觉县

【经济发展情况】2008 年，贡觉县生产总值完成 30923 万元，同比增长 15%。其中：一产完成 15917 万元，同比增长 7.9%；二产完成 2614 万元，同比增长 24.6%；三产完成 12392 万元，同比增长 23.42%。农牧民群众人均纯收入达 2912 元，其中现金收入 1861 元，同比分别增长 16.79%、44.6%。

【农业工作】2008 年，贡觉县全县农作物播种面积达 3864.84 公顷，其中：粮食播种面积 3249.62 公顷，占总 84.08%，粮食总产量 13605 吨；经济作物播种面积 615.22 公顷（其中：油菜 302.31 公顷，产量 530 吨；蔬菜面积 110 公顷，产量 905 吨；其他作物 202.9 公顷）。全县机耕 1.05 万亩，机播 2 万亩，推广良种面积 3500 公顷，良种覆盖率 85%，施用化肥 122 吨。

【牧业工作】年初牲畜存栏 270007 头（只、匹），全年新生各类仔畜 94771 头（只、匹），其中：牛 25472 头，绵羊 54233 只，山羊 12751 只，马（驴、骡）2315 匹。仔畜成活 91500 头（只、匹），成活率 96.5%。成畜死亡 4954 头（只、匹），死亡率 1.49%。加强了“五号病”等疫苗注射工作，免疫率达 100%。牲畜出栏 78342 头（只），综合出栏率为 29.01%，其中：牛出栏 21836 头，羊出栏 56506 只，其中：牦牛上市 800 头，向外地销售羊 5589 只。年末存栏 274411 头（只、匹）。

【切实增加农牧民收入】2008 年，贡觉县采取多种有效措施，千方百计增加农牧民收入。一是在稳定粮食产量的基础上，调整种植结构，增加经济作物种植面积，扶持、引导群众种植蔬菜，全年蔬菜种植面积达 1650 亩，实现收入 200 万元。二是积极开展农牧民技术培训工作，农牧局牵头举办科技培训班 16 期，参训人员 2616 人次；社保局牵头举办了 4 期职业技术培训班，开设专业 12 个，参训人员 272 人。三是组织群众有序采集虫草，共采集 1890 斤，收入 2835 万元。采集药材和其它菌类 2 万斤，收入 20 万元。四是以安居工程建设和基础项目建设为契机，积极组织群众投工投劳，实现劳务业收入 589 万元；沙石采集 12 万立方米，收入 1200 万元；外地汇入 48 万元，三农补贴 71.8 万元，工资收入 324 万元，租赁收入 30 万元，运输业 1890 万元，其它收入 695 万元，实现农牧民增收 7702.8 万元。五是争取莫洛镇奶牛养殖和高效日光温室两个扶贫开发项目，总投资 134 万元，培育新的经济增长点。

【农田水利工作】坚持民办公助，加强农田水利建设，组织群众维修、新建水渠共计 21 千米，新增灌溉面积 887.5 亩，改善灌溉条件 32370.37 亩。

【工交经济稳步发展】完成乡及乡以上工业总产值 1332.7 万元，同比增长 9.23%，完成发电量 599 万千瓦时，同比增长 3.76%。完成客运量 4.81 万人次，同比增长 2.34%，货运量 3.47 万吨，同比增长 4.1%。

【乡镇企业蓬勃发展】乡镇企业产值完成 754 万元，多种经营收入完成 5300 万元，民族手工业产值完成 198 万元，同比分别增长 5.7%、5.6%、11.9%。

【金融全面支持农牧区发展】2008 年，贡觉县共发放贷款 7180 万元，其中小额扶贫贷款 4846 万元，各项存款余额 11096 万元，其中储蓄存款 3398 万元。

【大力发展非公有制经济】2008 年，贡觉县非公有制经济迅速发展。全县个体工商户 383 户，从业人员达到 949 人，注册资金达 1555.68 万元，同比分别增长 9.74%、32.28%、80.36%。私营企业 10 户，注册资金达 215 万元，雇工 61 人。

【基本设施建设进一步加强】2008 年，贡觉县各类基本建设项目总投资 12353 万元（其中：民间社会投资 2800 万元），建设项目 33 个，其中：新建 28 个，续建 5 个。一是新建东风和谐广场、农牧民文化活动中心、人民医院周转房、县城给排水工程、县城市政道路等工程竣工投入使用。二是贡青油路于 9 月 25 日开工建设。三是农村公路建设力度进一步加大，开工建设了罗沙、克罗、左娘、康布、曲拉等 10 条公路，总投资 2104.6 万元；建成后，将新增公路里程 233 千米，新增通路村委会 24 个。四是积极实施人饮工程，完成 2007 年续建和 2008 年新建共计 37 个工程点，累计解决 789 户、6099 人的安全饮水问题。五是完成三期农网改造，共架设 10KV 线路 64.84 千米、0.4KV 线路 33.6 千米、变压器 37 台，解决 28 个村委会、42 个自然村、673 户、5344 人的用电问题。六是桑珠荣电站、哈加仁达灌区等项目进展顺利。

【突出“安居”，建设社会主义新农村】在社会主义新农村建设中，一是加强领导，确保顺利设施；二是加强宣传工作，充分调动农牧民群众参与安居工程的积极性；三是加强生态环境保护，鼓励群众使用环保替代材料，使用工字钢 65 吨、铝合金 15.6 吨、竹材 43.5 立方米，混凝土构件 428 立方米，节约木材 1118 立方米；四是组织群众积极实施安居工程建设，有千余名群众以不同方式参与了安居工程建设，组建了 2 个农牧民施工队，缓解了对外来技工的依赖。全年共完成 676 户安居工程、46 所村级活动场所、2

个新农村建设示范点的建设任务。

【社会事业全面发展】教育方面，一是统一思想，提高对“两基”巩固工作的认识。调整充实了县、乡“两基”巩固领导小组，出台了《关于“两基”巩固提高工作的决定》，确定了教育发展五年规划和“连续抓五年、逐年上台阶”的总体思路。二是加大招生和教学管理力度，认真做好“防流控辍”。各乡（镇）切实加强招生工作，实行了乡（镇）干部包村，村干部包户的招生制度，使招生和控辍任务真正落到实处，学生入学率逐渐提高，小学到位1879人，巩固率为66.65%；初中到位学生达到280人，巩固率为68.63%。县委、县府对招生工作成绩突出的哈加、拉妥两乡予以了1.5万元的重奖。同时，县委、县府为189名教师评聘了职称，培训教师2100人次，教师工作积极性得到提高，教育教学质量进一步提高，考取内地西藏班初中17人、高中11人，分别比2007年增加7人、9人。三是加大经费投入力度，改善教育外部条件。坚持把财政收入的20%共计148.8万元投入教育，为全县教师配套了2004至2007年的住房公积金127万元；全县干部职工捐出10月份工资的5%共计142278.75元，用于教育事业发展。县财政投入资金40多万元购买了一辆中巴车，主要用于安全接送中学生。四是大力发展职业教育，在县中学开办了种植、养殖、绘画等职教班，并选派5名教师到东风公司进行为期一年的汽车维修技术学习，学成返岗后，新增了汽车维修班。

科技方面，积极开展农村沼气示范推广工作，根据东风公司科技援藏项目的安排，在莫洛、相皮、哈加等3个乡（镇）投资20万元进行20个沼气示范户建设；配齐了12乡（镇）的科技副乡（镇）长。

文化广电方面，始终坚持“双百”和“一手抓繁荣、一手抓稳定”的文化工作方针，一是加强了对“村村通”设备的管理维护，完成了农村中央广播电视无线覆盖工程和村村通站点转星调整，并新建了5座村村通站点，进一步提高了农村广播电视覆盖率；二是进一步加强了对文化娱乐场所的检查，规范了文化市场正常秩序；三是解决1.5万元专门经费，开展了文物普查，发现了查穷卡遗址等6处文物遗址，上报了三岩民风民俗等4项非物质文化遗产；四是上报各类新闻稿件53篇、采用了27篇，采用率51%，制作播放《贡觉新闻》143条；五是新增闭路电视频道8个；六是县志编撰工作进展顺利，通过地区初审。七是加大对外宣传工作力度，开通了县人民政府门户网站（www.xzgongjue.gov.cn），全年共上传各类文字新闻100期，图片新闻68幅，总访问量6012人次。

卫生、人口计生方面，一是组织医疗人员深入12乡（镇）农牧区开展巡回义诊，共诊治病人3500余人次。二是认真做好克日乡麻疹患者治疗工作，及时、有效地控制了疫情，47名患者全部治愈。三是加强医护人员技术培训，东风公司派出第三批医疗队4名医生来贡觉县进行技术援助，并从内地招聘了两名专业技术人才，开展了109人次的农牧区卫生培训。四是加强藏医药研发力度，财政投资25万元，建成了县藏医院藏药制剂室，生产出珍珠七十丸等25种特色藏药。五是加强适龄儿童计划免疫，儿童基础免疫率达到95%。六是及时为农牧民群众核报医疗报帐284.7846万元，报销率达100%，落实了人均0.8元的农牧民医疗管理办公经费和人均4元的防保经费。七是加强食品卫生安全检查工作，查处各类过期食品、药品230余种，价值72136.8元；尤其加强了奶制品市场监管，清查奶制品经营户122户（次），强制下架、封存问题奶粉20公斤、价值2300元。八是人口和计划生育工作得到进一步加强，发放“一孩双女”困难户家庭和独生子女伤残死亡家庭扶助金234600元，免费为群众提供计生技术服务585人次，使全年人口自然增长率控制在10.53‰。

【领导名录】
县委书记：陈军
县委副书记、县长：公嘎泽仁

类乌齐县

【基本县情】类乌齐藏语意为“大山”。类乌齐位于西藏自治区东部，昌都地区西北部，东南部分属高山峡谷地形，西北部属高原地形。全县平均海拔高度在4500米以上，县城所在地海拔为3860米，县城地处川藏“317 国道”和康青“214 国道”交汇点，距离自治区首府拉萨1075千米；距离昌都地区所在地105千米。

类乌齐县南北长110千米，东西宽112千米，全县有8个乡，2个镇，2008年总人口为42069人，全县总面积为6147平方千米，其中牧草地5097万亩，占57.83%；耕地8.8万亩，占0.7%；林地24万亩，占26.5%。

丁青县

【基本县情】丁青县位于西藏东北部，昌都地区西北部，是昌都地区的西大门。丁青原属蒙古霍尔卅九族地区，1916年归属西藏地方政府统治，1942年将卅九组地区设置为丁青、色扎、尺牍三县（宗），属江基（北方总管）通管。民主改革后，1959年4月三县合并为丁青县。1988年3月撤区并乡后，下辖1个镇、14个乡。1998年7月设置为2个镇、11个乡。

丁青现有面积12955平方千米，县城所在地海拔3873.1米，距昌都248千米，距拉萨805千米，317国道纵贯全县，共63个村委会，1个社区，183个村民小组。2008年底全县总人口为66347人，其中农业人口63689人，非农业人口2658人；实有耕地12.05万亩，草场面积1041.8万亩，牲畜存栏27.89万头（只、匹）。

【资源概况】丁青是昌都地区农业大县，资源富足、物产丰富。全县野生动植物资源种类繁多，有鹿、獐、水（旱）獭、熊等上百种动物，分布有虫草、知母、贝母、大黄、红景天、秦艽、雪莲、白芷、豹骨、鹿茸、麝香、熊掌、猴结等名贵中药材，其中以虫草质优量多最为闻名。现已探明矿种有金、银、铂、铬、镁、白云岩、象牙玉等50多种，有钨、锡、汞等潜在稀有金属和重晶石等资源。全县河流纵横，水系广泛，水资源十分丰富，有5—20个流量大小不等的河流13条。高原风光独特，奇山名湖星罗棋布，风光秀丽的布托湖、古朴典雅的孜珠寺、雄伟险峻的布加雪山等远近闻名。

【经济发展情况】2008年，丁青县生产总值完成47050万元，增幅16%，其中第一产业完成27715万元，第二产业完成6020万元，第三产业完成13315万元；农牧民人均纯收入达到3290元，增幅17.08%，其中现金收入2335.9元。完成固定资产投资19483万元，完成工业总产值538万元，完成社会商品零售总额8393万元。县级财政收入完成1811万元，同比增长429万元，增幅31%。支出完成1.5253亿元，同比增加3415万元，增长28%。各类存款总额达15196万元，较年初增加1804万元，增长13.47%，各项贷款13219万元，发放《农牧户贷款证》6788本，发放面积达86.44%，有效促进了市场经济健康平稳按照产业带和产业基地建设思路，进一步夯实农牧业基础地位。2008全县农作物播种面积11.84万亩，其中粮食作物10.25万亩、经济作物1.59万亩，粮、经、饲比例为86：8：6，二级种子田繁育2000亩，良种覆盖率达到85.2%，设立实验测土配方"3414"项目试验田7块；农作物总产量达到6217.48万斤，粮食产量达到4955.38万斤，油菜189.03万斤。粮油总产量分别比2007年增产154.18万斤和87.52万斤；全年新生仔畜90649头（只、匹），成活87032头（只、匹）。同时，以"产业带建设"为着力点，积极实施特色产业基地建设，在县域内317国道沿线重点狠抓了以协雄、丁青、尺牍三乡（镇）为重点的种、养殖业基地建设；色扎乡畜牧产品流通基地建设；尺牍镇民族手工业基地建设；协雄乡建筑建材供应基地建设；觉恩乡运输业示范基地建设；桑多、觉恩、协雄、丁青、色扎、尺牍为主的商品粮基地建设；丁青、布塔牦牛、绵羊育肥基地建设。经几年来的具体实践，初步实现了从规模到数量，从数量到效益的良好转变，逐步把农牧民从传统单一的发展思维模式引导到以"能源矿产做支柱，资源利用做特色，农牧业发展做基础"的产业发展思路上来。2008年，落实各项支农惠农补贴资金达276.42万元，极大地改善了农牧民生产生活条件，增强了群众致富奔小康的信心。

2008年，丁青县乡（镇）企业实现产值达867.2万元，实现利税达294万元；多种经营收入达10570万元；民族手工业实现收入220余万元；社会消费品零售总额完成8393万元。第三产业的快速发展，对于全县经济发展、市场繁荣、物价稳定和增加农牧民收入，提高城乡居民生活质量发挥了重要作用。2008年底，全县个体工商户已增至794户，从业人员1524人，注册资金1457万元，私营企业从无到有。到目前为止已经发展为15户，雇工人数143人，注册资金1224万元。

突出矿产业和能源业等支柱产业培育建设。引进了一批区内外优势企业和民营经济来丁青创办实体经济，同时，木塔乡孜拉山森格日铜矿和布塔乡铅锌矿开发已进入了前期探矿阶段，象牙玉进入实质性开发。能源开发和利用率逐步加大，以丁青县二级水电站（桑多水电站）为骨干电网的电站为丁青经济腾飞提供了源源不断电力保障。

【新农村建设】在全面实施安居工程建设任务的同时，选择2个村突出狠抓了新农村建设试点工作，完成了28个行政村"两委"办公场所和综合配套设施建设。

2008年，又有1030户农牧民群众喜迁新居。建筑总面积达21.4万平方米，受益人口达8033人，新建28个村级活动场所和2个新农村示范点建设，并实施了综合配套设施建设，获得2008年"村级组织活动场所建设先进县"荣誉称号。全县通车乡（镇）已增至13个，村民委员会46个，总计通车里程达519千米。农村安全饮水工程、乡镇供水工程、县城自来水一期改造工程和觉恩灌区建设顺利。桑多电站、巴达电站、色扎电站已通过自治区验收。

【社会事业】教育事业：2008年，丁青县继续实施教育优先发展战略，全面巩固和提高"普九"成果，强化劝学控辍工作，先后投资200万元建设四个教学点（其中三个为援藏投资）。总投资100万元的县中心幼儿园的建成，将极大地缓解机关干部职工子女接受幼儿阶段教育难问题。配套实施了校园绿化、规范化建设、职业教育，全县教育环境得到全面改善和加强，教育教学质量稳步提高，县中学毕业考试参考规模及成绩逐年提高，全县小学升学考试成绩综合排名列全地区第五名，教育"普九"成果巩固工作得到全面提高，农牧民送子女入学积极性空前高涨。

文化事业：2008年，全县新增文化经营场所15个，新增从业人员100人，文化市场管理得到进一步强化，宣传、文化、工商等部门不断强化市场监管，集中进行检查和清理整顿，有效地封堵了非法出版物的传播与销售。进一步加强对文物保护管理和登记造册工作。2008年，申报县级文物保护点7个，非物质文化遗产4个，并对尺牍镇查崩寺、色扎乡扎西林寺实施了"三铁工程"，全县文物普查工作取得阶段性成果。全年组织县民间艺术团送文艺下乡演出场次达17场次，电影放映400余场次。成功举办了丁青县第九届热巴艺术节和虫草交易会。建成广播电视收转站（点）85个，直播卫星站1个，乡级文化站13个，村级文化室4个，广播人口覆盖率达86.88%，电视人口覆盖率达88.98%。

卫生事业：2008年，丁青县着重狠抓提高医务人员业务素质，强化医德医风建设，不断提高诊治技术水平，全面落实农牧民医疗待遇。截止2008年底，全县所有农牧民均享受了农牧区医疗待遇，参加新型合作医疗62854人，8663户，参加集资人数达58635人。参加地区药品招标采购共计103种，132万元；完成计划免疫五种疫苗接种率达95.1%，建证建卡率达100%；完成强化免疫接种4204人，强化免疫前"0"剂儿童249人，地方病的预防也得到了有效控制。完成嘎塔、布塔、木塔、色扎、协雄等5个乡（镇）卫生院建设，建筑总面积达1091.762平方米，总投资182.3万元。

察雅县

【基本县情】察雅县地处横断山脉北段，位于西藏昌都地区东南部，北连昌都县，东邻贡觉县，南与芒康县、左贡县接壤，西与八宿县毗邻。全县幅员面积达8413平方千米，河谷地带最低海拔2900米，平均海拔3500米。全县辖3镇10乡，138个行政村（含3个村委会）。2008年底，全县总户数9167户，54636人，乡（镇）人口51774人。属高原温带半干旱季风型气候。日照充足，干湿分明，气候温和。年平均气温11℃，1月份平均气温1℃，7月份平均气温19℃，平均无霜期180天。平均年降水量为350毫米，大部分集中在7—9月。地形独特，山高谷深，沟壑纵横，气候宜人，具有“一山有四季，十里不同天”的典型高原气候特征，素有“藏东江南”之称。

【资源概况】土地资源：耕地面积50018.8亩，人均占有0.92亩；天然草场747万亩，其中可利用草场面积695.57万亩，畜均占有草场19.8亩。

矿产资源：主要有铁矿、铜矿、铅锌矿、煤矿等。

药材资源：有虫草、贝母、雪莲、大黄、松茸、香菇等。

动物资源：有黑熊、白唇鹿、盘羊、雪豹、黑鹤、白马鸡、獐子、雉鹤等30余种野生和珍惜动物。牲畜主要以牦牛、黄牛、马、山羊、绵羊为主。

旅游资源：有吉塘酉西温泉、烟多寺、香堆向康大殿、旺布摩崖造象等。

水利资源：主要河流澜沧江、金河、麦曲河贯穿全境，具有很大的开发利用潜力。县级麦曲河电站与金河电站联网。

【经济发展情况】2008年，察雅县生产总值完成30860万元，同比增长11%。其中，第一产业实现增加14166万元，同比增长5%，第二产业实现增加5544万元，同比增长8%，第三产业实现增加11150万元同比增长17%。全年财政收入769万元，同比增长25.8%。农牧民人均纯收入2609元，现金收入1409元，同比增长17%。全年粮食产量2740.5万斤，油菜产量61万斤，蔬菜产量275万斤。年末牲畜存栏351695头（只、匹），出栏102403头（只、匹），其中上市牦牛500头，综合出栏率达30%以上。

【农牧民安居工程】察雅县委、县府定期或不定期地召开会议研究解决安居工程建设工作，实行县级干部包乡、乡干部包村、村干部包户，完善了蹲点督促指导工作制度、责任追究制度，形成了运转协调，灵活有效的指挥管理系统。对安居工程目标任务进行细化分解，层层签订目标责任书，做到了任务到村，责任到人。重点实施荣周、香堆、宗沙、阿孜等乡镇的安居工程，实行包乡责任制，安排4名县级领导，亲临一线指挥，抽调干部和技术人员，入户蹲点督促指导农牧民安居建设工作。全县完成安居工程建设965户，其中绝对贫困户80户，其他贫困户29户，游牧民定居134户，地方病搬迁101户，农房改造621户。村级组织活动场所53个，新农村示范点建设2个。

【基础设施建设】在基本建设上，2008年察雅县继续争取国家投资力度，基础设施建设进一步加强，全年累计完成投资1.2亿元，其中国家投资7448万元，援藏投资450万元，社会投资4043万元。全年续建工程11个，批复总投资为1982.12万元；新建项目11个，批复总投资7103.12万元。重点建设了县城防洪堤、村级组织活动场所、香堆镇饮水工程、乡村公路等。在交通建设上，全年共完成25个建制村通村公路建设任务，总通车里程达234.423千米，进一步加大县乡公路的养护力度，全年好路率达32.02%，着重对存在安全隐患的危险弯道进行了改善，共改善存在安全隐患的弯道10处，及时对年察公路、王肯公路沿线的排水沟56千米进行了大范围的清理，保证了公路沿线排水的畅通，确保了道路畅通。在水利建设上，2008年农田水利“民办公助”项目共6处，工程总投资492.84万元。察雅县已建、在建人畜饮水工程及农村饮水安全工程共87个点，解决了17818人的饮水安全问题。

【社会事业】坚持优先发展教育。一是大力推进“两基”巩固提高步伐。县委、县府与各乡（镇）签订《察雅县2008年教育事业发展目标责任书》，先后多次召开“两基”巩固提高专题会议，研究部署“两基”巩固工作，抓好控辍保学工作。二是积极稳妥地做好各项招生考试工作，2008年察雅县西藏班和中考均取得了优异的成绩，初中西藏班录取28名，名列昌都地区第二；重点高中上线率达到100%，内地高中西藏班录取68人，名列昌都地区第一。三是加强教师的培养与培训工作，全年共安排县级以上培训参训人数达53人，范围涉及全县各学校，不断提高教师的教育技术能力和各学校领导班子的管理水平。四是继续推进教学点改造工作。县委、县府下大力气投入农村学校的建设和改造。新卡乡中心小学新建工程、烟多镇若普村完小改造工程建成并投入使用。

加强卫生工作。一是农牧区医疗制度各项措施得到落实，群众广泛受益。年初将农牧区医疗经费按规定纳入财政预算，先后落实了享受农牧区医疗农牧民总人口的人均0.8元的办公经费共计4万元。制定了《察雅县新型农牧区医疗制度管理暂行办法》，明确报帐程序，方便群众报帐。截止10月底，察雅县共核销农牧民家庭帐户21982人次1489597.82元，报销大病共计647人次1372417元，实现了按规定报销农牧民医药费用兑现率100%的预期目标。二是积极开展优生优育宣传和技术服务，有效控制了人口自然增长率。三是坚持预防为主的方针，完成常规计划免疫接种工作。全年应接种适龄儿童人数为3122人，实际接种3185人次，接种率达到98.02%，圆满完成了适龄儿童计划免疫，接种率达90%以上。

加强科技工作。加强生产指导，实行分片包干等办法，农科人员广泛深入田间地头，指导群众春耕生产。加强农牧民群众科技培训，共举办科技培训22期，培训农牧民群众3500余人次，发放科普宣传资料1320份。加大农牧民技能培训力度，围绕服务新农村建设，紧紧抓住安居工程建设的历史机遇，为农牧区培训了泥工、木工、钢筋工、石匠和预制砖制作等5个工种的50名农牧民能工巧匠。全面实施农村沼气项目建设，共投资292.94万元修建沼气池763个，切实解决了群众的燃料问题。

【扶贫开发】积极做好灾害救助工作，2008年，察雅县共下拨救灾款40.4万元，发放救灾粮10.45万斤、衣物2300件、棉被300床，直接救济受灾群众1万余人。针对居民消费价格水平涨幅较高，对城镇低保对象实施了临时性生活补助政策，补助标准为每人每月15元，共补助14个月；对农村低保户补助标准为每人每月10元，补助发放时间为14个月。共落实临时补助资金83.6万元。积极组织为四川汶川地震灾区、拉萨市当雄县地震灾区捐款、捐物达25.1468万元。加强扶贫开发工作。积极实施整乡推进项目4个，完成国家投资147万元；积极申报扶贫项目，已向上级部门申报项目16个，涉及国家投资达1331.56万元。积极解决农牧区脱贫问题，全县共解决农牧区贫困人口284户1505人的温饱问题，温饱巩固率达到98%。

【群众增收情况】2008年全县劳务输出人数达19106人次，劳务收入达2852万元。多种经营收入5129万元；民族手工业产值完成971万元，收入达894万元。三是按照有组织、有纪律、有管理的原则，将采挖虫草工作纳入全县农牧民增收工作范围内，共采挖虫草3420斤，全县群众现金收入达1.13亿元。

【援藏工作和对口帮扶工作】2008年中国铝业公司继续加大援藏工作力度，全年共援助项目4个总投资1120万元，为察雅县乡（镇）机关解决了交通工具，建设了烟多若普小学、吉塘镇立体种养殖基地，县科技培训中心也顺利开工，除交通工具外，其余工程均服务于农牧民生产生活，投资达930万元，投入农牧区的资金比重达83%。2008年总投资达359多万元的10个定点扶贫项目已全部完工并投入使用。

八宿县

【经济发展情况】2008年，八宿县生产总值完成26920万元，比上年增长13.97个百分点，其中第一产业8776万元，同比将增长6.4%，第二产业6339万元，同比将增长29.38%，第三产业11805万元，同比将增长12.71%；工业经济发展稳健，完成工业总产值60万元，比2007年增长0.5%；社会民间投资（含援藏资金）完成3250万元，群众生活水平进一步提高，农牧民人均纯收入达到2918.6元，比2007年同期增长452.7元，同比增长18.35%（其中现金收入1872元，同比增长32.76%）；城镇居民人均可支配收入达9880元。财政收入稳步增长，全年财政收入达到1008万元，比上年增长38.8%。乡镇企业运营正常，完成乡镇企业产值1209.83万元，民族手工业产值196.42万元，多种经营收入达到2953.1万元。旅游业受拉萨“3•14”事件影响，游客数量较往年明显回落，接待游客共10605人次，实现旅游业收入59.44余万元。

【巩固农牧业基础地位，继续狠抓农牧业生产】农牧业生产上，八宿县继续施行结构调整、科技增加动力、发展特色农牧业、优化发展布局、草场建设、抗灾保畜、疫病防治等具体措施，各项目标任务稳步推进。2008年粮食总产量完成2166.55万斤（含玉米、豆类、荞麦产量），完成农作物播种面积3351.44公顷，粮食作物播种面积2453.68公顷，经济作物播种面积241.55公顷，蔬菜种植79.35公顷，良种覆盖率为85.4%，化肥施用量为430吨，并开展低产田改造4103亩。牧业上，年末牲畜存栏数289031头（只、匹），同比降低4.2%，完成接羔育犊98083头（只、匹），新生仔畜成活率为95.62%，成畜死亡率控制在1.76%以内，综合出栏率达33.68%(其中，上市牦牛数完成1500头）。全年狠抓了重大动物疫病防控工作，共为牲畜注射各类疫苗1182927头（只、匹）次，注射率达100%，并进行牲畜体内外驱虫686645头（只、匹）次。此外加强农牧业科技含量，全年共举办农技培训26期2038人次。

在特色农牧业上，县委、县府重点把荞麦种植、藏鸡藏猪养殖、城郊蔬菜种植、河谷地带经济林木种植、畜产品深加工、邦达人工种草养畜示范基地作为特色产业来抓。在河谷地带扶持藏猪养殖户731户，饲养基础群藏猪5616头；藏鸡养殖业在年初遭受禽流感疫情后，县委、县府积极采取措施，严格市场准入制度，继续扶持壮大藏鸡养殖大户174户，养殖藏鸡3.6万只，发放鸡苗5万多只，现饲养状况良好；在地处河谷地带的拉根、林卡等乡镇建立了荞麦种植基地，2008年种植荞麦达6000多亩，产量在70万斤以上，年收入达100余万元，在扩大乔麦种植面积的同时，继续采取“公司+基地+农户”的运行模式，挂靠县粮油公司，抓好荞麦加工厂的生产运营，对收购荞麦进行深加工，目前年加工乔麦在5万斤左右，生产荞面3.25万斤，加工荞皮枕头400多对，市场销售前景良好，在河谷地带大力发展经济林木种植业，大力发展果品经济，广泛种植经济林木，果品类实现收入达50余万元。共为1619户退耕农户兑现粮食折款125.33万元，兑现现金补助15.93万元。全年未发生人为森林火灾。

【狠抓安居工程建设】2008年，八宿县以安居工程建设为切入点，着力改善群众居住条件，加强村委会建设和整村推进工作，并以此推进社会主义新农村建设。全县农牧民安居工程已完成1450户的建设，占年初总任务的100%，建筑总面积170490m²，受益群众6635人。全年安居工程建设共完成投资7663.38万元，其中政府补贴1865.8万元，地级配套145万元，县级配套145万元，使用援藏资金250.78万元，银行贷款719万元，群众投资投劳4537.8万元。在实施安居工程建设工作中，县委、县府加强组织领导、加大宣传教育力度、合理规划布局、广泛开展技能培训、严把工程质量关、重视环境保护等几项工作，从而使安居工程建设顺利推进。

【紧紧抓住对口援藏机遇，援藏工作不断深入】2008年以来，通过对口援助企业武汉钢铁公司的大力支持，全年累计投入援藏资金1680万元，已完成县城文化广场、然乌镇康沙村教学点、县党政会议中心、县城自来水改造工程、然乌镇然乌村和瓦村农牧民安居工程以及邦达草原建设续建项目等6个援藏工程。11月份，武钢第二批2名援藏干部和察雅县回访团先后前往武钢集团商洽了第二批援藏工作有关事项，进一步推进援藏工作向前发展。12月中旬，在援藏干部的大力协调和相关部门的努力下，八宿县藏鸡蛋、藏土豆、荞麦、林卡葡萄酒、野生黑木耳等特色农产品，首次在武汉平价超市亮相，每枚藏鸡蛋售价达3元，土豆每斤售价达7元，并受到当地市民的青睐。

左贡县

【经济发展情况】2008年，左贡县完成地方生产总值 36500 万元，同比增长 17%，完成地区指标的 101%。

农牧民人均纯收入完成 3100 元，同比增长 24%，完成地区指标的 102%；其中现金收入完成 2000 元，同比增长 40%，完成地区指标的 101%。

全年完成社会民间投资 3200 万元（含援藏资金），完成地区指标的 100%。

援藏资金进一步向农牧区倾斜，投入 540 万元援藏资金改善农牧民生产和生活条件，主要用于建设田妥镇德勒比吊桥、美玉乡 2 号公路桥以及旺达镇乌雅村新农村建设，占援藏资金的 82%。

财政收入跨过千万元大关。全年县级财政收入完成 1000 万元，完成地区指标的 101%，同比增长 25.5%。

按照有关政策规定，管理使用好农牧区中、小学生"三包"、农牧区医疗、农村低保、护林员等财政安排的农牧区基层公共服务费用。

【农、牧、林、水、交通】农业：粮食总产量达到 3320 万斤，完成地区指标的 102%；良种覆盖率达到 86%；化肥施用量 493.1 吨，完成地区指标的 137.7%。

牧业：仔畜成活率达 96%；成畜死亡率控制在 1.5%以内；综合出栏率达 35%（其中：截止 10 月初耗牛出栏数达 231 头）；全年未发生重大动物疫情；继续深入推进落实和完善美玉草场承包经营责任制工作。

全年共举办各类培训 13 期，完成 2500 人的农牧民素质技能培训任务（含各项技能培训）。

林业：封山育林 18000 亩，种植经济林木 86900 株，迹地更新 300 亩，乡镇育苗 30 亩；重点区域造林 2500 亩，历年植树保存率达到 85%；退耕还林补植 1025 亩，补造 1556.6 亩；318 国道沿线的"绿色通道"工程开始实施；退耕还林保存率达 85%，及时兑现了退耕还林补贴资金；加强了林政管理，严格执行限额采伐制度，按政策规定供应农牧民安居工程建设用材；全年未发生森林火灾。

水利：制订并落实农田水利、县乡电站、人畜饮水设施的管理制度；农田水利设施完好率达到 90%以上，县乡电站、人畜饮水设施完好率达到 100%；按照有关法律和政策审查办理用水许可证、河道采砂许可证，及时制止和依法处理有关违法行为。

交通：全年养护县乡公路 328.11 千米，好路率达到 87%；改善危险弯道 8 个，清理排水沟 90 千米；县、乡公路养护经费全部落实到位，共投入养护资金 45 万元，做到专款专用。

【基本建设、安居工程】基本建设：项目前期完成年度计划的 90%以上；项目投资到位率达 90%以上；加强项目建设管理，认真执行项目法人制、合同制、质量责任终身制达 100%；50 万元以上工程公开招投标率达 100%；全年新开工建设项目工程履约 保证金缴存率达 100%；应招标项目公开招投标率达 100%；全年开工建设项目工程履约保证金缴存率达 100%；工程质量监督覆盖率达 100%；当年新开工建设项目未发生新的"双拖欠"现象；全县干部职工住房公积金归集率、缴存率和本级财政配套率分别达到 100%；规划区内建设项目办理规划"一书两证"率达 100%；全面完成国企业房改工作任务；当年应开工项目开工率达 100%，应竣工项目竣工率达 100%，应验收项目验收率达 100%。

安居工程：2008 年完成农牧民安居工程建设任务 917 户；完成 55 个行政村的村级组织活动场所和基础设施综合配套建设；完成新农村示范点建设 2 个；完成 240 吨"工字钢"和 7400 张竹胶板的替代材料使用量；区、地、县三级农牧民安居工程建设资金做到专户管理，专款专用。

芒康县

【国民经济稳步发展】2008 年，芒康县生产总值完成 64400 万元，同比增长 17.1%，三产比为 34.3：31.2 ：34.5。农牧民人均纯收入 3137 元（其中现金收入 2039 元），同比增长 16.2%；劳务输出 3 万人次，实现劳务收入 6000 万元；本级财政收入完成 1601 万元，同比增长 27.9%，税收完成 1948（含上划）万元，同比增长 73%；固定资产投资完成 89000 万元，同比增长 26.3%；工业总产值完成 3500 万元，同比增长 40%；多种经营收入完成 5816.06 万元，社会商品零售总额完成 11000 万元。

【新农村建设扎实推进】安居工程有序进行。顺利完成 1000 户农牧民安居工程建设任务，其中，扶贫搬迁 58 户，游牧民定居 40 户，地方病搬迁 50 户，农房改造 852 户，受益人口达 7457 人。

整村推进步伐加快。围绕"一点两线四个片区"工作思路，确立嘎托镇嘎托村、如美镇竹卡村、索多西乡安麦西村、纳西乡觉龙村、木许乡阿东村 5 个整村推进示范点，完成 21 个村级组织活动场所和基础设施综合配套、纳西乡纳西村、如美镇竹卡村江西组 2 个新农村示范点建设任务。

基础设施不断完善。共修复水毁工程水渠 20 条 86.7 千米，修复水塘 12 口，清淤疏浚水渠 60 余千米，为农田灌溉、农牧民生活用水及冬春播工作提供了保障；完成 16 个项目点农村安全饮水工程，解决了 1467 户 11000 人、牲畜 35219 头（只、匹）的安全饮水问题；完成总投资 477 万元、共 19 个项目点的民办公助项目建设并全部投入使用，新增灌溉面积 9056.5 亩，改善灌溉面积 10171.5 亩。农村道路交通状况将得到明显改善，新建农村公路 5 条，建设里程 124.776 千米；改造骡马驿道 510 千米，改善危险弯道 10 个，清理排水沟 79 千米，修建县城便民牧道 3 千米。全年新增用电 2376 户 19308 人，农牧区用电人口比例由 2007 年的 50%提高到 72%。投资 40 万元建成的公共信息图像采集系统。

产业发展稳步推进。在保证稳粮增收前提下，加大农业结构调整力度，以发展农牧区种植、养殖特色产业为抓手，全力打造"一个基地、两个产业带、三个育保区"，带动农牧业向集约化、产业化稳步推进。木许、纳西、曲孜卡三乡藏鸡养殖基地已达到鸡舍面积 1470 万平方米、藏鸡 30 万只的规模；如美、竹巴龙、索多西三乡镇黑山羊养殖基地建设顺利进行；盐井反季节蔬菜生产基地规模达 240 亩；索多西辣椒、徐中大蒜以其优良品质闻名区内，成为农民增收致富点。松茸、木耳、虫草等林下资源开发已形成集收购、加工、出售、品牌包装为一体的商品市场化经营，发展形势喜人。

依托优势促进增收。依托农牧产业发展，为民增收。积极培育农牧特色产业，采取产业+基地+企业+农户的模式，以规模求发展，以规模求效益，成功形成了索多西乡辣椒、盐井蔬菜种植、黑山羊养殖、盐井葡萄酒、绿色食品公司林下资源加工制造等产业链条，极大活跃了农村经济，增加了农牧民收入。依托旅游产业发展，为民增收。各种类型的藏家乐、藏民家访、游客接待包车服务正逐步壮大，以民族手工艺品为代表的旅游产品蓬勃兴起，农牧民增收渠道明显增多。依托重大项目建设，为民增收。以交通、水利、矿业、旅游为重点的项目建设和城镇化建设为契机，扩大劳务输出，促进群众增收。

农发扶贫再上台阶。总投资160万元的曲登乡民族手工艺、索多西乡高油玉米种植、辣椒种植及粗加工、索多西乡比吉西水渠等4个扶贫项目，已通过上级立项审查，待资金到位后即可动工建设。总投资1377万元的农业综合开发土地治理、农业综合开发产业化经营（包括曲孜卡乡核桃种植基地、纳西乡蔬菜温室基地）3个项目顺利实施；扶贫点建设取得新成效，稳定解决了农牧区相对贫困人口258户1550人的温饱问题，温饱巩固率达到98%。

【农牧业生产稳中有升】农业生产稳步发展。全年粮食总产量达5449.2万斤（包括薯类195万斤），同比增长7.5%；油料产量113.92万斤，蔬菜产量1462.432万斤，全面实现了稳粮增收。农业科技推广再创佳绩。良种推广面积7.76万亩，良种覆盖率达91%；化肥使用量达810吨，其中春播化肥500吨，冬播化肥310吨；完成中低产田改造2.6万亩，治理坡耕地210亩；农业机械化程度进一步提高，机耕、机播、机收面积分别达到4.26万亩、3.54万亩、2.45万亩；落实嘎托镇、帮达乡一、二级种子田4300亩（一级种子田500亩、二级种子田3800亩），收获良种282万斤；“3414”肥效田间试验获得成功，实验基地亩产青稞750斤，每亩增收100余斤；200亩“双低”油菜示范点亩产130斤，总产量达2.6万斤。

畜牧业生产进展良好。全县年末牲畜存栏496531头（只、匹），出栏156795头（只、匹），综合出栏率达32.1%；当年仔畜成活172433头（只、匹），成活率达97.6%；成畜死亡率控制在1.6%以内；完成肉类产量8265吨，奶类产量8134万吨，毛绒产量155吨。重大动物疫病防控能力进一步提高，全年重大动物疫病防控注苗率达到100%；累计检疫活畜97040头（只）、消毒车辆6985次，全面完成了检疫、消毒工作。

做好防抗灾准备工作。利用冬闲时间维修、新修水渠、水塘共计168条（座）；新修水池6座，新增灌溉面积133亩；维修、新修棚圈731座，储备饲草料3375万斤，准备防雹弹650枚。

科技培训效果明显。全年组织科技下乡22次，下乡人数达196人，乡镇覆盖率达100%；发放藏汉双语宣传资料2200份，播放科技录像带33盘；举办科技培训班、农牧民技能培训班17次，受训农牧民6126人；举办科技大集场3次。

【基础设施建设稳步推进】城镇建设步伐加快。围绕“城镇建设牌”目标，全面加快城镇建设。县城旧城改造全面启动，县直机关周转房及宾馆综合楼、气象局办公综合楼、康达电力公司综合楼、藏医院住院楼、司法局综合办公楼等先后完成主体建设；给排水一期工程顺利竣工；县城（嘎托镇）十字路口至国道214线整治改建工程项目设计方案已确立。城市主街道、主干道的拓宽改造进展顺利。投资620万元的竹巴龙、如美两乡镇小城镇建设顺利完成。

项目建设力度加大。打好“重点项目建设牌”，严格项目建设“五制”，严格控制项目预算，狠抓工程质量建设，项目建设取得新成效。国道214线芒隔段（芒康至隔界河）改建整治工程进入黑色路面铺设阶段；国道318线竹海段（竹巴龙至海通沟）整治改建工程全面开工；装机容量2×400KW、批复总投资1157.64万元的麦巴电站安装调试完毕；三期农网工程顺利竣工，木瓦电站投入运行；曲登水电站建设顺利进行。

【招商引资成果丰硕】2008年最大的亮点是成功引进了两个招商引资项目，协议资金达到11亿元。5月23日，觉巴电站招商项目成功签署协议，协议资金达6亿元；6月24日，县政府与西藏宏绩建设实业（集团）有限公司、西藏旅游开发总公司签署芒康旅游景区景点整体开发协议，项目预算总投资5亿元。

【受援工作切实加强】援助力度继续向农牧区倾斜，70%援藏资金直接用于改善农牧民生产生活条件。投资1800万元的巴渝广场、城乡道路建设、农牧民安居工程配套、改善村教学点建设的援藏项目工作进展顺利。

【社会事业发展进步】教育事业深入发展。把“两基”巩固摆在教育工作首位，做到“班子不散、责任不变、投入不少、力度不减”，小学、初中在校生巩固率分别达到99.7%、98.6%。教学质量稳步提升，小学升学考试荣获全地区综合考评第一。严格管理、合理使用“三包”经费，农牧区中、小学生学习生活条件得到改善提高。教育基础设施建设项目进展顺利，完成52个教学点改造规划，改造教学点19个；县中心幼儿园改建工程顺利进行；芒康县青少年活动中心设备安装与调试全面完成。

卫生事业加快发展。保障财政对卫生事业投入。抓好农牧区合作医疗，全年从大病统筹、家庭帐户和医疗救助资金中报销农牧民医药费用501.6万元，报销人数40556人次，兑现率达100%。做好地方病、共患病防治。强化疫苗接种，全年适龄儿童五种疫苗免费接种人数4054人，接种率达到98.7%。加大计生工作顺利进行，人口自然增长率控制在12‰以内。发放“一孩双女”救助金24.5万元、独生子女慰问金8600元。

社会保障成效显著。重视民生，关注民生，把解决群众生产生活困难的各项工作落到实处。发放城镇低保资金21.53万元、农村低保资金100万元、自然灾害救助金18万元、医疗救助资金29万元。建立军民共建点12个，走访慰问驻芒部队两次，发放慰问金3万余元。全县各界为四川地震灾区捐款累计45.16万元，为当雄县地震灾区捐款3万余元。共征收养老保险金119.07万元，参保人数136人；失业保险金49.71万元，参保人数830人；医疗保险金213.11万元，参保人数1503人；工伤医疗保险金1.38

万元。开展就业培训 372 人，实现就业 206 人，城镇失业率有效控制在 4.5%以内。成功解决 9 起劳动纠纷，涉及人数 160 余人，涉及资金 90 万元。

文化建设深入推进。县民间艺术团活跃基层，送文化下乡活动深入人心，收集整理民间歌舞 5 首、新创节目 6 个、演出 50 场次，完成接待演出任务 60 场次。广播电影电视工作全面加强，"村村通"惠民利民作用明显，"2131"工程建设卓有成效，完成县、乡镇放映 3562 场次和区、地广电局电影百日展映任务。县电视台播出自办新闻 280 条，区、地采用 49 条。

洛隆县

【基本县情】"洛隆"，藏语意为"南谷"或"南川"。唐朝为吐蕃属地，元朝为硕督德巴和洛隆德巴，明朝为硕督粮点和洛隆粮点，民国为硕督府和洛隆府，后改为硕督宗和洛隆宗。1959 年，两宗合并为洛隆县。1960 年，县驻地由康沙镇迁至孜托镇至今。全县辖 7 乡 4 镇 65 个村委会 1 个社区居委会 356 个自然村，总面积 8108 平方公里，总人口 44718 人，其中农牧民人口 42331 人。

洛隆县位于西藏东北部、昌都西南部，地处藏东横断山脉、怒江流域，距拉萨 1256 公里、昌都 302 公里，东临八宿县，南与林芝地区波密县接壤，西依边坝县，北靠丁青、类乌齐两县，平均海拔 3500 米。县域属高原温带半干旱气候，具有日照长、气温低、降水分布不均匀、昼夜温差大、旱季雨季分明、冬季漫长寒冷等特点。自然灾害主要有旱灾、水灾、冰雹、霜冻、雪灾等，其中旱灾、霜灾和雪灾发生频率较高，约每 3 年一遇，是制约农牧业经济发展的主要因素。

县境内野生动物主要有猴、獐子、棕熊、雪鸡、马鸡、马鹿、白唇鹿、苏门羚、黄羊、岩羊、狐狸、猞猁、旱獭及世界珍禽贝母鸡等。野生植物除有云杉、冷杉和大果圆柏、桦、槭、杨、三颗针、锦鸡儿、沙棘、高山杜鹃、山杏、山桃、核桃与野果资源外，还有冬虫夏草、知贝母、雪莲花、黄莲、大黄等多种名贵药材。鱼类资源有怒江光唇裂腹鱼、裸复重鱼等，颇具开发价值。水力资源丰富，可供开发价值较大。矿产资源主要有金、铜、铝、石棉、砷、硝石、硝盐、水晶石等。

洛隆属以农为主的半农半牧县，其中耕地面积 8.78 万亩，草场面积 960 万亩，林地面积 37.3 万公顷。

【国民经济运行总体良好】2008 年，洛隆县生产总值完成 36357 万元，同比增长 16%。固定资产投资额完成 9730 万元，同比增长 19%。社会民间投资完成 2946 万元，同比略有增长。农牧民人均纯收入达 3120 元，同比增长 16.1%；其中现金收入达 1940 元，同比增长 16.2%；财政收入完成 730 万元，同比增长 37%。另外，农牧民户均增收 1 万余元，城镇登记失业率控制在 4.5%以内，社会消费品零售总额达 3665 万元。

【农业生产再创丰收】2008 年，洛隆县农作物播种面积 8.78 万亩，其中粮食作物 6.9 万亩、经济作物 1.52 万亩、饲草料 0.36 万亩，粮经饲比例为 39：9：2。全年完成粮食产量 4374 万斤，同比增长 6.4%；完成粮食单产 308 公斤，同比增长 6.4%；完成油菜籽产量 192 万斤，同比增长 3.4%；完成蔬菜产量 556.2 万斤，同比增长 11.2%。

【牧业生产步入良性轨道】全年适龄母畜达 11 万头（只、匹），累计接羔犊 6.6 万头（只、匹），成活率 96%；成畜死亡 2148 头（只、匹），死亡率控制在 1%；牲畜总增 6.3 万头（只、匹），总增率达 28.6%；年末牲畜存栏控制在 21.4 万头（只、匹），牲畜出栏 6.9 万头（只），综合出栏率 31%；完成牦牛出栏上市 653 头，完成肉产品 4019 吨，完成奶产量 6004 吨；重大动物疫病防治注苗率 100%，免疫密度 100%，全年未发生大的疫情疫病。

【特色产业示范带动作用进一步增强】一是积极推行"公司+基地+农户+市场"的产业经营模式，与 280 户农户签订了 30 万斤白青稞收购合同，与 5 乡（镇）农户签订了 6 万斤优质油菜收购合同，种植户户均增收 380 元。二是多方争取 430 万元资金对县糌粑加工厂进行了改扩建，糌粑加工能力已提高到 50 万斤，菜子油加工能力已提高到 10 万斤，糌粑年销售收入可达 80 万元，可带动生产基地的 600 多农户户均增收 800 元。三是在县城设立了特色产品销售门市，为特色产品搭建销售平台，各乡（镇）民族手工艺品累计展销 5 批次，创收 2 万余元，可带动 50 户群众户均增收 400 余元。四是由县府筹措资金 18.86 万元发展藏猪、藏鸡特色养殖，群众积极性较高，从收益情况来看，可带动 10 户群众户均增收 1000 余元。

【增收成效较为明显】一是高度重视，科学研究制定《洛隆县 2008 年度农牧民增收方案》，细化各乡（镇）增收措施、工作时间、进度安排及质量要求，并不定期召开会议分析研究工作中存在的问题，总结好的经验和做法，确保了全县增收工作有新方法、新措施、新突破。二是建立了三级台帐，切实把增收工作做细、做实。全县 11 乡（镇）65 个村建增收台帐户 6780 户，全县乡（镇）、村、户建帐率达 100%。三是农牧部门将增收工作纳入农牧业发展考核指标，建立健全了增收工作激励机制。四是严格各项政策措施的落实，切实从农牧民群众的利益出发，加大了对各项补贴、补助资金在落实过程中的监管力度，政策性增收工作得到进一步加强。五是积极扶持城郊农牧民开展蔬菜、经济作物种植和特种养殖，切实增加农牧民现金收入。六是将农牧民绘画协会、运输协会、劳务协会、建材加工生产协会等集体增收组织的好经验、好做法，积极在各乡（镇）进行推广。

【基本建设稳步推进】年内完成 3 个项目的规划、预可研、初设并逐级上报有关业务部门进行了项目审查，概算批复全部下达，项目前期完成率 100%。所有建设项目都实行了项目法人制、合同制、质量终身责任制，执行面达到 100%。限额在 50 万元以上的建设项目，都进行了公开招投标，招标文件、报建手续、中标通知书等相关文件齐备。全年开复工项目 37 个，项目总投资 6419.31 万元，按照要求，缴存履约保证金 393.3 万元，

缴存率达到了 95%。干部职工住房公积金归集并缴存 197.3 万元，归集缴存率 100%；县级财政配套资金 197.3 万元，配套率 100%。工程项目均 100%完成了验收。

【安居工程建设取得阶段性成果】2008 年，安居工程建设计划任务 1293 户，实际安排 1295 户，开工率、完工率、入住率均为 100%；44 个村级组织活动场所建设开工率 100%，完工率 100%（含 10 条硬化道路）；完成新农村建设示范点 3 个，完成适度集中点 5 个，完成 2010 根“工字钢”使用量，完成 18500 张竹胶板使用量。除自治区安居建房专项补贴资金外，累计在安居点投入配套基础设施建设资金 3044.6 万元，用于延伸三级农网，新建农村安全饮水点和温室大棚，新建、维修村级道路，新增广播电视、好易通和移动电话覆盖点、报刊杂志投递点，修建马利、硕督等乡镇市政硬化道路；扩建硕督镇达翁村民广场及水渠等。

【社会事全面进步】教育事业进一步巩固。一是对照“普九”38 项验收指标，开展了资料收集、统计、建档等查漏补缺工作，为顺利通过国家终验奠定了良好基础。二是继续坚持“情感留学”、“生活保学”等 9 项防流控辍措施和双线控辍目标责任制，认真落实各项防流控辍制度和措施，“控辍保学”工作取得一定进展。三是下大力气，对教学点布局进行了调整，对教学点进行了改造，同时县幼儿园建成投入使用，填补了洛隆教育史上学前教育的空白。四是按照“请进来、送出去”的要求，骨干教师培训力度进一步加大。五是通过在各级学校集中开展爱国主义教育活动，使广大师生的爱国情感和民族意识得到进一步增强。六是建立健全了“三包”经费物资管理“四员”和“六账制”，坚持定期公示制。

科技在农牧业生产中应用进一步加大。2008 年，全县采取专题培训、流动培训、集中培训、分散培训等方式开展农牧民实用技术培训 28 期 4022 人次。完成 6 名在岗科技人员培训；开展科普活动 5 次；引进土豆高产栽培等 5 项农牧业实用技术并取得一定成效；为全县 11 乡（镇）配备了科技副乡（镇）长。

文化工作进一步加强。县文化部门较好地组织实施了广播电视“村村通”、农村电影放映工程和“2131”工程，加大了对农村广播电视接收站的维护和改造力度。同时，农村文化站（室）等公共文化设施建设工作进展顺利，文物普查及非物质文化遗产普查工作圆满完成。我县在孜托镇达古荣村石棺墓中发现的瓷罐，经国家、自治区专家组鉴定为西汉时期文物，目前收藏于地区文化局。

卫生工作成效较为明显。全年建立家庭账户 7209 户 4.2326 万人，其中参与集资 7036 户 4.1619 万人，参与集资率 98.3%，收取个人集资款 41.642 万元；农牧区医疗用药累计采购 226.8496 万元，政府招标采购率达 100%。全年累计查出腐败、变质、过期、伪劣食品 57 种，价值 1.487 万元，全部进行了统一销毁。全年落实 2007 年度“一孩双女”户困难家庭扶助资金 34.68 万元，受益对象 578 人。全年未发生计划免疫针对的传染病流行或暴发，未发生流脑、麻疹和百日咳疾病。全年计划免疫平均接种率 97.2%；全县人口自然增长率 11.6‰，控制在了 13‰指标以内。

劳动和社会保障覆盖面进一步扩大。一是全县城镇失业实现就业 86 人，开展就业培训 73 人，农牧民转移就业培训 8 期 759 人，培训就业率 86%。二是全县 25 名政府购买公益性岗位招录工作圆满完成。三是全县参加养老保险人员共有 128 人，征缴职工基本养老保险费 110 万元,已按规定全部上划到地区，无拖欠现象。四是全县参加失业保险参保人员 513 人，收缴失业保险基金 28.2 万元。五是全县参加医疗保险人员 2105 人,征缴医疗保险金 294.7 万余元。六是全县工伤参保人员 64 人，收取工伤保险费 1.3 万余元。七是全县生育保险参保人员有 819 人，征缴生育保险费 13.5 万余元。

民政工作进一步深入。按要求完成城乡居民低保配套资金 18.39 万元。为 1168 户 6087 人落实农村低保资金 169.24 万元，落实农村低保临时补助资金 85.21 万元。为 58 户 136 人落实城镇低保资金 22.52 万元，落实城镇低保临时补助资金 2.97 万元。第六届村（居）换届选举三、四阶段工作已圆满结束，选举产生 65 个村委会 381 名组成人员。中远-洛隆示范敬老院建成投入使用，共接收 17 名老人入住。

【获奖情况】

2008 年 10 月，被自治区人民政府评为“自治区级平安县”。

2008 年 6 月，新荣乡人民政府、达龙乡人民政府分别被国务院第二次全国农业普查领导小组办公室 国家统计局评为“第二次全国农业普查先进集体”。

2008 年 11 月，劳动局被自治区劳动和社会保障厅 人事厅评为“全区组织农牧民转移就业先进集体”。

边坝县

【基本县情】边坝藏语意为“吉祥光辉、祥焰”。边坝县位于西藏东北部、念青唐古拉山南麓，其南部与林芝地区的波密县毗邻，西部、北部与比如县、索县接壤。边坝县地处三江流域峡谷地带，地势南高北低。境内山峦重叠，沟壑纵横。平均海拔 3600 米。气候属高原温带半湿润气候。有气温低，光照充足，日温差大等特点。冬春多风，夏秋多雷雨冰雹，年无霜期在 100 天以下。年降水量为 600 毫米。边坝县全县总面积为 8894 平方千米。2008 年全县总人口 33496 人。现辖 2 镇 9 乡，105 个行政村，人口 30999 人。地势南高北低，介于北纬 30.3° 至 31.4°，东经 93.7° 至 95.4° 之间。

【资源】矿产资源主要有铅锌矿、花岗石、金矿、银矿、煤矿等。水利资源有怒江等大小河流近 20 条，大小湖泊及冰川 10 余处，总水域面积 2403 万公顷，且渔业资源丰富。边坝县河流分属怒江水系和雅鲁藏布江水系，流量和落差大，具备各类大中小型电站的开发条件。旅游资源主要有三色湖、千年冰川、10000 亩沙棘林、夏拉贡山茶马古道、寺庙及丰富多彩的文化艺术、人文景观等。药材资源有虫草、贝母、大黄等。森林资源有云杉、柏树、杨树、柳树、桦树、榆树等。农业资源有青稞、藏青 320、冬小麦、春小麦、藏油 5 号、碗豆、元根和各类蔬菜等。畜牧业以饲料养牦牛、犏牛、黄牛、绵羊、山羊为主。

山南地区

山南地区

【经济发展情况】2008年，在自治区党委、政府和山南地委的坚强领导以及“三省一公司”的大力支援下，按照“一产上水平、二产抓重点、三产大发展”的经济发展战略，全面实施“1322”发展思路和“12345”重点工作，有效应对拉萨“3.14”事件，积极抗击地震、暴雪等自然灾害，旗帜鲜明抓稳定，千方百计促发展，全力以赴抗救灾，尽心竭力谋民生，经济社会发展取得了来之不易的可喜成绩。2008年，山南地区完成地区生产总值39.07亿元，增长17.8%，其中，一产增加值3.54亿元，增长5.4%；二产增加值15.26亿元，增长23%；三产增加值20.27亿元，增长16.4%。财政收入2.4亿元，增长20%。农牧民人均纯收入3450元，增长19%。社会消费品零售总额12亿元，增长21.5%。

【产业发展步伐加快】2008年，山南地区农牧业生产喜获丰收。农业生产成效明显。按照粮、经、饲60：25：15的比例调优了内部种植结构，加大了科技推广，加强了田间管理，全年落实农作物播种面积45.4万亩，其中粮食面积27万亩、经济作物面积11.4万亩、饲草面积7万亩，粮油总产15.85万吨，较上年略有增长。畜牧业发展较快。全地区各类牲畜饲养总量283.33万头（只、匹），增长2.09%；新生仔畜78.65万头(只、匹)，成活率93%，比上年提高1.5个百分点；成畜死亡2.4万头（只、匹），死亡率控制在1.14%，下降0.16%；牲畜出栏率达38.2%，比上年提高6.2个百分点。特色产业取得新进展。全年种植大蒜8800亩、优质油菜5万亩、土豆1万亩；改良黄牛4.86万头，禽类饲养总量180万只，养殖生猪4.2万头，均创历史新高。乡镇企业和多种经营持续发展。全年新增乡镇企业12户，总数达到112户，实现产值4.4亿元，增长11.2%，多种经营收入6.99亿元，增长13.6%。

工业经济增长较快。生产规模不断扩大，产品市场开拓和销售力度进一步加大，全年全地区工业总产值7.4亿元，同比增长19.2%，其中矿产业、建材业、藏医药业、民族手工业实现产值6.48亿元，占工业总产值的97%；税收1.37亿元，占全地区税收总收入的40%以上，优势产业支撑作用明显增强。

第三产业在逆境中实现发展。拉萨“3.14”事件后，召开了旅游产业发展大会，出台了《加快旅游产业发展的意见》，采取了促进旅游业复苏的一系列措施，把损失降到了最低。全年接待国内外游客52万人次，实现收入1.19亿元，增幅分别比上半年回升23、14个百分点。加快发展非公有制经济，认真落实了“3.14”受损行业减免税收的优惠政策，执行了停征所有个体工商户工商管理费的政策，为非公有制经济发展创造了宽松环境，全地区登记私营企业202户，增长15.28%；个体工商户8426户，增长6.69%。

【以安居乐业为突破口的新农村建设取得新突破】2008年，山南地区安居工程建设取得新突破。积极整合国家补助、本级财政、援藏、扶贫和社会捐助资金，推广使用新型替代材料，安居工程建设扎实有效推进，农牧区面貌得到较大改观。2008年，山南地区共完成安居工程建设任务1.4万户，又有6.3万人住进了安全适用的新房。其中，完成贫困户建房3000余户。同时，地区财政安排2500万元用于安居工程及配套建设、贷款贴息，协调对口援藏省落实了4500户的安居工程建设资金。

农牧民收入持续增加。充分挖掘农牧业内部增收潜力，加大牲畜出栏力度，有效促进了农牧民增收；认真落实“所有建设项目，在保证工程质量的前提下，必须将工程总量的15%交给群众实施”的举措，项目带动农牧民增收2.7亿；加大劳务输出力度，全年输出劳务4.1万人，实现创收2.68亿元；依靠特色产业带动群众增收，农牧业特色产业开发区人均增收615元；认真落实各项支农、惠农政策，全年落实资金9352.8万元，有力促进了群众增收。全年农牧民人均纯收入3450元，增长19%。

农牧区发展条件不断改善。农牧区发展条件极大改善，全年85个行政村完成了村级组织活动场所建设；1.18万户、5.29万人用上了干净卫生的水，安全饮水人口覆盖率达到72.4%；新增和改善农牧民用电1.02万户、4万人，户通电率80%；41个行政村通了电话，建制村通电话率86%；5790户农牧民用上了清洁的沼气。实施了4县农业综合开发项目，狠抓了农田水利基本建设，农牧区发展的“瓶颈”制约进一步缓解。

城镇建设步伐加快。全年完成城镇基础设施投资2.3亿元。实施了泽当镇“美化、绿化、亮化”工程，开展了泽当镇藏源民俗村、泽当镇水厂和民族桥项目的前期工作，制定了《泽当镇市容市貌综合整治方案》。加大了各县以给排水、道路、绿化为主的市政建设，城镇发展条件不断改善。

【固定资产投资快速增长】2008年，山南地区完成固定资产投资33亿元，增长18.1%。一是国家投资项目完成情况良好。召开了地区重点项目建设工作会议，狠抓了项目争取、建设和管理，全区“180”山南项目中，全年开复工97个、总投资72.1亿元，藏木电站、琼结至措美油路等重大项目有序实施。开展了项目督查工作，协调解决了项目建设中的困难和问题。全年完成国家投资18亿元。二是招商引资工作力度加大。华钰选矿厂改扩建项目开工建设，完成了雅砻饲料厂重组工作，华新水泥二期生产线立项核准，香港大盘各项前置手续基本完成。加强了与京都念慈庵、山南羊湖饭店等企业投资山南的协调联系，全年实现招商引资3.07亿元，增长24%，超额完成全年目标任务。三是援藏工作取得新进展。组成地区代表团赴援藏省市开展了援藏项目、资金衔接工作，新一轮援藏资金到位1.78亿元，完成投资1.19亿元。四是民间投资取得新突破。安居工程建设任务增加，有力激活了民间投资；农牧民生产性固定资产购置趋旺，扩大民间投资，全年完成民间投资10亿元以上，超额完成全年目标任务。

【财税金融稳健运行】2008年，山南地区财政收支运行平稳。加大新财源培植，优化支出结构，强化财政监督，依法征管税收。全年实现财政收入2.4亿元以上，增长20%；税收3.6亿元，增长48%。按照"保稳定、保重点、保运转、保改革、保发展"的方针，合理安排支出，加大了公共安全、农林水事务、公共服务、社会保障和就业、科教文卫事业等方面的支出，财政保障能力增强。

金融稳健运行。加大了信贷对"三农"、重点项目建设、特色产业和非公有制经济发展的支持力度，有力促进了地方经济社会发展。截止12月底，全辖金融机构各项存款余额49.38亿元，比年初增长25.74％；各项贷款余额13.11亿元，比年初增长2.92%。

消费市场繁荣活跃。加大了市场供应和价格监管，推进了农牧区"万村千乡"市场工程和"双百"工程建设，开展了地、县物资交流会，搞活了市场流通。全年实现社会消费品零售总额12亿元，增长21.5%。全地区居民消费价格指数控制在全区平均水平以下。

【改革开放深入推进】2008年，山南地区国企改革扎实推进，完成了公路工程队、汽车修配厂的政策性破产，理顺了雅拉香布、净土公司、雅龙饲料厂的经营管理体制。农牧区改革深入推进，桑日县草场承包经营工作有序推进，村级建制整合工作顺利完成。深化公共财政体制改革，全面推行了国库集中支付制度，扩大了政府采购范围，加强了财政投资评审工作，实施了桑日、曲松、扎囊三县党政机关后勤服务社会化改革。深化了机关、人事改革，提高了办事效率。开放不断扩大。积极发展对外贸易，加快边贸市场建设，发展边民互市贸易，协助办理外贸企业出口手续，扩大了大蒜、水泥等自产产品出口，全年完成进出口总额530万美元。

【以改善民生为重点的和谐社会建设取得新成效】2008年，山南地区群众最关心、最直接、最现实的问题得到切实解决。积极开展了抗救灾工作，及时救治因灾受伤人员、安置受灾群众、抢修受损设施，及时采取弥补措施，最大限度地减少了灾害损失，取得了抗灾救灾斗争的阶段性重大胜利。加大了为民办实事力度，地区本级财政投入2000万元为民办了10件实事。干部职工周转房建设进展顺利，125户城镇低收入家庭已入住"赞堂苑"廉租房。加大扶贫开发力度，完成整乡推进扶贫项目11个、面上扶贫项目17个，定点帮扶单位累计向57个贫困乡镇投入帮扶资金980.8万元。

就业和社会保障工作全面推进。扎实开展就业工作，大力开发就业岗位，举办了招聘会和劳务洽谈会，开展了城镇失业人员职业技能培训，落实就业再就业优惠政策，完成了400个政府购买公益性岗位的分配、录用工作，全年新增就业2150人，城镇登记失业率控制在4.3%以内。社会保障体系建设逐步完善，养老、医疗、失业、工伤、生育五大保险覆盖范围进一步扩大，参加保险人数达5.81万人，保险基金征缴率达90%以上。落实低保政策，做到了应保尽保。城乡医疗累计救助536人，供养五保对象2832人，落实特困学生救助资金18.1万元，救助残疾人、流浪乞讨人员130人以上。

环境保护与生态建设进一步加强。召开了地区环境保护大会，开展了污染源普查，加强了饮用水源保护工作，加大了矿产资源勘查及开采的生态环境监管，开展了"禁白"活动。全年完成各类造林面积9.39万亩，造林成活率达82%以上，有效防治了30多万亩雅江防护林虫害，全地区生态环境得到改善。

高度重视安全生产。多次召开专题会议研究部署安全生产工作。下发了《关于进一步加强治理拖拉机、低速载货汽车和摩托车违法载人工作实施意见》，开展了安全生产宣传、培训、教育工作和安全生产百日督查活动，最大限度地减少了各类安全事故的发生。高度重视食品、药品安全，推进了食品药品放心工程，确保了人民群众生命安全。

【社会事业全面进步】教育事业优先发展。全年投资3.4亿元改善了办学条件，开展了"两基"复查和初中办学水平专项督导评估，推进了现代远程教育，加强了对"三包"经费管理使用的督导检查，启动了迎国检准备工作，全地区小学、初中、高中阶段入学率分别达99.4%、98.3%、61%，青壮年非文盲率达99%；实施浪卡子、隆子两县职教中心建设，探索创新校企联合的职业教育模式，推进职业教育与就业挂钩，为农牧区培养了急需的实用人才；召开了地区德育工作会议，出台了《关于进一步加强德育工作的意见》。

卫生事业加快发展。制定了各类传染病和突发公共卫生事件应急预案，开展了鼠疫、细菌性痢疾等传染病疫情的防治，开展了三聚氰胺婴幼儿奶粉安全事故诊治，实施了儿童计划免疫查漏补种；认真执行现行农牧区医疗制度，农牧区医疗制度乡、村覆盖率达到100%，农牧民参加率达到96.8%；召开了地区农牧区卫生工作会议，出台了《关于加强农牧区卫生人才队伍建设的意见》，引进内地医学高校毕业生54名。

文化事业繁荣发展。广播电视覆盖率分别达到79%、89%，实现了广播电视"村村通"；开展了全国第三次文物普查工作，实施了重点文物保护维修工程；3项非物质文化遗产列入国家保护项目；全地区各级文艺团体创作、修改作品67个，完成演出326场；文化市场秩序不断规范。

科技事业持续发展。强化科技为"三农"服务的能力，与自治区农科院、农发办建立了合作关系，继续推行科技特派员制度，实施了日光温室蔬菜标准化栽培、藏红花栽培、红土豆提纯复壮等10项科技示范项目，积极开展"科技下乡"活动，培养了更多的科技明白人。

【社会局势基本稳定】反分裂斗争取得阶段性胜利。深入贯彻中央、区党委关于反分裂斗争的一系列指示精神，保持高压态势，确保了社会局势稳定。"3•14"事件发生后，及时成立了由地级干部带队的工作组进驻各县指导工作，落实了工作措施。深入开展了"反对分裂、维护稳定、促进发展"主题教育活动，深揭猛批达赖集团反动本质和罪恶暴行。加强了边境和社会面管控、设卡和巡逻，对重要场所、重点部位和重点人物的进行了严密监控。

民族宗教工作进一步加强。召开了全地区宗教工作会议，研究部署深化寺庙法制宣传教育的各项工作。组派了64个工作组进驻寺庙，对广大僧尼开展思想教育，对寺庙编内僧尼、编外人员、学经班学员以及非法出入境、社会闲杂人员的数量和构成进行了逐一登记造册，完善了寺庙规章制度，确保了寺庙基本稳定。

加强社会治安综合治理。对参与拉萨"3·14"、桑耶寺"3·15"事件的首恶分子、骨干分子和打砸烧暴徒依法进行了快捕、快审。严厉打击杀人、抢劫、盗窃等犯罪行为，破案率达到82.3%。加大流动人口、出租房管理力度，加大歌舞娱乐场所等特种行业的清理整顿力度，加强了民爆物品和枪支弹药管理。

妥善处理社会矛盾。深入开展矛盾纠纷排查调处工作，开展了重信重访专项治理活动，对重点疑难信访案件实行了领导干部包案制，把信访重点人员的稳控分解到了具体单位、具体人员；开展了县委书记"大接访"活动，把人民内部矛盾化解在基层、解决在萌芽状态。

山南地区政协工作

【服务稳定大局，全面贯彻落实地委有关反分裂斗争的决策部署】2008年，山南地区政协为进一步扎实做好维护稳定工作，紧紧围绕局势稳定这一压倒一切的工作，发挥政协职能优势，积极参加全地区寺庙法制宣传教育工作、下乡检查督导维护稳定工作和指导农牧业生产工作。2008年以来，先后派出16名干部职工，其中地级干部9名（含原副主席旺久、次仁罗布），县级干部1名，驾驶员4名，车辆4台，长期开展维护稳定工作。从3月份开始，按照地委、行署的统一安排部署，积极参与地区统一安排的寺庙法制宣传教育工作领导小组、地区维护稳定工作督导组、贯彻落实区、地两级党员领导干部大会精神督导检查组等多个工作组。一是于3月初前往错那、措美两县检查督导春季生产及维稳工作；二是下到桑耶寺、昌珠寺、夏珠林寺、青朴沟、然麦寺开展寺庙法制宣传教育工作；三是深入措美、错那、洛扎等县的各乡镇及重点寺庙开展督导检查维护稳定工作；四是6月份根据地委统一安排，政协组成3个检查督导组，对地直18个单位及洛扎县、措美县学习贯彻区地两级党员领导干部大会精神情况进行了检查指导，形成调研报告3篇，得到地委、行署主要领导的重视和肯定。为坚决完成地委安排的工作任务，克服车辆严重不足的困难，想方设法，先后从地区行署、交通局、土管局、建设局等多家单位借用车辆下乡、采取轮流下乡等办法，圆满地完成了地委交给的任务。

看望慰问寺庙法制宣传教育工作组人员和值勤的公安、武警官兵。先后6次前往乃东、扎囊、贡嘎、加查等县，深入昌珠寺、桑耶寺、青朴沟、夏珠林寺、然麦寺等重点寺庙看望慰问寺庙法制宣传教育工作组人员和值勤武警官兵、公安干警，并向他们敬献了哈达，送去了慰问品，鼓舞了值勤武警官兵、公安干警和各工作组的积极性。

【办好会议，切实履行职能】务实高效地做好会务、培训、后勤等服务工作，各项服务工作都能本着"准备充分、分工明确、责任清楚、工作到位"的原则，精心谋划、积极筹备，科学安排会议议程，认真撰写会议材料，坚持做到会务服务细致不马虎，会议材料齐备无差错。为筹办好九届二次会议，制定了会议筹备工作方案，成立会议筹备组和有关工作小组，认真开展各项会务工作。会议听取并讨论了政协第九届山南地区委员会常务委员会工作报告和提案工作情况报告，听取并讨论了地委领导的重要讲话和行署所作的经济运行通报，传达学习了党的十七届三中全会及区政协九届三次常委会议精神，听取了地区寺庙法宣办、发改委、教体局、环保局工作情况通报。会议取得了圆满成功，达到了预期的目的。

【结合政协职能实际全面开展调研工作】调研工作是政协参政议政的重要形式之一，为此山南地区政协积极拓展各专门委员会的工作领域，组织力量开展各类调研研究，做到提前准备，细致协调，按确定的调研思路，深入基层广泛调查研究，认真撰写调研报告和工作汇报，圆满完成了调研视察工作任务。2008年5月份，与自治区政协副主席策墨林·单增赤列带队的区政协教科文卫体委员会视察调研组一起，就山南地区藏医药发展情况及"两基"教育情况进行了调研。6月份又与自治区政协党组副书记、副主席乔元忠同志带队的人口资源环境委员会调研组一道，就山南地区加强基层基础工作、发展特色优势产业情况进行了调研。同时还针对民族宗教人士如何发挥作用的课题，组织了全国、区、地三级政协委员进行了调研视察，拟写出了高质量调研报告。8月份，在分管主席的带领下，三个专委会先后组成3个视察调研组，深入曲松、措美、洛扎、浪卡子等县，就民族宗教人士在反分裂斗争中发挥作用情况、生态环境保护、重点提案跟踪调研、农牧民收入结构调研等课题开展了调查研究活动。

【领导名录】

主席：次仁罗布。

副主席：尼玛次仁、克珠、马正玉、张世清、王怀亭、索朗旺堆、次仁

秘书长：文明元

常务委员：次仁巴吾、蔡汉银、边旺、王世红、次仁旺庆、更堆加措、嘎玛多吉、边久伦珠、德庆贡布、边巴、旺堆、晋美班典、次仁、加央伦珠、边巴次仁、次仁多吉、扎西巴珠、强巴单增、格桑曲珍、洛桑旺久、曲珍、达娃次仁、江白坚增、米玛次仁

政协秘书长：文明元

政协副秘书长：闫忠庭、次仁德吉、强巴旦增

副调研员：尹天鹏

山南地区组织工作

【干部人事工作开创新局面】2008年，山南地区干部教育培训理念实现了"三个转变"，即由注重学历教育转变为注重干部实际能力和综合素质的提升，由注重培训地、县直机关干部转变为注重培训

基层干部、一线专业技术人员和农牧区实用人才，由注重对干部进行面上的培训转变为注重有针对性地培训，特别是把全地区乡镇党委书记、乡镇长和村（居）党支部书记轮训了一遍。两年来，通过实施新一期人才智力援助工程，发挥党校的主阵地作用和各部门的职能作用，采取多种形式，共培训各级各类干部6000余人次。制定出台《山南地区边境高寒县干部管理暂行办法》，积极探索并稳步实施了边境高寒县干部交流工作，把边境高寒县26名干部交流到地直单位和腹心县工作，把地直单位和腹心县31名干部交流到边境高寒县工作；深化干部人事制度改革，组织实施了山南地区首次公务员（工作人员）招录工作，共录用35人，其中公务员22人、事业单位工作人员13人。通过一系列强有力的举措，全地区干部队伍整体素质不断提高，进取意识不断增强，公平公正的用人导向进一步确立。

【基层基础更加牢靠】以农牧区基层党建为重点，深入开展调查研究，增强党建工作的针对性和实效性。以换届工作为契机，选优配强基层领导班子，开展选派干部到基层挂职锻炼、选聘优秀大学生到村(居)任职等工作，加强基层工作力量。大力创建基层党建示范点，采取层层抓点示范的办法，加大投入，争取地区财政为12县落实基层党建示范点启动经费72万元，各县自筹资金66万余元，召开了基层组织工作现场会，达到了总结经验、示范带动的目的。以“三级联创”活动为抓手，全面实施“双培双带”、农牧区实用技术培训和村级阵地建设三大工程，将一批农牧民党员培养成为致富能手、一批致富能手中的优秀分子培养成为党员，涌现出了多吉坚参、桑珠、格桑等一批“双带”典型；通过实用技术培训，提高了农牧民党员的致富本领；全地区554个村（居）活动场所全部建成使用，村级阵地功能日益健全。积极引导乡村基层组织发展壮大集体经济，乡村集体经济收入最高超过200万元。探索建立农牧民党员激励帮扶机制，同时做好机关、学校、企事业等领域的党建工作，开展党建带团建、带工建、带妇建活动，基层组织的创造力、凝聚力、战斗力进一步增强。

【党员的先进性充分体现】深入开展“反对分裂、维护稳定、促进发展”主题教育活动，推进社会主义核心价值体系建设，落实先进性长效机制，加强党员教育管理，广大党员的党性意识、大局意识、责任意识明显增强，发展本领、工作能力、服务水平明显提高。在抗击汶川特大地震、拉萨当雄地震和山南地区特大暴雪灾害中，广大党员奉献爱心，踊跃捐款捐物，积极交纳特殊党费，冲锋在前，顽强拼搏，彰显了共产党员的先进性。在反对分裂、维护稳定工作中，广大党员始终做到头脑十分清醒，立场十分坚定，旗帜十分鲜明，行动十分坚决，表现出了高度的政治敏锐性、政治鉴别力和政治坚定性。注重在生产、工作一线和农牧区优秀青年中发展党员，两年来，共发展党员2805人，改善了党员队伍结构，增强了党员队伍活力。

【人才工作取得新进展】按照“用好现有人才、稳住关键人才、引进急需人才、培养未来人才”和“普通人才立足区内、尖子人才面向全国”的方针，加强人才队伍建设。针对农牧区卫生人才严重缺乏的实际问题，与地区卫生局共同研究提出了《山南地区加强农牧区卫生人才队伍建设的意见》。以解决缺口最大的乡镇医疗卫生、农牧专业技术人才为突破口，逐步加大人才引进力度。2007年，从区外引进52名医疗卫生应届本科毕业生，2008年进一步扩大引进范围，面向甘肃、贵州、四川、浙江等区外高校，引进农牧业技术、广播电视、工程管理等紧缺专业人才，人才紧缺的问题得到缓解。

【机构编制管理工作有序开展】切实加强机构编制管理，严格机构编制工作纪律和办事程序，进一步完善和规范县乡两级编制台账管理，认真开展机构编制实名制管理工作，切实维护了机构编制工作的权威性，确保了编制使用效率。积极做好事业单位登记管理，明确了事业单位的民事主体资格，增强了事业单位的法制意识。加强编制日常管理，在严格控编的前提下，围绕促进科学发展、改善民生，对部分单位的内设机构进行了优化整合。扎实做好地、县政府机构改革的前期准备工作，为地、县政府机构改革工作顺利进行打好了基础。

【老干部管理服务工作进一步推进】继续从政治上更好地关心老干部，从生活上更好地照顾老干部，从丰富精神文化生活上服务老干部，鼓励和支持老干部在自觉自愿、量力而行的基础上，把社会的需求和本人的志趣结合起来，运用自己的经验和智慧服务山南发展稳定大局，使离退休老干部老有所学、老有所为，为山南经济发展和社会长治久安作出了积极贡献。

山南地区党校工作

【大事记】

2008年1月8日至14日，中函西藏分院山南学区举行2007年度期末考试，共有890名学员参加。

2月19至21日，校党委书记顿珠次仁一行前往山南地区党校扶贫联系点洛扎县色乡，在“两大节日”期间慰问困难户，并验收帮扶困难户的住房建设情况。

3月10日，山南地区党校正式开学，校党委安排部署了2008年上半年的主要工作任务。

3月14日，拉萨发生“3•14”打砸抢烧事件后，校党委立即安排部署安全防范工作，认清达赖集团分裂祖国的图谋。

3月21日，山南地区党校召开全体教职工大会揭批声讨达赖集团罪恶行径。

4月2日，山南地区党校根据地委、行署的统一部署，充分发挥理论主阵地作用，组织骨干教师在地直各单位和12县开展揭批达赖集团反动本质、旗帜鲜明反对分裂的宣讲工作。

4月6日，地委组织部与山南地区党校联合组织调研组，赴山南地区机关、企业、学校、居委会和部分县开展基层党组织建设调研。

山南地区扶贫（农业综合开发）工作

【狠抓了扶贫开发、农业综合开发工作】

确定了2008年扶贫农发奋斗目标，即：争取完成国家投资8500万元，力争达到9000万元，扶贫、农发两大开发带动项目区群众增收3000万元以上。截至11月10日，两大开发共争取了国家投资10843.535万元，比2007年增加3451.835万元，增长31.8%。其中扶贫开发6156.535万元，农业综合开发4687万元，2008年争取的投资不但实现年初确定的投资目标，且已超额实现了1748.8万元。截至目前，两大开发实际完成国家投资9217万元，完成率达80%。

【重点作好贫困户安居工程】2008年，山南地区贫困户安居工程建设任务为2074户，其中绝对贫困户818户，相对贫困户1114户，国家投资3736.8万元，地方病搬迁142户，目前，已完成了1860户的建设任务（其中绝对贫困户780户，相对贫困户970户，地方病搬迁110户），完成投资3325万元，完成率达89%。

【认真作好整乡推进扶贫开发工作】2008年是山南地区实施整乡推进扶贫开发工作的第四年，5月底，山南地区错那、加查两县2005--2007年整乡推进项目通过了自治区终验，并得到了好评。目前，自治区扶贫办已下达2008年整乡推进扶贫项目11个，国家投资731万元，主要安排小型基础设施建设和短、平、快的产业增收项目。安成投资584万元，完成率达80 %。

【进一步加大了面上扶贫项目的实施力度】2008年，山南地区面上扶贫项目已下达24个，国家投资1054万元，项目涉及短、平、快的产业项目和农牧业基础设施项目，项目尽可能交给当地农牧民施工队来实施，完成投资980万元，完成率达92%。

【狠抓扶贫特色建材产业项目】在以往13个采石采砂点项目的基础上2008年争取增加了4个采石采砂点，国家投资440万元，目前完成投资398万元，完成率达90%。

【继续作好定点扶贫工作】2008年，山南地直、中直、区直对口帮扶工作组共帮扶山南地区12个县的57个贫困乡镇，派出蹲点干部128名，累计投入帮扶资金980.8万元，其中落实项目资金640万元，捐款、捐物折合人民币240.8万元，举办培训班6期，培训380人次。

【高标准的土地治理和草业建设】2008年，山南地区为抓住项目实施的有利时机，在项目批复还没有下达以前，征得自治区扶贫办同意后，提前实施了四个农发县的土地治理和田间渠道建设，国家投资3476万元。目前已完成中低产田改造2.7万亩，机耕道31.65千米，人工种草1.4万亩，田间渠道40.8千米，科技示范1万亩，蓄水池2座，农田林网8.5万株。完成国家投资2954.6万元，完成率达92 %。

【狠抓农发特色产业建设】重点抓了黄牛改良工作。2008年山南地区黄牛改良总规模达到4万头。目前，黄改技术人员的培训、166个黄改点的建设、冻精器材的配备、建档立卡工作都已经完成。截至11月10日，38700头黄牛进行了改良，完成计划任务的97.5%。

加强温室建设。目前乃东158座温室项目全部完成，70%温室已种上各种蔬菜，30%温室正育苗。12中旬新鲜蔬菜上市。

加大了综合养殖力度。年养殖计划50万只，目前已经完成45.3万只的肉鸭养殖为年度计划的90.6%，12月底全部完成。三项产业项目国家投资1211万元，目前完成1126.23万元，完成率达93%。

【认真开展贫困户建档立卡工作】山南地区12个县贫困户的建档立卡工作历时一年半时间，截止2008年三月，全地区人均收入低于1300元以下的13032户、56215人（分别占全地区农牧区总户数和总人数的19.3%和19.4)的摸底调查、登记造册、电子档案录入工作已基本完成。

【围绕项目，促进群众增收】扶持龙头企业，组建合作经济组织。农村合作经济组织、农民施工队是农牧民快速增收的重要载体，以项目为动力把规范化的农牧民合作经济组织纳入重点扶持对象，逐步实现由一家一户的分散扶持向农牧民合作经济组织的重点扶持上的转变，建立了规范化的合作经济组织，协助办理相关的经营手续，并组建新的合作经济组织。采取先行试点，积累经验，逐步完善，推动农民合作经济组织不断发展壮大，使他们在扶贫开发农业开发项目建设中发挥重要作用，进一步增加现金收入。

2008年扶贫农发项目建设中，项目区群众通过直接参与项目、劳务输出、产业开发等渠道增加收入3480.16万元，超额完成年度增收目标的16.08%，受益群众48353人，人均增收306元，其中，扶贫开发为群众增收2350万元，农业综合开发为群众增收1130.16万元，实现了项目带动群众增收的目的。如：扎朗县农业综合开发区，项目区群众2008年人均收入2580元，同比增长21.9%。

加大劳动力转移就业培训力度，带动农牧民增收。2008年以来，山南地区农发（扶贫）办打破常规的人才培训方式，坚持就地培训为主，跨区域培训为辅的原则，采取先招工后培训的方法，培训内容主要为：传统手工业、家电维修、餐饮服务业、汽车驾驶培训和农牧民施工队等。目前共培训4115人次，其中扶贫技能培训1115人次，常规农发培训3000人次，实现转移就业率达到80%以上。就业人员月工资达800元到1500元不等。

【围绕贫困群众、搞好扶贫农发项目】坚定不移地走开发式扶贫的道路，致力于增强贫困群众自我积累、自我发展能力。立足全局、针对不同贫困状况，把区域性扶贫开发与到乡、到村、到户扶贫开发结合起来，把面上扶贫与点上扶贫结合起来，提高贫困群众现金收入。

立足山南地区贫困现状、积极争取和实施短、平、快的扶贫开发项目，提高项目的整体效益。

多渠道解决贫困人口的生活和发展问题，充分发挥扶贫开发的整体效益，贫困户安居工程与农业综合开发，尤其是小城镇建设有机结合起来，积极稳妥地搞好贫困户安居工程工作。

积极引导贫困群众走出家门异地就业，扩大劳务输出，大力发展农区私营经济，切实提高扶贫开发项目的成效。

山南地区编译工作

【年度综述】2008 年，山南地区组建以地、县两级藏语文办牵头，城建、工商等部门参与的工作组，对市面社会用字清理整顿工作进行监督检查，形成了有效的社会用字规范管理工作机制，保证了工作的顺利开展。此次全地区社会用字清理整顿工作在地区各级党政部门的高度重视和正确领导下，由各级藏语委办牵头，在城建、工商等部门的密切配合和通力协作下，取得了实实在在的成效。据统计，此次全地区检查清理广告类、横幅（竖幅）、宣传横幅（栏）、招牌、门牌、路标共 8997 个，其中合格的有 8565 个，不合格的有 432 个。经清理整顿后，合格总数由原来的 8565 增加到 8815 个，合格率由检查整顿前的 95%提高到现在的 98%，使山南地区的社会用字规范管理工作取得了实效，达到了预期目的。

【积极开展编译业务，为全地区的稳定、发展服务】在业务人员少，工作任务重的情况下，发扬不怕苦不怕累的工作作风，加班加点、连续作战、默默奉献，确保地委、人大、行署、政协交办的各项翻译任务保质保量、按时完成的同时配合其他部门积极承担了《深入揭批达赖反动本质、旗帜鲜明地反对分裂》、《山南地区寺庙工作组工作方案》、《社会治安管理条例》、《大型群众性安全管理条例》、《吃得安全、吃出健康》等材料和条例的翻译打印工作，为基层和广大农牧民群众了解掌握党和政府对农牧区实行的各项方针、政策，尤其是了解掌握党和政府对维稳工作的方针政策、法律法规提供了方便。全年完成翻译量（字数）达 75 万字。

【陪同自治区藏语委办领导深入基层进行相关调查了解和指导工作】8 月 22 日至 27 日地区行署副秘书长渠伟，编译室党组书记扎西加措同志陪同自治区编译局副局长彭兴颀、区语委办副主任旦曲等领导深入沿江、边境 8 个县，调查了解、实地查看藏语文工作、社会用字清理规范工作开展情况；基层翻译部门的机构、编制、设备、工作条件以及工作人员待遇等情况。经过调查了解，实地查看，自治区藏语委办领导对山南地区几年来所做的藏语文工作给予了充分的肯定，对社会用字清理规范工作的做法也给予了高度评价，并认为值得向全区推广。目前基层翻译部门所存在的困难、问题等，区藏语委办、编译局领导表示回去后，实事求是地向自治区反映，争取得到相关部门的关心和支持。

【成功举办首次中标普华藏文软件操作技能培训】在自治区藏语委办和地委、行署的关心支持下，于 9 月 24 日至 25 日利用两天的时间，在山南地区成功举办了首次中标普华藏文软件操作技能培训。按行署培训通知要求，来自全地区 12 个县、地直（区、中）直党政机关、事业单位和中小学校共 106 人参加了培训。为保证此次培训的质量和效果，自治区藏语委办特邀上海中标软件有限公司专业人员授课。此次培训虽然时间短暂，但经过大家的努力，学有所成，达到了预期的效果。培训为改善、推动山南地区用藏语文软件办公，方便基层干部群众将起到积极的作用。培训班上还开展了软件赠送活动，共赠送了 560 套软件。

为服从工作大局，山南地区编译室抽调一名科室副主任加入桑耶寺法制教育工作组，承担大量翻译工作任务，为做好桑耶寺法制教育工作和全地区维稳工作尽了一份力。

山南团地委工作

【大力实施苗圃职业教育培训计划，促进青年增收成才】2008 年，在团自治区委的大力支持帮助下，山南地区乃东县民族手工业培训基地被列为西藏希望工程苗圃首批项目。为了确保项目顺利实施，山南团地委明确由分管工农部的副书记具体负责，乃东县还专门成立了项目实施领导小组，并制定了项目实施总体规划，使项目资金真正用到实处，切实发挥项目示范、吸引和导向作用，促进当地农牧民青年既增加收入又学到一技之长。该项目总投资 53.36 万元，申请西藏希望工程苗圃职业教育培训计划公益金解决 15 万元，其余部分由地方配套。现第一笔款 4.5 万元已汇入乃东县。此外，在资金使用方面都有详细的开支登记。截止日前，该项目绘画班的 13 名青年已自主择业，10 名学徒青年正在实习。此项工作得到了党政组织和社会的一致认可。

【评选出“山南地区十大优秀青年”，以榜样和典型的力量带动和引领广大青少年】2008 年 10 月 16 日，第二届“山南地区十大优秀青年”评审委员会召开第二次评审会议，投票评出了第二届“山南地区十大优秀青年”和提名奖获得者，并上报地委。

【加大劳务输出、技能培训和示范点建设力度，加快青春建功新农村行动步伐】目前，山南地区共有青年增收成才示范点 20 个、农牧区青年增收成才示范户有 34 户、青年致富带头人 63 人。2008 年以来，山南各级团组织与有关部门联合举办培训班 20 期，培训人员 600 人次。通过各团组织参与协调，组织青年外出务工人数为 1200 余人次。

【继续开展“高原绿色希望工程——保护母亲河行动”，为保护西藏的碧水蓝天作出贡献】2008 年以来，全地区各级共青团组织积极开展植绿护绿活动，推进“青年林”建设。山南各级团组织共组织团员青年 19224 人（次），植树近 91088 株，护绿 52 亩，实现了县县均有“青年林”。同时，继续开展“珍惜每一滴水，爱护每一条河”、“节约一滴水、一度电、一张纸、一粒米”等形式多样的环保和节能减排主题宣传教育活动。积极开展“改陋习、树新风”活动，组织团员青年大力开展清除卫生死角，倡导健康文明生活的良好风尚。使广大青少年和社会公众树立环保意识、资源意识和节约意识，推动全社会形成爱护环境、厉行节约的良好风尚。由于近年来，山南地区团地委高度重视环保工作，团地委副书记安兴国同志被地委、行署评为环保先进个人。

【扎实开展“希望工程”和奖学金助学等工作】2008 年团地委共发放奖学金 8.5

万元，其中，明德奖学金8.3万元，芙蓉学子奖学金0.25万元，共资助品学兼优的贫困学生达369人。此外，各团组织还积极引导社会力量参与到山南地区的希望工程助学行动之中。扎朗县勇辉爱心社继续启动"勇辉助学奖学金"，爱心社成员每人每月捐出50元工资，资助当地的贫困学生。2008年6月份，通过团地委的积极争取，广东省青基会、广东美美电池有限公司向山南地区青少年捐赠了10万元的各类体育器材，并已发放到各县、各学校。此外，团中央青少年发展基金会还向琼结、桑日等县捐助数十万元的体育器材。

【深化"青年文明号"工作】2008年，山南地区共有国家级青年文明号3家，自治区级6家，地区级38家，县级38家。

山南地区检察工作

【以提高案件质量为核心，加强刑事检察工作】2008年，山南地区地县两级检察机关坚持严打方针，突出打击重点。地县两级检察机关认真履行审查批捕、审查起诉职责，保持严打高压态势，依法快捕快诉了一批严重刑事犯罪分子。2008年，两级检察机关共受理提请批准逮捕各类刑事案件94件148人，人数同比下降30%。经审查，批准逮捕80件123人，同比分别下降6%和20%。共受理提请公诉案件95件134人，同比分别下降27%和46%，经审查，提起公诉74件108人，同比分别下降28 %和44%。

加强和改进批捕、起诉工作。地县两级检察机关在维稳任务重、人员少的情况下，优化整合办案力量，提高办案效率。尤其是对捕后不诉等案件，注意从程序，证据等方面入手，认真分析，加强办案流程的规范化，以此带动质量和效率的提高。对不捕案件，加强对不捕理由的说明。同时抓好出庭公诉水平的提高，对特别疑难、复杂的案件，组成专案组进行审查，强化公诉效果。

【惩治和预防职务犯罪工作的深入开展】2008年共受理涉嫌职务犯罪案件线索4件，初查4件，立案1件。积极开展查办危害能源资源和生态环境渎职犯罪专项活动，制定实施方案。抓好侦查活动跨地域的统一组织协调配合、侦查资源的统一配置使用等各项工作，逐步形成纵向指挥有力、横向协作紧密的侦查模式。进一步完善办案流程的规范化建设，坚持依法、文明、安全办案。重视运用侦查谋略和技巧，提高线索分析、审讯突破、侦查取证、侦查指挥等各方面能力，在加大办案力度的同时，增强质量意识，从偏重数量向数量质量并重的方向发展。围绕检察职能，分院反贪局针对村干部村民法制观念淡薄，坑农害农实际问题，多措并举服务新农村建设，把调查"安居工程"资金落实使用情况作为为新农村建设服务的切入点，专门对全地区"安居工程"的资金来源和使用情况进行调研，充分发挥检察职能作用，加大对涉农职务犯罪的法制宣传教育力度，把职务犯罪预防向农村延伸，从源头上遏制和预防坑农害农等犯罪案件的发生，有力推进了反贪工作的深入开展。

依照规范进一步推进预防职务犯罪工作。深入企事业单位上法制课，抓好《西藏自治区预防职务犯罪工作条例》的宣传和贯彻落实，抓好重点工程的职务犯罪预防，加强检察建议和个案预防的力度，重视对个案剖析，增强了预防效果。

【以诉讼监督为重点，维护社会公平正义】加强侦查监督工作。2008年，发现公安机关刑事立案监督线索1件1人，监督立案1件1人，提前介入14件次，引导公安机关侦查取证14件次，重点监督在侦查活动中是否存在严重违反程序、侵犯人权的问题。决定不批捕14件25人，决定不起诉11件11人。

加强刑事审判监督工作。对法院定罪不当、量刑畸轻畸重，尤其是起诉后法院认定的立功、自首等减刑情节的案件加强审查，加大审判监督力度，对符合抗诉条件的坚决提起抗诉。通过对已生效的刑事判决书、裁定书的审查，未发现存在实体程序性错误。

加强民行审判监督工作。受理民事行政申诉案件3 件3人，立案3件3人，结案2件2人。审查法院裁判文书20余份。积极配合公诉部门搞好刑事附带民事诉讼工作，扎实推进抗诉书的说理改革。

加强监所检察工作。加强刑罚执行监督，共审查减刑、假释、暂予监外执行8人次，依法纠正1人次；临场监督死刑案1件次；深入看守所进行安全防范检查10余次，针对看守所存在的问题，提出口头检察建议1次，确保了监管场所安全；纠正超期羁押2人次，维护了在押人员的合法权益；举行了派驻检察室挂牌仪式，监所检察工作步入了更加规范化、制度化发展阶段。

【以开展大接访活动为主要内容，认真做好涉检信访工作】2008年，共受理申诉案件5件5人，举报线索3件5人，接待群众来访14人次，排查梳理了2007年以来各类信访案件，做到了底数清、情况明。建立健全职务犯罪举报受理、初查、反馈、保密等制度，特别是对来人举报、实名举报做到快办快结，及时答复。实行首办责任制和重大疑难案件包案制，实行院领导轮流接访等制度，认真开展"大接访"活动，提高了解决实际问题的能力。乃东县检察院针对重大疑难案件实行公开听证制度，收到了良好的社会效果。地县两级检察机关不断创新检务公开新方法，充实检务公开内容。两级院在坚持传统做法的基础上，建立和完善了一系列制度，为人民群众行使知情权、参与权和监督权创造了条件，完善了诉讼参与人权利保障机制，实行权利义务告知和一案三卡制度，有效保护当事人的合法权益。

山南地区国安工作

【围绕奥运安保，深化反分裂斗争，业务工作水平不断提升】2008年，山南地区国家安全局加强情报信息搜集研判工作，强化信息支撑作用；加强敌情基础调研；突出专案侦察，加强线索查证。侦破涉及"3•14"事件案件1起；以国家安全人民防线建设为重点，切实加强涉外安全保卫工作。加强了人民防线组织建设。在敌情复杂和奥运会火炬山南境内传递途经重要乡镇建立国家安全小组，使国家安全人民防线网络得到进一步延伸和拓展。专门组织人员在全地区播放《奥运重大政治事件》警示录专题片共9场178人次，向寺庙僧人和广大农牧民群众宣讲《国家安全法》5次。

强化了北京奥运会、重大节庆日和西藏重要敏感期的安全保卫工作，针对拉萨“3•14”事件、桑耶寺“3·15”事件重点加强了对寺庙的管控和教育工作。进一步加强了军地反间谍侦察保卫协作工作。与政法、公安等部门协同配合，按照协作机制加强了对重大节庆日、敏感日及党政各重大会议期间的安全保卫工作，确保地区首脑机关、要害部门的安全，确保了各节日及各重大会议的顺利进行。做到了防破坏、防非法传播、防聚众闹事、防其他异常情况，为推进维护国家安全和社会政治稳定工作奠定了坚实的基础。

特别是在处置桑耶寺“3·15”事件中，山南地区国安局获取情报首先向地委、行署进行了报告，并立即启动处置突发事件工作预案。在地委、行署的统一领导和部署下，派出8人工作组赶赴现场，配合有关部门依法实施处突工作。山南地区国安局按照处突预案在局里设立指挥部、在现场设立临时指挥部，采取公秘结合方式，及时了解事件内幕，发扬“老西藏”精神，于现场连续12日配合地区工作组及相关部门处理了桑耶寺“3·15”闹事事件，充分发挥了国家安全机关的职能作用，圆满完成处突工作任务。

【认真做好社会治安综合治理工作，继续深入开展“严打”整治斗争】2008年，山南地区国家安全局进一步落实社会治安综合治理目标管理责任和领导责任制，加强督查落实。强化违法案件侦破力度，提升政法机关权威。

被成都军区评为“军地隐蔽斗争先进协作区”。

【领导名录】

书记：胡善银

书记、局长：索郎巴登

党委委员、副局长：樊生忠、扎西平措、罗布桑珠

党委委员、政治处主任：王君仪

党委委员：聂扎

山南地区公安工作

【始终坚持“稳定压倒一切”的方针，全力维护全地区社会政治局势稳定】2008年3月10日，拉萨少数寺庙部分僧尼聚集闹事，与政府对抗。3月14日，一些不法分子聚集街头疯狂进行打砸抢烧，并呈蔓延之势。3月15日13时许，山南地区桑耶寺100余名僧人为呼应拉萨打砸抢烧不法行为，不听劝阻，冲出寺庙对周边的派出所、镇政府、学校及商户进行打、砸、烧，造成了严重损失。面对严峻的对敌斗争形势，山南地委、行署高度重视，多次召开会议对维稳工作进行安排部署，地委书记、人大工委主任洛松次仁及地委副书记、行署专员赵宪忠等地区领导也多次亲临公安处指导维稳工作。山南地县两级公安机关紧紧依靠各级党委、政府和上级公安机关的坚强领导，全力以赴，精心组织，周密安排，狠抓落实，广大公安民警、武警官兵发扬连续作战，不怕疲劳的优良作风，密切配合，协同作战，维护了正常的生产生活秩序，确保了全地区社会治安大局的平稳，取得了反分裂斗争阶段性胜利。全年，共抓捕涉嫌参与“3•15”事件骨干人员13名，移交涉嫌参与拉萨“3•14”打砸抢烧违法犯罪嫌疑人6名；破获4起危害国家安全案件，抓获犯罪嫌疑人3名；开展领导接访16次，受理查结信访信件3起；抓获1名非法入境的“藏独”分子；圆满完成了“三大节日”、“两会”、“萨嘎达瓦”节、国庆节、张庆黎书记赴山南调研等一系列安全保卫任务，确保了各项活动安全有序进行和社会治安局势稳定。

【以创建“平安山南”为龙头，严厉打击各类违法犯罪活动】2008年，山南地县两级公安机关以创建“平安山南”为龙头，在加强和完善社会治安防控体系建设的同时，始终保持严打高压态势，严厉打击各类违法犯罪活动。全年，全地区共立各类刑事案件200起，破获161起，破案率为80.5%；补立年前案件7起，破获年前案件11起；抓获犯罪嫌疑人201名。其中立命案（含故意伤害致人死亡案）8起，破8起，破案率100%。

【加强治安行政管理，努力提高驾驭社会治安能力】2008年，地县两级公安机关始终坚持“什么问题突出就重点解决什么问题，哪里治安混乱就重点整治哪里”的原则，大力加强治安行政管理工作，使全地区治安秩序明显好转。全年，共查处治安案件222起，查处违法人员222人，其中拘留182人；办理“二代证”26067张，办理户籍迁入手续1660人，迁出手续1677人，办理临时身份证151张，登记暂住人口5404人，流动人口179399人；检查涉爆单位50家/次，涉枪单位56家/次，提出整改意见3条，收缴炸药545公斤，雷管1719枚，导火线1991米，审批炸药333.892吨，雷管628900枚，导火线509350米，收回废枪101支；完成机动车登记注册1161辆，办理新驾驶证1736个，驾驶员年审3351人/次；检查各类单位场所1651家，下发《限期改正通知书》12份，消除火灾隐患431处；办理《外国人旅行证》31个共100人，港奥台同胞备注手续167人，外国人居留许可2次2人，来山南地区的境外人员743人。

【全力做好北京奥运圣火传递及奥运会、残奥运期间的各项安全保卫工作】2008年，山南地区公安机关把做好北京奥运会安全保卫工作作为一项十分重要的工作，摆在十分突出的位置，早动手、早准备、早谋划，切实按照地委、行署和公安厅的部署要求，紧紧围绕“平安奥运”的目标，突出工作重点，提前部署，精心组织，周密安排，逐级负责，狠抓落实，共出动警力7000余人/次，车辆2000余台/次，圆满完成了奥运圣火拉萨传递转场及北京奥运会期间各项安全保卫工作任务。

山南地区财政工作

【狠抓增收节支，确保收支平衡，全面完成年度收支目标任务】2008年，山南地区实现财政收入24936万元，完成预算数的184%，比2007年同期增加4170万元，增长20%。其中：地区级完成11074万元，完成预算数的188%，比2007年同期增加1279万元，增长13%；县级完

成13862万元，完成预算数的182%，比2007年同期增加2891万元，增长26.4%。财政支出完成194477万元，完成调整预算数的138.8%，比2007年同期增加29865万元，增长18%，其中：地区级支出完成75372万元，比2007年同期增加15362万元，增长26%；县级完成119105万元，比2007年同期增加14503万元，增长14%。

2008年山南地区经济虽然受拉萨3•14事件、强降雪灾害、地震和国际国内经济形势下滑等因素而有所影响，但通过各级财政部门的共同努力，依靠投资拉动，确保了财政收入应收尽收，经常性支出应保尽保，重点支出优先保障。乃东、贡嘎两县财政收入突破3000万元，加查县财政收入首次突破1000万元，地区本级财政收入突破1亿元。

收入结构更加合理，税收收入逐渐成为财政收入主力。2008年税收收入完成15837万元，较2007年同期增加2700万元，增长21%，占全年财政收入的64%，较2007年同期提高一个百分点。

非税收入稳中有升。2008年非税收入完成9099万元，占财政收入的36%，比2007年同期增加1470万元，增长19%。

严格执行收支两条线管理，加强行政事业性收费及预算外资金管理。2008年全地区预算外资金收入完成5069万元，比上年同期增加889万元，同比增长21.3%；预算外资金支出4122万元，比上年同期增加496万元，同比增长13.7%。

【坚持财力向“三农”倾斜，扎实推进社会主义新农村建设】2008年地区本级财政落实支农资金3365万元，较上年增加130万元，增长4%。其中农业支出360万元、林业支出50万元、水利支出160万元、气象支出53万元（不含气象事业费12万元）、安居工程资金支出2500万元。

稳步推进安居工程建设。2008年共落实自治区下达的安居工程专项资金6552万元；落实地区本级农牧民安居工程建设资金2000万元，农牧民安居工程建设贷款贴息资金500万元；落实新增超建户资金1823.6万元；预拨2009年游牧民定居、兴边富民等资金3845.5万元。同时，下拨资金2007万元实施了12县85个行政村村级组织活动场所建设。

2008年共落实全年义务教育“三包”经费3931.5万元，同比增加155万元，增长4%。

2008年山南地区争取并安排了农牧民技能培训资金550万元，通过“委托培训”、“联合培训”“集中培训”等方法，培训农牧民21000余人次。同时积极落实各项支农惠农政策及资金，共落实良种补贴84.6万元、森林生态效益补偿资金791.7万元、粮食直补资金523.8万元、农资综合补贴资金126.3万元，另根据国家对补贴标准的调整于8月份再次落实农资综合补贴150万元、农业机械购置补贴800万元、农牧区低保资金1260万元、免费医疗经费4309万元、农村税费改革资金1707.4万元。

2008年共落实低保资金1260万元(自治区补助1173万元、地区配套44万元，县配套43万元)，惠及28897名农村最低生活保障对象。同时，根据自治区有关文件精神，从5月1日起，对28897名年人均收入850元以下的农牧区贫困人口，在原农村最低生活保障的基础上，半年内增加每人每月20元的临时生活补助，共落实资金405万元。农牧民老党员、老干部、老模范生活补贴每人每月增加50元，分别达到350元、200元和150元，全年共落实资金327万元；“五保户”供养标准进一步提高，由2003年的588元提高到现在的1500元，全年共落实资金443.1万元，做到了应保尽保。

【调整优化支出结构，确保重大事项支出】全年公共安全支出达到13141万元，同比增长17.6%，其中地区本级财政支出2230.48万元。

确保了防抗灾的资金需求。一是安排资金1110万元补充了地区级救灾基金，其中，自治区补助970万元，地区本级安排资金140万元。根据自治统一安排，建立应急准备金5637万元。二是拨出救灾基金150万元，帮助各县建立了救灾基金。三是下拨救灾基金540万元专项用于各县抗震、抗雪救灾支出。四是动用救灾基金689.74元，购买了救灾储备物资。同时，对各县的救灾基金、物资的筹集、管理、使用等救灾工作提出了具体要求，并制定下发了《山南地区救灾储备物资管理办法》。

确保了教、科、文、卫等各项社会事业发展的资金需求。教育支出完成36139万元，同比增长3%；科技完成623万元，与2007年同期略有下降；文化支出完成3952万元，同比增长11%；医疗卫生支出完成19947万元，同比增长18%，2008年为了改善医疗服务设施和医疗条件，本级财政安排资金700万元专项用于医院医疗设备的改善。

确保了基本建设资金和农牧区的资金需求。2008年全地区基本建设投资支出30100万元，较2007年同期增加1383万元，增长4%。一是认真编报了山南地区2008-2010年基层政权建设项目三年规划，共上报基层政权建设项目202个，申请项目资金16264.7万元。二是及时向各县下达了2008年基层政权建设补助资金909万元，严格界定了该项资金的使用范围，为增强基层政府提供公共服务能力起到了重要作用。三是为12县农牧区基层党建示范点解决了建设资金72万元。四是进一步加强农牧区基础设施建设，落实资金2617万元，支持小型农田水利建设、病险水库治理以及农田水利设施修复和农业抗旱设施修复等；落实资金5154万元用于土地治理、低产田改造。五是本着统筹安排、合理分配的原则，及时向地、县两级下达了自治区安排的2008年城镇主体功能区基本公共服务经费2785万元和地区本级配套资金300万元，使地县城镇人居环境得到进一步改善，城镇公共服务能力得到了提升。六是按照地委行署的要求，继续安排了资金3000余万元为民办10件实事，主要涉及泽当镇城区道路的改造与整治。

【以人为本，建立健全社会保障体系】全年社会保障和就业支出完成11086万元，同比增长122%。

“五大保险”体系逐步健全。一是基本养老保险制度进一步完善，职工基本养老保险金得到及时、足额发放。基本养老保险基金收入3149万元，比上年同期增加448万元，增长16.59%；支出3856万元，比上年同期增加704万元，增长22.34%。二是失业保险制度进一步完善，促进就业、再就业的功能进一步增强。全地区共有8232人参加失业保险统筹，失业保险基金收入 736 万元，比上年同期增加 199 万元，增长 37.06%；支出 255 万元，比上年减少 7 万元，减少 2.7%。三是基本医疗保险制度进一步完善，统筹范围不断扩大，待遇水平进一步提高。全地区共有 20471 人参加城镇职工医疗保险，共收入 8132 万元，比上年同期增加 2657 万元，增长 48.53%；支出 3400 万元，比上年同期增加 818 万元，增长 31.68%。为减轻参保职工个人医疗负担，于 1 月 1 日起，进一步降低了住院报销起付线，提高了医疗费报销支付比例。四是工伤保险制度运行平稳。全地区共有 3906 人参加工伤保险。工伤保险基金收入 115 万元，比上年同期增加 23 万元，增长 25%；支出 30 万元。五是生育保险制度稳步推进。全地区共有 15417 人参加生育保险，生育保险基金收入 180 万元，比上年同期增加 66 万元，增长 57.9%；支出 100 万元，比上年增加 85 万元，增长 566.67%。

就业、再就业工作取得一定成效。为积极促进高校毕业生就业，在年初预算中安排了高校毕业生就业奖励资金。按照自治区的统一部署，安排 603 万元财政资金购买了 400 个公益性岗位，实现就业再就业 1511 人，城镇登记失业率控制在 4.3%以内。

社会救助制度日益完善。一是对 3009 名城镇低保对象按月发放了最低生活保障金 692 万元，人均月补差达 191.56 元。为便于山南地区城市居民最低生活保障对象快捷、安全、足额地领取低保资金，更好地保障城市困难居民基本生活权益，根据自治区有关文件精神，结合山南地区实际，印发了《山南地区城市居民低保资金社会化发放实施方案》，于 2009 年 1 月 1 日起正式实施。二是城乡医疗救助制度得到较好落实。2008 年，各县城市医疗累计救助 22 人，落实救助资金 8.59 万元，人均救助 3904.55 元；农村医疗救助 851 人，落实救助资金 123.7 万元，人均救助 1453.58 元。

社会福利制度运行良好。一是农牧区免费医疗制度成效显著。2008 年农牧民免费医疗标准人均提高 40 元，达到 140 元，共拨付农牧民免费医疗资金 4309 万元（其中：中央及自治区补助资金 4159 万元，地区财政补助资金 90 万元，县财政配套资金 60 万元）。二是孤残儿童的生活得到较好保障。山南地区社会福利院共有孤儿 72 名，为确保孤儿的基本生活和学习，在年度预算中除足额安排了孤儿的各项经费支出外，还安排了福利院维修专项经费 10 万元，“六一”儿童节孤儿人均 150 元生活补助费 1.08 万元。目前，已落实儿童福利资金 66 万元。三是老年人健康补贴落实到位。地县财政对 1902 名 80 岁以上的老人，落实健康补贴资金 59.22 万元。四是认真实施干部职工体检制度。根据自治区有关文件精神，2008 年起在职职工体检经费由 500 元提高到了 600 元，共落实 2007 年度干部职工体检经费 468 万元。五是突发公共卫生事件的免费救治政策得到较好落实。2008 年婴幼儿配方奶粉重大食品安全事故发生以后。共落实婴幼儿奶粉事件专项资金 113.13 万元，其中为定点医疗机构配备了价值 73.2 万元的急需医疗设备，共筛查 5117 人次。

优抚安置工作取得了新进展。一是积极落实优抚对象生活补助资金。为确保优抚对象的生活，落实抚恤资金 365 万元，比上年增加 202 万元，增长 92.47%，专项用于伤残人员、烈士、牺牲和病故军人家属、在乡老复员军人、带病回乡退伍军人抚恤和生活补助。落实优抚对象医疗补助经费 395 万元。二是落实军队移交政府安置离退休人员经费 344.6 万元，比上年增加 166.2 万元，较好地落实了 1984 年-2006 年底军队移交政府安置离退休人员和无军籍退休职工的工资、取暖费、医疗费。

中国人民银行山南地区中心支行

【年度综述】截止 2008 年底，山南地区各项存款较年初有所增加，本外币存款余额 493,780 万元，较年初增加 101，079 万元、增长 25.74%；各项贷款持续增长，增速趋缓，贷款余额为 131，077 万元，较年初增加 3，723 万元、增长 2.92%；现金投放平稳，全辖现金累计收入达 559，077 万元，现金累计支出达 662，201 万元，收支相抵货币累计净投放为 103，124 万元，较同期增投 7，358 万元、增加 7.68%。

【认真贯彻落实货币信贷政策，积极支持地方经济又好又快发展】加强“窗口”指导，确保各项信贷政策贯彻落实。及时制定出台了《山南地区信贷指导意见》，明确了信贷投向重点，引导辖内商业银行加大了有效信贷投入力度，建立了行领导重点联系县制度、现场指导制度，加大了对农行县支行信贷工作开展情况的指导力度，年内分别到乃东、贡嘎、扎朗、琼结、曲松、桑日、隆孜、加查、错那、洛扎、浪卡子 11 个县的县支行及所属多个基层营业所进行了现场指导；开展了“金融知识三下乡”活动，取得了良好的社会效果；建立了辖内金融机构信贷政策执行效果评估报告制度，进一步改进了信贷政策传导机制，增强信贷政策实施效果，发挥了信贷政策对经济结构调整的促进作用。

突出信贷支持重点，积极支持地区经济社会发展。一是继续做好农牧金融服务工作，加大信贷支农支牧力度。山南地区涉农贷款余额为 56，515 万元，同比多增 2，340 万元、增长 4.32%。共发放贷款证 58，532 本，发证面达 90.6%。其中发放“钻石卡”已达 154 本，2008 年新发放 42 本，余额 1，634 万元，较年初增加 269 万元、增长 19.71%；扶贫贴息贷款余额达 16，209 万元，同比减少 265 万元、下降 1.61%；2008 年共发放农牧民安居工程贷款达 8，329 万元，贷款余额达 22，899 万元，实际贷款户数 16，874 户，户均贷款余额达 1.36 万元。二是消费信贷有所增长。消费贷款余额 40，650 万元，同比增加 3，086 万元，增长 8.22%，占全地区各项贷款总额的 31.01%。

认真做好经济金融信息搜集，及时分析反馈货币政策执行情况。一是对山南地区金融机构利率执行情况开展跟踪调研，建立了利率政策快速调查反馈制度；积极做好利率调整和山南地区优惠利率政策实施效应跟踪调查，并对利率执行及传导机制方面存在的问题提出政策建议。二是认真做好重点企业、消费信贷等监测工作，调查监测企业经营状况、信贷资金需求、信用状况，按季撰写企业监测报告、消费信贷监测报告。

2008 年，山南地区中心支行探索建立信息共享机制，推动金融生态环境建设。加强与地方税务、财政、工商、法院、商务等政府职能部门的联系、沟通与协调工作，积极探索金融生态环境建设的措施与路子，向地委行署专题汇报了建设山南地区良好金融生态环境的意义、困难和措施等相关问题；加强金融法制建设，改善金融生态的法制环境；加强社会信用体系建设，打造“诚信山南”，建立和完善社会信用的正向激励和逆向惩戒机制；积极参与地区建设担保机构的工作，开展政策咨询，推动担保机构等社会中介服务体系建设。

【加强金融风险防范，维护金融平稳运行】针对金融稳定工作的特点，成立以人民银行为主的横向金融稳定信息共享机制，搭建了包括人民银行、政府相关部门以及各银行、保险机构在内的金融稳定信息交流和共享平台，从而实现风险信息快速传递，尽早防范区域性和系统性金融风险的发生和蔓延。

成立了金融机构突发事件应急领导小组及办公室，并制定了山南地区金融机构突发事件应急预案、紧急风险处置预案和分部门处置预案，以备及时处置，防范于未然。

结合山南地区实际，对金融稳定指标进行了认真分析和筛选，制定了《山南地区金融稳定指标体系（意见稿）》，逐步收集了从 2004 年起的稳定指标数据，为金融稳定工作提供了数据支持。

先后到基层调查研究 5 次，完成了金融稳定类动态信息，并撰写了《农行和邮政储蓄服务“三农”协调性发展的研究报告》、《对山南地区民间借贷的几点思考》等调研报告。同时，在敏感时期认真做好辖区金融稳定工作，及时上报金融稳定日志。此外，坚持开展金融安全教育宣传活动，年内共开展 4 次金融稳定专题社会宣传。

【加大征信管理力度，提高征信知识宣传效果】对山南地区 2007 年 12 月 31 日前申领的贷款卡进行了集中年审，年审合格率达 100%。

认真开展征信知识宣传教育工作，促进辖区信用水平提高，积极推动西藏社会信用体系建设。开展了以“平安山南”、“征信宣传月”、“以诚兴商、以信立业、和谐共赢”为宣传口号的征信知识宣传活动，通过“征信知识进农牧区”、商业银行客户宣传以及移动通信平台等多种形式向广大群众宣传征信知识。

为切实改善农村信用环境，加大金融对农村经济发展的有效支持力度，山南中支积极推动“信用乡镇、信用村、信用户”的评定工作，多次到农牧区进行征信宣传，有效促进了农牧区信用环境的加强和改善。截至 12 月末，山南地区已评定信用乡 9 个、信用镇 7 个、信用村 138 个。

按照安排部署，积极推进地区非银行信息采集工作，加强了与地区劳动保障部门的协调沟通，收集企业拖欠工资信息，并将本地企业信息、企业环保信息录入企业信用信息基础数据库。

【进一步加强和改进外汇管理，提高整体水平】开展外汇检查，维护外汇市场秩序。外管山南中心支局认真组织人员对中国银行山南地区支行成立以来的结售汇数据进行了抽查核对，并及时反馈相关信息，确保了银行个人结售汇数据统计的真实性、完整性、准确性。充分发挥外汇检查对外汇管理、国际收支平衡的促进作用，继续加强监管，按照《国家外汇管理局西藏自治区分局外汇检查工作操作流程》，对中国银行山南地区支行 2008 年 1 至 9 月外币兑换及市场准入、内控制度建立等情况进行了全面检查，对外汇指定银行办理外汇业务当中存在的问题及时通报、纠正。通过完善制度建设，改进监管手段，进一步提高了外汇管理服务水平，稳步推进了外汇市场信用体系建设。

认真开展外汇管理业务，积极拓宽业务面。严格按照核销管理办法及业务操作规程办理了两笔核销业务，并通过电子口岸执法系统发放了 5 份核销单，同时，对一家企业进行了备案。此外根据国际收支申报金融机构的编码原则，印发了《中国银行山南地区支行金融机构标识码》，顺利搭建了支局与中国银行山南地区支行个人结售汇系统数据共享的平台，为山南地区个人结售汇数据采集和推动业务发展奠定了基础。

【做好金融基础工作，努力提高金融服务水平】进一步加大国库职能作用。一是严把柜面监督关，认真审核预算收入和资金划拨凭证。严格结算纪律，确保国库资金的安全。积极配合财政部门深入推广财政集中支付业务，充分做好横向联网工作的前期准备工作。二是严把国债监督关，检查商业银行凭证式国债的兑付和发行工作，确保各商业银行在发行和兑付过程中坚持原则，做到公开、公正，计息准确。三是严把监督检查关。采取非现场监管和全面检查及重点抽查的方式，对辖区乃东、扎囊、桑日、曲松、隆子、错那 6 家县代理支库进行了国库业务实地检查，并积极对国库经收处业务和集中支付业务开展了检查。四是严把制度落实关。建立了财政、税务、国库三家单位联席会议制度，建立健全了风险控制体系和监督体系，与集中支付业务的三家代理银行（中、农、建）签订了《直接支付、授权支付协议书》。建立了《国家金库山南地区中心支库岗位设置方案》，制定了国库突发事件应急处置预案。成功举办了“山南地区国库工作总结表彰大会暨国库业务培训班”，并为辖内代理支库配备电脑，对国库统计分析系统进行了培训，统计分析系统在地区 12 个代理县支库得以全面运行。

加强发行基金调拨和反假工作。一是严格按照“适当集中、合理摆布、灵活调度”的发行基金调拨原则，强化发行基金调拨工作，保质保量地完成了全年发行基金调拨任务。根据“3•14”事件后市场需求的变化情况，结合现金投放、回笼实际及时开展分析预测，合理调剂现金券别，确保了现金的合理供应。二是充分发挥地区反假货币工作联席会议及其办公室的作用，召开了反假货币工作示范点建设研究会议，保证了山南地区每一个乡（镇）都有一名反假业务宣传员，壮大了反假货币队伍。三是结合地区反假货币工作实际，认真开展反假货币宣传工作，利用平安创建活动，在泽当镇进行了 2 次反假集中宣传，开设了现场咨询台，发放各种宣传册、宣传画上千份；四是将业务培训班办到基层，利用业余时间和下乡检查的机会，到农行县支行及营业所开办反假业务培训班，对乃东、加查、浪卡子、洛扎、扎朗、贡嘎等县金融机构一线业务人员开展了反假知识培训。五是结合形势发展需要，对金融机构查验、防范"法轮功"等反动标语通过人民币流通进行传播的情况进行了抽查。同时，在商场、集贸市场、企事业单位、公交公司等地方开展了人民币质量和金融机构服务问卷调查，及时收集人民币质量监测参考依据，较准确地掌握了辖内货币流通情况。

加强支付结算工作，提升金融服务水平。进一步加强了业务系统运行维护管理，保证了《中央银行会计集中核算系统》、《大、小额支付系统》、《人民币银行结算账户管理系统》、《全国支票影像交换系统》等各业务系统的安全、稳定运行。2008 年重点加大了对小额业务的宣传推广力度，积极解决业务推广过程中遇到的问题，组织全辖金融机构共发生小额业务 2447 笔，其中包括 1 笔全国支票影像业务，填补了山南地区此项业务的空白；继续加强人民币银行结算账户核准工作，严格账户开、销户手续，年内共受理银行结算账户开销户业务 414 笔，发放开户许可证 264 本。

加大监督检查力度，积极稳步开展反洗钱工作。按照地区金融机构反洗钱联席会议制度，积极组织各金融机构召开山南地区金融机构反洗钱联席会议，进一步修订和完善了山南地区反洗钱工作职责。认真做好大额和可疑交易的监测、分析、上报以及反洗钱统计报表的汇总上报工作。组织辖内金融机构开展反洗钱业务宣传及培训工作，对进一步提高社会公众反洗钱意识，提高一线反洗钱业务人员的业务能力起到了良好的作用；加大监督检查力度，促进反洗钱工作的规范化发展。按照年初反洗钱现场检查工作计划，根据总行《反洗钱现场检查办法》，成立了反洗钱现场检查小组，对人保山南分公司、农行山南地区中心支行营业部和中国银行山南支行进行了认真细致的反洗钱现场检查。

【获奖情况】

被西藏自治区政府评为"十五"以来金融支持"三农"工作先进集体；

被人行成都分行评为 2008 年度目标考核先进单位、2005—2008 年分行辖区先进集体；

向雪玲副行长被人民银行总行评为"巾帼建功标兵"；

白玛顿珠同志被西藏自治区评为"消防志愿者精英"；

陈进、白玛念扎同志被人行成都分行评为"优秀党员"；

达娃顿珠同志被人行成都分行评为"优秀党务工作者"。

【领导名录】

党委书记、行长：刘光模

党委委员、副行长：次旺朗杰、范春红、普布赤来、向雪玲

党委委员、纪委书记：何志诚

助理调研员：欧珠拉姆

山南地区国有资产管理工作

【加大国资监管力度，监管企业效益进一步增长】2008 年，山南地区国资委监管的 14 家地直国有企业（纳入本次统计的为 11 家。汽车修配厂、公路工程队已实施政策性破产，饲料厂已整体出售）全年实现总产值 48357 万元，同比增长 2.8%；实现销售收入 43618 万元，同比增长 3.2%；实现利润 17441 万元，同比增长 0.2%；实现税金 7077 万元，同比增长 11.9%。

2008 年监管企业整体各项经济指标实现了一定增长，拉萨"3•14"事件和国际金融危机给监管企业特别是旅游接待企业和建筑业带来了较大的影响。据统计：2008 年泽当饭店实现销售收入 1680 万元，同比减少 24%；实现利润 28 万元，同比减少 91.6%；湖北大厦实现销售收入 377 万元，同比减少 35.8%；实现利润-74 万元，同比减少 252.4%；建工总公司实现销售收入 9153 万元，同比减少 49.6%；实现利润 402 万元，同比减少 59.3%。总体上讲，2008 年国资委监管的 11 家企业中 7 家企业利润同比下滑，3 家企业利润略有增长，1 家企业利润与上年持平。

【规范国资监管体系，为企业发展奠定坚实基础】2008 年以来，认真履行职责，强化监管，对委机关和监管企业制度进行规范。进一步完善和规范了监管企业的财务管理、业绩考核、国有产权管理、监事会管理、企业人才培训等方面的工作措施；规范、出台和草拟了一系列有关企业领导人员管理、党风廉政建设、重大事项报告、投资管理、财务监督、产权管理等方面的制度办法等共计 20 多项，组织开展了创建平安国企活动；为进一步加强国有资本收益的管理，维护国有资产所有者的合法权益，促进经济结构调整，草拟了《山南地区监管企业国有资本收益管理暂行办法》（试行）、《山南地区国有企业重大事项管理办法》（试行），目前正在进一步修订完善。

【加强财务监督和产权管理，认真履行出资人管资产职责】开展了企业财务预决算管理、会计核算监督等工作，逐步完善了财务动态监测体系，不断加强财务报表编制管理，基本形成了出资人财务监督体系。特别是"3•14"以来，加强了对企业经济运行情况的分析，全面真实的掌握企业运营状况，为科学监管国有资产创造了条件。同时逐步完善国有产权监管体系，进一步理清了产权关系，以资产为纽带，强化产权基础管理，形成了横向到边、纵向到底的管理体系。

【落实经营考核责任，认真落实出资人管人职责】积极探索逐步完善考核体系，不断细化考核办法，实现了绩效评价指标与业绩考核有机结合。对 2008 年国资委监管企业进行了考核，会上还将对年度企业优秀负责人进行表彰。按照德才兼备的原则，对部分监管企业领导班子进行了调整，领导班子结构得到了优化，整体素质进一步提高。

【监事会工作进一步加强和改进】积极探讨监事会工作职责与范围，监督检查的方式、内容、手段、措施，多途径主动参与企业重大的经营决策。坚持以加强过程监督提高监督时效，以改进工作方式提高工作质量，事前、事中、事后的全面监督机制正在形成。全面监督检查和重点监督检查成果显著，通过运用监督检查确保了各监管企业在较为规范的监管方式下运行。

【加强重大事项管理，积极推进国有资

本收益收缴工作】为依法维护出资人权益，2007 年率先从江南矿业公司入手，收缴第一笔国有资本收益金共计 4700 万元，在此基础上，2008 年会同地区财政局制定了《山南地区国有资本收益管理暂行办法》、《山南地区国有资本经营预算编报试行办法》，为今后科学收缴国有资本收益奠定了基础。根据企业中长期发展规划，对监管企业重大投融资、重大项目、资产安全、资产处置等严格把关，进一步增强了企业抗风险能力。

【推进改革，促进国有经济又好又快发展】始终把深化国企改革放在各项工作的突出位置，围绕企业发展大力推进国企改革。一是与地区财政局联合出台了《山南地区地直国有企业改革与发展专项资金管理办法（试行）》，按照《办法》规定，2008 年支付国有企业改革及监管费用 30 万元；二是结合企业发展实际，根据《山南地区地直国有企业三年改革总体方案》和《国企改革方案》操作范本，要求各企业参照此范本制定符合本企业实际的改革方案，落实“一企一策”的企业改革思路；三是认真贯彻“进而有为，退而有序”的方针，两家国有企业关闭破产工作全面完成。在自治区国资委的大力协助下，争取到了地区公路工程队、汽车修配厂政策性破产项目，到 2008 年 6 月份，地区公路工程队、汽车修配厂政策性破产工作已全面完成。为盘活国有资本，对雅龙饲料公司实行了整体出售；四是积极推进地区建工总公司建立内部分级管理制度，按照现代企业管理体制，采取业绩考核和收入分配挂钩，通过公开招聘和竞争上岗，引导企业逐步健全法人治理结构；五是大力推进国有企业可持续发展。积极支持江南矿业公司做强做大主业矿业的同时，加大对矿藏资源的勘探投入力度，从 2007 年到 2008 年共投入资金 2120 万元（含国家危机矿山项目投入 1060 万元）探明后备资源储量 20 多万吨，同时采取多种经营，促进企业可持续发展。

山南地区审计工作

【审计成果】2008 年，山南地区审计局共完结对 25 个单位的审计，审计总金额达 118710 万元，查出违规资金、管理不规范等问题金额 1913 万元，审计决定处理处罚应上缴地区财政国库资金 158 万元（含罚金 34 万元），上缴自治区工商行政管理局 4 万元，上缴县财政国库资金 76 万元，调账处理金额 602 万元，归还原渠道资金 4 万元。向被审计单位提出审计建议 67 条，

【经济责任审计】2008 年，山南地区审计局共对 8 名党政领导干部经济责任履行情况进行了审计，查出违规资金 351 万元，审计决定处理处罚应上缴地区财政国库资金 66 万元（含罚金 9 万元），上缴县财政国库资金 65 万元，调账处理金额 230 万元。提出建议 18 条。

【专项资金审计及审计调查】2008 年，山南地区审计局全面开展了对汶川、当雄抗震救灾专项资金以及农牧区医疗基金、农发专项资金等 12 个项目的审计，全年共形成审计报告 12 篇，提出审计建议 28 条。

【行政事业财务收支审计】2008 年，山南地区审计局完结对 2 个单位的财务收支审计，查出违纪违规资金 117 万元，归还原渠道资金 4 万元，上缴地区财政国库资金 11 万元，上缴区工商行政管理局 4 万元，提出审计建议 8 条。

【固定资产投资审计】2008 年，山南地区审计局探索开展了对 2 个建设项目竣工决算情况的审计，查出违规资金 59 万元，上缴地区财政国库资金 59 万元，针对存在的问题提出审计建议 3 条。

【企业财务收支审计】2008 年，山南地区审计局完成对 1 个单位的审计，查出违规资金 1048 万元，审计决定应上缴地区财政资金 12 万元，调账处理金额 49 万元，提出审计建议 7 条。

【县级财政决算审计】完成对 1 个单位的审计，查出违规资金 338 万元，上缴地区财政国库资金 10 万元，上缴县财政国库资金 11 万元，调账处理金额 323 万元，针对存在的问题提出审计建议 3 条。

【大事记】

4 月 28 日开始，地区审计局结合拉萨发生的 3•14 事件，全面开展了“反对分裂、维护稳定、促进发展”主题教育活动，不断提高了干部职工的政治敏锐性和政治鉴别力。

5 月 12 日，10 月 16 在汶川、当雄地震发生后，全体干部职工发扬一方有难、八方支援的精神，自发为灾区群众捐款及缴纳“特殊党费”总计近 3 万元。

5 月 25 日起，在全局组织系统开展了“讲党性、重品行、作表率”，树组工干部新形象学习实践活动。

2008 年 8 月，为进一步整合审计资源，更好地发挥审计监督职能，撤销了十二县审计局，加强了地区审计局，将人员编制由原有的 16 人增加至 32 人（行政编制 26 人，事业编制 6 人）。

5 月 29 日至 30 日，对汶川地震救灾资金、物资进行了审计。

10 月 23 日至 29 日，对当雄抗震救灾款物的接收、募集、拨付使用情况进行了审计。

山南地区统计工作

【坚持以科学发展观为指导，做好各项统计调查工作】2008 年，山南地区统计系统坚持维护稳定和做好统计业务工作两手抓的指导思想，扎扎实实做好各项统计调查工作。初步测算，1-9 月完成地区生产总值 27 亿元，增长 12.6%。其中：第一产业增加值 2.9 亿元，增长 2.2%；第二产业增加值 9.5 亿元，增长 16%；第三产业增加值 14.6 亿元，增长 13%。农林牧渔业总产值完成 54500 万元，同比增长 3.6%。完成工业总产值 57800 万元，同比增长 16 %。全社会固定资产投资完成 2334252 万元，同比增长 12.9%。全地区社会消费品零售总额 77795 万元，同比增长 24 %。农牧民人均纯收入 2400 元，其中现金收入 1800 元。

【加强统计调查调研工作，进一步强化统计服务职能】全地区各级统计部门紧加强统计调查调研工作，改变以往以经济统计为主及简单统计报表和简单统计分析的做法，对一些涉及构建“和谐社会”

的统计指标、统计数据和经济社会发展过程中的深层次矛盾及问题进行密切的关注，做到经济统计和社会统计并重，使统计工作更加全面、真实、客观地反映经济社会发展的各个方面。认真开展了劳动力调查、退耕还林（草）监测调查、群众安全感测评工作，积极做好农村、城镇住户调查和市场监测工作。

进一步提高统计数据质量重要性的认识，坚持实事求是、客观公正，努力消除各种干扰和影响统计数据质量的因素，大力开展《统计法》宣传活动，加强统计职业道德教育，综合运用抽样调查、典型调查、重点调查、综合分析等手段，严格遵守统计工作程序，不断完善数据质量控制办法，最大限度地消除制约和影响数据准确性的各种因素，努力把统计数据搞准、搞全、搞实。为激发全局干部职工学习的积极性，提高统计业务能力，炼就扎实的统计基本功底，全面提升统计服务水平，打造学习型机关，地区统计局进行包括基本数据掌握情况、统计计算方法、统计工作基本情况和社会经济问题等方面的测试工作。

【做好统计调查机构组建工作，夯实统计基层基础】地委、行署高度重视山南地区调查队的组建工作，采取了切实有效的措施，促进和规范了调查队改革工作，制定了调查队改革工作方案，成立了地区调查队筹备领导小组，有效地保障了调查队组建工作的顺利进行。目前，已设立了国家统计局山南调查队为国家统计局的派出机构，由国家统计局西藏调查总队直接管理，为正处级建制。山南地区已在6月26日，成功举办了国家统计局山南调查队挂牌仪式。

【加强沟通与协调，积极做好经济普查前期各项工作】按照《全国经济普查条例》和国务院、自治区经济普查领导小组关于开展第二次经济普查的要求，积极做好经济普查前期各项准备工作，及时成立普查机构，落实相关工作人员和经费预算、人员培训、单位清查，积极做好普查宣传工作。

【及时组建成立地区经济普查机构】山南地区于2008年4月18日成立了地委委员、行署副专员薛长学为组长，地区行署办公室、地区财政局、地区发展改革委、地区统计局主要领导为副组长，地委组织部、地委宣传部、地区教体局、地区监察局、地区民政局、地区建设局、地区交通局、地区文化广播影视局、地区国家税务局、地区工商行政管理局、地区质量技术监督局、山南军分区、武警山南支队等地区各有关单位主要领导组成的普查领导小组及办公室，并抽调了相关工作人员。

【完成了地级普查经费预算】结合经济普查工作历时长、涉及范围广、参与部门多、技术要求高、工作难度大的特点，本着节约、高效的原则，对普查所需经费进行了预算。

【积极组织、认真落实第二次全国经济普查电视电话会议精神】于5月12日上午及时召开了地区经济普查领导小组办公室工作人员会议，传达了两级电视电话会议精神，并就经济普查的即将开展的各项工作做了详细的布置，对普查办工作人员和地区统计局全体干部职工也提出了具体的要求。要求全体人员认真领会精神，明确下阶段工作任务，并就经济普查业务培训、宣传等各项工作任务进行分解，把各项工作落到实处。

【做好经济普查宣传工作】地区经济普查领导小组办公室充分利用《山南报》进行普查办法、目的意义、主要内容和普查法律对象的法律义务等的宣传；在山南电视台重点播发了标语口号。在城市的主要街道、经济繁华区域和主要干道醒目处张贴标语、悬挂横幅、出动流动宣传车、发放《致调查对象的一封信》、开通电话彩铃等方式提高宣传效果，赢得调查户支持与配合，为普查工作的顺利进行营造良好的社会氛围。

山南地区工商工作

【加快推进登记制度建设，提高市场准入效率】2008年，山南地区工商局继续加快了各级登记窗口的硬件投入和软件完善，为市场主体准入提供方便。进一步加强了对具体实施行政许可人员的教育和培训，提高政策水平和业务能力。加强政策引导和法律服务，采取提前介入、参与调研、定期回访等方式，做好山南地区汽车修配厂、山南地区公路工程队的改组工作。积极配合有关部门开展了矿产资源开采等专项整治，依法做好"关停并转"企业的变更、注销登记工作。截止10月底，全地区内资企业发展到513户，注册资本89708万元，同比分别增长了2%和6.6%。

【在引导、服务、监管上下功夫，继续促进非公有制经济发展】"3•14"严重暴力事件极大地破坏了正常社会秩序，全系统认真贯彻落实自治区工商局《关于进一步改善发展软环境的若干规定》及《补充规定》、《关于扶持3•14事件受损行业有关优惠政策的通知》和停止征收"两费"政策，并加大宣传力度，为非公有制经济发展营造良好宽松的环境。一是在教育引导上下功夫。加大市场巡查力度，掌握市场基本动态，特别是"3•14"事件发生后，坚定贯彻自治区工商局党委和地委、行署反对分裂，维护稳定工作部署，积极行动，以保障市场供应，维护市场秩序为工作重点，召开非公有制经济座谈会，扩大市场巡查内容和范围，积极引导教育，帮助商户树立经营信心，主动作为，切实做好市场和社会维稳工作。二是在服务上下功夫。全系统进一步增强服务意识，积极宣传落实优惠政策，主动了解商户需求，帮助解决实际困难，提高办事效率，为非公有制经济营造宽松发展环境。三是在加强监管上下功夫。坚持以引导和规范为主，加大无照经营取缔力度，积极引导符合条件的业主依法办理登记；加强对个私协的工作指导，引导其强化行业服务，增强自律，搞好培训，建设诚信，促进发展。截止10月底，全地区登记注册个体工商户8486户，从业人员26249人，注册资金17092万元，同比分别增长4.5%、6.7%和4%；私营企业208户，雇工人数5301人，注册资金74984万元，同比分别增长12.2%、32.7%、10.1%。

【积极实施商标品牌战略，提升企业市场竞争力】加强对重点企业和经济合作组织商标的指导与培育，加大特色产品商标申请及地理标志商标申请注册工作，商标申请量速度明显加快。截止10月底，全地区申请注册商标已达78件，注册商标20件。山南雅砻畜禽有限公司“雅砻源”、地区雍布拉康藏药厂“雍布拉康”、山南金珠雅砻药业有限公司“金珠雅砻”、山南雅拉香布实业有限公司“雅拉香布”、乃东县蔬菜协会“雅拉香布”雪蒜、藏鸡和有机蔬菜商标等一批具有山南地区显著地域特色的商标，在促进企业经济发展中显现出重要作用。

认真做好全区著名商标推荐工作。积极筛选、推荐山南地区乃东县地毯厂注册的“雅砻及图样”商标和山南雅拉香布实业有限公司注册的“雅拉香布”商标参加全区著名商标的认定评选，支持开创全区著名商标。

【充分发挥职能作用，主动服务社会主义新农村建设】深入开展“红盾护农”，规范农资市场经营秩序。进一步落实“两帐两票、一卡一书”、农资经营企业信用分类监管等制度，坚决取缔无证无照经营。并以关键农时季节为重点，集中力量加大对农资市场、农资经营店检查力度，严厉查处销售假冒伪劣农资经营行为，共查处劣质蔬菜种子150公斤、过期农药120公斤和化肥375公斤；查缴不合格各种农用器械及配件61台（个）。

积极推进培育农牧区经纪人和订单农业，实现“经纪活农”、“合同帮农”。针对经营活动季节性、多样性的特点，开展登门办照、登门咨询、登门服务活动，大力培育和发展农牧区经纪人和农牧民经济合作组织，免费颁发营业执照，并进行法规宣传培训和业务指导。同时，加强涉农合同签订的指导和法律咨询，目前，全地区已发展农牧区经纪人520人。成立了乃东县民族哔叽手工编织、贡桑禽类养殖、雅拉香布禽类养殖、雅拉香布蔬菜、贡嘎县红星蔬菜基地、杰德秀围裙厂、措美县增嘎共发、琼结县达娃民族手工业加工8家专业合作社，注册资金1300.56万元，参加组织人数3221人，创收资金达595.2万元。

大力实施商标富农。加大农产品商标和地理标识培育申请力度，开展“一县一标”工作，为促进农业增产、农民增收和农村发展做好服务。山南地区已有农畜等特色产品商标11件，占注册商标总量的55%。在已申请注册商标的78件中，农畜等特色产品商标有52件，占67%。农畜特色产品商标的培育发展，进一步提高了产品价格，扩大了影响，增加了农牧民群众的收入。

创新农村消费维权模式，实现“权益帮农”。一方面广泛开展送法下乡活动，在农牧民中普及消费维权知识，增强农牧民的消费维权意识；另一方面注意整合社会各方面力量，大力推进“12315进村、入户、到田间”，不断扩大维权网络覆盖面，形成受理投诉、跟踪督办和案件查处相结合的行政执法网络，及时依法处理农村消费纠纷。

规范搞活农副产品市场，为农产品流通架桥铺路。积极鼓励和支持信誉好、规模大的经营者积极创建“食品经营放心店”，方便广大农牧民群众放心购买农副产品。对在农村中创办个体工商户的，在集贸市场或者地方人民政府指定区域内销售自产农副产品的，以及农村中流动性小商小贩，免收工商登记、工本费；积极协助市场经营者制定管理制度，规范入场商品的分类管理，扩大市场经营规模，加快商品流通。通过政策上的支持，极大推动了农村市场的繁荣与发展。

山南地区商务工作

【加强监管，保障市场供应，努力维护市场稳定】2008年，在拉萨“3•14”事件、“5•12”汶川大地震、拉萨当雄县地震、“10•26”特大罕见雪灾等重大特殊时期，山南地区商务局坚持以“稳定市场、保证供应、平抑物价”为主线，加强市场监管、物资调配等工作，保障市场供应保市场稳定。

加强监测，保证供应。加强了石油及生活必需品的供应监测和市场紧缺商品的调配工作。根据市场监测情况，及时组织商户召开保证市场供应协调会，要求流动商贸企业紧急调运大米、生猪、冷冻食品、小包装食用油、液化气、成品油等商品投放市场，保障了全地区生活必需品市场的稳定供应。全年累计调运成品油2.1万吨、销售1.95万吨；调运液化气1517吨、销售1235吨。

加强市场体系建设，促进商品流通。2008年，全地区“万村千乡市场工程”计划建设农家店80家，实际完成137家；商务部“双百市场工程”——泽当镇西区农产品批发市场检验检测中心和废弃物处理中心项目已完工，并投入使用。

加强碘盐推广，落实供应任务。继续巩固山南地区碘盐覆盖率100%的成果，全年计划推广碘盐1955吨，截止11月底，现已完成年度计划任务的98%，碘盐推广工作走在了全区前列。

【强化服务，开辟对外贸易渠道，积极争取国际受援项目】受拉萨“3•14”事件、全球金融危机、人民币升值等国内国际多重不利因素的影响，山南地区对外贸易也受到了严重冲击。面对山南地区对外贸易工作出现的困难，采取积极措施，培育外贸出口企业，主动搞好服务，协助华新水泥公司等企业办理相关出口手续，扩大自产产品出口，500吨华新水泥首次进入尼泊尔市场。在加强边境管控的基础上，积极发展边民互市贸易，全年实现对外贸易总额528万美元。其中，一般贸易累计完成进出口210万美元（进口170万美元，出口40万美元），同比下降34%；边民互市贸易累计完成贸易额2238万元（进口1216万元，出口1022万元），同比增长6.16%。外资引进方面：配合相关部门办理了香港大盘公司落户山南的相关手续；协助山南羊湖饭店办理相关手续；琼结县儿童基金会项目已完成，等待商务厅批复后移交，共发放贷款113万元，为当地群众脱贫致富发挥了积极作用。国际受援方面：实施澳大利亚驻华使馆援助的扎囊县桑耶镇青朴大坝新村人畜饮水项目，项目投资30万元。

【积极调研，转变思路，促进民族手工业发展】在藏毯生产方面。认真贯彻自治区藏毯产业发展领导小组提出的“一年打基础、三年见成效、五年成产业”工作思路，通过承包、租赁、与职业教育相结合等方式，盘活9个车间，并积极帮助传统产业，巩固和扩大生产规模，现从事藏毯产业员工500多名。

在氆氇产业发展方面。会同扎囊县

政府认真开展民族手工业园区基地建设，提出关于产业发展的思路、定位、模式等相关建议。帮助搞好阳光氆氇厂的厂址选址和车间设计工作，协同相关部门办理了商标注册、原产地注册、企业代码手续，使企业取得了外贸经营权，协助相关部门抓紧制订产品质量标准，帮助改进加工编织机器50余台。现已生产氆氇29001卷，销售23440卷，到年底可生产40000件。

认真抓好“禁白”替代产品生产。在商务厅的大力支持下，在地区相关部门的协助下，山南地区商务局积极帮助错那县认真做好塑料袋替代品——竹器的加工工作。从四川聘请2名竹编生产技师指导竹编加工，培训技工30余名，5个品种的近1000件竹编产品已经投放山南市场，为边境地区群众增收做出了积极努力。

【整顿和规范市场经济秩序，进一步优化市场环境】切实加强了对生猪养殖和对定点屠宰的监管，确保地区人民群众吃上“放心肉”。每周都对全地区在建和在营的加油、加气站进行安全专项检查，及时消除了安全隐患。山南地区商务局先后组织参与了“三大节日”、“五一”、“十一”等节庆期间食品安全联合整治行动，净化了食品市场，确保了食品安全。

【获奖情况】

1月17日，西藏山南地区商务局被国家人事部、商务部评为“全国商务系统先进集体”。

【领导名录】

书记、副局长：加青仓巴
副书记、局长：陆书基
党组成员、副局长：文志权、赵声满
党组成员、调研员：旺久
调研员：格桑仁增
副调研员：边巴、冯荣

山南地区质量技术监督工作

【专项整治工作扎实推进】2008年，山南地区质量技术监督管理局切实巩固产品质量和食品安全专项整治成果。地区产品质量和食品安全领导小组办公室（设在山南地区质量技术监督管理局）深入巩固2007年专项整治成果，组织地区专项整治成员单位开展了6次产品质量和食品安全专项检查（1次深入到地区12县），出动人员146人（次），车辆40台（次），查处产品质量和食品安全违法行为4起。

推进家具、玩具和服装等10类重点产品专项整治。山南地区质量技术监督管理局结合实际，分批分步骤深入地区12县开展10类重点产品专项整治工作。从3月份起，山南地区质量技术监督管理局集中力量对家具、玩具、服装、油漆涂料和仿真饰品等第一批5类产品开始集中普查整治，从7月份起，山南地区质量技术监督管理局启动了第二批3类重点产品和第三批2类重点产品的专项整治。目前，山南地区10类重点产品专项整治工作已经完成。

加大农资、建材等专项执法检查。山南地区质量技术监督管理局开展了农资产品、建筑建材、家电产品、儿童玩具和移动电话等产品质量专项执法检查，共出动执法人员302人（次），查处违法案件23起。其中查获三无散装种子50公斤，无强制性认证的儿童玩具125件，无强制性认证标志手机9部，无能效标识冰箱3台，无生产许可证汽车制动液21瓶，不合格水泥600吨。产品总价值35万元。

【质量监管工作稳步提升】为把好产品质量关，山南地区质量技术监督管理局根据年初制定的《地区产品质量抽检方案》和上级部门的部署，对生产企业的27个批次的普通硅酸盐水泥、11个批次的电杆、3个批次的空心楼板、19个批次的车用汽油、7个批次的建筑钢材、6个批次的空心砖和15个批次的实心砖共88个样品进行了抽检，79个样品检验合格，合格率达90%。对不合格产品，山南地区质量技术监督管理局下发了《责令整改通知书》，要求责令限期整改。

【计量工作有条不紊】“计量惠民月”便民为民。山南地区质量技术监督管理局将五月份定为“计量惠民月”，组织人员、集中力量，对曲松、加查、隆孜、错那和浪卡子高寒5县的燃油加油机、液化石油气灌装称进行计量抽查调试，对5县集贸市场和农牧民计量器具免费检定。“计量惠民月”活动中，共调试检定计量器具86台（支），合格78台（支），合格率为91%。

计量检定保量值准确。山南地区质量技术监督管理局共检定加油机112台（184枪），电子汽车衡4台，称重计量器具302台（支）（含12县液化石油气充装站12台电子灌装和16台台称），水表46只，电表63只。

建立健全计量器具数据库。为加强和规范山南地区计量器具的监管，山南地区质量技术监督管理局对相关企事业单位及个体工商户的实验室、检测站和配镜中心计量器具进行登记造册。目前共7家实验室、2家机动车检测线和2家眼镜配制中心计量器具登记造册。

紧抓民生计量专项检查。2008年，山南地区质量技术监督管理局开展了6次民生计量专项检查，出动执法人员134人（次），车辆34台（次）。检查米面油批发店及销售店93家（次），土特产店24家（次），液化石油气充装站16家，建筑建材企业及代销店34家（次）。查处计量违法行为5起。

【标准化工作取得新进展】工业标准化方面，山南地区消灭无标生产工作取得了突破性进展。一是山南地区质量技术监督管理局为地区12家无标生产企业免费提供了新标准，充实了山南地区标准库，为无标生产企业解决了难题。二是地区企业采标率大幅度提升，大中型企业2008年采标率（采用新标准）比2007年增长22%，小型企业采标率比2007年增长18%。三是地方特色产品执行标准突破了盲区，糌粑和酥油等地方性标准在生产企业中得以顺利推进，其它地方特色产品制定标准的相关资料也在掌握之中。农业标准化方面，2008年先后10次深入6个国家级示范区，对项目建设状况进行了调研。8月份，山南地区青稞标准化种植和藏鸡标准化养殖通过自治区验收。

同时，山南地区质量技术监督管理局2008年还实行组织机构代码证办理“一站式”服务，努力打造质监窗口。2008

年，共办理组织机构代码证710份。从8月份开始，山南地区质量技术监督管理局转变工作方式，实行靠前服务，主动深入各县，统一集中办理。目前深入12县办理组织机构代码证279份。

【找准融入地方经济的切入点】助洛扎县粉丝厂发展壮大。洛扎县粉丝厂的豌豆粉丝市场前景广阔，但因生产工艺简单、生产管理落后、产品包装原始，而限制其进一步发展。山南地区质量技术监督管理局及时制定了《帮扶洛扎县粉丝厂的指导意见》，主动为该厂发展出谋划策。首先，在技术上出力。山南地区质量技术监督管理局及时与上级部门协调联系，区局食监处和质检所共同努力为该厂制定了产品标准、质量管理手册和程序文件，为规范该厂生产做出了积极贡献。其次，在包装标识上出力。为改变该厂使用的包装袋标识与法律法规要求不符的状况，山南地区质量技术监督管理局积极帮助该厂制定了新的产品包装袋式样并组织落实。

助扎囊县阳光氆氇厂申报地理标志。为使扎朗县阳光氆氇厂申报地理标志工作顺利开展，山南地区质量技术监督管理局5次深入该厂对生产工艺及工艺要求进行调研，详细了解氆氇原料、生产工艺、生产设备、成品要求、产品销售和从业人员情况等，并为该厂编写了氆氇质量技术规范，填补了无秩序规范的空白。山南地区质量技术监督管理局为完善申报地理标志材料，积极与区局质监处、地区旅游局、电视台及扎囊县政府加强协调，多方收集资料，申报工作取得了长足进展。

为乃东县地毯厂申报西藏名牌出力。乃东县地毯厂因产品一直未送有关部门检测，在申报西藏名牌商标工作中遇到了困难。山南地区质量技术监督管理局了解情况后，及时到该厂进行实地调查，对地毯染色、编制、原料采购和成品特性等进行了检查，并为该企业出据相关证明，解决了企业的燃眉之急。

【严格把好食品和特种设备两大安全关】切实抓好食品安全工作。坚决打好乳品等重点食品整治攻坚战。自9月12日以来，山南地区质量技术监督管理局领导班子召开了6次专题会议研究部署乳品等重点食品专项整治工作。成立了乳品专项整治领导小组，下设4个业务组（2个整治组、1个后勤组和1个驻厂组）。为开展好乳品等食品专项整治工作，先后出台了《山南质监局关于开展乳品生产监管专项整治的方案》和《关于进一步加大乳品及其它重点食品专项整治工作的紧急通知》。乳品专项整治共出动执法人员154人（次），车辆43台（次），深入了地区12县，检查商户198家（次）、食品企业12家（次）、食品小作坊308家（次），封存不合格乳粉366.10Kg、不合格液态奶1259.20kg。抽取乳品、矿泉水、面粉、植物油等8类食品38个样品，均检验合格。

以奥运会为主线紧抓食品安全。为确保奥运会火炬传递和奥运会期间食品安全，山南地区质量技术监督管理局制定了《山南质监局“迎奥运，保安全”食品安全专项整治工作方案》，成立了食品安全专项工作小组，明确了以四个“100%”和两个“确保”为核心内容的工作目标，及时组织开展工作，确保了生产、加工和市场等环节的监管到位，保证了山南地区在奥运会期间的食品安全。

堵疏堵漏抓好食品小作坊监管。为提高食品小作坊质量安全意识，山南地区质量技术监督管理局与地区191家食品小作坊签订了《食品质量安全承诺书》，开展巡查394家（次），登记9家食品小作坊使用的添加剂34种。

排查隐患，源头治理，确保特种设备安全使用。力抓特种设备“百日安全督查迎奥运”专项工作。

山南地区质量技术监督管理局在百日安全督查要求基础上，制定出台了从5月1日至9月30日在全地区范围内开展为期5个月的“抓两季，保两会”特种设备安全专项治理工作方案，从5月1日起开始了特种设备专项整治。第一，进一步落实主体责任。山南地区质量技术监督管理局组织地区56家特种设备使用单位负责人召开了座谈会，部署奥运会期间特种设备安全工作任务，同56家使用单位负责人签订了《特种设备安全目标责任书》。第二，抓好专项检查。检查设备使用单位84家(次)，设备150台(次)。下发检查记录71份，《安全监察指令书》13份，封停设备3台违规使用设备，督促13家使用单位整改。第三，全面落实周巡查。5月1日起，山南地区质量技术监督管理局每周对20台（次）在用特种设备安全运行状况和使用单位管理状况进行重点巡查，巡查了设备624台（次），排除隐患19起。第四，地区16家液化石油气充装站每日向山南地区质量技术监督管理局进行事故零报告。

加强特种设备安全使用软环境建设。第一，加强使用单位的制度建设。山南地区质量技术监督管理局2008年帮助地区液化石油气充装站和锅炉使用单位制定了管理规章制度。第二，举办特种设备作业人员培训班。山南地区质量技术监督管理局2008年培训、考核司炉工和电梯操作工24人，确保了持证上岗率达100%。

全面杜绝气瓶检测盲区。至2007年年底，山南地区已经成功启动9家液化石油气钢瓶检验工作，2008年，山南地区质量技术监督管理局在总结经验的基础上，以维护稳定和确保安全两手抓为主要方针，通过积极主动的宣传协调，在地区安监、运管等部门及各县政府的大力协助下，山南地区剩余7县（7家）液化石油气钢瓶检验工作全面启动。

山南地区
国土资源管理工作

【国土资源保护成效显著】2008年，自治区下达山南地区的建设用地计划指标是2550亩，其中农用地转用1650亩（耕地1050亩），根据土地宏观调控政策，把用地指标倾斜到能源、交通、水利、维稳和民生工程、招商引资、新农村和小城镇建设等重要项目，对不符合产业政策、土地利用效率不高的建设项目原则上不供地，既有效保障了山南地区各项建设用地需要，又严格控制了农用地转用的速度和规模。

抓紧实施第二次土地调查工作，完成了泽当城区地籍基础控制网应覆盖城镇规划区约20平方千米的测量工作。加查、隆子、错那、洛扎、浪卡子5县农村土地利用现状调查已采点229个，制作现状图15幅。

守住基本农田和耕地保有量这两条红线，确保耕地占补平衡，在行署与各县人民政府签订的《2008 年耕地保护目标责任书》中，明确了各级政府耕地保护面积、主体责任、奖惩措施。6 月 18 日至 19 日，山南地区 71.6 万亩基本农田和 80.54 万亩耕地(不含印占区)保护通过了自治区检查组验收。

【认真开展整顿规范矿产资源开发秩序及"回头看"专项行动】对曲松、措美县落实"回头看"工作情况进行了专项督导检查；全地区共清理查处无证开采、以采代探等非法采矿点 6 处；坚决落实自治区禁采砂铁通知精神，对贡嘎、扎朗、桑日 4 处违规开采砂铁点进行了取缔。7 月 30 日，山南地区整顿和规范矿产资源开发秩序工作通过国家整顿规范矿产资源开发秩序及"回头看"专项行动检查组验收。

【规范和保障建设用地，确保发展用地需求】2008 年共受理并上报自治区国土资源厅 42 宗建设用地申请，面积 1983 亩，其中耕地 872 亩。经自治区审批的有 34 宗，面积 1945.4 亩，其中耕地 871.5 亩。为香港大盘、西藏藏缘酒业的引进和藏木电站、华钰选矿厂、华新水泥厂扩建等项目提供了土地政策咨询服务和依法供地服务。

【突出盘活挖潜，做好节约集约用地】一是周转房和安居工程建设做到不占或少占耕地，2008 年开工建设的 260 套周转房，其 70 亩用地全部是单位院内的空闲地；安居工程比上年少占耕地 113 亩。二是积极开展空闲地清理。根据行署指示，对泽当城区 122 个党政群机关和企事业单位的国有土地利用现状进行了实地调查，调查发现，土地空闲并可利用的有 15 家单位，面积 297 亩。

【创造有利条件推进矿业发展】积极组织矿山企业申报国家危机矿山接替资源勘查项目，曲松县罗布莎铬铁矿区接替资源勘查项目被全国危机矿山项目管理办公室追加投资 1000 万元，协助申报的曲松县罗布莎铬铁矿区Ⅰ、Ⅱ、Ⅳ、Ⅴ矿群接替资源勘查项目也已获得批准；以地区江南矿业、西藏矿业发展有限公司、华钰矿业、金泰矿业等为骨干的股份有限公司、股份合作公司从事的铬铁矿、铅锌矿、锑矿等开发，1—11 月产值达 7.5 亿多元。

【地质灾害防治工作措施得力】及时编制发布了《地质灾害防治工作方案》和《突发地质灾害应急预案》。启动了汛期和降雪天气地质灾害巡查和应急调查，会同区厅专家组重点对洛扎、扎朗 2 县地质灾害防治进行了实地调查；面对 10 月 26 日发生的特大雪灾，及时排出 2 个应急调查组奔赴错那、隆子和洛扎 3 县，对其因冰雪融化引起的山体滑坡、泥石流等次生灾害的防治进行指导。1—11 月，全地区共发生地质灾害 11 起，均未造成人员伤亡。

【"一方有难，八方支援"的抗灾精神得到弘扬】"5•12"四川汶川大地震和山南地区当雄等地发生地震，以及山南地区特大雪灾发生后，干部职工积极参与"送温暖、献爱心"和交纳"特殊党费"活动，共为灾区群众恢复生产、重建家园捐款 9.66 万元，捐棉被 210 床、衣服 30 余件；为帮助灾区牧民加大牲畜出栏，主动到灾区以高于市场价购牛羊 35 头；筹措 10 万元资金，圆满完成了扶贫联系点—浪卡子县羌塘乡措果村所剩 3 户(共 8 户)困难牧民的住房新建任务，确保了困难牧民在大灾之年也能安居乐业。

山南地区农牧工作

【种植业开展有序】2008 年，山南地区总播种面积为 45.4 万亩，其中粮食作物 27 万亩，经济作物 11.4 万亩，饲草料作物 7 万亩，粮经饲比例为 60:25:15。粮食作物中冬小麦为 10.34 万亩，冬、春青稞为 16.66 万亩；经济作物中油菜达到 8.1 万亩，蔬菜 2.42 万亩（含马铃薯），大蒜 0.88 万亩。全地区完成秋播面积 14.2 万亩，占秋播面积的 100%；完成秋翻面积 39.8 万亩，占总耕地面积的 87.7%。粮油产量达到 17.32 万吨，其中粮食产量 15.92 万吨，油菜产量达到 1.4 万吨，蔬菜总产 3.94 万吨，大蒜总产 6905 吨，饲草总产 17.5 万吨，各项指标比 2007 年略有增产。

【强化措施，确保农用物资早到位、早落实】2008 年，全地区全年共到位化肥 7300 吨，到位率 105%；到位农药 82.6 吨，到位率 100%；积造农家肥 80 万吨，平均每亩施用量达 3500 斤，共筹备良播种子 756 万斤，种子精选率达 100%，种子包衣率 95%。有力促进了全年种植业工作的正常开展。

【狠抓种子工程建设，提高良种覆盖率】2008 年，共落实一、二级种子田 18450 亩，其中：原种田 40 亩，一级种子田 1450 亩，二级种子田 17000 亩，良种覆盖达到 88%，圆满完成了自治区下达的一、二级良种基地建设任务，并通过自治区有关部门验收。种子精选率、包衣率、统供率达 100%。全地区共改造中低产田 10 万亩，改治坡地 1 万亩。落实粮食直补资金 523.8 万元，良种补贴资金 59.7 万元。

【大力推进农机化程度，提高农业装备水平】2008 年全地区共完成机耕面积 40 万亩，机播面积 36 万亩，机收面积 25 万亩，机耕、机播分别占总播种面积的 88%、79%，机收占粮播面积的 93%。争取乃东、隆子、贡嘎、扎囊、琼结、桑日、曲松、浪卡子等 8 县农机购置补贴资金 800 万元。

【进一步加强田间病虫草害预测、预报工作，提高农田综合管理水平】。近几年，山南地区冬季气候较往年有所偏高，提高了越冬害虫的成活率，增加了病虫发生基数，加重了病虫危害，特别是 2008 年进入 6 月份以来，山南地区沿江几县发生了历史罕见的青稞细菌性条斑病，发生面积达 30000 亩，其发病之快，危害面积之大，给农牧业造成了不同程度的损失，山南地区按照"一亩发生、三亩防"的要求，对海拔在 4000 米以下的青稞种植地块进行了全面防治，防治面积达 90000 亩。完成补种面积 4504 亩，占总补种面积的 100%。

【大力开展农业标准化生产和高产创建工作】农业标准化种植是实现农业增长

方式的主要抓手，是促进种植业务水平的重要保障措施，按照自治区2008年种植业标准化生产和高产创新活动的统一部署，山南地区贡嘎、扎囊两县被确定为冬小麦和优质油菜示范县，2008年共完成冬小麦和优质油菜基地建设2万亩，并于8月初通过自治区验收。

【加大农业科技推广、农业科研和科技培训工作力度】大力推行测土配方施肥技术，2008年山南地区分别在乃东、贡嘎、扎囊、隆子四县及地区农科所共设立13个肥效试验点，3月27日用一29日完成了13个试验点的综合土样取土工作，目前，已完成山南地区十二县1950份土样的化验，所需尿素、过磷酸钙、氯酸钾等肥料也均以到位，进入肥效试验阶段。同时充分发挥地区农科所科技示范园的试验示范作用，2008年山南地区在地区科技示范园区建立了青稞系列7个品种的试验示范，为新品种的选育提供了科学依据。在藏红花露天栽培技术取得成功的基础上，在桑日县实施藏红花人工栽培示范基地7亩，拓展了农牧民增收渠道。与此同时，狠抓了农牧结合点、科技承包与服务及科技培训工作，全年共有113名技术员深入基层指导农牧业生产，举办常规农牧业生产、农村能源建设、农田草害综合防治等各类培训班58期，培训人数6125人（次）。提高了劳动者素质，拓宽了致富门路。

【畜牧业形势良好】山南地区牲畜存栏总数190.09万头（只、匹），新生仔畜87.11万头（只、匹），仔畜成活81.01万头（只、匹），成活率达到93%，同比提高1.5个百分点。其中大畜14.4万头（牦牛5.64万头、黄牛8.40万头、马属0.36万头），小畜66.61万只（山羊16.2万只、绵羊50.41万只），牲畜总增率为38.38 %，年底适龄母畜达到51万头（只、匹），成畜死亡2.4万头，死亡率1.14%，与上年下降0.16个百分点。牲畜短期育肥出栏22万只羊单位，同比提高4.76%，全年牲畜出栏78.01万头只，出栏率达到38.1 %。年底肉类产量达3.15万吨，比上年有所增加；奶类产量4.7万吨，与上年持平；毛绒产量1803.19吨。全地区黄牛改良任务为4万头，根据地区黄改工作会议精神，农牧、农发联合自我加压力争完成48929头，2008年农牧、农发共完成改良黄牛48601头，占总任务的99.33%。地区向贡嘎、扎囊、琼结、乃东四县发放鸡苗62.8万只，目前全地区禽类养殖总量达到180万只（鸭50.8万只），占年初任务的100%，出栏156.27万只。圆满完成了动物检疫执法检查和秋季动物防疫交叉验收工作。

强化重大动物疫病免疫注射力度。2008年春秋季防疫共完成牛、羊、猪“W”免疫4096046头（只）。

2008年对山南地区的猪、牛、羊全部严格实行定点屠宰，集中检疫。检疫出境活体动物8108头（只），皮张5400张，畜禽肉产品64吨，销毁病虫、变质肉477余公斤。检疫入境活体动物12148头只，皮张5400张，畜禽肉产品64吨；销毁病虫、变质肉1.8吨。年底山南地区泽当市场屠宰检疫生猪数量为11492头，牛2028头，羊526只。同时加强了蔬菜农药残留监测工作，共抽取白菜类、甘蓝类、绿叶类、瓜类、茄果类、豆类蔬菜400份，蔬菜农药残留总合格率95.5%。

于2008年5月25日，成立了山南地区草原鼠虫害防治指挥部领导小组，落实了24小时值班制度，各县也相应成立了草原出虫害防治指挥部领导小组，2008年，山南地区发生潜叶蝇、蝗虫、草原毛虫等虫害面积10820亩，成灾720亩，造成全地区牧草减产48.47万斤，经济损失14.53万元，全地区实施草原灭虫1.08万亩。

加大水产养殖扶植力度。2008年虹鳟冷水鱼养殖产值2280万元，存栏2万尾，实现销售收入224万元，并通过国家综合开发项目已申报项目建设资金153万元。

加大草场建设管理力度。2008年山南地区积极申报项目，在浪卡子等高寒四县实施了退牧还草、草场封育等项目，总投资达到3000多万元，并在浪卡子县开展了草场培肥工作，投入化肥100吨，收效明显。

【乡镇企业、多种经营成效显著】2008年，山南地区乡镇企业实现产值44029万元，同比增长12%，完成年度计划的100.7%；营业收入39841万元，同比增长13.6%；增加值20102万元，同比增长11.6%；利润总额9311万元，同比增长10.2%；上交税金3127万元，同比增长28.4%；劳动者报酬7388万元，同比增长11.2%；乡镇企业从业人员7661人，同比增长8.9%；乡镇企业个数达112户，新增企业12户。2008年全地区多种经营实现总收入69860万元，同比增长13.6%，完成年度计划的101%；纯收入44934万元，同比增长12%；完成年度计划的103%，劳务输出总人数为41172人，完成年度计划的104%，劳务输出总收入27823万元，同比增长10%。2008年，全地区共落实2007年度乡镇企业贴息贷款项目5个，总投资10550万元，其中自治区财政贴息额度为3350万元，贴息金额为109.44万元。

【农牧业基本建设和特色产业稳步推进】2008年申报农牧业项目50个，落实在建项目34个，实现项目投资10826万元，完成年初计划任务的100.24%，①农牧业体系建设为主的基本建设项目2个（乃东、隆子有害生物预警建设项目），实现投资590万元。②农牧业特色产业建设项目10个（高寒无公害蔬菜、绵羊短期育肥、生猪养殖、优质油菜、草场建设、人工饲草基地、奶牛扩繁场、勒布茶场建设），实现投资3552万元。③草原生态建设项目2个（浪卡子天然草场退牧还草项目，措美、错那草场建设项目），实现项目投资3559万元。④农村沼气项目实现投资2737万元（2008年山南地区农村沼气建设任务为7980户，共完成4790户，占总任务的60%，其中贡嘎1663户、扎囊1700户、乃东620户、琼结367户、加查440户。增加建设12195户、投资4634.1万元）。⑤其他项目实现投资390万元（生物防鼠技术、黄改配种点建设、特色作物种植）。

【受援工作进展顺利】2008年山南地区农牧业援藏项目共4个，总投资420万元，目前已实施项目有油桃种植和枸杞种植项目，共完成投资90万元（油桃种植70万元、枸杞种植20万元）。山南地区动检兽防综合楼建设列入第五批湖南省援藏项目盘子后，山南地区农牧局高度重视，把项目建设纳入了议事日程。

【虫草采集稳妥有序】山南地区虫草主要分布在加查、错那、洛扎、隆子、桑日、措美、曲松等县，其中加查县是山南地区虫草主产区，全地区的虫草采集工作于5月4日开始，8月10日结束。据统计，全地区农牧民有25546人参与了虫草采集工作，发放采集证25546个，地县两级组成工作组79个，人员685人，调解纠纷16起，劝退及禁止无证采集人员526名。

山南地区林业工作

【年度综述】2008年，山南地区共完成各类造林面积93623.27亩，其中：重点区域公益林建设工程完成30517.27亩；义务植树9436亩；周边造林面积5000亩；防沙治沙造林3000亩；退耕还林荒山荒滩造林40000亩；经济林5670亩；育苗1070亩；另外完成2002-2007年退耕还林补植补造6761.9亩。

【积极协调，组织实施重点工程】重点区域生态公益林建设项目，完成造林30517.27亩，进一步扩大了山南地区重点道路、重点城镇、重点景区、重点河段的绿化，实施了沙棘苗圃搬迁和泽当城镇绿化工作，协助城建，按照"美观大方、满足需要和质量上档次"的要求，对泽当镇美化、亮化、绿化工程进行技术指导。重点完成了泽当的加油站到安徽大道、雍布拉康到乃东路的城镇绿化。

中央森林生态效益补偿基金项目实施工作，加强了中央森林生态效益补偿金项目协调衔接工作，在多方努力下，管护面积由2485525亩增加到2878917亩(新增面积393392亩)，管护费792万元，目前国家林业局中南院及自治区林勘院的专家和技术人员正深入各县进行2008年重点公益林管护责任区落实和地方公益林区划等工作。

组织实施了山南地区全国防沙治沙综合示范区项目建设，2008年采取工程治沙和生物治沙相结合的方法，完成全国防沙治沙示范区防沙治沙工程3000亩。其中：营造防风固沙林1800亩；封沙育林草300亩；固沙铺垫石块200亩；架设网围栏10000米。利用雨季实施草方格固沙结合人工点播柠条、沙生槐等措施治沙700亩。

退耕还林工程，对2002-2007年实施退耕还林面积进行了认真的补植，补植面积6761.9亩；完成荒山造林40000亩。后续管护工作正常开展，目前正在着手实施33959.1亩退耕地粮食和生活补助兑现工作。

雅鲁藏布江中游河谷黑颈鹤国家级自然保护区基础设施建设项目进展顺利。2008年主要是地区保护局和浪卡子县保护分局办公场所建设和设立宣传标牌、界桩、界碑等建设已基本完成。全年林业各项投资共5600万元。

【安居工程木材供应管理工作】2008年自治区下达的安居工程木材供应指标23805立方米，建设户数4761户。其中从隆子、错那、洛扎三个有林县安排6400方群众自用材采伐指标解决安居工程所需，17405方从林芝地区调运。在安居工程木材生产管理中严格按照自治区林业局〔2007〕95号文件要求，加强组织管理。地区和各县林业局组成工作组对安居工程木材运输进行跟踪管理和监督，严格实行用材审批制度，山南地区林业局指派专人蹲点，及时做好木材采伐登记、运输及相关证件发放；同时加强地县两级木材市场管理，重点加强木材加工点的清理整治工作，严防安居工程木材流入市场。由于地、县两级安居办和林业管理部门措施到位、责任明确，切实履行了监管职责，杜绝了各类破坏森林资源行为的发生，确保了安居工程木材供应工作的顺利实施。

【努力开展林政资源管理工作】严格征用占用林地管理工作，不管是重点项目还是小项目，只要涉及到占用征用林地问题，都严格按照占用征用林地审核审批管理办法，逐级上报审批。

坚持严格执法，秉公办案，严厉打击破坏野生动植物资源的行为。据统计，2008年全地区林政案件发生总数29起，查处26起，查处率90%，罚款20348元、行政处罚27人，其中盗伐林木22起，查处21起；违法运输木材1起，查处1起；乱捕滥猎野生动物5起，查处3起；非法收购、出售、运输携带野生动物及产品1起，查处1起。

做好去冬今春野生候鸟疫源疫病工作，继续加强一线工作，安排监测人员，严格制度，加强巡察，确保了山南地区未发现野生动物异常死亡情况。

【受援工作进展顺利】积极加强同援藏三省的联系，在山南地区林业局的大力争取下，到目前为止已争取到对口援助省林业厅局的援助资金40万元，其中：湖南15万元，湖北25万元。

山南地区水利工作

【水利基础设施建设稳步推进】2008年，山南地区水利局共争取国家水利投资23项(包括2007年部分续建项目)，其中灌区项目8项，病险水库除险加固项目4项，防洪项目1项，水电项目3项，水源项目3项，人饮项目4批以及2008年农田水利基本建设项目，总投资21923.9万元。所有新（续）开工建设项目2008年累计完成投资20686.71万元，与2007年相比，同比增长了9446.71万元，增幅达84%。

【农牧民增收持续增长】2008年通过水利工程建设使用当地农牧民工2079人，使用当地运输车辆17821台班，农牧民通过参与重点水利水电工程的建设，增加收入2192万元，占全年重点水利水电项目实际完成投资总额的18%。与2007年相比，同比增长852万元，增幅达64%，与年初确定的经济工作目标（农牧民增收1800万元）相比，增长了21.7%，完成地区规定的目标任务。同时，按照《山南地区2008年水利系统农牧民工培训方案》，对200名农牧民工进行泥工、钢筋工等方面的技能培训，进一步提高农牧民施工人员的技术水平。

【前期工作夯实有力】2008年，山南地区水利局继续把项目前期工作作为水利工作的重中之重，列入局党组重要议事日程，以增加项目储备，在具体工作中，除继续采取以往好的做法外，进一步实行了现场审查和邀请上级业务部门相关专家参与审查的模式，严把审查关。

2008 年完成施工招投标并开工建设的工程共 20 项，工程概算批复总投资21923.9 万元。分别为：山南地区江北灌区桑耶东干渠工程；曲松县曲松河灌区工程；雅砻灌区乃东县结巴西干渠工程；隆子河灌区支渠配套工程；桑日县江南灌区团结干渠工程；雅砻灌区琼结县日玛岗水库；浪卡子县卡巴水库；浪卡子县加珠水库；浪卡子县巴珠水库；乃东县亚桑水库；乃东县尼末沟综合治理工程；隆子县玉麦电站工程；错那县洞嘎电站输电线路工程、加查县电站维修工程、贡嘎县江雄灌区朗杰学干渠以及2007 年第三、四批农村饮水安全项目、2008 年第一、二批农村饮水安全工程和2008 年农田水利基本建设项目。并完成了 12 个县《农田水利草场基本建设规划》和 12 县中小河流规划编制工作，组织专门人员编制完成了山南地区“十二五”水利水电规划报告。

【验收工作扎实有效】2008 年，山南地区水利局充实完善了验收工作领导小组，制订了详细的项目验收计划，列出时间安排表，全面加强竣工资料整理、工程变更审查、项目初步验收、竣工决算和项目审计等工作，做到成熟一个，验收一个。重点水利水电项目验收情况。根据自治区水利厅的统一安排，2008 年自治区验收工作组对山南地区拉萨机场及贡嘎县雅江南岸防洪工程、泽当镇雅江防洪堤工程与隆子河灌区一、二期工程进行了竣工验收。同时，于 2008 年 6 月对山南地区“117”项目和“送电到乡”小水电站工程共 17 个项目进行了终验，所有被验项目均评为合格工程。农村饮水安全工程验收情况。2008 年 8 月 4 日至 13 日，山南地区水利局组织地区发改委、财政局、卫生局、12 县水利局（共 22 人）组成三个验收工作组对 2006—2007 年以来的农村饮水安全工程进行地区级验收。此次验收采取 12 县循环交叉的验收办法进行验收。其中扎朗、桑日、乃东、曲松、洛扎五县被评为优秀工程；贡嘎、浪卡子、措美、琼结四县评为良好工程；隆子和错那县均为合格工程。

【全力抓好病险水库除险加固】2008 年，山南地区共有 4 座病险水库已实施除险加固工作。确保在建水库工程安全。通过病险水库除险加固工程的实施，可解决山南地区 13522 亩耕地及 21550 亩林草地的灌溉难问题，同时还可保护下游群众 13484 人的生命财产安全。

【全力抓好农田水利基本建设】及时下达农田水利基本建设任务和资金计划，以“民办公助”为主要模式，积极动员，广泛开展农田水利基本建设和水毁修复工作，确保农田用水需求，提高农田用水保障率。截止 2008 年底，全地区共维修清淤渠道 622 条，625.9 千米；新修渠道17 条，128.4 千米；新建水池（塘）坝37 座；维修水池（塘）266 座，容积 25万立方米；加固水库 3 座；修复水毁工程 207 处；疏通河道 141 千米；维修提灌站 1 座；维修机井 76 眼；维修各类建筑物 262 处；新增旱涝保收面积 0.495 万亩；新增灌溉面积 1.03 万亩；恢复改善灌溉面积 6.23 万亩；改造中底产田 0.536万亩；群众累计投入劳力 76 万个工日；出动各种机械 16.6 万台班次。

【狠抓工程建设管理力度】2008 年，山南地区水利局高度重视，采取一系列行之有效的措施不断加大对工程建设各个环节的管理。第一，强化安全生产。山南地区水利局要求项目法人均要与各项目建设单位签订《安全生产责任书》，明确企业法人为安全生产第一责任人。同时，各施工单位与施工班组间也必须签订《安全生产责任书》。健全完善安全生产管理体系与措施，制订《重大质量与安全事故处理应急预案》和《安全度汛方案》，建立安全生产例会制度与安全事故通报制度，加强危险源控制与特种作业管理，加大安全生产宣传与从业人员培训。第二，强化质量管理。为切实抓好工程建设质量管理工作，水利局不定期组织相关人员对各标段的施工管理与施工质量情况进行检查。重点核查规范施工情况、进场材料及半成品质量情况、“三制”落实情况、阶段验收情况、质评资料编制及整理情况等，发现问题，当场整改。通过上述措施，2008 年各新（续）建项目未发生一例等级安全质量事故。第三，强化工程资金管理。2008 年，山南地区水利局进一步规范了拨款审批手续和工程项目月报制度，要求施工单位上报的月进度报表要通过现场监理、驻工地代表的分项审查、核对后，局领导认定签字交财务科拨付资金，从而有效地控制了投资，防止了资金超拨。

【全力以赴做好防汛抗旱工作】2008 年，山南地区水利局立足“防大汛、抗大旱、救大灾”，通过召开地区水利暨防汛抗旱工作会议、地区水利局长座谈会、地区防汛抗旱专题工作会议，狠抓了防汛抗旱各项措施的布置和落实。投入防汛抗旱资金 138 万元，储备了 90 吨铁丝、27万条防汛袋，木桩 7100 根、块石 2.05 万立方米。四是加强对贡嘎机场、泽当等重要堤防，甲日普、达然多、琼果等重点水库的汛前安全检查。

【进一步加强建后管理和水政工作】2008 年，为进一步做好水利工程管理体制改革工作，加强水利工程建后管理，山南地区水利局首先是加强领导，由一把手亲自抓，灌区管理局、小水电办和水政科具体落实。其次，为摸清地区建后管理现状，水利局多次组成工作组深入有关县，对灌区、小水电、农村饮水等已建工程进行实地调查，了解掌握水利项目建后管理的现状、存在的问题以及水费征收工作存在的难点。

【领导名录】

书记、副局长：平措

副书记、副局长：范和平

副局长：杨道明、田存余、曹文科

纪检组长：多吉仁增

党组成员、调研员：旺堆平措

副调研员：王志忠

山南地区建设工作

【地直党政机关、事业单位干部职工周转房工程进展顺利】2008 年，山南地区共需建设干部职工周转房 722 套，主体工程总投资 6642 万元，总建筑面积 57760平方米。其中，一期周转房 430 套，总建筑面积 32613.2 平方米，总投资 4902.98万元（其中附属工程投资 960.95 万元），二期周转房 292 套，总建筑面积 19618.17

平方米，总投资4210.37万元（其中附属工程投资 1152.45 万元），项目征地费362.63万元，工程总投资共计9113.35万元，地区配套资金为2471.35万元。目前周转房一期工程形象进度约 85%，完成投资4166万元，年内可完工，周转房二期工程已完成项目选址、施工图设计及项目预算等各项前期工作，近期完成项目招投标后可动工建设，2009 年 8 月可建成投入使用。

【为民办实事与藏源民俗村项目有序推进】组织实施了泽当镇格桑路改造、三湘大道延伸段及泽当镇德吉路等10项为民办实事工程，涉及投资2000多万元。目前，为民实事工程形象进度约 80%，完成投资1600多万元，年内可建成投入使用。泽当镇藏源民俗村项目是地区旅游产业发展大会确定的重点项目，该项目的实施对进一步加快本地旅游产业发展，展示藏民族风情，改善片区居民居住环境都有着举足轻重的作用，该项目全长700米，总投资约2500万元，目前已完成施工图设计与概算工作，拟于2009年底建成投入使用。

【完成泽当镇水厂与民族桥项目各项前期工作】投资9600万元，日供水4万吨的泽当镇水源地项目已通过国家发改委审批，年内可动工建设；投资 580 多万元的泽当镇民族桥项目是湖南省对口支援项目，目前该项目已完成施工图设计及预算工作，并通过行署审批，年内可动工建设。

【城镇“三化”工程进展顺利】为塑造“干净、绿化、明亮、畅通、优美”的城镇环境，山南地区建设局克服资金投入不足的困难，相继投资 400 多万元对泽当镇城区绿化、亮化等市政公共设施项目进行了综合改造建设，完成了泽当镇乃东路、英雄路、萨热路、安徽大道、三湘大道、湖北大道 373 盏路灯的改造维修任务，完成了乃东路、安徽大道、湖南大道、湖北大道及雅砻河两岸的绿化工作，基本达到了“一街一树种，一路一特色”的城镇绿化总体要求。

【组织实施泽当镇乃东路、贡布路及萨热路清淤工程】泽当镇乃东路等路段建成至今未实施过排水管道清淤工程，因山体植被较差，大量泥砂依雨水流入排水管道，以致两条路段的雨污合流管道被严重堵塞，为确保城镇公共设施正常发挥其效益，于 2008 年 6 月投资 80 万元实施了路段排水管道清淤工程。

【切实做好各项涉及民生工作，增进社会和谐】一是房改工作已近尾声，住房公积金管理工作不断强化。目前，山南地区党政机关、事业单位住房补贴审核兑现工作已基本结束，共审核完成离退休人员3100人，兑现补贴资金1.05亿元；审核完成在职人员 16531 人，兑现补贴资金共计2.8亿元；全地区已兑现国有企业房改政府激励资金 341 万元，兑现人数237人，全地区共有1.4万人建立住房公积金账户，累计归集住房公积金52546万元，归集余额 28257 万元，累计发放贷款 3403万元，贷款余额 9182 万元，共有1641户家庭通过住房公积金贷款解决了住房或改善了住房条件。所发放贷款，未出现呆坏账情况。二是认真开展住房保障对象调查工作。于2008年5月8日至30日在开展了全地区住房保障调查工作，基本了解了全地区住房保障对象的基本情况与住房现状，制定了住房建设规划，山南地区共有低收入家庭1114户，共计2806人符合保障条件，此次调查，为全地区科学合理制定和完善住房保障政策和配套措施提供了可靠依据。三是切实做好建设领域“双拖欠”和拆迁工作，着力将矛盾处理在萌芽状态。努力避免和妥善处理群体性上访事件，大力开展矛盾纠纷排查，继续实施预留工程总造价的 10%作为民工工资保证金制度，取得明显成效。全年共接待来信来访 80 余人次，集中排查 32 次，化解各种矛盾纠纷12起，受理清欠举报投诉15件，涉及金额20.2万元，解决拖欠农民工工资 17.9 万元。同时积极做好拆迁工作，为城镇面貌总体大变样服好务。2008 年，已完成地直党政机关、事业单位干部职工周转房二期、为民办实事及藏源民俗村等三项工程项目拆迁补偿工作，涉及拆迁补偿资金 1011 万元，同时妥善协调处理了拆迁过程中的各类纠纷，确保了各类基础设施项目的顺利实施。四是认真做好廉租房及民心小区分配入住管理等各项工作。在认真调查核实并在山南报等各类媒体公示的基础上，对已建成的地区赞堂苑廉租住房（300套）和地区民心小区（140套）住房进行了分配，目前，已有 125 户城镇低收入家庭入住廉租住房，其中城镇低保家庭50户，国有困难企业职工家庭75户；地区民心小区已全部入住。五是加强农牧民工建筑技能培训工作，促进农牧民增收。2008 年，山南地区充分调动施工企业的积极性，委托实力强、规模大的施工企业对农牧民工实施现场培训，明确了培训责任、培训工种、培训方式和内容，围绕建筑施工中的基本劳动技能和各类基本操作技能开展培训，全年共培训农牧民工 616 人。对于受训合格的农牧民工，通过各种渠道推荐就业，全地区共有农牧民施工企业46家。

【加强城乡规划、建设和管理，促进全地区建筑业有序发展】2008 年，山南地区切实加强城镇规划、建设和管理工作，工程建设市场进一步得到规范，工程质量不断提高，建筑业改革发展有了新的突破。共核发施工许可证126件（次），工程备案 96 项，备案率达 100%，实现总产值3.9亿元。围绕改善建筑市场秩序与环境，狠抓了以下几个方面的工作。一是着力加大城乡规划编制力度，狠抓城区规划管理工作。根据地区旅游产业发展需要，积极配合地区旅游部门完成了雍布拉康、昌珠寺旧城保护规划、桑耶、藏王墓、羊卓雍湖及拉姆拉错神湖景区详细规划的编制工作；组织开展泽当镇雅砻河流域综合整治项目专项规划，加查县、乃东县及贡嘎县分别完成《加查县县城总体规划修编》、《泽当镇—昌珠镇历史文化名镇保护规划》和《西藏拉萨贡嘎机场总体规划》的编制工作，近期上报审批。全年共签发选址意见书3份，累计建筑面积3.6万平方米，发放建设工程规划许可证19份，累计建筑面积3.87 万平方米，发放建设规划用地许可证37份，累计建筑面积25.92万平方米。二是完善和规范招投标市场机制，加强对建筑业的动态监管。全地区房屋建筑和市政基础设施工程公开招标项目 84项，招标总建筑面积91884.53 平方米。

同时积极完成全地区勘察设计单位、建筑业企业、工程监理企业等建设行业各类企业资质年检工作。目前，在山南地区注册的建筑施工企业共84家，其中，区内企业52家，区外企业32家。三是进一步加强建筑业安全生产和工程质量监管工作，确保人民群众生命财产安全。全年受监工程共138项，面积19.9万平方米，共发出现场整改、停工通知单12件（次），组织开展巡查、抽查和检查3次，竣工验收一次性合格率达100%；四是着力加强建设系统抗震防灾工作能力。“5•12”四川汶川大地震发生后，根据自治区建设厅有关文件精神，要求各设计单位和有关部门要严格按照《建筑抗震设计规范》（GB50011—2001）的规定切实加强房屋建筑工程抗震设防工作，公共建筑及四层以上的民用建筑在设计和施工前，必须按基本建设程序进行岩土工程勘察，特别是“10•2”拉萨当雄地震后，山南地区及时组织专人对受灾较为严重的浪卡子和贡嘎等县房屋建筑和市政工程抗震设防工作进行督促检查，及时发现问题，消除隐患。与此同时，基本掌握了山南地区房屋与市政工程抗震设防烈度，并进行了重新定位。五是围绕树立城镇对外新形象，坚持高效能管理城镇。在抓好各项工程建设的基础上，按照“建管并举、以管为主”的思想，逐步建立起城镇管理的长效机制，对城镇管理采取了分片巡查、集中整治的管理模式。同时，积极推进城镇市容市貌综合整治工作，及时制定了《泽当镇市容市貌综合整治方案》，积极组织泽当镇各居民小区、企事业单位、机关、学校广泛开展以“美化环境”、“优化秩序”为主题的市容市貌综合整治活动，共清除占道经营和店外店400多次，清理旧门头、遮阳篷20多处，清除乱贴乱画小广告1.7万处，清运生活垃圾2.81万吨，排水管道清淤量达1349余立方米。

山南地区气象工作

【加强人影和防雷工作，提高气象灾害防御能力】2008年5月12日至25日，由山南地区行署办公室牵头，地区安监局和山南地区气象局组成联合安全检查组，先后深入贡嘎、扎囊、琼结、乃东、桑日、隆子、错那、曲松等8个县43个人影作业点和全地区各中小学校、易燃易爆场所、防雷重点单位的防雷安全措施落实情况进行全面检查。针对检查中发现的问题，行署相继下发了《关于加强人工影响天气作业服务和安全管理的通知》、《关于进一步加强防雷安全工作的通知》，对山南地区人工影响天气安全管理工作和防雷安全工作进行了安排部署。为加快山南地区人工影响天气规范化、标准化建设，切实发挥人影工作在防灾减灾工作的重要作用，行署办公室下发了《关于加强人工影响天气作业安全管理工作的通知》。《通知》下发后，各县结合实际，积极贯彻落实《通知》精神，加快推进本地人影工作标准化、规范化、科学化建设，2008年，贡嘎、隆子、琼结、曲松、扎囊、措美等6县相继下发文件，成立了人影领导小组和办事机构，落实了人影经费，有力推动了全地区人影工作又好又快发展。

10月29日31日，地区人影办组织举办了全地区农牧民人工防雹技能培训班，来自全地区12县人影管理人员和农牧民作业人员共65人参加了培训。这是山南地区自1989年开展人工影响天气工作以来，参加人数最多，规模较大的一次培训，地区人影办安排业务精干人员负责授课。

为有效开展2008年人工影响天气作业，防御汛期冰雹等气象灾害对农业造成的损失，确保农业增产增收，地区人影办及各作业点本着对人民群众生命财产高度负责的态度，积极做好汛期人工影响天气工作。一是为确保各防雹作业点在2008年汛期能及时、科学、有效开展人工影响天气作业，2007年年底，地区人影办就2008年各作业点的炮弹需求进行了调查，并根据各作业点的实际需求及时向自治区人影中心进行了集中订购。进入汛期前，人影办将订购的所有炮架和炮弹从拉萨安全运抵泽当，并及时、安全分发到各县作业点；二是加强人影作业安全管理工作，年初与各县农牧局签订了《山南地区2008年人工影响天气安全作业责任书》，把责任落实到人头；三是加强了对炮手的业务培训，先后在琼结、贡嘎两县举办了人影技能培训班。

2008年，山南地区气象局进一步加大防雷安全工作，加强防雷检测、图纸审核、工程竣工验收等工作，最大限度地从源头上预防雷电灾害，全年防雷检测覆盖面达到99.9%，检测单位共270家，完成防雷工程施工5家、图纸审核45家。另外，山南地区气象局还通过援藏项目，对“12121”系统进行全面升级改造，丰富服务内容，提高服务质量，为广大人民群众及时了解天气信息，掌握气象防灾减灾知识提供了良好的信息平台。

【加强气象灾害信息员建设】山南地区气象局积极组建覆盖全地区的气象灾害信息员队伍，2008年，已招募不同领域，不同行业，不同地区的气象灾害信息员共68人，这为确保能够及时准确接收和传达气象灾害预警信息、开展灾害调查与评估、预防和减轻气象灾害，更好地为地区经济建设服务起到积极的作用。

【狠抓气象服务工作，努力提高气象预测预报质量和水平】2008年，山南地区气象局把切实提高气象服务及时性和准确率，扩大气象服务覆盖面，拓宽服务领域作为整个气象工作的重点，采取加强服务人才培养，引进预报新技术，加强气象现代化建设、建立预报责任制，加大气象科研攻关力度等多种措施，加强气象服务工作，使气象预测预报水平和质量有了一定提高。全年，山南地区气象局向地委、行署有关部门发布了各类专题预报22次，指导性服务8次，专项服务4次，天气实况汇报信息18条；安排专人向地委、行署领导及涉农部门及时报送旬、月预报，汛期期间增加周预报，每天通过电视天气预报和“12121”向社会发布次日天气预报信息。及时周到的气象服务受到了地委、行署领导和广大人民群众的好评。

【汛期气象服务及时周到】山南地区气象局及早准确、周密安排部署：一是成立了汛期气象服务领导小组，将责任分解落实到各个部门，落实到人头，保证了组织、人员、制度、设备四落实；二是要求气象服务人员要本着高度的政治责任感和强烈的事业心，将平时的气象服务提升到政治高度，认真做好汛期气象服务工作，坚决做到“每一次天气过程不放过，每一次天气系统不漏报，不错报”；三是进一步完善了预报会商、签发和灾情上报制度，实行重要天气由主要领导签发，一般性天气由台长签发，以示把关、负责；三是坚持24小时值班工作制度，严密监视天气变化，及时给各级领导提供各类预报、情报；四是安排专人向地委、行署主要领导和分管领导及有关部门汇报每天降水实况；五是做好灾前、灾中、灾后的气象服务工作，坚持灾情汇报制度；六是加强灾情收集上报工作。针对可能出现的各类气象灾情，山南地区气象局加强灾情调查、评估、上报工作，制定了《山南地区气象局气象灾情收集上报制度》，要求及时、准确地做好灾前、灾中、灾后服务工作的同时，认真组织灾情调查、上报和评估工作，为各级领导及时、准确掌握灾情，指导应对工作提供可靠的信息，通过采取各种积极有效措施，以及全体服务人员的共同努力下，2008 年汛期气象服务取得了较好成绩，基本做到了“每一次天气过程不放过，每一次天气系统不漏报，不错报”的目标。

【重大气象服务不漏报、不错报】6 月中旬以来，山南地区扎囊、贡嘎、乃东等沿江六县不同程度地发生了青稞细菌性条斑病，全地区发病面积达 3 万亩，防治面积达 9 万亩， 为及时了解灾情，开展农业气象服务，7 月 10 日，山南地区组织农业气象人员前往病害严重的扎囊、桑日两县对灾情和病害原因进行实地调查，并根据病害情况，提出了调节农田土壤水分，增强通透性；喷施农药，增强植株长势，提高抗病性；重病农田拔除病株，及时补种其他抗病强的农作物；加强农田的科学管理等五点防治建议。及时，主动的气象服务受到了当地政府和受灾农民的好评。

受孟加拉湾热带风暴北上和高原西侧低涡共同影响，10 月 26 日晚至 28 日，山南地区出现了历史罕见的大范围，持续性强降雪天气，其中错那、隆子、洛扎、浪卡子、措美 5 县出现了特大暴雪天气，错那县 38 个小时降雪量达到 106.6 毫米，超历史极值 42.9 毫米，积雪深度达 78 厘米。此次降雪天气来势之猛、影响范围之广、持续时间之长、强度之大实属罕见。灾害性天气给灾区人民群众生命财产安全带来了严重影响。

此次灾害性天气过程，山南地区气象局抢在灾害袭来之前作了较准确的预测预报。10 月 25 日，局气象台根据高空各层次环流综合分析，反复会商，发布了“由于受孟加拉湾云系北上和高原西侧低涡共同影响，未来 2～3 天山南地区将会出现明显降水过程，其中，南部边缘地区有小到中雪” 的专题预报，及时呈报了地委、行署领导，并通过气象专报、电视天气预报、传真、电话等多种渠道向各县政府、地直相关单位和社会公众进行了发布，为各级领导指挥防灾抗灾提供了科学决策依据，为受灾群众提前防御灾害，减少灾害损失争得了时间。随着灾害性天气的进一步持续，山南地区气象局组织预报服务人员全力以赴，密切监视天气演变，反复会商天气变化趋势，于当日 17 时发布了“强降雪红色预警信号”，并通过手机短信、电视天气预报、传真等多种途径向社会发布。同时，紧急启动了山南地区气象灾害 2 级应急预案，主要领导带班，所有预报人员 24 小时值班，密切监测天气变化趋势。28 日，根据天气监测情况，向各级政府和有关部门报送了 “降温天气消息”的专题预报：“此次降水过程将自北向南逐渐减弱，雪后将有一次 8—10℃降温过程”。29 日早上 7 时 30 分，向各级政府和相关部门报送了：“目前影响山南地区的降水云系逐渐东移，29-31 山南地区南部边缘地区仍有弱降水，气温较低，风力加大；1－2 日降水逐渐结束，气温略有回升”的救灾专题天气预报，随着天气系统的好转，山南地区气象局及时调整服务思路，不仅给每天给各级党政领导提供灾后救灾专题预报服务，还首次提供了灾区积雪监测图，为各极领导及时了解灾区积雪变化，指挥抗救灾提供了有力的科学决策依据。及时、准确的气象服务赢得了地委、行署领导的高度称赞。

山南地区科技工作

【精心组织实施科技项目，为农牧民增收及开发特色产业提供技术支撑】2008 年，山南地区科技局认真调研，精心论证，做好项目确立工作。年初，山南地区科技局结合工作实际，立足科技创新，以农业结构调整为主线、增加农牧民收入为前提、人才培训为保障，认真做好科技项目的筛选、审核和立项工作。经过认真调研和充分论证，筛选出“桑日县藏红花人工栽培示范推广项目”、“浪卡子县畜种改良及产品加工包装”、“琼结下水乡生猪养殖”、“昌果红土豆原种提纯复壮”和“乃东藏野麻鸡人工孵化”等10个项目组织实施，总投入210万元，（其中自治区科技厅重点项目投资100万元，地区财政安排科技三项经费110万元）目前，各项目都按计划有条不紊地组织实施。

突出重点，狠抓项目的组织实施和跟踪问寻。山南地区科技局重点抓了：一是桑日县藏红花人工栽培示范推广项目，该项目是由国家投资100万元，在桑日县组织实施的藏红花人工栽培示范推广项目，项目建设资金现已到位70%，通过科技人员的调研、考察和参观交流，2008年从浙江等地调运种球20793公斤、定做种球架150个、三角架80个、木架70个，在桑日县建设示范种植户150户，示范推广规模达50亩，目前种球已上架，种球发芽率达95%以上，基本完成了预期目的。二是乃东县奶源基地建设，该项目为2007年续建项目，由科技部投资378万元，现已支出154.5万元，用于购置设备、改造牛舍和饲料车间、引进良种奶牛以及优质饲草基地建设等费用，基地现饲养奶牛106头，新生犊牛21头，带动了周边乡镇400个农户从事奶牛养殖，饲养规模达到了800头，年产牛奶4000吨，出售鲜奶2100吨，奶渣208.3吨。三是继续抓好“浪卡子县畜种改良及产品加工包装”项目，扩大生产规模，提高附加值；进一步做好“户用沼气使用管理及维修”、太阳能等可再生能源的开发利用项目。

【加大科技宣传力度，提高农牧民科技意识】利用科技活动周和科普日活动，有机地将科技宣传和科技培训结合起来，广泛开展了科技下乡和农村使用技术进村入户等专题培训，制定农村星火科技培训计划，2008年来，在地区职业技术学校、扎囊县和桑日县组织开展了农村使用技术、社区科普、再就业培训等5期1500多人次，科技下乡6次，分发各种科普资料2000余份，通过培训，提高了农牧民群众科技创新能力和农村劳动力科技文化素质，对促进农业生产发展，增加农牧民收入具有积极的作用。

【选派科技特派员，促进农牧区经济发展】目前全地区101名科技特派员，均已带项目带任务深入基层，开展蔬菜种植、疫病防治、植物保护等方面的技术服务，为促进当地农牧业经济的发展和农牧民生产生活水平的提高做出了积极的贡献。为更大范围的调动科技人员扎根基层、服务群众的积极性，2008年4月，地区科技特派员领导小组从地直单位及各县上报的技术人员中择优推荐了48名农牧技术人员上报自治区科技厅特派员领导小组办公室，现已审核批准，并发放了科技特派员一次性生活补贴。

【加强与湘鄂皖三省科技部门的联系，积极争取援藏资金】不断加强与湘鄂皖三省科技部门之间的联系与沟通，充分利用三省科技部门的人才和资金优势，推动山南地区经济迅速发展，为2008年科技项目的实施奠定了坚实基础，通过科技与三省科技厅协商，2008年共落实科技援藏资金55万元。（其中湖南20万元，湖北35万元）

山南地区职业技术学校

【不断完善各项职业教育制度，深化职业教育改革，规范办学，狠抓常规教学管理】2008 年，山南地区职业技术学校不断完善各项职业教育制度，继续加大了职业教育的改革力度，加大短期培训力度，狠抓常规教学管理，不断提高教育教学质量。

加强教师队伍建设，不断提高教学质量。2008 年，学校继续鼓励支持教师学习第二专业。加大了“双师型”教师的培训力度，学校选派到内地相关职业院校学习培训的教师都已回校上班。学校在2008 年的教师节表彰了先进分子，激发教师积极性，树立从教信心。

采取各种措施提高教学质量。为了不断提高教学质量，调动广大教师的积极性，真正做到升学有基础，就业有技能，学校领导经过认真研究，采取各种措施提高教学质量。实行文理科分班，对老师进行了调整，由教研室负责组织各个学科进行知识竞赛。

【做好常规教学工作，开展各项教研活动，不断提高教学水平】本学期，教务处和教研室认真做好了“备、教、辅、考”五个教学基本环节。

加强教学教研，提高教学水平。教研室每周定期组织召开教育教学工作会议，从转变观念、规范行为、更新手段、培养能力入手，举行教学教研活动和课组教研交流、评比活动，提高教育教学质量。学校认真贯彻执行课程计划、教育教学工作计划、规范教育教学和教师行为，把教学常规工作、中职生才艺培养、办学特色等纳入学校教学教研工作范围，积极引导教师树立全面科学的育人观。

认真抓好毕业班工作，不断提高升学率和就业率。2008 年，学校多次召开毕业班和幼师班任课老师会议，及时了解教学中存在的问题，对毕业班的老师提出了严格的要求。

做好 05 级幼师班的实习工作。05 级幼师班78名同学已全部分配。2008年，山南地区职业技术学校有 247 名毕业生参加高考，其中 83 人录取到高等院校，其余全部就业。

2008 年，教务处、教研室组织对新调入和分配的教师进行听课，并及时收集高考资料信息。

【加大职业教育的改革和培训力度，不断完善职业教育制度】2008 年，学校继续坚持面向农牧区、面向基层、服务新农村的经济建设为办学宗旨，进一步加大职业技术教育改革和培训力度，不断拓宽办学路子。

完善各项职业教育制度，规范办学。山南地区职业技术学校领导班子积极探索中等职业教育的发展思路，开展职业教育的专项调研，坚决落实中等职业教育助学金发放和上级有关工作要求的同时，建立和完善了职业教育贫困家庭学生资助制度，有力促进了山南地区职业教育健康、有序发展。

继续抓好汽车驾驶培训、卡垫编织、传统绘画等传统专业的建设。

大力宣传职业教育，完成了 08 年招生工作。根据自治区教育厅下达的 2008 年中职招生任务，山南地区职业技术学校招生任务为 1650 人。在学校招生前期，开展了 2008 年职业教育宣传活动，山南地区职业技术学校组织了学工处、办公室大力开展职业教育宣传。在全校教职员工的共同努力下，超额完成了招生任务，并且扩大了招生专业。2008 年，山南地区职业技术学校招收建筑工艺美术大专班学员 28 人。

不断扩大短期招生力度。2008 年，培训部共招收短期学员 1300 余人，其中汽车驾驶 458 人，小教班 155 人，传统绘画 36 人，卡垫编织 26 人，黄牛改良 45 人，农牧民工程施工员 108 人，基本建设项目管理培训班 64 人，公路养护管理 45 人。

组织人员对市场进行调研，积极与其他单位和企业联合办班。山南地区职业技术学校与农发办联合办班共培训农牧民 102 人，与地区劳动局共培训学员 258 人，与地区建设局共培训学员 64 人。同时，学校实行校企结合，联合办班，学校组织酒店管理班的学员到拉萨酒店顶岗实习，为学生就业奠定了社会基础，并对短期毕业生进行跟踪调查。

2008 年，山南地区职业技术学校的实习培训基地征地已落实，各项工作正在筹备之中。

合理的设置专业。2008 年，学校结合西藏的实际，对山南地区职业技术学校今后需开设的专业进行考察。建设了适应农牧区和新农村建设汽车维修、机电维修、建筑等专业。

山南地区文化工作

【扎实开展主题教育活动】2008 年，山南地区各级文广部门针对拉萨“3•14”和桑耶寺“3•15”事件，高举维护社会稳定、维护社会主义法制、维护人民群众根本利益的旗帜，愤怒声讨、深入揭批达赖集团的滔天罪行和真实面目，扎实开展了“讲党性、重品行、作表率”、“反对分裂、维护稳定、促进发展”主题教育活动，建立健全了各项制度和应急工作方案，全面加强了维护稳定工作，为全地区维护稳定工作做出了应有贡献。通过学习教育和在重大事件面前的锤炼，文广系统干部队伍政治立场更加坚定，工作作风明显转变，工作效率明显提高，党组织的凝聚力、向心力、战斗力明显增强。

【举办了三场大型文艺演出】2008年，先后配合地区有关部门组织举办了“庆五一、迎奥运”职工文艺晚会、“迎国庆、颂改革”专场文艺演出、纪念改革开放30周年群众文艺晚会。三台晚会的演出，主题鲜明，内容丰富，节目新颖，形式多样，为山南地区开展“反对分裂、维护稳定、促进发展”和迎奥运、纪念改革开放营造了良好舆论氛围，受到了地区领导和广大观众的高度赞扬和好评。

【扎实做好安全播出和转星调整工作】安全播出是广播电视的生命线。2008年，广播电视战线干部职工始终牢记使命，始终坚守工作岗位，不断完善广播电视安全播出保障体系和制度建设，完善和实施了重要保障播出期的领导带班制度、双岗值班制度和内外巡查制度，进一步完善了《广播电视安全播出应急预案》，出色完成了“3•14”事件和北京奥运会、残奥会、纪念改革开放30周年等特殊敏感时期和重大事件及其它重大节日、重要活动、重点时段的安全播出任务，确保了党的声音及时准确地传入千家万户。同时，大家还克服困难，保质保量地按时完成了827座村村通站点直播卫星转星调整任务，妥善解决了散户接收节目问题，确保了广大农牧民群众及时收听收看到了奥运会盛况。

【广播影视工作再创新绩】2008年，继续抓好实施广播影视“三大工程”。完成了11县中央七套电视落地建设工作和174座村村通广播电视站新建、改扩建任务。目前全地区现有各级各类广播电视站1041座，广播电视覆盖率分别为81.98％、90.46％。直播卫星的安装使用，使山南地区部分群众能分别收听收看到40多套广播、电视节目，更好地满足了基层干部群众听广播看电视的需求。为浪卡子、洛扎、扎囊三县分配了国家首批数字电影放映设备，全地区各级电影放映队放映电影22408场，观众达329万人次，其中数字电影放映483场。

【文艺节目创作力度加大】山南地区各级文艺团体认真贯彻党的十七大精神，以社会主义核心价值体系为根本，以团结、稳定、发展为主题，深入基层、深入群众，加强作品创作，推出了一批主题鲜明、内容突出、形式多样的文艺作品。全地区各级文艺团体新创作、修改作品151个，完成演出420场，观众达45万人次，与年初提出的任务相比，作品创作超额完成31个，演出场次超额完成20场，其中地区艺术团完成新作品创作31个，地区群众艺术馆完成42个。《湖边姑娘》、《吉祥鼓韵》等一批新创作节目的演出受到了广大观众的热烈欢迎，得到了上级部门的嘉奖。

【群众文化活动丰富多彩】在元旦、春节、藏历年期间组织开展了送文艺、电影、图书“三下乡”活动。基层群众文化活动十分活跃，全地区312支业余文艺演出队演出1623场，观众达120万人次。

【文化交流活动更加活跃】先后组织参加了央视激情广场比赛、第六届中国西部民歌（花儿）歌手比赛、全国农民文艺比赛、全国老年文艺合唱赛和全区专业舞蹈电视大赛，为山南地区各级文艺团体学习借鉴外地文化提供了良好机遇和舞台，充分展示了山南文化的独特魅力，山南文化影响力大大增强，为山南人民争得了荣誉。

【文化市场秩序井然】以查缴封堵政治性非法出版物为重点，打击盗版保护知识产权、监控未成年人上网，保护未成年人健康成长为手段，切实加大文化市场监管力度，深入开展“扫黄打非”行动，为山南地区社会稳定发展创造了良好的文化环境。2008年山南地区文化局共出动文化市场执法人员183人次、车辆86台次，对地区所在地泽当镇文化场所进行了检查，收缴各类盗版非法光盘2599张，淫秽色情光盘95张，违禁录音带31盒，非法书刊314册，为山南地区创造了良好文化环境。

【图书出版发行工作稳步推进】全年共购进图书及教材804万元，销售图书及教材806万元，与上年同期相比，进货增长0.12%，销售增长0.18%，实现利润15万元。《山南文艺》编辑部完成了《山南文艺》第一、二、三、四期的编辑、出版、发行任务，刊登文章123篇16万余字、彩图45张，印刷4400册、发行3219册。《山南文艺》深受区内外广大读者喜爱和好评，仍被指定为西藏大学藏文系学生的课外读物。

【文物保护力度进一步加大】在全地区范围内启动了全国第三次文物普查工作，通过地县两级文化文物部门的努力，在抓好桑日县文物普查试点的基础上，先后完成了桑日、错那、浪卡子、措美、琼结、加查、曲松、扎囊等8县的文物普查任务，完成了460处不可移动文物的调查登记，其中新发现285处珍贵文物点。组织实施了色喀古托寺、丹萨梯寺、昌珠寺、达杰林寺文物保护维修工程，工程总投资6007万元，全年完成投资1500多万元，实现农牧民增收200余万元。完成了贝叶经整理、排号、影印等工作。争取资金20万元征集流散文物118件，完成了850件文物照片档案，设立卷宗76个，申报第五批自治区级文物保护单位31处。

【非物质文化遗产保护成绩突出】深入开展非物质文化遗产普查工作，抓紧整理已经搜集的资料，向自治区申报推荐了30名自治区级非物质文化遗产代表性传承人，2008年又有3项非物质文化遗产列入国家级非物质文化遗产保护项目。目前，全地区已有8项国家级、20项自治区级非物质文化遗产保护项目，9名国家级、24名自治区级非物质文化遗产保护项目代表性传承人。对20多年搜集的各类民族民间文化遗产资料300多盘录音带进行了整理归档，230盘录像带刻录成DVD光盘，并辅以藏汉两种文字的解说词。在地区劳动局和琼结县的大力支持下，组织琼结县民间艺术团8名演员、琼结县下水乡久河村农牧民群众43人，对自治区级非物质文化遗产项目

《琼结久河卓舞》进行了挖掘保护传承，该节目在2008年西藏电视台藏历新年晚会进行演出，取得了优异成绩。扎囊县扎塘镇的《果谐》和洛扎县《鲁古拉姆藏戏》被国家文化部授予"中国民间文化艺术之乡"称号。

【领导名录】
书记：普布
局长：王霞
党组成员、副局长：吴一鹏、西洛次仁、平措多布杰
党组成员、纪检组长：朱彬
副调研员、文物局局长：西洛

山南地区卫生工作

【认真执行农牧区医疗制度】2008年，山南地区卫生局认真执行《西藏自治区农牧区医疗管理暂行办法》，和《山南地区农牧区医疗管理实施细则》，2008年报销封顶线提高到年每人每年8000元，5岁以下儿童住院补偿标准提高到95%。对本地区寺庙、拉康、日追等宗教场所在编僧尼实行属地管理的原则，可参加所在地的农牧区医疗制度。财政于10月提高了人均140元/年的免费医疗标准，农牧民个人筹资仍为10元。2008年，全地区参加农牧区医疗制度的农牧民279686人，参加率达到96.8%，总资金3356.33万元。1-9月份免费医疗大病统筹资金1092万元，家庭账户基金支出692万元，医疗救助金支出41万元。农牧民医疗费用基本能得到及时补偿。

为便于规范和监管农牧区医疗资金，成立了"农牧区医疗制度管理监督检查领导小组"，以加大对农牧区基金使用的监督指导。利用党校举办的各类培训班的契机，局领导以课代宣的形式，专题讲授现行农牧区医疗制度政策以及医疗基金管理规范。

【想方设法，多渠道缓解农牧民"无人看病、看不好病"状况】一是实施城市支援农村工作。自2003年开始实施《山南地区人事局、地区卫生局关于卫生支农工作的实施意见》，至今已先后派出75名医务人员到基层开展3至6个月援助工作，每年深入乡村10余次，开展卫生下乡和巡回医疗服务工作，进行政策宣传、健康教育、免费诊治疾病和发放药品。2008年因地区统一的维稳工作部署，没有及时选派。二是实施医疗人员援助工作。由湖南、湖北和安徽三省卫生厅每年选派医疗队员开展以传、帮、带、教为主的医疗卫生人才智力援助，2008年选派了24名，自2003年以来共派遣了127名医疗队员，有力地支持了山南地区卫生事业的发展和医疗技术水平的提高。三是注重人员素质提高。实行"送出去、请进来"、"短期培训与学历教育相结合"的方式，培训重点放在了疾病预防控制、医疗技术服务方面。举办了一期村级接生员培训班，受训45人，二期岗前培训（公益性岗位村医和区外引进人员），受训134人。选派了20名乡（镇）医务人员赴安徽淮南市脱产进修学习6个月。

7月5日以地委名义召开了山南地区农牧区卫生工作会议。会议认真分析了农牧区卫生工作现状，提出了目前农存在的困难与问题，对今后的农牧区卫生工作进行了安排部署。

【积极争取多方投入，改善医疗设施设备】通过国家投资，目前12个县服务中心、12县疾控中心、83个乡镇卫生院已全部建成。从2006年开始，各县医院、乡镇卫生院设备不断得到改善，2008年，通过政府采购，又为地区460所村卫生室配备了药品柜等15种品种的基本医疗设施。2008年自治区政府对山南地区12个县人民医院配发了依维克救护车，并免征养路费。方便了各县医院开展医疗救护工作。

【疾控工作】一是制定各类传染病以及突发公共卫生事件《应急预案》；二是加强健康教育与疾病防治知识宣传与疫情监测，尤其是鼠防监测和学校卫生督导。三是开展儿童计划免疫查漏补种，3月，在全地区范围内开展2007/2008年度消灭脊灰强化免疫活动及常规免疫查漏补种工作。第一轮强化免疫中应种儿童数为13073人，实种儿童数为12575人，接种率为96.2%。为学生和儿童建立了有效的免疫屏障。对于重大疫情和突发性群体性疾病能得到有效控制，慢性传染病和地方病防控工作扎实推进，2007年，地区疾控中心实验室计量认证顺利通过，提高了疾病防控检测能力。2008年，截止5月26日，山南地区共发生各种传染病疫情10起，分别为动物间鼠疫4起，细菌性痢疾3起，流行性腮腺炎1起，水痘1起，麻疹1起。针对各类疫情，及时采取防控，都在最短时间内控制疫情的蔓延扩散。特别是2008年9月26日林芝地区朗县有一例鼠疫死者送山南地区加查县岗布天葬台进行天葬处理，经地区卫生局组派鼠防专业人员赶赴现场协助县鼠疫防治领导小组处理疫情，在各级党委政府的高度重视和大力支持和各级医务人员的不懈努力下疫情得到了及时有效的控制，2008年未发现异常情况。

元月份，专题召开了结核病防治现场会，会上各县交流了结核病人管理治疗经验，部署了结核病的发现与管理工作，4月，比利时达米恩项目官员和自治区结防所领导对琼结、洛扎、措美、浪卡子四县结核病项目工作实施情况进行全面、细致的检查督导，包括：病人发现、诊断、治疗、管理及专项资金、药品、设备等的使用和管理情况，及时纠正存在的问题。2月份，地区疾控中心举办了"全地区地方性饮茶型氟中毒流行病学调查骨干培训班"，参加学习的有地区12个县疾控中心主任及地方病专业人员共27人。之后，在全地区范围内开展了地方性饮茶型氟中毒流行病学调查。积极配合农牧部门防控杰德秀镇禽流感疫情，并对扎朗、乃东、桑日、琼结等县开展禽类养殖户摸底调查和主动监测，防止人感染高致病性禽流感。如期完成了2007/2008年度脊髓灰质炎强化免疫工作，接种率为96.2%。开通了结核病防治移动短信宣传业务。

【食品卫生监督工作】在卫生监督执法体系尚未健全的情况下，积极做好卫生监督执法工作，进一步规范执法行为，每年组派人员参加各种卫生法律、法规及卫生监督业务学习，卫生监督队伍业务素质不断提高。严格按照《食品卫生法》和上级部门总体部署，采取经常性卫生监督与专项卫生监督检查相结合的

方式，开展食品、保健品、化妆品、消毒产品、职业卫生等卫生专项整治工作，重点是学校、宾馆、超市、农贸市场、各种饮食加工点和餐馆的监督检查，较好地承担着地区各种大型会议、代表团考察活动期间的饮食卫生安全监督工作。目前，食品卫生监督覆盖率重点地段和学校达到100%，农牧区90%。

依法发放卫生许可证371份，食品从业人员下发体检通知单452余户，体检1328名。食品卫生知识培训人数达名、办理个人健康合格证1298名，查出乙肝患者30名并及时下发职业禁忌调离通知书。完成泽当镇部分自来水和各县的泉水、沟水、井水、自来水进行水质卫生质量检测工作。共抽样79份、合格29份，合格率为37%。完成了对泽当镇内部分糕点房进行卫生质量监测共计16份、合格率为98%。组织完成重点对各学校周边食品卫生及餐饮业、食品摊点的卫生检查，发现问题及时处理，为保障学生身心健康起到了重要作用。

餐饮业的专项整治。在泽当镇范围内检查大中型餐饮、糕点加工销售行业、食品添加剂经营及使用单位和学校食堂等，开展了专项检查和整顿治理工作。2008年以来山南地区无一起大型集体食物中毒事件发生。对泽当镇内星级宾馆及各大中小型餐饮业、学校食堂进行餐具消毒效果监测。此次共抽查63家、合格率为62%。

建立了食品卫生长效管理体制，坚持整治与建设、当前与长远、重点治理与日常监管的有机结合，进一步完善了食品监管体系，将食品放心工程引向深入，确保人民群众食品消费安全。建立了区域监管分工，明确了区域监管工作职责、标准、工作内容，小作坊和区域性食品质量安全问题得到有效治理。

从7月份开始实行量化分级管理达标工作，目前量化分级管理动员阶段、审报阶段、摸底阶段、法人及从业人员培训阶段基本完成，企业及个体餐饮自查阶段工作正在有序的开展当中。

【妇幼保健工作】继续实行孕产妇急救绿色通道，继续在加查、错那、隆子、曲松四县实施了国家疾控中心妇幼保健中心母子系统保健"降消"项目。在多方协调下，2008年乃东县列入了"中央财政支持子宫颈癌早诊、早治项目"西藏区内项目县，极大地便利了患病妇女早期诊治。地区妇保院全方位提升软硬件建设，努力创建"二甲"医院。

7月份，为了保障妇女身体健康，提高妇女的健康意识和自我保健能力，妇儿工委牵头，地区妇幼保健院开展了妇女病普查项目，共为360余名城镇妇女做了有关项目范围内的检查。

【医政行业管理】顺利完成卫生系列考务以及职称初评工作。加大了医疗市场监管，出动执法人员48人次，执法车辆25车次，检查了10余家社会办医疗机构，取缔了乃东路医学会诊所超范围诊疗中的口腔和中医科目，并按照《中华人民共和国执业医师法》罚款3000元；对5家情节严重的医疗机构进行立案处理；完成全地区医疗机构药品集中招标采购，9月份，召开三聚氰胺奶粉婴幼儿安全事故诊治工作协调会议，同时成立了安全事故诊治工作领导小组和泌尿结石诊疗专家组。部署食用问题奶粉患儿诊治工作。并以以会代训形式，召集地直医疗单位和十二县卫生局、人民医院负责人，儿科医生，B超医生进行了食用三聚氰胺奶粉泌尿结石的诊断知识培训。接受了自治区人民政府副主席甲热.洛桑丹增一行以及自治区卫生厅副厅长代欣言一行到山南地区就食用三聚氰胺奶粉婴幼儿的体检筛查和诊治工作检查指导。

顺利完成了2008年度山南考区的全国医师资格考试实践技能操作考试、全国医师资格考试笔试以及专业技术资格考试等各种考务工作。

山南地区藏医院

【狠抓中心业务、提升综合实力】2008年，山南地区藏医院诊疗人次共计55113人，其中门诊就诊人次共计50252人，藏医门诊人次3800人，住院病区出院人次1061人。

从分科情况分析，门诊常规就诊人次50252人，比2007年同期增25.4%，各种辅助检查人次29382人。其中检验人次15606，超声5927人次，放射3433人次，心电3191人次，胃镜1225人次，分别比2007年同期增14.7%、32.7%、52%、67.2%和17.9%。门诊输液人次10082，比2007年同期减少13.7%，接收干部健康体检人次243人次。

内科入院604人，出院580人，分别比2007年同期增加3.1%和6.6%。平均病床周转次数19.3，比2007年同期增4.3%，实际病床使用率140，比2007年同期增13.8%。

外科：入院455人，出院481人，分别比2007年同期增加35.4%和34.7%。平均病床周转次数24.1，比2007年同期增35.4%，实际病床使用率140.5%，比2007年同期增40%。特别是2008年外科全体成员克服种种困难，共开展了大小手术162例，其中腹腔镜胆囊切除术126人次，并且无一例出现任何的医疗差错事故，实现了"零差错、零事故、零并发症、零纠纷"的"四零"目标，为外科的进一步发展奠定了良好的基础。

药浴理疗中心，藏医放血、火灸、拔罐、角吸、针灸等各种特殊疗法共计3605人，药浴242人次，藏医打虫121人次。

2008年新增医疗项目20余项，其中内科2项，外科4项，药浴保健中心9项，门诊耳鼻喉科1项，胃镜室1项，检验科1项，放射科1项，心电图1项。

1-12月份医院总收入2376万元，其中：医疗收入500余万元，药品收入900余万元，国家财政补助926万元，其他收入50万元。医院总支出（含在职职工及退休人员工资）1974万元，上缴财政402万元。

【狠抓人才培养，提升整体素质】一是狠抓进修深造工作。根据医院年初制定的人才培养计划，先后选派了5名相关专业技术人员到自治区人民医院、自治区藏医院、自治区药监所分别进行为期半年的西医妇科、心电图、藏医外治以及药品检验等方面的专业进修。其中2007年在湖南省人民医院、省妇幼保健医院、自治区藏医院进行普外、眼科、口腔科以及妇科专业四名进修人员在内的7名进修人员目前已完成各自的进修任务返回医院，并在各自岗位上独立开展工作；二是狠抓在岗医护人员的业务学习。组织已进修人员轮流为在岗医护人员讲解相关业务知识，截至目前，安排在岗人员业务学习23次，参加学习人次达 470 人。三是邀请援藏老师进行讲座。2008 年山南地区藏医院迎来了从湖南省湘雅医院、湖南省人民医院、湖南省肿瘤医院以及省第二人民医院来的 4 名有关肝胆外科、临床检验、麻醉以及放射专业的援藏指导老师。为了进一步加强藏西医结合的力度，充分发挥援藏老师的指导作用，一方面在实践中专门让有潜力的年轻医务人员进行跟班学习，另一方面邀请援藏老师为在岗医务人员讲解有关西医理论知识，截至目前共安排援藏老师讲课10次。四是努力承担外来人员的实习与进修任务。全年共接受西藏藏医学院35名实习人员和4名基层进修人员以及 1 名来自新疆的进修人员。

【狠抓特色优势、提升医院知名度】山南地区藏医院申报的传统藏医“药浴”疗法与“尿诊”技术已被列为第二批自治区级非物质文化遗产名录，其中藏医“尿诊”技术2008年下半年进一步提升列为了国家级非物质文化遗产名录；

医院下属雍布拉康藏药厂被西藏自治区科技型中小企业评审委员会认定为西藏自治区科技型中小企业。被自治区发改委和民宗委联合授予“民族特需商品生产定点单位”；

【基础设施和医疗硬件设备得到明显改善】2008 年，山南地区藏医院重点完成了医院改扩建工程项目中的职工周转房建设、院内环境改造工程以及污水处理站建设项目任务。其中职工周转房项目总建筑面积922平方米，总投资94万余元。院内附属工程项目包括院内路面硬化及给排水建设工程项目，总投资 117 万余元。污水处理站建设项目总投资 50 万元，处理量为5吨/小时。目前三项工程全部竣工。这三项工程的竣工投产标志着山南地区藏医院改扩建工程项目全部完工。整个改扩建项目除以上项目外，还包括已建成的医院制剂室改扩建工程、住院大楼改扩建项目。全部工程项目于2008年5月顺利通过了西藏自治区发改委稽察组的检查验收。

2008 年上半年山南地区藏医院党委、院部研究并报上级有关部门同意拆除门诊商品房，将大门改建成自动收缩门，大门以东建立体现藏民族建筑特色防护栏，大门以西建立集保护、研究与展示藏医药文化和藏族民俗文化为一体化的藏医药文化馆，总投资近30万元。

山南地区藏医院雅砻藏医药文化馆建设项目在地委行署的高度重视和援藏省市的关心、帮助下，于2007年年底被列为地区2008年援藏项目建设中，2008 年 4 月在行署副专员张汉华的陪同下赵宪忠专员专门视察了该项目相关情况。赵专员非常赞同在地区藏医院门面位置建设体现藏民族优秀文化的宣传窗口—雅砻藏医药文化馆的建设思路。该项总投资150万元，于2008年5月被地区发改委正式立项，现正在项目设计阶段，2009年开春动工。

2008 年 8 月医院自筹资金开办了医患营养配餐中心，极大地方便了广大患者和医护人员。

【医疗硬件设备明显改善】2008 年下半年山南地区藏医院争取财政贴息政策，通过向银行贴息贷款 360 万元购买了荷兰飞利浦双层螺旋CT仪。相关人员培训与设备安装调试等前期工作已完成，并于12月1日正式投入使用。

由2007年年底湖南省卫生厅援助的BS-220 型全自动生化分析仪在援藏老师的精心指导下，完成了安装，调试以及相关技术培训等前期准备工作后，于 2008 年上半年正式投入使用，标志着地区藏医院生化分析检测技术再上一个新的台阶。该机下患者可随时进行肝功、肾功、心肌酶谱、血脂、离子以及免疫功能等全套化验检测。

医院自身先后自筹资金 139 万元购买了一台彩色 B 超机和相关医疗设备。2008年添置医疗设备共花费494万元。

【藏药生产与经营稳步发展】全年医院制剂室或雍布拉康藏药厂共生产88种藏成药品。生产产量达 9.2 吨，实现产值 170.7 万元，销售收入 294.3 万元，实现利润 57.7 万元，上缴税金 13.2 万元。

2008 年山南地区藏医院申报的强伦丸、桑培努布、七味消肿丸、喜塞丸、十味乳鹏丸、五味安神丸等74个藏药制剂品种获得了自治区食品药品监督管理局批准的医院“制剂准字号”。目前在此基础上，下半年山南地区藏医院继续整理和研究起初已完成相关资料整理与研究工作而未申报的其余 120 余种藏药制剂品种，争取2008年年内完成相关申报工作，争取更多的医院制剂准字。

针对藏药材资源日益紧缺的问题，为有效保护和合理开采山南地区错那县勒布沟境内藏药材资源，2008 年上半年山南地区藏医院已向自治区经济委员会申请国家中药材扶持项目《山南地区错那县勒布沟美朵堂藏药材就地保护和濒危藏药材种植技术研究》项目，目前该项目通过了自治区经委专家评审已申报国家经委。

中国移动 西藏公司山南分公司

【全年 KPI 指标完成情况】2008 年，分公司净增客户 16608 户，累计客户总数达到75700户；实现运营收入6010万元；实现净利润2920万元。

【确定全年市场经营思路，着重落实措施】根据区公司年度工作会议精神，结合山南通信市场实际情况，以分公司工作会议为载体，确定全年经营总体思路，即：聚焦竞争，善于创新，科学发展，力争“三大市场全盘赢，四个目标均实现”，成为区域性市场主导者。逐级分解工作任务，落实到各部门、各县移动公司，完善各项业务考核管理制度，确保全年工作有人抓、有人管。

【调整城区市场经营模式，细化内部基础管理工作】为了优化工作流程，实现规范、科学管理，根据区公司专业化营销管理模式的要求，将城区市场划分为城东、城西、城北三大片区，同时调整了市场口组织架构，使市场营销管理工作更加精细化。继续实行“日报”、“周会”、“月通报、月分析”等制度，持之以恒，形成长效机制贯穿全年工作。

多措并举，强化对各县移动公司的

监督、指导和管理。一是针对县移动公司人员编制少，力量薄弱等问题，自2008年3月以来，实施派驻制工作机制，从地区分公司四个部门选派业务骨干，采取轮流蹲点的形式帮助指导各县移动公司维护稳定工作和业务发展以及日常基础管理。重点狠抓“新增市场”、“集团客户发展”和“增值业务的普及率”等三大指标，为提升公司整体核心竞争力和确保基层员工的人身安全、通信网络畅通提供人力帮助和智力支持；二是按照惯例，由分公司领导亲自带队，抽调营销策划、业务稽核、渠道管理以及综合财务和运维技术人员，先后对各县移动公司的营业帐务、各类营销案执行情况、渠道建设进度和网络运行状况以及安全生产工作等进行了深入、细致的稽核检查。与县公司员工沟通交流，了解一线人员的需求，协调解决工作流程方面存在的问题。分析各种风险，责成相关县公司拿出整改措施进行限期整改。通过此举，进一步规范了各类帐务流程，为进一步改变基层员工的工作作风，减少公司发展过程中的各种法律风险起到了积极的作用。

拓展新的业务代办渠道，加强对现有渠道的管理。一是及时召开“2008年社会渠道座谈会”，表彰07年渠道工作优秀代办点，出台新的酬金管理办法和业务奖励办法，广泛征求代理商的建议和意见，相互沟通，相互交流，积极消除用户与代办商之间、与分公司之间的误会，维护好互惠互利的良好关系。二是根据布局合理，功能齐全的要求，继续在城区和县级重镇拓展新的业务代办渠道。年计划新建360家，截止11月底，完成292家。三是与邮政局签订“卡类运输协议”和“乡级市场卡类代办协议”，妥善解决了农村代办点卡类配送困难的一大难题。四是做好2006年、2007年渠道建设网点的收尾工作的同时加快2008年渠道建设步伐。隆孜县日当镇和乃东路营业厅已经对外营业，扎囊县桑耶镇、地区颂赞路以及苹果苑等地的营业厅开业条件已成熟，有望在新的一年正式投入使用。而2008年渠道建设任务中的贡嘎县杰德秀和错那县勒布营业厅的土建工程已经开工。各项建设程序也已按规范要求执行完毕。

【加强集团客户市场拓展和行业应用推广】实施集团单位网络化管理，加强对各县集团客户工作的指导，使集团业务在各县得到了很好的发展。2008年，成功达成了与地区三小和幼儿园的“校信通”、与地区边防支队和武警支队的“财信通”以及与中国银行山南支行的“无线POS”等业务合作协议，进一步加大了银信通、农信通、商信通等集团产品的推广宣传力度，行业应用推广工作取得了较好的进展。

【结合“金牌服务，满意100”活动，优化服务工作】把“诚信服务，满意100”活动，作为贯穿全年的一项重要工作，成立了活动专项领导小组，确立了全员参与、统一开展、双线并行、有序推进的活动原则，并按照全面启动、集中推广、巩固提升、总结评估四个阶段要求递进式开展。以活动要求为主线，加大对自办营业厅和合作营业厅的监督考核力度，补充完善原有合作营业厅考核办法。同时，成立内部服务督导小组，定期对各营业厅的服务进行检查评比。通过分公司上下共同努力，全年第三方服务质量检测结果平均保持在前二名（参考区公司每月通报数据）。

中国电信山南地区分公司

【实施品牌统领经营，品牌客户规模逐步扩大】2008年，公司按照自治区公司安排，积极实施以具体项目营销为抓手，以两版套餐签约为手段，实现商务领航品牌客户稳步增长。通过实施差异化服务、营销资源向品牌客户倾斜等措施，以e6手机版、好易通9系、e8等套餐为主导，融合固网、移动、互联网一体消费，突出“同一帐号下固网、手机本地互打面费，共享预存话费”的卖点，满足家庭客户的多业务需求，全面促进了“我的e家”品牌发展，品牌客户初具规模。

【拓展客户需求，宽带业务实现又好又快发展】持续关注家庭、学校、宾馆酒店等重点市场，调整针对性营销策略，按客户需求提供差异化产品和服务；采用套餐签约送月使用费、送终端方式，挖掘宽带用户市场；结合3G业务的推出，加大无线、有线融合套餐的推广力度，实现宽带及移动业务的同步发展。

【强化信息化应用业务的推广，转增业务实现了快速增长】综合信息业务重点加大拓展IT应用及服务项目的力度，实行重点转拓新增业务专项成本补贴、资源倾斜和专项激励政策，通过开展信息化应用业务大推广和3G增值业务体验等活动，深度挖掘客户需求，转增业务取得了稳步发展。通过电话直销、客户经理上门直销等方式，对沉默用户开展“二次营销”，激活用户的同时，推动增值业务的拓展。

【实施融合经营，有效遏制存量用户的流失】2008年，组织开展了客户分群工作，前端组织架构由以往的大客户部、公商户部调整为政企客户部、家庭客户部、个人客户部，并在各县局分别划分了政企客户、家庭客户、个人客户群，以差异化优质服务保有存量；健全营销体系，做好商机挖掘，推行分成激励，拓展渠道合作，加快信息化应用、系统集成、维护外包等服务的全面发展，推动ICT业务有效益地规模化发展；为家庭客户提供家庭信息化服务解决方案，打造e家理财、e家娱乐、e家信息应用，填充健康、教育、安全等服务内容，实现我的e家品牌客户规模发展。

【顺利承接C网业务，实现了全业务运营】组建C网运营虚拟团队，选派员工跟班学习C网业务受理流程、网络维护、计费实施等知识，通过实施C网过渡期业务代营方案、坚持“客户服务无中断，客户感知无下降，客户权益无受损”的承接目标，重视原有C网客户的服务维系，顺利承接了C网，实现了全业务运营。通过宣传推广、开展“添‘翼’迎春促销活动”，为客户量身定制了固网、移动融合业务，189业务得到了快速起步。

【拓宽营销渠道，营销服务体系日益完善】按照客户战略分群要求，整合调整地区、县局两级政企客户、家庭客户、个人客户服务机构，落实客户经理配置，实现了对客户服务的无缝隙覆盖。加大对网上客服中心、统一充值付费平台、电子售卡渠道系统的推介，充实了服务内涵。按照区公司县（支）局标准化建设实施意见，开展县支局标准化建设工作，对县局主营业厅进行改造，优化县局营销渠道。以村组代理的形式发展社会代理业务，加大对农村代理人员的指导、考核，提高了农牧区实体渠道覆盖率和营销服务能力，网上营业厅访问量和业务受理量节节攀升。

【领导名录】
书记、总经理：张建红
党委委员、副总经理：杨建安、方显武
党委委员、工会主席、副总经理：索朗伦珠
高级网络工程师：加措

山南地区劳动和社会保障工作

【全力做好城镇失业人员就业工作】 2008年，山南地区劳动和社会保障局围绕以帮助大龄就业困难对象实现就业为重点，以“送岗位、促就业、保稳定、促发展”为工作的出发点和落脚点，切实做好城镇失业人员就业再就业工作。2008年，城镇登记失业人员通过自谋职业、政府帮扶等方式已实现就业2085人，完成目标任务的104%；为2488人提供了免费职业指导，完成了目标任务的105%；为3804人提供了免费职业介绍，完成目标任务的203%；职业介绍成功1426人，完成目标任务的153%；开发就业岗位2085个，完成全年目标任务的104%。

【大力开展职业技能培训工作】 切实采取有效措施，狠抓落实，确保了职业技能培训工作的有效开展。一是根据国有企业体制改革需求，侧重从业人员的职业技能培训，共举办城镇失业人员培训班21期，审批培训资金96万元，培训人数1428名，完成目标任务的106%。二是采取“委托培训”、“联合培训”、“集中培训”、“上门培训”等方式，举办农牧民培训班43期，审批培训资金168.62万元，培训人数3250人，培训工种为传统绘画、哔叽编织、汽车驾驶、旅游、兽医等，完成自治区下达目标任务的203%；完成地区下达目标任务的101%。

【加大劳务输出工作力度，做好农牧区富余劳动力转移就业】 始终坚持以“扩大输出规模、提高输出质量”为标准，大胆创新、开拓思路，不断探索劳务输出工作的新方法，取得了较明显的成效。2008年，全地区劳务输出达到4.15万人，完成全年目标任务的101%，劳务创收2.7亿元，完成全年目标任务的101%，人均创收6506元。

【政府购买公益性岗位工作有序开展】 为认真做好2008年自治区下达的400个公益性岗位开发工作，山南地区劳动和社会保障局认真制定了《山南地区2007年至2008年政府购买公益性岗位实施方案》，并对符合公益性岗位安置条件人员及空岗情况进行了详细的调查摸底。按照地委、行署的统一要求，把安置工作重点向四类人员（乡村一级有突出贡献干部；无党派爱国爱教人士；党政机关、事业单位先进分子；党政机关、事业单位烈士家庭）倾斜，顺利地完成了山南地区政府购买公益性岗位安置人数共计400人。

【积极做好高校毕业生就业服务指导工作】 对高校毕业生设立了专门服务窗口。2008年，在山南地区劳动和社会保障局求职登记的2008年应届高校毕业生人数达332人。采取政策咨询、职业指导、职业介绍和公益性岗位安置等措施，为20名高校毕业生提供了就业岗位。对2008年山南地区高校毕业生通过参加公务员及“三支一扶”考试后尚未录取的64名学生，在地区科网电脑培训中心举办了高校毕业生计算机综合技能培训班。

结合山南地区实际，制定了《山南地区2008年高校毕业生就业服务月专项活动实施方案》，成立了高校毕业生就业服务月专项活动领导小组，并联合相关协助单位开展了岗位需求调查工作。

认真开展了山南地区第一届高校毕业生专场招聘会暨第五届劳务洽谈会。参加招聘的有西藏华新水泥有限责任公司、江南矿业公司、石油公司等32家驻山南企业，提供岗位178个，涉及文秘、会计、导游等90多个工种。发放高校毕业生求职登记表368份；城镇失业求职登记表1325份。1673名求职者前来应聘，签订意向用工协议207份。

【社会保障工作得到稳步推进】 养老保险。一是养老保险参统人数达5480人，养老保险费征缴到位3038万元（其中：个体工商户及灵活就业人员参统人数为89人，上缴养老保险费92万元）；清欠历年养老保险费95.8万元，清欠率100%；养老保险费征缴率达到100%；共发放离退休职工基本养老金3856万元，发放率达100%。二是在元旦、春节、藏历年等三大节日期间，局领导带队对安置在拉萨和泽当的125名退休职工进行了登门慰问，发放慰问金、各种慰问品等共计11.36万元，及时给他们送去了党和政府的关怀。三是按照《关于从2008年1月1日起调整企业退休人员基本养老金的通知》（藏劳社厅[2008]3号）精神，为1724名退休职工进行了调资审核工作，调资补发共计50万元。

医疗保险。一是参加城镇职工基本医疗保险的有856家单位20471人，核定城镇职工基本医疗保险费6916万元，2008年，征缴到位6916万元，完成目标任务的100%；共支付城镇职工医疗保险费3255万元。二是核定公务员医疗补助基金1683万元，实际征缴到位1683万元，征缴率100%，支出公务员医疗补助174万元。三是于2007年10月开始了全地区统筹范围内的城镇居民的参保登记与缴费核定工作。目前，全地区参加城镇居民基本医疗保险的有5820户8525人，核定城镇居民医疗保险费90万元，实际征缴到位90万元，城镇居民医疗保险费用支出50万元。四是将移动公司、江南矿业等单位的职工纳入了山南地区医疗保险统筹范围。五是将513名自主择业军转干部纳入了城镇职工基本医疗保险统筹范围内，核定医疗保险费421万元，征缴到位83万元。目前，住院支出10万元。

工伤保险。山南地区共有80家单位的3859名职工参加了工伤保险，核定工伤保险费115万元，实际征缴到位115万元，完成目标任务的100%，工伤事故医疗费用支出26万元。

生育保险。山南地区参加生育保险的有 856 家单位 15417 名职工，核定生育保险费 250 万元，实际征缴到位 198 万元（不含机关、事业单位在年终由财政局统一上交的部分，累计 128 万元），全年征缴任务已完成，生育保险待遇支出 87 万元。

失业保险。一是圆满完成了 2007 年失业保险金的决算及 2008 年失业保险金的预算工作；二是对地直 255 家企事业单位 8523 人进行了失业保险金核定；三是加大了失业保险基金征缴和清欠工作力度，共征缴失业保险费 639 万元，超额完成了全年目标任务；四是对 4 家单位 187 人支付失业保险补贴 45 万元，用于职业技能培训和生活补助；五是 2008 年，接待咨询 50 人，申请失业救助的有 4 家单位 265 人，发放失业救助金 76.78 万元。

【劳动关系调整工作力度进一步加大】积极开展了 2007 年度用工年检工作，将 59 家国有企业、私营企业、大型餐饮业等纳入 2008 年年检工作范围，通过年检，合格单位 36 家，不合格单位 23 家，对不合格的用人单位下达了《限期整改通知书》。

认真开展清理整顿人力资源市场专项检查行动和执法监察，联合地区相关单位，在全地区范围内开展了整顿人力资源市场专项检查行动。共开展专项检查行动 16 次，监督检查各类用工单位 526 家，涉及职工 4950 人（次），督促用人单位签订劳动合同 200 余份，新办理用工许可证 12 本。

从源头上杜绝拖欠农牧民工工资现象的发生，对山南地区的 43 家餐饮、服务业等个体工商户进行了执法监察，并对在监察中发现的未办理用工许可证、未签订劳动合同的个体工商户，下发了限期整改通知书，要求其尽快与劳动者签订劳动合同。

加大了劳动合同的签订和鉴证工作力度。为全地区 222 家用人单位 2868 人依法鉴证劳动合同 8904 份，为 3 家国有企业的 364 人审查了集体合同。

积极受理拖欠民工工资案件，切实维护劳动者合法权益。共受理申诉、投诉举报案件 39 起，为 267 名劳动者追回劳动报酬及风险抵押金共计 57 万余元。接待来信来访 120 人次。

【企业政策性增资、工龄认定等工作有序开展】及时办理全地区工人的转正定级、五年浮动、20 年固定等政策性晋级增资工作。完成了 2008 年度山南地区工人子女因普通高考查阅档案核实工龄 15 人次。完成了地区国资委监管的 11 家企业、乃东县贸易公司、隆子县才麦农场等 16 家企业在职职工增加标准工资的审核工作。山南地区劳动和社会保障局研究制定了《山南地区女职工退休年龄调研工作方案》，认真开展了调研工作，发放了《关于延长女职工退休年龄的调查问卷》810 份，收回 786 份，并报送了《山南地区女职工退休年龄调研工作开展情况汇报》，得到了自治区调研工作组的好评。大力开展劳动者申请工伤的调查认定和劳动能力鉴定等工作，完成工伤认定 12 人（次），劳动能力鉴定 3 人（次）。

【领导名录】

书记、副局长：程秀英
副书记、局长：加央
党组成员、副局长：黄俊、杨引奎、辛丽萍、罗布多吉
党组成员、纪检组长：查果
党组成员、副调研员：束宝芝

乃东县

【经济总量继续增长，综合实力逐渐增强】2008 年，乃东县实现生产总值 18 亿元，增长 18%；人均达到 3 万元，居山南地区各县之首；本级财政收入 3167 万元，增长 13%；农牧民人均纯收入达到 4557 元，增长 24%；全社会固定资产投资 1.7 亿元，增长 6%；社会消费品零售总额 4.64 亿元，增长 15%；完成税收 1360 万元，税收在财政收入中的比重占 43%；三次产业比重调整为 4：26：70；劳务输出 5880 人，创收 4000 万元，略有增长；乡镇企业实现产值 9740 万元，多种经营收入达 1.27 亿元，分别增长 2%和 18.8%。

【农牧业生产稳步推进，农牧区经济活力增强】2008 年，乃东县全面落实支农惠农政策，精心组织农牧业生产，全县农林牧渔业总产值完成 1.14 亿元，增长 7%。

农牧业生产扎实推进。全年落实农作物播种面积 6.28 万亩，其中粮食 4 万亩、经济作物 1.82 万亩、饲草 0.46 万亩，粮、经、饲比例由 2007 年的 65：25：10 调整为 64：29：7；全县粮食总产量 4351 万斤，油菜总产量 309 万斤。各类牲畜年末存栏 15.21 万头（只，匹），新生仔畜 4.3 万头（只、匹），成活率 96%，成畜死亡率 2%，牲畜年末出栏 5.73 万头（只，匹），出栏率 33%；实施黄牛冻配改良 8017 头，超额完成计划任务；全年肉产量 2346 吨，奶类总产量 2101.54 吨；生态环境得到有效改善，植树造林、退耕还林工程深入实施，完成造林面积 2838.6 亩，群众增收 80 余万元。各乡（镇）义务植树 1500 亩，零星四旁植树 13200 株，完成退耕还林补植面积 270 亩。

【特色产业不断壮大】2008 年，乃东县按照“一产上水平，二产抓重点，三产大发展”的经济发展战略，进一步加快了特色产业发展的步伐，全县四大特色产业基地已初具规模。全县特色产业全年可为群众创收 2281 万元，人均增收 600 元。一是完成“优质藏蒜种植基地”5000 亩，蒜头产量 2700 吨，可实现产值 1200 余万元，可为群众创收 648 万元。2008 年，以德堂公司为依托，实现了藏蒜满足区内市场的奋斗目标。二是建立“优质油菜种植基地”1.1 万亩，品种以藏油 5 号、山油 2 号为主，可为群众增收 320 万元。三是充分利用乃东县贡桑禽类养殖专业合作社建立“禽类养殖基地”，全县禽类饲养总量 47.3 万只，已出笼 40.56 万只，实现产值 1420 万元，发展养殖户 203 户，户均收入 3 万元。四是在昌珠镇白熔居委会建立“良种奶牛繁育基地”，组建了良种奶牛核心繁育群。目前，奶牛繁育群饲养规模已达 150 头。

【固定资产投资增长迅速，重点项目建设进展顺利】2008 年，乃东县社会固定资产投资完成 1.7 亿元，增长 6%。其中，国家投资 8052 万元，增长 15%；民间投资 4838 万元，增长 4%。全县实施 5 万元及 5 万元以上项目 39 个，其中续建项

目3个，新建项目36个。

【农牧区基础设施建设步伐加快】安居工程建设全面推进，全年完成安居工程建设1355户；建设村级组织活动场所5个，投资100万元建设村级基础设施2处。投资509万元，解决了1721户、7361人、43276头牲畜的安全饮水问题；投资241.4万元，有效解决了昌珠镇政府干部职工及周边群众、结莎居委会群众长期吃水难问题；完成户用沼气池620座；全县通电人口覆盖率达到99%。索珠通乡油路、洞下公路、支那公路和格拉公路的建设，有效改善了乡村道路通行能力。乃东县中学维修改造、泽当镇居委会小康示范村建设、乃东县疾病控制中心、县工会商品房、老年活动中心、公安局综合楼及周转房等重点项目建设相继建成并发挥作用。农业综合开发、扶贫开发完成投资3090万元。农田水利建设进一步加强，全年水利项目完成投资2659.47万元。续建了乃东县尼木沟综合治理工程、亚桑水库除险加固工程；建设完成了雅砻灌区结巴西干渠、农村饮水安全工程。由行署主办、乃东县承办的江南矿业杯第28届雅砻物资文化交流会取得圆满成功，为农牧区物资流通，农牧民增收搭建了一个平台，同时也为乃东县举办大型活动积累了经验。

【援藏工作力度进一步加大，成绩斐然】在第五批援藏干部的积极努力下，武汉市确定新一轮援藏资金1840万元，同时加大争取湖北省和社会援助资金力度，使第五批援藏资金总额超过了3000万元。目前，武汉市政府已到位援藏资金1100万元，确定了9个建设项目。2008年完成项目建设10个，总投资1042.22万元。按照胡总书记关于援藏工作“向农牧区倾斜”的指示精神，乃东县援藏资金主要投向了新农村建设、民生工程、重点产业发展和基层政权建设四个方面。重点实施了泽当居委会安居工程基础设施项目建设、乃东中学整体维修改造项目、结巴完小教学楼项目建设、有机蔬菜示范园项目建设、县疾病预防控制中心项目建设等。

【教科文卫等社会事业健康发展】教育方面，中小学办学条件进一步改善，2008年，乃东县整合国家援藏资金、本级投入及社会资金1380万元，用于改善中小学办学条件。“两基”成果得到进一步巩固，防辍控流工作成效明显，全县小学入学率达99.5%，初中入学率达98%，小学、初中巩固率为100%。继续实施《非义务教育阶段农牧民子女、城镇低保生资助和激励办法》，全年资助非义务阶段大中专学生487人，资助金额107.1万元。《办法》实施以来，农牧民子女得到了实实在在的实惠，农牧民子女上学难问题得到有效解决，深受农牧民群众的欢迎。职业教育力度进一步加大，全年举办职业教育培训班3期，主要培训旅游从业人员、养殖技术和传统绘画技术，受训人数达到374人。科技方面，把新型农牧民技能技术培训放在重要位置，全年举办培训班6期，受训人数达2500人（次），培训内容包括：黄牛改良、温室蔬菜栽培、新特瓜蔬栽培技术；整合资金45万元，建立了藏蒜新品种试验示范基地，索珠乡蓝马鸡人工繁育基地，新特瓜蔬试验示范基地，亚堆乡藏香猪养殖基地；发展科技特派员15名。文化方面，“村村通”工程顺利实施，广播覆盖率达93.5%，电视覆盖率达98%。农牧区文化基础设施建设得到进一步改善，完成了54座（单）收转站的转星调整工作，对现有的37座单收站进行了改扩建。爱国主义影片进社区、进学校展播活动有效开展，全年放映影片1970场，观众43.79万人（次）。卫生方面，全县参加农牧区免费医疗人数达到100%，报销农牧民住院费188.06万元。

扎囊县

【经济发展情况】2008年，扎囊县生产总值实现2.24亿元，同比增长17.5%；实现财政收入506万元，同比增长11.9%以上，其中，税收收入268万元；全社会固定资产投资1.9亿元，同比增长2.6%以上，人均收入3352元，同比增长18%。

【重点领域有较大突破】立足安居工程建设，加快推进新农村建设步伐。全年完成建设任务760户，困难群体建房占到30%。同时，坚持新农村建设配套设施同步推进。新建村委会18个，计划建沼气2000户，解决了2500人饮水安全问题，完成了县城给排水工程，完成了不通电区域前期工作，提高农村公路通达水平等。

立足建立长效机制，加快农牧民增收步伐。及时兑现了各项涉农专款，提供良好增收保证。加大劳务输出，全县劳务输出10029人，创收3460万元。强化技能培训，全县共举办各类劳动职业技能培训33期2722人次。积极利用项目建设带动群众增收，全年交给农牧民建设的项目达1000多万元。

立足提高农牧业综合生产能力，确保增产增收。全年粮食产量2308万公斤，比上年增产503万公斤。同时，有效防控了青稞细菌性条斑病。抓好牧业发展，加强重大疫病防治，使免疫率和注射率达100%。狠抓接羔育幼和人工种草工作，完成5000亩人工种草，新生仔畜成活率93.1%，为全县畜牧业发展奠定了坚实基础。抓好水利基础建设，农田水利基本建设累计投入资金264.5万元。江北灌区桑耶子灌区东干渠已正式建设，实施了敏珠主干渠、宗嘎截潜流、阿扎水渠、杂玉防渗渠等4个小型农田水利工程，新增农田灌溉面积3500余亩。抓好农业综合开发，完成土地平整5000亩、客土改良2000亩、机耕道5千米、人工种草700亩，直接为开发区新增灌溉面积3500亩，改善灌溉面积1000亩，新增草地1000亩。抓好林政项目建设，总投入了资金1092多万元，实施了2008年重点区域造林工程、拉萨周边造林、退耕还林、义务植树、封育工程、治沙工程。

立足项目建设，发挥投资拉动作用。主要实施了四期人畜饮水工程、桑耶东干渠、县公安“两房”、县城给排水、县政务中心、沼气、村村通、江北农业综合开发、民族手工业基地等重点项目建设。

【立足产业，形成优势】“一产”抓好藏鸡鸭的养殖，年养殖达到8万只以上；试点发展藏香猪养殖，引进了藏香猪217头，以增加群众收入；抓好黄牛改良和绵羊短期育肥，完成地区下达黄牛改良指标任务6500头、劣质公牛去势2100头，完成绵羊短期育肥1万只。“二产”

突出抓好民族手工业，县民族手工业基地已建成，以积极鼓励群众发展民族手工业，引导民族手工业走上规模化、品牌化的轨道。“三产”突出抓好旅游业、服务业，旅游业基础建设得到加强，加强了从业人员的培训，进一步理顺了以桑耶景点为主的内部管理、车辆管理等，促进了旅游市场规范化。

【各项社会事业加快发展】教育事业稳步发展。全县中学入学率和小学入学率分别达到98%和99%以上；加强了个学校办学条件，“三包”政策落实到位等。卫生事业稳步发展，推进新型农村合作医疗管理，参加人数达3.3万多人，参合率达98.33%；新建了松卡卫生院等。文化事业稳步发展，全县现有58个单收站，20个收转站。全县广播人口覆盖率达82%，电视人口覆盖率达95%，100%的建制村通广播电视。就业和社会保障稳步推进，安置了21名公益性岗位人员；养老、失业、工伤保险、医疗保险征缴工作进展顺利，均达到100%。民政救扶事业稳步开展，低保对象做到了应保尽保，及时发放低保资金；高度重视困难群众和弱势群体，受灾群众口粮、倒房及危房重建维修、医疗救助等问题得到及时解决。狠抓安全生产管理工作，目前共发生交通安全事故7起，死亡3人，占控制指标的60%。

贡嘎县

【基本县情】贡嘎县地处雅鲁藏布江中游河谷地带，自公元14世纪初的元朝就已开始设立贡嘎宗，1951年5月，西藏和平解放后，西藏地方政府保持贡嘎宗建制，1959年正式成立了贡嘎县人民政府，隶属山南地区，总面积2280平方千米，共辖5镇3乡，43个行政村，总人口47806人，农业人口44326人，是一个农业大县。围裙、氆氇享誉区内外，杰德秀围裙、吉纳果谐、贡嘎曲德阿羌被列为自治区非物质文化遗产名录，昌果卓舞被列为国家非物质文化遗产名录，西藏唯一国际航空港拉萨贡嘎机场坐落县城以西10千米的甲竹林镇，有奇异独特的昌果溶洞，壮美迷人的羊湖风光，浓郁淳朴的风土人情，玄奥独特的佛教寺庙，更有高原神奇的红皮土豆、“奶嘎”牌斜绒嘎玛糌粑等特色产品，是西藏雅砻文化的发源地之一，也是西藏商品粮基地之一，素有“窗口”、“门户”之称。

【经济保持稳步发展态势，各项目标圆满完成】2008年，全县生产总值实现3.8亿元，增长17.1%；财政收入完成3006万元，首次突破3000万元大关，增长30.2%；农牧民人均纯收入达3605元，增长19.7%；固定资产投资完成2.63亿元，增长46.2%。

【农牧业生产健康发展，特色产业迈出新步伐】一是粮食产量基本稳定，2008年，农作物总播7.397万亩，粮经饲种植比例由2007年的73：18：9调整为63:25:12。在受2008年强对流天气和青稞细菌性条斑病灾害的影响下，全年产粮达2.98万吨，与2007年基本持平；生产油菜2050.12吨，比2007年增长121%。各项惠农政策认真落实，及时兑现良种推广、农药、农机、化肥、粮食直补等10项补贴，补贴资金共计294万余元，其中，农药补贴22.2万元，良种推广补贴18.9万元，牲畜良种补贴17.5万元，粮食综合补贴每亩9元，粮食直补每亩补贴15元，县财政配套44430元。二是牧业发展态势良好。全县牲畜总量达23.92万头（只、匹），新修暖圈17个，接生新生仔畜8.03万头，成活率达95%；成畜死亡率控制在1.63%，出栏率达35.3%，生产肉类2146吨，奶类3636吨。三是特色产业进一步发展。禽类养殖规模不断扩大。发展扶持肉鸡养殖户50户，完成养鸡任务10万只，投资雅江鸭养殖407万元，新建鸭舍93间，面积达2480平方米，发展带动养殖户39户，完成养殖50万羽。黄牛改良积极开展。23个黄改点全面启动，培训乡村黄改技术人员143人次，所有黄改点兽医补助在黄改期间提高到了600元/月，完成黄牛改良6563头。无公害蔬菜技术得到进一步强化和推广，蔬菜协会逐步发挥作用，在自治区农科院的大力支持下，“一棚一品”已完成统一育苗，108座温室大棚为群众直接创利86.4万元；优质油菜种植完成1.3万亩，平均亩产约300斤，创收1000万余元；建设昌果红土豆原种提纯复壮基地150亩，同时，扩种红土豆1000亩，种植面积进一步扩大，销售渠道进一步畅通。非公有制经济积极发展，杰德秀围裙厂经营模式进一步规范，红星藏毯厂得到盘活，全县实现乡镇企业总产值3680万元，增长14.8%；多种经营总收入为8430万元，增长10%。

【安居乐业成效显著，新农村建设稳步推进】安居工程建设扎实推进全年完成安居工程任务1555户，发放国家补贴1230.88万元，贴息贷款864万元，其中绝对贫困50户，相对贫困54户，地方病搬迁26户。六个新建村委会已全部竣工并投入使用，村庄硬化建设4500平方米，总投资174万元，其中国家投资129万元，县财政配套45万元。

农田水利基本建设得到加强。充分利用农闲季节，动员群众义务投工投劳8.69万人(次)，投入机械10856台(班)，大力加强了农田水利建设。在预算支农资金200万元的基础上，现场办公额外解决资金近300万元。全县新垦耕地500亩，改善和扩大灌溉面积4723亩，多处水塘、堤坝、水渠、机井、提灌站等水利设施得到新建和维修。同时，完成了昌果乡、杰德秀镇、朗杰学乡三处机关周边和岗堆镇普努村、江塘镇岗巴村、甲竹林镇朗杰林村、江雄水库集中搬迁点等12处的人畜饮水工程，总投资达415万元，切实解决了6300余人的饮水困难问题，得到了群众的好评，在2008年的农田水利建设评比验收中，贡嘎县被评为全区“雅江杯农田水利建设先进集体”。

植树造林任务全面完成。组织群众植树造林13361亩，安排护林岗位187个，直接增加群众现金收入213万元。

农村沼气项目逐步深化。全年建成沼气池2735座，平均每户补贴3000元，县财政配套共22.8万元。1000户已经通过上级相关部门的验收，另有2765户正在紧张建设中。

劳务增收成效显著。2008年以来，全县完成劳务输出6199人，实现劳动创收4020万元，其中县内消化劳动力2000人，创收890万元。

【基础建设进展顺利，县乡环境进一步

改善】2008年以来，贡嘎县在做好维稳工作的同时，开工建设项目68项，计划总投资3.2亿元。其中国家投资项目65个，总投资1.8亿余元。通过积极争取，投资2650万元的机场周边基础设施建设项目已通过上级业务部门的初步审查，正在开展水勘、环评等前期工作；投资163万元的县城农贸市场改扩建工程正在施工中；普雄至达然多公路、朗达桥等一批“以工代振”项目通过评审上报了区发改委；昌果乡甘旦村公路、昌果村公路、留琼村公路、东拉乡公路、县机关附属工程、机场周边生态环境项目第三期工程、县城及机场周边生活垃圾填埋场和县公安“两房”、山南贡嘎第一安居院等一批项目相继竣工并已投入使用；援藏资金及时到位，县吉雄完小教师周转房、杰德秀古镇基础设施建设、县政务中心等援藏投资项目进展顺利。

【民生改善不断加强，社会事业协调发展】教育、科技、文化、卫生事业投入进一步加大，全县中、小学入学率分别达到96.5%和98.52%，小学升学率为100%。全县8个乡镇均通了电话，调频广播、电视覆盖率分别达到80.04%和94.27%以上；农村合作医疗进一步推进，全县参保率99%，覆盖率达100%，兑现住院补偿198万元，门诊补偿104.8万元，住院奖励5500元，乡村医生和兽医补贴从每月37元提高到了每月100元；创建全国食品安全示范县工作积极开展，查处各类食品安全违法违章案件33起，收缴罚没款0.4万元，问题奶粉及时下架，免费筛查积极开展，公共安全得到有效保障；执法监察成效明显，侦办违纪举报案件12起，查缴违纪资金15.2万元；确定了11个工作小组，积极开展热点难点和信访突出问题排查调解，认真开展“县委书记大接访”活动，妥善解决信访及热点难点问题19件，落实资金204万元；社会保障覆盖面逐步扩大，各项保险和救济金及时发放，全年发放低保金266.6万元，五保金55.2万元，救灾救济11万元，特困群众医疗救助47.8万元，通过政府购买公益性岗位，解决了21名人员的就业问题；防抗灾工作扎实有力，在禽流感、青稞细菌性条斑病、冰雹、地震、雪灾等灾害发生后，全县上下团结一心，立即投入防抗灾工作，地、县两级先后投入约200万元的救灾资金和救灾物资，使灾情得到了有效控制，使灾民得到了妥善安置，使灾区生产生活得到了及时恢复，将灾害损失降到了最低。在做好自身防抗灾工作的同时，贡嘎县干部群众还为汶川地震、当雄地震等捐款39万余元，无偿向兄弟县援助饲草4万斤，饲粮5万斤。根据地区安排向兄弟县调运饲草6万斤，饲粮10万斤，并帮助转移成羊300只，羊羔5000只，充分体现了全县人民坚强不屈、团结友爱的民族精神。

【领导名录】
县委书记：朱东铁
县委副书记、县长：洛桑扎西
县委副书记、县人大主任：古桑多吉

桑日县

【经济发展情况】2008年，桑日县生产总值完成2.73亿元，比2007年末增长6200万元，同比增长29.8%，其中第一产业完成0.26亿元，第二产业完成1.83亿元，第三产业完成0.64亿元，一、二、三产比例为11：70：19。人均生产总值达到16249元；本级财政收入完成1520万元，比2007年末增长280万元，同比增长23%；税收完成3488万元，比2007年末增长638万元，同比增长22%；农牧民人均纯收入3760元，比2007年末增加680元，同比增长22%；固定资产投资完成2.3亿元，比2007年末增长1.25亿元，同比增长119%；社会消费品零售总额达到1600万元，比2007年末增长485万元，比上年同期增长43%，消费对经济增长的贡献增大。金融机构存、贷款余额达到9433万元和5642万元，分别比年初增加1800万元、564万元。

【农牧林业发展取得新进展】桑日县在粮食生产安全、促进农业增效和农民增收取得了丰硕的成果，并被自治区政府评为“全区三农工作先进县”。

农业方面：2008年全县共完成各类农作物播种面积22966.5亩，其中粮食作物播种面积13886.94亩，由于农业产业结构调整的需要，粮食作物播种面积比2007年减少1278.09亩，减少6%，粮食作物总产量7534吨。油菜作物总面积为6827.23亩，油菜产量880吨，比地区下达的860吨任务指标高出2.3%；饲草料面积为2252.12亩。全县粮、经、饲种植比例由2007年的66：27：7调整为2008年的60：29：11。

牧业方面：2008年畜牧业生产形势良好，牲畜膘情较好，成畜死亡率较低，全县范围内没有发生过各种牲畜重大疫病和重特大自然灾害。2008年各类牲畜存栏总数为10396头（只），牲畜出栏34632头，出栏率达到32%。新生仔畜34000只（头），成活率达到95%以上。成畜死亡1013头，死亡率控制在1%以内。

林业方面：全县开展全民义务植树活动，因地制宜，充分利用乡土树种，发挥本地优势，大量苗木就地解决，共完成植树229320株，重点区域造林570.43亩。周边造林1000亩：其中桑日镇实施造林面积540亩，绒乡实施造林面积120亩，白堆乡实施造林面积40亩，增期乡实施造林面积300亩。主要种植苗木有杨树、榆树、柳树、新疆杨等。全年桑日县退耕还林共完成2243亩，该兑现的退耕还林粮食补助资金456180元，全部已兑现给退耕农户。

特色产业方面：2008年桑日县主要建设农牧业特色产业项目共有6个，分别为桑日县黄牛奶源基地建设项目、藏猪养殖项目、绵羊短期育肥项目、桑日县藏红花种植项目、户用沼气推广项目，除绵羊短期育肥项目外，其余5个特色产业项目均与2008年7月份全部通过自治区验收。

【招商引资取得重大进展】华新水泥（西藏）有限公司生产发展稳定，上交税收3048万元，华新水泥二期2000T/d项目合作协议成功签订，华新集团将投资3.4亿元在桑日县扩建第二条生产线，桑日县工业实力将进一步增强。同时，积极发展工商业，不断促进非公有制经济发展，截至2008年底，全县注册企业35家，总资本超过5499.8万元；全县个体工商户已达296户，从业人员597人，注册资金474.8万元，比上年同期分别增长16%、11%、38%。

【社会事业协调发展】在加快经济发展的同时，统筹社会事业的发展。始终把教育放在优先发展的战略地位来抓，2008年本级财政教育配套资金达到280万元，全力支持了教育事业的发展。目前，全县小学适龄儿童入学率达99.8%、巩固率达100%。生态能源建设大力推进，污染源普查、“禁白”工作走在了全区前列。桑日县还加大了清洁能源使用推广力度，全年新完成沼气示范户建设500户，在县城安装太阳能节能环保路灯199盏。进一步完善农村城镇基本医疗服务体系，全县农牧区新型医疗制度参保人数达14810人，占全县总人口的98%。全年兑现农牧民住院补助98.6万元，兑现住院分娩一次性奖励3200元，全县疾病防治工作力度不断加大，建成了县疾病控制中心，疾病防控工作稳步推进，全年未发生任何疫病（食物中毒）事件。农牧区广播电视“村村通”工程成效明显，目前全县共有广播电视站点57座，其中电视收转站30座，太阳能收转站26座，小片有线网1座，覆盖行政村100%，覆盖自然村67个，总覆盖人口15756人（含县城）。全县电视人口覆盖率达到98.8%，广播人口覆盖率达到85%。全年共放映电影1480余场次，观众近10万人次。《桑日县志》历经十年编修，终于出版发行。

【领导名录】

县委书记：谢胜

县委副书记、人大主任：央中卓嘎

县委副书记、县长：普布顿珠

琼结县

【基本县情】琼结县地处西藏南部、雅鲁藏布江中游南岸的琼结河谷地带，琼结河横贯南北，县城距地区行署驻地泽当28千米，全县版图面积1760平方千米，平均海拔3900米，属高原温带半干旱季风气候区，气候温和，较为适宜农作物生长。全县总耕地面积2.8万亩，草场面积137.7万亩，林地面积26.2万亩，总人口1.8万人，辖1镇3乡20个行政村，是一个以农为主，农牧结合的河谷农区县。

【经济发展情况】2008年，琼结县完成生产总值1.2546亿元，增长19.5%；本级财政收入完成511万元，增长12.1%；农牧民人均纯收入达到3192元，增长12.3%；社会消费品零售总额达990万元，增长25.6%，全社会固定资产投资完成1.5亿元，增长112%，实现劳务输出24648人次，创收2705.64万元。

【“三农”工作取得新进展】2008年，琼结县农林牧总产值达到3043.78万元，增长43%。粮经饲比例由2007年的65∶26∶9调整到65：25：10。在做好农业发展的同时，坚持以市场为导向，大力发展特色农牧业，实施黄牛改良3723头，短期育肥8000只，藏鸡养殖15.4万只，发展养殖大户10户，散户200户。完成植树造林2524.4亩，实现退耕还林总面积1001.8亩，森林覆盖率达到17.09%。新农村建设工作扎实推进。加强了农网改造，送电进村入户，使琼结县县通电率达100%；实施了4处饮水工程建设；新建360户沼气池，为部分农牧民解决了燃料短缺的问题；完成安居工程建设883户，有力地改善了农牧民群众的生产生活条件。

【重点项目建设扎实推进】2008年新开工建设及续建项目63个，社会固定资产投资完成1.5亿元，比2007年增加112%，其中国家投资完成8985万元，援藏投资700万元，民间投资4200万元。招商引资1115万元，比上年增长357.5%。主要实施了琼措公路、户户通电、日玛岗水库、市政道路、县机关幼儿园、福利院等项目。

【工业经济平稳发展，第三产业发展明显增强】加大了对阿佳坊食品有限公司等企业的扶持，实施了雅拉香布实业有限责任公司、琼结县水晶玉石厂和粮食企业的改制工作，水晶玉石厂、雅拉香布实业有限公司得到较快发展，雅拉香布实业有限公司的矿泉水产品已打入内地市场，经济效益得到提高。第三产业得到长足发展，着重从行业管理、市场开发、风景区规划建设三个方面开拓全县旅游业，取得了一定的成果。旅游人数达到5000人次，创造旅游收入达1.1万元。并以此带动了全县第三产业的发展，个体工商户发展到281户，乡镇企业发展到8家。

【受援工作进展顺利】2008年琼结县共实施援藏项目8个，投入援藏资金716.5万元。一是县广播电视大楼工程，投入援藏资金66万元；二是县农牧民安居工程，投入援藏资金80万元；三是县机关幼儿园工程，投入援藏资金86.5万元；四是县福利院工程，投入援藏资金120万元；五是县希望小学住宿楼工程，投入援藏资金125万元；六是下水乡措杰小康示范村工程，投入援藏资金230万元；七是县公安局办证大厅工程，投入援藏资金2万元；八是下水乡措杰村蔬菜大棚维修工程，投入援藏资金7万元。

【各项社会事业全面发展】巩固了“两基”成果，降低了辍学率，全县适龄儿童入学率、在校生巩固率分别达到99.8%和100%，加速了教育信息化建设，初步实现了现代化远程教育；为全县100%的农牧民建立了医疗家庭帐户；广播电视覆盖率分别达到95%和98%；统计、审计、民政、妇女儿童和国防动员等各项工作均取得新成绩。

【获奖情况】2008年，琼结县被评为自治区级平安县。

【领导名录】

书记：黄其洲

副书记、县长：索朗曲巴

副书记、人大主任：陈海云

曲松县

【经济发展情况】2008年，曲松县年实现生产总值2.3亿元。财政收入完成1515万元；农牧民人均纯收入达到3300元。

【农牧业发展态势良好】农业方面：按照“稳定面积、提高单产、优化结构、改善品质、增加效益”的思路，全县继续调整农业结构，加快农作物良种推广步伐，实现种植业结构向优质高产高效方向发展。2008年，粮经饲比例调整为54：30：16，结构更加趋于合理。全县总播面积2.5万亩，全年粮食产量达到7510吨。牧业方面：按照遵循自然规律和市场导向，发挥优势，突出特色的原则，积极推进畜种改良工作，重点扶持良种奶牛、肉牛、肉羊等优势畜种发展。全年新生仔畜43513头（匹、只），成活率98.7%；成畜死亡率控制在0.81%以内，年内牲畜存栏数为123257头（匹、只），牲畜出栏率达到42.3%，肉类产量达到7782.02吨，增长8.8%；奶类产量达到5010.55吨，增长0.36%。抓好以高致病性禽流感、牲畜五号病为主的重大疫情防治工作，实现了全年无疫情发生。

【矿山整顿治理取得实效】曲松县委、县政府勇于进取，积极面对，大刀阔斧地开展矿山秩序整顿工作。一是依法关闭、关停非法矿点；二是依法没收非法所得；三是依法制止乱采滥挖现象；四是加大矿山企业在曲松县登记注册力度，成功地引进了一家矿山企业，2008年有望增加税收收入，依法补征税款；五是加大资源勘探力度；六是大力整合矿山现有资源。

【特色农牧业发展迅速】在发展好曲松县支柱产业铬铁矿的同时，一是加快特色产业项目建设。实施短期育肥项目1个，投资180万元，养殖规模为1.2万只，年内可创收72万元；新设国际小母牛项目1个，投资120万元，惠及农牧民群众150户，年内可创收60万元；实施井嘎塘人工种草基地项目1个，投资30万元，种植面积达1400亩；投资150万元下洛养鸡场建设项目已于本月正式开工建设。二是积极引导农牧民开展黄牛改良项目。2008年，投入20万元，新建黄牛冷配站点21处，落实技术人员32名。2008年，全县已冷配母牛2719头，参配率46%，完成地区任务的90.63%。复配258头，复配率11.3%。淘汰劣质母牛557头，清理各类劣质公牛共994头，除了一周岁和两周岁公牛以外其余全部已去势，使用冻精5954支。三是狠抓要害控制点，确保畜牧生产安全。面对春、秋季高致病性禽流感及牲畜口蹄疫严重的疫情形势，加大牲畜疫病防控治工作，“W”号病、禽流感疫苗等注射率均达到90%以上。

【援藏工作不断深化】积极向黄石市委、市政府争取资金和项目，坚持“输血”功能与“造血”功能相结合，坚持援藏项目资金向农牧区、农牧民倾斜。加大项目援藏。2008年共启动援藏项目8个，总投资达1500万元，这批项目的实施，将极大地改善当地群众的生产、生活条件。积极开展智力援藏。选派县卫生防疫、新闻宣传等相关部门6名干部赴黄石挂职锻炼及培训，此外，还从黄石市大中专院校选派2名专业技术人员来曲松县中学支教。积极开展结对帮扶活动，为贫困帮扶对象共捐款2万多元，切实解决了帮扶对象子女入学、生活等方面的实际困难。同时，借华新水泥山南分公司扩建之机，以企业援藏的形式，通过银行贷款等方式筹措资金1000万元，入股华新水泥扩建项目。

【领导名录】
书记：徐继祥
县长：拉宗卓玛
人大主任：扎西占堆
检察院检察长：张军
法院院长：多吉

加查县

【基本县情】加查县位于西藏自治区东南部，系山南地区东大门，属多河流峡谷地带，县境东与朗县交界，北与工布江达县接壤，西与桑日、曲松两县相连，南与隆子县毗邻，东西跨度88.2千米，南北距离102.2千米，全县国土面积4646平方千米，森林覆盖面积14万公顷，草场面积19万公顷，总耕地面积2.3万亩。全县平均海拔4000米左右，属高原温带半湿润半干旱气候区。加查县城位于雅鲁藏布江中下游南岸，海拔3240米，八邛公路（306省道）由城区南侧穿过，西距山南地区行署所在地泽当镇140千米，距自治区首府拉萨市300千米，东距朗县76千米。全县辖5乡2镇，77个村委会，总人口5136户19074人，其中农村人口4624户17794人。

【年度特点】随着2007年底大型项目的上马建设实施，2008年加查县经济社会发展在过去保持较快增长的基础上，生产总值突破2亿元大关，人均生产总值突破1亿元大关，财政收入突破1千万元大关， 曲松县先后被评为自治区民族团结进步先进集体、山南地区维护社会稳定工作先进集体和山南地区财政创收先进单位，实现了跨越式、突破性的大发展，步入了突破性发展的新阶。

【县域经济进入突破性发展的快车道】2008年，加查县生产总值完成27824万元，增长52.6.5%(按可比价计)；县级财政收入首次突破1000万元，达到1188万元，增长130.9%；全县固定资产投资完成5.78亿元，增长141%；全社会消费品零售总额完成7360万元，增长82.9%；农牧民人均纯收入达到3617元，增长17.51%。其增长幅度均高于区、地平均水平，尤其是县财政收入增幅高居全地区乃至全区之首，被评为山南地区财政创收先进单位，驶入了突破性发展的快车道。

【新农村建设步入科学规划建设的新起点】2008年，加查县实施了1202户的安居工程及游牧民定居配套设施建设，超额完成了498户的任务，投资233.48万元建成了13个村级组织活动场所， 建设完成了440户农村沼气任务。加大房前屋后植树造林力度，加强退耕还林监管，扩大庭院经济发展规模，狠抓村庄、农户周边环境的优化与治理，农村面貌在不断改善。通过实施乡村公路建设，农村公路总里程达到350.42千米，全县行政村通路率达到100%。

【项目建设迎来国家投资巨力拉动的新机遇】随着藏木电站前期准备工作的启动实施，国家投资巨力拉动作用已经凸显，2008年加查县固定资产投资完成5.78亿元，增长141%，为全县加快发展赢得了机遇，创造了条件。

【特色产业建设迈出实质推进的新步伐】2008年，加查县在聘请专家研究制定旅游、核桃和庭院经济等特色产业发展规划的基础上，积极引导农牧民围绕参与和服务藏木电站建设，加快实施生猪繁育、黄牛改良、马铃薯种植、庭院经济种植等农牧产业项目和“农家乐”、砂石建材、运输及餐饮服务等特色项目，推动了特色产业发展。

【社会事业取得稳步健康发展的新成绩】2008 年，加查县在进一步加大投入改善教育、文化、卫生等基础设施条件的基础上，强化了学校控流保学、文艺宣传队组建、预防与处置突发公共卫生事件等工作，促进了社会各项事业的发展。着力为农牧民群众办了“八件实事”，即规范虫草采集管理，抓好优质核桃产业基地及配套灌区建设，实施市政给排水工程建设，抓好 1000 户农村沼气技术示范推广，进一步加大农牧民技术人员和村干部的培训力度，全年培训农牧业技术人才 60 人，共选派 164 名干部参加各类学习培训，不断提高了领导干部、中青年干部的政治业务素质和综合领导能力。进一步巩固中小学生入学率，完成县城幼儿园建设。

【获奖情况】

2008 年加查县普法办荣获“五五”普法中期督导国家级先进集体荣誉称号。

2008 年度加查县人民政府荣获自治区民族团结进步先进集体荣誉称号。

2008 年度加查县荣获自治区虫草采集管理工作先进集体誉称号。

2008 年度加查县税务局局长李宏伟同志荣获全区八大优秀税务工作者光荣称号。

【领导名录】

书记：石显银

副书记、人大主任：邓世杰

副书记、县长：贡觉多吉

隆子县

【基本县情】隆子县位于西藏南部，山南地区中部偏北，喜玛拉雅山东段北麓，与我国领土印占区交界，交界线长 163 千米，是山南地区四个边境县之一。总面积 10565.76 平方千米，实际控制面积 8165 平方千米，平均海拔 3900 米，属高原温带半干旱季风气候区。全县辖 2 镇 9 乡、80 个行政村，人口 35248 人。有加玉、准巴、三林、斗玉、扎日、玉麦 6 个边境乡，边民人口 2194 户 7721 人。

【经济发展情况】2008 年，隆子县成功确保了拉萨“3·14”事件后全县社会局势持续稳定，将“10·26”特大雪灾的损失降到最低。坚持“两手抓、两手硬”，在战天灾、胜人祸的同时，坚定不移促发展，经济社会保持了又好又快的发展态势，在 2008 年山南地区目标责任制综合考评中，荣获三等奖。完成全县生产总值 1.92 亿元，增长 17%；县本级财政收入 550 万元，增长 19%；全社会固定资产投资 2.67 亿元，增长 13%；农牧民人均纯收入 3267.15 元，增长 22%，其中现金收入 1633.57 元，占 50%；社会消费品零售总额 2658 万元，增长 1%。税收 1027.29 万元，增长 13.2%。

【农牧业生产稳步发展】2008 年，隆子县粮食作物总产 1.6 万吨、经济作物总产 3201.96 吨（其中油菜 817.5 吨）。新生仔畜 80544 头(只、匹)，成活率达 98.4%。完成黄改冻配 5650 头，超额完成地区下达的任务。在 5 个行政村全部淘汰本地牛，扎实推进黄牛改良整村推进。出栏牲畜 88733 头（只），出栏率达 37%。完成投资 470.38 万元，切实改善了农牧业生产条件。

【基础设施条件进一步改善】2008 年，隆子县固定资产投资完成 2.67 亿元，增长 13%，完成年初计划的 162%，其中：国家投资 1.35 亿元、招商引资 4000 万元、援藏投资 270 万元、民间投资 8877 万元。项目建设带动农牧民增加收入 2183.7 万元，占到位资金的 22%。全县又有 901 户 3524 人住上了安全适用的新房；1949 户 7852 人喝上了干净卫生的水，全县行政村和自然村通水率分别达 98%、75%，其中：边境乡行政村和自然村通水率高达 100%和 90%；解决了 1839 人的通路问题；202 户农牧民用上了沼气。县城基础设施投资达 1479.55 万元，初步形成了“一环”道路网络。

【各项民生事业取得长足发展】2008 年，隆子县投入本级财政资金 33 万元，实施了 3 件“为民办实事工程”。落实支农惠农政策资金 1405.06 万元。小学和初中入学率分别达 99.6%、97.4%。在 6 个边境乡新建“村村通”站 28 座。农牧区医疗制度覆盖率达 100%。新增就业 75 人。农电公司体制改革取得进展，实现了政企分开，盘活了资产、增加了效益，2008 年四个月仅向华钰公司供电一项就收入 40 万元。

【抗雪救灾工作取得阶段性胜利】2008 年，“10·26”特大雪灾导致隆子县 11 个乡镇不同程度受灾，其中热荣、日当、雪沙、隆子四个乡镇受灾最为严重，是山南地区受灾较为严重的县。大雪致使 1600 余名农牧民被困，148460 头（只、匹）牲畜被困，7523 头（只）牲畜死亡（占全县牲畜总量的 2%），水、电、路、通讯等设施也严重受损，据统计，直接经济损失达 2156.05 万元。在区党委、政府和地委、行署的坚强领导下，在区、地各级职能部门和湖南常德市的有力援助下，通过全县广大干部群众和驻军官兵的共同努力，隆子县抗雪救灾工作取得阶段性胜利。

【获奖情况】

县民政局:2008 年荣获民政厅颁发的“抗雪救灾先进集体”。

县水利局：2008 年荣获自治区水利厅颁发的“农村水电管理工作先进单位”。

乡镇企业局：2008 年荣获自治区乡企局颁发的“乡镇企业先进工作单位”。

县检察院：2008 年荣获自治区人民检察院颁发的“全区检察机关先进集体”。

隆子县希望小学：2008 年荣获共青团西藏自治区委员会、西藏自治区青年联合会、西藏移动公司、西藏商报联合颁发的“西藏记忆·青春首创——改革开放 30 年间发生在西藏青年群体中的 10 个第一”。

达瓦罗布：2008 年荣获团中央颁发的“全国先进共青团员”。

达珍：2008 年荣获自治区人民检察院颁发的“全区检察机关先进个人”。

张华：2008 年荣获自治区人民政府颁发的“全区‘两基’攻坚先进个人”。

索朗顿珠：2008 年荣获区人民政府颁发的“全区‘两基’攻坚先进个人”。

宗巴：2008 年荣获自治区共青团颁发的“十佳优秀青年荣誉称号”。

大巴珠：2008 年荣获自治区劳动厅颁发的“劳务输出先进个人”

【领导名录】
书记：华学健
副书记、县长：洛桑平措
副书记、人大主任：格桑龙点

错那县

【基本县情】错那县位于西藏自治区南部，喜玛拉雅山脉东南，境外东接印占洛隅地区，西邻不丹，南与印度接壤。全县总面积 34979 平方千米（包括印占“麦克马洪线”以南的门隅地区），现实际控制面积约 10094 平方千米。全县平均海拔 4500 米，县城所在地海拔 4380 米。县城距拉萨 418 千米，距行署所在地泽当 220 千米。全县辖 1 镇 1 处 9 乡 23 个行政村、2 个居委会、55 个村民小组，居住着藏、汉、门巴、回等民族，总人口 14814 人。错那县是一个以农牧业为主要产业的半农半牧县，也是一个经济欠发达、农牧民生活水平不高的贫困县。全县现有耕地面积 2.23 万亩，草场面积 530 万亩，森林面积 36.6 万亩。农作物主要有青稞、小麦、荞麦、豌豆等，经济作物主要有油菜籽。牲畜主要有牦牛、黄牛、绵羊、山羊、马、猪等。

【经济发展情况】2008 年，错那县生产总值完成 1.38 亿元，增长 21.6%，其中：第一产业完成 2100 万元，增长 18%；第二产业完成 2537 万元，增长 18%；第三产业完成 9232 万元，增长 18 %。地方财力持续增长，全年财政收入完成 402 万元，增长 15%。社会固定资产投资增大，全年完成固定资产投资 1.4 亿元，增长 42%。农牧民人均纯收入达到 2836 元，增长 15%。

【在三产发展上下功夫，加快经济建设步伐】在第一产业方面。2008 年，全县粮食总产量达到 3952.97 吨。肉类总产量和奶类总产量分别达到 923.47 吨和 2080.31 吨，分别增长 28%和 29%。受“10·26”雪灾影响，年末牲畜存栏数 121173 头（只、匹），比上年减少 2.3%。同时，为促进全县特色养殖业的发展，错那县加强了对贡日和麻玛两乡野猪杂交与繁殖示范基地，以及觉拉乡藏鸡养殖基地的建设力度，强化了勒布茶叶种植和蕨菜加工，尽快形成规模出效益。

在第二产业方面。继续扶持和鼓励县木材加工厂、勒布高峰茶厂、麻玛竹器社等三家企业的发展。投资 20 万元，对麻玛竹器社进行了厂房和设备改造；同时加强全县资源的勘探与开发，努力使资源优势转化为经济优势。

在第三产业方面。继续做好旅游基础设施建设和旅游宣传工作。2008 年，错那县共接待区内外游客 1000 余人次，实现旅游收入 35 万元。在服务业方面，通过放宽市场准入，拓宽行业领域，积极推进其又好又快地发展。目前，全县登记的从事服务业的市场主体达 304 户，注册资金累计达 2255.2 万元，2008 年实现服务业税收 272.03 万元。

【推进新农村建设】2008 年，错那县坚持既定的政策措施不变，按照地区“一次到位、不重复建设”的要求，严格安居工作建设规划，优先安排危房户、无房户和因地质原因需搬迁的群众，全年共完成安居工程建设 1221 户，完成投资 7291 万元，其中国家补助资金 1455 万元，群众自筹资金 5836 万元。同时，加强配套设施建设，改造完成了觉拉乡、卡达乡等通乡公路，实施了部分乡镇通村公路的建设和改造，对勒乡一村等村内道路进行了硬化，对部分乡村的安全饮水工程进行了改造，逐步实现了全县新农村建设的整体推进。

【不断完善基础设施】2008 年，在上级有关部门和对口援藏省市的大力帮助下，全县相继实施了一系列重点项目工程，全年新建、续建项目共 39 个，完成投资 1.41 亿元。涉及交通、能源、市政等领域，极大地改善了县城和乡（镇）广大干部群众的工作和生活条件。

【社会各项事业全面进步】进一步加大教育工作力度。全县适龄儿童入学率和巩固率均保持在 100%，辍学率控制在零的目标上；继续推进农牧区合作医疗制度改革，发挥好乡镇卫生院的作用，让农牧民群众有病能治、治病有药，看得起病；继续推进“西新工程”、“2131 工程”和广播电视“村村通”工程建设，进一步丰富了全县干部群众的精神文化生活；进一步健全完善就业和社会保障、救助体系。2008 年，错那县通过政府购买公益性岗位解决了 34 人的就业问题；同时共发放农村特困群众生活救助金 380508 元，发放农村医疗救助金 23249 元；发放城镇居民最低生活保障金 110274 元；发放自然灾害救济金 91440 元。

【抗雪救灾工作取得重大胜利】2008 年 10 月 26 日，错那县遭受了有气象记录历史以来最大的一场雪灾。“10·26”雪灾造成错那县 9 乡 1 镇 1 处，21 个行政村，4116 户 13123 人受灾，分别占全县总户数和总人口的 87%、88%。在雪灾中死亡 4 人、受伤 9 人；因灾导致 4294 头(只)牲畜死亡；332 户房屋不同程度损坏；28 座温室、36 座暖圈倒塌；1879 亩农田、2160 亩林木受灾；27.2 千米输电线路、339 根电杆、6 台变压器受损；交通、通讯、学校等基础设施受到不同程度的损坏，直接经济损失达 2500 余万元。2008 年，全县抗雪救灾工作在救人保畜、恢复基础生产方面均取得了重大胜利。

【领导名录】
书记：李晓清
人大主任：中次仁
县长：罗布占堆

措美县

【基本县情】措美，藏语意为“湖之下游”。位于山南地区南部，距拉萨 330 千米，距山南地区行署所在地泽当 128 千米，东与隆子、错那县交界，南与洛扎县相连，西与浪卡子县接壤，北与乃东、琼结、扎囊县三县毗邻。县境东西长 103 千米，南北宽 85 千米，总面积 4549.04 平方千米。措美县属藏南山原湖盆区，地势东北高，西南低，地貌类型多样，县境地势高亢，平均海拔 4500 米，。措美县是以牧业为主、农业兼营的牧业县。农业上主要以种植青稞、冬小麦、油菜、豌豆等为主，一年一熟，农业耕作方式粗放，粮食产量偏低；牧业上主要以养殖藏系绵羊、山羊、白绒山羊、牦牛为主。县境内野生动物繁多，藏药材资源较丰富，有冬虫夏草、贝母、雪莲花、黄连等 100 多种药用植物。矿产资源主要有锑、铅、铜、黄金等矿藏，现已开采的矿产资源以锑矿为主，并有丰富的地热资源。

【经济发展情况】2008 年，措美县生产总值完成10342万元,比上年增长12.1%。固定资产投资完成 17224 万元，比上年增长112.51%。本级财政完成428.7万元，增长 12.52%。社会消费品零售总额完成1443 万元，比上年增长 4.04%。税收完成210万元。农牧民人均纯收入2766元，比上年增长 14.49%。农牧民安居工程完成623户。

【三产又好又快发展】2008 年，措美县在第一产业中，粮、经、饲比例调整为66.9：20.9：12.2。粮食总产量2998吨，经济作物总产量 969 吨。进一步巩固和完善草场承包试点工作，进一步加大了畜种改良力度，全面实施了黄牛改良和绵改工作。据统计，2008 年全县牲畜总头数262677头(只),出栏121379头(只)，肉类产量 1971.12 吨，酥油产量 215.01吨，毛类产量达 163.87 吨。通过多种形式积极探索第二产业发展的新路子，2008 年工业增加值 118 万元，同比增长37.4%，全县发电量为230万度，电力供应好于往年；在矿业发展方面取得了新进展，矿产品实现产值 120 万元；乡镇企业和多种经营收入分别达到了 1670 万元和 250 万元。发展个体商户 292 户，从业人员 445 人，注册资金 1039 万元；个人独资 9 户，从业人员 165 人，注册资金 327 万元。

【新农村建设扎实推进】2008 年，措美县一方面紧紧围绕农业增产、牧业增效、群众增收这个中心任务。2008 年，全县输出劳务 3586 人，创收 1913.12 万元，人均创收 5334.9 元。同时，鼓励农牧区剩余劳动力从事餐饮、娱乐、工商、个体私营、运输等多种行业，拓宽致富渠道。通过改造传统农牧业、养殖藏獒、扩大劳务输出、开发矿产资源和培育农牧民经纪人等措施，2008 年实现农牧民人均纯收入 2766 元。2008 年全县共投资1244 万元用于安居工程建设，完成安居工程建设 623 户，受益群众 2472 人。

【特色产业经济效益初步显现】2008 年，措美县高度重视古堆藏獒产业的发展，2008年全县共出售藏獒480只，创收120万元。始终把高原无污染牦牛这一优势作为特色产业发展的重点，进一步扩大了优良品种的推广范围，提高了畜种品质和畜产品质量，使畜群和畜种结构更加合理。

洛扎县

【基本县情】洛扎藏文意义为“南方的岩石（悬崖）”，吐蕃时期为西藏约茹千户之一；元朝时，洛扎县属羊卓万府所辖，帕竹地方政权时期，这里出现了多宗、生格宗和拉康 3 个宗，直到西藏和平解放前由洛喀基巧管辖。1960 年将 3 个宗合并成立了洛扎县，隶属山南地区管辖至今，县府所在地洛扎镇。全县总面积5031 平方千米，总人口 18383 万人，辖2 镇 5 乡。

【经济发展情况】2008 年，洛扎县生产总产值完成 1.26 亿元，比 2007 年增长12.6%；其中一二三产业增加值分别为3020 万元、2300 万元、7280 万元，分别增长 11.1%、33.1%、8.0%；农牧民人均纯收入达3485元，比2007年增长14.9%，其中现金收入达 2160 元，占人均纯收入的 62%；县级财政收入完成 510 万元，比 2007 年增长 10.4%；社会消费品零售总额达到2300万元,比2007增长24.3%；社会固定资产投资累计完成8500万元，比 2007 年增长了 42.8%；安居工程完成投资 2600 万元，新建 400 户、改建 300户，受益群众 2729 人。

【“三农”工作取得新进展】2008 年，洛扎县农作物播种面积为 28811.1 亩，其中粮食面积 22891.85 亩，占总播种面积的79.46%，油菜面积为 4244.8 亩，占总播种面积的 14.7%，蔬菜面积为 1351.3 亩，占总播种面积的 4.57%，青饲料 323.15亩，占总播种面积的 1.12%，粮、经、饲比例为 79:20:1。

一是狠抓种子工程，完成本地内调种子 65.05 万斤，外地换种 3.97 万斤，人工选种 11 万斤，农作物药剂拌种达到80%，良种推广面积达 24500 亩。二是狠抓农田施肥工作，农作物亩均施农家肥4500斤，施化肥总量达到 264.46 吨；三是狠抓病虫预防和防治工作，期间全县农作物虫害防治 3--4 次，防治面积达27060.8 亩，病害防治 2--3 次，防治及预防面积达 18950.6 亩，药剂除草 1--3 次，除草面积达 5775 亩；2008 年全县种植业良种覆盖率达到了 85%，科技对农业的贡献率达到35%，全县技术承包面积 2.59万亩，机耕面积完成 1078 亩，机播面积629.4 亩，改造中低产田 3400 亩。

2008 年初以来强化了五号病、禽流感、羊 X 病等牲畜疫病免疫工作；新修暖圈、棚圈 88 座，维修暖圈、棚圈 579座；灌溉草场 150423 亩，建设草场围栏21370 亩，人工种草 1237 亩，草场三灭53355 亩。另外，年初陆续引进了 198 只种绵羊，推广到洛扎镇、扎日乡等地，更新了当地绵羊品种，缓解了部分乡镇种畜逐年退化的问题。黄牛改良工作方面进展顺利，技术、人员、资金及时到位。按照参配率不低于 60%，怀胎率不低于 70%，成活率不低于 80%的工作目标。截止 2008 年底，全县完成黄牛改良配种 2560 头，完成全年任务的 78%

【群众增收工作扎实有效推进】2008 年，洛扎县举办了绘画、石匠、竹器编织等 3个工种的培训班，培训人员 165 人（次）；举办了以种田养畜、病虫害防治及农作物田间管理、温室大棚栽培技术，重大动物疫情防控及常见病治疗诊断技术为主要内容的科技培训班 3 期，参加培训人数达 1039 人（次）。2008 年，洛扎县劳务输出人数达 6144 人次，创收 984 万元（含安居工程劳务输出），人均创收1610元。2008 年，共组织 3500 名农牧民参与水利、交通、市政等 21 余个在建和续建项目建设，农牧民创收 550 余万元，人均创收1570元。另外，240千米县道交由当地群众管护，直接增收45万元。全县仅虫草采挖一项，就创收896.99万元，人均527元。

【新农村建设扎实推进】2008年，洛扎县共为80个绝对贫困户、120个相对贫困户解决了住房；投资90万元完成了4个村（居）委会配套设施建设。另外，积极调动广大农牧民群众参与安居工程建设的积极性，努力实现安居建设与农牧民群众增收“双丰收”。据统计，安居工程建设共为当地农牧民群众增加收入260余万元。

【重点项目建设扎实推进】2008年，洛扎县共落实新建和续建项目45个，完成投资8500万元，县城给排水工程、农村公路建设、农田基础设施建设、人畜饮水等项目陆续建成并投入使用，充分发挥了项目拉动经济发展的作用。

【强化宣传工作，第三产业逐渐转温】2008年，洛扎县成功召开了洛扎县历史上第一次旅游产业发展大会，提出了“世外桃源、秘境洛扎”这一主题，加大洛扎旅游宣传力度，投入资金2万余元，为全县8个主要景点制作了指示标牌，标牌用藏汉英三种文字，注明景点名称、位置、距离等。自年初以来，各大旅游景点共接待各地游客8556人次，创收42.31万元，洛扎县旅游产业发展逐渐转温。

【科教文卫各项社会事业得到全面发展】教育方面：2008年，洛扎县制定出台了《关于洛扎县中小学生控辍保学实施办法》，全县正常适龄儿童入学率和初中入学率分别达到100%和99.7%；教育项目建设投资570万元，其中本级财政投入122万元，县中学以及15个教学点硬件设施建设进一步改善；三包经费预算资金223.1万元，到位和支出资金223.1万元；县教育基金共资助大中专学生121名，支出资金62200元。

文化方面：紧紧围绕“反分裂、保稳定、促发展、谋跨越”这一主题，共放映电影1780场，观众近30万人次。先后新建广播电视单收站7座、有线电视1座、村锅3座、“8+3”1座、“6+3”2座，改扩建广播电视收转站6座，设备维修16次。将县民间艺术团20名企业合同工的月工资由750元提高到1200元，4名临时工的月工资从400元提高到750元。由国家投入资金1298万元的赛卡古托寺抢修工程顺利实施。

卫生方面：继续完善新型农牧区医疗各项管理制度，2008年以来，共为330名农牧民群众补偿大病统筹金37.5万元，各乡镇医管办共为11093名农牧民群众从家庭帐户基金中补偿门诊医疗费用近32万元。全县参加新型合作医疗制度的农牧民群众达17011人（农村城镇户口人员除外），参与率达99.96%。

社保体系进一步完善，全县列入城镇低保130户、169人，农村低保共910户、1705人，共落实各类保障资金近142.98万元，基本实现了应保尽保；共为35名困难群众落实医疗补助资金4.5万元；为7名特困生发放救助金3.1万元，确保了每一名拿到通知书的大学生都能够按时入学。通过政府购买公益性岗位，解决了22名无业群众的就业问题。

【领导名录】
书记、人大主任：嘎玛旦巴
副书记、县长：蒋明浩

浪卡子县

【基本县情】浪卡子是藏语音译，意思为“白色鼻尖”，因其建在酷似鼻子的琼子山下而得名。位于西藏自治区西南部，地处喜马拉雅山中段北麓，是前后藏交界地，东与措美、扎朗、贡嘎交接；南与洛扎县和不丹王国接壤，边境线长25千米；西与日喀则地区的江孜、康玛、仁布三县为邻；北与拉萨市的尼木、曲水隔江相望。县城距拉萨164千米，距泽当217千米，距江孜90千米，距离最长的张达乡158千米。全县平均海拔4500米，全县面积8500平方千米，水域面积1054平方千米，草场面积680万亩，总耕地面积37500亩。全县辖两镇八乡，110个村（居）委会，6604户，总人口34306人，其中：农牧业人口32443人。

羊卓雍湖镶嵌于县境中央，全县气候寒冷，水源充沛，牧草较丰，属以牧业为主，农牧并举的高寒牧业大县。县境内共大小湖泊5个：羊卓雍湖、普莫雍湖、空母措、沉措、巴纠措。其中，羊卓雍措和普莫雍湖是西藏“四大圣湖”之一，羊卓雍措分叉极多，呈树枝状分布，湖面积为638平方千米，湖内分布大小岛屿15个。县境内有较高品位的矿产资源，如：铜矿、沙金矿、岩金矿、铁矿、水晶、泥炭等。

【县域经济明显提速】2008年，浪卡子县生产总值完成1.86亿元，同比增长20.78%；全社会固定资产投资完成1.8933亿元，同比增长45.6%；县级财政收入完成479万元，同比增长26%；农牧民人均纯收入达2909元，同比增长17.9%，其中现金收入达1745元；社会消费品零售总额达到3100万元，同比持平。

【经济结构进一步优化，运行质量明显提高】2008年，浪卡子县一、二、三次产业比例调整为17：22：61，农业内部结构调整稳步推进，全面落实粮农直补等各种补贴政策，安排支农资金40万元，继续引进和推广藏青690和昆仑12号青稞作物，配备了10台播种机，农业总产值达到1270万元，牧业总产值达到3200万元。全县粮食总产量达1540万斤，同比增长2.4%；油菜籽总产量达138万斤，同比增长11.29%；蔬菜总产量达443万斤；饲草料总产量达1057万斤，同比增长35.5%；肉类总产量达495万斤；奶类总产量达1604万斤；新生仔畜140410头（只、匹），成活125189头（只、匹），成活率为89.1%；成畜死亡6514头（只、匹），死亡率控制在1.68%以内；年牲畜出栏137772头（只、匹），牲畜出栏率为35.5%;年末牲畜存栏总数为369198头（只、匹）。

【牧业生产稳步推进】2008年，浪卡子县总投资318.6万元的草场网围栏项目，共架设网围栏45万米；投资78万元，在5个乡镇设立了21个黄改点，完成改良4018头；投资13万元，在阿扎乡实施了绵改工作，引进了280只半细毛种羊，完成了7000只绵改任务；投资43万元，在工布学乡扩建1000亩防抗灾饲草基地，在打隆镇、浪卡子镇各建立500

亩畜种改良饲草基地，在普玛江塘乡建立500亩抗灾饲草基地和饲草储备库，购进燕麦草种子1.5万斤，以燕麦草和本地青稞种子结合，在全县范围实施了人工种草。进行了15万亩的草场灭鼠工作并投资20万元实施了4万亩的草场施肥试点工作，牲畜免疫密度达到100%。

【农业生产保持基本平稳】2008年，浪卡子县农作物播种面积完成37522亩，其中粮播28372.4亩，经济作物种植面积4776.4亩，饲草作物面积4373.2亩，全县粮经饲种植比例为76：12：12；实施土壤改良17180.4亩，水渠维修12.2万米；水库清淤1.45万立方米；共调运化肥（二铵、尿素）268.25吨，调运农药2.7吨，积造农家肥33192吨，定购各类农机具389台（个）。林业工作得到加强。2008年新增重点公益林管护面积131352亩，目前全县重点公益林管护面积达到624907亩，管护人员有308人。始终把发展非公有制经济作为推动县域经济的强大动力，积极引导农牧民和城镇待业人员从事个体经营。2008年，全县非公有制经济个体工商户达378户，销售总额670万元，上缴税金4.8万元。加大了5家现有乡镇企业的扶持力度，安排了22万元扶持资金，扩大生产规模，投资9万元组建了白地乡羊毛加工企业。2008年，浪卡子县乡镇企业总产值达到2717万元，比上年增长15.37%；多种经营收入达6224万元；积极争取资金，开展叶色碎石场和浪卡子预制加工场的前期准备工作；农村经济合作组织不断壮大，卡龙甜奶渣加工协会实现人均创收226元，投资30万元扩大翁果采石协会规模实现人均创收432元。年初安排40万元旅游发展金，扶持旅游业发展，目前全县有30户农牧民参与旅游服务，接待国内外游客9.36万人次，实现旅游收入140.4万元，其中农牧民群众直接受益32.76万元，人均创收1.09万元。

【安居工程和农牧民增收工作稳步推进】2008年，浪卡子县完成了1459户的民房改造和13个村级组织活动场所新建任务，实现8024人喜迁新居，完成投资6282万元，其中民间投资5550万元，完成率100%；发放木材约1143.17立方米，无偿发放水泥165吨。安排80万元配套资金实施了工布学色康村整体搬迁和江塘乡民房改造。在狠抓农牧民"安居"的同时，还注重农牧民的"乐业"问题。把农牧民增收作为首要任务来抓，全县共完成农牧民劳务输出1.26万人次，实现创收4248万元。同时，加大了执法监察力度，极大地维护农牧民工的合法权益。

【固定资产投资快速增长】2008年，浪卡子县实施了投资6282万元的民房改造，开工建设了投资600万元的公安两房建设和投资1200万元的乡村道路及草场建设、完成了投资640多万元的县职教中心和医院职工周转房建设，顺利开工了投资近2亿元的户户通电工程及植被恢复建设项目、3座水库除险加固、1075万元招商引资项目等48个重点项目，完成总投资1.8933亿元；严格按照发展劳务经济的要求，将农牧民施工队能承建的项目全部交给当地农牧民施工队施工，鼓励和引导剩余劳力就近打工，参与项目建设，2008年固定资产投资中农牧民直接受益达2670万元左右，占总投资的15.2%。

【财政金融业持续增长】2008年，浪卡子县财政收入完成479万元，同比增加99万元，增长率为26%。金融部门坚持"面向农牧区，支持三农发展"的信贷政策，保持了金融事业的平稳有序发展。全年，农牧民贷款2524万元，比2007年同期增长551万元，增长率达27.93%；农牧民存款额达3502万元，同比增长13.92%；累计发放农牧民贷款证6107张，发证面达94.26%，农牧民使用贷款证3924张，使用率达63.09%。各项存款余额达11108万元，同比增长43.29%。各项贷款总额达6598万元，同比增长15.37%。

【社会各项事业发展平稳】2008年，浪卡子县初中入学率达99.9%，小学入学率达99.69%。顺利通过了自治区第三次"两基攻坚"复查，县政府对教育投入达86万元，达到2007年本级财政收入的22.63%。科技知识在农牧区得到不断推广应用，对经济增长的贡献率逐步提高，2008年共安排了44.23万元经费，举办了5期科技和技能培训班，参训人数达1345人次。免费医疗在全县范围展开，群众参保率达99.2%，报销医药费60.23万余元，受益人数达1054余人。全县人口自然增长率控制在8‰以内。文化事业健康发展，民间艺术团的节目编排、演出均有新突破，县民间艺术团创作文艺作品15个节目，巡回演出47场（次），文化企业工人的工资待遇由原来人均550元提高到1000元以上；电影管理站完成流动放映376场次，实现了农牧区一村每月平均放映一场电影的目标；"村村通"、"西新工程"步伐加快，广播电视覆盖率分别达81.8%和100%；非物质文化普查工作进展顺利，富有羊卓特色的民间传统文化得到有效继承和发扬。2008年，下拨救灾款222万元，为特困户、低保对象和"五保户"发放52万元补贴资金，确保了困难群众的基本生活。

【抗救灾工作取得了阶段性重大胜利】在拉萨市当雄县发生6.6级地震后，波及浪卡子县，造成了1309户民房和学校、部分公共设施受损，直接经济损失达3246.27万元。10月26日，特大暴雪，造成浪卡子县10个乡镇、98个村（居）委会，7040户、33842人受灾，1030头（只）牲畜死亡，严重打乱草场秩序。截止12月9日为灾区解决了67顶帐篷、145床棉被、330套棉衣棉裤、46床藏被和4万斤粮食；调运了550多万斤饲草和110多万斤饲料，启用了30万元抗灾资金。提前安排牲畜出栏工作，全县共出栏牲畜137835头（只、匹），其中活畜异地转移8715头（只、匹）。及时恢复了灾民正常生产生活，有力减轻了冬春草场压力，降低了灾情损失，维护了灾区的稳定。

【受援工作成效显著】2008年，安徽第三批援藏项目县职教中心、医院职工周转房已竣工投入使用，500户援藏安居工程任务中400户已建成使用；县政府政务中心已于2008年8月6日奠基开工，当年完成投资240万元，占总投资的30%；安庆路和池洲路等第三期援建项目已通过审查，有望2008年入春后开工。

日喀则地区

日喀则地区

【基本区情】日喀则地区地处西藏自治区西南部，南与印度、尼泊尔、不丹接壤，西衔阿里，北靠那曲，东邻拉萨市与山南地区。面积18.2万平方千米，边境线长1753千米，是祖国西南边疆的前沿地区，战略地位十分重要。日喀则地区历来是与南亚各国友好往来的重要门户，现有国家一类陆路通商口岸2个（聂拉木口岸、吉隆口岸），二类口岸1个（定结日屋口岸），边境互市贸易点21个。全地区以农牧业为主，农业总量居全区第一位，畜牧业总量居全区第二位。现辖1市17县和1个口岸管理委员会，203个乡镇（街道办事处），1759个村（居）民委员会。全地区总人口69.29万人，其中藏族人口占95%。除藏族外，还有汉、回、蒙、夏尔巴人等十几个民族。

行署驻地日喀则市历来是西藏第二大城市，班禅的驻锡地，建成至今已有600多年的历史，是日喀则地区政治、经济、文化中心和交通枢纽。1986年被国务院列为历史文化名城。海拔3800米，是夏季理想的休闲和旅游胜地。

现有耕地面积8.56万公顷，草原面积1352.58万公顷，林地面积122.8万公顷，其中森林面积11.97万公顷，森林覆盖率6.81%。矿产资源开发利用前景可观，共发现矿床、矿（化）点及找矿线索234处，有金、铅锌、锂、铜、硼、玉石等46种矿产。其中仲巴县的硼砂和锂矿，谢通门县、拉孜县的铜金矿，日喀则市、仁布县、白朗县的铬铁矿，昂仁县、定日县的铅锌矿等都具有较大开采价值。

能源主要有水能、地热能、太阳能、风能等，尤以水能资源最为丰富。仅雅鲁藏布江、年楚河等河流，水能蕴藏量就达1000余万千瓦。太阳能资源丰富，建有太阳能实验站，太阳灶使用广泛。地热形式多种多样，沸泉、热泉、温泉等较为普遍。矿泉水资源分布较广，最著名的是岗巴县曲登尼玛矿泉水。

动植物资源丰富。据初步统计，日喀则地区各类高等植物2770余种，珍稀名贵树20余种；药用植物100余种，其中名贵药用植物10余种；有哺乳动物53种，鸟类206种，爬行类14种，鱼类5种，其中71种动物属国家、区级重点保护的野生动物。这些丰富的生态资源和珍稀物种在近几年得到了有效保护。

日喀则地区旅游资源尤为丰富。自然景观得天独厚，有世界最高峰——珠穆朗玛峰、观相神湖——雍则绿错湖、雅江源头——杰玛央宗冰川、高原明镜——羊卓雍湖、人间仙境——吉隆沟等。名胜古迹数不胜数，历代班禅驻锡地——扎什伦布寺、班禅夏宫——德庆格桑颇彰（新宫）、第二敦煌——萨迦寺、英雄城——江孜、抗英古战场——红河谷、苯教圣地——热拉雍仲林寺等。

日喀则地区是西藏重要的文化发源地，拥有独特的民族文化和众多的文化古迹。有日喀则和江孜两个全国历史文化名城。有906处53类文物古迹点，其中扎什伦布寺、萨迦寺、白居寺、江孜宗山、大唐天竺使出铭等8处为国家级文物保护单位，乃宁寺等16处为自治区级文物保护单位。在册文物10万余件，遍布18个县(市)，文物量约占全区的三分之一，是日喀则各个历史阶段的文化缩影。全区藏戏蓝面具四大流派中，昂仁迥巴、仁布江嘎尔、南木林香巴三大流派都在日喀则地区。

【年度特点】2008年，日喀则地区在自治区党委、政府的坚强领导下，在全国人民特别是上海、山东、黑龙江、吉林四省市和宝钢、中化两企业的大力援助下，全地区上下以科学发展观为指导，认真坚持“一个中心、两件大事、三个确保”的新时期西藏工作指导方针，贯彻落实“一产上水平、二产抓重点、三产大发展”的经济发展战略，紧紧围绕“1234”总体思路，着力实施“五大跨越”，全力推进经济强区建设，按照“十一五”规划和全地区经济工作的总体部署，克服拉萨“3·14”事件、仲巴、当雄地震及康马、岗巴、亚东雪灾等诸多不利影响，果断决策、有效应对、迎难而上、埋头苦干、排除干扰、扎实工作，全地区国民经济保持了速度较快、效益较好、发展活力和后劲明显增强的良好态势。

【抓总量、提质量成效明显，综合经济实力不断提升】2008年，日喀则地区生产总值完成67.35亿元，同比增长10.1%，三次产业比例调整为27.5：24.5：48；深化财政改革，完善财政管理体制，强化收入征管，优化支出结构，地方财政收入2.45亿元，同比增长13.9%；税收实现2.49亿元，增长30.56%；调整优化产业结构，挖掘农牧业内部潜力，实施特色产业项目开发，引导农牧民剩余劳动力向二、三产业合理流转，进一步拓宽群众增收渠道，增强了农牧民增收的能力，农牧民人均纯收入达到2881元，同比增长13.7 %；地区本外币各项存款余额67.85亿元，较年初增长30.4%，本外币各项贷款余额18.24亿元，与2007年基本持平；居民消费品价格指数104.6，低于全国平均水平。全地区经济保持了几年来较快增长的势头。

【抓项目、增后劲的氛围浓厚，固定资产投资稳步增长】2008年，日喀则地区紧紧围绕“十一五”规划项目及交通、能源、农牧林水、安居工程、农牧业综合开发、产业结构调整、基层基础设施建设和旅游产业恢复建设等符合国家、自治区投资方向的重点项目，积极衔接，多方协调，努力争取，扩大投资规模。全年实施重点项目98项，全社会固定资产投资完成49.75亿元，同比增长7.9%。狠抓公路建设项目前期工作，加强项目衔接，采取切实可行的措施，强化施工组织管理，确保公路建设有序开展。国道318线聂拉木至樟木、老定日至聂拉木、国道219线昂仁至桑桑等公路建设顺利实施。全年落实投资11.22亿元，完成投资9.87亿元，公路建设规模达到3417.17千米。截止2008年底，全地区公路通达里程达12983.56千米，195个乡镇、991个建制村通了公路，通达率分别达到96%和59.4%。拉日铁路、和平机场等重点项目前期工作进展顺利。新一轮援藏项目盘子敲定，确定第五（三）批援藏项目总投资10.1亿元。固定资产投资规模持续增加，成为拉动地区经济增长的主要动力。狠抓项目管理工作，凡属地区重点办招投标的项目，建设单位与施工单位签订施工合同后，拨付工程合同总价的40%，中期拨付30%，竣工验收后再拨付30%尾款。进一步落实项目“四制”，对重点项目建设严格实行项目法人制、合同制、招投标制、监理制，从源头上杜绝“关系工程”、“人情工程”。按照招标法及西藏重点项目管理的法规（办法），在确保招投标活动公开、公平、公正的前提下，采用合理低价中标法，保证了招投标的公开、公平、公正。

【抓特色、创品牌的思路清晰，主导支柱产业持续壮大】2008年，日喀则地区认真落实经济发展战略，推进种植业结构调整，加大牲畜出栏力度，大力扶持特色农牧业发展，农牧业生产实现了增收增效，完成增加值18.52亿元，同比增长4.4%。粮食总产量达到35.21万吨，连续21年保持丰收。实施了总投资9057万元的亚东、聂拉木、南木林、定结4县无公害蔬菜生产基地建设项目，定日长所开发区奶牛养殖项目，拉孜牛羊短期育肥项目，日喀则地区种畜场、江孜奶牛扩繁场、白朗旺达奶牛扩繁基地等15个农牧业特色产业项目，为农牧民增收开辟了新途径。农牧区经济结构进一步优化，农牧业特色化、产业化经营快速推进，重点培育、扶持和引导农牧区农牧民专业合作组织的发展，提高对培育和扶持农牧民专业合作社发展的认识程度，积极稳妥地引导和扶持农牧民专业合作社登记，组建各类经济合作组织41家，正式挂牌经营21家。依托资源优势，突出重点行业，培植骨干企业，以资源转化、提高生产能力、增强地区经济实力为目标，大力发展第二产业，第二产业整体运行质量继续提高，完成增加值16.46亿元，同比增长13.1%。商贸产业规模不断壮大，商贸流通日益活跃，全年完成全社会消费品零售总额24.29亿元，同比增长17.5%。奥运圣火成功登顶珠峰，日喀则的知名度进一步扩大。认真分析“3•14”后游客对旅游产品的新需求及旅游市场的新动态，重塑地区旅游业形象，及时出台了《关于重塑日喀则地区旅游业形象的意见》，制定“珠峰家乡日喀则”活动方案，重塑安全形象，重振市场信心。旅游业逐步恢复，共接待游客40.39万人次，实现旅游收入1.6亿元。积极开展以农牧民培训、转移就业为主要内容的调研工作，制定了地区农牧民培训、转移就业工作计划，有效地促进了农牧区富余劳动力的转移，全区农牧民转移就业现场会在日喀则顺利召开，实现了地区劳务输出的稳步增长。全年劳务输出34.6万人次，同比增长4.8%，实现收入5.5亿元。外贸进出口总额3729.06万美元。第三产业增加值32.37亿元，增长11.8%。

【抓保障、重民生的工作具体，社会事业全面协调发展】2008年，日喀则地区坚持把“两基”工作作为推进教育均衡发展、科学发展、保障教育公平的基本手段，放在教育全局重中之重的位置。萨嘎、仲巴两县如期完成“普九”，全地区“普九”人口覆盖率达到100%，适龄儿童入学率达到98.01%，初中入学率达到90.96%，高中阶段入学率达到40%，青壮年文盲率下降到3%以下；立足本地资源优势，抢抓科技发展机遇，依托科技项目，积极创新，开拓进取，充分发挥科技在经济强区建设中的示范、引领、支撑、服务作用，科技示范项目成效明显，年河三县流域优质青稞高产栽培及产业化示范项目取得成功，新农村科技示范县项目初见成效；紧紧围绕推动社会主义文化大发展大繁荣这个主题，坚持社会主义先进文化的前进方向，群众艺术丰富多彩，文化遗产保护成效显著，文化市场管理健康有序，文化产业发展态势良好的喜人景象。公共医疗救治体系建设步伐加快，农牧区医疗管理制度进一步巩固，下发了《关于自治区农牧区医疗管理暂行办法实施意见的补充通知》，调整提高农牧民报销补偿比例，报销封顶线达到2万元，农牧区新型合作医疗已覆盖所有农牧民；社会保障体系建设稳步推进，社会保险作用得到充分发挥，就业再就业工作扎实推进，城镇登记失业率控制在4.2%以内；全面启动农村最低生活保障工作，对年收入在850元以下的农村困难群众进行了全面调查摸底，分不同类型和标准进行了以户建档工作，核定农村低保对象6.72万人，全年共落实农村低保资金2927.8万元；结合地区实际，下发了《日喀则地区城镇廉租住房保障管理暂行办法》，对廉租住房的保障方式、保障资金以及房屋来源、廉租住房的申请、准入、退出和监督管理等方面作了明确规定，廉租房建设成效显著，首批600套已经入住。高度重视抗震救灾工作，仲巴、当雄地震和10月份暴雪灾害发生后，紧急整合下拨1700余万元救灾资金，为灾区人民及时送去了必需的生活用品和食品，受灾群众得到妥善安置，灾后重建工作稳步推进。

【领导名录】

副书记、行署专员：许雪光

副书记、行署常务副专员：阿旺、窦玉明、许才山

行署副专员：同珠、张雪喜、旺堆、普布次仁、欧珠卓玛

行署专员助理：闫生权

秘书长：尹立生

日喀则地区人大工委

【扎实开展代表工作，充分发挥代表作用】2008年，日喀则地区人大工委认真开展代表视察活动。一是依据工委年初工作安排，于10月底，组织部分地市直机关自治区九届人大代表，分赴地区教育局、地区一高、地区上海实验学校和江孜、康马两县，分别就中小学校开展德育教育、爱国主义教育和社会主义新农村建设情况进行了集中视察，视察过程中，代表们通过看、问、比、查、议等方式，提出意见、建议37条，针对代表们提出的意见和建议，及时向行署及其职能部门进行了转交、督办，并要求限期办理。二是按照自治区人大常委会的安排，日喀则地区三名自治区九届人

大代表，于12月初参加自治区人大常委会组织的自治区九届人大代表深入拉萨、日喀则等地，就布达拉宫、罗布林卡、萨迦寺维修保护情况进行了视察，并提出了切实可行的意见和建议。

加大代表培训力度。一是在自治区人大常委会及其有关专门委员会的关心支持下，先后联系组织部分基层人大干部赴人大干部赴北京、广东、福建、海南等地培训，参加培训人大代表和各级人大干部50余人次；二是针对换届后新一届人大代表和基层人大干部多数是人大工作“新手”的特点，着眼于提高人大干部的综合素质。成功举办了县市人大代表暨基层人大干部培训班，对18县市60名县市人大代表和基层人大干部进行了为期10天的人大业务知识培训。三是2008年拉萨“3•14”严重打砸抢烧暴力事件发生后，充分发挥人大代表联系群众、联系广泛的优势，积极组织自治区九届人大代表召开座谈会，深入揭批并强烈谴责达赖集团及其分裂势力阴谋策划的“3•14”打砸抢烧严重犯罪事件的罪恶行径，以此推动了全地区人大系统反分裂斗争的深入开展，为日喀则地区反分裂、促稳定夯实了群众基础，为维护法律尊严、维护最广大人民的根本利益、维护西藏社会稳定和经济发展、和谐社会建设做出了人大系统的应有贡献。

认真开展代表会议期间活动。自治区九届人大一次会议期间，组织代表团围绕地区“十一五”时期的农牧业基础设施、交通基础设施、教育卫生、经济社会发展等一系列“热点、焦点”问题，向大会主席团提出有针对性的议案、意见和建议103份，有力地推动了日喀则地区经济社会的发展。

【贯彻工作条例，联系指导县市人大工作】为加强与各县市人大的沟通、交流和指导，更好地履行宪法和法律赋予人大的职责，依据《自治区人大常委会地区工作委员会工作条例》赋予的工作职责，通过指导各县市按时召开人民代表大会，支持各县市人大依法行使重大事项决定权、人事任免权和监督权，进一步加强对各县市人大的工作指导。根据工委年初安排部署，2008年4月中旬和9月初组成了由工委领导带队的督导组，分赴全地区18县市就各县市传达贯彻全国、自治区“两会”精神，贯彻落实自治区九届人大二次会议的决议和区人大常委会2008年工作安排落实情况，维稳、春耕备播工作开展情况及农牧民生产生活情况和基层人大工作开展情况，进行了全面认真的检查督导和深入调研，以此推动全地区人大系统干部职工围绕中心，服务大局，为经济强区争做贡献。

【创新信访工作模式，加强信访工作】2008年，按照“分别受理，综合分析，统一交办，定期反馈，严格督查”和百分之百登记、百分之百交办、百分之百落实、百分之百回复的信访工作模式和工作目标，认真办理人民来信来访。实际工作中对来访人员热情接待，耐心解释，对来信及时转办、催办。全年，人大地区工委共接待群众来信来访11件次，通过认真梳理，分门别类，已全部交办和转办，做到了事事有着落，件件有答复，进一步密切了与群众的联系。

【围绕中心、服务大局】在履行人大自身职责的同时，地区人大工委根据地委统一部署，围绕地区中心工作，圆满完成了地委交办的各项任务。

人大工委2008年始终注意把地委不同时期的工作重点，作为自身努力追求，主动完成的工作目标。除了干好本职工作外，工委领导积极参加地委的中心工作，努力完成地委交给的各项工作任务，为日喀则地区改革发展稳定大局，为经济强区建设作出了应有的贡献。

积极做好扶贫工作。通过向自治区有关单位争取扶贫资金、物资，积极组织单位干部职工向定点扶贫点萨嘎县夏如乡捐款解决了贫困群众生产生活中的实际困难。2008年以来，共争取扶贫资金共计100000余元，切实解决了贫困群众的实际困难；通过深入定点扶贫联系点开展调查研究，帮助群众谋划发展思路，在扶贫工作中做到了长远规划与近期安排相结合，争取项目立项与捐款捐物相结合，帮助解决生活困难与扶持发展生产、脱贫致富相结合，扶贫解困与扶志树立信心相结合。努力使定点帮扶工作由输血式扶贫向造血式扶贫转变，由救济式向开发式扶贫转变。

发挥人大机关在建设社会主义民主政治、发展社会主义政治文明建设中的重要作用，积极开展以监督法为主要内容的各种法律、法规的宣传活动。

受地委委托，11月底工委一名副主任代表日喀则地区参与并圆满完成了全区综合治理交叉检查工作任务。

2008年是改革开放30周年，围绕这一活动，人大工委干部职工通过回顾改革开放的伟大实践，通过畅谈改革开放30年来，日喀则地区从城户至农牧区，从腹心县市到边境县乡，从机关单位到个人家庭所发生的翻天覆地的巨大变化，深切体会到只有中国共产党的领导，只有坚持走社会主义道路，只有坚持改革开放，只有坚持民族区域自治制度，才有日喀则地区各项事业所取得的巨大成就和光辉灿烂的未来。

日喀则地区行署办公室工作

【高质高效，综合协调上水平】2008年，日喀则行署办公室强化综合协调职能，全力理顺各种关系，加大协调工作力度，全力为领导提供超前服务。注重发挥办公室的桥梁纽带作用，认真做好上情下达、下情上报、联络左右各项工作，坚持做到上行协调多汇报、平行协调多沟通、下行协调多联络，热情服务、耐心周到。继续加强办公室内部管理，协调好各科室关系，充分发挥工青妇作用，调动各方面的工作积极性，确保办公室各项工作协调高效运转。认真做好公务员考核、党(团)员民主评议、先进科室评选工作。全面完成了党报党刊征订任务。积极开展特定身份人员因私出国申领护照报备登记、干部统计、党员统计、退休老同志服务等工作。认真做好工资、医保、劳保、社保等工作，开展好房租、水电费的收缴工作，为办公室的整体运转提供了有效的保障。

【严谨细致，办文办会重质量】认真做好文件管理工作。2008年，办公室共发放行署各类文件400余份，收文2000余份，处理各类文电700余件，撰写领导讲话稿200余篇。严格遵守保密制度，

无被盗和失泄密事件发生。

2008年组织召开大中型会议10余次，小型会议200余次，并安排专人负责通知每位与会人员，确保到会率达到100%。

【明确重点，加强督信促落实】2008年，共开展专项督查35次，督办各类会议纪要、领导批示落实情况45次，编发《政务督查》20期、《督查简报》21期，办理人大代表建议和政协委员提案132件。同时，认真开展信息报送和呈报工作，信息质量不断提高。共编发《领导阅件》27条，《政务信息摘要》32期，《政务信息》1670多条，提前超额完成了自治区下达的信息采用指标。

【前瞻调研，多参善谋增能力】积极开展调查研究。完成了《关于日喀则地区第二产业发展情况的调研报告》、《关于日喀则地区文化旅游业发展情况的调研报告》、《关于统筹城乡发展解决"三农"问题的调研报告》、《关于重新确立日喀则经济发展区域定位的思考和建议》等4篇较有分量的调研报告。

积极搞好大型文件、材料的撰写、起草工作。2008年共起草行署领导讲话、大型会议材料、文件等20余篇。

参与了边境防控和奥运圣火珠峰传递工作、仲巴8.25地震和当雄10.6地震抗震救灾、地区抗击雪灾工作等，完成了协调工作和相关材料的上报工作。

【强化监督，依法行政更规范】积极配合上级部门做好立法调研和执法检查等工作。按照调研检查组要求，协调地区有关部门拟就了行署的各个专项汇报（介绍）材料。

积极征求相关法规意见。汇总地直相关部门提出的修改意见，对《全面加强政府法制工作的决定》、《实施农村五保供养工作条例》、《出版管理办法》、《职业技术培训条例》、《水上交通安全管理办法》、《公路养路费征收办法》等法规征求意见函提出了建设性的修改意见并被上级部门采纳。

积极开展普法宣传工作，认真做好12.4法制宣传工作。加强法制信息交流，编发《法制工作动态》2期。

【围绕稳定大局，建立信访工作长效机制】建立健全信访问题排查调处机制，针对2008年大事多、敏感日多的特点，对可能影响重大节日、会议和敏感日期间正常秩序的上访苗头，进行认真细致的排查，对排查出的问题进行反复梳理并依规、依法处理。

继续坚持和完善信访联席会议制度和属地管理原则，妥善处理信访案件，各县市、各部门越级上访大量减少。全年共受理接待群众来信来访83批（件）次424人次，其中来访60批341人次，来信23件27人次，群众来信来访件次和人次分别比2007年同期有所下降。

结合各种宣传活动，设立宣传点，悬挂横幅，摆放宣传图片，播放录音资料，发放宣传材料和手册，在报刊和电视台刊播汉、藏文《信访条例》内容。

【尽职尽责，外事工作取得新成绩】积极开展对外宣传和外事接待工作，2008年共接待外宾8批31人次。通过家访和自由采访等形式，进一步向外宾展示了西藏人民在中国共产党的领导下所发生的日新月异的变化和改革开放所取得的成绩，有力地宣传了西藏在国际上的良好形象。在北京奥运会及其筹备期间，结合地区实际制定了《日喀则地区关于北京奥运会及其筹备期间外国记者在地区采访管理工作细则》，依法对外国记者进行管理、引导并提供良好服务。严格执行外事政策和规定，加强因公出国人员的审核，并实行动态管理，及时了解和掌握学习考察情况。2008年日喀则地区因公出国前往尼泊尔、加拿大、美国、澳大利亚、日本、巴西等国家的团组12批22人。为进一步了解并管理好边境边贸、对外通道、过牧等边境事务，组成工作组，对日喀则地区7个边境县（乡）开展了为期18天的综合性边境调研，掌握了第一手资料。加强对涉外项目实施及外国专家工作生活等方面的管理，经常深入4个涉外项目现场了解情况，协调解决有关问题。

【快捷周密，后勤保障求优质】一是抓基础建设，改善办公生活条件。认真做好行署职工周转房附属工程；协调吉林省第三批援藏投资242万元对老三会议室进行了装修改造；积极争取山东省第五批援藏投资200余万元，在院内安装了33个太阳能路灯、30个太阳能庭院灯。二是抓车辆管理，确保行车安全。进一步完善了车辆的管理、使用、停放、维修的具体要求及处罚措施，严格控制车辆的百千米耗油标准。加强安全行车教育，全年累计安全行车100余万千米，未发生一起较大交通事故，确保了领导和干部职工安全用车。三是抓采购管理，节约公用资金。办公用品的采购由专人负责，两人以上共同采购，根据各科室实际需求予以发放，实行严格的进出库登记制度。四是抓创收工作，为职工谋福利。进一步加强了商品房管理，与所有商户签订了合同，杜绝了商品房频繁转让现象。

【积极主动，接待工作求实效】2008年，共接待区内外团队1236批次、12224人次，其中省部级704人、地厅级2922人、县处级8596人。

成办、拉办认真履行职能，不断提高服务水平，主动加强与当地民航、铁路、医院等部门的沟通联系，保证了进出藏、看病就医等需要，并认真做好安置在当地的日喀则地区离退休老干部、老工人的管理工作。

日喀则地区组织工作

【巩固扩大农牧区党建示范点工作成效，充分发挥示范点的示范、辐射和带动作用】2008年，日喀则地委组织部在完成百个农牧区基层党建示范点创建工作的基础上，通过落实责任制、建立联系点等办法，巩固扩大示范点工作成果，总结推广示范点创建经验，发挥示范点的辐射带动作用。制定出台了《关于建立部领导及科室基层党建工作联系点的意见》及《关于开展三级联创活动达标考核工作的意见》提出了具体的工作措施和验收标准，促进了基层党建工作的开展。落实了部长及科室联系点3万元的帮建资金，通过有效工作，大多数联系点都基本达到了示范点的标准。受此带动，各县市也纷纷行动，继岗巴、仁布之后，其它县市也广泛建立了县级领导、县直机关或先进党员定点联系乡镇党委、村党支部、后进党员等形式多样的联系点制度，有力的促进了农牧区基层党建工作的开展。2008年全地区有46个乡镇党委和189个村居党支部申请达标考核，按照藏组字[2007]134号文件的要求，在县市自验的基础上，派出由部领导带队的检查验收组对其进行了抽查验收。

【扎实做好了村级组织换届选举工作】根据区党委的统一部署，在反复调研的基础上，结合行政村整合的实际，制定了《日喀则地区2008年村（居）党组织和第六届村（居）委会换届选举工作实施方案》，成立了领导小组，及时组织人员开展村"两委"换届选举的有关知识、政策、程序的学习培训；确保了村"两委"换届选举工作的顺利进行。换届后，全地区1668个村（居）共选举产生"两委"班子成员8328人，比换届前增加了1798人；"两委"班子成员交叉任职3455人，比换届前增加了1390人；村（居）党支部书记、村（居）委主任"一肩挑"的960人，占58%，比换届前增加了6个百分点；"两委"班子成员35岁以下的1505人，占18%，增加了7个百分点；妇女干部1743人，占21%，增加了1个百分点。从县市、乡镇机关下派了75名干部到村（居）任党支部书记、副书记、委员、村委会主任助理等职务。

【加大了对领导班子的考核力度，做好了对领导班子和领导干部的监督管理】年中，组成了由部领导带队的11个考核组对全地区的县级领导班子进行了考核，及时掌握了领导干部的思想、工作状况及在反分裂斗争中的具体表现，为地委的人事决策提供了依据。与此同时，十分重视加强对领导班子和领导干部的监督管理工作，在监督管理的方式、内容等各方面都有了进一步改进和加强。在监督管理的方式上，由党内监督逐步向群众监督和舆论监督延伸，并充分利用广播、电视等媒体和群众来信、来访等渠道，不断加大干部监督管理的力度；在监督管理的内容上，坚持一手抓作风建设，通过加强思想教育和理论学习，提高领导干部自我监督和管理的自觉性，一手抓制度建设，通过各项规章制度的建立和完善，约束和规范领导干部的行为；在监督管理的对象上，不断扩大范围，逐步由在职领导干部向年轻后备干部拓展。同时，对来信来访认真调查、及时办理、不拖不等。全年受理来信来访27件，处理23件，移交纪检监察机关处理2件，转交相关部门办理2件，做到了来信来访办理100%。

【做好干部管理工作，加大干部选拔任用工作力度】按照对干部"真情关心、真心爱护、真诚培养、严加管理"的原则，建立健全了干部管理的各项规章制度，完善充实了《县级干部请销假办法》，起草了《关于进一步严肃县处级干部请销假纪律的意见》，保证了县级干部的在岗率。结合实际，制定了《关于选派地直部门年轻干部下基层挂职锻炼的意见》，明确了5年内，选派地直部门在县市、乡镇工作经历不足一年的40周岁以下的科级及以下干部到各部门对口扶贫联系县（市）的乡镇进行挂职的具体要求。同时，把年轻后备干部的管理作为一项重要工作来抓，对德才兼备、实绩突出、群众公认、各方面条件比较成熟的后备干部，及时提拔使用。目前，已建立了较为系统的县级后备干部库600余人，为加强县级领导班子建设储备了一支数量充足、素质优良的后备干部队伍。加大了援藏干部的管理力度，完善了管理办法，把援藏和当地干部的管理融为了一体。及时办理了172名干部的退休手续，其中科级及以上干部64人。辞退了不称职公务员2人。

在干部选拔任用工作中，在继续坚持德才兼备、实绩突出、群众公认等原则的前提下，扩大了群众对干部选拔任用的知情权、参与权、选择权和监督权。2008年以来共提拔、调整县级干部75人，科级干部744人。

【干部教育培训工作迈上新台阶】2008年以来，各级组织共培训各级各类干部11823人次，是历年来力度最大、培训人数最多，范围最广的一年。

【人事制度改革取得新成效】一是按照专业对口、重点面向基层和企事业单位的就业指导原则，完成了665名高校毕业生就业安置，在进行思想发动，组织动员的基础上，共安排656人在基层就业，其中西部县市占到80%以上；二是抓好了新安置毕业生的跟踪管理，通过定期召开座谈会，深入基层走访、听取思想汇报等多种方式，主动了解新安置毕业生，大学生"村官""三支一扶"人员的工作生活情况，帮助他们解决实际困难，教育他们安心在基层工作；三是坚持完善和落实地直机关"凡进必考"的制度，先后为地区劳动和社会保障局、政协办、检察分院、审计局、地震局、宣传部、司法处等十多家单位公开招考108名公务员（工作人员），社会反映良好，为优秀人才的脱颖而出提供了平台。四是认真做好日喀则地区军队转业干部安置就业工作，建立健全了567名自主择业军转干部的数据库和联系卡，与2007年转业的54名自主择业军转干部签订管理协议书，建立了定期联系汇报制度。并对日喀则地区军队转业干部在四川汶川地震中受灾的进行了慰问。妥善安置了2008年转业的军转干部78名。

【因地制宜、稳步推进，认真实施人才兴地战略】做好全区人才资源的调研摸底工作，对包括乡土人才在内的各种人才资源进行了统计，摸清了底数，掌握了情况。加大了优秀人才的引进力度。从内地高校为地区农牧系统、医疗系统引进各级各类专业技术人才35名。做好了推优报专工作。实行"单位推荐+专家推荐+考核评定"的模式，推荐了1名同志为享受国务院津贴人选，2名同志为"西部之光"访问学者人选。认真做好职称评聘工作，推荐37人参加高级专业技术职务评审；聘任中级职称100人，初级职称161人。圆满完成了440人的全国职称外语考试、全国经济专业资格考试、全区外语免考专业技术人员职称业务考试等3大类全国统一职称考试考务工作。抓好了人才项目建设，拟定了《日喀则地区乡村兽医技术员和农牧民科技明白人培训》等三个人才培养项目，并报请上级业务部门审批。对全地区事业单位基本情况进行了详细全面的调查统计，为推进日喀则地区事业单位岗位设置管理工作奠定了坚实的基础。另外，通过召开座谈会、走访慰问、按时发放专家津贴等工作，切实做好专家联系、管理和服务工作。结合地区实际，为充分发挥各单位自主性，制定出台了《关于调整专业技术职务评聘权限的意见》对专业技术人员的评聘工作程序进行了调整，下放了初级职称评聘的权限，促进了对地区专业人员更为有效的管理。

【打牢基础、规范管理，机构编制管理工作有了新起色】一是积极开展机构编制管理业务培训，加大机构编制法律法规和编办工作流程学习宣传力度，扎实开展机构编制和事业单位登记管理监督检查，提高主动服务意识，关口前移。二是打牢基础，圆满完成了2007年度全地区机构编制数据统计、人员信息录入工作，及时更新机构编制台帐和各类统计表，基本实现了全地区机构编制自动化管理，做到了底子清、情况明、台帐清。三是认真贯彻中央关于机构编制的“三个一”和“五个不准”规定，深入调研，服务大局，科学决策，受理关于机构编制方面的请示45件，有效解决了部分县市、地直部门个别存在的机构不健全、体制不理顺、职能不清楚、人员编制配备不合理等问题。四是规范了日喀则地区机关事业单位人员调配工作，理顺了工作流程，印发了核编控编表格，始终坚持人员编制的动态管理，保证了核编准确、控编到位，共为102名干部职工调动人员出示了核编证明，从源头上遏止了超编满编调配人员现象。五是注重调研，结合机构编制管理工作存在的问题和困难，理论联系实际，深入分析，提出对策措施，形成调研报告，为领导决策提供科学依据。为了严肃机构编制纪律，还对全地区存在混编混岗人员情况以及机关事业单位工人基本情况进行摸底，对违纪违规情况进行了专项清理整顿。六是认真开展了全地区2007年度事业单位法人年检和事业单位初始登记及变更登记工作，共完成全地区55个事业单位法人年检工作、10个事业单位法人变更登记、22个事业单位初始登记工作。

【老干部工作有了新亮点】全面落实“政治上尊重老干部、思想上关心老干部、生活上照顾老干部、精神上充实老干部”工作要求，充分发挥老干部的余热，特别是针对拉萨“3•14”事件，组织老干部开展了声势浩大的愤怒声讨达赖集团罪恶行径活动，狠抓了离退休老干部的党支部建设，本着有利于教育老干部、服务和管理老干部的原则，根据离退休干部党员的身体、年龄状况和居住地分布情况，坚持统分结合、就近便利、形式灵活、注重实效的原则，合理设置离退休干部党支部。新设置13个离退休干部党支部按照离退休干部党支部建设纳入基层党建的总体规划的要求，及时调整了支部成员。完善了《离退休干部党支部组织学习制度》、《党支部联系老干部制度》，制定了《非党员干部纳入党支部管理的工作制度》，保证1000余名非党员退休干部的管理与学习。组织安置在地区的离退休干部开展了健康知识讲座，并采取召开座谈会，个别走访、听取汇报等方式，主动了解离退休老干部的思想、身体和生活情况并选派2名老干部赴广东、山东等地参观考察；认真办理了94名区内易地安置人员相关手续，并对31名跨省安置退休干部的档案进行整理、报送。5.12汶川大地震后，老干部们慷慨解囊，主动向灾区捐款415326元，展现了日喀则地区老干部应有的风采。

【获奖情况】

中共日喀则地委组织部《关于“三支一扶”人员管理和服务工作的调研报告》荣获2008年度西藏自治区组织人事编制调研报告三等奖。

中共日喀则地委组织部荣获2008年度组织人事编制调研工作组织奖。

中共日喀则地委组织部被评为2008年度全地区组织人事编制老干部信息先进集体。

【领导名录】

副书记、组织部长：戚素坤
副部长兼人事局局长：普布桑珠
副部长兼地委老干部局局长：谭次仁
副部长、地区编办主任：赵小舟
副部长：李学年、卢波、杨志宏、陈雪强、范正权
编办副主任：高起森
副调研员：董益权

日喀则地区宣传工作

【理论武装工作不断深入，夯实了全地区人民共同奋斗的思想基础】2008年，日喀则地委宣传部在理论武装工作中，始终坚持做到早安排、早部署，做到年初有计划，年终有总结，扎扎实实抓好各个层面的理论学习和教育工作。起草了《日喀则地区党委（党组）中心组理论学习制度》和《关于进一步加强和改进党委(党组)中心组学习秘书工作的意见》，并由地办批转全地区各级党委贯彻落实，进一步加强和改进了全地区党委（党组）中心组理论学习的制度化、规范化建设。

2008年拉萨3•14事件以后，围绕反分裂斗争的新形势，积极组织党员干部撰写揭批达赖集团分裂罪行的理论文章，并推荐50余篇在地区新闻媒体进行刊播，举办了“日喀则地区揭批、声讨达赖集团罪恶行径演讲会”。各县市也开展了多种形式的声讨、揭批达赖集团罪恶行径等活动。据不完全统计，全地区召开声讨会、座谈会达100余场次，参加人数近万人；在广大农牧区组织宣讲工作组开展宣讲会达798场次，参加人数达94万人次，组织地直机关干部职工500余人参加了“反对分裂，加强民族团结”报告会，组织了征集纪念改革开放30周年理论征文活动，共向区党委宣传部推荐理论文章16篇。其中《西藏跨越式发展必须坚持改革开放》和《西藏改革开放三十周年的历史进程及宝贵经验》2篇文章入选，将代表地区参加全区纪念改革开放30周年理论研讨会。

【围绕经济建设和社会稳定，扎实推进了新闻宣传工作】新闻宣传工作牢牢把握正确舆论导向，针对拉萨“3•14”事件后反分裂斗争形势，做好引导社会舆论工作；组织地区媒体做好动态报道，全面报道了各县市、各单位、各族各届揭批声讨达赖集团罪恶行径的活动，通过新旧对比、正反对比等形式开展了新发展、新变化、新生活的深度报道；开展了对康马县嘎拉乡下琼贵村31名党员群众联名倡议声讨揭批达赖集团罪恶行径典型事迹的采访报道；拓展宣传阵地，在各

地市中率先开通新闻手机报，制作反分裂斗争彩铃，在党政群机关中广泛使用。在县、乡、村开展“党支书是我的贴心人”、“致富不忘共产党”典型宣传教育活动，遴选出优秀党支书和致富带头人37人，目前已在乡镇、村进行宣讲80余场次。开展了“反对分裂、维护稳定、促进发展”主题教育活动的系列宣传报道工作。根据自治区和地委、行署安排，共接待来自北京、上海、四川、山东等地新闻媒体和记者团15个60余人。顺利完成了《日喀则报》汉文版转日报、藏文版转周三报的工作。

“围绕推动科学发展，促进社会和谐稳定”主题，强化了科学发展观和建设经济强区的宣传。深入宣传了十七大精神、十七届三中全会、区党委七届三次、四次全委会等一系列重要会议精神；宣传了日喀则地区为推进经济强区建设，努力走出中国特色、西藏特点发展路子的经济强区建设的主要任务和总体部署；宣传了全地区各县市各部门深入贯彻落实科学发展观，推进经济强区（县）建设的有力措施、新鲜经验及最新进展；集中宣传了先进示范和典型引路，宣传了干部群众新的精神面貌和基层政权的新变化、新成就，推出了一批“把小的做大，大的做强，特的做优”的先进典型。

【以传承发展为重点，繁荣了文艺文化工作】创作优秀精神文化产品。历时两年的全面反映日喀则地区各县市地理、历史、文化、经济、政治等综合情况的《西藏日喀则地情系列丛书---县市卷》（18卷本）已完成文字稿的编辑工作，等条件成熟时付梓印刷。3月份，编排推出了原生态系列组舞《喜玛拉雅风情》专场晚会，还组织专人编录了《喜玛拉雅风情》VCD、DVD，目前该光碟已编录完成并推向市场。

推动群众性文体活动。坚持“面向群众、扎根基层、服务基层”的群众文化工作方针，深入开展了“三下乡”、城市广场文艺“月月演”和职工文艺活动，举办了“迎奥运万人签名活动”和以“传递奥运精神，喜迎奥运盛会”为主题的大型健美操表演活动，参加了珠峰大本营奥运火炬登顶珠峰成功庆典演出，组织专业人员利用每周双休日的时间为地区福利院的孩子们进行音乐辅导，丰富了他们的业余文化生活。 在“萨嘎达瓦”、“扎寺展佛”、“达玛节”、“林卡节”等传统节日、宗教活动期间有针对性的开展文艺文化工作，丰富基层群众的文化生活，尽可能减少群众在宗教活动期间到拉萨或日喀则聚集的人数，为维护社会稳定起到了较好的效果。

发展专业文艺。元月份，组织专业文艺团体在地区军分区、边防支队等处演出3场，观众达5500余人次。组织地区民族艺术团赴西部四县进行“三下乡”慰问演出6场，观众达25500人次。顺利完成“迎奥运暨火炬登顶珠峰”专场文艺演出。

开展非物质文化遗产的保护与传承。根据自治区的统一安排，完成了第一、二批国家级和自治区级21个非物质文化遗产保护名录的藏文翻译任务，充实完善已公布的21个非物质文化遗产项目数据，基本完成较为完备的非物质文化遗产资料库。同时，积极做好江嘎尔藏戏、湘巴藏戏、喇嘛嘛呢、江孜手工制陶工艺等非物质文化遗产的申报、保护与开发利用工作。

加强文物调查与保护工作。积极组织开展第三次全国文物普查工作，目前组建了普查队伍，并进行了人员培训、设备配备和试点工作。2008年6月中上旬，在江孜县江热乡和紫金乡开展了文物普查试点工作，调查了8处文物点（复查2处，新发现6处），为下一步全面普查奠定了良好的基础。继续做好文物保护工作，吉隆县强准寺抢救维修工程竣工，昂仁县日吾其金塔维修工程开工，扎什伦布寺文物保护工程启动，正在编制岗巴县乃甲切木石窟寺和亚东县海关遗址保护维修工程的维修方案。

【深入开展爱国主义教育和群众性精神文明创建工作】一是大力开展以“文明城市、文明村镇、文明行业”为重点的精神文明创建活动，继续抓好农牧区 、城镇社区、国有企业的先进典型的培养，使日喀则地区精神文明建设更加规范。制定出台了《日喀则地区文明单位、文明行业、文明乡镇（村）、文明户评选办法及文明市民公约》，有力地指导了全地区精神文明建设工作。二是大力开展“迎奥运、讲文明、树新风”的宣传教育，精心组织全地区的“三下乡”和“四进社区”等活动，并通过“三下乡”和“四进社区”等活动，逐步改变群众中存在的陈规陋习，引导广大群众崇尚科学文明，推动社会主义新农村建设。大力加强新旧对比教育，充分利用好江孜宗山、帕拉庄园等生动教材，深刻揭露旧西藏的黑暗和反动。三是深入开展未成年人的思想道德教育，开展“社会主义荣辱观”进校园工作，落实了西部助学工程 “宏志班”学生和2008年西部贫困大学生的推荐、资助工作，整顿校园周边环境，为未成年人健康成长营造良好环境。四是以具体活动为抓手，将各类创建活动引向深入。2008年，根据区党委宣传部的统一安排，牵头开展了日喀则地区的“迎奥运、讲文明、树新风”和“和谐家庭”评选、展示活动，启动了“我推荐、我评议身边好人”活动。开展了奥运礼仪知识竞赛活动，组织获得一等奖的参赛队参加自治区的“迎奥运、讲文明、树新风”礼仪知识竞赛，普及了奥运知识，推动了文明新风的形成。积极做好“推荐评选自治区道德模范”活动、国家级和自治区级文明单位的复查和评估工作、全国第二批文明单位、文明行业、文明乡镇评选推荐工作。

【抓好对外宣传工作】外宣工作紧紧围绕正面宣传西藏和揭批达赖两大任务，围绕加强基层基础工作和“大奥运”外宣两项重点，开展外宣调研，制定了五年规划，加强了制度建设。不断加大网络宣传的信息量，及时收集登载新闻信息。2008年，配合大奥运外宣工作，加强了采访线工程建设，新建或完善了318沿线日喀则地区所属510千米内的31个外宣点（采访点），并组织人员先后3次到各外宣点（采访点）开展督查调研工作，新制外宣折页40000余份，悬挂国旗6000多面。同时对各外宣点有关人员、国道318沿线农牧民群众开展奥运知识培训达5万多人次，为迎接奥运火炬登顶珠峰的展示打下了坚实的群众基础，营造了良好的氛围。

【努力实现“村村通”目标，深入做好广播电视工作】2008年全地区1759个行政村和较大的自然村已基本实现“村村通”，

“西新工程”、“2131”工程都取得了显著成效。全地区累计建成乡村级各类型台站2548座，其中，广电收转站754座，直播卫星单收站1606座，村锅通52座，广播电视覆盖率分别达到90.65%和87.72%。“西新工程”在巩固成果、稳步推进的思路下取得新进展，康马、萨嘎、吉隆三县新建和吉隆镇电视台的维修调频广播机房即将投入使用，由援藏投资建设的萨迦、亚东、南木林、谢通门四县广电综合楼也极大改善了基层的办公条件。农村电影“2131”工程已建成“日喀则地区数字电影珠峰院线”并为18个县市发放了36套价值150余万元的数字电影设备。拉萨“3•14”事件后，组织爱国主义和西藏社会发展成就主题影片开展“进学校、进部队、进社区、进寺庙”活动，共放映4590场，观众达55万人（次）。稳步推进了农村电影“2131”工程，截至9月底，地区电影公司为农牧区共放映28003场，观众达461万人（次）。同时，加大了广电技术培训维护维修工作力度，加强了行业监管，实现了安全播出。

【以活动为抓手，做好改革开放三十周年的纪念活动】积极配合区党委政策研究室做好《中国共产党西藏历史图志》编撰工作；起草下发了《关于开展日喀则地区纪念改革开放三十周年征文活动的通知》，在全地区各族各界干部群众、学生和离退休老同志中进行征文活动，到目前为止，共收到各类体裁征文100余篇，稿件的审稿工作已进行尾声，入选的优秀稿件将汇编成册。举办了《辉煌30年》—日喀则地区“迎奥运暨纪念改革开放30周年书法摄影展”；举办了地区纪念改革开放30周年职工文艺汇演；配合地区纪念改革开放30周年活动办到拉孜、江孜、萨迦等县成功举办了纪念改革开放30周年书画摄影巡回展；安排地区主要媒体做好改革开放30周年成就报道、各项活动的报道等，营造日喀则地区纪念改革开放30周年的浓厚氛围。

日喀则地区党校

【年度综述】2008年，中共日喀则地委党校、日喀则地区行政学校用心抓好教学、科研和行政后勤工作，举办各类主体班次16期，授课1212课时，培训学员986人次，中函毕业大专班学员260名、本科班学员294名，撰写理论文章15篇，参与各级各类研讨会10篇，流动党校送教上门80场次，听课7000人次，圆满完成了地委、行署下达的各项任务。

【严格执行教学规划，积极完成培训任务】办班16期，授课1212课时，培训学员986人次。教学是党校和行政学校的中心工作，2008年日喀则地区党校紧紧围绕地委、行署中心工作，举办了县处级十七大精神专题研讨班2期，236人；乡镇干部十七大精神培训班1期，35人；军转干部十七大精神培训班1期，35人；“反对分裂、维护稳定、促进发展”主题教育骨干班1期，136人；基层人大培训班1期，60人；离退休党支部书记培训班1期，33人；公务员初任培训班3期，141人；乡镇党委书记科学发展观专题培训班3期，140人；副县处级党员领导干部任职培训班2期，84人；基层汉族干部藏语会话培训班2期，86人。进一步增强了学员反对分裂、维护稳定、促进发展的自觉性和主动性，坚定了政治立场和理想信念，增长了知识才干，增强了党性修养，提升了道德情操，转变了工作态度与作风，增强了拒腐防变能力。

【深入全地区县市、单位举办流动党校】授课80多场次，320课时，听课7000人次。此外，根据地区反分裂斗争形势需要，按照地委的统一部署，日喀则地区党校一名校领导参加地区寺庙法制宣传教育工作领导小组，利用半年时间，深入扎什伦布寺、萨迦寺开展寺教工作，讲授了党的十七大精神、“八荣八耻”、拉萨“3•14”事件真相等内容，授课56场次，听课僧尼1175人次，在反对分裂、维护稳定中发挥了党校的作用。在全地区传播了党的理论、路线、方针、政策，传达了党委、政府的决策思路及工作部署，节约了干部培训经费，较好地发挥了党校作为党的理论主阵地的作用。

【继续抓好函授教育、教学改革、队伍建设和基层党校业务指导等工作】在函授教学上，严格按照上级要求，切实做好函授收尾工作，2008年毕业学员大专260名，本科294名，目前在校学员907名。教学改革上，进一步完善教学布局，使党校培训教育紧紧围绕地区中心工作不断充实内容、调整方法，采取集体备课及试讲、评教评学、课时量化，教学过程中采用案例分析式、专题研讨式、外请领导专家学者授课、互联网多媒体授课等方式，增强了培训效果。选送1名教师到中央党校读研，新招聘3名教师，选派9人前往区党委党校、上海市委党校、上海团校等处学习充电，为提高队伍素质做了新的努力。在年底拟召开地区党校工作座谈会，传达贯彻全国党校工作会议、全区党校工作座谈会精神，了解掌握县（市）委党校基本情况，部署全地区党校工作，为2009年全区党校工作会议打基础、做准备。

【认真抓好理论研究工作】全年完成理论文章15篇，在各类研讨会上投稿10篇。其中《改善民生问题已成为我党工作重中之重》、《西藏改革开放30年的历史进程及宝贵经验》、《改革开放三十年来中国共产党在西藏的执政实践》、《西藏实现跨越式发展必须坚持改革开放》等10篇文章在区党委宣传部、党校，地委宣传部等纪念改革开放30周年理论研讨会上投稿。收集资料，编定印发了《中国特色社会主义理论体系读本》500本，促进了日喀则地区党校教材建设工作。此外，日喀则地区党校校领导、高级讲师巴桑同志根据形势的需要，录制了藏语版《高举爱国主义旗帜，深入揭批达赖分裂主义集团的反动本质》讲座的光盘，发放到各县，推动了农牧民党员的学习教育，收效明显。

【充分调动援受双方的积极性，认真抓好受援与对口扶贫工作】山东省委党校援藏干部李海亭同志担任日喀则地区党校副校长一职，分管教务工作。2008年校党委充分调动和发挥援藏干部的积极性，引导援藏干部在两地党校教育资源对接中发挥桥梁和纽带作用，使物质援助和智力援助相结合，取得了一定的实效。在工作中，李海亭同志认真负责，深入细致，把内地先进的教学管理经验带到了党校，推动了各项工作发展。

按照地区要求，日喀则地区党校与地区邮政局继续联合对口扶贫昂仁县阿木雄乡。年初，两单位共同制定了援助明细表，明确了实施援助的时段划分、方法、步骤、达到的目标等内容。组成工作组 2 次前往该乡进行实地调研，兑现扶贫资金 58000 元，捐赠衣物 200 多套，受到当地干部群众好评。此外，全体干部职工还向仲巴、当雄地震灾区捐款 10200 元，加上向汶川灾区的捐款及特殊党费，累计捐款 111030 元。

日喀则地区工会工作

【建立和完善困难职工档案，加强动态管理】2008 年，日喀则地区工会又及时地对部分困难职工的档案进行了调整，2008 年，共建立了 804 名困难职工的电子档案。电子档案库的建立，为日喀则地区工会及时准确地了解掌握困难职工家庭生活状况、致贫原因等情况提供了第一手资料，对困难职工实施救助、实行动态管理创造了有利的条件。

【开展送温暖、帮扶救助工作】2008 年的三大节日期间，在上级工会组织的大力关心和帮助下，在地委、行署的高度重视下，通过集中慰问、走访慰问的方式，全地区共计慰问困难职工 761 户，发放慰问金 54.85 万元。在此期间，地区行署专员许雪光和人大地区工委副主任边巴次仁同志与工会干部一同深入地区矿业公司、建筑公司、圣康农产品加工厂，对 5 户困难职工家庭、2 名全国劳模、1 名全国五一劳动奖章获得者和 2 名自治区劳模进行了慰问。另外，还配合自治区慰问团，开展了对定日、拉孜、地区建筑公司等单位困难职工、个别劳模，以及珠峰农机公司农民工的慰问，把党和政府的温暖、工会组织的关心送到职工心中。

2008 年 3 月，日喀则地区工会及时为 19 名困难职工子女发放了 51500 元的助学资金，向因患大（重）病致贫的困难职工家庭 56 户发放医疗救助金 87200 元，对他们表示了慰问、倾听了他们的心声、宣传了国家的政策。“三八”妇女节之际，日喀则地区工会妇女职工自筹资金看望慰问盲人学校，为他们赠送价值 1000 元的各种学习用具。4 月 29 日，日喀则地区工会看望慰问了执勤在一线的日喀则地区公安干警和武警内卫支队，为他们送去了价值 11000 余元的慰问品。五一前夕，以地委副书记赵卫星同志为组长的地区工会慰问组，走访慰问了 1 名五一劳动奖章获得者、2 名自治区级劳模和 5 名困难户，为他们送去了 3400 元的节日慰问金并致以节日的祝福；同时日喀则地区工会还组织召开了劳模、企业界代表庆“五•一”国际劳动节座谈会。另外，还为地区商贸公司、金龙公司、聂拉木县、江孜县 4 名患大病困难职工解决了医疗救助金 28000 元；为圣康农产品加工厂、拉孜县 2 名困难职工子女解决助学资金 6000 元；为拉孜县 1 名困难职工解决建房资金 10000 元。5 月 12 日四川汶川发生特大地震后，积极响应地委行署关于开展抗震救灾号召，发扬“一方有难八方支援”的优良传统，组织退休职工在内的全体干部职工，开展向受灾群众的捐款献爱心活动，共计为灾区捐款 37550 元，交纳特殊党费 9550 元；在仲巴、当雄地震发生后，全体干部职工再次捐款 2810 元，衣物 28 件；以实际行动体现了工会干部积极参与抗震救灾、重建家园的自觉性。

2008 年，还深入扶贫联系点萨迦县雄麦乡，慰问困难群众，实地检查验收 2007 年扶贫项目完成情况，并结合当地实际情况，研究落实了 2008 年的扶贫项目：一是扶持雄麦乡的养鸡项目；二是支持该乡短期育肥项目；通过本处出资和职工捐款月工资总额的 5%等形式，共为这两个项目筹措资金 33880 元。另外，还解决了 5000 元种子款，以解困难群众的燃眉之急。5 月份以来，认真开展了为地直国有企业无住房困难职工申请政府廉租房的工作，通过协调争取有 72 户困难职工家庭基本符合入住条件。自 9 月 18 日开始，利用 3 天时间，邀请了地区人民医院 2 名副主任医师、1 名医务人员，地区藏医院 1 名副主任医师、1 名医务人员为地区雪莲公司、仁布县达热瓦建设工程有限责任公司、谢通门县泰盛矿业公司等 5 家国有企业、5 家私有制企业近千名职工、农民工进行了义诊，开展了送医送药活动，共免费发放了 3.3 万元的药品。在谢通门县的送医送药活动中，还专门到县敬老院对 9 名孤寡老人、2 名孤儿进行了详细的检查治疗。

【积极协助政府做好就业再就业工作】2008 年，继续将帮助困难职工子女就业作为工会帮扶救助工作的重要内容。认真开展了对企业困难职工家庭子女待业情况的摸底调查，掌握了全地区国有企业待业人员的基本情况，为日喀则地区工会今后开展就业再就业工作提供了依据。与地区劳动和社会保障局联合组织了 6 名地直及日喀则市国有企业困难职工的子女，开展了烹饪、汽车驾驶、保安、计算机等职业技术的培训。聂拉木县总工会出资 1 万元帮助县国合公司一名职工实现再就业。拉孜县总工会紧密结合本县开发旅游纪念品、新农村建设等劳动力市场需求实际，积极争取县委、政府的大力支持，拿出专项资金近 2 万元，聘请 3 名技术老师，组织困难职工子女及农牧民困难家庭子女 32 名，开展为期 3 个月的织卡垫、缝纫、民族传统绘画等方面的技术培训。

【劳模工作得以更好地开展】2008 年，日喀则地区工会向 13 位全国劳模、英模共计发放“三金”41800 元，其中给 9 位全国劳模发放生活困难补助金、特殊困难帮扶金 34000 元；慰问了 3 名自治区劳模，发放慰问金 1500 元。通过广播、电视、报刊等新闻媒体，向全社会宣传报道各级先进人物的事迹，努力在全社会营造尊重知识、尊重创新、尊重人才、争当模范的良好氛围。另外，还严格按照《西藏自治区总工会关于推荐评选全国五一劳动奖状奖章、全国“工人先锋号”的通知》（藏工发[2008]8 号）精神，经过层层筛选、审批和把关，推荐评选上报了 1 名全国“五一劳动奖章”获得者、1 名全国“工人先锋号”获得者。

日喀则地区妇联工作

【巾帼建功】2008 年 5 月，日喀则地区实验幼儿园、日喀则地区人民医院妇产科被全国妇联、第29届奥运会组委会、全国巾帼建功领导小组授予全国“巾帼文明岗”荣誉称号。为进一步深化“巾帼建功”活动，地区“巾帼建功领导小组”为荣获“全国级巾帼文明岗”的日喀则地区实验幼儿园举行了授牌仪式，扩大其示范作用，带动行业精神文明建设，在全地区城镇妇女中掀起了爱岗敬业，岗位建新功活动，调动了城镇妇女的劳动热情。

在农牧区，各县市妇联引导农牧区妇女通过形式多样的“双学双比”活动广泛参与经济建设和基础设施建设，为构建和谐社会做出了积极努力。各级妇联带领广大妇女修路749.855千米、维修水渠242.158千米、水坝7.122千米、植树1626亩48780株、进行草场灭鼠5.7万亩、囤积抗灾牛粪及柴火5吨、打扫卫生千余次、参加妇女万余人。康马县部分乡镇组织妇女采挖贝母、雪莲、出售酥油、奶渣，羊毛共创收达9万元。

【家庭教育】2008年全地区18个县市妇联均在县完小或村教学点建立了家庭教育工作示范点，创建双合格家庭117个，开办了21期“家长班”，1399名家长参加了学习，有效地推动了基层家庭教育工作的开展。

【劳务输出】2008年全地区妇女劳力输出87928人次，创收27007.034万元。各级妇联在劳务输出中通过宣传转变妇女就业和择业观念，有针对性地开展了党和政府关于就业再就业方针政策的宣传、教育工作，鼓励和帮助她们自谋职业、自主创业，树立竞争意识和市场意识，并在劳务输出中通过履行职能维护好妇女的劳动权益，关注女职工、女农民工的劳动权益，努力使她们学法、知法、懂法，做好了现实中的维权工作。

【小额信贷】2008年，各县市妇联帮助部分妇女脱贫致富，为其寻找项目、分析市场行情，使部分贫困妇女从银行低息取得小额贷款，从事纺织、养殖、种植、民族手工业、小百货经营等项目。全地区实际发放贷款31.8万元，80户农牧民受益，创收12万元。

【发挥职能，切实维护妇女儿童合法权益】2008年，地区各级妇联突出维权职能，从有利于最大限度地增加和谐因素出发，做到了主动维权、依法维权、科学维权。一是各县市妇联利用“三八”、“六一”、“十二、四”等时机，开展了“关注妇女儿童事业、维护妇女合法权益”、“关爱母亲、关爱女孩”主题宣传活动，以展版、挂图、播放录音的形式宣传了妇幼保健、优生优育、禁毒、环保、艾滋病预防等相关法律知识， 发放各类宣传册近3万份，加大了普法宣传力度；二是努力建立各县市维护妇女儿童权益的协调机构，推动社会化维权工作，强化全社会依法维护妇女权益的意识，努力营造政府重视、全社会尊重和保护妇女儿童权益的良好氛围；三是认真做好信访接待工作，重点推动解决农牧区妇女和外来务工妇女的权益保障问题。2008年1月至9月，日喀则地区妇联共接待处理上访事件16起，其中家庭暴力案5起、拐卖案1起、维护妇女儿童权益案10起，处理结案11起，尚在处理中的5起。基层妇联接待上访126起，结案率达到80%以上。

9月，日喀则妇女联合会就贯彻执行《婚姻法》、《未成年人保护法》及其实施办法情况向自治区工作组作了汇报。对制定《反家庭暴力法》征求意见，10月日喀则妇女联合会采取以调查问卷及访谈形式，对日喀则地区的家庭暴力现状进行了随机抽样调查，形成《简析日喀则地区当前反家庭暴力实践中存在的主要问题及对策》《近年来开展儿童维权工作情况调研》等调研报告。

日喀则地区残联工作

【扎实开展第十八次“全国助残日”活动】2008年，日喀则地区残联轰轰烈烈扎实开展主题教育活动，全国人民积极支援四川人民抗震救灾之际，5月18日，日喀则地区残联迎来了法定第十八次“全国助残日”。日喀则地区残联根据自治区残联的要求，地委、行署领导的批示，结合主题教育活动认真组织并扎实开展了此次助残日活动。在主要街道悬挂宣传横幅，并在山东路设立了宣传点，大力宣传《西藏自治区实施〈残疾人保障法〉办法》等。共散发宣传单，残疾人信息、杂志3000余份。提升了社会对残疾人这个特殊困难群体、对残奥会的关注程度，在全社会进一步营造了关爱残疾人和支持残疾人事业发展的社会氛围。

在助残日期间，日喀则地区残联还结合主题教育活动，看望慰问了日喀则市区三户贫困残疾人家庭，并为他们送去了慰问金共计1500元，这充分体现了党和政府对残疾人的关心、关怀和支持，送去了祖国大家庭的温暖。积极支援汶川地震灾区人民抗震救灾，在职9名职工共向灾区捐款3000元，表达日喀则地区残疾人和残疾人工作者对灾区残疾人的关心、支持和帮助。

【扎实工作，积极完成残疾人康复任务】2008年，由上海市宝刚集团有限公司、中国残疾人福利基金会捐助资金“爱心永恒，启明行动”项目在日喀则地区顺利启动，项目的启动对于推动日喀则地区“十一五”期间残疾人康复事业的全面发展，大力弘扬人道主义精神，倡导扶残助残的良好社会风尚，营造团结、友爱、文明进步的社会环境。项目启动后，日喀则地区残联成立了领导小组，为启明行动提供了强有力的组织保障。还根据仲巴县的实际情况详细制定了“爱心永恒，启明行动”实施方案。2008年8月，日喀则地区残联已对仲巴县13个乡镇600余名白内障患者进行了筛查，200余名基本符合手术条件将择期手术。

2008年7月，日喀则地区残联还对日喀则地区18个县市肢体残疾人员基本情况进行了摸底调查，为今后肢体残疾人员康复工作打下了坚实的基础。为一名肢体残疾人员安装了假肢并解决了交通费。根据自治区残联要求为使广大贫困肢体儿童通过矫治手术、矫形器等辅助器具装配和术后康复训练，最大限度恢复肢体的运动功能，改善残疾状况，日喀则地区残联筛选出9名符合条件的贫困肢体儿童送往自治区残联进行矫治手术治疗。2008年内，日喀则地区残联还为一名贫困聋儿每月提供100元生活费将其送往培训中心进行聋儿语训。

【不断加强基础设施建设与对口支援工作】2008年，根据全国残联系统援藏工作实施意见援助计划，由吉林省、黑龙江省、山东省、上海市、济南市、青岛市等六省（市）援助西藏日喀则地区残疾人综合服务中心项目建设。现已有黑龙江、吉林两个省的援助资金到位。日喀则地区残联残疾人综合服务中心项目也得到了地委、行署及相关部门的大力支持。地区国土局划拨 5 亩土地，作为该工程建设用地，办理了土地许可证。地区发展和改革委员会对该工程作了立项批复（日发改社会[2008]4 号）。2008 年底，日喀则地区残联将赴上海市、山东省、青岛市残联考察学习，加强交流与合作，争取援助资金全部到位，早日建成康复服务中心。

日喀则地区检察工作

【开展反分裂斗争和维护社会稳定工作】2008 年，针对拉萨“3•14”打砸抢烧严重暴力犯罪事件，日喀则地区两级检察机关始终把反分裂斗争和维护社会稳定工作作为首要政治任务，认真贯彻执行党中央、区党委、地委和区检院关于打击和防范分裂破坏活动的一系列决策部署，牢固树立“稳定压倒一切”的思想，始终坚持“旗帜鲜明、针锋相对、主动治理、强基固本”和“标本兼治、重在治本”的工作方针，全力服从和服务于社会大局，切实为维护社会政治局势稳定和确保社会长治久安做出了积极贡献。

【突出抓好各项防范工作】2008 年，日喀则地区分院及时调整充实了维护稳定处置突发事件应急领导小组。及时制定了《日喀则分院关于做好奥运火炬传递及奥运会期间处置突发事件工作预案》，先后多次下发《日喀则分院关于切实做好维护社会稳定工作的紧急通知》等文件，切实把维稳工作做深、做细、做实。加大了对日喀则市青岛路以北、年楚河以西区域的昼夜巡逻力度，各基层院严格按照当地党委、政府的安排部署，迅速组成应急分队，自 3 月 10 日以来，两级检察机关同有关单位同心同力、通力合作、协调配合，在开展维护社会稳定工作中共投入警力 13051 人（次），对 32 个银行（信用社、营业点）、58 所学校、75 座寺庙、24 个油库、37 座水库、200 余座桥梁、487 个涵洞严密监控、蹲点守候，出动车辆 2026 台（次），安全行驶 33.03 万千米，投入维稳经费 196.85 万元。

【突出声讨揭批达赖集团的分裂破坏活动和宣传教育工作】拉萨“3•14”事件发生后，全体检察干警及离退休干部团结一致、众志成城，通过多种形式开展声讨揭批达赖集团的分裂破坏活动和罪恶行径，并专门设置了揭批专栏，积极将声讨揭批活动引向深入，切实将全体干警的思想和行动统一到了中央和区党委的各项决策部署上来。为进一步使广大农牧民群众和青少年认清“3•14”事件真相，两级检察机关专门组织骨干力量多次深入农牧区、边境乡镇及学校、寺庙、社区和重点企业，开展了以认清“3•14”事件事实真相、形势政策、历史、法律法规等为主要内容的法制宣教活动。派出得力干警配合地区政协、统战、民宗等单位联合开展宣传教育活动，在广大干部群众中积极宣传党的爱民、护民、惠民政策，高唱共产党好、社会主义好的主旋律，为团结教育群众奠定了坚实的基础。两级检察机关紧紧围绕“3•14”事件，突出开展宣传教育活动 119 次，其中深入各中小学校开展法制宣传活动 25 次，受教育师生人数达 9 万余人（次），发放藏汉两种文字宣传单 6 万余份，接受干部群众法律咨询 490 余次。

【突出协调配合办案和对“3•14”涉案人员的管控】2008 年，日喀则地区分院及时成立了“3•14”、“4.28”案件协调领导小组和专案组，抽调业务骨干配合区检院和地区专案组工作，提前介入，积极引导侦查机关调查取证。配合党委、政府做好“3•14”涉案“返回”人员的管控工作，全面掌握“返回”人员的思想行动情况，密切防范部分涉案人员隐藏、潜逃，防止分裂破坏分子伺机作乱，切实将一切倾向性、苗头性的隐患坚决、果断地处置在萌芽状态。

日喀则地区司法工作

【法制宣传工作扎实推进】2008 年，日喀则地区司法工作立足本职，服务大局。自“3•14”事件发生以来，维稳工作有序推进，积极投身于市区和责任区面上 24 小时巡逻值勤工作，日喀则地区司法处干部职工共参与维稳（面上巡逻）313 次，2421 人（次）；出动车辆 184 次，全处干部职工始终坚守值班岗位；抽调工作人员协助相关部门，深入拉孜、萨迦、定结等县进行了为期 8 天的维护稳定检查督导工作和对“3•14”事件涉案释放人员教育转化工作进行检查指导；各县（市）司法局均制订出台了《关于“3•14”事件涉案人员进行教育转化的工作方案》并与“3•14”事件涉案人员签订了《管控教育转化责任书》和建立档案、动态管理，形成了较为完善的人头档案，目前已形成地、县、乡、村管控网络；通过法制讲座、法律咨询、以案说法、现身说法、利用电视媒体播放法制教育片等群众喜闻乐见的形式开展“人文奥运、法制同行”主题宣传活动。

紧紧围绕构建平安日喀则、和谐日喀则和建设社会主义新农村的目标深入开展“法律七进”活动。地、县两级司法局积极组织普法领导小组成员单位，深入开展“送法下乡”、“送法进村”和“送法入户”活动；向各单位、机关、企业、乡镇、寺庙、学校，免费发放“五.五”普法法律知识丛书 7500 册，并认真开展法制宣传教育，基本上做到了每乡（镇）、每村有普法学习资料；地区司法处积极与地方财政和上海援藏有关方面沟通，筹措 27 万元普法资金，翻译藏文版《农牧区法律知识读本》共计 3 万册，拟近期向各县（市）及乡（镇）、村下发；通过“民主法制示范村”创建活动、“法律明白人”、“法制宣传教育先进个人”、“学法先进户”等内容的评比活动，把法制宣传教育与基层依法治理结合起来，形成了人人学法、人人用法、争当守法公民的良好社会氛围。

发挥职能作用、建立健全普法工作机制，认真开展“五.五”普法工作。地区普法办根据日喀则地区法制宣传教育领导小组成员变动情况，及时调整充实了地区普法领导小组，制定出台了《地区普法领导小组工作职责》、《日喀则地区普法办工作职责》和《日喀则地区普法领导小组各成员单位职责》等一系列工作规则，进一步加强了对"五.五"普法工作的领导；6月25日—7月9日，以司法处党组书记和3名副处长组成的"五.五"普法中期督导检查组分赴6个地（区）直单位、18县（市）共24个乡（镇）、16座寺庙、13所中（小）学、一个社区、4个村庄、10个县直单位，采取"一听"、"二看"、"三评议"的方式方法，对以上各单位自"五.五"普法开展以来工作情况进行督导、检查验收并评分，经检查督导结果表明，"五.五"普法工作开展以来，日喀则地区法制宣传率达到了86%。日喀则地区的"五.五"普法工作经自治区"五.五"普法中期检查验收组的验收，得到了充分好评和肯定。

组织实施公务员法律知识考试。决定在11月份组织全地区公务员进行一次法律知识考试，对考试内容、考试范围和对象、考试时间、考试方法、考前准备工作、考试结果的使用等都做了详细规定，并向各县（市）委组织部、宣传部、普法办、司法局、地（中、区）直各单位政工人事部门印发了通知、法律知识考试复习大纲（该考试大纲共有100道题）和《2008年法律知识考试复习问答题》（共66道题）。

【加大基层基础工作力度，积极为构建社会主义和谐社会服务】目前，全地区各乡镇、街道办事处、企事业单位共建有各级调解组织1667个、238个调解委员会，2448名人民调解员，226个司法助理员（均系兼职）。全年共受理纠纷2086件，调解成功率达98.2%，基层人民调解组织建成率99%。

刑事解教人员衔接工作进一步规范。截止2008年底各县（市）建立了各级安置帮教协调小组222个，全年衔接刑释解教人员8名，建档率99.1%，安置5名，帮教8名，无一人重新犯罪。

【进一步拓展和规范法律服务工作，加大法律服务和法律援助工作力度】目前日喀则地区18个县（市）法律援助中心机构建制得到地区机构编制委员会批准，日喀则、拉孜、南木林、江孜4县（市）的法律援助中心已挂牌成立，康马、定日、萨迦、昂仁4县的法律援助中心已成立但尚未正式挂牌，其它6县司法局法律援助中心正在积极筹建。截止到2008年10月底，地、县两级法律援助中心共受理诉讼案件114件、非诉讼案件292件、为当事人及困难群众代写法律文书286件、接待来访及咨询3853人次。

公证处在2008年的工作中着力加强办证质量管理、积极拓宽业务渠道，新拓宽了未婚公证、未再婚公证、出生公证、学历公证、证人证言公证5项公证事项，扩大了服务涵盖面，截止2008年10月底，受理各种合同（协议）公证达411件（民事260件、经济151件）；律师事务所。到2008年10月底共受理诉讼案件23件（民事18件、刑事5件）、担任行政机关、企（事）业法律顾问5家、受理法律援助案件2件，免费为当事人代写法律文书9件。

【严格把关，做好国家司法考试报名工作】选派了一名业务能力较强的工作人员，参加了为期两天的网上报名操作培训。同时，日喀则地区网上报名和考务管理系统硬件配置于6月7日通过了司法部司法考试司的测试，为日喀则地区国家司法考试工作的顺利完成创造了良好的条件。2008年日喀则地区报考的考生共计121名，比往年增加了73.5%，其中法院系统80名、检察院系统34名、其它行业7名，经2008年7月25日西藏自治区司法厅国家司法考试处的复审全部通过。日喀则地区司法处被司法部评为全国司法考试先进集体。

日喀则地区民族宗教工作

【"3·10"敏感日和"两会"期间维稳工作贯彻落实情况】2008年，日喀则地区民族宗教局高度重视、周密部署，针对日喀则地区实际情况，特别是以亚东、定日、定结、聂拉木、吉隆、萨嘎和仲巴县为重点，以密电形式下发了《日喀则地区民宗局关于"3·10"敏感日和全国"两会"期间做好宗教领域维稳工作的通知》，通知中除自治区民宗委所强调的内容外，日喀则地区民族宗教局还特别要求日喀则地区各县（市）民宗局要密切关注各宗教活动场所，要加大对寺庙僧尼和外来朝佛人员的管控力度，从源头上杜绝和减少此类事件的发生，严防不法分子乘机扰乱寺庙正常秩序，确保万无一失。

【扎什伦布寺僧众对拉萨"3·14"发生的打砸抢烧严重暴力犯罪事件的看法和意见】3月17日上午11时15分，日喀则地区民族宗教局组成工作组，由局党组书记、副局长张臣德同志带队，深入扎寺就拉萨"3·14"发生的打砸抢烧严重暴力犯罪事件向扎寺僧众进行会谈，沟通了解。

扎寺作为历代班禅大师的驻锡地，有着优久的爱国爱教光荣传统，历代班禅大师也是爱国爱教的典范，这与党中央、国务院、区党委、区政府、地委、行署、自治区民宗委和地区民宗局的正确领导和具体指导是密不可分的。3月14日下午破坏活动升级后，民管会立即组织全体僧众连续3次召开大会。会上，全体僧众无一不对在拉萨发生的打砸抢烧破坏活动表示极大厌恶、强烈愤慨和严厉谴责。全体僧众至今一直牢记十世班禅大师在世时，对此类事件的教诲：扎寺僧众一律不允许参加暴力事件，永远维护祖国统一、反对民族分裂。进一步提高警惕、加强戒备，并组织民管会骨干力量到日喀则市区巡逻、除正常外出办事僧人外，没有发现擅自外出人员。

同时，僧众希望坚决打击和严肃处理参与打砸抢烧破坏活动的不法分子。希望政府把参与骚乱破坏的极少数僧尼与绝大多数爱国爱教的僧众区分开来、区别对待，把事实真相还于大众。

张臣德书记代表地区民宗局向扎寺民管会和全体僧众近期所做的各项工作表示感谢，并希望扎寺全体僧众在这一敏感日期一定要再接再励、高度警惕、严防外来人员到扎寺煽动、破坏，如遇突发事件，能制止的要尽量制止并报公安机关及时处理，牢固树立扎寺在全区的威望。

【日喀则地区宗教界人士声讨揭批极少数不法分子在拉萨实施的打砸抢烧罪恶行径】3月10日以来，在达赖集团的精心策划煽动下，极少数不法分子在拉萨进行打砸抢烧破坏活动，给人民生命财产造成了极大损失，严重破坏了社会秩序和社会稳定。期间，自治区各地市、各单位、各部门纷纷召开会议，愤怒声讨达赖集团滔天罪行，广大干部群众一致认为，这一事件是达赖集团有组织、有预谋、精心策划并组织实施的，是企图把西藏从祖国分裂出去的政治图谋。参加当天会议的领导有日喀则地区佛协常务副会长、地区政协副主席土登次旺，日喀则地区政协秘书长尼玛仓，日喀则地区民宗局党组书记、副局长张臣德，日喀则地区民宗局党组副书记、局长次旦久美。参加会议的还有扎什伦布寺、日喀则市清真寺、夏鲁寺、纳塘寺和色多坚寺的宗教界人士；地区政协，地委统战部、地区民宗局、地区寺教办的科以上干部。

会议首先由地区民宗局党组副书记、局长次旦久美同志通报3月14日在拉萨发生的极少数不法分子打砸抢烧事件经过；随后，地区政协副主席、地区佛协常务副会长土登次旺、地区佛协副会长恰追，扎什伦布寺代表班旦、扎西罗布，

日喀则市清真寺民管会主任阿布都日玛，夏鲁寺代表洛桑加措、维色，纳塘寺代表阿旺、洛桑曲扎，地区民宗局党组成员、副局长扎西、民族宗教科副科长索琼同志分别作了发言；

最后，由日喀则地区民宗局党组书记张臣德做了总结讲话。

【确保奥运火炬顺利传递】为了确保奥运会期间，以及火炬珠峰登顶期间日喀则地区宗教领域局势稳定。日喀则地区民族宗教局给各县（市）民宗局下发紧急通知，要求各县（市）所有在外学经人员必须返回寺庙，立即组派工作人员到拉萨市色拉寺、楚布寺、日喀则扎什伦布寺、日喀则侯寺调查了解各寺庙在区内外学经人员的思想动态，生活情况对学经人员进行再次思想教育。

日喀则地区扶贫（农业综合开发）工作

【目标任务明确】2008年年初，日喀则地区农发（扶贫）办与地区签订的目标任务是：扶贫农发基础设施建设国家总投资为6499.6万元（含农牧民安居工程建设国家2424.6万元）。对照签订的目标任务，经办党组、办务会多次研讨，在努力提高扶贫农发建设标准的同时，在年初计划争取国家投资8200万元；扶贫开发完成农牧民安居工程1507户、实施整乡推进扶贫6个乡镇、面上扶贫26个，农牧民扶贫培训0.3万人次；农业综合开发县江孜、白朗、日喀则市3县市在续建开发区的基础上，增加萨迦县列入农发区，黄牛改良1.6万头及特色产业化等开发任务。

【扶贫开发】截止2008年9月底，自治区已批复扶贫开发建设项目66个，投资6429.68万元，其中：国家投资5327.58万元，群众自筹及贴息贷款496.6万元，劳务投入605.5万元。项目下达后，日喀则地区农发（扶贫）办抽派领导及工程技术人员再次深入项目区进行认真调研、勘察，核实项目建设规模等内容，使项目有条不紊地进行实施。其中：1、面上扶贫项目36个，投资1756万元，其中：国家投资1406万元，劳务投入350万元。2、整乡推进项目21个，投资1123.5万元，其中：国家投资868万元，劳务投入255.5万元。3、特色产业项目9个，投资1018.6万元，其中：国家投资522万元，劳务及贴息贷款496.6万元。4、农牧民安居工程1507户，其中：绝对贫困户474户，相对贫困户1033户，国家投资2424.6万元。5、扶贫培训国家投资106.98万元，培训农牧民0.35万人（次）。

【农业综合开发】农业综合开发自治区农发办批复土地治理投资4700万元，其中：中央财政投资2741万元，自治区财政投资831万元（含地县配套40万元），项目区群众自筹资金60万元，群众投劳折资1068万元（35.6万个工日）。

农业综合开发产业化自治区农发办批复4个项目，投资1374万元，其中：中央财政投资500万元，自治区财政投资154万元，协会及企业自筹720万元。

全年完成扶贫农发国家投资9553.58万元，比年初计划争取投资8200万元增长了1353.58万元，增长了16.5%；比年初与地区确定的国家投资6499.6万元增加了3053.98万元，增长了46.99%。与2007年国家投资相比，增加了1868.88万元（2007年扶贫农发国家投资7684.7万元），增长了24.32%。

【整乡推进步伐加快，成效明显】通过对仁布县切瓦乡、萨迦县吉定镇、定结县定结乡、昂仁县桑桑镇、谢通门县谢通门乡、拉孜县柳乡的整乡推进项目建设，新修乡村内公路21.3千米，修建水塘6座，库容4.241万立方米，修建水渠5条，长12.23千米，交叉建筑物33座，新建农用桥8座，解决了303户、1690人的交通难问题。项目建成后，可保灌8285.25亩耕地及6830亩林草地，在现有200公斤亩产的基础上可提高单产75公斤，可实现人均纯收入平均增加200元的目标，同时通过整乡推进资金的扶持及群众自力更生，贫困乡村基础设施建设明显改善，生产生活条件明显提高。如：南木林县卡孜乡村民的人均收入从2004年底的1464.8元，递增到2008年的2169.94万元，即在三年内每年净增了235.05元。

【安居工程顺利实施，改善了居住条件】2008年的农牧民安居工程计划任务1507户，2008年房屋建设已完成1356户，占建设总任务的90%，其中：绝对贫困户完成412户，占建设任务的87%，相对贫困户完成944户，占建设任务的91%；目前在建的151户（占建设任务的10%），将在冬季全部完成，年底农牧民可搬入新居。通过实施贫困户安居工程建设，贫困户住房由建设前低矮、阴暗潮湿、破旧且每人仅有10平方米左右的住房状况，达到现有人均居住面积为25～28平方米，贫困群众住上了整洁、明亮的新房，有效地改善了贫困农牧民的居住条件，对下步贫困农牧民安居乐业、脱贫致富起到了积极作用。

【特色产业开发效益可观，活跃了农村经济】17个特色产业项目的实施，填补了日喀则地区农牧民开发建材产业的空白历史，据统计，特色建材业年采石总产量可达25万立方米，年采沙总产量达4.6万立方米，年销售总额达1995.6万元，年创利润726.2万元，项目区人均收入为

1654.9万元。2008年特色产业项目新购买装载机3辆、东风翻斗车6辆、小四轮拖拉机29辆、空压机28台、切割机16台、铁钎和钢锤250根（个）等；购买卡垫氆氇、毛线纺车、磨光机、钻孔机等259台（套）；修建砂石路13.6千米、桥涵5座；新修车间100平方米、厂房466.4平方米、销售点房屋260平方米等。项目的实施，解决了3937人就业，每人每年增加现金收入为3750元。农牧民群众在获得最大收入的同时，思想观念随之改变，自我发展和经营能力得到增强，项目建设逐步由政府牵头引导向经济能力带动的管理模式转变。

【面上扶贫整体推进，不断深入】2008年面上扶贫项目涉及范围广，针对了大多数乡镇基本建设的薄弱环节，努力抓好修建水渠、水塘及改造中低产田等。通过修建水塘3座，库容10万立方米；农用桥18座，共长97米，桥涵30座，过水路面2处；新修乡村公路30.73千米；改造中低产田2120亩，种草1680亩，草场围栏4400亩，使项目区1.39万亩农田及草场得到保灌，比开发建设前亩产量可提高到75公斤左右，13573头（只、匹）牲畜防抗灾能力得到保证，使949户4993人的交通难问题得到解决。

【对口帮扶效益明显】根据2007年确定日喀则地区帮扶单位105家，其中：自治区单位31家，地区级单位74家，日喀则地区农发（扶贫）办在加大与各定点帮扶单位协助的同时，各定点帮扶单位立足于当地实际，体现当地资源的特色优势，捐款捐物帮助群众脱贫致富，积极配合当地政府落实帮扶措施，注重帮扶效果，选准帮扶项目，提高建设项目的质量和效益。

2008年，自治区地区两级定点帮扶日喀则地区各县共完成资金726.51万元，其中：捐款150.7万元，捐物折资332.85万元，争取项目23个，资金242.96万元。通过这些资金的扶持，真正让农牧民群众切实感到定点扶贫工作带来的实惠。

【加大扶贫项目的监督检查审计工作】2008年始终坚持扶贫项目的公示、招议标、报账审计制，更加规范了扶贫资金的使用和管理。加大扶贫宣传工作力度，努力营造了全社会都来关心支持扶贫工作，关注弱势群体的社会氛围。

【农业综合开发进一步拓展，生产能力不断提高】2008年的农业综合开发区除前几年在江孜、白朗、日喀则市三县市继续开发建设外，增加了萨迦县农业开发区。2007年底至2008年初，日喀则地区农发（扶贫）办抽派技术员与有关县市农发办技术人员一道，深入一线开发区进行了实地踏勘，为2008年各开发区顺利实施做了大量的工作。2008年，土地治理项目中，完成客土改良0.454万亩、平整土地0.115万亩，完成任务的100%；新修机耕道36.24千米，完成任务的81%；新修支渠33.35千米，完成任务的66%；斗渠19.29千米，完成任务的81.9%；排涝渠0.9千米，完成任务的100%；科技示范推广1万亩、农田防护林2.17万株、人工种草0.88万亩、网围栏26.6千米、购置农机具39台（套），以上任务均完成100%。项目建成后，项目区可新增灌溉面积2.52万亩，改良土壤0.54万亩，改善灌溉面积0.8万亩，年新增粮食176万公斤，油菜籽16万公斤，干草690万公斤的生产能力。农业综合开发产业化项目通过实施后，白朗、江孜可形成年新增粮食加工761万公斤的生产能力，项目直接带动农户1520户，年直接受益的农民收入总额为66万元，新增就业50人。白朗县200栋蔬菜温室建设项目区年可新增蔬菜500万公斤的生产能力，项目直接带动农户200户，年直接受益的农民收入总额为82.2万元。通过黄牛改良1.6万头及配套设施建设，可形成新增奶类551万公斤的生产能力，项目带动农户5970户，年直接受益农民收入总额为232万元。

日喀则地区发展改革工作

【宏观指标】2008年，面对国内接连不断发生的严重自然灾害的冲击和世界经济金融形势振荡多变的不利影响，日喀则地区国民经济也保持了稳步发展态势。全年生产总值达65.62亿元，同比增长11.3%。国家投资和社会投资力度进一步加大，全年固定资产投资可达47亿元，完成全年计划任务的82.46%；居民消费价格上涨逐步放缓，总指数低于全国平均水平；全年地方财政收可入达2.37亿元，同比增长10.23%；劳务输出累计达33.41万人次，总创收5亿元，已完成全年目标任务；农牧民收入继续增加，现金收入达1538.49元，同比增长17.3%，年底农牧民纯收入达2965元，同比增长17.03%。

【第一产业】积极促进农牧业增产增效。全地区共计落实农作物播种面积127.76万亩，其中粮食作物播种面积76.81万亩，经济作物32.82万亩，饲草料作物18.13万亩，粮、经、饲三元比为60∶26∶14。初步统计，2008年全地区粮油总产达37.63万吨，比上年略增0.57万吨。前三季度全地区新生仔畜成活34.66万头（只、匹），成活率93%；成畜死亡2.04万头（只、匹），死亡率控制在0.3%；出栏上市短期育肥牲畜43万绵羊单位，纯收入1380万元，同比持平。

积极推进农牧区产业化经营。前三季度乡镇企业完成产值4.3亿元，同比增长12%；多种经营总收入7.3亿元，同比增长13%。挂牌成立了拉孜、康玛、谢通门三县农民专业合作社，至此日喀则地区已有各类经济合作组织41家，其中21家农民专业合作社已通过合作社法正式挂牌经营。

加大特色产业建设。2008年日喀则地区共实施了：亚东、聂拉木、南木林、定结4县无公害蔬菜生产基地建设项目，定日长所开发区奶牛养殖项目，拉孜牛羊短期育肥项目，日喀则地区种畜场、江孜奶牛扩繁场、白朗旺达奶牛扩繁基地等15个农牧业特色产业项目，为农牧民增收又开辟了一条新途径。项目计划总投资9057万元，其中国家投资4894万元，群众自筹4163万元。年底可完成目标任务。

农牧民安居工程。2008年全地区计划完成13325户农牧民安居工程建设、311个村级活动场所建设及118条村级道路硬化任务。截至目前，全地区共完成250个（其中：边境村28个）村级活动场所建设和83条村级道路硬化，完成农牧民安居工程 12184 户，占全年地区计划总户数的 91%，年底圆满完成年初确定的目标任务。

【第二产业】工业发展。前三季度全地区规模以上工业企业完成产值 12611.56 万元，同比下降 3.1%。1-9 月完成工业销售值 11633.16 万元，销售率 92.2%；发电量 5498.79 万千瓦时，同比增长 8.4%；自来水 496 万吨，同比增长 9.7%；水泥 82287 吨，同比增长 7.4%。面对严峻的发展形势，一是积极协助企业争取发展资金，上报了日喀则地区民族手工业发展资金项目 7 个，申请资金 1241.47 万元，其中申请国家解决资金 903.87 万元，有偿资金 80 万元，贴息贷款 70.5 万元，企业自筹 187.1 万元。二是协同地区财政局开展了非公有制经济发展专项资金申报工作，审查筛选了 5 个符合条件的企业上报，项目总投资 5243.76 万元，其中企业自筹 3175.6 万元，申请非公有制经济发展专项资金 704.56 万元，有效缓解了企业发展过程中的困难。

【第三产业】竭力恢复旅游业。受 3•14 事件影响，2008 年日喀则地区旅游产业下滑已成定局。但在党中央国务院的亲切关怀下，日喀则地区发展和改革委员会委积极配合区政府和行署连同相关部门采取有力措施，切实贯彻落实国办函 68 号文有关支持旅游业恢复的政策和措施，加大宣传力度，重振旅游市场，自下半年起，旅游业开始快速恢复。1-9 月份，日喀则地区累计接待国内外游客 28.6 万人次，比 2007 年同期减少 57%；旅游总收入 1.1 亿元，比 2007 年同期减少 70%。年底旅游接待人数可达 42.6 万人次，总收入可达 2.23 亿元，同比减少 62%。

服务业工作有序开展。2008 年以来，组织有关部门，结合地区服务业发展实际，研究提出了各部门促进服务业发展的政策措施，提出了日喀则地区促进服务业发展的指导思想、基本原则、发展目标、重点领域和政策措施。组织开展了 2008 年地区服务业发展引导资金支持项目的申报、筛选工作。为加快推进服务业标准化，建立健全服务业标准体系，会同质监局等有关单位，积极推进了服务业标准化工作。

固定资产投资基本情况。年初全地区计划社会固定资产投资 57 亿元。其中：国家投资项目 36 亿元，98 项，续建 32 项，投资 13 亿元；新建 66 项，投资 23 亿元。农林牧水项目 7.69 亿元。交通能源项目 23.19 亿元。社发项目 2.50 亿元。城市基础设施、稳定及房建项目 2.99 亿元。援藏项目 4.20 亿元。招商引资 7.20 亿元。社会等其他项目 9.50 亿元。

2008 年，全地区固定资产投资完成 47 亿元，同比增长 0.99%，完成年度计划 57 亿元的 82.5%。其中：国家投资项目完成 23.2 亿元，占年初计划的 65%。援藏项目投资完成 3.2 亿元，占年初计划的 76%。招商引资完成 4 亿元，占年初计划的 55.6%。

尽管在项目建设和投资落实工作上付出了艰辛的努力，但由于 2008 年经济运行中不确定不稳定因素明显增多，经济增速明显放缓，加之年初以来南方冰冻雨雪灾害、拉萨 3•14 事件、5•12 大地震等先后发生，致使日喀则地区计划中的一些较大投资项目无法按原计划实施。拉日铁路 2008 年计划投资 6.75 亿元，年内不能上马。新藏公路桑桑至拉孜段计划投资 4 亿元，年内只能完成 1.2 亿元。新藏公路达吉林至国杰段公路计划投资 2 亿元，年内不能开工。热索桥、萨噶治超点、日喀则地区客运站这三个项目计划投资 3250 万元，年内不能开工。

【紧紧围绕“十一五”规划项目和国办函 68 文精神，狠抓项目前期工作】年初，加强了项目前期目标责任制工作，在发展改革工作会上共安排前期工作项目 27 项，总投资为 12.73 亿元。农、林、牧、水项目有 10 个；城市基础设施项目 6 项；社会发展项目 11 项。同时，还与各县市及各部门签定了目标责任书，落实了目标责任。另外，还督促各县（市）、地直有关部门及时上报了“180”项目前期工作进展情况。

共组织审查项目 20 个，其中社发项目 13 个、其它项目 1 个。在前期经费使用上，严格按照合同规定拨付前期经费，始终遵循“先重点、后一般”的原则，优先安排了一批符合国家产业政策、影响全地区经济和社会发展的项目。

5 月份，日喀则地区发展和改革委员会组织工作组深入边境 9 县开展了对边境管控维稳基础施设的摸底调研工作，形成了《日喀则地区边境 9 县管控发展情况汇报》，提出了加强边境 9 县基层基础管控设施建设的对策和建议，初步规划了边境 9 县急需建设的项目 227 项，计划总投资 12.5285 亿元。日喀则地区发展和改革委员会及时起草了《日喀则地区关于贯彻落实<国务院办公厅转发国家发展改革委近期支持西藏经济和社会发展意见的通知>的意见》，并加强了与区发改委的沟通、衔接，从促进旅游产业恢复、加强公检法司基础设施建设等角度争取落实了一批急需建设的项目和投资。

【以完善项目管理办法为先行，以招投标改革为突破口，进一步加强项目管理工作】一是加强资金管理。凡属地区重点办招投标的项目，建设单位与施工单位签订施工合同后，拨付工程合同总价的 40%，中期拨付 30%，竣工验收后再拨付 30%尾款。各县（市）项目管理中心负责的项目资金，日喀则地区发展和改革委员会一次性拨付 85%，竣工资料交全后拨付 15%。二是加强工程质量控制。进一步落实项目“四制”，对重点项目建设严格实行项目法人制、合同制、招投标制、监理制，从源头上杜绝“关系工程”、“人情工程”的出现；三是切实加强重点项目定期或不定期稽查工作。8 月份，对全地区重点建设项目开展了一次规模大、范围广的专项稽查，实地查看 113 个项目点，从工程质量、进度、现场管理、施工资料、安全、管理、资金使用情况进行全面检查。对工程质量及管理存在明显问题的项目，发出整改通知单，加大了处罚力度。四是严格实行招投标制度。2008 年，对招投标工作进行了探索改革，按照招标法和西藏重点项目管理的法规和办法，按照文件的责权划分，在确保招投标活动公开、公平、公正的前提下，为克服目前招标中出现的围标现象，采用合理低价中标法。小项目工作流程简单采用经评审的最低投标报价法，大项目按综合评估法招标，部分特殊项目委托中介机构招标。尽力消除了人为因素的干扰，保证了招投标的公开、公平、公正。

【“十一五”规划中期评估圆满完成】2008年9月份，日喀则地区发展和改革委员会根据上级指示精神，如期开展了日喀则地区“十一五”规划中期评估工作，并形成了《日喀则地区“十一五”规划中期评估报告》上报行署和区发改委。

日喀则地区商务工作

【加强市场运行监测，提高对市场变化反应灵敏度】2008年，日喀则地区商务局始终坚持“准确监测、深刻分析、科学决策、快速反应、及时调控”的指导思想，在春节、藏历新年和“五一、十一”黄金周期间对重要商品的市场供应及价格加强了监测。2008年全地区1-11月份实现社会消费品零售总额约217280.9万元，同比增长18.12%，其中：日喀则市完成120507.7万元、县及县以下完成96773.2万元，同比分别增长22.57%和13.02%；按行业分：批发零售业为165093.1万元，同比增长27.91%，住宿餐饮业约26639.8万元，同比下降17%，其它行业为25548万元，同比增长13.2%。社会消费品零售总额全年完成23.8亿元，同比增长15.14%。

【进一步提高农牧区碘盐覆盖率】各县市累计从地区盐业公司购碘盐2685.089吨，已超额完成年度推广任务2331.238吨的15.18%，碘盐人口覆盖率达75%。

【不断完善城乡体系建设，努力扩大城乡消费】大力实施“万村千乡市场工程”，进一步改善农村牧区消费环境。2008年，日喀则地区建设农家店的目标任务是确保52家、力争完成80家。对此工作高度重视，多次前往各县市调研指导并召开专门会议研究制定工作措施，一是认真总结过去的经验，对2008年“万村千乡市场工程”目标任务进行了细化分解，在此基础上局领导多次前往第一线指导基层商务部门开展选点工作；二是在总结以往建设经验的基础上，为确保承办企业在建设农家店过程中保质保量，在“万村千乡市场工程”实施中引入了竞争机制，在2007年只有一家承办企业的基础上，新增加了一家实力较强的从事批发零售业的企业，并与各承办企业签订了《日喀则地区商务局与承办企业实施“万村千乡市场工程”协议书》，较详细的明确了主管部门和承办企业、店主的权利和责任，为该工作的顺利实施提供了基本保证。全年，日喀则地区共建设完成乡级、村级农家店52家，超额完成年度目标任务。

推进服务业业态升级，加快日喀则地区放心菜工程建设。加快发展服务业，推进服务业业态升级是商务系统便民利民、提升消费水平的重要举施之一。为在日喀则地区开展好“放心菜”服务体系建设，方便市民生活，日喀则地区商务局在调研基础上，针对市内发展的实际需要，经过积极沟通协调，向自治区申报了总投资185万元的互惠互利商贸有限公司山东中路总店超市内蔬菜经营改扩建项目，力争超市蔬菜经营在专区专柜的基础上实现规模化、品质化，努力建设地区首家放心菜工程示范项目。

【认真贯彻落实扩大内需政策，积极推进商务项目工作】一是加强组织领导，成立了商务局项目工作领导小组，负责开展项目库建设和其它日常工作，下设外经贸（口岸）项目组，物流中心、储备项目组，农贸市场、冷链项目组；二是由主要领导亲自带队，前往自治区商务厅进行工作汇报和衔接，并与地区发改委等部门积极沟通协调项目工作，确保商务项目早立项、早实施、早见效；三是选派工作组前往那曲等地就项目工作进行考察学习，确保申报项目建立在科学规范和必要可行的基础上。

日喀则地区商务局严格按照国家保增长、扩内需、调结构的投资方向，努力做到备选和申报项目有利于改善民生、优化商务发展结构，带动当地经济发展，促进社会和谐安定。

【以边贸为重点、产业为基础，努力发展对外贸易】受“3•14”事件和“5.12”汶川大地震等不利因素综合影响，2008年，全地区实现直接进出口总额3729.06万美元，同比下降23.75%（其中出口3362.86万美元，同比下降9.03%）。全地区边民互市贸易实现进出口总额为1.65亿元人民币，同比下降32.89%（其中出口1.39亿元人民币，同比下降9.86%）；边境小额贸易实现进出口总额为1363.82万美元，同比下降18.04%，全部为出口；全地区自产品出口总值达1833.48万美元，约占出口总值的54.52%，主要出口产品有活羊220996只，及洗净羊毛、牦牛、原盐、纺织品、日用百货等产品。

全地区直接外贸进出口总额出现下滑的主要原因：一是自“3•14”事件以来日喀则地区边境地区实行了全面管控，禁止人员和货物进出境，边境互市贸易活动全面停止，虽然自5月18日和5月19日开始分别恢复吉隆口岸和亚东仁青岗边贸市场的交易，但其交易量所占比重小，边民互市贸易额有所下降；二是2007年虫草市场疲软，价格一路下跌，除了一些品质较好的虫草外，一般虫草市场需求不大，进口额明显下降；三是5·12地震发生和7月份进入雨季后，樟木口岸路段出现了山体滑坡，通往口岸公路中断一个月之久，聂拉木温州商贸城及外贸企业的货源组织及运输受一定影响，边境小额贸易较大幅度下降。

日喀则地区财政工作

【财政收入预算执行情况】2008年，日喀则地区财政一般预算收入完成24034万元，完成年初预算14780万元的162.61 %，完成地委、行署确定考核目标任务24940万元的96.37%，比2007年同期考核任务增收2481万元，增长11.5%左右，同比回落6.06个百分点，从分级看，地区本级完成9031万元，完成预算的129.96%，完成考核目标的90.8%，同比增收266万元，增长3.03%；县、市级完成15003万元，完成年初预算的139.74%，完成考核指标的100.24 %，同比增收2224万元，增长17.4%。2008年全地区可供财力28.3亿元，全地区财政支出完成28亿元，为年度预算的99%，比2007年同期增加5亿元，增长21.7%。强有力地保障了社会各项事业的发展，有效地增强了地方财政实力，使地方财政调控能力日益显现。

全年全地区税收收入完成13243万元，比2007年同期增加2948万元，增长28.6%，增幅比2007年同期提高18.8

个百分点，对财政收入增长的贡献率达到136.7%。全年非税收入完成10467万元，比2007年同期减少791万元，下降7.03%。财政收入减收的主要原因：一是2008年受拉萨“3•14”事件影响，政府出台了税收减免性政策，日喀则地区交通业、旅游业等行业从5月份起享受相应的税收优惠政策，从而对财政收入影响较大。二是截止10月份基本建设投资与上年同期相比减少2841.29万元，下降7.08%。三是受拉萨“3•14”事件影响，日喀则地区对边境进行管控，致使招商引资、旅游业、门票收入、商品房收入都受到了一定影响，尤其是珠峰进山管理收入同比2007年下降800万元左右。四是地区本级国有土地出让收入减收，2007年上缴国有土地收益、开发和使用收入共计854.8万元，而2008年只上缴国有土地开发及使用收入189万元，同比出现负增长。

【财政支出预算执行情况】2008年，日喀则地区可供财力260000万元，财政支出完成259800万元左右，为年度预算的99.8%，比2007年同期增加27799万元，增长11.98%，其中主要支出项目由一般公共服务支出、公共安全、教育、城乡社区、医疗卫生、农林水事务累计完成213000万元，占总支出的81.98%，比年初预算增加38629万元，增幅18.14%，当年实现收支平衡略有结余的目标，全力支持了国民经济和社会发展重点领域的支出需要。增支的主要原因：一是2008年将工改及西藏特殊津贴支出反映在人员支出中使人员支出同比增长较快；二是2007年下半年和2008年年初新增人员增加工资及工资相关支出；三是针对拉萨“3•14”事件和边境管控、火炬传递、维护稳定等特殊情况，本级财政加大了投入力度；四是受“8•25”仲巴及“10•6”拉萨当雄县地震，波及日喀则地区六县、市，为了尽快恢复受灾农牧民生产生活，本级财政安排救灾基金500万元。

【继续加大财政支农力度，促进新农村建设稳步推进】2008年财政支农支出完成40793.96万元（含农牧民安居工程支出，基本建设农田水利、林业等支出），较上年同期增加1886.28万元，同比增长5%。本级财政支农累计支出2853.72万元(含安居工程贷款贴息部分)，占年初预算数的117%。

【继续加大民生投入力度，构建和谐日喀则】受2008年社会局势的影响，日喀则地区财政局领导高度重视，立即安排部署，要求相关科室提早安排“三农”、民生等方面资金，并从三月份开始提前拨付了上半年民生资金，确保了各项资金及时足额落实，做到了“早准备、早安排、早落实”，为稳定民心，构建和谐日喀则创造条件。

2008年财政安排社会保障资金17877.54万元，比上年同期增长5746.4万元，增长47.37%，其中本级安排2047.99万元。全年累计支出完成12406.17万元左右，比上年同期增支4894.03万元，增长65.15%。有效地缓解了农牧民看病难的问题，同时为尽快恢复受灾县的生产生活，重建家园提供了坚实的物质保障。

【财政支出结构不断优化，重点支出得到有力保障】为确保各项公共事业发展需要，处置突发应急事件，确保及时足额安排到位，日喀地区财政局领导高度重视，责成地区本级及县、市财政局务必安排好国存量，地区本级每月安排库存量达到1.8亿元，县、市财政安排每月库存量达到627万元，为全力保障各项公共事业、救灾、民生、公共安全发展需求奠定了基础。

加大对教育、文化等社会各项公共事业发展的投入力度。2008年财政安排教育、文化等资金64332万元，其中本级安排1147万元，较上年同期增加218万元，增长23%。全年支出完成64312万元，较上年同期增加1691万元，同比增长20%。

加大对区域经济发展的扶持力度。2008年上级财政安排各类企业发展项目扶持资金1106.05万元，同时本级财政安排80万元，用于企业资金短缺，帮助企业解决资金周转困难的现状。

社会维稳支出保障有力。2008年日喀则地区加大了对社会公共安全和各项维护稳定的投入力度，公共安全支出达到20500万元，其中用于边境管控及公共安全专项支出达到8830万元，其中：自治区已下达维护稳定及公共安全专项资金3615万元。

切实保障重点项目建设。为了切实保障重点项目建设前期经费，日喀则地区财政安排基建项目工程前期经费累计3200万元，其中2008年安排前期经费2100万元。截止10月份，自治区下达经建口基本建设投资指标40，131.32万元（其中：国债资金投资7，963.8万元，占整个指标的19.8%），比上年同期减少2，841.29万元，下降7.08%，实际到位资金31，965.75万元，占基建投资指标的80%，实际拨付资金19，199.2万元，占到位指标的60%。

中国人民银行日喀则地区中心支行

【加强政策宣传与指导工作】2008年，中国人民银行日喀则地区中心支行加大优惠政策宣传力度，充分发挥“窗口”指导作用。通过主动上门、设立咨询台、发放宣传单、召开“金融联席会议”、“金融运行形势分析会议”等方式，深入社会，贴近百姓，介绍“十一五”期间西藏特殊优惠的金融政策，切实让社会了解、掌握西藏特殊优惠货币政策内容，支持地方经济建设。截至11月末，日喀则地区金融机构各项存款余额630，528万元，同比增长19.20%，比年初增长21.6%。其中：储蓄存款余额为194，689万元，同比增长11.94%；企事业单位存款余额260，504万元，同比增长4.75%。金融机构各项贷款余额为180，908万元，同比负增长4.75%，比年初负增长0.68%。其中：短期贷款余额为67，531万元，同比负增长19.33%；中长期贷款余额1，113，377万元，同比增长6.74%。有力地支持了地区基础设施建设。贷款余额呈现负增长的主要原因是地区农行股份制改革，按要求剥离了2亿多不良资产，使贷款余额有了较大幅度的减少。发放项目工程前期贷款余额19，710万元。

加大对农牧民的信贷扶持力度，支持农牧民增收致富。服务“三农”是日喀则地区金融服务工作的重点。截至11月末，地区涉农贷款余额达86，076万元，占各项贷款余额的47.58%；比年初增加484万元，增长 0.57%。其中：农牧业贷款55，028万元，比年初增加9，815万元；农副产品收购贷款余额为0，比年初减少11，418万元，扶贫贷款余额为23，798万元，比年初增加2，536万元；乡镇企业贷款7，250万元，比年初减少449万元；农牧民安居工程贷款余额 22，788万元，比年初增加8，095万元。发放《农牧民贷款证》88752张，贷款余额 54，075万元。发卡率为 88.21%，使用率为94.21%

【加强利率政策管理】中国人民银行日喀则地区中心支行随时了解和掌握辖内各金融机构执行利率政策情况，确保日喀则地区金融的稳健运行。根据全年共调整利率 4 次的情况，在第一时间将新政策传达到各金融部门的业务一线，确保宏观金融政策在微观金融领域得以准确而及时地贯彻，并最终促使国家政策层面在辖区的连贯与更新。

【认真落实各项外汇管理政策】中国人民银行日喀则地区中心支行一是在继续贯彻优惠外汇政策、履行好各项职责的同时，树立检查与调研并重的理念，密切注视政策的执行效果，及时提出政策建议。加强贸易外汇业务监管，及时关注地区边境贸易变化情况，加强了对居民因私购汇业务监测与管理。二是加强新形势下外汇管理工作的政策变化、形势变化情况的学习，加大了对外汇指定银行、重点企业及社会公众的宣传力度。进一步规范了银行结售汇、汇兑统计申报业务行为。截至11份月，日喀则地区（含樟木口岸）银行结售总额为 10134万美元，比 2007 年增长 403%，其中结汇额为 10111 万美元，比 2007 年增长417%；售汇总额为 23 万美元，比 2007年减少 62%。

【充分落实现金管理政策】继续落实有区别的现金管理政策，加大对辖区商业银行现金检查力度。努力开展调查研究，提高了现金流通分析水平，各商业银行现金管理意识得到了进一步增强。全年共开展商业银行大额现金检查 2 次，参加检查人员达 10 人次；与各商业银行营业室负责人谈话达 2 次。规范了各商业银行的现金管理，有力支持了反洗钱工作的有序开展。

【认真落实会计业务部门各项工作】中国人民银行日喀则地区中心支行会计财务部门严格执行有关会计财务方面的各项规章制度和操作规定，组织会计财务、国库、货币发行人员对全行的会计财务规章制度执行情况开展自查，不断规范财务行为，加强财务管理。2008 年中支召开专题会议，停止执行了中支自行规定的和原西藏分行规定的没有政策依据的各种津补贴，实行财务收支集中制。

按规定程序做好中支发行基金库封闭式改造等修缮项目，保障了工程质量。

加强支付结算及清算工作，进一步推进支付体系建设，提高结算水平，加速资金周转，保证地区各项往来资金的及时、准确和绝对的安全。截至11月底，中国人民银行日喀则地区中心支行大、小额资金汇划往来笔数达1722笔，金额达74.12亿元。

履行好反洗钱工作职责。根据拉萨中支2008年反洗钱和支付结算总体工作安排和工作重点，结合中支实际，积极履行反洗钱职责，规范反洗钱监管，督促金融机构履行反洗钱义务，做好辖区大额和可疑交易的报送工作。在拉萨“3•14”事件发生后，中支及时召开了反洗钱金融联席会，安排部署相关工作。

根据年初反洗钱现场检查计划，在人行拉萨中支反洗钱处的业务指导下，对地区三家金融机构进行了反洗钱现场检查。

按照拉萨中支的统一安排和部署，与地区公安处联合成立了整治银行卡违法犯罪专项行动领导小组，积极有效防范、打击银行卡违法犯罪行为。并按照人行拉萨中支相关安排和部署，在辖区积极开展了“迎奥运、放心用卡、安全支付”宣传活动。

【做好货币金银部门工作】按照轻、重、缓、急的原则，统筹安排，利用时间差、季节差、区域差，合理摆布发行基金，确保了现金供应的合理性。

按规定做好了残损人民币管理和上交工作，同时建立健全了人民币流通状况监测网点，在辖内建立了八家金融机构监测网点，七家企事业单位监测网点，并定期收集流通中人民币券别结构需求和流通中人民币整节度情况。2008 年，上交残损人民币 127，098，000 元，超计划地完成了残损人民币的上交任务。

建立健全了发行库管理有关规定，加大了对代保管库检查力度，2008 年，中支对四个代保管库开展了 3 次全面检查。同时在拉萨中支的大力支持下，完成了库房封闭式改造。继续抓好反假货币工作。进一步巩固和发展“城市社区、农牧区”反假网络建设工作，并通过反假宣传网络把反假货币宣传重点放在边远农牧区，以维护广大群众的切身利益。截至 11 月末，从各商业银行和邮政储蓄营业网点收缴假币共计 76555 元。

日喀则地区
国有资产管理工作

【国有企业经济运行情况】2008 年，日喀则地区 17 家地直国有企业（其中：行署国资委监管企业 10 家）累计实现收入13968 万元，比 2007 年同期的 11860 万元上涨 17.77%；累计实现利润 852 万元，比 2007 年同期的 1011 万元下降 15.72%；累计上缴税金 1447 万元，比 2007 年同期的 1444 万元增加 3 万元，增长 0.21%。行署国资委监管企业累计实现收入11802 万元，比 2007 年同期的 9343 万元增加 2459 万元，增长 26.32%；累计实现利润 1569 万元，比 2007 年同期的 948万元增加 621 万元，增长 65.51%；累计实现税金 1404 万元，比 2007 年同期的1309 万元增加 95 万元，增长 7.26%。非监管地直国有企业累计实现收入 2166 万元，累计亏损 717 万元，累计上缴税金43 万元。截止到目前，17 家地直国有企业资产总额为 58660 万元，负债总额为24246 万元，所有者权益总额为 34414 万元，资产负债率为 41.33%。其中:行署国资委监管企业资产总额为 33036 万元，负债总额为 19167 万元，所有者权益为13869 万元，资产负债率为 58.02%。

【国有企业经济运行所呈现的特点】从17 家地直国有企业 2008 年的经济运行情

况来看，行署国资委所监管的10家企业2008年的销售收入和利润比2007年同期都有所提高，归其原因主要是委系统坚持“两手抓、两促进、两不误”的方针，旗帜鲜明反分裂、坚定不移抓发展，在努力克服“3•14”事件带来负面影响的基础上，按照“三分开”（政企分开、政资分开、所有权与经营权分开）、“三统一”（权利、义务和责任相统一）和“三结合”（管资产和管人、管事相结合）的原则，依法履行出资人职责，着力推进监管企业改革发展，进一步激发了监管企业的活力、控制力和影响力；同时通过增产增效、节约开支、优化产品结构、提高产品质量等一系列强有力的措施，使监管企业的经济效益和运行质量有了明显提高，努力实现了“保稳定、促发展”的目标，做到了学习生产“两不误、两促进、双丰收”。非监管企业经济效益下滑的主要原因是受“3•14”事件的负面影响，进藏旅游人数同比下降幅度较大，给旅游业、餐饮服务业带来不同程度的负面影响。

【国有资产监督管理机制逐步完善】着力在加强国有资产管理、完善企业法人治理结构、国有企业领导人管理、年度经营业绩考核、企业改革发展、“六位一体”的监督体系等方面狠下功夫，先后出台了20多个规范性文件，2008年日喀则地区国资委又起草出台了《日喀则地区国有企业改革工作规划》、《行署国资委关于对监管企业外派监事的实施方案》等一批规范性文件，保证了国资监管工作有序开展。经过努力，日喀则地区国资委基本建立了一个以资产管理为核心、以业绩考核评价为手段、以完善企业治理结构为基础、以企业领导人管理为重点的国有资产监督管理体系，为有效进行国有资产监督管理、充分履行出资人职责提供了可靠的制度保障。

以完善监督机制为重点，建立外派监事制度。为了建立健全国有企业的监督机制，强化对企业国有资产保值增值状况的有效监督，确保国有资产及权益不受侵犯，促进企业的改革发展。2008年日喀则地区国资委将外派监事制度作为全年工作的重中之重，一方面，从监管企业财务人员中严格筛选和考察，公开选聘了6名外派监事。此次监事会的组建突破了企业界限、人员和工作经费等瓶颈制约，这些监事会的主席、监事在其它企业中进行交叉任职，任期为三年，工资待遇由原单位进行发放，不在所监督的企业领取报酬，以保证他们的独立性，从而有效制约和防范了国有资产流失、防范了腐败现象的滋生和蔓延。另一方面，为进一步提高监事人员的法制意识、责任意识、诚信意识和规范运作意识，10月15日至17日，日喀则地区国资委邀请了北京中瑞诚联合会计事务所西藏分所有关专家，对即将外派的监事人员进行了规范的岗前培训，此项工作有望年内派驻完毕并开展工作。

进一步加强国有产权（股权）管理工作。一是加强了国有资产收益管理工作，2008年日喀则地区国资委对两家已改制的企业（安康客运有限责任公司、鸿翔汽贸有限公司）在2007年度中实现的净利润进行了认真核实，在此基础上，2008年对企业的净利润进行了合理筹划和分配，国有股份应分的利润部分交由隆鑫国有资产经营公司管理，规范了收支行为，维护了所有者权益，促进了国有资产的合理流动和优化配置；二是对雪莲公司购置车辆、山东大厦车辆处置及源乐盐茶糖贸易公司报废资产等问题进行了仔细核审把关，坚持公开、公平、公正地处置国有资产，确保国有资产不流失；三是继续做好企业产权登记检查工作，2008年共为6家国有企业换发了产权登记证，核实企业国有资本13191.6万元。

不断完善经营业绩考核指标体系。在做好2007年度企业领导人员考核工作并兑现奖惩的基础上，认真总结经验，查找不足，紧紧围绕出资人权益和企业管理中的薄弱环节，对考核指标体系进行了调整、补充和完善，制定下达了2008年度考核目标。考核目标新增了企业经营业绩不能低于前三年平均水平或不低于上年度水平的原则和方法，加大了对盈利能力和资产运营质量的考核力度。

2008年进一步完善和改进了企业财务快报制度，正式启用了日喀则地区行署国资信息红头简报，采用月报和季报相结合的方式，进一步加强对企业财务情况的动态跟踪，及时对企业重大事项进行披露，从而为考核评价企业经营绩效、加强监管提供了科学决策。

【企业改革取得积极进展】日喀则地区共有49家国有企业（不包括电力企业），截止到2008年日喀则地区已完成28家国有企业的改制、兼并和破产工作，具体为：已完成6家企业的改制（地区安康客运公司 、地区鸿翔汽贸有限公司、地区金龙实业有限责任公司、地区天龙矿工贸有限责任公司、地区天健医药有限责任公司、地区物鑫建材有限责任公司）和2家企业的体制改革（地区雪莲工业贸易有限公司、地区源乐盐茶糖贸易公司），4家企业的兼并（地区天龙矿工贸有限责任公司兼并樟木工业品批发公司、地区天龙矿工贸有限责任公司兼并地区印刷厂、地区雪莲工贸有限公司兼并地区牧工商公司、日喀则市自来水公司兼并日喀则市国合公司），14家企业破产（地区珠峰旅游用品经销公司、地区旅游客运车队、江孜水泥厂及11个县的国合公司），2家企业注销（康马县国合公司、仲巴县国合公司），经改制、兼并、破产后，目前日喀则地区国有企业的数量减少至21家，企业改制面达到57.14%，按计划保质保量地完成了自治区下达的2008年国有企业改制面要达到55%的目标和要求。

【企业改制改组工作扎实有序】2008年日喀则地区国资委着力完成了地区金龙实业有限责任公司、地区天龙矿工贸有限责任公司、地区天健医药有限责任公司、地区物鑫建材有限责任公司4家企业的改制工作，到目前为止在日喀则地区国资委所监管的11家企业中，除3家企业暂没进行改制外（源乐盐茶糖贸易公司属专营公司暂不进行改制，物资公司、冷藏公司均无改制成本等待破产），其余的监管企业均完成改制和改革工作。在如期完成监管企业改制改革工作的同时，日喀则地区国资委积极协助地区旅游局开展江孜饭店、定日珠峰宾馆改制前的准备工作，目前两家公司的清产核资工作已经结束，改制工作正在有序进行中。

【企业兼并、重组工作取得积极进展】为加快劣势企业逐步退出市场步伐，实现国有资产向优势企业集中的目的，2008年日喀则地区国资委会同地区有关部门在充分调研、论证、资产清查、评估的基础上，指导地区雪莲工贸有限公司顺利完成兼并地区牧工商公司的工作，通过有效兼并，使牧工商公司盘活了存量资产，职工得到了有效安置。

【重点企业的发展重点有所突破】雪莲工业贸易有限公司60万吨干法水泥生产线项目是日喀则地区产业结构调整的一个重要项目，2008年在日喀则地区国资委的积极沟通和不懈努力下，得到了地委、行署的高度重视，目前地区发改委已起草了《关于日喀则地区雪莲工业贸易公司技改搬迁日产2000t/d新型干法生产线项目的立项报告》上报到自治区发改委和自治区经委，该项目上马后将对日喀则地区建筑市场材料供给、环境保护和建设经济强区等发挥重要作用。

【政策性关闭破产工作稳步实施】实行企业破产是市场经济的客观要求，对产品无市场、长期亏损、资不抵债、扭亏无望、难以继续生存的国有企业，按照平稳有序退出市场的原则，对其进行依法破产。截止到2008年日喀则地区国资委已完成对地区珠峰旅游用品经销公司、地区旅游客运车队、江孜水泥厂及11个县（市）国合公司的依法破产工作。

日喀则地区审计工作

【年度综述】2008年，日喀则地区审计局共完成11个审计项目（其中：经济责任审计4个），审计涉及35个单位，查处违纪违规、管理不规范、损失浪费等问题金额2739万元，审计决定处理处罚应上缴财政146万元，应归还原渠道资金670万元，应调账处理金额359万元；向纪检监察部门已送违纪案件线索3件，涉及金额128万元。已出具审计报告26篇，向有关部门和被审计单位提出审计建议47条。

【继续开展财政决算审计】2008年，日喀则地区审计局组织实施对吉隆县2007年度财政决算及其他财政收支情况审计。审计查出违规行为资金145.1万元，审计决定应归还原渠道资金69.06万元，应调账处理资金52.66万元，应上缴县本级国库20.9万元，执行罚没2.48万元。

【深入推进领导干部经济责任审计】2008年，日喀则地区审计局已完成对4名领导干部进行经济责任审计。共查处违规资金1275.66万元，审计决定应归还原渠道资金553.38万元，应上缴财政101.1万元，执行罚款3.4万元。

在认真开展经济责任审计工作的同时，2008年，由日喀则地区审计局牵头成功召开了日喀则地区经济责任审计工作会议；地委、行署分别批转下发了《日喀则地区经济责任审计工作领导小组》、《日喀则地区经济责任审计工作联系会议制度》、《日喀则地区经济责任审计对象分类管理办法》、《日喀则地区经济责任审计工作成果利用办法》等，这对进一步开展好日喀则地区经济责任审计工作提供了组织和制度保证。

【深化专项资金审计】2008年，日喀则地区审计局组织实施对日喀则、江孜、白朗三县（市）2007年度农发项目专项资金财务审计；开展对地区农牧局及十四个县（市）2005—2007年度农牧业建设项目专项资金审计；开展对地委组织部新建办公楼、职工周转房和综合楼建设项目的资金审计，专项资金审计总金额为19003.91万元。审计查出的挤占项目资金等问题按有关法规作了处理处罚。通过审计，对促进专款专用、提高专项资金的使用效益以及项目区效益的更大发挥起到了积极作用。

【积极探索政府投资项目审计】2008年，日喀则地区审计局为加强项目管理，规范投资行为，提高固定资产投资效益，积极探索固定资产投资审计。2008年，配合有关单位参加了全地区“十五”至“十一五”规划建设项目检查工作，从中发挥了很好的审计职能作用，既完成了任务，又锻炼了队伍，为今后开展投资项目审计积累了经验。

【认真实施企业审计】2008年，日喀则地区审计局以“摸家底、揭隐患、促发展”为目标，组织对江孜饭店2007年以及相关年度资产、负债、损益的真实性、合法性进行了审计，审计查出违规行为资金46.47万元。

【组织开展行政事业单位审计】2008年，日喀则地区审计局组织开展了对定日县珠峰管理局珠峰景区门票收入管理、使用情况审计。审计查出违规行为资金1152.15万元，审计处理应上缴财政13万元，应调账处理金额184.8万元，审计罚款6.13万元。

【积极完成审计厅统一组织的审计项目】2008年，日喀则地区审计局认真开展了对地区工商系统财务收支审计；四川汶川地震灾区救灾款物跟踪审计和仲巴、当雄地震灾区救灾款物的跟踪审计；组织实施了交叉审计项目山南地区乃东县政府县长经济责任审计。各项工作都按照有关时限、具体要求和内容较好的完成了任务。

除上述已完成的审计项目外，对地区国土资源局、地区水利局、地区劳动和社会保障局、地区政协、地区人民医院的有关领导经济责任审计在收尾阶段或正实施中，计划年底前全部完成。2008年，还积极参与地区性监督检查工作，日喀则地区审计局先后抽调3人次参加了地直行政事业单位财务清查工作，在实际工作中发挥了审计人员应有的作用。年内，还针对审计发现的问题，向行署上报了《关于进一步加强农村合作医疗药品集中采购管理的请示》。

日喀则地区工商工作

【优化服务，促进特色产业不断发展】2008年，日喀则地区登记注册内资企业557户，其中企业法人141户，注册资金83123万元，比2007年同期分别增长4.5%、减少6.62%和22.64%。支持国有企业改革，采取提前介入的方式，提供优质服务，重点对日喀则地区41家国有企业改制提供政策支持。到目前，已对24家改制企业提供了咨询登记服务；加强企业年检工作，提升服务质量，深入企业加强沟通联系，2008年企业年检率达到 89.18%，利用年检之机，采取审核清查企业登记注册相关信息、加强属地监管等多种措施，还专门制订了《日喀则地区工商局企业信息设置情况表》，推行企业自我评估、主管部门对其信用评比、登记机关对其信用分类的监督管理机制，促使企业信用机制不断完善，企业经营行为不断规范。

【继续加大引导、培育和扶持力度，积极推动非公有制经济持续健康发展】拉萨"3•14"事件发生以来，日喀则地区工商系统在力保全系统安全稳定的同时，密切关注市场动态，加大宣传力度，积极消除"3•14"事件的负面影响，帮助投资者恢复信心，不折不扣地落实优惠政策。到目前，全地区个体工商户发展到 14829 户，从业人员 30637 人，注册资金 25667 万元，同比分别增长 3.23 %、7.57 %、32.06%，实现销售总额或营业收入 95655.2 万元，社会消费品零售额 83081.48 万元；日喀则地区登记注册私营企业 444 家，其中分支机构 25 家，雇工人数 11799 人，注册资本（金）80516 万元，同比分别增长 25.78%、22.08%、7.98%，实现销售总额或营业收入 14508 万元，社会消费品零售 28281 万元。2008 年个体工商户验照率为 83.84%，私营企业年检率 87.5%。

【大力支持特色产业做大做强，有效实施商标战略】到目前，日喀则地区商标注册量和申请量已达到 107 件，其中有效商标注册 56 件、已国家工商总局商标局受理商标注册申请 26 件，正在申请当中的 25 件。另对 15 件人文、自然景观申请商标注册进行了摸底调查，有 8 件人文景观商标已进入商标申请实质阶段。2008 年推荐了 7 件商标参加全区第五批著名商标的评选。通过实施商标战略，日喀则地区白朗"天域绿"蔬菜、白朗"洛丹"糌粑、南木林"艾玛"土豆等一批特色产品初步形成了知名品牌，从注册商标提升为著名商标，现已发展成具备一定规模的全国绿色产品生产基地，呈现出特色产业越做越大的局面。

【强化服务措施，大力推进社会主义新农村建设】2008 年，全地区农牧区个体工商户已达到 4192 户，从业人员 8468 人，注册资金 3851 万元，农牧区私营企业发展到 203 户，雇工人数 6119 人，注册资金 50711 万元，同比分别增长 36.90 %、减少 60.6%和 0.77 %。

重点培育、扶持和引导农牧区农牧民专业合作组织的发展，日喀则地区已初步形成规模的农民专业合作社、协会 47 家，其中已正式挂牌运营的有 21 家，由 13 家农牧民专业合作社通过引导、扶持和规范，按照《农民专业合作社登记条例》程序，已正式在工商部门登记注册，农牧民成员达到 7058 人，覆盖 18 行政村，筹集资金达 1269.4 万元；经纪人发展到 604 户，经纪业务量达到 4545.6 万元。

在红盾护农工作中，日喀则地区工商系统共出动执法人员 252 人（次），车辆 39 台（次），检查经营农资的经营企业及商户 369 户（次），查获过期失效农药 8133 公斤；伪劣 5T—120 型机动脱粒机 257 部、价值 28.27 万元，超范围经营农资商户 1 户，受理农机配件投诉 1 起。设立 12315 消费维权站（点）184 个，全地区农牧区 12315 维权站（点）共受理消费者投诉 30 件，调解率为 100%。全系统先后共出动执法人员 150 余人(次)，走访了 20 几个乡镇村，设立宣传点 11 个，发放藏汉宣传材料 1 万余份，接受农牧民咨询 60 余人（次）。

日喀则地区
食品、药品监督管理工作

【充分发挥职能作用，增强食品安全监管合力】2008 年，日喀则地区食品、药品监督局进一步完善食品安全工作目标管理体系。制定了《2008 年日喀则地区食品安全工作目标责任书》，签订率达 100%，层层明确了任务，落实了责任。制定并印发《2008 年日喀则地区食品安全专项整治工作方案》、《2008 年日喀则地区食品放心工程目标任务分解表》，对各职能部门的工作任务和具体目标做出了明确规定，确定了实施单位、负责人、承办科室和完成时限，做到监管到位，不留死角。对失职渎职造成重大食品安全事故的，将依纪依法追究责任。

进一步完善食品安全协调机制，形成了定期联席会议制度。在分管专员的大力支持下，全年召开 13 次成员单位联席协调会议，认真总结分析食品安全形势，通报情况，研究制定措施，安排部署工作任务。

充分发挥政府抓手作用。为加强信息工作和确保节假日期间食品安全工作，先后下发了《关于印发日喀则地区当前及奥运会期间食品安全工作方案的通知》、《关于印发日喀则地区三大节日期间食品安全工作方案的通知》、《2008 年日喀则地区食品安全专项整治工作方案》和《日喀则地区"三鹿"等 22 家企业乳制品清查下架工作方案》等一系列文件，贯彻落实上级部门的有关精神，及早安排部署本地食品安全相关工作。

加大综合执法、联合执法力度，强化对专项整治的督查督办工作。2008 年，牵头组织地区质监、卫生、工商、农牧等相关部门，分别于藏历年、春节、五一、林卡节、中秋、国庆长假等 6 大节假日前，对全地区食品市场进行联合执法检查 19 次，出动执法人员 114 人次，共出动执法车辆 20 余台次，检查各类食品生产经营户、学校食堂、餐饮店和小作坊等 366 家；查获过期变质食品 23 个品种，总货值 7200 余元；无卫生许可证（卫生许可证过期）18 家，无营业执照 10 家，无健康证（健康证过期）61 人，对存在的问题各成员单位根据各自职责及依据相关法律法规及时给予了查处，进一步规范了日喀则地区食品市场。

【提高重大食品安全事故处理能力】三鹿奶粉事件发生后，结合日喀则地区实际特制定并印发《日喀则地区"三鹿"等 22 家企业乳制品清查下架工作方案》。各成员单位、各县人民政府积极响应，本着对广大人民群众生命安全高度负责的态度，以含三聚氰胺乳制品为重点，组织各成员单位执法人员对各超市、批发、茶馆、蛋糕店等开展了全面清查、下架等工作，并通过在媒体、各大超市门前粘贴告知等方式，向社会公示含三聚氰胺婴幼儿配方奶粉、液态奶的企业名称、产品名称、规格型号、商标、生产日期、批次，提示消费者增强防范意识，如发现婴幼儿有不良症状及时到医院就诊，

消除群众的恐慌心理。共编制、编写相关问题乳制品动态24条。同时积极协助地区行署派出的3个督察工作组赴基层围绕领导重视情况、工作班子成立情况、工作开展情况、绿色通道开展情况、宣传工作情况、信息上报情况等六个方面开展全面督察，此项工作正在开展当中。

【多层次、全方位完善监管方式，确保药械质量】加强稽查工作。强化稽查责任，明确工作任务和个人岗位责任制，。全年共出动执法人员520人次，出动车量110车次，检查单位90家（包括药品经营企业、医疗机构、医疗器械专营企业）；检测车出车共100天，行程14560千米，检查30个单位，筛选药品80批次，筛选可疑药品6批次，对其中3批次药品进行抽样送检。共立案查处药品、医疗器械违法案件40起，正在办理5起。没收假劣药品近700个品种，价值10万余元，没收违法所得7.7万元，罚款5.6万元，罚没款共13.4万元。下发责令改正通知书70起。办理兄弟省市协查案件22起，正在办理3起。受理群众举报案件8起。

重点查处了假冒“复方氨酚烷胺片”（感康）案。在第一时间发现5个批次涉嫌假冒“复方氨酚烷胺片”（感康），经抽样有3个批次的不符合规定，并对6家涉药单位进行了立案查处。此次专项检查共没收假冒“复方氨酚烷胺片”（感康）7242盒，货值金额7.5万元，罚没款共3500元。

继续加大对特殊药品的管理，防止特殊药品发生流弊。未发现因管理不善而发生流弊或滥用等违法违规行为。此外，2008年年初，在日喀则地区食品、药品监督局与相关部门的监督下销毁了由江孜县人民医院上报的过期麻醉药品，共7个品种，数量1807片，货值金额6169.20元。

开展医疗器械市场的专项整治。日喀则地区食品、药品监督局成立了以分管局长为组长的专项检查领导小组，制订专项检查工作方案，确定重点检查区域与单位，对辖区内的医疗器械经营企业及使用单位进行了全面检查。共检查医疗器械经营专（兼）营企业28家，医疗机构17家，集个体诊所52家，乡卫生院26家，眼镜店9家，出动执法人员136人次，出动车辆78台次。立案查处1起使用无证过期医疗器械产品案，罚款5000元；没收过期失效医疗器械43个品种，价值折合人民币约5590元；依法取缔3家无证经营医疗器械，没收产品、给予相应罚款并进行了宣传教育；下发了限期责令整改通知书23份。

制定并下发了《关于进一步清查医疗机构过期失效医用卫生材料、一次性使用无菌输液器、注射器的紧急通知》。经过自查清理，2008年，上报过期医疗器械共18个品种，数量111010支（包），价值折合人民币约24571元，已在日喀则地区食品、药品监督局及相关部门的监督下进行销毁。

顺利完成《医疗器械经营企业许可证》换证工作。举办了换证工作培训班，15家医疗器械经营企业负责人、质量管理人员共30余人参加了培训。完成10家医疗器械经营企业的现场验收。其中，换证的7家企业顺利通过验收并已取得新的《医疗器械经营企业许可证》，1家增加经营范围企业和2家申办企业也已完成验收，待发证。

深入开展药品安全信用评级工作，增强企业诚信意识。日喀则地区食品、药品监督局于2008年4月21日举行了“2007年药品安全信用守信企业牌匾颁发仪式”。本年度日喀则地区共评出守信企业25家，警示企业8家，失信企业11家，严重失信企业1家。对2家药品生产企业和市区内的5家药品经营企业（批发、零售）颁发了牌匾，并将对07年度的严重失信企业给予惩处，以达到以点带面，守信企业带动全地区企业争做守信企业的良性竞争氛围。

【加强日常监管，从源头确保药品质量】加强证后监管。2008年，日喀则地区食品、药品监督局为了方便基层广大农牧民群众用药方便及时，积极鼓励辖区内的零售连锁企业深入到岗巴、昂仁等还未有药店的偏远县城设立连锁分店。2008年，共批准新开办药店6家，其中零售连锁5家，零售1家。同时积极推进GMP、GSP证后监管。本年共组织开展覆盖面100%的GSP跟踪检查6次，出动执法人员136人次，车辆41台次。

强化源头监管力度。针对近年来我国连续发生的多起药品安全性事件，日喀则地区食品、药品监督局领导高度重视，多次组织执法人员到辖区内的两家药品生产企业和一家藏医院制剂室进行监督检查。检查中严格按照《药品GMP认定检查评定标准》和《医疗机构制剂配置质量管理规范》检查验收评分细则相关条款进行检查。出具现场检查报告共5份，下发责令整改通知书7份，并对整改情况进行了复查，整改情况良好。

深入开展药品、医疗器械不良反应/事件、药物滥用监测工作。截至目前，已向自治区食品药品监督管理局不良反应监测中心上报药品不良反应报告11份，药物滥用报告73份。

严把加强进口药材关，保证药材质量。截至目前，共发放《进口药品通关单》19份，涉及药材共6个品种，已收到西藏自治区药品检验所出具的进口药材检验报告书3份。对一家检验不合格进口药材的企业进行了立案查处，没收剩余全部不合格药材共270斤，没收销售不合格药材违法所得500元。

初步开展“两网”示范县工作。将日喀则地区聂拉木县确定为西藏自治区“两网”建设示范县，在深入调研的基础上制定了《日喀则地区实施农村“两网”建设示范县实施方案》，拟定自2008年底起全面启动“两网”示范县的建设工作，目前已对示范县卫生局配备交通工具一辆。

【开展兴奋剂生产经营专项治理，为2008奥运保驾护航】日喀则地区食品、药品监督局有条不紊地开展了日喀则地区的兴奋剂生产经营专项治理工作。

市区基层两头抓，宣传监督齐头并进，整个过程不松懈。2008年5月6日至2008年5月16日，日喀则地区食品、药品监督局出动车辆15台次，执法人员46人次，深入仁布、南木林、江孜等12个县、乡及日喀则市区的各药品经营、使用单位进行了详细的检查，同时还对各药品使用单位宣传了“兴奋剂生产经营专项治理工作”的相关内容。

2008年7月16日，联合地区卫生局、工商局、公安处、海关、体育局等六部门共7名执法人员对辖区内药品生产、经营企业、地（市）级医疗卫生机构及集（个）体诊所开展了兴奋剂专项整治明察暗访和督查。

2008年6月23日至2008年7月24日，日喀则地区食品、药品监督局共出动执法人员45人次，车辆15车次，对日喀则地区16家药品经营企业含兴奋剂药品的管理进行了一次全面的专项治理。通过专项治理，在辖区内，做到了以一个干干净净的兴奋剂市场，迎接08奥运的到来。

日喀则地区质量技术监督工作

【围绕“以质取胜”质监工作主线，强化企业服务和监管】2008年，日喀则地区质量技术监督局初步完成企业建档工作。并及时更新质量档案数据库。目前，日喀则地区企业基本实现一企一档，较大企业档案资料较为完备，掌握了小企业及小作坊基本资料，较大企业基本建立了索证索票制度。通过企业档案，日喀则地区质量技术监督局编制了《日喀则地区生产企业动态监管图》，根据各企业实际实施动态监管。

寓监管于服务，切实帮扶企业发展壮大。多次赴地区水泥、网围栏、电杆、水泥制品、家具、服装、塑编、玉石雕刻等生产企业进行监管服务，从企业管理制度、操作规程、标准文件到原材料、生产车间、生产流程、实验室、成品库房等各环节进行全面的现场检查，针对各企业不同情况提出中肯建议，督促企业整改，切实服务企业，帮助企业提高产品质量。

认真做好第一批五类重点产品调查摸底及监督检查工作。日喀则地区共有4家家具生产加工企业，4家服装生产加工企业，以上企业均为生产藏式家具和藏式服装产品。4月、5月、8月、10月，执法人员深入日喀则市和江孜县各家具和服装生产企业开展专项监督检查，针对企业存在生产条件简陋、依靠经验生产、人员不固定、产品无标识、产品质量无法保证等问题，提出了整改要求，并积极督促完善。

积极开展全过程监管试点工作。在雪莲工贸公司开展全过程监管试点工作，每周一次深入各部门逐项对照查看质量文件、实验室记录、原料投放、设备运行和工人操作是否按照工艺要求进行，了解生产管理情况，督促企业按标生产管理。

继续加强产品质量的监督抽查。根据区局年初下达的监督抽查计划，结合日喀则地区获证的水泥生产企业，基本完成了水泥、楼板、电杆、验配眼镜、成品油等产品的监督抽查工作。

积极开展宏观质量状况分析。通过认真调查研究，对日喀则地区工业产品生产加工企业质量状况进行了分析，撰写了《日喀则地区2008年工业产品生产加工企业（小作坊）质量状况分析报告》，分析了地区企业存在问题的原因，提出了相应的帮扶思路，改进措施。

【积极推进质量评定工作】大力推进质量诚信体系建设，开展质量信誉AAA级企业评定工作。日喀则地区6家复评企业、2家新申报企业通过现场审查。

开展免检产品申报前期工作。年初按要求上报了曲登尼玛矿泉水开发有限责任公司和雪莲工业贸易公司两家企业作为免检产品申报。7月份，曲登尼玛矿泉水开发有限责任公司通过了免检产品现场审查，但9月份发生“三鹿奶粉”事件后，国家取消了食品免检制度，工作自然终止。

积极做好认证认可工作。积极帮助地区仁布达热瓦汽车检测有限公司及日喀则市运输公司汽车综合性能检测站两家机动车安检机构完善相关条件，于2008年8月20日向区局认证认可办提交了计量认证申请书。

加强生产许可证管理工作。督促生产许可证临近期限的雪莲工贸公司和高争水泥厂做好换证工作，目前两家企业均已提交了申请；督促地区验配眼镜店完善条件，尽快提出生产许可证申请。

【开展重点产品专项整治，加大打假治劣力度】在春节、藏历年、元旦、五一、十一等传统节日期间、春秋农业生产重点时期、“3•15”国际消费者权益保护日、2008“保奥运、迎国庆”百日专项执法检查和9月全国质量月期间，积极开展市场和企业检查，加大执法力度，重点开展对烟花爆竹、儿童玩具、金银饰品、低压电器、家用电器、洗洁用品、手机、蔬菜种子、农用膜、喷雾器、农用电动机、农机配件、农资、家用电器、儿童玩具、电线电缆、水泥、家具和服装生产企业，各超市、商场、玩具专卖店、在施工中使用螺纹钢、水泥、建筑构配件、建筑设备、牙膏、电脑及电脑配件销售店、酒店、宾馆（饭店）用棉絮产品、人造板、装饰装修材料、奥运相关产品、防水卷材等的执法检查力度，严厉查处了30余起违法行为，有力地打击了制售假冒伪劣违法行为。

【做好全国质量月宣传工作，倡导“质量日喀则”建设】在地区上海实验学校开展食品安全和产品质量进校园活动，向该校7年级的220名学生宣传了产品质量、食品安全和特种设备安全使用常识，主要针对“三鹿”乳制品安全事故，就食品安全常识、市场准入制度、CCC强制认证、电子产品和玩具选购、并针对实际情况，对儿童强调了游乐设施玩耍须知、电梯乘坐须知和液化石油气瓶安全使用常识。

在雪莲工业贸易公司和雪峰新型建材厂两家企业，开展产品质量、食品安全进企业活动，召集了企业管理人员和产品质量管理人员共13人进行座谈，就有关法规进行了讲解宣传，对如何进一步提高企业全体员工的质量意识、更好地开展好产品质量全过程监管工作等问题与企业进行了探讨。

【积极应对“三鹿”乳粉事件，不断加大食品安全监督工作】高度重视，措施得力，有效应对“三鹿乳粉”事件。积极推进市场准入制度，加强获证企业证后监管。重点加强食品小作坊监管，确保安全。深入开展食品专项检查，严厉打击食品制售中的违法违规行为。开展抽查，强化技术监管。探索有效方式方法，完善食品安全监管长效机制建设。

关注民生，服务企业，全力做好标准计量工作。日喀则地区质量技术监督局2008年新办证149份，年检179份，换证221份，注销2份。

加强监管，积极探索长效机制建设，确保特种设备全年安全运行。全年共查处违法、违规案件15起，其中立案查处9起；下发《特种设备监察指令书》19份，《特种设备安全监察意见通知》150余份；强制报废“土锅炉”6台台。

专项整治工作取得实效。一是起重机械专项整治工作圆满完成。二是隐患排查治理和百日督察专项行动效果明显。三是奥运安全保障工作成效显著确保了奥运期间日喀则地区特种设备安全运行。四是节假日专项执法检查全面到位，营造了安全和谐的氛围。

加强技术检验工作，消除安全隐患。及时提供技术支持，确保设备安全运行，2008年已对19台电梯、11台锅炉、2台压力容器开展了定期检验和验收检验工作；10月底将开展对50余台已到检验时间设备的检验工作；压力容器全面检验工作正在有条不紊地进行中。

加快构建特种设备动态监管长效机制。一是完善工作机制，建立规范的工作程序。对监察人员进行岗位分工，确保责任到人、管理到位。二是清理基础数据，建立特种设备分类档案。建立特种设备动态监管体系。截至2008年10月，日喀则地区特种设备总量为232台。对《日喀则地区特种设备动态监管示意图》和《日喀则市区特种设备动态监管示意图》进行不断完善和充实，真正实现“动态”监管的目标。规范注册登记和使用登记工作。截至2008年10月，共发放《使用登记证》92本。

日喀则地区安全监督工作

【事故指标控制】2008年，自治区安全生产委员会给日喀则地区下达的安全生产死亡控制指标为69人，其中：道路交通为61人，消防1人，工矿商贸5人，其他2人。截止2008年12月1日，全地区共发生安全生产事故139起，实际死亡人数51人（占自治区安全生产委员会下达的死亡控制指标的73%），受伤170人，直接经济损失136.46万元，与2007年同期相比，事故起数下降6%，死亡人数下降33%，受伤人数上升6%，直接经济损失下降50%。

【道路交通方面】2008年，日喀则地区道路交通事故共发生126起，造成48人死亡，170人受伤，直接经济损失113.45万元。与2007年同期相比，事故起数下降2%、死亡人数下降21%、受伤人数上升2%、直接经济损失下降12%。

【火灾方面】火灾事故共发生11起，未发生人员伤亡，直接经济损失9.24万元。与2007年同期相比，事故起数下降26%，直接经济损失上升12%。

【建筑施工方面】建筑施工事故共发生1起，造成2人死亡，直接经济损失5.4万元。与2007年同期相比，事故起数下降87%，受伤人数下降100%。死亡人数下降66%，直接经济损失下降93%。

【其他方面】其他事故共发生1起，造成1人死亡。与2007年同期相比，事故起数、死亡人数分别下降50%。

总体上看，2008年全地区各类事故起数、死亡人数、直接经济损失较2007年同比略有下降，受伤人数较2007年同比略有上升，全地区安全生产形势总体稳定好转。

【落实责任、加强监管，认真开展安全生产隐患排查治理专项行动】为切实开展好百日督查专项行动和隐患排查工作，行署主要领导亲自挂帅，组成由地区安监局、地区公安处、地区建设局、地区国土局等15家单位牵头组成的督查组，于5月初至7月底深入对全地区18个县（市）企业、生产经营一线进行督查，行程上万千米。

非煤矿山的监管工作：日喀则地区安监局结合开展整顿和规范矿产资源开发秩序“回头看”行动，深入各矿山开展非煤矿山安全生产督查专项行动，督查各矿山是否贯彻执行《中华人民共和国安全生产法》和《安全生产许可条例》，从做好隐患整改工作入手，抓好从业人员岗前“三级安全教育培训”工作，督促企业加大安全投入，加强新、改、扩建项目“三同时”工作力度，对在矿产资源开发过程中出现违法违规行为进行严格整治，对矿产资源开发的违法违规案件及时进行查处。努力推动日喀则地区非煤矿山安全生产工作再上一个新台阶。

2008年共开展非煤矿山检查、督查8次，出动54人次，查出各类事故隐患117项，已整改96项，正在整改21项，整改率达到90%以上，下发整改指令书11份，限期整改矿山2家，责令停产整顿矿山1家。

认真做好安全生产许可工作。认真检查现场，审查有关资料，按时限要求完成审查工作，2008年，日喀则地区共7家采矿许可企业，取得非煤矿山安全生产许可证企业6家，取证率达到85%。

危化品监管工作。日喀则地区安监局多次牵头，联合公安消防、商务等部门组织开展了危险化学品安全生产专项整治，并组成专门检查组对全地区重点仓储企业、加油站、加气站、油库等重大危险源场所开展安全执法检查，及时消除隐患。

进一步加强危险化学品建设项目的安全监管工作。日喀则地区安监局进一步完善了危险化学品建设项目安全审查工作程序，做好日喀则地区危化企业新、改、扩建项目的“三同时”等前置审核工作，保证全地区危险化学品经营企业不发生安全生产事故。积极开展了加油站、加气站安全生产情况的调查摸底工作。已完成了65家危险化学品经营企业的调查摸底，并建立了电子档案，为有效地监督管理创造了条件。截至9月份，全地区65家加油站、加气站的换证审查工作已基本完成。共排查危险化学品隐患160处，下发整改通知书47份，已整改110处。

烟花爆竹：通过审查，日喀则地区安监局共办理发放《烟花爆竹经营（零售）许可证》52家，复审延期《烟花爆竹经营（批发）许可证》2家。烟花爆竹发证率达到100%。

结合安全生产百日督查专项行动，开展了6次大规模的烟花爆竹安全生产大检查行动，共检查烟花爆竹销售点55个，查处隐患10处，整改隐患5处，关停1家。

1—9月，日喀则地区安监局累计派出10余人次对上报的生产安全事故进行现场指导，接受电话咨询百余次，截止9月20日共办理行政处罚案件6宗，处罚金额6000元，对每一宗行政处罚案件都依据《安全生产法》的有关规定进行审核、审批，没有发生行政相对人因行政处罚案件提起行政诉讼或复议。

日喀则地区烟草专营工作

【经济运行平稳发展】2008 年，日喀则地区购进卷烟 57135.35 万支，同比下降 12876.15 万支，降幅 18%；购进金额 15953.89 万元，同比下降 2012.05 万元，降幅 11%；卷烟销售 57715.619 万支，同比下降 13475.275 万支，降幅 19%；销售金额 18314.47 万元，同比下降 1702.5 万元，降幅 8%；单箱均价 1.59 万元，同比上升 0.18 万元；毛利率 13.71%，同比上升 2.45 个百分点；利润总额 754.16 万元，同比上升 147.88 万元，增幅 24%；上缴税金 530 万元，同比增加 60 万元，增幅 12%；国有资产保值增值率 121.76%；费用支出 1305 万元，降幅 2%。

【网建工作得到有效提升】逐步形成了日喀则烟草卷烟销售网络建设及运行过程中的较全面、较规范、富有权威性的制度汇编。同时根据日喀则的地理特征、交通线路、市场特性，全地区划分四个区域，即：日喀则市区、东部区、南部区、西部区；共建立 10 个配送中心、2 个自营零售点，共 12 个网点；到目前全地区 1 市 17 县全面实现配送到户，配送到户的乡镇 96 个，达到 47%；配送到户的行政村 383 个，达到 22%；配送到户的零售户 2465 个，达到 84%。农网平均单程送货距离 150 千米以上，距地区所在地最远的单程送货距离 640 千米，最近单程送货距离 45 千米。2007 年拉孜、定日两县新修建的配送中心已投入使用。2007 年以来在网络的布局方面，撤销昂仁网点、城区补货点，加强拉孜网点、拟增萨嘎网点、整合相关区域；在营销模式方面从简单的卷烟供应提升到引导消费、品牌的培育、客户经营的指导上；在基础数据管理方面，从原始的手工登记、手工汇总提升到系统自动生成、科学分析、有效监控上；货款的管理方面，从简单的银行存储汇款提升到专业的商务汇款和定时、定点的监管上；在流程再造方面，对全地区的城网农网送货线路、访销周期进了全新设计，使工作时间得到合理安排，配送效率得到有效提升，物流成本得到有效控制，客户预测意识得到明显提高。

在巩固城网的同时，重点放在农网建设上，2007 年下半年局（公司）农网信息化建设工作全面启动，经过近两个月的信息员集中培训、上岗考试以及系统的安装、调试、试运行等前期准备工作之后，目前已全面运行。各县配送部实现了集专卖、销售（电话访销）、客户关系管理、报表为一体的信息系统，取代了各网点过去的手工记帐、填写准购证等一系列手工工作，市区两个自营零售网点实现了 POS 销售系统，取代了过去手工登记日台帐、手工制作表等工作。

品牌培育方面，紧紧围绕国家局公布的前 20 个重点品牌开展品牌培育工作，4 月份召开了由分厂家代表参加的品牌管理委员会专题会议，10 月初召开了由八家工业公司业务代表参加的品牌管理委员会会议，调整和优化品牌结构，使重点品牌得到迅速成长，市场份额逐步扩大，目前以中华、云烟、芙蓉王、玉溪、白沙、红塔山、黄山、红双喜、红梅、娇子、黄果树等 11 个重点品牌为主的市场主导品牌基本形成，其市场份额达到 73%，同比上升 13 个百分点。

提升客户服务，搭建长期合作之桥。一是由客户经理分片区负责建立完整详细的客户档案，分析客户的经营能力、销售动态、品牌市场表现，针对性地开展营销和客服工作。二是户籍化管理逐步向诚信等级分类管理转变。根据卷烟零售户的业态、贡献度、影响力、守法度、配合度等综合评价，把全地区卷烟零售户分类，根据客户的类别采取针对性的管理方式。三是与地区价格监督部门联合在全地区实施明码标价工作，规范客户卷烟陈列，提升客户盈利空间。

【卷烟市场管理及内部管理监督工作进一步提升】卷烟打私、打假工作始终保持卷烟打假高压态势，加强烟草专卖法律法规的学习和宣传力度，提高执法人员的执法水平，形成了由日喀则地区公安处牵头，公安、工商、税务、技术监督、烟草五个部门组成的联合打假机制。2008 年，共查获假私非卷烟 16499.9 条，案值达 1169402.1 元，其中没收假、私、非卷烟 4773.7 条，案值 922173.85 元；共刑拘 8 人，判刑 1 人。

专卖内部监督管理工作。全局（公司）上下，从促进行业改革与发展，保持平稳健康发展的高度，从“管好自己，明天有好日子过”的高度，对内部监管工作高度重视，成立了由“一把手”任组长，班子成员为副组长，各科室负责人为成员的日喀则地区烟草专卖局专卖内部监督管理领导小组，结合日喀则地区烟草局（公司）实际，建立了统一的工作制度和工作流程，日喀则烟草的所有卷烟销售工作都在内管部门的全程监督下运行，入网 100%，落地销售 100%，落户销售 100%。

日喀则地区粮食工作

【粮食流通相关数据】2008 年，日喀则地区国有和非国有粮食企业收购粮油 1200 万公斤，其中：国有粮食企业收购粮油 1000 万公斤，非国有粮食企业共收购粮油 200 万公斤。销售粮油 2800 万公斤，其中：国有粮食企业共销售粮油 1700 万公斤，非国有粮食企业共销售粮油 1100 万公斤。全地区至 12 月底全地区国有和非国有粮食企业粮油库存 2500 万公斤，其中：国有粮食企业粮油库存 2250 万公斤；非国有粮食企业粮油库存 250 万公斤

【认真贯彻落实全区粮食流通工作会议精神，切实转变职能】为将日喀则地区粮食流通体制改革工作落到实处，日喀则地区粮食局积极向行署汇报全区粮食流通工作会议精神，行署及时召开了粮食流通体制改革以来地区首次粮食流通工作会议，总结回顾了 2007 的粮食流通工作，研究部署了 2008 年的粮食流通工作，为做好国有粮食企业改革，确保粮食宏观调控，加强粮食行政管理提供了保证。按照粮改新要求，着力转变工作职能，努力提升粮食行政管理能力。

【加强粮食宏观调控，粮食市场保持基本稳定】2008 年，受国际国内外不确定因素增多全国粮食市场供求形势复杂化和拉萨“3•14”事件双重因素影响，日喀则

地区粮食市场供应和价格稳定难度进一步加大，在这种情况下，为确保粮油市场供应，保持粮油价格稳定，日喀则地区粮食局。

全面了解和掌握全地区粮食经营情况，做到情况明、底数清。明确业务科室责任，及时将全地区保供稳市工作任务分解到各县（市），通过各县（市）粮食局和粮食公司，以日喀则市为重点，定期了解全社会粮食经营者的分品种粮食批发零售价格、库存、销售情况，全面掌握粮食供求平衡情况和大米、青稞、内地面粉、食用植物油等主要粮食品种的市场供求情况及价格变化趋势，按时上报《地市政府所在地大米市场监测情况日报表》和《地市政府所在地重点粮食经营大户大米销售、库存、价格情况日报表》，为上级决策提供可靠依据。

积极做好旺季粮食收购前期准备工作。2008 年日喀则地区粮食生产再获大丰收，为切实做好粮食收购工作，保护种粮农民利益，稳定粮食市场价格，维护粮食流通秩序，日喀则地区粮食局早安排、早部署，及时下发做好收购工作的通知，就旺季粮食收购工作的组织领导、政策宣传、国有和非国有粮食企业的市场作用、市场管理、收购数据统计等工作进行了全面安排，目前日喀则地区粮食收购工作已进入收购旺季，收购秩序良好，收购市场和价格基本稳定。

积极指导和帮助国有粮食企业抓好粮源组织采购工作。根据各县（市）上报的国有粮食企业粮食库存、价格、供应情况，及时要求各县（市）国有粮食企业发挥主渠道作用，以日喀则市、各县政府所在地和库存薄弱县、边远易灾县乡为重点，加强粮源组织和采购工作，合理摆布库存，确保本辖区市场粮油价格稳定，粮油供应不脱销、不断档。对业务科室了解到的可能出现粮食供应问题的县，及时向该县政府通报情况，力求形成粮食行政管理合力，确保粮食市场不出问题。国有粮食企业进一步巩固在区内已建立的粮食购销关系，努力确保内地粮源，保证粮食市场和价格稳定。

加强粮食监测工作。加大市场监测频率和密度，密切关注本地粮油市场动态及价格走势，及时搜集、分析区内外粮油供求形势，随时准确掌握本地粮食市场供应和价格动态情况，每周定期出两期粮油市场信息，认真做好粮油市场和价格信息报送工作，为上级粮食主管部门宏观调控提供准确的决策依据。

狠抓《西藏粮食流通统计制度》落实工作。切实承担起日喀则地区全社会粮食流通统计工作任务。认真学习和宣传《西藏粮食流通统计制度》，提高对全社会粮食流通统计工作重要性的认识，抓住地区召开粮食流通工作会议的机会，进一步明确各县（市）粮食局统计工作的职责和义务。严格按照《西藏粮食流通统计制度》积极开展全社会粮食流通统计工作，及时收集、汇总、分析全地区粮食流通情况，按时上报月、季、年报表。

切实做好储备粮管理工作，保证储备粮食安全。分解储备粮管理职责和任务，狠抓落实，确保了自治区储备粮数量真实、质量良好、储存安全。保质保量地完成了30万公斤自治区储备油的轮换工作，680万公斤中央储备粮轮换工作也在有条不紊地推进。

积极做好灾区粮食供应工作。8 月份，仲巴县发生6.6级地震后，日喀则地区粮食局共向灾区调拨50吨救灾粮，保障了灾区粮食供应，保证了灾区人心稳定和粮食市场稳定。

【积极做好粮食市场监管工作】根据上级有关要求，以未取得粮食监督检查资格的人员为重点，积极组织各县（市）粮食行政执法人员参加国家粮食局举办的粮食执法资格培训班工作，提高行政执法的理论水平。

在《粮食流通管理条例》颁布实施四周年之际，日喀则地区粮食局早安排、早部署，采取市区主要街道悬挂横幅、张贴《条例》宣传画，发放《条例》宣传单、现场解答粮改政策相关问题、组织召开地区相关部门领导和国有粮食经营企业、大型超市的老总、市区内的粮食经营大户参加的座谈会、在电视台播发宣传活动新闻等多种形式，认真学习宣传《条例》及粮改政策，为共同维护日喀则地区粮食流通秩序奠定了良好的基础。

认真做好《粮食收购许可证》年检工作。2008 年，日喀则地区已对46家国有、非国有粮食收购企业的《粮食收购许可证》进行了审核和年检，为一家申请办理收购许可证的个体粮食经营户办理了粮食收购许可证。

指定专人负责非国有粮食经营企业情况的搜集、整理和档案的电脑录入管理工作，加大粮食流通监督检查工作机构、人员、经费争取落实力度。市场管理科更名为监督检查科。全面调查摸清粮食经营者的情况，对粮食经营者分类、分规模进行登记造册，建立粮食经营企业档案，为开展好粮食监督检查行政执法打好基础。严格执行粮食行政执法有关制度，组织执法人员参加培训，加强执法队伍建设，努力提高执法人员的业务能力，进一步规范执法程序和执法行为。加强与工商、物价、质监等部门的协调配合，共同维护节日及敏感时期的粮食安全、稳定，加强对粮油经营网点、超市和农贸市场的巡查，及时查处以次充好、短斤少两、掺杂使假等扰乱粮食市场秩序的违法行为和涉粮案件，维护正常的粮食流通秩序。

【国有粮食企业市场化改革迈出重大步伐】上半年，日喀则地区按照自治区人民政府《关于进一步深化粮食流通体制改革的实施意见》和自治区六部门《关于印发深化日喀则地区国有粮食企业改革指导意见的通知》精神，坚持积极稳妥和有力、有序、有效的原则，着力解决国有粮食企业改革的重点和难点问题，推动国有粮食企业改革进程。

日喀则地区农牧工作

【种植业全面丰收】2008 年，日喀则地区农牧局认真落实提高粮食单产行动、耕地质量建设、测土配方施肥等增产增收技术，在保护和提高粮食生产能力、确保粮食安全的基础上，扎实推进种植业结构调整，共落实农作物播种面积127.76万亩，其中粮食作物面积76.81万亩（青稞63.86万亩）；经济作物面积32.82万亩（油料作物 15.58 万亩，蔬菜面积17.24万亩）；饲草料作物面积18.13万亩，粮、经、饲三元种植比例调整为60：26：14。种植业生产在雨季明显偏早，局部

山南地委副书记、行署专员赵宪忠检查指导曲松县和灌区项目

山南行署副专员宇飞检查指导曲松教育工作

洛松曲达视察地震情况

下洛养鸡场

农牧民活动中心奠基仪式

隆子县委书记华学健（左）陪同自治区党委书记张庆黎等自治区领导视察隆子县抗雪救灾工作

隆子县长洛桑平措（左)陪同自治区党委副书记、常务副主席郝鹏在县公安局调研

隆子县委书记华学健在“10.26”特大雪灾的抗雪救灾的前线

驻军部队与隆子县干部群众进行拔河比赛

西藏华钰公司山南分公司选矿厂扩建项目奠基典礼

县委书记李晓清

错那县勒布风光

县长罗布占堆

错那县县城安居工程

错那县曲臬木沙棘树

错那县拿日雍措湖

中央督导组莅临日喀则市检查科学发展观活动

自治区人大副主任、地委书记、人大地区工委主任格桑次仁在十七大宣讲期间慰问纳尔乡老党员

地委委员、市委书记华玉松在边雄乡考察安居工程

地委委员、市委书记华玉松和市委副书记、市长达次在岗迪混凝土搅拌站现场考察

日喀则市召开党员干部大会

地委委员、市委书记华玉松看望慰问老党员

日喀则市组织干部群众向四川汶川灾区捐款

日喀则地委委员、市委书记华玉松

日喀则市深入学习实践科学发展观学习会

市委副书记、人大主任拉巴平措

日喀则市委副书记、市长达次

十七大精神培训班开班典礼

市委常委、政协主席欧珠平措

南木林县委书记顾建华（左三）、县长巴桑多吉（右一），陪同自治区党委书记张庆黎、日喀则地委书记格桑次仁（右三）在南木林县调研工作

南木林县长巴桑多吉（一排右一）陪同十一世班禅视察南木林县特色种植业

南木林县第三批援藏工作组投入资金约600万元修建的县政府接待中心（潍坊宾馆）

南木林县首届教育艺术节

落实惠民政策为农牧民发放生产资料

民族文化遗产湘巴藏戏

南木林县生态窗口工程南艾绿色通道

具有悠久历史的古迹铁索桥和现代功能的县一中教学楼

拉孜县委书记陈宾

拉孜县长多吉

拉孜县委书记陈宾慰问贫困户

拉孜县长多吉参观青稞试验田

拉孜农牧民种植的优质油菜年年都是丰收年

拉孜县长多吉调研农民油菜种植情况

拉孜县长多吉向农牧民讲解支农惠农政策

安装调试卫星节目，偏远的农牧民群众收看到了电视节目

拉孜达马节

老艺人传授拉孜六弦琴弹奏技艺

自治区党委常委、统战部部长巴桑顿珠与昂仁县领导合影

行署专员许雪光在昂仁县检查指导工作

县委书记杜振波深入群众家中慰问调研

县长旦增旺杰深入基层视察农牧民安居工程

昂仁县城新貌

扎布耶锂矿

帕江乡山羊群

帕江乡硼矿

达荣温泉

帕江乡天工尼籁铜金矿

自治区主席向巴平措在吉隆视察中尼公路

自治区主席向巴平措在吉隆视察农牧民安居工程建设情况

县长扎多陪同自治区人大副主任、地委书记格桑次仁一行视察吉隆镇市镇建设情况

自治区副主席邓小刚一行在吉隆检查边境防控工作

吉林省通化市援建的吉隆镇热玛村民俗文化广场

吉隆县委书记赵士中带领援藏干部一行视察广电楼建设项目

县长扎多深入县直机关调研

新建成的吉隆县城雕塑

新建成的吉隆镇步行街

新建的吉隆镇广场

县长巴桑和县人大主任琪美加布在安居工程施工现场检查指导

县长巴桑在乡中心小学改扩建工程施工现场检查指导工作

县委书记刘忠义深入农户了解生产生活情况

县委书记刘忠义在“民生瓜菜工程”施工现场检查指导工作

县长巴桑深入田间地头检查指导农牧业生产

聂拉木县全貌

樟木镇全貌

自治区党委常委、纪委书记金书波莅临我县慰问贫困群众

仁布县第十一届人民代表大会第一次会议

仁布县党政办公中心大楼奠基

仁布县党政办公中心大楼开工典礼

仁布县佳木斯广场全景

西藏军区领导检查指导萨嘎县维护稳定工作

日喀则地委书记格桑次仁在萨嘎县检查指导维护稳定工作

白屁股羊

如角温泉

萨嘎县格桑街

萨嘎县委书记马建国看望慰问贫困户

萨嘎县长扎西次仁看望慰问农牧民

萨嘎县长扎西次仁深入设卡点检查指导维护稳定工作

萨嘎县长扎西次仁在主题教育动员大会上讲话

萨嘎县加达电站

江孜县委书记陈云彬

江孜县长达娃卓玛

江孜县委书记陈云彬（左二）与县长达娃卓玛（左三）视察农户沼气使用情况

江孜县委书记陈云彬（左一）与县长达娃卓玛（右一）陪同地委书记格桑次仁（中）视察江孜县社会福利院

江孜县白居寺

江孜县宗山抗英遗址

第五批援藏江孜小组视察江孜县自来水工程蓄水池建设

第五批援藏江孜小组视察江孜县行政中心建设

江孜县达玛节赛马

江孜县认真开展“反对分裂、维护稳定、促进发展”教育活动

山东省委书记姜异康、省长姜大明在白朗县视察工作

国家统战部副部长杜青林在白朗县视察工作

国家发改委副主任杜鹰在白朗县视察工作

在庆祝“西藏百万农奴解放纪念”的文艺演出上县级领导合唱

县城一角

第五批援藏干部实地研究科技示范园建设

白朗县农产品交易洽谈会签约仪式

安居工程

白朗县举行“新品种西瓜品鉴推介会”

白朗县农产品交易洽谈会

日喀则地委书记、地区人大工委主任格桑次仁指导抗雪救灾工作

岗巴县长黄居壁检查水利工程

岗巴县委书记次仁顿珠陪同自治区领导巴桑等视察边境地区

工程奠基

安居工程成效显著

岗巴县曲登尼玛矿泉水厂生产线

岗巴羊产业开发初见成效

聆听指导

自治区领导在比如县检查工作

比如县办公楼

安多县委书记杨宇光（中左二）、县长达尔地（左三）陪同自治区主席向巴平措在安多县视察

安多县委书记杨宇光（左三）、县长达尔地（左二）向自治区党委副书记、常务副主席郝鹏汇报工作

安多县委书记杨宇光(左三)在敬老院看望孤寡老人

安多县长达尔地在两会上讲话

安多县委书记杨宇光在寺庙调研

一方有难，八方支援，索县干部群众向灾区踊跃捐款、献爱心

大雪无情封山路，军民联手抢保通

索县通过各种形式积极开展中国特色社会主义主题教育活动

现代化通讯工具进入寻常百姓家

变化中的索县

行署专员谭永寿在申扎指导工作

世界上最高的鸟岛——错俄湖鸟岛

建设中的申扎县城

雄伟的甲岗雪山

班戈县委书记索朗扎巴

班戈县长巴塔

班戈县维稳工作会议

中石化援建的班戈县会议中心

班戈县保吉乡娘热溶洞

纳班公路开工典礼

班戈纳木措湖畔一角

尼玛县委书记农军

尼玛县长赵兵

牧民安居住房

群众在县广场跳起欢快的舞蹈

尼玛县党政综合办公楼

自治区主席向巴平措莅临双湖检查指导工作

慰问双湖区干警

双湖区干部职工及学生联名签字声讨达赖

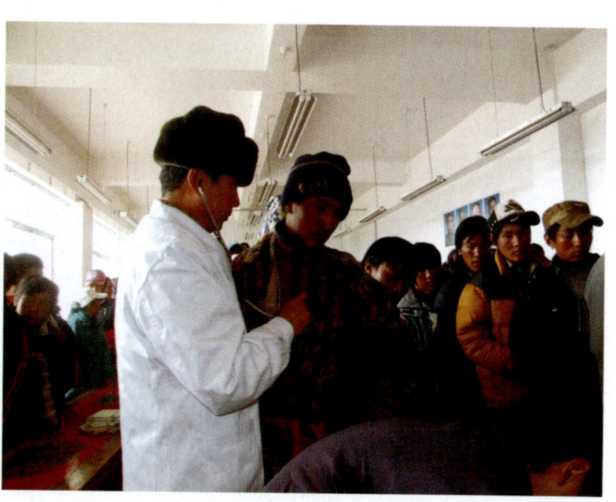

西藏军区总医院李素芝院长为双湖区学生看病

自治区党委副书记、常务副主席郝鹏等慰问边境执勤点

普兰县委书记杨林到群众中调研

新建医院

普兰县2008年经济工作会议

普兰县岗萨乡牦牛创收队

中国人民政治协商会议第六届噶尔县委员会第二次会议

庆祝西藏民主改革50周年暨设立“百万翻身农奴解放纪念日”

安居工程

噶尔县公安

昆沙奶牛养殖基地

紫花苜蓿种植田

自治区党委常委、纪委书记金书波在札达调研

县委书记路遇在边境一线视察工作

河北技术员手把手传授农牧民群众种植蔬菜技术

县委书记路遇

札达县底雅乡苹果

札达县底雅乡特色产业

札达县扎布让村家庭旅馆

古格遗址精美壁画

古格王朝遗址

县委书记李龙走访慰问退休老干部

罗庆伍县长下乡了解民情

日土县召开"反对分裂、维护稳定、加强团结、促进发展"主题教育活动动员大会

日土县特色产业白绒山羊

班公湖鸟岛

日土县城

县委书记郭建中在汇报工作

县长扎西措姆

县长扎西措姆在物资交流会上的讲话

革吉县第九届民间物资交流会开幕

县长旦巴旺久

措勤县党政综合办公楼

自治区党委副书记、常务副主席郝鹏在米林县扎绕乡彩门新村调研

自治区人大副主任阿登在米林县南伊乡才召村调研非物质文化保护工作

自治区人大副主张跃平在米林县检查指导维稳工作

在第六届西藏林芝地区投资贸易洽谈会上，米林县县长达瓦与投资方进行项目合同签约

徐非部长在米林县南伊乡小学调研

自治区副主席次仁视察我县电站建设情况

墨脱县委书记张国玖

墨脱县长欧珠多吉

墨脱县邮政局开业大典

自治区副主席次仁视察墨脱县柠檬种植户

自治区副主席次仁视察墨脱县香蕉繁育基地

县长欧珠多吉到达木乡调研安居工程进展情况

墨脱县"两会"胜利召开

自治区党委书记张庆黎（右一）在工布江达县现场给群众宣传党的十七大精神

福建省委常委、组织部长于伟国（右二）亲率第五批援藏干部莅临工布江达县参观指导特色产业发展情况

福建省委常委、组织部长于伟国（右二）亲率第五批援藏干部莅临工布江达县参观指导社会主义新农村建设工作

林芝地委副书记、行署专员卓嘎（右二）在工布江达县委领导陪同下检查指导工作

地方遭受冰雹、洪涝、暴雪灾等灾害的情况下，实现了第21年丰收。全地区的粮油总产达37.9万吨，比上年增加0.83万吨（其中，粮食产量35.16万吨）；蔬菜产量27.8万吨，比上年增加1.66万吨；饲草料产量12.55万吨，比上年增加0.5万吨，再创历史新高。

【畜牧业稳步发展】着重加大了接羔育幼、畜种改良、畜禽规模养殖和重大疫病防控等各项工作，使畜牧业呈现增产、增效的良好态势。全地区新生仔畜成活213万头（只、匹），成活率达93.9%；成畜死亡65064头（只、匹），死亡率控制在1.14%；牲畜出栏率达34.7%，其中短期育肥出栏牲畜43万绵羊单位，纯收入达2881万元；肉、奶产量分别达3.46万吨和7.82万吨，禽蛋、禽肉产量分别达到0.078万吨、0.018万吨。渔业资源保护与开发得到加强。

【乡镇企业和多种经营加快发展】主要狠抓了农业产业化经营龙头企业、农畜产品加工、运输业、城镇服务业、采集业、加工业、劳务输出等工作措施的落实，推动乡镇企业、多种经营加快发展，增加群众收入。全地区乡镇企业完成产值5.73亿元，同比增长12%；多种经营实现总收入9.5亿元，同比增长5%。8家地区级农业产业化经营龙头企业产值达9570万元，同比增长2.7%。拉孜、康玛、谢通门等县挂牌成立了农民专业合作社，已有比较规范的各类经济合作组织41家，其中21家农民专业合作社已通过《合作社法》正式挂牌经营。

【农牧业项目建设进展顺利】农牧业项目总投资2.74亿元，完成国家投资1.68亿元。其中，藏系绵羊育肥基地、无公害蔬菜生产基地、马铃薯种植基地等特色产业项目总投资达9042.22万元，完成国家投资4438万元；退牧还草、农村沼气、农机具购置补贴等面上项目总投资1.84亿元，完成国家投资1.24亿元，各项目建设进展顺利，项目区群众人均增收590元。

【农牧民群众持续增收】采取调整优化产业结构，挖掘农牧业内部潜力，实施特色产业项目开发，引导农牧民剩余劳动力向二、三产业合理流转等措施，进一步拓宽群众增收渠道，增强了农牧民增收的能力，农牧民人均收入达2914元，同比增长15%。

【努力提高农业综合生产能力】一是狠抓春播用种。上年日喀则地区部分县市遭受较为严重的旱情，导致缺种量大，地区拿出89万元用于缺种补贴，各县采取以粮换种、春借秋还、内部调剂等办法解决了生产用种。二是狠抓沃土工程，共改造低产田18万亩，治理坡耕地2.5万亩，平均亩施农家肥2400公斤以上，“扎扭”灭草50万亩。三是狠抓农资调运，共调运分配农药482.4吨、化肥20500吨，新购各类农机具3376台（部）。四是努力提高播种质量，狠抓种子精选和药物包衣工作，提高种子质量和出苗整齐度，良种推广面积达90.34万亩，完成机耕面积86.14万亩，机播面积75万亩，机收63.5万亩。五是加强田间科学管理，做到了合理灌溉、科学除草，提高单位面积基本苗数；同时开展了蝗虫、蚜虫虫情监测和防治，努力降低农作物病虫害损失。六是认真开展测土配方施肥“3414”田间试验和农业污染源普查工作。七是积极开展标准化生产和高产创建工作，拿出30万元专项补贴资金，把标准化生产由3个自治区级基地县市扩大到全地区9个产粮大县，标准化面积达7.72万亩，并按照“百亩攻关、千亩核心、万亩高产”的要求，建设了5万亩高产创建核心区。八是切实加大了“三秋”工作的组织领导和指导力度，专门组织农牧业生产检查组，深入“三秋”工作第一线，现场指导，摸准群众秋收前的生产、生活和物资准备情况，及时帮助群众解决困难和问题，确保了“三秋”工作的顺利进行。

【认真落实畜牧业生产措施】强化重大动物疫病防控责任制，坚持防疫监督员制度和疫情信息24小时值班制度，采取部门领导分片负责、技术人员包县督查的办法，强化工作责任制，加大防控监督检查力度，做好了牲畜“W”病、禽流感、小反刍兽疫、猪蓝耳病的防疫工作，防疫密度达到应免牲畜的100%。认真搞好接羔育幼工作。通过提前安排接羔育幼草场、加大防抗灾工作力度、加强暖棚（圈）建设与羔宫维修、母（仔）畜偏饲偏喂等措施，切实提高了仔畜成活率，有效降低了成畜死亡率。

认真落实农畜产品质量和食品安全各项措施，加大了畜禽及其产品的市场检疫力度，共检疫活畜禽25万余头（只、匹），消毒各类畜禽产品100余吨，确保了畜禽产品安全和消费者的合法权益。

狠抓冬虫夏草采集管理，通过落实24小时值班制度、下发紧急通知、发布采集管理公告、组派工作组实地督导、及时排查纠纷等措施，确保了虫草采集期间虫草产区社会局势稳定，维护了群众的根本利益。

完成人工种草28.97万亩，同时做好草场生态补偿机制调研工作，为下一步落实草场生态补偿提供科学依据。

地区投资15万元，在白朗县强堆乡夏吉村选择30户开展生猪生产示范户建设，引导和带动群众发展生猪生产，增加现金收入。

【加大科技培训与承包力度，努力提高服务水平】组织区、地、县三级技术人员对标准化和高产创建农田进行了科技承包，承包面积达100.66万亩。按照领导包片、技术人员包县的办法，地、县、乡三级层层签订了目标责任书，对重大动物疫病防控工作进行了责任划分，并下派技术人员蹲点指导防控工作。结合种植业、养殖业常规生产发展，安排局属业务部门协同各县市农牧部门分类实行科技承包，开展科技服务与指导工作。认真实施测土配方施肥田间肥效试验，整合地、县技术力量，落实完成了65个试验点，经过科学管理与实施，不同施肥量的各小区间作物长势差异较为显著，为下一步工作提供了科学依据。

【积极争取项目投入，改善农牧业生产条件】一是狠抓特色产业项目落实。日喀则地区共落实特色产业项目17个，涉及优质油菜、马铃薯种植、藏系绵羊短期育肥等。二是狠抓农牧业基础项目建设，实施的重点有退牧还草、农村沼气等。三是狠抓项目建设管理。建设项目管理和指导，进一步明确职责，完善制度，确保了项目及时开工、复工并顺利实施。同时，严格落实项目"五制"，强化项目建设过程中的指导、协调，执行各项管理制度和程序，确保项目尽快建成并发挥效益。

日喀则地区林业工作

【大力植树造林、加快林业生态建设步伐】2008 年，日喀则地区共完成各类造林 12 万余亩。一是根据各县(市)自查和地区复查结果统计，2008 年全地区重点区域生态公益林造林绿化完成面积为 34488 亩，完成自治区下达任务的 99.6%，平均成活率在 85%左右。二是 2007 年未完成计划任务（31352 亩）的 4888 亩，2008 年集中在南木林县完成，经复查实际完成 4900 亩，成活率为 85%左右，经 2 年努力，2007 年度日喀则地区重点区域生态公益林造林实际完成面积为 31367 亩，面积保存率为 100%，苗木保存率 80%，合格面积 100%，基本达到了自治区的要求。三是在 8 个县完成拉萨市及周边工程造林 3000 亩，完成率 100%。四是完成了全民义务植树 242 万株（2.42 万亩）完成率为 141%。五是完成历年退耕还林工程未合格小班林地补植、补造 1.79 万亩，占应补植、补造任务的 50%以上，完成退耕还林工程配套项目荒山造林（封育）3.85 万亩，完成率为 96.3%。六是地区和 6 个县市苗圃完成育苗 623 亩，育苗任务完成率为 125%。

【积极开展专项行动】2008 年共受理各类林业行政案件 28 起，查处 24 起，其中行政拘留 29 人；行政罚款 29 人；行政警告 12 人；没收非法运输、盗伐、滥伐林木 81.91 立方米、罚款 16306 元，为国家挽回经济损失 41602 元，共出动警力 181 人，出动车辆 84 次。

【全力投入森林防火工作】2008 年，日喀则地区在亚东县召开了地区森林防火工作会议，会议全面安排部署了森林防火工作，行署与各县签订了森林防火工作目标管理责任书，明确了森林防火工作任务职责。地区林业局始终把森林防火工作作为林业工作的重中之重，主要领导亲自挂帅，分管领导具体抓，先后 6 次下发通知安排部署 2008 年森防工作，多次下派工作组深入 5 个有林县督促检查森防工作，对重点火险区域进行重点检查，发现问题及时提出整改意见。

森林防火紧要期间，各级林业部门，林区各乡（镇）党委政府及时将地、县两级护林防火会议精神传达到逐村、逐户，并把主要会议精神，各级领导的讲话、森防责任书译成藏文下发到各村、各护林员手中。各有林县利用广播、电视宣传媒介、散发宣传单和张贴标语等形式，进一步加大了森林防火宣传工作力度，在人口密集处宣传护林防火知识，发放宣传单，多次组织群众召开防火宣传动员大会和现场会，各县还组织有关部门深入林区召开群众大会宣传《森林防火条例》、《森林法》、《野生动物保护法》，由于加大了森林防火宣传工作，掀起了森林防火宣传工作的高潮，增强了群众的防火意识，真正树立"森林防火人人有责""进入林区防火第一"的意识。

2008 年 4 月 25 日由于境外火源飞入导致吉隆县吉隆镇热索村发生森林火灾，在地委行署和自治区林业局的高度重视下，经过县委县府和地区林业局周密部署，广大干部职工，林区群众和森林部队的共同奋力扑救，在短短的 5 天之内控制并彻底扑灭了山火，没有造成大的损失，达到了"三无"目标。

【狠抓了征占用林地管理】2008 年，特别是对林区修建道路、基建等工程建设征占用林地情况严格按程序办理相关手续，对违法占用林地的依法查处。收取了 2007 年亚乃、康亚及聂章公路建设征占用林地的森林植被恢复费共 2196462 元，实行就地缴库办法；吉隆县境内部队违法修建国防巡逻道路项目经采取制止措施已停止施工；请了区林业规划院技术人员先后对吉隆林区修建乡村公路项目、亚东切玛至卓拉山修建边防公路项目、定日绒辖乡至左布德村乡村公路项目进行可研设计并按程序办理了征占用林地相关手续；补办了亚东春比沟铁矿开采项目占用林地的相关手续；地县两级森林公安和林政执法人员组成联合工作组依法采取措施暂时制止了亚东康布乡加普沟修建边防巡逻道路占用林地施工。

【强化重点公益林的管护工作】2004 年和 2006 年日喀则地区被纳入的第一批重点公益林总面积为 3913075 亩，2008 年落实兑现了 2007 年度管护费 1076.2 万元。地县两级林业和财政部门严格执行中央、自治区森林生态效益补偿基金项目管理办法，和资金管理办法，切实加强国家重点公益林管护工作，严格落实管护资金，使项目区森林和灌丛等资源得到有效的保护，同时增加了群众收入。

【严格执行森林采伐限额管理制度】向五个有林县下达了 2008 年薪炭材 1.35 万立方米（比自治区计划减少 0.65 万立方米）、竹材 15 万根的计划，把薪炭材和竹材采伐消耗的林木资源纳入森林采伐限额管理，同时加大对采伐限额执行情况的监督检查力度，杜绝各种违规现象的发生。根据 2008 年全地区农牧民安居工程建设 11325 户的任务，向各县分配了从林芝地区供应的 56625 万立方米安居工程木材计划，截至目前全地区农牧民安居工程木材调运任务完成 50%以上。

【重视野生动物疫病防控监测工作】加强了野生动物小反刍疫源疫病监测工作和野生候鸟高致病性禽流感监测工作，认真落实责任，指定专人负责管理，严格执行 24 小时值班制度和"日报告"、"零报告"制度，同时高度重视藏羚羊巡护工作，2008 年全地区未发现野生动物及野生候鸟非正常死亡情况，也未发生破坏藏羚羊等野生保护动物的违法案件。2008 年共下拨自然保护区野生动物保护及监测专项经费 15 万元。

【开展好集体林权制度改革摸底调研工作】并组成专门工作组深入各县市进行集体林权制度改革摸底调研，通过调查统计日喀则地区集体林总面积为 46 万亩，其具体分布、类型、经营现状、存在的主要问题等都有了较全面的了解和掌握，为 2009 年林改试点及全面开展林改工作打下了基础。

【雅江中游河谷黑颈鹤国家级自然保护区建设项目一期工程】日喀则地区管理局，日喀则、南木林，拉孜三县市管理分局和艾玛岗等七个管理站建设的主要内容有保护工程，科研宣教工程，基础设施工程，项目总投资 453 万元。项目资金到位。南木林、拉孜两县管理分局和七个管理站业务用房已基本建成。地区管理局和日喀则管理分局业务用房从日喀则地区林业局和市政府新建的办公楼划拨，划拨的房屋能够满足管理局办公、宣教展示、科研场地等综合使用要求。该项目其他各项建设内容计划在年底前全部完成。

【重点公益林责任区落实和地方公益林区划界定工作】积极配合自治区外业调查工作组完成了日喀则地区涉及 10 个县市的重点公益林管护责任区落实和涉及 16 个县市的地方公益林区划界定的外业工作，经初步确认日喀则地区拟补偿的国家重点公益林 44 万亩左右，地方公益林 48 万亩左右，有望在 2008 年底和 2009 年落实生态效益补偿资金。

【自然保护区和湿地保护与恢复项目前期工作】桑桑湿地保护与恢复项目。日喀则地区林业局委托山东省林业规划设计院以援藏形式派专业技术人员完成该项目科学考察和总体规划，项目外业、内业工作已完成，项目规划面积 98728 万公顷，总投资计划 3000 万元。项目得到地区行署的重视，地区行署向自治区林业局发了《日喀则地区行政公署关于建立昂仁县桑桑湿地自然保护区的函》（日署函[2008]27 号）。该项目已上报区林业局要求组织评审。

多庆湖国家湿地公园建设项目。根据自治区林业局关于组织申报国家湿地公园的通知，日喀则地区林业局委托中南院做了亚东多庆湖国家湿地公园建设项目总体规划，规划总面积 32719.7 公顷，规划总投资 2992.8 万，项目已通过自治区局组织的专家评审并上报国家。

马泉河湿地保护与恢复项目。该项目已经列入国家“十一五”湿地保护项目，日喀则地区林业委托国家林业局中南院完成了项目可研报告等前期工作。

日喀则地区水利工作

【固定资产投资完成情况】2008 年，日喀则地区计划列入全年重点建设项目 23 个，完成投资 2.3 亿元。到 10 月底，在建水利项目 18 个，其中：本年度新开工项目 16 个（含小农项目和电站维修两大项目），续建复工项目 2 个；本年度已竣工投入运行的项目 4 个。已完成固定资产投资 2.1 亿元，同比增长 10%，是年度投资计划投资 2.3 亿元的 91%。2008 年以来，齐心协力议项目、抓项目，克服“3•14”事件等不利因素影响，千方百计拓宽投资渠道落实项目资金。项目基本建设、维修改造和其他投资齐头并进，与 2007 年相比呈现了投资到位较好，增长速度较快，项目开工建设进展比较顺利的态势。到年底，再完成投资 2500 万元，确保全年目标任务的完成。

【扎实抓好项目前期工作】将责任落实到人头上，全地区水利项目前期工作进展较为顺利。其中，灌区工程有江孜达藏干渠已开工建设，日喀则市江北干渠已完成初设，白朗楚松灌区概算批复已下；日喀则市前进干渠可研已通过地区审查，补充后的资料已上报水利厅；仁布县姆乡夏尤灌区已完成初设。城市防洪工程有年楚河干流二期白朗段 2008 年已通过自治区审查，正做立项及概算批复；仁布县防洪工程概算批复已下待开工；拉孜县城区二期防洪工程已开工建设。农村水利电力工程有仲巴县隆嘎尔电站可研已完成，正做初设；亚东县二级水电站概算批复已下；亚东县局域网已完成初设，概算批复已下；日喀则地区第一批无电地区电力规划建设的 5 个项目正做前期工作，其中聂拉木曲乡电站和吉隆口岸电站已完成项目建议书，正做可研。完成了第四批“送电到乡”4 座水电站前期工作，现初步设计资料已上报自治区水利厅农电局，并已审查通过。病险水库除险加固工程，江孜县康背水库、康马县克水库、拉孜县响卓水库、定结多布扎 4 座水库已开工建设；昂仁县杰水库、白朗县玛水库、岗巴县格桑水库已完成招投标工作；仁布县勇水库、康马美龙水库、仁布江嘎水库正在做初设。在农村安全饮水方面，圆满完成了《各县市农村供水基本情况统计表》、《农村饮水安全组织领导及前期工作基本情况》、《集中供水工程基本情况调查表》以及《农村饮水解困以来，已解决农村饮水人口的基本情况》、《未解决农村饮水基本情况》、《2004 年现状调查时未包括的人口登记表》等调查表的统计和填报工作，完成了边境 9 个县的“十一五”规划兴边富民饮水安全项目的统计，完成了“十一五”第二期 2008 年农村饮水安全工程各项目点的实施方案，通过地区审查工作，并已开工建设，目前已完成工程总量的 90%，解决 18 个县市 98 个乡镇 271 个行政村，共 6.4 万人的饮水安全问题，建设项目点 271 处。2009 年—2010 年的前期规划工作已完成，共安排 11.63 万人的饮水安全问题。在小型农田草场水利规划建设方面，16 个县级的小型农田草场水利建设规划已通过自治区水利厅审查，日喀则地区确定的 25 个农田水利新机制试点村以及 5 个“以电代薪”试点村实施方案已完成并上报自治区水利厅。申报完成了两批小型农田水利项目，第一批项目共 25 处，总投资 2520.82 万元，其中自治区补助投资 750 万元；第二批项目共 16 处，总投资 1777.28 万元，其中国家补助投资 850 万元。目前第一批批复项目 14 处，总投资 1262.35 万元，其中自治区补助投资 376 万元，改善灌溉面积 2.8 万亩，受益人数 1.75 万人。第二批批复项目 20 处，总投资 1953.28 万元，其中自治区补助投资 941.09 万元，改善灌溉面积 4.01 万亩，受益人数 2.9 万人。另外，编制申报地区支农项目 18 处，总投资 400.87 万元，其中地区补助投资 195 万元， 现已批复项目 18 处，总投资 351.38 万元，其中地区支农补助投资 162.25 万元。另外，上报完成了 2009 年小型农田补助项目共 55 处，总投资 5599.87 万元，其中中央补助项目 25 处，总投资 3199.99 万元，中央财政补助投资 1600 万元；自治区补助项目 30 处，总投资 2399.88 万元，自治区财政投资 1200 万元。同时编制完成了 41 个“民办公助”项目的申报工作。南木林湘河流域规划前期工作已全面开展。地区水利发展“十二五”规划报告初稿已形成。

【农田水利基础设施建设得到进一步完善】投入农田水利基本建设资金 2280 万元，完成投工 38.5 万个，完成土石方量 40.12 万立方米，出动机械 3.34 万台班，

修复水毁工程670处，新修水渠27条，总长257千米，维修水渠984条，总长1238千米，维修机井6眼，新修堤防总长97.6千米，新建维修水塘5处，维修加固堤防总长341千米，维修各类建筑物63处，疏通河道117千米，新增蓄水能力3.95万立方米，新增灌溉面积0.29万亩，新增节水灌溉面积0.2万亩，改善灌溉面积10.3万亩。有力地保证了农牧业春耕春播和灌溉用水。

【防汛抗旱工作扎实】2008年日喀则地区旱涝灾害发生较为频繁。一是及时召开地区防汛抗旱工作会议，明确责任和工作重点。二是及时与9个重点水库除险加固的县市签订了《防汛抗旱和病险水库除险加固责任书》54份，同时下发《关于做好水库大坝注册登记》工作和及时提供水库防汛基础资料的通知，完成了全地区病险水库注册登记和建档立卡工作；进一步完善和细化了各种预案，编报完成了《日喀则地区2008年防汛抗旱预案》、《重点城市防洪预案》、《重点水库（水电站）防汛预案》、《山洪灾害防御预案》。三是进一步明确大江、大河、重点防洪城镇和重点水库防汛责任人员名单，在重点防汛部位日喀则市、拉孜、白朗、江孜、南木林、萨迦等地组建了防汛抗旱抢险突击队，及时成立了水利系统反恐怖工作领导小组，编制完成了日喀则地区水利系统反恐怖应急预案，并下发各县市水利局和相关部门实施。四是根据全区防汛抗旱工作会议要求，以行署名义及时召开全地区防汛抗旱工作部署会议，要求各县市及相关部门要高度重视防汛抗旱工作，做好防汛物资筹备、水库安全运行和除险加固工作，紧紧围绕当前防汛严峻形势，坚持24小时值班制度和日报告制度，密切关注高山冰湖、山洪灾害和工程建设与防汛工作的关系，扎实做好防汛物资筹备和汛前大检查工作，开展多轮次巡回大检查，先后组织3轮工作组对全地区防汛抗旱准备工作、自备物资到位、重点水库大坝巡查、水毁设施修复等情况落实进行督促检查。主汛期间，全地区共造成15个县（市）85个乡（镇）遭受不同程度的洪涝灾害，给当地群众财产造成严重损失，针对灾情的严重性，先后派出工作组赴灾区现场检查指导抗灾救灾工作，及时对水毁设施进行全面修复，筹备和发放救灾物资。全年共筹备到防汛物资铁丝153吨，铅丝笼1.09万平方米，编制袋30万条，旱地龙8吨，块石29.13万立方米。下拨防汛物资铁丝131.5吨、编织袋16.65万条、麻袋7200条、彩条布8300平方米、旱地龙4.7吨、铁锹20把、救生衣20件等物资，有力支持和推进防汛抢险生产自救工作。加大防汛抗旱工作检查力度，先后深入防汛重点的7个县市和9个县的病险水库进行检查，主要针对2008年以来全地区的防汛抗旱形势、病险水库除险加固等方面进行全面了解，进一步提高各级领导和部门防大汛、抗大旱、抢大险的责任意识和紧迫感，同时地区财政及时下拨了50万元作为防汛专项经费，为充实地区防汛物资和资金打下基础。

【水土保持执法检查和水政执法工作成效明显】根据上级部门要求，及时成立了水土保持执法专项行动领导小组，由地区行署分管领导担任组长，地区发改委、建设局、国土局、农牧局、水利局、农发办、环保局、交通局等部门组成，领导小组下设办公室，主要负责对全地区2003年以后新建、续建、改（扩）建的水利、交通、国土、电力、农牧、林业等行业的大中型开发建设项目进行摸底调查并建立档案。在调查摸底阶段，共有74个项目列入调查范围，其中投资规模在2000万元以上的项目有37个，有1个项目编制了水土保持方案，占2.7%；投资规模在2000万元以下的项目有37个，只有1个编制了水土保持方案。在重点详查阶段，对浪江公路改建工程、康亚公路改建工程、满拉水利枢纽工程和谢通门春哲铁矿项目等4个开发建设项目进行了调查，其中浪江公路、康亚公路改建工程和满拉水利枢纽工程、满拉灌区11条渠系均编报了水土保持方案。此次开展开发建设项目水土保持监督执法检查面基本达到80%以上，基本摸清了各行业开发建设项目水土保持工作情况，为今后日喀则地区水土保持监督执法工作打下基础。

2008年以来，及时开展取水许可登记和发证工作，对已建成的经营性项目要求完成取水许可登记，对新建项目要求及时申请办理取水许可证，取水许可覆盖率得到大幅度提升，取水许可达到80%以上。

河道采砂方面，在多次深入摸底调查的基础上，向地区行署提交了《关于日喀则地区河道权限归口管理的请示》，明确了河道管理权限归由水利行政主管部门来管理，进一步加大了河道范围内建设项目的管理。年初，先后多次开展河道采砂专项执法检查，组织国土、水利、环保、安监等部门对全地区无证采砂、破坏生态环境等行为进行了全面调查，对不符合开采条件的14家砂铁矿企业全部禁止开采，一律停产整顿，对已造成生态、河道破坏的区域，按照“谁审批、谁负责，谁破坏、谁恢复”的原则进行迹地恢复。同时要求，对非禁采区的采砂，必须办理环境影响评价审批和采矿许可；对在河道管理范围内采砂石的，必须持有水利部门颁发的河道采砂许可证书，并取得环保部门的环境影响，凭借审批文件和国土部门发的采矿许可证，方可进行采砂、采矿、采石活动，否则一律不允许开采。

日喀则地区交通工作

【年度综述】2008年，日喀则地区交通系统努力克服“3•14”打砸抢烧严重暴力事件对公路建设造成的影响，狠抓公路建设项目前期工作，加强项目汇报，采取切实可行的措施，强化施工组织管理，确保公路建设有序开展。全年落实投资11.22亿元，完成投资9.87亿元，公路建设规模达到3417.17千米，独立桥梁9座842.5延米。截止2008年底，全地区公路通达里程为12983.56千米，在203个乡镇、1668个建制村中195个乡镇、991个建制村通了公路，通达率分别达到96%和59.4%。

【不断加大国省道、边防公路建设力度】2008年，在国道重点公路建设项目中，加强了与有关部门的衔接协调，积极配合厅项目中心推进重点公路项目建设，完成了国道318线老定日至樟木公路、国道219线桑桑至拉孜查务段等项目的征地拆迁和协调服务工作。同时，还实施了国道318线60道班至马拉山公路路基成型、亚东吉玛至卓拉边防公路等7个重点工程项目，改(扩)建公路563.18千米，落实投资7.4亿元，完成投资6.87亿元。

【加强项目管理，扎实推进农村公路和客运站点建设】2008年落实和安排农村公路建设资金3.11亿元，组织实施农村公路建设项目82个，完成投资2.36亿元，解决了44个乡（镇）、343个建制村的通达问题。地区交通局和各县（市）克服前期经费紧张等困难，提前完成了13个2009年农村公路建设项目的前期工作。在农村公路建设上突出质量管理。以制度建设为抓手，进一步完善项目法人制度，落实项目管理“五项制度”和“四级质量保障体系”，建立健全了招投标、项目管理、资金管理、安全生产、劳务用工、竣（交）工验收等方面的管理制度，实现了质量、进度、资金和目标严格控制，初步形成了符合日喀则地区实际的农村公路建设项目管理体系。以“农村公路建设质量年”活动为契机，结合“农村公路建设质量宣传月”活动，地区交通局认真开展了农村公路建设质量监督、检查和整改工作，并由局领导带队组成7个检查组，对全地区农村公路施工、监理、设计进行了全面检查。通过检查，江孜和昂仁等县项目管理较为规范。在客运运能建设上突出便民效益。2008年新开辟县乡客运线路8条，协调相关部门完成了5个县级客运站和国道318沿线10对简易停靠点建设，并交付当地县政府管理，解决了农牧民群众出行不便问题。

【狠抓公路养护管理，确保道路交通安全畅通】2008年油路平均好路率85.4%，综合值86，砂土路平均好路率71.6%，综合值75。一是落实责任促进公路养护管理。在推进国省道、农村公路管理养护运行机制改革的同时，加强了责任制建设，与各公路段签定了国省道《公路养护和管理目标责任书》，与各县（市）人民政府签订了《农村公路管理与养护目标责任书》，进一步明确了目标，分解了任务，加大了检查指导力度，提高了养护效益和公路通行质量。为做好农村公路管理养护工作，各县（市）交通局积极探索，初步形成了“专业队伍养护与牧区流动养护”相结合的养护模式，基本实现了人员到位、资金到位、措施到位，通行能力有了明显的改善。全年共养护农村公路10421.43千米，落实养护补助资金2282.92万元。二是强化应急救灾措施，确保公路畅通。面对仲巴、谢通门等县地震灾害，康马、亚东等县雪灾，地区交通局迅速启动了应急救灾预案，明确责任，强化措施，成立了应急抢险保通突击队，由局领导带队第一时间到达现场，积极组织人力、物力、机械等设备，开展抗灾救灾和保通工作，保证了救灾物资的顺利运送；同时在公路沿线设立了7个“便民救助点”，为287名受阻车辆司乘人员提供了救助服务。三是不断完善数据库基础工作。组织技术人员协助桥梁检测部门对全地区县道以上的218座大中型桥梁进行了实地调查和技术评定，掌握了桥梁运营状况，更新了桥梁数据库；对地区交通局正常养护的所有公路进行了一次公路技术状况调查，完善了数据库。四是全力抓好公路养护配套设施建设和灾后恢复工作。2008年实施公路养护配套设施工程9个，安保工程3个，落实投资3500万元，完成投资2980万元。同时做好灾后恢复工作，积极协调有关部门，为仲巴争取地震恢复资金828万元。

【规范行业监督管理，促进交通市场发展】进一步加大对公路工程项目的质量、进度、环保、资金使用的监管力度。全年对地区70多个公路工程项目进行了质量监督，严把工程使用材料关和施工工艺关，减少了工程建设项目的质量通病，保证了投资安全和工程质量。

依法管理，维护路产路权。加强对超限超载运输车辆的整治，查出违规车辆112台，超载率明显下降，及时查处各类路政案件，收取公路损坏赔（补）偿费6.7万元，做好违章清理工作，清理违章建筑7345平方米/32处，征收拖拉机和摩托车养路费243.47万元，返还各县（市）170.4万元，完成了国道219线萨嘎治超检测站前期工作，落实投资600万元。2008年共发生路政案件50起，破案50起，结案49起，破案率100%，结案率98%。

依法行政，维护道路、水路运输安全。2008年，地区运管处狠抓源头管理，强化道路、水路运输安全管理责任制，与各渡口人民政府、各运输企业制定安全制度，落实“四级”安全责任，对渡口进行了安全隐患排查；对运输企业开展了2次安全专项检查，加大路检路查，严格监督执行客运站“三不进站、五不出站”制度，全年查处各类违规违章车辆496台次；完成客运量21.47万人次，货运量37.2万吨。按照《自治区3•14后规费减免政策的通知》精神，对地区客货运车辆1653台减免规费157.15万元；对地区客货运车辆发放油价补贴114.32万元；为道路客货运输稳步增长，服务地区经济社会发展做出了积极贡献。

日喀则地区公路管理工作

【公路日常养护和小修保养】2008年，日喀则地区公路管理局一是突出抓好以路面为中心的日常养护，加强和提高修补坑槽，处治龟裂、车辙、波浪、拥包、沉陷等养护工作的及时性和操作水平，努力提高公路养护质量。特别是2008年大日路雨季提前，降雨频繁，所管养的病害加剧，按照“及时、补早、补好、补彻底”的原则，通过灌缝，补坑等方式，加大了对路面病害处治的投入力度，有效地遏制病害的蔓延。二是加大了公路养护日常监督检查和考核工作，充分调动了养护职工工作的积极性，公路养护技能及水平有较大提高。三是巩固“油路小改善”活动成果，进一步重视环保工作，把公路养护环保工作责任落实到具体岗位和个人，规范养护程序，始终在“美”字上下功夫，确保公路路容、路貌整洁，使公路始终处于良好的技术状态，进一步提高行车的舒适性。四是依据公路桥梁养护管理制度，切实加强桥隧等关键部位日常养管工作，将桥梁的定期检测和特殊检查相结合，认真做好预防、观测和应急处治工作，建立真实、及时、有效的桥梁信息系统，保障桥涵行车安全，做好相关表格的填写上报工作。同时做好“两桥一隧”的管理工作，定期对隧道内防火、消防设施及监控设施进行保养和维护，最大限度地提高公路的安全性能。2008年全局共修补油路面182209.02平方米，清理零星坍方4299立方米，清扫路面28020474平方米，整修路肩282188平方米；修补路基础缺口4276立方米/67处，清理边沟607203米，新挖边沟8727米，整修边坡60719平方米；疏通涵洞114次/65道。全局油路平均好路率85.1%，综合值87；比公路管理局下达好路率指标提高0.15%，综合值提高1%，按新技术状况评定标准，318国道公路技术状况指标MQI为54.6，优良率为54%；省道102（两桥一隧）公路技术状况指标MQI为89.9，优良率为91.2%。

【公路水（雪）毁预防和公路抢险保通工作】日常抢险保通工作。2008年分局管养路段频频遭受大雪、大雨袭击，局部路段受洪水影响损毁严重。在保证公路畅通的基础上，分局积极采取“预防为主，防治结合”的方针，做到早计划、早动手。一是建立健全抢险保通领导小组，组建公路抢险保通小分队（点），制订切实可行的实施方案和应急预案，完善社会公众关注、交通流量大、路况质量较差路段的保通方案。同时配备相应的人员、机械设备，重点加强对急弯陡坡、事故易发路段的保畅以及汛期、雨雪天气、节假日、重大政治活动期间的公路安全保畅工作，使公路经常性处于安全畅通状态。二是分局、各公路段、检测站落实责任，完善公路信息沟通渠道，建立公路、交警部门联动、联勤机制，努力加大巡查力度，建立快速反应机制，准确处置，科学安全地实施公路交通疏导机制，确保公路畅通。三是在及时准确地将水（雪）毁灾害情况向上级汇报的同行，继续发扬不等不靠、随阻随抢的优良作风，积极组织机械、人力赶赴水（雪）毁路段，抓住有利时机奋力抢险保通，尽最大力量将灾情损失降到最低和缩短阻车时间，及时将过往受阻车辆及人员安全疏散。据统计，2008年全局管养路段阻车约66小时，共清雪打冰169128立方米，清理泥石流坍方33871.55立方米；恢复路基524立方米/18.48千米；恢复沥青路面15904.3平方米/79千米；恢复局部冲毁涵洞9道；开便道400米。

【公路养护大中修工程】在公路养护大中修工程管理过程中，分局各级技术管理人员继续坚持“百年大计，质量第一”的思想，精心设计，认真负责，实行以工程质量为重点的施工进度、投资控制、交通保畅等目标综合管理，确保工程保质保量按期完成。先后完成段房、工区房、路政检测站风灾修复工程；分局食宿中心房屋维修工程；中尼公路K4664+721处桥梁附属水毁恢复工程；全部工程完工，经分局自检验收均为合格工程。同时还开工实施了聂樟线改建工程公路养护配套设施聂拉木工区房任务，目前已完成总投资的58%。

【道路安全保障工程】分局根据全区重点行业和领域开展安全生产百日督查专项行动方案的通知精神，组织工程技术、路政执法人员对管养路段的公路沿线道路安全隐患进行了全面调查，并依据公路管理局安排，先后实施并完成了部分路段交通标志牌、波形防护栏、防撞墙、防护墩等安全防护工程，切实有效地降低了交通事故发生率，取得了较好的社会效益，使公路安全保障工程成为“民心”工程、“放心”工程。2008年共增加中尼公路安全保障工程波形防护栏1308米，标志牌12块，护栏墩1195块，防撞墙20米，以上工程已顺利通过分局验收。

【公路技术状况评定标准工作】一是紧密结合分局管养公路实际，从公路技术状况评定与公路养护管理关系、公路损坏分类与识别、公路技术状况评价指标及评定方法、公路技术状况检测与调查及应用新标准等具体要求和相关规定进行了教材培训。二是采取理论学习和实践操作相结合的办法，组织相关人员到大日路、日拉路对理论知识进行了实地演练，对路面、路基、桥隧构造物、沿线设施逐一进行了病害识别及检测、调查，提高了参培人员对公路技术状况评定的实际操作水平，有效地提高了基层管理人员对公路技术状况评定的实际操作能力，取得了良好效果。三是根据前期培训掌握实际情况，于7月初开始对分局所管养路段进行全面外业数据采集工作，针对采集过程中各公路段的工作量大和工程技术人员不足等实际情况，抽派机关工程技术人员进行现场指导，并于9月顺利完成此项工作。四是按照公路管理局下发的统一单位编码及路线区间编码，结合日喀则公路管理局实际，组织各公路段技术人员及统计工作人员，利用3天时间对PCMS软件和数据录入软件的使用进行统一培训，并于9月底按时完成了各公路段数据的录入工作，为2009年新标准顺利实施打下了良好的基础。

【强化治超管理】分局各超限超载检测站努力强化治超管理，2008年全局各路政所共巡路816天，审批路政许可59件，发生案件52起，破案52起，结案47起，破案率100%，结案率90%，收取公路损坏赔偿费126310.00元，清理垃圾30处、石块3156立方米、碎石165平方米、刺柴164处、堆积物1710平方米、草料3处、平整土堆10610平方米。拉孜、曲水两站共处理违章车辆16109辆/次，卸载325.5余吨，接受检查车辆109234次，收回超限运输公路损害补偿费2172814.00元。

日喀则地区建设工作

【以实施《城乡规划法》为契机，进一步加强城乡规划管理】2008年，日喀则地区建设局全面贯彻实施《城乡规划法》，切实加强了城乡规划管理，进一步规范日喀则地区城乡规划审批行为，提高地县（市）两级城乡规划管理水平，促进城乡经济、社会和生态三者协调发展，结合日喀则地区实际，制定了日喀则地区第一部关于加强日喀则地区城乡规划管理工作的意见，即：《关于进一步规范日喀则地区地县（市）两级城乡规划管理职能划分的意见》，并由地区行署下发给相关部门以及各县市。该《意见》明确了地区与县市规划审批权限和职责，明确了责任追究制度，完善了城乡规划和建设工程规划许可审批程序，能够有效的保障各县、市城乡规划的实施，促进规划建设管理的依法行政水平和行政审批效率，逐步解决“重政令、轻法规，重实施、轻监督，重现代、轻特色，重建设、轻规划”等存在的突出问题。在规划编制工作上，2008 年，完成了《日喀则市城市总体规划（修编）》（2005 年—2020 年）编制、评审工作，并经自治区人民政府于 5 月 6 日召开第 9 次常务会议研究通过。新修编的总体规划明确了日喀则市城市性质为：国家级历史文化名城，区域性的交通枢纽中心，区域性的经济、文化、政治中心，以商业贸易、加工业、旅游服务为主体功能的园林城市。

同时，进一步规范和严格城乡规划的实施管理，对符合规定的及时办理《建设工程规划许可证》，对不符合规定的一律不予许可，截至目前，对城市规划区内的 133 个建设项目进行了规划行政许可审批，办理了《建设工程规划许可证》，项目总投资 37629.59 万元（不包括私人建房），其中规划审批房屋建筑面积达 16 万平方米、投资 30811.77 万元，新建市政道路长度 2.35 千米、投资 1801.3 万元（拉孜县、仲巴县），新建供水工程管网长度 22.61 千米（仲巴县、白朗县、拉孜县）、投资 1068.8 万元，新建排水工程管网长度 36.7 千米（仲巴县、岗巴县、江孜县、康马县、萨迦县、谢通门县、白朗县）、投资 2712.86 万元，改造加油站房 5 家、站房面积 1.08 万平方米、投资 319 万元，新建城市绿化面积 8.39 万平方米、投资 898.54 万元。

另外，也切实加强了对所有建设项目的监管工作，基本做到了从选址、规划、施工到竣工验收实行全过程的监督；针对日喀则地区存在的违法乱建现象，地区东部 9 县进行了一次建设工程执法检查活动，检查中发现的对违反《城乡规划法》、各县市城市总体规划和规划部门批准的设计图纸要求进行建设的违法项目包括由民营企业、私营企业投资和招商引资、援藏投资的建设项目，依法下达了停工整改通知，要求停工整改，补办相关规划手续，基本避免了“以罚款代处罚”，切实维护了规划的严肃性和权威性，保障了城镇建设和谐有序发展。

【落实城乡建设管理措施，增强了城镇吸引力、凝聚力】经过几年的规划和建设，形成了以日喀则市为中心，江孜、拉孜、亚东、南木林、定日、昂仁为次中心，其他县城为三级中心的城镇空间体系布局。据不完全统计，截止到目前，地区城镇市政道路长度 141.35 千米、自来水管网长度 160 千米、排水管网长 133 千米、城镇建成区面积 35 平方千米；地区城镇人口规模达 20 万人左右（包括常驻流动人口），城镇化达 20%，日喀则市城镇自来水普及率在 80%以上。城镇的建设和发展，推进了城镇化进程，促进了经济社会的全面发展。同时，为促进地区旅游产业大发展服务，紧紧围绕自治区旅游产业大发展规划，突出自然生态、历史文化两条主线，积极向建设部申报了萨迦镇、乃宁村、宗嘎镇、查木钦村为历史文化名镇、村。此外，完成了日喀则地区 18 个县市、27 个镇、174 个乡、2 个街道办的市政公用设施和村镇住宅两部分共 21 项内容的统计工作，为全面了解日喀则地区城乡建设的基本情况，给政府制定政策、进行宏观管理提供了依据。按照建设厅的要求，完成了日喀则地区 18 县市的城镇供水情况、排污管道配套设施情况、城镇基础设施建设情况统计上报工作。开展了日喀则市城市防汛抗旱调查工作，参与了日喀则市的扶贫加油站、城市公厕、110 千伏变电站、220 千伏变电站等重大项目的规划、选址工作。

【加强了动态监管，不断规范了建筑市场】2008 年，日喀则地区建设局要求各县市建设、监察、相关部门和市场主体务必引起高度重视，切实把进一步规范建筑市场秩序作为一项责任目标，落实督察与检查相结合、日常管理与不定期抽查相结合、督察工程项目与检查市场各方主体市场行为相结合、市场检查与工程质量、安全生产检查相结合的“五结合”工作方法。责令各建设、勘察、设计、施工、监理等单位要认真组织自查自纠，发现问题及时整改。同时，加大了执法力度，完善建设工程执法监察体系，使执法检查工作制度化、规范化，坚持“先服务，后执法”的工作原则，通过采取“提前介入”的措施，控制违法案件的发生。按照自治区建设工作会议精神，对政府投资新开工建设的项目严格执行基本建设程序和审批程序，落实了项目法人负责制，严格执行招投标制、工程监理制、合同监理制、施工许可制、竣工验收备案制等一系列制度，确保了建设项目质量、安全和国家投资的发挥。特别是加强了对新开工项目的管理，严把工程的规划和开工许可、工程监理和质量安全生产监管，确保了建设项目的质量。

进一步加强完善了动态监管制度，在加强建设项目实施全过程的监管方面，建立了长效机制，同时按照属地管理的原则，要求各县、市建设局以及地区质监部门通过定期或不定期检查、抽查、随访等方式，从建筑施工、安全生产、工程质量等方面，加强对建筑业企业及从业人员的监管，进一步加强了以地区黑名单制度为手段，建立企业诚信激励机制和失信惩戒机制；同时，明确和落实了建设单位和监理单位的责任，要求其在开工建设前乃至整个施工全过程必须逐一核查和监督落实建筑施工企业在招投标时所作的技术、管理人员和装备、能力等方面的承诺，这对从根本上解决建设工程转包、违法分包以及挂靠、出借资质等问题起到了一定的遏制作用。地区招标管理部门继续加大了对招投标市场的监管，规范了工程招投标行为。日喀则地区共完成房屋建筑与市政基础设施工程招标项目 252 个（其中国家投资 192 个、援藏投资 34 个、自筹资金 26 个），总投资为 60103.54 万元、总建筑面积为 22.71 万平方米。其中招标项目 237 个，投资额 59132.33 万元、建筑面积 10.5 万平方米。限额以下议标项目 15 个，投资额为 971.24 万元、建筑面积 1.3 万平方米。工程项目总招标率为 100%，报建率达到 100%。地区建设工程质量监督部门加大工程质量监督工作。截至目前，受监房屋建筑项目 140 个（面积 23.36 万平方米）、市政项目 15 个，监督覆盖率达 95%，出动质量监督人员 800 余人次，发出现场整改通知 19 份、返工通知 9 份、停工通知 8 份，受监项目的建材见证取样送检率达 95%。截至目前，通过竣工验收项目 7 个、面积 1.67 万平方米，项目一次验收合格率达 100%。

加强了勘察设计市场的管理工作，截至目前，在日喀则地区有勘察设计单位 7 家，其中建筑乙级资质的有 1 家，其余均为建筑、市政、公路、交通、电力、勘察丙级资质。区外勘察设计企业到日喀则地区备案的有20家，其中勘察企业7家（甲级2家、乙级4家、丙级1家）、设计企业13家（甲级5家、乙级6家、丙级2家）。

【加快“两房”建设步伐，逐步完善住房保障体系】成立了以地委、行署主要领导同志为组长、相关部门的主要负责同志为成员的地区“两房”建设工作领导小组，确保了该项工作的组织领导，制定了《日喀则地区首批廉租住房建设实施方案》、《日喀则地区地直行政单位干部职工周转房建设实施方案》，并分别于2007年的5月27日和11月18日相继开工建设。日喀则地区首批廉租住房工程建设规模为600套，平均每套66.67平方米，建筑层数为五层，总建设面积4万多平方米，占地3.67万平方米，投资6千多万元，其中自治区投资4800万元，地区财政配套基础设施资金1509万元。自该工程建设以来，严格实行了项目法人责任制、招标投标制、合同管理制和领导责任制的“五项制度”。在廉租房管理方面，根据《西藏自治区城镇廉租住房保障管理暂行办法》有关规定，结合地区实际，由地区行署下发了《日喀则地区城镇廉租住房保障管理暂行办法》，对廉租住房的保障方式、保障资金以及房屋来源、廉租住房的申请、准入、退出和监督管理等方面作了明确规定。同时，按照《地区廉租住房分配方案》要求，确定了城镇居民和国有企业“双困户”分配比例为80比20，首批可以解决600户，占需求总量的33%。在廉租住房的分配上，按照自治区的要求，做到了公正、公开、公平、透明，确保了让真正的低收入家庭入住。

周转房工程建设规模为1068套，总建筑面积6万多平方米，占地140亩，自治区总投资1.02亿元，地区财政配套相应的基础设施建设资金。该工程自2007年11月18日建设以来，目前已完成了1068套周转房建设的选址、规划，房屋建设设计以及招投标、开工仪式等工作，主体工程已完成90%的工程量，并将于明 年全面实施并交付使用。在项目的实施中，注重房屋使用功能、建筑节能、太阳能的综合利用、环保科技、环境绿化、供暖供气、停车场、智能化管理以及投资造价控制认真考虑，力争把周转房建成日喀则地区的样板工程和智能化小区。

“两房”建设中，始终注重工程质量、工程进度和安全生产，选派了专业技术人员进驻工地，严把工程质量关、进度关和安全生产关，对工程建设进行全方位，多层次的监督管理，确保了工程质量和进度。

日喀则地区环保工作

【大力加强环保工作，确保了奥运火炬在珠峰的顺利登顶】2008年5月8日奥运圣火顺利登顶，日喀则地区环保局根据地委、行署专题会议精神，成立了火炬登顶活动环保组，制定了环境保护工作方案，负责组织协调火炬在珠峰登顶期间沿途及相关县市和珠峰大本营的环境整治、环境监测、环境宣教和环境监督管理工作。经过日喀则地区环保局和相关县市部门的共同努力顺利完成了这项任务。

在火炬传递沿线及城乡环境保护方面，从三月十一日开始在全地区开展环境综合整治活动，以整治国道318沿线为重点，对白色污染物、景点标识牌和各类广告牌等进行了清理整顿。在318沿线及珠峰大本营地区的环境保护方面，对火炬所经过的日喀则地区四县一市的环境状况进行重点整治，影响沿线景观的垃圾场得到了及时的清理，大本营和绒布寺生活垃圾每天及时清运到定日县生活垃圾场集中填埋处理。在火炬登顶期间，又在大本营和绒布寺安置了四座流动式环保厕所，由环卫人员进行专门清理和管理。

【日喀则地区全国污染源普查工作基本结束】2008年普查工作非常顺利，数据资料已经自治区普查办核查完毕，等待国家环保部技术人员来日喀则地区进行数据录入和数据库的建立，年底完成普查工作。在此次普查中，自治区普查办和地区普查办给十八县市落实经费23.3万元。21人参加自治区级培训，各类普查表全部发放完毕，全地区共清查对象2043家，其中：工业源130家、生活源1913家，普查表填报生活污染源522家，工业污染源24家。

【中华环保世纪行活动取得实效】“中华环保世纪行•西藏行”宣传活动检查团圆满完成对日喀则地区白朗县、江孜县、南木林县等为期 3 天的检查活动。在与行署交换意见时，许雪光专员指出，近年来，日喀则地区各级干部和人民群众的环保意识逐渐增强，总体来说环保工作做得好，但也有不足之处。日喀则地区环保工作的形势严峻，应当把环保放在重要位置，依靠科技，提高自身环保意识，加大宣传力度，把各项工作落到实处。

【环境专项整治“百日”督办工作顺利进行】那曲地区环保局及区环境监察总队等相关部门组成的工作组于2008年9月6日到14日对日喀则地区“百日”督办工作情况进行了专项督察，对日喀则地区现阶段存在的八个方面的问题进行了实地检查，总体情况较好。

【全面开展城市环境综合整治工作】从2008年三月份开始，截止到十月份的以《迎奥运、讲文明、树新风》为主题的城乡环境综合整治活动在日喀则地区拉开帷幕，地委、行署下发了《关于开展迎奥运、讲文明、树新风环境综合整治活动的决定》。

通过实施环境整治活动，着力清除脏乱死角，形成一批环境亮点，全面提高管理水平，切实治理乱占、乱建、乱停、乱倒、乱撒、乱挂等现象。使城乡环境取得明显成效，以干净、卫生、整洁、亮丽的城乡面貌迎接奥运会。

【日喀则市禁止“白色污染”专项治理工作取得成效】2008年3月份，日喀则市人民政府颁布《关于禁止生产销售使用塑料购物袋的细则》，从二零零八年四月十五日起，在全市范围内禁止生产、销售、使用超薄塑料购物袋。

根据《细则》的要求，地区环保局与日喀则市城管大队从四月十四日至四月十九日开展了集中宣传活动。沿街挂宣传横幅24条，发放宣传单2000余份，出动执法人员32人次，车辆5台次。通过在农贸市场、商业中心、购物超市、各大宾馆、旅游景点、生活小区等地的宣传，使广大市民提高了“禁白”重要性的认识，提高了环境保护的意识。

从四月二十日开始，对全市范围内的超薄塑料购物袋进行了清理检查。在五十天的清理检查中，共没收超薄塑料购物袋28万余个、塑料饭盒2万个、查处销售商家4家。在此次的专项执法检查中，得到了大部分市民、商户的支持，要做好长期的宣传教育和执法检查工作，按照自治区环保局的统一部署，于2008年年底以前首先在日喀则市区内全面禁止使用一次性塑料袋，然后在全地区铺开“禁白”工作，以实际行动保护我们的碧水蓝天。

【认真开展探矿及矿产资源采选环保监管工作】2008年日喀则地区环保局加强了探矿和采选矿的环境保护监督管理和执法监察力度，配合自治区环保局和上级相关部门，查处并关停了南木林、仁布两个县的12个非法开采砂铁点，并对相关县环保工作进行了全面检查。

日喀则地区气象工作

【全地区地面探测消灭了各类错情，未出现任何责任性事故】2008年，日喀则地区气象局地面测报质量达要求，人工站测报质量为0.0‰，自动站测报质量为0.0‰；酸雨业务工作无错情，达到中国气象局要求；报文传输及时，无逾限报、缺报；高空探测工作探测质量为0.0‰，无人为和非人为重放球，球炸率998‰。NOTES系统等网络系统故障率＜0.1‰，气象信息网络系统保障基本良好。

【严格做好气象技术装备保障工作】4月份按时完成了技术装备的拉运和更换工作，各气象仪器均经区局检定，证件齐全，未使用超检仪器。认真做好上报科研项目工作，并做好相应档案的管理和存档工作，其中《CINRAD PRG累计降水算法本地化应用检验及优化》和《闪电定位仪资料在短时天气预报中的应用研究》两项科研项目获得初步立项。5月初，根据中国气象局及科技减灾处的要求，完成了灾情直报系统2.0的下载、安装、调试等工作，并于5月10日投入业务运行。6月20日，定日县气象局探空组按要求进入了JICA项目加密观测，加密观测工作开展顺利。

3月底建成了日喀则气象业务宽带网，自6月投入业务运行以来运行基本正常。10月份根据业务需要完成了5个基层县局NOTES网的安装，大大方便了业务和各种日常公文的上传下达。严格执行自动站业务规章制度，日喀则地区气象局负责的11个自动站运行正常。

【确保气象服务准确及时，服务效益不断提高】从年初开始，地区气象台严格落实有关做好冬春季气象业务预报服务工作的精神，密切跟踪强降雪、大风等灾害性天气过程，及时发布天气警报、公告，从预报、实况和灾情等三方面进行全方位服务。组织预报人员着力做好2008年汛期天气趋势预报。根据会商结果，结合日喀则地区实际气候特征，向各级政府和有关部门发布了日喀则地区“2008年汛期短期气候预测”，并向地委、行署分管领导作了专题汇报，得到了地委、行署领导和有关部门的高度评价。1月23日，发布了黄色预警信号，成功预报了未来12小时内南部降雪过程，并向地委、行署有关领导做了专题汇报，同时将天气预测意见报送相关部门，为地方领导防灾减灾决策、指挥农牧业生产起到了应有的作用。2月中旬，通过电视媒体对前期天气形势及后期趋势做了详细介绍，使各级领导和广大群众及时掌握了天气趋势，取得了良好的社会经济效益。

入汛以来，开展了一系列卓有成效的各类气象服务工作。年内共发布天气公告、消息25份，每份天气公告、消息通过电视天气预报节目向全区发布；发布天气实况信息及灾情汇报材料12份，上报灾情20期；针对各种节日和重要活动发布了10余份专题专项预报；根据行署安排完成了“和平机场飞行条件分析”工作。

在6月份召开的日喀则地区防汛会议上，日喀则地区气象局领导对前期天气形势和后期趋势做了专题发言，其中明确提出了“7月份日喀则地区降水量有偏多趋势，将可能出现持续的强降水天气过程，并由此可能引发山体滑坡、泥石流、局地山洪等地质灾害，建议有关部门做好防范”的建议，得到了地委行署的高度重视和评价，并明确要求各部门根据气象部门的预报预测提前做好防范工作。

7月17日～19日举行了一年一度的日喀则市扎什伦布寺展佛节，然而，连续的阴雨天气给展佛活动带来诸多的影响。根据地区行署的要求，地区气象局及时组织有关专家和预报人员进行会商，准确做出了“降水强度将为减弱，降水过程只维持1个小时左右，一小时后基本停止”的预报结论，以便调整展佛时间，实况与预报完全吻合，为领导决策和顺利开展展佛活动提供了有利的气象服务保障。

8月25日，仲巴县发生了6.8级地震。地震发生后，地区气象台在最短的时间内与自治区气象台取得联系并会商，及时发布了灾区未来几天的专题天气预报，报送到有关领导和部门，为正确的部署救灾决策奠定了基础。自地震发生以来，地区气象台严密监视灾区区域的天气系统发生、发展情况，加强天气实况和灾情收集服务的力度，及时发布天气公告警报以及灾情信息，并主动向有关部门汇报。

雷达观测业务逐步走向正规化，完成了雷达RPG、PUP以及雷达基数、图像、产品等自动传输软件的安装、配置，并投入业务运行。

在奥运圣火登顶珠峰的重要时刻，日喀则地区气象局制定出台了《气象保障服务实施方案》，并严格按照方案要求，克服人员少、工作重等种种困难，积极配合各级有关部门，圆满完成了圣火登顶气象保障任务。

全年共发布农牧新闻3000余条；市场行情统计近2000条；农牧科技统计488条；气象服务信息38条；重点推荐明星乡镇96个。2008年6月份，由西藏农经网日喀则分中心制作的《农经快讯》月刊向社会各界发布，此举得到了地方有关部门领导的肯定。2008年，亚东县政府、拉孜县政府分别拨款2.0万元和2.5

万元用于支持农经网建设工作，并纳入财政预算。

加强人工影响天气工作的领导，做到人影作业安全、高效运行，继续严格执行人影安全作业责任制度，继续与各县（市）人影负责人签订了2008年人工影响天气安全作业责任书，人影安全工作逐步推行属地化管理。继续按照持证上岗的要求，采取集中培训、技能培训等方式对人工影响天气作业人员共310人（次）进行了培训和考核。

地区人影中心制定出台了《日喀则地区人影作业点空域申请通讯设备管理办法》，为日喀则地区作业点率先实行空域申请制度奠定了基础。

2008年6月～10月上旬，全地区9县（市）共122个炮点参与了人工防雹作业，期间共实施人工防雹作业860次，使用炮弹4950发（枚），其中火箭弹1150枚、人雨弹3800发，保护农田面积达74万余亩。据各级农牧部门评估，2008年全地区人工防雹创直接经济效益6000多万元，炮控范围内减少粮油损失约3120万斤，全地区平均投入与产出效益比为1：37，社会经济效益显著。

依法开展防雷检测及雷电防护技术业务，防雷减灾管理体制得到进一步理顺，防雷市场进一步拓宽，防雷检测、图纸审核实现规范化管理。2008年，全年全地区防雷安全共检测160余家，已完成防雷图纸审核208家。

【加强项目申报和项目建设工作】完成了日喀则地区气象局上一年度的事业经费决算、年度综合统计报表、气象事业建设项目报表等工作；完成了固定资产（汽车类资产）的核查和上报；完成了2006年和2007年政府采购专项检查工作。积极与地区财政局沟通，争取落实聂拉木和江孜两县局的财政立户问题，并解决了2007年防雷上缴经费足额返还的问题。加强了资金集约化管理，严格执行财经纪律及各项规定办法，保证了局大院排水改造、拉孜旅社维修、局大院环境改造等工程项目的建设资金。

继续加强项目申报和项目建设工作，按照中国气象局新的项目指南，新编制了6个常规项目和1个救灾项目并向上级申报，申请项目建设经费达876万元。完成了项目库的清理及软件升级工作和3个项目实施方案的上报工作。

日喀则地区地震工作

【仲巴地震】2008年8月25日晚21:22分，日喀则地区仲巴县发生里氏6.8级地震，地震发生后，日喀则地区地震局立即启动应急预案，一面了解震情，一面向地委、行署汇报情况，地委、行署领导高度重视，当晚地委、行署召开紧急会议，成立了抗震救灾领导小组，安排部署救灾事宜，日喀则地区地震局作为主要成员单位，局长王有德于8月26日凌晨1点连夜赶赴仲巴，深入实地，了解实情，指导仲巴县开展抗震救灾工作。

地震局内部坚持24小时值班制度，安排好带班领导和值班人员，随时保持与仲巴县的联系，随时了解仲巴县发生的新情况、新问题，及时将震情、灾情向地委、行署及自治区地震局汇报，坚持做好震情和灾情的速报。

通过核查确认，8•25地震是仲巴县建县以来震级最高、破坏性最强、波及范围最广、灾害损失最大的一次地震灾害，震级里氏6.8级，共发生余震500余次，其中4级以上余震33次，9月25日上午9：47分的余震达6.0级。地震灾害波及日喀则、阿里部分县，其中仲巴县受灾较为严重，萨嘎县也有一定损失。仲巴县2272户民房均有不同程度损创，存在一定的安全隐患，其中305户为危房，需要重建；全县共有11所学校的356间房屋共10285平方米受到不同程度的损毁，其中较为严重的有156间、5107.9平方米；霍尔巴乡政府等13个乡镇基层政权及卫生服务建设工程、县文化活动中心、电信机房、法院旧周转房及5处村村通文化室均受到损坏；霍隆公路部分路段路基、路面、4座桥涵受损，仲隆公路部分路段的防护设施受到损坏，并造成路基边坡塌方2.6万立方米，灾害对两条公路造成直接经济损失；水电站挡水墙裂缝、厂房及机房墙体移位等造成973万元经济损失（其中：仲巴柴曲、帕羊水电站经济损失624万元；萨嘎加达、达孜水电站经济损失349万元）；牧区人畜饮水工程有65口井受到损坏（其中：仲巴县64口、萨嘎县1口）；萨嘎县城防洪堤受损，造成经济损失339.2万元。据统计，该次地震共造成日喀则地区直接经济损失达3691.494万元。

【当雄地震】2008年10月16日30分，拉萨市当雄县发生里氏6.6级地震，日喀则地区仁布县、南木林县、谢通门县、江孜县和日喀则等6个县（市）有强烈震感，并有不同程度的损创。

10月8日，在自治区人大常委会副主任、地委书记格桑次仁的率领下，深入到灾情较重的仁布县切娃、帕当、普松、查巴等乡（镇）和县城驻地查看震情，走访慰问群众。当晚与前来日喀则地区调查震情的自治区地震局曹忠权副局长一行工作组交换了意见。10月11日至12日，又随同自治区副主席孟德利走访慰问仁布县、南木林县受灾群众，深入到灾区了解受灾情况，掌握第一手资料。据统计，当雄地震波及到日喀则地区6个县（市），部分民房受损，部分学校、机关、卫生院出现墙体裂缝，共有1668间房屋出现裂缝，造危房197间，涉及701户。目前，地震局对这次震情正进行密切监测。

【存在的问题】

地震监测能力非常薄弱，监测手段落后，短临预报水平不高，虽然经过努力，建立了两个地震观测点，但远不能满足地震监测预报的需要。

因日喀则地区地震局是刚成立的，部分建设项目抗震设防把关不严，对防御地震灾害的意识不强，重视不够。

日喀则地区地震局工作人员编制少，目前只有4名工作人员，需增加人员编制，并需要进行业务知识培训。

经费投入不足，日喀则地区地震局无办公楼、无交通用车，为抗震设防、防震减灾及宣传工作带来诸多不便。日喀则地区地震局目前借用地震台办公楼办公，为精确进行地震监测、震情跟踪等带来了困难。

日喀则地区旅游工作

【继续完善旅游项目库建设】2008年，

日喀则地区以规划为指导，积极整合资源，包装项目，切实加强旅游项目调研协调工作，与地区发改委、自治区旅游局确定了近期10个旅游项目。进一步完善日喀则市旅游局和各县市旅游项目规划工作，上报了旅游规划前期经费报告，积极争取项目前期经费，筛选出建设地区旅游特色县、乡、村项目。为搞好项目规划，实施旅游项目工程奠定基础。同时落实好“三项工程”，一是落实好旅游景区（点）标示标牌后期工作，安排38个标示标牌，4个旅游示意图，3个旅游广告牌，共投资大约500万元左右，争取年内建成。二是落实好旅游环保厕所的项目建设，通过认真调研，确定位置，公开招标等，目前四个移动厕所已到位，三座环保厕所已完工，等待验收，总投资200万元。三是为了全面掌握日喀则地区旅游业基本情况和发展现状，新班子到任后，于9月15日—9月24日，深入到企业和重点旅游县市开展调研工作。目前，地区旅游局重点扶持的包括亚东县的2家农牧民家庭旅馆和仲巴县的3家农牧民家庭旅馆设备、设施等已初步确定，投入资金50万元。

【加大旅游宣传促销力度，重振日喀则旅游业】借助奥运火炬成功登顶珠峰的历史机遇，开展宣传推介活动，同时利用奥运火炬成功登顶珠峰的后期影响，主打珠峰文化旅游品牌，吸引众多国内外游客前往日喀则地区观光旅游。在抓好旅游宣传促销工作的基础上，日喀则市旅游局抓紧制作旅游宣传光碟、宣传画册等具有日喀则特色的一批旅游宣传品；同时加大旅游宣传导游手册的收集整理力度，尽快出版《日喀则旅游指南》、《日喀则旅游词典》、《日喀则旅游画册》等。地区旅游局认真组织制定冬季宣传促销方案，重点推出了“在后藏过藏历新年、冬季看珠峰、冬季红河谷之旅、边境贸易旅游”等促销活动，同时经过地区旅游局与旅游重点景区（点）协调，从2008年10月20日至2009年4月20日，扎什伦布寺、白居寺下调20%的门票价格，夏鲁寺、萨迦寺下调门票的50%，为提升冬季旅游产品的吸引力，完善旅游服务奠定了良好基础，吸引更多国内外游客前来日喀则观光旅游。

【扎实开展旅游资源普查】根据资源普查工作要求，制订周密的工作方案，集中人力物力，邀请到内地著名摄影家以及中央电视台的专家来日喀则地区进行量身制作，自8月份开始，对全地区18各县市上百多个旅游资源进行了全面的普查。目前，已完成单体资料的修改调查，进入专家复核、认定阶段，并将按计划在12月底全面完成。

【加强旅游培训工作，提高旅游从业人员素质】2008年，日喀则地区采取“请进来，走出去”的方式，举办了一期景区点导游员培训班、两期农牧民旅游服务技能培训班（一期由区局在日喀则地区定日县举办、一期日喀则地区8名农牧民群众赴林芝开展旅游培训）。10月20日，地区旅游局6名业务人员积极参加国家旅游局在天津举办的第七期西藏旅游经济研讨班。通过培训，日喀则地区旅游从业人员管理服务水平明显提高。

珠峰自然保护区管理工作

【加大自然环境保护宣传力度，进一步提高公众环保意识】2008年，珠峰自然保护区管理局本着“宣传为主，教育为本”的工作原则，把环保宣传、教育作为保护区工作的出发点和落脚点，通过多种形式深入开展宣传活动，着重宣传《森林保护法》、《野生动物保护法》、《草场法》、《自然保护区管理条例》等法律法规，极大地提高了公众环保意识，社会效益十分显著。同时，为了宣传日喀则、宣传珠峰，提高珠峰自然保护区在国内外的知名度投入30多万元，花了一年多的时间和精力制作完成了“在世界之巅”宣传光盘5000套，受到自治区、本地区有关单位和领导的高度评价。

【加强管护能力建设，提高管理水平】在自治区环保局和财政厅的大力支持下2008年对珠峰保护区管护能力建设安排专项资金117万元。其中自治区环保局安排80万元，自治区财政厅安排资金37万元。一是完成了定结、吉隆两县分局的环保宣教室的布置以及8处主要景区和路段的标牌和提示牌的建设；二是地县两级管理机构配置多媒体设备、照相机、电脑和办公设备等，并给各管理站配备巡护摩托车10辆；三是珠峰自然保护区管理局、西藏自治区科技信息研究所共同举办了“珠峰自然保护区综合信息系统（GIS）在生态环境保护和国土资源管理中的应用”、“ 珠峰生态旅游信息系统的管理和维护”、“ 珠峰保护区管理局办公自动化系统的应用”培训班。通过培训，提高了珠峰自然保护区管理工作中的现代科技含量，有效提升了管理手段和管理水平，对保护区的管理和经济、社会可持续发展发挥着积极作用。同时标志着保护区管理和建设水平取得新进展，将进一步迈进科学化管理轨道。

2008年，在举世关注的奥运圣火从珠峰登顶传递期间，珠峰自然保护区管理局负起高度的工作责任感，把“整治环境、喜迎奥运”作为义不容辞的责任和义务。调动当地干部群众的积极性和工作热情，通过组织领导，群众参与，发放补助等措施，从加措拉山口到珠峰大本营的公路沿线进行环境整治和清理，清运垃圾40多辆车，并设置垃圾箱6个，设立宣传提示牌6个，修建环保厕所4处和垃圾场6处。其次奥运圣火珠峰登顶传递结束之后立即对珠峰大本营的垃圾等污染物及时清理干净，确保自然保护区的原貌和整洁的自然环境。投入资金约9万余元。

【积极做好示范保护区的基础工作】2006年国家林业局把珠峰自然保护区列为全国51个国家级示范自然保护区之一。国家优先发展示范自然能保护区要求珠峰自然保护区管理局达到高管理、高效益的管理水平。为此，根据国家林业局和自治区保护处的要求珠峰自然保护区管理局及时与自治区林堪院签订协议，着手规划国家级示范点的设计工作，并在2008年11月份完成，年底上报国家林业局审批。

珠峰保护区四县管理分局在保护区生物多样性保护，森林防火，基础设施建设、登山旅游服务与管理等各项工作中，取得了较好的成效。但是，2008年受拉萨3•14事件影响严重，据统计，前来珠峰、希夏邦马峰登山探险、旅游观光人数，截至10月份，仅有13175人次，(其中外宾2806人，内宾10269人)，同比下降68.5%；进入珠峰核心区、希夏邦马峰车辆3246辆（其中大车282辆，小车3164辆，摩托车46辆）；投入高原运输服务牦牛数1739头；牦牛工586人次，背夫2615人次，实现收入112.0805万元，同比下降77.40%；旅游门票收入343万元，同比下降72.8%，实现总收446.0805万元，同比下降82.73%。

【高度重视保护区的环境保护和垃圾清理工作】安排定日、聂拉木管理分局积极组织人力、物力，对珠峰、卓奥友、希夏邦玛等登山大本营及ABC营地的垃圾进行了清理，对清运出的80余辆东风车和9537袋的垃圾进行了分类、填埋处理，控制了生活垃圾对生态环境的污染。

项目主要建设内容及投资包括湿地恢复工程、基础设施建设、购置保护设备、制作资料图片及标本采集等内容，并根据设计要求以及保护区的实际，分别安排到保护区四县的30多处项目点上。项目总投资达1400万元。

项目进展情况。珠峰自然保护区管理局按照珠峰湿地保护项目的招标方案，在日喀则地区发改委项目重点办的协同下，对珠峰湿地保护项目进行了公开招标，其公开招标结果土建部分为五个标段，湿地恢复工程为四个标段，设备部分为两个标段。根据项目实施方案各实施项目工程施工队陆续进点，到目前该项目土建、湿地恢复、湿地封育等工程已基本完成。

【积极争取外援合作项目，促进保护区的发展】按照自治区林业局和关心世界组织的合作协议，在珠峰保护区的基础设施建设（饮水工程、网围栏、造林）和人才培训等方面投资130多万元。2008年投资70余万元，完成了封山育林、护林员培训、野外救助培训、农用桥梁维修及建设等合作项目建设任务。为保护区群众的生产发展和生活改善起到了扶持和促进作用。通过实施上述建设项目，有力地促进珠峰地区的生态环境保护和经济发展，取得了良好的环境、社会和经济效益。

2008年与北京奥维斯世纪体育文化有限公司签订了就珠峰自然保护区管护人员的野外服装，保护区的提示、宣传牌等内容的项目协议。

日喀则地区科技工作

【科技项目工作情况】2008年，日喀则地区的自治区科技科研重点项目有8项，投资526.8万元；科技富民强县专项行动计划项目2项，投资381万元；四省、市科技援藏项目8项，投资365万元；地区科技科研重点项目26项，投资为150万元，全面完成科技项目44项，投资为1422.8万元。同时积极申报了自治区2009年重点科技项目。按照《西藏自治区2008年度科技计划项目申报指南》的要求，结合日喀则地区特色优势和科技发展需要，从"做大、做强、做优"入手积极做好科技项目工作。主要有：

【科技支撑示范点项目】年河流域三县市优质青稞高产栽培及产业化示范项目。由地区科技发展交流中心和三县（市）科技局等相关单位签订协议，在年楚河流域的江孜县、白朗县、日喀则开展以喜玛拉19号、喜玛拉22号、藏青320品种的春青稞高产栽培，播种面积达到3002.5亩。项目资金90万元。该项目经过测产：喜玛拉22号平均亩产达到了390公斤，喜马拉19号平均亩产达到了356公斤，藏青320平均亩产达到了367公斤，累计生产粮食111.39万公斤。按1：1.4粮草比例计算，可以生产饲草155万公斤。按照每公斤粮食2.5元和每公斤草1元计算，青稞高产栽培示范田，总产值达到433.45万元，平均每亩产值达到1443.7元，比大田每亩增加产值500元左右，推进了青稞标准化种植技术进一步示范推广。年河流域三县市产出的青稞进一步用于深加工，为西藏仁布达热瓦青稞酒业有限公司提供原材料。该公司在青稞酒加工方面进一步解决了青稞酒保质期、沉淀、出酒率、青稞酒制作工业化等一系列技术难题，并针对化验人员和品质检验部门进行了为期四个月的速测培训，为进一步发展青稞产业化、规模化创造了良好条件。

【科技示范县项目】新农村科技示范县建设。一是优质青稞种植，建立3个优质青稞生产专业示范村，发展示范户76户，种植优质青稞3700亩，就地培养科技特派员3名、科技明白人9名、当地农牧民300名；二是优质高产奶牛养殖，建立2个优质高产奶牛专业示范村，发展示范户100户，现已完成种牛引进16头，内部引进优质奶牛35头，种植饲草200亩，并以村为单位进行家畜疫病防治技术等常用实用技术培训，参加人数共128名，其中养殖示范户100名，县、乡（镇）村兽医技术人员7名，乡镇村干部30名，通过培训，农牧民养殖业技术明显提高；三是特色藏鸡养殖，建立藏鸡养殖示范村2个，培育和发展藏鸡养殖示范户30户；年饲养藏鸡3300只，每户饲养藏鸡110只，并对科技养殖示范乡镇村户以村为单位进行了科技养殖技术培训，培训人数80名，其中养殖示范户30名，县、乡、镇村兽医技术人员5名，乡镇村干部21名；四是白绒山羊养殖，建立白绒山羊养殖示范村3个，培育和发展养殖示范户19户，平均每户养殖50只，共计950只，年繁育后代738只。建立饲草料基地38亩，户均2亩。并以村为单位进行了科技养殖技术培训，参加人数共50名，其中养殖示范户19名，县、乡、镇村兽医技术人员3名，乡镇村干部18名；五是绵羊短期育肥，建立绵羊短期育肥示范村3个，培育和发展绵羊短期育肥示范户120户。年进行育肥任务4800只，按成畜死亡率2%计算，年反季节育肥出栏4704只。每个示范村成立绵羊育肥合作组织，建立架子羊收购和销售队伍统一收购和销售。并取得年反季节育肥出栏4704只，按350元/只计算，实现产值164.64万元，新增产值70.56万元；六是设施蔬菜（塑料大棚温室）项目。

【科技特派员工作开展情况】进一步完善了《日喀则地区科技特派员试点工作实施方案》，制定了"日喀则地区科技特派员工作手册"、"科技特派员选派条件及程序"、"科技特派员目标任务"、"科技特派员考核管理办法"、"日喀则地区科技特派员调查表"等。从农、牧、林、蔬菜种植、农牧民科技培训、适用技术引进推广、新能源推广等方面派出的科技特派员扎根农牧区，服务基层，努力创建“以人为本”的广阔科技服务平台，从 2005 年至 2008 年，日喀则地区科技特派员已有 208 名，基层农牧民群众对科技特派员工作反响良好，并计划 2009 年新增农牧民科技特派员 360 名。

2008 年科技特派员有两个专项：一是日喀则市年木乡草莓生态适应与标准化生产栽培技术研究。该项目栽植了三种较适合高原生长的草莓品种，科技特派员对草莓栽植的每个细节向种植人员详细讲解，耐心示范，并现场回答大家提出的相关问题，克服了雨水过多严重影响草莓产量的问题，试种基本成功，为高原草莓的推广种植储备了成熟的栽培技术。二是江孜县康卓乡种植养畜示范牧场，按照“基地+专业户”的模式进行，建立了《康卓乡短期育肥登记手册》，乡、村、户各持一册，制定了《康卓乡短期育肥滚动资金使用管理办法》，参与户数 331 户，其中 50 只以上的专业户 7 户，以农户圈养为主，对 500 只周岁羊到种草养畜示范牧场进行短期育肥。按照项目任务书要求，2008 年种植青草 500 亩，苜蓿草 600 亩，购买周岁羊 500 只，出栏总数 240 只，收入 7.2 万元。

【科协工作情况】积极开展科普宣传，营造科普氛围。日喀则地区科协积极筹措，精心组织，2008 年 2 月份深入到聂拉木、吉隆、昂仁、仲巴、定日五个县，15 个乡镇巡回宣传活动 20 场次、义务咨询解答群众问题 500 余人次，共发放科普图书 16 种、1500 份，预防禽流感科普挂图 6 种 300 张，科技养殖业科普光盘 4 套 120 张，受益群众达 1600 余人次。

围绕“节约能源资源、保护生态环境、保障安全健康”主题，2008 年 5 月中旬，日喀则地区科技局的科普小分队在 2007 年工作的基础上继续开展了地区 10 个县、乡（镇）、学校“沪、藏科技启蒙万里行”科普巡回宣传活动，行程 5000 多千米。9 月 21 日，地区科协在拉孜县开展了大规模的“全国科普日暨科普大篷车”活动。据统计，这些科普活动向群众发放科普读物、科技相关法规、实用技术等科普相关书籍 889 本，中小学生预防传染病宣传手册 6600 本，其中，汉藏文翻译对照书籍 450 本，宣传册 5000 本；生态环境保护、节能减排、医疗卫生安全知识系列科普宣传画及挂图 293 张，通俗易懂的气象科普光盘 6 套；“节能环保”、“健康卫生”等 95 块展板。其中，为配合“反对分裂、维护稳定、促进发展”主题教育活动，自制的“揭批 3·14 达赖分裂破坏活动真相”以及日喀则发展三十年农、牧、林等科技成就展板 32 个，吸引了众多群众和学生驻足观看，受教育群众、中小学生共计 4 万多人次。同时，科技大篷车充分发挥了“流动的科技馆”的作用，自然科学知识通过小型实验演示和具体操作，培养中小学浓厚的爱科学、讲科学、学科学、用科学的兴趣，贴近实际，贴近生活，贴近群众，让广大农牧民亲身体验“科学就在身边”的魅力，使农牧民群众品尝到了一道道科普大餐。

打造科普品牌，创新工作方式。围绕“携手建设创新型国家”活动主题，开展形式多样的宣传活动。在下发了日地科字〔2008〕9 号《关于举办日喀则地区 2008 年科技活动周》的实施意见的基础上，进一步明确在非常时期开展科技宣传活动的重要性，并对重点县（市）进行任务分解，责任到人，在活动内容、人员组成、宣传资料的编写等各方面做到了有的放矢，达到了预期效果。

在科技周活动和“12·4 法制宣传日”期间，除在市区繁华区域悬挂宣传横幅外，还设点进行科普宣传和科技法规宣传。结合科技扶贫项目的实施，组织了科普宣传小组赴谢通门县开展科技科普下乡活动，科技宣传小组结合生产实际，在通门乡坚白村举办了科技明白人培训班，53 名乡村科技骨干参加培训。与此同时，科技人员深入田间地头为群众讲解农业灾害预防知识，通过举办有针对性的培训，拓宽了群众知识视野，为促进农牧业增产增收播下了永不减退的精神食粮；；12 月上旬，由日喀则地区科技局牵头，组织召开了以农牧、气象、医疗、水利、电信、教育等部门科技人员为主的“科技发展研讨会”，在座谈会上广大科技工作者畅谈了改革开放 30 年来依靠科技进步所取得的成就，通过研讨交流坚定了科技工作者为实现科技春天的信心和决心。其次，在庆祝中国科协 50 周年、自治区科协 25 周年之际，举办了谋跨越奔小康“专题”学术报告会，编撰形成 2008 年“日喀则论文”集，为社会各界有识之者提供服务。

同时结合科普项目在聂日雄乡科普示范基地进行了第二期农业技术培训 150 人次，为农牧民群众编写《科普知识手册》，进一步加强了白朗、江孜县科普示范县建设。

加强协调，积极开展基层科协组织建设工作。经自治区科协、上海援藏以及地区科协和各县委、县政府的共同努力，多方协调，终于争取到上级领导的支持：地委组织部于 2008 年 8 月 20 日下发了《关于在 18 个县（市）科技局挂牌成立科学技术协会的通知》（日机编委〔2008〕27 号）文件；配合全民科学素质行动计划的实施，同意在地区各县（市）设立科学技术协会，不增加编制和领导职数，一套人马，两块牌子，为以后灵活开展基层科协组织建设工作创造了良好条件。为此，经地区科协研究，按照《西藏自治区科学技术协会条例》要求，日喀则地区科技局于 2008 年 10 月 26 日统一在日喀则市、白朗、南木林等 9 个县（市）科技局率先挂牌成立县科协，制定科协工作方案和职责，确定县委一名领导予以分管和县政府一名领导兼任科协主席，科技局局长兼任科协常务副主席主持日常工作。同时建立和健全各种工作制度，计划县（乡）科协班子每年至少培训二次，地区及县委员会每年至少活动二次，科普活动范围进一步扩展到乡（镇）、村。在上海市科协的资助下，印刷了《全民科学素质行动计划纲要》系列科普丛书（汉藏版）2 万册，在 2008 年九月的“科普活动日”期间发放到了广大农牧民手中，实实在在地为农牧民群众普及科学知识，传播科学技术，弘扬科学精神，尽到了科技工作者的责任。经过多方努力，2008 年江孜县被中国科协确定为“第三批全国科普示范县”；日喀则聂日雄乡科普示范基地、江孜县东郊奶牛养殖示范基地、白朗县农村科普能力建设基地、南木林县艾玛乡科普示范基地也被中国科协相继确定为全国科普示范基地并挂牌运作。2008 年日喀则地区科技局，加强了科普宣传力度，获得了自治区“2008 年度科协系统先进集体”、“科协基层组织建设先进集体"荣誉称号。江孜县旦增旺加和白朗县边多两位农民成为了科普惠农计划中首批农村科普带头人。

【科技援藏工作】日喀则地区科协充分利用上海市对口科技援藏机遇，积极争取自治区科协和日喀则地委、行署对地区科协工作的重视，在人才、经费、设备、资料等方面给予大力支持，进一步加强两地科协的合作与交流。2008 年 3 月份协助上海太阳能科技有限公司考察西藏太阳能开发利用工作，并参与了西藏利用太阳能发电推广的"乡乡通电"工程竞标。4 月份上海科技援藏在江孜县热索乡实施了 30 亩露地蔬菜种植推广示范项目。种植莴笋、晚莲花白、早熟白萝卜、春大一号大白菜、南瓜等新品种。先后有 538 人次到实地接受了蔬菜种植技术培训。在全国科技援藏方面，黑龙江（江当乡草产业）、吉林（吉隆县人工试种药材）、山东（日喀则地区人才培训）、青岛（日喀则市良种引进）、山西（日喀则市荞麦深加工前期工作）等都有重大突破，为日喀则科技富民事业注入新的活力。5 月份日喀则地区科技局向上海市科技交流中心提供了林芝地区、日喀则江孜、谢通门、白朗等县的藏鸡种蛋，经过上海交通大学科研人员的人工孵化，目前，600 多只藏鸡正在上海健康成长。

同时，还组织了县（市）科技局局长 12 名同志赴上海参加"2008 年西部地区科技创新促进经济与社会发展研修班"、"社会主义新农村建设——现代农业发展专题"两批科技管理干部和科技人员为期半个月的培训；组织人员参加了"全国科技工作者调查及网络建设培训班"和"太阳能利用及产品检测技术培训班"；由上海科协出资举办西藏日喀则地区科协主席培训班，地区和县级科协的 11 名同志第一次接受了较为全面的科协科普工作培训；10 月 19 日—11 月 13 日组织 3 名干部同志赴湖南长沙参加科技部举办的第二期"科技兴藏人才建设干部培训班"；10 月下旬，组织 16 人参加了山东科技援藏"农业种植技术培训班"等等。全年度日喀则地区科技局就派出七批次共计 46 人到内地参加各种形式的培训班，对今后日喀则地区开展科技科普工作创造了良好条件。

日喀则地区教育工作

【年度情况】2008 年，日喀则地区教育工作的主要任务是：小学在校生达到 72061 人，其中小学一年级招生 11500 人，小学年辍学率控制在 1%以内，小学适龄儿童入学率达到 98.5%以上。初中在校生达到 38666 人，其中初中一年级招生 13000 人，初中辍学率控制在 3%以内，初中入学率达到 92%以上。完成"288""两基"目标任务，即完成萨嘎、仲巴两县"普九"，南木林等 8 县"普九"复查，江孜等 8 县（市）"两基"自查和巩固提高任务。完成扫除青壮年文盲 1 万人，文盲率控制在 3%以下。全地区普通高中在校生达到 9320 人，其中高中一年级招生 3000 人。中职（含职业高中）招生 2350 人，其中职业高中招生 1950 人。高中阶段入学率达到 40%以上。农牧区学前一年儿童受教育率达到 15%，城镇学前三年儿童受教育率达到 10%。各级各类学校教育质量和管理水平明显提高。

【深入推进学校德育工作】落实德育工作责任制，紧密结合形势发展要求，突出抓好爱国主义教育、反分裂斗争教育和民族团结教育。根据学生的身心特点，以养成教育为基本原则，努力丰富德育工作的内容和形式，改进德育工作的方法和手段，贴近学生的学习、生活实际，做到入脑入心，提高德育工作的针对性和实效性。及时把拉萨"3•14"事件真相有关图片资料补充进中小学德育室，切实开展教育。加强校园文化建设，努力优化育人环境，大力开展爱国主义、集体主义、社会主义教育，利用江孜县爱国主义教育基地及清明节、"五•四"、"六•一"等时机，开展有针对性的德育活动，2008 年，成功举办了教育系统喜迎奥运教师书画摄影展，各学校在校园内广泛开展以"迎奥运、讲文明、树新风"、"庆祝奥运会倒计时 100 天"为主题的演讲、现场书画展、师生签名、校园集体舞、健美操等各类活动，以喜悦的心情迎接奥运圣火传递和奥运会召开。积极与各部门加强联系协调，共同营造全社会关注支持育人工作的良好氛围。

【扎实抓好"两基"工作】开学后及时恢复初中学生到位"日报制"，要求各县市教育部门和学校必须每周向党委、政府汇报学生到位情况，督促各乡镇、各部门及时送回流失学生，进一步把控辍保学的任务和职责落实到各乡镇和县直各部门。地区教育督导部门认真履行督政督学职责，加大督政督学力度，长期深入县市、乡镇和学校，实地检查、督促、指导工作，主动做好服务，对年内"普九"的仲巴、萨嘎两县，"普九"复查有关县（市）进行了多次专项督导，2008 年 10 月，成功召开了"两基"统计档案现场会暨迎国检动员大会，督促和指导相关县市做好"两基"统计档案工作，组织开展了"两基"、统计人员培训。帮助各县（市）落实工作措施，查找存在的问题，加快工作进度。

2008 年"普九"的萨嘎、仲巴两县已完成了自治区"两基"过程督导和地区"两基"初验，目前正在接受自治区评估验收；南木林、谢通门、萨迦、定结、吉隆、聂拉木等六县通过了自治区"两基"复查，定日、昂仁两县通过了地区"两基"复查，同时，对日喀则地区上海实验学校、南木林县一中、南木林县二中、仁布县中学、拉孜县中学、康马县中学、岗巴县中学等六个县（市）的七所学校进行了初级中学办学水平综合评估工作，对存在的问题提出了明确要求和整改措施，尽全力解决当前存在的各种问题，使年度"288""两基"任务（萨嘎、仲巴两县"普九"，南木林等 8 县"普九"复查，江孜等 8 县市"两基"自查和巩固提高任务）能够如期完成。2008 年，日喀则地区 18 个县（市）全部完成了"普九"目标和"扫盲"任务，适龄儿童入学率达到了 98.01%以上，青壮年文盲率下降到了 3%以下，"扫盲"覆盖率达到了 100%；初中入学率达到了 90.96%以上，"普九"人口覆盖率达到了 100%以上，随着年内萨嘎、仲巴两县"普九"工作正式通过自治区"普九"评估验收，标志着地区全面实现"两基"目标任务。

【狠抓教育教学质量和学校管理】把提高教育教学质量放在更加紧迫、更加突出的位置上。通过加强本校培训和教学经验交流，认真推进基础教育新课程改革。努力促进教研工作面向基层学校、面向基层教师，为教育教学实践服务，在广泛深入调研的基础上，制定了改进教研工作、加强教研队伍建设的方案，进一步明确了地区和县市两级教研部门的服务对象和工作职能，地区教研室负责高中和初中教研工作，县市教研室负责小学教研工作，实行了教研员到学校蹲点调研指导等制度。每学期开学之初，认真组织开展了春（秋）季开学工作大检查，对各学校“三到位”（教师、学生和教材）情况、《义务教育法》、《未成年人保护法》、《教师法》、《西藏自治区实施〈义务教育法〉办法》等有关法律法规的宣传情况、学校思想政治和德育工作开展情况、教育教学工作开展情况、“三包”经费管理情况、教育基建管理情况、学校安全卫生工作开展情况等进行了全面的督促指导。在每学期开学初抓好学校“三项重点工作”（即马克思主义“四观”“两论”和反分裂斗争教育、养成教育、安全教育）。加强学校安全工作，开展了中小学“安全教育月”活动，进行安全大检查，及时排查安全隐患。特别是自“5•12”汶川特大地震和仲巴、当雄两县地震以来，进一步制定完善了安全事故应急预案，建立起有效的应急安全工作机制，加大了对学校师生的安全教育力度。抓好学校卫生工作，下发了《关于进一步加强学校常规管理工作的通知》，提出相应要求并限期整改，针对部分学校管理下滑的问题，日喀则地区教育局由班子成员带队多次派工作组到学校查找问题，与相关县进行了深入的交换意见，督促改进。

【大力发展职业教育】大力调整中初级职业教育专业结构，改进人才培养模式和方法。加强职教中心建设，抓好日喀则市、江孜、白朗、南木林、康马等5县（市）职教中心基地建设，发挥示范带动作用，年内为加强职教中心基地生产产品销售资金财务收支账目管理，重新整理了对南木林县艾玛职教中心财务收支账目，进一步提高资金使用效益，规范财务管理工作，同时组织相关人员到白朗县职教中心学习取经，进一步加强交流学习，并通过在白朗县举行职教中心产品展销会积极向广大农牧民群众宣传职业教育。加大职高招生工作的宣传力度，努力巩固和扩大职高办学规模，把1950名的职业高中招生计划分解到各县市中学，督促各县（市）认真做好招生宣传工作，巩固好现有生源，努力提高办学质量，由于受职教中心校舍、师资、设备紧缺等各种条件的限制，实际完成职高招生任务 720 名。及时完成2006—2008 年度职高学生资助信息的统计上报工作。地区职业技术学校不断加强特色专业、优势专业建设，坚持多元化办学格局，通过积极举办各类专项培训，提高了办学效益。通过调研论证，向自治区有关部门上报了“双师型”教师培养及经费预算方案。根据有关民办教育机构进行清理整顿的要求，对民办学校进行了专项检查评估，加强了管理和监督，促使其规范办学行为。

【认真抓好招生考试工作】召开地区招生考试工作会议，全面安排2008年的招考工作。已完成了硕士研究生考试、第27次全国计算机等级考试、第48次全国高等教育自学考试，教师教育技术水平考试、普通高考、普通中考、成人中专考试成人高考和内地西藏班招生考试工作，报考人数达到 15239 余人，参加内地西藏班选拔考试2619人，其中普通高考、普通（成人）中专、内地西藏班分别录取1835人、8218人、252人。

【积极开展全民健身运动，努力提高体育运动水平】广泛开展群众性体育活动，从年初以来，举办了地区第三届“迎新杯”足球赛，参赛队伍达到12支。进一步加强对学校体育工作的指导，认真贯彻《中共中央国务院关于加强青少年体育增强青少年体质的意见》，督促各学校提高体育工作水平。积极完成全区《学生体质健康标准》数据上报及管理工作。办好地区重点业余体校，认真制订教学计划和训练计划，首批15名毕业生顺利完成了相关文化课和课外训练任务，同时招收了第二批27名体校学生。完成了初中升学体育加试工作，参加年度体育加试的考生达到7000多人。在地直学校举行了“迎奥运倒计时100天庆典体育活动”，积极组织举办地区首届初级中学女子篮球比赛。认真完成了上级体育部门下达的做好2008年奥运火炬传递的有关工作任务。

日喀则地区中专学校

【采取有力措施，切实提高教学质量】2008 年，日喀则地区中专学校坚持以教学为中心，树立以教学质量求生存，求发展的办学理念。在这方面，进一步加强了对教学工作的领导和管理，主要领导、分管领导以及教务主任、教研组长挤出时间深入到教师中、学生中和课堂中，了解掌握教师的教、学生的学等方面的情况，定期不定期的分析研究制约学校教学质量提高的主要问题，并及时采取了有效的措施加以解决。

紧紧抓住教师在提高教学质量中的这个关键，充分调动教师提高教学质量的积极性、主动性和创造性。一是让全体教师都对提高教学质量这个问题进行思考、探索、并作出创造性的努力。为此，每一个教师结合学校或者自身教学工作的实际，各自撰写了一篇关于如何提高教学质量，保证实现培养目标的论文。二是加大对教学工作资金的投入，较大幅度地提高超课时补贴标准（原来为每节课6元，现为每节课10元），进一步调动了教师多上课，上好课的积极性。三是加大对教师教学工作奖优罚劣的力度，对高中教学这一块适当提高了奖罚金额标准。

2008 年，日喀则地区中专学校切实抓住学生在提高教学质量的这个根本。首先，学校主要面临着学生学习基础差，而且相当一部分学生怕吃苦，不爱学的问题。学校要求老师、班主任，通过多种途径和措施，来教育、帮助广大学生如何增强信心，克服困难，树立刻苦用功的良好学风，要以人一能之己十之，人一十之百之的精神，努力完成各科学习任务。其次，严格执行升留级制度，2008年已有12名职业中专生留到了相应的下一年级学习，这样，促使学生刻苦用功学习，不断提高学习成绩。再次，狠下功夫，努力提高职业高中学生的高考成绩，提高学生的高考升学率。

【进一步扩大办学规模，构建职高、中专、大专三足鼎立的办学格局，培训工作也取得显著成绩】为了使初中毕业后的学生中能够有更多人继续上学学习知识和技能，2008 年学校的在校生规模已达到3200人(2007年在校生为2900人)。其中，职高现有学生 831 人（2007 年为 908 人)；职业中专现有学生 2043 人(2007 年为 1646 人)；大专现有学生 275 人（2007 年为 118 人)；成人中专 75 人，成人大专 112 人。这样，日喀则地区中专学校已形成了职高、中专、大专三足鼎立的办学格局。

2008 年在进一步办大办强医学专业的同时，新举办了汽车驾驶与维修专业，为把汽车驾训与维修专业办成继医学专业之后的又一个可持续发展的大专业、强专业打下了基础。

据统计，2008 年日喀则地区中专学校已培训各类学员 600 余人。

【加强教师队伍建设，改善教师专业结构和能力素质】申请采取自治区教育厅单列职教师资计划的办法，招录医学专业教师直接带帽分到日喀则地区中专学校，或者争取地委组织部从招录的医学本科专业生分进日喀则地区中专学校等途径，来增加医学师资，2008 年共新分配医学教师 5 名，以使日喀则地区中专学校医学教师紧张的状况得到缓解。继续选送教师参加国家教育部组织的职业教育骨干教师的培训，参加上海、山东、吉林对口援助师资培训项目的培训。同时开展以提高教师计算机教学能力为主要内容的校本培训。通过讲座等方式，教育教师牢记胡总书记的希望，爱岗敬业，关爱学生；刻苦钻研、严谨笃学；勇于创新、奋发进取；淡泊名利、志存高远；静下心来教书、潜下心来育人，真正把全部精力和满腔真情献给职业教育事业。采取科学、合理的评定、考核办法，建立起竞争机制，激发教师的主动性、积极性和创造性。聘请校外有实际经验的专业技术人员作兼职教师。

日喀则地区文化工作

【专业文艺蓬勃发展】2008 年，日喀则地区文化局一是进一步加大专业艺术团体的管理，建立健全体制机制，组建了地区艺术团曲艺队、民乐队，进一步充实了舞蹈队和后勤组的力量。二是组织演职人员分赴各县进行“三下乡”演出，演出场次 29 场，观众达 32100 人次，丰富了基层群众文化生活。三是顺利完成赴珠峰大本营参加奥运圣火珠峰登顶成功庆典仪式文艺演出任务；四是积极参加全区电视专业舞蹈大赛，获得一等奖一个，三等奖一个，优秀奖两个。五是面向广大援藏干部征集反映歌颂社会主义，歌颂民族团结，反映援藏干部工作、生活的歌词，拟制作发行以“情系高原”为主题的系列援藏组歌影碟。

【群众文化丰富多彩】一是精心策划了 2008 年日喀则地区春节、藏历年“和谐日喀则”晚会，创造编排舞蹈、声乐和曲艺等 13 个节目，节目以鲜明的地域特点、民族特色，赢得了领导和广大群众的一致好评；二是组织地直、区直、中直各单位和驻军部队、专业艺术团体共 400 多名演员参加的《日喀则地区改革开放 30 周年“辉煌 30 年”专场文艺晚会》，以文艺的形式充分表现出了日喀则地区改革开放 30 年来的新发展、新变化、新生活；三是不断加强社区文化、校园文化、群众文化，开展群众喜闻乐见的文化活动，组织开展老年文化、少儿文化活动。进一步加强民间文艺团队的培训工作，提高基层文艺团队的整体素质，丰富和活跃了群众业余文化生活；四是选派四名同志参加自治区群艺馆组织的合唱团，代表西藏赴内蒙古参加全国歌咏比赛，获得了“奔马奖”第二名。五是代表西藏赴广东参加第七届中国民间艺术节暨“山花奖”中国民间风采艺术展演，荣获“优秀表演奖”荣誉称号。六是组织 21 名演职人员赴上海参加“吉祥哈达——西藏大型文化艺术上海展”演出活动。

【文物事业快速发展】文物安全形势明显好转。本着“谁主管，谁负责”和“法人代表是本单位防火、防盗第一责任人”的原则，年初与各文保单位签订文物安全目标责任书，做到了责任到位、工作到位、措施到位，明确了各自承担的职责。重大节假日和敏感日期间多次开展专项检查、指导，使日喀则地区文物的安全防范意识和重视程度有了明显的提高。2008 年，全地区文物未出现文物被盗、失火等安全事故。

文物普查工作取得阶段性的成果。日喀则地区及时成立了普查领导小组及办公室，制定了普查方案，积极争取了普查专项经费，第三次全国文物普查工作在日喀则全面铺开。在历时近 4 个月的时间内完成了 11 个县 123 个乡镇 1107 个行政村的文物普查工作，行程达 35264 千米。共调查完成不可移动文物点 468 处，其中复查 254 处，新发现 214 处，文物普查工作取得了较大的突破。

贝叶经摸底、调查和登录工作顺利通过自治区验收。7 月底，日喀则地区贝叶经工作人员同自治区贝叶经保护领导小组的领导和专家分赴各县市开展了全面系统的摸底、调查和登录工作，对日喀则地区的 39 部贝叶经（4935 张）进行了详细的调查和登录工作。

【非物质文化遗产保护工作成绩显著】对日喀则地区民族民间文化遗产资源进行了普查、搜集、整理申报等工作。组织专业人员 6 次深入到 18 个县市 120 个点，行程 12500 多千米，采访民间艺人 110 多人次，拍摄录像资料近 5100 分钟，制 DVD 光碟 63 盘，录音带 50 多盘，摄影图片 1800 余张，笔录文字资料 120 万字，翻译藏文资料内容 32 项。先后对日喀则地区 4 大类项目（即：民族传统歌舞、民族传统手工艺、传统藏医、民族传统体育竞技）和 47 个小项目进行了全面的普查、认定和登记。摸清了全地区非物质文化遗产的起源、延续、发展、分布和保存现状等情况，收录了较为丰富翔实的民族民间文化遗产史料、建立了数据库，为有效开展日喀则地区非物质文化遗产保护工作，做好日喀则地区宗山博物馆的文化遗产陈列、展示、研究和管理工作奠定了基础。

2008 年，国务院公布了第二批国家级非物质文化遗产名录 510 项和第一批国家级非物质文化遗产扩展项目名录 147 项。自治区入选第二批国家级非物质文化遗产名录及扩展项目名录总计 21 项 36 个点，其中日喀则地区有 3 项 7 个点（即：传统舞蹈项目：拉孜堆谐、南木林土布加谐钦、定日洛谐、萨嘎旦嘎甲谐；传统技艺项目：南木林锻铜技艺、拉孜藏刀锻制技艺；民俗项目：江孜达马节）。

【文化产业初见成形】一是努力培植文艺演出业，开展原生态民俗风韵荟萃《珠峰彩虹》、民族民间组舞《喜马拉雅风情》节目的宣传包装和营销工作；努力培育江孜、康马民间艺术团为主的各县业余文艺团队挖掘农牧区民族风情资源，积极开展民间民俗展演活动；二是开发与旅游相配套的文化旅游业，充分发挥节日文化作用，努力打造珠峰文化品牌，推动旅游和文化事业发展。三是扶持文化娱乐业，实施招商引资，积极引进和吸纳文明、健康、科技含量高的现代娱乐项目，满足社会多种文化需求。日喀则地区的文化产业已初步探索出适合日喀则地区的产业发展道路，初步制定了多主体、多层次、多门类的文化产业格局。

【文化市场管理健康有序】文化市场建设坚持"一手抓繁荣，一手抓管理"的方针和"疏堵结合、打防并重"的原则。在发展文化市场的同时不断加大市场监管整治工作力度，在积极开展文化市场管理和扫黄、打非等各项整治活动的同时开展节假日期间文化市场专项检查。2008年，筹建了日喀则地区文化市场行业协会，将拥有会员单位近500家，成为西藏自治区第一家实现自我管理、自我监督、自我发展的文化行业协会。2008年，共出动执法人员346人次，车辆86次，检查各类文化场所246次，收缴各类盗版、淫秽及非法音像制品5136盘（张），收缴盗版图书105本（册），非法书刊63本，停业整顿4家，罚款2万元，查破危安案件1期。在2008年3•14事件发生以后，加大了对反动出版物的整治力度，进一步净化了日喀则地区的文化市场，为全面建设和谐社会营造了良好的文化市场环境。

截至目前，日喀则地区各类文化场所、机构776家，比2007年增加40家，注册资金2700多万元，从业人员9300多。日喀则地区的文化市场呈现出音像制品买卖有序、网吧经营遵章守纪、娱乐场所合法经营的喜人景象。

【图书发行稳步推进】一是认真做好政治理论读物的发行。新华书店努力把社会效益放在发行工作的首位，组织销售人员走出店门，深入到党政机关、企业、部队、学校，宣传推荐《十七大报告》、《中华人民共和国宪法》等一系列会议读本及学习教材，共征订《十七大报告》、《中华人民共和国宪法》100多册，基本满足了人民学习的需要，向广大人民群众输送更多更好的精神食粮。二是加大图书发行力度。发扬干事创业、团结拼搏的创业精神，变坐家等客为主动出击，大力开展推销服务，变被动服务为主动服务。按照上级部门的要求，送书下乡，把科技图书送到农牧民的家门口，繁荣了农牧区文化市场，营造了良好的读书氛围，丰富了广大人民群众的精神文化生活，得到了广大农牧民的好评。三是全力做好中小学生的教材发行工作。采取以征订上门、送书上门、结算上门为内容的"三上门"服务，坚持社会效益第一的原则，千方百计确保教材配套齐全、发行及时，保证了全地区115680名学生的教学用书。

2008年进货235万元，销售225万元，实现利润30万元，图书品种达6600多种，顺利完成了年初制定的各项工作任务。

日喀则地区卫生工作

【狠抓食用含三聚氰奶粉的医疗救治工作】2008年，日喀则地区卫生局一是根据《卫生厅关于开展三鹿牌婴幼儿奶粉专项检查的紧急通知》精神，日喀则地区卫生局一是加强组织领导。立即成立了领导小组及专家组，制定下发了《关于食用含三聚氰胺奶粉婴幼儿泌尿系统结石医疗救治方案》，启动了食品安全突发公共事件应急预案。二是扎实开展病人筛查和救治工作。确定地、县各级医疗单位为病人筛查责任单位，确定地区人民医院为定点医疗救治机构，并从9月17日起，地、县医疗、疾控部门和日喀则地区卫生局坚持实行零报告和日报告制度，确保早发现、早筛查、早诊断、早救治。截止11月4日，全地区共为7637名婴幼儿进行了因食用含三聚氰奶粉引起的婴幼儿泌尿系统结石相关诊疗和检查，共确诊28例，累计住院14例（其中转留院观察5例），累计出院8例，现住院1例。三是抓好奶粉市场的卫生执法监督工作。截止10月30日，全地区共出动卫生监督执法人员1196人次；检查奶粉经营户15298户次，检查奶粉品牌35种，查处含三聚氰的不合格奶粉15.2公斤，价值1520元。

【进一步巩固和完善农牧区医疗管理制度】3月份日喀则地区卫生局召开了地区新型农牧区医疗制度工作会议。会议总结和部署了农牧区医疗制度工作，表彰了2007年六个先进县（市），地区与各县（市）签定了年度目标管理责任书。日喀则地区卫生局出台下发了《关于自治区农牧区医疗管理暂行办法实施意见的补充通知》，调整提高了农牧民报销补偿比例10%、调整提高报销封顶线到2万元，提出了满足农牧民医疗服务需求的具体措施。举办了一期农牧区医疗管理经办人员培训班。加大督查力度。2008年，日喀则地区卫生局共组派4个工作组共10人（次）赴各县（市）就贯彻落实地区新型农牧区医疗制度工作会议精神情况进行了督导检查。从检查情况来看，各县（市）认真开展个人筹资、报销补偿工作，认真落实免费医疗资金，进一步完善管理制度和管理措施。到目前，日喀则地区农牧区医疗制度呈现良好的运行态势。

【加强医疗机构的管理】在地、县级医疗中继续深入开展了"以病人为中心，以提高医疗服务质量为主题"的医院管理年活动。日喀则地区卫生局在下发《关于开展医院管理年活动考评工作的通知》和《关于继续深入开展医院管理年活动的通知》的基础上，从6月至9月份，组织地区督导考评组先后对全地区20个县级医院就开展医院管理年活动情况进行了督导考评。通过考评发现，各医院通过实施医院管理年活动三年来，在医院管理、精神文明建设等方面取得了明显的进步。仲巴县医院制度健全、管理规范、医务人员精神面貌呈现勃勃生机，是通过实施医院管理年活动取得最明显进步的单位。日喀则市医院结合行业特点，开展护理星级服务活动，提出了我能、我会、我行、我干的象征医院精神的口号，取得了一定的社会效应。白朗县医院开设图书阅览室，方便医务人员业务学习。

针对日喀则地区乡镇卫生院管理不规范的现状，日喀则地区卫生局在举办一期乡镇卫生院规范化管理培训班的同时，研究制定下发了《乡镇卫生院规范化管理实施方案》和《乡镇卫生院规范化管理评价指标》，并在20%的乡（镇）卫生院中实施了规范化建设试点工作，自2009年起全面推广实施，从而使乡镇卫生院达到环境优美、管理有序、服务规范、队伍精干、技术过硬的标准化建设目标。

组织实施卫生技术人员考试考务工作，严把准入关。完成了参加医师资格考试的271名人员和参加全国卫生专业技术资格考试的290名人员的考试考务工作。共办理101名卫技人员的聘任证书及资格证书。推荐上报3名藏、西医高级人员。

实施了药品集中招标采购工作，2008年各级医疗机构用药全部列入招标采购，采购量达到全年用药量的90%以上。全地区招标药品品种达567种，药品让利于群众20%，进一步规范了采购行为，确保了药品质量，遏制了医药购销领域不正之风。

【各级疾控部门加强各种传染病和地方病防控工作】加强传染病防控工作。2008年日喀则地区有效处理了在仁布、南木林、江孜等县发生的流感、风疹、水痘等16种突发疫情。开展了两轮脊灰强化免疫活动，服苗率分别达到了98.4%和97.3%。完成了儿童乙肝疫苗查漏补种工作和入托入学儿童查验接种证及补种疫苗工作。在结核病防治工作中地区制定下发了《结核病防治管理规范》，对18个县（市）进行了结防项目督导，有力推动结核病人的规范化管理。1—9月份，全地区共发现结核病人1133例，涂阳病人299例，其中新发涂阳病人249例，新发涂阳完成全年指标率为58.3%。2007年1-9月份新发涂阳病人治疗人数为233例，治愈率为82%。在禽流感防治工作中进一步完善了人禽流感防控预案，调整充实了领导小组和专家组，与农牧部门一起调查了地区公安处安居院附近不明原因死亡黄鸭的死因，并排除了禽流感的可能性。在手足口病防治工作中制定了《手足口病防控工作方案》，成立了防控领导小组、防控专家组，派专业人员参加省级师资培训，组织疾控专业人员对辖区内的托幼机构进行了监测，并向各县（市）下发了紧急通知，要求加强防控工作。在性病、艾滋病防治工作中，各级疾控部门采取深入到高危人群当中开展宣传、自愿咨询检测和安全套推广等综合干预措施，收到了较好的效果。截止10月份，全地区共完成8280人份的血清检测，预防性传播干预覆盖人群达1.2万人。

加强地方病防治工作。在鼠防工作中，地区与各疫源县签定目标责任书的基础上，组派专业人员对拉孜、萨迦两个非疫源县及对仁布、南木林、日喀则等各疫源县（市）开展鼠疫查源、监测及宣传工作。针对南木林等四县（市）相继发生鼠间鼠疫的情况，采取了加强对群众的宣传教育和开展保护性灭獭、投药堵洞等防治措施，有效制止了动物间疫情的流行。进一步巩固碘缺乏病防治工作成果，并在全地区居民范围内采集5502份食用盐标本进行了检测，碘盐覆盖率达到57.8%，与2007年相比碘盐覆盖率提高27%。在大骨节病防治工作中，对12个县48个乡的95个村的2146名7—12岁儿童的右手进行了X线拍片，成人临床调查2521人。在饮茶型氟中毒中举办了一期培训班，对地区68个乡（镇）、68所小学、136个行政村的6800名成年人开展了家庭基本情况调查、6800名8到12岁儿童开展了临床调查和采集尿样工作，共采集尿样13600份，采集水样225份，采集茶样1500份。

加强健康教育工作，地区疾控中心全年共开展健康教育宣传活动12次，发放宣传单（册、画）10760张。

【开展妇幼卫生保健工作】地区妇保院在上海市援助下完成医院整体搬迁，极大改善了医疗环境。在产科能力建设中各县、乡均配齐了产床等接生设备，均使用一次性产包，大多数乡镇卫生院设有住院分娩室，并能完成平产接生工作，有力提高了住院分娩率。在“降消”项目工作中，各项目县按照《自治区降消项目县农牧民孕产妇住院分娩救助暂行办法》精神，从8月份起对农牧民孕产妇住院分娩实施了救助工作。2008年新增的康马、拉孜两县开展了项目基础调查工作。地区加大项目督导，组派地区妇保院4名产科医生赴南木林等四个“降消”项目县蹲点开展了项目督导与乡村医生培训工作；组派日喀则地区卫生局相关人员对定日等3个县进行了项目督导。在妇幼卫生合作项目中，康马、拉孜两县深入乡村开展了送健康知识、推进母婴安全教育活动，促进降低了农牧区孕产妇死亡率和婴儿死亡率。完成了维生素A普服工作任务。

【认真开展人口计划生育工作】2008年，各级人口计生部门重点加强六项工作。一是加强技术服务工作。地区妇保院积极发挥地区计生技术服务指导站的作用。截止到10月份，该院组派6批23人次赴拉孜、昂仁、定结等8县的21个乡镇开展了计划生育技术服务工作，共开展妇女病普查普治2858人次、计划生育技术服务1061人次，查出妇科疾病患者570人。各县也相应开展送服务下基层活动，积极为边远群众提供计生技术服务。二是强化宣传教育工作。各级人口计生部门和地区妇保院累计开展宣传活动20次，发放宣传单4000余人份，提供咨询服务2100人次，免费发放价值2000元的常用药品。受益群众达6500余人次。三是人员队伍建设工作。地区人口计生委共选派21名管理与技术人员到内地进修学习；选派12名管理人员参加全区人口计生干部综合培训班；实施“三千人才工程”培训项目，选派4名县级技术服务人员到地区级医院进修学习；在地区举办了一期各县（市）计划生育、优生优育综合培训班。四是加强了流动人口计划生育管理工作。制定出台了《地区关于进一步加强流动人口计划生育工作的意见》和《地区流动人口管理办法》，地、县成立了领导小组。地区举办了一期流动人口计划生育管理培训班，并在日喀则市和亚东县启动了流动人口计划生育试点工作，有力推动了日喀则地区流动人口计划生育工作的规范化管理。五是实施农牧区"一孩、双女"户困难家庭扶助政策。落实了2007年扶助对象的扶助金293.46万元，完成了2008年度扶助对象确认工作。2008年全地区共有目标人群5417人，新增669人，因死亡退出143人。实施独生子女伤残死亡家庭特别扶助制度的摸底调查、目标人群资格确认及录入工作。全地区共申报846人，其中伤残家庭110人，死亡家庭736人。在南木林县卡孜乡启动了新农村新家庭人口健康促进项目试点工作，并于7月份在该乡召开了"西藏实施新农村新家庭人口健康促进项目拓展会议"。六是在仁布、日喀则两县（市）中开展幸福工程救助贫困母亲项目工作，积极发挥计生协会作用。

【强化卫生行政执法监督工作】各级食品卫生监督部门按照以人为本的原则，加强对食品卫生、饮用水卫生、学校卫生、公共场所卫生等的监督监测工作，重点加强了重大节日、重大节庆活动期间的监督检查工作。截止10月份，全地区共开展监督检查2583户次，共没收过期、变质、伪劣产品6580公斤，折合人民币1.247万元，吊销卫生许可证2户，责令限期整改3户、罚款3户，共计3800元。共发放卫生许可证6204户，从业人员健康体检29277人，办理健康证29312个，调离五病患者74人。在推行食品卫生监督量化分级管理制度中，8月份地区举行了"食品量化分级管理授牌仪式"，授予日喀则饭店等4家为A级餐饮业，授予乌孜大酒店等6家为B级餐饮业。有效处理了江孜县卡堆乡肉中毒、昂仁县桑桑镇局仓村饮水中毒、白朗县嘎东镇白雪村饮酒中毒和日喀则市区汉族民工食狗肉中毒事故的4起中毒事故，中毒37人，死亡5人。此外，地区疾控中心开展了饮用水卫生专项监督检查工作，抽样监测水质115份。

联合地区食药局对市区社会医疗机构和医务室进行了1次监督检查，出动监督执法人员12人次，查处有违规行为的11户，进一步净化了医疗市场。

【加强藏医药工作】各级藏医机构利用开展医院管理年活动之机，加强医院内涵建设，实施培养名医、创建名科、建设名院和藏医进农村、进社区、进家庭的"三名、三进"工程，着力提高服务可及性和服务水平。继续实施"向农牧区推广藏医药适宜技术"项目，不断满足农牧民群众对藏医药的服务需求。使藏医药的特色优势得到充分发挥。地区藏医院充分发挥名老藏医专家经验优势，设立了门诊藏医外治室和药浴室，患者使用藏医特色疗法治疗的数量逐年增长。日喀则地区卫生局按照《卫生厅关于招收农牧区藏医药学中专学历教育的通知》精神，审核上报84名无学历藏医药学人员参加中专学历教育。根据《卫生部与中医药管理局关于妥善解决中医民族医师资格认定工作有关问题的通知》精神，审核上报2008年师承或确有专长藏医师资格认定合格者42人。

【认真做好卫生援藏】在卫生援藏工作中，上海市对地区疾控中心实验楼建设项目投资400万元，吉林省对地区卫生局、地区疾控中心院内道路硬化绿化投资100万元，目前正进行项目前期工作。上海市华东医院援助设备资金20万元，上海市卫生局援助设备和培训资金105.1万元。吉林省组派8名卫技人员到定结、萨嘎两县医院开展技术援助工作。

日喀则地区民政工作

【不断加大城乡社会救助力度，城乡居民最低生活保障工作有了新进展】2008年，日喀则地区享受城镇低保待遇的总数为8494人，其中：在职职工687人，未就业人员1117人，灵活就业820人，离退休职工86人，三无人员800人，在校学生2024人，其他人员2960人，累计发放保障资金1673.2万元，资金承担比例分别为：自治区80%，地区12%，县市8%。2008年，在全地区范围内基本实现了应保尽保，符合条件的城镇贫困居民全部纳入保障范围，部分县市还实行了社会化发放。目前全地区月保障标准分为三个档次：即边境9县270元，仁布、昂仁等6个县250元，江孜、白朗、日喀则市为260元。平均月保障标准为260元。依照动态管理原则，120户、252人自动退保，新增低保户387户、769人。目前，全地区核定农村低保对象67151人，其中重点保障对象20145人，特殊保障对象13430人，一般保障对象33576人，年保障标准分别为470元、290元和194元。全年共落实农村低保资金2927.8万元，其中国家补助1657万元。按照藏财社指（专）字[2008]17号文件精神，及时下达了临时性生活补助资金805.8万元，较好保障了农村低保对象的正常生活。在具体操作中，各县市严格实行了个人申请、村民选举、村委会评议、乡（镇）政府审核、张榜公示、县（市）民政复核、县（市）人民政府审批、发放低保证的工作程序，农保工作迈向规范化轨道。

加大了对农村医疗救助和教育救助的投入力度。2008年，全地区农村医疗救助对象1112人，支出医疗救助资金106.25万元；城镇医疗救助对象114人，发放医疗救助资金16.18万元。根据《西藏自治区高校特困生资助金管理办法》精神，摸底调查了58名2007年符合条件的城乡低保家庭学生情况，并上报区民政厅、区教育厅备案，落实资助金26.7万元，解决了贫困家庭子女上学难的实际困难

【救灾救济工作扎实有效，保障有力】2008年以来，日喀则地区遭受了地震、洪灾、冰雹等自然灾害，给群众的生产、生活造成一定程度的损失。仲巴、仁布、谢通门等县受灾较为严重，全地区153个乡镇、677个村委会、152194人受灾，因灾死亡2人，紧急转移安置3441人，因灾倒损民房3587间，农作物受灾面积12050公顷，其中绝收面积3224公顷；因灾死亡牲畜5364头（只），造成直接经济损失9034万元，其中农业经济损失2887万元。灾情发生后，地委、行署、自治区民政厅高度重视抗震救灾工作，主要领导在第一时间赶赴受灾县指导救灾工作，地直各有关部门密切配合，及时调拨救灾物资，全力做好防抗灾工作。地区民政局共落实特大自然灾害补助费425万元，其中县市配套资金124万元。口粮救济人口50066人，救济衣被人口28450人。为了准备充足的应急物资，通

过政府采购，购置了价值200万元的救灾储备物资。以行署名义出台了《日喀则地区自然灾害救助应急预案》。强化《灾民救助卡》发放制度，共发放《灾民救助卡》15486张。

充分发挥民政职能，积极组织并参与向灾区“送温暖、献爱心”活动。在2008年，我国南方部分省市发生了罕见的雨雪冰冻灾害和四川汶川、拉萨当雄县、日喀则地区仲巴县发生地震后，地县两级民政部门立即成立了接受捐赠办公室，共筹集捐款1064.32万元，为灾区人民送去了日喀则各族人民的一片爱心。

切实做好低保对象的建档工作。由民政牵头，民宗等有关部门组成的调查工作组，深入到200多座寺庙、拉康、日追，对僧尼生活现状进行了调查，为生活困难的812人建立了数据档案，为今后列入低保对象提供便利。

【基层民主政治建设扎实推进，有力推动了基层组织建设】第六届村民委员会换届选举工作扎实有效。日喀则地区于2008年5月22日经地委、行署联席会议研究，成立了由地委副书记、组织部部长戚素坤同志为组长，人大地区工委副主任边巴次仁和行署副专员同珠为副组长，地区纪委、组织、宣传、民政、财政、审计、公安、司法、信访、发改委等13个部门主要负责人为成员的村（居）党组织和第六届村（居）换届选举工作领导小组，制定下发了《村（居）党组织和第六届村（居）委会换届选举工作实施方案》，举办了县（市）、乡（镇）、村（居）三级骨干培训班。各县（市）委、政府高度重视“两委”换届及村级整合工作，制定实施方案，成立领导小组，深入基层开展调研摸底，前期筹备领导有力，措施具体，工作扎实，进展顺利，计划在年底全面完成选举任务。

村级整合工作已进入整合实质阶段。按照全区村级整合工作指导意见和实施方案的有关目标要求，全面开展了村级建制整合工作。全地区现有行政村1732个，其中边境村和村情复杂村719个，涉及整合的有13个县（市），实际整合1013个村，整合幅度为10.1%。

农村社区建设稳步发展。在试点起步阶段，选择在日喀则市聂日雄乡翻孔村实行试点，坚持从“民主选举、民主决策、民主管理、民主监督”入手，搞好“自我管理、自我服务、自我教育”，坚持注重实效、不搞形式，量力而行、不盲目攀比，民主协商、不强迫推进，引导扶持、不包办代替，突出特色、不强求一律的原则，建立起农村社区党组织领导充满活力的村民自治机制。并指导、协助农村社区“两委”和村民建立各项规章制度，主要是建立村“两委”联席会议制度；村民会议、村民代表会议制度；村级民主决策制度和村务公开制度；完善村委会各大组织的岗位职责。同时充分利用村委会现有的办公场所，建立农村社区服务中心。结合当地实际，整合服务资源，把村党支部、村委会、治保、民兵、妇联、共青团等组织整合到服务中心，设立服务项目，并尊重群众意愿，体现群众需要，调动群众积极性，提供给农牧民群众物质文化不断发展相适应的社区服务。

【双拥优抚安置工作不断深化，双拥共建共保活动全面展开，有效维护了军民团结的大好局面】深入开展双拥优抚安置工作，增强军民鱼水情。2008年，在日喀则地区民政局的牵头组织下，全地区开展了形式多样的国防教育和革命传统教育，增强了全民的国防观念和双拥意识；注重为部队建设排忧解难，积极走访慰问进藏官兵，增进了军民的鱼水感情。认真落实优抚政策，及时足额兑现抚恤补助金。2008年全地区共接收167名退役士兵，其中安置71名。

由地级领导带队，日喀则地区民政局各位局领导和全局上下积极响应，组织开展了全地区双拥共建共保活动，纷纷进军营、下连队，深入边境一线，深入复员军人、伤残军人、烈士军属家中开展形式多样的慰问，并为他们送去了慰问品，此次活动密切了军地关系，推进了全地区双拥共建共保工作，确保了社会局势稳定，展现了日喀则地区的双拥模范形象。

【社会福利事业稳步推进，福利机构条件进一步改善】不断完善福利机构基础设施建设。2008年，国家民政部和自治区民政厅从福利彩票公益金中分别下达100万元帮助康马县、拉孜县新建了县社会福利院，从“霞光计划”中分别下达30万元帮助岗巴县孔玛乡、定日县扎西宗乡新建了敬老院。这些项目建成后，将彻底改变日喀则地区福利机构基础设施落后的局面。全地区现有农村敬老院15所，供养孤寡老人140名，床位215张，共有五保对象2333人，其中，自治区税费改革核定负担的五保人数1327人，应保未保858人，按照藏财字[2007]74号文件规定，由地县两级财政分别按30%和70%的比例承担供养金，并配齐落实到五保户手中，保证每个五保老人的生活补助费年均不低于1500元。支出五保供养金349.95万元。全地区现有孤儿807名，其中14岁以下孤儿489名，地区儿童福利院及各县（市）社会福利院（敬老院）收养孤儿121名，床位165张。为提高儿童福利院医疗卫生条件，设立了院医务室，通过公开招考，充实了2名医务人员。2008年以来，共接收符合救助条件的生活无着人员225名，共落实救助资金73191元，其中医疗费25390元。为保障奥运火炬胜利登顶珠峰，会同日喀则市城管部门对市区流浪乞讨人员进行了引导救助，共劝返30人。

2008年在原有19个投注站的基础上增设了7个投注站点，已销售812.7万元，保持了良好的发展态势。

【区划地名工作得以加强，行政区划联检工作和“平安边界”建设工作扎实推进】区划地名工作得以加强。在区划地名管理方面，2008年成立了地区标准地名设置工作领导小组，制定下发了第二期标准地名标志设置工作具体实施方案。对已经完成设标任务的318国道沿线和日亚公路沿线的白朗、江孜、康马、亚东、拉孜、定日、聂拉木、仁布、南木林9个县和樟木口岸（镇）的工作进行了全面细致的总结，同时对剩余的9个县（市）城镇地名标志设置工作任务进行了安排部署，已完成主干道街路牌以及门牌标志的县争取将设标工作延伸到小巷。各县（市）分别制定出符合本县实际的设标工作方案。2008年，日喀则地区18个县（市）地名标志设置工作业已全部完成。

各县（市）级行政区域界线联检工

作扎实推进。为了按期保质完成工作，日喀则地区采取以会代训的形式，9个县负责区划地名的民政局局长或副局长分别作了交流。2008年5月1日开始，日喀则地区陆续完成了萨迦-白朗、江孜-白朗、亚东-白朗、江孜-仁布、白朗-康马、日喀则-南木林、萨迦-定结、吉隆-聂拉木、拉孜-谢通门、定日-拉孜、申扎-谢通门、尼木-南木林、措勤-昂仁（S-SⅤ）、措勤-昂仁（SⅡ-SⅢ）、措勤-昂仁（SⅠ-Ⅰ）、改则-仲巴、昂仁-尼玛（一）、昂仁-尼玛（二）、昂仁-尼玛（三）、南木林-班戈、浪卡子-康马等线路第二轮县级行政区域界线联检工作的序幕。地区成立了由行署副专员同珠同志为组长的联检工作领导小组，同时还设立了第二轮县级行政区域界线联检工作及平安边界创建活动办公室。目前，各相关县（市）已经成立了联合检查工作小组并共同制定出联合检查实施方案。

齐抓、共管，大力推进"平安边界"建设。根据全地区草场纠纷面临的严峻形势，全面深入地排查和整治草场使用上的突出问题，积极组织开展预防和调处工作，有力推进了日喀则地区"平安边界"建设，有效维护了全地区社会秩序的稳定。

加强勘界地图等成果资料的管理和整理。为加强勘界资料的管理，日喀则地区民政局在国家相关保密法规的指导下，规范整理勘界档案210卷，完成1.3亿字的文字资料、188本卷宗、1618张地图，86张照片的立卷归档、移交工作。

【专项社会事务规范有序，老龄和关心下一代事业继续有序进行】全地区现有55个社会团体，其中联合性的2个、学术性的6个、行业性的47个。在社团管理上，正确处理培育发展和规范管理的关系，坚持监督管理并重方针，通过年度检查等方式，坚决取缔违反政策行为的社会团体，进一步规范了社会团体收费行为，促进了社会团体健康发展。

老龄和关心下一代事业继续推进。2008年，日喀则地区民政局在全地区大力宣传了《老年人权益保障法》、《西藏自治区实施〈中华人民共和国老年人权益保障法〉办法》及《未成年人权益保护法》法规政策，维护了老年人权益，为10000余名老年人办理了老年优待证，兑现了2007年寿星补贴141.18万元。

日喀则地区
劳动与社会保障工作

【切实加强劳务输出工作】2008年，日喀则地区劳动和社会保障局开展了以农牧民培训、转移就业为主要内容的调研工作，制定了地区农牧民培训、转移就业的工作计划，有效地促进了农牧民富余劳动力的转移，实现了地区劳务输出的稳步增长。全年全地区农牧民富余劳动力转移就业达34.6万人次，收入5.5亿元。

【注重开展技能培训工作】2008年，日喀则地区劳动和社会保障局举办了藏餐厨师、钢筋混凝土工、餐厅服务员、客房服务员、洗头保健浴足按摩师、家政服务员等20个工种的技能培训班，各县（市）劳动保障局也开展了卡垫编织、木匠、画匠、缝纫等工种的技能培训。地区共开展31期培训班，培训4214人（其中：农牧民技能培训2464人，城镇失业人员培训1750人）。

【继续深化职业介绍工作】2008年，日喀则地区实现城镇新增就业1701人，城镇登记失业率控制在4.2%以内。职业指导3873人次，职业介绍3225人次，职介成功1701人。

【认真开展职业技能鉴定工作】2008年，日喀则地区结合地区实际，开展了汽车驾驶员、计算机操作员、电工、保洁员、公路养路工、电影放映员、农艺员、家畜饲养员等13个工种的工人技术等级考核工作，涉及457人。农牧民免费职业技能鉴定572人。社会化鉴定120人。

【努力做好公益性岗位工作】2008年，日喀则地区劳动和社会保障局及时把450个公益性岗位落实到人，地直单位安置145人，各县(市)安置305人，其中安置困难人员154人，充分发挥了政府购买公益性岗位促进困难群体就业的作用。

【认真开展高校毕业生就业工作】对求职登记的毕业生就业状况进行调查，摸清求职人员的年龄结构、文化程度、技能特长、培训情况、求职愿望等，汇总建档，建立数据库，高校毕业生求职登记人数76人。

【基本养老保险】2008年，日喀则地区参加养老保险统筹单位318家，涉及职工5350人。应收基金5544万元，实征基金4700万元。目前全地区享受基本养老金的退休人员有1653人，全年发放基本养老金3313万元，退休人员基本养老金做到了100%按时足额发放。养老保险扩面仅260人，其中:2008年新扩面140人。地区建立个人账户318个单位，建账人4427人。2008年审批机关事业单位固定工48名，经自治区劳动和社会保障厅审核已批准退休的有54名，安置跨地区退休工人35名。

【城镇职工医疗保险】2008年，日喀则地区参加医疗保险的单位共有916家，参保人数31414人。核定应收医疗保险基金14501万元，实收医疗保险资金12742万元(其中：历年清欠2184万元)。全地区共有25家定点医院，26家定点零售药店（其中：地区所在地11家，各县市13家，拉萨市2家）。全地区住院2657人次，在日喀则地区范围外住院576人次，转诊转院386人次，特殊门诊治疗196人次。共支付基金3950万元（其中：住院费用结算1143万元，特殊门诊结算47万元，定点（门诊、药店）刷卡2638万元，公务员医疗保险补助122万元）。

【城镇居民医疗保险】2008年，日喀则地区参加城镇居民基本医疗保险有22233人（其中：个人缴费60元的一般参保人员10439人，学生及学龄前儿童7496人，低保、重度残疾人等个人不缴费的5339人），共核定缴费445万元。

【失业保险】2008年，日喀则地区失业保险参保人数为13830人，征收失业保险基金900万元。及时向"3•14"事件受影响行业75家单位1866人发放失业救助金210.53万元，对及时、足额且缴费3年以上的120单位6315人兑现失业保险补贴 314.14 万元。

【工伤保险】2008 年，日喀则地区核定参保单位 73 家，涉及 11483 人，核定缴费 440 万元，实收 73 万元。各县（市）中有 8 个县完成统筹。基金由医疗保险中心财务按规定统一管理，建立了财政专户、收入过渡户和支出户，现已支出 16 万元。

【生育保险】2008 年，日喀则地区参加保险人数 21239 人，核定缴费 380 万元，实收 56 万元，现已支出 3 万元。

【加大劳动保障监察执法力度】以签订劳动合同、执行最低工资制度和保障工资支付、社会保险征缴、劳动力市场秩序、禁止使用童工、女职工特殊保护为监察重点，强化对不依法签订劳动合同、“欠薪”、“欠保”和违法用工行为的监察，把矛盾和隐患消灭在萌芽状态。日喀则共开展劳动监督检查 62 次，检查用人单位 382 家，涉及劳动者 3825 人，下发整改指令通知书 56 份。

中国电信集团公司日喀则分公司

【业务收入平稳增长，综合市场份额保持相对领先】2008 年，日喀则地区分公司在市场竞争不断加剧，固网语音业务持续下滑的困难下，日喀则分公司坚定不移地抓好重点业务的发展和新业务的推广，积极推进品牌经营、客户营销，全面推广“我的 e 家”品牌套餐、商务领航、全球眼，确保集团统一品牌的落地，积极营销好易通（9），VPN，超级无绳等重点业务，积极发展 133 移动业务。农牧区市场拓展取得新的进展，实现了乡乡通传真，累计实现 1410 个行政村通电话，村通覆盖率达到 81%，完成 139 个乡（镇）通光缆任务，完成十八个县 49 个点的 CDMA 基站建设。

【业务转型取得实质性进展，增值业务及综合信息服务优势初步显现】2008 年，日喀则地区分公司继续以行业信息化应用为切入点，立足为客户创造价值，积极争取地方党委、政府和社会各方面的支持，不断加大增值业务及综合信息服务营销推广力度。十八个县（口岸）电信局全部完成“五个一”工程，即一个 OA 办公系统演示点、一个统一充值终端、一个县级门户网站、一个全球眼演示点、一个音乐下载座席，这是日喀则地区分公司加快农村信息化步伐的一个重要举措。继续加大 GPS 天地通车载安防通信系统，政府网站、企业彩铃、OA 办公网为代表的行业信息化应用解决方案推广和拓展，既有效保持了存量，又促进了收入增长。虽然受到拉萨 3•14 事件和四川汶川地震及山南、日喀则等地雪灾影响，日喀则地区分公司的收入仍保持 0.5%增长。

【企业改革和创新实现了新的突破】2008 年，日喀则地区分公司继续规范劳务用工和事实用工管理，并清理了合同制用工和劳务工“混岗”的情况，逐步理清了劳务用工关系，完成了劳务工的“四项保险”，即基本养老保险、基本医疗保险、工伤保险、失业保险的清算和上缴工作，实行劳务工与正式员工同岗同绩效，并向西藏公司推荐两名劳务工转正式工名额，切实保障劳务工的合法权益。

日喀则市

【经济发展情况】2008 年，日喀则市经济总收入达到 67024.96 万元，同比增长 18.82%。其中一产完成 22446 万元，二产完成 24497.51 万元，三产完成 20081.45 万元，分别增长 36.19%、7.52%、17.12%；地方生产总值达到 11.42 亿元，同比增长 13.25%；人均生产总值达到 10727 元，同比增长 11.15%；农牧民人均纯收入达到 4938.81 元，同比增长 6.2%，其中现金收入为 2951.59 元，占农牧民人均纯收入的 65%，农牧业生产值实现 36227 万元，同比增长 0.6%；粮油总产量达到 14071.12 万斤；工业总产值完成 9871 万元，同比下降 16.49%；乡镇企业总产值 23664.13 万元，同比增长 13.02%；多种经营收入达 25593.03 万元，同比增长 6.92%；批零贸易销售额为 63000 万元，同比增长 13%；地方财政一般收入 4436 万元，同比增长 16%；财政总支出 26598 万元，同比增长 15%；固定资产投资完成 49346.4 万元（其中援藏投资 5190 万元），比 2007 年增长 3.2% 招商引资完成 1.5 亿元；受“3.14”事件的直接影响，招商引资、旅游、商贸、交通、工业等收入比 2007 年同期上升幅度不大，特别是旅游游客人数比 2007 年同期下降 45.1%。

【认真学习实践科学发展观】2008 年 10 月，日喀则市被确定为全区第一批深入学习实践科学发展观活动七个试点县（市）之一。在试点工作中，采取学习辅导、专题研讨、读书自学以及在日喀则市党政信息网开设学习专栏等形式，紧紧围绕学习实践活动主题，坚持严格完成规定动作，积极创新自选动作，将理论学习贯彻始终，解决问题贯穿始终，建立长效机制贯穿始终，精心组织谋划、强力推进落实，使整个学习实践活动有声势、有特色、有实效。特别是在“党员干部受教育，科学发展上水平，社会稳定见成效，人民群众得实惠”方面取得了阶段性成果。并得到了广大党员干部群众的普遍认可，群众满意度达到了 98% 以上。在整个学习实践活动中，市委、市政府把民生保障作为工作的重中之重，争取援藏资金 360 万元对偏远山区边雄乡普夏村实行整体搬迁，彻底解决了该村长期贫困的问题；投资 350 万元改扩建了青岛东嘎希望小学；投资近 40 万元对前进水渠进水口进行了维护，提高了边雄乡 1.8 万亩农田的灌溉能力；在廉租房的分配工作上，我们严格把关，把 600 套住房分给条件最差、最困难、最需要的群众，切实让人民群众感受到了党和政府的温暖；大力实施农牧民安居工程建设,采取自治区下拨资金、青岛援藏配套资金、群众自筹资金的形式，顺利完成 697 户农房改造任务,完成年度既定指标的 100%,兑现资金 793.57 万元，使 6938 名农牧群众喜迁新居，直接受益；发扬“一方有难、八方支援”的奉献精神，为当雄地震捐款 15.58 万元，用拳拳爱心为灾区人民奉献绵薄之力；在“三大节日”之际，各参学党组织纷纷动员干部职工为特困户、五保户以及贫困服务对象捐款捐物，折资达到 37 万余元。同时，市民政局对城南、城北两个街道十个社区的特困户和国有企业退休人员总计 3495 人发放了价值 279.6 万元的节日购物券，市委、市政府还抽出 30 余万元专项资金积极开展送温暖慰问活动，让老党员、贫困群众、伤残军人等弱势群体切实感受到党的温暖。2008 年，日喀则市 49 个参学党组织在学习实践活动中为群众办实事、好事达到 180 余件。

在学习实践活动试点工作过程中，日喀则市以科学发展观为指导，以建设区域经济强市和现代化高原名城为目标，大胆创新、认真实践、积极探索、科学论证，重新审视近几年来全市四个文明建设历程，归纳提炼了践行科学发展观十个方面的成果（即：《项目是经济强市建设的生命线》、《援藏资金用出大效益》等）并在西藏日喀则市党政信息网站发表，供全市党员干部借鉴，以真正达到用科学发展观的成果武装头脑，指导实践，推动工作的目的。

【全力以赴维护社会稳定】“3•14”事件发生后，日喀则市在第一时间传达学习、贯彻落实上级关于反分裂和维护稳定工作重要指示精神，坚持所有工作服从服务于维稳大局，及时把市级领导班子和广大干部群众的思想和行动统一到上级党委、政府重大决策部署上来。同时，结合日喀则市实际，成立了由市委书记为指挥长，市长为副指挥长，市委、市政府有关负责同志和市直有关部门及各乡（街道）主要负责同志为成员的反分裂斗争和维护稳定指挥部，指挥部下设情报信息、突发事件处置、寺庙管控、社会局势控制、后勤保障、宣传报道等六个工作组，并研究制定了《日喀则市近期维护社会稳定工作方案》、《日喀则市市级领导市区分片分工负责方案》和《日喀则市关于加强重点区域、重点部位、重点单位、桥梁等重要设施目标管控工作的方案》。

在此基础上，日喀则市专门组织召开了全市副科级以上干部专题会议、全市社会各族各界人士座谈会、离退休党支部书记和寺庙民管会主任维稳工作座谈会，深刻揭露“3•14”事件真相，广泛动员和发动社会各界人士积极参与反分裂斗争和维护稳定工作。与此同时，成立了由 100 名党政机关干部和 1280 名农牧民群众组成的市应急工作队和预备队，成立了由 100 人组成的市治安联防大队，对党政机关、自来水厂、学校、医院、桥梁、加油（汽）站等重点部位坚持 24 小时值班巡逻，应对突发事件。在奥运圣火通过日喀则市期间，市应急队员、预备队员和治安联防队员配合武警官兵、政法干警、基层干部群众组成一支 1000 人的奥运圣火护卫队，对奥运圣火顺利通过我市进行了全天候的蹲点守候和巡逻，确保了奥运圣火的绝对安全。

由于在反对分裂和维护稳定工作当中行动迅速，措施得力，确保了奥运圣火登顶珠峰顺利通过日喀则市，保持了日喀则市社会政治局势基本稳定，取得了反分裂斗争和维护稳定的阶段性重大胜利，为地区乃至全自治区的反分裂斗争和维护稳定作出了积极贡献。

【农牧业产业结构进一步优化】2008 年，日喀则市进一步加大种植业内部结构调整，完成实播面积 18.3 万亩，其中粮食作物 9 万亩，经济作物 5.3 万亩，饲草饲料 4.1 万亩。建立种子田 1.2 万亩，良种推广面积 15.6 万亩，占实播面积的 85%。粮、经、饲三元结构优化为 49：29：22。2008 年粮油总产达 1.4 亿斤、蔬菜 1.1 亿斤，肉产量达 3607 吨。

【受援工作稳步推进】青岛市第五批援藏干部组，充分结合日喀则市市情，投入援藏资金 3680 万元，重点实施了行政中心办公楼工程、社会安全科技防控网络工程、中小学的改扩建等 18 个援藏项目，一批倾斜基层和农牧区的项目正在建设当中。2009 年的援藏项目已向青岛市国合办申报。同时，涉及畜牧、果蔬、旅游、卫生、建设、计算机网络等专业的六名援藏技术干部出色的完成技术援藏工作任务，为推进建设经济区域强市和现代化高原名城做出了积极的贡献。

【社会各项事业全面进步】一是教育事业稳步发展。2008 年，日喀则市初中入学率 97.57%、小学入学率达 99.4%。全年共投资 1197.4 万元实施了市一中等 9 所校舍基础设施建设。及时落实 1.2 万名学生三包经费的提高政策，2008 年共完成政府对教育的配套投入 765 万元。二是科技事业不断进步。实施了饲草产业化发展项目，饲草连片种植示范面积扩大到 500 亩。建设温室大棚 24 座，引进新蔬菜品种 21 个，新引进 4 个草莓品种。对 2500 名群众进行了经济作物种植技术等方面的培训。三是医疗卫生不断优化。全市参加合作医疗共 7.5 万人，参加率达 99.7%，覆盖率达 100%。大病统筹累计达到 296.89 万元，各级医院门诊人数达 17.25 万人次，住院人数达 1442 人次，兑现住院报销补偿 233.15 万元。计生工作有效开展。各项防疫和新型农牧区医疗制度稳步推进。针对问题奶粉，制定了医疗应急预案，开辟了诊疗绿色通道，组成专业医务人员赴各行政村巡回医疗。各项防疫工作成效显著。四是社会主义精神文明取得重大进展。投入大量的人力、物力、财力多次开展“四下乡”活动，为改革开放 30 周年等庆典活动营造了热烈气氛。五是社会福利救助工作有声有色。全市 3495 人领取城市居民最低生活保障金，并落实了农村最低生活保障临时性生活补贴、慰问金、医疗救助金、优抚金等专项资金 195.8 万余元，救济粮 47.83 万斤。对 478 名寿星老人发放健康补贴 14.64 万元。全市共向四川汶川等灾区献爱心捐款 79.87 万元，交纳“特殊党费”43.41 万元。向日喀则市家在灾区的 51 名干部职工发放慰问金共 5.1 万元。六是劳务输出和社会保障工作有序开展。全市共完成劳务输出 5.98 万人次，实现劳务收入 8632.96 万元，并荣获全区组织农牧民转移就业先进集体荣誉称号。对 100 名城乡失业青年进行了培训。失业保险参统人数达 1025 人，缴纳保险金 137.13 万元。及时处理劳资纠纷案件，为农民工挽回经济损失 34.29 万元。机关、企事业单位共参保 2444 人，城镇居民参保 1.06 万人，城镇职工和居民共报销医疗费 65 万元。七是旅游事业稳步发展，制定和出台了《日喀则市非星级饭店、宾馆、旅游接待单位、社会旅馆经营、服务接待标准的有关规定》、《日喀则市旅游行业从业人员职业资格考核和登记评定事项的规定》、《日喀则市创建中国优秀旅游城市方案》和《专项目标任务书》草案。受“3.14”事件影响，旅游经济增长量不断下滑，但是旅游投资额仍不断上升，全市共接待国内外游客 21.4

万人次，其中国内19.1万人次，外宾2.3万人次，游客总人数比2007年同期下降45.1%，旅游总收入8228.1万元。

【新农村建设工作扎实推进】2008年，日喀则市户户通电工程完成2327户，完成率达到99.96%；解决了3657人农村饮水安全问题；农牧民安居工程建设完成697户，完成了37个村级组织活动场所建设及16条硬化道路。大力加强农村基础设施，农村公路建设规模不断扩宽。投入2916.85万元，完成了聂日雄乡冲堆村至果央村、东嘎乡至江色等12条村公路，全长170.035公里。顺利完成了600套（其中地直企业贫困职工120套）廉租房分配工作，较好的履行了政府的承诺，做到了公开、公平、公正。落实自治区、地区、市三级财政对全市农村税费改革、粮食直补、农资综合补贴等共计4535.85万元。全市共改造低产田4.6万亩，积造农家肥1710万袋，春耕备种233万公斤，新修和维修了水利设施，农药、化肥得到保障，同时还为受灾严重的曲布雄等9个乡解决种子26.15万斤，确保了春季农牧业生产顺利进行。完成土地开发1.2万亩。实施了玉扎帕措水塘、联乡乡村沙石公路等农村设施建设基础项目。完成项目区人才培训1500人次，科技示范推广0.25万亩，黄牛改良4000头。抓特色农业、不断提高农业产值，建立种子田1.15万亩，科技服务推广全面优化。完成农业技术承包面积18.34万亩，农牧业科技培训67期、2.7万人次。实施了辐射10个乡1000个示范户、示范面积5万亩的“科技入户”，农业污染源普查、测土配方施肥“3414”肥料效应田间试验工作取得成效，为全市的畜牧业健康发展奠定了坚实的基础。

【获奖情况】

日喀则市获“创建全国文明城市先进城市”。

日喀则市获全区组织农牧民转移就业先进集体。

日喀则市纪委“获全区纪检监察工作先进集体”。

市委宣传部获全国农村电影放映工作先进集体、全区农村电影工作先进集体、全区转星工作先进集体。

市法院获全国模范法院荣誉称号。

市委政法委获全区社会治安先进集体。

市商务局获自治区万村前乡市场工程奖。

市检察院获全国先进基层检察院、全区检查系统先进集体、全区集体二等功。

团市委获全国抗震救灾先进团组织称号。

市人防办被国家人民防空办公室评为人民防空工程建设先进单位。

【领导名录】

地委委员、市委书记：华玉松
市委副书记、人大主任：拉巴平措
市委副书记、市长：达次
市委常务副书记：王双林
市委副书记、组织部部长：央宗
市委副书记：于洋
市委常委、政协主席：欧珠平措

南木林县

【基本县情】南木林县位于西藏自治区的中西部，日喀则地区东北部，地处岗底斯山脉东段的河谷地带，雅鲁藏布江中上游北岸。东与尼木县交界，西与谢通门相邻，北与那曲地区的申扎、班嘎两县接壤，南与日喀则市隔江相望。整个地形为东北高，西南低，绝大部分地区海拔在3790—4950米之间，内年平均气温5.9℃，空气稀薄，气候干燥等特征，属于典型的高原温带半干旱气候类型。境内分布着湘曲、郎郁河、拉布河3条主要河流，川流不息，水资源丰富；适合石材和矿产开发的矿山较多，矿产资源丰富，已探明的金、银、铜、铁、锌矿储量大，品位高，开采潜力大。

到2008年底，全县共有1.2万户7.88万人，是全区第二人口大县。

省道203纵贯全县南北，从县城到318国道46千米，到日喀则市76千米，到拉萨市300千米，交通便利，区位优势明显。

【名胜古迹】全县共有有甘旦曲果林寺、萨吾寺、雄雄寺、达那寺、孜东典德寺、热拉雍仲林寺、梅日寺等格鲁、宁玛、湘巴噶举、萨迦、苯波诸种教派寺院，共计31座。

【农业产业化】土豆产业已成为特色优势产业，不仅产量高，而且质量好，是国家工商局注册产品。

【经济发展趋势良好】2008年，南木林县各族人民焕发出空前的生产生活热情，社会生产力不断得到解放，经济发展取得了可喜的成就。全县人均GDP达到3947元，农村经济总收入达2.35亿元，农牧民人均纯收入达到2213元，全县经济保持了两位数的增长速度。

定日县

【基本县情】定日县位于西藏自治区西南，地处喜玛拉雅山脉中段北麓，珠峰脚下，东邻定结、萨迦，东北靠拉孜，北连昂仁，西接聂拉木，南与尼泊尔接壤。全县总面积13970平方千米，平均海拔4500米以上（县城所在地海拔4320米），昼夜温差大，属高原干旱半干旱气候，年降雨量少，年蒸发量大，年日照时数长，全年相对无霜期仅为105天。辖13个乡镇，175个行政村，是以农牧业为主的国家扶贫工作重点县，全县总户数9117户50192人，民族成分主要以藏族为主体，藏族占总人口的99.78%，汉族和其他民族占0.22%。全县耕地总面积为10.53万亩，牲畜年存栏36.8万头（只、匹）。水源、光热、矿藏等资源较为丰富，旅游资源更是得天独厚，以独具特色的珠峰、绒布寺、嘎玛沟、绒辖沟和原始自然生态系统为代表。全县边境线长达181千米，有18个边境通道。

【经济社会发展情况】2008年，定日县完成生产总值27220.48万元，比上年增长15%；财政收入达1350万元，比上年增长16.5%；农牧民人均纯收入达2197.85元，比上年增长13%。社会消费品零售总额实现4662万元，同比增长12.8%。

举世瞩目的奥运火炬于2008年5月8日成功登顶珠峰，定日县委、政府和定日人民做了大量艰苦细致的工作，为奥运火炬珠峰传递活动营造了良好的环境和氛围，定日县政府分别被党中央、国务院和自治区党委、政府评为先进集体。

狠抓“三农”工作，农牧民生产生活条件得到改善。高度重视农牧业生产工作。加大投入，安排支农等农牧业基础设施建设投入资金达1000多万元。全县粮油总产量达到5499万斤，比上年增长1.07%；年末牲畜存栏363425头（只、匹），牲畜出栏156292头（只、匹）；短期育肥11776头（只、匹）；成畜死亡率控制在1.06%。奶牛养殖、藏系绵羊育肥等特色产业项目成为农牧民群众发展生产、增收致富的重要助推器。狠抓农牧区富余劳动力转移输出，切实增加群众收入。通过劳务输出转移农牧民，增加收入。采取政府组织、亲戚朋友介绍等多种途径转移劳动力，大力发展劳务经济。2008年共输出劳力35576人（次），实现劳务收入4388.39万元。利用工程建设、旅游等服务业转移农牧民，增加收入。利用珠峰培训中心，开展厨师、木工、翻译等培训；与自治区登山协会合作，在县中学开办了职业技能培训班，提高农牧民劳动技能和就业能力。

【狠抓项目建设与管理，固定资产投资规模取得重大突破】2008年，定日县完成固定资产投资21348万元。其中国道318老定日至聂拉木改建工程15000万元，定日县政府为法人实施的项目6724.36万元（含援藏项目资金2000多万元）。交通项目主要有：绒辖乡至左不德村公路；岗嘎镇查孜村至盆吉乡与克玛乡交界处公路；定日县国防路至尼辖乡雪龙村公路；曲洛乡至措果乡公路；定日县国防路至长所乡公路；曲当乡至扎西宗乡公路。教育项目主要有：扎果小学、曲当小学、绒辖小学、巴松小学、云琼小学、白坝小学、加措小学、县中学二校区附属工程建设、县幼儿园建设等项目。水利项目主要有：民办公助项目3个；人畜饮水续建项目；水利厅对口扶贫曲当乡扶贫项目。上海援藏项目主要有：珠峰路建设项目；行政服务中心项目；县城供水工程；新农村示范点和安居工程项目。其他建设项目还有：县农贸市场建设项目；白坝和曲洛乡公安派出所建设项目；岗嘎镇法庭建设；民政217科目及灾后重建项目等。定日县重点招商引资项目，珠峰冰川矿泉水开发项目也在建设中。

【“安居工程”建设进展顺利，新农村示范点建设继续推进】2008年，定日县保质保量地完成了1658户安居工程建设任务，在藏历新年来临前，1658户群众住进了崭新的安居房。39个村委会建设和13个村道路硬化建设也相继完成，总投资达6080.027万元，其中援藏投资640万元，基层组织建设得到加强，群众出行更加方便。

扶贫工作取得新进展。2008年，定日县完成了曲当杂杂公路、吉定扶贫点搬迁项目，扎西宗曲辖水渠改造、乡村道路整治项目，绒辖钢架桥建设项目，岗嘎镇协嘎公路、仓木达水塘项目扎果帮来水塘项目等涉及五个边境乡镇九个项目的申报工作。06年—07年整改推进项目已通过区、地扶贫部门验收。2008年，定日县区直定点对口帮扶单位3家，地直12家，县地39家，其中区直、中直定点对口帮扶单位直接捐款资金达322.64万元，实施项目8个，投资308万元，捐物折合人民币14.64万元；地直定点对口帮扶单位直接捐款捐物折合人民币11.38万元；县直及全县党员结对帮扶404户，直接捐款89874元，捐物折合人民币154619余元。

萨迦县

【年度综述】2008年，萨迦县生产总值达到26246万元，比2007年增长18%，人均生产总值达到5700元，比2007年增长18%；财政收入完成441万元，同比增长16%；农村经济总收入达到16123万元，比2007年增长14%；农牧民人均纯收入达到2911元，比2007年增长12%；2008年全县消费品零售总额达到3403万元；全县粮油总产达到5697.96万斤，比2007增产530.2万斤；乡镇企业总收入达到156万元；多种经营收入完成4550.94万元；招商引资已落实资金110万元；国家基本建设投资完成7847万元，超出年初指标的11%。

【加大农牧业结构调整力度，合理分配现有资源】2008年，萨迦县完成农作物播种面积11.38万亩，其中粮食播种面积6.85万亩；经济作物播种面积2.7万亩；饲草饲料种植面积1.83万亩，粮、经、饲比例调整为61：23：16。在雄麦乡、扯休乡、麻布加乡、雄玛乡和吉定镇建设了15000亩优质油菜和11000亩马铃薯种植面积；在扯休乡和吉定镇建设了3000亩标准化青稞种植基地。抓好畜群结构调整，大力发展养殖业。把引进和本交推广相结合，2008年引进茨盖羊55只，岗巴羊50只，白绒山羊51只，已繁育300多头良种奶牛、200多只茨盖绵羊和500多只白绒山羊，优质畜种总存栏达到2806头（只）；进一步加大黄牛改良工作力度，扩大覆盖面。投资15万元在扯休乡、吉定镇、萨迦镇和雄玛乡建设了4处改良配种站，完成改良2046头；广泛开展白绒山羊、绵羊改良工作，优化了畜群结构和提高了牲畜质量。

【农业基础地位牢固，实现大丰收】2008年，萨迦县粮油总产量达5697.96万斤，比2007年增加530.2万斤，是历年来萨迦县粮食丰产最高的一年。其中：粮食产量5149.89万斤，比2007年增加376.19万斤，青稞产量4453.8万斤；油菜产量548.07万斤，比2007年增加154.01万斤；蔬菜产量3307.1万斤，比2007年增加1544.03万斤，其中，实现年产马铃薯3011万斤；青饲料产量1027.76万斤，比2007年增加92.46万斤。在雄玛乡、扯休乡、吉定镇、扎西岗乡、查荣乡等5个农业大乡（镇）建设了5000亩二级种子田。完成工程造林5713.7亩。

【牧业增收显著】2008年，萨迦县通过安排好接羔草场、暖圈、羔宫和补饲补料等措施，加强对母畜和仔畜偏管偏喂的管护，努力提高幼畜成活，减少成畜死亡。全县年末牲畜存栏36.74万头（只、匹），全年适龄母畜受胎率达83.86%，新生仔畜成活率达96.86%，比2007年增加0.66%；死亡率控制在0.44%，比2007年减少0.01%；牲畜总增15.53万头（只、匹），总增率达42.26%，比2007年增加0.17%；出栏15.8万头（只），出栏率43%，比2007年增长3%；全年短期育肥出栏58000只，实现总收入达1923．69万元，纯收入886．19万元。其中，项目内育肥出栏40375只，实现总收入1347.69万元，纯收入607.22万元，人均纯收入475元；项目外育肥出栏17625只，实现总收入576万元，纯收入278.97万元，人均纯收入198元。2008年岗巴羊特色产业带项目，调运饲草料种子86400斤，完成人工种植饲草料4000亩，修建羊舍12000 m2,年初育肥任务20000只，实际育肥出栏20405只，出栏率达102%，超额完成目标任务2%，实现总收入754.98万元，纯收入346.88万元，人均纯收入825.9元。

【大力发展特色经济】2008年，萨迦县实现劳务输出29153人次，实现收入5557.82万元，完成目标任务的111%。成功举办了麻布加乡、查荣乡、赛乡木匠、绘画及房屋设计技能培训班；组织务工人员参加地区劳动局举办的钢筋混泥土、农机修理等农牧民技能培训及拉萨天冠集团进行的订单式就业培训。全年劳动技能培训共190人次，开发就业岗位55个，实现就业60人次。通过各类劳动技能培训，大大提高了农牧民务工技能水平，劳务输出开始从数量多向技能水平高的转变。

牢固树立“旅游强县”战略不动摇，打造萨迦旅游品牌。由于受拉萨“3•14”事件的影响，2008年全县共接待游客1万余人次（其中外宾126人次），实现旅游收入39万元，比2007年下降85%，旅游经济损失417万元；唐卡销售130幅，实现收入39.88万元；岗坚寺被评为国家2A级景区，填补了萨迦县旅游景点无A级的空白；各旅游景点的导示牌也已在主要景点和路岔口开始使用；组建了“萨迦县旅游开发有限公司”；顺利完成了“古城萨迦旅游指南”手册的编撰工作，并把该手册向区内各大旅行社、宾馆、饭店都做了发放，切实加大了宣传力度，提升了萨迦旅游品牌。

做大做强吉定查嘎石灰石开采农牧民合作经济组织。抢抓“雪莲”、“高争”两家水泥厂用料需求日渐增加的机遇，新增一部分设备，把石灰石开采扩大到查嘎和桑珠岗两个开采点。全年共开采销售石灰石8.2万吨，总收入达352.6万元，税收达16.4万元，实现群众收入85.94万元，人均收入达到5927元。

【大力加强农田水利基础设施建设，提高农牧区防抗灾能力】2008年，萨迦县累计完成积石91712m3；新建河堤100处、维修河堤798处、清淤水渠339条、新建水渠25条、维修水塘5座。共动用机动车、马车13240台次，出动劳力83906人次。同时严格落实汛期24小时值班制度，共安排防汛专项资金5万元，发放铁丝10吨、编织袋9000条；设火箭炮炮点28处，三级高炮炮点3处，共计培训技术人员90人次，切实做到了及时补救，妥善处理，措施有力；及时下发了《萨迦县人民政府办公室关于认真做好防抗灾工作的紧急通知》，提早做出周密的部署；针对日喀则地区相继发生的“当雄地震”、“仲巴地震”、“谢通门地震”等灾情，详细制订了地震救灾应急预案，切实做到灾害预防与灾害救治相结合。

【新农村建设扎实推进】2008年，萨迦县共筹集资金合计5921.13万元，其中自治区下达国家补助资金1849.1万元、农牧民银行贷款1231.5万元、群众自筹资金2477.53万元以及地区配套资金63万元、援藏配套资金300万元，共完成1512户安居工程建设任务，其中，整合地区安居配套资金和援藏资金后，完成了217户贫困户的无房、危房建设任务，受益人数达9912人。同时，完成了26个村委会活动场所和4条村级道路硬化工程建设。

拉孜县

【经济发展情况】2008年，拉孜县按照“一产上水平、二产抓重点、三产大发展”的发展战略，坚持一手抓稳定，一手抓发展，实现了社会局势持续稳定，经济平稳较快增长，社会事业全面发展的良好局面。2008年，县级生产总值(GDP)完成3.45亿元，同比增长19.6%（可比价同比增长9.5%）；人均生产总值(GDP)6680元，同比增长14.3%(可比价同比增长8.7%)，农牧民人均纯收入2906元，同比增长17%；地方财政收入完成586万元，同比增长16.8%；全社会固定资产投资完成1.12亿元，同比增长3.5%；全社会消费品零售总额达到6203万元，同比增长6.5 %；三产结构调整为43：11：46，人口自然增长率控制在7.5‰以内。

【狠抓农牧业生产，突出农牧基础地位】2008年，拉孜县按照大力发展高产、优质、高效、生态、安全农牧业的总体要求，结合与地委行署签订的《拉孜县2008年农口工作任务安排备忘录》，不断促进传统农牧业向现代高效农牧业转变。粮食作物播种面积65750亩，经济作物播种面积38800亩，饲草饲料作物播种面积12912亩。粮油总产达8041.83万斤，牲畜存栏33.2万头（只、匹）。完成植树造林4558亩，种草5000亩。

【狠抓基础设施建设，突出提升综合发展能力】继续实施项目拉动经济战略，多领域、多渠道争取项目资金，不断增加项目储备。2008年，共落实各类建设项目34个，总投资8221万元。

【狠抓第三产业和特色产业发展，突出农牧民增收渠道】2008年，乡镇企业产值完成3866万元，多种经营收入完成10375万元。拉孜特色产业主要有优质青稞生产基地、大棚蔬菜生产基地、拉孜西瓜种植基地、牲畜短期育肥出栏基地、种草养牛基地、页岩开发、拉孜藏刀、藏靴、氆氇、六弦琴、藏鸡养殖等，现各产业已初具规模，并不断发展壮大，大棚瓜果蔬菜、藏靴制作、页岩开发等成立了合作社或协会，部分产品得到深加工，拓宽了销售渠道，增加了农牧民的现金收入。

【狠抓安居工程建设，突出改善农牧民生活条件】切实将安居工程作为“民心工程”、“德政工程”抓实抓好。完成了705户安居工程建设任务，其中民房改造583户，扶贫搬迁122户。完成投资2744.7万元，受益人口达4603人。完成了21个行政村活动场所建设，完成投资554.08万元。完成了9条村级硬化道路建设，共投资225万元。

【狠抓财税管理，突出增强县域经济活力】2008年，县财政收入583万元，比上年增收 81 万元，增长 16.5%。全县共支出 11551.44 万元，比 2007 年增支 1606.44 万元，增长了 17%。

【狠抓民生工作，突出社会事业协调发展】全县初中在校生 2918 人，入学率为 95.96%，小学在校生 5621 人，小学入学率为 99.04%。全县参加合作医疗人数达 46850 人，占全县人口的 96%以上。充分利用农民艺术团对外演出成功的影响力和拉孜堆谐传统民间舞蹈被列为国家非物质文化遗产的机遇，加强文艺创作和演员队伍建设，努力推介"堆谐"文化艺术。广播、电视覆盖率分别达到 94.4%和 91.1%，"户户通"达到 69.4%。共为 2884 户、5624 人落实农村低保资金 245.2 万元，为 127 户 241 人落实城镇低保资金 40.4 万元。认真落实"两个确保"，做到应保尽保；全面加强城镇居民基本医疗保险工作，社会救助体系不断健全，社会保障作用发挥明显。登记城镇失业人员 77 人，城镇登记失业率控制在 4.2%以内。

昂仁县

【经济发展情况】2008 年，昂仁县生产总值达 2.98 亿元，比 2007 年增长 17.5%，其中：第一产业产值达 1.07 亿元，第二产业产值达 0.53 亿元，第三产业产值达 1.37 亿元。县财政一般预算收入完成 457 万元，增收 68.55 万元，同比增长 15%。农牧民人均纯收入 2077 元，人均增收 176.43 元，同比增长 9.28%。

【结构调整成效显著，农村经济稳健发展】2008 年，昂仁县进一步优化种植业结构，落实支农惠农政策。2008 年，粮、经、饲为 79.3：12.41：8.29，粮油总产达 1.9 万吨，比 2007 年增产 156.7 吨，增幅达 0.83%。2008 年共落实粮食直补、农机购置补贴和生态建设补偿金等支农惠农政策资金 236.69 万元，全县新增农机具 4070 台（部）；机耕和机播分别达 4.2 万亩，占总播种面积的 60%，成片机收达 2.5 万亩，占总耕地面积的 33.6%，全县农业机械化水平得到大幅提升。

充分发挥草围栏经济效益，畜牧业发展良好。2008 年新生仔畜 21.34 万头（只、匹），成活 19.32 万头（只、匹），成活率达 90.55%，比 2007 年提高 4.54 个百分点，成畜死亡 1.1 万头（只、匹），死亡率为 1.62%，比 2007 年降低 0.46 个百分点，畜种改良 3330 头；2008 年全县牲畜总增 18.2 万头(只)，增幅达 26.25%，育肥出栏 17.2 万头（只），出栏率达 24.77%，基本达到"增多少，出栏多少"的目标，根据草场承载力年末牲畜存栏控制在 71.99 万头（只、匹）以内。

生态环境保护取得新进展。对雅江、多雄、梅曲流域植被、采沙情况派专人负责管理，积极开展了全民植树造林工作。2008 年，全县完成植树造林 1170 亩，植树 11.7 万株，人工种草 2718 亩，对治理昂仁县生态环境起到了积极的作用。

进一步加强科技培训。2008 年举办科技培训 6 次，参加培训的农牧区群众达 2000 余人，发放培训资料 2000 余份，农机维修、藏鸡养殖和大棚种植项目初见成效，进一步提升了农牧民技能和拓展了广大群众增产、增收的渠道。

【劳务输出力度进一步加大】2008 年，昂仁县依托县职教重点对木工、绘画、农机维修等技术性高的行业进行了集中培训，提高了农牧民技能输出量。同时，由县政府出面协调，督促县域内 219 国道和县乡公路整治施工方加大对昂仁县劳务的使用量，增加农牧民现金收入。2008 年劳务输出达 2.07 万人次，实现收入 2816.54 万元，分别超出地区目标任务的 15%和 6.4%。

【财税、金融运行良好】2008 年，昂仁县财政收入达 457 万元，比 2007 年增长 15%；完成税收 242 万元，比 2007 年增加 49 万元，增长 25.39%；邮政、电信业务收入分别完成 15.7 万元和 190 万元；县农行存款达 1.3 亿元，比 2007 年增加 5671 万元，增长 77.52%；贷款达 5827 万元，同比增加 704 万元，增长 13.74%；招商引资达 4966 万元，完成地区目标任务的 165%。

【重点项目建设取得新突破】2008 年，昂仁县完成社会固定资产投资达 3.04 亿元（含 219 国道查务——桑桑段整治投资 1.2 亿元），完成地区下达目标任务的 115.5%。县乡公路改造完成投资 4579 万元，改造公路 546 千米，有效缓解了昂仁县农牧区道路建设滞后的问题；投资 1200 万元，新建干部职工周转房 76 套，新建县法院、县司法局和 5 个基层派出所，有效缓解了昂仁县干部职工住房难问题，优化了办公环境，提高了办事效率；累计投资 557.3 万元在 7 个乡镇新建饮水点 16 处，640 户、4184 人受益，同时解决了 3.51 万头（只、匹）牲畜的饮水问题。

【安居工程、新农村建设进程加快】2008 年，昂仁县在农牧民"安居工程"建设中国家补贴 760 万元，地区配套 53 万元，群众贷款 478.62 万元，群众自筹 1375.7 万元，改造住房 11.38 万平方米，完成安居工程 620 户、3831 人受益。整乡推进完成投资 124 万元，407 户、1815 人受益。投资 697 万元完成村级组织活动场所建设 30 处，新建"万村千乡"农家店 8 家，对县乡商品流通起到了促进作用。

【援藏工作进一步加大】2008 年，援藏投资 1300 多万元，完成了县城一期给水工程，并对县办公大楼、县接待中心进行了改造和维修，上述三项援藏项目目前均已投入使用，使昂仁县办公条件和县城饮水得以改善。同时，本着急需、实用的原则，淄博市为昂仁县捐赠了轿车、摩托车、电脑、太阳灶、药品等价值达 720 多万元的援藏物资，并选派了两批共 9 名专业技术员，对昂仁县卫生、教育事业进行了技术援助，进一步加深了淄博与昂仁人民的友谊。

【文教、医疗卫生事业取得长足发展】"两基"攻坚工作成效显著。2008 年，昂仁县进一步加大"两基"攻坚力度，顺利通过了自治区"普九"复查验收。目前全县初中在校生 3526 人，小学在校生 5669 人，适龄儿童入学率达 100%，比 07 年提高了 1.53 个百分点，控辍保学工作取得了良好成效。进一步加强了"三包"经费的管理与使用，建立健全了资助家庭经济贫困子女接受义务教育制度。

加强农村信息搜集与基础建设。一是广电、通讯覆盖率进一步扩大。08 年全县 185 个行政村实现了广电"村村通"，广电覆盖率达 86%。移动、电信覆盖村达 117 个，覆盖率均达 60%，受益人口达 2.91 万人。二是加大文物普查力度。08 年在地区文物局的指导下，采取召开座谈会、实地勘察等形式深入开展了第三次文物普查工作，重点对 38 个复查点进行了复查，新发现文物点 20 余处。三是重点对日吾其金塔等古迹进行了维修，成功举办了多雄和汤东文化艺术节，并邀请地区电视台对两次活动进行宣传报道，西藏电视台对艺术节的部分活动进行了转播，有效展现了昂仁特色的民间艺术，为文化搭台、招商引资创造了良好的人文环境。

谢通门县

【经济发展情况】2008 年，谢通门县生产总值达到 32570 万元，同比增长 17%；其中第一产业 12377 万元，第二产业 8143 万元，第三产业 12050 万元，一、二、三产业比例达到 38:25:37，人均生产总值达到 7690 元；粮油总产达 3221 万斤；年末牲畜存栏 38.6 万头（只、匹）；农牧民人均年收入达到 2815 元，增长 17%，其中现金收入达 60%；完成县级财政收入 2000 万元，同比增长 87%；固定资产投资完成 1.82 亿元(其中国家投资为 7161 万元)；招商引资完成 1.05 亿元(其中消耗性投资近 1 亿元)。

【农业工作】为促进农业增产增效和农民增收，紧紧围绕三农工作重点，以促进农牧民增收为主线。一是合理调整种植业结构。根据年初的种植业结构调整规划，将粮、经、饲三元种植结构由 2007 年的 62：25：13 调整为 60：30：10。二是特色产业项目成效明显。共培育特色产业项目 8 个。分别为绵羊短期育肥、黄牛改良、优质马铃薯种植、藏刀加工、藏毯制作、石材开采、生猪养殖、藏土鸡养殖等。通过特色产业项目带动，项目区群众年均可实现增收 300 元以上。三是农业项目建设力度大。在卡嘎镇、塔定乡、达那答乡建设二级种子田共计 6400 亩；在卡嘎镇、塔定乡、达那答乡、荣玛乡实施人工种草共计 2400 亩；在达木夏、达那普、达那答三乡建设黄牛改良配种点 3 个，促进了谢通门县的黄牛改良项目向纵深发展。四是全额兑现了涉农补贴资金共计 83.32 万元，其中兑现种粮直补资金 62.52 万元，农资综合补贴资金 20.8 万元。

【牧业工作】全年的牧业工作重点围绕 5 个方面展开。一是实施了投资为 2796 万元的退牧还草项目。现已运输到位网围栏 710 套，安装完成 284 套，余下的网围栏安装工作正在积极组织施工。二是及时组织乡村干部和兽医人员都深入放牧点指导牧民群众搞好接羔育幼工作，确保了接羔育幼工作的顺利开展。全年新生仔畜达 13.58 万头只匹，成活 12.7 万头只匹，成活率为 93.6%；出栏牲畜 11.98 万头只，出栏率 31.06%；总增率达 32.2%。三是狠抓牲畜疫情免疫和检疫工作。完成牲畜免疫 372660 头只，免疫率达 100%。完成禽流感疫苗免疫 18410 羽，免疫率达 100%。同时在达那答乡设立了牲畜检疫站，实行 24 小时蹲守，加大了对出境牲畜的检疫力度，有效防止了带病牲畜进入日喀则商品交易市场，确保了牲畜疫病安全。

【抓群众增收工作出实招】一是专门成立了群众增收工作领导小组，全面加强对群众增收工作的组织领导，认真落实增收工作责任制，切实抓好群众增收工作。二是针对谢通门县“三农”工作的实际情况，制定了促进农牧民增收的七项措施，这些增收措施分别是：发展农区畜牧业、强化劳务输出、矿山企业吸收农牧民就业、县财政加大对“三农”建设的投入、开办劳动技能培训和提高务工群众劳动技能、发展以藏刀加工和卡垫制作为主的民族手工业、通过提高农牧技术人员工资和加强其技能培训使其更好地为农牧业发展服务。以上增收措施的认真贯彻落实，有效地促进了群众的增收。三是成立促进群众增收的劳务输出信息服务站和处理信访突出问题的信访办，专门负责抓劳务输出和信访工作。四是信访问题、群众纠纷得到了妥善处理，化解了不稳定因素。成功化解了荣玛乡吾间村“9·28”事件；全年调解劳资纠纷 21 件；为农民工追讨工资合计 55.5 万元。使得一系列信访问题得到了很好解决，维护了社会稳定。五是劳务输出的成效明显。全年完成劳务输出 15255 人次，实现劳务创收 2243 万元，人均实现劳务收入 1470 元。

【基础设施建设步伐明显加快】2008 年，谢通门县固定资产投资项目建设总体完成情况较好，开工建设固定资产项目 33 个，总投资 1.82 亿元。其中，续建项目 8 个，新建项目 24 个。完成的国家重点投资建设项目有：两个乡派出所、司法局办公楼、广电综合楼、达木夏法庭、客运站建设、安居建设、15 个村委会建设、602 户游牧定居配套工程建设、扶贫项目建设、农田水利基本建设、退牧还草项目建设、援藏项目建设等；县财政自行筹资 770 万元，建设了商场综合楼和扩建了政府招待所两个财源增收项目。以上基础设施建设项目的投入使用，使得农牧区基础设施条件得到了进一步的改善，为促进谢通门县经济发展起到了积极作用。

【社会建设事业取得全面进步】高度重视改善民生工作，切实解决群众实际困难。全年以改善民生为主的安居工程建设为 976 户困难群众解决了安居建房。同时县委、县政府也把加大“三农”建设资金投入力度作为改善民生之本的工作认真加以落实。重点解决了农牧业基础设施建设、防抗灾饲草料款、扶持特色产业、兽药购置费等。

强化农牧科技培训。开展县、乡、村三级农牧科技培训班累计 110 余次，培训（农牧民）科技明白人 12568 人次。

顺利通过了自治区、地区教育主管部门联合开展的“普九”复查验收工作。

乡村办学条件得到较大改善。投资 380 万元，对达木夏完小进行了改扩建；投资 302 万元，对全县的村教学点进行了改造；向上级争取到总价值为 300 万元的教学设备 19 套，分发到 19 个乡镇完小，极大地改善了乡完小的办学条件。

强化了农牧区合作医疗基金管理。在区、地统一规定的合作医疗报销比例的基础之上，经县政府研究决定，再次将参加合作医疗的农牧民在乡级卫生所看病的最高报销比例提高到 95%，在县级或县级以上医院的住院报销比例提高至90%。

首次在19个乡镇开展了为期38天的巡回医疗义诊。为群众看病就诊5277人次和免费发放药品。同时为偏远群众报销医疗费用28969元。

【援藏工作力度大】2008年，双鸭山市及黑龙江省国土资源厅援助谢通门县的项目有12个，援助资金2020万元（其中双鸭山市援助资金670万元；黑龙江省援藏工作队投资谢通门县林卡项目资金350万元；黑龙江省国土资源厅援助资金1000万元），资金到位率86.8%（由于还有部分工程未完工，所以有少部分资金未到位）。援藏项目主要包括：县文化广场及礼堂建设；县广播电视综合楼配套建设；县武警中队办公设备配备；配备县消防大队消防车一辆；黑龙江林卡建设项目；通门乡人工种草项目；黑龙江国土路建设；双鸭山路建设；藏刀加工厂项目建设；荣玛乡雄村温室大棚（蔬菜基地）建设；爱心助学和扶贫帮扶；为农牧民配备太阳灶项目。

定结县

【经济发展情况】2008年，定结县实现生产总值14650万元，同比增长11%，粮油总产量达6766.5吨，同比增长5.4%；完成劳务输出11191人次，实现收入1638.81万元；农牧民人均纯收入2460元，同比增长15.2 %。

【农牧业呈现新气象】2008年，定结县农村经济总量达到5752.2万元，同比增长10%；良种覆盖率达60.1%。“喜马拉雅19号”新品种推广并喜获丰收，与当地品种相比亩产增加122.6斤；年末牲畜存栏为24万头（只、匹），短期育肥10300个绵羊单位，出栏77613头（只、匹），出栏率达到32.25%，商品率达到41%，总收入达278.1万元，创收99.2万元。实施了“岗巴羊”开发续建项目、新建167座无公害蔬菜大棚。藏鸡、藏香猪养殖等特色产业项目初建规模，开展了农村沼气试点工作。同时组织首批陈塘镇干部群众代表共12人赴林芝学习参观，开阔了视野，增长了见识，为下一步经济林发展、特色种植养殖业奠定了基础。

【项目建设实现新突破】2008年，定结县实施项目37个，总投资8050.37万元。援藏工作进一步加大，完成第三批援藏项目投资1003万元。针对时间跨度长、工作难度大的陈塘公路一期迎验和二期动工建设，通过努力，一期工程通过了终验，二期工程有序推进，进度较快。

【民生工作取得新成效】2008年，定结县维修曲夏三村输电线路，新修确布村输电线路，受益群众达94户486人；新建机关大院路灯，改造县城输电线路和排污系统；解决乡村水渠、水塘维修金共计15万元；机关大院大面积绿化，新建篮球场，配备健身器材;举全县之力开展“结对帮扶”贫困户活动，为帮扶对象解决建设木料、生产资料、生活物品等折合人民币共计61.21万元；提高乡村聘用医护人员和基层兽医“八大员”工资标准，极大调动了他们的工作积极性；积极争取到39个公益性岗位，解决了弱势群体人员就业问题；协调争取小学规范化建设缺口资金95万元，解决拖欠工程款和民工工资问题；利用财政结余资金解决了教育系统三年欠缴的住房公积金，单位承担部分117万元,使广大教职员工的切身利益得到了保障。

【社会事业获得新发展】2008年，定结县教育事业扎实推进，顺利通过了区、地“普九”复查验收，小学适龄儿童入学率提高到了99.12%，中学生入学率提高到了97.02%，幼儿教育开始起步。2008年第一次对考上内地班的学生及任课教师、学校领导、一次性重奖18000元。卫生事业向农牧区倾斜，开展了为期42天的巡回医疗，在全县10个乡镇67个村庄免费送医送药，农牧区新型合作医疗覆盖率达100%，参合率87%。文化广电事业蓬勃发展，“村村通”覆盖率达96%，放映爱国主义影片160场次。通信、通邮覆盖10个乡镇。

【新农村建设取得新成就】2008年，定结县完成了901户农牧民安居工程建设任务，村委会建设14个，村硬化道路建设3条，农牧民群众居住条件得到改善，村容村貌发生巨大变化，尤其是荣孔新村和日屋镇安居工程，从规划布局、建筑质量、配套设施等各方面都成了定结县安居工程集中点的样板工程。

仲巴县

【经济总量再上新台阶】2008年，仲巴县完成生产总值9672万元，同比增长4.5%。其中第一产业增加值2023.12万元，同比增长12.70%；第二产业增加值1529.3万元，同比下降25.62%；第三产业增加值6120万元，同比增长12.83%。乡镇企业产值完成32万元，同比增长5.3%；多种经营总收入976.76万元，增长6.49%。

【农牧业再获丰收】2008年，仲巴县粮油总产达到713.48万斤，其中青稞657 .94万斤，油菜55.54万斤。全年新生成活仔畜79759头（只、匹），总增率达38.26%，出栏68077头（只），出栏率达36.35%,年末存栏190849头(只、匹)。

【财政收入与农牧民收入持续增长】2008年，仲巴县完成一般财政预算收入234万元，同比增长17%；农牧民人均纯收入达到2703.36元，同比增长13.23%。

【经济结构更趋合理】2008年，仲巴县一、二、三产业比重调整为21：16：63；粮、经、饲比例调整为65 ：21 ：14。坚持农牧业基础地位不动摇，大力促进农牧区经济快速发展,始终把解决“三农”问题作为各项工作的重中之重，不折不扣地落实国家各项支农惠农政策，及时兑现“种粮直补”、“农资综合补贴”等共计28.5万元。狠抓农田草场水利基本建设，采用“民办公助”形式充分调动了农牧民修建水利设施的积极性，新建了龙中乡伦水渠、欧孜水塘、昌龙乡林嘎村加措水渠、改扩建了昌龙乡雪布让水塘，岗巴镇沟吾齐水渠。县财政自筹并落实水利建设补助资金10余万元。切实做好农牧业产前、产中、产后服务，2008年共调运化肥160吨、农药5.5吨，农机具2456套，其中化肥半价销售、农药免费发放。大力实施“种子工程”、“沃土工程”，从日喀则调运喜马拉雅19号种子5万斤，建设一级种子田1000亩，改造中低产田2104亩，治理坡耕地460亩。狠抓动物疫病防治工作，投资10万元，用于兽防人员误工补贴和购买兽药，确保牲畜疫病防治顺利进行，各项疫苗注射率达到100%。高度重视防抗灾各项工作，设立突发事件应急准备金290万元，狠抓各项防抗灾措施落实，特别是10月27日全县发生强降雪后，紧急采购调运防抗灾饲草90万斤，并及时发放给受灾农牧民群众。坚持"投资拉动"战略不动摇，努力提高县域经济发展后劲通过国家、援藏等多渠道积极争取项目资金，基础设施建设成效显著，县域经济发展后劲进一步增强。2008年共开、复工建设项目35个，总投资3890万元，年内完成固定资产投资3742万元。其中援藏项目11个，总投资611.9万元。

加大基础设施建设，新建了贡巴楼电站，县城至岗巴镇公路、雪不让至昌龙乡公路、昌龙乡次瓦桥、格桑水渠、杰龙水塘。加强政法基础设施建设，完成了县法院附属工程，公安局办公楼及附属工程、昌龙乡派出所、孔玛乡派出所建设，新建了公安消防大队办公楼。拓展城市品位，加强县城建设，新建了县城二期排水工程，综合商业城，民政局办公楼、医院商品房。高度关注民生问题，切实改善群众生产生活条件，新建了直克乡防洪坝、孔玛乡强曲甲防洪渠，实施了昌龙乡、龙中乡、直克乡完小扩建工程，新建了直克乡干部职工周转房与14个村委会活动场所，实施了直克乡乃村至索白村道路硬化工程。

【加快特色产业发展，努力培育新的经济增长点】2008年，仲巴县继续把矿泉水与岗巴羊开发作为特色产业发展的重点。2008年共调运饲草种子16万斤、化肥22吨，扶持群众种植饲草4000亩，提供岗巴羊滚动发展资金138.05万元，扶持群众开展岗巴羊短期育肥。努力打造岗巴羊种羊经济，投资105万元完善了岗巴羊繁育基地配套设施建设，新建了牲畜饮水与草场灌溉设施，架设了输电线路。为延长岗巴羊产业链，提升"岗巴羊"品牌知名度，投资10万元开办了岗巴羊日喀则销售中心，加大了电视广告宣传，并发放岗巴羊宣传单1万份。全年共销售短期育肥岗巴羊8700只，销售岗巴羊种羊2780只。

努力打造岗巴特色休闲产业，投资56万元开发了孔玛乡、龙中乡温泉。调运发放土豆种子24万斤，种植无公害绿色土豆1200亩，平均亩产达到2500斤。投资20万元新建蔬菜大棚温室50座，面积达7200平方米。全县蔬菜温室目前已达85座、近19亩；新建养殖大棚10座，养殖藏土鸡2000只。

大力支持个体经济与私营经济发展。据统计，全县共有个体工商户176户，从业人员281人。近几年，在农牧民安居工程中，共扶持岗巴本地农牧民施工队15个，常年从业人员达225人。

【社会全面协调发展】2008年，仲巴县按照优先发展教育的方针，争取投资435万元加强了教育基础设施建设，办学条件得到进一步改善；坚持巩固提高"普九"成果，狠抓教育教学质量，全面推行基础教育新课程改革；严格"三包"经费管理，安排好学生生活，全年共发放"三包"经费103.95万元，其中小学每生每年936元，中学每生每年1070元。全县小学入学率99.7%，巩固率100%；初中入学率97.4%，巩固率98.5%。

把方便和鼓励群众就医作为合作医疗管理改革的重点，配备了乡镇医疗报销人员，实行一月一报销；建立了医疗费用预借机制，全年共为30名患者预借资金10万元；采取奖励措施鼓励住院分娩，努力降低孕产妇死亡率和婴儿死亡率。全县农村合作医疗参加人数为1860户、9021人，参加率100%。扎实做好计划免疫工作，五苗（卡介苗、脊灰糖丸、百白破疫苗、麻疹疫苗、乙肝疫苗）接种率达100%，强化率达100%。深入开展人口与计划生育宣传与免费服务工作，发放"一孩、双女"户奖励扶助资金72人、4.32万元，人均600元。加大执法力度，深入开展食品安全专项整治，没收、销毁过期和变质食品28种、价值950元，全力做好问题奶制品下架清理封存工作。

进一步推进科技富民强县行动，加大科技培训力度，各项科技增产、增收措施得到有效推广。"家电下乡工程"顺利推进，全年争取彩色电视机300台，把岗巴镇吉汝村建设成为全县首个电视村。组织开展了纪念改革开放30周年纪念活动，科技、文化、卫生三下乡活动深入开展。完成了全国第三次文物普查。"万村千乡工程"继续推进，宣传实施了"禁塑令"，完成了全国污染源普查和全国第二次土地普查，对县城生活垃圾全面实施填埋处理。植树造林22460株，环境保护力度进一步加大。

吉隆县

【基本县情】2008年，吉隆县完成生产总值15830.4万元，比2007年增长16.65%，超额完成2.0%，其中第一产业完成增加值4590.82万元，与上年同比增长13.77%；第二产业完成增加值3166.08万元，与上年同比增长16%；第三产业完成增加值8073.5万元，与上年同比增长18.28%。三产比重由2007年的30：20：50，调整为29：20：51。2008年吉隆县人均生产总值达到11798.76元，与上年同比增长16.42%。农牧民人均纯收入为2426元，比上年同比增长16.58%。社会消费品零售总额861.32万元。完成全社会固定资产投资8274.39万元，已完成投资7191.54万元。

【社会主义新农村建设稳步推进，农牧业和农村经济持续发展】2008年，吉隆县按照"一产上水平、二产抓重点、三产大发展"的工作要求，以服务"三农"为工作切入点，努力促进全县农牧业向产业化方向发展，取得了较好的成效。全县农村经济总收入达到4937.57万元，比上年增加20.43%。

按照产量、质量、效益、结构相统一的原则，在稳定粮食生产，确保粮食安全的前提下，加大了经济作物和饲料作物的种植比例，种植业结构得到调整和优化。2008年，全县粮油总产1041万斤，比2007年减少24.67万斤，其中粮食产量895.59万斤，比2007年减少30.6万斤；油菜产量154.41万斤，比2007年增加5.93万斤；蔬菜产量184.36万斤，比2007年增加18.25万斤；饲料158.51万斤，比2007年增加8.45万斤；2008

年农作物播种面积共18011.79亩，其中粮食作物12496.64亩，油料作物3106.26亩，饲草料作物1020.6亩，三元结构比例由2007年的70:25:5调整为2008年的69:25:6。农牧业基础设施建设得到加强，2008年吉隆县改造中低产田1000亩，治理坡耕地500亩，新修水渠2350米，维修水渠20万米，草场围栏6645.85亩，人工种草1654亩，草原灌溉2869.95亩，水塘蓄水总量为17万立方米。

畜牧业生产保持了良好的发展态势，全县年末牲畜存栏数控制在15.6万头（只、匹），仔畜成活率达到92%，比2007年上升1%；牲畜总增数62395头（只、匹），总增率41.6%；出栏数62869头（只、匹），出栏率达到41.9%。全年肉产量1029.95吨，比上年增长34.3%；奶产量33329吨，毛绒产量129.7吨，皮张26551张；适龄母畜数85915头（只、匹），繁殖成活率76.3%。坚持以"防"为主，"防"重于"救"的原则，狠抓防抗灾的物资筹备和牲畜五号病、小反刍疫病、高致病性禽流感为主的动物疫病防治工作，切实做到防患于未然，2008年新建防抗灾基地400亩，春秋季疫苗注射密度达到100%。

农牧业结构调整向区域化、规模化、科学化方向发展。2008年狠抓了牲畜短期育肥出栏、黄牛改良、白绒山羊、波尔山羊及本地纯种山羊种群结构改良、"四产"小畜繁殖项目、蔬菜基地建设项目、天然花椒人工试种项目等工作。2008年，短期育肥出栏数达到3511个绵羊单位，实现收入109.54万元，出口活羊达到15000只，实现收入273万元，改良黄牛500头，白绒山羊繁殖总数达到1335只，建设温室大棚153座，种植花椒树10000株。

坚持乡镇企业和多种经营发展并举的方针，促进经济增长。2008年，全县乡镇企业总产值达281万元，同比增长12%；多种经营总收入1520万元，同比增长5%。

【紧紧依托资源优势，特色产业发展成效显著】2008年，吉隆县在狠抓农牧业基础产业发展的同时，大力发展种植、养殖、林下资源开发等特色产业。进行种植、养殖基地建设、蔬菜大棚建设，以吉隆县第一个商标"野山韭"的注册为契机，全面启动天然野花椒人工种植等特色林下资源开发项目建设。

大力开发石材、砂材。通过河道采砂权拍卖，进一步规范河道采砂业，整治了河道采砂混乱、破坏环境、安全隐患多的局面；狠抓宗嘎、吉隆两镇石材开发工作，切实将资源优势转化为经济优势。

狠抓旅游基础设施建设。做好景区景点的宣传推荐、导游培训等基础工作和吉隆旅游详规前期工作，为做大做强吉隆旅游业奠定基础。建立了《吉隆县旅游政务网》，推进和完善吉隆县各景区、景点标识宣传牌建设，制作了图文并茂的旅游宣传册3000份并发放到内地、西藏等各大景区，在区内外旅游市场提高了吉隆县旅游声誉。积极稳妥的实施"吉隆县旅游总体规划"工作。2008年初，吉隆县与西藏宏绩集团的旅游合作开发的基础工作全面启动，《吉隆县旅游景区控制性详细规划》已制作完毕并报地区评审2008年投资100万元开工修建吉隆旅游服务中心，为吉隆县旅游开发工作提供了坚固的发展平台，为旅行社参与吉隆县旅游发展提供了便利。

【克服负面影响，边境贸易日趋发展】由于受拉萨"3·14"事件影响，2008年吉隆县边境基本处于管控状态，边境贸易额因此有所下降。为了促进吉隆县的经济发展，吉隆县拟定了短期边贸方案，在确保边境稳定基础上，进一步加强边民互市贸易的引导的和协调服务工作，不断扩大自产产品的出口，立足区位优势和传统边贸市场优势，活跃传统边贸市场，为农牧民增收寻找新的经济增长点，促进了边贸发展。2008年完成进出口贸易额660.38万元，其中进口98.2万元，出口562.18万元，中尼双方参与交易人员达604人次，尼方入境交易人员较往年有所增加。同时积极争取自治区商务厅的大力支持，认真做好吉隆镇边贸市场建设前期准备工作，完善以热索、夏村达当、汝村小额自由贸易市场为辅助的市场体系建设；扩大了饲草饲料种植面积和活羊养殖规模，立足活羊、油菜、面粉、民族手工艺品等特色产品储备，加强出口基地建设，构建独具特色的外向型经济格局，为实现边贸强县战略打下坚实的基础。

聂拉木县

【基本县情】2008年，聂拉木县实现生产总值29540万元，同比增长15.1%，其中第一产业增加值4921.87万元，同比增长2.8%；第二产业增加值9489.72万元，同比增长9.4%；第三产业增加值1.5亿元，同比增长23.9%；人均生产总值18445.2元，同比增长16.2%；农牧民人均收入3547元，同比增长18.13%；农牧民人均现金收入2181.05元，占人均收入的61.5%；社会固定资产投资完成3.7亿元，同比增长9.4%。全县总财力9697万元，地方财政净收入696万元，财政总支出9008万元。

【特色农牧业发展步伐不断加快】2008年，聂拉木县农作物播种面积21904.9亩，比2007年增长900.9亩。其中：粮食播种面积16272.9亩；经济作物播种面积3978亩；饲草料播种面积1654亩；粮、经、饲比例由2007年的74.29:18.16:7.55调整到75:18:7。从外地引入的青稞"320"良种在聂拉木镇和琐作乡实现连片种植，共计400亩，效果比较明显，开展了减少用种量试点工作，每个有种植业的村庄，选定2—3户进行试点，用种量控制在40斤以内，取得了较好的成效。认真抓好农牧业特色产业项目建设，结合聂拉木县实际，立足区域优势，不断加大特色产业基地建设。增加了土豆种植面积，完善了活羊出口协会，2008年出口活羊3.5万只，出口土豆250吨，两项创收超过1000万元。根据各乡(镇)资源条件，在立新村投资30万元，建立了藏鸡养殖基地；总投资276万元，无公害蔬菜生产基地项目，已建成投入使用；援藏投资320万元民生瓜菜工程，项目前期工作已准备就绪，2009年开春将开工建设；另外，在樟木镇和琐作乡开展引进优质黄牛试点工作，进展情况较好，聂拉木县农牧业优势不断显现。

【特色工业企业规模不断壮大】坚持藏

医与藏药并举、生产和流通并重，进一步提高藏医药业自主创新能力，加快构建市场营销体系，继续研发新品种，提高生产能力，把聂拉木县藏药生产进一步做大做强，年收入首次突破千万大关达1180万元，同比增长33%，纯利润354万元，交税67万元，资产总额达1697万元。在樟木立新村实施了藏药材种植基地建设，研究的2个新产品正在向上申报。亚来乡矿泉水厂项目前期各项工作有序进行。

【第三产业、批发零售、口岸进出贸易平稳推进】充分利用聂拉木县丰富独特的自然、人文景观，重点围绕建设百里生态走廊、尼泊尔异国风情、夏尔巴民俗文化开展工作，探索建设边境旅游走廊，重点实施完善了旅游“六大工程”进展顺利。修订完善了全县旅游规划，建设了帮村夏尔巴民俗度假村和樟木村林卡，科学论证了德庆塘综合旅游景区开发建设，对立新、雪布岗景区进行开发建设，充分挖掘希夏邦玛峰、波绒草原、佩枯错、米拉热巴修行洞的旅游潜力。因2008年国家实施的318国道改扩建和拉萨“3·14”事件，给聂拉木县旅游业、批发零售及口岸进出口贸易，带来了一定的影响。国内外游客和旅游收入大幅减少，自2007年9月份以来，旅游业开始有所好转，全年累计接待国内外游客6950人次，旅游收入83.35万元；进出口货物6.2万吨，贸易总额2.2亿美元；社会消费品零售总额1.1亿元，同比增长30.8%。

【援藏项目扎实推进】投资100万元的县办公楼维修改造工程已经完工投入使用；投资150万元的东山迎宾楼改造工程进展良好；投资400万元的县城自来水改造工程已经正式启动；投资600万元的县城商业综合楼（2幢）建设工程进展顺利；投资50余万元的聂拉木镇江林村连片种植50亩蔬菜大棚正在加紧推进；投资200万元的县藏药厂改造工程正在加紧推进。同时，援藏出资34万元，支援夏尔巴民俗文化度假村和樟木居委会林卡建设，现已基本完工。在抓好援藏项目的基础上，援藏干部积极向上争资金、跑项目。2008年，争取巴曲电站建设、口岸电站改造、乃龙乡乃龙村饮水灌溉、聂拉木敬老院建设、锁作乡兽防所建设、重大洪涝灾害补助资金等项目8个，总投资1000多万元

萨嘎县

【基本县情】萨嘎县地处喜马拉雅山北麓，冈底斯山脉以南，雅鲁藏布江上游，西南与尼泊尔共和国接壤，边境线长105千米，是日喀则地区西部边境县之一。全县总面积为1.25万平方千米，平均海拔在4600米以上，距日喀则地区450千米。219国道贯穿全县东西，是拉萨通往阿里普兰的交通要道，其战略位置非常重要。全县下辖7乡1镇，共有38个行政村。截止2008年年底，全县总人口为13108人，其中农牧民人口11737人，城镇人口1371人。萨嘎县是以牧业为主兼有两个半农半牧乡的县，牧业是主导产业。境内饲养的畜种以牦牛、山羊、绵羊为主，2008年全县牲畜年存栏约为32万头（只、匹），比上年增长2万头；旦嘎、夏如是两个半农半牧乡，属小气候农业，主要作物有青稞、豌豆、油菜、春小麦以及土豆、萝卜、白菜等，2008年粮油总产量达到387.8万斤左右，比上年增产107万斤。

【经济实力稳中有升】2008年，萨嘎县委、县政府按照区党委、政府确定的攻坚年攻坚克难的要求，围绕“12345”的经济发展思路，大力实施“一产上水平、二产抓重点、三产大发展”的经济发展战略，开拓创新，真抓实干，有效克服了拉萨“3·14”事件等不利因素的影响，保持了全县经济社会的良好发展态势和社会局势的持续稳定。

2008年全县生产总值实现13887万元，比上年增长12.2%，人均生产总值为10674.9；地方财政收入完成242万元，同比下降20.1%；固定资产投资完成10241万元，同比增长96.2%；农村经济总收入达到5445.9万元，比上年增长18.6%；农牧民人均纯收入达到2317元，比上年增长6%；完成乡镇企业产值108万元，多种经营收入为804万元，分别比上年增长8.7%、5.3%。

【新农村建设扎实推进】2008年，萨嘎县种植业生产稳步推进，落实农作物播种面积7124.1亩，粮、经、饲三元调整为77：14：9；粮油总产量达到387.8万斤左右，比上年增产107万斤。畜牧业生产形势良好，新生仔畜成活率达91.4%，成畜死亡率为2.26%，牲畜出栏率为30.8%，商品率达26.7%。全县劳务输出达到3635人次，实现劳务收入502.9万元，分别比上年增长20.6%和16%。完成了415户安居工程和8个村级组织活动场所建设任务（其中援藏投资2个），投资兴建了23处人畜饮水工程项目，成立了县农电公司，争取并实施了三条农村公路建设项目，启动了“乡乡通”光缆工程，综合配套设施建设步伐加快。科教兴县战略深入实施，完成各级各类培训8000人次。

【特色产业发展较快】2008年，萨嘎县继续把扩大白绒山羊养殖规模、搞活旅游服务业和发展边境贸易作为发展特色产业的重点抓紧抓好。通过卓有成效的工作，白绒山羊养殖规模已从1900只增加到5567只，规模效益逐渐形成。克服“3·14”事件的影响，旅游服务业进一步发展，全县个体工商户增加到315户，注册资金达到971万元，分别比上年增长15%和18.1%。大力发展边贸经济，全县出口活羊40920只，活牛2588头及其他小畜产品共完成边贸收入3800万元，比上年增长6.8%。

【社会事业全面进步】2008年，萨嘎县全力完成了“普九”攻坚任务，适龄儿童入学率达到99.05%，初中入学率达90.25%，教育基建总投资达到2563.61万元，教育工作取得突破性进展。大力发展社会主义先进文化，非物质文化遗产工作得到加强，广播电视工作进展顺利，农牧民群众的精神文化生活不断丰富。新型农牧区医疗制度覆盖全县，农牧民参与率达98%，比2007年增长8%，农牧民群众看病难问题得到缓解；开展了含三聚氰胺乳粉和液态奶市场清查工作，食品药品放心工程深入开展。社会保障工作进展顺利，安置公益性就业岗位12个，为城镇和农牧区低保户兑现低保金118.5万元，为五保对象兑现供养

金18万元；在南方雪灾、四川汶川地震和拉萨当雄地震中，组织干部职工开展“送温暖、献爱心”捐助活动，共为灾区捐款25万元，缴纳特殊党费15万余元。

【领导名录】
书记：马建国
副书记、人大主任：边巴次仁
副书记、县长：扎西次仁

江孜县

【基本县情】江孜曾是西藏历史上第三大城市，位于西藏自治区南部，日喀则地区东部，雅鲁藏布江中段南侧年楚河上游河谷地带，是全国农业百强县，全国历史文化名城。全县总面积3800平方千米，平均海拔4040米。辖18个乡1个镇，152个行政村3个居委会，总人口6.7万人。境内居民以藏族为主，占98%，其他民族有汉族、回族等。1904年，英勇的江孜人民在这里抗击了英国侵略者，谱写了一曲悲壮的英雄赞歌，而被誉为“英雄城”。1996年江孜县被国务院批准为全国历史文化名城，县内有宗山抗英遗址、白居寺、帕拉农奴主庄园以及乃钦康桑雪山。

同时，江孜还有着“西藏粮仓”、“卡垫之乡”的美誉。江孜以青稞、小麦、油菜、大蒜为主要农作物，以大棚种植为主的蔬菜业，以改良奶牛、猪、羊、藏鸡养殖为主的畜牧业，以江孜卡垫、地毯为主的民族手工业，以江孜奶渣、酥油为主的农产品，以宗山抗英遗址、白居寺、帕拉农奴主庄园、乃钦康桑雪山、江孜达玛节为主的“红河谷”文化旅游业等特色产业已经初具规模。

【县域经济总量有新增长】2008年，江孜县GDP完成7.87亿元，比上年增长10%；农村经济总收入完成3.11亿元，比上年增长9.87%；县财政收入完成1105万元，其中税收完成420万元（不含上划税）；金融机构存贷款额分别达到3.08亿元和1.59亿元。

【城乡居民收入有新提高】2008年江孜县农牧民人均纯收入达到4251.12元，比上年增长16.1%，其中现金收入2926.71元，占人均纯收入的68%。

【农牧区面貌有新变化】2008年，江孜县以农牧民安居乐业为切入点的社会主义新农村建设继续得以顺利实施。2008年，江孜县共完成651户3157个农牧民安居工程建设任务（其中新建541户，改扩建110户），完成14个村的道路硬化，总长度达9509.92米，桥洞46个。完成村委会活动场所39个，总建筑面积达6685.3平方米。同时着力解决水、电、路、讯、广电等基础设施建设配套问题，实现通电率96.85%，通路率85.53%，通广播电视率92.45%，解决人畜饮水率71%，通电话率92.45%，通邮率100%。广大农牧民群众的生活条件得到进一步改善。

【乡镇企业和多种经营效益有新增】2008年江孜县乡镇企业总产值为1672.4万元，比上年增长24.49%；总收入1676.9万元，比上年增加230.81万元，实现利润为493.88万元；多种经营总收入为11911.21万元，完成年度指标144.61%；登记注册私营企业18户，注册资金3785万元；登记注册农牧区经纪人56户，经济业务量140万元。

【种植业结构进一步优化】2008年，江孜县粮、经、饲比例调整优化为51：24：25，实播面积16.19万亩，粮油总产13046.25万斤，比上年增产2.81%；蔬菜总产量4000.84万斤，比上年增产7.98%；饲草饲料产量4203.09万斤，比上年增产0.8%。兑现种粮农民的各项补贴738.91万元，落实农村税费改革转移支付专项资金243万元。

【畜牧业发展力度进一步加大】2008年，江孜县畜牧业总收入达到7132.81万元，比上年增长6.87%；年末牲畜存栏37.16万头（只、匹），比上年增加1.1万头（只、匹）；牲畜总增率达到35.33%；牲畜总出栏12.12万头（只、匹），出栏率33.59%。新生仔畜共成活12.97万头（只、匹），成活率达到88.05%，成畜死亡率控制在0.58%左右；肉、蛋、奶、酥油、羊毛等农畜产品总产量4112吨。

【农村劳务经济进一步发展】2008年，江孜县加大外出务工人员的技能培训力度和组织化领导，积极培育农牧民工带头人，全年共完成农牧民富余劳动力劳务输出19290人（次），劳务输出总收入达到6826.52万元，比上年增长49.6%。

【生态保护与建设进一步加强】2008年，江孜县耕地保护目标达到了95%。以占补平衡的原则共开发土地270亩，按期完成补充耕地任务。完成区域造林面积1407.8亩，建设苗圃108亩。

【固定资产投资力度加大】2008年，江孜县完成固定资产总投资2.97亿元，实现农牧民劳务增收1811.82万元。如：水利基本建设总投资10359.87万元，其中渠系工程设计灌溉总面积达到19301亩，人畜饮水安全工程解决5000人、29000头（只、匹）牲畜的饮水问题，共有11个乡55个行政村受益；农村公路项目总投资2193.91万元，解决了江孜县31个行政村和3个乡政府的道路通达或通畅问题；农业综合开发项目总投资1561万元；电力“村村通”项目基本解决了江孜县1294户农牧民群众的用电问题；县机关和乡镇职工周转房建设总投资1000万元，解决了县乡干部职工住房问题；援藏项目建设4个，计划总投资2000万元，主要用于江孜县城区基础设施建设和农牧区教育等基础设施的改善等。

【大力加强城镇建设及管理工作】2008年，江孜县投资70余万元对宗山广场进行绿化，绿化树木近2万株，并委派专人负责管理；调整和充实县爱卫会成员，认真落实“门前四包”责任制，动员机关干部开展“植树造林、绿化城市”活动，在上海公园和主要街道共补栽树木3500棵；组织干部职工清理幸福渠道，增强了排洪能力。

【引导扶持特色产业】2008年，江孜县加大了短期育肥、黄改、绵改等工作力度，分别完成黄改5560头、绵改2.2万只、短期育肥羊5.21万只；大力培育和扶持了扎西洁白糌粑加工厂和啊香糖醋大蒜加工厂；对江孜地毯厂的技术改造和设备更新；进一步加大招商引资力度，全年完成到位资金900多万元；面对“3·14”事件给江孜县旅游及相关产业带来的影响，迎难而上，申报了总投资约为227万元的旅游项目，投资113.9万元维修了帕拉庄园，投入7万元资金维护白居寺万佛塔所有拉康内的珍贵壁画和佛像，力求吸引更多游客驻足江孜。

【获奖情况】

江孜县被国家文化部评为中国民间文化艺术之乡

江孜县全区民族团结进步先进集体

科技局 荣获全国科技管理系统先进集体

民政局 荣获民政部“社会救助工作探索创新”奖

龙马乡龙马村 荣获全国基层低保工作规范化建设示范单位

藏改乡 荣获中华总工会全国“六好”乡镇工会

江孜县“达玛节”被评定为自治区级非物质文化遗产

乡企局 荣获自治区乡镇企业工作先进单位

电影管理站 荣获自治区广电系统先进单位

检察院 被最高人民检察院授予文明示范接待室 被最高人民检察院授予民行检察先进集体荣获地区先进集体

仁青 全国优秀农民工工作先进个人授予全国优秀农民工称号

次琼 第三次全国文物普查先进工作者

其米 全区文物工作先进个人

张卫红 全区纪检监察系统先进工作者

巴桑 自治区广电系统先进工作者

次仁 自治区广电系统先进工作者

欧吉巴 全区检察系统优秀工作者

格罗 全区公安机关“3·14”以来各项安保工作先进个人

巴顿 全区公安机关“3·14”以来各项安保工作先进个人

边多 全区公安机关“3·14”以来各项安保工作先进个人

次曲 全区公安机关“3·14”以来各项安保工作先进个人

扎顿 全区公安机关“3·14”以来各项安保工作先进个人

格单 全区公安机关“3·14”以来各项安保工作先进个人

达顿 全地区公安机关侦破命案工作先进个人

【领导名录】

书记：陈云彬

副书记、人大主任：李文广

副书记、县长：达娃卓玛

副书记、政协主席：次仁群培

白朗县

【基本县情】白朗县地处西藏自治区西南部，雅鲁藏布江主要支流——年楚河中游，距拉萨280千米，距日喀则市49千米，平均海拔在4200米，县城驻地3893米，年平均降雨量361毫米，年平均温度5.9℃。全县辖2镇9乡，111个行政村，总户数6053户，人口43563人。全县总土地面积2758.99平方千米，总耕地面积18.34万亩，天然草场273.1万亩，有县绿色蔬菜发展有限公司、罗布丹增糌粑加工厂、旺达畜牧养殖场三家农业龙头企业，是自治区商品粮油基地和“两高一优”农业示范县，也是“一江两河”农业综合开发重点县之一。

【经济发展情况】2008年，白朗县保持了经济社会平稳较快发展。全县生产总值达到3.56亿元，同比增长8.2%，三次产业比例为40：13：47；地方财政收入完成484万元，同比增长18.62%；农村经济总收入达到1.98亿元，同比增长11.5%；农牧民人均收入达到3318元，同比增长14.7%，其中现金收入占67%。

【新农村建设扎实推进，农业发展水平进一步提高】2008年，白朗县坚持“改善品种、提高单产、增加效益”的原则，通过“六抓”促“五化”（即抓新品种引进、抓高产改善和示范、抓科学施肥、抓农作物病虫草害防控、抓农机化作业推广、抓龙头企业建设，进一步促进青稞种植规模化、良种产业化、种植良种化、加工精深化和产品品牌化），进一步优化了种植业产业结构，促进了全县粮食稳定发展，粮油产量再创历史新高。全县完成各类农作物总播种面积127386亩；粮经饲比例调整为63.5：21：15.5；粮油总产达到8270.5万斤，增产144.3万斤。

大力实施科技推广。在2007年的粮食生产工作中，特别突出抓好了青稞标准化及青稞、冬小麦二级种子田建设和“双脱”工作。全年落实青稞标准化生产基地15000亩；落实青稞二级种子田3000亩，引进推广优质冬麦品种“山冬6号”2000亩；青稞“双脱”完成面积53405亩，占青稞播种面积的80%。

畜牧业生产进展顺利。以旺达畜牧养殖基地为依托，以黄牛改良为手段，以发展娟姗牛为主攻方向，以发展优质饲草为基础，不断加大以娟姗牛为主的良种奶牛养殖和短期育肥工作。全县新生仔畜成活91431头（只、匹），成活率92.7%；成畜死亡2747头（只、匹），死亡率控制在1.06%以内；牲畜总增率34.14%；牲畜出栏率33.66%；短期育肥出栏52786个绵羊单位，总收入1450万元，纯收入383万元；黄牛改良4255头，成活犊牛2478头，全县改良黄牛总数达到18201头，黄牛优良品种率达到92%。

大力加强农村基础设施建设 2008年。完成了262户农牧民安居工程建设，21个村级活动场所和10个村级道路硬化建设；全县公路通车里程达607.97千米，78个建制村实现通达；解决了14个村465户3573人的饮水安全问题，人饮覆盖率达到78%；实施了2137座沼气建设项目；乡村通话率达90%，乡镇通邮率达100%；生态建设与保护工作进一步加强，工程造林3104亩，四旁植树52.8万株；积极落实种粮农民直接补贴、农资综合补贴、成品油补贴等各项支农惠农补贴资金共计370万元。狠抓了水利基础设施建设、生态畜牧基地建设、农业产业化经营和扶贫开发，进一步提高了农业农村经济发展水平。

【蔬菜产业稳步发展，产业化水平进一步提升】以白朗县被国家确定为A级蔬菜标准化示范区为契机，不断加强四个县级、五个乡级蔬菜标准化生产示范村建设，切实发挥好龙头企业和蔬菜协会作用，坚持标准化生产，加快农产品检测体系建设，不断巩固和发展“白朗蔬菜”这一品牌。2008年有十个品种通过了无公害产品认证。为了提高“白朗西瓜”的品质，共从内地引进各类西瓜新品种15个，通过西瓜品尝会和品比试验，有5个品种受到广大西瓜种植户的好评。

加大蔬菜产业化投入力度。2008年白朗县新建蔬菜大棚468座，全县大棚总数达到4912座，蔬菜产量4253万斤，总收入3400万元，纯收入3060万元，人均增收721元，占人均纯收入的21%。

【非公有制经济加快发展，市场活力进一步增强】 2008年，白朗县乡镇企业收入完成8386.46万元，同比增长15.49%。多种经营收入完成5980.2万元，同比增长5.24%。全年劳务输出2.96万人次，实现收入3446.62万元。完成招商引资3000万元。全县私营企业34户，从业人员达到1427人，注册资金4261万元。个体工商户601户，从业人员达到1382人，注册资金509万元；农民专业合作社4个，从业人员达到638人，注册资金38万元；经纪人117户，其中消费品市场13户，生产要素市场104户。

【社会事业全面进步】 2008年，白朗县大力发展“义务”教育，全面实施素质教育，切实加强职业教育。先后选派29名骨干教师赴济南挂职锻炼，并从内地引进2名教师在县中学开展教学工作，提高了教学质量。2008年中考、小学内地西藏班考试创十多年来历史最好成绩。

不断加强文化阵地建设，全县80%的村建起了村文化室，乡级、村级广播电视覆盖率分别达到98%和86%；深入推行农村合作医疗制度，全县参加农村合作医疗的农牧民群众达3.33万人，占农村总人口的80%。加强县乡村医疗保障体系建设，选派了6名医务人员到济南章丘市学习，积极发挥2名医疗卫生技术援藏干部传帮带作用。认真落实人口和计划生育奖励政策，人口自然增长率控制在8.3‰。

“科教兴县”战略深入实施，与自治区农科院共建全区第一个新农村科技示范县项目，在白朗县设立“西藏自治区农牧科学院白朗蔬菜试验站”、“西藏自治区农牧科学院白朗畜牧试验站”和“作物试验站”；深入实施科技进村入户行动，在县现代农业科技示范园设立科普教育基地，全年举办各类培训80期，培训农牧民达3.4万人次。

劳动与社会保障工作机制不断健全，基本医疗保险参保人数达1058人，养老保险参保113人，工伤保险参保491人，城镇居民医疗保险参保220人；认真实施民政“阳光工程”，落实农村低保888户，计2917人，兑现资金127.17万元；储备应急资金430万元，其中，本级财政安排资金150万元。

充分发扬“一方有难、八方支援”的传统美德，为四川地震捐款51.48万元，其中特殊党费36.5万元，向仲巴、当雄地震捐款5.01万元。

仁布县

【基本县情】 2008年，仁布县生产总值完成14152万元，增长11%；工业现价总产值完成724万元，增长48.7%；完成全社会固定资产总额12169.3033万元，增长0.45%；农牧民人均纯收入达2223.19元；财政收入达295.5万元，同比增长16.3%；

【农牧业经济结构进一步优化，特色产业发展步伐加快】 2008年，仁布县按照“一产上水平”的方针，积极调整农业产业结构。2008年仁布县粮、经、饲比例为59.4：34.6：6，全县总耕地面积51201亩，粮食作物播种面积30394亩，粮油总产达1885.99万斤；调运化肥420吨，农用物资调运率达100%；继续加大了低产田改造力度，组织落实了7000亩低产田改造和1500亩坡耕地治理，有效优化了土壤质地，进一步提高了土壤的保水、保肥、保土能力。截止11月中旬，全县共完成38401亩秋翻和40960亩冬灌面积，占总耕地面积的75%和80%。同时，切实抓好了粮食收购工作，确保今冬全县粮食供应充足，2008年，仁布县粮食公司总库存量为30.586万公斤。

2008年，仁布县牲畜总头数控制在194739头（只、匹），新生仔畜49140头（只、匹），仔畜成活率达95.9%，成畜死亡795头（只、匹），死亡率控制在0.4%以内；牲畜出栏46277头（只），出栏率达23.7%；短期育肥2250头（只），总收入618750元，其中纯收入13.5万元，获得了良好的经济和社会效益。进一步加大了重大动物疫病防控工作，出台了《重大动物疫病防控应急预案》，牲畜免疫率达100%，保障了畜牧业健康发展。

特色农牧产业情况。一是在2007年种植绿色马铃薯取得成功的基础上，2008年续种了10000亩绿色马铃薯，产量1626.47万斤，为2009年继续推广奠定了良好的基础；二是扩大西瓜种植业，在原来13亩的基础上扩大到39亩，经济效益明显；三是继续抓好了查巴乡的豌豆、帕当乡的藏香、嘎布久嘎的糌粑等农副产品的进一步开发工作，2008年，成立了嘎布久嘎糌粑合作社并投产上市，糌粑合作社年收入20万元。四是投入28万元，在切洼乡开发区新建了20座蔬菜大棚，确保了县城“菜篮子”工程的健康发展；同时，德吉林镇农牧综合示范园逐步向规模化、区域优势化方向发展，起到了积极带动、引导和示范作用，蔬菜产量45876斤，创收4.6万余元。五是积极整合劳动力资源，大力发挥能人效应典型示范带动作用，加大了培育农牧民经济合作组织工作，2008年7月8日，依照《合作社法》，正式挂牌成立了开发区青稞酒厂、姆乡劳务输出两家农民专业合作社，并取得了较好效果。达热瓦青稞酒厂给100户贫困户兑现了10万元的股金分红。

【深化社会主义新农村建设，努力打造“小康仁布”】 2008年，仁布县在保证农牧民群众住上安全适用的房屋的同时，加大水、电、路、讯、广播电视、邮政等基础设施配套建设力度，全方位给农牧民群众提供各种服务，切实提高农牧民安居乐业的水平。目前，仁布县已完成地区年初安排给仁布县的400户农牧民安居工程任务（其中民房改造300户，扶贫点建设100户），总投资2398.1万元（其中国家投资350.6万元，群众自筹1693.05万元，群众贷款1000.18万元）。安居工程自治区补助资金已到位80%，余下资金年底前能兑现。4个村委会、2条硬化道路建设项目陆续开工。

【农牧区富余劳动力转移】 2008年，仁布县劳务输出15005人次，完成目标任务的103%，创造收入3239.43万元，完成目标任务的151%，人均收入达2158.9元。2008年以来，举办农牧民科技培训6期，培训人数4113人次；农牧民工技能培训和劳动者维权知识培训690余人，年底培训在11月底开展，培训700人；建立健全农村劳动力资源信息库，有针对性地开展劳务输出和对接活动。

【农村生产生活条件进一步改善】2008年，仁布县解放灌区续建配套与节水改造工程于2008年4月动工，整个项目计划在今明两年内全面展开，目前，该工程进展顺利。同时，仁布县人畜饮水安全工程已完成了98处饮水工程建设，埋设管道81.26千米，切实解决了692户、6145人及52436头（只、匹）牲畜的饮水难问题。2008年，落实公路建设投资1065.7825万元，完成公路建设项目投资691.4937万元，同比增长37%，目前，仁布县农村公路总里程达407.136千米，县城至帕当乡公路、普松乡至娘德村公路、县城客运站等项目正在建设之中。

康马县

【基本县情】康马，藏语意为“红房子”，位于西藏自治区的西南部、日喀则地区东南部，是以牧业为主的半农半牧边境县。境外与不丹王国接壤，边境线长78千米，有4个对外山口通道，1个二线检查站。境内东边与浪卡子县接壤、南边与亚东县相邻、西边与白朗县相邻、北边与江孜四县相邻。全县总面积7000平方千米，平均海拔在4300米以上；冬春多风，年平均降雨量160毫米，年平均温度10.5℃。现辖8乡1镇（其中有5个边境乡镇）、47个村民委员会、115个村民小组。2008年末，全县总人口3861户，21446人。(妇女有10599人)，其中农牧业人口19947人，占总人口的93%；非农牧业人口1499人，占总人口的7%；藏族21044人，占总人口的98.1%以上，全县劳动力9065人，占农业人口的47.32%。

全县现有耕地面积4.7万亩，可利用草场面积717.3万亩，绿色植被覆盖率7%。野生植物主要有固沙草、雪山一支蒿、红景天、雪莲花、蒲公英、贝母、黄连等160余种。野生动物资源有野驴、盘羊、岩羊、狼、黄羊等。已探明矿产有金、银、铜、铁、花岗岩、页片岩石等；其中石材资源较丰富，储量在10亿立方米以上。康马县自然、人文景观独特。人文景观有抗英遗址南尼寺（爱国主义教育基地）、朗东庄园、少岗摩崖石刻、藏扎寺、门康拉康等7座寺庙、3座拉康，现有僧人48名；自然景观有冲巴湖、色木湖、白湖、美龙湖等。

【经济社会发展迅速】2008年，康马县完成级生产总值16500万元，同比增长19.94%；人均GDP达8007元，同比增长20%；一、二、三产业增加值分别完成4840万元、2096万元和9564万元，同比分别增长9%、38%和22%；财政一般预算收入完成425万元，农牧区经济总收入达到8847.42万元，同比增长18%；农牧民人均纯收入达到3272元，同比增长18.88%。

【确保一产上水平，农牧业增收明显】2008年，康马县共完成农作物播种面积4.711万亩，粮食产量2496.2万斤，同比增产111.81万斤，粮经饲三元比例由70.7:18.7:10.6调整为69.7:19.9:10.4。全年牲畜存栏224391头（只匹），牲畜短期育肥29193个羊单位，纯收入422.62万元；

【突出二产抓重点，农牧民实惠明显增多】2008年，康马县石材产业实现收入480万元，转移劳动力516人，采石人员年收入平均达到9300元以上。并围绕安居工程建设和一些适合康马县建筑施工队实际的工程，扶持康马县民间建筑施工队参与工程建设。

【推动三产大发展，农牧民收入明显增加】2008年，康马县劳务输出34204人次，收入达到2796.76万元。物交总额达到121.28万元，多种经营收入3567.44万元，同比增长12.28%。

【项目建设取得重大进展】2008年，康马县建设项目达44个，总投资7093.5万元，同比增长1406.5万元，共实施招商引资项目4个，引进资金202万元，完成年度指标的101%。全社会固定资产投资完成5638.9万元，同比增长9%。

【抓安居工程建设】2008年，康马县保质保量的完成712户农牧民安居工程和9个村级组织活动场所、4条硬化道路建设，使康马县“十一五”期间安居工程建设已经达到1886户，群众的生产生活条件进一步改善，已经初步呈现出了“新村、新居、新貌”的喜人景象。

【抗雪救灾取得全面胜利】2008年，康马县雄章乡、萨马达、涅如堆和康马镇发生了不同程度的雪灾。灾情发生后，康马县立即启动《康马县抗雪救灾应急预案》。共安置牲畜228260头只匹，调运饲草654吨，粮食15吨，累计投入救灾款物80多万元。由于救灾工作及时到位，康马县取得了抗雪救灾的全面胜利。

【社会事业全面推进，和谐社会建设成效斐然】2008年，康马县适龄儿童入学率100%，初中入学率94.95%，15～50周岁文盲率3.85%全年累计下拨救灾款物32.988万元，救济灾民4860人；全县新增城市低保对象100户106人，全年发放保障金25.48万元。农村低保对象532户2052人，全年兑现保障金73.03万元，兑现农牧区特困群众救济金2.3万元。城镇失业率控制在4.29%以内，人口自然增长率控制在9.82‰。

岗巴县

【经济发展情况】2008年，岗巴县完成生产总值9672万元，同比增长4.5%。其中第一产业增加值2023.12万元，同比增长12.70%；第二产业增加值1529.3万元，同比下降25.62%；第三产业增加值6120万元，同比增长12.83%。乡镇企业产值完成32万元，同比增长5.3%；多种经营总收入976.76万元，增长6.49%。

农牧业再获丰收。粮油总产达到713.48万斤，其中青稞657.94万斤，油菜55.54万斤。全年新生成活仔畜79759头（只、匹），总增率达38.26%，出栏68077头（只），出栏率达36.35%，年末存栏 190849 头（只、匹）。

财政收入与农牧民收入持续增长。完成一般财政预算收入 234 万元，同比增长 17%；农牧民人均纯收入达到 2703.36 元，同比增长 13.23%。

经济结构更趋合理。全县一、二、三产业比重调整为 21：16：63；粮、经、饲比例调整为 65 ：21 ：14。

【坚持农牧业基础地位不动摇，大力促进农牧区经济快速发展】2008 年，岗巴县及时兑现“种粮直补”、“农资综合补贴”等共计 28.5 万元。狠抓农田草场水利基本建设，采用“民办公助”形式充分调动了农牧民修建水利设施的积极性，新建了龙中乡伦水渠、欧孜水塘、昌龙乡林嘎村加措水渠、改扩建了昌龙乡雪布让水塘，岗巴镇沟吾齐水渠。县财政自筹并落实水利建设补助资金 10 余万元。切实做好农牧业产前、产中、产后服务，2008 年共调运化肥 160 吨、农药 5.5 吨，农机具 2456 套，其中化肥半价销售、农药免费发放。大力实施“种子工程”、“沃土工程”，从日喀则调运喜马拉雅 19 号种子 5 万斤，建设一级种子田 1000 亩，改造中低产田 2104 亩，治理坡耕地 460 亩。狠抓动物疫病防治工作，投资 10 万元，用于兽防人员误工补贴和购买兽药，确保牲畜疫病防治顺利进行，各项疫苗注射率达到 100%。

【坚持“投资拉动”战略不动摇】2008 年，岗巴县共开、复工建设项目 35 个，总投资 3890 万元，年内完成固定资产投资 3742 万元。其中援藏项目 11 个，总投资 611.9 万元。

加大基础设施建设，新建了贡巴楼电站，县城至岗巴镇公路、雪不让至昌龙乡公路、昌龙乡次瓦桥、格桑水渠、杰龙水塘。加强政法基础设施建设，完成了县法院附属工程，公安局办公楼及附属工程、昌龙乡派出所、孔玛乡派出所建设，新建了公安消防大队办公楼。拓展城市品位，加强县城建设，新建了县城二期排水工程，综合商业城，民政局办公楼、医院商品房。高度关注民生问题，切实改善群众生产生活条件，新建了直克乡防洪坝、孔玛乡强曲甲防洪渠，实施了昌龙乡、龙中乡、直克乡完小扩建工程，新建了直克乡干部职工周转房与 14 个村委会活动场所，实施了直克乡乃村至索白村道路硬化工程。

【加快特色产业发展，努力培育新的经济增长点】2008 年，岗巴县继续把矿泉水与岗巴羊开发作为特色产业发展的重点。2008 年共调运饲草种子 16 万斤、化肥 22 吨，扶持群众种植饲草 4000 亩，提供岗巴羊滚动发展资金 138.05 万元，扶持群众开展岗巴羊短期育肥。努力打造岗巴羊种羊经济，投资 105 万元完善了岗巴羊繁育基地配套设施建设，新建了牲畜饮水与草场灌溉设施，架设了输电线路。为延长岗巴羊产业链，提升“岗巴羊”品牌知名度，投资 10 万元开办了岗巴羊日喀则销售中心，加大了电视广告宣传，并发放岗巴羊宣传单 1 万份。全年共销售短期育肥岗巴羊 8700 只，销售岗巴羊种羊 2780 只。

努力打造岗巴特色休闲产业，投资 56 万元开发了孔玛乡、龙中乡温泉。调运发放土豆种子 24 万斤，种植无公害绿色土豆 1200 亩，平均亩产达到 2500 斤。投资 20 万元新建蔬菜大棚温室 50 座，面积达 7200 平方米。全县蔬菜温室目前已达 85 座、近 19 亩；新建养殖大棚 10 座，养殖藏土鸡 2000 只。

大力支持个体经济与私营经济发展。据统计，全县共有个体工商户 176 户，从业人员 281 人。近几年，在农牧民安居工程中，共扶持岗巴本地农牧民施工队 15 个，常年从业人员达 225 人。

【社会事业全面协调发展】2008 年，岗巴县按照优先发展教育的方针，争取投资 435 万元加强了教育基础设施建设，办学条件得到进一步改善；坚持巩固提高“普九”成果，狠抓教育教学质量，全面推行基础教育新课程改革；严格“三包”经费管理，安排好学生生活，全年共发放“三包”经费 103.95 万元，其中小学每生每年 936 元，中学每生每年 1070 元。全县小学入学率 99.7%，巩固率 100%；初中入学率 97.4%，巩固率 98.5%。

把方便和鼓励群众就医作为合作医疗管理改革的重点，配备了乡镇医疗报销人员，实行一月一报销；建立了医疗费用预借机制，全年共为 30 名患者预借资金 10 万元；采取奖励措施鼓励住院分娩，努力降低孕产妇死亡率和婴儿死亡率。全县农村合作医疗参加人数为 1860 户、9021 人，参加率 100%。扎实做好计划免疫工作，五苗（卡介苗、脊灰糖丸、百白破疫苗、麻疹疫苗、乙肝疫苗）接种率达 100%，强化率达 100%。深入开展人口与计划生育宣传与免费服务工作，发放“一孩、双女”户奖励扶助资金 72 人、4.32 万元，人均 600 元。

进一步推进科技富民强县行动，加大科技培训力度，各项科技增产、增收措施得到有效推广。“家电下乡工程”顺利推进，全年争取彩色电视机 300 台，把岗巴镇吉汝村建设成为全县首个电视村。组织开展了纪念改革开放 30 周年纪念系列活动，科技、文化、卫生三下乡活动深入开展。完成了全国第三次文物普查。“万村千乡工程”继续推进，宣传实施了“禁塑令”，完成了全国污染源普查和全国第二次土地普查，对县城生活垃圾全面实施填埋处理。植树造林 22460 株，环境保护力度进一步加大。

【以人为本，努力改善人民群众生活】2008 年，岗巴县把就业作为民生之本，坚持培训促进就业，鼓励引导农牧民群众参与工程建设。2008 年在援藏支持下，安排农牧民参加汽车修理技术培训 10 人。据统计，2008 年全县劳务输出总人数达 8952 人次，劳务输出收入达 1675.85 万元，完成指标 125%。切实加大农牧民工工资拖欠稽查力度，帮助群众追讨工资、运费 70 万元。

加 2008 年开展了工伤保险、生育保险参保工作，工伤保险参加人数达到 203 人，生育保险参加人数达到 623 人，基本建成了与全国统一的五大社会保险制度。各项社会保险清缴率达到 90%以上，支付率达到 100%。

2008 年城镇低保每人发放临时生活补助 210 元，农村低保每人发放临时生活补助 140 元。全县城镇低保保障线为每人每月 270 元，共保障 97 户、151 人，发放低保金 34.1 万元。农村低保保障线为每人每年 800 元，共保障 276 户、1132 人，发放低保金 42.5 万元。实施医疗救助 21 户、22 人，救助资金 20829 元，并为 31 户 42 人代交了农牧区合作医疗个人筹资 420 元。安排受灾群众生活，发放粮食、衣物等价值 73420 元。

大力实施农牧民安居工程，以安居促乐业。年内实施安居工程建设 215 户，总投资 322 万元，超地区指标 126 户，涉及全县 3 乡 1 镇 13 个村委会，受益人口达 540 人，占全县总人口的 5.9%。狠抓农村饮水安全工程建设，投资 70 万元新修了岗巴镇贡巴村、西格村、加达村、扎定村、琼修村，孔玛乡乃庆村等 6 个村安全饮水工程。

亚东县

【经济总量再上新台阶】2008 年，亚东县面对“3·14”事件，“7·18”泥石流灾害，“10·26”雪灾等重大考验，全县生产总值完成 21481.6 万元，比上年增长 12%，连续五年保持 12%以上的增长速度；人均 GDP 达到 17599.24 元，比上年增长 11%；农牧民人均纯收入达到 3204 元，比上年增长 16.42%；其中现金收入 2699 元，占人均收入的 84.23 %。财政收入完成 531 万元，比上年增长 4.1%。

【以市场为导向，狠抓产业结构调整力度】2008 年，亚东县在稳定粮食和牧业生产的基础上，实施了“两个经济区”战略。调整粮、经、饲比例，比例为 47：21 ：32 ，扩大蔬菜种植面积，投入资金 276 万元，新建大棚温室 326 座。加强农田水利建设，为农业发展提供条件。，先后组织农牧民群众维修了水塘 8 座、水渠 66 条；加强田间管理，田间灌溉、灭草、灭虫等工作，极大地改善了农牧业生产条件，为群众增产、增收奠定了坚实的基础。加强牲畜疫情疫病防治。及时调运各类药品，进点开展工作，确保疫苗注射率达 100%，促进了畜牧业的健康发展。2008 年，牲畜存栏数 97687 头(只、匹)，牲畜出栏率达到 34.51 %，死亡控制率 3.77%，仔畜成活率达 91.08%，适龄母畜比例达 47.05%，完成短期育肥 3824 只（绵羊单位）。加大对畜牧业的投入力度，加快发展步伐。2008 年，共投入资金 200 万元，用于畜牧业基础建设，其中，投入资金 103.968 万元，用于牲畜暖圈建设；投入资金 32.432 万元，用于草场围栏建设；投入资金 31.6 万元，实施人工种草项目，草场的质量、载畜量有了大幅度提高；投入资金 32 万元，用于牦牛畜种补贴。推广科技知识。抓住上海对口支援的机遇，派遣人员到上海参加各类培训，开展农牧民技能培训，共培训人员 216 人次，提高了农牧民群众的科学文化素质。高度重视防抗灾体系建设。做到了组织健全、人员到位、责任明确、物资齐备，确保了防抗灾工作万无一失。

【为了保持经济持续快速发展，注重培育新经济增长点】2008 年，亚东县一是《帕里牦牛繁育体系建设实施方案》得到进一步落实，实行内部改良 362 头，向外地输出种牛 131 头，畜情结构得到进一步改善，牦牛品质得到提高。二是努力做好亚东鱼的开发工作。政府高度重视先后召开 5 次会议专题研究，规范了亚东鱼养殖合作社运行模式，解决了销售难的问题，确保群众收入稳定增加奠定了基础。三是康布温泉对当地群众增收作用明显。2008 年，共接待游客 3700 多人次，为周边群众销售蔬菜、农牧产品创造了条件。四是规范采集方式，合理开发利用林下资源。针对 2007 年封边控边任务重的实际，靠前服务，出台相关政策，合理采集木耳、虫草、松茸等林下资源，群众采集林下资源的收入达到 1102 万元。争取资金，投资 55 万元，吸引外来技术人员，新建木耳人工种植基地。效益较为明显，参与种植的群众户均收入达 3750 元以上。

【为了夯实发展基础，扎实推进新农村建设】2008 年，亚东县完成了 454 户安居工程建设任务，完成了 6 个村居委员会建设，新建了 2 条乡村道路，对朱居村进行了亮化和美化，有效改变了群众住房差、行路难、出行难的问题。

加快人畜饮水工程建设。2008 年，投入援藏资金 54 万元，着力解决群众吃水难的问题，组织实施了 5 处饮水点建设，解决了 375 人吃水难的问题，方便了1470（头、只、匹）牲畜的饮水。

2008 年，共减轻农牧民群众负担 63 万元，兑现种粮补贴 15 万余元。

【注重统筹协调，促进各项社会事业不断进步】优先发展教育。2008 年，适龄儿童入学率达 99.5 %，巩固率达 98.5%，辍学率控制在 1.5%以内，初中入学率 98.97 %，巩固率达 97.5%。落实教育“三包”经费 65.8835 万元。争取资金 387.37 万元，实施项目 7 个，教学条件和学习环境得到完善，教学质量大幅度提高。师资队伍建设得到加强，年龄和知识结构得到优化。

大力发展卫生事业。2008 年，农牧区合作医疗参加人数达 9751 人，参合率 96.5%，覆盖率 100%。落实免费医疗资金 142.17 万元，三级合作医疗经费 95.3515 万元，“一孩双女”补助 4.14 万元。疫病疫情防治工作扎实开展，计生工作进展顺利，人口自然增长率控制在 9.2‰以内。医疗水平得到提高。

文化事业稳步发展。不断推进村级文化设施建设，充分发挥现有馆（站）的作用，不断加强对先进文化的宣传，积极开展文化“三下乡”活动。2008 年，县新华书店共下乡送书 15 次，售书 6672 册，丰富了全县各族人民群众和驻军官兵的精神生活。

广电工作迈上新台阶。2008 年，亚东县以“户户通”工程、“西新”工程、电影“2131”工程、有线电视安装与强化服务为突破口，完成了 2 套(6+3)和 1 套(12+1)工程，投资 40 万元，对县域内的有线电视线路进行了改造，实现了 1 个行政村通直播卫星、4 个自然村通村锅，使广播、电视人口覆盖率均达到了 100%。并积极配合地区广电局搞好了现场培训，确保了天天通，长期通。农牧区巡回放映电影 1785 场，观看人数达 50756 人次，丰富了农牧区群众的文化生活，把党和国家的声音及时准确地送到了千家万户。

那 曲 地 区

那曲地区

【经济发展情况】2008年，那曲地委、行署认真贯彻中央、自治区经济工作会议精神，坚持以科学发展观统领经济社会发展全局，深入贯彻自治区“一产上水平、二产抓重点、三产大发展”的经济发展战略，抢抓机遇，开拓进取，强化措施，狠抓落实，经济保持了平稳较快发展的良好态势。2008年全地区生产总值完成42.54亿元，同比增长14.24%。其中：第一产业8.7亿元，增长12.4%；第二产业10.76亿元，增长19.42%；第三产业23.08亿元，增长12.64%，三次产业比重调整为21：25：54。地方财政收入完成1.36亿元，同比减少5.56%。农牧民人均纯收入3270元，同比增长15%。牲畜年末存栏697.69万头(只、匹)，牲畜出栏率达31.5%，商品率达到52%。

【突出“一产上水平”，牧业产业化示范点和防抗灾体系建设顺利推进】2008年，那曲地区人口快速增长和有限资源之间的矛盾日益突出，传统牧业所能养活的人数几乎达到了极限。地委、行署在广泛调研的基础上，于2008年9月首次召开地区牧业产业化示范点建设现场会，明确提出要把牧业产业化建设作为牧区经营体制的一次革命性改革，作为传统牧业向现代牧业跨越的必由之路和根本方向，将着力点放在示范点建设上，将专业合作经济组织作为牧业走市场化路子的初期主体，坚持从小规模做起，每年抓几个示范点，在政策、科技、人才、资金等方面给予大力扶持，通过典型引路、示范带动，不断提高牧业组织化程度。在此基础上，引进龙头企业，实现牧场与市场的链接，促使传统牧业逐步走上产业化、现代化道路。目前，以劳务入股、草场入股、牲畜入股、畜产品加工增值等类型为主的农牧民专业合作经济组织不断发展壮大，现有148家，会员2.42万人，带动牧户3473户，实现收入6018.43万元。已与伊利集团初步达成合作开发协议。同时，认真汲取以往防抗灾经验教训，把防抗灾体系建设作为巩固牧业基础地位、支撑牧业稳定发展、确保牧民群众生活水平稳步提高的基础性、综合性工程，坚持立足实际，着眼长远，以畜圈暖棚和饲草料基地建设为载体，以建立防抗灾专项基金为保障，以做好易灾乡(镇)救灾仓库和群众自身物资储备为抓手，以加强草原生态保护和乡村道路、通讯等基础设施建设为基础，逐步完善防抗灾体系。成立了防抗灾体系建设领导小组和办公室，正在抓紧做好项目前期和衔接协调工作。

【突出“二产抓重点”优势资源开发势头强劲】2008年，那曲地区按照保护生态、资源入股、政府服务、群众受益的工作思路，积极引进有资质、有信誉的大型企业，本着互惠互利、合作开发的原则，积极开发特色畜产品、矿产品、矿泉水、旅游等优势资源。全年建筑业实现增加值8.36亿元，同比增长19.42%，完成工业增加值2.4亿元，同比增长19.4%，各类矿产品产量达到31万吨。目前，嘉黎县陇玛拉铅锌矿开发势头强劲，蒙亚阿铅锌银矿已实现规模化开采。申扎县雄梅舍索铜矿、安多强玛镇铬铁矿等矿点开发进展顺利，安多县畜产品加工项目已投产运营，安多县夏木拉矿泉水厂正在加紧建设。尼玛县当穹措、双湖鄂雅措盐湖锂矿资源开发也已达成初步合作意向。

【突出“三产大发展”，传统服务业稳步发展】2008年，那曲地区各类批发零售经营网点达6100个，实现社会消费品零售总额达10.47亿元，同比增长12.6%。全社会货运量12.12万吨，比上年增长2.7%，客运量13.24万人次，比上年减少30.24%。金融机构各项存款达36.78亿元，同比增长42%。各项贷款达16.88亿元，同比增长33.7%，增幅高于全区平均水平22个百分点。全地区邮政业务总收入完成1096万元，同比增长9.8%。移动业务乡镇覆盖率达100%，实现净利润2345万元。乡镇企业产值达8650万元，同比增长0.87%。多种经营收入达3.2亿元，同比增长3.4%。受拉萨“3•14”事件的影响，旅游业发展速度放缓，全地区接待旅游人数12.2万人次，同比减少48.13%，实现旅游收入1314万元，同比减少53.86%。

【突出抓好首要任务，社会主义新农村建设扎实推进】2008年，那曲地区始终把改善农牧区生产生活条件、增加农牧民收入作为经济社会发展的首要任务，以农牧民安居工程为突破口的社会主义新农村建设取得新成绩。2008年又有1.25万户、6.58万农牧民乔迁新居，完成了238个综合活动场所和道路硬化建设任务。坚持安居与乐业并举，千方百计开辟农牧民增收渠道。制定出台《关于进一步促进农牧业发展、农牧民增收的实施意见》，狠抓劳务输出、牲畜出栏、城郊畜牧业等增收工作。全年开展农牧民技能培训1.2万人次，劳务输出4.5万余人次，同比增长11%，实现劳务收入6370万元，同比增长4.6%。扶贫开发成效显著，全地区重点扶持人口由2007年的6.64万人减少到5.3万人。狠抓强农惠民政策的贯彻落实，组派5个专项督查组深入基层乡镇，逐项检查强农惠民政策贯彻落实情况，针对发现的问题，地委、行署召开专题会议进行研究、限期整改，从体制机制上不断完善符合我地实际的相关实施办法，真正把好事办好、实事办实。2008年以来，我地直接面向农牧民群众的退耕还林、退牧还草、牲畜出栏及疫病防治、大病统筹等各类补贴资金达7800余万元。

【基础设施建设取得重大突破】2008年，那曲地区完成固定资产投资27.88亿元，比2007年增加6.76亿元，同比增长32%。自治区"十一五"项目规划涉及我地的73个项目，已通过有关前置审批项目46个，占63%，已开工建设39项。积极支持配合那曲物流中心建设，完成投资8.3亿元。那聂油路、纳班油路进展顺利，完成投资2.7亿元，分别完成工程总量的60%、48.6%。投资2.9亿元实施了57个农村公路建设项目，新增农村公路里程1230千米。能源建设稳步推进，那曲县户户通电工程、比如县夏曲卡10千伏延伸工程、尼玛县水电站等建设项目完成投资2.63亿元。农村饮水安全工程稳步推进，安排资金2114万元，新建保暖井173眼、管道引水87处，解决了32325人饮水安全问题。城镇基础设施进一步完善，迎宾路、环城路等重点工程建设进展顺利。《那曲镇总体规划局部修编》已通过自治区审查。那曲镇广大干部群众期盼已久的那曲镇给排水、供暖及老城改造项目在十届全国人大副委员长热地同志的关心、协调下，得到了胡锦涛总书记、温家宝总理、李克强副总理等中央领导、国家有关部委和自治区党委、政府的高度重视和大力支持。目前，项目前期工作正在紧锣密鼓地进行中。项目管理工作迈上新台阶，成立了那曲地区项目管理领导小组及办公室，召开了那曲地区项目管理工作会议，连续出台了《西藏那曲地区基本建设项目管理暂行办法》、《那曲地区基本建设项目目标责任制考评办法》等五个文件，从项目管理、考评、评审、审计、监察等五个方面进行规范和完善，项目管理走上了制度化、规范化轨道。

【突出优化环境、增强活力，改革开放呈现新局面】2008年，那曲地区积极推进以草场承包为重点的农牧区改革，引导农牧民群众进行草场资源合理流转改革试点工作，进一步完善了农牧区草场承包经营管理体系。国企改革稳步推进，13户监管企业实现利润198.2万元，完成了康桑公司等4家企业的清产核资工作。粮食流通体制改革不断深化，专员、县(区)长负责制得到落实，地县乡三级粮食市场化运作保障体系进一步健全。招商引资工作取得新成效。报请自治区政府印发了《青藏铁路那曲物流中心招商引资优惠政策若干规定》，与10余家企业进行了洽谈对接，签订经贸合作投资意向5个，意向投资总额4亿元，签订项目合作正式合同3个，总投资约1.2亿元。外贸进出口总额117万美元，同比减少56%。对口支援工作深入开展，浙江、辽宁两省第五批和中央五大企业第三批援藏完成投资1.5亿元。严格落实国有土地有偿使用制度，加强国有土地资产管理，处理非法占地行为32起，获取土地出让金、使用费872万元。

【突出以人为本、改善民生，各项社会事业全面进步】2008年，那曲地区坚持教育优先发展。小学适龄儿童入学率达98.54%。8个县(区)率先实现"普九"目标，人口覆盖率达73%；11县(区)"普六"和扫盲任务全面完成，人口覆盖率100%。职业技术教育协调发展，服务"三农"、培养新型农牧民的作用更加明显。

科技工作力度进一步加大。沼气示范推广工程获得成功。《藏北优质冬虫夏草半野生抚育及原生地保护技术研究》、《藏北蕨麻产品研究与开发》等重点科研项目积极推进。科技特派员由2007年的15名增至86名。

文化事业稳步发展。2008年，那曲地区已建成广播电视"村村通"卫星接收站1815个，广播电视人口覆盖率分别达76.29%和81.89%。累计放映电影17200场(次)，实现了农牧区"一村一月保证放映一场电影"的目标。非物质文化遗产得到有效保护，比如县的达布阿谐和安多县、申扎县的藏族服饰被列入第二批国家级非物质文化遗产名录，雄巴拉曲神水藏药厂的藏药七十味珍珠丸配伍技艺被列入第一批国家级非物质文化遗产扩展项目名录。

卫生事业健康发展。2008年，那曲地区卫生基础设施进一步加强，聂荣、比如、安多3县卫生服务中心改扩建工程顺利完工，为全地区1169个村卫生室配备了15种医疗设备，农牧区医疗制度户覆盖率和个人集资覆盖率分别达97.2%、96%。乡村卫生人员及管理人员培训工作力度不断加大，累计培训乡镇卫生院长106人、培训乡村卫生技术人员861人次。积极开展食品卫生专项整治工作，加大对问题奶粉的查处力度，确保了我地奶制品市场供应安全。疾病预防控工作不断加强，人口和计划生育工作成绩显著，人口自然增长率为10.77‰。

社会保障和就业工作积极推进。2008年，那曲地区城镇居民医疗保险前期准备工作已基本结束。城镇新增就业1250人，城镇登记失业率控制在3%以内，购买和落实公益性岗位350个。城镇和农牧区低保人口分别达到7092人、35028人，基本做到了应保尽保。

安全生产工作常抓不懈。2008年，那曲地区共发生各类安全生产事故38起，死亡53人，与2007年同比分别下降28.30%和持平。

防抗灾工作扎实有效。2008年，那曲地区坚持把防抗灾工作作为最大的民生工程和重中之重的头等大事，多次召开会议，对防抗灾工作进行动员部署。区地县三级共筹集860万元防抗灾资金，为全地区43个重点易灾乡镇各配备了20万元的防抗灾物资。面对2008年10月份的特大雪情，地区迅速调整充实防抗灾领导小组和指挥部，立即启动应急预案，采取有力措施紧急调拨170万斤青稞、300万斤玉米、283万斤饲草料及时发放到困难群众和重灾户手中。加快加大牲畜出栏力度，兑现出栏补贴，开通绿色通道，提前举办第三届畜产品展销会，实现销售收入6395.3万元，比上年增长233.5%。通过全地区上下的共同努力，没有因雪情造成冻死、饿死一人，没有因雪情出现牲畜大批死亡，实现了大雪无大灾的目标。

【领导名录】

地委副书记、行署专员：

段襄征（1月离任）、

谭永寿（1月任职）

行署常务副专员：吴雪桦

地委委员、行署常务副专员：嘎玛泽登

行署副专员：嘎玛仁青、赤来罗布、

才仁桑珠、江村旺扎、

兰志明（1月离任）、

孙玉英(女，1月离任)

行署秘书长：多吉坚赞

行署副秘书长：央宗、吕群勇、刘宁、

母兴斌(11月任调研员)、

沙扎、王选忠

那曲地区税务工作

【强化税源管理，抓好组织收入工作】2008年自治区税务局下达给那曲地区的税收计划数为12649万元，比上年增长12%，那曲地区税务局制定的计划数为12875万元，比2007年增长14%，截至12月20日，全系统共组织各项税收收入14935万元，比上年同期增收3825万元，增长35%，完成年度计划的116%。从收入部门的进度来看，那曲地区税务系统所辖13个收入部门中，地区局直属一局、车购办、嘉黎县局、索县局、比如县局、巴青县局、尼玛县局、双湖局、聂荣县局、班戈县局等10家征收单位顺利完成了全年税收计划。

虽然那曲物流中心、通站路等一批骨干项目动工建设带来了新的税收增长点，但“3·14”事件的发生，同样给那曲地区经济带来了一定的负面影响，从5月份开始，部分税收政策的调整、一些涉及民生问题的减免税政策的出台和落实，对组织收入工作带来了一定的减收影响。部分县区固定资产投资规模缩减，以及采矿业受炸药管制等因素的制约，都对税收收入带来了一定的影响。

在众多不利因素的制约下，系统各征收单位主要做好了以下几方面的增收工作：一是进一步加强宏观税负分析，深化税收分析工作。那曲地区税务局征管、计统、信息中心等部门充分利用手中的数据资源，深入开展税收分析预测工作，做到了家底清，底子明，增强了组织收入工作的前瞻性、科学性和预见性，为组织收入工作提供了决策依据。二是加强税种管理。2008年那曲地区税务局各征收单位继续加大主特色税源管理力度，在畜产品、虫草税收管理上取得新的突破，截至11月30日共组织畜产品收入96万元、虫草税收收入344万元，同比增收131万元，增长62%；继续提高增值税申报纳税“一窗式”管理，进一步强化货物运输业税收管理；加强了对建筑业税收的征管，认真做好了税源调查摸底工作，征管监督管理制度，对物流中心、通站路等重点项目，纳入了重点监控范围，截至11月30日共组织建筑业税收4013万元，同比增收1557万元，增长63%；加强和改进了对小规模纳税人和商业批发零售环节的增值税管理，加强了餐饮娱乐、房地产等行业的税收管理；2008年继续加强与公安车管部门的协作，做好了车辆购置税征管工作，截至12月20日组织车辆购置税2316万元，比上年同期增收317万元，增长16%；强化企业所得税的日常监管和检查，提前完成2007年度企业所得税汇算清缴工作，全地区共计汇总户数52户，与2007年同期相比减少3户，减少6%，应缴税所得额144万元，减免所得税额4万元，实际应纳所得税额140万元，与2007年同期相比应纳所得税额增加51万元，增长58%；做好了年所得12万元以上个人自行纳税申报工作，把具备条件的纳税人及时纳入管理范围，并根据区局要求对年所得12万元以上个人自行纳税申报情况进行了专项检查；完成2008年度储蓄存款利息所得个人所得税工作，2008年度，那曲地区扣缴储蓄存款利息年得个人所得税74.2万元;代扣代缴、代收代缴工作进展顺利。由保险公司代收代缴的车船税工作开展的比较顺利，从订立协议，到税款征收，报表报送，税款入库结算都按要求的时限顺利完成，截止12月20日共代征车船税95万元；由地区财政等部门代扣代缴的交通口建筑营业税也成效显著，共对7个征收单位的17个施工项目代扣各税249万元，基本做到应扣尽扣，应收尽收;加强了采矿业税收管理工作，及时掌握矿产企业的经营状况，确保矿业税收征收到位，截至11月30日共组织采矿业税收2566万元，同比增收1117万元，增长77%；抓好了个体和集贸市场税收管理，巩固集贸市场专项整治成果，加大清理漏征漏管户力度。三是完善管理员制度。2008年以征收二局为试点，继续落实好了管理员制度。一方面加强了税收管理员队伍建设，定期听取税收管理员的工作汇报，规范税收管理员工作。另一方面规范日常检查工作，强化税源管理，促进纳税人及时如实申报纳税。同时要求税收管理员下户要有详细的记录，管理检查要有计划性，避免重复下户。税收管理员实行了定期轮岗制，建立了监督制约机制和相应的廉政规定，为进一步实现科学化、精细化管理奠定了坚实的基础。

【推进体制创新】2008年，那曲地区税务局逐步建立和完善了办税服务厅和征收一局、二局之间的工作联系制度，优化了内部运转流程，提高了办税效率。各县局和地区征收二局认真落实好了区局关于逐步实现由核定征收向查账征收方式转变的要求，出台了《关于个体工商户建账管理若干问题的通知》，规范和加强那曲地区个体工商户税收征收管理，指导各征收单位做好个体工商户建账管理工作，在修理修配、超市、餐饮、医药、加油站等行业中选择了具有一定规模的纳税人推行查账核实征收，2008年那曲地区国税系统共建立个体建账户51户，其中实行查账征收的有20户。

【加强信息化建设】2008年，那曲地区税务局在加强信息化建设方面一是进一步完善了计算机设备的管理制度和目标管理考核办法，严格执行《自治区国税局税务系统信息化固定资产管理办法》和《那曲地区税务系统计算机应用管理暂行规定》，对各类信息化资产设备定期进行全面的清理盘点对账，对已到报废期限或不能正常使用的机器设备按规定程序进行了固定资产清理处理，对现用的设备与使用部门签订了设备使用责任卡，并将设备信息录入《固定资产各类系统》进行实物管理，加大了在全地区范围内对各种设备的管理力度，最大限度地发挥信息化设备在税收工作中的作用。二是加强征管系统各类数据的利用、充分运用各类信息，加强分析比对，切实提高管理水平。三是加强系统维护，不断提高系统运行质量，目前那曲地区各类软件、系统、设备运行正常。那曲地区税务系统网络体系与信息安全体系逐步建设完成，为确保网络、应用系统的安全提供了有力保障。四是认真做好全员信息技术应用培训工作，根据那曲地区“533干部教育培训规划”要求，为提高那曲地区各类应用系统的管理维护能力，开展了计算机应用基础培训工作。

【规范税收执法】2008年，那曲地区税务局一是贯彻落实“3·14”税收减免政策。随着“3·14”事件受影响行业有关税收优惠政策的相继出台，那曲地区局党组高度重视，及时贯彻落实了此项政策，对那曲地区间接受影响从事旅游业、旅店业、饮食业、交通运输业的纳税人进行了相关税收减免，累计减免户数263户，减免金额135万元。二是企业所得税税收优惠政策落到实处。为了使企业享受减免税优惠政策，那曲地区做了大量工作，要求管理部门做好企业的减免税宣传解释工作，从调查到审批一级一级审核、从严把关，企业须享受的减免税优惠必须享受，达不到享受减免税条件的也绝不减免，做到了依法减免，执法必严。三是全面落实再就业税收优惠政策工作。针对区局下发的再就业税收政策的调查通知，对那曲地区自2002年以来再就业税收工作进行了全面调查总结。四是贯彻落实新税收政策的执行工作。认真贯彻实施新企业所得税法的各项工作。实行"一把手"负责制，分管局领导具体组织协调、落实，由政策法规科牵头，各部门紧密配合落实此项工作。一方面抓好了新政策的宣传解释工作，另一方面认真抓好了新税法的培训辅导工作。做好了那曲地区企业所得税优惠政策的清理、衔接工作。按照上级部门的总体部署，对继续执行、部分废止或失效和全部废止或失效的文件进行清理，并对那曲地区已享受减免税优惠政策的企业进行清理，保证企业优惠政策期满后及时恢复征税，为新企业所得税过渡、衔接工作做好了基础准备工作。五是按照区局下发的《 西藏自治区国家税务局关于贯彻落实扶持3•14事件后受影响行业税收优惠有关征管问题的通知》精神，认真完成了此次减免文书受理及申报工作。在办税大厅张贴相关文件，派出人员详细解答纳税人提出的各类问题，并设立专门窗口办理减免税事项，共计办理营业税减免249户，企业所得税减免14户。

【**加强税务稽查**】2008年，那曲地区税务局积极发挥税务稽查作用，深入开展税收专项检查。2008年那曲地区税务稽查部门已完成对旅游宾馆、房地产业、烟草、金融保险、电力矿产等行业的专项检查，共检查纳税人10户，结案9户，查补税款、滞纳金及罚款共计134万元，以"假报停户、清理欠税、未办证户、逾期未申报户"为重点治理对象，累计检查409户次，累计发现有问题户数102户，累计查处税款31.09万元，加强对涉税举报案件的查处工作。2008年，那曲地区共查处举报案件3起，结案两起，入库查补税款及滞纳金、罚款共计0.58万元。

那曲地区邮政工作

【**业务发展情况**】2008年，那曲地区邮政局邮政业务总量累计完成824.6万元，同比增长31.7%。邮政业务总收入1197万元，同比增长21.05%。全年完成邮运千米58.8万千米，邮运准班率达100%。实现全年生产无事故管理目标。

【**经营措施**】2008年，那曲地区邮政局为促进重点业务的发展力度，制定了本局专项业务考核办法。每月并结合区公司和分行的经营通报，对本局各生产经营单位的经营情况进行分析、通报，提出发展指导意见，以协调全局业务的共同发展。

年内，积极转变营销思路，对地区三个经营单位的上门服务进行了规范，大客户全部归口客服中心统一管理和服务，更加明晰了各部门的营销职责和范围，重新理顺了服务思路。客户服务中心对包裹大客户实行一对一客户经理服务制，详细建立了包裹大客户服务及用邮信息登记表，实行逐月分析客户用邮信息的变化情况，良好周到的服务，赢得了客户的信赖和赞许；名址信息库对商函的拉动作用显现，利用行政村名址信息，成功开发了那曲地区人民银行反假币宣传数据商函，使用名址信息1296条，填补了那曲地区邮政局08年商函业务开发的空白；大力开发、销售封片卡业务；根据区公司具有创新经营的营销思路，以"家乡速递"为特色品牌的"五节联送"活动的全面开展，对于那曲地区邮政局积极调整经营思路起到了实质性的作用。

结合自身工作实际，提出各县局速递信息补录平台的建设意见，在上级部门的指导帮助下，顺利完成各县的速递信息平台的建设和投入使用，使各县局速递数据补录和因上传存在的诸多问题得到了彻底的解决，实现了补录时限快，责任划分清晰；

根据两网互通工作运行情况，对地区营业大厅的封发关系进行了合理调整，解决了两网互通传递时限问题，有效缓解了分拣封发部门的压力，进一步优化了内部作业流程。

【**邮政通信建设**】2008年，那曲地区邮政局信息支撑能力进一步提高，一是抓制度建设，修改完善了《那曲地区邮政局POS机管理维护办法》，加强了对POS机的日常管理维护工作。二是抓有效监管，执行月通报制度，对全网运行情况进行临时监测，并加强了维护工作。三是完成了联网核查公民身份证系统的安装与调试工作。四是新安装十字所ATM机一台，加强ATM机日常维护与管理工作，圆满完成了奥运会期间那曲地区4台ATM机监控录像的拷贝工作。五是有效地解决了人力、财务系统影响生产网的情况。六是完成了电视电话会议系统的安装调试工作，更好地满足了内部交流、职业培训等工作需要。七是做好速递二期工程上线工作。全局邮政信息网运行总体平稳。

基层生产生活条件得到逐步改善。一是邮运能力得到进一步改善。全年更新邮运车辆5台，新增投递车辆4台，使邮运能力得到进一步增强。二是局所标准化、网点建设又有新提高。自2007年年末至2008年，在区邮政公司的大力支持下，先后投资1104万元，对那曲地区八个县局进行标准化建设、地区局综合楼维修以及职工周转房的新建等，极大程度地改善了那曲邮政干部职工的生产、生活条件。同时，根据区邮政公司通邮建设项目规划，先后完成了安多县扎仁镇、雁石坪镇、比如县夏曲镇、索县荣布镇、嘉黎县夏玛镇、巴青县杂色镇、那曲县古露镇、班嘎县北拉镇、尼玛县卓尼乡、聂荣县白雄乡中心乡镇网点申报工作及地方安居工程配套设施六通工程调查核报工作。

【**农牧区邮政通信**】2008年，那曲地区邮政局乡邮邮路有1382条，邮政运输车辆28台，乡邮投递服务车辆14台。一是按照"政治第一"的要求，加强了各县局负责人和乡邮工作人员对农牧区乡邮工作重要性的学习，为较好地完成普遍服务工作任务、维护稳定发挥了积极作用；二是按照量收为出的原则，加强了乡邮专项费用预算和管理。制定下发了《关于做好 2008 年各项费用上报工作的通知》，对劳务费用报表、投递清单的上报时限、填报事项等做出了明确的规定，确保了资金的合理规范使用。三是为进一步提高乡邮员队伍素质，同乡镇政府一起调整了部分乡邮代办员并完成了《乡邮员委代办合同》的续签工作。四是严格执行乡邮车辆专人驾驶、专车专用的管理制度,提高了邮件的时限率。五是根据现行的乡邮成本核算情况，结合物价上涨等因素，制定《那曲地区农牧区乡村邮政通信代办人员劳务费及业务代办发放提成标准（试行）的通知》，并结合乡邮人员劳务费核算中存在的不合理情况，进行了调整。

2008 年全地区邮政普遍服务的乡镇达到 114 个，行政村达到 1285 个，根据现有的道路状况和乡邮运力情况设置乡邮班期，有 61%的乡镇，45%的行政村实现直接投送，其他均由代办乡邮员自取并投送，基本满足了乡村通邮需求。

【领导名录】
书记、局长：周义文
工会主席、副局长：拉巴次仁
纪检书记、副局长：白述本

那曲地区农牧工作

【畜牧业生产情况】2008 年，那曲地区共有各类牲畜存栏 697.69 万头（只、匹），同比减少 33.38 万头（只、匹），降低 4.56%。各类仔畜成活 196.90 万头（只、匹），成活率 83.75%，同比增加 0.18 个百分点；各类成畜死亡 22.35 万头（只、匹），死亡率 3.05%，同比下降了 0.91 个百分点；畜产品产量稳中有升，肉类产量达 6.62 万吨，比上年提高 0.23 万吨，同比增长 3.6%；奶类产量达 4.8 万吨，比上年增加 0.18 万吨，同比提高 3.90%；绒毛产量达 4972 吨，比上年减少 182 吨，同比降低 3.6%；牲畜出栏率达 31.5%。

农牧业总产值达到 12.36 亿元，同比增长 6.44%，农牧民人均收入突破 3270 元，同比增长 15.02%，其中现金收入超过 1962 元，约占总收入的 60%。

【种植业生产情况】2008 年，那曲地区农作物播种面积为 70719.09 亩，其中：粮食播种面积为 54716.53 亩，经济作物播种面积 7461.93 亩，饲草播种面积 8540.63 亩。全地区粮食总产 1.03 万吨，经济作物产量 0.097 万吨。在沃土工程方面，各有农县鼓励农民尽可能多的使用农家肥，根据实际需要，共调运了 93 吨化肥（二铵 50 吨、尿素 43 吨）。

【畜牧业结构调整】2008 年，那曲地区畜牧业结构调整工作坚持以各县(区)特色产业为基础，在“发展牦牛（含黄牛）、适度发展山羊、减少绵羊、控制马”的总原则下，加大对畜种、畜群结构调整力度，继续提高适龄母畜、种畜及后备畜的比例，制定合理的饲养年限，加大出栏工作力度，加快周转、缩短生产周期。进一步培育和提高那曲地区三大优良畜种资源的数量和质量，积极建立以娘亚牦牛、多玛绵羊和西部白绒山羊为重点的优良畜种短期育肥点，大力推广那曲地区三大优良畜种资源。目前，全地区“娘亚”牛达到 11.2 万头，多玛绵羊达到 57.4 万只，白绒山羊达到 108.7 万只。截至目前全地区牦牛、山羊、绵羊和马的比例已从 2007 年的 26.35:21.26:51.12:1.27 调整到 2008 年的 26.47:21.15:51.36:1.02。

【种植业结构调整】2008 年，那曲地区种植业结构调整按照“稳粮增收调结构”的总体要求，一方面调整了各类作物的播种面积，另一方面积极推广优良品种，大面积推广了藏青 148、藏青 320、藏青 3179 和北青 3 号等青稞优良品种，提高了全地良种覆盖率，使老化、退化作物品种得到了更新，提高了单位面积产量，取得了较好的效果。“粮、经、饲”比例已从 2007 年的 73.7:12.2:14.1 调整到 2008 年的 77.3:10.6:12.1，加大了经济作物的种植面积，种植业结构进一步合理。

【加大牲畜出栏促增收】2008 年 5~8 月份，那曲地区牲畜暖季出栏总数为 19.50 万头（只），其中上市总数为 15.05 万头（只），上市部分可增加农牧民现金收入为 8052.6 万元。

【成功举办第三届畜产品展销会，切实增加农牧民现金收入】为减少雪灾造成的损失，那曲地区举办了第三届畜产品展销会，实现交易总额 6395.02 万元，比上届畜产品展销会交易总额增长 233.55%。本届畜产品展销会共销售活牛 426 头，实现交易额 156.34 万元；销售牛肉 4044505.3 斤，实现交易额 5514.00 万元；销售羊肉 605653.8 斤，实现交易额 646.77 万元；中药材及土特产实现交易额 75.86 万元，旅游产品实现交易额 2.05 万元。

【努力加大劳务输出力度】2008 年，那曲地区劳务输出人数 45050 人，同比增长 11%；劳务输出收入 6370 万元，同比增长 4.6%。

【通过产业化项目，带动农牧民增收】扶优、扶强、扶大为突破口，结合那曲地区农牧业特色产业项目建设，积极组建农牧民特色产业经济合作组织。紧密围绕项目区短期育肥特色产业，积极培育农牧民专业合作经济组织，鼓励和支持农牧民发展城郊、合同、订单牧业，截至目前，全地区已建立牲畜短期育肥点 198 个、各类农牧民专业合作经济组织 148 个（有一定规模的有 58 个，其中有 48 个已注册），农牧民经纪人 1354 人。2008 年，全地农牧民经济合作组织实现收入就达 7136.94 万元。争取落实了一批特色产业项目，国家共投资 3402 万元，农牧民群众通过参与项目建设实现劳务收入达 300 万元以上。

【利用第二、三 产业，增加群众现金收入】那曲地区农牧民群众积极参与当地的道路交通建设、矿产资源开发、旅游和餐饮服务业。目前，那曲地区有 28 户、60 余名农牧民群众从事旅游工艺品生产，人均年收入 4 万余元，“藏家乐”6 家，从业人员达到 100 余人，旅游旺季月均营业额超过 20 万元。嘉黎县绒多乡群众以组建运输队的形式，积极参与当地矿产资源开发，运输队现有车辆 120 多辆，受益人数 620 人，人均收入由组建之前的 1000 元增长为组建后的 5000 元，其中现金收入3000多元。

【利用虫草资源优势，促进农牧民增收】2008年，那曲地区6县47个乡镇472个采集点，参与采集虫草的牧民群众达到122245人，采集虫草约20815.9公斤。按3.5万元/斤计算，人均收入达到11920元。

【领导名录】
书记：洛扎
副书记、局长：多杰热登
副局长：梅爱祥、赵领恩、袁 勇
调研员：尹应贤、丁兴民
副调研员：扎西朗杰（藏族）
党组成员、畜牧兽医总站站长：曲久
党组成员、乡企局支部书记：程大德

那曲地区交通工作

【加大农村公路建设力度】2008年，那曲地区交通局投资2.9亿元实施了56个农村公路建设项目，其中重点项目6个，一般项目50个，新增农村公路里程1230.0千米，新建桥梁19座/773延米。

【通县油路建设进展顺利】那聂公路改建工程于2008年5月10日正式开工，2008年共完成投资1亿元，完成总工程量的60%。那聂公路有望2009年2009年10月份如期竣工验收。同时，投资3.5亿元，总里程为175千米的纳木措至班戈县城通县油路于2008年4月28日开工，截止2008年底已完成投资1.7亿元，完成总工程量的48.6%。

【严把工程工程质量关】2008年，那曲地区交通局一严格执行项目法人管理和工程质量终身责任制度，完善招投标制度，选择实力强、信誉高的施工单位进入招标市场；二是对项目资金严格实行了专款专用；三是以法人、施工、监理、质检为主体单位，实行归口管理的档案管理制度；四是按照基本建设程序对项目执行招标、投标制度、合同管理制度、项目监理制度和项目法人制度；五是加强监督检查，严把材料关和施工工艺关，同时对监理单位也紧抓不放，使他们真正为业主服务。使2008年各项工程都达到了合格。

【坚持超前规划，积极争取项目】2008年，地区交通局超前做好交通发展规划，提早开展设计，做好项目储备，积极上报。由于规划研究的超前性，使得一大批项目只要条件具备就能很快开工建设，有效保证了那曲地区交通的可持续发展。省道305线和国道317线油路有望在2009年分期开工建设。同时，积极争取更多项目，加大农村公路建设力度。

【公路好路率有所提高】2008年，那曲地区交通局投资2410万元，改建8座危桥，新建42道涵洞，新建道班（工区）7座；整治路基76千米。八个公路段共完成铺料（备料）15万立方米，使好路率达到56%，与2007年同比增长19个百分点，综合值达到68，同比增长9个百分点。同时给全区11个县（区）下拨农村公路养护经费2850万元，从资金上保证了农村公路的养护与管理。

【全力维护路产路权】2008年，那曲地区交通局一是在国道317线和省道301线上修建了路政临时监控站；二是从三月份开始安排了野外路政人员加大野外路政巡查力度，并做到24小时检查监控设卡，对来往超限运输车辆进行过磅，有效控制了车辆超载，有效保护了公路、桥梁，维护了路产路权，为国家挽回经济损失60余万元；三是对国道317线所有钢架桥梁进行了全方位的维修，及时消除了317线安全隐患；四是加大了对路政执法人员的培训教育工作力度，2008年又有八名路政执法人员考入大专，使路政执法人员的文化程度大部分都达到大专以上，路政执法人员的文化水平得到极大提高。

【交通企业稳步发展】2008年受3•14事件的影响，给那曲地区交通企业造成了巨大的经济损失，特别是给客运公司造成直接经济损失250万元。但那曲地区交通企业充分发挥勇于市场开发、善于深挖潜力等优势，克服3•14的影响，加强公司内部管理，深挖企业内部潜力，积极拓展市场，从其它方面挽回经济损失，并实现了较好的成效。2008年完成客运量13.89万人次，客运周转量416.69万人次，实现利润105万元。

【领导名录】
书记、副局长：典地
副书记、局长：最嘎
副局长：金晓明、张朝旭、陈朝、刘光烈
调研员：高玉林
工会主席：王玉康

那曲地区教育体育工作

【攻坚克难，实现“两基”目标】“两基”攻坚实施以来，那曲地区教体局将80%以上的人财物全部投入到“两基”工作下乡督促检查、验收、复查过程中，不断完善“两基”攻坚制度建设，一是督促各县（区）成立县委县府一把手任主任，以主管教育副县长任常务副主任的教育督导委员会；二是完善“两基”攻坚周报、月报、阶段总结制度建设，加大“两基”攻坚县的招生劝学、“控辍保学”督促检查力度。每年三月份开始，就组织精干人员，深入到各县、各乡、各学校蹲点、检查、指导。通过不懈努力，到2008年9月份那曲将历史性地基本实现“两基”攻坚目标。到2008年底，全地区小学在校生人数达到54862人，入学率达到98.54%，在校生数较2001年增加了69%，入学率提高了34.54个百分点；初中在校生人数达到18798人，入学率达到77.38%，在校生数较2001年增加15876人，增加543%；高中在校生人数达到2808人，较2001年增加2049人，增加269%；中等职业学校在校生达到1100人，在校生数比2001年增加835人，增加315%；2001~2008年共向内地西藏班（校）输送小学优秀比业生2136名，录取分数线提高到228.5分；中考录取率从2000年的86%提高到2008年的100%；高中办学规模不断扩大，学校管理不断加强，高考人数不断增加，办学层次不断得到提高。幼儿园在园人数由2001年的139人提高到现在的1039人。

【狠抓管理，规范办学行为】通过学校

评估机制的建立，加强对学校办学水平教育质量的评估和监督检查、组织教育考察和目标管理等办法来抓管理、促发展，采取"一年一签订，一年一评比，一年一总结"的办法来落实这项工作。2006年地区教体局，再次对全地区11所初级中学和15所县完小以上小学进行全面细致的评估。首次评出了地区级示范学校7所，薄弱学校3所。从"七五"初到"十一五"期间累计共组织开展大小评估、检查和考察十余次。通过规范和加强，教育的整体管理水平得到了很大的提升。

【深化改革，教育教学成果明显】到2008年先后有150多名教师通过公开竞聘进入地直学校。目前已经形成了进入地直和县直学校"凡进必竞聘"机制，深化了人事制度改革，建立了选拔优秀人才的激励竞争机制。2007年从地直各中小学和东中部县选派37名优秀教师到双湖区和尼玛县进行支教交流，双湖区和尼玛县派10名教师到地直各中小学和东中部县交流。使教师交流制度得到进一步的推广和完善，促进和带动了县际和校际教育的交流，促进了教师的合理流动。

目前，在全地区38个教学点配备了光盘教学设备，覆盖率为100%；在58所乡（镇）小学配备了现代远程教育班班通，覆盖率为32.2%；在139所中小学建设了卫星收视设备，覆盖率为84.2%；在10所中小学建设了计算机网络教室。现代教育技术和媒体的普遍使用，促进了教育教学质量和教师现代教育技术素质提高

【现代信息远程教育】截至2008年底，在38个教学点配备了光盘教学设备，覆盖率为100%；在58所乡（镇）小学配备了现代远程教育班班通，覆盖率为32.2%；在139所中小学建设了卫星收视设备，覆盖率为84.2%；在10所中小学建设了计算机网络教室。教育资源建设得到加强，优质教育资源共享机制正在形成，信息技术在教学中的应用日益广泛和深入。

【领导名录】

书记：李全龙

副书记、局长：永旦扎巴

副局长：陈宁一、胡明昊、康希娥、罗布次仁

调研员：斯塔、次仁多吉、次仁顿珠

那曲县

【基本县情】那曲县位于唐古拉山和念青唐古拉山之间，地处青藏高原腹地，是那曲地区的中部县，北接安多、聂荣，南邻嘉黎，东至比如，西连班戈，平均海拔4527米，地形较为平坦开阔，相对高度为100—200米，属高原丘陵地形。

那曲县是地委、行署的所在地，是藏北的政治、经济、文化中心。青藏公路由南至北穿越了县内3镇2乡，西有黑阿公路，东有黑昌公路，南有那嘉公路，使那曲县成为藏北的交通枢纽，是连接区内外的窗口和平台。镇内驻有大量的地区机关、军队、学校、医院等单位，市场繁荣，经济相对比较发达。

全县土地面积2.8万平方公里，辖3镇9乡，3个居委会、153个行政村、1048个自然村。2008年全县总人口92908人。

全县草地总面积2080万亩，可利用草地面积1872.60万亩。草地类型为主要是高寒草原类、高寒草甸类、高山草甸草原类等，主要植被有高山嵩草、高山矮嵩草、高寒垫状植被。重要种群以莎草科和禾本科植被为主。

目前探明的矿产资源有12种，其中以砂金、硼砂、芒硝、铁、铜、锌、锑、锡、金为丰富。由于受资金、技术的影响，全县境内的矿产资源开发有限。

美丽的草原，星罗棋布的湖泊，加之蓝天、白云的映衬，构成了青藏高原一道美丽的风景线。那曲县现有古路镇的温泉、冬季雪景和卓玛圣谷等高原风景，一直以来是区内外旅游者、考古专家、探险者的好去处；一年一度的羌塘恰青艺术赛马节，集文艺、物资交流、招商引资于一体，是青藏高原的一大盛事。

嘉黎县

【经济发展情况】2008年，嘉黎县生产总值完成40081.75万元，比上年增加11342.55万元，同比增长39.5%。其中第一产业实现增加值4913.6万元，同比增长3.4%；第二产业实现增加值21186.35万元，同比增长53.7%；第三产业实现增加值13981.8万元，同比增长37.1%。县财政收入完成1206万元，同比增长42.5%。农牧民人均纯收入4026元，同比增长26.3%。

【农牧业结构不断优化，产业化水平不断提高】2008年，嘉黎县农牧业总产值完成4913.6万元，与上年同期增长3.4%。种植业方面：全县农作物春季播种面积达5111.25亩，农作物产量达到1204.77吨，比上年同分别增长了3%和5.8%。畜牧业方面：截止年末，全县各类牲畜存栏226071头（只、匹），牛羊马猪的比例调整到74.3：21.5：2.3：1.9，在基本实现"发展牛、稳定羊、控制马"的基础上，藏猪在嘉黎县畜牧业的比重中逐步提高。2008年，嘉黎县各类牲畜75949头（只、匹），出栏率达到33.6%，比上年提高了6.3个百分点。

【工业生产增效明显，是嘉黎县经济发展的龙头】2008年，嘉黎县工业总产值完成21186.35万元，同期增长53.7%。两家矿山累计开发矿石27万吨，创造税收2600万元，为县级财政增收800万元，群众直接受益1100万元。成为拉动工业全面增长、GDP加速增加、财税持续攀升、群众明显增收的主要动力。全县电站累计发电135万度，实现经营收入104万元，同比增长16.9%。

【固定资产投资增加，建筑业持续增长】2008年，嘉黎县固定资产投资计划完成35883.43万元，实际完成21021.17万元，比2007年增长12.3%。其中：工程项目完成投资15104.37万元（项目25个，涉及城市建设、道路桥梁、教育设施、医疗卫生、能源建设等），设备购置完成投资127万元，农牧民安居工程完成投资5789.8万元。

【市场活跃，金融形势平稳】2008年，嘉黎县社会消费品零售总额达到7540.5万元，增长27.5%。全县金融机构各项存款余额12144万元；发放各项贷款7612万元（其中三农信贷5991万元）。城乡

居民储蓄存款余额3158万元。农牧民人均纯收入4026元，增长26.3%。

【大力实施矿产开发】2008年，西藏中凯矿业公司开发的龙玛拉矿业公司、西藏华夏矿业公司开发的蒙亚啊矿业公司累计实现矿石开采27万吨，实现产值16200万元。具体工作开展过程中，制定了坚持一个原则（坚持在开发中保护、在保护中开发）、严把四关（严把市场准入关、严把生态资源关、严把安全生产关、严把群众利益关）、创建和谐矿区、实现一个目标（政府、企业、群众三赢）的“1411”矿业发展思路。

【积极扶持藏药业】2008年，嘉黎县藏药产值顺利突破100万元，达到150万元。年内，在藏药业发展领域，嘉黎县主要采取立足传统藏药生产、开发新特藏药、申请落实藏药准字号，并利用各种传媒，进一步加大嘉黎县藏药的知名度，力争早日进入市场。为确保嘉黎县藏药实现规模生产，共投资1200万元修建神山藏药加工厂和藏医院门诊楼，相关生产设备的购置安装和藏药厂工作人员的招录已全部结束。用创新发展的眼光在全区建立了藏药材资源开发基地，在原来100亩藏药材培植基地的基础上，2008年又新增培植面积200亩。培植基地现有珍稀藏药材28种，可满足日常藏药生产的需要。目前，嘉黎县藏医院制剂室已生产经营藏药产品达186种，年产量达到5千公斤。

【把安居乐业作为建设新牧区的重头戏】年内在地区下达嘉黎县633户安居建设任务的基础上，政府多方筹集资金再建267户，使全年安居建设达到900户，比计划多出42.2%.截止10月底，900户安居房已全部完成。同时，按照典型示范、突出重点、整村推进的安居工程建设思路，在阿扎7村、忠义6村实施了安居示范新村的建设任务。同时，11个村级活动室和3条硬化道路已完成了81.8%和66.7%。目前，嘉黎县农牧民群众居住条件越来越好、基础设施明显改善，发展后劲越来越足。

【把招商引资作为激活县域经济发展的动力引擎】2008年，嘉黎县积极开展招商引资活动，西藏中凯矿业公司、西藏华夏矿业公司两家知名矿产开发企业先后落户嘉黎县，为加快县域经济发展注入了新的活力。全年实现招商引资2亿元，开创了嘉黎历史之最。积极实施对外开放战略，不断加大宣传推介力度。特别是利用“四下乡”的机会，邀请自治区话剧团深入全县8乡2镇进行演出，让群众真正享受了一场文化大餐。同时，西藏电视台《在西藏》栏目也制作了专题节目向全区播出，让区内外真正了解了嘉黎、感受了嘉黎，真正使嘉黎县走出了西藏，走向了全国。

比如县

【基本县情】比如藏语意为“母牦牛部落或母牦牛角”。比如县地处青藏高原东部，唐古拉山和念青唐古拉山之间，属怒江上游流域。它东邻昌都地区边坝县，西接那曲县，南抵嘉黎县，北连巴青、索县。西距那曲265千米，西南距拉萨597千米。因其相对优越的气候条件而享有“藏北江南”的美誉。

1959年，比如县人民政府成立。县政府驻地比如镇。全县总面积1.12万平方千米，辖8乡2镇，175个行政村，7个居委会，232个自然村。2008年底，全县总人口59158人，其中农牧民人口54915人，藏族占总人口的99%以上，共有宗教场所83处，其中寺庙25座。全县草场面积1566万亩，可利用草场面积1200万亩。现有耕地总面积30000余亩，林地130699公顷，森林覆盖率为10.59%。比如县是一个以牧业为主的半农半牧县，产业带分布划分较为明显，西部4个乡镇（夏曲镇、扎拉乡、恰则乡、达塘乡）气候相对干旱，海拔较高，以牧业为主，中东部6个乡镇（茶曲乡、良曲乡、比如镇、香曲乡、羊秀乡、白嘎乡）气候相对暖湿，海拔较低，以农业为主。

【人文自然景观】比如县山清水秀、人杰地灵，有着美丽多姿的自然风光，丰富多彩的民族文化风情，闻名遐迩的雪山神湖，神秘莫测的藏传佛教等人文景观。主要的旅游景点有：夏曲镇布龙麦莫溶洞，茶曲多多卡骷髅墙，达塘那拉神山、香曲康下神山、玉琼扎措神湖，羊秀普宗沟萨布雪山、桑措神湖，白嘎那如国布扎西山，白蓝双色神湖和野生动植物保护区。

【国民经济快速发展】2008年，比如县完成生产总值3.89亿元，其中第一产业完成13145.08万元，第二产业完成9364.38万元，第三产业完成16390.2万元。产业结构比例为28:25:47。农村经济总收入28607.14万元。农牧民人均收入3940元，比上年增长14.9%，其中现金收入3320元，比上年增长24.58%。完成地方财政收入377万元，比上年增长15.64%。实现税收401.6万元，比上年增长41.6%，其中虫草税收259407元，比上年增长43.63%。全县各类存款余额11566万元，比上年增长4.6%。发放各类贷款11699万元，其中涉农贷款9505万元。虫草产量11663斤、收入18661万元。

【社会事业全面进步】2008年，比如县现有中学1所，公办小学11所。2008年，全县共有小学在校生6672人，入学率达98.72%，巩固率达98.35%。中学在校生2897人，入学率90.4%，巩固率达97.96%。“扫盲”、“普六”工作进一步巩固，“普九”工作顺利通过区、地验收。电教工作全面启动，职业教育步伐明显加快。

2008年，比如县有医院3个，乡镇卫生院9个。2008年参加农村合作医疗57383人，覆盖率达97%。积极开展计划免疫和强化免疫工作，接种率分别达97%和99.4%。认真贯彻落实计划生育政策，不断提高计生服务水平，人口自然增长率为9.33‰，发放“一孩双女”家庭扶助金45万元。

2008年，比如县广播、电视覆盖率分别达到75%和95%。积极开展改革开放30周年庆典活动，成功举办第三届娜秀民间文化艺术节。“达布尔谐”被评为国家级非物质文化遗产。修建村级文化活动室47个。

【援藏工作】2008年，比如县高度重视受援藏工作，形成了第五批援藏工作

"2244"总体思路，积极创造了良好的援藏工作氛围。确定了加强基础设施建设、加大新农村建设力度、加快社会事业发展、全面提高干部队伍素质、适当改善乡镇部门工作条件等五大类28个项目，投入援藏资金5000万元，其中个人援藏资金2500万元。县城"五路一街"、完小教职工周转房、象山文体活动中心、卫生服务中心，基层政权建设等本批援藏项目顺利完工。

【获奖情况】

西藏自治区人民政府授予农行比如县支行金融服务"三农"先进集体。

西藏自治区人民政府授予比如县"普及九年义务教育县"。

西藏自治区人民政府授予比如县"扫除青壮年文盲县"。

西藏自治区人民政府授予比如县"冬虫夏草采集管理工作先进县"称号。

【领导名录】

书记：张世方

副书记、人大主任：罗布央钦

副书记、县长：才仁朗公

常务副书记：索朗嘎瓦

县委常委、政协主席：嘎旦

聂荣县

【经济发展情况】2008年，聂荣县生产总值完成26504.17万元，比2007年增加3994.86万元，同比增长17.75%。其中，第一产业完成4836.13万元，同比增长178.86万元，增长率为3.84%，第二产业完成8963.67万元，比2007年增加1586.46万元，增长率为21.5%，第三产业完成12704.37万元，比2007年增加2229.54万元，增长率为21.28%。三次产业比重调整为18.25:33.82:47.93。

【深化牧区改革，牧业生产形势良好】2008年，聂荣县已完成2006年未完成的第一批退牧还草草地补播项目和第二批退牧还草网围栏项目，共补播草地22.95万亩。同时为确保牧业生产安全，县委、县政府与各乡（镇）、县中（直）各单位签订了《牲畜"W"病管理责任书》、《聂荣县2008年牧业责任书》、《2008年灭鼠工作责任书》、《退牧还草工程草地补播目标责任书》等。全县各类牲畜存栏达458622头（只、匹），其中牦牛198596头，绵羊191615只，山羊61696只，马6715匹。全年新生各类牲畜达151918头（只、匹），成活137785头（只、匹），成活率为90.7%，比2007年上升了1.68个百分点。成畜死亡4912头（只、匹），死亡率为1.03 %。牲畜出栏178274头（只），出栏率达37.36%，肉类产量7382吨，奶类产量3271.84吨，绒类产量5.48吨，各类皮张188574张，成功举办聂荣县首届活畜展销会议，采取有效措施积极组织农牧民群众参加那曲地区第三届畜产品展销会，注射各类牲畜免疫密度达100%。

【农牧民安居工程及配套设施建设进展顺利】2008年，聂荣县已投入3193.7457万元（其中国家投资710万元、地区补助36.84万元、援藏配套资金806万元，群众自筹1009.9057万元，县财政配套100万元，群众贷款531万元），在下曲、色庆、尼玛、桑龙、白雄、索雄、永曲、查当、当木江9个乡、117个村、806户中实施了牧民安居工程建设，4911人直接受益。截至目前，全县的安居工程及配套设施建设工作进展顺利，已完成了806户安居房、25个村级组织综合活动场所和4个硬化路面。

【挖掘优势资源，加快特色经济建设】2006年实施的尼玛乡4个点的牦牛育肥项目的定点定户、牦牛入股以及基础设施建设已经完成，目前已完成自验工作。2007年总投资271.7万元（其中国家投资98.1万元，地方及群众配套173.6万元）在色庆乡、下曲乡、桑龙乡、聂荣镇实施的4个牦牛育肥项目的定点定户、牦牛入股以及基础设施建设已经完成，并与入股户签订了入股合同，目前已完成自验工作。2008年投资300万元（国家投资150万元，群众配套150万元）在下曲乡、实施牦牛育肥项目，目前已与施工队伍签订了基础设施建设合同，项目正在建设中；投资160万元（国家投资80万元，群众配套80万元）在尼玛乡、色庆乡实施奶制品加工项目。项目的实施方案编制工作、定点与定户工作已完成，目前已与施工队伍签订了基础设施建设合同，项目正在建设中；同时按照"一县一业、一乡一品"的要求，聂荣县始终坚持"牛头羊头就是拳头，牛头羊头就是品牌"的思想，拟开发的"盘羊"品牌系列畜产品正在注册商标。

【对口支援工作力度不断加大】2008年，神华集团向聂荣县共投入援藏资金2190万元，实施办公楼供暖、上下水工程等17个援藏项目，其中牧民安居工程建设资金806万元，占全年援藏资金总额的37%。

安多县

【经济发展情况】2008年，安多县GDP实现33461.69万元，其中，第一产业完成6293•14万元。第二产业完成6408万元，第三产业完成20760.55万元。社会消费品总额完成5071.91万元。固定资产投资总额8000万元。截止到10月安多县财政一般预算收入完成681万元，为年初预算数的73.3%，其中：税收收入125万元，非税收入556万元。2008年能完成收入1000万元左右。截止到10月安多县财政一般预算支出实现7593万元。比2007年同期增加874万元，增长13.01%，

【加大项目投资力度】2008年，安多县按照年初确定《安多县2008年申请中央和自治区基本建设项目计划表》，申请中央和自治区基本建设项目33项。

2008年计划内申请到位项目12项，落实资金计划5513万元，其中申请国家投资4994.8万元、地方配套518.2万元。计划外申请到位项目2项，计划投资2384万元，其中申请国家投资2384万元。

【农牧工作情况】2008年，安多县各类牲畜合计：应生436869头（只、匹），已生328033头（只、匹），成活274994头（只、匹），成活率为83.83%，死亡53039头（只、匹）、流产11505头（只、匹），其中：牛应生54803头；已生31544头，成活30269头，死亡1275头，流产

350头，成活率95.96%；绵羊应生306858只，已生244391只，成活204821只，死亡39570只，流产6416只，成活率为83.81%；山羊应生72346只，已生51514只，成活39422只，死亡12092只，流产4714只，成活率为76.53%，马应生2862头；已生584头，成活482头，死亡102头，流产25，成活率82.53%；与2007年同期相比，各类牲畜成活率增加了0.37%。与2007年同期相比各牲畜死亡率增加了0.12%。

【大力发展建设人工种草】2008年，安多县人工种草建设项目总投资508.442万元。其中国家投资340.442万元，地方群众配套168万元。项目涉及5个乡镇400牧户.实施人工种草6000亩。项目总投资508.442万元。其中国家投资340.442万元，群众劳务配套168万元。现国家投资已到位217.248万元，到位率为63.8%，群众劳务配套168万元，现已劳务配套168万元，到位率为100%。截至目前，按照实施方案建设要求已完成4560亩，完成计划的76%。

【大力加强农牧项目建设】2008年，安多县多玛绵羊短期育肥基地建设项目总投资180万元。其中，国家投资90万元，地方群众配套90万元。目前项目已完成选点、选户工作、基础设施建设等工作已全部完成。现正在做多玛绵羊的入股工作和牧户登记造册，11月份第一批多玛绵羊短期育肥可以上市并产生效益。

西藏安多县牦牛育肥建设项目在安多县帮爱乡1、3村实施。项目总投资400万元，国家投资200万元，地方配套200万元，县农牧局已深入到帮爱乡1、3村2次，做了前期宣传工作，向项目区群众讲明了项目实施的必要性和实施后的重大意义。

西藏安多县奶制品加工建设项目在安多县帕那镇实施，项目总投资140万元，国家投资70万元，地方配套为70万元，目前已评审通过。现已基本完工。

多玛绵羊短期育肥建设项目在玛曲乡、岗尼乡实施。总投资400万元，国家投资200万元，群众配套200万元。

兽防站基础设施建设项目总投资88万元，其中国家投资52万元，地方配套为36万元，在安多县措玛乡、强玛镇、雁石坪镇、扎仁镇四个乡镇中实施。

【加大农牧民经济合作组织培育力度】牦牛育肥基地建设项目于2006年5月落户安多县帕那镇。牦牛育肥项目参与户共377户、受益人口1241人，育肥牦牛1540头。为了做好牧区新型经济合作组织建设，地区农牧局指派专人对农村经济联合合作社组织进行了全程指导和监督，先后完成了牧民思想动员、基地数量、基地选点、基地草场划定、签订入股合同书、选举经纪人和基础设施在建等各项工作。同时按照“扩大规模、流动发展、逐步建设”的发展思路进行建设，也就是牦牛育肥产业协会正式运作后，盈利后的部分资金用于后期工程建设，最终达到建设的标准要求。在基础设施建设新方案新思路确定后，镇政府及时联系施工队组织施工建设。镇政府与施工方签订了5份合同。现已全部完工。牧民合作组织管理体制是由政府引导、农牧民自行组织，由农牧民经济带头人牵头，以入股形式组成农牧民经济合作组织，经工商、税务部门办理相关手续进行注册，同时建立健全相应的规章制度、管理制度。农牧民经济合作组织得到的利润有20%作为组织的滚动资金，另外80%作为组织的分红。

【社会事业大发展】2008年，安多县进一步加强学校安全管理，加大控辍保学力度，努力发展职业教育、远程教育、继续教育，与各乡（镇）、各学校校长签订了各项目标责任书，全力做好“扫盲”各项工作。全县现有初级中学1所，完全小学13所，初级小学4所，适龄儿童4644人，入学率达到98%。小学在校生5129人，其中“三包”生为4978人；初中在校生856人，其中“三包”生为784人。原有青壮年文盲17183人，已脱盲人数为16184人，脱盲率为96.47%。“三包”经费的使用也更加的规范化、合理化、科学化。在“三包”经费的管理上，各学校继续实行“批、账、钱、物”分开，由专人管理，落实日清月结和月公示制度。通过采取下乡检查、培训等形式指导学校的“三包”工作，有效保障了“三包”经费使用的规范、合理。

安多县进一步完善对农牧区医疗制度的再建和管理工作，大力推广个人家庭账户本，加强卫生执法力度，切实做好农牧区免费医疗专项经费管理，狠抓妇幼保健和计划生育工作，强化儿童免疫工作。进一步加强宣传力度，提高公众饮食用药安全意识，全县共实行食品安全责任书7059户，更好地完善和管理农牧区免费医疗专项经费的专款专用和更好地为全县牧民服务。全县2008年共完成了卫生知识培训任务达到了100%。2008年合作医疗共支出基金2886476.80元，其中拨给各乡镇家庭账户基金1541447.28元，拨给民政局2006、2007年医疗救助金285970.70元，截止10月15日共报销1059058.82元，农牧民就医报销人次达3026人次。余额为：841935.36元。

安多县坚持“一手抓发展、一手抓繁荣”的文化工作指导方针，大力培育文化市场，着力丰富偏远乡（镇）的精神文化生活，加强对“村村通”设备的维护，进一步扩大广播电视覆盖范围，认真落实“西新工程”三满播出要求，保证调频广播质量。大力推动“三下乡”活动，建立健全群众娱乐体系，丰富群众文化生活。加大文物管理力度，与各寺庙、各乡（镇）签订了《安多县文物保护安全责任书》。目前。广播和电视人口覆盖率分别达到80%和85%。基本实现电影工作“2131”目标。

安多县大力实施就业和再就业优惠政策。全县共有城镇养老保险参保单位10家，149人；失业保险参保单位10家，381人，工伤保险参保单位9家，125人；生育保险参保单位51家，857人；医保参保单位6家，1153人。安多县五大保险的征收情况：养老保险参保单位8家，人数147人，单位缴纳970442.86元，个人缴纳455377.14元；失业保险参保单位10家，人数381人，单位缴纳340936.03元，个人缴纳170468.02元；工伤保险参保单位9家，人数125人，单位缴纳26139.95元；生育保险参保单位51家，其中机关事业单位单位缴纳以0.4%为准（含两家企业以0.5%缴纳），人数857人，年缴纳合计180434.30元。上类所有保险统筹率100%，上缴率100%。

申扎县

【基本县情】申扎县位于藏北高原腹地南部，北与双湖特别行政区相邻，东部毗邻班戈县，西与尼玛县相邻，南部与日喀则地区的谢通门县和南木林县接壤。县域面积2.5546万平方千米。县城所在地距那曲500千米，距拉萨505千米。平均海拔4700米以上，位于内陆高原亚寒带季风半干旱气候区，气候总体特征是低温、日照时间长；气候垂直变化明显，气候多变，大风、冰雹、雪灾等自然灾害频繁。地表植被覆盖率低，生态脆弱。

现已探明的金属矿有铅、锌、砂金、铜、铬、盐、硼砂、铁等，非金属矿有玉石、水晶石、煤和磷等。野生植物资源主要有雪莲花、一枝蒿、藏当归等。地热资源面积达数10万平方米。以高原裸鳞鱼为主的鱼类资源十分丰富。风能和太阳能资源丰富。野生动物资源主要有藏羚羊、藏原羚、野驴、盘羊、雪豹、黑颈鹤、斑头雁等，仅国家一、二类保护动物就有20多种。境内旅游资源主要有：色林错面积2000多平方千米，已成为第一大湖；世界最高岛屿——错鄂湖鸟岛以及大面积的湿地、连绵起伏的雪山、珍贵的动物、千姿百态的冰塔、溶洞、古建筑、洞窟等旅游景点和丰富多彩的民俗风情、神秘莫测的藏传佛教等。

申扎县2008年实施村级整合工作后，共辖2镇6乡62个行政村，全县有3160户，总人口为18451人(其中牧业人口16949人)。

【经济发展情况】按照自治区"一产上水平，二产抓重点，三产大发展"的产业发展战略，申扎县委提出了"走突出中国特色、西藏特点、符合那曲实际、突出申扎优势"的发展路子，政府狠抓发展措施的落实，通过强化产业支撑，加强项目建设，优化了产业结构，壮大了县域经济。2008年全年生产总值达到21254.17万元，增长9.6%，其中：第一产业3816.18万元，增长16.50%；第二产业4509.99万元，增长9.44%；第三产业12928万元，增长7.08%。农牧民人均纯收入2426元。财政收入完成378万元，完成计划数的59.6%；各项税收完成230.33万元，同比增长39%。

【抓项目促发展，充分发挥投资的拉动效应】针对申扎县财政收入困难、自我发展能力弱的状况，积极实施项目带动战略，在项目的争、建、管、用四个环节上下功夫，取得了积极的成效。全年固定资产总投资首次超过1亿元，共完成涉及农牧林水路、安居工程、能源、政权建设等方面共33个项目建设，其中国家投资21项，援藏投资7项，县财政自筹5项。尤其是群众关注、干部关心的安居工程、能源项目、城市建设、农牧区基础设施建设和产业建设等相继获得审批并顺利实施，有效地改善了城乡基础条件和面貌，优化了发展环境，对拉动牧区经济发展发挥了重要的作用。

【抓产业强支撑，加快经济结构调整步伐】不断加强牧业基础地位。2007年年末全县牲畜出栏242013头（只、匹），出栏率达38.47%，牲畜存栏645672头（只、匹）。全年牧业生产总值达到3816万元，创造了历史最好水平。

加快发展矿产业，在保护好生态的同时不断扩张规模。目前在申扎县备案的具有资质的矿山勘探企业有8家，已经进行开发的有三家企业。

在中信集团公司的支持下，积极进行渔业资源开发的前期研究，申扎县裸鲤资源开发规划获得专家评审通过。藏药开发和生产取得长足进步，目前正在积极创造条件，加快商标注册保护工作。

加大对第三产业的政策扶持，全年实现多种经营收入1231.1万元。

【抓培训增技能，积极促进牧民增收】2008年累计培训牧民群众2493人次，对牧民群众转变观念、提高技能、增强致富能力起到了积极的作用。

采取走出去的办法，积极推进换脑工程。通过组织村委会主任到区内先进地区参观学习等方式，促进观念转变和市场意识形成。通过制定政策鼓励支持农牧民专业合作组织发展，通过贴息贷款组建扶贫车队、牧民施工队、建设砂石场等提高牧民群众的组织化程度和市场意识。

加大劳务输出力度。全年劳务输出5917人次，实现收入769.55万元。

【领导名录】
书记：魏世魁
副书记、人大主任：觉多
副书记、县长：杨赤卫

索县

【经济发展情况】2008年，索县生产总值完成2.6亿元，比上年增长16.34%。其中，第一产业增加值6955.74万元，第二产业增加值6308.6万元，第三产业增加值1.29亿元，第一、二、三产业分别增长15.97%、27.53%和11.18%。三次产业结构比例调整为27：24：49，经济结构进一步优化。地方财政收入完成617万元，同比增长16.2%。农牧民人均纯收入2584元、同比增长14.08%，其中现金收入达2107.93元、同比增长23.55%。

【农、牧、林产业稳步提升】2008年，索县政府加大政策扶持和资金投入，全面落实粮食直补、良种补贴等支农惠农政策，积极进行农牧业结构调整，加快牲畜出栏，加强林业工作。农、牧、林业实现产值6955.74万元，同比增长15.97%。农牧业结构进一步优化，粮、经、饲比例调整为75：16：9，牛、羊、马比例调整为66：30：4。全县粮食总产量5158.51吨。虫草产量2184.45公斤。各类牲畜存栏19.62万头（只、匹），牲畜出栏6.7万头（只），出栏率达31.7%。牲畜疫苗注射率达100%。义务植树造林6882株，涉林案件大幅减少。

【基础设施建设步伐加快】2008年，索县共争取国家投资1.37亿元，援藏资金600万元，吸引民间投资近6000万元。除安居工程外，开工建设项目33个，其中新建22个、续建11个，对经济的拉动作用明显。认真执行项目招投标规定，严格落实项目"五制"，进一步加强了农村饮水安全工程、县城排水工程、西江公路、热赤公路等重点工程的建设与管理。调整充实了索县项目管理领导小组，召开了项目管理工作会议，全县项目管理、基建管理基本走上了制度化、规范化道路。

【对口援藏成效显著】大连市第五批援藏干部坚持高标准、严要求，认真做好援藏项目工作，把援藏资金的投入同改善农牧民生产生活条件，实现各族群众根本利益结合起来，加大了援藏资金向基层、向农牧区倾斜力度。2008 年第五批援藏资金到位 600 万元，进行了索县大连商业中心、干部教育培训中心建设，对职业教育培训中心、卫生服务区、广电中心进行了维修或改扩建，为索县经济发展增添了活力。

班戈县

【经济发展情况】2008 年，班戈县生产总值完成 28266.27 万元，同比增长 12.40%。其中第一产业完成 9439.09 万元，同比增长 11.8%；第二产业完成 7226.83 万元，同比增长 15.96%；第三产业完成 11600.35 万元，同比增长 10.65%，地方财政收入完成 446 万元，同比增长 15%。牧民人均纯收入达到 2758.4 元，同比增长 14.45%，其中现金收入 1483.42 元，同比增长 6.92%。

【狠抓首要任务，以安居乐业为突破口的新农村建设扎实推进】2008 年，班戈县农牧业生产稳步增长。坚持深化牧区改革，创新牧区发展之路，优化牧业产业结构，以市场经济的理念抓牧业，积极扶持壮大牧民专业经济合作组织，加快牧业结构调整步伐，大力改善牧业基础条件，促进牧区和牧业经济全面发展。2008 年，全县各类牲畜存栏数为 103.04 万头（只、匹），比 2007 年减少了 3.08 万头（只、匹）；出栏率达到 35%；各类仔畜成活 27.8 万头（只、匹），成活率 78.8 %；肉类产量 6058.28 吨，同比增长 8.13%；奶类产量 4593 吨，同比减少 5.82%。

牧民生产生活条件显著改善。2008 年，共筹集资金 1430.6 万元，有效解决了 887 户牧民群众的住房问题和 380 户 2983 人、61508 头（只、匹）牲畜的饮水问题，安居工程超额完成了 307 户。向牧区发放太阳能照明工程 887 套。投资 936 万元，实施了 34 个村（居）委会的文化活动室建设。修建乡村公路 4 条。村级道路硬化 2.4 千米，养护公路 452 千米，新建 1 个牦牛肥基地和 1 个奶制品加工点。加强草原生态建设投资 1153 万元实施退牧还草工程，禁牧 20 万亩，修牧 50 万亩，补播 21 万亩。积极协调自治区相关部门争取资金 800 万元，解决了班戈县农牧民多年网围栏工程贷款还款难问题。实现劳务输出 5306 人(次)，劳务收入达 562 万元；组织牧民群众参与技能培训达 1527 人。积极组织参加了那曲地区第三届畜产品展销会，畜产品交易金额达 880 万元，并成功举办了班戈县首届冬季畜产品展销会，畜产品交易金额达 77 万元。

积极探索牧区改革之路，努力增加牧民群众收入。牧民专业经济合作组织初见成效。2008 年在以往工作的基础上完善成立了普保镇一居委合作经济组织、小康示范村牧民经济人协会专业组织、佳琼镇 5 村牧业专业合作经济组织和双湖区巴林乡一村与班戈县马前乡二村牧民专业合作经济组织等 4 个牧民专业合作组织。吸纳牧民群众近 3000 人，辐射带动附近乡村牧民 4000 多人，生产经营服务范围已经逐步扩展到了牧业生产、畜产品销售、劳务输出、技术服务等"一、三"产业领域，为增加牧民收入起到了积极的作用。地委、行署在班戈县成功举办了 2008 年那曲地区农牧民专业合作经济组织暨农牧业产业化示范点现场会，对班戈县给予了 40 万元奖励。

【社会事业协调发展】2008 年，班戈县适龄儿童入学率达 99.3%，初中学生入学率达 90.26%，并顺利通过了自治区普九验收。新型牧区医疗制度覆盖 4 镇 6 乡，86 个行政村（居委会），覆盖率达 100%。为全县村卫生医疗点配置了 90 套医疗器械，积极开展计划生育工作。按照"三为主、三结合、三坚持"的工作方针，大力宣传计划生育技术服务条例、妇幼保健、生殖健康和计划生育相关知识，人口自然增长率控制在 10.16‰以内。

2008 年共安装了 9 座单收站、3 座"6 +3"收转站，积极完成了各系统内"村村通"收转点和各百姓零散用户的转星工作，切实保障了广大牧民群众及时收听、收看到北京奥运会，全县电视覆盖率达 33%，广播覆盖率达 32%。

【领导名录】

人大主任、县委书记：索朗扎巴

副书记、县长：巴塔

县委常委、政协主席：桑珠

巴青县

【基本县情】巴青县，"巴青"藏语意为"大牛毛帐篷"。位于那曲地区东部，怒江上游。东靠昌都地区丁青县，西接聂荣县，南依比如县、索县，北邻青海省杂多县。全县平均海拔在 4500 米以上，总面积约 2 万平方千米，居住着藏、汉、回、土家等民族，总人口 42356 人，是一个以牧业为主农业为辅的大县。县委、县人民政府驻黑昌公路沿线的益曲河北岸——达尔塘。

【社会经济发展迅速】2008 年，巴青县经济运行总体保持了良好发展态势。全县实现生产总值 36469. 95 万元，较上年增长 13%；其中第一产业完成 8590 万元，较上年增长 3.4%；第二产业完成 6810 万元，较上年增长 1.2%；第三产业完成 21069. 95 万元，较上年增长 22%；全社会固定资产投资总额达到 19000 万元，其中国家投资近 12000 万元；社会消费品零售总额达到 9830 万元；农牧民纯收入达到 3492. 99 元，比上年增长 16. 14%；人均现金收入达到 2893 元；全县地方财政一般预算收入完成 346.1 万元。2008 年全县牲畜存栏数达到 406231 头（只、匹），比上年牲畜存栏数减少 38775 头（只、匹），出栏率和畜产品商品率分别由上年的 26.16%、61.2%提高到 2008 年的 33.03%和 73.3%；虫草产量达到 3464. 245 公斤。全县劳务输出达到 3100 人，实现创收 578 万元。

【安居工程取得巨大成果】2008 年，巴青县安排安居工程 1863 户，总投资 10386.1 万元，受益人口 9315 人。其中：游牧民定居 1496 户，民房改造 367 户；自治区投资 2611 万元，群众筹资 7452

万元，地区贴息 55.05 万元，县级贴息 55.05 万元，贷款 195 万元，作为 2008 年巴青县农牧民安居工程建设配套资金。按照地区年初制定的农牧民安居工程建设要求，截止 9 月份，全县已发放建设资金 777.55 万元，完工 1661 户，确保了广大牧民群众能够住上宽敞明亮、家居美化的新房。

安居工程综合配套已解决通水人口数 2180 人；解决通电户数 401 户；解决通路 79 个行政村；实现广播电视村村通；26 个村电话村村通；基本解决村村通邮；建成了 9 个乡文化站和 16 个村级文化活动室建设。工程通过并得到区、地两级验收组的验收和好评。牧民安居工程“六通”工作进展良好，通水人口 2180 人、通电 401 户、通路 79 个行政村、156 个行政村全部通邮和通广播电视、通电话 80 个行政村；完成 7 个村级活动场所建设。

【牧业项目建设成效显著】一些农牧业续建项目在 2008 年建成并发挥作用。天然草地退牧还草工程涉及草场面积达 90 万亩，惠及本塔、岗切、玛如、江绵及贡日五乡镇，其中草场禁牧 48 万亩（含草地补播 27 万亩）、休牧 42 万亩。牦牛育肥带在巴青县拉西镇 28 村建设，修建牛圈 6930 平方米，牛棚 3200 平方米，太阳能保暖机井 11 眼，年育肥牦牛可达 1600 头。可实现销售收入 528 万元，受益群众年增收 93.45 万元；在贡日、岗切、县牧场的牦牛育肥项目，已确定人畜饮水点，畜圈暖棚的维修等前期筹措工作，育肥牛 6000 头已入股，工程正在建设之中；在本塔乡短期育肥项目正在实施当中，组织群众 1800 头育肥牛入股。

【社会事业取得巨大进步】2008 年，巴青县进一步加强基础教育，不断加大基础教育软硬件设施建设力度，全面开展“扫盲”工作，促进教育事业健康发展。2008 年，巴青县学生巩固率和入学率分别达到 98．64%和 96.54%，小学、中学升学率分别达到 98%和 100%；全县 156 个行政村中有 150 个村达到了脱盲水平，全县非文盲率达到 96．43%；职业教育得到了很好发展，行政村中共办文化技术学校 140 个，村文化技术学校办学面达 81.4%；全县 18~50 岁的人口有 16277 人，培训面达 83.77%，群众的文化素质得到了普遍地提高。

2008 年全县共有各级各类医院（卫生所）11 所、疾控中心 1 个，共有医护人员 70 人，县人民医院有床位 42 张、9 个乡镇卫生院共有床位 40 张。积极实施农牧区合作医疗制度，目前参加合作医疗的总人数达 40125 人，免费医疗覆盖率达 98%。大力开展计生工作，人口出生率控制在 14.71‰以内，人口自然增长率控制在 10.6‰以内；向农牧区义诊 35021 人次，免费发放药品 55500 元。

截止 2008 年，“村村通”单收站已建成 162 座，覆盖所有行政村，向自然村扩展 54 座，由原来西藏 1、2 台增加为现在的 44~53 个台，行政村全部通广播电视。2008 年，在自治区文化厅的大力支持下，投资 324 万元新建了 9 座乡（镇）文化站，并在原有电视单收站的基础上，新建 12 座单收站。落实“2131”工程优惠政策，深入开展“三下乡”活动，组织放映队到农牧区巡回放映电影 10 多场；进一步加大对娱乐场所的监管力度，认真开展“扫黄打非”工作，组织文化稽查人员 21 次对全县三家音像出租点、六家 VCD 歌碟出售点及一家网吧进行了检查，净化了文化娱乐场所和音像市场，为巴青县社会提供良好的文化环境。

为确保 2008 年政府公益性岗位的全面落实，巴青县积极组织，周密筹划，解决了 20 名城镇就业困难人员的就业问题。截止 9 月下旬，城镇新增就业人员 27 人（含 35、45 岁人员），其中：固定就业 27 人，灵活就业 180 人，签订就业合同 27 人，签订率 100%。养老、失业、医疗、工伤、生育五大社会保险试点工作正在稳步推进，2008 年，养老保险参统 23 家，申报参保人数 128 人，同比增加 20 人，应征缴保险金 1101839.79 元；失业保险参统 23 农，申报参统人数 378 人，同比增加 53 人应征缴保险金 467448.42 元；新增医疗保险申报参保人数 942 人，其中机关单位 495 人，事业单位 105 人，企业单位 63 人教育事业 279 人，保险金正在征收中；工伤保险参统单位 23 农，参统人数 386 人，同比增加 59 人，应征缴保险金 90094.71 元；生育保险参统 62 家，参保人数 709 人，同比增加 113 人，报销生育费用 24422.87 元。

尼玛县

【经济发展情况】2008 年，尼玛县生产总值完成 29546.58 万元，同比增长 17.74%，其中第一产业完成 6237.18 万元，同比增长 3.92%；第二产业完成 4090 万元，同比增长 10.5%；第三产业完成 19219.4 万元，同比增长 24.87%。县级财政收入 613 万元，同比增长 12.27%。农牧民人均收入达 3621.38 元，同比增长 18.36%，其中，现金收入 2316.80 元，同比增长 13.37%。乡镇企业收入完成 892.37 万元，多种经营收入完成 1596.88 万元。全年组织各种劳务输出 4989 人次，实现收入 756.28 万元。

【农牧业稳步发展】2008 年，尼玛县农牧业生产形势良好。截止 2008 年底，全县牲畜存栏 1121283 头（只、匹），其中：牛 90917 头，绵羊 603235 只，山羊 419205 只，马 7926 匹。全年出栏牲畜 399232 头（只、匹），出栏率为 34.58%，同比增长 2.8 个百分点。农畜商品综合商品率达 54%，同比增长 1 个百分点。幼畜成活 351396 头（只、匹），幼畜成活率为 78.80%，同比下降 4.71 个百分点；各类成年牲畜死亡 47647 头（只、匹），死亡率为 3.06%，同比下降 2.32 个百分点。畜产品产量：肉类 7670.24 吨，奶类 3059.96 吨，羊绒 184.69 吨，羊毛产量：788.51 吨，其中绵羊毛 693.91 吨，皮张 519993 张，其中牛皮 22759 张、羊皮 401053 张、牛犊皮 809、猾皮 46981、羔皮 48391 张。地区第三届畜产品展销会期间，尼玛县共销售牛羊肉 7.6 万斤，皮张 748 张，酥油、奶渣 2786 斤，实现销售收入 90.47 万元。尼玛镇举办的首届畜产品展销会共销售牛羊肉 932 头（只）及部分酥油、奶渣，使农牧民直接增收 27 万余元，为畜产品进入市场搭建了一个很好的交易平台，为农牧民增收和引导农牧民转变观念起到了积极作用。全县农作物播种面积 1979 亩，青稞产量 152.25 吨。在春耕期间，地区科技局聘请自治区农科院专家，赴文部、甲谷两乡开展科技扶贫工作，向群众免费发放 2.4 万斤 4 个青稞新品种种子，培训农牧民 138 人。

认真做好牲畜重大疫病防治工作。对全县14个乡（镇）、77个村（居）委、5602户的牲畜进行了注苗，共注射疫苗246万头份(其中绵羊622553只、山羊427301只、绵羊羔183866只、山羊羔108935只)，在此基础上，尼玛县又对个别偏远乡（镇）的牲畜进行了补注和加强注射，全县免疫密度达到100%。2008年，尼玛县未发现小反刍等其它兽疫。

全年县、乡（镇）两级兽防人员共治疗牲畜359031头（只、匹），接种春季“W”疫苗1148107头（只、匹），秋季疫苗正在接种，注射牲畜其它疫苗985020头（只、匹），接种“W”病疫苗密度达100%。

农牧民经济合作组织得到健康发展。目前，尼玛县农牧民经济合作组织有9个村，共466户2302人，牲畜总数达70560头（只、匹），草场面积140万亩，人均收入达2316元。其中，申亚乡一村农牧民经济合作组织经过七年的发展历程，人均收入达到3543元，比组建前的1200元增长195%，现金收入2100元，比组建前的288元增长629%，集体存款8万元，15岁至50岁的132人全部脱盲，适龄儿童入学率达100%，年人均粮食216斤，酥油13斤，肉食188.54斤。其成功的管理模式和群众生活水平的明显改善，已成为尼玛县农牧民经济合作组织发展的典范，也受到了莅临尼玛县检查指导工作的区、地领导的充分肯定和高度评价。

【特色产业发展取得新进展】当穹措锂矿开发前期工作进展顺利，北京绵平研究院与中川国际控股公司已达成协议，将共同注资1亿元开发当穹措锂矿，尼玛县与上述两家公司的洽谈正在有序进行。旅游业正逐步兴起，据不完全统计，全年接待旅游人数1797人(次)，旅游收入19.87万元。

【圆满完成农牧民安居工程及配套设施建设任务】2008年，尼玛县共筹措资金1833.1万元，其中自治区投入772.9万元，地区配套14.4万元，中海油援助500万元，县财政配套11.85万元，群众劳务自筹533.95万元，由县安居工程领导小组捆绑使用，统筹安排，现已全部完成2008年545户的农牧民安居工程建设任务，其中完成游牧民定居449户，民房改造79户，扶贫搬迁17户。

全年组织各种劳务输出4989人次，实现收入756.28万元2008年共筹措40余万元资金，举办了2期农牧民科技明白人培训班，使200名农牧民群众通过集中学习，初步掌握了一些农牧业生产基本常识；县直单位开展各类培训活动，452农牧民接受培训。

【固定资产投资力度进一步加大，城乡面貌发生新变化】2008年，尼玛县固定资产计划总投资2.1亿元，全年完成固定资产投资1.33亿元，同比增长39.51%。总投资7300万元、装机容量1260KW的波仓水电站项目得到落实，于9月10日正式动工建设，日前完成了一期工程截流任务。总投资1655多万元、长152千米的尼来公路和总投资272万元、长38.9千米的甲达公路已按计划完成建设任务，上级交通部门共下拨养路经费200万元，各乡（镇）完成养护路段1998千米。总投资1408万元（国家投资985.6，群众自筹422.4万元）的2007年立项批复的退牧还草项目于2008年实施，该项目禁牧28万亩、休牧22万亩、草地补播16万亩，目前已采购278套网围栏、17.6万斤草籽，网围栏有望年内完成安装，草地补播由于播种期已过，将于2009年实施。总投资580万元（国家投资285万元、群众自筹162.17万元、劳务投入132.83万元）的藏西北绒山羊基地建设项目，分别在3个乡4个村的130户牧户中实施，现已完成全部建设内容，购置种羊367只，组群基础母羊7340只，新建暖棚13872.6平方米，羊圈23121平方米，人工种草2000亩。总投资130万元（国家投资65万元、群众自筹65万元）的奶制品加工销售基地项目，已建设厂房98.87平方米，院墙120平方米，购买奶牛120头、奶羊800只，冷藏库及设备正在购置当中。总投资225万元的农村饮水安全工程，建设10眼保暖井和10处管道工程，已基本完成建设任务，解决了198户、1142人的饮水安全问题。

【援藏工作不断向纵深推进，援藏成效显著】中国海洋石油总公司第三批两位援藏干部，认真履行职责，年初完成了18个建设项目总投资4500万元的第三批援藏方案，方案得到了中海油总公司的及时批复同意。其中2008年援藏投资2100万元，实施项目8个，于3月份完成了实施项目的各项前期工作，配套投资500万元的农牧民安居工程、投资520万元的县城综合文化活动中心建设和配套、投资200万元的广电中心建设和配套、220万元的申亚乡完小教学楼、投资240万元的尼玛驻那曲办事处改扩建和配套等援藏项目于4月底全面开工，工程建设进展顺利，年内将建成投入使用。

在中国海油计划资金外投资75万元成立了中海油尼玛医疗教育培训基金，援助家庭困难、品学兼优的学生完成学业，帮助贫困群众解决部分医疗费用；从中海油合作企业争取220万元资金，援助尼玛县教育事业发展；组织21名新任正科级以上干部赴内地学习培训。

双湖特别行政区

【畜牧业工作】2008年，双湖特别行政区牧业遭受了重大风雪灾害，截至第三季度，成畜累计死亡数为83860头（只、匹），死亡率为16.59%；幼畜成活率为68.17%。造成直接经济损失达二千多万元，畜牧业生产遭受严重挫折。牲畜疫病防治。2008年嘎措乡山羊疫情发生后，区委、区政府及农牧等部门配合地区工作组，多方协调，积极防控，防止了疫情扩散，确保把损失降低到最小程度。区兽防站坚持分片包干、下乡扶持制度，建立良好免疫屏障，做好了接羔育幼、计划免疫、疾病防治等工作。据统计，免疫接种20610头（只、匹）、治疗3546头（只、匹）、检疫5362头（只、匹）、处理病死及不明死因动物248头（只、匹），另外防五注疫苗497427头（只、匹）、“口蹄疫”疫苗注射438543（头只、匹）、布病疫苗注射4857头（只、匹）、三、四联疫苗注射475460头（只、匹）、大肠疫苗注射17706头（只、匹）、炭疽疫苗注射5797头（只、匹）、肉毒疫苗注射67114头（只、匹）、出败疫苗1610头（只、匹）。同时加强培训，加大宣传，分散培训村、户兽医15次、390人；学习宣传《动物防疫法》74次，受教群众1765人。消除了免疫死角，确保了牲畜免疫密度和免疫质量。

【落实草场承包责任制】2008年，双湖特别行政区进一步巩固、深化和完善草场承包经营责任制，在草场承包过程中，全面贯彻落实和完善"三个长期不变"政策，按照地区草场承包《三个办法》和《一个细则》规定，实行草场承包到户，除嘎措乡仍保持原有体制外，其余6个乡镇已经100%承包到户，激活了承包主体，取得明显成效。

【特色产业项目完成较好】2008年4月动工新建的藏西北山羊产业项目已竣工，该项目建设户有60户，259人参与，现已购置种羊180只，但国家投资140万元资金未到位；投资130万元的奶制品加工建设项目顺利完成，并通过双湖区基建领导小组初验，设备拟定在10月底开始采购并投入营运；雅曲、协德、多玛三乡兽防站也已全部竣工。五是牧业合作经济组织建设卓有成效。嘎措乡牧业经济合作组织基本实现了共同富裕，据统计：嘎措乡牧业户数为99户，人口517人，各类牲畜存栏数为37292头（只、匹），人均拥有牲畜73头（只、匹），人均收入4626.86元，居全区前列，2008年已被地区定为牧业合作经济组织示范点；双湖区巴岭乡和班嘎县马前乡按照专业合作法组织程序在边界公用草场上生活的22户牧民组建了"合作经济组织村"，双方政府都投入了大量资金修建了活动场所和太阳能水井，解决了9万多元的生产扶持资金，创造性地妥善解决了两县区之间长期以来存在的草场矛盾纠纷，走出一条"具有鲜明双湖特征"的路子。措折罗玛镇妇女专业经济组织，目前已经初具规模，能够生产地毯、背包、床垫、腰带等部分纯毛制品。

【基础设施建设】2008年续建项目6个，总投资8227.47万元，除西亚尔水电站外，其他工程已全部竣工验收；新建项目23个，总投资5715.31万元，目前区机关给水工程、公安局办公楼、援藏项目还未竣工。

【交通事业】2008年，双湖特别行政区区交通局充分发挥职能部门作用，加强人员管理和工程监督。设计完成了双湖至多玛乡公路改道工程；4月，对双湖至雅曲乡过水路面进行了修复；5月对双湖至措差乡公路破损路段进行了修复；5月底，对双湖至普若岗日公路进行了修复；6月，对双湖至多玛公路进行了维修。以上项目劳务输出221人次，参与道路抢修、维修的当地牧民人均收入达到2200余元。

【安居工程】2008年，双湖特别行政区区安居办坚持"宜改则该、宜建则建、宜迁则迁"原则及"六个结合"，对2008年地区安居办安排的游牧民定居工程193户、民房改造77户安排在了多玛、协德、措罗三个乡镇，安居工程所有项目均已竣工。目前国家配套资金到位总投资334万元的293.2万元、地区配套资金到位总投资10.24万元的9.24万元、援藏配套资金到位160万元。

【劳务输出】2008年，双湖特别行政区各乡（镇）企业生产总值47万余元，多种经营收入36万余元，劳务输出824人次，收入73万余元；组织贫困户共66人修路2次，收入10余万元。多玛乡沙场经过4个多月向区上13家建设工地，累计产量2352车，从2007年每车150元增加到270元，累计实现现金收入35万余元，实现每人平均净收1.4万元。

【扶贫情况】2008年，双湖特别行政区区委、区政府高度重视扶贫工作，一是组织捐款捐物。区（中）直单位向各自对口扶贫联系点捐助现金共计2.25万元，粮物等折价3.8万元；另地区气象局、林业局分别为巴岭乡三村、一村分别捐助1.6万元、0.6万元。二是开展技能培训。区扶贫办组织5名贫困人员参加地区摩托车技能培训；区乡镇企业局组织了5名人员参加地区网围栏维修、草场保护与灭鼠培训。三是加大劳务输出，增加贫困人员现金收入。区交通局组织贫困人员221名，参与抢修道路，现金收入达55万余元；区扶贫办和乡企局、公安局联手集中区上扶贫组成员召开民主生活会，解决其现实困难；2008年区政府为贫困牧民建筑队提供了项目1个，有效增加其现金收入。另区粮食局2007年下半年至今还为困难牧民发放粮食折价28万余元。

【领导名录】

书记：珠巨
副书记、区长：贡嘎
常务副书记：郑斌
区委委员、常务副区长：王晖
区委委员、宣传部部长：次仁达娃
区委委员、统战部部长：加琼
区委委员、纪检委书记：吴朝荣
区委委员、政法委书记：赵多希
区委委员、组织部部长：张华磊

阿 里 地 区

阿里地区

【经济发展情况】2008 年，面对拉萨“3·14”事件和雪灾、地震等自然灾害的重大挑战和考验，阿里地区坚决贯彻落实中央和区党委、政府的决策部署，始终坚持一手抓稳定、一手抓发展，保持了经济社会平稳较快发展，社会局势持续稳定，人民生活水平不断改善，顺利实现了“三个确保”目标。2008 年，全地区生产总值完成 16.2 亿元，增长 13%；地方财政收入完成 7257 万元；存款余额 19.3 亿元，贷款余额 2.4 亿元，支农贷款 9213 万元；农牧民人均纯收入达到 2770 元，增长 16%；全社会固定资产完成投资 14.15 亿元，增长 23.5%；社会商品零售总额达 3.27 亿元，增长 15.7%。

【三大产业协调发展，经济结构进一步优化】2008 年，阿里地区以农牧业为基础的第一产业稳步发展。全年牲畜存栏 368.1 万头（只、匹），同比增长 10.2%；幼畜成活率达到 76.2%，同比增加 1.8 个百分点；牲畜出栏率达到 32%，同比提高 2 个百分点。农作物播种面积 35260 亩，同比增长 11%。农牧民培训力度加大。全年共培训农牧民近 5000 人，其中集中培训 500 多人，涉及 11 个专业，就业率达到 60%以上，月平均收入 800 元。加大了劳务输出力度。组织农牧民参与国狮公路和乡村道路、矿业开发、交通运输、退牧还草、绒山羊开发、乡村旅游、安居工程等基本建设，转移劳动力 3 万多人次，实现创收 5100 万元。疫病疫情得到了有效控制。加强对蝗虫的监测和预报，有效控制了蝗虫的蔓延。针对那曲发生小反刍兽疫疫情，采取隔离等措施，确保了小反刍疫情不反弹、不蔓延。动物间的疫情得到有效控制。安居工程建设整体推进。安居工程建设进展顺利，已完成 8270 户，受益人口 45689 人，80%的农牧民提前两年住上了安全适用的房子。草业建设取得明显成效。引进适合阿里地区生长的牧草新品种 42 个，完成人工种草 2.9 万亩，年产青干草 1636.3 吨。以特色产业为重点的第二产业扎实推进。加大了矿开采监管力度，矿产资源勘查、开发秩序良好。大力开展矿点及开矿企业清查工作，坚决制止乱采乱挖等违法行为；顺利完成 38 个国家公益性地质调查和资源勘查项目；实施 9 个砂金矿区地质环境治理，并通过自治区验收；阿里地区第二轮县级行政区域界线联合检查进展顺利。以旅游业为龙头的第三产业发展迅速。旅游业在艰难中得到了发展。召开第一届旅游产业发展大会，提出了目标、措施和思路；参加了香港国际旅游展销会等活动，宣传了阿里；论证申报 100 多个旅游商标注册；《神山圣湖旅游区总体规划》通过自治区评审，并与圣地公司达成神山圣湖旅游景区合作开发协议。非公有制经济发展良好。全地区个体工商户实现营业收入 2.1 亿元，创产值 689.8 万元。

【基础设施建设步伐加快，瓶颈制约进一步得到缓解】交通方面，阿里昆莎机场建设进展顺利；巴尔兵站至札达公路改扩建工程完成招投标；狮泉河—日土、狮泉河—巴嘎—普兰段油路全线贯通，油路里程已达 510 千米。新建改建农村公路项目 20 个，建成乡村公路 748 千米，解决了 19 个行政村通车难问题。能源建设方面，开工建设改则水电站、萨让电站、乌江水电站，总投资达 9213 万元。农牧业投资方面，农田水利基本建设项目进展顺利，札达、革吉、措勤三期农网建设顺利。整乡推进、农牧业综合开发等 43 个项目顺利建成，扶贫工作取得显著成效。市政建设方面，开展迎奥运文明城镇创建活动，整合资金近 2000 万元，对城镇的部分道路进行了硬化，整治了脏、乱、差，大力推进了城市绿化、亮化和美化工作。

【统筹经济社会协调发展，各项社会事业持续进步】2008 年，阿里地区继续巩固普兰、札达、噶尔、措勤四县“普九”教育成果，狠抓革吉、日土两县“普九”攻坚和改则县扫盲工作，革吉、日土两县“普九”攻坚通过自治区验收。全地区适龄儿童入学率达到 97.6%，初中入学率达到 78%。大力推广新型农村合作医疗制度，城乡医疗水平不断提高，农村合作医疗覆盖率达到 98.2%；人口和计划生育工作健康发展。醉马草疫苗科技攻关取得初步成果；新增科技特派员 71 名，沼气试验获得成功。启动并完成了第三次全国文物普查外业工作，科迦寺和古格遗址列入国家“十一五”重点文物维修项目，科迦寺维修已完成开工典礼；札达“宣舞”入编第二批国家级非物质文化遗产名录，象雄艺术团在全区比赛中荣获第二名、“广播电视村村通”、“西新工程”和电影“2131”工作成果得到巩固。

【民生问题持续改善，和谐社会建设稳步推进】2008 年，阿里地区认真落实就业和再就业政策，新增城镇失业人员就业 310 人，安置公益性岗位就业 100 人，城镇登记失业率控制在 4.3%以内。复转军人得到妥善安置。社会保障体系进一步健全，保险覆盖范围逐步扩大，保障标准不断提高。城镇居民最低生活保障标准由 260 元提高到 310 元，五保户供养标准由 1500 元提高到 1600 元，将年收入低于 1100 元的特困群众全部纳入了保障范围。建设 806 套周转房和 108 套首期廉租房。认真贯彻落实特殊优惠政策，为“3·14”事件受影响行业减免各种税费规费 500 多万元，发放企业失业救助金 21.6 万元。切实加强食品监管，全面清查销毁不合格乳制品总价值 13.7 万元，确保了人民群众饮食安全。充分发扬“一方有难、八方支援”的优良传统，全地区各族人民心系灾区，积极向受冰冻灾害、汶川和当雄地震灾区捐款捐物 600 多万元。

【稳定基础继续夯实，平安阿里建设扎实推进】2008 年，阿里地区以科学稳定观为指导，全面防控，确保了全地区社会局势稳定。严格落实安全生产责任制，全年各类安全生产事故发生起数和死亡人数同比分别下降21.7%和31%。矛盾纠纷排查调处工作机制不断完善，全年调处各类矛盾纠纷及来信来访921起，来信来访答复率100%，调解率99%。加大违法违纪案件查处力度，全年查处各类案件18件。

阿里地区外事工作

【圆满完成印度官方香客接待任务】根据外交部下达的“2008年印度赴藏朝圣香客接待计划”，结合阿里地区维护稳定工作的中心任务，2008年，阿里地区外事办着手制定了《印度官方朝圣香客接待突发事件应急预案》。与此同时，确保所有参与印度官方香客接待服务人员政治立场坚定，切实加强对接待服务人员的管理，有效提高官方香客接待服务质量，对往年负责接待服务人员进行了严格的政治审查，并积极协调相关部门抽调业务骨干，对符合参与官方香客接待服务的人员进行了爱国主义教育、外事纪律和服务意识等为期三天的教育培训。接待过程中，阿里地区外事办按照预定方案开展接待，同时积极协调各相关部门，采取人盯人，点、线、面结合的方式，保证团队运行安全，圆满完成2008年印度官方香客接待任务，得到了地委、行署及主要领导的肯定。2008年阿里地区外事办共接待印度官方香客10批396人，实现收入27.72万美元。

【积极开展边境调研】2008年，阿里地区外事办本着“稳定压倒一切”的原则，针对阿里地区边境线长、对外通道（山口）多、边境地区复杂的实际，于10月21日至28日，专门组成工作组前往普兰、札达两县，深入3个乡（镇）、6个村、9个作业组进行调研。通过实地走访，了解到边境一线的基本情况及边境地区农牧民群众的思想动态和生产生活情况，并针对实际存在的困难进行了分析研究，提出相关建议，得到了地委、行署及主要领导的充分肯定。

【积极开展各项业务工作】2008年，阿里地区外事办审批地区各有关部门和各县报请地委、行署审批的外事文件，在授权范围内负责办理地区领导出访，有关人员因公出国及外国相应人员来访的有关事宜，并及时向上级部门申报。2008年，阿里地区外事办共办理地区九位同志因公出国手续。坚持“以我为主，以正面宣传为主，以事实为依据”的原则，积极配合阿里地区宣传部门做好对外宣传和群众性外事教育以及国际形势教育工作。深刻揭批达赖集团分裂祖国，破坏奥运的罪恶行径，大力宣传西藏改革开放三十年来取得的翻天覆地的变化和人民群众安居乐业的祥和态势。加强对来阿里地区开展项目的境外非政府组织的管理工作，密切关注项目的实施情况，及时对项目进行评估与分析。重点对札达县古格遗址及托林寺修缮等涉外项目进行严格审核和积极协调。了解由于我方采取的封边、控边政策，导致尼泊尔边民无法开展正常的边境贸易而引发的断粮缺物现象，并积极协调相关部门，于2008年10月16日由普兰县负责将价值40多万元的生活物资运送至普兰县霍尔乡拉则啦山口，满足尼泊尔边民的生活需求。

阿里地区民族宗教工作

【兴边富民行动不断取得新进展】2008年，为改善边境及贫困地区群众生产生活条件，促进贫困地区经济发展，增加群众收入，自治区特为阿里地区下拨了497万元，其中国家投资399万元，劳务投入98万元，涉及阿里地区六个县，涵盖了农田围栏、新修公路、水渠建设、草场围栏、饮水工程、中低产田改造等十多个项目。

【督促全地区认真贯彻执行党和国家民族政策】2008年，阿里地区民宗委一是在履行发放许可证书、开展执法检查、实施行政处罚、采取强制措施等职责中，尤其是在车站、出入境等安全检查中，没有发现歧视少数民族群众，没有影响民族关系的言行；二是生产经营者和服务提供者严格遵守法律法规有关保障民族平等的规定，如在招收员工时，没有出现歧视少数民族群众的情况，在生产经营中，没有出现生产经营含有歧视、侮辱少数民族的产品，各类宾馆、商店没有出现拒绝少数民族群众入住、购物现象，交通工具经营者没有拒载少数民族群众；三是中小学校在招生中没有针对少数民族学生增加录取条件、提高录取标准；四是医院做到了对少数民族患者一视同仁，没有歧视；五是各行业对少数民族群众没有打折扣现象；六是各相关单位认真制订和完善了处理违反民族政策突发事件的应急预案，加强了信息工作，形成了重要情况及时上报的好现象。

阿里地区司法工作

【认真开展维稳工作，配合司法处开展古格川设卡工作】2008年，阿里地区司法处认真开展维稳工作，配合开展古格川设卡工作，在后勤保障，装备方面作了充分的准备工作，负责卡子巡逻动态观察等系列工作，确保信息畅通，动用了2辆汽车，六名干警，在设卡点共值班70天，出动值班干警420人次，动用资金达100700元。

【不断提高教育改造量】2008年，阿里地区司法处为加大教育改造力度，努力提高教育矫治质量。截止2008年底，阿里劳教所在册学员人数共7名，全年新收2名，解教2名，所外就医2名，在册劳教人员中，无危害国家安全劳教人员，无法轮功劳教人员。为了提高教育矫治质量，中队管教民警每月个别谈话10次，中队领导每月个别谈话达到10次，2008年底共授课196课时，授课内容有《公民道德建设实施纲要》、《爱国主义教育》、《法律常识》等等。通过全年的教育，劳教人员的综合素质得到大幅度提高，行为礼貌着装统一，讲究卫生，无所王所霸出现，实现“四无”劳教所。

劳教管理科以劳教场所的安全稳定和劳教人员的教育、改造、挽救工作为切入点，强化劳教人员管理，提升劳教人员的改造质量，有重点、有部署、有计划的抓劳教人员各项改造工作和落实工作，督导督促劳教所的各项工作，深入到劳教人员中，了解他们的改造情况，征求劳教人员的意见和建议，并积极配合司法处的工作和卡子的巡逻值班。

【法制宣传工作稳步推进】2008 年，阿里地区司法处认真开展了普法教育工作，2008 年 1 月份，在劳教学员中进行了一次关于十七大的知识讲座，2008 年 3 月 15 日与噶尔县司法局联合以“依法保护消费者权益，构建社会主义和谐社会”为主题的法制宣传活动。按照“五五”普法和“法律七进”的要求，5 月 9 日，与日土县司法局联合到日土热角村，结合“3·14”事件，在牧民中学习和宣传了《中华人民共和国刑法》《治安管理处罚法》，发放宣传资料 70 份、书籍 50 册，受教育人数达 80 人次。6 月 15 日，在地区综治办的统一安排下，参加了全地区的安全生产宣传活动。为了加强对青少年的法制宣传教育，法宣科把法制动漫宣传光碟送到学校，组织各年级学生进行收看，收看 3 场次，人数达 700 多人。同时，法宣科还在七县、地直各单位中认真开展了“五五”普法中期督导检查；组织县级干部法制讲座两次；根据地委、行署主管普法领导的指示精神，对部门法律学习和执行情况进行了督导检查。在“三月综治宣传月”、“6·26”国际禁毒日、“9·16”创建平安阿里活动、“人文奥运，法制同行”、“安全生产月活动”、“消费者权益保护日”等法制宣传活动中，共发放宣传单 4600 份，悬挂横幅 34 条，张贴宣传图片 270 幅；开展 30 多场“法律进校园”活动，受教育人次 2160 多人，发放宣传单及法律法规书籍 1950 份（册）；开展 57 场“法律进农牧区”活动，受教育人次 17130 人。散发宣传资料 16590 份；积极开展“法律进社区”和专项法制宣传日的宣传活动。共发放宣传资料 9570 多份。张贴法律宣传图画 430 多张，司法人员为居民提供法律服务 20 多次；针对“3·14”事件，各县在县普法办的统一组织下，与政法系统和民宗、统战部门联合，深入开展了寺庙僧尼的法制宣传教育，处领导带队三次深入基层（4 月、7 月、9 月）在 7 座寺庙中开展检查督导法制宣传教育和揭批达赖集团罪行等法律进寺工作情况，主要以发送法律书籍，学习和宣传法律法规等形式进行。

【基层人民调解及安置帮教工作扎实开展】2008 年阿里地区共受理各类矛盾纠纷 447 起。人民调解委员会 81 个，调解员 526 人，司法助理员 23 人，认真发挥了人民调解组织在基层社会稳定中“稳压器”和“第一防线”的作用。重点加大了对“3·14”打、砸、抢、烧事件期间释放人员的掌控。七县安置帮教工作与以往有了很大起色，首先普兰县安置帮教领导小组都能较好地开展安置帮教相关工作，认真统计辖区内历年来刑释解教刑满释放人员情况。其次各县安置帮教领导小组能不断完善安置帮教工作机制，工作制度。再次地区各成员单位，各县安置帮教领导小组能形成上下一致紧密配合的良好工作作风。

根据西藏自治区刑释解教人员安置帮教工作考评办法的具体验收标准，地、县两级安置帮教办的工作，都按照考评办法标准完成工作任务。地区安置帮教领导小组办公室经常督促检查，并要求对刑释解教人员查找、登记，掌握去向，以便对“三假”、“三无”人员进行核实，要求各县安置帮教办公室、地区看守所、阿里劳教所对刑释解教人员进行甄别，落实解教人员户籍地的公安派出所进一步加大对他们的管控力度，做到底数清、情况明、管控严。按照安置帮教工作的组织、制度、职责、原则、方针开展工作，使工作有了很大的改观和进步。有力推动了安置帮教工作的深入开展。经过全面详细的统计，全年衔接刑释解教人员 40 人。

阿里地区安置帮教办公室以及各县安置帮教办公室对刑释解教人员的姓名、年龄、身份证件、籍贯、服刑劳教地点、刑释解教后去向等基本情况全面掌握，全年建档率 100%，安置率 80%，帮教率 95%，重新犯罪率 1%。

【公证律师工作优质高效】公证工作的范围和事项在逐步扩大，一年共受理公证事项 160 件，民事公证 111 件，经济公证 49 件（总标的达 35122 万元），提供的与公证有关的法律咨询 15 人次，并保证了公证质量，没有出现错证、假证，为当事人的合法权益提供了有力保障。阿里地区律师事务所人员缺少，仅有一名律师 2008 年 4 月份刚上学毕业返岗，2008 年律师事务所共办理 9 起案子，其中法律援助中心义务办案 2 起，律师事务所办刑事案件一起，民事 6 起，咨询 16 起，代书 6 起。

【法律服务及法律援助工作】法律服务中心组织精干力量，在全地区积极开展了法律援助管理、完善工作机制、提高保障能力和健全配套制度为主要工作的调研工作。2008 年，中心提供各种法律援助服务 129 件，其中刑事辩护 11 件，民事案件 9 件，民事非诉讼调解案件 5 件、法律咨询 82 件、代书 22 件。

阿里地区发展改革工作

【以民生为重点，基本建设取得新成就】2008 年，阿里地区开工建设重点项目有 80 个，下达投资 136249.76 万元，完成投资 130932.84 万元，为 12 亿元年度目标任务的 109%。按行业分：农林牧水项目 19 个，完成投资 6345.62 万元；交通项目 10 个，完成投资 112862 万元；社会发展项目 20 个，完成投资 2498 万元；能源项目 2 个，完成投资 595.42 万元；稳定项目 11 个，完成投资 1428.8 万元；城市基础实施项目 9 个，完成投资 4299 万元；以工代赈扶贫开发项目 9 个，完成投资 2901 万元。援藏项目方面，2008 年，两省、三大公司实施援藏项目 34 个，总投资 6492.24 万元。资金自筹项目，2008 年阿里地区自筹项目 13 个，总投资 2424.7 万元。在项目安排上，按照优先安排改善农牧区生产生活条件项目、重点解决民生民计问题的原则，向农牧区教育、卫生、文化事业等方面倾斜，主要项目有 26 个乡的村级活动场所配套工程、阿里地区小康示范村、噶尔县草场、安居工程配套建设、以工代赈等项目。

【加强项目管理，项目建设有序推进】2008 年，阿里地区按照“投产一批、续建一批、开工一批、策划一批”的思路和阿里地区行署与自治区人民政府签订的“十一五”规划项目责任书有关要求，阿里地区负责落实的 49 项项目前期工作已完成 48 项。根据阿里地区经济和社会发展的需要，阿里地区“十一五”期间急需申请建设的重点项目有阿里地区孔繁森纪念馆，狮泉河镇四、五期治沙工程，改则县通县油路，措勤县通县油路，普兰口岸，七县文化图书馆，36个乡（镇）市政基础设施建设，36个乡（镇）综合文化活动站建设，日土、改则垃圾填埋场，革吉、日土、改则三县生态环境建设，地区旅游基础设施建设，地区边防执勤点基础设施，地区边防公路建设等项目。项目投资330337万元，已全部委托有资质的设计单位负责前期工作，各项工作进展顺利。

【加强项目评审和招投标工作，项目资金节省率提高】为使国家投资项目发挥最大效益，使投资更趋合理，阿里地区委托中介机构对垃圾填埋场、改则至麻米公路、干部职工周转房、市政给排水等7个项目投资进行了投资评审，同时，完成审查工程预（结）算52项，送审价为48680405.57元，审定价为39572077.58元，节省项目资金9108327.99元。完成招标工程21项，总投近15323.39万元。

【严格项目建设管理，基本项目建设规范有序】认真贯彻项目开工建设“六个必要条件”，严格落实工程项目建设“五制”要求。严禁建设项目超投资、垫资建设，做到无资金来源的项目不开工建设，开工建设项目资金控制在总投资范围内。搞好经常性稽查、专项稽查和举报稽查，做到项目开工前签订安全生产责任书，预防安全事故，做到项目开工前签订廉政建设责任书，预防职务犯发生。严格管理和规范工程发包行为，制止非法转包、分包问题。加强环境保护工作，任何工程项目必须在通过环评后方能开工建设。按照《阿里地区基本建设资金管理程序》，实行基本建设项目资金“六按”拨付原则。即：按计划、按预算、按合同、按程序、按进度、按资金到位情况进行拨付。按照建设和管理并重的原则，结合地区实际，制定施行了《阿里地区建设项目后续管理办法》。

【攻坚克难，努力推动招商引资新发展】受“3·14”事件影响，全年全地区落实招商引资项目3项，分别涉及民办企业、服务业，共引进资金112.5万元，项目数量同比减少66%，引进资金同比减少95%。为促进招商引资工作新发展，4月，阿里地区派人参加了陕西“西洽会”，推荐招商引资项目4个，并以“开放的阿里、神奇的藏北、热情的民族，欢迎四方来客”为主题进行了大力宣传。为解决招商引资工作面临的新问题，从政策上进一步放宽、职能上进一步明确，理顺投资服务关系，优化投资软环境，注重招商引资质量，以此促进阿里地区招商引资工作的全面开展，阿里地区起草制定了《阿里招商指南》，同时，以网络为平台，建立了阿里招商网站，方便了外界了解阿里招商引资相关政策。

【加强价格宏观调控，维护市场价格稳定】加大了民生价格的监管力度，确保了全地区价格态势总体相对稳定。协同相关单位，针对液化气、成品油、粮食、食用植物油、蔬菜、肉禽等商品价格稳定、食品安全进行了监控监测，及时上报了相关情况。全年，全地区粮油、汽油等生产生活用品没有出现紧缺、断档和脱销情况，市场供应充足。从2008年1月30日开始，对全地区15家企业及所有个体户经营成品粮（面粉、籼米、粳米）、挂面、方便面，食用植物油、乳品、猪肉、牛肉及制品，鸡蛋、液化气等重要商品实行了提价申报和调价备案的临时价格干预措施。对27个行政、事业性收费单位进行了年审，对5个行政、事业性收费单位换发了新“收费许可证”，进一步规范了收费行为。积极配合地区公检法部门对9起案件涉案赃物进行了价格评估，保证了相关案件及时结案。对地区车管所违规代收2007年三四季度安全检测费进行了及时纠正。对地区移动、电信、联通和邮政局进行了资费检查，督促其对没有设立价格举报电话、没有正常执行资费报备程序等问题进行了整改达标。

阿里地区商务工作

【“万村千乡市场工程”有力推进，农牧区商品流通市场得到大幅度改善】2008年，阿里地区商务局加大各项工作的落实力度，在各县及有关部门的大力支持下，现阿里地区除噶尔、日土两县（两县2007年新建和改造农家店33家）外的其余五县在2008年已新建和改造农家店58家，并已挂牌。在加大农家店的指导检查工作方面，2008年5月28日—6月2日，阿里地区商务局与噶尔县、日土县及恒远商贸公司、先施百货超市两个试点企业负责人组成工作组对两县乡（镇）的农家店展开了调研活动。工作组在调研工作中，了解到两县农家店的营业额比2007年提高了40%-50%，营业场地及其它基础设施条件都有所改善，商品的品种、数量也有所增加。在调研的同时，为进一步发挥农家店的作用，提高店主的经营积极性，阿里地区商务局按上级部门的通知，向两县33家农家店发放了补贴资金198000元(每店平均6000元)，受到了农牧民的热烈欢迎。

【农牧区推广加碘盐食用率达55%，人民群众身体健康有了保障】2008年，阿里地区商务局设立了食用碘盐推广领导小组办公室，落实了工作机构和人员，负责规划、组织、协调和推广工作。加碘盐推广监督检查工作得力。截止2008年10月31日，阿里地区商务局从新疆阿图什盐业公司调运碘盐189.75吨，从地区外贸公司调来85.25吨，共计275吨碘盐全部调运至各县。其中：普兰县38.5吨、札达县27.5吨、措勤县38.5吨、改则县55吨、革吉县38.5吨碘盐全部到位。噶尔县33吨、日土县38.5吨已配送到县政府，为落实农牧区碘盐覆盖率和食用率奠定了基础。

【狮泉河屠宰场建设竣工，肉类市场整治、规划管理进展明显】2008年，阿里地区商务局对屠宰场科学、卫生、合理的统一管理，积极申请陕西援藏资金，投资建设狮泉河综合屠宰场（260万元），项目由地区发改委组织实施，建成后由商务局负责管理。现该市场已验收、移接至商务局。向行署上报了《明确商务部门为生猪屠宰行业主管的请示》，行署已充分明确地区商务部门为生猪屠宰行业的归口管理部门。现有狮泉河屠宰市场管理得到进一步规范。联合质监、卫生、工商等部门对阿里地区屠宰场、肉食品交易市场进行了专项整治，净化了肉食市场，保障了人民身体健康的安全。

【边贸市场建设和管理稳步开展】阿里地区所辖日土、噶尔、札达、普兰等四个边境县与邻国接壤的陆地国界长达1116千米，边境地带共有57条对外通道。具有发展前景的有普兰、日土县的独木齐列、噶尔县的典角、札达县的甲尼玛、什布奇。在2008年的工作中，一是根据自治区商务厅口岸办的通知精神，责成普兰县人民政府上报阿里地区商务局《普兰口岸2008—2020年的发展规划》及建设项目，由自治区党校负责可研报告。同时，阿里地区商务局上报了《十二五边贸点建设规划》。二是加强普兰边贸市场的管理力度，完善好各项管理设施，为印、尼客商2008年来我方经商早做准备。同时，向上级部门申报了《普兰吉让居委会边贸市场改（扩）建项目》，项目总投资700万元。2008年，全地区进出口贸易总额为1597.7万元，其中进口贸易总额为666.4万元，进口较大的商品有：木碗、木材、卡垫、中高档手表、藏红花、红糖等。出口贸易总额为931.3万元，主要有畜产品、青稞、盐巴等。三是在加大其它边贸市场建设力度工作方面，经阿里地区商务局积极协调，现独木齐列和典角边贸点已通过上级部门审查，待自治区领导审定。《札达什布奇边贸点建设项目》、《甲尼玛边贸点建设项目》也已上报。

【市场整治工作效果明显，酒类、回收、美容美发等特许经营行业规范，市场物价平抑工作有效得力】2008年，阿里地区商务局积极开展整规办的各项日常工作。一是成品油、液化气市场得到有效整治和监管。在2008年的工作中，阿里地区商务局联合相关部门不定期组织人员对全地区22家加油站进行检查，特别是做好“三大节日”期间成品油市场供应和安全防范工作，有效地打击了成品油市场各类违法违章行为。对不符合安全生产及未办理有关证件的14家加油站下达了整改、取缔通知书，有力地维护了市场经济秩序的健康发展。2008年10月8日至10月21日阿里地区商务局联合相关部门赴七县深入基层实地调研加油（加气）站安全生产、经营管理情况，并向行署上报了《阿里地区七县加油站（加气站）调研报告》。二是加大以奶制品为重点的食品安全工作监管力度。针对我国部分企业发生的婴幼儿奶粉影响人民群众的生命安全和正常的生活秩序事件，责令下架就地封存9月14日以前生产的优酸乳882件零14盒，纯牛奶775件零19盒，奶粉3362袋（桶），大白兔奶糖3.32公斤，价值达201184元。经检查发现阿里地区食用问题奶粉就诊患儿累计85例，经医疗部门初步诊断，只有1例因食用含三聚氰胺婴幼儿奶粉患泌尿系统结石的患儿，政府以采取免费的医疗措施，三是加大酒类、回收、美容美发等特许行业的管理力度。2008年到阿里地区商务局办理酒类流通登记的商家共98户，对阿里地区商业特许经营行业及美容美发服务业进行了调查摸底。对未到阿里地区商务局办理商业特许经营备案登记手续的商店限期到阿里地区商务局备案登记。通过限期整改等措施，加强了阿里地区的商业特许经营管理，维护了广大消费者的合法权益。四是市场平抑物价工作效果明显。阿里地区商务局切实按照上级部门关于做好“3·14”以来平抑市场物价的通知精神，联合物价、工商、税务部门在狮泉河商场门口开展“物价监管法规宣传”活动，并通过在商场超市、农贸市场进行宣传及检查，防止哄抬物价，保障供应。

【企业改革工作进展明显，经济效益、社会效益突出】2008年，阿里地区商务局一是切实推进国有企业改革工作，加大农畜产品加工业和边贸（内外贸易）产业资源整合力度，促进资产重组，推动国有资本向阿里地区经济发展带动性强的重点企业聚集。二是做大、做强地区外贸企业，增强企业的发展后劲。2008年地区外贸总公司收购总额3689万元，销售总额5583万元，其中，收购山羊绒218吨，收购绵羊毛1000吨，绵羊毛出口创汇80万美元。同时，组织企业做好矿泉水的生产、销售工作，2008年，地区外贸普兰神山矿泉水共生产矿泉水400吨。三是组织企业参加104届广交会，申请了“箱包”、“日用百货”、“工艺品”三个摊位，为企业拓宽了销售渠道，为做大、做强这一特色企业奠定基础。

阿里地区财政工作

【努力实现财政收支平稳增长，财政保障能力进一步增强】2008年，阿里地区财政总财力达到107,128万元，同比增加29,753万元，增长38%；一般预算收入完成7,257万元，完成自治区下达任务的110.46%，与上年实际完成收入相比下降10.19%；全地区财政支出完成94,172万元，完成预算的159.17%，同比增长24.24%。收支相抵，剔除结转下年支出后，净结余1,358万元，实现了收支平衡，略有节余。本着“一要吃饭、二是建设、三要科学发展”的原则，努力做到重点支出应保尽保。2008年，全地区财政对“三农”投入达8,574.32万元、社会保障和就业支出6,910万元、教科文卫支出21,558万元、基本建设（不含219国道和机场建设）支出38,059.93万元、公共安全支出11,678万元。

【改革创新，加强监管，进一步强化财政基础管理】2008年，阿里地区财政局预算编制、政府采购、投资评审、国库集中支付改革都取得了新进展，“金财工程”建设规划稳步实施，办公自动化系统全面运行，财政管理更加科学规范，资金分配更加科学、民主、透明，财政管理整体水平有了新的提高，财政体制创新和机制创新迈出了新的步伐。重视理论学习和制度建设，加强财政监督检查力度，安排专人赴7县进行专项检查和调研，提高财政资金分配使用的规范性、安全性、有效性和公开性。强化内部监督，建立财政监督检查联动机制，形成合力，提高了财政监督的综合效能。

【存在的问题及对策】一是没有稳定的财源，财政增收乏力；二是财政支出的不确定因素多，需保障的范围加大，壮大财力迫在眉睫、势在必行；三是工作不够规范，预算执行不严，还没有完全做好科学理财、依法理财工作；四是干部职工业务素质有待于进一步提高，岗位职责需要进一步明确、细化；五是财政资金监管有待于进一步加强；六是抓落实的力度不够等等。

阿里地区
国有资产监督管理工作

【加强组织领导，精心安排国企改革工作】2008年，阿里地区国资委制定了《关于贯彻落实西藏自治区党委、西藏自治区人民政府〈关于深化国有企业改革的意见〉的实施意见》、《阿里地区国有企业改革总体规划》，明确了国有企业改革的指导思想和目标、任务，提出了深入推进国企改革的政策措施。召开了阿里地区国有企业改革工作会议，对国有企业改革工作做了具体的安排部署，对地区汽车配件公司与地区黄金开发公司实施关闭性破产，对地区建筑建材总公司、地区资源开发总公司实施政策性破产。对4家监管企业依次开展账务清理、财产清查。

【严格程序，规范操作，进一步加强国有产权管理】2008年，阿里地区国资委在企业改制中，严格进行资产评估和财务审计，对有产权转让意向的都进行严格监督和管理。在企业重大事项的决策上，坚持集体讨论，共同研究，在具体实施过程中做到了依法公正、透明有序，有效地防止了国有资产的流失。结合阿里地区实际情况，在报废程序、审核、认定处置等方面严格把关，层层落实责任，严格界定评估办法的实施，完善批准制度，确定规范操作。圆满完成2007年度国有资产产权登记年检工作，对阿里地区24家国有企业的国有产权占有、变更、注销情况进行了认真的登记检查。

【加快企业住房制度改革，深切关心困难企业职工生活】2008年，阿里地区地直国有企业除个别企业以外，均建立了住房公积金制度，大多数企业制定了住房制度改革方案。根据国家、自治区相关政策规定，地区国资委、财政、城建、房改等部门联合，全面落实了地直企业和县辖企业职工房改政策，及时兑现了住房补助。年初，地区国资委、工会、组织部协同开展了企业困难职工慰问活动，元旦、春节期间，共慰问国有企业困难党员和退休老干部22名，发放慰问金11400元。认真做好企业的信访工作，实行分管领导和职能科室划片包干的办法，加强对重点人员、重要时段的监控，按政策做好宣传解释工作，化解了矛盾，维护了企业职工利益。

【加强财务监督，建立健全国有资产监管体系】2008年，阿里地区国资委进一步做好财务快报和国有资产统计、运营状况评价工作，加强企业决策风险及财务动态监测和分析。加强财务监控工作，加强出资人财务监督基础管理工作，完善企业国有资产统计评价体系，以监管企业财务快报的动态监测为基础，建立企业财务预警机制。加强监管企业投资、利润分配等重大财务事项常规性监管工作和监管企业经济运行情况定期分析工作。积极参加自治区举办的国有资本经营预算培训班，共派出3人参加了培训，对全面推行国有资本经营预算制度，建立完善的国有资产监管体系打下了基础。

【国有企业年度财务统计年报工作顺利完成】2008年，阿里地区国资委深入基层开展企业经营调研，根据企业经营情况，加强对企业改革及经营管理的督促指导和协调服务。截止2008年底，地直国有企业资产总额17847万元、负债总额10630万元，2008年共实现主营业务收入4363万元、其他业务收入106万元，利润总额-591万元、实际上缴税金总额16万元。其中三家监管企业资产总额1554万元、负债总额421万元，2008年共实现主营业务收入755万元、其他业务收入51万元，利润总额-18万元、实际上缴税金总额9万元。

阿里地区国土资源工作

【强化耕地保护责任，确保基本农田保有量】2008年，阿里地区为强化耕地保护目标责任，坚守耕地红线，行署与各县人民政府签订了《阿里地区2008耕地保护目标责任书》，实行了三年一次的奖惩考核办法，层层落实了耕地保护责任制。2008年，全地区耕地面积36500.9亩，比2007年净减276.2亩，减少去向为生态退耕、建设占用、灾毁。强化基本农田保护和管理，落实保护责任，立牌40块，确保2185.41公顷基本农田保护面积不减。

【加快推进土地登记发证工作，实施土地经营战略】截至2008年底，阿里地区国有土地使用证发证率达到62.27%；集体土地证发证率达到21.95%，没有出现一起权属、面积争议。2008年收取土地补偿费3.6万元，收取土地有偿使用费26.9万元，阿里地区通过不断改进和完善城镇建设审批报批工作，大力实施城镇土地经营战略，2008年全地区共出让土地53宗，出让面积约553亩，收取出让金195.63万元。

【严格建设用地审查申报，保障重点建设项目用地】2008年，阿里地区审查申报了昆莎机场、昆莎机场售票处（占地面积3860亩，占用耕地面积421.42亩）、安居工程(用地面积1007.9亩，占用耕地面积10.5亩)、国道219线改扩建项目(占用农用地）等项目用地。向上级备案了阿里地区屠宰厂(占地20.5亩)、阿里地区中级人民法院刑场（占用15亩）等项目用地。制定出台了《阿里地区土地管理规则》、《阿里地区建设用地审查报批操作规则》，规范审批权限，明确审批职责。

【加强土地资源调查，摸清底数】2008年，阿里地区有效配合和支持开展第二次土地调查工作，做到组织机构健全，培训到位、宣传到位、资金到位、技术到位、设备到位。2008年完成了狮泉河镇和七县城控制测量和权属调查工作，测量确定了每宗土地的权属、界址线、面积、用途和具体位置，形成完成的数据表格及图件，完成城镇地籍调查面积为28.57平方米千米，通过了自治区第二次土地调查领导小组办公室的实地验收。建立了阿里地区土地数据信息中心。

【全面禁采砂金矿，偷采盗采行为得到有效遏制】2008年，阿里地区加大禁采砂工作重视力度，主要领导多次就阿里地区禁采砂金工作作出批示，行署与各县人民政府签订了《整顿和规范矿产资源开发秩序目标责任书》，并召开三次专题会议对阿里地区禁采砂金工作作了详细的安排部署。在普兰、日土、改则、措勤县公路沿线设立检查站，拦截违法开采人员和采金机械设备进入阿里地区，成功地堵截并处理了 2 次进入阿里地区的采金设备和人员。地区国土资源局协同各县人民政府，对马攸木、鬼湖、嘎如来、夏夏等重点砂金矿区进行了拉网式排查，对带有苗头性可能出现的问题，采取果断有效的措施，严肃处理。全年未发生一起砂金矿偷采、盗采案件。

【规范矿产勘查开发秩序，为经济建设提供有力保障】为了查处无证勘查、开采，越界勘查、开采，以采代探，乱采滥挖等行为，对全地区内 81 个勘探矿点和 22 家开采企业进行了逐个清查，责令 12 家企业限期完善手续和资料；注销了 6 家企业的采矿权。2008 年，阿里地区矿产资源开采的企业共 13 家，开采矿种涉及硼矿、铅锌矿、铬铁矿、锑矿、盐湖综合资源、矿泉水、水泥生产原料等。截至 10 月底革吉县札仓茶卡硼镁矿外调量 99200 吨，改则县吉布茶卡矿区硼镁矿开采外调量 4500 吨，已征收入库资源补偿费 385 万元。加大地勘力度，摸清家底。2008 年在阿里地区范围内实施的国家公益性地质调查项目和资源勘查项目共 38 个，勘查面积 1822.76 平方千米，勘查矿种主要有铜、铁、硼、锂等，勘查工作取得突破性进展。

【加强地质环境治理和地质遗迹保护】阿里地区实施了噶尔县巴尔等 9 个砂金矿区地质环境治理项目，总投资 3470 万元。矿山地质环境治理总面积 572.626 公顷，弃渣堆平整和采坑回填 269.49 万立方米，沟道整治长 2.17 万米，沟道清淤 6.3 万立方米，恢复性人工种草约达 17 公顷。实施了札达土林国家地质公园第二期保护工程，投资 190 万元，主要完成了地质公园大门 1 处，大门管理用房 62m2/3 间；观景台 3 处；标示标牌 22 块，其中：地质公园简介牌 1 块、观景台说明牌 3 块、交通引导牌 4 块、景观说明牌 14 块；地质遗迹保护栏 76.8m/2 组。

【加大国土资源执法监察力度，制止违法违规行为】对土地执法"百日行动"中查出的狮泉河城镇用地违法违规行为为 67 宗进行了处理，狮泉河镇用地违法违规现象得到全面遏制。加大矿产资源开采违法违规现象查处力度。建立群众举报制度，定期巡查制度，设立举报专线电话，对各县全面实行包片制、区域制、辖区制、间责制、落实制。

阿里地区建设工作

【加强招投标市场监督与管理】按照"公平、公正、公开"和"诚信、择优"的原则，2008年全地区公开招标项目共17个，中标金额为3624.23156万元。建设规模房建45390.04平方米，市政、公路3515.7千米。

【规范建设工程执法程序】2008年，阿里地区建设局继续加强建筑施工企业、监理公司、招投标代理机构、勘察设计单位的备案登记工作，在备案登记工作中，按照自治区建设厅的有关要求及相关法律法规严格执行，并认真落实建设项目报建制度。2008年，在阿里地区从事建筑活动的建筑企业有35家，其中当地建筑企业9家，区内建筑企业8家，区外建筑企业18家；监理公司5家，招标代理机构3家。新开工报建项目28个，办理建筑工程施工许可证28份，办理竣工验收备案项目8个；建筑业违法案件1起。

【加强监督力度，确保工程质量】2008年，阿里地区建设局以规范有序、高效诚信为目标，以服务为宗旨，加大建筑市场监管力度，建筑市场管理在顺应市场经济规律中健康发展。有形市场的项目登记管理、监理备案管理、信息化建设、"一条龙"服务得到了加强；三项制度健康运行。"工程量清单、低价中标和工程担保"三项制度的实施，使廉政关口前移，未出现违规违纪行为，工程造价预决算机制进一步加强。搜集整理了典型工程资料，发布了2008年一、二、三季度材料价格信息。对50项建设工程进行了安全监督管理，施工安全生产工作在全区检查中得到好评，建筑稽查成效显著。对全地区50个在建工程和安居工程进行拉网式检查，及时查处5项工程未办理施工许可证而擅自开工问题，全年稽查覆盖率、举报查处率达100%，有效规范了市场行为。2008年，累计受监工程50项，总建筑面积30000平方米，市政工程1项，市政道路3100米。总投资0.245亿元。发出施工现场整改通知6起，返工通知2起，停工通知2起，经济处罚2起，工程质量、安全通报4起，处理投诉3起，组织工程质量巡查、抽查检查7次，全地区监督覆盖率90%。完成砼试块（砂浆）试配53组，砼试压块160组，砂浆试压块51组，砖40组，钢筋（含焊接）力学测试329组，砂石分析56组，水泥检验35组，防水材料4组。

【进一步健全和完善施工图审查制度，规划设计工作实现新的发展】施工图审查办公室工作顺利开展，2008年，审查项目61个，总投资12201.5万元。在2007年中国规划设计研究院到阿里地区实地考察、编制狮泉河镇（含噶尔县城）城镇总体规划（初稿）后，2008年，两次组织阿里相关单位负责人进行对狮泉河镇（含噶尔县城）城镇总体规划（初稿）进行审议，并结合阿里地区实际，提出了修改意见与建议，及时与中规院项目组联系，督促中规院项目组结合意见与建议尽快修改完善总体规划，同时，积极参与了自治区的评审会，确保了总体规划编制工作的顺利开展。2008年，阿里地区的规划工作逐步走向规范化、程序化、制度化，城镇居民的规划意识有所提高。共办理规划手续：行政、事业单位36个，企业、公司6个，私人55个。2008年，完成工程项目设计任务63个。同时，先后派出工程技术人员20余人到县乡工地进行勘察、技术咨询、质量检验、竣工验收，签订监理项目35个。

【严格落实政策，及时足额兑现住房补贴】2008年，阿里地区建设局认真开展了城镇住房制度改革工作的自查工作。地区党政机关行政事业单位住房补贴总人数5250人，补贴总金额125991277元，财政负担部分金额124924059元，单位（差额拨款单位）负担部分金额1020136元，个人负担部门金额47082元。2008年，地区党政机关行政事业单位住房补贴工作圆满完成，各项资金已全部拨付给个人。国有企业住房制度改革分三批进行了上报，第一批59328房改测算人数为12

人，住房补贴金额为58万元，已全部兑现到个人；第二批关、停、闭、转和破产企业住房补贴测算人数为226人，住房补贴兑现工作已全面结束；第三批困难企业职工住房补贴测算人数为386人，住房补贴总额为2735000元，积极组织有关部门认真进行住房补贴兑现工作。2008年，地区国有困难企业职工住房补贴兑现工作全面结束，共兑现了16家国有困难企业职工的住房补贴，兑现人数共307人，兑现资金共达229万元。

【扎实开展住房保障服务工作】开展了住房保障对象情况调查工作，并对调查工作中收集的资料和数据进行认真核实，逐一排查，凡不符合保障条件的一律未列入住房保障调查对象范围。经核实无误的，确保调查情况真实准确的，逐户建档，统一录入基础档案数据库，为阿里地区今后公共住房管理工作提供可靠依据。认真制定了住房建设计划。根据上级部门要求，结合阿里地区实际，认真制定了阿里地区住房建设计划，计划在2008——2010年三年间阿里地区共建设廉租住房38080平方米，周转房30600平方米，经济适用住房17100平方米。2008年，共建设地直机关集中周转房120套。按照基本建设程序认真履行廉租住房建设，强化监督，加强各部门间协调，加强施工单位的技术组织力量，严格制定施工质量控制办法与施工进度实施措施。确保了地区首期廉租住房建设的工程质量。召开了3次廉租住房领导小组会议，深入每户低保家庭全面摸底调查5次，经过认真仔细的调查统计。入住户统计工作结束后，全力与各有关部门协作进行公示，在公示期间没有出现上访现象，公示结果不存在任何疑义和异议，群众对公示结果满意度为100%，2008年入住的家庭总共108户。严格按有关要求办理相关房产证书。严格对房屋的建筑面积和权利价值进行认真测算评估，测算评估无异议无疑问情况下，经权利人申报后，严格按有关收费标准亮证收费，认真办理相关证书，在工作中做到了态度真诚，服务周到，让每位前来办事的人感到满意。2008年，共办理证书108项。加强住房公积金管理。全地区住房公积金归集量大幅度增长，共有74个单位、5082人办理了缴存登记，归集公积金总额达8000多万元，较2007年同期增长29.03%，同时顺利完成了住房公积金结算利息和增值受益分配工作，2008年共支付给职工住房公积金个人账户内存款利息144.6万元，消除了个别职工对住房公积金不计息的错误理解，保证了住房公积金安全有效的运作。

阿里地区旅游工作

【培育旅游产业，努力推动旅游业向前发展】2008年，阿里地区旅游局召开了阿里地区第一届旅游发展大会，下发了《关于进一步加快旅游业发展的决定》，标志着阿里地区旅游业从起步阶段迈向了快速发展阶段。积极与自治区旅游局协调沟通，部分旅游项目已获审批立项。旅游、农牧部门联合组织140名农牧民进行了旅游服务从业人员技能培训，对培训合格的人员开展了就业推荐工作。对240名农牧民旅游服务从业人员（岗萨村牦牛驮运队194人、扎布让村家庭旅馆旅游服务从业人员和景区讲解员26人、日土县家庭旅馆旅游服务从业人员20名）进行了的政策理论、法律法规、服务技能与质量学习培训，制作了统一的服装、上岗证，并投入20多万元加大了对岗萨村、扎布让村家庭旅馆和餐饮服务建设。为摆脱“3·14”事件对旅游业的不利影响，进一步提高阿里地区旅游服务质量和水平，树立阿里地区旅游新形象，提高阿里旅游知名度和美誉度，积极派人参加了“郑州国内旅游交易会”、“香港国际旅游展销会”、“上海国际旅游交易会”等旅游宣传推荐会，从内地邀请知名摄影家赴阿开展旅游宣传摄影，广泛搜集整理相关旅游资料，积极开发新的旅游线路，为宣传阿里旅游整体形象奠定了良好基础。由于拉萨“3·14”打砸抢烧事件及阿里路途遥远等不利因素影响，2008年，阿里地区接待国内外游客18102人次，旅游总收入1320万元，旅游接待人数同比下降73%，旅游接待收入同比下降64%；创汇55万美元，实现税收143万元。

【加强旅游监管及其能力建设，保持良好的旅游发展秩序】继续以“安全、秩序、经济”为口岸管理目标，本着“适度开放、授权接待”的原则，加强了塔尔钦、霍尔等重要旅游目的地旅游质监督查工作，对授权开展旅游接待服务的自治区国际旅行分社、区体旅、神山国旅等多家旅行社在阿营运情况进行了调查了解，对发现的问题及时进行了处理，充分发挥了旅游行业管理职能作用。加强旅游安全检查力度。为确保北京奥运会顺利举办、奥运圣火在珠峰顺利登顶以及奥运圣火在拉萨安全传递，开展了“安全生产百日督查专项行动”、“安全生产月”等多项安全检查工作，确保地区旅游市场安全运行。积极与援助单位陕西省旅游部门联系沟通协调，组织地区旅游管理人员包括各县分管旅游的领导赴陕西省旅游避进行了为期10天的旅游管理理论培训，参加了天津旅游培训班学习，进一步提高旅游管理人员的整体管理水平。

【强化措施，旅游基础条件不断改善】2008年，阿里地区旅游局会同各县对各景点景区及其道路交通情况进行了调研，开展了旅游标识牌、旅游厕所设立前期准备工作，将于2009年实施。加大旅游招商引资工作力度，认真开展了《神山圣湖旅游区总体规划》评审协调工作，《规划》通过了自治区旅游规划评审委员会评审，即将进入实施阶段。通过与圣地公司积极洽谈，《西藏阿里神山、圣湖旅游区旅游开发合作经营协议书》有望在年底前签订，圣地公司有望2009年开始对神山、圣湖景区进行投资建设。积极协调珠穆朗玛集团公司与札达、日土两县商谈旅游资源开发合作事宜。切实做好对新疆自治区旅游局工作组的接待并商谈区域合作事宜，为增加新的旅游线路、推出新产品奠定了基础。积极申请了神山圣湖生态旅游区、札达土林生态旅游区、班公湖生态旅游区建设项目，加快了各景区基础接待设施建设。

阿里地区农牧工作

【农牧业发展总体情况】2008年，阿里地区农牧业总产值实现4.16亿元。粮经饲比例由2005年的72：10：18调整为

61：15：24。农作物播种面积保持在35260亩；粮食总产量仍保持在5000吨，油菜籽产量达到203.87吨，全地区肉类总产量15721.32吨，奶类产量8296吨，绒毛总产量1795吨。农畜产品综合商品率由2005年的56%提高到58.06%。全地区乡镇企业总产值达到3320万元，产业化龙头企业总产值达到5600万元，上交税金600万元；多种经营收入4633万元。2008年全地区农牧民人均纯收入达到2770元，比2007年增长16%，连续六年保持了两位数增长。

【进一步调整优化农牧业产业结构，挖掘潜力】积极引导农牧民加大农牧业结构调整力度，大力发展特色产业，粮、经、饲种植比例由2007年的68：8：24调整为2008年的60：16：24。畜牧业在坚持“立草为业，草业先行”的畜牧业总体发展思路的前提下，围绕特色产业开发，积极调整群结构，大力推进以绒山羊本品种选育为主的特色畜牧业发展，进一步调整优化了畜种畜群结构，绒山羊饲养比例由2007年的49%提高到了2008年的49.5%，增长了0.5个百分点。

【强化基础设施建设，努力改善农牧民生产生活条件】按照退牧还草工程建设的技术操作规程，针对日土、革吉和改则2005—2006年退牧还草工作中存在的问题，进行了及时的整改，进一步完善了项目的管理，明确了责任，为下一步落实退牧还草的优惠政策奠定了基础。在对2005年—2007年农牧业基本建设项目进行全面整改的基础上，进一步加大了2008年项目申报工作力度，积极争取农牧业基本建设投资，日土等三县退牧还草工程、普兰等三县牲畜短期育肥、改则和措勤草原建设、札达和噶尔无公害蔬菜生产基地建设、噶尔和措勤两县退牧还草工程、绒山羊产业开发等8个农牧业特色产业项目以及普兰、札达两县绿色能源工程示范和4个县级动物防疫体系建设、15个乡级动物防疫体系建设项目，共计争取国家投资约8500万元。

【以加强农牧民技能培训和劳务输出为重点，努力增加农牧民收入】严格按照年初制定的《2008年农牧民技能培训方案》，采取“集中培训与分散培训”相结合的方式，积极开展农牧民劳动技能培训和科技培训。根据市场需求和农牧业生产的需要，在地区集中举办以酒店餐饮服务员、保安交警协管员、牲畜疫病防治、蔬菜种植技术、农机维修等为主的农牧民劳动技能和农牧业科技培训班8期，培训农牧民483人。各县充分发挥县农牧民技能培训基地的作用，积极开展农牧民劳动技能和农牧业科技培训工作，共举办各种培训班12期，培训农牧民420人。在搞好农牧业技术推广工作的同时，地区农牧业科技推广服务中心和各县农牧部门针对农牧业生产实际，充分利用田间牧场，积极开展以良种繁育、蔬菜种植和病虫草害防治技术为主的农牧业科技培训，累计培训农牧民2215人次。为加大农牧民劳务输出力度。各县专门成立了农牧民增收工作领导小组，抽调县级干部专门负责增产增收工作，层层签订目标责任书，明确创收任务，根据农牧民技能培训情况，有计划、有目的的组织农牧民成立劳务创收队，引导农牧民参与301省道和乡村公路养护、矿业开发、交通运输、退牧还草工程等项目建设。各县把培育农牧业产业化龙头企业、农畜产品加工等做为重点，扎实推进乡镇企业改革和发展，努力提高多种经营组织化程度，不断增强农牧业产业化经营龙头企业辐射带动能力，进一步加大农牧民就业增收力度。

【加大农牧业科技推广力度，努力提高农牧业科技含量】种植业上，推广以“藏青320”和“喜拉19号”为主推品种的青稞良种4022亩，建立青稞种子田678亩；推广以“藏油3号”为主的油菜籽1075亩，建立油菜籽种子田80亩。牧业上，积极开展牲畜疫病免疫注射和免疫督查工作，确保全地区牲畜W病和小反刍兽疫等重大动物疫病免疫率达到100%。加强优质牧草种植技术的推广应用，完成以燕麦草和紫花苜蓿为主推品种的人工种草28457亩，进一步加强绒山羊良种繁育选育及推广体系建设，强化原种场和扩繁场的辐射带动作用，着力提高牲畜个体生产性能。2008年，日土等四县绒山羊原种场（扩繁场）在整改的基础上，完成绒山羊选育推广1650只，建立绒山羊标准示范户173户。在搞好农牧业技术推广工作的同时，地、县农牧部门积极主动开展农牧业产前、产中和产后服务。2008年，全地区共调运化肥350吨、各类种子54吨、各种农药17吨，开展种子精选52吨、种子包衣29吨。堆积农家肥5394.25吨；维修水渠75千米。机耕面积达到26998亩，机播面积达到25409亩。调运发放各类疫（菌）苗3733件，其中：小反刍兽疫疫苗55件、“W”病疫苗1320件、三联苗450件、四联苗900件、大肠杆菌疫苗100件、牛出败疫苗200件、肉毒梭菌疫苗240件、炭疽疫苗70件、布病疫苗33件、牲畜驱虫药品365件。

【以蝗虫防治工作为重点，认真做好防抗灾工作】制定了《2008年阿里地区蝗虫防治方案》，全面安排灭蝗工作事宜。一是加强组织领导，高度重视灭蝗工作，完善充实蝗虫防治指挥部和办公室成员，建立健全灭蝗工作机制，制定工作方案；二是进一步加强蝗虫监测预报工作。及时掌握蝗虫发生、发展动态，为灭蝗提供可靠依据；三是切实做好灭蝗前期准备工作。共调运灭蝗药品22吨。四是根据蝗灾监测情况，集中人力、财力、物力对蝗灾区域进行灭蝗。据统计，2008年，全地区蝗虫监测面积280万亩、蝗虫发生面积165万亩，重灾面积47万亩；五是加强信息报送工作。指派专门人员负责蝗虫信息的收集、整理和上传下达工作，并按照病虫害报告制度，逐级上报，坚决杜绝漏查、漏报和误报现象发生。2008年5月16—20日日土县北部东汝等乡发生雪灾，9月19—21日，普兰县发生了50年不遇的重大雨雪灾害。灾情发生后，地委、行署高度重视，先后组织由地委行署主要领导带队的抗救灾工作组深入灾区帮助指导抗救灾工作，经过灾区广大干部群众的共同努力，将灾害造成的损失降到了最低限度。

【以完善和落实草场承包责任制和农牧民专业合作经济建设为重点，不断深化农牧区改革】积极推进农牧区综合改革进程。一是坚持“加强保护、促进发展，以草定畜、增草增畜，因地制宜、分类指导，循序渐进、逐步推行”的原则，制定草场载畜量标准和草畜平衡管理办法，层层签订减畜、禁休牧和草畜平衡责任书，逐步解决草场超载过牧问题，大力发展人工种草，实现草畜动态平衡，进一步巩固和完善冬春草场承包责任制工作；二是试点推行夏秋草场承包责任制工作。各县在总结冬春草场承包责任制工作的基础上，吸取教训，按照自治区的统一部署，在26个村落实夏秋草场承包责任制试点工作；三是积极引导农牧民开展专业合作经济组织建设。按照《农民专业合作经济组织法》和自治区的要求，在调查研究的基础上，开展了农牧民专业合作经济组织建设。2008年，全地区共建立农牧民专业合作经济组织28个，内容涉及养羊业、草业、旅游、“菜篮子”等产业，全地区农牧民专业合作经济组织参会农牧民达6749余人，带动农户2305余户；年均总收入达到763.4万元；四是加快深入开展兽医体制改革。积极开展地、县、乡三级兽医体制改革工作，同时开展兽医服务有偿制试点工作，激励基层兽防员从事兽防工作；五是进一步理顺地区草原站、良种场工作，在调研的基础上，制定整改方案，明确科研主攻方向，确保各项措施落到实处。

阿里地区科技工作

【加快科技攻关，醉马草防治试验取得有效进展】从2005年开始，与陕西杨凌大农生物技术有限公司合作开展醉马草防治研究，2008年试验进入中试的关键阶段，积极争取自治区科技厅专门列项投资的基础上，早部署、早安排，及时调整思路，研究制定防治方案。地区科技部门领导赴陕西杨凌大农生物技术有限公司就2008年合作开展醉马草防治工作进行洽谈协商，达成了协议。从6月中旬，与陕西专家一起在改则县先遣乡开展了一系列工作，组织当地兽医、技术人员及牧民培训防治知识，对4000只羔羊实施苦马豆素SW-BSA疫苗注射和药剂吞喂，采集受试动物血样、器官及肉样，密切观察、监测试验效果，积极统计采集有效数据。

【扎实开展科技特派员队伍建设和科普宣传】进一步加大科技特派员选拔推荐工作，从4月开始着手科技特派员摸底、调查、推荐、课题筛选及编报工作。10月底，全地区申报的71名科技特派员全部得到自治区科技厅审批。截至2008年底，全地区科技特派员达到96名。同时，落实兑现了2007年25名科技特派员待遇补助总计7.7万元。筹资在普兰县科加村、扎达县扎布让村的13户农牧户实施了小规模户用沼气试验项目。2008年5月中旬试验的13户全部产气，经过半年的跟踪使用观察，沼气产气稳定，运行良好，试验取得了成功。2008年7月，在狮泉河镇进行了大容量沼气试验，建设了一座40立方米容量的沼气池，取得了成功，为今后阿里地区大容量沼气建设提供了经验。试验成功后，积极总结经验，编写整理沼气建设、使用方面的技术资料并编印成册，为今后沼气推广打下了基础。竭尽全力通过各种形式加大农牧科技、生态环保、医疗卫生等方面知识的宣传，开展了科技三下乡、科技活动周、科普宣传日、知识产权活动周、科普大篷车、科技一条街等宣传活动。2008年，共组织科技人员200余人，举办各类科普宣传40（场）次以上，发放各类科技知识书本、资料4000余册，直接参与接受科普知识、科技培训、科技服务等5000人次以上。各项科普宣传活动均受到广大农牧民群众和青少年的普遍欢迎，科普收效极为明显，农牧区科技普及率达到50%以上，科普专项经费提前达到了每人每年1元的要求。

【以项目为支撑，科研项目建设力度不断加大】2008年正式实施12项科研、示范、推广项目，总投资达到400余万元，主要有国家科技富民强县项目——日土县白绒山羊本品种选育推广与产业化开发，醉马草综合防治与合理利用研究项目，中小型沼气新能源试验示范建设项目，人才培训项目、灾害性天气预测预报示范项目、人畜防治地方病研究项目、牲畜短期育肥示范项目、优质牧草示范种植项目、优质油菜籽良种引进示范推广项目、农业新技术引进示范推广项目等。组织申报各类科技项目10项，其中国家级项目—措勤县紫绒山羊本品种推广与产业带建设和自治区级项目—噶尔县索多村牦牛短期育肥基地建设已经批准立项。在项目安排实施上，阿里科技局始终注重科研和科技创新，注重服务“三农”，改善农牧民生活生产条件，增加农牧民收入。在项目管理方面，建立了前期立项评审、中期跟踪监管、后期检查验收制度，提高了项目管理的公正性和实效性。

阿里地区教育体育工作

【坚持教育优先，“两基”攻坚进展顺利】2008年，阿里地区教育体育局完成了日土、革吉两县的“普九”任务和改则县的扫盲任务，完成了札达、普兰、噶尔、措勤四县的“普九”复查任务。自治区“普九”评估验收工作组对革吉、日土两县进行了“普九”验收。深入开展了以《新义务教育法》及其实施办法为主要内容的教育宣传月活动和教育工作调研活动，有力推动了“两坚”攻坚。截止2008年底，阿里地区在校生达14104人，其中高中生485人，初中生3002人，小学生10617人，高中入学率达到30%，初中入学率达到74%，适龄儿童入学率达到97.7%。除了改则县未完成“普九”任务外，基本完成了“两基”攻坚任务。为保证“两基”任务的顺利完成，争取实施了日土、革吉两县中学建设项目。

【以人为本，师资队伍建设进一步加强】加强教师培训和分配工作，不断提高教师水平，切实解决基层教师缺编问题。在教师分配上向相对偏远的东三县倾斜。2008年，全地区分配教师96人，其中有91人分配到了各县，占分配总额的95%，进一步缓解了东三县及“两基”攻坚县教师紧缺问题。截止2008年底，全地区教职工其有1115人，其中专任教师730人（高中32人、初中140人、小学519人、幼儿园39人），后勤职工30人，退休教职工81人，临时工231人，代课教师43人，中学高级教师33人，中级职称81人，初级积称262人；其中本科以上学历有123人，大专学历有309人，中专学历277人，高中以下学历21人。阿里地区教师学历合格率分别为：高中69%，初中96%，小学97%，幼儿园92%，为均衡教育资源，体现教育公平，启动了部分县（校）教师“对口帮教”的长效机制，由地中、地小、孔小对口帮教东三县。为提高教职工业务水平，选派了273名在职人员赴内地进行了培训，聘请了自治区语委办人员赴阿对地区中小学68名教师进行了普通话培训，并按照国家语委办规定进行了测试，为合格人员发放了普通话标准合格证书。开展了组工干部大接访活动，解决了部分教育历史遗留问题，对235名工资有问题的教职工进行了协调解决，对1980年以前的教职工职称待遇问题进行清查解决，解决了部分退休老干部子女的困难问题，维护了教职员工合法权益，得到了广大教职员工的一致认可。举办了地区首届教师课件比赛评比活动，选拔出了30名教师参加全区中小学教师课件评比。在庆祝改革开放三十周年活动中，组织开展了教育成就图片展。

【强化招考工作，升学教育考试实现新突破】为提高各类招生考试工作质量，确保招生考试工作公平、公正、有序的开展，按照教育部“平安高考”的有关要求，切实加强了招生考试作风、考风考纪建设和党风廉政建设，圆满地完成了2008年招生考试工作任务。2008年，全地区普通高校报名总人数344人，在外地借考200人，在本地区报考144人，录取43人，录取率29.9%。普通中专报名635人，录取517人，录取率81.4%。成人高考报名301人，自学考试77人。

【严格规范，强化教育财务工作】如期完成了6301.7万元。2008年教育事业经费分配工作，及时完成上报了教育经费统计和技术装备统计等统计工作，积极开展各级各类学校否乱收费、“三包”经费的管理和使用的检查指导工作，聘请日喀则有关人员赴阿对阿里地区有关人员进行财务培训，深入各县指导教育财务工作，促进了经费使用管理的规范化。对教育往来帐进行了清欠，顺利完成了2009年教育事业费预算编制工作。

【促进全民健身，积极发展体育事业】组织开展了文化广场举行“迎奥运”个人签名和环城跑活动、庆奥运男女长跑比赛、退休干部和机关职工“大众广播体操”和“太极拳”表演、第五期“大众广播体操”和“太极拳”培训班，在改则、革吉开展了“大众广播体操”培训，开展了全地区学生阳光体育冬季长跑活动，并在文化广场举行了启动仪式。开展了“广场文化月”活动，对改则、革吉、措勤、日土、普兰、札达进行了全面调查，指导学校体育工作。

阿里地区文化工作

【围绕主题教育活动，开展送戏下乡慰问】2008年，阿里地区文化局为将“反对分裂、维护稳定、加强团结、促进发展”主题教育活动深入基层，深入人心，在文化局的统一领导和安排下，象雄艺术团认真组织，精心排练针对性的节目，抽调业务熟练的优秀演职人员，分赴日土、噶尔、札达、普兰等地，对守卫边防一线的解放军、武警官兵和广大干部群众进行了以“反对分裂、维护稳定、加强团结、促进稳定”为内容的正面宣传教育。期间共演出32场，观众达14000多人，行程6000多千米，通过文艺演出的形式大力宣传和严厉回击达赖集团分裂祖国的罪恶行径。除此之外，艺术团还完成了春节、藏历年三大节日、中印会晤、改则县洞错乡水电站开工典礼和改革开放30周年文艺演出11场，观众人数达6000余人。

【加快公共文化服务体系建设，保障人民基本文化权益】2008年，阿里地区文化局在充分调研的基础上，继续加大了对全地区各乡镇文化馆（站）项目的申报力度和乡村农家书屋项目的选址、评估工作，落实了地区图书馆的人员编制问题，并对基层文化（文物）骨干进行了为期5天的业务培训。一年里，地区新华书店往返拉萨10多次，运进教材50吨左右，行程累计达17500多千米，向各县及学校发送教材14次，计8万余册，193个品种，顺利实现了“课前到书、人手一册”的要求。为正确处理两个效益关系，从多进好书，多发好书上下功夫，对现有的门市书架充分合理利用，进一步优化图书结构，扩大了业务范围。同时在一般图书的进销业务工作方面狠下功夫，加大经营管理工作。经过不懈努力，一年内，进购门市书架图书品种多达6000本，其中藏文图书400多个品种，全年一般图书的门市零售27万余元。

【开展“扫黄打非”工作，规范文化市场经营秩序】2008年，阿里地区“扫黄打非”工作和文化市场管理工作，在地委行署和地区“扫黄打非”工作领导小组的直接领导下，及时部署、指导、协调、督察各县、各部门开展专项整治。坚持打防并举、标本兼治、综合治理的方针，认真开展了6项工作任务，另外，根据“3·14”事件后的形势和北京奥运会前后期维稳工作的需要，阿里地区实行了歌舞娱乐场所营业时间限制在每天的晚11时，并开展以“阳光娱乐，和谐文化”为主题的宣传阳光娱乐工程的指导思想和宗旨，倡导守法经营、文明娱乐，同时与各娱乐场所签定了奥运安保责任书。同时认真核对和登记歌舞娱乐场所及网吧的从业人员的身份证、暂住证等有效证件，实行歌舞娱乐场所节目内容审查批准制度，加大文化市场从业人员的管理，严厉查处网吧违法接纳未成年人行为。

2008年阿里地区文化局共出动文化市场执法人员279人次，出动执法车辆32台次，检查音像制品零售、出租和书刊摊位等经营场所352家，收缴各类盗版、淫秽色情及政治性非法音像制品3590张，书刊150册，另对4家网吧和6家音像制品零售出租点、3家歌舞厅施行停业整顿等。

【阿里地区第三次全国文物普查工作顺利开展】2008年，阿里地区文化局出台了阿里地区第三次全国文物普查方案及各职能部门的职责，同时，及时成立了以地委、行署领导为组长，各有关部门负责同志为成员的第三次全国文物普查工作领导小组，各县人民政府也相继成立了以政府负责同志为组长的领导小组。聘请专家实地培训，试点工作运行良好。阿里地区第三次全国文物普查从2008年6月9日开始至2008年9月20日间进行2008年计划内的野外调查工作，期间工作日达101天，行驶里程3万多千米，调查面积30余万平方千米，比原计划提前完成一个多月。普查中发现、调查不可移动文物 225 处，主要由古建筑、古遗址、古墓葬、洞窟、石刻、石框遗迹、列石遗迹、近现代重要革命遗迹等，其中新发现为 200 处，复查点为 25 处，普查新发现文物点大幅增加，新增文物点为原来的 3.6 倍。

【科迦寺保护维修工作进展顺利】阿里地区普兰县科迦寺和札达县古格王国遗址群被列入国家"十一五"期间重点文物维修项目，在经过前期勘测后，科迦寺维修工程于 2008 年 10 月 18 日正式开工，工程投资达 799 万元。

【古格故城遗址保护维修工程前期准备充分】2008 年 6 月份，及时召开了西藏古格故城遗址保护工程稳定性评价及保护对策项目工作会，中国人民解放军总装备部专家成员和地委、行署领导以及地（中）直相关单位的主要领导在会上听取了专家组成员的项目调研汇报。专家组就西藏古格故城遗址保护工程稳定性评价及保护对策，作了详细的说明以及对此次勘察的结论和建议。对古格遗址概况、以往修缮情况、工作的目的、内容、方法、遗址地层概况、地质构造及地理环境、地形、地貌、工程物探、破坏类型及原因分析、山体边坡稳定性评价等方面进行了科学系统的讲解，并对排水整治、洞窟保护和危岩体加固等亟待解决的问题提出了很好的建设性建议。目前，中国人民解放军总装备部的各位专家依然在札达县古格故城遗址继续开展各项前期准备工作。7 月底，国家文物遗产研究院的专家，将对古格的古建筑维修做进一步的勘察设计工作，整个古格维修的前期各项工作在 2008 年 11 月底基本完成。

【非物质文化遗产抢救工作稳步推进】札达"宣"充分体现阿里地方和地域特色，有着浓厚的"象雄"文化底蕴。在 2006 年中央电视台，中国舞蹈家协会，中国音乐家协会举办的 2006 年 CCTV 中国民族民间歌舞盛典中，由地区象雄艺术团表演的《古格"宣"舞》和《夸服饰》，获得了组织奖。2008 年 2 月份列入自治区级非物质文化遗产名录。2008 年 6 月 13 日，在国发[2008]19 号《国务院关于公布国家级非物质文化遗产名录和第一批国家级非物质文化遗产扩展项目名录的通知》中，正式把阿里地区札达县《古格宣舞》列入到第二批国家级非物质文化遗产名录第三项传统舞蹈（民间舞蹈）类中，其序号为 677，编号为Ⅲ-80，为阿里 8 万多各族人民争得了荣誉。

阿里地区民政工作

【强化救灾措施，切实保障受灾群众生产生活】2008 年以来，阿里地区遭受地震、雨雪灾害、雪灾、风灾等自然灾害的影响。一是 2008 年初七县遭受雪灾，共有 10 个乡镇 23 个村 1563 户 6956 人受灾，造成经济损失 870 万元；二是改则县元月发生 6.9 级地震，4 个乡镇 5 个村 1040 户 5400 人受灾，造成危房 70 间，倒塌羊圈 140 套，房屋裂缝 331 间，造成经济损失 384.63 万元；三是 8 月 25 日，日喀则仲巴县发生 6.8 级地震，波及阿里地区措勤、改则、革吉三县，改则、措勤两县 10 个村 77 套房屋受损，17 眼水井破坏，造成经济损失 176.2 万元；四是 9 月 19 日至 21 日，普兰县发生百年一遇的暴雨（雪）灾害，全县 1071 户 5302 人受灾，倒塌及严重危房 219 户 1648 间，轻度受损 108 户 1066 间，倒塌围墙 3542 米，倒塌饲草库及牲畜棚圈等附属设施 73 间 5824 平方米，村组活动场所需要维修 116 间，经济损失达 4599.52 万元。灾害发生后，阿里地区及时赶赴灾区进行抗救灾工作，争取了救灾专款 1122.4 万元，落实了救灾专款 838.7 万元，共调拨救灾帐篷 272 顶，累计发放棉被 1800 床、棉衣裤 70 套、棉胶鞋 3000 双、帽子 2400 顶、绒衣裤 4000 套、棉大衣 900 件、手套 2000 双、雪镜 3900 付，及时解决了灾区人民的基本生活，把灾害带来的影响降到最低。

【以民生为重点，社会保障体系进一步健全】2008 年，阿里地区民政局制定了《阿里地区城市低保工作实施意见》，将低保金提高了 15%，平均每人每月增加 40 元，城镇低保标准为 310 元，提高部分资金由地县财政各承担一半。进一步规范了低保操作程序，使城市低保工作做到了"应保尽保"。2008 年，全地区共有城市低保户 273 户 617 人，共兑现城市低保金 141.2 万元，其中地县配套 38.2 万元，下拨 2008 年城市低保临时性生活补助资金 6.8 万元，总计下拨城镇低保金 148 万元。农村低保开展顺利，制定实施了《阿里地区农村低保工作实施办法》，2008 年，全地区农村低保对象共 2688 户 7024 人，其中重点保障对象 1004 人，每人每年补助 470 元，月人均补助 39.2 元；特殊保障对象为 736 人，每人每年补助 290 元，月人均补助 24.2 元；一般保障对象为 5284 人，每人每年补助 194 元，月人均补助 16.2 元。共兑现农村低保金 178 万元，其中地县配套 34 万元。根据阿里地区一般保障对象补助标准较低，无法保障生活的实际，将一般保障对象补助标准每年每人提高了 46 元，月人均补助提高至 20 元，提高资金由地县财政各承担一半。临时生活补助 113.2 万元，总计下拨农村低保金 291.2 万元。农村五保供养保障力度加大，按照《农村五保供养工作条例》，加大了敬老院建设和五保供养的保障力度，全地区 374 户 380 人纳入五保供养范围，其中老年人 310 人，未成年人 30 人，残疾人 40 人；集中供养 30 人，分散供养 350 人。其中 2007 年新增纳入低保范围的 141 人，由于超出税费改革时的指标，供养费用由地、县财政承担。五保对象供养金标准每人每年不低于 1600 元。医疗救助工作稳步推进，下拨农村医疗救助资金 40 万元，全地区农牧区特困群众医疗救助累计救助 220 人次，救助资金 32.31 万元；下拨城镇医疗救助资金 6.7 万元，累计救助 21 人次，救助资金 2.08 万元，住院救助占了全部医疗救助的 90%。扎实开展高校特困生救助工作，2008 年，阿里地区对在区外高校的 15 名特困生发放一次性救助补助资金 6.6 万元。进一步加强流浪乞讨人员、危重病人救助管理工作，加大流浪儿童的救助保护，全年共救助 65 人次，支出救助金 6.2 万元。

【社会福利事业蓬勃发展，特殊困难群众社会保障体系进一步健全】阿里地区新增了噶尔县、日土县、普兰县和札达县四个福利彩票投注站，截至 10 月底，阿里地区7个福利彩票投注站运转良好，截至11月16日共销售福利彩票493.666万元。社会福利事业基础设施建设按期完工，安排了革吉县社会福利院建设项目、革吉县敬老院建设项目、改则县察布乡敬老院建设项目、噶尔县门士乡敬老院建设项目及噶尔县昆沙乡敬老院建设项目等项目的新建、改扩建项目，总投资达207万元，各工程均已建成并通过验收。从地区干部职工捐款中为各敬老院解决了6.9万元添置设备资金，2009年计划投资130万元实施札达县社会福利院及敬老院建设项目，争取实施了村办经济实体7个，总投资163万元。

【军民团结，双拥优抚安置工作扎实推进】制定实施了军地合署办公制度，确定了工作人员和工作场所。为切实加强双拥工作，密切军地之间的联系，充分调动广大干部群众发扬拥军优抚的光荣传统，召开了阿里地区第五次双拥工作会议。退伍军人安置工作得到落实，根据行业特点，克服了退役士兵文化较低、无专业特长难以安置的困难，结合安置士兵的个人素质和能力，有针对性的予以妥善安置退役士兵，尽量安置到行政、事业和经济效益较好的企事业单位，完成了安置退役士兵的工作任务，共安置退伍军人14名。经积极争取，实施了地区烈士陵园改扩建项目，总投资为402万元，黑色路面已全部完成，其余部分2009年实施，将大大改变陵园内杂乱无章的现状，为阿里地区广大干部职工特别是青少年提供一个设施完善、资料齐全的爱国主义教育基地。2008年，全地区共争取和下达优抚对象生活补助、医疗补助抚恤金和军休人员工资等共212.5万元。同时，在“三大节日”、维稳工作中积极慰问解放军、各警种部队、优抚对象，支付慰问金41.8万元（不包括各县）。

【村民自治，基层民主建设得到加强】协同组织部门出台了《阿里地区第六届换届选举工作实施方案》，成立了阿里地区村（居）委换届选举工作领导小组，召开了地区第六届村（居）委换届选举工作会议，安排部署了换届选举各项工作，深入各县、乡、村对换届选举工作开展指导、检查和调研工作，顺利地完成了村（居）组织换届选举工作。

【积极履行职能，专项社会事务管理水平进一步提高】启动实施了“地名公共服务工程”，以提高地名规范化、标准化、信息化为目标，重点加强了城镇地名管理与服务工作，对七县41条街道进行了深入细致地调查摸底，在对街道、门牌、路牌进行编号的基础上，建立了完善的地名数据库。共确定并制作街牌157个，大门牌475块，小门牌1493块，日土、噶尔、革吉三县安装工作完毕。对狮泉河镇原有29块路牌进行更新改造，新添置一级、二级路牌80个，现已跟厂家签订合同，计划2009年上半年安装，地名公共服务体系已逐步纳入规范化管理。依法加强了界线管理工作，完成了革吉县与普兰县、札达与噶尔县、普兰县与札达县县界联检任务，在全地区范围内全面开展了“创造文明边境”活动。积极推动婚姻登记规范化、信息化建设，进一步规范婚姻、收养依法登记服务，2008年，全地区共办理结婚登记467对，离婚登记128对。以整顿和规范社团组织建设为基础，积极开展社团组织取缔和发展工作。阿里地区原有社团组织10个，其中2个社团组织因工作需要及其他原因，业务主管部门在进行资产清查后，按照规定进行核实取缔。在加大现有社团组织整顿和规范社团行为的基础上，对要求成立的金融协会和老龄委协会进行了调查，并在对协会章程进行详细的了解后，予以了登记，发放了《社会团体法人登记证书》。2008年，阿里地区共有社会团体14个。完成了阿里地区孤儿的各项统计工作，孤儿福利保障工作进一步推进，孤儿基本生活和健康成长得到保障，2008年，阿里地区孤儿总数达125人，其中男性64人，女性61人，14周岁以下的61人，14周岁以上的64人；城市孤儿为7人；农村孤儿为118人；事实上无人抚养的35人。阿里地区孤儿主要以分散供养形式为主，其中家庭寄养5人；亲戚监护抚养86人；独立生活的20人；其它14人。

【加强领导，紧密配合，老龄工作取得新进展】在三大节日期间集中慰问特困老人，送去党和政府对老年人的关怀。对全地区的老年人进行了统计，全地区60－64岁1885人，65－79岁3722人，80－89岁933人，90－99岁58人；发放了寿星老人健康补助，补助标准为：80岁－89岁300元，90岁－99岁500元，100岁以上为800元，共发放寿星老人健康补助30.89万元。组织老年人参加“反对分裂、维护稳定、加强团结、促进发展”主题教育活动，丰富了主题教育活动内容。组织老年人参与地区文明委“迎奥运 创建文明城镇”活动。

【广泛开展向灾区捐款捐物活动】在南方冰冻灾害中，共募集资金851099元，将捐赠款分别汇往民政部451099元、国家电网公司400000元；四川汶川发生地震灾害中，接受社会各界捐助款1498795元，将捐赠款分别汇往自治区民政厅844344.9元、陕西省民政厅400000元。

阿里地区劳动和社会保障工作

【积极落实就业培训优惠政策，促进劳动力合理有序转移】2008年，阿里地区劳动和社会保障局为确保就业和再就业优惠政策的落实，对享受扶持就业和再就业优惠政策的对象、范围进行了调查摸底。在调查摸底的基础上，积极协调有关部门认真落实促进就业再就业的扶持政策，认真审核因“3·14”事件受影响的企业，对符合条件的地区客运站、旅游公司和地区交通发展公司3家企业，发放失业救助金21.57万元。2008年，职业指导753人（次），职业介绍685人（次），城镇失业人员实现就业共510人，其中政府购买公益性岗位实现就业200人，城镇失业登记率控制在4.3%以内。农牧区劳动力转移就业2.2万余人次。2008年，城镇失业人员技能培训360人（次），投入培训资金23万元。农牧民技能培训533人（次），投入培训资金30万元。组织驾驶员技能鉴定59人。

【以民生为重点，狠抓各项保险服务工作】截止2008年底，全地区退休职工343人支付养老金800万元，支付率100%，社会化发放率100%以上，没有发现拖欠养老金的现象，确保了企业退休职工养老金按时足额发放。狠抓企业退休职工基本养老金调整工作。及时对343名企业退休人员的基本养老金进行了调整。切实加强社会保险金的征缴工作。截止2008年底，养老保险参统单位128家，参统人数806人，应征养老金919万元，实际征缴养老金881万元，征缴率96%；失业保险参统单位142家，参统人数2195人，应征缴失业金222万元，实际征缴失业保险金201万元，征缴率90%，其中追回历年欠缴“两金”145万元，清欠率为80%。应征缴工伤保险11万元，实际征缴工伤保险11万元，征缴率100%。切实做细做实扩面和个人账户工作。到2008年底，全地区参统单位404家，参保人员7833人，其中在职人员6285人，退休人员1548人，医保基金实际征缴3663.2万元，支付医疗费1163.9万元，支付率100%。加快推进城镇居民基本医疗保险和城镇职工生育保险工作。2008年，城镇居民基本医疗保险参保人数2014户，参保人3485人，征缴医疗保险基金34.3万元，支付17.9万元；城镇职工生育保险参保单位396家，参保人数5385人，征缴生育保险基金50.4万元，支付16.7万元。切实加强社会保险基金的监督管理工作。确保了社会保险基金的安全运行。

【切实加强劳动合同的签证和管理工作】积极督促用人单位和劳动者双方依据《劳动合同法》规定进行劳动合同签证，提高劳动合同的签证比例。全地区63家用人单位全年签订劳动合同269份，涉及269人；签订农牧民工劳务合同41份265人，1家用人单位签订集体合同1份，涉及112人。受理劳动争议案件11件，已调解处理10件，涉及人员194人，追回农民工工资61.3万元，结案率90%。调解工伤赔偿1件，解决5.2万元。

【加强劳动力市场的执法检查工作】按照上级有关通知精神，多次对阿里地区各类用人单位，特别是建筑施工、餐饮服务等劳动密集型企业和大量招用农牧民工的单位进行了专项清理检查活动。检查内容以劳动合同签订、工资支付、工作时间以及参加社会保险等情况为重点，检查用人单位执行国家各项劳动保障法律法规情况。专项检查活动中地县两级劳动保障部门共检查了354家各类企业，涉及人员1803人，其中，国有企业36家，涉及人员511人，集体和私营企业59家，涉及人员826人，个体工商户259家，涉及人员466人。在检查的同时，积极宣传《劳动合同法》、《就业促进法》、《劳动争议调解仲裁法》三部法律，发放宣传资料2500册。

普兰县

【经济发展情况】2008年，普兰县生产总值（GDP）11647.41万元，同比增长18%；其中：第一产业完成2719.44万元，同比增长14%，第二产业完成1930.75万元，同比增长12%，第三产业完成6997.72万元，同比增长21%。县财政收入200万元，因受3·14影响同比减少46%；其中：税收收入110万元；非税收入90万元；社会消费品零售总额1385.69万元，同比增长19%；人均生产总值1.31万元，经济建设跨上新台阶。

农作物播种面积9551.73亩，其中青稞种植7765.18亩，豌豆种植687.13亩，全年粮食总产量达2490.68吨，因受9月19日至21日的灾害影响同比减产393.49吨；2008年全县牲畜出栏36593(只、头、匹)，出栏率为26%，成畜死亡6787(只、头、匹)，死亡率为4.8%，年末牲畜存栏136845(只、头、匹)，肉类总产量达到了254吨，同比增长8%，奶产量1013.1吨，同比增长10%，绵羊毛产量66吨、山羊绒产量8.5吨，与2007年基本持平。

全年固定资产投资1854.2万元。其中，城镇固定资产投资1658.6万元；农村固定资产投资225.6万元；邮电业务收入28万元，比上年增长9%；年末固定电话用户999户，移动电话用户2325 户。全年社会消费品零售额1440.582万元；批发零售贸易业1010.962万元；餐饮业429.62万元。全年财政收入331万元。年末，金融机构各项存款余额2621万元；各项贷款余额1876万元。

【农牧民安居工程惠及近6000农民】2008年，普兰县共安排建设农牧民安居工程1008户，其中2006年完成484户，2007-2008年完成524户，建筑总面积80308平方米，有近6000名农牧民搬进了安全、宽敞、明亮、干净的新房。安居工程建设投入总资金4021.85万元，其中国家补助资金1493.8万元；县财政投入100万元；群众自筹资金2428.05万元（其中银行贷款资金568.8万元，现金投入1859.26万元）；2008年农牧民还贷39.94万元。

【一村一品战略工程取得新突破】“一村一品”战略是实现农牧民增收的有效途径，通过各种渠道争取上级资金，共安排“一村一品”战略资金671万元，其中：投资18万元实施人工种草1500亩，投资285万元实施牲畜短期育肥基地建设，投资65万元改扩建吉让预制厂，投资130万元新建10个温室蔬菜大棚，投资100万元整治多油村农田水渠、水库，投资73万元组建多油施工队，普兰青稞酒厂已开始投入使用。培育了一批特色产业基地和农牧区合作经济组织，为农牧区的快速发展打下了坚实基础。

【社会事业稳步发展】2008年，普兰县级财政用于教育事业经费投入达到74.4万元，同比增长18.47%。2008年普兰县还顺利通过了自治区级第二次“普九”复查验收。截止2008—2009学年初，全县小学在校生1048人，小学入学率为98.55%，初中在校生496人（包括内地西藏初中班和县外就读生），初中入学率为91.17%。全县中小学“三包生”1118人，覆盖率100%。卫生方面：为进一步加强普兰县基层医疗卫生工作，2008年卫生服务中心、疾控中心医护人员在普兰镇、霍尔乡、巴嘎乡的农牧群众中开展了巡回医疗活动，共就医常见病、多发病、部分疑难病人总计5100多人次，发放免费药品26540元；全年门诊人次4863例，门诊观察病人85例，急诊36例，出诊病人52例，住院病人181例，其中治愈率90%，施行各种手术46例，手术治愈36例；在三鹿奶粉事件发生以后，为了确保普兰县婴幼儿的身体健康和生命安全，由县委、政府牵头，联合质检、工商、卫生、安监等部门，对普兰县的奶粉经营户进行了3次检查，出动人员12人次，检查奶粉经营户27户，共下架奶粉重1230公斤，并在10月8日对全县六岁以下的儿童进行免费的B超检查和尿检，共检查了106名婴幼儿，未发现疑似病101例，发现可疑病例5例，目前市场上无含三聚氰胺批次奶粉。

文化广电方面：扎实推进了“村村通”广播电视工程、“2131”工程、西新工程的建设，全年放映爱国教育片、科技普及知识等科教片367场次，流动放映77场次，观众人数10972人次。截至目前，普兰县建成广播电视收转站15座、单收站91座，以村为单位的广播电视覆盖率达90%。科技方面：全年投入水利建设资金116.3万元，新修水渠5千米，改善农业设施建设投资70万元，修建温室大棚10座；科迦村沼气工程试点（5户）成功，2008年共培训农业技术人员117人，就业36人。

扎达县

【基本县情】札达县位于西藏自治区的西北部，阿里地区西南部，地处喜玛拉雅山西北段及其支脉阿伊拉山之间一个古湖盆中。东邻普兰县，北靠噶尔县，西南与印度交界，面积2.75万平方千米，边境线长达575千米，有38个通外山口。札达县是阿里地区半农半牧、给实不挂名的贫困县之一，全县耕地面积1.04万亩，牧草地面积2157.95225万亩，林地面积12130.8亩，灌木林地10971.8亩；水域面积1096167.5亩，尚未利用土地14318078.3亩。全县下辖一镇五乡，十五个行政村、居委会，五十八个作业组。总人口1854户7081人，其中农牧业人口1325户5518人。

【经济实力稳步提升】2008年，札达县生产总值5838万元，同比增长18.25%；实现本级财政收入281万元，同比增长18.57%；农牧民人均纯收入达到2232元，同比增长18.24%；农村经济总收入1784.88万元；固定资产总投资达到4949万元；社会消费品零售总额达到779万元，顺利完成了既定目标。

【基础设施建设不断加强】2008年，扎达县共实施开工项目27个，其中续建项目1个，新建项目26个，总投资4949万元。有效解决了农牧民饮水安全困难、用电困难、道路交通不便、通讯闭塞等一系列问题。加快了县城市政建设，不断完善城镇基础设施建设，投资646万元，实施了三条市政道路建设，通过改善县城给排水系统、亮化新修道路、安置路灯等，使县城容貌进一步美观、功能进一步齐全。加强县城环境卫生整治，广泛开展了“迎奥运、树新风、创建文明城镇”活动，实现周边造林面积达588亩，植树7.056万株，补植补栽5.372万株；县城街道两旁绿化补植386株；义务植树5.88万株，城镇人居环境进一步改善。

【农牧业生产稳中有进】完善粮食安全的保障机制，全面落实粮食农资综合直补办法，粮食总产量914.69吨。全年农作物总播种面积为7500.28亩，其中粮食作物播种面积6040.1亩，经济作物种植面积685.9亩，饲草料种植面积774.28亩。在稳定粮食生产的基础上，进一步调整农牧业种植结构。“粮、经、饲”的种植比例调整为80：9：11，种植结构进一步合理。同时，积极争取河北援助市县的帮助，认真解决蔬菜种植的技术推广，农业的示范带动作用明显。加快农牧区流通体制改革，共建立万村千乡农家店13家。在牧业上，进一步加快了畜群结构调整，加快了良种引进，共引进新种牛41头，调运改良羊500只，通过结构调整，使畜种结构得到进一步优化。年末各类牲畜存栏数控制在134256头（支、匹），幼畜成活率87.1%，成畜死亡率1.59%，牲畜出栏率27.3%。全年完成畜产品统一收购39.64吨，其中收购山羊绒7.7吨、绵羊毛31.94吨，农畜产品综合商品率达到50.9%。科技推广方面，在托林镇札布让村进行的8户家庭使用沼气试点建设圆满成功。2008年，全县共有13名科技特派员，其中农牧民科技特派员5名；已上报6人待审批。

【社会各项事业蓬勃发展】先后多次组织巡回医疗工作组深入农牧区开展巡回医疗。发放免费药品折合人民币3.5万余元，诊治病人达5180人（次）。全县以村为单位的合作医疗覆盖率达到100%；参加合作医疗农牧民的群众达到5449人，强化疫苗接种496人（次），接种率达到97%。全县各级医疗机构共收治就诊人员25830人（次），治愈率达到96%。认真开展食品卫生放心工程，加强对食品药品的安全检查。

进一步提高“普九”巩固力度，加强师资队伍建设，壮大师资力量，通过师资队伍的调整培训等工作，全县教师队伍整体素质明显提高，促使全县教育事业蓬勃发展，2008年，全县在校生1047人。适龄儿童入学率达到99.26%，毕业率达到100%，巩固率100%；加强了农牧民群众的技能培训。投入资金举办泥瓦匠、美术、编制卡垫、机械维修、宾馆服务、保安等为内容的农牧民技能培训，2008年，先后共选派100人到地区和县职校参加各种技能培训，其中地区培训63人，县职校培训37人。在河北省援藏干部的大力协调和地区农牧科技蹲点人员的指导下，组织县机关农牧技术人员和农牧民共450人（次），参加了各种蔬菜、瓜果等种植技术的培训，增强了农牧民群众增收致富的本领。

乡村级广播电视收转站和单收站80座转星工作全部完成。现有县城开路电视频道3个，调频广播站1座，开路有限电视频道45个，运行率达到98%。电影放映场次达52次，观众达11200余人（次）。

完善社会保障体系。进一步完善对农牧区低保家庭，五保户，残疾人等的救助措施，扎实开展社会救济、灾民救助、优抚安置等各项工作，提高“三老”人员、“五保户”和重点优抚对象的供养水平，实现了应保尽保、应助尽助。

【援藏工作成绩显著】2008年，共投入610万元援助资金，主要为农牧民安居工程100万元，技能培训225万元，基础设施建设200万元，设备购置85万元。另外，增加农牧民收入和解决县城吃菜难问题，通过援藏方面无偿聘请四名技术人员，手把手地将种植技术交给当地农牧民，目前，种植技术人员6名，种植技术达到了预期效果。

【农牧民增收】扎达县大力实施了发展特色产业促增收、参与项目建设促增收、加大技能培训促增收三大战略；深入开展“一助一”扶贫济困活动，大力推进农牧区劳动力转移，实施农牧区劳动力转移就业培训“阳光工程”，全力破解农牧民增收“瓶颈”。全年实现劳务输出 59814 人（次），创收 369.5 万元。

【旅游业实现新发展】县委、政府决定将旅游局从县文广局分离出来，成立单独机构，并已积极向上级有关部门申报批准。积极谋划制定《札达县旅游发展总体规划》，积极与北京清华城市规划设计研究院风景旅游规划所洽谈协商，力争在 2009 年完成具体详规。为扎达县旅游业的发展创造了良好的条件。以旅游业带动农牧民发家致富；以旅游业的大发展，加大宣传力度，努力打造札达旅游品牌。

【特色产业初见成效】按照“一村一品”的工作要求，大力实施托林居委会蔬菜大棚、马阳酥油、曲龙牧业、底雅果品四大特色产业基地建设，不断健全完善农牧民增收长效机制。从河北省引进技术人员到扎达县搞示范，扶持发展温室蔬菜种植。2008 年，新建温室 11 个，同时，由技术人员授课，采取理论与实践相结合的办法，手把手地教授当地群众种植大棚蔬菜，已培养本地乡土人才 6 人。在示范带动的引导下，全县共扶持蔬菜种植专业户 20 户，瓜果生产专业户 44 户。种植西瓜 35 亩、蔬菜 241.3 亩。

噶尔县

【经济发展情况】2008年，噶尔县全年完成生产总值8774万元，同比增长18%；财政收入完成1211万元，同比增长16%；农牧民人均纯收入3009元，同比增长18%；农牧民劳务创收957万元，同比增长5%；实现脱贫270人；重大项目投资突破1亿元大关。着重加强了财政改革、增收节支、信贷支农等工作，实现本级财政收入1211万元。本级财政集中财力加大对涉及群众切身利益的教育、卫生、社会保障、社会就业、维护稳定等方面投入，公共服务领域投入达450多万元，维稳投入100多万元。县农行各项存款余额达10753万元，比上年增长64.98%；各项贷款余额达2612万元。目前狮泉河镇共有个体工商户2293户，从业人员达到3924人，注册资金7047.2万元，非公有制经济成为推动噶尔县发展的重要力量。“万村千乡”市场工程不断得到巩固和完善，目前，“万村千乡”农家店达30家，全年销售碘盐33吨，碘盐推广率90%以上。

【坚持农牧业基础地位不动摇，农牧业发展迈出新步伐】2008年，噶尔县一是继续调整农牧业种植结构，“粮、经、饲”的种植比例调整为26.9：6.83：66.27，种植业结构进一步合理。二是继续扩大昆沙乡农牧业产业化基地规模，新增紫花苜蓿种植600亩，地膜青稞200亩，亩产达500斤。三是以科技助推农牧业发展，投资114万元建设优质奶牛养殖基地和绒山羊良种选育点，购置优质奶牛100头。四是在稳定粮食种植面积基础上，加快经济作物种植步伐。2008年，噶尔县农作物播种面积10065亩，同比增长18%，其中：青稞播种面积2775亩，粮食总产量达260吨；经济作物油菜、豌豆、蔬菜类播种面积555亩；人工种植紫花苜蓿已达1800亩，亩产达3000公斤，沙打旺、燕麦草等其它饲草播种面积4935亩。五是大力发展畜牧业，牲畜存栏23万头（只、匹），山羊、绵羊、牦牛、马匹比为49：45：5：1，幼畜成活率达到80%以上，成畜死亡率控制在3.9%。

【农牧民增收工作取得新突破】2008年，噶尔县始终把增加农牧民收入作为中心工作去抓。全年群众劳务输出达1.8万余人次，创收达957万元，在昆沙机场特设专人负责协调落实劳务输出，劳务输出达到2000多人次，车辆达50台次，劳务创收150余万元。狠抓畜产品收购工作，实现农牧民现金收入300多万元。全年共有350多人次参加各种实用技能培训，拓宽农牧民劳务输出门路。狠抓牲畜出栏工作，牲畜出栏率达35.8%，较2007年增长6%，农牧民群众实现收入1000万元。

【坚持统筹发展，城乡面貌变化可喜】2008年，噶尔县完成安居房新建任务106户，超计划完成4户，已基本实现80%的农牧民群众住上安全、适用的安居房的目标。同时，针对安居工程建设遗留问题，县委、政府召开现场会议，广泛征求意见，拿出具体解决方案，提出可行整改措施，县里千方百计筹措资金180多万元，认真解决了门士、左左、昆沙三乡安居工程遗留问题。

全年新开工项目27个，投资170万元完成了门士乡整乡推进项目的后续工作；投资478万元实施郎久村农业综合开发项目；投资150多万元实施了昆沙机场水渠和门士村水渠硬化工程；投资89万元完成扎西岗乡集中供水工程，惠及群众1430人；投资7000多万元启动的“户户通电”工程全面铺开，12月1日，扎西岗乡完成通电，三年后将解决944户农牧民群众的用电问题；完成了左左、门士两乡村级活动场所建设；投资900多万元完成门士乡主要街道的黑色化、部分村组公路的改扩建、301线、全县农村公路的养护等项目。

【抓好生态建设，促进可持续发展】2008年，噶尔县生态建设取得实效。按照建设“环境友好型，资源节约型”社会的要求，积极抓好生态建设，投资478万元完成县城周边绿化带2388亩，补栽补植980亩，退耕还林1300亩，进一步绿化、美化了生活和工作环境。

“宜居”生活环境显著改善。一是县委、政府把环卫工作作为建设和谐噶尔的重要内容来抓，首次召开噶尔县环境卫生工作会议，组建噶尔县环卫公司，提高了工人工资，解决公益性岗位。二是深入开展“迎奥运，创建文明城镇”活动。县财政安排投资10万元，添置了垃圾箱，清除了干部职工住宅区多年的积沙1300多车，疏通了因工程垃圾堆积而堵塞的两条公路，并对县城垃圾死角进行彻底清理，筹资80多万元美化、亮化了狄三路。从外地引进樟毛松、陕北柳、榆树等树种进行试种。协调地区各单位狠抓文明创建，并编印发放《创建文明城镇宣传册》和《狮泉河镇公民道德实施纲要宣传册》各500份，确保活动取得了实效，得到广大城镇居民的肯定。

矿产土地资源管理工作日趋规范。一是加大对矿产资源监管力度，认真实施投资600多万元的砂金矿回填项目，同时，抓了2009年回填复垦的准备工作。二是认真做好国土资源保护宣传、第一次全国污染源普查和第二次全国土地调查工作。三是规范土地使用证办理工作，办理土地使用证78户，收缴土地补偿费、土地管理费等费用180多万元。

【坚持全面协调发展，社会事业扎实推进】2008年，噶尔县教育事业取得新成绩。一是继续加大教育教学改革和管理工作。制定出台《噶尔县关于加强控辍保学工作和规范适龄儿童少年入学制度的决定》、《噶尔县关于救助低保贫困学生实施办法》和《噶尔县教体局年终综合绩效考核的具体办法》，全力做好适龄儿童入学和“控辍保学”工作，切实解决贫困学生入学难问题。小学适龄儿童入学率达到99.91%，初中适龄少年入学率达到96.5%，顺利通过了“普九”复验。投入250多万元，新建孔校体育场、门士小学温室、加固校舍和围墙、美化校园环境，强化学校后勤保障、安全卫生工作，确保了学校无安全事故发生。

医疗卫生事业有了新进步。一是全面做好鼠疫、结核病等传染病的预防控制和计划免疫工作，基础免疫完成500人次，强化免疫完成210人次。二是启动了新农村新家庭人口健康促进拓展项目实施工作，同时加强流动人口计划生育管理与服务工作。三是认真开展食品药品专项检查，切实做好含有三聚氰胺奶制品的检查清理工作。四是继续巩固落实农牧区合作医疗制度，合作医疗参与率达100%，投资30万元修建了门士乡、昆沙乡卫生所住院房，投资88万元添置了相关的医疗设备。

文化广播事业进一步加强。一是认真开展全国第三次文物普查工作，加大文物保护工作宣传力度。二是大力实施广播电视进万家工程，向农牧民群众发放电视机1129台。继续抓好电影2131工程，全年共放映电影492场次。三是建成“村村通”电视单收站10座，收转站1座，广播电视覆盖率分别达到83.3%和70.2%。四是各乡（镇）开展了以赛马为主的文化活动，农牧民文化娱乐活动日益丰富，农牧区精神文明工作蒸蒸日上。在其他方面，展开了“五五”普法工作，群众法制观念明显增强。编译、地方志、妇女儿童、工会等其他社会事业也取得了较好成绩。

科技工作呈现新气象。一是在加木村试建10户沼气池。二是进一步加大农牧区实用技术的推广工作，认真开展高效温室、人工种草、奶牛养殖、小型农机具维修等实用技术培训，全年共培训350人次。三是加大科技特派员和科技人员引进力度。

日土县

【经济发展情况】2008年，日土县实现生产总值12998万元，比上年增长18.1%；县级财政收入实现831万元，同比增长13.8%；农牧民人均收入达到3228元，比上年增长18.2%；城镇居民可支配收入达到11564元，同比增长8%；完成社会固定资产投资达3450万元；全县三次产业分别完成4115万元、2430万元、6453万元，同比增长分别为：9.5%、5.5%、16.8%，三次产业的比例调整为31.6：18.7：49.7；完成社会消费品零售总额为3999.6万元，同比增长8%。此外，维护稳定工作、社会治安综合治理科教文卫体广播电视环境保护等多项工作实现了新的突破。

【打好项目攻坚战，项目建设取得了历史性突破】2008年，日土县共争取了28个项目，总投资6800多万元，目前已有20余个项目在日土县正式落地。通过这些项目的陆续开工，日土县的基础设施建设将得到很大的改善，人民将从中获得更大的方便和实惠。这28个项目中大部分都是关系老百姓切身利益的民心工程、德政工程。

【打好白绒山羊发展攻坚战，白绒山羊基地建设取得了新进展】2008年，日土县通过积极争取和农牧局的努力跑办，向上级共争取了236万元，将对原有的冻精站进行改造，购置先进的设备。另外，2008年种植牲畜专用草1000亩，安装34500亩的网围栏，修建牲畜棚圈161套，添置白绒山羊1392只。

【打好矿业发展攻坚战，矿产开发有了新进展】2008年，日土县通过对全县可利用矿产资源进行全面整合，为日土县矿产资源走上正规化探测、开采渠道创造了条件。2007年，日土县通过进一步优化环境，吸引了几家大的矿业公司来日土县投资，已达成了合作意向，2009年日土县将进一步做好矿业开发工作。

【打好旅游发展攻坚战，旅游开发初见成效】近几年来，日土县在旅游资源开发方面，更加突出景区开发与基础设施建设、精品线路与精品景点培育，以大力扶持农牧民开办民俗旅游度假村为重点，使旅游业成为农牧民群众走出家门、走向外界，脱贫致富的有效渠道；成为当地群众携手致富、共奔小康的有效载体。2008年，县上投资30余万元，进一步改善了民俗旅游度假村的接待服务设施，并鼓励和帮助群众开办家庭饭店、旅馆20余家，接待游客千余人次，实现创收近30万元。

【打好城市建设攻坚战，城镇基础设施建设得到了明显改观】为喜迎2008北京奥运会和我国改革开放30周年，通过向上级争取援藏资金和对现有资金进行统一整合，共投资700余万元对县城实施了一系列的绿化、亮化、硬化、美化工程，绿化面积近9000平方米，硬化面积达17546平方米，新装路灯广告牌36个，更换草坪亮化灯28盏，县容城貌大为改观，人们的生活、居住环境得到了明显改善、城市品位大大提升。

【落实科学发展理念，社会事业协调发展】2008年，日土县“普九”工作已顺利通过初验；学校内部体制改革初见成效；小学适龄儿童入学率达到98.06%，在校生巩固率达99.8%；初中生入学率达到95.01%，在校生巩固率达96.4%；校园“温馨工程”全面启动，学生生活得到显著改善；县职业技术培训学校、热帮乡完小规范建设及县九年一贯制学校初中部建设等一批教育项目也已完工或启动。

农牧区合作医疗制度进一步健全，合作医疗率达到95%以上，家庭医疗账户发放率达100%，以合作医疗为主的县、乡、村三级医疗服务体系进一步健全；2008年，投资35万元对医院综合门诊楼进行全面装修，群众看病就医环境得到改善；卫生服务中心住院部也已如期竣工，县医院功能不断完善；疾病疫情的预防控制工作进一步加强，处置突发公共卫生事件的能力全面提升，传染性较强的腮腺炎已得到很好控制，患病者得到妥善救治。彩色周末和广场文化活动开展的有声有色，干部群众精神文化需求得到满足；“2131”和“村村通”工程建设力度进一步加大。

广播、电视覆盖率已分别达到了90%和95%，全县单收站发展到263 座（其中161座为私人单收站），新增广播电视发射台5座。乳制品、食品、药品市场专项整治行动扎实开展，市场管理监管力度加大。

社会保障体系建设大力推进，养老保险金征缴率达到100%，失业保险金征缴率达100%，养老金、失业保险金清欠率达100%；符合救助条件的209户641人已被列为救助对象；政府还多渠道开发公益性岗位，最大限度地解决老干部子女、干部职工家属等人员的就业问题。农牧民增收机制逐步建立健全，2008年计划组织农牧民劳务创收2745人次，实现创收值580万元。

革吉县

【社会经济发展情况】2008年，革吉县生产总值完成9271.6万元（现价）；财政收入达472万元，完成年初预算的49%；税收达1250万元，完成全年计划的74.8%；发放贷款1786万元，目前存款余额达5166万元；另外，通过后勤服务中心的正常运作，全县目前节约开支31万元。

【继续加强牧业内部结构调整，提高牲畜出栏率，加快畜群周转】革吉县坚持按照“建设基地化、品种优良化、管理现代化、技术科技化”的目标，本着“集中资金、重点建设”的原则，全年良种推广和繁育工作取得了较好的成绩，牲畜出栏率进一步提高，畜群周转速度加快。截止9月底，县扩繁场存栏绒山羊848只，其中种公羊150只，核心群适龄母山羊352只，后备畜群346只，牲畜存栏总数达74.56万头（只、匹）。

【积极做好牧矿管理工作】2008年，由县政府牵头，县畜产公司具体配合，狠抓了畜产品收购的各项管理工作，成立了畜产品收购领导小组，与各乡镇签订了畜产品收购责任书。同时，认真开展整顿和规范矿产资源开发秩序“回头看”行动，通过巡逻检查，在革吉县境内从事地质矿产预查的矿点6个，普查的矿点2个，进行地球化学勘查的野外工作点1个，涉及的勘查单位有7家，重点查处了未持勘查许可证进行采矿的企业1家，整合关闭硼镁矿开采企业5家。在整规过程中没有发现在革吉县生态保护区、核心区、缓冲区以及各类禁采区内进行勘查、开采的矿山及选矿企业，顺利地通过了自治区工作组的检查验收。

【始终抓好产业结构调整】2008年，革吉县继续坚持“一稳、二大、三快”的工作思路，加大产业结构调整力度，努力发展牧业经济，提高二、三产业对国民经济的贡献率。1—9月份，全县第一产业实现产值3421.2万元。收购羊绒52.6吨，收购牛绒3吨，绒毛总产量达到316.5吨。肉类产量达2342.6吨，奶类产量达到927.1吨，牲畜出栏率达27%。牲畜存栏总数达74.56万头（只、匹）；第二产业上，狠抓了能源建设和矿产资源的勘探、开发和管理。1—9月份实现产值1288.8万元。主要工业品产量稳中有进，发电量突破 22.36万千瓦时。生产预制砖 112万立方米。盐湖矿区生产硼镁矿9.2万吨；第三产业上，充分利用革吉县处在国狮公路边的优势，抓住青藏铁路通车运营的有利时机，大力发展商贸、餐饮、服务等行业，并以提高旅游接待能力和服务质量为重点，着力打造革吉旅游品牌，实现革吉县旅游业“零”的突破。截止9月底，全县共有个体工商户247户，其中牧民群众经商户达94户，出售酥油502斤，奶渣1183斤，藏靴210双，皮帽154顶。共接待旅游人数1122人次，实现收入44210元。交通运输业稳步发展，完成货运量9.5万吨。邮政、电信、移动业务量增大，邮政完成业务总量12万元，完成全年计划的70.5%，电信完成业务总量93万元，完成全年计划的51.6%，移动公司完成业务总量36万元。全县社会消费品零售总额达1300万元。粮食公司调运面粉12吨，大米7吨，青稞1.1吨。第三产业实现产值4561.6万元。

【积极衔接，确保受援工作力度持续加大】自2002年中国联通公司正式成为革吉县对口支援单位以来，通过3批援藏干部的不懈努力和对口支援单位的大力支持和无私援助，革吉县的经济得到了快速发展，各项基础设施不断改善。从2002年至今，中国联通援藏资金共计投入达3270万元。其中第一批援藏资金为850万，共建设项目6个，先后建成了革吉县老龄活动中心、革吉县城加油站、职工周转房、县政府综合办公楼和应急交通工具建设，并配备了一批办公设备；第二批援藏资金为1350万，建设项目8个，先后建设了革吉县洗浴中心、劳动技能培训中心、文化广场、环卫设施、盐湖乡安居工程、革吉镇安居工程、县发改委干部职工周转房和应急交通工具建设；2008年，受援工作力度持续加大，第三批援藏资金达1800万元，其中2008年1070万元，覆盖革吉联通宾馆、县职工周转房、会议中心维修、市政道路、应急交通工具和学生接送车辆等6个方面的建设。

改则县

【经济发展情况】2008 年，改则县实现生产总值22502.6万元，同比增长18%(地区统计局反馈数据为计算标准)，其中一、二、三产业分别增长 19%、16%和18%；完成财政收入 900 万元，同比下降10%；年末牲畜存栏总数 87.9 万头（只、匹），比上年下降 0.95%；牲畜出栏率达到 33.2%；8 月份共收购毛、绒 487.8 吨，其中：羊绒 57.7 吨、羊毛 430 吨，占总任务的 93.6%；畜产品综合商品率达到62%；实现新增就业 31 人；实现劳务创收 1008 万元，同比增长 3.4%；农牧民人均纯收入约 2925.6 元，同比增长 17.5%，其中现金收入达到 1900 余元。

【三大产业全面协调推进，科学发展得以体现】2008 年，改则县第一产业基础地位进一步得到巩固。改则县是纯牧业大县，2008 年雨量充沛，草涨势良好，牲畜膘肥体壮，各项措施到位，基础地位得到进一步巩固。一是调整畜种结构、发展特色牧业。改则县畜群畜种结构调整，坚持以市场经济发展为向导，积极引导牧民群众加大经济畜种的养殖，采取压缩马匹、多养牛羊、选育优良种畜的方法，提高皮、毛、肉产品质量；二是按照“一县一品”的要求，2008 年改则县继续加大了对白绒山羊的选育推广力度，着力打造改则县的畜牧品牌，促进绒山羊产业的建立和发展，现改则县的白绒山羊示范户 273 户。三是加快牧业基础设施建设，改善和提高牧业生产能力，全年共实施的牧区水利项目有：第三、四批安全饮水工程，项目投资 121 万元，计划打井 18 眼，力求 2008 年解决 1629 人的安全饮水问题，2008 年已完成 12 眼完工；物玛乡扎果村饲草灌溉工程全面完工。实施的牧区交通项目有：2006 年开工的古姆至洞措公路建设、2007 年开工的县城至察布公路建设项目，2008 年改则县争取到改普公路岔口至麻米乡定昌村公路建设项目，项目投资 31 万元，路长 7.6 千米，年度项目及跨年度项目全部完工，等待上级验收。四是大力实施人工种草项目，为改则县的畜牧业发展提供后劲。依照“牧业要发展、草业要先行”的发展思路，2008 年共实施人工种草 3000 亩，五是坚持可持续发展，做好退牧还草工作。2006 年第二批退牧还草工程，于 2008 年 8 月顺利通过验收。2007 年退牧还草项目总投资 839 万元，计划实施禁牧 14 万亩，休牧 16 万亩，草场补种 9 万亩，现项目已完成招投标。项目正在抓紧实施。六是切实做好动物疫病防控工作。2008 年改则县未发生重大动物疫病，以县、乡、村兽医为主的三级动物疫病监测体系运转正常，小反刍疫苗、“W”病疫苗接种密度达到 100%，其他疫苗接种密度达到 98.5% 以上。

“万村千乡市场工程”建设取得成效，完成农家店改造 8 家，从业人员 24 人，全年农家店营业额达到 120 万元。努力完成碘盐销售任务，2008 年改则县的碘盐销售量为 55 吨，现已全部销售完毕。

积极发挥矿产资源优势，提高二产经济比重。一是以加快探矿步伐、推进矿产开发为主，坚持可持续发展的原则，积极协助来改则县勘探矿产的地质队，做好矿产资源勘探工作，科学安排矿产资源开发进程；二是加大招商引资力度，寻找实力雄厚，知名度、信誉度高的企业，来改则县开发或合资开发矿产资源；三是认真落实自治区关于禁采砂金矿的有关规定，深入开展整顿和规范矿产资源开发秩序“回头看”工作，严厉打击和查处偷采、偷开砂金矿行为，2008 年共查处非法盗采砂金案 2 起，并按照有关文件精神及上级要求，给予了处理；四是加大地质环境治理力度，在上级有关部门的大力支持下，2008 年改则县完成 2 个砂金矿点的回填工作。五是积极做好第二次全国土地调查测绘工作和第二次全国经济普查工作。

积极发展物流业、服务业等第三产业。一是积极做好先遣连遗址的保护和修复工作，改则县藏北无人区探险旅游和先遣连红色遗址旅游，已列入地区旅游规划，力争改则县旅游业有新的篇章。二是充分发挥改则县特有的交通地理位置优势，大力发展物流业、宾馆餐饮业，为当地剩余劳动力提供更多的就业机会，全年改则县新增餐饮店 5 家，招待所 1 家。

【新农村建设彰显成效】安居工程项目于 2006 年开工，新建安居房 2026 套，其中游牧定居 1769 套、扶贫搬迁 200 套、地方病搬迁 57 套。安居工程建设总投资 5236 万元，其中国家投资 3365 万元，群众自筹和贷款 1423 万元，劳务投入 626 万元。在县委、政府的高度重视下，在上级业务部门的支持及移动的无私援助下，通过历时 3 年的建设，目前主体建设任务已基本完成。大部分群众已住上了干净舒适的安居房，安居工程配套设施建设项目有望 2009 年实施。

不断拓展乐业富民建设渠道。将农牧民增收紧紧与政策引导、科技推动、劳务输出、资源管理、扶贫助困相结合，拓展群众增收渠道。全年共组织劳务输出 6511 人，超额完成了劳务创收任务。

2008 年第一批整乡推进扶贫项目，在改则县改则镇鲁仁居委会、玉多村、日玛村，实施，投资 20 万元（国家投资），面上扶贫工作在改则县古姆、察布、先遣三个乡组织实施，共投资 59.5 万元。在开展对口单位扶贫工作中，改则县各单位、各部门严格按照，县委、政府分配的对口扶贫任务，由单位主管领导直接负责，都把扶贫工作摆在日常的工作议程，精心开展着这项工作，一心一意为扶贫点的群众脱贫致富出谋划策，为群众生产、生活条件的改善在人力、财力、物力上给与大力的帮扶，全年全县各单位、地直单位累计在对口扶贫工作中共投入资金 50 余万元。扶贫工作的开展及在全县经济发展的带动下，改则县共脱贫 382 人。

【基础设施建设加快，支撑保障能力提升】2008 年，改则县争取到农畜产品交易市场、交警大队办公楼等 24 个基础建设项目和建设资金，基础项目建设投资完成额 2201 万元。其中：国家投资项目 8 个，援藏与国家共同投资项目 11 个；援藏投资项目 6 个。2008 年全县人民期盼已久的改则水电站，已顺利开工，项目投资 6739 万元。实行了全程监管，专人负责，确保了工程质量、生产安全和工程进度，年度项目基本完工。

【移动集团对口支援不断深化】共争取移动援助资金 3000 万元，资金按照项目实施进度已全部到位，并做到了专款专用，确保项目效益。

措勤县

【经济发展情况】2008年，措勤县实现生产总值11199.6万元，同比2007年增长18%；牧业生产总值6584 万元，同比2007年增长13 %；2008年措勤县专项资金安排力度减少，财政收支基本正常。一般财政收入完成310 万元，同比2007年减少23 %；一般预算支出完成 5100 万元，同比2007年减少845 万元，减少14 %；全年实现牧民人均纯收入达 2699.4元，同比2007增长18 %。

【牧业经济持续发展，畜牧业和牧区主要经济指标明显增长】2008年，措勤县各类牲畜存栏数为50万头（只、匹），同比2007年减少2 %；幼畜成活数 14.2 万头（只、匹）、幼畜成活率70 %，同比2007年分别增加12 %、13 %；成畜死亡数1.7

万头（只、匹）、成畜死亡率2.4%；牲畜出栏 16.3万头（只、匹），出栏率为32 %，同比2007年增长2%。

【基础设施建设进一步改善】2008年，措勤县牢固树立"项目建设是措勤发展第一要务"的思想，积极抢抓国家政策机遇，充分利用国家电网公司的援助，2008年拟建、在建和续建项目投资共计8000多万元，目前资金到位6000多万元，其中援藏资金到位1750万元，促使措勤县基础设施建设迈上新台阶。

市政建设方面。完成了县幼儿园建设项目、县疾控中心建设项目、县人民医院放射科项目、县文化中心主体及装修项目、县城硬化道路建设项目、措勤驻狮泉河办事处装饰、装修项目等，累计投资1561万元。

牧区基础设施建设方面。一是完成了安居工程项目、四乡集贸市场建设项目、半封闭羊圈建设项目、人工种草等农发项目、紫绒山羊原种场改扩建项目、村级活动场所建设项目等，累计投资达1360万元；二是交通、水利基础设施建设进一步加强。2008年在保证公路交通安全的前提下，措勤县积极争取乡村公路建设资金，新修乡村公路118 千米，并在上级业务部门的大力支持下，修建桥梁3座，涵洞 4 座；大力实施人畜饮水工程和草场灌溉工程，共打水井21眼、修建草场灌溉引水干渠 12 条。三是能源建设方面，首先，针对目前县城用电紧张的问题，县委、县府予以高度重视，为了加快解决县城用电问题，积极争取了水电站建设项目并已获国家批准，2009年动工，2011年投入使用；其次，想方设法解决牧民生产生活用电问题，考虑到线路损耗、群众居住分散等因素影响，即便水电站投入使用，牧区电网建设基本不可能，为此，措勤县委、县政府决定实施小型风光互补供电工程。在国家电网的援藏同志的积极争取下，风光互补供电工程可行性已经通过国家电网公司的论证，项目立项工作正在积极进行。

【实施了"'一产'稳县抓生产力"战略】2008年，措勤县合理调整畜群结构、突出抓好特色产业。措勤县牢固树立以发展畜牧业为基础的工作思路，因地制宜，按照"宜山羊则山羊、宜绵羊则绵羊、宜牦牛则牦牛"的建设要求，组织力量深入各村，确定每村、每组、每户的畜群结构调整比例，使畜群结构调整工作稳步推进，"三大产业带"初具规模：

达雄乡和磁石乡形成了紫绒山羊特色产业带，突出抓好了紫绒山羊"绒"特色，全年产绒 2.5万斤，主产区的主畜达13万只，主畜比例达60%；措勤镇、曲洛乡形成了扎日南木措藏系绵羊产业带，突出抓好了"奶"特色，全年产鲜奶 1.5万斤、奶制品1万斤，主产区的主畜达15万只，主畜比例达70%；江让乡形成了诺仓高原牦牛产业区，突出抓好了"肉"特色，全年出栏 2000头，占全县牦牛出栏总数的40%。

认真实施了"立草为业、草业先行"战略。首先，2008年措勤县加快了"人工种草"步伐，把"人工种草"切实当作一种产业去发展。完成了措勤镇曲强村人工种草1700亩、门东村400亩、措勤村100亩；江让乡诺仓村150亩、美朵村100亩；达雄乡夏东村600亩、达瓦村150亩、才扎村100亩，边山村100亩；磁石乡刀青村250亩、格玛村500亩、加绕村150亩、曲洛乡曲洛村200亩、尼雄村200亩、赤玛村100亩，共完成人工种草6000亩。人工种草的实施，为2009年措勤县短期育肥项目的顺利实施和过冬饲草的备料奠定了基础。其次，坚持经济发展与生态效益并重的原则，积极实施"退牧还草"工程，加强草原保护，缓减草畜矛盾，促进畜牧业健康、持续发展，努力实现了"草原绿起来、畜牧业强起来"的发展目标。2008年完成了江让乡加荣村退牧还草1500亩、查仓村300亩。

【实施了"'二产'兴县抓加工业"战略】2008年，措勤县立足现有资源，大力实施了矿业开发工作。同时，在稳定牲畜存栏的基础上，以市场为导向，以科技为依托，将草场超载畜群向肉制品转化，形成了具有一定规模的畜产品加工业。

矿产开发。2008年实施了江让乡硼矿改扩建工程，进一步改善了硼矿的开采环境，提高了硼矿的开采数量、保证了硼矿的开采质量。同时，进一步加强了达雄乡达瓦村铜矿和曲落乡尼雄村富磁铁矿的勘测工作。

大力发展加工业。一是利用全县野葱资源丰富的优势，按照"投资小、见效快、效率大"的原则，建立了野葱加工厂，使措勤县野葱资源形成了一大特色产业。野葱加工厂的建立，不仅增加牧民群众现金收入，而且为群众提供了80 个劳务输出岗位；二是充分利用措勤县野生药材，新建了措勤县中草药加工厂，大力发展了中草药加工业；三是以措勤县现阶段大规模实施基础设施建设为契机，大兴石料开采业，扩建现有采石场2家，新建2家，保证了措勤县基础设施建设所需石料的供应；四是立足措勤县牦牛资源丰富、牦牛知名度享誉区内的优势，建立了措勤县风干牛肉加工厂，风干牛肉加工厂的建立标志着措勤县在肉类加工行业迈出了第一步，措勤县积极扶持其经营，帮助其进一步引进资金、技术、设备、人才，促使其扩大规模、提高经营水平、产生规模效益。在诺仓村、查仓村、赤玛村和美朵村建立了风干牦牛肉生产基地。目前，年可具备加工牦牛2000头的生产能力；五是2008年措勤县申报了江让乡诺仓村奶制品加工项目并已立项，待项目资金到位后，立即予以实施。

【实施了"'三产'强县抓服务业"战略】2008年，措勤县改善投资环境 ，大力招商引资。2008年，新增个体商户的投资规模达200余万元。

进一步壮大了民营经济，按照"你赚钱我服务，你投资我发展"的要求，积极发展个体私人经济。2008年，全县私营经济总量达到全县经济总量的 28 %。

2008年措勤县出台了《措勤县市场经济发展规划》，规划内容指出：加大政府引导，积极培养和壮大一批具有相当规模的民营企业；鼓励和支持当地群众从事各种合法经营活动，加快脱贫步伐。2008年，在政府的大力扶持下，措勤县扶贫加油站等民营企业日益壮大。同时，在措勤县良好的投资环境下，正星、待业加油站、永和液化气站等一批民营企业的投资规模逐步扩大。目前，全县市场活力有了很大幅度的提高。

林芝地区

林芝地区

【经济发展情况】2008年，林芝地区经济发展跨上新台阶，全年地区生产总值达到38.99亿元，同比增长11%。其中，第一产业增加值完成5.28亿元，同比增长5.1%；第二产业增加值完成13.28亿元，同比增长6%；第三产业增加值完成20.43亿元，同比增长16.4%；一、二、三次产业结构由2007年的15：36：49调整为14：34：52。

投资消费达到新水平。全地区固定资产投资完成36.2亿元，同比增长10.83%。其中，国家投资完成18.4亿元，同比增长14.91%；援藏投资完成3亿元，同比增长5.2倍；社会投资完成14.8亿元，同比减少8.46%。社会消费品零售总额达到8.1亿元，同比增长23.7%，居民消费价格总水平上涨5.5%。

改革开放迈出新步伐。国有企业改革稳步推进，地区自来水公司、客运公司等4家企业改制工作正式启动。非公有制经济快速发展，个体工商户达到7250户，同比增长7.6%；私营企业达到306户，同比增长24.4%；进出口贸易工作扎实推进，进出口总额达到460万美元，同比增长35%。

财政收入实现新提升。完成财政收入2.4亿元，同比增长18.1%。其中，地区本级财政完成收入1.16亿元，同比增长13.4%；县级财政完成1.24亿元，同比增长22.85%；一般预算支出达到13.35亿元，同比增长19.2%。

农牧区建设取得新进展。完成农牧民安居工程6567户，村级组织活动场所188个。乡镇和建制村通车率分别达到89.1%、88.5%。解决3县10个乡镇34个村977户6256人和35283头（匹、只）牲畜的安全饮水问题。小水电项目建设完成1个，正在建设7个。完成沼气能源建设2964户。

农牧民生活得到新改善。农牧民人均纯收入达到4095元，同比增长13.9%。其中现金收入3100元，同比增长16.6%；城镇居民人均可支配收入达到11080元，同比增长10.15%。

社会事业有了新发展。社会公共领域投入不断加大，社会发展项目建设步伐加快。科技教育事业得到加强，文化、体育、广电等各项事业稳步发展。公共卫生服务和社会保障体系逐步完善。人口、资源、环境工作进一步加强。

【农牧业经济稳步发展】2008年，林芝地区粮食总产量达到7.75万吨，同比增长1.7%；油菜产量0.36万吨，同比增长14.1%；蔬菜产量2.1万吨，同比增长8.4%；乡镇企业总产值完成2.17亿元，同比增长12.2%；多种经营收入完成3.98亿元，同比增长14%；劳务收入完成8500万元，同比增长32%。维护稳定取得新成效，拉萨“3•14”事件以来严格按照中央和区党委的部署要求，采取一系列有力措施，同心同德、众志成城、协调一致、果断处置、坚决斗争，取得了反分裂斗争的阶段性重大胜利，确保了社会局势的持续稳定。

【农牧业结构进一步优化】2008年，林芝地区严格落实耕地保护责任制，种植农作物31.68万亩，同比增加0.03万亩。投入地方财政资金300万元，重点扶持13000亩玉米种植基地建设，进一步优化了种植结构，粮、经、饲比例调整为66：20：14。全地区畜禽饲养量达到71万头（只、匹），增加1万头（只、匹）；奶产量2.75万吨，增加0.15万吨，肉产量1.42万吨，增加0.21万吨；牲畜出栏21.7万头（只、匹），出栏率达31%。

【农牧民安居工程建设奋力攻坚】2008年，林芝地区科学制定规划，完善政策措施，健全安居工程安全管理、建材采购、劳动力调剂、资金管理、监督检查、档案管理等工作机制，明确了“四个一定要”、“七要七不要”等工作原则，多方筹措资金，进一步加大工作力度，全面实施安居工程，狠抓配套建设。全年投资7.5亿元完成安居工程6567户，受益人口3.47万人。

【农牧业机械化推广力度进一步加大】2008年，林芝地区制定《林芝地区农牧业机械化实施方案》，投入资金1050万元，大力实施农业机械化工程，全地区新增农机具597台（套），新增农机动力1.2万千瓦，农机总动力达到55万千瓦，农机配套率提高到65%；落实农作物机耕面积19万亩，机播面积18万亩，机收面积15万亩，机械化率达到60%以上。

【农牧业产业化建设扎实推进】启动尼洋河流域优质水果基地、工布江达县蔬菜大棚等16个农牧业产业项目，总投资7142.97万元，带动农户4442户。尼洋河养殖有限公司生猪原种场项目建设成效明显，带动农户150户，受益人数750人。成立各类农牧民专业协会34个，其中已注册经济合作组织（协会）15个，带动农户4664户，受益群众10758人。

【扶贫农发工作稳步开展】2008年，林芝地区制定《扶贫开发项目和资金管理实施意见》、《农业综合开发项目和资金管理实施意见》，扎实推进项目工作，立项实施扶贫农发项目43个，总投资7075.52万元，同比增长26.5%。朗县登木乡整乡推进项目通过验收。察隅、墨脱两县46个边境村、人口较少民族村被纳入国务院扶贫办“三个确保”扶持范围，工布江达县5个村被纳入自治区首批扶贫互助资金试点村。地区定点扶贫单位572名干部深入乡村，41个单位投入帮扶资金603.83万元，捐款、捐物109.41万元。

【狠抓产业开发，特色产业迅速发展】2008年，林芝地区特色农牧业快速发展。坚持“一县一品、一乡一特”发展思路，科学制定特色产业发展规划，积极调整种植业布局，特色种植业发展规模逐步扩大，完成林芝县1000亩马铃薯生产基地和朗县1000亩辣椒基地建设；初步形成以波密、米林、工布江达三县为主的藏药材生产基地，种植面积达2600余亩；米林农场优质水果生产基地面积达2200余亩，察隅县、察隅农场热带水果、花生生产基地种植枇杷800亩、花生300多亩。特色畜牧业发展步伐加快，以林芝、米林、工布江达三县为主的藏猪、藏鸡规模化繁育与饲养区进一步扩大，朱拉乡藏猪整乡推进项目顺利实施藏猪养殖规模达到35万头，藏鸡46万只。

藏药业生产形成规模。制定和积极组织实施林芝地区藏药材普查具体实施方案，开展地区藏药制剂中心净化工程和设备购置前期工作。种植藏药材2600亩，研制藏药制剂累计达到160种；生产中成药543吨，同比增长15%。落实自治区藏医药产业建设资金401万元，主要用于林芝奇正藏药新药研发和名优藏药产品的二次开发及藏药生产关键技术的继承创新。

生态旅游业克难求进。拉萨“3·14”事件给林芝地区旅游业造成了严重影响，上半年无论是旅游人次还是旅游收入同比均下降60%左右。下半年，虽经多方努力，采取积极措施，使旅游业发展逐步得到恢复，但下滑趋势仍然比较明显，全年接待国内外游客45万人次，同比下降49%；旅游总收入2.6亿元，同比下降45%。

水电能源业迅猛发展。巴河雪卡电站4台机组发电并成功并入林芝电网，老虎嘴电站导流、泻洪洞和主体工程防渗墙施工顺利进行。巴河至八一110KV输出工程和2个县“户户通电”工程全部竣工。投资861万元、装机容量110kw的墨脱县地东电站顺利完工。总装机容量1000kw的墨脱县亚东电站完成投资1775万元。总投资2397万元的墨脱县波弄电站、察隅县沙堆电站等6个小水电建设项目进展顺利。工布江达县朱拉乡35KV输电线路工程建设落实资金331.26万元。

【狠抓项目建设，基础设施进一步改善】 交通、水利等项目建设力度不断增强。交通建设力度进一步加大，完成续建项目2个，总投资2000万元；完成新建项目21项，总投资14990.48万元，解决96个村、12534人的交通问题，全地区乡镇和建制村通车率分别达到89.1%、88.5%；扎墨公路开工建设，全国唯一不通公路县的历史即将结束。水利设施逐步完善，朗县曲江、工布江达县下巴灌区工程顺利实施，林芝县久巴水利示范村配套与节水工程按时完工，朗县拉多巴顿水渠、米林县派镇降落村水渠等16项小型农田水利建设项目全部完工。城市基础设施建设进一步加强，建设用地供应程序逐步规范，八一镇深圳大道沿街立面民族特色改造、“工布映像”建设工作进展顺利，滨河路、福清河改造等前期工作有序开展。

项目前期工作进一步加强。2008年共争取农牧业特色产业项目7个，总投资2549.56万元；林业项目2个，总投资11670万元；水利项目10个，总投资6107万元；“以工代赈”及新农村建设项目5个，总投资1982.1万元。积极做好松塔电站前期论证和各项筹备工作。认真抓好技改、中小企业扶持和民族手工业项目的实施，申报林芝县布久拉康等企业项目3个，国家扶持项目资金200万元；完成地区农贸市场前期工作，并顺利通过自治区审核；完成6县农贸市场建设前期工作和地区及7县物流仓储项目申报。

【狠抓科学发展，改革开放不断深化】 支农惠农政策全面落实。全年支农资金支出2.7亿元，同比增长61.67%；拨付7县及米林农场、易贡茶场、察隅农场种粮农民直接补贴资金567.59万元，农机补贴资金3479.92万元；安排能繁母猪补贴76万元；农村五保户供养标准由每人每年1500元提高到1600元；村支部书记和村委会主任误工补贴标准由2000元提高到4000元。

财税改革不断深入。在地直所有单位和七县全部实行部门预算，大力完善基本支出和项目支出预算管理。政府采购工作进一步加强，全年完成政府采购4400万元，节约资金320万元，节约率6.81%。林芝、波密等六县后勤服务社会化改革通过自治区验收，“乡财县管乡用”管理方式改革试点顺利推进。财政投资评审工作进一步加强，顺利开展财政投资评审项目30个，完成评审项目11个。税收征管扎实开展，全年组织税收2.04亿元，同比增长16%。大力推进金融改革，进一步加强金融运行监测，及时掌握金融运行动态，准确引导信贷投向，全年各项存款余额45.3亿元，同比增长19.1%，各项贷款余额9.6亿元，同比增长2.82%。

国有企业改革进一步深化。地区自来水公司、建筑公司等6家国有企业清产核资工作顺利完成，其中4家企业改制方案基本形成。全年地区国资委9户监管企业实现营业收入4086.98万元，实现利润163万元，上缴税金189万元，分别与2007年基本持平。

招商引资成效较好。生物科技产业园批准入园项目5个，协议资金2.4亿元；建设投产运营项目1个，投资1036万元；签订入园项目3个，协议资金7200万元。积极做好经贸洽谈工作，组织参加中国（西藏）首届民族传统医疗博览会、“西博会”、第十二届厦门“9•8”投资贸易洽谈会，签定招商项目30个，协议资金10多亿元，合同资金2.6亿元。在2008年林芝地区大峡谷旅游节暨第六届投资贸易洽谈会上成功签约22个项目，资金达8.85亿元，其中合同资金5.4亿元。

非公有制经济快速发展。全地区共有个体工商户7208户，从业人员15730人，注册资金14210.76万元，分别同比增长12%、30%和17%；私营企业306户，雇工人数5267人，注册资本80616.07万元，分别同比增长24.4%、43%和28%。

【狠抓统筹兼顾，促进社会事业协调发展】 教育事业优先发展。全地区现有各级各类学校135所，在校生33754人。“两基”巩固提高工作全面加强，朗县、察隅、墨脱三县“普九”复查全部达标，“两基”迎国检工作全面启动，全地区“两基”人口覆盖率达100%，小学适龄儿童入学率达99.4%、初中毛入学率达98.7%、非文盲率达97%。教育基础设施建设不断加强，完成建设项目35个，地区第一高级中学教学楼建设项目基本完工。教育信息化建设进一步加快，远程教育三种教学模式中小学覆盖率达100%。

文化、广电事业扎实推进。大力加强基层文化阵地建设，完成村文化室新建任务20个；开展送文化下乡活动12场次，送电影进社区、下工地活动809场次。进一步丰富城镇居民精神文化生

活，创作民族特色广场音乐 7 首，恢复了广场文化活动。进一步加强文化遗产保护，收集神山圣水史话 83 个、民间故事 56 个，“工布藏族服饰”、“米林珞巴族服饰”被列入第二批国家级非物质文化遗产名录。认真开展第三次全国文物普查工作，完成扎木中心县委红楼和太昭古城文物保护工程的勘察设计工作。深入开展藏语文社会用字清理整顿工作，派出工作组对 3000 多个单位及商户的各类门牌、招牌、标语、广告等进行了检查，对 224 户使用藏语文不规范问题进行了整顿。继续推进“西新工程”、“村村通”和“2131”工程建设，建成广播电视站 50 座；为农牧民配发 21 寸彩电 6000 台，农牧民家庭在全区率先普及电视机；优质转播广播电台节目 21322 小时，完成电视自办节目 240 小时，完成农村电影放映任务 15580 场。进一步发展邮政、电信事业，顺利开通墨脱县通邮业务；全年完成通信业务收入 5346 万元，电话用户累计达到 56928 户。

科技工作得到加强。不断加快农牧科技推广步伐，共举办各类科技培训班 60 期，培训农牧民 1.4 万人次；不断创新科技推广体制，实行农牧业科技承包责任制和农牧业科技人员定点联系制度，积极开展综合技术服务，推广藏青 320 品种 0.71 万亩、山冬 6 号 3.06 万亩，改良黄牛后代存栏 7000 余头。切实加强科技项目建设，全年投入科技经费 602.5 万元，申报国家级科技项目 4 个，安排落实科技项目 22 个。不断加大科技引进推广力度，科技对农牧业的贡献率达到 40%，科技普及率达到 60%。进一步加大科技援藏力度，落实科技援藏资金 408 万元，重点支持天麻培育基地建设。科技特派员工作稳步推进，聘任科技特派员 47 名，使科技示范和辐射作用得到进一步发挥。

卫生事业进一步发展。认真落实农牧区医疗制度，医疗制度人口覆盖率达到 100%，各级财政免费医疗经费到位率 100%，筹资人口覆盖面达 97.47%，建立家庭帐户率 100%。疾病预防控制工作进一步加强，乙、丙类传染病报告发病率同比下降 11.86%，对疑似手足口病疫情、朗县鼠疫疫情等 14 起突发公共卫生事件进行有效处置，累计筛查食用含三聚氰胺污染奶粉婴幼儿 4802 人，对 82 名患者进行了及时救治。卫生基础设施建设逐步完善，总投资 3321 万元的 11 个卫生基础设施项目正在建设，价值 217 万元的村卫生室医疗设备全部落实。

社会保障日益完善。就业再就业工作稳步推进，全年实现城镇新增就业 1482 人，城镇登记失业率控制在 3.5%以内。社会保险深入开展，实现养老保险 3417 人，医疗保险 1.7 万人，工伤保险 3841 人。城乡最低生活保障制度实现全覆盖，全年城镇低保 802 户 2207 人，农牧区低保 1912 户 7030 人，农村低保标准从自治区的 850 元提高到 880 元。自然灾害应急救助能力进一步提高，地区投入救灾资金 177 万元，划拨救灾基金 100 万元；拨出专款 198.4 万元，在 5 个县建设 7 个面积为 750 平方米的救灾物质储备库（点）。城乡医疗、教育救助不断推进，共救助农村困难群众 322 人次，发放救助资金 57.6 万元。高度关注城市低收入居民住房问题，筹集资金 2788 万元，建设第一批廉租住房 264 套，首批 30 户住房困难人员已入住。

【狠抓平安创建，社会更加和谐】民族宗教工作得到不断加强。认真组织实施“兴边富民行动”，投入各类建设资金 2611.8 万元，完成建设项目 16 个，有效地改变了人口较少少数民族和边远少数民族地区的基础设施条件。认真贯彻《宗教事务条例》，切实按照全区寺庙法制宣传教育工作会议要求，积极开展寺庙法制宣传教育，进一步加大了宗教事务管理，依法规范和维护了正常的宗教活动秩序。

社会治安综合治理工作不断加强。2008 年，地区社会治安综合治理在全区评比中荣获第一名。深入开展“法律七进”活动，宣讲各类法律法规 50 余种、196 场次，发放宣传资料 25760 份，受教育群众达 38230 人。不断建立健全矛盾纠纷排查调处机制，共调处矛盾纠纷 336 起，调解成功率 98%。坚决贯彻“严打”方针，有针对性地组织开展了多种形式的集中专项打击行动，全地区共立刑事案件 193 起，破案 159 起，破案率 82.4%。积极开展治安专项整治行动，全面清理整治校园周边无证经营饮食摊点、出租房屋和公共娱乐场所，消除隐患 3 处；受理各类治安案件 182 起，查处 178 起，查处率 98%。

生态环境建设和保护力度加大。制定出台《关于建设生态地区的决定》，加强生态文明建设。人工营林工作稳步开展，全年人工植树 71.02 万株，退耕还林 18100 亩，重点区域造林 5897 亩，迹地更新 7200 亩。林业重点工程建设进展顺利，工布自然保护区工程到位资金 13585 万元，完成投资 3000 万元；雅鲁藏布大峡谷二期工程到位资金 987 万元，全部完工；察隅慈巴沟自然保护区一期工程累计到位资金 400 万元，全部完工。污染控制工作进一步加强，严格审批建设项目 46 个，督促 20 家探矿、采矿企业、40 家采矿点制定了环境保护方案，对八一镇及周边在建项目所产生的排污问题进行了适时监督检查。加强城镇集中式饮用水源地保护区专项执法检查，地区自来水一厂饮用水水源地保护工程开工建设。林芝花园自治区级“绿色社区”创建工作顺利开展。

森林防火工作进一步加强。为认真吸取“3·03”火灾教训，坚决贯彻落实自治区党委、政府领导的重要批示和指示精神，周密部署，认真安排，修订完善了《林芝地区森林防火突发事件应急预案》，调整充实了森防指挥部，督促 7 县组建森防突击队 367 个共 7291 人；将原有的季节性及常年性护林员队伍扩充到 761 人。不断加大投入力度，筹资近 500 万元，购买消防车 10 辆、牵引车 3 辆和油锯、灭火弹、水枪、水泵、铁锹、水桶等大批森防器材。经过多方努力，发生森林火灾 1 起，同比下降 50%，有效保护了林芝这片珍贵的国家森林资源。

质量监管不断加强。积极应对“三鹿牌婴幼儿奶粉事件”，全面落实监管措施，先后检查乳制品及食品加工企业、小作坊 50 余家，检查奶制品批发零售店 510 家，督促下架奶粉 915 公斤、液态奶 5200 公斤。扎实推进产品质量和食品安全监管，建立生产企业质量档案 21 家、小作坊 86 家，检查食品企业 82 家，没收过期变质、“三无”食品 420 公斤。严格执行特种设备安全监察制度，现场监察特种设备 80 台（套），完成检验 40 台（套）。波密县被列为全区唯一的“全国食品安全示范县”，工布江达县被列为“全区食品安全示范县”。

安全生产工作不断加强。牢固树立“以人为本”和“安全发展”理念，坚持“安全第一、预防为主、综合治理”的方针，狠抓安全生产工作。全年共发生各类安全生产事故63起，同比下降8%，直接经济损失136.8万元，同比上升7%。加强宣传教育，弘扬安全文化，增强了全社会安全意识。依法落实各级政府、有关部门和企业的安全生产管理、监督责任，层层签定安全生产目标责任书，加大了责任追究力度。切实加强安全生产执法检查，突出道路交通、森林、危化品和非煤矿山等重点，大力开展了安全生产大检查和安全生产专项整治活动。

【领导名录】

地委副书记、行署专员：卓嘎

地委副书记、行署常务副专员：陈秋雄、李宏

行署副专员：红卫、田大刚、刘来兴、平措多吉、杨方宇、赵树明、扎西平措

行署秘书长：扎西达杰

行署副秘书长：谢雅星、朱峰、丁惠霞、旺东

林芝地区政协工作

【政协会议】政协林芝地区六届委员会第二次会议于2008年12月23日至26日在八一召开。会议主要议程有：1、听取和审议政协主席玉拉所作的政协第六届委员会常务委员会工作报告。2、听取和审议政协副主席程尊祥所作的政协第六届委员会常务委员会关于政协六届一次会议以来提案工作情况的报告。3、传达学习十七届三中全会精神、区党委七届四次全委会和地委扩大会议精神；传达胡锦涛总书记在全党深入学习实践科学发展观活动动员大会暨省部级主要领导干部专题研讨班开班式上重要讲话的主要精神；听取林芝地区行署关于2008年经济运行情况的通报。4、参会委员视察工布江达县巴河镇、错高乡、林芝县百巴镇新农村建设、视察雪卡、老虎嘴电站及巴松错。5、审议通过政协第六届委员会第二次会议政治决议；审议通过政协第六届委员会第二次会议关于常务委员会工作报告的决议；审议通过政协第六届委员会第二次会议关于政协六届委员会第一次会议以来提案工作情况报告的决议。6、程尊祥副主席作政协六届二次会议提案审查情况的报告。7、表彰优秀提案、提案承办先进单位、优秀调研报告。

政协第六届林芝地区委员会常务委员会第二次会议于2008年6月13日在八一镇召开。出席会议的人员有：政协第六届林芝地区委员会主席、副主席、秘书长和常务委员；列席会议的人员有：在八一镇的自治区政协委员，不是常委的地区政协副秘书长、调研员、地区民宗局、工商联、佛协各一名负责同志、各县政协主席。地区政协主席玉拉主持会议并做重要讲话。会议的主要议程有：传达学习政协第九届西藏自治区委员会第二次会议精神；传达学习全区党员领导干部大会、地区县级党员领导干部大会精神。审议通过《政协林芝地区委员会关于全面贯彻落实地区县级党员领导干部大会精神、全力维护社会稳定的决议》。拉萨“3·14”打砸抢烧严重暴力犯罪事件发生后，面对严峻复杂的反分裂斗争形势，政协林芝地区委员会坚决拥护区党委、地委反对分裂、维护稳定的一系列决策部署，坚决贯彻落实全区党员领导干部大会、地区县级党员领导干部大会精神。决议的主要内容：

【深入开展反分裂斗争、坚决维护祖国统一、民族团结和社会稳定】特别是“3·14”事件发生后，地区各级政协组织切实把维护稳定工作作为头等政治任务长抓不懈，地区政协党组书记、主席玉拉同志亲自挂帅，在第一时间组织全国、区、地、县四级政协委员认真学习贯彻落实区、地党员领导干部大会等一系列维稳会议精神，认真学习全国政协副主席、区政协主席帕巴拉·格列朗杰同志的署名文章和区政协《致全体政协委员的公开信》。通过召开声讨会、座谈会、制作宣传栏、观看中央4台制作的拉萨“3·14”打砸抢烧事件罪行录像等方式，组织全国、区、地、县各级政协委员愤怒声讨达赖集团的罪恶行径和滔天罪行。先后组织召开专题座谈会3次，并将每周二、周四下午作为揭批、声讨达赖集团罪恶行径的时间。

发挥优势，积极行动，切实履行政协第一政治责任。地区政协充分发挥政协委员人数多、分布广、联系面宽的优势，通过在《林芝报》上发表《致全地区政协委员的公开信》、召开座谈会、学习会等形式，要求广大政协委员一定要经受住此次严峻政治斗争的考验，团结一切可以团结的力量，同一切分裂破坏分子和分裂破坏活动作坚决斗争。自治区政协委员、地区政协主席玉拉，自治区政协委员、地区政协副主席琼巴等多次深入地区各寺庙及各县、乡、村，传达区、地党委、政府有关会议文件精神，组织寺庙僧尼群众集中观看“3·14”事件录像等。地区政协副主席琼巴、周金城等五位副主席分别带队在米林、朗县、波密等五县驻点开展维稳及经济社会发展督导工作。全国政协委员、地区政协副主席旦白尼玛，自治区政协常委、地区政协副主席甲央土登发表了《致全地区寺庙公开信》，呼吁广大僧尼和信教群众听从党和政府的号召，同一切煽动闹事的违法犯罪分子作坚决斗争。同时，两位副主席还亲自给7名在拉萨学经人员培训授课等，要求他们一定要认清拉萨“3·14”事件性质，坚决维护祖国统一和民族团结。以纪念改革开放三十周年为契机，地区政协主席玉拉等发表了《同仇敌忾反分裂 团结和谐谋发展》、《林芝地区农牧区改革与发展的实践》等署名文章，各级政协委员也在《林芝报》发表文章多篇并接受新闻媒体的专访，强烈谴责达赖集团的罪恶行径。同时，地区及各县政协还深入开展了“反对分裂、维护稳定、促进发展”主题教育活动。

【健全机构，完善职能，积极开展专委会各项工作】为进一步促进政协工作的规范化发展，不断提高政协工作水平，地区政协提案委员会、人口经济资源环境农牧委员会、社会科教文卫体育委员会、文史民族宗教法制委员会，明确工作职能和组成人员。各专委会根据各自的职责分工，制定了年度工作计划，并就藏药材发展、宗教人士和信教群众作用发挥、旅游产业发展、基层基础建设、农牧业特色产业发展等重点课题，积极

组织政协委员开展了 36 次视察调研活动。在广泛调研、认真总结的基础上，组织撰写了《关于林芝地区藏药材发展现状的调研报告》等专题调研报告，得到了地委、行署主要领导的高度重视和充分肯定。地委书记、地区人大工委主任赵合同志分别在《关于林芝地区藏药材发展现状的调研报告》、《关于林芝地区基层基础建设的调研报告》上做出重要批示：政协开展的调研活动很有收获，掌握了大量基层的基本情况和存在的问题，提出了解决问题的建议。并转发各有关部门、有关县，要求有针对性地加以解决，充分体现了地委、行署对政协工作的关心和支持。

【加强培训，提高素质，不断增强委员履职能力】举办了政协林芝地区第六届委员会新任委员培训班。第六届委员会继任、新任委员共 36 人参加了培训，地区政协主要领导亲自授课，有效提高了政协委员们参政议政的能力和水平。各县政协也切实加强委员培训工作，全年共培训委员 119 人次。

【广泛征集，认真完善，努力提高提案工作质量】对委员们向区政协九届一次会议和全国政协会议提交的提案进行认真调研和整理，以保证提案的质量和可行性；对委员所提提案迅速召开了提案交办会，共向行署办转交提案 63 件，并积极会同行办等有关单位共同做好提案的跟踪协调和办理工作，及时向提案者反馈办理结果，提案办结率达到了 100%。

【领导名录】

主席：玉拉

副主席：琼巴、周金城、甲央土登、旦白尼玛、郑维列、嘎玛、程尊祥、薛光明

秘书长：卢治安

副秘书长：井志波、达崩

林芝地区纪检（监察）工作

【严肃纪律，捍卫祖国统一和党的团结统一】2008 年，拉萨“3•14”事件发生后，林芝地区纪委按照地委和自治区纪委的要求，先后下发了《关于严肃政治纪律认真做好维护稳定工作的通知》、《关于在当前反分裂斗争中严格执行政治纪律的通知》等多个通知，重申党的政治纪律，要求广大党员干部坚定政治立场，切实做到认识不含混、态度不暧昧、行动不动摇、斗争不放松。对共产党员、国家公职人员送子女到境外达赖集团所办学校上学或所建寺庙入寺、学经情况进行了全面清查。多次会同有关部门，对党员干部在岗情况和违规进入娱乐场所、参与宗教活动等情况进行监督检查。在这场激烈的反分裂斗争中，林芝地区各级纪检监察机关把反对分裂、维护稳定作为压倒一切的政治任务，全力投入“3•14”事件平息和社会秩序恢复工作，广大纪检监察干部以坚强的党性带头揭批达赖、反对分裂，带头维护社会稳定、维护民族团结、维护祖国统一，以实际行动展示了新时期纪检监察干部的良好形象。

【发挥职能，加大对重点领域和关键环节的监督检查】2008 年，林芝地区纪委以推动科学发展为目标，突出重点领域和关键环节，强化监察职能，深化制度改革，先后对扩大内需、促进经济增长政策措施落实情况，强农惠农政策、农牧民安居工程建设情况，节约集约用地、土地使用权出让情况，政府采购、工程招投标、节能减排、生态环境保护情况，落实探矿权、采矿权招标拍卖挂牌出让制度，整顿和规范矿产资源开发秩序等工作开展情况进行监督检查，并研究制定了监察机关《关于在建设工程招投标政府采购各类考试工作中履行职责的意见(试行)》，有力推动了中央、自治区和地区一系列重大决策部署的贯彻落实。同时，深入推进行政审批制度改革，进一步清理行政许可项目和非行政许可审批事项，规范行政审批行为。进一步推进财政管理制度改革，完善国库集中收付制度，逐步将所有非政府性资金实行集中支付。

【创新形式，深入开展宣传教育】2008 年，林芝地区纪委始终把反腐倡廉教育作为基础性工作来抓，坚持经常性宣传教育与集中宣传教育相结合，在创新模式、丰富内容、明确责任、力求实效上下功夫，把过去全地区集中动员部署的宣传教育改为纪委确定主题，总体协调，各县各部门结合自身实际分散动员部署；把集中开展警示教育改为各单位党委(党组)分散组织开展警示教育，地区纪委选择 10 个综合经济部门进行重点指导。全地区 7 个县、50 多个地(中、区)直单位分别召开了本县、本单位警示教育会，3000 余名党员干部接受了警示教育。深入开展廉政文化建设活动，邀请广东省纪委领导前来林芝讲授廉政党课；向 2320 名副科级以上党员领导干部发送廉政短信，并在林芝电视台滚动播放 30 余条廉政格言；组成廉政宣讲组，深入林芝、米林、朗县进行宣讲；组织开展《工作规划》知识答题活动，营造了反腐倡廉建设的良好社会氛围。

【紧盯热点，坚决纠正损害群众利益的不正之风】2008 年，林芝地区纪委按照“纠、评、建”并举的方针和“谁主管、谁负责”，“管行业必须管行风”的原则，围绕群众关心的热点难点问题深入开展纠风工作。一是纠风专项治理工作扎实推进，切实加大了对高考、内地西藏班招生、函授等考试的巡视和监督。协调配合有关部门开展教育收费专项检查活动。积极参与整顿医药市场工作，推进药品集中招标采购，加强对医疗服务和药品价格的监管，纠正违规行为。加强对住房公积金、扶贫开发、兴边富民和以工代赈项目资金管理使用情况的监督检查。督促配合有关部门加强物价监管，纠正了个别商贩哄抬物价的行为。巩固和扩大公路无“三乱”成果，取缔了 318 国道和 306 省道沿线 4 个违规临时检查站(点)。督促察隅县对古玉乡中心小学“6•30”安全事故进行立案调查。二是深入推进政务公开、厂务公开和村务公开，各县和地(中、区)直行政事业单位公开率分别达到 96.7%和 100%，公用事业单位公开办事制度普遍实行。三是全面加强行风建设，强化职业道德和行业行为规范，认真开展民主评议行风工作。

【严格执纪，加大案件查办工作力度】2008 年，林芝地区纪委坚持把查办违法

违纪案件作为标本兼治的具体措施，始终保持惩治腐败的高压态势。2008 年，全地区各级纪检监察机关共受理信访举报 94 件(次)，立案 18 件，结案 27 件(含上年度遗留案件)，给予党纪政纪处分 25 人，其中涉及县处级干部 1 人、乡科级干部 15 人、一般干部 7 人、其他人员 2 人，移送司法机关 1 人，为国家挽回经济损失 44.42 万元。在严肃查办案件的同时，全面清理和核查了自治区六次党代会以来的信访案件。积极改进信访案件初核工作，对 26 名举报失实的给予澄清。

【多措并举，狠抓领导干部廉洁自律】 2008 年，林芝地区纪委采取专项检查与综合检查相结合、重点抽查与全面检查相结合、平时检查与年底考核相结合的办法，年中对 6 县和地(中、区)直各单位贯彻落实党风廉政建设责任制情况进行督促检查，年底进行了全面考核和总结表彰。严格执行廉洁从政各项规定，加强对党员领导干部违反规定收送现金、违反组织人事纪律、参与赌博、借婚丧喜庆或子女升学大操大办等问题的监督检查。全面贯彻执行“三谈两述”制度，对领导干部任前廉政谈话 119 人次，诫勉谈话 37 人次，教育和挽救了一批干部。210 名领导干部进行了述职述廉，21 名干部受到了责任追究。召开电视电话会议，认真传达学习中央《工作规划》和自治区《实施办法》，对贯彻落实工作提出了明确要求。全面安排部署了农牧区基层党风廉政建设工作。

【深入开展机关作风建设活动】2008 年，林芝地区纪委认真贯彻落实《地委关于加强机关作风建设的意见》，制定机关作风建设实施方案，提出了“当前抓集中教育整顿、长远抓整改提高”的机关作风建设工作思路，以建设“六型”机关为目标、以“一抓六促”、“六查六看”为载体，深入开展机关作风建设集中教育整顿活动。通过活动的开展，初步形成了“讲激情、比创业，讲服务、比奉献，讲执行、比效率，讲清正、比形象”的良好风气，改善了发展环境，推进了西藏经济强地建设进程。据统计，集中教育整顿阶段共为群众办实事、做好事、解难事 388 件，落实项目 100 多个，投入资金 3.9 亿元；共梳理、修改和完善各项制度 678 项，新建制度 405 项；地区财政局、国税局、公安处等 10 个单位推行了限时办结制；共征求到群众反映的意见 128 条，目前已基本解决并答复 117 条。

【获奖情况】2008 年，地区纪委、监察局被自治区纪委评为全区纪检监察工作先进集体。

【领导名录】

地委副书记、纪委书记：罗布顿珠

纪委副书记、监察局副局长：次旺晋美（2008 年 6 月 20 日调任地区林业局党委书记、副局长）

纪委副书记：阿旺群宗、余海南

监察局副局长：朱正辉

林芝地区组织工作

【加强领导，周密部署，村（居）“两委”换届圆满完成】2008 年，林芝地区成立了以地委书记、人大地区工委主任赵合任组长，地委、人大、行署主要负责同志任副组长，组织、宣传、民政等相关部门负责人为成员的村(居)“两委”换届选举工作领导小组，在地委组织部下设办公室。地区村（居）“两委”换届选举工作领导小组多次召开专题会议，研究换届选举工作，加强指导，确保了换届选举的顺利进行。全地区 489 个行政村，7 个居委会顺利完成换届选举工作，共选出村（居）干部 2371 名，其中党员 1987 名，占干部总数的 84%；村（居）党支部书记和村委会主任中，新当选的 294 名，占 29.5%，续任的 702 名，占 70.5%。

在具体工作中，以换届选举为抓手，大力加强农牧区基层组织建设，进一步夯实党在农牧区的执政基础。一是制定出台了《林芝地区关于选派机关优秀年轻党员干部任村党支部书记的意见》和《林芝地区选派机关优秀年轻党员干部到村任村党支部书记管理办法(试行)实施细则》，选派了 87 名县、乡镇机关优秀年轻党员干部到村任支部书记。认真落实大学生到村任“村官”计划，分配了 24 名大学生到村任“村官”。二是研究制定了《林芝地区村干部误工补贴增发标准及管理意见》，在自治区补贴的基础上，地区平均每年为每位村干部增加 1000 元误工补贴。三是制定下发了《林芝地区关于进一步加强村级后备干部管理的通知》，在各县委组织部、乡（镇）党委和村党支部建立健全村级后备干部库。四是出台了《关于加强乡镇包片包村干部管理工作的意见》，进一步促进农牧区各项工作的落实。五是下发了《新任村干部岗前培训的通知》，认真组织培训新一届村（居）班子成员和后备干部，共培训新任村（居）干部和后备干部 2739 名，有 42 名村（居）干部到区内外参观学习，全面提高村（居）干部素质。六是建立健全村（居）规章制度，进一步提高按章办事的水平和能力。

【致力于提升素质，大规模培训干部工作进一步落实】2008 年，林芝地区组织部采取调训、培训与考核相结合的方法，依托地委党校，举办了十七大精神专题研讨培训班、中青年干部培训班、公务员任职培训班、乡镇领导干部培训班等各类培训班。大力实施“走出去”培训战略，选调干部外出学习考察、挂职锻炼或参加自治区和广东、福建等省市举办的各类培训班。积极协助中国人民大学等八所高校，扎实做好 2009 年度招生工作，进一步加强干部学历教育。截止 2008 年 11 月，共培训干部 1978 人次，其中，党政干部 1673 人次，专业技术人员 266 人次，企业经营管理人员 39 人次。

【致力于强基础，基层组织建设扎实推进】抓好《中共西藏自治区委员会关于认真学习贯彻党的十七大精神大力加强基层基础工作若干问题的决定》的贯彻落实，深化“三级联创”活动，重点在农牧区生产工作一线、青年中发展党员，新发展党员 800 余名。制定了《关于建立党委领导党建联系点的意见》，建立了地、县、乡三级党建联系点，加大村级组织活动场所建设力度，加强与有关部门的沟通与协调，坚持“建、管、用”并重，通过援藏、国家拨款、各级财政补贴等方式，建成了 214 个村级组织活动场所。抓好农村党员现代远程教育前期准备工作，在工布江达县巴河镇、林芝县加当嘎村先行试点。《藏区引领群众致富的坚强堡垒—记西藏波密县古乡古村党支部》在全国基层组织建设工作情况通报上进行交流。协调地区电视台和各县拍摄了9部党建专题片并在“七一”期间集中展播。大力开展党员关爱工程，开展了“三老”政策的宣传并为他们发放了生活补助，向生活困难党员发放慰问金336230元。组织开展向四川灾区交纳“特殊党费”活动，共有7144名党员交纳“特殊党费”3037301.5元。

【致力于抓班子带队伍，领导班子和干部队伍建设有力推进】始终坚持以思想政治建设为重点，全面加强各级领导班子建设，着力解决思想政治建设方面存在的突出问题，对各县领导班子进行了深入调研，全面了解。严格按照《党政领导干部选拔任用工作条例》，认真做好干部选拔使用、退休等工作。进一步加强各级后备干部队伍建设，立足动态管理，对县处级后备干部库及时进行了调整和充实。制定下发了《中共林芝地委组织部关于进一步规范干部备案管理的通知》、《关于进一步加强县处级干部日常管理工作的通知》和《关于领导干部请销假审批权限和程序的补充通知》，进一步规范了干部选拔任用工作程序和纪律，强化干部管理。认真完成地区残联、工商联、青年联合会换届的人选考察、考核与审查工作。进一步加强对干部的监督管理，充分发挥“12380”举报电话的作用，做好群众来信来访工作，共接到群众来信来访20起。在处理信访问题中，没有出现推诿扯皮或违反政策规定的现象。制定了《领导班子和班子成员考核办法》，从班子的凝聚力、政治立场、作风建设、干部队伍建设情况等方面加强对领导班子和领导成员的考核。认真落实领导干部任期经济责任审计制度，对负有一定经济责任、拟调整的干部委托地区审计局进行经济责任审计。分期分批开展干部档案整理工作，完成了全地区5000余份档案的规范整理，并建立了干部档案管理信息系统。

【对口支援工作倾力推进】加强与广东、福建两省组织部门和援藏工作队的沟通与交流，引导援藏资金和项目向农牧区倾斜。加大对第五批援藏干部的培养使用力度。加强对援藏干部的管理和监督，拉萨“3•14”事件发生后，在内地休假、治病、出差的援藏干部严守纪律纷纷在3天内返岗。援藏干部请销假、外出纪律等有关规定和制度得到很好的落实。

【致力于求实效，人事人才和编制管理工作有效推进】做好了360名高校毕业生分配工作。扎实做好2008年地区“公开招考”、自治区2008年高校毕业生公开考录、2008年基层政法机关定向招录考试等工作。对部分身边无亲属照顾的老同志的子女和长期在基层艰苦地方工作的两地分居干部，进行了交流，共交流干部65人。争取自治区人才项目资金45.8万元，争取福建省第五批援藏项目配套资金35万元，协调农牧学院举办了农牧实用技术、种植实用技术、藏猪（鸡）养殖技术和多种经营实用技术4个培训班，对115名农牧区实用人才进行为期7天的培训。在认真完成2007年度公务员考核、人才资源统计和2008年公务员年报工作的基础上，创新和完善公务员登记信息管理工作。对事业单位岗位设置基本情况进行了摸底，为事业单位岗位设置管理工作奠定基础。强化教育培训，加强实践锻炼，不断加强专业技术人才队伍建设，聘任了178名中级专业技术职务，21名同志取得高级专业技术资格。对“西部之光”访问学者进行了回访调研，推荐了2名“西部之光”访问学者。建立联系制度，不定期通过邮寄方式，把相关军转政策及军转干部关注的焦点和热点问题以书面方式告知军转干部，并与军转干部签定了《自主择业军转干部管理协议书》。完成了机关、事业单位所有人员调整西藏特殊津贴、正常晋升和级别滚动工资呈报审批等工作。认真开展了事业单位法人年度检验，及时完成地区审计局、地区统计局等部分机构调整工作，并在规定的范围内，为各县核增了部分科级领导职数。为进一步加强全地区机构编制管理工作，拟定了《关于进一步加强和完善机构编制管理的意见》和《关于密切配合共同做好机构编制管理的意见》，广泛调研，掌握实情，为下一步机构改革打基础。

【致力于抓管理，落实两个待遇，老干部管理工作更加扎实】建立了离退休干部外出参观、学习制度，组织老干部赴区内外参观学习。成立了离退休干部“夕阳红”艺术团，参加了2008年地区“大峡谷”旅游节“爱我林芝、歌唱林芝、繁荣林芝”歌舞比赛，获得了优秀表演奖。做好老干部信访工作，真心实意为老干部办实事、办好事，地、县两级老干部局共接待来信来访48人次，做到了件件有答复，事事有回音。积极协调地区各有关部门投资92.8万元，对三个支部退休区居民饮排水工程的建设和配电线路进行全面的建设和改造。积极协调建设拉萨老干部活动中心，建筑面积1200余平方米、投资近700万的拉萨老干部活动中心主体建筑已完成并进入装修阶段。

林芝地区宣传工作

【认真抓好2008年地区工作会议精神的宣传】会议期间，在《林芝报》、地区电视台开辟专版、专栏，配发社论和评论员文章，播发宣传标语，制作宣传展板大力宣传会议的主要精神、工作部署、奋斗目标；会后，深入宣传各县、各单位贯彻地区工作会议的方法、措施和成效，进一步凝聚力量、鼓舞士气、增强信心，为全年工作目标的顺利完成营造良好的舆论氛围。

【扎实抓好反对分裂、维护稳定、促进发展主题宣传教育】拉萨“3·14”打砸抢烧严重暴力犯罪事件发生后。一是及时起草了《近期维护社会稳定宣传工作方案》、《林芝地委宣传部关于组织开展“揭批、声讨达赖集团罪恶行径”活动的通知》、《关于深入开展反分裂斗争 维护社会稳定 进一步做好当前各项宣传工作的通知》，报经地委批转各县、各部门执行，全力以赴利用专题报道、人物专访和声讨会、座谈会、墙报等形式，组织协调宣传中央关于反分裂斗争重要指示精神，宣传区党委和地委的决策部署，宣传各县、地（中、区）直各单位揭批、声讨达赖集团分裂祖国、破坏稳定的罪恶行径和反动本质的有关活动；二是及时将《自治区人大常委会关于强烈谴责达赖集团策划煽动极少数分裂主义分子打砸抢烧的罪恶行径，坚决维护祖国统一，反对分裂破坏活动，促进社会和谐稳定的决议》编印成册，发放给农牧区干部群众学习使用；三是在《林芝报》、林芝电视台开展了大规模、高频率的集中宣传报道。地区电视台制作播出维护社会稳定和声讨揭批达赖集团滔天罪行的新闻100余条，采访各族各界人士30余人；播发署名文章7篇、公开信和倡议书4封；上送西藏电视台汉语新闻35条，藏语新闻22条；《林芝报》共开辟专版19个，专栏2个；刊登维护稳定和声讨揭批达赖集团滔天罪行的文章31篇、消息91条、图片43张、评论9条；刊登公开信和倡议书5封。

【成功举办了"我为林芝增光彩"大型演讲比赛】为进一步坚定各族人民反对分裂、维护稳定、促进发展的信心和决心，切实打牢走"中国特色、西藏特点、符合林芝实际"发展路子的思想基础，在地委主要领导的倡议下，5月15日，地委宣传部、团地委、地区妇联在地区群艺馆举办了"我为林芝增光彩"大型演讲比赛，使全地区上下唱响了"我是林芝人，我为林芝增光彩"的主旋律，激发了全地区各族人民建设西藏经济强地、生态大地区和全国旅游目的地的热情和干劲。

【加大对《林芝报》、地区电视台的工作指导力度】为了解情况、找准问题、制定措施、推动工作，由林芝地区宣传部主要领导带队于4月28日至30日，到《林芝报》社、地区电视台进行了深入细致的调研。调研结束后，对新闻媒体的工作现状、存在的问题、主要困难等进行了梳理和归纳，形成了调研报告。

7月17日下午，地委书记赵合带领地委、行署领导及有关部门负责人在地区宣传文广系统进行了调研。在调研过程中，赵合书记对宣传文广系统所取得的工作成绩给予了充分肯定，对进一步做好宣传思想工作提出了具体要求和殷切希望，并发表重要讲话，全地区宣传文广系统多次深入学习赵合书记在宣传文广系统调研时的重要讲话。调研组还对制约宣传文广系列发展的相关问题进行了研究，并对地区电视台、《林芝报》社人员缺编等问题给予了明确答复。

另外，加强了对新闻媒体工作的协调力度，紧紧把握媒体的舆论导向，突出宣传重点，科学组织安排宣传力量，围绕地委、行署的中心工作，适时做好宣传工作。在地区电视台人员紧张，工作任务重的情况下，积极为其协调解决记者、编辑人员，确保新闻宣传工作的圆满完成。

【积极协助区内外新闻媒体做好采访报道工作】中央电视台、中央电视台电视专题政论片《跨越》摄制组、西藏电视台《今日西藏》栏目组、西藏电视台影视文化频道、西藏人民广播电台《辉煌30年》专题组先后赴林芝采访报道，为配合好主流媒体的采访报道工作，安排专人全程陪同以上媒体进行采访，在资料搜集、联系采访对象、协调后勤服务等各个工作环节中发挥了积极作用，为圆满完成采访任务提供了可靠保障。

【举办了"林芝地区迎奥运倒计时100天群众庆典活动"体育成就图片展和迎接奥运文艺晚会】5月1日，林芝地区宣传部与地区体育局在地区新体育场共同举办了"林芝地区迎奥运倒计时100天群众庆典活动"体育成就图片展，7月25日晚，由中共林芝地委、林芝地区行署主办，地委宣传部、地区文广局、地区文联承办的"迎接奥运、点燃梦想、传递激情"文艺晚会在会展中心顺利举行。

【认真组织开展2008年全民国防教育日宣传活动】9月20日上午，在全国第八个全民国防教育日来临之际，认真组织开展了以"维护国家安全、共筑和谐家园"为主题的全民国防教育日宣传活动。大力宣传党中央、国务院、中央军委关于国防建设的方针政策和《国防教育法》、《全民国防教育大纲》，宣传国防和军队现代化建设成就。在宣传活动中，共向过往群众发放以国防教育知识、家庭防火、消防安全管理、火场逃生自救、消防法律法规以及西藏边境管理条例等为主要内容的宣传单1500余份，受教育群众达2000余人，展示国防教育挂图20余幅。

【认真做好2008年雅鲁藏布大峡谷文化旅游节期间的宣传报道工作】及时制定下发《关于悬挂宣传标语积极营造2008年雅鲁藏布大峡谷文化旅游节舆论氛围的通知》，并在节前指派专人负责督促检查；积极与区内主流媒体联系，分别在西藏电视台黄金时段、西藏日报主要版面刊登、播发宣传广告；《林芝报》、地区电视台也以广告、宣传标语、开辟专栏等多种形式为节日营造浓厚氛围；积极邀请了人民日报驻西藏记者站、中央人民广播电台驻西藏记者站、中国西藏信息中心等8家主流媒体前来林芝采访报道。开幕式当天，中央人民广播电台及时报道了大峡谷节开幕盛况，中国西藏信息中心也以图文并茂的形式发表2篇文章，新华社西藏频道专门为此次活动制作网页，宣传报道效果明显。

【认真做好纪念改革开放30周年美术书法摄影展】10月19日，由林芝地区宣传部和地区文学艺术联合会主办的纪念改革开放30周年美术书法摄影作品展在鹏程演艺宫向公众开放。共展出了数位作者的308件作品，其中包括书法作品143件，摄影作品96件，美术作品69件，每件作品主题突出，风格迥异，从各个方面展示了改革开放30周年林芝地区取得的新成就，体现出了林芝地区各族人民喜迎改革开放30周年的喜悦之情。

【认真组织开展"党支书是我们的贴心人""致富不忘共产党"宣传教育活动】根据区党委宣传部的安排部署，对开展"党支书是我的贴心人"、"致富不忘共产党"典型宣传教育活动，制定出了具体的实施方案，对主题、目的、形式、时间安排及活动步骤做了进一步的明确。经过层层筛选，并经会议研究决定推荐林芝县八一镇加丁嘎村党支部书记、村委会主任尼玛等5名优秀村支书和致富带头人，参加自治区表彰。

【领导名录】

地委委员、宣传部长：游胜苗

常务副部长：仁真拉措

副部长：王长江、朱峰、杨文普

副调研员：蔡昌志

林芝地区统战工作

【狠抓寺庙法制宣传教育，全力维护宗教领域和谐稳定】2008 年，林芝地区成立由地县主要领导任组长的寺庙法制宣传教育领导小组，进驻寺庙开展宣传教育工作。二是认真制定工作方案，不断创新工作思路，多措并举，确保工作成效。寺庙法制宣传教育覆盖率达到100%。寺庙管理和僧尼教育长效机制得到进一步建立健全，寺庙民管会班子进一步加强，有力解决了寺庙僧尼的许多具体困难，寺庙法制宣传教育主题活动成效显著。还根据部分寺庙主动提出"国旗进寺庙"的要求，在林芝县、朗县、察隅县的16 座寺庙开展了"国旗进寺庙"活动，并成功组织 17 名寺管会主任（副主任）赴广东学习考察，进一步增强了广大僧尼的祖国意识和爱国情怀。

【狠抓党外干部队伍建设，进一步巩固统一战线和多党合作的组织基础】在积极主动与各界代表人士进行经常性、广泛性接触的同时，以"三大节日"为契机，积极开展走访慰问活动，召开党外人士"新春茶话会"，主动为他们送去党和政府的关怀。加大党外干部培养选拔力度，积极向地委组织部推荐使用表现较为突出的党外干部。认真履行统战人事安排职能，依照程序向第九届中国佛教协会西藏分会推荐了 18 名代表、理事和常务理事人选。还成功举办了林芝地区首期党外干部培训班。通过学习培训，参训的 28 名学员理论上得到进一步提高，知识上得到进一步补充，思想上更加成熟。

【狠抓经济统战工作，充分发挥工商联的职能作用】成功召开地区工商联第三次会员代表大会，完成了领导班子的新老交接。首次表彰了全地区 12 名发展非公有制经济先进个人。主动为非公经济人士排忧解难，切实维护非公经济人士的合法权益。积极组织非公经济人士参加捐款献爱心活动。据不完全统计，2007 年，全地区非公经济人士累计捐款捐物达 180 余万元。

【获奖情况】地委统战部在 2009 年地区工作会议上和全区统战部长会议上均被评为先进单位。地区工商联也被评为全国工商联系统先进单位。

【领导名录】

地委委员、政协副主席、部长：琼巴

副部长：扎西达杰、游理忠、刘凤英、巴东、龙丹

统战部副调研员、工商联常务副主席：扎西多吉

林芝地区政法工作

【狠抓维护稳定工作】2008 年，拉萨"3•14"打砸抢烧严重暴力犯罪事件发生后，林芝地区政法委采取一系列有力措施，切实加强了对维护稳定工作的组织领导，加强了对社会面的管控，实行 24 小时不间断巡逻，尤其是在敏感时期，坚持做到早安排、早部署、果断处置、坚决斗争，确保了"两会"期间及社会敏感日期间林芝地区社会局势的持续稳定。

早安排、早部署、果断处置、坚决斗争。"3•14"事件以来切实加强了对党政军首脑机关、机场、电厂、油库、学校等重点部位的巡逻守护；多次对重点场所开展"拉网式"清查，对外来人员坚持做到底数清、情况明；加大设卡检查力度；开展处置突发性事件和反恐怖袭击事件实战演练，进一步提高了各部门、各警种协同作战和处置突发性事件和反恐怖袭击事件的实战能力和水平。

充分发挥群防群治组织的作用。"3•14"事件以来，始终坚持"专群结合、依靠群众"的工作方针，牢固树立"警力有限，民力无穷"的观念，切实发挥各级群防群治组织在维护社会稳定中的积极作用，积极组建群众性自卫联防组织，在全地区织起了一张反对分裂、打击不法分子的天罗地网。通过广大干部群众的积极参与，使林芝地区政法委牢牢掌握了反分裂斗争的主动权。

【狠抓"严打"整治工作】在严密防范敌对势力进行分裂破坏的同时，地区政法各部门充分发挥职能作用，坚决贯彻"严打"方针不动摇，本着"什么犯罪突出，就打击什么犯罪"的原则，以"打黑除恶"为重点，以"命案侦破"为抓手，始终保持对各类刑事犯罪的高压态势，有针对性地组织开展了"打黑除恶"、"治爆缉枪"、"治安混乱地区专项整治"、管制刀具的清理收缴、自行车被盗和"三电"等多种形式的集中专项打击行动。2008 年，林芝地区政法委进一步加大了打黑除恶的专项整治力度。在自主侦破了察隅县一黑恶势力犯罪团伙后，林芝地区政法委又在八一镇一举打掉了另一个黑恶势力犯罪团伙，得到了社会各界的一致好评。通过"严打"整治斗争，使各类刑事案件得到有效遏制，社会治安明显好转，人民群众的安全感明显增强。

【狠抓社会治安综合治理工作】狠抓了社会治安综合治理各项措施的落实，实现了从强调责任书的签订率向落实责任书具体内容的转变。2008 年初，地区综治委多次召开会议讨论修改综治考评办法，把考评的重点放在了责任书具体内容的落实上。

认真开展了社会治安综合治理督查、考评工作。地委政法委、地区综治委 2008 年先后召开了 25 次专题会议，安排部署政法、综治工作。在值班、巡逻、防范任务异常艰巨的情况下，还先后 10 余次安排人员到各县、各有关部门进行了专项督促检查。

认真组织开展了社会治安综合治理宣传月、宣传周和"9•16"平安宣传日活动。由地区综治委牵头，地委宣传部、地区司法处等 20 多个综治委成员单位在八一镇开展了 3 次声势浩大的综治宣传活动。切实加强了各级社会治安综合治理基层组织和群防群治队伍的建设。

【狠抓平安林芝创建工作】自 2005 年以来，地委、行署全面启动了"平安林芝"创建工作，按照"试点先行、典型引路、以点带面、整体推进"的思路，广泛开展了"平安县"、"平安乡镇"、"平安村"、"平安景区"、"平安网吧"、"平安大道"、"平安工地"、"平安市场"等基础性创建活动，积小平安为大平安，使平安建设向广度和深度发展，促进了平安林芝创建活动的整体推动。米林县、波密县、工布江达县、朗县被地委、行署授予地区级"平安县"称号。波密县、工布江达县、米林

县被授予自治区级“平安县”称号。林芝地区和波密县被自治区综治委推荐为全国社会治安综合治理优秀地市、县候选单位。2008年10月，地区综治委还协助区综治委在林芝地区波密县成功召开了全区社会治安综合治理工作会议，得到了自治区领导的充分肯定。目前，全地区七个县共有平安乡镇45个、平安单位196个、平安学校46个、平安社区3家、平安寺庙27座、平安村418个、平安家庭17562户；地区级平安县4个；自治区级平安县3个。同时，在2008年度的全区综治工作考评中，林芝地区首次取得了第一名的好成绩。

【获奖情况】

2008年12月，林芝地区荣获自治区党委、政府颁发的“2008年度全区社会治安综合治理工作第一名”奖牌。

林芝地区政法委刘江和张一丁同志在2005至2008年度全国社会治安综合治理表彰大会，受到中央社会治安综合治理委员会、中央组织部的嘉奖。

【领导名录】

地委委员、政法委书记、综治委主任、公安处党委书记：刘江

政法委副书记、综治委主任：张一

政法委副书记：刘德裕

林芝地区党校工作

【年度综述】2008年，林芝地区党校共开办培训班8个，共培训人数528人次。主体班次有中青年干部理论培训班（三个月，42人）、公务员任职培训班两期（二个月，共94人）、公务员初任培训班两期（15天，共208人）。此外，还承办了林芝地区县处级领导干部学习党的十七大精神研讨班（7天，74人）、林芝地区县处级领导干部科学发展观研讨班（7天，64人）、林芝地区乡镇党委书记、乡镇长进修班（15天，46人）。

2008年，校党委坚持把教学摆在重要位置，按照中央和区党委、地委的有关要求，把党的理论创新成果及时纳入教学计划，认真做好马克思主义中国化的最新成果进课堂、进教材、进头脑工作，并紧密联系林芝地区实际，围绕地委、行署中心工作抓教学，注重提高办班质量。校领导经常深入教学第一线主持重要教学活动，全体教师和有关职能部门密切配合，积极主动地做好教学实施、管理和服务工作，取得了良好的教学效果。

【加大教学创新力度、坚持“四大教学板块”】2008年，按照中央关于分级别、分层次培训干部的要求，林芝地区党校各教研科室积极探索研究式教学的新方法、新途径，紧紧围绕党和国家的工作大局，地委、行署的工作部署，加快主体班教学创新，促进教学质量的提升。

教学中，坚持把党的创新理论贯穿于教学之中，不断丰富“理论基础式、社会实践式、执政能力式、党性修养式”四大教学板块，努力在提高教学质量和办班水平上下功夫，使教学更加贴近林芝地区实际、更加贴近学员的实际需求。尤其是注重把党的基本理论、构建和谐社会与林芝发展的实践结合起来，把富民优先、民生为重等内容纳入教学计划。如：在学习贯彻党的十七大精神、十七届三中全会和区党委七届四次全委会、地委扩大会议精神中，林芝地区党校始终做到行动迅速，态度坚决，并将其精神贯穿于教学之中。同时，注重探索创新研究式教学的方式方法，加强教与学的互动，促进了教学相长、学学相长。

【加大“请进来”的力度，教学层次上新水平】2008年，注重整合师资力量，充分挖掘教学潜力，进一步推进研究式教学。继续坚持依托“走出去”和“请进来”两个平台，邀请地委、行署及有关部门领导，就林芝地区改革与发展和民众普遍关注的热点、难点问题作区情报告，邀请广东党校系统教授来林芝授课，就当前经济、社会、文化和行政管理等方面的热点问题进行讲解。2008年，共邀请了地委委员、宣传部部长游胜苗，地区政协副主席薛光明、地委办、行署办、科技局、教育局、发改委等部门和单位的领导来校作“区情报告”22次；邀请了广东省委党校、深圳市委党校、珠海市委党校共6名教授来林芝授课12次，使主体班教学内容更丰富、信息量更大，提高了主体班教学的质量和效果，提升了教学层次，深受学员好评。

【加大科研工作力度，提高整体教研水平】2008年，党校教师1篇理论文章在国家级刊物上发表，2篇在自治区级刊物上发表，4篇获地区优秀论文奖，2篇在地区宣传部举办的科研会上交流。校刊《林芝发展探索》共征集的党校教师、学员及社会各界来稿40余篇。

【加大班级管理力度，做好函授“收尾”工作】在抓好主体班教学的同时，还注意抓好函授学历教育的有关“收尾”工作，对组织教学、考试、论文答辩等关键环节做到严格规范，坚持善始善终，保证了教学质量，提高了管理水平。新出台了《班主任考评办法》，建立了教学监督制度、修订完善了学员考勤制度、班主任听课制度。

2008年，2005级农村经济管理大专班127名学员圆满完成了学业；2006级公共管理本科班的毕业论文答辩各项工作有序进行。

林芝地区工会工作

【组织职工广泛开展多种形式的经济技术创新活动】2008年，林芝地区各级工会组织积极组织动员企事业单位和职工围绕劳动竞赛、经济技术创新、节能降耗等开展了大量的建功立业劳动竞赛活动，促进了林芝地区企事业单位的改革与发展。为鼓励广大职工学文化、学技术、学管理、学法律，推动各项创争活动的深入开展，地区工会办事处先后对全地区创争活动及群众性建功立业劳动竞赛活动中涌现出的各种先进典型进行了评选表彰，共表彰全国、全区以及地区级先进集体15个、先进个人10个。9月初，根据《自治区创争活动领导小组办公室关于推荐申报全国“创建学习型组织，争做知识型职工”先进集体和个人的通知》要求，推荐申报全国“创建学习型组织先进单位”1个，全国“知识型职工先进个人”2名。

【工会帮扶困难职工取得新成效】2008

年，全地区各级工会组织共慰问困难职工415户，慰问资金达33.2万元；继续实施“金秋助学”工程，完成了2008年困难职工子女就学摸底申报工作，并为2007年度考上大学、中专以及西藏内地班的25名国有企业困难职工子女发放资助金4.05万元；完成全国劳模“三金”发放工作，共发放金额4.76万元；为解决企业困难职工缺医少药、看病贵等问题，地区工会办事处和地区卫生局联合开展了以“帮扶进万家、真情促和谐”为主题的义诊、送医送药活动，组织地区藏医院和妇幼保健院6名医务人员在米林农场和岗嘎林场分别设立义诊点，为800多名患病困难职工进行以内、外、妇科病为主的常见病义诊服务，共免费发放价值达1.5万元的近55种药品。地区工会办事处主要负责人还走访慰问了3户患有半身不遂疾病的困难职工家庭，送去了2800元的慰问金；考虑到“3·14”事件、全球经济危机和物价上涨等因素给职工生产生活带来的影响，地区工会办事处给七县总工会下拨了困难职工帮扶专项资金5.9万元，用于解决困难职工的生产生活问题，既保证了中央财政专项资金的专款专用，又推动了工会困难帮扶工作的经常化发展。另外，全地区工会和各族职工积极开展向拉萨“3·14”受护商户、南方雪灾、“5·12”四川地震以及当雄地震灾区送温暖献爱心活动，地区工会办事处和全处13名党员干部职工共捐款38850元、捐物22件。

【工会维权工作有了新进展】积极参加地区国有企业改革领导小组的工作，认真参与企业改革方案的制定，从源头上努力表达职工群众的意愿，维护职工群众的正当权益和合法利益。在全地区深入开展厂务公开民主管理督促检查活动，努力维护职工的民主政治权利。积极参与安全生产监督检查活动，努力推动“安康杯”竞赛活动有条不紊地开展。加强职工信访工作，充分发挥工会在信访工作中不可替代的作用。2008年“3·14”事件以来，各级工会组织以高度的政治责任感，采取有效措施及时掌握职工群众的思想动态，建立职工群体性事件应急预防处理机制。通过工会负责人亲自参加“12351”职工维权热线电话接访、宣传党的方针政策、走访慰问、参与矛盾纠纷排查等一系列措施，有效地维护了职工的合法权益。

【领导名录】

书记：绕杰

副书记、主任：扎西罗布

副书记、副主任：聂裔光、肖利

党组成员、正处级干事：易云学

林芝地区妇联工作

【加大科技培训力度，促进农村妇女增收致富】2008年，林芝地区各级妇联举办各类培训班20期，培训妇女2500多人次。其中，地区妇联举办培训班5期，培训妇女1000多人次；各县妇联举办培训班15期，培训妇女1500多人次。为了教育引导广大妇女认清达赖分裂集团的真实面目，努力维护当前的社会稳定，培训前专门开设了爱国主义和反对分裂教育课。自治区妇联发展部、林芝地区妇联于9月、10月，专门聘请西藏农牧学院2名资深讲师，分别在工布江达县江达乡、错高乡、朱拉乡，米林县派乡举办了5期实用技术培训班，每期2至3天。培训的主要内容是：各种牲畜的饲养及各类传染病的预防和治疗等牧业知识；各种农作物病虫灾害和蔬菜大棚的管理、种植及各种农药的使用方法等农业知识。在教学上，以讲座授课和实地操作为主。此次培训农村妇女1000多人次。朗县妇联联合县农牧局、林业局在全县六个乡镇进行了“农牧林综合科技培训”。参加培训共765人，其中妇女398人。波密县妇联联合县科技局举办了农牧民科技培训班，共培训四个乡镇、十二个村委会的900余名群众，其中妇女群众457人。察隅县妇联对下察隅镇巴安通村、新村、夏尼村等6村开展了农村妇女实用技术培训，培训妇女236人。林芝县妇联邀请农技师、医师在全县三个乡镇开展培训，培训妇女300多人。

进一步深化“巾帼建功”活动。加强城镇妇女职业技能培训，积极引导妇女转变择业观念，树立艰苦创业、竞争就业、灵活就业的观念，不断拓宽就业渠道。按照《林芝地区“巾帼文明岗”管理办法》要求，进一步加强对各文明岗的检查考核，确保了创建活动的质量和“巾帼文明岗”的社会信誉。

【以“三八”妇女节等为载体，提升妇联组织凝聚力】3月6日，在会展中心召开庆“三八”表彰大会。会议表彰了地区“三八红旗集体”10个，“三八红旗手”15名，“五好文明家庭”15户。各县妇联主席，地（中、区）直各单位妇委会、女工委主任，部分单位妇女代表，受表彰的先进集体和先进个人200多人参加了大会。地委委员、组织部部长徐非出席大会并作了重要讲话。徐非部长的讲话充分肯定了妇联和妇女工作。她要求：一要认真学习贯彻十七大精神，以十七大精神统领妇女的思想和工作。二要紧紧围绕中心工作，促进经济社会又好又快发展。三是广泛开展“五好文明家庭”、“和谐进万家”创建活动，努力推动平安林芝、和谐林芝建设。受表彰的先进代表在会上作了发言。3月7日，在地委党校举行“纪念三八国际妇女节98周年专题讲座”。邀请地委党校次仁卓玛老师主讲学习贯彻党的十七大精神，各县妇联主席、地（中、区）直各单位妇女200多人到会听取了讲座。各县妇联在“三八”妇女节期间，通过举办座谈会、表彰会等活动进行了庆祝，并广泛开展妇女维权宣传活动，发放各类宣传单5000多份。“六一”期间，地区妇联领导分别前往地区一小、八一镇小学，看望慰问了孩子们，资助和慰问了9名贫困儿童，送去了慰问金3100元。各县妇联向贫困儿童送去了8000多元的慰问金。抓住“六一”契机，地区妇女儿童活动中心开展了各类知识竞赛活动。共有120多名少年儿童参加活动，发放了价值500多元的各类小奖品。“三大节日”期间，地区妇联看望、资助了部分“春蕾女童”和单亲贫困妇女以及退休老干部，为单亲母亲送去了大米、面粉、食用油等价值4000多元的慰问金。另外，地区妇联还委托波密县、工布江达县妇联走访慰问了10名春蕾女童，送去了7000多元的生活用品和慰问金。各县妇联也积极开展慰问活动，向“春蕾女童”和贫困家庭送去了10000多元的慰问金。为了迎接2008年北京奥运会，地区妇联在广东会展中心开展了“迎奥运文艺健美操表演”。500 多名干部职工及群众观看了表演。

【履行妇联职能，维护妇女儿童合法权益】2008 年，林芝妇联加快实施《两纲》，进一步加大《两纲》宣传，积极组织和协调妇儿工委各成员单位，以宣传为抓手，认真贯彻落实《两纲》各项指标，不断优化妇女儿童的发展环境。继续深入宣传《妇女权益保障法》、《婚姻法》和《未成年人保护法》，进一步贯彻落实男女平等基本国策，使全社会增强维护妇女合法权益意识，使妇女增强自我保护能力和法律意识。积极参与社会治安综合治理工作，层层签订了目标责任书，加强对流动人口的管理，鼓励妇女积极参与禁黄、禁赌、禁毒等活动，严厉打击社会丑恶现象，促进社会文明进步。推动妇女就业和再就业工作。5 月份，地区妇联、地区劳动和社会保障局联合开展了以“实现就业、稳定就业、真情相助”为主题的“春风行动”专场招聘会活动。积极针对进城务工妇女、失业妇女和城镇零就业家庭开展政策咨询、提供就业帮助。招聘会上，达成意向性协议 21 人。同时还向广大妇女发放了《婚姻法》、《妇女权益保障法》等宣传单 500 多份。深入开展“三八”维权周宣传活动。为了深化妇女法制宣传教育，“三八”期间，在厦门广场开展了宣传活动。活动发放各类宣传单 1000 多份。以项目促发展。察隅县妇联争取到竹瓦根镇知美村“大地之爱•母亲水窖”项目资金 31 万元。该项目的实施将解决当地 42 户 231 人，1382 头（只、匹）牲畜的饮水问题。朗县妇联争取到了由全国妇联批准的 15 万元的“三八绿色经济林”项目。目前，该项目前期准备工作正在有序进行。认真做好来信来访工作。对所有来信来访人员，做到热情接待，积极调解，特别在维护稳定期间，切实做好情绪疏导，化解矛盾工作。2008 年共接待 18 次，调解率达 85%以上。

【动员组织全地区各族各界妇女向四川地震灾区捐款献爱心】5 月 29 日，举行了林芝地区各族各界妇女向四川地震灾区捐款献爱心仪式。共募集捐款 547445.5 元，为灾区人民献上了一份浓浓爱心。

【获奖情况】

地区妇联荣获全国抗震救灾先进妇联组织。

地区妇联荣获全国“三八”红旗集体。

【领导名录】

书记、主席：益西卓玛

党组成员、副主席：普布卓玛

林芝地区残联工作

【残疾人综合服务中心投入使用，地区残联实现单列】2008 年，由广东、福建两省残联系统援助 320 万元建设的林芝地区残疾人综合服务中心于 2008 年 5 月 18 日正式通过竣工验收，该中心规划面积 2708.52 平方米，建筑面积 1484.34 平方米。同年 8 月 8 日，地区残联迁入中心办公，实现单列。

【推选确定参加全区残代会代表】2008 年 7 月 1 日—5 日全区第五次残疾人代表大会在拉萨召开。林芝地区应到残疾人代表 10 人，因病因事请假 3 人，实到 7 人。在这次大会上，林芝地区与会同志代表全地区近 7000 名残疾人的心声，充分履行代表职能，反映残疾人心声，广泛参与讨论，行使了他们的代表权利。会后，林芝地区全文转发了张裔炯副书记、德吉副主席和旺青格列理事长在全区残代会上的重要讲话，同时结合地区残代会提出的目标任务，要求各县残联以区、地两次残代会召开为契机，把握机遇，迎难而上，并要求参加两会的代表把会议精神传递给全地区广大残疾人，切实把思想认识统一到会议精神上来，使这次会议真正成为鼓舞人心、催人奋进、推动林芝地区残疾人事业发展的盛会。

【开展残奥会宣传工作】根据党的十七大提出的“办好 2008 年奥运会、残奥会”的精神，按照中国残疾人联合会《关于做好大型公益广告片＜走进奥运.共享激情＞播放工作的通知》（中残联[2008]63 号）和区残联的相关要求，地区残联积极协调有关部门进行翻录，并安排从 2008 年 5 月 5 日开始，在电视台综合频道黄金时段播出，与此同时，各县残联还相继开展了丰富多彩的“迎残奥”活动，收到了较好的宣传效果。

【积极开展“全国助残日”活动】2008 年 5 月 18 日是第十八次法定“全国助残日”。2008 年助残日的主题是“牵手残疾人，走进奥运会”。为配合北京办好奥运会、残奥会，5 月 18 日，由行署红卫副专员亲自带队，驱车一百多千米赶赴工布江达县，深入到县城、农区，走访慰问了 15 户残疾人家庭，为他们敬献哈达，送上了慰问金，体现并展示了党和政府对弱势群体中特殊群体的关心爱护，得到了残疾人的一致好评。

【筛查输送肢体畸形儿童矫治手术工作】2008 年 11 月，由国家医疗补贴（6600 元）为十八岁以下肢体畸形患者实施免费矫治手术，林芝地区共分配 5 个手术名额（后经积极争取，林芝又增加 2 个名额）。据不完全统计，林芝地区现有各年龄段肢体畸形患者七百多人，由于这次矫治行动名额有限，地区残联高度重视，及时与地区人民医院协调、及时筛查、及时选定亟待输送的矫治病员，并于 2008 年 12 月 23 日顺利将曲珍、扎西曲培等 7 名贫困儿童送往自治区人民医院进行矫治治疗。

【领导名录】

残联理事长、民政局副书记：扎西次仁

林芝地区审判工作

【为民、便民司法】2008 年，林芝地区法院把方便当事人诉讼作为落实为民司法的基础工作来抓，制定了 23 项便民诉讼措施，健全了诉讼风险提示制度、岗位职责公示制度、诉讼流程制度、限时办结制度、温馨调解室制度、上门立案制度、巡回审判制度、撂地法庭制度等。

【启动车载流动法庭】发挥了车载法庭广覆盖、机动便捷的优势，车子开到田间地头，案件就审到田间地头，流动法庭走到老百姓的家里，老百姓坐在家里就可以享受到便捷的司法服务。

【实体、程序并重并举】把实现人民群众的合法诉求作为保障民生的重点，坚持公正优先、兼顾效率，2008 年无一起超审限和超期羁押案件，坚持以案结事了为最高工作目标，实现了判后答疑工作的制度化。

【用公开开庭方式接受监督，普及法律教育】把接受当事人的监督作为改进审判工作作风的重要渠道，凡年满十八周岁的公民，均可持身份证旁听、旁观人民法院公开审理和执行的案件，对人民法院的审理执行过程提出意见和建议，以公开、透明、公正的审理执行过程，增强审判执行活动的公信力。

【牢固树立正确的司法发展观，坚持把改革创新作为法院工作的第一动力，力争“双百”工作目标】以科学发展观为指导，两级法院首次开创性的在法院系统提出力争案件的审结率和执结率达到100%的“双百”工作目标，围绕这一工作目标，两级法院以改革创新为手段，全面优化了“五大机制”，即规范有序的审判流程管理机制、公正高效的审判质效管理机制、科学合理的业绩考评机制、以人为本的司法政务保障机制和全程覆盖的司法为民工作机制，林芝地区法院先后推行了内部合议庭改革、大立案模式改革、审限警示制度改革、实绩公示制度改革等。最高人民法院副院长张军、万鄂湘等领导同志莅临林芝检查指导法院工作时，对两级法院的司法改革工作给予了高度评价，认为两级法院的“改革新举措和工作新思路，不仅在西藏法院系统树立了榜样，也对全国法院系统都有学习和借鉴的价值”。改革创新也为两级法院的工作注入了新的生机和活力，以 2008 年为例，两级法院受理各类案件 1051 件，结案 1035 件，综合结案率 98.5%，其中，由公检法司等单位共同参与处理的刑事案件 172 件，占案件总数的 16%，由两级法院直接受理的刑事自诉、民商事、行政、国家赔偿、执行等案件 879 件，占案件总数的 84%，这几类案件从立案、调解、审判、执行等由法院受理和完成，使用了法院绝大部分的审判资源、财力和物力。在案件效率全面提高的同时，案件质量也得到了极大提升，审判工作呈现出三低二零三高(低上诉、低改判、低发回；零超审限、零重大违法审判；调解率高、结案率高、群众满意率高)的良好发展态势。

【牢固树立正确的司法生存观，坚持把夯实基础作为法院科学发展的基本保证】把人才兴院作为推进法院发展进步的战略工程，以政治建院为首任，以从严治院为手段，以公信立院为目标，不断强化法院队伍建设的力度，2008 年，两级法院实有干警 228 人，其中研究生 2 人、大学本科 150 人、大专 45 人，大专以上学历干警占全体干警的 86.4%；具有法官资格 61 人，占 27%，队伍的知识层次显著提高，法官的比例结构日趋合理。把基层基础建设作为人民法院“谋长久之策，行固本之举”的内在要求大力推进，截止 2008 年底，十五规划内确定的人民法院“两房两庭”建设任务全面完成，基层法院物质保障水平得到一定提高，其中工布江达县法院巴河法庭被自治区高级人民法院确定为全区示范法庭，树立了两级法院基层基础建设的新标杆。

【领导名录】
书记、院长：达瓦
副书记、副院长：向巴次仁、史尊魁
党组成员、副院长：尼玛次仁、康林、冯国勇、叶斌

林芝地区检察工作

【获奖情况】

周广元 西藏自治区检察院表彰先进个人

康党辉《现行刑法缓刑措施体系的缺陷分析及修改完善》一文获 2006、2007 全区检察机关理论和调研二等奖

李茹涵 林芝地区十大杰出青年、“关注消防、珍爱生命、共享平安”演讲比赛一等奖

陈剑 林芝地区维护稳定先进个人

林芝分院 在纪念检察机关恢复重建 30 周年“我与西藏、我与西藏检察”征文活动中荣获组织奖

林芝分院 2007 年度全区检察机关信息化建设先进集体。

【领导名录】
书记、检察长：仁青群措
副书记、常务副检察长：陈宏东
副书记、副检察长：王永东
党组成员、副检察长：泽仁扎西、文天均
党组成员、纪检组长：次仁罗布

林芝地区公安工作

【成立指挥部，进入战备状态】2008 年，拉萨“3·14”打砸抢烧严重暴力犯罪事件发生后，林芝地区公安机关进入战备状态，公安处及时成立了维护稳定工作指挥部，抽调警力 970 余人，其中武警 318 人，公安 652 人。一是加强 318 线、306 线设卡检查工作，主要是东线玉普、西线松多、南线朗县至加查、尼西四个主要卡口，依据实际，全地区共设立 19 个检查站，全面盘查过往车辆和人员、物品，做到有证登记，无证劝返，可疑人员严格审查，可疑物品查明来源。二是在公仲、二桥、115 医院、学院路等 5 处主要交通要道路口设立检查站，严把八一镇城区进出口关。

【加强社会面的巡查力度】2008 年，林芝地区公安机关在八一城区内、城乡结合部加强力量，24 小时不间断巡逻。加强武警，定点守护好加油站、电厂、水厂、党政机关等重点单位、目标、处所，看死盯牢。深入广泛组织、动员单位力量，加强值班巡逻，落实领导带班制和人防、物防措施，减少防控盲区。牢固树立“警力有限，民力无穷”的观念，成立了由 10634 人组成的 540 个群防群治组织，积极参与当地治安巡逻、边境管控等工作，筑起了反对分裂、维护稳定的铜墙铁壁。发动群众、治保组织、联防队力量，加强巡逻密度，形成强大防控网络，最大限度地保证本地安全。

【加强寺庙的管控力度】2008 年，林芝地区公安机关积极配合民宗、统战部门提前进驻寺庙，逐人落实管控措施，全面建立情报会商机制，建立僧尼可能发生的突发事件预警机制和处置机制，积极稳控僧尼不离寺、不出庙，坚决防范

内勾外联。进一步加强僧尼的爱国主义和法制教育，增强爱国主义和法制意识，教育僧尼不信谣、不传谣。紧紧依靠寺管会、治保会的力量，采用“僧尼管僧尼”的办法，加强寺庙正常秩序的维护，以确保寺庙安全。

【加强道路交通安全巡查】2008 年，林芝地区公安交巡警按照“中队管线，民警管段”的要求，加大城区主干道、318 线国道、省道主要路段的道路安全巡查工作力度，严格盘查过往车辆，严格检查车内物品，切实做到“逢车必查，逢人必查，逢物必查”和检查不留死角，巡查不留空档。同时，加大对酒后驾车、疲劳驾车、无牌无证驾车的清查力度，确保道路交通安全。

【集开展大清查专项行动】2008 年，林芝地区公安机关在全地区范围内（包含乡镇、村）对流动人口、出租屋、宾馆、退休区、朗玛厅、迪厅、网吧、卡啦 OK 厅等场所，集中开展“拉网式”大清查。通过清查，有力地净化社会秩序，确保社会稳定。2008 年，全地区集中清查 3 次，共投入人力 5128 人，其中公安 602 人，武警 330 人，治保力量 2147 人（含民兵、联防队及村干部等）；清查 39 个乡镇；450 个行政村；7126 户，40310 人；宾馆、招待所 635 家，娱乐场所 296 家；店铺 718 家；外来人员 9887 人；“三无”人员 927 人，均无可疑人员；收缴管制刀具 10 把；卖淫嫖娼 8 人；共查违章及无证车辆 10 台。

【加大对积案、现案的侦破力度】2008 年，林芝地区公安机关始终保持高压态势，坚决严惩胆敢跳出来的分裂分子和暴力犯罪分子，坚决做到发现一个，打掉一个。同时，加大了对积案的认真会诊，分析研究，力争破获一批案件，抓获一批犯罪分子。

【决战决胜，完成奥运安全保卫工作】2008 年，林芝地区公安机关奥运安全保卫工作经过全体民警和武警官兵的共同努力，取得了圆满成功，达到了上级的要求和预期的目标，确保了绝对安全，万无一失。

林芝地区外事工作

【机构设置】林芝地区外事办公室于 2008 年 5 月 12 日地区建设大楼正式挂牌，截止 2008 年底，有编制 7 名，其中县级 3 名、科级 2 名、科员 1 名、后勤事业编制 1 名。

【加强因公出国（境）人员管理】2008 年完成出访 9 人次，其中地级干部 3 人，县级干部 2 人，科级干部 4 人。

【外事礼宾接待】2008 年完成外事礼宾接待 5 批。2008 年 3 月 11 日至 13 日，福建省外办主任宋克宁一行 7 人莅临林芝考察指导外事工作，并与地区领导进行了座谈。5 月 11 日至 13 日，尼泊尔驻拉萨总领事乌帕塔亚携夫人及其女儿一行前来林芝参观考察。2008 年 9 月 3 日上午，尼泊尔联邦民主共和国大会党副主席普拉卡什•曼•辛格一行六人在中联部礼宾局副局长季平的陪同下，来林芝地区进行友好访问。9 月 22 日，第三国驻尼泊尔联邦民主共和国使节访问团一行五人在中国驻尼使馆政新处主任单义铎的陪同下，来林芝地区进行友好访问。9 月 24 日，林芝地委副书记、行署常务副专员李宏、地委委员、行署副专员多吉次仁会见了第三国驻尼泊尔联邦民主共和国使节访问团，与各国使节进行了深入交谈。

【友协工作】林芝地区与尼泊尔博克拉市建立友好城市关系。2008 年 10 月 18 日至 10 月 23 日，以林芝地委委员、行署副专员多吉次仁为团长，自治区外办刘耀华副主任为副团长的“林芝地区赴尼泊尔博克拉签署友好城市关系协议代表团”一行 6 人，对尼泊尔博克拉市进行了为期 6 天的友好访问。双方签署了《中华人民共和国西藏自治区林芝地区与尼泊尔联邦民主共和国博克拉市建立友好城市关系协议书》。

【边界管理】对林芝地区 4 个边境县进行了全面了解，掌握边民、“缅民”动态、边界走势及界碑完好情况、反蚕食反分裂斗争情况，并将边界勘查有关情况及时上报地委、行署和上级业务主管部门。

【涉外事件处理】1 月 28 日，按区外办的电话指示精神，对北京居民展程女士（其爱人为西班牙签证官）在错高湖修建房屋事宜进行了调查核实，并将情况及时向自治区外办作了详细汇报。3 月底，有 3 名日本登山队员由西藏登山协会人员陪同在林芝地区林芝县排龙沟实地考察，根据上级指示，林芝地区外事办会同相关部门对 3 名日本登山队人员进行了解，掌握其意图，并规劝他们顺利从林芝乘飞机返回成都。

【涉外项目管理】对在工布江达县、林芝县境内的美国小母牛、蔬菜大棚、“潘德巴”等项目进行了比较全面的了解和掌握，并将项目效益、存在的问题等向地委、行署和区外办作了详细报告；由于领导变动，对 2005 年以行署名义下发的《林芝地区涉外项目管理领导小组》一文进行了修改和完善；在摸底调查的基础上，初步建立了涉外项目库，为今后涉外项目规范化管理奠定了基础。

【领导名录】

副书记、副主任：王泽敏

副主任：多吉占堆

林芝地区编译工作

【藏语文使用和规范工作】2008 年，林芝地区编译室认真组织、全面部署对全地区范围内开展藏语文社会用字情况检查清理整顿工作。

按照行署主要领导和分管领导的指示要求，把藏语文工作和藏语文社会用字检查工作作为服务大局、服务中心工作；从自 2008 年 4 月 15 日起进行自查自清工作。地区藏语委办和各县均成立藏语文社会用字检查领导小组，确定成员单位，制定实施方案。切实做到了组织到位、领导到位、措施到位。地区成立了以地区行署副专员、地区藏语文工作委员会副主任红卫同志任组长和地区编译室党组副书记、主任达瓦同志为副组长的林芝地区社会用字检查工作领导小组，并制订检查方案、落实检查人员、确定检查范围、明确检查任务。为构建林芝地区和谐藏语文社会用字创造了良好的社会氛围，展现藏民族文化，提高城镇的美观和特色；有力地回击了达赖集团"藏族文化毁灭论"的宣扬。

2008年行署副专员红卫同志亲自带队和安排检查组成员3次到6县督查行署办公室《通知》的贯彻落实情况，对存在的问题与县委、政府交换意见，要求及时清理整顿。并向有关县发放更正通知书限期整改。并安排林芝地区编译室年底对各县的藏语文社会用字工作进行验收；（墨脱报来文字材料）

地区相关部门组成的社会用字检查组对八一镇所辖街道、学校、各单位的社会用字进行了7次检查，及时对发现的藏文社会用字方面的问题进行清理整顿，较圆满地完成了对各县的藏语文社会用字清理整顿工作，为2009年地区的社会用字整顿工作打下了良好基础，为林芝地区创造了城市美观、整齐、特色突出的地区形象，也给国内外旅游者留下了良好的地区印象。

【积极完成翻译的服务工作】切实做到了翻译工作的及时性和准确性。能够及时完成地区工作会议等重要会议、自治区人大会议、林芝地区政协委员提案，地区行署安排的所有材料的翻译任务。翻译了大量维护稳定工作的宣传材料，消防、科技知识，各界人士的声讨、讲话、倡议书，商店门牌等完成了16.56万多字的各类翻译和校对任务；在维护稳定宣传工作中起到了不可替代的作用。协助参与民政、旅游部门的地名、路标、景区标示等翻译和审定工作。

【圆满完成林芝地区首届藏文软件培训工作】由自治区藏语文工作委员会、上海中标软件有限公司（简称中标软件）、西藏大学三方联合主办的林芝地区首届藏文软件培训，于11月1日在林芝地区举行，培训时间2天。此次参加培训的主要人员来自党政机关、教育系统、政法系统、各县翻译科华人企事业单位藏语文业务骨干198名学员。培训规模大，培训形式从理论到具体操作。学员们通过培训，大家一致认为，这套软件使用纯藏文界面，并充分考虑藏文特点、藏文编码、藏文字库、藏文输入法等多种因素，特别适合藏文计算机处理，此次培训非常及时，非常实用。并向参加培训的人员及各县免费送藏文软件800多套。为推动林芝地区藏语文工作及藏文软件的运用和推广起到积极作用。

【积极协办完成西藏第九次全国民族语文翻译暨全国民族译协会长、秘书长工作会议】由国家民委文化宣传司、中国民族语文翻译局、中国译协民族委员会主办、西藏自治区藏语文工作委员会办公室、西藏自治区编译局、西藏翻译工作者协会承办的第九次全国民族语文翻译暨全国民族译协会长、秘书长工作会议，在西藏林芝地委行署的大力支持下，在林芝地区编译室的大力协助下，于8月31日至9月1日在林芝地区隆重召开。来自黑龙江、吉林、内蒙、新疆、云南、贵州、广西、四川、青海、甘肃等十三个省区和北京中央民族翻译局、中央人民广播电台、民族画报社、民族团结杂志社、民族出版社、中国藏学研究中心等单位的民族语文工作、学者、民族语文翻译协会会长、秘书长等四十多名代表参加了会议。西藏自治区编译局副局长、西藏翻译工作者协会副会长兼秘书长洛桑土美主持会议，林芝地区行署副专员红卫出席会议并致词。来自全国各省、自治州、州民语委办、民族译协的十多位代表在会上发言，交流了各自民族语文翻译工作和民族译协工作的开展情况。此次会议开得很成功。也得到了地委行署领导的肯定。

林芝地区民族宗教工作

【进一步开展以寺庙法制宣传教育为主线的寺庙爱国主义教育，彻底清除达赖在宗教领域的反动影响】2008年，自治区党委关于《全面深入扎实做好维护社会稳定工作》电视电话会议召开以后，地委、行署高度重视，地委统战部、地区民宗局、地区寺教办立即召开紧急会议，传达学习了张庆黎书记、向巴平措主席和自治区驻林芝地区维稳督导组领导、地委主要领导的讲话精神，研究制定了《林芝地区寺教办关于进一步加强寺庙管理、在广大僧尼中深入开展法制宣传教育工作的实施方案》，并按照全区寺庙法制宣传教育工作会议的要求，在原有维稳工作组的基础上，每县增加了由一名地级领导带队的工作组，充实到基层工作组之中。对已有的地、县、乡三级工作组的力量进行整合，组成综合工作组，由各县县级干部带队进驻寺庙，旗帜鲜明地开展寺庙法制宣传教育。

【认真学习贯彻《关于在藏传佛教寺庙继续深入扎实开展法制宣传教育工作意见》，积极开展寺庙法制宣传教育宣讲活动和寺庙登记、活佛、僧尼、经师备案工作】林芝地区于2008年12月6日召集各县统战部部长、分管民宗工作副县长和民宗局长以及地直寺教成员单位，召开了林芝地区寺庙法制宣传教育会议，认真学习了《关于在藏传佛教寺庙继续深入扎实开展法制宣传教育工作意见》（以下简称《工作意见》）和自治区民宗委《关于认真落实藏党发[2008]15号文件、做好藏传佛教寺庙登记及僧尼活佛经师备案工作的通知》（以下简称《通知》）精神，总结了前段时间寺庙法制宣传教育工作，并根据《工作意见》和《通知》）精神，出台了《林芝地区寺庙法制宣传教育实施方案》，详细安排部署了近段时间寺庙法制宣传教育的各项工作。林芝地区成立两个寺庙法制宣传教育宣讲团，深入各寺庙积极开展以宣扬改革开放30周年成就和西藏经济社会翻天覆地变化为主的宣讲活动。同时指导各县扎实做好林芝地区寺庙登记和活佛、僧尼、经师备案工作。

【严格把握政策界限，坚持防患于未然】始终严格执行"划清两个界限，尽到一个责任"和"两条底线"等现行政策原则，对于非法的宗教活动场所和开展非法宗教活动现象，一旦发现，立即坚决取缔，在工作过程中，以维稳为重，特别注意方式方法，没有因为因这些事件处理不当而引发影响维稳大局的不稳定因素。

【强化督查，确保信息畅通】坚持24小时领导带班、值班、巡逻和日报告制度，对贯彻落实维稳工作安排部署及开展情况进行经常性抽查。对各县寺庙法制宣传教育工作进行督促检查，认真调查了解僧尼思想状况、以寺养寺情况、文物保护情况及基础设施情况，及时排查寺庙内潜在的各种不稳定因素，消除影响林芝地区社会局势稳定的各种隐患。注重掌握收集有关维稳工作的各类信息。截至现在，上报维稳工作信息20多条。在对信息的搜集过程中，林芝地区民族宗教委员会不但自身加大了工作力度，而且要求各县也要加大信息工作力度，保证信息的质量，及时上报第一手材料，切实为上级部门正确决策提供依据。

【"兴边富民行动"成果斐然】 2008年，林芝地区在边境人口较少数民族地区投入各类建设资金2611.8万元，建设项目16个。其中：少数民族发展资金项目15个，落实资金705万元；农牧民安居工程建设项目1个，落实资金1152万元，完成建设任务1589户，完成率100%。这些建设项目涉及到人口较少少数民族地区的交通、能源、文教卫生、农田水利、农业开发、安居工程、生产资料等各个方面，有力地改变了人口较少少数民族和边远少数民族地区的基础设施，有效地改善了群众的生产生活条件。但是由于受历史、地理、观念等因素的长期影响和制约，与腹心地区的各民族相比，他们的生产生活条件依然落后，生产力水平依然低下，自我发展能力依然很弱，社会事业发展依然滞后，全面建设小康社会和建设社会主义新农村还要付出更加艰辛的努力。

林芝地区扶贫（农业综合开发）工作

【项目工作扎实推进】 2008年，林芝地区立项实施扶贫农发项目43个，总投资7075.52万元，国家投资4910.4万元，分别比2007年增长26.5%和24.1%。一是朗县登木乡作为全区首批三年整乡推进扶贫试点乡镇之一，通过了自治区扶贫办验收，并被评为优良等次。波密县玉普乡、工布江达县江达乡和察隅县竹瓦根镇的整乡推进工作扎实开展；二是开展了涉及7个县17个贫困乡镇面上扶贫工作；三是"两类村"扶贫前期工作开始启动，林芝地区46个边境贫困村和人口较少民族村被国务院扶贫办纳入"三个确保"扶持范围；四是开展了工布江达县5个村的扶贫互助资金试点工作；五是巩固扩大了支持劳动力转移的特色建材和旅游项目；六是农业综合开发进展顺利。林芝、朗县土地治理项目完成了水利、土地平整等主要建设内容。林芝县完成了8033亩玉米种植、并取得了较大效益，朗县完成了3097亩核桃种植。

【农牧民培训扎实推进】 全地区完成扶贫农发培训5003人，超出计划3573人。其中：扶贫培训1482人，包括劳动力转移培训796人，实用技术培训600人，扶贫系统干部考察培训86人；农业综合开发培训3521人，包括林芝县玉米种植及农机具操作培训2000人，朗县农发实用技术培训1521人。

【定点扶贫扎实推进】 地区扶贫领导小组召开了定点扶贫工作协调会，加强了工作领导，加大了帮扶力度。地区41个定点扶贫单位、572名干部深入乡村定点帮扶，制定67个项目帮扶计划，落实帮扶项目56个，投资603.83万元，为贫困户捐款捐物折款109.41万元。

【建档立卡扎实推进】 全地区实现脱贫人口631户、2989人，返贫人口达到498户、2105人，两者相抵，2008年净脱贫人口为133户、884人，全地区剩余贫困人口3559户、17111人，分别占农村总人口的14.36%和13.67%。

【群众增收成效显著】 2008年林芝地区农牧民参与扶贫农发项目建设增收超过千万元，其中林芝县农发项目区人均纯收入达到6100元以上，朗县农发区人均纯收入达到6700元左右。

【特色产业成效显著】 2008年，林芝县玉米种植、朗县核桃种植等重点产业开发前景看好。林芝县玉米种植呈现"四个特点"，即：依托龙头企业，与市场联结比较紧；规模较大，机械化程度比较高；群众尝到甜头，效益比较好；项目区成立了玉米种植合作协会，组织化程度比较高。

【项目管理成效显著】《林芝地区扶贫开发项目和资金管理的实施意见》和《林芝地区农业综合开发项目和资金管理的实施意见》经过反复修改，呈报行署常务会议通过，转发全地区执行；林芝地区农发（扶贫）办实行了2008年重点建设项目领导班子成员挂点联系制度，加大了督查管理工作。2008年项目选项更准确、管理更规范、质量更过硬、效益更明显。

【领导名录】

书记、副主任：尼玛

副书记、主任：梅家奎

副书记、副主任：陆涛、白如国

党组成员、副主任：刘海鹰、苗向阳

林芝地区发展改革工作

【年度综述】 2008年，林芝地区生产总值达到38.99亿元，同比增长11%；完成全社会固定资产投资36.2亿元，同比增长10.9%；财政收入完成2.4亿元，同比增长18.2%；旅游业逐步实现恢复性发展，全年接待游客45万人次，实现旅游总收入2.6亿元；居民消费价格指数上涨幅度控制在5.5%以内；城镇居民人均可支配收入达到11160元，同比增长10.94%；农牧民人均纯收入首次突破4000元，达到4095元，同比增长13.9%。

【"三农"工作进一步加强，新农村建设任务全面落实】 2008年有关部门进一步加大对"三农"的投入力度。一是进一步加大农牧区基础设施建设力度。2008年，实施了林芝县米瑞万亩灌区、农村安全饮水项目、小水电项目等一大批农林牧水项目，完成投资1.6亿元。二是稳步调整农牧业结构，发展特色农牧业。在稳定粮食生产安全的前提下，扩大了高附加值农作物的播种面积，地区粮、经、饲种植比例由69：18：13调整为66：20：14。三是会同安居工程建设办公室，加大了安居工程水、电、路等配套设施申报建设力度，进一步改善了农牧民群众生产生活条件。2008年投资5.8亿元，完成安居工程6567户，受益农牧民3.4万人，地区90%以上的农牧民群众住上了安全适用的新房。四是特色产业发展步伐加快。大力实施"一产上水平，二产抓重点，三产大发展"的经济发展战略，着力推进地区特色产业建设。目前，林芝县万亩玉米、波密县天麻、朗县核桃等一批产业项目建设加快推进，各县各具特色的农牧业特色产业带初步形成。五是积极推进以工代赈扶贫工作。落实以工代赈资金1000万元、农开和扶贫资金4910.4万元，加快了乡村道路、小型农田水利、草场网围栏等设施建设。六是大力推进农牧区流通体系建设。2008年共落实投资2842万元，用于建设地区和六县农畜产品批发市场，为农牧区商品流通创造了条件，提高了农畜产品的商品率。七是通过农牧业增产增效、积极鼓励农牧民参与工程建设等多种方式，促进农牧民增收，2008年农牧民人均纯收入达到4095元，同比增长13.9%。

【着力改善民生，各项社会事业发展得到切实落实】全年共实施社会发展项目55个，完成投资1亿元左右。教育事业不断发展，"两基"人口覆盖率达到100%；医疗卫生工作重点继续向基层向农牧区转移，公共卫生服务体系建设步伐加快；基层文化基础设施进一步改善，广播、电视覆盖率均达到90%以上；地区及七县周转房建设基本竣工，地区廉租房已交付使用，广大干部职工、城镇低收入困难群众住房条件明显改善；生态大地区建设扎实推进，工布自然保护区工程实施进展顺利，藏东南防沙治沙项目开工建设，农村薪柴替代工作顺利，完成沼气能源建设2964户。

【固定资产投资完成情况】2008年，圆满完成了年初确定的"三个目标"，其中：涉及林芝地区的52项"180"项目已完成总投资的71%；涉及林芝地区的"180"项目已全部启动前期工作，完成率达到90%以上；国家投资完成18.4亿元，超出年初计划2.4亿元。全年投资任务的超额完成，有力地保证了地区投资拉动的力度，确保了全年经济发展目标的实现。一大批项目的实施和竣工，为缓解地区"瓶颈"制约，夯实地区经济发展基础，发挥了重要作用。米朗油路工程、雅鲁藏布大峡谷自然保护区二期工程、察隅慈巴沟自然保护区一期工程等重点项目顺利竣工，巴河雪卡电站四台机组全部开始发电，老虎嘴电站、工布自然保护区工程、工布映像国家配套部分等重点项目建设加快，墨脱公路已开工建设。

同时，积极扩大社会投资，2008年完成招商引资及社会投资项目14.8亿元。援藏项目投资完成3亿元，援藏资金进一步向基层、向农牧区倾斜。

【项目管理服务协调工作】加强组织领导，推动项目建设。按行业对口的原则，对年度投资任务在各县、行业间进行了分解，落实了责任，各县、各行业部门加强争取项目的组织和领导，一方面积极向自治区对口厅局汇报和衔接，一方面加强工作中的协调和配合，加快了评审周期和项目资金的落实，齐心协力，形成合力，推动项目建设。

严格执行基本建设程序，落实项目"五制"。严格执行基本建设程序，在项目管理中，遵循土地、环保、节能、消防要求，抓好续建、新建、扩建项目的开工、竣工验收工作，认真落实项目"五制"，确保工程建设各项工作公开、透明，确保质量、进度、投资三个目标的统一，即要进度快，又要投资省、质量好。

加强项目稽查工作，确保工程质量。先后多次组成工作组或配合自治区项目稽查组分赴各县、地直项目现场，并对重点工程开展稽查工作，稽查项目涉及交通、能源、水利、教育、城市基础设施建设等方面，及时解决工程建设中出现的新情况、新问题，分析原因，提出整改落实措施，规范建设程序，防止暗箱操作和商业贿赂行为，防止"豆腐渣"工程，促进了地区重点项目的顺利实施。

加强协调，发挥援藏投资作用。积极争取援藏项目和援藏资金，充分发挥援藏资金失遗补缺的作用，积极向农牧区倾斜、向特色产业倾斜，加快新农村建设。通过两省工作队和广大援藏干部的共同努力，充分利用"9·8贸洽会"、大峡谷旅游节和到两省汇报工作的时机，加大了与两省的沟通和衔接力度。

【年度经济形势分析】对经济运行中出现的新问题和新苗头，深入调查研究，及时分析原因，研究对策，积极主动向地委、行署提出建议，并形成有针对性的经济分析报告，为林芝地区经济平稳较快发展提供保障。对农产品买难卖难、均衡旅游、农牧民经济合作组织培育、应对拉萨"3·14"事件负面影响等问题进行研究，提出具体的解决办法和意见建议，为地委、行署科学决策提供依据。

【规划编制工作】加大对地区"十一五"规划的执行力度，对规划的主要目标、任务进展、指标趋势等情况开展中期评估工作，提出了进一步推动规划实施的对策建议。在地区出台建设西藏经济强地的决定后，结合综合管理职能，及时制定了贯彻落实《中共林芝地区委员会关于建设西藏经济强地的决定》的实施意见。同时，协调相关业务部门，完成了全地区163个未通电的行政村、133个不通公路的行政村、19条边防公路的摸底调查工作，掌握了涉及区域自然、社会、经济状况的第一手资料，为行业规划的制定奠定了基础。

【物价管理工作】2008年，受美国金融风暴的冲击和影响，我国的消费者物价指数和生产者物价指数呈上升趋势，致使林芝地区物价水平居高不下，尤其是吃、住、行商品上涨幅度较大、农牧业生产资料价格上涨过快。按照地委、行署的指示，积极整顿和规范市场秩序，严密监控物价态势，对猪肉、粮油、蔬菜以及服务项目和农用物资等商品价格实行了临时干预，采取了不审批新的收费项目、新的调价产品等措施，加大了对食品、药品、液化气等行业的价格检查，确保社会物价稳定。

林芝地区财政工作

【年度综述】2008年，自治区对林芝地区的财力补助达到113,751万元，比2007年增加21，260万元，增长22.98%。林芝地区财政一般预算收入完成24011万元，比上年增加3,690万元，增长18.1%，其中地区级完成11，586万元，比上年增加1，368万元，增长13.4%；县级完成12，425万元，比上年增加2322万元，增长22.9%。林芝县、米林县、察隅县财政收入分别突破3，000万元、2，000万元、1，000万元，分别完成3，108万元、2，107万元、1，130万元。全地区财政一般预算支出完成137，369万元，比上年增加31，495万元，增长29.75%，其中：地区本级支出57003万元，比上年增加19486万元，增长51.94%；县级支出80366万元，比上年增加12009万元，增长17.57%。全年实现收支平衡，略有节余。对县级财力倾斜力度不断加大，地区对县级的转移支付资金总额达到17，669万元，比上年增加4，170万元，增长30.9%。

【充分发挥职能作用，财政调控能力取得新成效】2008年，林芝地区财政局按照“一产上水平、二产抓重点、三产大发展”的经济发展战略和《地委建设西藏经济强地的决定》，地县财政充分发挥公共财政职能，促进经济又好又快发展。

着眼于改善经济发展环境，大力推进基础设施建设。积极落实预算内和国家安排的基础设施建设资金，进一步缓解了基础设施对林芝地区国民经济的“瓶颈”制约。落实资金1，400万元，开展地区污水处理厂、农林水特色产业带项目建设；落实资金9，736.84万元，实施了地县乡三级干部职工周转房、廉租住房建设；落实资金17，399.33万元，用于农村公路养护和农村公路通达工程建设，保障农村公路畅通。2008年，全地区财政基本建设支出达到34，396万元，比上年增加7，889.4万元，增长29.76%。

着眼于转变经济发展方式，加大了特色优势产业的支持力度。2008年，林芝地区落实农牧业特色产业项目建设资金1660万元（其中地区财政投入300万元），建设农牧业特色产业项目18个；落实资金115万元，扶持尼洋河养殖公司、米林农场两家地区级龙头企业。地区财政年初兑现12家纳税大户2007年度奖励扶持资金586万元；按照藏政办发[1997]24号文件精神，地区财政落实奇正藏药厂扶持资金700万元，用于该厂的技术创新、新产品的研发；国家安排林芝地区藏医药产业建设资金640万元，用于林芝奇正藏药厂藏药新药研发和名优藏药产品的二次开发以及藏药生产关键技术的继承创新。争取到位自治区企业技术改造资金40万元、中小企业发展资金60万元；地区财政安排国有企业改革及发展资金100万元。落实招商引资资金70万元，兑现2007年度招商引资奖励资金15万元，支持招商引资项目和资金向特色产业倾斜。针对“3•14”事件对旅游业的冲击，落实了自治区出台的税收减免政策，对餐饮、住宿旅店业减税半年，减收近700万元；地区财政下达旅游事业费200万元（其中旅游发展资金100万元、旅游宣传促销经费100万元），促进林芝旅游业恢复发展；安排资金30万元，设立林芝地区促进冬季旅游发展专项奖励资金，做大做强冬季旅游。

着眼于刺激消费扩大内需，加大了收入分配的调控力度。兑现干部职工特殊津贴2，153.8万元，落实年终奖励工资1429.4万元，刺激即期零星消费。

着眼于经济稳定健康发展，加大了财税政策调控力度。积极发挥财政资金的杠杆作用，综合运用财政预算、税收、价格补贴、财政贴息、政府采购等财税政策手段，调整财政投资方向，完善财政投入方式，逐步减少直接投资，积极引导社会资源的合理流动，促进了资源的优化配置。

【财力向基层倾斜力度继续加大，农牧民生产生活条件进一步改善】2008年，林芝地区财政安排支农资金4757万元，同比增长33.1%。全年全地区农林水事务支出21，025万元，同比增长40.4%。

2008年，林芝地区累计投资75，430万元(其中：自治区补助4252.4万元、地区财政投入3897.1万元、县级配套776.22万元、援藏投入1174.6万元、银行贷款2718.9万元、群众自筹62610.78万元)，完成6567户安居工程建设，又有3.7万农牧民住进了安全适用的房屋，截至2008年底，林芝地区累计完成19980户农牧民安居工程建设任务，实现了“提前两年让全地区90%以上的农牧民住上安全适用新房”的目标。同时，地区财政安排资金4146万元，用于剩余4146户农牧民安居工程建设；安排资金1177万元，对全地区422户地质灾害搬迁群众实施安居工程补助。

扎实推进农村基层组织建设。结合农牧民安居工程建设，累计投资7103.3万元（其中自治区补助2813.8万元、地区财政投入2403.5万元、县级配套790万元、援藏投入703万元、群众投劳393万元），完成村级组织活动场所188个、行政村道路硬化27个，5.2万农牧民受益。在推进农村基层组织建设中，地区财政安排资金645万元，提高了墨脱县、察隅县、波密县八盖乡、康玉乡等129个不通公路行政村综合活动场所建设标准，每个由20万元提高到25万元；补助695万元用于2008年新增139个村级组织(含居委会)综合活动场所建设；安排资金1063.5万元用于全地区496个行政村村级组织活动场所（含7个居委会）配置办公设备，改善村级组织（居委会）的办公条件。

大力推进一产上水平。2008年，林芝地区落实种粮农民直接补贴资金567.59万元，受益农牧民11万人；落实资金6.2万元，用于粮食主产县（波密、察隅）良种补贴；落实资金7万元，用于牲畜良种补贴。大力支持实施农牧业机械化，财政安排资金1，200万元（地区财政安排1，050万元），用于七县和三场实施农牧业机械化，林芝县在2008年完成这项工作。落实资金364.2万元，支持完成培训1.32万人次，有力促进了农牧民转移就业。安排资金153万元，支持农牧民专业合作组织，进一步提高农牧民进入市场的社会化程度。农村公共服务保障能力显著增强，农村公共服务体系财政保障标准从上年的年人均49.32元提高到54.32元；落实资金1016.5万元，推进农村税费改革，进一步解放和发展了农村生产力。落实资金10，125.27万元，实施农牧业综合开发、扶贫开发和农田水利基本建设，农牧业基础条件进一步改善，农牧民脱贫致富奔小康步伐进一步加快。落实资金127万元，用于动物疫病防治、农作物病虫害防治和森林防火，农牧业抗风险能力进一步提高。落实碘盐补贴资金42.7万元，对农牧民食用碘盐实行补贴，受益农牧民8.9万人。落实资金244.88万元（地区财政安排49万元），完成4898户农村沼气建设。落实森林生态效益补偿金4,215.1万元，用于林芝地区1,532.79万亩重点公益林管护。

【积极应对公共风险，财政应急保障能力明显增强】针对拉萨“3·14”事件带来的严重冲击，全年落实维稳专项资金 2649 万元。为 203 名公安干警购买人身保险；落实资金 210 万元在八一镇安装监控系统；落实寺庙维修资金 92.4 万元，对 6 县 25 座寺庙进行维修；落实基层政权建设资金 628 万元，改善乡镇办公条件。加强防灾抗灾资金保障。2008 年下半年，林芝地区墨脱、察隅、波密三县发生的暴雪自然灾害严重影响了当地群众的生产生活。为全力支持抗灾救灾工作，地区财政及时安排落实资金 120 万元，确保受灾群众得到妥善安置。为有效防范和应对各种自然灾害，地区财政安排落实储备急需药品经费 10 万元，解决购买帐篷等救灾物质资金 156 万元，解决波密、察隅、工布江达、朗县、墨脱五县救灾物资储备仓库建设资金 198.4 万元。以“三鹿”问题奶粉事件为重点，加大对保障食品安全的支持。“三鹿”问题奶粉事件发生后，财政部门累计投入资金 67.58 万元，为医疗机构配备专用设备，对婴幼儿实行免费救治。加强鼠疫传染病的防控。2008 年 9 月朗县发生鼠疫传染病后，地区财政投入资金 58.5 万元，有效防止了鼠疫传染病的进一步蔓延，确保了人民群众的生命安全。建立健全财政应急准备金制度，增强财政处理突发公共事件的能力。自治区安排林芝地区应急资金 7100 万元，地区财政安排应急准备金 500 万元。

【获奖情况】孙金玲同志获全国“三八红旗手”荣誉称号。

【领导名录】

书记、副局长：黄世荣

副书记、局长：孙金玲

副书记、副局长：邓国荣、李树林

党组成员、副局长：罗军、刘兴平

副调研员：高瑞玲

林芝地区国税工作

【组织收入】2008 年，在各种不利因素影响下，林芝地区税收收入首次突破 2 亿元大关，达到历史性的 20901 万元，同比增长 18.6%，增收 3290 万元，对地方财政的贡献率由 2007 年的 46%提高到 52%，为地区实现财政收入超 2 亿元的目标做出了应有的贡献。全地区宏观税负从 2007 年的 5.01%提高到 5.18%，走上了收入增长良性循环的轨道。

【执行政策】税收执法更加规范，各项政策落实到位。新旧企业所得税法顺利衔接、个人所得税政策调整、车船税开征等一系列新出台的税收政策得到贯彻实行；高新技术产业税收优惠、“3·14”受损行业税收优惠等各项税收优惠措施得到全面兑现。全年共落实减免（退）税 2921 万元、核销呆帐税金 103 万元、审批企业财产损失 200 多万元，有效推动了林芝经济的持续健康发展。同时，税收执法责任制不断完善，执法过错追究制得到进一步落实，执法检查和执法监察工作得到有效开展，利用信息化手段加强执法监督、提升管理质效的做法得到自治区国税局的高度肯定。

【税源管理】进一步推行税收管理员制度，不断强化重点税源监管，大力开展纳税评估，有效实施纳税约谈，深入整顿和规范税收秩序，稳步推进个体工商户建帐工作。全年共实施评估 20 余户次，开展约谈 7 户次，约谈补税 59 万元；实施税务稽查 24 户，查补入库各项税款、滞纳金、罚款 146.27 万元，曝光涉税违法案件 6 起；个体建帐达到 50 户，月平均申报税款 18.62 万元，比核定征收时月增税款 4.18 万元。“以票管税”工作得到加强，“源泉扣缴”措施有力推进，车船税开征第一年实现新增税款 133 万元。

【信息化建设】思路和任务更加明确，投入和建设进一步加强，资源整合进展顺利，综合征管系统广泛运用，税收会统集中核算成功运行，税收信息化在改善管理方式，提高工作效率，减轻纳税人和一线操作人员负担方面的作用日益凸现；“林芝国税子网站”、“企信通”短信群发系统逐步发展成为税收宣传和纳税服务的良好平台；实施征管数据通报制度促进了数据质量的改善和征管“六率”的提高；信息的采集广度、共享程度、传递速度和应用力度明显进步。

【获奖情况】

地区国家税务局被全国精神文明创建活动领导小组授予“全国文明单位”；

地区国家税务局办税服务厅被全国妇女“巾帼建功”活动领导小组授予“全国巾帼文明岗”；

地区国家税务局机关党支部被西藏自治区国家税务局授予“优秀党支部”；

【领导名录】

书记、局长：孙清明

党组成员、纪检组长：桑枝文

党组成员、副局长：王彬林、边巴扎西

中国人民银行林芝地区中心支行

【认真贯彻落实西藏特殊优惠货币信贷政策，有力地促进了地方经济发展】2008 年，中心支行建立完善了工作协调机制和分析制度，按季召开了经济金融形势分析会，加强了地区政府及有关部门领导和各金融机构间的沟通协作；按时上报了《信贷形势分析报告》、《重点企业监测情况》等各类报表和报告，按时完成了上级行布置的专题调研报告，全年共撰写调研材料 24 篇、信息 20 篇。其中，《〈物权法〉担保制度创新中担保制度创新给银行信贷管理带来的影响及应对策略》被《西南金融》第 8 期采用，《西藏农行与邮政储蓄银行“三农”服务协调性研究》、《林芝建设西藏经济强地的金融思考》和《西藏农业银行股份制改革问题研究》被成都分行《中心支行行长调研报告摘要》刊登，《林芝地区信贷投放与地方经济发展相关性调查》、《对西藏基层人民银行执行专项统计制度的调查与思考》被《西藏金融调统与分析》采用，另有《林芝地区 2008 年上半年扶贫贴息贷款运行情况报告》各类信息 6 篇被上级行、《金融时报》和《西藏日报》等报刊杂志采用。

深入基层组织开展了多次特殊优惠金融政策宣传，并同步开展了国家从紧货币政策的宣传解释工作；认真做好了信贷政策导向效果评估工作，地区行署领导对三季度小额信贷政策导向效果评估报告作了重要批示；加强了对辖内金融机构的"窗口指导"，结合地区实际制定并下发了《信贷指导意见》，提出了有针对性和可操作性的工作措施，辖内金融机构未对"两高一资"企业发放贷款，辖内贷款总量适度增长。截至10月底，林芝地区金融机构人民币各项存款余额为452690万元，较年初增加72597万元，增长19.1%，各项贷款余额为96002万元，较年初增加2634万元，增长2.82%。

积极与地区有关单位联系、协商，督促了助学贷款及时发放到位；结合"征信知识宣传月"活动，在农牧学院开展了征信知识宣传和征文活动，加大了对助学贷款政策宣传和学生诚信教育力度；认真落实下岗失业人员小额担保贷款政策，配合相关部门做好了创业培训工作和信用社区创建工作；协调督导辖区金融机构落实消费信贷政策，加强信息收集分析监测工作，及时反映了辖区出现的问题。

采取措施引导农行积极开展农牧户小额信用贷款和农牧民安居工程贷款，支持社会主义新农村建设。截止2008年11月底，小额信用贷款余额为19649万元，农房改造贷款余额为7519万元，支持了3488户农牧民完成农房改造。中支在金融支持三农工作上开展了大量工作，得到了地区政府领导的肯定，中支党委书记、行长江永坦克同志被地区政府推荐为自治区级"三农先进工作者"候选人，相关工作经验相继被自治区电视台和《西藏日报》报道和推广。

【强化金融监管，维护一方金融稳定】加强组织领导，调整充实了林芝地区金融稳定分析小组成员单位，完善了《林芝地区金融稳定联席会议制度》和《林芝地区金融系统重大事项报告制度》，区域金融稳定工作机制不断完善，实现了辖区金融信息的共享。加强了风险监测，收集了金融机构的存、贷款，资产、负债和不良贷款等涉及金融稳定的相关数据资料，建立了基础数据库并做好了数据的整理、分析工作；结合辖区实际建立了金融稳定监测指标体系，认真分析了辖区金融风险状况；积极监测辖内金融机构风险状况，对有可能引发系统性、区域性金融风险的事件及时上报了上级行。做好了风险评估工作，按时完成了《区域金融稳定报告》的撰写、分析和审议等工作，及时按要求上报了上级行。做好了风险处置工作，进一步建立和完善了《林芝地区金融机构突发事件应急预案》等制度，全年未发生风险扩散和引发群体性事件；加强了对农行林芝中支原聚源城市信用社无效资产清收工作的督促、指导力度，取得了实质性成效。

完善利率监测分析。将个人住房贷款利率、房地产贷款利率、民间借贷利率及西藏有差别加罚息利率等作为重点进行监测分析，及时向金融机构传达人民银行利率政策意图，引导金融机构加强利率风险管理，及时转发了有关利率政策文件并做好了利率政策调整后的宣传解释工作，确保了利率政策的及时落实。做好了民间借贷利率监测工作

夯实基础，完善制度，提高外汇监管和服务水平。加强了银行结售汇统计监测，及时、准确、完整地上报了银行结售汇统计报表和日常综合性材料。做好了贸易外汇业务监管工作，进出口业务监管做到了及时、准确、完整。做好了服务贸易外汇监管工作，认真按照文件要求审核旅游、咨询服务等服务项目资料，办理相关业务。认真开展了外汇检查，严格按照有关文件、制度相关规定和操作规程，对地区中行进行了现场检查，规范了业务操作规程。加强了与公安部门的联系，有效遏制了外汇黑市、非法买卖外汇等违法犯罪活动，维护国家经济金融安全。

建立落实协调机制，大力宣传，加强了反洗钱工作。对反洗钱实施了本外币统一监管，认真关注了国际制裁名单。深化反洗钱宣传，组织开展了4次反洗钱宣传工作和1次反洗钱培训，大力普及反洗钱基础知识。逐步完善反洗钱规章制度和操作规程，加强对金融机构反洗钱工作的指导和督促，搞好报送数据信息的收集、整理和分析工作。关注大额资金交易，提高对可疑交易信息的处理能力，推动了辖区反洗钱工作的开展。

【加强基础业务管理，搞好了金融服务工作】重视资金风险防范，积极开展国库各项工作。以防范和化解国库资金风险为核心，严密国库会计核算手续，严格操作规程，强化国库对账制度，全面落实《国库监管工作指引》，健全国库监管体系，规范国库监管程序。密切与财税部门的沟通和协调，促进了政府收支分类改革工作有序开展。同时，认真做好各项国库基础工作。认真开展了业务自查工作，全年共进行了4次全面自查，业务自查面达80%；认真开展了国债兑付业务的检查工作，及时整改了存在的问题；开展了《国家金库条例》及国债反假宣传，加大对代理支库工作指导和人员培训（全年组织了2期培训）；加强国库统计分析调研，完成国库业务系统升级改造等工作。

落实规章制度，加强会计财务、支付结算管理工作。一方面，认真做好了金融机构缴存款管理工作和人民币银行结算账户管理工作，加大业务检查力度，组织开展支付结算工具及法规宣传活动，搞好了电子支付结算工具的推广应用工作，引导金融机构大力发展银行卡业务。同时，按时完成了境内外币支付系统、依托小额支付系统办理银行本票业务系统和支付信用信息管理系统上线前的相关准备工作，加强了中央银行会计集中核算管理，确保了会计联行资金安全。另一方面，积极适应人民银行财务管理新要求，严格按照部门预算的模式进行财务规划，坚持财务会计制度，严肃财经纪律，认真执行收支两条线，从点滴做起，坚持勤俭办行的方针，确保了财务工作的规范开展。

强化规范管理，确保发行工作目标顺利实现。在认真调查市场现金需求的基础上，切实搞好发行基金调拨，保证了正常的现金供应。抓好小面额残损票币的回收、复点工作，提高了流通中人民币的质量。扎实开展"反假货币宣传月"活动，通过组织金融机构到企业、下乡村，建立反假币宣传长效机制，抓好日常柜面宣传，增强了反假宣传的效果。全年对各商业银行落实《人民币假币收缴鉴定管理办法》情况进行了2次检查，组织了1次反假货币培训班，开展了4次反假宣传活动。同时，加强对发行库房安全管理，认真执行了查库、碰库、对账等制度，组织对察隅、波密代保管库进行了2次实地检查，对墨脱代保管库进行了4次电话检查，确保了辖属发行库的管理规范和库款安全。

认真开展统计调查，搞好了信贷征信建设。一方面，有效执行总行金融调查与统计制度，加强统计业务检查和指导，搞好银行家问卷调查、城镇居民储蓄问卷调查等专题调查，认真做好了数据集中系统相关工作，为上级行科学决策提供了及时准确的统计信息数据及第一手资料。另一方面，成立了林芝地区中小企业信用体系建设领导小组和林芝地区农牧区信用体系建设领导小组，并定期召开工作座谈会，积极推动了地区社会信用体系建设。全年完成了地区所有中小企业信息录入工作的95.7%，并率先在西藏辖区探索开展了农村信用体系建设工作，已采集农牧户信用信息6000余户。积极做好了地区环保、拖欠民工工资等非银行信息的采集录入工作，并与地区电信和移动公司初步达成欠费信息采集意向。按照《征信管理工作宣传教育工作计划》开展了针对西藏大学农牧学院在校大学生的"征信知识进校园"活动、针对城镇居民和农村农牧民群众的"征信知识下乡镇"活动和"诚信兴商宣传月"等4次征信宣传活动，加大了征信宣传力度。规范办理贷款卡，严把贷款卡年审关，加强对商业银行录入银行信贷登记咨询系统数据质量的核查和清理，有效利用系统数据信息，加强关联企业风险分析，促进对系统信息的有效查询利用，充分发挥了信贷登记咨询系统的作用。各项征信工作水平位于西藏各地区中支前列。

树立服务意识，强化安全理念，切实做好科技服务和技术保障工作。一方面，切实抓好各业务应用系统建设推广，加强对系统的运行、升级和维护管理，投入经费进行科技设备更新改造，强化科技人员业务知识培训，提供高效安全的科技保障服务。同时，完善了一系列计算机及信息安全管理办法，采取内外网分离、外网责任到人、内网封闭运行、加强检测管理的系统化防范措施，加强计算机病毒防治，按季进行计算机信息安全检查，确保网络数据安全传输和中支信息安全。另一方面，不断完善业务系统的应急管理预案，并适时开展演练，提高应对业务系统发生灾难事件的能力。此外，通过加强计算机应用及系统相关技术培训，提高了干部职工计算机应用知识水平和办公效率，中支在西藏辖区计算机知识竞赛中获得第一名。

【大事记】

2008年9月　林芝地区国库财政支出集中支付试点工作在林芝地区开始实施

2008年11月　成都分行任命汤如军同志为林芝中支副行长

2008年12月　中支被评为2006-2008年度成都分行级文明单位

中支　2006-2008年度成都分行级文明单位

徐小鸿　总行级优秀宣传干部

代扬　总行级知识型干部

央宗　成都分行2005-2008年度先进工作者

【领导名录】

行长：江永坦克

副行长：江晓红、裴文军、晋美次仁、汤如军

纪委书记：彦沛

林芝地区国资管理工作

【监管企业经营情况】2008年，林芝地区国资委9户监管企业在岗职工580人，实现营业收入4683.13万元（除厦林路桥公司未经营外），同比增长14.61%，其中主营收入3459.87万元，同比增长6.09%；盈利企业4户，盈利232.22万元，亏损企业4户，亏损167.94万元，盈亏相抵后盈利64.28万元；上交税金233.19万元，同比增长23.87%；资产总额39583.86万元，负债总额17005.19万元，分别比2007年增长14.25%、18.26%；所有者权益完成22578.67万元，同比增长11.4%；国有资产保值增值率完成100%。

交通客运企业完成客运量15万人次，同比下降25%；自来水公司完成供水量455万吨，同比下降8.45%，完成售水量379万吨，同比下降8.89%；林芝宾馆实际接待6970人，同比下降37%；截止2008年12月9户监管企业资产负债率为42.95%。

【稳妥推进企业改革】通过深入企业广泛宣传改革政策，扎实有力地做好企业职工的政治思想工作，使每户企业，每一位企业职工熟悉和了解改革政策，充分调动职工参与改革的积极性，支持和理解企业改革，在改制中没有发生群体上访和不稳定事件。在改革实践中，严格执行企改政策，在改制方式的选择上，针对运输企业、供水企业、建筑企业等不同行业不同资产状况，采取不同的方案，真正做到了一企一策，因企制宜。针对各企业在改制中普遍反映的企业职工身份置换经济补偿金、国有企业划拨土地转变为出让土地、建立国有企业改革与发展专项资金等问题做了认真归纳整理并及时向自治区、地区作了专题汇报，得到了有关部门的高度重视和积极配合，确保了改制工作的深入开展。地区企改领导小组各成员和改制企业，自觉增强责任意识和大局意识，敢于正视困难，勇挑改革重担。各职能部门从全地区改革、发展、稳定的大局出发，各负其责，紧密配合，形成了强大的工作合力。通过努力，地区自来水公司、客运公司、建筑公司等三家企业的改制方案已获地区行署同意，新组建的林芝地区自来水有限责任公司、林芝地区客运有限责任公司、林芝地区建筑有限责任公司于2009年4月7日正式挂牌成立。

【国企房改工作基本完成】对林芝地区国有企业房改工作情况进行了全面清理，对符合享受政府激励资金职工的人数、资金及兑现情况进行了一次全面的清理排查，并对清查中发现的11名漏报人员及时向自治区国企房改办申请了补报，补报资金也已兑现完毕。

为减轻企业压力，林芝地区国资委积极协调相关部门，就提高林芝地区国有农场、林场企业一次性住房补贴政府激励资金标准，多次向自治区相关部门请示。通过反复沟通协调，自治区房改办同意将林芝地区六家国有农场、林场职工一次性住房补贴政府激励资金标准由每人5000元，提高到每人10000元。这意味着政府激励资金由1544万元增加到3088万元，增长100%，企业自筹房改资金由2724万元减少到1180万元，减少130.8%。政府激励资金标准的提高，不仅减轻了企业的压力，也稳定了职工的思想。为早日兑现地区国有农场、林

场职工的住房补贴工作提供了有力的资金支持。

截止2008年底，林芝地区国有企业职工一次性住房补贴兑现工作已基本完成，共申报职工4875人，申报政府激励资金5924万元；其中地直国有企业享受住房补贴职工3343人，发放政府激励资金3164万元，企业配套1473万元。

【认真做好了2007年度企业产权登记检查和数据汇总工作】全面完成了对地区35户国有企业的国有资产产权年度检查工作，通过检查及换发证工作，准确掌握了企业国有资产分布与变动情况，理顺了产权关系，进一步强化了对企业国有资产的监督管理，有效防止了国有资产的流失。

【领导名录】

书记、副主任：斯旺

副书记、主任：王海

副书记、副主任：张鸿飞、赵路

党委委员、副主任：丁义金、巴登、林雪远

调研员：龚文友

林芝地区工商工作

【全力促进各类市场主体健康发展】2008年，林芝地区共有个体工商户7389户，从业人员17124人，注册资金15307.01万元，与2007年同期相比分别增长10%、25%和20%。私营企业发展到306户，雇工人数5375人，注册资本84478.07万元，与2007年同期相比分别增长35%、29%和20%。全地区共有注册登记内资企业266户，注册资本（金）58168万元，与2007年同期相比分别增加6%，5%。上半年新增的39户企业中依托林芝地区资源优势，具有鲜明林芝特点的企业9户。

制定下发了《关于严格扶持"3·14"事件后受影响行业有关优惠政策的通知》，要求全地区各级工商管理部门严格执行优惠政策，严禁弄虚作假，并为个体工商户等开通绿色通道，办理免收管理费登记手续。自2008年9月1日起停止征收个体工商户管理费和集贸市场管理费。截止2008年底，林芝地区工商局共为10842户（次）商户执行了扶持"3·14"事件后受影响行业优惠政策，累计减免各项规费达265.97万元。

【积极服务社会主义新农村建设，促进农牧民参与市场经营】截止到2008年底，全地区共有农牧区经济实体1737户，免收各项相关费用累计125.06余万元。共有农牧区经纪人449人，农民专业合作组织8户，带动农牧民群众参与经商、劳务输出2380人，人均收入达5000元。

【积极实施品牌战略，推动经济可持续发展】2008年，林芝地区工商局结合林芝地区实际制定了《林芝地区工商局商标发展措施及目标》。要求各县工商局、工商所充分结合区域经济特点，有针对性的开展好商标发展工作。截止到2008年底，林芝地区已取得有效注册商标累计达到40枚，已受理的有52枚。

林芝地区工商局向地委、行署呈报了《林芝地区工商局开展全区第五批著名商标推荐认定工作实施方案》。对此，地委、行署高度重视。2008年6月24日，林芝地区工商局召开了林芝地区推荐"西藏自治区第五批著名商标"领导小组会议。在林芝地委、行署以及林芝地区推荐"西藏自治区第五批著名商标"领导小组各成员单位的大力支持下，向自治区推荐了"嘎玛"、"极地冰雪"、"大峡谷"等6枚具有林芝地域特色的商品商标参加西藏自治区第五批著名商标。

【市场监管突出巡查与办案，大力整顿和规范市场经济秩序】自2008年初以来，林芝地区各级工商行政管理机关以维护市场稳定为重要内容，加大市场巡查和办案力度，对重点行业、重点市场加强整顿和规范，营造和谐、繁荣的市场环境。截止到2008年底，全地区各级工商行政管理机关查处各类违法违纪案件393件，案值71.51万元。

【突出重点，切实规范食品经营秩序】2008年，林芝地区各级工商部门累计检查食品市场经营主体49618户（家），检查农贸市场129个（次）；查处无照经营30户，查处制售假冒伪劣食品案件277件，销毁假冒伪劣等不合格食品6527.33公斤，查处制售假冒伪劣食品案值7.35万元。

【认真开展流通环节奶制品市场专项整治工作】"三鹿"牌奶粉事件曝光以来，全地区各级工商部门对照国家工商总局通知中所列的含三聚氰胺婴幼儿配方奶粉和含三聚氰胺液态奶的企业名单、产品名称、规格型号、商标、生产日期/批次进行严查细对，切实加强流通环节奶粉、液态奶质量监管。全地区工商系统共出动执法人员2515人次、车辆390台次，累计检查奶制品经营主体17118户次，工商部门就地封存并下架各类含三聚氰胺奶粉686.1公斤（其中：农牧区下架含三聚氰胺奶粉20.4公斤），货值6.55万元。

【深入开展农牧区市场监管，保证农牧民消费安全】林芝地区各级工商机关以元旦、春节、藏历年、"六一"等节日为契机，重点对各县工商局辖区的乡、镇及城乡结合部的各类食品经营市场，包括农贸市场、百货商店（摊点）、餐饮店（点）以及学校周边路段等食品经营场所开展了专项整治行动。

加强农资市场监管。截止2008年底，全地区有农资经营主体32家，各级工商部门与其全部签订了《农资商品市场质量安全责任书》。同时，加大市场巡查力度，切实加强农资商品质量监管。各级工商机关累计检查农资经营户518家；向农牧民发放宣传材料1500余份、提供各类咨询400人次；没收各类"三无"、过期及不合格种子18.15公斤，过期、"三无"兽药127盒，总价值0.33万元。

突出"12315"维权平台作用。截止2008年底，全地区工商系统已建立农牧区消费者申诉举报联系点32个，接受农牧区群众咨询400余人次，受理农牧区消费者申诉举报4起，均已全部调处完毕，为消费者挽回经济损失0.12万元。

加强农牧民安居工程建材质量的监管。并在八一镇较大的4家建材经营店设立了"12315"建材质量投诉点，确保了农牧民安居工程的顺利实施。

加强维稳期间市场巡查、监管力度，有效维护市场稳定。全地区各级工商部门累计检查市场主体3452户（家），取缔无照经营11户，查缴各类假冒伪劣、过期、变质、“三无”等不合格商品21大类113个品种（其中查缴不合格食品419公斤），总价值人民币1.17万元。并于2008年3月18日上午，在地区垃圾填埋场集中销毁了一批在2007年度的市场检查中查获的假冒伪劣商品。主要包括食品、酒、化妆品、音像制品、淫秽书刊、电子赌博机等共计28个大类165个品种（其中不合格食品3481公斤）。销毁土特产品过度包装盒18个品种共计10742个，销毁夸大其辞虚假宣传单2600余份，总价值人民币22.18万元。

对全地区登记注册的28家网吧进行了专项执法检查，尚未发现有违法违规经营行为。检查各类市场主体369户（次）、没收含淫秽内容的光碟593盘、含不健康内容的“口袋书”50本，共计价值0.97万元。通过严格市场巡查和监管，严厉打击不法商贩借机哄抬物价、以假乱真等不法经营行为，确保了林芝地区各类市场的稳定。

加强旅游市场监管。截止2008年底，全地区各级工商机关累计检查与旅游相关的市场主体5838户（家），检查旅游景区景点12个，查处无照经营3户，检查农贸市场11个（次），没收印有已注销企业“西藏福星商贸有限公司”字样的各类过度包装盒227个，对13家不符合卫生要求的饭店及时下发了整改通知，并督促按要求整改。

围绕“奥运年”这个主题，精心组织，迅速开展奥林匹克专有权专项执法行动。截止2008年底，全地区各级工商部门检查各类市场主体245户（次），没收印有奥运五环标志的衬衫35件，未经授权擅自销售北京奥运福娃标志的纪念品30件，共计价值850元。

认真开展“扫黄打非”专项执法行动。全地区各级工商部门检查各类市场主体489户（次），没收各类淫秽光碟593盘，非法“口袋书”40本，有效地打击各类违法行为。

认真组织开展广告市场专项检查。2008年，全地区两级工商部门在开展广告市场专项检查中，检查广告主、广告发布者、广告制作者共计139户（次），当场拆除各类广告横幅45条，没收各种广告宣传单1200余份，罚款1300元、没收非法所得1800元。

突出“12315”维权作用，维护消费者合法权益。

2008年，林芝地区工商系统建立消费者申诉举报联系点57个，其中：重点乡镇截止2008年底，通过“12315”消费者申诉举报电话接受消费者咨询1728人次、受理消费者申诉举报220起，调解成功213起，调解成功率96%；移交相关部门8件；为消费者挽回经济损失39.82万元。

【获奖情况】2008年，林芝地区珠海路工商所被国家工商总局评为“全国优秀工商所”；米林县工商局被自治区授予“西藏自治区民族团结进步先进集体”称号。

【领导名录】
书记、副局长：李凤余
副书记、局长：边彦宗
副局长：扎西旺堆、李继红

林芝地区审计工作

【审计成果】2008年，林芝地区审计局完成审计项目11个，待处理项目3个，查出违规金额6880万元，其中：违规改变资金用途609万元；帐外资金114万元，未按规定征收、缴纳财政收859万元，损失浪费655万元，损益收支不实3875万元，移交纪检监察部门1人，提交审计报告11篇，审计决定11篇，审计信息100余篇。

【财政审计】2008年，林芝地区审计局采取“从帐户入手，下审一级”的方法，进一步加强了对地区本级预算执行情况审计监督，把审查预算执行和预算管理情况作为审计的重要内容，重点揭示政策执行不严、预算管理不规范等问题，坚持合规性审计与时效性审计相结合，提高预算资金的使用效益，对审计出现的有关问题，及时依照有关法律、法规进行了处理，为促使财政部门按照“有所为、有所不为”的方针，重新界定财政支出范围，调整支出结构，积极探索预算制度改革，发挥财政调控职能，不断探索财政聚资和资金投向措施，为促进林芝地区经济社会的发展起到了重要作用。

【行政事业审计】林芝地区审计局采取定期或不定期的方式，逐步加大了对行政事业单位的审计监督力度。通过审计，进一步规范了林芝地区行政事业单位的财务管理和会计核算，促进了行政事业单位严格依法办事，有效制约了损失浪费现象，提高了财政资金使用效率，增强了行政事业单位廉政建设的自觉性。

【专项资金审计】2008年，林芝地区审计局按照专款专用、严禁挪用的原则，突出资金使用的真实性、合法性和效益性，不断加大专项资金审计力度，全年共对4个重大项目专项资金进行了审计。通过扎实有效的专项资金审计工作，不仅有效促使了资金的使用管理，确保了重大项目的效益发挥，使挤占挪用专项资金的行为得到有效遏制。

【企业审计】2008年，林芝地区审计局继续以深化国有企业改革，加强国有资产监管为目的，做好企业资产、负债、所有者权益审计工作，按照计划，对地区东久林场、林芝宾馆的资产进行了全面审计。

【经济责任审计】2008年以来，林芝地区审计局为了加大对经济责任审计工作的领导，经地委、行署批准同意，成立了以地委委员、组织部长为组长的林芝地区经济责任审计领导小组，领导小组的成立为林芝地区经济责任审计工作的开展提供了强有力的组织保证，逐步实现了经济责任审计的制度化、规范化和长期化。在具体工作中，林芝地区审计局得到地区纪检、组织、监察、人事等部门的大力协助与配合，采取将经济责任审计与财政财务收支审计相结合，离任审计与任中审计相结合的方法，认真开展了县级和独立科级部门党政领导干部的经济责任审计工作。

【领导名录】
书记：赵全智
局长：李焕章
副局长：玉　珍
副调研员：刘应萍、路文玲

林芝地区
食品、药品监管工作

【加强药品生产环节监管】2008 年，林芝地区食品药品监督管理局在监管实践中，采取日常监管和动态检查相结合的方式，采取跟踪检查和企业自查等方式检查企业执行《药品生产质量管理规范》情况，以及在再认证和跟踪检查中暴露出的问题等进行全面检查，并对企业人员、设施设备、原料的采购、生产管理、质量管理、产品销售等环节进行检查，进一步规范了药品生产秩序。

【加强药品流通环节监管】立足实际，重点对药品、医疗器械进货渠道、购进记录、销售凭证、入库验收、在库养护情况，以及从业人员在职在岗等进行监督检查。同时，对 30 家药品、医疗器械经营企业进行了信用等级考核评比工作，被评为“诚实守信”企业 6 家；“守信”企业 15 家；失信“企业”6 家；“严重失信”企业 3 家。针对被评为“失信”、严重失信”的企业，依法作了通报批评和停业整顿处理，并组织企业负责人和质量管理人员进行《药品经营质量管理规范》等相关知识培训。通过强化药品流通环节的监管，进一步规范了企业经营行为。

【努力规范医疗机构药房药库管理工作】为积极推进医疗机构药房规范化管理，按照林芝地区食品、药品监督管理局统一制定的《林芝地区食品药品监督管理局规范药房建设标准》，规范县、乡医疗机构药房工作全面展开。目前，基本完成了地、县二级医疗机构药房药库资料建档和初步验收工作。

【集中力量，开展专项整治，严厉打击各种违法违规行为】2008 年，在日常监管的基础上，加大药品专项整治力度，重点对药品、医疗器械、中药材、特殊药品等品种进行专项整治，严厉打击了各种违法违规行为。截止 10 月底，共出动执法人员 282 人次，查没假劣药械 302 个批次，价值 8. 6 万余元。其中劣药 293 个批次，价值 3 万余元；假药 9 个品种，价值 5.6 万余元；特殊药品 1 个批次，价值 80.00 元。收发假劣药械协查函 21 件，受理药械质量举报案件 5 起。查处各类案件 70 起，其中案件移送 1 起，立案 66 起，结案 65 起，结案率 98%，涉案金额 17.6 万余元，收取罚款金额 2.9 万元。

【加强药品专项检查】认真开展假冒“感康”、“阿莫西林”以及假药“利可君片”、“三肾宝”、“维 C 银翘片”等 15 个品种的假冒药品进行了专项检查。2008 年，依法对 60 家购销假冒“感康”和 3 家涉嫌购销假药“利可君片”单位进行了立案处理。

【强化医疗机构招标药品、医疗器械的监管】工作中，一是加大了医疗机构招标药品、医疗器械质量的监管，并依法查处了 2 起中标企业销售假药案。二是对 2008 年医疗机构招标的 22 家竞标企业资质进行了严格审核，有效遏制了非法经营行为。

【以技术支撑为依托，加大药品抽验工作力度】2008 年，在各县抽取药品及医疗器械 68 个批次，其中国家评价性 64 个批次，监督性抽样 3 个批次，医疗器械抽样 1 个批次；同时，在日常监管中，充分利用药品检测车技能监管作用，行程近 1 千千米，对 120 余批次药品进行快速检测。

【积极开展药品类兴奋剂专项整治工作】按照自治区局的部署，林芝地区食品、药品监督管理局及时成立领导小组，制定工作方案，组织召开部署会，明确工作任务，并与各涉药企业签订兴奋剂专项治理承诺书。同时，积极组织有关职能部门，成立联合检查组，对含兴奋剂药品进行了 13 次专项检查。除墨脱县外，共计现场检查了 34 家涉及兴奋剂药品经营的企业，并对未按规定加帖“运动员慎用”标识的药品要求企业一律下架。

【加强药品、医疗器械广告监测】为加大药品、医疗器械非法广告的监管力度，进一步规范广告发布行为，结合实际，积极会同工商、卫生、公安、宣传等部门，开展药品医疗器械广告集中监测整治行动。2008 年，共监测药品、医疗器械、保健食品广告 13 条，收缴药品、医疗器械、保健食品违法宣传小报 60 份，撤消违法药品广告牌一个，移交医疗器械违法广告 1 条。

【积极开展药品、医疗器械经营企业信用等级评定工作】根据往年制定的《林芝地区药品、医疗器械经营企业信用等级评定方案》和《林芝地区药品、医疗器械经营企业信用等级评定标准实施细则》，在过去的基础上，总结经验，查找不足，完成了 2008 年药品、医疗器械经营企业信用等级评定标准修订工作，并对 30 家药品经营企业、22 家医疗器械经营企业全年的综合情况进行了严格的考核评比。通过评比，进一步加强了行业自律性，规范了市场秩序。

【不断提升食品综合监督和组织协调效能，努力推进食品安全工作深入开展】明确任务，狠抓落实。先后组织召开了 1 次工作会议和 1 次联系会议。部署上半年和奥运会火炬在林芝地区传递以及奥运会举办期间食品安全各项工作。工作会上，行署与地区食品安全委员会各成员单位签订了《2008 年食品安全责任书》。并审议通过《林芝地区 2008 年食品安全专项整治工作方案》、《林芝地区 2008 年食品安全检验检测方案》，进一步明确了各个时期的工作任务和重点。为林芝地区完成 2008 年各项食品安全工作奠定了基础，取得了预期的效果。

【强化机制建设，筑牢食品安全工作基础】起草制定了《林芝地区 2008 年食品安全专项整治工作方案》、《林芝地区 2008 年食品安全宣传教育工作安排》以及《林芝地区冬季食物中毒事件预警公告》、《林芝地区夏季食物中毒事件预警公告》、《关于做好“两会”期间食品安全工作的紧急通知》、《关于做好当前及奥运会期间食品安全工作的紧急通知》等一系列规范性文件，进一步强化了各部门的综合监管意识，形成了统一、权威、高效、协调的食品安全综合监管机制。

构建食品安全信息平台。2008 年，共整理编辑《食品安全宣传展板》5 期；编印食品安全动态 65 期 2100 份。通过编发信息动态，确保了信息畅通，实现了综合资源共享。

【积极协调、认真组织开展食品安全专项检查】2008年，林芝地区及各县分别在“元旦、春节、藏历新年、两会”等重要节日和重要时段开展专项检查6次，出动车辆36台次，出动执法人员316人次，检查市场主体1298户次，查处过期和“三无”食品价值0.5万元。通过检查，有效改善了林芝地区食品市场秩序，为广大干部群众营造了一个安定、祥和的节日氛围，也为“两会”顺利召开、社会局势稳定，提供了强有力的保障。

【认真开展奶粉市场专项检查】为严防三鹿、伊利、蒙牛等含三聚氰胺的乳制品在市场流通，根据有关文件及领导的指示精神，作为牵头部门，积极组织协调，明确部门职责，责任落实到每一个岗位、每一个环节，每一个人，并及时组织相关部门，成立联合检查组，对22家厂家生产的69个批次的乳制品进行了拉网式检查，共计出动执法人员104人次，车辆11台次，检查涉及奶粉经营主体734户，责令下架奶粉包括三鹿、伊利、雅士利等5个品种621.5公斤，价值6.26万元。

【领导名录】
书记、局长：任国雄
副局长：李晓琼、索朗钦佩、刘敬奎

林芝地区安全监管工作

【年度综述】2008年，林芝地区共发生各类安全生产事故90起，死亡60人，受伤66人，失踪15人，直接经济损失1549429元。与2007年同期100起、44人相比事故起数减少10起、下降10%；死亡人数相比增加16人、上升36%；受伤人数增加6人、上升10%；直接经济损失增加156191元、上升11%。死亡人数占自治区安委会下达给林芝地区全年安全生产控制指标（52人）的115%。

【道路交通】2008年，林芝地区共发生道路交通事故61起，死亡58人，受伤66人，失踪15人，直接经济损失324950元。与2007年同期58起、40人相比事故起数增加3起、上升5%；死亡人数相比增加18人、上升45%；受伤人数增加6人、上升10%；直接经济损失增加90950元、上升39%。

【火灾】2008年，林芝地区共发生火灾事故28起，死亡1人，无受伤人员，烧毁面积为5625.18平方米，直接经济损失1224479元。与2007年同期42起、2人相比事故起数减少14起、下降33%；死亡人数相比减少1人、下降50%；受伤人数减少2人，下降100%；烧毁面积增加122.18平方米、上升2%；直接经济损失增加65241元、上升6%。

【工矿商贸】2008年，林芝地区发生工矿商贸事故一起，死亡1人；与2007年同期2起、2人相比事故起数减少1起、下降50%；死亡人数减少1人、下降50%。

【集中开展对重点行业和领域的安全隐患专项整治工作】2008年，林芝地区结合近期开展的安全生产隐患排查治理和安全生产百日督查活动，在各县自查的基础上对全地区范围内的非煤矿山进行了拉网式的安全生产大检查，初步排除了各类安全隐患。

地区检查组共分成两组主要对朗县秀沟境内的腾荣矿业有限公司和一家探矿企业进行了安全检查，对工布江达县日乌多铅锌及其它探矿企业进行了抽查，重点检查了采矿企业是否具备安全、地质、环保等相关资质，安全制度是否制定并上墙，消防通道是否畅通，安全警示标志是否制定，民爆物品管理是否规范等。

【危险化学品】2008年，林芝地区安监局牵头组织公安、消防、质监、工商等相关部门对林芝地区危化品和烟花爆竹行业的办证情况、安全生产制度建立健全落实情况、从业人员培训持证上岗情况、安全生产隐患整改情况进行了督查。从督促检查的情况看，林芝地区经营危险化学品和烟花爆竹企业共49家，均已办理了安全生产相关证件，并建立了安全管理制度和编制了应急预案，配备了应急器材。管理人员及作业人员按照要求进行了培训，取得了相应的资格证书。督查组还重点对八一镇及六县境内的各加油站、气站、液化气门市部、民爆库房、特种设备等重大危险源的安全生产情况进行了检查，重点检查安全生产责任制的落实情况，应急救援预案的制订、隐患的整改、消防器材配备、企业安全评价、危险化学品经营许可证取得、特种作业人员持证上岗等情况。共对4家炸药库、21家加油站、11家液化气经营点以及17家烟花爆竹零售点的安全生产隐患整改情况进行了督促检查。检查组针对波密、察隅两县炸药仓库不规范，制度不健全，存在一些安全隐患问题，当场下发整改通知书，要求限期整改。对个别县存在非法销售不合格的烟花爆竹问题，检查组责令县有关部门进行查处，并给予严厉处罚。检查中共发现各类隐患18条，当场整改12条，下整改通知书4份，限期整改2条。

【许可证发放情况】严格危化品企业准入制度，按照有关程序，严把准入关。是督促危化品企业按时办理安全经营许可证，对不具备安全生产条件、存在严重隐患或拒绝整改的企业，坚决予以取缔或关闭。

【加大执法检查力度，消除安全生产隐患】2008年，共出动人员985人次开展综合性大检查活动，出动车辆247辆次，共查出安全隐患276处，要求当场整改172处，限期整改93处，发出整改指令书11份82条。开据《整改复查意见书》8份，立案2起

【督促和指导有安全生产监管职能的部门抓好工作】道路交通方面：督促相关部门，认真履行职责，强化监管，形成合力，把预防道路交通事故工作抓紧、抓实、抓好。防止和减少重大道路交通事故的发生。

消防方面：一是加强在公共聚集场所对火灾防治工作的宣传；二是集中开展火灾隐患专项治理行动；三是强化对全地区公众聚集场所消防安全的监督检查，对不符合消防要求的，做到了该停的停，该关的关。

建筑方面：一是严格执行各项安全制度；二是加强管理，严格落实施工各方主体责任；三是加大安全检查的频次

和处罚力度。

特种设备：重点对液化汽站、民用液化汽瓶、锅炉压力容器等特种设备进行不定期的检查和抽查，对不符合国家标准的要坚决停止使用，从根本上杜绝特种设备安全事故的发生。

电力方面：主要是对电线光缆情况的检查，保证电力的正常调度和通讯的畅通。

旅游方面：加强了对各类公共聚集场所、公共设施的安全检查和监督管理。并采取多种形式，向游客宣传安全知识，使广大游客了解安全注意事项，防止发生各类旅游安全事故。

国有企业方面：主要按照“谁发证，谁负责”的原则，对企业的安全生产承担法律责任。制定加强各类企业安全生产工作的实施意见，强化政策指导，明确安全责任，使企业安全生产工作落到实处，加强了对非公有制经济的安全监管。

【领导名录】

书记、局长：李清民

副书记、副局长：周国庆

党组成员、纪检组长、副调研员：江村罗布

局党组成员、副局长：黄文

副调研员：齐军

林芝地区农牧工作

【农牧业产业结构不断优化】2008 年，林芝地区农作物总播种面积为 31.68 万亩，比上年增加 0.03 万亩，其中：粮食作物面积 20.24 万亩、经济作物面积 6.29 万亩、饲草料作物面积 4.97 万亩，粮、经、饲比例为 66∶20∶14；良种推广面积达到 24 万亩，全地区化肥使用量达 4459 吨。2008 年粮食总产量达到 7.75 万吨，比上年增长 0.13 万吨，增长 1.7%；油菜产量 0.36 万吨，比上年增长 0.04 万吨，增长 14.1%；蔬菜产量 2.1 万吨，比上年增长 0.16 万吨，增长 8.4 %；瓜菜产业上，以新品种引进、新技术推广和科技服务为重点，不断优化品种结构和区域布局，引导农牧民生产适销对路的产品，2008 年全地区保护地蔬菜种植面积达 0.62 万亩，其中高效日光温室面积达 0.04 万亩，外销蔬菜 1200 余万吨。

畜牧养殖业狠抓了畜禽品种改良，规模养殖大户的培育及畜禽疫病综合防治等工作，确保了畜牧业稳步发展。年底全地区畜禽饲养量达到 71 万头（只、匹），比上年增长 1 万头(只、匹)；奶产量 2.65 万吨，比 2007 年增长 0.05 万吨；肉产量 1.32 万吨，比上年增长 0.11 万吨；牲畜出栏 19 万头（只、匹），出栏率 27%，比上年增长 1%；禽肉产量 210 吨，比上年增长 10 吨；禽蛋产量 376.43 吨，与 2007 年持平。

乡镇企业总产值完成 21748 万元，同比增长 12.2%；多种经营收入完成 39790 万元，同比增长 14%；劳务收入完成 7000 万元，同比增长 32%。全地区共建立农牧民经济专业化合作组织 34 个。

【农牧科技推广步伐不断加快】科技培训工作扎实开展。去冬今春以来，由地区农牧局科教科牵头，协调农牧学院、职业学校等单位，利用农闲时节，对乡镇村干部、农牧科技人员、科技示范户及广大农户进行了多层次的科技培训。2008 年，全地区共举办各类培训班 60 期，培训农牧民 13728 人次，推动了现代农牧业向前发展的进程。年底将完成 1.4 万人次的科技培训任务。

科技推广体制不断创新。地区农牧局将 2008 年确定的农牧业重点工作分解到各个业务科室，实行了农牧业科技承包责任制管理，实行农牧业科技人员定点联系制度，实行入户开展技术指导，帮助农牧民群众确定好的生产经营项目，开展综合技术服务，农牧业技术服务方式得到创新，科技人员得到锻炼，为农服务水平得到提高，农牧民群众的种养水平明显增强，人均收入大幅增加。

新品种、新技术推广步伐加快。结合实际，围绕林芝地区农牧业生产，抓好新品种、新技术的引进和推广工作。2008 年种植业以推广藏青 320、山冬 6 号等优良品种为重点，在全地区推广藏青 320 品种 0.71 万亩，推广山冬 6 号 3.06 万亩。畜牧养殖业加大了黄牛改良的力度，目前全地区改良后代存栏 7000 余头，通过地区种畜场改扩建项目，从内地引进种畜 300 头。在加丁卡、多布和色定等地建立奶源基地，并通过人工和本交结合努力实施了黄改和绵改工作，进一步促进了畜牧业生产效益。

无公害农畜产品抽检力度加大。进一步完善了农产品质量检测制度建设，充分利用农技中心和畜牧中心的检验设备，对上市蔬菜和生猪屠宰场进行监督、检疫。林芝地区每月中旬对各蔬菜销售市场、超市、蔬菜生产基地的蔬菜，按照蔬菜农药残留快速检测技术要求进行了检测，每次检测蔬菜品种达 40 个以上。全年共检疫活畜 19686 万头（只），检测检疫各类鲜肉 1399.66 吨，全年未发生食物中毒事件。

【重点科技项目落实到位】2008 年地区农业推广中心对波密和察隅县的青稞、玉米作物进行了测土配方田间肥效实验，实验严格按照 3414 技术操作规程，目前波密县的青稞已收割完毕，察隅县的玉米即将收割，农牧科技人员正在准备抽样化验。

2008 年林芝地区在波密县建立了万亩小麦标准化示范基地，示范区总面积 12000 亩，推广主要品种是山冬 6 号，种植核心区在倾多镇，面积 5000 亩，连片种植 2000 多亩；示范带动区在松宗镇、玉许乡、扎木镇，面积 8000 余亩。示范区作物种植严格按照标准化操作规程进行，每亩用种 28 斤，培训农牧民 500 余人次，亩产可达到 1000 斤。

2008 年全地区在波密县松宗镇、倾多镇、多吉乡建立良种繁育基地面积达 1480 亩。其中：一级田 70 亩、二级田 1410 亩。在良种推广的基础上良种统供工作取得显著成效，波密县向全地区提供山冬 6 号种子 61 万斤，藏青 320 种子 9000 斤，使波密县种子统供率达到 73%。

【特色产业示范项目建设成效显著】特色种植业发展规模逐步扩大。林芝县米瑞乡形成 1000 亩马铃薯生产基地；朗县洞嘎镇形成 1000 亩辣椒种植基地；以波密县、米林县、工布江达县为主的藏药材生产基地也已形成，种植面积达 2600 余亩；以米林农场为主的优质水果生产基地已具规模，面积达 2200 余亩；以察隅、察隅农场为主的热带水果、花生生产基地正在建设之中，已种植枇杷 800 亩，花生 300 多亩。特色畜牧业稳中求发展。为加快推动林芝地区畜牧业结构调整，发展特色产业，增加农牧民收入，2008 年林芝地区农牧局加强了对藏猪、藏鸡项目的管理，进一步完善了以林芝、米林、工布江达县为主的藏猪、藏鸡规模化繁育与饲养示范区。在地区党校和米林县实施藏鸡人工孵化工作，向全地区供应藏鸡鸡苗，把藏猪、藏鸡养殖业做大做强。2008 年在朱拉乡藏猪整乡推进项目实施的基础上积极争取巴河镇藏猪发展项目，走规模化养殖发展道路，极大的调动了全地区发展养殖业的积极性，来推动全地区农牧业产业结构调整，增加了农牧民群众的现金收入。目前全地区藏猪存栏 28.81 万头；藏鸡养殖规模 35 万只。

【农牧业产业化建设稳步推进】农牧业产业项目起步较好。林芝地区 2008 年起动农牧业产业项目 16 个，分别为尼洋河流域优质水果基地、工布江达县蔬菜大棚建设项目、察隅县辣椒种植基地、波密县天麻种植、藏猪养殖基地建设、朗县黄牛改良建设项目、林芝县蔬菜基地建设项目、墨脱县柠檬种植项目、米林县玉米种植项目、林芝地区藏鸡养殖基地、林芝种畜场改扩建项目、人工饲草料基地建设、奶牛扩繁场建设项目、林芝县真巴村特色种植配套设施建设、西藏尼洋河养殖有限公司生猪原种场建设项目、西藏林芝地区工布江达县藏猪遗传保护场建设，总投资 7142.97 万元，其中国家投资 3107 万元，群众自筹投劳 2867 万元、企业投入 908.6 万元、地县配套 260 万元，项目实施辐射带动农户 4442 户。目前，2008 年项目区农牧民及企业自筹投劳及地方财政垫资项目起动资金已达 948.54 万元，2008 年实施的 14 个农牧业特色产业项目，其中 10 个农牧业特色产业项目国家投资的 2160 万元已全部到位，3 个项目的投资批复已下，1 个项目的投资批复待下。加大了农业产业化龙头企业的扶持指导力度。2008 年，西藏尼洋河养殖有限公司生猪原种场建设项目是农业产业化龙头企业项目，总投资为 784 万元，其中：国家投资 200 万元，企业自筹 564 万元，地区配套 20 万元，目前资金到位 789 万元，带动农户 150 户，受益人数达 750 人。培育和规范农牧民专业合作经济组织。积极扶持和发展各类专业协会，指导建立健全协会章程、管理办法，提高农牧民组织化程度，不断增加农牧民经济收入。目前，全地区共成立各类农牧民专业协会 34 个，其中已注册的经济合作组织（协会）15 个，带动全地区农户 4664 户，受益群众达 10758 人。

【援藏工作力度进一步加大】福建省第五批援藏项目有序开展，2008 年，林芝地区农牧局援藏项目米林农场水产养殖项目已经开工建设，完成投资 170 万元；投资 220 万元的重大动物疫病防控中心项目已经完成工程招投标工作，项目将于近期开工建设。

林芝地区林业工作

【林业生态建设与保护取得新成效】2008 年，林芝地区义务植树 71.02 万株，为计划数的 14.24 倍。加强了退耕还林工程中的补植补造，共补植补造 2.05 万亩。更新采伐迹地 8058 亩，完成率 112%，对 2006 年迹地造林开展了三年保存率检查验收，保存率 90%。重点区域造林 7454 亩，完成年度计划。八一镇城市绿化面积进一步增加，达到 145 万平方米，人均占有公共绿地面积 28 平方米。2008 年度发生森林火灾 11 起，森林受害面积 69 公顷，虽然火灾次数增加，但受害面积同比下降 32%。

【林业重点工程取得新进展】2008 年工布自然保护区建设工程共到位资金 13867 万元，占总投资的 87.53%，实际完成投资 10000 余万元，占已到位资金的 75%左右，占总投资的 64%。雅鲁藏布大峡谷自然保护区二期工程、察隅慈巴沟自然保护区一期工程投资全部完成，当年完成投资 765 万元。退耕还林工程下拨粮食和生活补贴共计 611.7 万元。藏东南防沙治沙工程正式启动。新争取到了 81.29 万公顷的公益林纳入到中央森林生态效益补偿范围，全地区纳入生态补偿的面积达到 183.48 万公顷。

【林业基础工作得到新夯实】2008 年严格木材限额管理制度，没有超限额采伐行为发生。强化林政各环节管理。加强对重点工程的征占用林地的管理，积极做好雪卡电站的审核工作。加大案件查处力度，全年受理林业案件 96 起，查处 94 起，为国家挽回经济损失 51 万余元。圆满完成了安居木材供应任务，全年供应安居工程木材 17.55 万 m^3。

森林防火扑救能力进一步加强。开通了森林防火全国统一报警电话，抽调人员组建了地区森防办，加强了扑火队伍建设，加大了对森防的投入。

野生动植物保护进一步加强。严厉打击乱捕滥猎野生动物、乱采滥挖珍稀植物的行为，先后破获了捕杀黑熊、鹦鹉、麝等国家保护动物的刑事案件。农牧民群众的野生动物保护意识不断增强，与林业部门一起先后救护受伤的白唇鹿、麝等珍稀野生动物。

新申报了森工企业棚户区道路改造、林芝地区重点火险区综合治理等 8 个项目，其中 3 个项目获国家批复同意。开展了察隅慈巴沟国家级自然保护区二期建设等 4 个项目的可研规划工作，开展了波密雅依湖等三个湿地公园申报国家级湿地公园工作。

林业产业得到新发展。地区和各县的森工企业继续保持了良好的发展势头。2008 年地直森工企业实现产值过亿达 10165 万元，销售收入 9514.7 万元，利润 2770.2 万元，纳税 2851.1 万元。米林、朗县核桃产业建设得到进一步加强，种植面积进一步扩大，为今后核桃产业做大做强奠定了坚实基础。林下资源采伐继续成为农牧民增加现金收入的重要途径。据估算，林业产业产值达 2.5 亿元。

【获奖情况】

林芝地区林业局被自治区林业局评为 2008 年度林业工作先进单位。

松多木材检查站被自治区林业局评为 2008 年度林政资源管理先进集体

白俊恩被自治区森林防火指挥部评为 2008 年度森林防火先进个人。

蔡凤书被自治区林业局评为 2008 年度林政资源管理先进个人

【领导名录】

书记、副局长：次旺晋美

局长、副书记：张明
党委委员、纪委书记：高金亮
党委委员、副局长：大尼玛、李晓芳
党委委员、副调研员：吴泽林
自然保护区管理局副局长：车买和

林芝地区建设工作

【狠抓重点项目，促进城市发展】2008年，林芝地区建设局以重点项目建设为突破口，通过项目建设促进发展，全力消除拉萨“3•14”事件造成的影响，有力地促进了城市建设又好又快发展。启动了深圳大道沿街面民族特色立面改造；工布映象建设工作进展顺利；滨河路、清水河改造、污水处理厂前期工作有序开展，廉租房工程按时竣工并部分入住，地直部门周转房建设工作进展顺利，10月份可交付使用。

【进行科学规划，明确发展方向】对新区所有道路进行了规划、设计，特别是对生物科技产业园区道路进行了测量、放线。完成了地委政法委、林芝县110指挥中心、第二幼儿园、毛纺厂派出所、花园酒店、创诚商贸有限公司、林芝玛饮有限公司、工布建材、气象局、珠江工商所、西藏雅鲁藏布旅游开发有限公司、地区实训基地、地区实验学校等用地的测量及蓝线和红线图的绘制等工作。配合广东、福建援藏队基本完成了援藏项目的拆迁和前期工作。

【注重工程质量，做到安全第一】2008年，林芝地区建设局加大了对工程质量的监督力度，进一步加强了建设单位、设计单位、监理单位、施工单位质量行为的监督检查。全年，八一镇受监工程共40项，建筑面积130532.3㎡，工程投资1.91亿元，监督覆盖率达到了96%，工程质量合格率达到100%。为确保工程质量，严把建筑材料进场关，受监督工程材料送检率达到100%。在抓好工程质量的同时，加大了建筑安全生产监管，组织有关部门对建筑工地定期、不定期的进行安全生产检查。

【加强行业管理，规范市场运作】进一步规范有形市场，对所有工程全部实行招投标。全年有形市场共开标31项，工程招标建筑面积89370.05㎡，中标价为16054.37万元（包括管道、设备采购等）。加强项目报建管理，对29个（包括2007年跨年工程）项目进行报建备案。配合自治区人大常委会调研组，对贯彻执行《中华人民共和国建筑法》、《中华人民共和国招投标法》、《建设工程质量管理条例》、《西藏自治区建筑市场条例》情况进行了检查。大力支持农牧民施工企业发展，新办理“农牧民施工资质”2个，全地区农牧民施工队达28个。

【高度关注民生，切实保障民利】2008年，林芝地区共归集住房公积金6307万元，支取住房公积金3347万元，地区住房公积金归集总额22787万元。兑付职工住房补贴393万元，现地区住房补贴余额为2961万元。2008年，发放住房公积金贷款1727万元、114户。累计发放住房公积金贷款8938万、751户，贷款余额为6612万元。

2008年共受理民工投诉3起，涉及拖欠金额480万元，经过多方协调，清欠460万元。

2008年完成廉租住房建设12栋、34个单元、264套住房，总建筑面积17056.02平方米。建成地直机关事业单位周转房412套49个单元，总投资3763万元。建成青年公寓312套住房，有效改善了干部职工居住条件。

审核并申报全地区机关事业单位漏报的在职无集资建房人员43人、81711元的住房补贴，全部为财政补贴金额；审核并申报通过了离退休人员住房补贴9人、16346元，其中：财政补贴13504元，单位补贴2842元；审核并审报通过了集资合作建房人员2人、9611元。督促有关部门补报地区国有困难企业职工11名，其中：地直国有企业职工人数2人，按照自治区国有企业房改政策规定自治区人均补助政府激励资金5000元计算，合计10000元；县属国有困难企业职工人数9名，按照自治区国有企业房改政策规定自治区人均补助政府激励资金10000元计算，合计90000元，共计10万元，现已兑现完毕。

兑现了国有困难企业33家1198名职工共计988.5万元政府激励资金，其中：地直国有困难企业职工423人，按照自治区国有企业房改政策规定自治区人均补助政府激励资金5000元计算，合计211.5万元；县属国有困难企业职工777人，按照自治区国有企业房改政策规定自治区人均补助政府激励资金10000元计算，合计777万元。

共办理了271户房产证的登记和发证工作，登记面积110521平方米；共办理了49户他项权证的登记和发证工作，登记面积41330平方米。

【领导名录】
书记、副局长：易湘辉
副书记、局长：索郎旺堆
副书记、副局长：黄守新
党组成员、副局长：亚宏、刘向东
党组成员、副调研员：米学章
副局长、质监站站长：林昌明

林芝地区旅游工作

【宣传推介】2008年，林芝地区旅游局充分利用网络、电视、报刊、杂志、交易会等平台，开展了一系列宣传促销活动，取得了明显成效。先后邀请120多家旅行社和30多家新闻媒体赴林芝采线考察。辗转郑州、广东、福建、成都、大连、天津、上海、拉萨等主要旅游客源地，相继举办了15场大型旅游推介会，将旅游客源市场从珠三角、环渤海、川、滇、陕、豫等地区扩展到长三角、港澳台地区。协同各县、各部门，成功举办了游客最多、收入最高的第四届雅鲁藏布大峡谷文化旅游节。采取节庆拉动、价格促动、奖励带动等办法，首次打造了工布新年节庆品牌，使冬季旅游大大提升，旅游人次和收入大幅增长，使林芝地区成为“3·14”以来在全区唯一保持增长的地区，得到了区党委、政府、地委、行署及自治区旅游局的高度评价。

【规划编制】在广东、福建两省援藏队的大力支持下，投入资金近400万元，全面启动了7县旅游总体规划的编制工作。完成了8年未曾实施的《巴松错旅游区总体规划》以及《巴松错旅游区控制性详细规划》的修编评审工作，使全地区通过评审的旅游规划达到12个，初步形成了地、县、景区三级旅游规划网络体系。

【景区开发建设】新建了派镇大峡谷入口景区，开通了岗派、南伊、鲁朗3条旅游公路，完成了8个旅游厕所、72个旅游标识牌和100个垃圾箱的建设安装工作。正在有序开发鲁朗、南伊沟、喇嘛岭、嘎定沟等24个景区。全地区对外运营景区由12个增加到了16个，景区开发由低层次向高品位、高进入性、高游览性转变，旅游线路由单一的拉萨至八一线逐步向藏东南旅游环线、岗派线、波密线延伸。

【市场培育】举办了首届旅游纪念品设计大赛，有序启动了第一批旅游纪念品研发工作。内联拉萨、山南，外联四川、云南，共同加快了藏东南旅游环线和大香格里拉生态旅游圈的建设。深入开展星级酒店评定工作和优质服务创建活动，使星级饭店布局由八一镇逐步向周边城镇拓展，林芝地区星级酒店总数达到18家，客房总数达到3971间，床位7582张，年接待能力200万人次。

【环境治理】紧紧围绕"环境整治年"，积极开展"和谐景区"创建活动，严厉打击"黑车、黑店、黑导、黑社"，有效维护旅游者的合法利益和旅游市场秩序。率先在全区旅游行业开展了杜绝白色污染的"禁白行动"。在6个景区点实行了景区讲解员制度。先后20余次牵头，与相关部门开展了旅游行业整治大检查，营造了"安全、舒适、文明、有序"的旅游环境。

【富民工程】围绕乡村旅游，争取国家投资120万元，加快了米堆、格嘎、琼林等3个旅游示范村的示范化建设。投入10万元，扶持10户农牧民群众对家庭旅馆进行了升级改造。成功承办了全区乡村旅游培训班，全年培训旅游从业人员300余人次。率先在全区开展了农牧民家庭旅馆评星授星活动。全地区农牧民家庭旅馆达到85家，旅游开发公司19家，旅游车队3家，农牧民旅游车辆39辆，旅游船队2支，游船24艘，船位480个。旅游直接从业人员6771人，导游54人，讲解员29人，带动社会就业1.3万余人，直接参与旅游服务的农牧民户数达到645户，人数达到1576人，实现旅游创收267.77万余元。

【旅游安全】旗帜鲜明抓稳定。牢固树立稳定压倒一切的思想，认真贯彻落实区党委、地委的决策部署，进一步制定和完善了维稳工作方案。认真落实维稳责任，落实领导带班制度、24小值班制度、日报告制度及巡逻制度，做到了看好自己的门、管好自己的人、办好自己的事。认真做好旅游企业工作，要求各旅游企业以大局为重，讲政治、讲奉献，团结一致，共渡难关，同党中央、区党委及地委、行署保持高度一致，努力把达赖集团造成的损失和负面影响降到最低限度。高度重视安全教育工作，在每次召开的旅游协会会议和各类旅游培训班上强化安全教育。在旅游环境专项整治和酒店星级评定工作中，狠抓旅游安全规章制度的建设和落实。取得了全年无重大旅游安全事故的好成绩。

【领导名录】

书记：李兰平

副书记、局长：王军

副书记：张丽文

党组成员、副局长：旦增拉姆、赵元富、刘剑

林芝地区环保工作

【开展了绿色创建活动】首2008年，林芝地区环保局制定了《林芝地区绿色创建活动管理办法（试行）》，并以行署文件转发，使得绿色创建活动规范化、制度化。此次绿色创建工作包括绿色社区、绿色机关、绿色学校、绿色企业等。联合有关部门对各申报的创建工作单位进行了考评，有关工作已全面展开。

【开展创建环境优美乡镇活动】林芝地区环境优美，生态良好，为进一步加大生态村镇建设，按照"清洁水源、清洁能源、清洁家园、清洁田园"的要求，结合建设农村小康环保行动工程，大力开展农村环境综合整治，改善农村环境质量，并以地区生态建设领导小组的名义下发了《林芝地区生态建设领导小组关于创建环境优美乡镇的通知》，开展了地区级环境优美乡镇评选活动，为完成向自治区申报和生态县建设打好基础。

【环境监测工作取得新进步】按照环境监测站标准化建设要求，进行了实验室的改造、装修，环境监测设备的安装、调试等；为深化合作，提升合作内涵，加强环境监测方面的合作，经与福建省相关环保部门协商，签订了友好合作协议，2008年11月份福建省相关环保部门为林芝地区环保局环境监测站培训了4名为期1个月的专业技术人员。

完成了环境监测站办公自动化建设，为监测站的正常运行打下良好基础，高起点开始环境监测工作，完成了大气自动监测子站建设，并开始运行。

【环境监察拓展新领域】生态环境监察开始起步。林芝地区作为全国第二批（西藏唯一）生态环境监察试点地区之一，按照国家及自治区的相关要求，结合林芝实际及时制订了《林芝地区生态环境监察试点工作实施方案》，成立了领导小组。组织开展了建设项目、水源保护区、矿产、旅游开发等生态环境监察工作。

【污染源普查工作完满完成】2008年，林芝地区7县均按要求成立了县污染源普查工作领导小组，完成了前期准备、宣传、清查、普查等各个阶段的工作，目前污染源普查工作圆满结束。

污染控制工作进一步加强。一是深化建设项目环境影响评价工作。2008年林芝地区环保局严格执行建设项目环境影响评价制度，较好地落实了"环保第一审批权"。2008年，已审建设项目环境影响登记表46个，其中：补办环境影响登记表11个。二是严格矿产开发企业环境保护管理，按照"谁开发谁保护，谁破坏谁恢复，谁污染谁治理"环境保护原则。严格探矿、采矿企业环境管理，目前20家探矿、采矿企业。40家采矿点都已按要求做了环境保护方案。三是加强了环境监督检查。对八一镇及周边排污问题等进行适时监督检查。查处11家渔庄污

水未经任何处理直接排入水体，造成环境污染的问题。对其中4家渔庄下达了限期整改通知书，责令1家停业整顿限期整改，对1家进行了罚款；查处10家洗车场，对其中4家发出限期补办环境影响评价手续，对不符合环保要求的3家发出了限期整改通知书；对19家在建项目进行了清查，对其中2家发出了限期补办环境影响评价手续，对6家要求现场整改；同时对加油站、加汽站、菜市场、人民医院、藏医院等进行检查，对存在环境问题的均加以及时整改。

生态保护工作进展顺利：一是深入基层，对波密县的《波密县环保小康行动示范县实施方案》进行了指导，积极申报了《西藏林芝尼洋河养殖有限公司20000头生猪粪污综合治理项目》及《西藏波密县畜禽良种繁育污染治理示范项目》，申请中央环保专项资金838.96万元。

环境执法检查稳步推进：一是制定了年度环境监察方案。共查处环境违法行为5起，下达环境违法行为改正通知书5份。执法检查出动人员30多人次，车辆7台次，实地开展执法检查25天。二是开展饮用水源环境保护专项执法检查。共检查12个集中式饮用水源地，现场监察频次35人/次。三是开展了环境综合执法检查。检查了农产品生产基地4家、食品加工企业15家，现场监察频次90人/次、车辆21台次。开展了矿产资源开发环境执法检查。确定了重点企业14家，进行现场监察频次25人/次，下达改正通知书3份。开展了重点建设项目环境执法检查。对11个重点建设项目进行了现场执法检查，现场监察频次20人/次。下达整改通知书2份。开展了环境安全隐患百日督查专项行动。共组织督查检查10次，参加督查人员50人次，排查督查企业15家，排查出一般隐患5项，下达限期整改通知书1份，整改到位4项，整改率80%。安全隐患检查共排查加油站7个，液化气站5个。出动车辆4车次，人员12人次。四是开展了2008年环保专项行动。专项执法共检查矿产资源勘查与开发企业13家；检查重点建设项目9个，畜禽养殖场1家；6个重点城（乡）镇环境综合整治，禁白工作中，举行大规模"禁白"宣传活动，共发放环保袋20余万个，农村小康环保示范工程4个；检查规模化城镇垃圾填埋场1个。专项检查共查处环境违法行为4起，下达环境违法行为改正通知书2份，关停违法排污企业1家。专项检查共出动执法人员150多人次，车辆50车次。五是接受自治区赴林芝督察组对林芝地区环境执法的后督查。检查了工布江达、米林、朗县、波密、林芝和八一镇等五县一镇8个饮用水源保护区，2个电站、3个公路环保综合整治项目、1个探矿点、6个旅游景点、1个畜产品基地。后督查结束后，督查组对林芝环境保护工作给予高度评价，指出至少有五项工作（第一个独立设置县环保机构，县级财政投入全区第一，生态环境监察试点第一，环保乡镇协管员制度第一，与公路交通等部门联合开展规范沿线环境保护工作第一，第一个提出生态立地战略，建设生态大地区）名列全区第一，走在全区前列。

【获奖情况】2008年度林芝地区环保局获得全区环境保护系统先进集体

【领导名录】

党组书记：洛桑

局长：张明、赵俊

副局长：陈维辉、达瓦、杨玉琳、温蜀拉

林芝地区气象工作

【地区气象会议】2008年1月28日，林芝地区召开了规格较高的地区气象工作会议，邀请了地区行署和地区十几家相关单位领导参加。这一年地区行署相继出台了《林芝地区人工影响天气工作领导小组》、《林芝地区防雷减灾管理工作领导小组》、《关于进一步加强气象灾害防御工作的意见》、《林芝地区加强雷电灾害防御工作实施意见》等多个文件。

【自然灾害】在2008年1月16日、10月28日、11月4—6日三次的较大降雪中，地区气象局向地委、行署和地区各相关单位及时报送了重大气象信息，受到林芝地委行署高度重视，并专门行文以特急形式转发给地区各单位，并要求各单位高度重视，落实措施，切实做好高海拔地段安全防范工作。特别是11月4日的降雪过程中，林芝地委行署依据气象局的及时准确气象预报信息和合理化建议，取消了原计划启动的"林芝地区自然灾害应急预案"，为地方各级政府、有关部门避免了因预案的启动带来的巨大人、财、物损失。受到了地方政府的充分肯定，也突显出林芝气象服务工作在防灾减灾工作中的关键作用。

针对年初发生在波密县通麦沟和林芝县卡定沟的两起森林火灾，地区气象局采取了积极措施，在加强气象服务工作的同时，立即部署人工增雨灭火工作，两次增雨都获得了成功，为森林灭火起到了关键作用。自治区副主席次仁和林芝行署领导对这两次人工增雨给予了高度评价和充分肯定，社会反映普遍较好。

【防雷减灾工作】2008年5月，由林芝地区行署牵头，林芝地区气象局组织开展了《西藏自治区防雷减灾管理办法》立法评估问卷调查活动，地区人大、司法处、林芝航站、移动分公司、联通分公司、石油公司、地建司和地区各建筑公司等单位领导共28人参加了问卷调查。此次调查活动提出了很多好的意见和建议，进一步增强了防雷减灾工作的力度。

7月11日，由林芝地区气象局牵头，地区人大、消防、安监、旅游、司法等单位参加，组成联合执法检查工作小组，开展防雷执法检查工作。工作组一行对地区新建项目进行随机检查，先后检查了西藏边防总队林芝疗养基地、米林农场驻八一办事处、人民医院周转房、林芝地区妇女儿童活动中心等项目。对防雷装置的审批手续、防雷施工隐蔽资料进行重点检查。

2008年地区防雷中心严格按照技术规范要求，对所有新建项目的防雷装置隐蔽工程施工进行全程质量跟踪、技术服务，确保了工程质量，同时加强了对易燃易爆场所防雷设施的安全检测。

对米林县局西南面新建的中波台发射塔影响气象探测环境事宜，与相关部门进行协商，最后达成新建发射塔从设计总高36米降为14.7米，有力地保护了探测环境，确保了气象探测环境原始数据的三性。

【基本建设】2008年，林芝地区气象局完成了基建项目申报工作和业务库房、职工健身设施、文化娱乐设施、雷达站供水设施、雷达站道路建设、预报设备升级改选、地区局以及三县局采暖建设等项目的可研报告。编制了2008年行政事业类项目的实施方案、政府采购计划、基本支出和项目支出用款计划等，完成了固定资产数据整理上报、非税收入调查表等上报工作。建设了1地3县气象信息广域网，开通了4条地、县2M的SDH宽带网，形成了区地市、县的气象宽带网络格局。

【努力扩展气象服务领域】结合林芝旅游产业准确及时地发布了桃花、杜鹃花期预报。结合各时段天气情况，通过手机短信、互联网、电视、广播、“12121”等方式及时发布道路结冰、泥石流等预警信息。

正式对外开通林芝气象网站（www.xzlzqx.cn）。该网站设立了气象服务、局务公开、气象法规、雷电防护、人工影响天气等栏目。2008年1月1日，林芝地区米林县电视天气预报节目正式与观众见面

【科研成果】2008年，林芝地区气象局申报的《林芝地区气象灾害研究及其防御对策》课题获得地区科技进步二等奖。该课题填补了林芝地区防灾减灾历史资料的空白，对今后林芝地区加强防灾减灾工作提供了科学依据。

历时1年零5个月的《气候变化对林芝中部地区冬小麦播种期的影响》课题，荣获林芝地区科技进步三等奖。目前，课题成果已投入林芝地区气象局农业气象业务运行并向农民朋友推广。

通过了自治区气象局审评的21个“百班无错情”和中国气象局审评的1个250班无错情。

年底，林芝地区行署正式下文批复从2009年起，每年给予林芝地区气象局18万元人工影响天气经费，同时08年给予17.4万元的资金，用于补贴2008年森防中购置火箭弹的费用。

【受援工作进展顺利】2008年广东省局援助资金达40万元，用以解决林芝地区气象局三县局交通车辆，同时投资4.61万元帮助林芝地区气象局升级改造了12121系统。并于11月13日召开了粤、闽、滇、藏四省气象局援藏工作协调会，通过此次会议，对今后两年的援藏项目、资金达成了共识，会议明确了援藏工作协调会每2年召开一次，三省一地轮流承办的工作协调机制；三省局将加大对西藏林芝地区气象部门的项目援藏、人才援藏和人才培养力度，确定了2009—2010年分两年援助林芝局70万元的项目，使林芝地区气象局在援藏工作上有了实质性的突破。

【获奖情况】

地区气象局被自治区气象局评为“全区气象部门学习型组织先进集体”

冉光辉 “中国气象局质量优秀测报员”和“中国气象局250班无错情”

邓晓慧 “中国气象报优秀通讯员”

索朗旦巴、索朗多吉、王银和获2008年“全区自动网站建设先进个人”

【领导名录】

书记、局长：刘汉武

副局长：周保琴、刘殿辉

纪检组长：朱存华

林芝地区防震减灾工作

【监测地震动态，为地委、行署领导做好决策提供依据】2008年，林芝地区地震局共监测到发生在林芝地区境内的地震震情9次，分别为2008年1月18日发生在墨脱县境内的5.0级地震、2008年4月16日发生在墨脱县境内的3.4级地震、2008年6月17日发生在工布江达县境内的2.8级地震，2008年7月5日发生在墨脱县境内的4.3级地震，2008年7月23日发生在墨脱县与波密县交界处的4.3级地震，2008年9月10日发生在墨脱县和波密县交界处的2.9级地震，2008年9月19日发生在墨脱县境内的4.1级地震，2008年10月9日发生在工布江达县境内的2.5级地震，2008年10月10日发生在察隅县境内的2.9级地震。

【做好地质灾害评估工作】2008年4月份，林芝地区地震局陪自治区地震局、自治区国土资源厅到朗县、波密、察隅进行地质灾害评估，为期20天。通过深入实地对地质灾害的评估，提出了切实可行的灾害防治方案，为林芝地区经济社会持续、健康发展提供保障。

【中小学危房评估】5月份，全自治区组织了一次对全部中小学的危房评估，林芝地区地震局陪同自治区地震局、教育厅、建设厅的领导，对林芝地区中小学校进行一次普查，通过对学校的普查，了解了中小学校的危房情况，方便下一步的整改。

【发放科普读物，普及防震科普知识】2008年5月16日上午，林芝地区地震局向林芝地区一中、二中、林芝地区一小、二小、林芝县中学发放了藏、汉文版的《防震减灾知识读本》近500本。通过这种发放科普读物的方式，首先在中、小学生中间普及防震减灾基本知识，使广大中、小学生掌握地震时的正确避震方法，并通过他们达到在全地区普及避震知识的目的。

【宣传防震减灾知识，组织防震演练培训】6月23日，应地区一小的邀请，林芝地区地震局主管业务的赵传勇副局长在地区一小会议室，从林芝地区地震的现状以及如何避震两个方面，对地区一小的教职员工进行防震演练培训。6月26日下午5时，地区一小开展防震疏散演练，紧急疏散过程历时1分10秒，地区一小是林芝地区第一个开展防震演练的学校。

10月14日下午，林芝地区一中开展抗震减灾紧急疏散演练。全校师生2700多人参加了演练，两栋教学楼疏散时间分别为1分40秒和2分01秒，疏散过程紧张有序，基本没有喧哗、打闹现象，演练非常成功，达到预期效果。

【确立地震灾情速报员 密切关注所辖县内异常情况】西藏自治区地震局转发了中震救发[2008]62号文件，文件要求上报林芝地区所辖七县的地震灾情速报员，同时明确了地震灾情速报人员的任

务和职责。

林芝地区地震局收到文件后，迅速行动，通过电话联系的方式向各县传达了文件精神，并敦促各县尽快上报地震灾情速报人员。

各县对此事非常重视，短时间内做出反应，确立了灾情速报员。名单上报后，林芝地区地震局又和灾情速报员联系，进行了一一确认，并对各灾情速报人员强调，手机要24小时开机，遇到任何异常现象及时上报。

林芝地区电力工作

【年度情况】2008年，林芝地区累计完成发电量7055.91万千瓦时（含外购电量1361.74万千瓦时），同比增长12.26%；完成售电量6586.03万千瓦时，同比增长12.24%；电费回收率100%；网损率3.13%，同比上升0.57个百分点；线损率2.21%，同比下降1.08个百分点；厂用电率1.81%，同比上升0.68个百分点。

【加强隐患排查治理，电网保持了平稳运行态势】2008年，林芝地区电力局始终坚持"安全第一、预防为主、综合治理"的方针，层层分解落实安全生产目标任务，扎实推进"安全性评价"和"百问百查"活动，认真组织职工《安规》培训与考核，广泛开展安全日活动和安全隐患排查治理，组织开展季节性安全大检查和专项安全大检查12次，排查安全隐患110项，整改消除105项；加强电网安全分析和危险点控制，严格机电设备、线路巡视检查制度；认真开展防洪度汛、防雷度夏工作；定期开展"六复核"工作，加强了电气设备预防性试验、自动保护装置校验和避雷装置可靠性检测；建立和完善事故应急预案，检查和考核了安全生产规章制度贯彻落实和"两票三制"执行情况。全年电网共发生一般设备和输配电线路故障、障碍84起，同比下降10起；没有发生一般性以上电网事故，没有发生重特大交通事故。

【强化措施，努力保障电力有序供应】面对2008年春季林芝电网发电出力由15600KW降至10000KW，供电缺口达7000KW左右的严峻形势和"3·14"事件发生后维护社会局势稳定对电力供应提出的特殊要求，林芝电力公司高度重视，积极采取应对措施，严格落实地委行署和区公司关于做好电力供应的通知和指示精神，多次修改完善供电方案，投资48万元对个别重要用户供电线路进行了改造，增装柱上断路器17台，提高了电网供电的灵活性，经过全体干部职工的不懈努力，完成了地委行署确定的供电任务。为做好今冬明春的迎峰度冬工作，结合雪卡电站机组投运发电和2008年负荷增长的情况，及时调整完善迎峰度冬方案和水量调度方案，提前安排了设备检修和消缺工作，力争实现林芝电网今冬明春不限电的供电目标。

【加强营销基础管理，进一步提升服务水平】2008年，林芝地区电力局紧密结合实际，认真分析研究，编制营销工作年度计划，层层分解任务、落实责任，修订和完善营销管理制度12项；进一步补充和完善营业普查资料，建立健全了1582户用电档案。主动聘请五名行风监督员，及时了解掌握电力客户对优质服务的意见和建议。邀请内地网省公司专家现场对窗口营业人员进行了礼仪和规范化服务培训，进一步提高服务意识，规范服务言行；积极开展"金牌服务迎奥运"活动，出资15万元帮助特困客户整改用电设施安全隐患9项；定期召开客户座谈会和通过新闻媒体宣传报道电力供需形势，取得了广大电力用户的理解和支持；精心组织落实保电措施和责任，全年共完成地区重要会议、重大活动保电任务24次。

【高度重视、加强领导，认真开展巴河电厂筹建工作】按照边建设边筹建和精简高效的原则，与雪卡电站工程建设指挥部并肩协作，制定和实施了雪卡电站生产筹建和人员培训方案，选送技术人员、学员先后分7批33人次到主副设备制造厂家和四川映秀湾水电总厂分别进行了专业技术、规程制度和标准化管理等知识的学习培训；跟班参加了雪卡电站机电设备安装调试；借鉴内地电力企业先进的管理经验和标准化建设、精益化管理的要求，编写了电站"三大标准"管理制度，组织开展了雪卡电站生产生活设施配建、接机投运等各项工作。目前，巴河电厂雪卡电站已完成4台机组的接管运行工作。

【获奖情况】

2009年1月，林芝电力公司被国家电网公司评为2008年度先进集体；

2008年6月25日至27日，林芝电力公司参加西藏电力有限公司首届职业技能竞赛活动，荣获团体总成绩第三名、"技术能手"个人第二名、"优秀选手"第五名的成绩。

【领导名录】

书记、经理：王好源

党组成员、副经理：朱键

副书记、纪检组长：周朝东

党组成员、副经理、总工程师：张书旗

党组成员、副经理：邓洪、沈惠冲

工会主席：拉巴次仁

林芝地区教育工作

【学校德育工作取得新突破】2008年，林芝地区教育局坚持育人为本、德育为先，不断推进未成年人思想道德建设，学校德育工作进一步加强。社会主义核心价值体系教育得到落实，全地区学校通过各种形式深入开展揭批达赖活动，积极开展"维护稳定、反对分裂、促进发展"的主题教育活动，唱响了"共产党好、社会主义好、改革开放好"的主旋律，爱国主义和民族团结教育得到进一步深化。学校德育工作制度日益完善，德育队伍建设不断加强。重新编写了《林芝地区中小学生思想政治教育手册》，在全地区中小学校开展了德育工作调查。2008年，全地区中小学以课堂渗透为主渠道，以丰富多彩的活动为载体，进一步突出了德育工作的兴趣性和实效性。以思想道德建设为基础，以理想信念教育为核心，以"爱国、守法、诚信、知礼"教育为重点，以促进学生个性发展的宣传教育活动和社会综合实践活动也得到了全面加强。学校体育、艺术工作得到很好的落实，各种文体活动广泛开展，中小学生全员参与的"阳光体育艺术"活动扎实推进，“确保学生每天锻炼一小时”得到进一步落实。校园文化建设不断加强，育人环境进一步得到优化，有效带动了素质教育向纵深发展。

【“两基”攻坚工作取得新进展】2008 年，林芝地区紧紧围绕“两基”巩固提高这一工作重点，努力在督导整改上求实效，在控辍保学上下功夫，在迎国检上求发展，“两基”工作取得了新进展。朗县、察隅、墨脱三县在 9 月底 10 月初顺利通过了地区“普九”复查。全面启动了迎国检工作，成立了“林芝地区‘两基’、‘迎国检 促发展’领导小组”，制定并下发了《林芝地区“迎国检 促发展”实施方案》和《林芝地区实现“两基”后推进教育事业又好又快发展的实施意见》，针对迎国检举办了三期专题培训班，开展了 0-50 周岁受教育人口统计工作，按照国检的要求对“两基”攻坚的各种档案资料进行了规范化建设。9 月份，在全区率先召开了“林芝地区‘两基’总结表彰暨迎国检动员大会”。

【各级各类教育发展再上新水平】幼儿教育办学规模不断扩大。通过邀请福建讲师团进藏送教培训和组织各县幼儿园园长参加自治区幼儿园管理现场会，进一步明确了幼儿教育办学目标，规范了管理，提高了办园水平。义务教育水平不断提升。全地区小学适龄儿童入学率达 99.4%，比 2007 年提高 0.2 个百分点；初中入学率达 98.7%，比 2007 年提高 2 个百分点。全地区全部实现免费义务教育，企业困难职工子女按照“三包”标准得到了资助，流动人口子女享受了与当地学生同等的政策待遇。义务教育学校的布局进一步优化，城乡义务教育发展差距进一步缩小。高中教育实现快速发展，教育教学质量明显提高，林芝地区一中已经达到预期的办学规模，为了进一步扩大高中教育规模，完成了林芝地区第二高级中学的项目前期准备工作。截至 2008 年 12 月底，全地区共有各级各类学校 144 所，其中：职业技术学校 1 所，高级中学 1 所，初中 9 所，小学 62 所（其中完全小学 56 所），教学点 65 个，公办幼儿园 6 所；共有在校学生 33754 人（不含幼儿园），其中小学生 20802 人，初中学生 7809 人，普通高中学生 2707 人，职业学校学生 2436 人。

【职业教育发展跃上新台阶】完善基础能力建设。将米林、察隅两县职教中心列为全区重点建设的县级职教中心；安排 240 万元专项资金对察隅、林芝、墨脱三县和职业技术学校的专业项目进行了建设；自治区教育厅投入 177.4 万元加强了对林芝县、工布江达县职教中心的基础设施建设；还成功申办了林芝地区职业教育汽车驾驶培训学校。打造骨干专业体系。对全地区的职业教育专业进行了筛选，重点打造了计算机应用、饭店服务与管理、旅游服务与管理、幼儿教育、厨师培训、汽车维修、民房建筑绘画、服装制作等 17 个专业。加大农牧民培训力度。开展了 30 多期农牧民实用技术培训班，投入资金达 23.4 万元，完成培训人数 3000 人。解决好中职招生难题。共招生 1253 人，完成了自治区教育厅下达的中职招生 1250 人的目标任务。

【学校办学条件实现新跨越】全年共下拨教育事业经费 15932.9 万元，其中“三包”助学金 2159.9 万元，较少民族学生生活补助 20 万元；地区财政对教育投入 800 万元，其中用于补助企业困难职工子女生活费 28 万元。学校建设力度不断加大，全年共安排教育建设项目 90 个，总投资达 8390.5 万元，全地区学校尤其是农村寄宿制学校的基础设施得到进一步完善，积极争取教育厅为林芝地区各级各类学校配备计算机房设备 1 套，语音教室设备 7 套，生理化试验设备仪器 1 套，中学音体美卫设备 4 套，小学音体美卫设备和科学自然设备各 50 套，课桌凳 800 套，床铺 400 套，进一步改善了全地区学校的教学条件。

【教育信息化建设继续推进】全年共配发班班通设备 11 套，验收计算机网络机房 13 个，10 月份组织召开了林芝地区远程教育项目管理与应用评估现场会，全地区远程教育三种教学模式（光盘播放点、卫生 IP 数据接收系统、计算机教室）在中小学的覆盖率达到 100%、100%、50%。

【教学科研工作取得新成效】新课程改革得到全面推进，举办了“林芝地区中小学语文新课标培训班”；组织中小学教师到拉萨参加了新课程改革国家级培训和全区英语教学研讨会；积极组织了新课改检查、听课评课和“送教下乡”活动；开展了初高中物理教学衔接活动；还先后邀请了广东、福建两省的教育讲师团来林芝地区开展“送培进藏”活动；邀请了福建省武夷学院周作明教授到林芝地区指导职业教育工作。2008 年，国家级课题子课题“语感教学研究与实验”取得新进展，共在地区一中、二中开设“语感教学实验班”8 个。2008 年，地区组织开展了教育科研论文评奖工作，评出获奖作品 63 篇。在全区第五届优质思想政治课大赛中，林芝地区参赛的 6 名教师全部获奖，赛课成绩位居全区之首。在软件（中国）与西藏自治区教育厅联合举办的教育部——微软（中国）“携手助学”项目信息技术优秀课件评选活动中，林芝地区共有 4 名老师获奖，占西藏自治区参赛人数的 27%。在 2008 年全国初高中数学联赛、全国英语能力竞赛中，林芝地区有 600 多名学生参加比赛，共有 40 多名学生获奖。在 2008 年的高考中，林芝地区共有 1250 名考生参加考试，被高等院校录取 1021 名，录取率达 65.36%，其中本科录取 498 人，占录取人数的 49%。

【教师队伍建设实现新提升】继续推进“师德塑造工程”，师德师风建设工作有了新亮点，教师热爱党、热爱新西藏、热爱教育事业的情感进一步增强。教师分配和职称评聘工作进展顺利，全年共分配教师 204 人，共评聘初级职称 293 人，中级教师 160 人，高级职称 11 人。教师培训交流工作力度加大，全年共培训校长 43 人次，培训教师 1926 人次；评选出名校长 10 人，模范班主任 50 人，优秀教师 100 人，安排教师支教交流 27 人，城乡师资水平进一步缩小。教师学历继续提高，小学教师学历合格率达到 98%，初中教师学历合格率达到 99%，高中教师学历合格率达到 99.8%。

【获奖情况】

2008 年 12 月，林芝地区教育局被自治区人民政府评为西藏自治区“两基”攻坚先进单位。

2009年1月，林芝地区教育局被评为2008年度全区安全生产先进单位。

2008年8月，林芝地区教育局荣获西藏自治区基础教育统计二等奖、教育基本建设统计三等奖和教育经费统计二等奖。

林芝地区第二中学副校长、党支部书记扎西桑珠同志荣获"2007年全国百名中学体育工作优秀校长"荣誉称号。

2008年10月，林芝地区朗县中学教师回炳辉同志代表西藏自治区初中政治教师参加了由中国教育学会中国德育专业委员会、中学政治学术委员会举办的全国第五届思想政治优质课大赛，荣获二等奖。

在2008年教育部、国家语委举办的纪念《汉语拼音方案》颁布50周年系列活动中，林芝地区教育局教研室教研员、中学高级教师陈顺林老师的文章《掌握拼音好处多》，在"我与汉语拼音"征文活动中脱颖而出，荣获二等奖。

2008年11月，洛桑被评为国家西部地区"两基"攻坚先进个人。

2008年12月，栾远翔、李应珍被评为西藏自治区"两基"攻坚先进个人。

林芝地区文化广电工作

【贴近群众，开展送文化活动】2008年地区民族艺术团送文艺到农村、学校、社区12场次，地区电影公司送电影进社区、下工地活动809场次，观众达8.4万余人次。地区图书馆自3月15日正式启动"流动图书服务车"活动以来，已多次为读者提供了便利的现场办证和借还书服务。同时还免费为进城务工人员办理图书借阅证。

创作了具有浓郁民族特色的7首广场音乐，10月15日启动了广场文化活动。积极策划、组织编排、圆满地完成了2008年大峡谷文化旅游节文艺演出的各项活动。组织举办了主题向上、形式多样的"爱我林芝、繁荣林芝、歌唱林芝"文艺比赛。组织文艺辅导员到各县开展了舞蹈编排、辅导工作。群艺馆利用双休日到周边乡村开展边辅导边采风工作。为参加全区专业舞蹈比赛，地区民族艺术团新编创了具有林芝特色的民族舞蹈参赛。为推动林芝文艺事业的繁荣发展，2008年面向社会招聘了17名舞蹈声乐演员，充实到专业队伍中。

地区图书馆现有读者777人，比2007年同期增加277人；办理借书证读者272人；接待来馆读者7588人次（含阅览人数），比2007年同期增加3538人次；借还书7277册次，比2007年同期增加1900多册次。为方便广大读者借阅，地区图书馆将开馆时间和读者上班时间错开。地区新华书店完成了春、秋季教材的征订、发行、汇总任务，发行码洋为450万元，比2007年同期增长10%。图书门市销售12万元，比2007年同期增长22%。

【文化遗产保护成效显著】2008年6月"林芝藏族服饰"和"米林珞巴族服饰"被列入第二批国家级非物质文化遗产名录。2008年各县上报了25个非物质文化遗产项目，林芝地区广电局正在组织有关专家对项目进行评审。现已分两批公布了43个县级非物质文化遗产名录。非物质文化遗产普查软件填写工作进展顺利，7县上报7类43个普查项目资料。

林芝地区广电局加紧对林芝民族文化文艺资料的收集与整理力度，组织人员深入农牧区，现收集了神山圣水史话83个、民间故事56个；《波密传奇》基本定稿；与此同时，加大了挖掘整理民族音乐的力度，正在制作《林芝民间锅庄音乐》、《林芝工布民歌之二》以及《林芝地区历届大峡谷文化旅游节经典歌曲集》等光碟。为进一步展示林芝地区多彩的民族民间文化，争取将福建省援建的尼洋阁打造成林芝地区藏东南非物质文化遗产博物馆和非物质文化遗产传习所，传承和弘扬非物质文化遗产项目的传承技艺，全面展现非物质文化遗产项目制作技艺的加工流程。截至目前，全地区已收集到实物图片和资料共401件。其中：波密县59件、朗县78件、米林县53件、察隅县20件，工布江达县100件、墨脱县50件。

【文物普查工作进展顺利】认真制定了林芝地区第三次文物普查工作补充方案、培训工作计划、普查试点方案，按照方案全面、深入、科学、有序地开展了林芝地区第三次全国文物普查工作。8月18至9月28日，深入到工布江达县、察隅县的14个乡镇、153个行政村，对7904.2平方千米区域内的不可移动文物进行了全面、细致、拉网式的文物普查。此次普查，共登录不可移动文物点87处、复查点28处、新发现文物点59处。同时加强对无人看管文物点的保护工作，在原有基础上新增加21个文物点和22名业余文物保护人员。完成了波密县、朗县自治区文物保护单位的立标志牌工作。完成了扎木中心县委红楼和太昭古城文物保护工程的勘察设计工作。

【文化市场管理日趋规范】深入开展了"扫黄打非"专项斗争，大力整治了学校周边环境，组织了"反盗版天天行动"、"阳光行动"及互联网上网服务营业场所专项整治等联合执法行动，在网吧及歌舞娱乐场所安装设置了文化市场警示语，并公布了举报电话，同时申报了南迦巴瓦歌舞厅和东方快车网络会所参加全区"十佳歌舞娱乐场所"及文化部优秀网络文化企业的评比活动。2008年，全地区出动执法人员720人次，出动车辆116台次，共检查网吧397家次，检查音像制品单位540家次，个体书店113家次，没收盗版、淫秽光盘1500余张，盗版书籍500余本。

【广播电影电视三大工程有序进展】顺利完成中央七台的无线覆盖和转星调整工作。为保障广大干部职工和农牧民群众能正常收听、收看到中央台、西藏台节目及奥运会盛况，2008年，林芝地区广电在确保维稳工作不放松的前提下，克服时间紧、任务重、人员少等诸多实际困难，采取各项积极有效措施，在上级业务部门的指导下，组织工作组深入到各县乡村安装调试机房控制系统、供配电系统、天馈系统，顺利完成了中央第七套电视节目在林芝无线覆盖的建设任务。并及时将自治区统一调配给林芝地区的230套电视单收站的转星调整设备发放到各县，并于8月6日前提前完成了全地区电视单收站从亚太2R卫星到中星9号的转星调整任务，顺利圆满完成了各项广电工作任务，极大地满足了农牧民群众希望收听收看奥运精彩赛事的需求。

顺利完成了村村通工程的建站任务。"村村通"工程50座站的接收设备于7月2日前调拨到各县安装、调试后，现运行正常，2008年50座站的建设任务顺利完成。为保证"村村通"正常运行，加大了对卫星地面设施的管理力度，先后发放广播电视法律法规宣传单2000余份，曾多次开展专项清查工作，共没收和拆除非法私自安装的接收设备80套。

"西新工程"调频广播切实做到了"三满"播出。各台站从未出现过在中央台和西藏台节目频道上乱插播其它节目的现象。地区调频台安全优质转播中央广播电台节目7096小时，西藏藏语节目7130小时，西藏汉语节目7096小时。

电影"2131"工程完成了全年放映任务，放映15580场次，观众达1001225人次。为巩固农村电影"2131"成果，2008年7月正式成立了林芝农牧区数字电影江南院线，使电影能更好地服务于新农村建设。

【获奖情况】

林芝地区文化广电局被国家新闻出版总局授予全国"扫黄打非"先进集体；

市场科被国家"扫黄打非"领导小组授予全国文化市场执法先进集体；

文物科被自治区文物普查领导小组授予西藏自治区第三次全国文物普查工作先进集体；

局办公室被区文化厅评为信息工作先进集体；

局财务室被区广电局评为财务决算先进集体；

加央平措被国家广电总局授予广播电视安全播出二等功；

王峰被国家广电总局授予广播电视安全播出三等功；

朱金寿被评为全区文化系统统计工作先进个人；

李光秀被评为全区文化系统统计工作先进个人；

关春红被文化厅评为信息工作先进个人；

多布杰被全区文物工作先进个人。

【领导名录】

书记、副局长：次仁央宗

副书记、局长：崔晓东

副书记、副局长：林汉彪、陆传刚

党组成员、调研员：路德智

副局长：达琼

林芝地区卫生工作

【年度综述】2008年，林芝地区卫生局把解决民生问题放在卫生工作的首位，围绕维护稳定和发展两手抓，两手都要硬的原则，着力推进公共卫生、农村卫生工作，着力推进医疗卫生体制改革，着力推进医疗机构监督管理，着力推进卫生人才队伍建设，农牧区医疗制度人口覆盖率100%，各级财政免费医疗经费到位率100%；基础免疫建卡、建证率100%，"五苗"接种率93%，法定传染病发病率下降11.86%；农牧区孕产妇住院分娩率54.31%，婴儿死亡率23.99‰，孕产妇死亡率123/十万；卫生监督覆盖率100%，食品卫生合格率80.44%，基本建设立项，投资达4288万元，各项卫生工作取得了较大进展。

【扎实推进农牧区医疗制度工作】2008年，农牧区医疗制度人口覆盖率达100%，各级财政免费医疗经费到位率100%，筹资人口覆盖面达97.47%，建立家庭帐户100%。累计就诊108140人次；其中住院人次2165人次，住院总费用497.61万元，补偿费用278.67万元，人均住院费用1667元/人次；门诊105975人次，补偿费用272.64万元，人均就诊费用26.7元/人次。

【进一步加强疾病预防和控制工作】全地区共报告乙、丙类传染病13种，报告发病数为572例，报告死亡1例，报告发病率为332.54/十万，与2007年同期相比下降11.86%。

全地区两轮脊髓灰质炎强化免疫中实际投服糖丸分别为5024人、5035人，投服率分别达到95%和96%。

基础免疫，建卡、建证率分别达99%，"五苗"全程接种率达85%以上，使林芝地区"五苗"控制严重危害人民群众健康的七种传染病的发病率大幅度下降。

进一步完善了突发公共卫生事件应急机制，自全国发生手足口病疫情以来，局党组对此项工作给予了高度重视，多次召开专题会议，明确工作任务和防治措施。成立了"林芝地区卫生系统手足口病防治工作领导小组"、"医疗救治专家组"和"预防控制专家组"，举办了"林芝地区社会医疗机构手足口病防治知识培训班"，提高应对能力。

全年共处置突发公共卫生事件14起，波及人数3.5万人；进一步加大了对法定传染病疫情的管理力度，强化网络疫情上报管理，加强了地、县、乡三级疫情报告网络，使疫情报告的及时性、准确性和完整性进一步提高。

继续加强地方病、传染病、结核病和麻风病防治工作，全年全地区登记初诊可疑结核病622例，发现各类结核病患者251例。新发涂阳病人发现率占27.09%，新发涂阳病人指标完成率56.66%；同时进一步加强了麻风病防治工作。林芝地区累计发现麻风病人719例，累计治愈647例，治愈率90%，2008年新增麻风病人6例，2008年治愈9例；积极开展性病、艾滋病疫情监测，强化了对艾滋病防治工作的主动监测力度。2008年性病疫情报告4种103例。

三鹿牌婴幼儿奶粉事件发生后成立了"林芝地区婴幼儿泌尿系统结石诊疗专家组"和"婴幼儿泌尿系统结石防治领导小组"，就如何加强林芝地区婴幼儿奶粉市场监督检查工作做了及时的安排部署，同时在第一时间内将卫生部关于加强婴幼儿奶粉监督管理的紧急通知转发给各县卫生局和地直各医疗卫生单位；地区累计筛查食用含三聚氰胺污染奶粉的婴幼儿有4802人，确诊泌尿系统结石病例82例，住院71例，查出疑似病例296例(服药院外观察)，全地区定点诊治医院累计支出约329738.50元。

2008年9月14日至25日，林芝地区朗县发生一起人间鼠疫疫情，发病2人，死亡2人，经自治区政府批准，林芝地区行署迅即启动了《西藏自治区突发公共卫生事件应急预案》三级响应，同时做二级响应准备，为有效处置此次疫情工作，地区行署即时成立了林芝地区鼠疫应急指挥部，由地区行署分管专员任指挥长，卫生厅分管领导、朗县县委、人大、政府、地区卫生局主要领导任副指挥长，地、县有关部门负责人为成员。指挥部下设7个工作组，分别是：流调组、救治组、消杀组、信息宣传组、后勤保障组、安抚组、检疫组。并设立了指挥部办公室，办公室设在朗县卫生局，由朗县政府县长任办公室主任，分管县长任副主任，从相关部门抽调工作人员具体负责办公室工作。控制本次疫情，共投放预防药累计达4641人次，巡诊累计达3118人次；设立的5个隔离点和4个检疫点，检疫消毒车辆428台次、人员1388人次；至10月5日，消杀面积累计达278600平方米；上报简报20期，累计发放宣传材料10285份，健康教育人数累计达28600人次；启动了发热病人日报告、零报告制度；合理有效的调配了各类物资；各项经费已投入近70万元。10月5日，在地委、行署的高度重视和强有利的组织领导下，经过卫生部门10天的奋战，并经自治区和地区专家组联合评估，疫区达到了人间鼠疫现疫区封锁隔离的解除标准（GB 15978-1995），10月6日经西藏自治区人民政府批准，疫区解除了封锁隔离。至此，朗县人间鼠疫疫情控制圆满结束。得到了国家卫生部高强书记、陈竺部长的充分肯定和高度赞扬。

【狠抓基础设施建设】2008年，林芝地区共争取3321万元投资资金，实施了11个卫生基础设施项目，为各乡村卫生室配备了价值217万元的医疗设备。

【加大人才培训力度、加大基层卫生服务能力】继续采取"请进来，送出去"的办法邀请广东、福建两省援藏医疗队9人到林芝地区工作。制定了基层卫生人员培训计划，按计划举办了县、乡网络直报、产科诊治、疫情报告、卫生监督、碘缺乏病等为主要内容的培训班和林芝地区扩大国家免疫规划县、乡业务人员培训班，培训人数达248人次。继续组织实施城镇医疗支援农村卫生工作制度，全面提升基层卫生管理能力和服务水平。上半年地直医疗单位共选派4人采取传、帮、带的方式到县级医疗机构工作。

加大卫生执法力度，保障人民群众医疗和食品卫生安全，加大了对八一镇辖区内从事食品生产经营、加工、超市、副食批发等行业的监督检查，每天对八一镇自来水厂进行了卫生监督检查和水源采样鉴定工作；为严防出现食源性疾病和食物中毒事件的发生，对农牧学院、地区一中、一小、职业技术学校、八一镇小学和内地返藏学生住地和就餐场所进行了拉网检查，共检查学校周边餐饮业19家，限期整改2家，收缴过期卫生许可证1家，并对两处卫生条件差的食品生产经营户及时提出了改进意见，没收过期食品10余个品种，约30公斤，价值300余元。

【继续加大藏医药产业建设】为了顺利实施地区藏药制剂中心净化工程、设备购置项目。林芝地区卫生局组织人员前往自治区藏药厂、雄帕拉雄藏药厂、山南藏药厂进行实地考察调研藏药厂净化工程和设备配置情况。完成了林芝地区藏药材普查具体实施方案。2008年正式组织实施。

【积极开展妇幼与人口和计划生育工作管理和服务工作】顺利完成林芝地区"一孩、双女"户资格审查和确认工作，全地区享受"一孩、双女"户扶助政策的共有1429人；积极开展以生殖保健、优生优育为主要内容的计划生育宣传服务活动，据统计林芝地区在各种宣传活动中，共制作计生展板16块，发放避孕药具3050人次，妇科药品450盒，免费发放安全套3件，发放藏汉文宣传单1560份，挂历400张，同时设立免费义诊服务点，接受咨询人数1422余人，免费发放常见病药物13个品种，价值5760余元。

【卫生援藏工作成就显著】广东、福建两省9名援藏医疗队援藏2008年，积极开展医疗、教学、科研等项工作，起到了很好的"传、帮、带"作用；林芝地区组派了8名卫生技术人员到广东、福建两省进修深造；通过两省第五批卫生援藏干部积极努力，2008年共争取援藏资金967万元，实施了地区人民医院门诊大楼、工布江达县藏药制剂中心、米林县急救中心、地区妇幼保健院儿科病房、22个乡镇卫生院设备配备等项目；利用广东、福建两省援藏有利时机，邀请广州医学院第一附属医院先后2次组派专家到林芝地区开展了微创腹部外科和妇产科腹腔镜手术技术学习班，为近300多例患者解除了病痛，邀请广东省计划生育专科医院先后2次组派专家到林芝地区开展了生殖健康为主的讲座和巡诊。

【领导名录】

书记、副局长：斯塔

副书记、局长：旺扎多吉

副书记、副局长：钱新春

党组成员、副局长：王彦斌、张西平

党组成员、副局长、人口计生委主任：陈群兰

林芝地区民政工作

【城乡最低生活保障制度实现全覆盖】2008年，林芝地区民政局按照"基层低保工作规范化建设"活动要求，加强动态管理下的应保尽保，2008年城镇低保退保14户、50人，城镇低保保障人数802户、2207人，农村低保保障人数1912户、7030人。从7月1日起林芝地区农村低保人均保障标准提高30元，地、县共投入调标资金13.4万元。针对经济发展、物价上涨等因素，发放城镇低保临时物价补助45.8万元、农村低保临时物价补助111万元。

【农村五保供养制度逐步规范】对五保对象进行摸底排查，核实供养人员1206户、1379人，从2008年元月起年人均供养标准由1500元提高至1600元。积极争取"霞光计划"项目资金90万元、整合地方投入和援藏资金52万元，建设6所乡镇敬老院。争取资金300万元筹建林芝地区儿童福利院项目，新建察隅、米林、林芝三县社会福利院。结合安居工程建设整合资金138万余元，帮助366户群众的危房改造，受益人口1647人。

【城乡医疗救助、教育救助等工作扎实推进】2008年，林芝地区民政局农村医疗救助全面推行，全年共救助农村困难群众322人次，发放救助资金57.6万元，缓解了部分特困群众看病难、看病贵的问题。城市医疗救助工作覆盖全地区7县，救助了27人次，发放救助金8.07万元。健全困难家庭学生资助制度，2008年救助特困大学生22人，兑现救助金10.2万元。

【自然灾害应急救助及时有效】进一步完善了地、县、乡、村四级救灾工作责任制。全年共筹集发放救灾资金 299 万元，救助灾民 3210 户、9210 人次。拨付 108 万元用于受地质灾害威胁村庄 72 户村民整体搬迁。在地委、行署的高度重视和支持下，投入 198.4 万元筹建 7 县 9 个救灾物资储备仓库(点)，建立 7 个易灾地临时救灾物质储备点。2008 年全地区储备救灾帐篷 685 顶、粮食 82 万斤、茶叶 3269 条、食盐 1.8 万斤、棉被 7901 床、衣物 19858 件、鞋类 5344 双。广泛开展专项和经常性社会捐赠活动，筹集爱心捐款 515 万余元。

【努力推进基层民主政治建设】基层政权更加巩固。林芝地区第六届村委会换届选举参选率达到 93.13%，全地区 489 个村中有 274 个村实现了“一肩挑”，1704 名村两委成员交叉任职，占村干部总数的 70%。结合基层实际制定出台了村级后备干部管理、乡镇包片包村干部管理、村干部误工补贴增发标准及管理办法等 3 项制度。加大村级组织场所和村级经济实体建设，2008 年新（改）建村级组织场所 29 个，积极争取国家投资 215 万元的村级经济实体项目 9 个。

社区建设水平有了新的提升。顺利开展第六届居民委员会换届选举工作，进一步优化居委会班子结构。提高居委会干部素质，组织开展社区考察学习活动，增强社区居委会的工作活力。广泛开展社区建设示范活动，积极争取 160 万元着力改善社区办公条件和服务设施。大力推进加丁嘎农村社区试点工作，林芝地区民政局从办公经费中投入 1 万元支持加丁嘎农村社区办公条件的改善，研究探讨推进林芝地区农村社区试点建设工作的途径和方法。

【努力构建机制畅通、政策到位的双拥优抚安置工作格局】双拥共建活动深入推进。不断创新双拥活动载体，丰富创建内容，保持了共创共建、全面推进、整体提高的发展态势。在“三大节日”、“八一”和“双拥共建共保”期间，慰问部队 187 次，走访慰问重点优抚对象、复员干部和退伍军人 767 人，送去现金、食品等慰问品金额达 133 万余元。

安置工作成绩喜人。进一步深化退役士兵安置改革，坚持自谋职业与安置就业相结合，拓宽安置渠道。2008 年，实行有偿安置 1 人，兑现城镇退役士兵自谋职业一次性经济补助金 3 万元，安置转业士官、城镇退役士兵、符合安置的农村籍退役士兵 47 名，安置率达到 100%。

优抚政策得到较好落实。优抚工作以完善落实优抚政策为重点，努力解决优抚对象的实际困难。2008 年，对 37 户、179 人的重点优抚对象下拨抚恤事业费 77 万元，兑现 30 名无军籍退休职工和 2 名军队退休干部工资、福利和医疗费 134.8 万余元，下拨优抚对象医疗补助经费 125 万元，解决重点优抚对象“三难”（生活难、住房难、看病难）问题。

【努力构建规范科学的社会事务和社会管理体系】福彩发行工作后劲十足。加大福利彩票宣传力度，积极扩大发行渠道，在全地区建立除墨脱县外的 7 个销售网点、17 个投注点。创新福利彩票营销发行方式，积极推进福利彩票“七乐彩”、“3D”、“双色球”等品牌游戏品种的销售。2008 年销售福利彩票金额突破 1000 万元。

【婚姻登记和殡葬管理工作得到加强】坚持依法登记、方便群众的原则，加强《婚姻登记法》的宣传和婚姻登记工作业务培训。截至 2008 年 8 月，全地区婚姻登记 701 对、离婚登记 68 对，其中农牧民婚姻登记 223 对、离婚登记 7 对，仅 2008 年 8 月份农牧民婚姻登记同期相比增加 110 对。加大以维修烈士陵园为主的项目建设，使项目建设成效辐射经营性公墓，不断加强殡葬改革和管理力度。

【地名设标工作全面启动】制定出台了《林芝地区及八一镇地名公共服务工程实施意见》，按“国标”标准进行资金预算、标牌统计和社会论证。地区财政投入 49.6 万余元，在八一镇设立 95 块一级路牌、165 块二级路牌，设标率达到 100%。在民政厅的大力支持下，波密县规范设立 31 块路牌、65 块门牌。其余 5 县均已开始全面启动地名设标工作。同时积极促进和谐平安边界创建活动，稳妥调处 3 起界线纠纷，维护边界地区社会稳定。

【社团管理和老龄工作健康发展】林芝地区民政局按照“边发展、边登记、边规范”的原则，登记备案各类民间组织 14 个，初步形成了门类齐全、层次不同、覆盖广泛的民间组织体系。根据《老年人权益保障法》办理“优待证”、“寿星证”15723 张，发放 1134 名寿星老人健康补贴 30.57 万元。

与此同时，加强了民政部门自身建设和党风廉政建设。紧紧扭住“反对分裂、维护稳定、促进发展”主题教育和“机关作风建设”活动两大主题，进一步强化“以民为本、为民解困、为民服务”的民政工作理念，奋发进取，扎实工作，以爱民亲民为民的优良作风和埋头奉献的工作实绩，树立了民政部门的良好形象。

林芝县

【基本县情】林芝县藏语意为“娘氏家族的宝座或太阳的宝座”。县府原驻林芝镇，于 2005 年 5 月搬迁至八一镇新区。全县总面积 10238 平方千米。其中耕地面积 3.8 万亩，草场面积 56.5 万亩，森林面积 502 万公顷。全县总人口 6.1 人，农牧民人口 15381 人。

【自然资源特点】林芝县地处西藏东南部、雅鲁藏布江北岸、尼洋河下游。林芝县属藏东雅鲁藏布江中游地带，地势险峻，间有河谷平地。平均海拔 3000 米，相对高差 2200～4700 米，位于林芝与米林交界的加拉白垒峰，海拔 7294 米。属高原温带半湿润季风气候区，气候温和，雨量充沛，年无霜期为 175 天。年日照时数为 2022 小时，年降雨量 654 毫米。自然灾害主要有洪水、泥石流、地震、冰雹、干旱等。

林芝，从亚热带到寒带植物都有生长，素有“绿色宝库”之称。主要树种有柏树、桑树、云杉、冷杉、高山松等。药材资源有三七、虫草、红景天、贝母、党参等。食用菌资源有银耳、木耳、松茸、猴茯苓、灵芝等。动物资源主要有獐、黑熊、猴、豹、马熊、草鹿、水獭等。林芝苹果产量居西藏第一，品质优良。所产核桃也历为贡品。木材蓄积量约为6000万立方米。年采伐木材23500立方米。位于巴结村的巨柏林占地100多亩，其中一棵树龄已达2500年以上，被誉为巨柏王，树高50米，干围18米，为称为“活的化石”。桑树王生长在帮纳村，传说是唐朝文成公主与松赞干布结婚时所栽种，树龄已有1000多年的历史，树高7.04米，干围3.3米，国内无双，举世罕见。

【经济实现新增长】2008年，林芝县生产总值完成208034万元，同比增长18%。一、二、三产业分别完成7989万元、70963万元、129082万元；财政收入完成3100万元，同比增长24%；乡镇企业产值完成6428.19万元，同比增长13.25%；多种经营收入完成6689.96万元，同比增长15.34%；农牧民人均纯收入完成4970元，其中现金收入完成3529元，分别同比增长15%和11.85%。

【特色产业发展凸显新优势】2008年，林芝县特色农牧业总收入达2110.4万元，占农村经济总收入的14%；带动农牧民人均增收1407元，约占农牧民人均收入的28%。一是抓结构调整，不断壮大特色农牧业发展。特色农作物连片种植面积达1.65万亩，实现收入1576万元。其中，大面积推广优质玉米种植8033亩获得成功，产量达737.8万斤，实现现金收入700多万元，涉及农户811户、4352人，项目区人均增收现金1347.45元，并及时向那曲、工布江达调拨了236万斤救灾玉米，21车玉米秸秆，有力地支持了抗击雪灾工作。引导农牧民连片种植脱毒马铃薯1400亩，产量达560万斤，产值224万元。投入扶持资金22万元，大力实施“百村千棚”农牧民菜篮子工程，完成18个行政村678座大棚温室的建设和种植任务。搭建西瓜、葡萄、草莓温室200座，种植面积300亩，亩均收入达3000多元。投资90万元在米瑞乡玉荣增村、通麦村、米瑞村扶持养殖犏牛500头；投资275万元在八一镇巴果绕村、米瑞乡本仲村、朗乃村扶持养殖户100户，共养殖优质黑白花奶牛150头、优质奶牛261头。全县养殖犏牛、黑白花奶牛、优质奶牛总数量达1474头，实现收入147.4万元；共扶持藏猪、藏鸡养殖专业户45户，养殖藏猪6.38万头、藏鸡26.1万只，全年出栏藏猪2.55万头、藏鸡13.83万只，出栏率分别达到40.5%、53%，实现收入213万元，带动项目区农牧民人均增收498元。二是抓市场引导，不断提高特色产业发展的组织化程度。组织成立了各种专业合作社14个，发展农牧区经济实体486户，农牧区经纪人127人，农牧民进入企业、经济合作组织、协会进行生产经营的户数达1200余户。围绕农业主导产业和优势产品，重点培育和发展尼洋河养殖场、珠江养殖科技园有限公司、唐地村藏鸡养殖协会等多个涉农龙头企业，资产规模均超过1500万元。基本形成了“公司（协会）+基地+农户”的发展模式，抵御市场风险能力增强，带动群众增收成效明显。三是抓内引外联，加快了特色旅游业发展。通过招商引资，一大批旅游企业先后落户林芝县，重点开发了鲁朗景区项目、鲁朗五寨景区、琼果林景区和农家乐等旅游资源，引进招商项目13个，到位资金达1.24亿元。坚持科技创新与弘扬传统相结合，新开发了工布男女服饰、工布男女背包、竹器、石锅、木碗5大系列17个品种的旅游产品。通过开展摄影采风、举办展览会、组织文艺队到区内外演出等活动，大力宣传推介林芝优美的景区景点和独特的自然风光，吸引了大量的游客前来旅游观光，促进了林芝县旅游业的快速恢复性发展。

【新农村建设呈现新局面】2008年，林芝县共投资9097.91万元（其中国家补贴资金554.48万元，群众筹资8543.43万元），完成农牧民安居建房589户，改造面积达13.7万平方米，受益群众达2836人。其中有105户群众使用了替代材料建房，节约木材资源3640立方米。总投资1059.75万元，修建村级组织活动场所及综合配套设施建设57个，其中，投资637万元，修建村级文化室35个，建筑面积6504平方米；投资422.75万元，完成硬底化村道建设22条，总长1.6万余米。投资23万元，共培训农牧民1.56万人次。县财政共安排为民办实事资金760万元，主要用于贫困户住房建设、农房改造补贴、村容村貌整治等方面。

【项目建设达到新水平】2008年完成续建项目11个、新开工项目66个。其中，投资2498万元的国家重点项目米瑞公路基本竣工，在全区率先实现了乡乡通油路的目标。全年共完成社会固定资产投资3.73亿元，完成计划任务的124%，其中国家投资1.15亿元（含援藏投资2263万元），完成计划任务的128%；社会投资2.59亿元（含民间投资5003万元），完成计划任务的122%。招商引资1.24亿元，完成18个项目的前期准备工作。

【援藏工作迈上新台阶】林芝县第五批广东援藏工作组在深入调研、认真研究和反复论证的基础上，共确定43个第五批援藏项目，计划总投资5318万元。2008年，新开工建设的援藏项目共有14个，到位资金达2843万元。同时，还争取到援助地社会各界的援助资金和物资折款达900多万元，为林芝县经济社会快速发展注入了新的生机与活力。

【获奖情况】

林芝县水利局获2008年度自治区水利厅、财政厅颁发的“全区雅江杯农田水利基本建设先进县”荣誉称号

林芝县旅游服务中心 获2008年度自治区劳动和社会保障厅、人事厅颁发的“全区吸收农牧区劳动就业优秀集体”荣誉称号

林芝县旅游服务中心 获2008年度自治区文化厅颁发的“西藏自治区文化产业示范基地”荣誉称号

林芝县法院 获2008年度自治区精神文明建设指导委员会颁发的“自治区文明单位”荣誉称号

覃永芳 女 汉族 林芝县统计局局长 获2008年度国务院第二次经济普查小组颁发的“国家级优秀个人”荣誉称号

李文琼 女 汉族 县民政局局长 获2008年度民政部颁发的“优秀个人”荣誉称号。

德吉永宗 女 藏族 县检察院反渎局局长 获2008年最高人民检察院政治部颁发的“全国优秀反渎局长”荣誉称号

塔尔杰 男 藏族 县广电局局长 获2008年度自治区广电局颁发的“优秀个人”荣誉称号

索朗加措 男 藏族 县检察院副检

察长 获2008年度区人民检察院"2007年全区检察机关优秀个人"荣誉称号

安宗 女 藏族 县老干部局局长 获自治区精神文明建设指导委员会颁发的"孝老爱亲模范"荣誉称号

张一军 男 藏族 县农发办主任 获2008年度自治区扶贫办颁发的"优秀工作者"荣誉称号

普布德吉 女 藏族 县统计局 获2008年度自治区统计局颁发的"第二次经济普查优秀个人"荣誉称号

丁增次巴 男 藏族 县统计局获2008年度自治区统计局颁发的"第二次经济普查优秀个人"荣誉称号

【领导名录】
书记：黄贵田
副书记，人大主任：张海波
副书记、县长：索朗罗布
县委常委、政协主席：多布杰

工布江达县

【经济发展情况】2008年，工布江达县完成生产总值3.86亿元，同比增长19.92%；固定资产投资完成10.9亿元，同比增长34.4%；财政收入完成2908万元，同比增长21.17%；农牧民人均纯收入达4811元，同比增长15.96%；农牧民现金收入达3471元，同比增长13.36%。先后获得自治区平安县、自治区双拥模范县、自治区"雅江杯"农田水利基本建设先进县、自治区电影"2131"工程先进单位、自治区级食品安全示范县、林芝地区经济社会发展目标完成奖、党风廉政建设先进单位、耕地保护工作先进县、森林防火任务完成奖、招商引资先进单位、安全生产工作先进单位、虫草资源管理工作第一名、社会治安综合治理工作第三名、藏语文工作先进单位、新闻工作一等奖等多项荣誉。

【安居工程取得攻坚胜利，新农村建设取得新进展】2008年，工布江达县认真抓好以边远山村为主的安居工程攻坚工作，共筹措资金8415万元（其中援藏资金1300万元），改善了9个乡镇806户（其中371户困难户）群众的住房条件，完成了72个村级组织活动场所建设，32个村级组织活动场所配套设施，工布江达县100%的村和90%以上的农牧民群众住上了安全适用的新房。工布江达县79个村委会中，78个村通了公路，26个村的道路进行了硬化，54个村建设了人畜饮水工程，70个村用上了电，所有行政村通了广播、电视，72个村通了电话，688户群众用上了沼气新能源。

【农牧民群众收入稳定增加】2008年虫草采挖期间，工布江达县投入285万元，设立5个流动警务区，34个卡点，清理3369名外来采挖人员，全力维护了良好的虫草采集秩序和群众利益，群众采挖虫草达2010公斤，实现收入8040万元，采集松茸、青冈菌等林下菌类20吨，实现收入120万元；积极鼓励、不断扩大群众劳务和多种经营收入，2008年，群众劳务收入1870万元，同比增长22.78%，多种经营收入11090万元，同比增长36.95%。

【特色产业建设迈出新步伐，经济发展支撑力显著增强】2008年，工布江达县养殖牦牛62769头，藏猪91000头，犏奶牛7200头，藏鸡3.6万只，全县牲畜总存栏15.9万头（只，匹），为群众增收3014万元，户均增收3500元。新种丹参700亩，丹参种植面积达2300亩，新建蔬菜大棚222座，大棚蔬菜种植面积达433亩，试种脱毒马铃薯200亩，为群众增收100余万元。建设了措高、朱拉、巴河藏香猪养殖基地，成立了错高、朱拉、巴河3个藏猪养殖协会，招引客商投资并启动巴河藏香猪肉联加工厂。

【矿产业、水电业取得新突破】2008年，工布江达县积极配合上级部门做好雪卡电站、老虎嘴电站建设的协调工作，做好了"电力户户通"工程前期准备工作，装机4万千瓦的雪卡电站开始发电，水电能源业发展取得较大进展。对全县矿产资源进行全方位的摸底调查，初步掌握了矿产分布、矿业发展形势和制约矿业发展的主要因素，下发了《关于加强工布江达县矿产资源管理规定的通知》，规范矿山开发管理机制，制定了矿产开发效益分配办法，保证了群众利益。全县首个选矿项目获得批准，矿业开发走出了关键的一步。

【生态旅游业基础进一步夯实】受拉萨"3•14"事件影响，2008年，工布江达县旅游业整体下滑，接待旅客8.3万人次，同比下降77.8%；巴松措门票收入553万元，同比下降70.8%；旅游总收入1660.7万元，同比下降87.1%；实现农牧民增收18.6万元，同比下降84.5%。及时化不利因素为有利因素，拿出2650万元，进一步完善旅游基础设施，此间，《工布江达县巴松措旅游发展总体规划》修编完成，《工布江达县旅游发展总体规划》《工布江达县巴松措生态旅游区控制性详细规划》、《太昭古城发展修建方案》取得中期成果；建设了巴松措售票大厅、景区大门，硬化了达杰拉路面；完善了太昭古城风景区的陈列馆、宗政府基础设施，进行了陈列馆内部装修，全力将太昭古城打造成"工布民俗的缩影、藏汉民族交融的驿站、爱国主义教育基地和在区内有一定影响的红色旅游景点"。

【固定资产投资得到新提高，改革开放达到新水平】2008年，工布江达县新建项目92个，续建项目13个，固定资产投资完成10.9亿元，其中：国家投资8.3亿元，社会投资2.6亿元。县城排水工程、双拥路、林达大桥、多其木公路、夏巴灌渠、扶贫整乡推进等重点工程进展顺利。援藏项目完成投资2655.13万元，县城新区市政道路、米瑞新村、松多三村、林则新村、藏药制剂中心、小学生宿舍楼、中小学生浴室等项目全部完工，450户沼气工程、4个村人饮工程、温室大棚基地及部分基层基础项目建成并交付使用，泉州二桥正在紧张施工。

2008年，工布江达县在厦门"9•8"国际投资贸易洽谈会上，引进项目9个，协议资金总额3.225亿元，实际到位资金1.23亿元；2008年，全县注册内资企业26户，个体工商户626户，农牧区经济实体543户，私营企业16户，农民专业合作社4户，农牧区经纪人83人，乡镇企业17家，乡镇企业总产值达3213万元，同比增长22.49%；实施"万村千乡"市场工程，建设农家店10个，社会消费品零售总额5776万元。

米林县

【经济发展情况】2008年，米林县实现了经济增长提速，经济总量攀升，经济结构不断优化，基础设施进一步改善，新农村建设成绩显著，县域经济综合实力迈上了一个新台阶，为建设西藏强县奠定了坚实基础。全年实现GDP4.5亿元，同比增长21.29%；财政收入2107万元，同比增长27.4%；农牧民人均纯收入5239.68元，同比增长16.1%，其中现金收入3977元，同比增长14.6%。超额完成了地区下达的各项目标任务，在地区年终综合考评中荣获第一名。

【狠抓三农工作，经济有了新提升】2008年，米林县农作物播种面积4.5万亩，粮油总产量达到9500吨，粮、经、饲播种面积比为57：31：12。推广种植优良品近1万亩，其中安排资金50万元，试种玉米3000亩并取得成功，亩产达到800多斤。进一步加强牲畜疫病防治工作，注射"W"病疫苗21万多头（匹、只），注射禽流感疫苗6万多只，免疫率达到100%，全年未发生动物疫情。严把动物"四关"检疫，牲畜出栏率达到27%。加大农业基础设施建设的投入，认真落实科技承包责任制和科技特派员制度，开展科技培训工作，举办了藏药材种植、无公害蔬菜瓜果种植技术、沼气安全使用及牲畜疫病防治等农牧业实用技术培训31期，培训农牧民5350多人次。全面落实农业机械购置补贴政策，推进农业机械化进程，机耕、机播、机收"三项作业"覆盖面达到60%。制定出台了《米林县农牧业机械化实施方案》，明确了到2010年全县农业机械化率达到85%的发展目标。

特色农牧业规模效益快速提升。完善了特色产业发展规划，优化了产业布局。加大特色产业投入力度，投入资金416万元推进产业结构调整。加大支农惠农政策的落实力度，重点发展了以藏猪、藏鸡为主的养殖业和无公害蔬菜、优质水果、藏药材为主的特色种植业的发展。一是扩大了藏猪、藏鸡养殖规模，新发展藏鸡、藏猪养殖户50户。2008年全县饲养藏猪6.82万头、藏鸡7.63万只，出栏率分别达到40%和50%，为群众创收980多万元。积极探索羊和奶牛养殖，建成了8个村的养羊基地。二是推进无公害蔬菜种植基地建设，发展蔬菜种植5000亩。2008年全县蔬菜产量达到3200吨，带动群众增收640多万元。三是实施千亩优质水果产业带建设，投入资金200万元，建成了多卡优质水果基地200亩，并投入资金1000多万元，顺利启动了千亩优质水果产业带二期工程建设。四是发展藏药材种植，丰富种植品种，扩大种植规模，加强技术支持，提高种植效益。五是加强特色产业专业乡镇、专业村建设，建立了派镇、丹娘等藏猪养殖专业村6个、米林镇、南伊乡等藏鸡养殖专业村2个、卧龙、里龙等养羊专业村8个，以及大力培育蔬菜种植专业村和水果种植专业村等，全县共培育和发展特色专业村18个，做到了乡乡有特色。六是积极组建了藏猪、藏鸡等养殖和优质水果、无公害蔬菜种植等协会5个，有力地带动了相关产业发展。七是加大培育了龙头企业的培育和发展，投入资金600多万元，实施了南迦巴瓦绿色食品有限公司改扩建工程，扶持了扎西乐藏猪食品加工厂、丹娘乡雅江绿色食品加工厂等企业的发展。2008年，食品加工企业带动农牧民增收40多万元。近几年为了培育新的经济增长点，增加农牧民收入，加大了资金、技术、科技的投入和扶持力度，引导一部分农牧民发展商品经济，走入市场，为迈向农业产业化进程打下了坚定基础，通过发展农牧业特色产业，直接为农民增收2000多万元，产业收益在农牧民人均收入中占1000多元。

农牧民收入大幅度增加。2008年，旅游收入达到750万元，特色产业为农牧民群众增收2000多万元。组织农牧民群众参与工程建设，为群众创收1570万元。加大虫草、松茸等林下资源的管理，仅虫草采集就为群众增加收入3000多万元。大力发展多种经营，全县多种经营收入达到了7250万元。2008年，农牧民人均纯收入达到5239元，突破了5000元大关，在全地区名列前茅。

【狠抓项目建设，发展环境有了新变化】2008年完成固定资产投资3.28亿元，其中国家投资1.12亿元，社会投资2.16亿元。主要包括岗扎公路、扎村至朗县公路、户户通工程等一批重点项目。

加强基础设施建设。2008年，通过国家、县财政、民营企业等多方筹措资金，进行了米朗公路、岗派公路、南伊沟公路的柏油路面建设，大大改善了全县的交通条件。投入3536万元用于修建乡村公路，其中江北公路的修建解决了16个村不通公路的历史问题。投入48万元修建了农村桥梁。投入69万元修建了打麦场。投入了1583万元修建了帮仲、雪巴、多卡、直北、琼林、江多、才召等7个村的灌溉水渠，解决了近1万亩耕地的灌溉问题。投入2200万元实施"户户通"工程，解决了8个乡镇的通电问题。投入644万元的社会投资用于农机具等农牧民生产资料购置。投入330万元修建了4栋职工周转房。

【加大援藏工作力度】2008年，米林县8大类30个子项目全部开工建设，到位资金3000多万元，已完工项目10多个，投入农牧区资金2000多万元，积极争取社会援藏资金500多万元。援藏投资对新农村建设的力度很大，投入560万元新建设彩门村、米林村等样板村，投入了80万元用于村公房建设，投入了166万元，建了3个村的自来水，投入60多万元修建派镇15个村的打麦场。

【狠抓安居工程，农村面貌有了新气象】2008年，米林县把安居工程作为新农村建设的重点，始终着力扶持贫困户建房、村容村貌整治和配套设施建设。在地区下达264户任务的情况下，根据全县实际情况在年初下达了537户的目标任务，而年终实际完成了899户，使93%以上的农牧民群众住上的宽敞、舒适、安全的新房。投入资金856万元，修建了32个村级活动场所、7条村级道路；投入资金166万元，修建3个村的自来水工程。建设了彩门、帮仲、甲格、甲帮、才召、雪巴、娘龙以及卧龙、派镇小集镇等10多个新农村建设样板村镇，水、电、路、讯、广播、电视基本达到了六通。总投资达到了8313.2万元，其中社会投资6501.3万元，上级补助1102.8万元，县财政解决了709.1万元。

【狠抓旅游与招商引资，旅游业有了新飞跃】邀请厦门市泛美旅游投资规划有限公司，制定了发展规划。引进了西藏旅游股份、内蒙古双鼎集团和航天科工深圳集团有限公司等知名企业来米林开发旅游，完成了大峡谷旅游景区公路、大门、码头、旅客中心及南伊沟景区旅游公路等基础设施建设。成功举办了"香格里拉最深处——2008"旅游业推介会，参加了郑州全国旅游交易会、上海旅游交易会等活动。培育了米林镇、派镇、南伊乡 3 个旅游特色乡镇，形成了直白村、琼林村、格嘎村、才召村、热嘎村等 5 个旅游特色村，组建了农牧民群众文艺表演队，开办了 20 多家家庭旅社、"农家乐"。全年实现旅游收入 750 多万元，旅游对财政收入贡献达 280 万元，旅游带动农牧民增收 104.7 万元。

大力加强招商引资工作。加强招商引资工作，成功引进了深州航天科工集团，并在"9·8"投洽会、"8·18"林洽会上签订了合同项目 2 个，总投资 5600 多万元。加强了对签约项目的跟踪和落实，全年招商引资完成投资 1.2 亿元，创米林县历年招商引资之最。

【狠抓民生工程，社会各项事业有了新发展】继续把教育摆在优先发展地位，狠抓"两基"攻坚和"迎国检"工作，出台了《进一步加快推进教育发展的意见》和《加快发展职业教育的意见》，中、小学适龄儿童入学率分别达到 91.72%和 99.71%。投入资金 800 多万元，实施了一批乡镇小学基础设施建设项目。开展了改革开放 30 周年宣传教育及 "五好家庭"创建等活动。推进"电影 2131"、"电视进万家"等活动，全县广播、电视覆盖率分别达到 87%和 98.7%。投入援藏资金 40 多万元对珞巴等少数民族文化进行开发和保护。加强业余文艺队建设，在地区旅游节上取得第一名的优异成绩。开展军地文艺联欢活动，增进了军地之间的团结，再次夺得了全国"双拥"模范桂冠。加强卫生事业，农牧区新型合作医疗覆盖率达到了 96%。强化疾病监测与防治措施，争取资金 400 多万元改善了县乡两级医疗卫生条件。县财政投入资金 100 多万元，建设县医院职工周转房，解决了职工住房困难的问题。认真落实农牧区低保和五保户供养政策，发放低保金、五保人员供养费 86 万元，解决医疗和教育救助资金 12 万元。加大就业培训力度，新增就业岗位 102 个，城镇登记失业率控制在了 1.2%。加强抗灾救灾工作，落实资金 56 万元，为卧龙、里龙、南伊等乡镇储备防灾物资。积极开展献爱活动，组织干部群众为灾区捐赠达 50 多万元。

墨脱县

【经济发展情况】2008 年，墨脱县生产总值达到 8800 万元，同比增长 15.79%；本级财政总收入达到 240 万元，同比增长 19.4%，其中:第一产业完成 1180 万元，第二产业完成 3037 万元，第三产业完成 4583 万元；农林牧渔总产值实现 1398.29 万元，同比增长 3.8%；乡镇企业收入实现 180 万元，同比增长 16%；多种经营收入实现 430 万元，同比增长 18.8%；农牧民人均纯收入达到 2682.02 元，同比增长 15.9%，现金收入达到 1702.73 元，同比增长 17.54%。

【重点项目建设和管理得到加强】狠抓项目的申报立项工作，紧追审批通过项目的资金，认真收集有效益、可行的项目，为建立项目库奠定了基础。重点开展了总投资 665 万元的县接待楼、总投资 670 万元的县城市政道路、总投资 110 万元的加拉萨乡至古乡骡马驿道、总投资 62 万元的德兴乡水渠、总投资 58 万元的背崩乡水渠及总投资 2956 万元的亚东电站等项目的建设实施，同时协助援藏工作队实施农牧区配套设施建设、政府办公大楼、水厂改造及扶贫路（东坡路—钢架桥段）升级改造工程等重点项目的实施。

【农牧业发展稳步推进】及时发放农用物资，加强春耕备耕工作，改善农牧民生产生活条件，积极开展劳务输出，把增加农牧民收入作为经济社会发展的首要任务。全县农作物总产量达到 1119.76 万斤，粮食作物产量 988.35 万斤，牲畜总存栏数达到 14676 头匹，牲畜出栏率 22.5%；农牧民通过参与工程建设和物资运输增收 1135.68 万元。

【积极培育经济增长新亮点】加大对"三农"的投入力度，本级财政投入"三农"资金 73 万元。积极引导农牧民群众开商店、手工编织等个体经济收入方式，实现群众多种经营增收的新突破。

【基础设施进一步改善，生态墨脱建设进展顺利】交通事业取得新突破，交通制约墨脱县经济发展的瓶颈得到缓解。2008 年 9 月扎墨公路顺利开工建设，新修 3 条通乡公路，分别为：总投资 825.35 万元，全长 23.035 千米的背崩公路；总投资 247 万元，全长 7.029 千米的达木公路；总投资 17 万元，全长 1.5 千米的背崩乡卫生院至解放大桥的简易路；总投资 268 万元，全长 32.28 千米的 3 条马行道改道工程；总投资 17.12 万元，对 4 座吊桥进行维修和新修 3 座吊桥；德兴公路正在建设中。

水利设施进一步改善。新修德兴乡文浪村下曲果荣等 10 条农田水渠，水渠总长 6300 多米，投入资金 210 万元，群众增收 73.3 万元，解决了 961 亩稻田灌溉用水困难的问题，确保粮食增产丰收。12 个行政村农村安全饮水工程项目相继竣工并投入使用，解决 280 户、1650 人的吃水难问题，极大的改善生活条件，为群众增收 46 万元。2008 年 10 月份，亚东电站顺利开工建设，建成后将解决县城、德兴乡政府及县城周边村庄干部群众的用电困难问题。

环保旅游工作初显成效。在大峡谷旅游节期间，墨脱县与西藏雅鲁藏布旅游开发有限公司和西藏旅游股份有限公司签订意向协议书，已完成派镇至县城热带徒步旅游线路和嘎龙拉大峡谷徒步旅游线路的初步设计工作；制定实施方案，加大环境监察力度，重点进行"白色污染"治理工作，切实做好全国第一次污染源普查工作，做到数据准确、及时上报信息，数据录入工作于 2008 年 5 月 15 日顺利通过专家验收。

【社会事业全面进步】始终把教育放在优先发展的战略地位，加快教育基础设施建设，狠抓教育目标的落实工作和控辍保学工作，提高教育教学质量，适龄儿童入学率和在校生巩固率有所提高，顺利通过了“普九”复查。

截至2008年11月底，全县医院、卫生院门诊诊治病人14531人次，住院病人419人次，各项手术375人次，抢救危重病人38人次。县人民医院新住院大楼和县疾控楼相继竣工并投入使用。基层医疗卫生队伍得到了充实，公共卫生应急能力明显提高，人口和优生优育工作进一步加强，农牧民免费医疗补助标准提高到140元。通过各种传染病及其预防知识宣传、开展对育龄期妇女及0-3岁儿童投服碘丸，有效地控制了流行病、地方病的蔓延，同时开展了疟疾监测工作和居民使用防蚊措施调查工作。

“十一五”重点文物保护工程不断推进，收集到50多个门巴、珞巴民族的民间故事、民间传说，获得墨脱县非物质文化遗产的第一手资料；第三次全国文物普查和非物质文化遗产普查保护工作全面展开。成功举办了墨脱县首届民族文化艺术节，；墨脱县邮政业务正式开通，结束了墨脱县不通邮的历史；移动通讯业务发展迅速，扎墨公路K52、格当乡成功开通移动通讯业务，建成达木乡、旁辛乡、加拉萨乡、甘德乡移动通讯机站，乡（镇）移动覆盖率将达100%。西新工程、广播电视村村通工程进展顺利，目前已安装6套“6+3村村通”广播电视设备，设备安装后，极大地改善了部分乡村收看电视节目难的问题。

【积极落实援建项目，认真搞好经济援助】2008年，墨脱县共有援藏投资建设项目17项，总投资3124万元，2008年完成投资2067万元。

【领导名录】

书记：张国玖

副书记、人大主任：旺堆

副书记、县长：欧珠多吉

政协主席：旺久

波密县

【基本县情】波密，古称博窝，藏文意为祖先，位于西藏东南部，念青唐古拉山与喜玛拉雅山交界处，东邻八宿县，北靠洛隆、边坝县，西与嘉黎、工布江达县接壤，南连察隅、墨脱、林芝县，川藏公路318国道横贯东西约270千米，距自治区首府拉萨市636千米，距地区所在地八一镇234千米，距林芝机场279千米。全县下辖3镇7乡84个村委会，总人口3.2万，其中农牧业人口2.2万，总面积约1.7万平方千米。全县平均海拔2720米，属藏东温带半湿润高原季风气候区，年均气温8.5摄氏度，年均降水量876.9毫米，年均日照1544小时，无霜期150天，境内森林资源、旅游资源尤为丰富，享有“大美波密•冰川圣地”、“高原氧吧”、“藏王故里”、“绿海中的明珠”之美誉。

境内水土、矿产、动物、植物资源十分丰富。矿产有砂金、铁矿、水晶石、石灰岩、石膏等40余种；野生动物达80余种，其中被国家列为重点保护的动物有獐子、梅花鹿、熊、金丝猴、豹、羚羊、小熊猫、水獭、黑颈鹤等20余种；植物资源达400余种，有天麻、虫草、松茸、贝母、归参、茯苓、大黄等，其中高级食用菌松茸年产量达100吨左右；经济作物有核桃、花椒、苹果、枸杞、葡萄、水蜜桃、漆树等30余种。

【国民经济持续快速健康发展】2008年县委、县政府在地委、行署的坚强领导和广东人民的大力支持下，坚持一手抓发展不放松、一手抓稳定不动摇，总揽全局，沉着应对，成功克服拉萨“3•14”事件、10月份雨雪灾害等各种困难，社会局势稳定，经济社会又好又快发展。

经济保持较快增长。全县生产总值完成53940万元，同比增长20%。财政收入完成2460万元，同比增长22.5%，连续三年保持20%以上的高速增长。

投资规模不断扩大。国家投资完成13848.02万元，同比增长39.1%。社会投资完成16098.4万元，招商引资到位资金4000万元。被评为林芝地区争取国家投资第一名。

人民生活持续改善。农牧民人均纯收入达到4512元，同比增长14.1%。扎木镇、松宗镇、倾多镇、易贡乡、多吉乡人均纯收入超过5000元，其中扎木镇达到6275元。提前两年实现全县90%以上的群众住上安全舒适的新居。

【农牧业生产持续稳定】2008年，波密县粮油总产量达18694吨，其中粮食总产量17591吨，油菜籽总产量1103吨。完成冬播5.8万亩，机耕面积为5.7万亩，机播面积为5.2万亩。建立玉米、油菜等特色生产基地6个，发展天麻种植专业乡镇6个、专业村22个；天麻种植面积扩大到63486平方米，项目区人均增收1940元；蜜蜂、犏奶牛养殖和油菜、辣椒、玉米种植等特色产业规模进一步扩大。发展特色产业为群众增加收入2762万元，人均增加1255元。全年牲畜存栏117102头（匹、只），新生仔畜26160头（匹、只），成活25840头（匹、只），成活率98%，牲畜出栏率达33.4%，商品率达25.9%；免费发放各类兽药疫苗价值7.4万元，疫苗注射总头数达369953头（只、匹）次，畜禽免疫率达97%，其中W病和禽流感免疫率达100%。未发生任何疫病疫情。

【第二产业稳步发展】2008年，波密县工业总产值完成2735.5万元，同比增长23.4%。逐步建立和发展天麻、蜂蜜、油菜及特色林下资源产品采集、加工业；加大了波密天麻、易贡菜籽油、古乡蜂蜜、岗村糌粑等特色产品的商标注册力度，逐步建立了品牌原产地保护机制，大力开展农畜产品、旅游产品深加工、新建蜂蜜加工厂、松茸加工厂等乡镇、村集体经济实体。逐步启动水电业开发，新建康玉、八盖两座电站，完成第三期农网改造，全年发电量828万度，同比增长4.2%。加大了森工企业技术改造力度，积极开展林产品精、深、细加工；在保护生态环境的前提下，有序组织开展玉普沙拢弄锌矿开采的前期工作，全县第二产业建设整体水平显著提高。

【第三产业有所回落】2008年，波密县交通运输业、商业、服务业发展势头良好，农牧区消费市场建设得到加强。设立100万元的旅游发展专项基金，投资750万元分别加强了米堆冰川、岗自然保护区、嘎朗等重点景区配套设施建设；积极组织参加“广博会”、“厦洽会”等区内外各类活动，广泛开展多层次、多渠道的旅游宣传推介活动；与西藏宏绩集团等旅游开发企业签订了米堆冰川、岗自然保护区、易贡国家地质公园和嘎朗王朝遗址等重点景区（景点）开发合同；完成了《波密县旅游总体规划》，全力打造“大美波密•冰川之乡”旅游品牌，群众参与旅游经营活动增收126.5万元。受“3•14”事件影响，全年累计接待游客6.64万人次，实现旅游相关收入1951.9万元，分别同比下降29.2%和28%。

【新农村建设取得新进展】2008年，波密县安居工程全面推进。2008年共完成安居工程1268户，建筑面积为17.4万平方米，总投资10363.5万元，其中国家投资1165.6万元，群众自筹9197.9万元，受益人口达6974人；安居工程使用替代建筑材料3687.5吨，节约木材3500余立方米。2005年以来，全县共完成安居工程任务3370户，使全县92%的农牧民群众住上了安全、舒适的适用住房，为农牧民群众兑现建房补贴3593.9万元。

“三农”扶持力度不断加大。县财政共投入737.3万元支持“三农”工作，用于农业生产补贴、农村能源综合建设、安居工程、基层党组织场所建设等。县农行共发放农业贷款3453万元，扶贫贷款435万元；累计发放金、银、铜、钻石卡共计2921张，钻石卡52张，发卡面达80.03 %。积极发展劳务经济，组建农牧民施工队6家。完成50个村的农村安全饮水工程和1077户沼气建设，改造中低产田1600亩。大力发展岗村水磨糌粑加工厂、如纳村涂料厂等乡镇、村级集体经济，乡级财政收入、村集体经济收入显著提高，覆盖面达到23%以上。完成玉普整乡推进扶贫项目4个、面上扶贫项目1个，落实定点帮扶资金550万元。发展农村经济合作组织5个，培训农牧民群众4200多人，农牧民组织化程度明显提高。组建农牧民施工队6家，劳务输出8075人次，实现收入1135万元。

农牧民生活水平明显提高。农牧民收入稳步增加，人均纯收入达4865元，现金收入3619元，分别同比增长16.6%和8.3%。目前全县人均收入达10000元的村有5个，人均收入达10000元的户有270户。截止2008年底，全县累计实现9个乡镇77个村3619户21236人通路，乡镇通路率达90%，村通路率达91.7%；累计实现8个乡镇73个村4737户通电，村通电率达86.91%；累计实现10个乡镇77个村97个点3107户16546人喝上了安全、洁净的饮用水，村通水率达91.7%等。

【基础设施明显改善】2008年，波密县安排100万元作为项目前期工作专项经费，加强项目的论证、申报工作，全年共完成基建项目前期工作14个，总投资8558万元。完成全社会固定资产投资29946.42万元，同比增长7.1%，其中国家投资13848.02万元（其中援藏投资2846万元），社会投资16098.4万元，涵盖能源、交通、市政及新农村建设等多个领域，县城总规编修、波密广场改扩建、干部职工周转房、粮食局综合楼等市政项目相继竣工，县城市政道路、自来水管网改造及城南防洪堤整治工程进展顺利；实施整乡推进扶贫开发项目5个、总投资362.1万元，面上扶贫项目5个、总投资397.7万元，实施扶贫培训项目1个、总投资13万元，定点帮扶资金落实550.8万元。

【社会各项事业蓬勃发展】2008年，波密县全面启动“两基”、“迎国检”工作，加快教育基础设施建设，小学适龄儿童入学率和巩固率分别达到99.7%和99.6%，中学生入学率和巩固率分别达到95%和96%。加强卫生基础设施建设，新建倾多镇卫生院、通麦急救中心和古乡索通、玉许玉沙等村卫生所，农牧区医疗制度覆盖率达到100%，个人筹资率达到100%，荣获国家计划生育优质服务先进县。扎实开展“新农村、新文化示范村”和“文化示范乡”建设，完成全国第三次文物普查，成功申报“全国文明县城”，广播电视覆盖率分别达到85.1%和97.2%。整顿、规范食品药品市场，顺利通过首批“全国食品安全示范县”评估验收。扎实开展就业援助和岗前培训，解决公益性岗位31个，解决8户“零就业”家庭的就业，城镇登记失业率控制在2.3%。加大生态环境保护和建设力度，完成植树造林6300亩，实现无森林火灾年，荣获自治区林政管理先进县，林政管理典型经济在全区推广。健全社会保障体系和社会救助体系，抗雪救灾工作取得阶段性胜利。深入开展各类安全生产大检查，最大限度地保障了国家和人民群众的生命财产安全。

【援藏工作取得新成效】累计争取援藏资金、物资4201万元，建设重点援藏项目39个，涉及市政建设、新农村建设、特色产业发展、文教卫生等多个领域。积极开展粤藏两地经贸交流与合作，组团赴广东学习考察和参加“广博会”，开展范围覆盖全省的大型旅游宣传推介活动，有效地扩大和提高了波密的社会影响力和知名度。制定《三年人才培训规划》，投资100万元加强干部培训工作，扎实推进干部培训、专业人才培训等工作，组织21名村干部赴广东省学习培训，邀请中山大学专家组前来波密进行旅游规划设计和城镇测绘。

【获奖情况】

波密县政法委被评为“全国平安建设先进集体”、“自治区平安县”称号。

波密县卫生局被评为“全国计生优质服务先进集体”称号。

波密县古乡被评为“全国农业普查先进集体”称号。

波密县古乡古村被评为“全国巾帼示范村”称号。

波密县松宗镇被评为“全国农业普查先进集体”称号。

波密县卫生局被评为“全区卫生工作先进集体”称号。

波密县林业局获“自治区林业工作先进集体”、“自治区森防先进集体”称号。

波密县乡企局被评为“自治区乡镇企业工作先进单位”称号。

波密县发改委被评为“全区第二次农业普查先进集体”称号。

波密县宣传部被评为“全区信息上报先进集体”、“全区转星调整先进集体”称号。

波密县教育局被评“西部地区‘两基攻坚’先进地区”称号。

波密县建设局被评为“全区组织农牧民转移就业先进集体”称号。

2008年10月份成功召开了全区综治工作现场会。先后被评为“首批自治区级平安县”、“全国平安建设先进县”、“全国文明县城”、“全国食品安全示范县”、“全国计划生育优质服务先进县”等称号。

波密县政府格桑同志被评为“全国平安建设先进县先进工作者”称号。

波密县公安局薛忍贤同志被评为“全国社会治安综合治理先进工作者”称号。

波密县公安局郑君军同志被评为“奥运安保先进个人”称号。

波密县发改委陈银平、财政局邓人山二位同志被评为“全国第二次人口普查先进个人”。

波密县文广局卢俊香同志被评为“全国精神文明建设先进工作者”。

波密县文广局西绕江村同志被评为“全国转星调整三等功”。

波密县委左孟新同志被评为“全区民族团结进步先进个人”。

波密县纪检委仁青尼玛同志被评为“自治区纪检监察先进个人”。

波密县多吉乡加达寺白玛顿堆被评为“自治区寺庙爱国主义教育先进个人”。

波密县发改委苏华、扎木镇朱广二位同志被评为“西藏自治区第二次农业普查先进个人”。

波密县教育局李雨、易贡乡小学旦增平措二位同志被评为“西藏自治区‘两基攻坚’先进个人”。

波密县公安局侯国聪、张豪杰、普布、马辉、次旺扎西、向巴、晋美、永彩、金庆海九位同志荣获自治区公安厅“嘉奖”，索朗嘎珠、柳军力、永嘎、格布等四位同志荣获自治区公安厅“三等功”。

波密县宣传部吉美才邓同志被评为“自治区广播电视台优秀通讯员”。

波密县文广局陈宏平同志被评为“2008年全区信息上报先进个人”称号。

【领导名录】

书记：左孟新

副书记、人大主任：吴兴友

副书记、县长：格桑

副书记、政协主席：蒲晓军

察隅县

【基本县情】察隅县地处西藏东南部，与印度、缅甸接壤，与区内外6县毗邻，是距地区最远、通县公路条件最差、发展较为滞后的县，距八一镇537千米，距拉萨934千米。全县总面积31659平方千米（实控面积19200平方千米），辖3乡3镇、96个行政村，总人口26800人（其中农牧民4179户、23799人）。

边防重地。察隅县是自治区重要边境县之一，占全区边境线的八分之一还多。边境线总长588.64千米，其中中印边境401千米，中缅边境187.64千米。

多民族聚居地。全县共有藏、汉、纳西、独龙、苗、回、门巴、珞巴、傈僳、怒等十个民族和一个未识定民族—僜人。各民族分布呈现小聚居大杂居和交错居住的特点，文化习俗相互融通，民族风情纯朴，人文景观丰富。

“雪域小江南”。全县平均海拔2800米，县城海拔2360米。地势由西北向东南倾斜，相对高差3600米。独特的亚热带气候，造就了察隅“一山有四季，十里不同天”的神奇自然景观，赢得了“雪域小江南”的美誉。

自然资源丰富。有着以察隅河和怒江为主体的几十条大中河流，水能开发利用价值巨大；蕴藏金、银、铜、锡等数十种稀有矿物，具有极大开发潜力；森林覆盖面积达60%，活力木蓄积量接近2.3亿立方米，珍贵林下资源、珍稀保护动物物种繁多。

【经济发展情况】2008年，察隅县生产总值完成2.15亿元，同比增长14.4%，其中，第一、二、三产业产值分别实现6210万元、4080万元和1.12亿元，分别同比增长24%、1%、14%；比重为29：19：52；粮油总产量完成18625吨，固定资产投资完成1.25亿元；财政收入完成1130万元，同比增长23%；农牧民人均纯收入和现金收入分别为2756元和2221.2元，同比增长13.6%和20%；社会消费品零售总额3050万元，同比增长5.9%。察隅县第五批援藏工作组按照援藏资金向农牧区倾斜的总体要求，落实援藏资金和物资1837万元。

【社会事业发展情况】教育得到优先发展。不断改善办学条件，认真落实“三包”政策，县级财政投入教育事业经费226万余元，适龄儿童入学率达到99.4%，初中阶段入学率达91.2%。公共卫生事业加快发展，公共卫生应急能力明显提高，人口和优生优育工作进一步加强，全县家庭医疗账户建户率达100%。文化事业蓬勃发展。基层文化建设发展全面开花，成功申报2个非物质文化遗产项目，县志初稿全部完成，广播及电视覆盖率分别达80.5%和92.6%，“电视进万家”活动发放电视机1200余台，电影“2131”工程放映电影1860余场，观映20万人次。

【民生工作】农牧民生产生活条件显著改善，完成安居工程1351户，8610名农牧民搬进了安全适用的住房，解决了5个乡镇、39个行政村、2265户、12119名农牧民生产生活用电问题，电信光缆覆盖全县六乡镇大部分行政村，完成了900户的沼气建设。城乡居民收入不断提高，农牧民人均纯收入和现金收入分别为3064.8元和2221.2元，同比增长26.3%和20%，举办各类农牧业科技培训5期，培训农牧民1500人次，全年实现农牧民劳务输出10500人次，劳务收入1560万元。就业和社会保障工作取得新进展，大力开创公益性岗位，县级财政对公益性岗位补贴工资总额的40%，全年新增就业51人，完成全年目标的100.25%，登记失业率控制在3.6%。困难群众基本生活得到有效保障，人均收入880元以下的678户2506名特困群众已全部纳入农村低保范畴，发放低保金108.6万元。组织干部职工为受冰雪灾害影响的对口援藏地区和拉萨“3·14”事件受损商户群众分别捐款5.1万元和3.14万元。自发组织全县各界人士主动向“5·12”四川地震灾区捐款20余万元，募集支援灾区特殊党费近25万元。向当雄地震灾区捐款6.5万余元。投入抗救10月底雨雪天气受灾资金10万余元，将“五保”供养标准增加到全区标准的1600元，困难群众的生活水平没有因为物价上涨而降低。

朗　县

【经济发展情况】2008年，朗县实现生产总值1.935亿元。同比增长9%，其中：第一、第二、第三产比重分别为25.3%、25.6%、49.1%。财政收入473万元，同比增长14.81%；农村经济总收入达到11529万元，同比增长16.6%；乡镇企业产值1240.93万元，同比增长13%；多种经营收入5126.56万元，同比增长15%；农牧民人均纯收入4242元，同比增长12.6%，其中：现金收入3225.89元，同比增长11.27%。社会固定资产投资完成15817.19万元。粮油总产量6623吨，同比增长0.14%；牲畜总存栏10.67万头(匹、只)，同比增长1.01%；牲畜出栏率为26.4%，同比增长0.02%。

【增收渠道不断拓宽】2008年，朗县加大劳务输出力度。全年劳务输出6238人次，实现劳务收入801.58万元。加强虫草资源管理。虫草采集量达到2530斤。规范砂石采挖秩序。对全县各砂石采挖点进行清理整治，完善相关收费制度，规范市场经营秩序。发展农牧民经济实体。加大对朗县农畜产品专业合作社、朗县贡堆建筑建材有限责任公司、朗县仲温建筑建材有限责任公司、朗县塔布建筑建材有限公司等专业合作组织的帮扶力度，全年几家专业合作组织共吸收农村富余劳动力达253人，增加群众收入103.63万元。加大扶贫工作力度。国家投资900万元，群众自筹2600余万元的登木乡整乡推进工作顺利完成并通过自治区、地区验收，强化农牧民科技培训。投入61.5万元在农牧区大力开展经济林木种植、大棚栽培、畜禽病害防治、沼气建设等培训，参训人数达8000人次。

【特色产业迅速壮大】2008年，朗县"两椒两桃"特色产业建设步伐加快，新成片种植以核桃为主的经济林木3097亩，其中核桃2312亩、藏冬桃705亩、花椒80亩。至此，全县经济林木种植已累计达到8616亩，成活率均在90%以上。辣椒产业项目218座大棚温室已开始发挥效益，辣椒种植面积达到1000亩，年产量达到260万斤，实现产值520万元。以拉丁雪为中心的5个黄牛改良点实施黄改，冻配和本交共达1000头。畜禽免疫率达100%。

【企业发展呈现生机】2008年，朗县积极推动并完成了朗县农畜产品专业合作社改造，"两椒两桃"和畜产品商标注册累计达到16个，生产规模进一步提高。加快产品质量体系认证，扩大市场销售份额，实现年利润25.36万元。县农电公司企业改制得以深化，关系进一步理顺，逐渐走出困境并实现盈利。农牧林综合示范场体制改革完成，示范园区的辐射、带动作用进一步显现。矿业开发有序进行，部分矿产已正式开采。

【旅游开发初见成效】2008年，朗县完成了《朗县旅游发展总体规划》的初稿编制并通过地区复审。朗泉宾馆装修完成并通过二星级宾馆评定复审。藏、汉、英三种语言的旅游标志牌评定工作顺利开展。新编印旅游宣传画册1万余册。正式签订了拉多藏湖景区、嘎贡瀑布综合景点等开发合同。朗敦庄园修缮和拉多巴顿旅游度假村工程完工。全年共接待游客3831人次，实现旅游收入76.62万元。

【安居攻坚目标完成】2008年，朗县安居建设实现年初攻坚目标，全年完成以弱势群体为主的788户建设任务，总投资8400.42万元，总建筑面积17.88万平方米，受益人口3066人。2008年，安居建设已累计完成3280户，使全县91.95%的农牧民群众住上了安全、舒适、适用的新房。

在实施安居建设的同时，加快水、电、路、通讯等基础设施建设，全年完成农村安全饮水工程11个点，解决了371户1467人和2.26万头（匹、只）牲畜的饮水问题。三期农网金东段延伸线路22千米，新增用电户118户。

【基础设施日趋完善】2008年，朗县共建设项目69个，总投资9654.1万元，完工项目60个，完成投资5512.77万元。其中新建项目58项，完成投资3720.30万元。

【援藏工作扎实推进】2008年，朗县按照"一倾斜，两结合，三重点"的援藏工作思路，2008年福州市第五批援藏投入资金2200万元，重点实施了雅江两岸经济林木开发、农牧民安居工程建设和社会事业建设项目三大工程。全年雅江两岸经济林木开发项目完成投资710万元(其中农发配套300万元)，在6个集中片区成片种植经济林木3097亩，使全县特色产业规模进一步扩大。农牧民安居工程建设重点实施了新扎村、昌巴新村整村搬迁，金东乡东雄村新农村示范点建设，朗村整村推进等，使更多的群众住上了安全、舒适、适用的新房。社会事业发展项目完成政务服务中心、洞嘎镇派出所、洞嘎镇老干部活动中心、朗村道路硬化、滚村蓄水池、城区园林公园等项目建设，进一步夯实了朗县发展基础。

【领导名录】

书记：张维船

副书记、人大主任：张金林

副书记、县长：达瓦

县委常委、政协主席：永佳

第七篇 政府2008年大事记

一月

1日

自治区主席向巴平措、常务副主席郝鹏、副主席白玛才旺在拉萨与前来我区考察指导工作的中国农业银行党委书记、行长项俊波率领的调研组一行座谈。

3日

中行西藏分行2008年工作会议暨二届三次职代会在拉萨召开，自治区副主席白玛才旺出席并讲话。

7日

自治区政府召开全体会议，讨论自治区人民政府拟请自治区九届人大一次会议审议的政府工作报告稿，自治区主席向巴平措主持会议，常务副主席郝鹏、吴英杰等出席会议。

8日

全区就业再就业表彰大会在拉萨召开，自治区常务副主席郝鹏、区政协副主席扎门•赤列旺杰出席会议，自治区副主席白玛才旺出席并讲话。

15日

全国病险水库除险加强工作电视电话会议在北京召开，自治区副主席多吉泽仁出席西藏分会场会议并讲话。

16—22日

自治区九届人大一次会议在西藏人民会堂隆重开幕，大会执行主席、主席团常务副主席列确主持会议，自治区主席向巴平措作政府工作报告。

23日

新一届自治区政府召开第一次全体会议，自治区主席向巴平措作重要讲话，常务副主席郝鹏主持会议，常务副主席吴英杰、白玛赤林、副主席杨海滨、次仁、甲热•洛桑丹增、白玛才旺、多吉泽仁、秦宜智、邓小刚、宫蒲光、孟德利、德吉、多托出席会议。

23日

自治区安委会在拉萨召开2008年第一次会议，自治区常务副主席白玛赤林出席并讲话。

◆2008 西藏电力工作会议暨西藏电力有限公司一届三次职工代表大会在拉萨召开，自治区副主席杨海滨出席并讲话。

24日

全区气象局长会议在拉萨召开，自治区副主席次仁出席并讲话。

◆全区民宗局书记、局长会议在拉萨召开，自治区副主席多吉泽仁出席并讲话。

◆全区卫生工作会议在拉萨召开，自治区副主席德吉出席并讲话。

25日

2008 年度全区通信管理工作会议在拉萨召开，自治区副主席多吉泽仁出席并讲话。

28日

2008 年我区十大重点工程建设项目之一的青藏公路格尔木至拉萨段改建工程在堆龙德庆县古荣乡举行开工典礼，自治区主席向巴平措出席并宣布青藏公路格尔木至拉萨段改建工程正式开工，自治区常务副主席吴英杰讲话，副主席宫蒲光主持开工典礼。

29日

2008 年全区安全生产工作会议在拉萨闭幕，自治区常务副主席白玛赤林出席并讲话。

◆全区林业局长会议在拉萨召开，自治区副主席次仁出席并讲话。

◆全区农村党员干部现代远程教育工作会议在拉萨召开，自治区副主席次仁出席并讲话，副主席多吉泽仁主持会议。

◆拉萨海关关区关长会议在拉萨召开，自治区副主席多吉泽仁出席并讲话。

二月

5日

自治区主席向巴平措、常务副主席吴英杰、副主席多吉泽仁、宫蒲光一同看望慰问通信行业员工。

7日

自治区主席向巴平措、常务副主席吴英杰、副主席多吉泽仁、宫蒲光、孟德利等看望慰问了节日期间坚守工作岗位的值班人员。

16—17日

全区经济工作会议在拉萨召开，自治区党委书记张庆黎、自治区主席向巴平措在会上发表重要讲话，全国政协副主席、自治区政协主席帕巴拉•格列朗杰出席会议，自治区常务副主席郝鹏作会议总结。

27日

自治区重点项目建设领导小组召开会议，自治区常务副主席郝鹏主持会议并讲话，自治区常务副主席白玛赤林、副主席次仁、多吉泽仁、宫蒲光、孟德利、多托等出席会议。

28日

中国人民财产保险股份有限公司西藏分公司召开 2008 年度全区(支)公司总经理会议，自治区常务副主席白玛赤林出席会议并发表讲话。

◆全区工商行政管理工作会议在拉萨召开，自治区副主席多吉泽仁出席会议并讲话。

◆全区文物工作会议在拉萨召开，自治区副主席多吉泽仁出席并讲话。

◆全区文化文物局长会议在拉萨召开，自治区副主席多托出席并讲话。

三月

1日

全区外宣工作会议在拉萨召开，自治区常务副主席郝鹏出席并讲话。

3日

全区质量技术监督工作会议在拉萨召开，自治区常务副主席白玛赤林出席并讲话。

3—6日

自治区副主席孟德利率自治区工作组到那曲地区督导检查工作。

5—8日

自治区副主席多托率自治区文化厅、发改委、财政厅、广电局、农牧厅等赴山南地区调研。

8—11日

自治区副主席、自治区政府秘书长宫蒲光率联合工作组到昌都地区调研。

13日

自治区主席向巴平措在北京与中国科学院党组副书记、常务副院长白春礼等中科院有关领导同志进行座谈。

◆自治区高校毕业生就业制度改革协调工作领导小组会议在拉萨召开，自治区常务副主席郝鹏出席并讲话，副主席孟德利出席会议。

17日

自治区副主席多吉泽仁代表自治区党委、政府看望慰问"3·14"受损商户。

18日

自治区副主席多托视察并慰问银行系统员工。

20日

全国森林草原防火工作电视电话会议在北京召开，自治区副主席次仁出席西藏分会场会议并讲话。

21日

自治区主席向巴平措、常务副主席郝鹏、副主席宫蒲光看望慰问坚守在一线值勤的广大官兵。

22日

自治区主席向巴平措主持召开自治区人民政府常务会议，听取自治区有关部门就"3·14"事件发生后维护稳定，恢复生产秩序的情况汇报，并研究部署了当前工作。

25日

自治区主席向巴平措看望慰问在拉萨"3·14"事件中受伤的武警、消防官兵、公安干警及受伤的群众，自治区常务副主席郝鹏、副主席宫蒲光、德吉参加看望慰问活动。

◆国务院第一次廉政工作会议在北京召开，自治区主席向巴平措出席西藏分会场会议并发表重要讲话，常务副主席郝鹏、副主席宫蒲光等出席会议。

28日

自治区人民政府召开会议，研究对"3·14"事件中受损商户进行救助的优惠扶持政策，通过了自治区财政厅等10家单位联合起草的《关于扶持"3·14"事件受损商户恢复生产经营秩序优惠政策》，自治区主席向巴平措出席并主持会议。

29日

自治区主席向巴平措与前来我区调研指导工作的武警森林指挥部政委王长河一行座谈，自治区副主席次仁参加了座谈会。

31日

自治区主席向巴平措在拉萨接受中央电视台记者采访。

四月

2日

自治区全面深入扎实做好维护社会稳定工作电视电话会议在拉萨召开，自治区党委书记张庆黎发表重要讲话，自治区人大常委会主任列确传达中央有关指导精神，自治区主席向巴平措主持会议。

3日

全区法院"3·14"案件审判工作会议在拉萨召开，自治区常务副主席白玛赤林出席会议并讲话。

9日

全区冬虫夏草采集管理工作会议在拉萨召开，自治区主席向巴平措作书面讲话，区党委常委、政法委书记王宾宜发表讲话，自治区副主席次仁作总结讲话。

◆国务院新闻办邀请自治区主席向巴平措、中央统战部部长斯塔介绍近期西藏有关情况并答记者问。

10日

自治区政府召开会议，交办两会代表提出的建议和提案，安排部署2008年的办理工作，自治区常务副主席郝鹏出席并讲话。

11日

全区农村沼气建设项目开工典礼在贡嘎县甲竹林镇举行，自治区副主席次仁出席开工典礼。

16日

自治区主席向巴平措主持召开政府常务会议，研究并原则通过《西藏自治区"3•14"事件后恢复生产经营秩序工作小组办公室关于"3•14"事件中受损民房商铺修复补助政策的通知》、《西藏自治区财政厅、国税局、发改委、国资发、工商局、交通厅、民政厅、劳动和社会保障厅、商务厅、人行拉萨中心支行关于扶持"3•14"事件后受影响行业有关优惠政策的通知》，自治区常务副主席吴英杰、副主席甲热•洛桑丹增、多吉泽仁、邓小刚、宫蒲光等出席会议。

17日

自治区食品药品安全委员会第一次会议在拉萨召开，自治区副主席德吉出席并讲话。

21日

自治区领导与国家体育总局赴藏工作组座谈，自治区主席向巴平措出席并讲话，常务副主席吴英杰主持，副主席宫蒲光出席会议。

◆全区粮食流通工作会议在拉萨召开，自治区常务副主席郝鹏出席并讲话。

◆全区新闻出版工作会议在拉萨召开，自治区副主席多托出席并讲话。

22日

自治区主席向巴平措主持召开政府常务会议，研究分析2008年一季度经济运行情况及下一步工作重点，自治区常务副主席郝鹏、吴英杰、副主席次仁、邓小刚、宫蒲光、德吉、多托等出席会议。

23日

自治区副主席次仁在拉萨饭店会见国家气象局党组副书记、副局长许小峰一行。

25日

2008 全国水库安全度汛电视电话会议在北京召开，自治区副主席次仁出席西藏分会场会议并讲话。

◆全区兴奋剂生产经营专项治理工作会议在拉萨召开，自治区副主席德吉出席并讲话。

◆自治区口岸及边境贸易工作协调领导小组召开会议，自治区副主席邓小刚出席并讲话。

30日

自治区主席向巴平措主持召开自治区人民政府主席办公会议，研究物价上涨对群众生活的影响及对策，自治区常务副主席郝鹏、白玛赤林、副主席宫蒲光、德吉、多托出席会议。

五月

4日

全区冬虫夏草采集管理工作电视电话会议在拉萨召开，自治区主席向巴平措出席并讲话，区党委常委、区政法委书记王宾宜发表讲话，自治区副主席次仁主持会议。

5日

自治区常务副主席郝鹏在自治区有关部门负责人陪同下前往西藏大学新校区调研高校毕业生就业工作情况并与学生代表座谈。

6日

自治区召开电视电话会议，通报一季度经济运行情况并安排部署下一步工作，自治区主席向巴平措主持并发表讲话，自治区常务副主席郝鹏通报有关情况，自治区常务副主席白玛赤林、副主席白玛才旺、多吉泽仁、秦宜智、邓小刚、宫蒲光、多托出席会议。

◆自治区主席向巴平措主持召开自治区政府常务会议，会议审议并原则通过《关于2008年自治区基本建设地方预算内投资计划的请示》、《关于调整个人所得税费用扣除标准的请示》、《关于调整国家机关工作人员牺牲病故后一次性抚恤金、遗属生活困难补助费、丧葬补助费的请示》、研究《拉萨市(关于追认尼加同志为革命烈士的请示)》的审核意见，自治区常务副主席郝鹏、白玛赤林、副主席次仁、白玛才旺、多吉泽仁、秦宜智、邓小刚、宫蒲光、德吉、多托出席会议。

◆全区良种奶牛繁育基地项目工作会议在拉萨召开，自治区副主席次仁出席并讲话。

7日

自治区常务副主席郝鹏带领自治区有关部门负责人考察我区部分社会事业重点项目建设情况。

8日

自治区主席向巴平措在拉萨会见由国务院西部开发办副主任曹玉书率领导的国家发改委赴藏考察调研组一行，自治区常务副主席郝鹏参加会见。

10日

珠峰大本营举行奥运火炬珠峰传递成功庆祝仪式，自治区主席向巴平措、国家体育总局党组副书记、局长胡家燕出席并发表讲话，自治区常务副主席吴英杰主持仪式，区人大常委会副主任、日喀则地委书记格桑次仁、自治区副主席宫蒲光出席仪式。

11日

自治区常务副主席郝鹏在拉萨与国务院西部开发办副主任曹玉书率领的国家发展改革委调研组座谈。

12日

全国第二次经济普查电视电话会议在北京召开，自治区常务副主席郝鹏出席西藏分会场会议并发表讲话。

14日

自治区主席向巴平措主持召开自治区政府常务会议，审议并原则通过《关于呈请自治区人民政府审定提请自治区九届人大地方性法规五年立法规划项目的请示》，自治区常务副主席郝鹏、吴英杰、副主席杨海滨、白玛才旺、多吉泽仁、宫蒲光、孟德利、多托等出席会议。

15日

自治区常务副主席郝鹏前往武警西藏公安边防总队看望慰问武警西藏公安边防总队边境防控参战官兵。

◆2008 年全区村(居)组织换届选举工作会议在拉萨召开，自治区常务副主席白玛赤林出席并讲话。

16日

自治区奥运会火炬接力传递领导小组召开专题会议，自治区主席向巴平措主持会议并讲话，自治区领导张裔炯、吴英杰、王宾宜、宫蒲光等出席会议。

◆全区纠风工作电视电话会议在拉萨召开，自治区主席向巴平措出席并发表重要讲话，自治区副主席宫蒲光出席并主持会议。

◆全区农村公路暨“户户通电”工程建设工作会议在拉萨召开，自治区常务副主席郝鹏出席会议，副主席杨海滨出席并讲话。

19日

我区各族各界干部群众在布达拉宫广场向四川汶川大地震遇难同胞默哀，自治区领导张庆黎、列确、向巴平措、张裔炯、郝鹏、王增钵、王宾宜、白玛赤林、尹德明、公保扎西等参加默哀仪式。

21日

自治区主席向巴平措主持召开自治区政府常务会议，研究《关于上报(西藏自治区人民政府关于认真做好2007年冬季退役士兵接受安置工作的通知)的请示》、《西藏自治区关于加强农牧区环境保护工作的意见》、《关于贯彻(中华人民共和国耕地占用税暂行条例)有关问题的请示》等事项，自治区常务副主席郝鹏、白玛赤林、副主席杨海滨、白玛才旺、秦宜智、宫蒲光、孟德利、多托等出席会议。

21—22日

全区动物疫病防控工作现场会在林芝召开，自治区副主席次仁出席并讲话。

26—27日

全区政府法制工作会议在拉萨召开，自治区主席向巴平措出席并发表重要讲话，自治区领导王宾宜、马如龙、德吉措姆、罗布顿珠、张培中等出席会议，自治区副主席宫蒲光出席并主持会议。

29日

全区党员领导干部大会在拉萨隆重召开，区党委书记张庆黎发表重要讲话，区人大常委会主任列确、自治区常务副主席郝鹏主持大会，区党委常务副书记张裔炯传达中央重要指示精神，自治区党政军领导向巴平措、李作成、董贵山、王增钵、巴桑顿珠、吴英杰、王宾宜、崔玉英、洛桑江村、白玛赤林、金书波、尹德明、公保扎西等出席会议。

31日

全区党员领导干部大会闭幕，自治区党政军领导张庆黎、列确、郝鹏、李作成、董贵山、王增钵、巴桑顿珠、吴英杰、王宾宜、崔玉英、洛桑江村、白玛赤林、金书波、尹德明、公保扎西等出席会议，自治区主席向巴平措出席并作会议总结。

六月

5日

自治区召开旁多水利枢纽工程建设协调领导小组专题会议，自治区常务副主席郝鹏出席并讲话，自治区副主席次仁主持会议。

13日

全区防汛抗旱工作会议在拉萨召开，自治区副主席次仁出席并讲话。

12—15日

自治区常务副主席郝鹏前往林芝地区调研。

16日

自治区常务副主席郝鹏在拉萨会见前来我区考察的中国移动通信集团党组书记、副总裁张春江率领的赴藏调研组一行，自治区副主席多吉泽仁参加会见。

17日

自治区主席向巴平措在拉萨会见前来我区考察的中国移动通信集团党组书记、副总裁张春江率领的赴藏调研组一行。

18日

自治区政府与中国水利工程顾问集团公司赴藏考察组举行座谈，自治区常务副主席郝鹏出席并主持座谈会，副主席杨海滨出席并讲话。

19日

自治区传达贯彻全国省区市和中央部门主要负责同志会议精神电视电话会议在拉萨召开，区党委书记张庆黎发表重要讲话，自治区人大常委会主任列确主持会议，自治区主席向巴平措、区党委副书记张裔炯传达中央领导重要讲话精神，自治区党政军领导郝鹏、李作成、牛志忠、董贵山、王增钵、巴桑顿珠、吴英杰、王宾宜、崔玉英、白玛赤林、金书波、尹德明、公保扎西出席会议。

20日

自治区常务副主席吴英杰与北京奥组委执委会副主席刘敬民率领的赴藏工作组进行座谈。

◆自治区副主席邓小刚陪同国家质检总局副局长魏传忠一行分别到西藏检验检疫局自治区质监局视察指导工作。

21日

北京奥运火炬在拉萨成功传递，区党委书记张庆黎、自治区主席向巴平措共同点燃火盆，实现了奥运圣火珠峰火种与境内外传递主火种历史性熔火。

24日

全区重点工业项目建设和前期工作座谈会在拉萨召开，自治区副主席邓小刚出席并讲话。

25日

自治区主席向巴平措主持召开自治区政府常务会议，审议并原则通过《西藏自治区取水许可和水资源费征收管理办法(草案)》、《西藏自治区人民政府关于进一步强化武警西藏森林部队职能作用有关问题的通知》。

◆自治区政府召开党组学习会，自治区主席向巴平措主持并讲话、自治区常务副主席吴英杰、白玛赤林，副主席多吉泽仁、邓小刚、宫蒲光、德吉参加会议。

26日

自治区常务副主席白玛赤林在拉萨会见前来我区采访的俄罗斯记者团一行。

◆全区扶贫特色产业现场会在日喀则召开，自治区副主席次仁出席并讲话。

28日

全国信访突出问题及群体性事件电视电话会在北京召开，自治区常务副主席白玛赤林出席西藏分会场会议并讲话，自治区副主席宫蒲光出席并主持会议。

七月

2日

自治区残联第五次代表大会在拉萨开幕，自治区领导张庆黎、向巴平措、董贵山、巴桑顿珠、吴英杰、王宾宜、洛桑江村、白玛赤林、金书波、尹德明出席会议，中国残联党组书记、副主席王新宪，区党委副书记张裔炯分别发表讲话，自治区副主席德吉致开幕词。

9日

自治区常务副主席吴英杰在拉萨会见以国务院学位办主任、中科院院士杨玉良为组长的赴藏考察工作组一行。

◆自治区就业再就业工作领导小组今天在拉萨召开二季度会议，自治区副主席白玛才旺出席并讲话。

◆自治区副主席、政府秘书长宫蒲光与前来我区指导防汛抗洪工作的国家防总赴藏工作组在拉萨座谈。

17日

自治区劳动和社会保障厅举行区直第二批政府购买公益性岗位发放仪式在拉萨举行，自治区副主席白玛才旺出席并讲话。

22日

自治区常务副主席吴英杰在拉萨会见前来我区访问的美国南卡罗来纳州州长马歇尔•桑福德。

◆全区工商行政管理局长座谈会在拉萨召开，自治区副主席多吉泽仁出席并讲话。

23日

自治区副主席邓小刚与伊利集团总裁潘刚、铁道部有关负责同志进行座谈。

27日

自治区常务副主席吴英杰在拉萨会见摩尔多瓦驻华大使雅科布•季姆丘克夫妇一行。

24日

全区重点工业项目建设和前期工作座谈会在拉萨召开，自治区副主席邓小刚出席并讲话。

25日

自治区主席向巴平措主持召开自治区政府常务会议，审议并原则通过《西藏自治区取水许可和水资源费征收管理办法(草案)》、《西藏自治区人民政府关于进一步强化武警西藏森林部队职能作用有关问题的通知》。

◆自治区政府召开党组学习会，自治区主席向巴平措主持并讲话、常务副主席吴英杰、白玛赤林，副主席多吉泽仁、邓小刚、宫蒲光、德吉参加会议。

26日

自治区常务副主席白玛赤林在拉萨会见前来我区采访的俄罗斯记者团一行。

◆全区扶贫特色产业现场会在日喀则召开，自治区副主席次仁出席并讲话。

28日

全国信访突出问题及群体性事件电视电话会在北京召开，自治区常务副主席白玛赤林出席西藏分会场会议并讲话，副主席宫蒲光出席并主持会议。

八月

1日

自治区常务副主席郝鹏在拉萨与全国整顿和规范矿产资源秩序及“回头看”行动检查验收组进行座谈。

2日

自治区常务副主席郝鹏在拉萨会见由国家海洋局党组成员、副局长陈连增率领的赴藏考察组一行。

7日

自治区主席向巴平措在拉萨会见武警森林指挥部主任王佐明、副政治委员焦万瑜一行，区党委副书记张裔炯、自治区副主席次仁、宫蒲光一同参加会见。

10日

自治区主席向巴平措在拉萨亲切会见重庆大学校长李晓红一行并进行了座谈，自治区副主席宫蒲光参加会见。

13日

自治区主席向巴平措主持召开自治区政府常务会议，会议审议并原则通过《关于贯彻落实<国务院办公厅转发国家发展改革委关于近期支持西藏经济社会发展意见的通知>工作安排的报告》等，自治区常务副主席郝鹏、副主席杨海滨、邓小刚、德吉等出席会议。

14日

中共西藏华泰龙矿业开发有限公司委员会成立暨第一次党员大会在拉萨召开，自治区副主席邓小刚出席并讲话。

◆我区第一支红十字救援队——“西藏自治区红十字会阜康医院紧急救援队”在拉萨成立，自治区副主席德吉出席成立仪式。

15日

拉萨市召开创建国家卫生城市动员大会，自治区副主席多托出席并讲话。

16日

自治区常务副主席郝鹏在拉萨会见由中国黄金集团公司党委书记、总经理孙兆学率领的赴藏考察团一行。

21日

自治区在拉萨召开国有企业改革领导小组会议，自治区常务副主席郝鹏出席并发表讲话，自治区副主席邓小刚出席会议。

21—25日

全区农村水电管理工作现场会议在昌都地区召开，自治区副主席次仁出席并讲话，副主席白玛才旺出席会议。

23日

自治区主席向巴平措、常务副主席郝鹏在拉萨贡嘎机场会见出席奥运会闭幕式途经拉萨的尼泊尔联邦民主共和国总理普拉昌达。

28日

自治区常务副主席吴英杰在拉萨会见全国政协常委、中国科学院院士秦大河一行，自治区副主席次仁陪同会见。

29日

自治区副主席邓小刚出席区商务厅召开的上半年全区商务运行分析会议。

30日

自治区旅游局、拉萨市人民政府共同主办的2008年中国西藏拉萨雪顿旅游高峰论坛暨冬游西藏旅游产品发布会在拉萨举行，自治区常务副主席吴英杰参加发布会并讲话。

九月

2日

自治区常务副主席郝鹏在拉萨会见华新水泥股份有限公司总裁李叶青率领的赴藏考察组一行。

◆自治区常务副主席郝鹏在拉萨与中国铝业公司赴藏工作组一行座谈。

◆自治区副主席多托在拉萨会见冰岛驻华大使贡纳尔•斯诺里•贡纳尔松一行。

4日

自治区常务副主席郝鹏在拉萨会见全国人大常委、全国供销合作总社理事会常务副主任(正部级)周声涛一行。

9日

全区第二次经济普查工作会议在拉萨召开，自治区常务副主席吴英杰出席并讲话。

12日

自治区副主席德吉在拉萨会见尼泊尔驻华大使卡•尔基一行。

16日

自治区召开专题会议，研究部署今冬明春防抗灾工作，自治区常务副主席吴英杰主持会议。

18日

自治区信托投资公司改制框架协议仪式暨招商银行希望小学捐赠仪式在北京人民大会堂举行，自治区主席向巴平措出席签字仪式并致辞。

20日

中国(西藏)首届民族传统医药博览会在拉萨举办，自治区常务副主席郝鹏、中央统战部副部长斯塔等出席博览会开幕式。

22日

自治区常务副主席郝鹏与中国国际工程咨询公司赴藏调研组进行座谈。

27日

区党委书记张庆黎、自治区主席向巴平措在拉萨会见国土资源部党组书记、部长、国家土地总督察徐绍史一行，自治区常务副主席郝鹏，党委常委、党委秘书长公保扎西参加会见。

28日

全区深入学习实践科学发展观活动动员大会暨党员领导干部专题培训班开班仪式在拉萨举行，自治区党委书记张庆黎作重要讲话，自治区党委副书记列确、党委常委、组织部部长尹德明传达中央和自治区有关精神，自治区主席向巴平措主持会议，自治区领导郝鹏、巴桑、王增钵、巴桑顿珠、吴英杰、王宾宜、崔玉英、洛桑江村、白玛赤林、金书波、公保扎西、秦宜智等出席会议。

29日

全区深入学习实践科学发展观活动动员大会暨党员领导干部专题培训班圆满结束，自治区党委副书记列确主持会议，自治区主席向巴平措作总结讲话，党委常委、组织部部长尹德明对第一批学习实践活动进行安排部署，自治区领导张庆黎、郝鹏、巴桑、巴桑顿珠、吴英杰、王宾宜、崔玉英、洛桑江村、白玛赤林、金书波、公保扎西、秦宜智等出席会议。

◆自治区常务副主席郝鹏在拉萨会见香港工业总会及香港职业训练局西藏访问团。

30日

自治区主席向巴平措主持召开政府常务会议，审议并原则通过《1—9月经济运行基本情况及第四季度经济发展的对策建议》，自治区常务副主席郝鹏、吴英杰、白玛赤林等参加会议。

十月

1日

我区各族各界群众在布达拉宫广场举行“升国旗、唱国歌”仪式，自治区领导张庆黎、帕巴拉•格列朗杰、列确、向巴平措、郝鹏、巴桑、王增钵、巴桑顿珠、吴英杰、王宾宜、崔玉英、洛桑江村、白玛赤林、金书波、尹德明、公保扎西、秦宜智等参加仪式。

6日

自治区召开“三大”重点文物保护维修工程及“十一五”重点文物保护工程领导小组成员会议，自治区常务副主席郝鹏出席并讲话。

10日

自治区2008年冬季征兵工作会议在拉萨召开，自治区常务副主席白玛赤林出席并讲话。

◆自治区副主席德吉在拉萨会见香港妇联交流访问团一行。

11日

自治区常务副主席郝鹏在拉萨会见由宝山钢铁股份有限公司副总经理陈缨带队的宝钢集团赴藏考察团一行，自治区常务副主席白玛赤林，区党委常委、秘书长公保扎西一同会见。

13日

自治区常务副主席郝鹏在拉萨会见嘉士伯啤酒有限公司高级副总裁麦奕鹏一行。

14日

我区爱民固边战略领导小组会议在拉萨召开，自治区常务副主席白玛赤林出席并讲话。

20日

中国工商银行股份有限公司西藏自治区分行在拉萨挂牌成立并正式对外营业，自治区主席向巴平措、中国工商银行行长杨凯生分别为工行西藏分行开业揭牌。

24日

全区第五次民族团结进步表彰大会在拉萨召开，区党委书记张庆黎发表重要讲话，自治区主席向巴平措、自治区政协副主席洛桑江村分别主持会议，区党委副书记张裔炯宣读表彰决定，自治区常务副主席郝鹏宣读国家民委贺电，自治区领导帕巴拉•格列朗杰、列确、王增钵、巴桑顿珠、吴英杰、王宾宜、崔玉英、白玛赤林、金书波、公保扎西、秦宜智出席会议。

27日

西藏博物馆被命名为自治区级国防教育基地，挂牌仪式在拉萨举行，自治区常务副主席白玛赤林出席挂牌仪式。

28日

自治区副主席白玛才旺在拉萨会见挪威外交国务秘书约翰森率领的挪威代表团一行。

29日

自治区主席向巴平措主持召开自治区政府常务会议，原则通过《关于切实解决我区城镇低收入家庭住房困难的实施意见》、《关于调整事业单位工作人员和离退休人员死亡一次性抚恤金发放办法的意见》，批准建立玛旁雍错等五个自治区级湿地保护区。

十一月

1日

自治区主席向巴平措前往山南地区隆子、错那两县视察指导抗雪救灾工作。

2日

自治区领导与国家发改委基础产业司司长王庆云率领的国家有关部门联合赴藏调研组一行座谈。自治区主席向巴平措出席座谈会并讲话，自治区常务副主席郝鹏主持座谈会，副主席杨海滨出席座谈会。

3日

自治区主席向巴平措与国务院赴藏救灾工作组就如何做好我区抗救灾工作进行了座谈。自治区副主席宫蒲光、孟德利出席座谈会。

4日

区党委学习实践科学发展观活动领导小组会议在拉萨召开，自治区党委书记、区党委学习实践科学发展观活动领导小组组长张庆黎主持会议并作重要讲话。向巴平措、张裔炯、郝鹏、崔玉英、金书波、尹德明、公保扎西出席会议。

◆中国华电集团公司西藏分公司举行揭牌仪式，自治区主席向巴平措为公司成立揭牌，自治区常务副主席郝鹏在揭牌仪式上讲话，副主席杨海滨出席揭牌仪式。

◆自治区副主席白玛才旺在拉萨会见了澳大利亚国会议员迈克尔偕助手及《澳大利亚人报》记者、澳大利亚新闻有限公司记者等一行。

◆自治区主席向巴平措主持召开学习实践科学发展观活动主题实践会议，自治区副主席宫蒲光出席会议。

5日

自治区政府机关举行深入学习实践科学发展观活动专题报告会暨调研汇报会，自治区副主席宫蒲光作专题报告。

6日

自治区主席向巴平措与“三十年改革开放看西藏——全国重点网络媒体西藏行”活动采访团一行座谈。

7日

自治区政府党组召开深入学习实践科学发展观学习研讨会，自治区主席向巴平措主持研讨会并讲话。自治区常务副主席郝鹏、副主席杨海滨、白玛才旺、多吉泽仁、宫蒲光、孟德利、李昭出席会议。

◆自治区主席向巴平措主持召开自治区人民政府主席办公会议，听取各地(市)灾后物资及资金需要情况汇报，研究救灾物资及资金分配方案。自治区常务副主席郝鹏，自治区副主席杨海滨、白玛才旺、多吉泽仁、宫蒲光、孟德利、多托出席会议。

11日

自治区常务副主席郝鹏专程前往气象局、民政厅就气象预报服务工作和救灾物资储备管理工作进行考察调研。

◆自治区常务副主席郝鹏在拉萨与国家林业局赴藏考察组进行座谈，自治区副主席宫蒲光主持座谈会。

◆全区教育系统思想政治教育工作座谈会和电视电话会议在拉萨召开，自治区常务副主席吴英杰出席并讲话。

13日

自治区参与2010年上海世博会工作领导小组召开第一次会议，自治区常务副主席郝鹏主持会议并讲话。

◆自治区政府办公厅召开全体干部职工大会，自治区常务副主席郝鹏出席会议并讲话，自治区副主席宫蒲光出席会议。

17日

自治区主席向巴平措主持召开自治区政府常务会议，讨论研究了我区进一步扩大内需促进经济平稳较快增长的对策；审议并原则通过了《西藏自治区道路交通安全条例(草案)》、《西藏自治区安全生产条例(草案)》。

◆加快全区水利基础设施建设座谈会在拉萨召开，自治区副主席次仁出席座谈会并讲话。

18日

《西藏百年史研究》之《口述西藏百年历程》审读座谈会在拉萨召开，自治区常务副主席吴英杰出席座谈会并讲话。

◆国务院召开全国冬春农田水利基本建设电视电话会议，自治区副主席次仁出席西藏分会场会议并讲话。

20日

自治区整顿和规范矿产资源开发秩序暨青藏专项工作领导小组在拉萨召开会议，自治区常务副主席郝鹏主持会议并讲话。

21日

自治区主席向巴平措主持召开了政府常务会议，审议并原则通过了《西藏自治区人民政府工作规则》和《拉萨市城市总体规划(2007—2020)》，讨论研究了对于因“5•12”四川汶川地震房屋损毁的我区企业职工和离退休人员补助的有关问题。自治区常务副主席郝鹏、吴英杰，自治区副主席次仁、多吉泽仁、邓小刚、宫蒲光、孟德利、多托出席了会议。

23日

自治区常务副主席郝鹏在拉萨会见了国家电网公司副总经理陈进行一行。

24日

世界上海拔最高的电力试验研究基地一国家电网公司西藏高海拔试验基地——竣工并投入运营。自治区副主席邓小刚、国家电网公司副总经理陈进行出席竣工投运仪式，并为试验基地揭牌。

25日

西藏警官高等专科学校二期工程建设项目举行开工典礼，自治区常务副主席郝鹏、吴英杰，自治区副主席李昭出席开工典礼并为建设项目奠基。

26日

自治区政府机关召开学习实践科学发展观活动第一阶段工作总结暨第二阶段工作安排大会，自治区主席向巴平措主持会议，自治区常务副主席郝鹏，自治区副主席宫蒲光出席会议并讲话。自治区常务副主席吴英杰，自治区副主席次仁、多吉泽仁、邓小刚、孟德利、德吉、李昭出席会议。

27日

自治区主席、自治区机构改革领导小组组长向巴平措主持召开自治区机构改革领导小组会议。

◆自治区常务副主席吴英杰在自治区政府办公厅、自治区教育厅有关负责人陪同下，前往自治区藏医学院调研。

28日

自治区常务副主席郝鹏前往色拉寺等地考察调研自治区重点文物维修工程情况。

◆中国红十字基金会嫣然天使基金“天使之旅——把爱传出去”医疗救助行动西藏站启动仪式在拉萨举行，自治区副主席德吉出席仪式，并宣布“天使之旅——把爱传出去”医疗救助行动西藏站活动正式启动。

十二月

1日

作为我区“十一五”规划重点项目之一的西藏高争建材股份有限公司二线扩建工程日前竣工，上午，高争二线扩建工程试生产点火仪式在西藏高争公司举行。自治区主席向巴平措，自治区人大常委会副主任嘎玛，自治区副主席邓小刚，自治区政协副主席乔元忠出席点火仪式。

◆12月1日是第21个“世界艾滋病日”。2008年的宣传主题是“遏制艾滋，履行承诺”，口号是“倡导、参与、落实”。自治区重大疾病防治协调领导小组办公室开展了一系列宣传活动。自治区人大常委会副主任阿登、自治区副主席德吉、自治区政协副主席刘庆慧前往各宣传点视察。

2日

自治区主席向巴平措主持召开政府常务会议，审议并原则通过了《关于西藏羊八井地质公园建设的有关事宜的请示》、《关于审定(西藏自治区水上交通安全管理办法)的请示》、《西藏自治区实施(农村五保供养工作条例)办法(草案)》，讨论研究了《西藏自治区第二次全国农业普查情况报告》。自治区常务副主席吴英杰，自治区副主席次仁、白玛才旺、多吉泽仁、邓小刚、宫蒲光、孟德利、德吉、多托、李昭参加了会议。

3日

自治区残疾人职业技能培训基地揭牌仪式在拉萨市特殊学校举行，自治区副主席德吉出席揭牌仪式。

4日

自治区副主席德吉在拉萨会见了来我区访问的澳大利亚驻华大使芮捷锐一行。

5日

自治区常务副主席吴英杰前往西藏大学新校区就学校改扩建工程项目建设情况进行视察。

◆西藏自治区著名商标认定委员会召开自治区第五批著名商标评审认定会议，我区13家企业的15件注册商标通过评审认定，成为自治区第五批著名商标。自治区副主席、自治区著名商标认定委员会名誉主任多吉泽仁出席评审会并讲话。

◆西藏青少年发展基金会联合拉萨市邮政局，在拉萨举行《庆祝希望工程在西藏成功实施十五周年集邮纪念珍藏册》首发仪式。自治区副主席多托出席仪式并讲话。

9日

自治区人民政府在拉萨召开各界代表座谈会，就政府党组领导班子贯彻落实科学发展观，推动自治区政府工作在新的起点实现新发展，听取社会各界的意见和建议。自治区常务副主席吴英杰主持会议。自治区常务副主席白玛赤林，自治区副主席邓小刚、宫蒲光、孟德利、德吉参加会议。

◆自治区副主席白玛才旺前往中国平安产险西藏分公司调研，看望慰问了平安产险西藏分公司员工。

10日

自治区副主席德吉在自治区、拉萨市卫生部门有关负责人的陪同下前往林周县，就乡村两级医疗卫生状况、医疗队伍人才建设等情况进行调研。

11日

自治区常务副主席白玛赤林前往自治区民政厅就深入开展学习实践科学发展观活动和2008年我区民政工作开展情况进行调研。

◆自治区副主席宫蒲光前往拉萨市当雄县宁中乡调研，看望慰问部分贫困户，并送去慰问品和慰问金。

12日

由自治区教工委、教育厅主办的教育系统纪念改革开放30周年文艺汇演在西藏大学举行。自治区常务副主席吴英杰，自治区人大常委会副主任新杂·单增曲扎，自治区政协副主席刘庆慧出席并观看了演出。

◆拉萨国家级经济技术开发区建设协调领导小组会议在拉萨召开。自治区副主席邓小刚出席会议并讲话。

◆自治区交通厅在拉萨举办了题为《辉煌之路》的交通系统纪念改革开放30周年文艺晚会。自治区副主席多托出席晚会并与交通系统的干部职工一起观看了演出。

13日

自治区主席向巴平措主持召开政府常务会议。会议传达了中央经济工作会议精神。听取讨论了《西藏自治区2008

年经济运行及2009年经济工作建议》的报告和《关于2009年财政收支预算初步安排意见的汇报》，审议并原则通过了《西藏自治区人民政府关于加强和改进金融服务"三农"工作的意见》。自治区常务副主席吴英杰、白玛赤林，自治区副主席次仁、白玛才旺、多吉泽仁、邓小刚、宫蒲光、孟德利、德吉、多托参加了会议。

16日

自治区政府党组召开深入学习实践科学发展观专题民主生活会，会议围绕深入贯彻落实科学发展观，认真分析总结前一阶段学习实践活动开展情况，进一步查找突出问题和薄弱环节，明确了今后的努力方向和整改措施。自治区主席向巴平措主持会议。自治区常务副主席郝鹏、吴英杰、白玛赤林，自治区党委常委、纪委书记金书波，自治区副主席次仁、白玛才旺、多吉泽仁、邓小刚、宫蒲光、孟德利、德吉出席会议。

17日

自治区纪念改革开放30周年专题文艺晚会《辉煌西藏》在拉萨隆重上演。自治区党政军领导张庆黎、列确、向巴平措、张裔炯、郝鹏、舒玉泰、王增钵、巴桑顿珠、崔玉英、洛桑江村、白玛赤林、金书波、尹德明、公保扎西、秦宜智等与我区各族各界群众一同观看了晚会。

◆全区农田草场水利基本建设会议在拉萨召开。自治区副主席次仁出席会议并讲话。

◆我区卫生战线工作者欢聚一堂，举行纪念改革开放30周年座谈会，畅谈我区卫生事业取得的成就，回顾卫生事业发展走过的光辉历程。自治区副主席德吉出席并讲话。

18日

自治区政府组织召开全区消防工作会议，自治区常务副主席白玛赤林出席会议并讲话。

23日

自治区2008年社会治安综合治理工作表彰大会暨《2009年社会治安综合治理目标管理责任书》签字仪式在拉萨举行。会上，自治区党委书记张庆黎和自治区党委副书记、自治区主席向巴平措代表自治区党委、人民政府与全区七地(市)委书记、行署(政府)专员(市长)签订了《2009年社会治安综合治理目标管理责任书》。自治区党委副书记张裔炯宣读表彰决定。自治区党委常委、区政法委书记、区综治委主任王宾宜讲话，自治区党委常委、自治区常务副主席白玛赤林主持。自治区领导郝鹏、巴桑顿珠、崔玉英、金书波、公保扎西、秦宜智出席签字仪式。

24日

全区财政工作会议在拉萨召开，自治区主席向巴平措出席会议并讲话。自治区人大常委会副主任宋善礼、自治区政协副主席央金出席会议。

◆全区发展和改革工作会议在拉萨召开。自治区常务副主席郝鹏出席会议并讲话，自治区人大常委会副主任周春来出席会议。

25日

自治区主席向巴平措主持召开政府常务会议，会议审议并原则通过了《(西藏自治区"十一五"时期国民经济和社会发展规划纲要)实施中期评估报告》、《西藏自治区集体林权制度改革工作试点方案》、《西藏自治区人民政府贯彻(国务院关于做好促进就业工作的通知)实施意见的请示》、《关于调整和完善城市维护建设税政策的请示》。自治区常务副主席郝鹏、白玛赤林，自治区副主席杨海滨、白玛才旺、邓小刚、宫蒲光、德吉、多托、李昭出席会议。

◆自治区副主席白玛才旺在拉萨会见了中国农业银行总行"三农"业务总监兼股改办常务副主任周清玉一行。

◆自治区政府办公厅召开全体干部职工大会，自治区副主席宫蒲光出席会议并讲话。

26日

自治区政府召开座谈会，就《政府工作报告》(意见征求稿)分别向我区民族宗教界、工商企业界、教育科技界人士征求意见。自治区副主席多吉泽仁、邓小刚、多托分别出席并讲话，自治区政协副主席珠康•土登克珠出席民族宗教界人士座谈会。

26—27日

全区金融服务"三农"工作会议在拉萨召开。自治区主席向巴平措出席会议并讲话。自治区常务副主席郝鹏，自治区人大常委会副主任周春来，自治区政协副主席德吉措姆出席会议。中国农业银行总行"三农"业务总监兼股改办常务副主任周清玉，自治区副主席白玛才旺在会上分别讲话。自治区副主席宫蒲光主持会议。

28日

全区科学技术奖励表彰大会在拉萨召开，自治区主席向巴平措出席会议并讲话。自治区常务副主席吴英杰主持会议。自治区人大常委会副主任新杂•单增曲扎，自治区政协副主席刘庆慧出席会议。自治区副主席宫蒲光宣读了西藏自治区人民政府关于颁发西藏自治区科学技术奖励的决定。

◆全区科技工作会议在拉萨召开。自治区常务副主席吴英杰出席会议并讲话。

29日

我区科技界召开纪念改革开放30周年座谈会，自治区常务副主席吴英杰出席会议并讲话，自治区政协副主席德吉措姆出席。

30日

我区召开了"两基"攻坚总结表彰暨迎"国检"动员大会，自治区主席向巴平措出席会议并讲话。自治区常务副主席吴英杰主持会议。区人大常委会副主任阿登、自治区副主席宫蒲光、自治区政协副主席刘庆慧出席。

◆自治区副主席邓小刚前往西藏天路股份有限公司调研。

第八篇 统计资料

全国各省市自治区国民经济主要指标

地区	国土面积及排位（万平方千米）		年末总人口（万人）	城镇居民人均总收入（元）	农村居民人均纯收入（元）	地区生产总值（亿元）	人均地区生产总值（元）	全社会固定资产投资（亿元）	社会消费品零售总额（亿元）
全国	960		132802	17067.8	4760.6	300670.0	22698	172291.1	108487.7
北京	1.68	29	1695	27677.9	10661.9	10488.0	63029	3814.7	4589.0
天津	1.19	30	1176	21174.0	7910.8	6354.4	55473	3389.8	2000.3
河北	18.77	12	6989	14141.4	4795.5	16188.6	23239	8870.8	4880.4
山西	15.63	20	3411	13859.0	4097.2	6938.7	20398	3531.1	2356.5
内蒙古	118.30	3	2414	15195.4	4656.2	7761.8	32214	5467.7	2363.3
辽宁	14.59	21	4315	15836.3	5576.5	13461.6	31259	10016.3	4917.5
吉林	18.74	13	2734	13606.0	4932.7	6424.1	23514	5131.0	2484.3
黑龙江	45.46	6	3825	12264.1	4855.6	8310.0	21727	3669.4	2838.6
上海	0.63	31	1888	29759.1	11440.3	13698.2	73124	4789.8	4537.1
江苏	10.26	24	7677	20175.6	7356.5	30312.6	39622	15061.5	9661.4
浙江	10.18	25	5120	24980.8	9257.9	21486.9	42214	9299.8	7441.7
安徽	13.96	22	6135	14159.5	4202.5	8874.2	14485	6734.5	2965.5
福建	12.14	23	3604	19686.2	6196.1	10823.1	30123	5192.8	3828.0
江西	16.69	18	4400	13463.3	4697.2	6480.3	14781	4738.6	2082.8
山东	15.67	19	9417	17549.0	5641.4	31072.1	33083	15435.4	10381.2
河南	16.70	17	9429	13907.8	4454.2	18407.8	19593	10469.6	5662.5
湖北	18.59	14	5711	14174.3	4656.4	11330.4	19860	5635.2	4965.8
湖南	21.18	10	6380	14577.3	4512.5	11156.6	17521	5474.7	4119.7
广东	17.79	15	9544	21678.5	6399.8	35696.5	37589	10834.5	12772.2
广西	23.60	9	4816	15393.2	3690.3	7171.6	14966	3750.7	2338.4
海南	3.39	28	854	13598.6	4360.0	1459.2	17175	706.1	448.4
重庆	8.24	26	2839	15217.7	4126.2	5096.7	18025	3979.6	2064.1
四川	48.50	5	8138	13685.1	4121.2	12506.3	15378	7106.6	4800.8
贵州	17.60	16	3793	12185.6	2796.9	3333.4	8824	1858.3	1014.9
云南	39.40	8	4543	14118.0	3102.6	5700.1	12587	3435.8	1718.5
西藏	122.84	2	287	13648.0	3176.0	395.9	13861	309.9	129.1
陕西	20.56	11	3762	13847.1	3136.5	6851.3	18246	4601.5	2256.1
甘肃	45.40	7	2628	11669.3	2723.8	3176.0	12110	1697.7	990.1
青海	72.12	4	554	12867.3	3061.2	961.5	17389	582.6	252.8
宁夏	5.18	27	618	14118.6	3681.4	1098.5	17892	828.7	285.2
新疆	165.00	1	2131	12478.6	3502.9	4203.4	19893	2226.3	1025.7

行政区划(表一)

地区	市辖区	县级市	县	乡	民族乡	镇	街道	居民委员会	村民委员会
总计	1	1	71	542	8	140	9	158	5746
拉萨市	1		7	48		9	7	28	241
昌都地区			11	110	1	28		12	1307
山南地区			12	58	4	24		52	542
日喀则地区		1	17	174		27	2	25	1732
那曲地区			10	89		25		28	1262
阿里地区			7	29		7		6	136
林芝地区			7	34	3	20		7	526

行政区划(表二)

拉萨市	城关区 墨竹工卡县 达孜县 堆龙德庆县 曲水县 尼木县 当雄县 林周县
昌都地区	左贡县 芒康县 洛隆县 边坝县 昌都县 江达县 贡觉县 类乌齐县 丁青县 察雅县 八宿县
山南地区	乃东县 扎囊县 贡嘎县 桑日县 琼结县 洛扎县 加查县 隆子县 曲松县 措美县 错那县 浪卡子县
日喀则地区	日喀则市 南木林县 江孜县 定日县 萨迦县 拉孜县 昂仁县 谢通门县 白朗县 仁布县 康马县 定结县 仲巴县 亚东县 吉隆县 聂拉木县 萨嘎县 岗巴县
那曲地区	申扎县 班戈县 那曲县 聂荣县 安多县 嘉黎县 巴青县 比如县 索县 尼玛县
阿里地区	普兰县 札达县 噶尔县 日土县 革吉县 改则县 措勤县
林芝地区	林芝县 米林县 朗县 工布江达县 波密县 察隅县 墨脱县

行政区划(表三)

分类	个数	县(市、区)名称
边境县	21	墨脱县 米林县 察隅县 朗县 洛扎县 隆子县 错那县 浪卡子县 定日县 康马县 定结县 仲巴县 亚东县 吉隆县 聂拉木县 萨嘎县 岗巴县 普兰县 札达县 噶尔县 日土县
农业县	35	城关区 墨竹工卡县 达孜县 堆龙德庆县 曲水县 尼木县 墨脱县 米林县 林芝县 波密县 察隅县 朗县 芒康县 左贡县 洛隆县 边坝县 乃东县 扎囊县 贡嘎县 桑日县 琼结县 洛扎县 加查县 隆子县 日喀则市 南木林县 江孜县 定日县 萨迦县 拉孜县 白朗县 仁布县 定结县 吉隆县 聂拉木县
牧业县	14	当雄县 仲巴县 萨嘎县 那曲县 嘉黎县 聂荣县 安多县 申扎县 班戈县 巴青县 尼玛县 革吉县 改则县 措勤县
半农半牧县	24	林周县 工布江达县 昌都县 江达县 贡觉县 类乌齐县 丁青县 察雅县 八宿县 曲松县 措美县 错那县 浪卡子县 昂仁县 谢通门县 康马县 亚东县 岗巴县 比如县 索县 普兰县 札达县 噶尔县 日土县
“一江两河”开发县	18	城关区 墨竹工卡县 达孜县 堆龙德庆县 曲水县 尼木县 林周县 乃东县 扎囊县 贡嘎县 桑日县 琼结县 日喀则市 南木林县 江孜县 白朗县 拉孜县 谢通门县
粮食基地县	11	堆龙德庆县 林周县 波密县 芒康县 乃东县 扎囊县 贡嘎县 江孜县 白朗县 日喀则市 拉孜县

全区主要经济指标

指标名称	单位	2007年实际	2008年实际	同比增长%
生产总值	亿元	342.19	395.91	10.1
人均GDP	元	12109	13861	9.0
第一产业增加值	亿元	55.33	60.51	6.0
第二产业增加值	亿元	96.57	115.76	7.9
第三产业增加值	亿元	190.29	219.64	12.4
农林牧渔总产值	亿元	79.8	88.45	10.8
粮食产量	万吨	93.86	95.0	1.2
肉类产量	万吨	22.88	24.27	3.4
工业增加值	亿元	25.71	29.68	8.7
发电量	亿千瓦时	15.17	15.99	5.4
地方财政收入	亿元	23.14	28.43	22.9
地方财政支出	亿元	279.36	383.86	37.4
全社会固定资产投资总额	亿元	271.18	303.33	12.5
各项存款余额	亿元	643.36	829.02	28.9
各项贷款余额	亿元		219.32	13.3
社会消费品零售总额	亿元	112.01	129.08	15.2
货运总量	万吨	384.82	331.63	-13.8
客运总量	万人次	680.1	447.10	-34.3
进出口总额	亿美元	3.93	7.65	94.5
出口总额	亿美元	3.26	7.07	120
进口总额	亿美元	0.67	0.58	-13.2
旅游外汇收入	万美元		3112	-77
接待国内外旅游者	万人次	402.94	224.64	-44.2
接待国内旅游者	万人次	366.4	217.85	-40.5
接待海外旅游者	万人次	36.54	6.80	-81.4
农牧民年人均纯收入	元	2788	3176	13.9
城镇居民人均可支配收入	元	11131	12482	12.1

全区各地（市）国民经济主要指标及排位

地　区	总计	拉萨	昌都	山南	日喀则	那曲	阿里	林芝
年末总人口(括号内为常住人口)(万人)	279.23	47.73	60.93	33.73	69.08	42.55	8.53	16.68
排位		3	2	5	1	4	7	6
人口出生率（‰）	13.8	25.4	4.9	15.4	11.7	15.5	8.2	16.8
人口死亡率（‰）	4.4	8.4	2.3	5.6	3.9	4.0	2.3	3.0
人口自然增长率‰	9.3	17.0	2.6	9.8	7.8	11.5	5.9	13.8
地方财政收入（亿元）		8.03	2.31	2.49	2.45	1.38	0.73	2.40
排位		1	5	2	3	6	7	4
地方预算内财政支出（亿元）		33.02	22.47	19.45	27.59	18.31	9.42	13.73
排位		1	3	4	2	5	7	6
财政收入占地区生产总值比重（%）		5.7	4.5	6.2	3.6	3.3	4.8	6.2
地区生产总值(亿元)		142.05	51.37	39.89	67.27	42.19	15.13	38.99
排位		1	3	5	2	4	7	6
地区生产总值增速%(按可比价格计算)		10.1	9.4	10.3	10.1	10.4	9.2	11.0
第一产业(亿元)(按当年价格计算)		8.12	13.33	3.26	18.51	8.73	3.28	5.28
第二产业(亿元)(按当年价格计算)		40.98	17.19	16.87	16.46	10.21	3.57	13.28
第三产业(亿元)(按当年价格计算)		92.95	20.85	19.76	32.30	23.25	8.28	20.43
农林牧渔总值（万元）(按当年价格计算)	884518	128401	207577	65884	246360	122109	41074	72417
排位		3	2	6	1	4	7	5
社会消费品零售总额（万元）	1290825	630051	100216	121028	242937	82824	32703	81066
排位		1	4	3	2	5	7	6

西部十二省(区、市)行政区划(2008)

省级行政区划名称	地级区划数	#地级市	县级区划数	#县级市	#市辖区	乡镇级区划数
全　国	333	283	2859	368	856	40828
西　藏	7	1	73	1	1	682
重　庆			40		19	1007
四　川	21	18	181	14	43	4657
贵　州	9	4	88	9	10	1553
云　南	16	8	129	9	12	1373
内蒙古	12	9	101	11	21	858
广　西	14	14	109	7	34	1231
陕　西	10	10	107	3	24	1745
甘　肃	14	12	86	4	17	1347
青　海	8	1	43	2	4	398
宁　夏	5	5	21	2	8	232
新　疆	14	2	98	19	11	1002

西部十二省(区、市)主要经济指标(2008)

地　区	地区生产总值(亿元)	人均地区生产总值(元)	货物进出口总额(百万)	农林牧渔业总产值(百万)	农林牧渔业总产值比上年增长(%)
全国合计	300670.0	22698	25616.3	58002.2	5.7
西　藏	395.9	13861	7.7	88.5	10.8
重　庆	5096.7	18025	95.2	871.4	7.1
四　川	12506.3	15378	220.4	3903.4	3.1
贵　州	3333.4	8824	33.7	843.8	6.8
云　南	5700.1	12587	96.1	1594.5	7.9
内蒙古	7761.8	32214	89.3	1525.7	7.6
广　西	7171.6	14966	132.8	2389.8	5.4
陕　西	6851.3	18246	83.7	1277.9	7.9
甘　肃	3176.1	12110	60.9	808.1	7.4
青　海	961.5	17389	6.9	153.4	4.5
宁　夏	1098.5	17892	18.8	227.2	8.8
新　疆	4203.4	19893	222.2	1176.7	6.7